道路交通
法律法规司法解释全编

（第三版）

人民法院出版社　编

人民法院出版社

图书在版编目（CIP）数据

道路交通法律法规司法解释全编 / 人民法院出版社编. -- 3版. -- 北京 : 人民法院出版社, 2025. 3.

ISBN 978-7-5109-4481-9

Ⅰ. D922.145

中国国家版本馆CIP数据核字第20253ZX259号

道路交通法律法规司法解释全编（第三版）

人民法院出版社　编

责任编辑　李　瑞
出版发行　人民法院出版社
地　　址　北京市东城区东交民巷27号（100745）
电　　话　（010）67550607（责任编辑）　67550558（发行部查询）
　　　　　　65223677（读者服务部）
客服QQ　2092078039
网　　址　http://www.courtbook.com.cn
E - mail　courtpress@sohu.com
印　　刷　三河市国英印务有限公司
经　　销　新华书店

开　　本　787毫米×1092毫米　1/16
字　　数　1088千字
印　　张　37.5
版　　次　2025年3月第1版　2025年3月第1次印刷
书　　号　ISBN 978-7-5109-4481-9
定　　价　98.00元

编写说明

为全面贯彻党的二十大和二十届二中、三中全会精神，在习近平新时代中国特色社会主义思想指引下，为深入贯彻习近平法治思想、习近平文化思想，立足审判、服务法治，努力把促进法治建设、服务高质量发展的责任落实到每一本图书、每一项产品上，我们编写本套丛书。丛书以民商事、刑事、行政三大法律部门为基本框架，紧扣实务重点、热点领域，构建18卷本专业化法律实务知识体系。丛书自首版面世以来，持续受到广大读者的高度关注，广受欢迎、热销不断。为响应市场需求，经系统修订与内容优化，现正式推出第三版修订本。

丛书立足三大核心内容：一是体系化梳理最新立法成果和司法政策，帮助读者及时追踪法律动态；二是新增法答网精选答问深度解析法律适用要点与司法解释精髓，助力法律实务工作者准确掌握裁判尺度；三是通过指导性案例与人民法院案例库参考案例，为法律实务操作及案例教学提供解决方案。丛书共收录法律、法规、司法解释及部门规章等文件约2000个、指导性案例370个、人民法院案例库参考案例450个、法答网精选答问85个。本书具有以下鲜明的特点：

一、文本权威，收录全面。本书较为全面地收录了道路交通领域现行有效的法律规范，包括法律、行政法规、司法解释、部门规章、司法政策性文件。本书紧密联系司法实务，精选收录了最高人民法院公布的指导性案例、人民法院案例库参考案例以及法答网精选答问。为充分实现本书版本的准确性、权威性、有效性，书中收录的文件均为现行有效的权威法律文本，所有案例均来源于最高人民法院等官方网站。既是查询法律法规的工具书，也能为读者提供较为权威的实务观点。

二、体例简明，分类实用。本书以道路交通相关法律为基本框架，分为总类、交通管理、交通运输、刑事责任。本书立足于法律规范的实用性，按照文件内容、效力级别与施行时间综合编排、一体呈现，有助于读者快速定位某类问题集中进行检索查阅。同时，本书采用双栏排版，能收录更多法律文件，使读者一目了然，有助于提高检索效率。

三、案例赋能，以案释法。因篇幅所限，最高人民法院发布的典型案例未能在书中呈现。为进一步拓展本书的实用内容及提升本书的应用价值，充分利用数字资源，本书联合“法信”平台，为读者专门提供了以下数据服务：图书底封勒口扫描“二维码”，即可获取道路交通领域最高人民法院发布的典型案例完整版，方便读者在线使用、查询。我们也将适时推出“全编配套案例集”系列丛书。

对于编选工作存在的不足，欢迎广大读者提出批评和改进意见，以便为读者提供更好的法律服务。

人民法院出版社

二〇二五年三月

总 目 录

一、总类 …………………………………………………………………………… (1)
二、交通管理 ……………………………………………………………………… (159)
1. 综合 …………………………………………………………………………… (159)
2. 车辆管理 ……………………………………………………………………… (175)
3. 车辆保险 ……………………………………………………………………… (215)
4. 人员管理 ……………………………………………………………………… (259)
5. 道路管理 ……………………………………………………………………… (303)
6. 交通事故 ……………………………………………………………………… (343)
三、交通运输 ……………………………………………………………………… (458)
1. 综合 …………………………………………………………………………… (458)
2. 道路旅客运输 ………………………………………………………………… (469)
3. 道路货物运输 ………………………………………………………………… (512)
四、刑事责任 ……………………………………………………………………… (556)

目　　录

一、总　　类

中华人民共和国民法典（节录）
（2020 年 5 月 28 日） …………………………………………………………………（ 1 ）
中华人民共和国行政强制法
（2011 年 6 月 30 日） …………………………………………………………………（ 67 ）
中华人民共和国治安管理处罚法
（2012 年 10 月 26 日修正） …………………………………………………………（ 74 ）
中华人民共和国行政诉讼法
（2017 年 6 月 27 日修正） …………………………………………………………（ 84 ）
中华人民共和国公路法
（2017 年 11 月 4 日修正） …………………………………………………………（ 93 ）
中华人民共和国行政许可法
（2019 年 4 月 23 日修正） …………………………………………………………（ 99 ）
中华人民共和国行政处罚法
（2021 年 1 月 22 日修订） …………………………………………………………（ 107 ）
中华人民共和国道路交通安全法
（2021 年 4 月 29 日修正） …………………………………………………………（ 115 ）
中华人民共和国行政复议法
（2023 年 9 月 1 日修订） …………………………………………………………（ 126 ）
中华人民共和国行政复议法实施条例
（2007 年 5 月 29 日） …………………………………………………………………（ 135 ）
公路安全保护条例
（2011 年 3 月 7 日） …………………………………………………………………（ 141 ）
中华人民共和国道路交通安全法实施条例
（2017 年 10 月 7 日修订） …………………………………………………………（ 147 ）

二、交 通 管 理

1. 综　　合

交通部行政执法单位实行罚款决定与罚款收缴分离规定
（2001 年 7 月 23 日） …………………………………………………………………（ 159 ）

交通行政许可实施程序规定
（2004年11月22日） …… （161）
交通行政许可监督检查及责任追究规定
（2004年11月22日） …… （164）
道路交通安全违法行为处理程序规定
（2020年4月7日修正） …… （166）

2. 车辆管理

中华人民共和国车辆购置税法
（2018年12月29日） …… （175）
中华人民共和国车船税法
（2019年4月23日修正） …… （176）
缺陷汽车产品召回管理条例
（2019年3月2日修订） …… （178）
中华人民共和国车船税法实施条例
（2019年3月2日修订） …… （180）
报废机动车回收管理办法
（2019年4月22日） …… （182）
报废机动车回收管理办法实施细则
（2020年7月18日） …… （185）
小微型客车租赁经营服务管理办法
（2021年8月11日修正） …… （191）
机动车登记规定
（2021年12月17日） …… （194）
机动车维修管理规定
（2023年11月10日修正） …… （209）

3. 车辆保险

中华人民共和国保险法
（2015年4月24日修正） …… （215）
机动车交通事故责任强制保险条例
（2019年3月2日修订） …… （230）
最高人民法院关于适用《中华人民共和国保险法》若干问题的解释（一）
（2009年9月21日） …… （234）
最高人民法院关于适用《中华人民共和国保险法》若干问题的解释（二）
（2020年12月23日修正） …… （235）
最高人民法院关于适用《中华人民共和国保险法》若干问题的解释（三）
（2020年12月23日修正） …… （237）
最高人民法院关于适用《中华人民共和国保险法》若干问题的解释（四）
（2020年12月23日修正） …… （239）
最高人民法院研究室关于对《保险法》第十七条规定的“明确说明”应如何理解的问题的答复
（2000年1月24日） …… （241）

最高人民法院关于在道路交通事故损害赔偿纠纷案件中机动车交通事故责任强制保险中的分项限额能否突破的请示的答复
（2012年5月29日）……………………………………………………（242）
中国保险监督管理委员会关于严格执行《机动车交通事故责任强制保险费率浮动暂行办法》的通知
（2009年7月30日）……………………………………………………（242）
中国保险监督管理委员会关于印发《机动车辆保险理赔管理指引》的通知
（2012年2月21日）……………………………………………………（243）
公安部、中国保险监督管理委员会关于实行酒后驾驶与机动车交强险费率联系浮动制度的通知
（2010年1月20日）……………………………………………………（254）
中国保险监督管理委员会关于机动车交强险承保中“即时生效”有关问题的复函
（2010年3月3日）……………………………………………………（255）
道路交通事故社会救助基金管理办法
（2021年12月1日）……………………………………………………（255）

4. 人员管理

临时入境机动车和驾驶人管理规定
（2006年12月1日）……………………………………………………（259）
交通运输部关于印发《道路运输驾驶员诚信考核办法（试行）》的通知
（2008年8月29日）……………………………………………………（262）
交通运输部关于印发《道路运输驾驶员继续教育办法》的通知
（2011年3月18日）……………………………………………………（265）
交通运输部办公厅关于取消总质量4.5吨及以下普通货运车辆道路运输证和驾驶员从业资格证的通知
（2018年12月24日）……………………………………………………（267）
出租汽车驾驶员从业资格管理规定
（2021年8月11日修正）………………………………………………（267）
机动车驾驶员培训管理规定
（2022年9月26日）……………………………………………………（271）
道路运输从业人员管理规定
（2022年11月10日修正）………………………………………………（277）
铁路机车车辆驾驶人员资格许可办法
（2024年8月2日）……………………………………………………（282）
机动车驾驶证申领和使用规定
（2024年12月21日）……………………………………………………（287）

5. 道路管理

收费公路管理条例
（2004年9月13日）……………………………………………………（303）
城市道路管理条例
（2019年3月24日修订）………………………………………………（308）

城市公共交通条例
（2024年10月17日） …………………………………………………………（311）
公路工程竣（交）工验收办法
（2004年3月31日） …………………………………………………………（316）
收费公路权益转让办法
（2008年8月20日） …………………………………………………………（319）
路政管理规定
（2016年12月10日修正） ……………………………………………………（324）
农村公路建设管理办法
（2018年4月8日） …………………………………………………………（329）
城市轨道交通运营管理规定
（2018年5月21日） …………………………………………………………（333）
公路建设监督管理办法
（2021年8月11日修正） ……………………………………………………（338）

6. 交通事故

中华人民共和国民事诉讼法
（2023年9月1日修正） ………………………………………………………（343）
全国人民代表大会常务委员会关于司法鉴定管理问题的决定
（2015年4月24日修正） ……………………………………………………（368）
最高人民法院关于适用《中华人民共和国民事诉讼法》的解释
（2022年3月22日修正） ……………………………………………………（369）
最高人民法院关于购买人使用分期付款购买的车辆从事运输因交通事故造成他人财产损失保留车辆所有权的出卖方不应承担民事责任的批复
（2000年12月1日） …………………………………………………………（410）
最高人民法院关于实际车主肇事后其挂靠单位应否承担责任的复函
（2001年11月8日） …………………………………………………………（411）
最高人民法院关于连环购车未办理过户手续，原车主是否对机动车发生交通事故致人损害承担责任的请示的批复
（2001年12月31日） …………………………………………………………（411）
最高人民法院关于“关于交通事故车辆贬值损失赔偿问题的建议”的答复
（2016年3月4日） …………………………………………………………（412）
最高人民法院、公安部、司法部、中国银行保险监督管理委员会关于在全国推广道路交通事故损害赔偿纠纷“网上数据一体化处理”改革工作的通知
（2020年5月6日） …………………………………………………………（412）
最高人民法院关于人民法院民事诉讼中委托鉴定审查工作若干问题的规定
（2020年8月14日） …………………………………………………………（415）
最高人民法院关于审理道路交通事故损害赔偿案件适用法律若干问题的解释
（2020年12月23日修正） ……………………………………………………（417）
最高人民法院关于确定民事侵权精神损害赔偿责任若干问题的解释
（2020年12月23日修正） ……………………………………………………（419）
最高人民法院关于审理人身损害赔偿案件适用法律若干问题的解释
（2022年2月15日修正） ……………………………………………………（420）

最高人民法院关于适用《中华人民共和国民法典》侵权责任编的解释（一）
（2024 年 9 月 25 日） …………………………………………………………（422）
道路交通事故处理程序规定
（2017 年 7 月 22 日） …………………………………………………………（425）
【指导性案例】
指导案例 19 号：赵春明等诉烟台市福山区汽车运输公司、卫德平等机动车交通事故责任纠纷案 …………………………………………………………（438）
指导案例 24 号：荣宝英诉王阳、永诚财产保险股份有限公司江阴支公司机动车交通事故责任纠纷案 …………………………………………………………（439）
【人民法院案例库参考案例】
柴某某等诉某财产保险股份有限公司黄山市分公司等机动车交通事故责任纠纷案
——被保险机动车年检合格但在发生交通事故时检验不合格的情形，不属于保险合同约定的“未按规定检验或检验不合格”的免责情形 ……………………（441）
朱某、保险公司诉田某、蔡某香机动车交通事故责任纠纷案
——法庭辩论结束后受害人死亡不应成为减少赔偿金的理由 ……………………（444）
吴某某诉某保险公司机动车交通事故责任纠纷案
——交强险和商业三者责任保险中“第三者”的认定 ……………………（446）
商某诉某保险公司北京分公司等机动车交通事故责任纠纷案
——“零时起保”保险条款的效力认定……………………（447）
某保险支公司诉陈某某、杨某某、朱某某及林某某机动车交通事故责任纠纷案
——以家庭自用车辆投保从事网约车营运的保险责任认定 ……………………（449）
赵某、赵某某、倪某某诉中国人民财产保险股份有限公司某公司、张某某机动车交通事故责任纠纷案
——保险免责条款为禁止性法律规定的，保险人的说明义务的举证责任可以适当减轻……（450）
孙某某诉罗某、刘某某、某保险公司机动车交通事故责任纠纷案
——因自身严重疾病对损害后果有一定影响不减轻侵权人赔偿责任 ……………（453）
孔某某诉毋某某机动车交通事故责任纠纷案
——交通事故中燃油助力车的性质认定及责任承担 ……………………（455）
【法答网精选答问】
能否依据交通事故责任认定中的“全责”或“主责”认定“好意同乘”规定中的“重大过失”？ ……………………（456）

三、交通运输

1. 综　　合

中华人民共和国道路运输条例
（2023 年 7 月 20 日修订） ……………………………………………（458）
道路运输服务质量投诉管理规定
（2016 年 9 月 2 日修正） ……………………………………………（465）
交通运输标准化管理办法
（2019 年 5 月 13 日） ……………………………………………（467）

2. 道路旅客运输

城市公共汽车和电车客运管理规定
（2017年3月7日） …… （469）
交通运输部、公安部关于公布《道路客运车辆禁止、限制携带和托运物品目录》的公告
（2021年6月9日） …… （475）
巡游出租汽车经营服务管理规定
（2021年8月11日修正） …… （477）
网络预约出租汽车经营服务管理暂行办法
（2022年11月30日修正） …… （483）
交通运输部关于印发《道路客运接驳运输管理办法》的通知
（2023年5月6日修订） …… （488）
道路旅客运输及客运站管理规定
（2023年11月10日修正） …… （491）
交通运输部、公安部、应急管理部关于印发《道路旅客运输企业安全管理规范》的通知
（2023年11月11日修订） …… （502）

3. 道路货物运输

放射性物品运输安全管理条例
（2009年9月14日） …… （512）
民用爆炸物品安全管理条例
（2014年7月29日修订） …… （519）
危险货物道路运输安全管理办法
（2019年11月10日） …… （526）
超限运输车辆行驶公路管理规定
（2021年8月11日修正） …… （533）
放射性物品道路运输管理规定
（2023年11月10日修正） …… （538）
道路危险货物运输管理规定
（2023年11月10日修正） …… （543）
【指导性案例】
指导案例51号：阿卜杜勒·瓦希德诉中国东方航空股份有限公司航空旅客运输合同纠纷案 …… （549）
【人民法院案例库参考案例】
江西省遂川县生态环境局诉某和财保荆门公司等机动车交通事故责任纠纷案
——危险货物运输机动车交通事故致环境污染损害赔偿责任的认定和承担 …… （552）

四、刑事责任

中华人民共和国刑法（节录）
（2023年12月29日修正） …… （556）

最高人民法院关于审理交通肇事刑事案件具体应用法律若干问题的解释
（2000 年 11 月 15 日） ………………………………………………………………（568）
最高人民法院、最高人民检察院关于办理与盗窃、抢劫、诈骗、抢夺机动车相关刑事案件具体应用法律若干问题的解释
（2007 年 5 月 9 日） …………………………………………………………………（569）
最高人民法院关于醉酒驾车犯罪法律适用问题指导意见
（2009 年 9 月 11 日） ………………………………………………………………（570）
最高人民法院研究室关于交通肇事刑事案件附带民事赔偿范围问题的答复
（2014 年 2 月 24 日） ………………………………………………………………（571）
最高人民法院、最高人民检察院、公安部关于依法惩治妨害公共交通工具安全驾驶违法犯罪行为的指导意见
（2019 年 1 月 8 日） …………………………………………………………………（571）
最高人民法院、最高人民检察院、公安部、司法部关于印发《最高人民法院、最高人民检察院、公安部、司法部关于办理醉酒危险驾驶刑事案件的意见》的通知
（2023 年 12 月 13 日） ………………………………………………………………（573）
公安部关于公安机关办理醉酒驾驶机动车犯罪案件的指导意见
（2011 年 9 月 19 日） ………………………………………………………………（577）
公安部对再次饮酒后驾驶机动车适用法律问题的批复
（2017 年 1 月 20 日） ………………………………………………………………（579）
司法部司法鉴定管理局关于车辆驾驶人员血液最后酒精含量测定适用标准有关意见的函
（2018 年 5 月 3 日） …………………………………………………………………（580）
【指导性案例】
指导案例 32 号：张某某、金某危险驾驶案……………………………………………（580）
【人民法院案例库参考案例】
周某刚交通肇事案
——行人、机动车等多种因素引起交通事故的处理 ……………………………（582）
刘某江交通肇事宣告无罪案
——对道路交通事故认定书的实质审查 ……………………………………………（583）
金某交通肇事、危险驾驶案
——交通肇事后指使他人顶包的，属于肇事后逃逸 ……………………………（584）
曹某危险驾驶案
——为抗拒民警控制而实施甩手、蹬腿等一般性抗拒行为的定性及上诉不加刑原则的把握 ……………………………………………………………（585）
汪某秋危险驾驶案
——“五年内曾因饮酒后驾驶”以实施上一次酒驾行为之日起计算 …………（586）
马某危险驾驶案
——因被害方赔偿诉求明显不合理且拒不提供损失证明，导致未达成赔偿协议的，不属于“未赔偿损失” ……………………………………………（587）

一、总　　类

中华人民共和国民法典（节录）

（2020 年 5 月 28 日第十三届全国人民代表大会第三次会议通过　2020 年 5 月 28 日中华人民共和国主席令第四十五号公布　自 2021 年 1 月 1 日起施行）

目　　录

第一编　总　则
　第一章　基本规定
　第二章　自然人
　　第一节　民事权利能力和民事行为能力
　　第二节　监　护
　　第三节　宣告失踪和宣告死亡
　　第四节　个体工商户和农村承包经营户
　第三章　法　人
　　第一节　一般规定
　　第二节　营利法人
　　第三节　非营利法人
　　第四节　特别法人
　第四章　非法人组织
　第五章　民事权利
　第六章　民事法律行为
　　第一节　一般规定
　　第二节　意思表示
　　第三节　民事法律行为的效力
　　第四节　民事法律行为的附条件和附期限
　第七章　代　理
　　第一节　一般规定
　　第二节　委托代理
　　第三节　代理终止
　第八章　民事责任
　第九章　诉讼时效
　第十章　期间计算
第二编　物　权
　第一分编　通　则
　第一章　一般规定
　第二章　物权的设立、变更、转让和消灭
　　第一节　不动产登记
　　第二节　动产交付
　　第三节　其他规定
　第三章　物权的保护
　第二分编　所有权
　第四章　一般规定
　第五章　国家所有权和集体所有权、私人所有权
　第六章　业主的建筑物区分所有权
　第七章　相邻关系
　第八章　共　有
　第九章　所有权取得的特别规定
　第三分编　用益物权
　第十章　一般规定
　第十一章　土地承包经营权
　第十二章　建设用地使用权
　第十三章　宅基地使用权
　第十四章　居住权
　第十五章　地役权
　第四分编　担保物权
　第十六章　一般规定
　第十七章　抵押权
　　第一节　一般抵押权
　　第二节　最高额抵押权

第十八章　质　权
第一节　动产质权
第二节　权利质权
第十九章　留置权
第五分编　占　有
第二十章　占　有
第三编　合　同
第一分编　通　则
第一章　一般规定
第二章　合同的订立
第三章　合同的效力
第四章　合同的履行
第五章　合同的保全
第六章　合同的变更和转让
第七章　合同的权利义务终止
第八章　违约责任
第二分编　典型合同
第九章　买卖合同
第十章　供用电、水、气、热力合同
第十一章　赠与合同
第十二章　借款合同
第十三章　保证合同
第一节　一般规定
第二节　保证责任
第十四章　租赁合同
第十五章　融资租赁合同
第十六章　保理合同
第十七章　承揽合同
第十八章　建设工程合同
第十九章　运输合同
第一节　一般规定
第二节　客运合同
第三节　货运合同
第四节　多式联运合同
第二十章　技术合同
第一节　一般规定
第二节　技术开发合同
第三节　技术转让合同和技术许可合同
第四节　技术咨询合同和技术服务合同
第二十一章　保管合同
第二十二章　仓储合同
第二十三章　委托合同
第二十四章　物业服务合同
第二十五章　行纪合同
第二十六章　中介合同
第二十七章　合伙合同
第三分编　准合同
第二十八章　无因管理
第二十九章　不当得利
第四编　人格权
第一章　一般规定
第二章　生命权、身体权和健康权
第三章　姓名权和名称权
第四章　肖像权
第五章　名誉权和荣誉权
第六章　隐私权和个人信息保护
第五编　婚姻家庭
第一章　一般规定
第二章　结　婚
第三章　家庭关系
第一节　夫妻关系
第二节　父母子女关系和其他近亲属关系
第四章　离　婚
第五章　收　养
第一节　收养关系的成立
第二节　收养的效力
第三节　收养关系的解除
第六编　继　承
第一章　一般规定
第二章　法定继承
第三章　遗嘱继承和遗赠
第四章　遗产的处理
第七编　侵权责任
第一章　一般规定
第二章　损害赔偿
第三章　责任主体的特殊规定
第四章　产品责任
第五章　机动车交通事故责任
第六章　医疗损害责任
第七章　环境污染和生态破坏责任
第八章　高度危险责任
第九章　饲养动物损害责任
第十章　建筑物和物件损害责任
附　则

第一编　总　则

第一章　基本规定

第一条　为了保护民事主体的合法权益，

调整民事关系，维护社会和经济秩序，适应中国特色社会主义发展要求，弘扬社会主义核心价值观，根据宪法，制定本法。

第二条 民法调整平等主体的自然人、法人和非法人组织之间的人身关系和财产关系。

第三条 民事主体的人身权利、财产权利以及其他合法权益受法律保护，任何组织或者个人不得侵犯。

第四条 民事主体在民事活动中的法律地位一律平等。

第五条 民事主体从事民事活动，应当遵循自愿原则，按照自己的意思设立、变更、终止民事法律关系。

第六条 民事主体从事民事活动，应当遵循公平原则，合理确定各方的权利和义务。

第七条 民事主体从事民事活动，应当遵循诚信原则，秉持诚实，恪守承诺。

第八条 民事主体从事民事活动，不得违反法律，不得违背公序良俗。

第九条 民事主体从事民事活动，应当有利于节约资源、保护生态环境。

第十条 处理民事纠纷，应当依照法律；法律没有规定的，可以适用习惯，但是不得违背公序良俗。

第十一条 其他法律对民事关系有特别规定的，依照其规定。

第十二条 中华人民共和国领域内的民事活动，适用中华人民共和国法律。法律另有规定的，依照其规定。

第二章 自然人

第一节 民事权利能力和民事行为能力

第十三条 自然人从出生时起到死亡时止，具有民事权利能力，依法享有民事权利，承担民事义务。

第十四条 自然人的民事权利能力一律平等。

第十五条 自然人的出生时间和死亡时间，以出生证明、死亡证明记载的时间为准；没有出生证明、死亡证明的，以户籍登记或者其他有效身份登记记载的时间为准。有其他证据足以推翻以上记载时间的，以该证据证明的时间为准。

第十六条 涉及遗产继承、接受赠与等胎儿利益保护的，胎儿视为具有民事权利能力。但是，胎儿娩出时为死体的，其民事权利能力自始不存在。

第十七条 十八周岁以上的自然人为成年人。不满十八周岁的自然人为未成年人。

第十八条 成年人为完全民事行为能力人，可以独立实施民事法律行为。

十六周岁以上的未成年人，以自己的劳动收入为主要生活来源的，视为完全民事行为能力人。

第十九条 八周岁以上的未成年人为限制民事行为能力人，实施民事法律行为由其法定代理人代理或者经其法定代理人同意、追认；但是，可以独立实施纯获利益的民事法律行为或者与其年龄、智力相适应的民事法律行为。

第二十条 不满八周岁的未成年人为无民事行为能力人，由其法定代理人代理实施民事法律行为。

第二十一条 不能辨认自己行为的成年人为无民事行为能力人，由其法定代理人代理实施民事法律行为。

八周岁以上的未成年人不能辨认自己行为的，适用前款规定。

第二十二条 不能完全辨认自己行为的成年人为限制民事行为能力人，实施民事法律行为由其法定代理人代理或者经其法定代理人同意、追认；但是，可以独立实施纯获利益的民事法律行为或者与其智力、精神健康状况相适应的民事法律行为。

第二十三条 无民事行为能力人、限制民事行为能力人的监护人是其法定代理人。

第二十四条 不能辨认或者不能完全辨认自己行为的成年人，其利害关系人或者有关组织，可以向人民法院申请认定该成年人为无民事行为能力人或者限制民事行为能力人。

被人民法院认定为无民事行为能力人或者限制民事行为能力人的，经本人、利害关系人或者有关组织申请，人民法院可以根据其智力、精神健康恢复的状况，认定该成年人恢复为限制民事行为能力人或者完全民事行为能力人。

本条规定的有关组织包括：居民委员会、村民委员会、学校、医疗机构、妇女联合会、残疾人联合会、依法设立的老年人组织、民政部门等。

第二十五条 自然人以户籍登记或者其他

有效身份登记记载的居所为住所；经常居所与住所不一致的，经常居所视为住所。

第二节 监 护

第二十六条 父母对未成年子女负有抚养、教育和保护的义务。

成年子女对父母负有赡养、扶助和保护的义务。

第二十七条 父母是未成年子女的监护人。

未成年人的父母已经死亡或者没有监护能力的，由下列有监护能力的人按顺序担任监护人：

（一）祖父母、外祖父母；

（二）兄、姐；

（三）其他愿意担任监护人的个人或者组织，但是须经未成年人住所地的居民委员会、村民委员会或者民政部门同意。

第二十八条 无民事行为能力或者限制民事行为能力的成年人，由下列有监护能力的人按顺序担任监护人：

（一）配偶；

（二）父母、子女；

（三）其他近亲属；

（四）其他愿意担任监护人的个人或者组织，但是须经被监护人住所地的居民委员会、村民委员会或者民政部门同意。

第二十九条 被监护人的父母担任监护人的，可以通过遗嘱指定监护人。

第三十条 依法具有监护资格的人之间可以协议确定监护人。协议确定监护人应当尊重被监护人的真实意愿。

第三十一条 对监护人的确定有争议的，由被监护人住所地的居民委员会、村民委员会或者民政部门指定监护人，有关当事人对指定不服的，可以向人民法院申请指定监护人；有关当事人也可以直接向人民法院申请指定监护人。

居民委员会、村民委员会、民政部门或者人民法院应当尊重被监护人的真实意愿，按照最有利于被监护人的原则在依法具有监护资格的人中指定监护人。

依据本条第一款规定指定监护人前，被监护人的人身权利、财产权利以及其他合法权益处于无人保护状态的，由被监护人住所地的居民委员会、村民委员会、法律规定的有关组织或者民政部门担任临时监护人。

监护人被指定后，不得擅自变更；擅自变更的，不免除被指定的监护人的责任。

第三十二条 没有依法具有监护资格的人的，监护人由民政部门担任，也可以由具备履行监护职责条件的被监护人住所地的居民委员会、村民委员会担任。

第三十三条 具有完全民事行为能力的成年人，可以与其近亲属、其他愿意担任监护人的个人或者组织事先协商，以书面形式确定自己的监护人，在自己丧失或者部分丧失民事行为能力时，由该监护人履行监护职责。

第三十四条 监护人的职责是代理被监护人实施民事法律行为，保护被监护人的人身权利、财产权利以及其他合法权益等。

监护人依法履行监护职责产生的权利，受法律保护。

监护人不履行监护职责或者侵害被监护人合法权益的，应当承担法律责任。

因发生突发事件等紧急情况，监护人暂时无法履行监护职责，被监护人的生活处于无人照料状态的，被监护人住所地的居民委员会、村民委员会或者民政部门应当为被监护人安排必要的临时生活照料措施。

第三十五条 监护人应当按照最有利于被监护人的原则履行监护职责。监护人除为维护被监护人利益外，不得处分被监护人的财产。

未成年人的监护人履行监护职责，在作出与被监护人利益有关的决定时，应当根据被监护人的年龄和智力状况，尊重被监护人的真实意愿。

成年人的监护人履行监护职责，应当最大程度地尊重被监护人的真实意愿，保障并协助被监护人实施与其智力、精神健康状况相适应的民事法律行为。对被监护人有能力独立处理的事务，监护人不得干涉。

第三十六条 监护人有下列情形之一的，人民法院根据有关个人或者组织的申请，撤销其监护人资格，安排必要的临时监护措施，并按照最有利于被监护人的原则依法指定监护人：

（一）实施严重损害被监护人身心健康的行为；

（二）怠于履行监护职责，或者无法履行监护职责且拒绝将监护职责部分或者全部委托给他人，导致被监护人处于危困状态；

（三）实施严重侵害被监护人合法权益的其他行为。

本条规定的有关个人、组织包括：其他依法具有监护资格的人，居民委员会、村民委员会、学校、医疗机构、妇女联合会、残疾人联合会、未成年人保护组织、依法设立的老年人组织、民政部门等。

前款规定的个人和民政部门以外的组织未及时向人民法院申请撤销监护人资格的，民政部门应当向人民法院申请。

第三十七条 依法负担被监护人抚养费、赡养费、扶养费的父母、子女、配偶等，被人民法院撤销监护人资格后，应当继续履行负担的义务。

第三十八条 被监护人的父母或者子女被人民法院撤销监护人资格后，除对被监护人实施故意犯罪的外，确有悔改表现的，经其申请，人民法院可以在尊重被监护人真实意愿的前提下，视情况恢复其监护人资格，人民法院指定的监护人与被监护人的监护关系同时终止。

第三十九条 有下列情形之一的，监护关系终止：

（一）被监护人取得或者恢复完全民事行为能力；

（二）监护人丧失监护能力；

（三）被监护人或者监护人死亡；

（四）人民法院认定监护关系终止的其他情形。

监护关系终止后，被监护人仍然需要监护的，应当依法另行确定监护人。

第三节 宣告失踪和宣告死亡

第四十条 自然人下落不明满二年的，利害关系人可以向人民法院申请宣告该自然人为失踪人。

第四十一条 自然人下落不明的时间自其失去音讯之日起计算。战争期间下落不明的，下落不明的时间自战争结束之日或者有关机关确定的下落不明之日起计算。

第四十二条 失踪人的财产由其配偶、成年子女、父母或者其他愿意担任财产代管人的人代管。

代管有争议，没有前款规定的人，或者前款规定的人无代管能力的，由人民法院指定的人代管。

第四十三条 财产代管人应当妥善管理失踪人的财产，维护其财产权益。

失踪人所欠税款、债务和应付的其他费用，由财产代管人从失踪人的财产中支付。

财产代管人因故意或者重大过失造成失踪人财产损失的，应当承担赔偿责任。

第四十四条 财产代管人不履行代管职责、侵害失踪人财产权益或者丧失代管能力的，失踪人的利害关系人可以向人民法院申请变更财产代管人。

财产代管人有正当理由的，可以向人民法院申请变更财产代管人。

人民法院变更财产代管人的，变更后的财产代管人有权请求原财产代管人及时移交有关财产并报告财产代管情况。

第四十五条 失踪人重新出现，经本人或者利害关系人申请，人民法院应当撤销失踪宣告。

失踪人重新出现，有权请求财产代管人及时移交有关财产并报告财产代管情况。

第四十六条 自然人有下列情形之一的，利害关系人可以向人民法院申请宣告该自然人死亡：

（一）下落不明满四年；

（二）因意外事件，下落不明满二年。

因意外事件下落不明，经有关机关证明该自然人不可能生存的，申请宣告死亡不受二年时间的限制。

第四十七条 对同一自然人，有的利害关系人申请宣告死亡，有的利害关系人申请宣告失踪，符合本法规定的宣告死亡条件的，人民法院应当宣告死亡。

第四十八条 被宣告死亡的人，人民法院宣告死亡的判决作出之日视为其死亡的日期；因意外事件下落不明宣告死亡的，意外事件发生之日视为其死亡的日期。

第四十九条 自然人被宣告死亡但是并未死亡的，不影响该自然人在被宣告死亡期间实施的民事法律行为的效力。

第五十条 被宣告死亡的人重新出现，经本人或者利害关系人申请，人民法院应当撤销死亡宣告。

第五十一条 被宣告死亡的人的婚姻关系，自死亡宣告之日起消除。死亡宣告被撤销的，婚姻关系自撤销死亡宣告之日起自行恢复。但是，其配偶再婚或者向婚姻登记机关书面声明不愿意恢复的除外。

第五十二条 被宣告死亡的人在被宣告死亡期间，其子女被他人依法收养的，在死亡宣告被撤销后，不得以未经本人同意为由主张收养行为无效。

第五十三条 被撤销死亡宣告的人有权请求依照本法第六编取得其财产的民事主体返还财产；无法返还的，应当给予适当补偿。

利害关系人隐瞒真实情况，致使他人被宣告死亡而取得其财产的，除应当返还财产外，还应当对由此造成的损失承担赔偿责任。

第四节 个体工商户和农村承包经营户

第五十四条 自然人从事工商业经营，经依法登记，为个体工商户。个体工商户可以起字号。

第五十五条 农村集体经济组织的成员，依法取得农村土地承包经营权，从事家庭承包经营的，为农村承包经营户。

第五十六条 个体工商户的债务，个人经营的，以个人财产承担；家庭经营的，以家庭财产承担；无法区分的，以家庭财产承担。

农村承包经营户的债务，以从事农村土地承包经营的农户财产承担；事实上由农户部分成员经营的，以该部分成员的财产承担。

第三章 法 人

第一节 一般规定

第五十七条 法人是具有民事权利能力和民事行为能力，依法独立享有民事权利和承担民事义务的组织。

第五十八条 法人应当依法成立。

法人应当有自己的名称、组织机构、住所、财产或者经费。法人成立的具体条件和程序，依照法律、行政法规的规定。

设立法人，法律、行政法规规定须经有关机关批准的，依照其规定。

第五十九条 法人的民事权利能力和民事行为能力，从法人成立时产生，到法人终止时消灭。

第六十条 法人以其全部财产独立承担民事责任。

第六十一条 依照法律或者法人章程的规定，代表法人从事民事活动的负责人，为法人的法定代表人。

法定代表人以法人名义从事的民事活动，其法律后果由法人承受。

法人章程或者法人权力机构对法定代表人代表权的限制，不得对抗善意相对人。

第六十二条 法定代表人因执行职务造成他人损害的，由法人承担民事责任。

法人承担民事责任后，依照法律或者法人章程的规定，可以向有过错的法定代表人追偿。

第六十三条 法人以其主要办事机构所在地为住所。依法需要办理法人登记的，应当将主要办事机构所在地登记为住所。

第六十四条 法人存续期间登记事项发生变化的，应当依法向登记机关申请变更登记。

第六十五条 法人的实际情况与登记的事项不一致的，不得对抗善意相对人。

第六十六条 登记机关应当依法及时公示法人登记的有关信息。

第六十七条 法人合并的，其权利和义务由合并后的法人享有和承担。

法人分立的，其权利和义务由分立后的法人享有连带债权，承担连带债务，但是债权人和债务人另有约定的除外。

第六十八条 有下列原因之一并依法完成清算、注销登记的，法人终止：

（一）法人解散；

（二）法人被宣告破产；

（三）法律规定的其他原因。

法人终止，法律、行政法规规定须经有关机关批准的，依照其规定。

第六十九条 有下列情形之一的，法人解散：

（一）法人章程规定的存续期间届满或者法人章程规定的其他解散事由出现；

（二）法人的权力机构决议解散；

（三）因法人合并或者分立需要解散；

（四）法人依法被吊销营业执照、登记证书，被责令关闭或者被撤销；

（五）法律规定的其他情形。

第七十条 法人解散的，除合并或者分立的情形外，清算义务人应当及时组成清算组进行清算。

法人的董事、理事等执行机构或者决策机

构的成员为清算义务人。法律、行政法规另有规定的，依照其规定。

清算义务人未及时履行清算义务，造成损害的，应当承担民事责任；主管机关或者利害关系人可以申请人民法院指定有关人员组成清算组进行清算。

第七十一条 法人的清算程序和清算组职权，依照有关法律的规定；没有规定的，参照适用公司法律的有关规定。

第七十二条 清算期间法人存续，但是不得从事与清算无关的活动。

法人清算后的剩余财产，按照法人章程的规定或者法人权力机构的决议处理。法律另有规定的，依照其规定。

清算结束并完成法人注销登记时，法人终止；依法不需要办理法人登记的，清算结束时，法人终止。

第七十三条 法人被宣告破产的，依法进行破产清算并完成法人注销登记时，法人终止。

第七十四条 法人可以依法设立分支机构。法律、行政法规规定分支机构应当登记的，依照其规定。

分支机构以自己的名义从事民事活动，产生的民事责任由法人承担；也可以先以该分支机构管理的财产承担，不足以承担的，由法人承担。

第七十五条 设立人为设立法人从事的民事活动，其法律后果由法人承受；法人未成立的，其法律后果由设立人承受，设立人为二人以上的，享有连带债权，承担连带债务。

设立人为设立法人以自己的名义从事民事活动产生的民事责任，第三人有权选择请求法人或者设立人承担。

第二节 营利法人

第七十六条 以取得利润并分配给股东等出资人为目的成立的法人，为营利法人。

营利法人包括有限责任公司、股份有限公司和其他企业法人等。

第七十七条 营利法人经依法登记成立。

第七十八条 依法设立的营利法人，由登记机关发给营利法人营业执照。营业执照签发日期为营利法人的成立日期。

第七十九条 设立营利法人应当依法制定法人章程。

第八十条 营利法人应当设权力机构。

权力机构行使修改法人章程，选举或者更换执行机构、监督机构成员，以及法人章程规定的其他职权。

第八十一条 营利法人应当设执行机构。

执行机构行使召集权力机构会议，决定法人的经营计划和投资方案，决定法人内部管理机构的设置，以及法人章程规定的其他职权。

执行机构为董事会或者执行董事的，董事长、执行董事或者经理按照法人章程的规定担任法定代表人；未设董事会或者执行董事的，法人章程规定的主要负责人为其执行机构和法定代表人。

第八十二条 营利法人设监事会或者监事等监督机构的，监督机构依法行使检查法人财务，监督执行机构成员、高级管理人员执行法人职务的行为，以及法人章程规定的其他职权。

第八十三条 营利法人的出资人不得滥用出资人权利损害法人或者其他出资人的利益；滥用出资人权利造成法人或者其他出资人损失的，应当依法承担民事责任。

营利法人的出资人不得滥用法人独立地位和出资人有限责任损害法人债权人的利益；滥用法人独立地位和出资人有限责任，逃避债务，严重损害法人债权人的利益的，应当对法人债务承担连带责任。

第八十四条 营利法人的控股出资人、实际控制人、董事、监事、高级管理人员不得利用其关联关系损害法人的利益；利用关联关系造成法人损失的，应当承担赔偿责任。

第八十五条 营利法人的权力机构、执行机构作出决议的会议召集程序、表决方式违反法律、行政法规、法人章程，或者决议内容违反法人章程的，营利法人的出资人可以请求人民法院撤销该决议。但是，营利法人依据该决议与善意相对人形成的民事法律关系不受影响。

第八十六条 营利法人从事经营活动，应当遵守商业道德，维护交易安全，接受政府和社会的监督，承担社会责任。

第三节 非营利法人

第八十七条 为公益目的或者其他非营利目的成立，不向出资人、设立人或者会员分配所取得利润的法人，为非营利法人。

非营利法人包括事业单位、社会团体、基金会、社会服务机构等。

第八十八条 具备法人条件，为适应经济社会发展需要，提供公益服务设立的事业单位，经依法登记成立，取得事业单位法人资格；依法不需要办理法人登记的，从成立之日起，具有事业单位法人资格。

第八十九条 事业单位法人设理事会的，除法律另有规定外，理事会为其决策机构。事业单位法人的法定代表人依照法律、行政法规或者法人章程的规定产生。

第九十条 具备法人条件，基于会员共同意愿，为公益目的或者会员共同利益等非营利目的设立的社会团体，经依法登记成立，取得社会团体法人资格；依法不需要办理法人登记的，从成立之日起，具有社会团体法人资格。

第九十一条 设立社会团体法人应当依法制定法人章程。

社会团体法人应当设会员大会或者会员代表大会等权力机构。

社会团体法人应当设理事会等执行机构。理事长或者会长等负责人按照法人章程的规定担任法定代表人。

第九十二条 具备法人条件，为公益目的以捐助财产设立的基金会、社会服务机构等，经依法登记成立，取得捐助法人资格。

依法设立的宗教活动场所，具备法人条件的，可以申请法人登记，取得捐助法人资格。法律、行政法规对宗教活动场所有规定的，依照其规定。

第九十三条 设立捐助法人应当依法制定法人章程。

捐助法人应当设理事会、民主管理组织等决策机构，并设执行机构。理事长等负责人按照法人章程的规定担任法定代表人。

捐助法人应当设监事会等监督机构。

第九十四条 捐助人有权向捐助法人查询捐助财产的使用、管理情况，并提出意见和建议，捐助法人应当及时、如实答复。

捐助法人的决策机构、执行机构或者法定代表人作出决定的程序违反法律、行政法规、法人章程，或者决定内容违反法人章程的，捐助人等利害关系人或者主管机关可以请求人民法院撤销该决定。但是，捐助法人依据该决定与善意相对人形成的民事法律关系不受影响。

第九十五条 为公益目的成立的非营利法人终止时，不得向出资人、设立人或者会员分配剩余财产。剩余财产应当按照法人章程的规定或者权力机构的决议用于公益目的；无法按照法人章程的规定或者权力机构的决议处理的，由主管机关主持转给宗旨相同或者相近的法人，并向社会公告。

第四节 特别法人

第九十六条 本节规定的机关法人、农村集体经济组织法人、城镇农村的合作经济组织法人、基层群众性自治组织法人，为特别法人。

第九十七条 有独立经费的机关和承担行政职能的法定机构从成立之日起，具有机关法人资格，可以从事为履行职能所需要的民事活动。

第九十八条 机关法人被撤销的，法人终止，其民事权利和义务由继任的机关法人享有和承担；没有继任的机关法人的，由作出撤销决定的机关法人享有和承担。

第九十九条 农村集体经济组织依法取得法人资格。

法律、行政法规对农村集体经济组织有规定的，依照其规定。

第一百条 城镇农村的合作经济组织依法取得法人资格。

法律、行政法规对城镇农村的合作经济组织有规定的，依照其规定。

第一百零一条 居民委员会、村民委员会具有基层群众性自治组织法人资格，可以从事为履行职能所需要的民事活动。

未设立村集体经济组织的，村民委员会可以依法代行村集体经济组织的职能。

第四章 非法人组织

第一百零二条 非法人组织是不具有法人资格，但是能够依法以自己的名义从事民事活动的组织。

非法人组织包括个人独资企业、合伙企业、不具有法人资格的专业服务机构等。

第一百零三条 非法人组织应当依照法律的规定登记。

设立非法人组织，法律、行政法规规定须经有关机关批准的，依照其规定。

第一百零四条 非法人组织的财产不足以

清偿债务的，其出资人或者设立人承担无限责任。法律另有规定的，依照其规定。

第一百零五条 非法人组织可以确定一人或者数人代表该组织从事民事活动。

第一百零六条 有下列情形之一的，非法人组织解散：

（一）章程规定的存续期间届满或者章程规定的其他解散事由出现；

（二）出资人或者设立人决定解散；

（三）法律规定的其他情形。

第一百零七条 非法人组织解散的，应当依法进行清算。

第一百零八条 非法人组织除适用本章规定外，参照适用本编第三章第一节的有关规定。

第五章 民事权利

第一百零九条 自然人的人身自由、人格尊严受法律保护。

第一百一十条 自然人享有生命权、身体权、健康权、姓名权、肖像权、名誉权、荣誉权、隐私权、婚姻自主权等权利。

法人、非法人组织享有名称权、名誉权和荣誉权。

第一百一十一条 自然人的个人信息受法律保护。任何组织或者个人需要获取他人个人信息的，应当依法取得并确保信息安全，不得非法收集、使用、加工、传输他人个人信息，不得非法买卖、提供或者公开他人个人信息。

第一百一十二条 自然人因婚姻家庭关系等产生的人身权利受法律保护。

第一百一十三条 民事主体的财产权利受法律平等保护。

第一百一十四条 民事主体依法享有物权。

物权是权利人依法对特定的物享有直接支配和排他的权利，包括所有权、用益物权和担保物权。

第一百一十五条 物包括不动产和动产。法律规定权利作为物权客体的，依照其规定。

第一百一十六条 物权的种类和内容，由法律规定。

第一百一十七条 为了公共利益的需要，依照法律规定的权限和程序征收、征用不动产或者动产的，应当给予公平、合理的补偿。

第一百一十八条 民事主体依法享有债权。

债权是因合同、侵权行为、无因管理、不当得利以及法律的其他规定，权利人请求特定义务人为或者不为一定行为的权利。

第一百一十九条 依法成立的合同，对当事人具有法律约束力。

第一百二十条 民事权益受到侵害的，被侵权人有权请求侵权人承担侵权责任。

第一百二十一条 没有法定的或者约定的义务，为避免他人利益受损失而进行管理的人，有权请求受益人偿还由此支出的必要费用。

第一百二十二条 因他人没有法律根据，取得不当利益，受损失的人有权请求其返还不当利益。

第一百二十三条 民事主体依法享有知识产权。

知识产权是权利人依法就下列客体享有的专有的权利：

（一）作品；

（二）发明、实用新型、外观设计；

（三）商标；

（四）地理标志；

（五）商业秘密；

（六）集成电路布图设计；

（七）植物新品种；

（八）法律规定的其他客体。

第一百二十四条 自然人依法享有继承权。

自然人合法的私有财产，可以依法继承。

第一百二十五条 民事主体依法享有股权和其他投资性权利。

第一百二十六条 民事主体享有法律规定的其他民事权利和利益。

第一百二十七条 法律对数据、网络虚拟财产的保护有规定的，依照其规定。

第一百二十八条 法律对未成年人、老年人、残疾人、妇女、消费者等的民事权利保护有特别规定的，依照其规定。

第一百二十九条 民事权利可以依据民事法律行为、事实行为、法律规定的事件或者法律规定的其他方式取得。

第一百三十条 民事主体按照自己的意愿依法行使民事权利，不受干涉。

第一百三十一条 民事主体行使权利时，应当履行法律规定的和当事人约定的义务。

第一百三十二条 民事主体不得滥用民事权利损害国家利益、社会公共利益或者他人合法权益。

第六章 民事法律行为

第一节 一般规定

第一百三十三条 民事法律行为是民事主体通过意思表示设立、变更、终止民事法律关系的行为。

第一百三十四条 民事法律行为可以基于双方或者多方的意思表示一致成立，也可以基于单方的意思表示成立。

法人、非法人组织依照法律或者章程规定的议事方式和表决程序作出决议的，该决议行为成立。

第一百三十五条 民事法律行为可以采用书面形式、口头形式或者其他形式；法律、行政法规规定或者当事人约定采用特定形式的，应当采用特定形式。

第一百三十六条 民事法律行为自成立时生效，但是法律另有规定或者当事人另有约定的除外。

行为人非依法律规定或者未经对方同意，不得擅自变更或者解除民事法律行为。

第二节 意思表示

第一百三十七条 以对话方式作出的意思表示，相对人知道其内容时生效。

以非对话方式作出的意思表示，到达相对人时生效。以非对话方式作出的采用数据电文形式的意思表示，相对人指定特定系统接收数据电文的，该数据电文进入该特定系统时生效；未指定特定系统的，相对人知道或者应当知道该数据电文进入其系统时生效。当事人对采用数据电文形式的意思表示的生效时间另有约定的，按照其约定。

第一百三十八条 无相对人的意思表示，表示完成时生效。法律另有规定的，依照其规定。

第一百三十九条 以公告方式作出的意思表示，公告发布时生效。

第一百四十条 行为人可以明示或者默示作出意思表示。

沉默只有在有法律规定、当事人约定或者符合当事人之间的交易习惯时，才可以视为意思表示。

第一百四十一条 行为人可以撤回意思表示。撤回意思表示的通知应当在意思表示到达相对人前或者与意思表示同时到达相对人。

第一百四十二条 有相对人的意思表示的解释，应当按照所使用的词句，结合相关条款、行为的性质和目的、习惯以及诚信原则，确定意思表示的含义。

无相对人的意思表示的解释，不能完全拘泥于所使用的词句，而应当结合相关条款、行为的性质和目的、习惯以及诚信原则，确定行为人的真实意思。

第三节 民事法律行为的效力

第一百四十三条 具备下列条件的民事法律行为有效：

（一）行为人具有相应的民事行为能力；

（二）意思表示真实；

（三）不违反法律、行政法规的强制性规定，不违背公序良俗。

第一百四十四条 无民事行为能力人实施的民事法律行为无效。

第一百四十五条 限制民事行为能力人实施的纯获利益的民事法律行为或者与其年龄、智力、精神健康状况相适应的民事法律行为有效；实施的其他民事法律行为经法定代理人同意或者追认后有效。

相对人可以催告法定代理人自收到通知之日起三十日内予以追认。法定代理人未作表示的，视为拒绝追认。民事法律行为被追认前，善意相对人有撤销的权利。撤销应当以通知的方式作出。

第一百四十六条 行为人与相对人以虚假的意思表示实施的民事法律行为无效。

以虚假的意思表示隐藏的民事法律行为的效力，依照有关法律规定处理。

第一百四十七条 基于重大误解实施的民事法律行为，行为人有权请求人民法院或者仲裁机构予以撤销。

第一百四十八条 一方以欺诈手段，使对方在违背真实意思的情况下实施的民事法律行为，受欺诈方有权请求人民法院或者仲裁机构予以撤销。

第一百四十九条 第三人实施欺诈行为，

使一方在违背真实意思的情况下实施的民事法律行为，对方知道或者应当知道该欺诈行为的，受欺诈方有权请求人民法院或者仲裁机构予以撤销。

第一百五十条 一方或者第三人以胁迫手段，使对方在违背真实意思的情况下实施的民事法律行为，受胁迫方有权请求人民法院或者仲裁机构予以撤销。

第一百五十一条 一方利用对方处于危困状态、缺乏判断能力等情形，致使民事法律行为成立时显失公平的，受损害方有权请求人民法院或者仲裁机构予以撤销。

第一百五十二条 有下列情形之一的，撤销权消灭：

（一）当事人自知道或者应当知道撤销事由之日起一年内、重大误解的当事人自知道或者应当知道撤销事由之日起九十日内没有行使撤销权；

（二）当事人受胁迫，自胁迫行为终止之日起一年内没有行使撤销权；

（三）当事人知道撤销事由后明确表示或者以自己的行为表明放弃撤销权。

当事人自民事法律行为发生之日起五年内没有行使撤销权的，撤销权消灭。

第一百五十三条 违反法律、行政法规的强制性规定的民事法律行为无效。但是，该强制性规定不导致该民事法律行为无效的除外。

违背公序良俗的民事法律行为无效。

第一百五十四条 行为人与相对人恶意串通，损害他人合法权益的民事法律行为无效。

第一百五十五条 无效的或者被撤销的民事法律行为自始没有法律约束力。

第一百五十六条 民事法律行为部分无效，不影响其他部分效力的，其他部分仍然有效。

第一百五十七条 民事法律行为无效、被撤销或者确定不发生效力后，行为人因该行为取得的财产，应当予以返还；不能返还或者没有必要返还的，应当折价补偿。有过错的一方应当赔偿对方由此所受到的损失；各方都有过错的，应当各自承担相应的责任。法律另有规定的，依照其规定。

第四节 民事法律行为的附条件和附期限

第一百五十八条 民事法律行为可以附条件，但是根据其性质不得附条件的除外。附生效条件的民事法律行为，自条件成就时生效。附解除条件的民事法律行为，自条件成就时失效。

第一百五十九条 附条件的民事法律行为，当事人为自己的利益不正当地阻止条件成就的，视为条件已经成就；不正当地促成条件成就的，视为条件不成就。

第一百六十条 民事法律行为可以附期限，但是根据其性质不得附期限的除外。附生效期限的民事法律行为，自期限届至时生效。附终止期限的民事法律行为，自期限届满时失效。

第七章 代理

第一节 一般规定

第一百六十一条 民事主体可以通过代理人实施民事法律行为。

依照法律规定、当事人约定或者民事法律行为的性质，应当由本人亲自实施的民事法律行为，不得代理。

第一百六十二条 代理人在代理权限内，以被代理人名义实施的民事法律行为，对被代理人发生效力。

第一百六十三条 代理包括委托代理和法定代理。

委托代理人按照被代理人的委托行使代理权。法定代理人依照法律的规定行使代理权。

第一百六十四条 代理人不履行或者不完全履行职责，造成被代理人损害的，应当承担民事责任。

代理人和相对人恶意串通，损害被代理人合法权益的，代理人和相对人应当承担连带责任。

第二节 委托代理

第一百六十五条 委托代理授权采用书面形式的，授权委托书应当载明代理人的姓名或者名称、代理事项、权限和期限，并由被代理人签名或者盖章。

第一百六十六条 数人为同一代理事项的代理人的，应当共同行使代理权，但是当事人另有约定的除外。

第一百六十七条 代理人知道或者应当知道代理事项违法仍然实施代理行为，或者被代理人知道或者应当知道代理人的代理行为违法未作反对表示的，被代理人和代理人应当承担连带责任。

第一百六十八条 代理人不得以被代理人的名义与自己实施民事法律行为，但是被代理人同意或者追认的除外。

代理人不得以被代理人的名义与自己同时代理的其他人实施民事法律行为，但是被代理的双方同意或者追认的除外。

第一百六十九条 代理人需要转委托第三人代理的，应当取得被代理人的同意或者追认。

转委托代理经被代理人同意或者追认的，被代理人可以就代理事务直接指示转委托的第三人，代理人仅就第三人的选任以及对第三人的指示承担责任。

转委托代理未经被代理人同意或者追认的，代理人应当对转委托的第三人的行为承担责任；但是，在紧急情况下代理人为了维护被代理人的利益需要转委托第三人代理的除外。

第一百七十条 执行法人或者非法人组织工作任务的人员，就其职权范围内的事项，以法人或者非法人组织的名义实施的民事法律行为，对法人或者非法人组织发生效力。

法人或者非法人组织对执行其工作任务的人员职权范围的限制，不得对抗善意相对人。

第一百七十一条 行为人没有代理权、超越代理权或者代理权终止后，仍然实施代理行为，未经被代理人追认的，对被代理人不发生效力。

相对人可以催告被代理人自收到通知之日起三十日内予以追认。被代理人未作表示的，视为拒绝追认。行为人实施的行为被追认前，善意相对人有撤销的权利。撤销应当以通知的方式作出。

行为人实施的行为未被追认的，善意相对人有权请求行为人履行债务或者就其受到的损害请求行为人赔偿。但是，赔偿的范围不得超过被代理人追认时相对人所能获得的利益。

相对人知道或者应当知道行为人无权代理的，相对人和行为人按照各自的过错承担责任。

第一百七十二条 行为人没有代理权、超越代理权或者代理权终止后，仍然实施代理行为，相对人有理由相信行为人有代理权的，代理行为有效。

第三节 代理终止

第一百七十三条 有下列情形之一的，委托代理终止：

（一）代理期限届满或者代理事务完成；

（二）被代理人取消委托或者代理人辞去委托；

（三）代理人丧失民事行为能力；

（四）代理人或者被代理人死亡；

（五）作为代理人或者被代理人的法人、非法人组织终止。

第一百七十四条 被代理人死亡后，有下列情形之一的，委托代理人实施的代理行为有效：

（一）代理人不知道且不应当知道被代理人死亡；

（二）被代理人的继承人予以承认；

（三）授权中明确代理权在代理事务完成时终止；

（四）被代理人死亡前已经实施，为了被代理人的继承人的利益继续代理。

作为被代理人的法人、非法人组织终止的，参照适用前款规定。

第一百七十五条 有下列情形之一的，法定代理终止：

（一）被代理人取得或者恢复完全民事行为能力；

（二）代理人丧失民事行为能力；

（三）代理人或者被代理人死亡；

（四）法律规定的其他情形。

第八章 民事责任

第一百七十六条 民事主体依照法律规定或者按照当事人约定，履行民事义务，承担民事责任。

第一百七十七条 二人以上依法承担按份责任，能够确定责任大小的，各自承担相应的责任；难以确定责任大小的，平均承担责任。

第一百七十八条 二人以上依法承担连带责任的，权利人有权请求部分或者全部连带责任人承担责任。

连带责任人的责任份额根据各自责任大小确定；难以确定责任大小的，平均承担责任。实际承担责任超过自己责任份额的连带责任人，有权向其他连带责任人追偿。

连带责任，由法律规定或者当事人约定。

第一百七十九条 承担民事责任的方式主要有：

（一）停止侵害；

（二）排除妨碍；

（三）消除危险；

（四）返还财产；

（五）恢复原状；

（六）修理、重作、更换；

（七）继续履行；

（八）赔偿损失；

（九）支付违约金；

（十）消除影响、恢复名誉；

（十一）赔礼道歉。

法律规定惩罚性赔偿的，依照其规定。

本条规定的承担民事责任的方式，可以单独适用，也可以合并适用。

第一百八十条 因不可抗力不能履行民事义务的，不承担民事责任。法律另有规定的，依照其规定。

不可抗力是不能预见、不能避免且不能克服的客观情况。

第一百八十一条 因正当防卫造成损害的，不承担民事责任。

正当防卫超过必要的限度，造成不应有的损害的，正当防卫人应当承担适当的民事责任。

第一百八十二条 因紧急避险造成损害的，由引起险情发生的人承担民事责任。

危险由自然原因引起的，紧急避险人不承担民事责任，可以给予适当补偿。

紧急避险采取措施不当或者超过必要的限度，造成不应有的损害的，紧急避险人应当承担适当的民事责任。

第一百八十三条 因保护他人民事权益使自己受到损害的，由侵权人承担民事责任，受益人可以给予适当补偿。没有侵权人、侵权人逃逸或者无力承担民事责任，受害人请求补偿的，受益人应当给予适当补偿。

第一百八十四条 因自愿实施紧急救助行为造成受助人损害的，救助人不承担民事责任。

第一百八十五条 侵害英雄烈士等的姓名、肖像、名誉、荣誉，损害社会公共利益的，应当承担民事责任。

第一百八十六条 因当事人一方的违约行为，损害对方人身权益、财产权益的，受损害方有权选择请求其承担违约责任或者侵权责任。

第一百八十七条 民事主体因同一行为应当承担民事责任、行政责任和刑事责任的，承担行政责任或者刑事责任不影响承担民事责任；民事主体的财产不足以支付的，优先用于承担民事责任。

第九章 诉讼时效

第一百八十八条 向人民法院请求保护民事权利的诉讼时效期间为三年。法律另有规定的，依照其规定。

诉讼时效期间自权利人知道或者应当知道权利受到损害以及义务人之日起计算。法律另有规定的，依照其规定。但是，自权利受到损害之日起超过二十年的，人民法院不予保护，有特殊情况的，人民法院可以根据权利人的申请决定延长。

第一百八十九条 当事人约定同一债务分期履行的，诉讼时效期间自最后一期履行期限届满之日起计算。

第一百九十条 无民事行为能力人或者限制民事行为能力人对其法定代理人的请求权的诉讼时效期间，自该法定代理终止之日起计算。

第一百九十一条 未成年人遭受性侵害的损害赔偿请求权的诉讼时效期间，自受害人年满十八周岁之日起计算。

第一百九十二条 诉讼时效期间届满的，义务人可以提出不履行义务的抗辩。

诉讼时效期间届满后，义务人同意履行的，不得以诉讼时效期间届满为由抗辩；义务人已经自愿履行的，不得请求返还。

第一百九十三条 人民法院不得主动适用诉讼时效的规定。

第一百九十四条 在诉讼时效期间的最后六个月内，因下列障碍，不能行使请求权的，诉讼时效中止：

（一）不可抗力；

（二）无民事行为能力人或者限制民事行为能力人没有法定代理人，或者法定代理人死亡、丧失民事行为能力、丧失代理权；

（三）继承开始后未确定继承人或者遗产

管理人；

（四）权利人被义务人或者其他人控制；

（五）其他导致权利人不能行使请求权的障碍。

自中止时效的原因消除之日起满六个月，诉讼时效期间届满。

第一百九十五条 有下列情形之一的，诉讼时效中断，从中断、有关程序终结时起，诉讼时效期间重新计算：

（一）权利人向义务人提出履行请求；

（二）义务人同意履行义务；

（三）权利人提起诉讼或者申请仲裁；

（四）与提起诉讼或者申请仲裁具有同等效力的其他情形。

第一百九十六条 下列请求权不适用诉讼时效的规定：

（一）请求停止侵害、排除妨碍、消除危险；

（二）不动产物权和登记的动产物权的权利人请求返还财产；

（三）请求支付抚养费、赡养费或者扶养费；

（四）依法不适用诉讼时效的其他请求权。

第一百九十七条 诉讼时效的期间、计算方法以及中止、中断的事由由法律规定，当事人约定无效。

当事人对诉讼时效利益的预先放弃无效。

第一百九十八条 法律对仲裁时效有规定的，依照其规定；没有规定的，适用诉讼时效的规定。

第一百九十九条 法律规定或者当事人约定的撤销权、解除权等权利的存续期间，除法律另有规定外，自权利人知道或者应当知道权利产生之日起计算，不适用有关诉讼时效中止、中断和延长的规定。存续期间届满，撤销权、解除权等权利消灭。

第十章 期间计算

第二百条 民法所称的期间按照公历年、月、日、小时计算。

第二百零一条 按照年、月、日计算期间的，开始的当日不计入，自下一日开始计算。

按照小时计算期间的，自法律规定或者当事人约定的时间开始计算。

第二百零二条 按照年、月计算期间的，到期月的对应日为期间的最后一日；没有对应日的，月末日为期间的最后一日。

第二百零三条 期间的最后一日是法定休假日的，以法定休假日结束的次日为期间的最后一日。

期间的最后一日的截止时间为二十四时；有业务时间的，停止业务活动的时间为截止时间。

第二百零四条 期间的计算方法依照本法的规定，但是法律另有规定或者当事人另有约定的除外。

第二编 物 权

第一分编 通 则

第一章 一般规定

第二百零五条 本编调整因物的归属和利用产生的民事关系。

第二百零六条 国家坚持和完善公有制为主体、多种所有制经济共同发展，按劳分配为主体、多种分配方式并存，社会主义市场经济体制等社会主义基本经济制度。

国家巩固和发展公有制经济，鼓励、支持和引导非公有制经济的发展。

国家实行社会主义市场经济，保障一切市场主体的平等法律地位和发展权利。

第二百零七条 国家、集体、私人的物权和其他权利人的物权受法律平等保护，任何组织或者个人不得侵犯。

第二百零八条 不动产物权的设立、变更、转让和消灭，应当依照法律规定登记。动产物权的设立和转让，应当依照法律规定交付。

第二章 物权的设立、变更、转让和消灭

第一节 不动产登记

第二百零九条 不动产物权的设立、变更、转让和消灭，经依法登记，发生效力；未经登记，不发生效力，但是法律另有规定的除外。

依法属于国家所有的自然资源，所有权可以不登记。

第二百一十条 不动产登记，由不动产所在地的登记机构办理。

国家对不动产实行统一登记制度。统一登记的范围、登记机构和登记办法，由法律、行政法规规定。

第二百一十一条 当事人申请登记，应当根据不同登记事项提供权属证明和不动产界址、面积等必要材料。

第二百一十二条 登记机构应当履行下列职责：

（一）查验申请人提供的权属证明和其他必要材料；

（二）就有关登记事项询问申请人；

（三）如实、及时登记有关事项；

（四）法律、行政法规规定的其他职责。

申请登记的不动产的有关情况需要进一步证明的，登记机构可以要求申请人补充材料，必要时可以实地查看。

第二百一十三条 登记机构不得有下列行为：

（一）要求对不动产进行评估；

（二）以年检等名义进行重复登记；

（三）超出登记职责范围的其他行为。

第二百一十四条 不动产物权的设立、变更、转让和消灭，依照法律规定应当登记的，自记载于不动产登记簿时发生效力。

第二百一十五条 当事人之间订立有关设立、变更、转让和消灭不动产物权的合同，除法律另有规定或者当事人另有约定外，自合同成立时生效；未办理物权登记的，不影响合同效力。

第二百一十六条 不动产登记簿是物权归属和内容的根据。

不动产登记簿由登记机构管理。

第二百一十七条 不动产权属证书是权利人享有该不动产物权的证明。不动产权属证书记载的事项，应当与不动产登记簿一致；记载不一致的，除有证据证明不动产登记簿确有错误外，以不动产登记簿为准。

第二百一十八条 权利人、利害关系人可以申请查询、复制不动产登记资料，登记机构应当提供。

第二百一十九条 利害关系人不得公开、非法使用权利人的不动产登记资料。

第二百二十条 权利人、利害关系人认为不动产登记簿记载的事项错误的，可以申请更正登记。不动产登记簿记载的权利人书面同意更正或者有证据证明登记确有错误的，登记机构应当予以更正。

不动产登记簿记载的权利人不同意更正的，利害关系人可以申请异议登记。登记机构予以异议登记，申请人自异议登记之日起十五日内不提起诉讼的，异议登记失效。异议登记不当，造成权利人损害的，权利人可以向申请人请求损害赔偿。

第二百二十一条 当事人签订买卖房屋的协议或者签订其他不动产物权的协议，为保障将来实现物权，按照约定可以向登记机构申请预告登记。预告登记后，未经预告登记的权利人同意，处分该不动产的，不发生物权效力。

预告登记后，债权消灭或者自能够进行不动产登记之日起九十日内未申请登记的，预告登记失效。

第二百二十二条 当事人提供虚假材料申请登记，造成他人损害的，应当承担赔偿责任。

因登记错误，造成他人损害的，登记机构应当承担赔偿责任。登记机构赔偿后，可以向造成登记错误的人追偿。

第二百二十三条 不动产登记费按件收取，不得按照不动产的面积、体积或者价款的比例收取。

第二节 动产交付

第二百二十四条 动产物权的设立和转让，自交付时发生效力，但是法律另有规定的除外。

第二百二十五条 船舶、航空器和机动车等的物权的设立、变更、转让和消灭，未经登记，不得对抗善意第三人。

第二百二十六条 动产物权设立和转让前，权利人已经占有该动产的，物权自民事法律行为生效时发生效力。

第二百二十七条 动产物权设立和转让前，第三人占有该动产的，负有交付义务的人可以通过转让请求第三人返还原物的权利代替交付。

第二百二十八条 动产物权转让时，当事人又约定由出让人继续占有该动产的，物权自该约定生效时发生效力。

第三节 其他规定

第二百二十九条 因人民法院、仲裁机构的法律文书或者人民政府的征收决定等，导致物权设立、变更、转让或者消灭的，自法律文书或者征收决定等生效时发生效力。

第二百三十条 因继承取得物权的，自继承开始时发生效力。

第二百三十一条 因合法建造、拆除房屋等事实行为设立或者消灭物权的，自事实行为成就时发生效力。

第二百三十二条 处分依照本节规定享有的不动产物权，依照法律规定需要办理登记的，未经登记，不发生物权效力。

第三章 物权的保护

第二百三十三条 物权受到侵害的，权利人可以通过和解、调解、仲裁、诉讼等途径解决。

第二百三十四条 因物权的归属、内容发生争议的，利害关系人可以请求确认权利。

第二百三十五条 无权占有不动产或者动产的，权利人可以请求返还原物。

第二百三十六条 妨害物权或者可能妨害物权的，权利人可以请求排除妨害或者消除危险。

第二百三十七条 造成不动产或者动产毁损的，权利人可以依法请求修理、重作、更换或者恢复原状。

第二百三十八条 侵害物权，造成权利人损害的，权利人可以依法请求损害赔偿，也可以依法请求承担其他民事责任。

第二百三十九条 本章规定的物权保护方式，可以单独适用，也可以根据权利被侵害的情形合并适用。

第二分编 所有权

第四章 一般规定

第二百四十条 所有权人对自己的不动产或者动产，依法享有占有、使用、收益和处分的权利。

第二百四十一条 所有权人有权在自己的不动产或者动产上设立用益物权和担保物权。用益物权人、担保物权人行使权利，不得损害所有权人的权益。

第二百四十二条 法律规定专属于国家所有的不动产和动产，任何组织或者个人不能取得所有权。

第二百四十三条 为了公共利益的需要，依照法律规定的权限和程序可以征收集体所有的土地和组织、个人的房屋以及其他不动产。

征收集体所有的土地，应当依法及时足额支付土地补偿费、安置补助费以及农村村民住宅、其他地上附着物和青苗等的补偿费用，并安排被征地农民的社会保障费用，保障被征地农民的生活，维护被征地农民的合法权益。

征收组织、个人的房屋以及其他不动产，应当依法给予征收补偿，维护被征收人的合法权益；征收个人住宅的，还应当保障被征收人的居住条件。

任何组织或者个人不得贪污、挪用、私分、截留、拖欠征收补偿费等费用。

第二百四十四条 国家对耕地实行特殊保护，严格限制农用地转为建设用地，控制建设用地总量。不得违反法律规定的权限和程序征收集体所有的土地。

第二百四十五条 因抢险救灾、疫情防控等紧急需要，依照法律规定的权限和程序可以征用组织、个人的不动产或者动产。被征用的不动产或者动产使用后，应当返还被征用人。组织、个人的不动产或者动产被征用或者征用后毁损、灭失的，应当给予补偿。

第五章 国家所有权和集体所有权、私人所有权

第二百四十六条 法律规定属于国家所有的财产，属于国家所有即全民所有。

国有财产由国务院代表国家行使所有权。法律另有规定的，依照其规定。

第二百四十七条 矿藏、水流、海域属于国家所有。

第二百四十八条 无居民海岛属于国家所有，国务院代表国家行使无居民海岛所有权。

第二百四十九条 城市的土地，属于国家所有。法律规定属于国家所有的农村和城市郊区的土地，属于国家所有。

第二百五十条 森林、山岭、草原、荒地、滩涂等自然资源，属于国家所有，但是法律规定属于集体所有的除外。

第二百五十一条 法律规定属于国家所有

的野生动植物资源，属于国家所有。

第二百五十二条 无线电频谱资源属于国家所有。

第二百五十三条 法律规定属于国家所有的文物，属于国家所有。

第二百五十四条 国防资产属于国家所有。

铁路、公路、电力设施、电信设施和油气管道等基础设施，依照法律规定为国家所有的，属于国家所有。

第二百五十五条 国家机关对其直接支配的不动产和动产，享有占有、使用以及依照法律和国务院的有关规定处分的权利。

第二百五十六条 国家举办的事业单位对其直接支配的不动产和动产，享有占有、使用以及依照法律和国务院的有关规定收益、处分的权利。

第二百五十七条 国家出资的企业，由国务院、地方人民政府依照法律、行政法规规定分别代表国家履行出资人职责，享有出资人权益。

第二百五十八条 国家所有的财产受法律保护，禁止任何组织或者个人侵占、哄抢、私分、截留、破坏。

第二百五十九条 履行国有财产管理、监督职责的机构及其工作人员，应当依法加强对国有财产的管理、监督，促进国有财产保值增值，防止国有财产损失；滥用职权，玩忽职守，造成国有财产损失的，应当依法承担法律责任。

违反国有财产管理规定，在企业改制、合并分立、关联交易等过程中，低价转让、合谋私分、擅自担保或者以其他方式造成国有财产损失的，应当依法承担法律责任。

第二百六十条 集体所有的不动产和动产包括：

（一）法律规定属于集体所有的土地和森林、山岭、草原、荒地、滩涂；

（二）集体所有的建筑物、生产设施、农田水利设施；

（三）集体所有的教育、科学、文化、卫生、体育等设施；

（四）集体所有的其他不动产和动产。

第二百六十一条 农民集体所有的不动产和动产，属于本集体成员集体所有。

下列事项应当依照法定程序经本集体成员决定：

（一）土地承包方案以及将土地发包给本集体以外的组织或者个人承包；

（二）个别土地承包经营权人之间承包地的调整；

（三）土地补偿费等费用的使用、分配办法；

（四）集体出资的企业的所有权变动等事项；

（五）法律规定的其他事项。

第二百六十二条 对于集体所有的土地和森林、山岭、草原、荒地、滩涂等，依照下列规定行使所有权：

（一）属于村农民集体所有的，由村集体经济组织或者村民委员会依法代表集体行使所有权；

（二）分别属于村内两个以上农民集体所有的，由村内各该集体经济组织或者村民小组依法代表集体行使所有权；

（三）属于乡镇农民集体所有的，由乡镇集体经济组织代表集体行使所有权。

第二百六十三条 城镇集体所有的不动产和动产，依照法律、行政法规的规定由本集体享有占有、使用、收益和处分的权利。

第二百六十四条 农村集体经济组织或者村民委员会、村民小组应当依照法律、行政法规以及章程、村规民约向本集体成员公布集体财产的状况。集体成员有权查阅、复制相关资料。

第二百六十五条 集体所有的财产受法律保护，禁止任何组织或者个人侵占、哄抢、私分、破坏。

农村集体经济组织、村民委员会或者其负责人作出的决定侵害集体成员合法权益的，受侵害的集体成员可以请求人民法院予以撤销。

第二百六十六条 私人对其合法的收入、房屋、生活用品、生产工具、原材料等不动产和动产享有所有权。

第二百六十七条 私人的合法财产受法律保护，禁止任何组织或者个人侵占、哄抢、破坏。

第二百六十八条 国家、集体和私人依法可以出资设立有限责任公司、股份有限公司或者其他企业。国家、集体和私人所有的不动产或者动产投到企业的，由出资人按照约定或者出资比例享有资产收益、重大决策以及选择经营管理者等权利并履行义务。

第二百六十九条 营利法人对其不动产和动产依照法律、行政法规以及章程享有占有、使用、收益和处分的权利。

营利法人以外的法人，对其不动产和动产的权利，适用有关法律、行政法规以及章程的规定。

第二百七十条 社会团体法人、捐助法人依法所有的不动产和动产，受法律保护。

第六章 业主的建筑物区分所有权

第二百七十一条 业主对建筑物内的住宅、经营性用房等专有部分享有所有权，对专有部分以外的共有部分享有共有和共同管理的权利。

第二百七十二条 业主对其建筑物专有部分享有占有、使用、收益和处分的权利。业主行使权利不得危及建筑物的安全，不得损害其他业主的合法权益。

第二百七十三条 业主对建筑物专有部分以外的共有部分，享有权利，承担义务；不得以放弃权利为由不履行义务。

业主转让建筑物内的住宅、经营性用房，其对共有部分享有的共有和共同管理的权利一并转让。

第二百七十四条 建筑区划内的道路，属于业主共有，但是属于城镇公共道路的除外。建筑区划内的绿地，属于业主共有，但是属于城镇公共绿地或者明示属于个人的除外。建筑区划内的其他公共场所、公用设施和物业服务用房，属于业主共有。

第二百七十五条 建筑区划内，规划用于停放汽车的车位、车库的归属，由当事人通过出售、附赠或者出租等方式约定。

占用业主共有的道路或者其他场地用于停放汽车的车位，属于业主共有。

第二百七十六条 建筑区划内，规划用于停放汽车的车位、车库应当首先满足业主的需要。

第二百七十七条 业主可以设立业主大会，选举业主委员会。业主大会、业主委员会成立的具体条件和程序，依照法律、法规的规定。

地方人民政府有关部门、居民委员会应当对设立业主大会和选举业主委员会给予指导和协助。

第二百七十八条 下列事项由业主共同决定：

（一）制定和修改业主大会议事规则；

（二）制定和修改管理规约；

（三）选举业主委员会或者更换业主委员会成员；

（四）选聘和解聘物业服务企业或者其他管理人；

（五）使用建筑物及其附属设施的维修资金；

（六）筹集建筑物及其附属设施的维修资金；

（七）改建、重建建筑物及其附属设施；

（八）改变共有部分的用途或者利用共有部分从事经营活动；

（九）有关共有和共同管理权利的其他重大事项。

业主共同决定事项，应当由专有部分面积占比三分之二以上的业主且人数占比三分之二以上的业主参与表决。决定前款第六项至第八项规定的事项，应当经参与表决专有部分面积四分之三以上的业主且参与表决人数四分之三以上的业主同意。决定前款其他事项，应当经参与表决专有部分面积过半数的业主且参与表决人数过半数的业主同意。

第二百七十九条 业主不得违反法律、法规以及管理规约，将住宅改变为经营性用房。业主将住宅改变为经营性用房的，除遵守法律、法规以及管理规约外，应当经有利害关系的业主一致同意。

第二百八十条 业主大会或者业主委员会的决定，对业主具有法律约束力。

业主大会或者业主委员会作出的决定侵害业主合法权益的，受侵害的业主可以请求人民法院予以撤销。

第二百八十一条 建筑物及其附属设施的维修资金，属于业主共有。经业主共同决定，可以用于电梯、屋顶、外墙、无障碍设施等共有部分的维修、更新和改造。建筑物及其附属设施的维修资金的筹集、使用情况应当定期公布。

紧急情况下需要维修建筑物及其附属设施

的，业主大会或者业主委员会可以依法申请使用建筑物及其附属设施的维修资金。

第二百八十二条 建设单位、物业服务企业或者其他管理人等利用业主的共有部分产生的收入，在扣除合理成本之后，属于业主共有。

第二百八十三条 建筑物及其附属设施的费用分摊、收益分配等事项，有约定的，按照约定；没有约定或者约定不明确的，按照业主专有部分面积所占比例确定。

第二百八十四条 业主可以自行管理建筑物及其附属设施，也可以委托物业服务企业或者其他管理人管理。

对建设单位聘请的物业服务企业或者其他管理人，业主有权依法更换。

第二百八十五条 物业服务企业或者其他管理人根据业主的委托，依照本法第三编有关物业服务合同的规定管理建筑区划内的建筑物及其附属设施，接受业主的监督，并及时答复业主对物业服务情况提出的询问。

物业服务企业或者其他管理人应当执行政府依法实施的应急处置措施和其他管理措施，积极配合开展相关工作。

第二百八十六条 业主应当遵守法律、法规以及管理规约，相关行为应当符合节约资源、保护生态环境的要求。对于物业服务企业或者其他管理人执行政府依法实施的应急处置措施和其他管理措施，业主应当依法予以配合。

业主大会或者业主委员会，对任意弃置垃圾、排放污染物或者噪声、违反规定饲养动物、违章搭建、侵占通道、拒付物业费等损害他人合法权益的行为，有权依照法律、法规以及管理规约，请求行为人停止侵害、排除妨碍、消除危险、恢复原状、赔偿损失。

业主或者其他行为人拒不履行相关义务的，有关当事人可以向有关行政主管部门报告或者投诉，有关行政主管部门应当依法处理。

第二百八十七条 业主对建设单位、物业服务企业或者其他管理人以及其他业主侵害自己合法权益的行为，有权请求其承担民事责任。

第七章 相邻关系

第二百八十八条 不动产的相邻权利人应当按照有利生产、方便生活、团结互助、公平合理的原则，正确处理相邻关系。

第二百八十九条 法律、法规对处理相邻关系有规定的，依照其规定；法律、法规没有规定的，可以按照当地习惯。

第二百九十条 不动产权利人应当为相邻权利人用水、排水提供必要的便利。

对自然流水的利用，应当在不动产的相邻权利人之间合理分配。对自然流水的排放，应当尊重自然流向。

第二百九十一条 不动产权利人对相邻权利人因通行等必须利用其土地的，应当提供必要的便利。

第二百九十二条 不动产权利人因建造、修缮建筑物以及铺设电线、电缆、水管、暖气和燃气管线等必须利用相邻土地、建筑物的，该土地、建筑物的权利人应当提供必要的便利。

第二百九十三条 建造建筑物，不得违反国家有关工程建设标准，不得妨碍相邻建筑物的通风、采光和日照。

第二百九十四条 不动产权利人不得违反国家规定弃置固体废物，排放大气污染物、水污染物、土壤污染物、噪声、光辐射、电磁辐射等有害物质。

第二百九十五条 不动产权利人挖掘土地、建造建筑物、铺设管线以及安装设备等，不得危及相邻不动产的安全。

第二百九十六条 不动产权利人因用水、排水、通行、铺设管线等利用相邻不动产的，应当尽量避免对相邻的不动产权利人造成损害。

第八章 共 有

第二百九十七条 不动产或者动产可以由两个以上组织、个人共有。共有包括按份共有和共同共有。

第二百九十八条 按份共有人对共有的不动产或者动产按照其份额享有所有权。

第二百九十九条 共同共有人对共有的不动产或者动产共同享有所有权。

第三百条 共有人按照约定管理共有的不动产或者动产；没有约定或者约定不明确的，各共有人都有管理的权利和义务。

第三百零一条 处分共有的不动产或者动

产以及对共有的不动产或者动产作重大修缮、变更性质或者用途的，应当经占份额三分之二以上的按份共有人或者全体共同共有人同意，但是共有人之间另有约定的除外。

第三百零二条 共有人对共有物的管理费用以及其他负担，有约定的，按照其约定；没有约定或者约定不明确的，按份共有人按照其份额负担，共同共有人共同负担。

第三百零三条 共有人约定不得分割共有的不动产或者动产，以维持共有关系的，应当按照约定，但是共有人有重大理由需要分割的，可以请求分割；没有约定或者约定不明确的，按份共有人可以随时请求分割，共同共有人在共有的基础丧失或者有重大理由需要分割时可以请求分割。因分割造成其他共有人损害的，应当给予赔偿。

第三百零四条 共有人可以协商确定分割方式。达不成协议，共有的不动产或者动产可以分割且不会因分割减损价值的，应当对实物予以分割；难以分割或者因分割会减损价值的，应当对折价或者拍卖、变卖取得的价款予以分割。

共有人分割所得的不动产或者动产有瑕疵的，其他共有人应当分担损失。

第三百零五条 按份共有人可以转让其享有的共有的不动产或者动产份额。其他共有人在同等条件下享有优先购买的权利。

第三百零六条 按份共有人转让其享有的共有的不动产或者动产份额的，应当将转让条件及时通知其他共有人。其他共有人应当在合理期限内行使优先购买权。

两个以上其他共有人主张行使优先购买权的，协商确定各自的购买比例；协商不成的，按照转让时各自的共有份额比例行使优先购买权。

第三百零七条 因共有的不动产或者动产产生的债权债务，在对外关系上，共有人享有连带债权、承担连带债务，但是法律另有规定或者第三人知道共有人不具有连带债权债务关系的除外；在共有人内部关系上，除共有人另有约定外，按份共有人按照份额享有债权、承担债务，共同共有人共同享有债权、承担债务。偿还债务超过自己应当承担份额的按份共有人，有权向其他共有人追偿。

第三百零八条 共有人对共有的不动产或者动产没有约定为按份共有或者共同共有，或者约定不明确的，除共有人具有家庭关系等外，视为按份共有。

第三百零九条 按份共有人对共有的不动产或者动产享有的份额，没有约定或者约定不明确的，按照出资额确定；不能确定出资额的，视为等额享有。

第三百一十条 两个以上组织、个人共同享有用益物权、担保物权的，参照适用本章的有关规定。

第九章 所有权取得的特别规定

第三百一十一条 无处分权人将不动产或者动产转让给受让人的，所有权人有权追回；除法律另有规定外，符合下列情形的，受让人取得该不动产或者动产的所有权：

（一）受让人受让该不动产或者动产时是善意；

（二）以合理的价格转让；

（三）转让的不动产或者动产依照法律规定应当登记的已经登记，不需要登记的已经交付给受让人。

受让人依据前款规定取得不动产或者动产的所有权的，原所有权人有权向无处分权人请求损害赔偿。

当事人善意取得其他物权的，参照适用前两款规定。

第三百一十二条 所有权人或者其他权利人有权追回遗失物。该遗失物通过转让被他人占有的，权利人有权向无处分权人请求损害赔偿，或者自知道或者应当知道受让人之日起二年内向受让人请求返还原物；但是，受让人通过拍卖或者向具有经营资格的经营者购得该遗失物的，权利人请求返还原物时应当支付受让人所付的费用。权利人向受让人支付所付费用后，有权向无处分权人追偿。

第三百一十三条 善意受让人取得动产后，该动产上的原有权利消灭。但是，善意受让人在受让时知道或者应当知道该权利的除外。

第三百一十四条 拾得遗失物，应当返还权利人。拾得人应当及时通知权利人领取，或者送交公安等有关部门。

第三百一十五条 有关部门收到遗失物，知道权利人的，应当及时通知其领取；不知道的，应当及时发布招领公告。

第三百一十六条 拾得人在遗失物送交有关部门前，有关部门在遗失物被领取前，应当妥善保管遗失物。因故意或者重大过失致使遗失物毁损、灭失的，应当承担民事责任。

第三百一十七条 权利人领取遗失物时，应当向拾得人或者有关部门支付保管遗失物等支出的必要费用。

权利人悬赏寻找遗失物的，领取遗失物时应当按照承诺履行义务。

拾得人侵占遗失物的，无权请求保管遗失物等支出的费用，也无权请求权利人按照承诺履行义务。

第三百一十八条 遗失物自发布招领公告之日起一年内无人认领的，归国家所有。

第三百一十九条 拾得漂流物、发现埋藏物或者隐藏物的，参照适用拾得遗失物的有关规定。法律另有规定的，依照其规定。

第三百二十条 主物转让的，从物随主物转让，但是当事人另有约定的除外。

第三百二十一条 天然孳息，由所有权人取得；既有所有权人又有用益物权人的，由用益物权人取得。当事人另有约定的，按照其约定。

法定孳息，当事人有约定的，按照约定取得；没有约定或者约定不明确的，按照交易习惯取得。

第三百二十二条 因加工、附合、混合而产生的物的归属，有约定的，按照约定；没有约定或者约定不明确的，依照法律规定；法律没有规定的，按照充分发挥物的效用以及保护无过错当事人的原则确定。因一方当事人的过错或者确定物的归属造成另一方当事人损害的，应当给予赔偿或者补偿。

第三分编 用益物权

第十章 一般规定

第三百二十三条 用益物权人对他人所有的不动产或者动产，依法享有占有、使用和收益的权利。

第三百二十四条 国家所有或者国家所有由集体使用以及法律规定属于集体所有的自然资源，组织、个人依法可以占有、使用和收益。

第三百二十五条 国家实行自然资源有偿使用制度，但是法律另有规定的除外。

第三百二十六条 用益物权人行使权利，应当遵守法律有关保护和合理开发利用资源、保护生态环境的规定。所有权人不得干涉用益物权人行使权利。

第三百二十七条 因不动产或者动产被征收、征用致使用益物权消灭或者影响用益物权行使的，用益物权人有权依据本法第二百四十三条、第二百四十五条的规定获得相应补偿。

第三百二十八条 依法取得的海域使用权受法律保护。

第三百二十九条 依法取得的探矿权、采矿权、取水权和使用水域、滩涂从事养殖、捕捞的权利受法律保护。

第十一章 土地承包经营权

第三百三十条 农村集体经济组织实行家庭承包经营为基础、统分结合的双层经营体制。

农民集体所有和国家所有由农民集体使用的耕地、林地、草地以及其他用于农业的土地，依法实行土地承包经营制度。

第三百三十一条 土地承包经营权人依法对其承包经营的耕地、林地、草地等享有占有、使用和收益的权利，有权从事种植业、林业、畜牧业等农业生产。

第三百三十二条 耕地的承包期为三十年。草地的承包期为三十年至五十年。林地的承包期为三十年至七十年。

前款规定的承包期限届满，由土地承包经营权人依照农村土地承包的法律规定继续承包。

第三百三十三条 土地承包经营权自土地承包经营权合同生效时设立。

登记机构应当向土地承包经营权人发放土地承包经营权证、林权证等证书，并登记造册，确认土地承包经营权。

第三百三十四条 土地承包经营权人依照法律规定，有权将土地承包经营权互换、转让。未经依法批准，不得将承包地用于非农建设。

第三百三十五条 土地承包经营权互换、转让的，当事人可以向登记机构申请登记；未经登记，不得对抗善意第三人。

第三百三十六条 承包期内发包人不得调整承包地。

因自然灾害严重毁损承包地等特殊情形，需要适当调整承包的耕地和草地的，应当依照农村土地承包的法律规定办理。

第三百三十七条 承包期内发包人不得收回承包地。法律另有规定的，依照其规定。

第三百三十八条 承包地被征收的，土地承包经营权人有权依据本法第二百四十三条的规定获得相应补偿。

第三百三十九条 土地承包经营权人可以自主决定依法采取出租、入股或者其他方式向他人流转土地经营权。

第三百四十条 土地经营权人有权在合同约定的期限内占有农村土地，自主开展农业生产经营并取得收益。

第三百四十一条 流转期限为五年以上的土地经营权，自流转合同生效时设立。当事人可以向登记机构申请土地经营权登记；未经登记，不得对抗善意第三人。

第三百四十二条 通过招标、拍卖、公开协商等方式承包农村土地，经依法登记取得权属证书的，可以依法采取出租、入股、抵押或者其他方式流转土地经营权。

第三百四十三条 国家所有的农用地实行承包经营的，参照适用本编的有关规定。

第十二章 建设用地使用权

第三百四十四条 建设用地使用权人依法对国家所有的土地享有占有、使用和收益的权利，有权利用该土地建造建筑物、构筑物及其附属设施。

第三百四十五条 建设用地使用权可以在土地的地表、地上或者地下分别设立。

第三百四十六条 设立建设用地使用权，应当符合节约资源、保护生态环境的要求，遵守法律、行政法规关于土地用途的规定，不得损害已经设立的用益物权。

第三百四十七条 设立建设用地使用权，可以采取出让或者划拨等方式。

工业、商业、旅游、娱乐和商品住宅等经营性用地以及同一土地有两个以上意向用地者的，应当采取招标、拍卖等公开竞价的方式出让。

严格限制以划拨方式设立建设用地使用权。

第三百四十八条 通过招标、拍卖、协议等出让方式设立建设用地使用权的，当事人应当采用书面形式订立建设用地使用权出让合同。

建设用地使用权出让合同一般包括下列条款：

（一）当事人的名称和住所；

（二）土地界址、面积等；

（三）建筑物、构筑物及其附属设施占用的空间；

（四）土地用途、规划条件；

（五）建设用地使用权期限；

（六）出让金等费用及其支付方式；

（七）解决争议的方法。

第三百四十九条 设立建设用地使用权的，应当向登记机构申请建设用地使用权登记。建设用地使用权自登记时设立。登记机构应当向建设用地使用权人发放权属证书。

第三百五十条 建设用地使用权人应当合理利用土地，不得改变土地用途；需要改变土地用途的，应当依法经有关行政主管部门批准。

第三百五十一条 建设用地使用权人应当依照法律规定以及合同约定支付出让金等费用。

第三百五十二条 建设用地使用权人建造的建筑物、构筑物及其附属设施的所有权属于建设用地使用权人，但是有相反证据证明的除外。

第三百五十三条 建设用地使用权人有权将建设用地使用权转让、互换、出资、赠与或者抵押，但是法律另有规定的除外。

第三百五十四条 建设用地使用权转让、互换、出资、赠与或者抵押的，当事人应当采用书面形式订立相应的合同。使用期限由当事人约定，但是不得超过建设用地使用权的剩余期限。

第三百五十五条 建设用地使用权转让、互换、出资或者赠与的，应当向登记机构申请变更登记。

第三百五十六条 建设用地使用权转让、互换、出资或者赠与的，附着于该土地上的建筑物、构筑物及其附属设施一并处分。

第三百五十七条 建筑物、构筑物及其附属设施转让、互换、出资或者赠与的，该建筑物、构筑物及其附属设施占用范围内的建设用地使用权一并处分。

第三百五十八条 建设用地使用权期限届满前，因公共利益需要提前收回该土地的，应当依据本法第二百四十三条的规定对该土地上的房屋以及其他不动产给予补偿，并退还相应的出让金。

第三百五十九条 住宅建设用地使用权期限届满的，自动续期。续期费用的缴纳或者减免，依照法律、行政法规的规定办理。

非住宅建设用地使用权期限届满后的续期，依照法律规定办理。该土地上的房屋以及其他不动产的归属，有约定的，按照约定；没有约定或者约定不明确的，依照法律、行政法规的规定办理。

第三百六十条 建设用地使用权消灭的，出让人应当及时办理注销登记。登记机构应当收回权属证书。

第三百六十一条 集体所有的土地作为建设用地的，应当依照土地管理的法律规定办理。

第十三章 宅基地使用权

第三百六十二条 宅基地使用权人依法对集体所有的土地享有占有和使用的权利，有权依法利用该土地建造住宅及其附属设施。

第三百六十三条 宅基地使用权的取得、行使和转让，适用土地管理的法律和国家有关规定。

第三百六十四条 宅基地因自然灾害等原因灭失的，宅基地使用权消灭。对失去宅基地的村民，应当依法重新分配宅基地。

第三百六十五条 已经登记的宅基地使用权转让或者消灭的，应当及时办理变更登记或者注销登记。

第十四章 居住权

第三百六十六条 居住权人有权按照合同约定，对他人的住宅享有占有、使用的用益物权，以满足生活居住的需要。

第三百六十七条 设立居住权，当事人应当采用书面形式订立居住权合同。

居住权合同一般包括下列条款：

（一）当事人的姓名或者名称和住所；

（二）住宅的位置；

（三）居住的条件和要求；

（四）居住权期限；

（五）解决争议的方法。

第三百六十八条 居住权无偿设立，但是当事人另有约定的除外。设立居住权的，应当向登记机构申请居住权登记。居住权自登记时设立。

第三百六十九条 居住权不得转让、继承。设立居住权的住宅不得出租，但是当事人另有约定的除外。

第三百七十条 居住权期限届满或者居住权人死亡的，居住权消灭。居住权消灭的，应当及时办理注销登记。

第三百七十一条 以遗嘱方式设立居住权的，参照适用本章的有关规定。

第十五章 地役权

第三百七十二条 地役权人有权按照合同约定，利用他人的不动产，以提高自己的不动产的效益。

前款所称他人的不动产为供役地，自己的不动产为需役地。

第三百七十三条 设立地役权，当事人应当采用书面形式订立地役权合同。

地役权合同一般包括下列条款：

（一）当事人的姓名或者名称和住所；

（二）供役地和需役地的位置；

（三）利用目的和方法；

（四）地役权期限；

（五）费用及其支付方式；

（六）解决争议的方法。

第三百七十四条 地役权自地役权合同生效时设立。当事人要求登记的，可以向登记机构申请地役权登记；未经登记，不得对抗善意第三人。

第三百七十五条 供役地权利人应当按照合同约定，允许地役权人利用其不动产，不得妨害地役权人行使权利。

第三百七十六条 地役权人应当按照合同约定的利用目的和方法利用供役地，尽量减少对供役地权利人物权的限制。

第三百七十七条 地役权期限由当事人约定；但是，不得超过土地承包经营权、建设用地使用权等用益物权的剩余期限。

第三百七十八条 土地所有权人享有地役权或者负担地役权的，设立土地承包经营权、宅基地使用权等用益物权时，该用益物权人继续享有或者负担已经设立的地役权。

第三百七十九条 土地上已经设立土地承包经营权、建设用地使用权、宅基地使用权等用益物权的，未经用益物权人同意，土地所有权人不得设立地役权。

第三百八十条 地役权不得单独转让。土地承包经营权、建设用地使用权等转让的，地役权一并转让，但是合同另有约定的除外。

第三百八十一条 地役权不得单独抵押。土地经营权、建设用地使用权等抵押的，在实现抵押权时，地役权一并转让。

第三百八十二条 需役地以及需役地上的土地承包经营权、建设用地使用权等部分转让时，转让部分涉及地役权的，受让人同时享有地役权。

第三百八十三条 供役地以及供役地上的土地承包经营权、建设用地使用权等部分转让时，转让部分涉及地役权的，地役权对受让人具有法律约束力。

第三百八十四条 地役权人有下列情形之一的，供役地权利人有权解除地役权合同，地役权消灭：

（一）违反法律规定或者合同约定，滥用地役权；

（二）有偿利用供役地，约定的付款期限届满后在合理期限内经两次催告未支付费用。

第三百八十五条 已经登记的地役权变更、转让或者消灭的，应当及时办理变更登记或者注销登记。

第四分编 担保物权

第十六章 一般规定

第三百八十六条 担保物权人在债务人不履行到期债务或者发生当事人约定的实现担保物权的情形，依法享有就担保财产优先受偿的权利，但是法律另有规定的除外。

第三百八十七条 债权人在借贷、买卖等民事活动中，为保障实现其债权，需要担保的，可以依照本法和其他法律的规定设立担保物权。

第三人为债务人向债权人提供担保的，可以要求债务人提供反担保。反担保适用本法和其他法律的规定。

第三百八十八条 设立担保物权，应当依照本法和其他法律的规定订立担保合同。担保合同包括抵押合同、质押合同和其他具有担保功能的合同。担保合同是主债权债务合同的从合同。主债权债务合同无效的，担保合同无效，但是法律另有规定的除外。

担保合同被确认无效后，债务人、担保人、债权人有过错的，应当根据其过错各自承担相应的民事责任。

第三百八十九条 担保物权的担保范围包括主债权及其利息、违约金、损害赔偿金、保管担保财产和实现担保物权的费用。当事人另有约定的，按照其约定。

第三百九十条 担保期间，担保财产毁损、灭失或者被征收等，担保物权人可以就获得的保险金、赔偿金或者补偿金等优先受偿。被担保债权的履行期限未届满的，也可以提存该保险金、赔偿金或者补偿金等。

第三百九十一条 第三人提供担保，未经其书面同意，债权人允许债务人转移全部或者部分债务的，担保人不再承担相应的担保责任。

第三百九十二条 被担保的债权既有物的担保又有人的担保的，债务人不履行到期债务或者发生当事人约定的实现担保物权的情形，债权人应当按照约定实现债权；没有约定或者约定不明确，债务人自己提供物的担保的，债权人应当先就该物的担保实现债权；第三人提供物的担保的，债权人可以就物的担保实现债权，也可以请求保证人承担保证责任。提供担保的第三人承担担保责任后，有权向债务人追偿。

第三百九十三条 有下列情形之一的，担保物权消灭：

（一）主债权消灭；

（二）担保物权实现；

（三）债权人放弃担保物权；

（四）法律规定担保物权消灭的其他情形。

第十七章 抵押权

第一节 一般抵押权

第三百九十四条 为担保债务的履行，债务人或者第三人不转移财产的占有，将该财产抵押给债权人的，债务人不履行到期债务或者发生当事人约定的实现抵押权的情形，债权人有权就该财产优先受偿。

前款规定的债务人或者第三人为抵押人，债权人为抵押权人，提供担保的财产为抵押财产。

第三百九十五条 债务人或者第三人有权处分的下列财产可以抵押：

（一）建筑物和其他土地附着物；

（二）建设用地使用权；

（三）海域使用权；

（四）生产设备、原材料、半成品、产品；

（五）正在建造的建筑物、船舶、航空器；

（六）交通运输工具；

（七）法律、行政法规未禁止抵押的其他财产。

抵押人可以将前款所列财产一并抵押。

第三百九十六条 企业、个体工商户、农业生产经营者可以将现有的以及将有的生产设备、原材料、半成品、产品抵押，债务人不履行到期债务或者发生当事人约定的实现抵押权的情形，债权人有权就抵押财产确定时的动产优先受偿。

第三百九十七条 以建筑物抵押的，该建筑物占用范围内的建设用地使用权一并抵押。以建设用地使用权抵押的，该土地上的建筑物一并抵押。

抵押人未依据前款规定一并抵押的，未抵押的财产视为一并抵押。

第三百九十八条 乡镇、村企业的建设用地使用权不得单独抵押。以乡镇、村企业的厂房等建筑物抵押的，其占用范围内的建设用地使用权一并抵押。

第三百九十九条 下列财产不得抵押：

（一）土地所有权；

（二）宅基地、自留地、自留山等集体所有土地的使用权，但是法律规定可以抵押的除外；

（三）学校、幼儿园、医疗机构等为公益目的成立的非营利法人的教育设施、医疗卫生设施和其他公益设施；

（四）所有权、使用权不明或者有争议的财产；

（五）依法被查封、扣押、监管的财产；

（六）法律、行政法规规定不得抵押的其他财产。

第四百条 设立抵押权，当事人应当采用书面形式订立抵押合同。

抵押合同一般包括下列条款：

（一）被担保债权的种类和数额；

（二）债务人履行债务的期限；

（三）抵押财产的名称、数量等情况；

（四）担保的范围。

第四百零一条 抵押权人在债务履行期限届满前，与抵押人约定债务人不履行到期债务时抵押财产归债权人所有的，只能依法就抵押财产优先受偿。

第四百零二条 以本法第三百九十五条第一款第一项至第三项规定的财产或者第五项规定的正在建造的建筑物抵押的，应当办理抵押登记。抵押权自登记时设立。

第四百零三条 以动产抵押的，抵押权自抵押合同生效时设立；未经登记，不得对抗善意第三人。

第四百零四条 以动产抵押的，不得对抗正常经营活动中已经支付合理价款并取得抵押财产的买受人。

第四百零五条 抵押权设立前，抵押财产已经出租并转移占有的，原租赁关系不受该抵押权的影响。

第四百零六条 抵押期间，抵押人可以转让抵押财产。当事人另有约定的，按照其约定。抵押财产转让的，抵押权不受影响。

抵押人转让抵押财产的，应当及时通知抵押权人。抵押权人能够证明抵押财产转让可能损害抵押权的，可以请求抵押人将转让所得的价款向抵押权人提前清偿债务或者提存。转让的价款超过债权数额的部分归抵押人所有，不足部分由债务人清偿。

第四百零七条 抵押权不得与债权分离而单独转让或者作为其他债权的担保。债权转让的，担保该债权的抵押权一并转让，但是法律另有规定或者当事人另有约定的除外。

第四百零八条 抵押人的行为足以使抵押财产价值减少的，抵押权人有权请求抵押人停止其行为；抵押财产价值减少的，抵押权人有权请求恢复抵押财产的价值，或者提供与减少的价值相应的担保。抵押人不恢复抵押财产的价值，也不提供担保的，抵押权人有权请求债务人提前清偿债务。

第四百零九条 抵押权人可以放弃抵押权或者抵押权的顺位。抵押权人与抵押人可以协议变更抵押权顺位以及被担保的债权数额等内容。但是，抵押权的变更未经其他抵押权人书面同意的，不得对其他抵押权人产生不利影响。

债务人以自己的财产设定抵押，抵押权人放弃该抵押权、抵押权顺位或者变更抵押权的，其他担保人在抵押权人丧失优先受偿权益的范围内免除担保责任，但是其他担保人承诺仍然提供担保的除外。

第四百一十条 债务人不履行到期债务或者发生当事人约定的实现抵押权的情形，抵押权人可以与抵押人协议以抵押财产折价或者以拍卖、变卖该抵押财产所得的价款优先受偿。协议损害其他债权人利益的，其他债权人可以请求人民法院撤销该协议。

抵押权人与抵押人未就抵押权实现方式达成协议的，抵押权人可以请求人民法院拍卖、变卖抵押财产。

抵押财产折价或者变卖的，应当参照市场价格。

第四百一十一条 依据本法第三百九十六条规定设定抵押的，抵押财产自下列情形之一发生时确定：

（一）债务履行期限届满，债权未实现；

（二）抵押人被宣告破产或者解散；

（三）当事人约定的实现抵押权的情形；

（四）严重影响债权实现的其他情形。

第四百一十二条 债务人不履行到期债务或者发生当事人约定的实现抵押权的情形，致使抵押财产被人民法院依法扣押的，自扣押之日起，抵押权人有权收取该抵押财产的天然孳息或者法定孳息，但是抵押权人未通知应当清偿法定孳息义务人的除外。

前款规定的孳息应当先充抵收取孳息的费用。

第四百一十三条 抵押财产折价或者拍卖、变卖后，其价款超过债权数额的部分归抵押人所有，不足部分由债务人清偿。

第四百一十四条 同一财产向两个以上债权人抵押的，拍卖、变卖抵押财产所得的价款依照下列规定清偿：

（一）抵押权已经登记的，按照登记的时间先后确定清偿顺序；

（二）抵押权已经登记的先于未登记的受偿；

（三）抵押权未登记的，按照债权比例清偿。

其他可以登记的担保物权，清偿顺序参照适用前款规定。

第四百一十五条 同一财产既设立抵押权又设立质权的，拍卖、变卖该财产所得的价款按照登记、交付的时间先后确定清偿顺序。

第四百一十六条 动产抵押担保的主债权是抵押物的价款，标的物交付后十日内办理抵押登记的，该抵押权人优先于抵押物买受人的其他担保物权人受偿，但是留置权人除外。

第四百一十七条 建设用地使用权抵押后，该土地上新增的建筑物不属于抵押财产。该建设用地使用权实现抵押权时，应当将该土地上新增的建筑物与建设用地使用权一并处分。但是，新增建筑物所得的价款，抵押权人无权优先受偿。

第四百一十八条 以集体所有土地的使用权依法抵押的，实现抵押权后，未经法定程序，不得改变土地所有权的性质和土地用途。

第四百一十九条 抵押权人应当在主债权诉讼时效期间行使抵押权；未行使的，人民法院不予保护。

第二节 最高额抵押权

第四百二十条 为担保债务的履行，债务人或者第三人对一定期间内将要连续发生的债权提供担保财产的，债务人不履行到期债务或者发生当事人约定的实现抵押权的情形，抵押权人有权在最高债权额限度内就该担保财产优先受偿。

最高额抵押权设立前已经存在的债权，经当事人同意，可以转入最高额抵押担保的债权范围。

第四百二十一条 最高额抵押担保的债权确定前，部分债权转让的，最高额抵押权不得转让，但是当事人另有约定的除外。

第四百二十二条 最高额抵押担保的债权确定前，抵押权人与抵押人可以通过协议变更债权确定的期间、债权范围以及最高债权额。但是，变更的内容不得对其他抵押权人产生不利影响。

第四百二十三条 有下列情形之一的，抵押权人的债权确定：

（一）约定的债权确定期间届满；

（二）没有约定债权确定期间或者约定不明确，抵押权人或者抵押人自最高额抵押权设立之日起满二年后请求确定债权；

（三）新的债权不可能发生；

（四）抵押权人知道或者应当知道抵押财产被查封、扣押；

（五）债务人、抵押人被宣告破产或者解散；

（六）法律规定债权确定的其他情形。

第四百二十四条 最高额抵押权除适用本节规定外，适用本章第一节的有关规定。

第十八章 质 权

第一节 动产质权

第四百二十五条 为担保债务的履行，债务人或者第三人将其动产出质给债权人占有的，债务人不履行到期债务或者发生当事人约定的实现质权的情形，债权人有权就该动产优先受偿。

前款规定的债务人或者第三人为出质人，债权人为质权人，交付的动产为质押财产。

第四百二十六条 法律、行政法规禁止转让的动产不得出质。

第四百二十七条 设立质权，当事人应当采用书面形式订立质押合同。

质押合同一般包括下列条款：

（一）被担保债权的种类和数额；

（二）债务人履行债务的期限；

（三）质押财产的名称、数量等情况；

（四）担保的范围；

（五）质押财产交付的时间、方式。

第四百二十八条 质权人在债务履行期限届满前，与出质人约定债务人不履行到期债务时质押财产归债权人所有的，只能依法就质押财产优先受偿。

第四百二十九条 质权自出质人交付质押财产时设立。

第四百三十条 质权人有权收取质押财产的孳息，但是合同另有约定的除外。

前款规定的孳息应当先充抵收取孳息的费用。

第四百三十一条 质权人在质权存续期间，未经出质人同意，擅自使用、处分质押财产，造成出质人损害的，应当承担赔偿责任。

第四百三十二条 质权人负有妥善保管质押财产的义务；因保管不善致使质押财产毁损、灭失的，应当承担赔偿责任。

质权人的行为可能使质押财产毁损、灭失的，出质人可以请求质权人将质押财产提存，或者请求提前清偿债务并返还质押财产。

第四百三十三条 因不可归责于质权人的事由可能使质押财产毁损或者价值明显减少，足以危害质权人权利的，质权人有权请求出质人提供相应的担保；出质人不提供的，质权人可以拍卖、变卖质押财产，并与出质人协议将拍卖、变卖所得的价款提前清偿债务或者提存。

第四百三十四条 质权人在质权存续期间，未经出质人同意转质，造成质押财产毁损、灭失的，应当承担赔偿责任。

第四百三十五条 质权人可以放弃质权。债务人以自己的财产出质，质权人放弃该质权的，其他担保人在质权人丧失优先受偿权益的范围内免除担保责任，但是其他担保人承诺仍然提供担保的除外。

第四百三十六条 债务人履行债务或者出质人提前清偿所担保的债权的，质权人应当返还质押财产。

债务人不履行到期债务或者发生当事人约定的实现质权的情形，质权人可以与出质人协议以质押财产折价，也可以就拍卖、变卖质押财产所得的价款优先受偿。

质押财产折价或者变卖的，应当参照市场价格。

第四百三十七条 出质人可以请求质权人在债务履行期限届满后及时行使质权；质权人不行使的，出质人可以请求人民法院拍卖、变卖质押财产。

出质人请求质权人及时行使质权，因质权人怠于行使权利造成出质人损害的，由质权人承担赔偿责任。

第四百三十八条 质押财产折价或者拍卖、变卖后，其价款超过债权数额的部分归出质人所有，不足部分由债务人清偿。

第四百三十九条 出质人与质权人可以协议设立最高额质权。

最高额质权除适用本节有关规定外，参照适用本编第十七章第二节的有关规定。

第二节　权利质权

第四百四十条　债务人或者第三人有权处分的下列权利可以出质：

（一）汇票、本票、支票；

（二）债券、存款单；

（三）仓单、提单；

（四）可以转让的基金份额、股权；

（五）可以转让的注册商标专用权、专利权、著作权等知识产权中的财产权；

（六）现有的以及将有的应收账款；

（七）法律、行政法规规定可以出质的其他财产权利。

第四百四十一条　以汇票、本票、支票、债券、存款单、仓单、提单出质的，质权自权利凭证交付质权人时设立；没有权利凭证的，质权自办理出质登记时设立。法律另有规定的，依照其规定。

第四百四十二条　汇票、本票、支票、债券、存款单、仓单、提单的兑现日期或者提货日期先于主债权到期的，质权人可以兑现或者提货，并与出质人协议将兑现的价款或者提取的货物提前清偿债务或者提存。

第四百四十三条　以基金份额、股权出质的，质权自办理出质登记时设立。

基金份额、股权出质后，不得转让，但是出质人与质权人协商同意的除外。出质人转让基金份额、股权所得的价款，应当向质权人提前清偿债务或者提存。

第四百四十四条　以注册商标专用权、专利权、著作权等知识产权中的财产权出质的，质权自办理出质登记时设立。

知识产权中的财产权出质后，出质人不得转让或者许可他人使用，但是出质人与质权人协商同意的除外。出质人转让或者许可他人使用出质的知识产权中的财产权所得的价款，应当向质权人提前清偿债务或者提存。

第四百四十五条　以应收账款出质的，质权自办理出质登记时设立。

应收账款出质后，不得转让，但是出质人与质权人协商同意的除外。出质人转让应收账款所得的价款，应当向质权人提前清偿债务或者提存。

第四百四十六条　权利质权除适用本节规定外，适用本章第一节的有关规定。

第十九章　留置权

第四百四十七条　债务人不履行到期债务，债权人可以留置已经合法占有的债务人的动产，并有权就该动产优先受偿。

前款规定的债权人为留置权人，占有的动产为留置财产。

第四百四十八条　债权人留置的动产，应当与债权属于同一法律关系，但是企业之间留置的除外。

第四百四十九条　法律规定或者当事人约定不得留置的动产，不得留置。

第四百五十条　留置财产为可分物的，留置财产的价值应当相当于债务的金额。

第四百五十一条　留置权人负有妥善保管留置财产的义务；因保管不善致使留置财产毁损、灭失的，应当承担赔偿责任。

第四百五十二条　留置权人有权收取留置财产的孳息。

前款规定的孳息应当先充抵收取孳息的费用。

第四百五十三条　留置权人与债务人应当约定留置财产后的债务履行期限；没有约定或者约定不明确的，留置权人应当给债务人六十日以上履行债务的期限，但是鲜活易腐等不易保管的动产除外。债务人逾期未履行的，留置权人可以与债务人协议以留置财产折价，也可以就拍卖、变卖留置财产所得的价款优先受偿。

留置财产折价或者变卖的，应当参照市场价格。

第四百五十四条　债务人可以请求留置权人在债务履行期限届满后行使留置权；留置权人不行使的，债务人可以请求人民法院拍卖、变卖留置财产。

第四百五十五条　留置财产折价或者拍卖、变卖后，其价款超过债权数额的部分归债务人所有，不足部分由债务人清偿。

第四百五十六条　同一动产上已经设立抵押权或者质权，该动产又被留置的，留置权人优先受偿。

第四百五十七条　留置权人对留置财产丧失占有或者留置权人接受债务人另行提供担保的，留置权消灭。

第五分编　占　有

第二十章　占　有

第四百五十八条　基于合同关系等产生的占有，有关不动产或者动产的使用、收益、违约责任等，按照合同约定；合同没有约定或者约定不明确的，依照有关法律规定。

第四百五十九条　占有人因使用占有的不动产或者动产，致使该不动产或者动产受到损害的，恶意占有人应当承担赔偿责任。

第四百六十条　不动产或者动产被占有人占有的，权利人可以请求返还原物及其孳息；但是，应当支付善意占有人因维护该不动产或者动产支出的必要费用。

第四百六十一条　占有的不动产或者动产毁损、灭失，该不动产或者动产的权利人请求赔偿的，占有人应当将因毁损、灭失取得的保险金、赔偿金或者补偿金等返还给权利人；权利人的损害未得到足够弥补的，恶意占有人还应当赔偿损失。

第四百六十二条　占有的不动产或者动产被侵占的，占有人有权请求返还原物；对妨害占有的行为，占有人有权请求排除妨害或者消除危险；因侵占或者妨害造成损害的，占有人有权依法请求损害赔偿。

占有人返还原物的请求权，自侵占发生之日起一年内未行使的，该请求权消灭。

第三编　合　同

第一分编　通　则

第一章　一般规定

第四百六十三条　本编调整因合同产生的民事关系。

第四百六十四条　合同是民事主体之间设立、变更、终止民事法律关系的协议。

婚姻、收养、监护等有关身份关系的协议，适用有关该身份关系的法律规定；没有规定的，可以根据其性质参照适用本编规定。

第四百六十五条　依法成立的合同，受法律保护。

依法成立的合同，仅对当事人具有法律约束力，但是法律另有规定的除外。

第四百六十六条　当事人对合同条款的理解有争议的，应当依据本法第一百四十二条第一款的规定，确定争议条款的含义。

合同文本采用两种以上文字订立并约定具有同等效力的，对各文本使用的词句推定具有相同含义。各文本使用的词句不一致的，应当根据合同的相关条款、性质、目的以及诚信原则等予以解释。

第四百六十七条　本法或者其他法律没有明文规定的合同，适用本编通则的规定，并可以参照适用本编或者其他法律最相类似合同的规定。

在中华人民共和国境内履行的中外合资经营企业合同、中外合作经营企业合同、中外合作勘探开发自然资源合同，适用中华人民共和国法律。

第四百六十八条　非因合同产生的债权债务关系，适用有关该债权债务关系的法律规定；没有规定的，适用本编通则的有关规定，但是根据其性质不能适用的除外。

第二章　合同的订立

第四百六十九条　当事人订立合同，可以采用书面形式、口头形式或者其他形式。

书面形式是合同书、信件、电报、电传、传真等可以有形地表现所载内容的形式。

以电子数据交换、电子邮件等方式能够有形地表现所载内容，并可以随时调取查用的数据电文，视为书面形式。

第四百七十条　合同的内容由当事人约定，一般包括下列条款：

（一）当事人的姓名或者名称和住所；

（二）标的；

（三）数量；

（四）质量；

（五）价款或者报酬；

（六）履行期限、地点和方式；

（七）违约责任；

（八）解决争议的方法。

当事人可以参照各类合同的示范文本订立合同。

第四百七十一条　当事人订立合同，可以采取要约、承诺方式或者其他方式。

第四百七十二条　要约是希望与他人订立

合同的意思表示，该意思表示应当符合下列条件：

（一）内容具体确定；

（二）表明经受要约人承诺，要约人即受该意思表示约束。

第四百七十三条 要约邀请是希望他人向自己发出要约的表示。拍卖公告、招标公告、招股说明书、债券募集办法、基金招募说明书、商业广告和宣传、寄送的价目表等为要约邀请。

商业广告和宣传的内容符合要约条件的，构成要约。

第四百七十四条 要约生效的时间适用本法第一百三十七条的规定。

第四百七十五条 要约可以撤回。要约的撤回适用本法第一百四十一条的规定。

第四百七十六条 要约可以撤销，但是有下列情形之一的除外：

（一）要约人以确定承诺期限或者其他形式明示要约不可撤销；

（二）受要约人有理由认为要约是不可撤销的，并已经为履行合同做了合理准备工作。

第四百七十七条 撤销要约的意思表示以对话方式作出的，该意思表示的内容应当在受要约人作出承诺之前为受要约人所知道；撤销要约的意思表示以非对话方式作出的，应当在受要约人作出承诺之前到达受要约人。

第四百七十八条 有下列情形之一的，要约失效：

（一）要约被拒绝；

（二）要约被依法撤销；

（三）承诺期限届满，受要约人未作出承诺；

（四）受要约人对要约的内容作出实质性变更。

第四百七十九条 承诺是受要约人同意要约的意思表示。

第四百八十条 承诺应当以通知的方式作出；但是，根据交易习惯或者要约表明可以通过行为作出承诺的除外。

第四百八十一条 承诺应当在要约确定的期限内到达要约人。

要约没有确定承诺期限的，承诺应当依照下列规定到达：

（一）要约以对话方式作出的，应当即时作出承诺；

（二）要约以非对话方式作出的，承诺应当在合理期限内到达。

第四百八十二条 要约以信件或者电报作出的，承诺期限自信件载明的日期或者电报交发之日开始计算。信件未载明日期的，自投寄该信件的邮戳日期开始计算。要约以电话、传真、电子邮件等快速通讯方式作出的，承诺期限自要约到达受要约人时开始计算。

第四百八十三条 承诺生效时合同成立，但是法律另有规定或者当事人另有约定的除外。

第四百八十四条 以通知方式作出的承诺，生效的时间适用本法第一百三十七条的规定。

承诺不需要通知的，根据交易习惯或者要约的要求作出承诺的行为时生效。

第四百八十五条 承诺可以撤回。承诺的撤回适用本法第一百四十一条的规定。

第四百八十六条 受要约人超过承诺期限发出承诺，或者在承诺期限内发出承诺，按照通常情形不能及时到达要约人的，为新要约；但是，要约人及时通知受要约人该承诺有效的除外。

第四百八十七条 受要约人在承诺期限内发出承诺，按照通常情形能够及时到达要约人，但是因其他原因致使承诺到达要约人时超过承诺期限的，除要约人及时通知受要约人因承诺超过期限不接受该承诺外，该承诺有效。

第四百八十八条 承诺的内容应当与要约的内容一致。受要约人对要约的内容作出实质性变更的，为新要约。有关合同标的、数量、质量、价款或者报酬、履行期限、履行地点和方式、违约责任和解决争议方法等的变更，是对要约内容的实质性变更。

第四百八十九条 承诺对要约的内容作出非实质性变更的，除要约人及时表示反对或者要约表明承诺不得对要约的内容作出任何变更外，该承诺有效，合同的内容以承诺的内容为准。

第四百九十条 当事人采用合同书形式订立合同的，自当事人均签名、盖章或者按指印时合同成立。在签名、盖章或者按指印之前，当事人一方已经履行主要义务，对方接受时，该合同成立。

法律、行政法规规定或者当事人约定合同应当采用书面形式订立，当事人未采用书面形式但是一方已经履行主要义务，对方接受时，该合同成立。

第四百九十一条 当事人采用信件、数据电文等形式订立合同要求签订确认书的，签订确认书时合同成立。

当事人一方通过互联网等信息网络发布的商品或者服务信息符合要约条件的，对方选择该商品或者服务并提交订单成功时合同成立，但是当事人另有约定的除外。

第四百九十二条 承诺生效的地点为合同成立的地点。

采用数据电文形式订立合同的，收件人的主营业地为合同成立的地点；没有主营业地的，其住所地为合同成立的地点。当事人另有约定的，按照其约定。

第四百九十三条 当事人采用合同书形式订立合同的，最后签名、盖章或者按指印的地点为合同成立的地点，但是当事人另有约定的除外。

第四百九十四条 国家根据抢险救灾、疫情防控或者其他需要下达国家订货任务、指令性任务的，有关民事主体之间应当依照有关法律、行政法规规定的权利和义务订立合同。

依照法律、行政法规的规定负有发出要约义务的当事人，应当及时发出合理的要约。

依照法律、行政法规的规定负有作出承诺义务的当事人，不得拒绝对方合理的订立合同要求。

第四百九十五条 当事人约定在将来一定期限内订立合同的认购书、订购书、预订书等，构成预约合同。

当事人一方不履行预约合同约定的订立合同义务的，对方可以请求其承担预约合同的违约责任。

第四百九十六条 格式条款是当事人为了重复使用而预先拟定，并在订立合同时未与对方协商的条款。

采用格式条款订立合同的，提供格式条款的一方应当遵循公平原则确定当事人之间的权利和义务，并采取合理的方式提示对方注意免除或者减轻其责任等与对方有重大利害关系的条款，按照对方的要求，对该条款予以说明。提供格式条款的一方未履行提示或者说明义务，致使对方没有注意或者理解与其有重大利害关系的条款的，对方可以主张该条款不成为合同的内容。

第四百九十七条 有下列情形之一的，该格式条款无效：

（一）具有本法第一编第六章第三节和本法第五百零六条规定的无效情形；

（二）提供格式条款一方不合理地免除或者减轻其责任、加重对方责任、限制对方主要权利；

（三）提供格式条款一方排除对方主要权利。

第四百九十八条 对格式条款的理解发生争议的，应当按照通常理解予以解释。对格式条款有两种以上解释的，应当作出不利于提供格式条款一方的解释。格式条款和非格式条款不一致的，应当采用非格式条款。

第四百九十九条 悬赏人以公开方式声明对完成特定行为的人支付报酬的，完成该行为的人可以请求其支付。

第五百条 当事人在订立合同过程中有下列情形之一，造成对方损失的，应当承担赔偿责任：

（一）假借订立合同，恶意进行磋商；

（二）故意隐瞒与订立合同有关的重要事实或者提供虚假情况；

（三）有其他违背诚信原则的行为。

第五百零一条 当事人在订立合同过程中知悉的商业秘密或者其他应当保密的信息，无论合同是否成立，不得泄露或者不正当地使用；泄露、不正当地使用该商业秘密或者信息，造成对方损失的，应当承担赔偿责任。

第三章 合同的效力

第五百零二条 依法成立的合同，自成立时生效，但是法律另有规定或者当事人另有约定的除外。

依照法律、行政法规的规定，合同应当办理批准等手续的，依照其规定。未办理批准等手续影响合同生效的，不影响合同中履行报批等义务条款以及相关条款的效力。应当办理申请批准等手续的当事人未履行义务的，对方可以请求其承担违反该义务的责任。

依照法律、行政法规的规定，合同的变更、转让、解除等情形应当办理批准等手续的，适用前款规定。

第五百零三条 无权代理人以被代理人的名义订立合同，被代理人已经开始履行合同义务或者接受相对人履行的，视为对合同的追认。

第五百零四条 法人的法定代表人或者非法人组织的负责人超越权限订立的合同，除相对人知道或者应当知道其超越权限外，该代表行为有效，订立的合同对法人或者非法人组织发生效力。

第五百零五条 当事人超越经营范围订立的合同的效力，应当依照本法第一编第六章第三节和本编的有关规定确定，不得仅以超越经营范围确认合同无效。

第五百零六条 合同中的下列免责条款无效：

（一）造成对方人身损害的；

（二）因故意或者重大过失造成对方财产损失的。

第五百零七条 合同不生效、无效、被撤销或者终止的，不影响合同中有关解决争议方法的条款的效力。

第五百零八条 本编对合同的效力没有规定的，适用本法第一编第六章的有关规定。

第四章 合同的履行

第五百零九条 当事人应当按照约定全面履行自己的义务。

当事人应当遵循诚信原则，根据合同的性质、目的和交易习惯履行通知、协助、保密等义务。

当事人在履行合同过程中，应当避免浪费资源、污染环境和破坏生态。

第五百一十条 合同生效后，当事人就质量、价款或者报酬、履行地点等内容没有约定或者约定不明确的，可以协议补充；不能达成补充协议的，按照合同相关条款或者交易习惯确定。

第五百一十一条 当事人就有关合同内容约定不明确，依据前条规定仍不能确定的，适用下列规定：

（一）质量要求不明确的，按照强制性国家标准履行；没有强制性国家标准的，按照推荐性国家标准履行；没有推荐性国家标准的，按照行业标准履行；没有国家标准、行业标准的，按照通常标准或者符合合同目的的特定标准履行。

（二）价款或者报酬不明确的，按照订立合同时履行地的市场价格履行；依法应当执行政府定价或者政府指导价的，依照规定履行。

（三）履行地点不明确，给付货币的，在接受货币一方所在地履行；交付不动产的，在不动产所在地履行；其他标的，在履行义务一方所在地履行。

（四）履行期限不明确的，债务人可以随时履行，债权人也可以随时请求履行，但是应当给对方必要的准备时间。

（五）履行方式不明确的，按照有利于实现合同目的的方式履行。

（六）履行费用的负担不明确的，由履行义务一方负担；因债权人原因增加的履行费用，由债权人负担。

第五百一十二条 通过互联网等信息网络订立的电子合同的标的为交付商品并采用快递物流方式交付的，收货人的签收时间为交付时间。电子合同的标的为提供服务的，生成的电子凭证或者实物凭证中载明的时间为提供服务时间；前述凭证没有载明时间或者载明时间与实际提供服务时间不一致的，以实际提供服务的时间为准。

电子合同的标的物为采用在线传输方式交付的，合同标的物进入对方当事人指定的特定系统且能够检索识别的时间为交付时间。

电子合同当事人对交付商品或者提供服务的方式、时间另有约定的，按照其约定。

第五百一十三条 执行政府定价或者政府指导价的，在合同约定的交付期限内政府价格调整时，按照交付时的价格计价。逾期交付标的物的，遇价格上涨时，按照原价格执行；价格下降时，按照新价格执行。逾期提取标的物或者逾期付款的，遇价格上涨时，按照新价格执行；价格下降时，按照原价格执行。

第五百一十四条 以支付金钱为内容的债，除法律另有规定或者当事人另有约定外，债权人可以请求债务人以实际履行地的法定货币履行。

第五百一十五条 标的有多项而债务人只需履行其中一项的，债务人享有选择权；但是，法律另有规定、当事人另有约定或者另有交易习惯的除外。

享有选择权的当事人在约定期限内或者履行期限届满未作选择，经催告后在合理期限内仍未选择的，选择权转移至对方。

第五百一十六条 当事人行使选择权应当及时通知对方，通知到达对方时，标的确定。标的确定后不得变更，但是经对方同意的除外。

可选择的标的发生不能履行情形的，享有选择权的当事人不得选择不能履行的标的，但是该不能履行的情形是由对方造成的除外。

第五百一十七条 债权人为二人以上，标的可分，按照份额各自享有债权的，为按份债权；债务人为二人以上，标的可分，按照份额各自负担债务的，为按份债务。

按份债权人或者按份债务人的份额难以确定的，视为份额相同。

第五百一十八条 债权人为二人以上，部分或者全部债权人均可以请求债务人履行债务的，为连带债权；债务人为二人以上，债权人可以请求部分或者全部债务人履行全部债务的，为连带债务。

连带债权或者连带债务，由法律规定或者当事人约定。

第五百一十九条 连带债务人之间的份额难以确定的，视为份额相同。

实际承担债务超过自己份额的连带债务人，有权就超出部分在其他连带债务人未履行的份额范围内向其追偿，并相应地享有债权人的权利，但是不得损害债权人的利益。其他连带债务人对债权人的抗辩，可以向该债务人主张。

被追偿的连带债务人不能履行其应分担份额的，其他连带债务人应当在相应范围内按比例分担。

第五百二十条 部分连带债务人履行、抵销债务或者提存标的物的，其他债务人对债权人的债务在相应范围内消灭；该债务人可以依据前条规定向其他债务人追偿。

部分连带债务人的债务被债权人免除的，在该连带债务人应当承担的份额范围内，其他债务人对债权人的债务消灭。

部分连带债务人的债务与债权人的债权同归于一人的，在扣除该债务人应当承担的份额后，债权人对其他债务人的债权继续存在。

债权人对部分连带债务人的给付受领迟延的，对其他连带债务人发生效力。

第五百二十一条 连带债权人之间的份额难以确定的，视为份额相同。

实际受领债权的连带债权人，应当按比例向其他连带债权人返还。

连带债权参照适用本章连带债务的有关规定。

第五百二十二条 当事人约定由债务人向第三人履行债务，债务人未向第三人履行债务或者履行债务不符合约定的，应当向债权人承担违约责任。

法律规定或者当事人约定第三人可以直接请求债务人向其履行债务，第三人未在合理期限内明确拒绝，债务人未向第三人履行债务或者履行债务不符合约定的，第三人可以请求债务人承担违约责任；债务人对债权人的抗辩，可以向第三人主张。

第五百二十三条 当事人约定由第三人向债权人履行债务，第三人不履行债务或者履行债务不符合约定的，债务人应当向债权人承担违约责任。

第五百二十四条 债务人不履行债务，第三人对履行该债务具有合法利益的，第三人有权向债权人代为履行；但是，根据债务性质、按照当事人约定或者依照法律规定只能由债务人履行的除外。

债权人接受第三人履行后，其对债务人的债权转让给第三人，但是债务人和第三人另有约定的除外。

第五百二十五条 当事人互负债务，没有先后履行顺序的，应当同时履行。一方在对方履行之前有权拒绝其履行请求。一方在对方履行债务不符合约定时，有权拒绝其相应的履行请求。

第五百二十六条 当事人互负债务，有先后履行顺序，应当先履行债务一方未履行的，后履行一方有权拒绝其履行请求。先履行一方履行债务不符合约定的，后履行一方有权拒绝其相应的履行请求。

第五百二十七条 应当先履行债务的当事人，有确切证据证明对方有下列情形之一的，可以中止履行：

（一）经营状况严重恶化；

（二）转移财产、抽逃资金，以逃避债务；

（三）丧失商业信誉；

（四）有丧失或者可能丧失履行债务能力的其他情形。

当事人没有确切证据中止履行的，应当承担违约责任。

第五百二十八条 当事人依据前条规定中止履行的，应当及时通知对方。对方提供适当担保的，应当恢复履行。中止履行后，对方在合理期限内未恢复履行能力且未提供适当担保的，视为以自己的行为表明不履行主要债务，中止履行的一方可以解除合同并可以请求对方承担违约责任。

第五百二十九条 债权人分立、合并或者变更住所没有通知债务人，致使履行债务发生困难的，债务人可以中止履行或者将标的物提存。

第五百三十条 债权人可以拒绝债务人提前履行债务，但是提前履行不损害债权人利益的除外。

债务人提前履行债务给债权人增加的费用，由债务人负担。

第五百三十一条 债权人可以拒绝债务人部分履行债务，但是部分履行不损害债权人利益的除外。

债务人部分履行债务给债权人增加的费用，由债务人负担。

第五百三十二条 合同生效后，当事人不得因姓名、名称的变更或者法定代表人、负责人、承办人的变动而不履行合同义务。

第五百三十三条 合同成立后，合同的基础条件发生了当事人在订立合同时无法预见的、不属于商业风险的重大变化，继续履行合同对于当事人一方明显不公平的，受不利影响的当事人可以与对方重新协商；在合理期限内协商不成的，当事人可以请求人民法院或者仲裁机构变更或者解除合同。

人民法院或者仲裁机构应当结合案件的实际情况，根据公平原则变更或者解除合同。

第五百三十四条 对当事人利用合同实施危害国家利益、社会公共利益行为的，市场监督管理和其他有关行政主管部门依照法律、行政法规的规定负责监督处理。

第五章　合同的保全

第五百三十五条 因债务人怠于行使其债权或者与该债权有关的从权利，影响债权人的到期债权实现的，债权人可以向人民法院请求以自己的名义代位行使债务人对相对人的权利，但是该权利专属于债务人自身的除外。

代位权的行使范围以债权人的到期债权为限。债权人行使代位权的必要费用，由债务人负担。

相对人对债务人的抗辩，可以向债权人主张。

第五百三十六条 债权人的债权到期前，债务人的债权或者与该债权有关的从权利存在诉讼时效期间即将届满或者未及时申报破产债权等情形，影响债权人的债权实现的，债权人可以代位向债务人的相对人请求其向债务人履行、向破产管理人申报或者作出其他必要的行为。

第五百三十七条 人民法院认定代位权成立的，由债务人的相对人向债权人履行义务，债权人接受履行后，债权人与债务人、债务人与相对人之间相应的权利义务终止。债务人对相对人的债权或者与该债权有关的从权利被采取保全、执行措施，或者债务人破产的，依照相关法律的规定处理。

第五百三十八条 债务人以放弃其债权、放弃债权担保、无偿转让财产等方式无偿处分财产权益，或者恶意延长其到期债权的履行期限，影响债权人的债权实现的，债权人可以请求人民法院撤销债务人的行为。

第五百三十九条 债务人以明显不合理的低价转让财产、以明显不合理的高价受让他人财产或者为他人的债务提供担保，影响债权人的债权实现，债务人的相对人知道或者应当知道该情形的，债权人可以请求人民法院撤销债务人的行为。

第五百四十条 撤销权的行使范围以债权人的债权为限。债权人行使撤销权的必要费用，由债务人负担。

第五百四十一条 撤销权自债权人知道或者应当知道撤销事由之日起一年内行使。自债务人的行为发生之日起五年内没有行使撤销权的，该撤销权消灭。

第五百四十二条 债务人影响债权人的债权实现的行为被撤销的，自始没有法律约束力。

第六章　合同的变更和转让

第五百四十三条　当事人协商一致，可以变更合同。

第五百四十四条　当事人对合同变更的内容约定不明确的，推定为未变更。

第五百四十五条　债权人可以将债权的全部或者部分转让给第三人，但是有下列情形之一的除外：

（一）根据债权性质不得转让；

（二）按照当事人约定不得转让；

（三）依照法律规定不得转让。

当事人约定非金钱债权不得转让的，不得对抗善意第三人。当事人约定金钱债权不得转让的，不得对抗第三人。

第五百四十六条　债权人转让债权，未通知债务人的，该转让对债务人不发生效力。

债权转让的通知不得撤销，但是经受让人同意的除外。

第五百四十七条　债权人转让债权的，受让人取得与债权有关的从权利，但是该从权利专属于债权人自身的除外。

受让人取得从权利不因该从权利未办理转移登记手续或者未转移占有而受到影响。

第五百四十八条　债务人接到债权转让通知后，债务人对让与人的抗辩，可以向受让人主张。

第五百四十九条　有下列情形之一的，债务人可以向受让人主张抵销：

（一）债务人接到债权转让通知时，债务人对让与人享有债权，且债务人的债权先于转让的债权到期或者同时到期；

（二）债务人的债权与转让的债权是基于同一合同产生。

第五百五十条　因债权转让增加的履行费用，由让与人负担。

第五百五十一条　债务人将债务的全部或者部分转移给第三人的，应当经债权人同意。

债务人或者第三人可以催告债权人在合理期限内予以同意，债权人未作表示的，视为不同意。

第五百五十二条　第三人与债务人约定加入债务并通知债权人，或者第三人向债权人表示愿意加入债务，债权人未在合理期限内明确拒绝的，债权人可以请求第三人在其愿意承担的债务范围内和债务人承担连带债务。

第五百五十三条　债务人转移债务的，新债务人可以主张原债务人对债权人的抗辩；原债务人对债权人享有债权的，新债务人不得向债权人主张抵销。

第五百五十四条　债务人转移债务的，新债务人应当承担与主债务有关的从债务，但是该从债务专属于原债务人自身的除外。

第五百五十五条　当事人一方经对方同意，可以将自己在合同中的权利和义务一并转让给第三人。

第五百五十六条　合同的权利和义务一并转让的，适用债权转让、债务转移的有关规定。

第七章　合同的权利义务终止

第五百五十七条　有下列情形之一的，债权债务终止：

（一）债务已经履行；

（二）债务相互抵销；

（三）债务人依法将标的物提存；

（四）债权人免除债务；

（五）债权债务同归于一人；

（六）法律规定或者当事人约定终止的其他情形。

合同解除的，该合同的权利义务关系终止。

第五百五十八条　债权债务终止后，当事人应当遵循诚信等原则，根据交易习惯履行通知、协助、保密、旧物回收等义务。

第五百五十九条　债权债务终止时，债权的从权利同时消灭，但是法律另有规定或者当事人另有约定的除外。

第五百六十条　债务人对同一债权人负担的数项债务种类相同，债务人的给付不足以清偿全部债务的，除当事人另有约定外，由债务人在清偿时指定其履行的债务。

债务人未作指定的，应当优先履行已经到期的债务；数项债务均到期的，优先履行对债权人缺乏担保或者担保最少的债务；均无担保或者担保相等的，优先履行债务人负担较重的债务；负担相同的，按照债务到期的先后顺序履行；到期时间相同的，按照债务比例履行。

第五百六十一条　债务人在履行主债务外还应当支付利息和实现债权的有关费用，其给付不足以清偿全部债务的，除当事人另有约定外，应当按照下列顺序履行：

（一）实现债权的有关费用；

（二）利息；

（三）主债务。

第五百六十二条 当事人协商一致，可以解除合同。

当事人可以约定一方解除合同的事由。解除合同的事由发生时，解除权人可以解除合同。

第五百六十三条 有下列情形之一的，当事人可以解除合同：

（一）因不可抗力致使不能实现合同目的；

（二）在履行期限届满前，当事人一方明确表示或者以自己的行为表明不履行主要债务；

（三）当事人一方迟延履行主要债务，经催告后在合理期限内仍未履行；

（四）当事人一方迟延履行债务或者有其他违约行为致使不能实现合同目的；

（五）法律规定的其他情形。

以持续履行的债务为内容的不定期合同，当事人可以随时解除合同，但是应当在合理期限之前通知对方。

第五百六十四条 法律规定或者当事人约定解除权行使期限，期限届满当事人不行使的，该权利消灭。

法律没有规定或者当事人没有约定解除权行使期限，自解除权人知道或者应当知道解除事由之日起一年内不行使，或者经对方催告后在合理期限内不行使的，该权利消灭。

第五百六十五条 当事人一方依法主张解除合同的，应当通知对方。合同自通知到达对方时解除；通知载明债务人在一定期限内不履行债务则合同自动解除，债务人在该期限内未履行债务的，合同自通知载明的期限届满时解除。对方对解除合同有异议的，任何一方当事人均可以请求人民法院或者仲裁机构确认解除行为的效力。

当事人一方未通知对方，直接以提起诉讼或者申请仲裁的方式依法主张解除合同，人民法院或者仲裁机构确认该主张的，合同自起诉状副本或者仲裁申请书副本送达对方时解除。

第五百六十六条 合同解除后，尚未履行的，终止履行；已经履行的，根据履行情况和合同性质，当事人可以请求恢复原状或者采取其他补救措施，并有权请求赔偿损失。

合同因违约解除的，解除权人可以请求违约方承担违约责任，但是当事人另有约定的除外。

主合同解除后，担保人对债务人应当承担的民事责任仍应当承担担保责任，但是担保合同另有约定的除外。

第五百六十七条 合同的权利义务关系终止，不影响合同中结算和清理条款的效力。

第五百六十八条 当事人互负债务，该债务的标的物种类、品质相同的，任何一方可以将自己的债务与对方的到期债务抵销；但是，根据债务性质、按照当事人约定或者依照法律规定不得抵销的除外。

当事人主张抵销的，应当通知对方。通知自到达对方时生效。抵销不得附条件或者附期限。

第五百六十九条 当事人互负债务，标的物种类、品质不相同的，经协商一致，也可以抵销。

第五百七十条 有下列情形之一，难以履行债务的，债务人可以将标的物提存：

（一）债权人无正当理由拒绝受领；

（二）债权人下落不明；

（三）债权人死亡未确定继承人、遗产管理人，或者丧失民事行为能力未确定监护人；

（四）法律规定的其他情形。

标的物不适于提存或者提存费用过高的，债务人依法可以拍卖或者变卖标的物，提存所得的价款。

第五百七十一条 债务人将标的物或者将标的物依法拍卖、变卖所得价款交付提存部门时，提存成立。

提存成立的，视为债务人在其提存范围内已经交付标的物。

第五百七十二条 标的物提存后，债务人应当及时通知债权人或者债权人的继承人、遗产管理人、监护人、财产代管人。

第五百七十三条 标的物提存后，毁损、灭失的风险由债权人承担。提存期间，标的物的孳息归债权人所有。提存费用由债权人负担。

第五百七十四条 债权人可以随时领取提

存物。但是，债权人对债务人负有到期债务的，在债权人未履行债务或者提供担保之前，提存部门根据债务人的要求应当拒绝其领取提存物。

债权人领取提存物的权利，自提存之日起五年内不行使而消灭，提存物扣除提存费用后归国家所有。但是，债权人未履行对债务人的到期债务，或者债权人向提存部门书面表示放弃领取提存物权利的，债务人负担提存费用后有权取回提存物。

第五百七十五条 债权人免除债务人部分或者全部债务的，债权债务部分或者全部终止，但是债务人在合理期限内拒绝的除外。

第五百七十六条 债权和债务同归于一人的，债权债务终止，但是损害第三人利益的除外。

第八章 违约责任

第五百七十七条 当事人一方不履行合同义务或者履行合同义务不符合约定的，应当承担继续履行、采取补救措施或者赔偿损失等违约责任。

第五百七十八条 当事人一方明确表示或者以自己的行为表明不履行合同义务的，对方可以在履行期限届满前请求其承担违约责任。

第五百七十九条 当事人一方未支付价款、报酬、租金、利息，或者不履行其他金钱债务的，对方可以请求其支付。

第五百八十条 当事人一方不履行非金钱债务或者履行非金钱债务不符合约定的，对方可以请求履行，但是有下列情形之一的除外：

（一）法律上或者事实上不能履行；

（二）债务的标的不适于强制履行或者履行费用过高；

（三）债权人在合理期限内未请求履行。

有前款规定的除外情形之一，致使不能实现合同目的的，人民法院或者仲裁机构可以根据当事人的请求终止合同权利义务关系，但是不影响违约责任的承担。

第五百八十一条 当事人一方不履行债务或者履行债务不符合约定，根据债务的性质不得强制履行的，对方可以请求其负担由第三人替代履行的费用。

第五百八十二条 履行不符合约定的，应当按照当事人的约定承担违约责任。对违约责任没有约定或者约定不明确，依据本法第五百一十条的规定仍不能确定的，受损害方根据标的的性质以及损失的大小，可以合理选择请求对方承担修理、重作、更换、退货、减少价款或者报酬等违约责任。

第五百八十三条 当事人一方不履行合同义务或者履行合同义务不符合约定的，在履行义务或者采取补救措施后，对方还有其他损失的，应当赔偿损失。

第五百八十四条 当事人一方不履行合同义务或者履行合同义务不符合约定，造成对方损失的，损失赔偿额应当相当于因违约所造成的损失，包括合同履行后可以获得的利益；但是，不得超过违约一方订立合同时预见到或者应当预见到的因违约可能造成的损失。

第五百八十五条 当事人可以约定一方违约时应当根据违约情况向对方支付一定数额的违约金，也可以约定因违约产生的损失赔偿额的计算方法。

约定的违约金低于造成的损失的，人民法院或者仲裁机构可以根据当事人的请求予以增加；约定的违约金过分高于造成的损失的，人民法院或者仲裁机构可以根据当事人的请求予以适当减少。

当事人就迟延履行约定违约金的，违约方支付违约金后，还应当履行债务。

第五百八十六条 当事人可以约定一方向对方给付定金作为债权的担保。定金合同自实际交付定金时成立。

定金的数额由当事人约定；但是，不得超过主合同标的额的百分之二十，超过部分不产生定金的效力。实际交付的定金数额多于或者少于约定数额的，视为变更约定的定金数额。

第五百八十七条 债务人履行债务的，定金应当抵作价款或者收回。给付定金的一方不履行债务或者履行债务不符合约定，致使不能实现合同目的的，无权请求返还定金；收受定金的一方不履行债务或者履行债务不符合约定，致使不能实现合同目的的，应当双倍返还定金。

第五百八十八条 当事人既约定违约金，又约定定金的，一方违约时，对方可以选择适用违约金或者定金条款。

定金不足以弥补一方违约造成的损失的，对方可以请求赔偿超过定金数额的损失。

第五百八十九条 债务人按照约定履行债务，债权人无正当理由拒绝受领的，债务人可以请求债权人赔偿增加的费用。

在债权人受领迟延期间，债务人无须支付利息。

第五百九十条 当事人一方因不可抗力不能履行合同的，根据不可抗力的影响，部分或者全部免除责任，但是法律另有规定的除外。因不可抗力不能履行合同的，应当及时通知对方，以减轻可能给对方造成的损失，并应当在合理期限内提供证明。

当事人迟延履行后发生不可抗力的，不免除其违约责任。

第五百九十一条 当事人一方违约后，对方应当采取适当措施防止损失的扩大；没有采取适当措施致使损失扩大的，不得就扩大的损失请求赔偿。

当事人因防止损失扩大而支出的合理费用，由违约方负担。

第五百九十二条 当事人都违反合同的，应当各自承担相应的责任。

当事人一方违约造成对方损失，对方对损失的发生有过错的，可以减少相应的损失赔偿额。

第五百九十三条 当事人一方因第三人的原因造成违约的，应当依法向对方承担违约责任。当事人一方和第三人之间的纠纷，依照法律规定或者按照约定处理。

第五百九十四条 因国际货物买卖合同和技术进出口合同争议提起诉讼或者申请仲裁的时效期间为四年。

第二分编　典型合同

第九章　买卖合同

第五百九十五条 买卖合同是出卖人转移标的物的所有权于买受人，买受人支付价款的合同。

第五百九十六条 买卖合同的内容一般包括标的物的名称、数量、质量、价款、履行期限、履行地点和方式、包装方式、检验标准和方法、结算方式、合同使用的文字及其效力等条款。

第五百九十七条 因出卖人未取得处分权致使标的物所有权不能转移的，买受人可以解除合同并请求出卖人承担违约责任。

法律、行政法规禁止或者限制转让的标的物，依照其规定。

第五百九十八条 出卖人应当履行向买受人交付标的物或者交付提取标的物的单证，并转移标的物所有权的义务。

第五百九十九条 出卖人应当按照约定或者交易习惯向买受人交付提取标的物单证以外的有关单证和资料。

第六百条 出卖具有知识产权的标的物的，除法律另有规定或者当事人另有约定外，该标的物的知识产权不属于买受人。

第六百零一条 出卖人应当按照约定的时间交付标的物。约定交付期限的，出卖人可以在该交付期限内的任何时间交付。

第六百零二条 当事人没有约定标的物的交付期限或者约定不明确的，适用本法第五百一十条、第五百一十一条第四项的规定。

第六百零三条 出卖人应当按照约定的地点交付标的物。

当事人没有约定交付地点或者约定不明确，依据本法第五百一十条的规定仍不能确定的，适用下列规定：

（一）标的物需要运输的，出卖人应当将标的物交付给第一承运人以运交给买受人；

（二）标的物不需要运输，出卖人和买受人订立合同时知道标的物在某一地点的，出卖人应当在该地点交付标的物；不知道标的物在某一地点的，应当在出卖人订立合同时的营业地交付标的物。

第六百零四条 标的物毁损、灭失的风险，在标的物交付之前由出卖人承担，交付之后由买受人承担，但是法律另有规定或者当事人另有约定的除外。

第六百零五条 因买受人的原因致使标的物未按照约定的期限交付的，买受人应当自违反约定时起承担标的物毁损、灭失的风险。

第六百零六条 出卖人出卖交由承运人运输的在途标的物，除当事人另有约定外，毁损、灭失的风险自合同成立时起由买受人承担。

第六百零七条 出卖人按照约定将标的物运送至买受人指定地点并交付给承运人后，标的物毁损、灭失的风险由买受人承担。

当事人没有约定交付地点或者约定不明

确，依据本法第六百零三条第二款第一项的规定标的物需要运输的，出卖人将标的物交付给第一承运人后，标的物毁损、灭失的风险由买受人承担。

第六百零八条 出卖人按照约定或者依据本法第六百零三条第二款第二项的规定将标的物置于交付地点，买受人违反约定没有收取的，标的物毁损、灭失的风险自违反约定时起由买受人承担。

第六百零九条 出卖人按照约定未交付有关标的物的单证和资料的，不影响标的物毁损、灭失风险的转移。

第六百一十条 因标的物不符合质量要求，致使不能实现合同目的的，买受人可以拒绝接受标的物或者解除合同。买受人拒绝接受标的物或者解除合同的，标的物毁损、灭失的风险由出卖人承担。

第六百一十一条 标的物毁损、灭失的风险由买受人承担的，不影响因出卖人履行义务不符合约定，买受人请求其承担违约责任的权利。

第六百一十二条 出卖人就交付的标的物，负有保证第三人对该标的物不享有任何权利的义务，但是法律另有规定的除外。

第六百一十三条 买受人订立合同时知道或者应当知道第三人对买卖的标的物享有权利的，出卖人不承担前条规定的义务。

第六百一十四条 买受人有确切证据证明第三人对标的物享有权利的，可以中止支付相应的价款，但是出卖人提供适当担保的除外。

第六百一十五条 出卖人应当按照约定的质量要求交付标的物。出卖人提供有关标的物质量说明的，交付的标的物应当符合该说明的质量要求。

第六百一十六条 当事人对标的物的质量要求没有约定或者约定不明确，依据本法第五百一十条的规定仍不能确定的，适用本法第五百一十一条第一项的规定。

第六百一十七条 出卖人交付的标的物不符合质量要求的，买受人可以依据本法第五百八十二条至第五百八十四条的规定请求承担违约责任。

第六百一十八条 当事人约定减轻或者免除出卖人对标的物瑕疵承担的责任，因出卖人故意或者重大过失不告知买受人标的物瑕疵的，出卖人无权主张减轻或者免除责任。

第六百一十九条 出卖人应当按照约定的包装方式交付标的物。对包装方式没有约定或者约定不明确，依据本法第五百一十条的规定仍不能确定的，应当按照通用的方式包装；没有通用方式的，应当采取足以保护标的物且有利于节约资源、保护生态环境的包装方式。

第六百二十条 买受人收到标的物时应当在约定的检验期限内检验。没有约定检验期限的，应当及时检验。

第六百二十一条 当事人约定检验期限的，买受人应当在检验期限内将标的物的数量或者质量不符合约定的情形通知出卖人。买受人怠于通知的，视为标的物的数量或者质量符合约定。

当事人没有约定检验期限的，买受人应当在发现或者应当发现标的物的数量或者质量不符合约定的合理期限内通知出卖人。买受人在合理期限内未通知或者自收到标的物之日起二年内未通知出卖人的，视为标的物的数量或者质量符合约定；但是，对标的物有质量保证期的，适用质量保证期，不适用该二年的规定。

出卖人知道或者应当知道提供的标的物不符合约定的，买受人不受前两款规定的通知时间的限制。

第六百二十二条 当事人约定的检验期限过短，根据标的物的性质和交易习惯，买受人在检验期限内难以完成全面检验的，该期限仅视为买受人对标的物的外观瑕疵提出异议的期限。

约定的检验期限或者质量保证期短于法律、行政法规规定期限的，应当以法律、行政法规规定的期限为准。

第六百二十三条 当事人对检验期限未作约定，买受人签收的送货单、确认单等载明标的物数量、型号、规格的，推定买受人已经对数量和外观瑕疵进行检验，但是有相关证据足以推翻的除外。

第六百二十四条 出卖人依照买受人的指示向第三人交付标的物，出卖人和买受人约定的检验标准与买受人和第三人约定的检验标准不一致的，以出卖人和买受人约定的检验标准为准。

第六百二十五条 依照法律、行政法规的规定或者按照当事人的约定，标的物在有效使用年限届满后应予回收的，出卖人负有自行或者委托第三人对标的物予以回收的义务。

第六百二十六条 买受人应当按照约定的数额和支付方式支付价款。对价款的数额和支付方式没有约定或者约定不明确的，适用本法第五百一十条、第五百一十一条第二项和第五项的规定。

第六百二十七条 买受人应当按照约定的地点支付价款。对支付地点没有约定或者约定不明确，依据本法第五百一十条的规定仍不能确定的，买受人应当在出卖人的营业地支付；但是，约定支付价款以交付标的物或者交付提取标的物单证为条件的，在交付标的物或者交付提取标的物单证的所在地支付。

第六百二十八条 买受人应当按照约定的时间支付价款。对支付时间没有约定或者约定不明确，依据本法第五百一十条的规定仍不能确定的，买受人应当在收到标的物或者提取标的物单证的同时支付。

第六百二十九条 出卖人多交标的物的，买受人可以接收或者拒绝接收多交的部分。买受人接收多交部分的，按照约定的价格支付价款；买受人拒绝接收多交部分的，应当及时通知出卖人。

第六百三十条 标的物在交付之前产生的孳息，归出卖人所有；交付之后产生的孳息，归买受人所有。但是，当事人另有约定的除外。

第六百三十一条 因标的物的主物不符合约定而解除合同的，解除合同的效力及于从物。因标的物的从物不符合约定被解除的，解除的效力不及于主物。

第六百三十二条 标的物为数物，其中一物不符合约定的，买受人可以就该物解除。但是，该物与他物分离使标的物的价值显受损害的，买受人可以就数物解除合同。

第六百三十三条 出卖人分批交付标的物的，出卖人对其中一批标的物不交付或者交付不符合约定，致使该批标的物不能实现合同目的的，买受人可以就该批标的物解除。

出卖人不交付其中一批标的物或者交付不符合约定，致使之后其他各批标的物的交付不能实现合同目的的，买受人可以就该批以及之后其他各批标的物解除。

买受人如果就其中一批标的物解除，该批标的物与其他各批标的物相互依存的，可以就已经交付和未交付的各批标的物解除。

第六百三十四条 分期付款的买受人未支付到期价款的数额达到全部价款的五分之一，经催告后在合理期限内仍未支付到期价款的，出卖人可以请求买受人支付全部价款或者解除合同。

出卖人解除合同的，可以向买受人请求支付该标的物的使用费。

第六百三十五条 凭样品买卖的当事人应当封存样品，并可以对样品质量予以说明。出卖人交付的标的物应当与样品及其说明的质量相同。

第六百三十六条 凭样品买卖的买受人不知道样品有隐蔽瑕疵的，即使交付的标的物与样品相同，出卖人交付的标的物的质量仍然应当符合同种物的通常标准。

第六百三十七条 试用买卖的当事人可以约定标的物的试用期限。对试用期限没有约定或者约定不明确，依据本法第五百一十条的规定仍不能确定的，由出卖人确定。

第六百三十八条 试用买卖的买受人在试用期内可以购买标的物，也可以拒绝购买。试用期限届满，买受人对是否购买标的物未作表示的，视为购买。

试用买卖的买受人在试用期内已经支付部分价款或者对标的物实施出卖、出租、设立担保物权等行为的，视为同意购买。

第六百三十九条 试用买卖的当事人对标的物使用费没有约定或者约定不明确的，出卖人无权请求买受人支付。

第六百四十条 标的物在试用期内毁损、灭失的风险由出卖人承担。

第六百四十一条 当事人可以在买卖合同中约定买受人未履行支付价款或者其他义务的，标的物的所有权属于出卖人。

出卖人对标的物保留的所有权，未经登记，不得对抗善意第三人。

第六百四十二条 当事人约定出卖人保留合同标的物的所有权，在标的物所有权转移前，买受人有下列情形之一，造成出卖人损害的，除当事人另有约定外，出卖人有权取回标的物：

（一）未按照约定支付价款，经催告后在合理期限内仍未支付；

（二）未按照约定完成特定条件；

（三）将标的物出卖、出质或者作出其他不当处分。

出卖人可以与买受人协商取回标的物；协商不成的，可以参照适用担保物权的实现程序。

第六百四十三条 出卖人依据前条第一款的规定取回标的物后，买受人在双方约定或者出卖人指定的合理回赎期限内，消除出卖人取回标的物的事由的，可以请求回赎标的物。

买受人在回赎期限内没有回赎标的物，出卖人可以以合理价格将标的物出卖给第三人，出卖所得价款扣除买受人未支付的价款以及必要费用后仍有剩余的，应当返还买受人；不足部分由买受人清偿。

第六百四十四条 招标投标买卖的当事人的权利和义务以及招标投标程序等，依照有关法律、行政法规的规定。

第六百四十五条 拍卖的当事人的权利和义务以及拍卖程序等，依照有关法律、行政法规的规定。

第六百四十六条 法律对其他有偿合同有规定的，依照其规定；没有规定的，参照适用买卖合同的有关规定。

第六百四十七条 当事人约定易货交易，转移标的物的所有权的，参照适用买卖合同的有关规定。

第十章 供用电、水、气、热力合同

第六百四十八条 供用电合同是供电人向用电人供电，用电人支付电费的合同。

向社会公众供电的供电人，不得拒绝用电人合理的订立合同要求。

第六百四十九条 供用电合同的内容一般包括供电的方式、质量、时间，用电容量、地址、性质，计量方式，电价、电费的结算方式，供用电设施的维护责任等条款。

第六百五十条 供用电合同的履行地点，按照当事人约定；当事人没有约定或者约定不明确的，供电设施的产权分界处为履行地点。

第六百五十一条 供电人应当按照国家规定的供电质量标准和约定安全供电。供电人未按照国家规定的供电质量标准和约定安全供电，造成用电人损失的，应当承担赔偿责任。

第六百五十二条 供电人因供电设施计划检修、临时检修、依法限电或者用电人违法用电等原因，需要中断供电时，应当按照国家有关规定事先通知用电人；未事先通知用电人中断供电，造成用电人损失的，应当承担赔偿责任。

第六百五十三条 因自然灾害等原因断电，供电人应当按照国家有关规定及时抢修；未及时抢修，造成用电人损失的，应当承担赔偿责任。

第六百五十四条 用电人应当按照国家有关规定和当事人的约定及时支付电费。用电人逾期不支付电费的，应当按照约定支付违约金。经催告用电人在合理期限内仍不支付电费和违约金的，供电人可以按照国家规定的程序中止供电。

供电人依据前款规定中止供电的，应当事先通知用电人。

第六百五十五条 用电人应当按照国家有关规定和当事人的约定安全、节约和计划用电。用电人未按照国家有关规定和当事人的约定用电，造成供电人损失的，应当承担赔偿责任。

第六百五十六条 供用水、供用气、供用热力合同，参照适用供用电合同的有关规定。

第十一章 赠与合同

第六百五十七条 赠与合同是赠与人将自己的财产无偿给予受赠人，受赠人表示接受赠与的合同。

第六百五十八条 赠与人在赠与财产的权利转移之前可以撤销赠与。

经过公证的赠与合同或者依法不得撤销的具有救灾、扶贫、助残等公益、道德义务性质的赠与合同，不适用前款规定。

第六百五十九条 赠与的财产依法需要办理登记或者其他手续的，应当办理有关手续。

第六百六十条 经过公证的赠与合同或者依法不得撤销的具有救灾、扶贫、助残等公益、道德义务性质的赠与合同，赠与人不交付赠与财产的，受赠人可以请求交付。

依据前款规定应当交付的赠与财产因赠与人故意或者重大过失致使毁损、灭失的，赠与人应当承担赔偿责任。

第六百六十一条 赠与可以附义务。

赠与附义务的，受赠人应当按照约定履行

义务。

第六百六十二条 赠与的财产有瑕疵的，赠与人不承担责任。附义务的赠与，赠与的财产有瑕疵的，赠与人在附义务的限度内承担与出卖人相同的责任。

赠与人故意不告知瑕疵或者保证无瑕疵，造成受赠人损失的，应当承担赔偿责任。

第六百六十三条 受赠人有下列情形之一的，赠与人可以撤销赠与：

（一）严重侵害赠与人或者赠与人近亲属的合法权益；

（二）对赠与人有扶养义务而不履行；

（三）不履行赠与合同约定的义务。

赠与人的撤销权，自知道或者应当知道撤销事由之日起一年内行使。

第六百六十四条 因受赠人的违法行为致使赠与人死亡或者丧失民事行为能力的，赠与人的继承人或者法定代理人可以撤销赠与。

赠与人的继承人或者法定代理人的撤销权，自知道或者应当知道撤销事由之日起六个月内行使。

第六百六十五条 撤销权人撤销赠与的，可以向受赠人请求返还赠与的财产。

第六百六十六条 赠与人的经济状况显著恶化，严重影响其生产经营或者家庭生活的，可以不再履行赠与义务。

第十二章 借款合同

第六百六十七条 借款合同是借款人向贷款人借款，到期返还借款并支付利息的合同。

第六百六十八条 借款合同应当采用书面形式，但是自然人之间借款另有约定的除外。

借款合同的内容一般包括借款种类、币种、用途、数额、利率、期限和还款方式等条款。

第六百六十九条 订立借款合同，借款人应当按照贷款人的要求提供与借款有关的业务活动和财务状况的真实情况。

第六百七十条 借款的利息不得预先在本金中扣除。利息预先在本金中扣除的，应当按照实际借款数额返还借款并计算利息。

第六百七十一条 贷款人未按照约定的日期、数额提供借款，造成借款人损失的，应当赔偿损失。

借款人未按照约定的日期、数额收取借款的，应当按照约定的日期、数额支付利息。

第六百七十二条 贷款人按照约定可以检查、监督借款的使用情况。借款人应当按照约定向贷款人定期提供有关财务会计报表或者其他资料。

第六百七十三条 借款人未按照约定的借款用途使用借款的，贷款人可以停止发放借款、提前收回借款或者解除合同。

第六百七十四条 借款人应当按照约定的期限支付利息。对支付利息的期限没有约定或者约定不明确，依据本法第五百一十条的规定仍不能确定，借款期间不满一年的，应当在返还借款时一并支付；借款期间一年以上的，应当在每届满一年时支付，剩余期间不满一年的，应当在返还借款时一并支付。

第六百七十五条 借款人应当按照约定的期限返还借款。对借款期限没有约定或者约定不明确，依据本法第五百一十条的规定仍不能确定的，借款人可以随时返还；贷款人可以催告借款人在合理期限内返还。

第六百七十六条 借款人未按照约定的期限返还借款的，应当按照约定或者国家有关规定支付逾期利息。

第六百七十七条 借款人提前返还借款的，除当事人另有约定外，应当按照实际借款的期间计算利息。

第六百七十八条 借款人可以在还款期限届满前向贷款人申请展期；贷款人同意的，可以展期。

第六百七十九条 自然人之间的借款合同，自贷款人提供借款时成立。

第六百八十条 禁止高利放贷，借款的利率不得违反国家有关规定。

借款合同对支付利息没有约定的，视为没有利息。

借款合同对支付利息约定不明确，当事人不能达成补充协议的，按照当地或者当事人的交易方式、交易习惯、市场利率等因素确定利息；自然人之间借款的，视为没有利息。

第十三章 保证合同

第一节 一般规定

第六百八十一条 保证合同是为保障债权的实现，保证人和债权人约定，当债务人不履行到期债务或者发生当事人约定的情形时，保证人履行债务或者承担责任的合同。

第六百八十二条 保证合同是主债权债务合同的从合同。主债权债务合同无效的，保证合同无效，但是法律另有规定的除外。

保证合同被确认无效后，债务人、保证人、债权人有过错的，应当根据其过错各自承担相应的民事责任。

第六百八十三条 机关法人不得为保证人，但是经国务院批准为使用外国政府或者国际经济组织贷款进行转贷的除外。

以公益为目的的非营利法人、非法人组织不得为保证人。

第六百八十四条 保证合同的内容一般包括被保证的主债权的种类、数额，债务人履行债务的期限，保证的方式、范围和期间等条款。

第六百八十五条 保证合同可以是单独订立的书面合同，也可以是主债权债务合同中的保证条款。

第三人单方以书面形式向债权人作出保证，债权人接收且未提出异议的，保证合同成立。

第六百八十六条 保证的方式包括一般保证和连带责任保证。

当事人在保证合同中对保证方式没有约定或者约定不明确的，按照一般保证承担保证责任。

第六百八十七条 当事人在保证合同中约定，债务人不能履行债务时，由保证人承担保证责任的，为一般保证。

一般保证的保证人在主合同纠纷未经审判或者仲裁，并就债务人财产依法强制执行仍不能履行债务前，有权拒绝向债权人承担保证责任，但是有下列情形之一的除外：

（一）债务人下落不明，且无财产可供执行；

（二）人民法院已经受理债务人破产案件；

（三）债权人有证据证明债务人的财产不足以履行全部债务或者丧失履行债务能力；

（四）保证人书面表示放弃本款规定的权利。

第六百八十八条 当事人在保证合同中约定保证人和债务人对债务承担连带责任的，为连带责任保证。

连带责任保证的债务人不履行到期债务或者发生当事人约定的情形时，债权人可以请求债务人履行债务，也可以请求保证人在其保证范围内承担保证责任。

第六百八十九条 保证人可以要求债务人提供反担保。

第六百九十条 保证人与债权人可以协商订立最高额保证的合同，约定在最高债权额限度内就一定期间连续发生的债权提供保证。

最高额保证除适用本章规定外，参照适用本法第二编最高额抵押权的有关规定。

第二节 保证责任

第六百九十一条 保证的范围包括主债权及其利息、违约金、损害赔偿金和实现债权的费用。当事人另有约定的，按照其约定。

第六百九十二条 保证期间是确定保证人承担保证责任的期间，不发生中止、中断和延长。

债权人与保证人可以约定保证期间，但是约定的保证期间早于主债务履行期限或者与主债务履行期限同时届满的，视为没有约定；没有约定或者约定不明确的，保证期间为主债务履行期限届满之日起六个月。

债权人与债务人对主债务履行期限没有约定或者约定不明确的，保证期间自债权人请求债务人履行债务的宽限期届满之日起计算。

第六百九十三条 一般保证的债权人未在保证期间对债务人提起诉讼或者申请仲裁的，保证人不再承担保证责任。

连带责任保证的债权人未在保证期间请求保证人承担保证责任的，保证人不再承担保证责任。

第六百九十四条 一般保证的债权人在保证期间届满前对债务人提起诉讼或者申请仲裁的，从保证人拒绝承担保证责任的权利消灭之日起，开始计算保证债务的诉讼时效。

连带责任保证的债权人在保证期间届满前请求保证人承担保证责任的，从债权人请求保证人承担保证责任之日起，开始计算保证债务的诉讼时效。

第六百九十五条 债权人和债务人未经保证人书面同意，协商变更主债权债务合同内容，减轻债务的，保证人仍对变更后的债务承担保证责任；加重债务的，保证人对加重的部分不承担保证责任。

债权人和债务人变更主债权债务合同的履行期限，未经保证人书面同意的，保证期间不受影响。

第六百九十六条 债权人转让全部或者部分债权，未通知保证人的，该转让对保证人不发生效力。

保证人与债权人约定禁止债权转让，债权人未经保证人书面同意转让债权的，保证人对受让人不再承担保证责任。

第六百九十七条 债权人未经保证人书面同意，允许债务人转移全部或者部分债务，保证人对未经其同意转移的债务不再承担保证责任，但是债权人和保证人另有约定的除外。

第三人加入债务的，保证人的保证责任不受影响。

第六百九十八条 一般保证的保证人在主债务履行期限届满后，向债权人提供债务人可供执行财产的真实情况，债权人放弃或者怠于行使权利致使该财产不能被执行的，保证人在其提供可供执行财产的价值范围内不再承担保证责任。

第六百九十九条 同一债务有两个以上保证人的，保证人应当按照保证合同约定的保证份额，承担保证责任；没有约定保证份额的，债权人可以请求任何一个保证人在其保证范围内承担保证责任。

第七百条 保证人承担保证责任后，除当事人另有约定外，有权在其承担保证责任的范围内向债务人追偿，享有债权人对债务人的权利，但是不得损害债权人的利益。

第七百零一条 保证人可以主张债务人对债权人的抗辩。债务人放弃抗辩的，保证人仍有权向债权人主张抗辩。

第七百零二条 债务人对债权人享有抵销权或者撤销权的，保证人可以在相应范围内拒绝承担保证责任。

第十四章 租赁合同

第七百零三条 租赁合同是出租人将租赁物交付承租人使用、收益，承租人支付租金的合同。

第七百零四条 租赁合同的内容一般包括租赁物的名称、数量、用途、租赁期限、租金及其支付期限和方式、租赁物维修等条款。

第七百零五条 租赁期限不得超过二十年。超过二十年的，超过部分无效。

租赁期限届满，当事人可以续订租赁合同；但是，约定的租赁期限自续订之日起不得超过二十年。

第七百零六条 当事人未依照法律、行政法规规定办理租赁合同登记备案手续的，不影响合同的效力。

第七百零七条 租赁期限六个月以上的，应当采用书面形式。当事人未采用书面形式，无法确定租赁期限的，视为不定期租赁。

第七百零八条 出租人应当按照约定将租赁物交付承租人，并在租赁期限内保持租赁物符合约定的用途。

第七百零九条 承租人应当按照约定的方法使用租赁物。对租赁物的使用方法没有约定或者约定不明确，依据本法第五百一十条的规定仍不能确定的，应当根据租赁物的性质使用。

第七百一十条 承租人按照约定的方法或者根据租赁物的性质使用租赁物，致使租赁物受到损耗的，不承担赔偿责任。

第七百一十一条 承租人未按照约定的方法或者未根据租赁物的性质使用租赁物，致使租赁物受到损失的，出租人可以解除合同并请求赔偿损失。

第七百一十二条 出租人应当履行租赁物的维修义务，但是当事人另有约定的除外。

第七百一十三条 承租人在租赁物需要维修时可以请求出租人在合理期限内维修。出租人未履行维修义务的，承租人可以自行维修，维修费用由出租人负担。因维修租赁物影响承租人使用的，应当相应减少租金或者延长租期。

因承租人的过错致使租赁物需要维修的，出租人不承担前款规定的维修义务。

第七百一十四条 承租人应当妥善保管租赁物，因保管不善造成租赁物毁损、灭失的，应当承担赔偿责任。

第七百一十五条 承租人经出租人同意，可以对租赁物进行改善或者增设他物。

承租人未经出租人同意，对租赁物进行改善或者增设他物的，出租人可以请求承租人恢复原状或者赔偿损失。

第七百一十六条 承租人经出租人同意，可以将租赁物转租给第三人。承租人转租的，承租人与出租人之间的租赁合同继续有效；第三人造成租赁物损失的，承租人应当赔偿损失。

承租人未经出租人同意转租的，出租人可以解除合同。

第七百一十七条 承租人经出租人同意将租赁物转租给第三人，转租期限超过承租人剩余租赁期限的，超过部分的约定对出租人不具有法律约束力，但是出租人与承租人另有约定的除外。

第七百一十八条 出租人知道或者应当知道承租人转租，但是在六个月内未提出异议的，视为出租人同意转租。

第七百一十九条 承租人拖欠租金的，次承租人可以代承租人支付其欠付的租金和违约金，但是转租合同对出租人不具有法律约束力的除外。

次承租人代为支付的租金和违约金，可以充抵次承租人应当向承租人支付的租金；超出其应付的租金数额的，可以向承租人追偿。

第七百二十条 在租赁期限内因占有、使用租赁物获得的收益，归承租人所有，但是当事人另有约定的除外。

第七百二十一条 承租人应当按照约定的期限支付租金。对支付租金的期限没有约定或者约定不明确，依据本法第五百一十条的规定仍不能确定，租赁期限不满一年的，应当在租赁期限届满时支付；租赁期限一年以上的，应当在每届满一年时支付，剩余期限不满一年的，应当在租赁期限届满时支付。

第七百二十二条 承租人无正当理由未支付或者迟延支付租金的，出租人可以请求承租人在合理期限内支付；承租人逾期不支付的，出租人可以解除合同。

第七百二十三条 因第三人主张权利，致使承租人不能对租赁物使用、收益的，承租人可以请求减少租金或者不支付租金。

第三人主张权利的，承租人应当及时通知出租人。

第七百二十四条 有下列情形之一，非因承租人原因致使租赁物无法使用的，承租人可以解除合同：

（一）租赁物被司法机关或者行政机关依法查封、扣押；

（二）租赁物权属有争议；

（三）租赁物具有违反法律、行政法规关于使用条件的强制性规定情形。

第七百二十五条 租赁物在承租人按照租赁合同占有期限内发生所有权变动的，不影响租赁合同的效力。

第七百二十六条 出租人出卖租赁房屋的，应当在出卖之前的合理期限内通知承租人，承租人享有以同等条件优先购买的权利；但是，房屋按份共有人行使优先购买权或者出租人将房屋出卖给近亲属的除外。

出租人履行通知义务后，承租人在十五日内未明确表示购买的，视为承租人放弃优先购买权。

第七百二十七条 出租人委托拍卖人拍卖租赁房屋的，应当在拍卖五日前通知承租人。承租人未参加拍卖的，视为放弃优先购买权。

第七百二十八条 出租人未通知承租人或者有其他妨害承租人行使优先购买权情形的，承租人可以请求出租人承担赔偿责任。但是，出租人与第三人订立的房屋买卖合同的效力不受影响。

第七百二十九条 因不可归责于承租人的事由，致使租赁物部分或者全部毁损、灭失的，承租人可以请求减少租金或者不支付租金；因租赁物部分或者全部毁损、灭失，致使不能实现合同目的的，承租人可以解除合同。

第七百三十条 当事人对租赁期限没有约定或者约定不明确，依据本法第五百一十条的规定仍不能确定的，视为不定期租赁；当事人可以随时解除合同，但是应当在合理期限之前通知对方。

第七百三十一条 租赁物危及承租人的安全或者健康的，即使承租人订立合同时明知该租赁物质量不合格，承租人仍然可以随时解除合同。

第七百三十二条 承租人在房屋租赁期限内死亡的，与其生前共同居住的人或者共同经营人可以按照原租赁合同租赁该房屋。

第七百三十三条 租赁期限届满，承租人应当返还租赁物。返还的租赁物应当符合按照约定或者根据租赁物的性质使用后的状态。

第七百三十四条 租赁期限届满，承租人继续使用租赁物，出租人没有提出异议的，原租赁合同继续有效，但是租赁期限为不定期。

租赁期限届满，房屋承租人享有以同等条

件优先承租的权利。

第十五章 融资租赁合同

第七百三十五条 融资租赁合同是出租人根据承租人对出卖人、租赁物的选择，向出卖人购买租赁物，提供给承租人使用，承租人支付租金的合同。

第七百三十六条 融资租赁合同的内容一般包括租赁物的名称、数量、规格、技术性能、检验方法，租赁期限，租金构成及其支付期限和方式、币种，租赁期限届满租赁物的归属等条款。

融资租赁合同应当采用书面形式。

第七百三十七条 当事人以虚构租赁物方式订立的融资租赁合同无效。

第七百三十八条 依照法律、行政法规的规定，对于租赁物的经营使用应当取得行政许可的，出租人未取得行政许可不影响融资租赁合同的效力。

第七百三十九条 出租人根据承租人对出卖人、租赁物的选择订立的买卖合同，出卖人应当按照约定向承租人交付标的物，承租人享有与受领标的物有关的买受人的权利。

第七百四十条 出卖人违反向承租人交付标的物的义务，有下列情形之一的，承租人可以拒绝受领出卖人向其交付的标的物：

（一）标的物严重不符合约定；

（二）未按照约定交付标的物，经承租人或者出租人催告后在合理期限内仍未交付。

承租人拒绝受领标的物的，应当及时通知出租人。

第七百四十一条 出租人、出卖人、承租人可以约定，出卖人不履行买卖合同义务的，由承租人行使索赔的权利。承租人行使索赔权利的，出租人应当协助。

第七百四十二条 承租人对出卖人行使索赔权利，不影响其履行支付租金的义务。但是，承租人依赖出租人的技能确定租赁物或者出租人干预选择租赁物的，承租人可以请求减免相应租金。

第七百四十三条 出租人有下列情形之一，致使承租人对出卖人行使索赔权利失败的，承租人有权请求出租人承担相应的责任：

（一）明知租赁物有质量瑕疵而不告知承租人；

（二）承租人行使索赔权利时，未及时提供必要协助。

出租人怠于行使只能由其对出卖人行使的索赔权利，造成承租人损失的，承租人有权请求出租人承担赔偿责任。

第七百四十四条 出租人根据承租人对出卖人、租赁物的选择订立的买卖合同，未经承租人同意，出租人不得变更与承租人有关的合同内容。

第七百四十五条 出租人对租赁物享有的所有权，未经登记，不得对抗善意第三人。

第七百四十六条 融资租赁合同的租金，除当事人另有约定外，应当根据购买租赁物的大部分或者全部成本以及出租人的合理利润确定。

第七百四十七条 租赁物不符合约定或者不符合使用目的的，出租人不承担责任。但是，承租人依赖出租人的技能确定租赁物或者出租人干预选择租赁物的除外。

第七百四十八条 出租人应当保证承租人对租赁物的占有和使用。

出租人有下列情形之一的，承租人有权请求其赔偿损失：

（一）无正当理由收回租赁物；

（二）无正当理由妨碍、干扰承租人对租赁物的占有和使用；

（三）因出租人的原因致使第三人对租赁物主张权利；

（四）不当影响承租人对租赁物占有和使用的其他情形。

第七百四十九条 承租人占有租赁物期间，租赁物造成第三人人身损害或者财产损失的，出租人不承担责任。

第七百五十条 承租人应当妥善保管、使用租赁物。

承租人应当履行占有租赁物期间的维修义务。

第七百五十一条 承租人占有租赁物期间，租赁物毁损、灭失的，出租人有权请求承租人继续支付租金，但是法律另有规定或者当事人另有约定的除外。

第七百五十二条 承租人应当按照约定支付租金。承租人经催告后在合理期限内仍不支付租金的，出租人可以请求支付全部租金；也可以解除合同，收回租赁物。

第七百五十三条 承租人未经出租人同意，将租赁物转让、抵押、质押、投资入股或者以其他方式处分的，出租人可以解除融资租赁合同。

第七百五十四条 有下列情形之一的，出租人或者承租人可以解除融资租赁合同：

（一）出租人与出卖人订立的买卖合同解除、被确认无效或者被撤销，且未能重新订立买卖合同；

（二）租赁物因不可归责于当事人的原因毁损、灭失，且不能修复或者确定替代物；

（三）因出卖人的原因致使融资租赁合同的目的不能实现。

第七百五十五条 融资租赁合同因买卖合同解除、被确认无效或者被撤销而解除，出卖人、租赁物系由承租人选择的，出租人有权请求承租人赔偿相应损失；但是，因出租人原因致使买卖合同解除、被确认无效或者被撤销的除外。

出租人的损失已经在买卖合同解除、被确认无效或者被撤销时获得赔偿的，承租人不再承担相应的赔偿责任。

第七百五十六条 融资租赁合同因租赁物交付承租人后意外毁损、灭失等不可归责于当事人的原因解除的，出租人可以请求承租人按照租赁物折旧情况给予补偿。

第七百五十七条 出租人和承租人可以约定租赁期限届满租赁物的归属；对租赁物的归属没有约定或者约定不明确，依据本法第五百一十条的规定仍不能确定的，租赁物的所有权归出租人。

第七百五十八条 当事人约定租赁期限届满租赁物归承租人所有，承租人已经支付大部分租金，但是无力支付剩余租金，出租人因此解除合同收回租赁物，收回的租赁物的价值超过承租人欠付的租金以及其他费用的，承租人可以请求相应返还。

当事人约定租赁期限届满租赁物归出租人所有，因租赁物毁损、灭失或者附合、混合于他物致使承租人不能返还的，出租人有权请求承租人给予合理补偿。

第七百五十九条 当事人约定租赁期限届满，承租人仅需向出租人支付象征性价款的，视为约定的租金义务履行完毕后租赁物的所有权归承租人。

第七百六十条 融资租赁合同无效，当事人就该情形下租赁物的归属有约定的，按照其约定；没有约定或者约定不明确的，租赁物应当返还出租人。但是，因承租人原因致使合同无效，出租人不请求返还或者返还后会显著降低租赁物效用的，租赁物的所有权归承租人，由承租人给予出租人合理补偿。

第十六章 保理合同

第七百六十一条 保理合同是应收账款债权人将现有的或者将有的应收账款转让给保理人，保理人提供资金融通、应收账款管理或者催收、应收账款债务人付款担保等服务的合同。

第七百六十二条 保理合同的内容一般包括业务类型、服务范围、服务期限、基础交易合同情况、应收账款信息、保理融资款或者服务报酬及其支付方式等条款。

保理合同应当采用书面形式。

第七百六十三条 应收账款债权人与债务人虚构应收账款作为转让标的，与保理人订立保理合同的，应收账款债务人不得以应收账款不存在为由对抗保理人，但是保理人明知虚构的除外。

第七百六十四条 保理人向应收账款债务人发出应收账款转让通知的，应当表明保理人身份并附有必要凭证。

第七百六十五条 应收账款债务人接到应收账款转让通知后，应收账款债权人与债务人无正当理由协商变更或者终止基础交易合同，对保理人产生不利影响的，对保理人不发生效力。

第七百六十六条 当事人约定有追索权保理的，保理人可以向应收账款债权人主张返还保理融资款本息或者回购应收账款债权，也可以向应收账款债务人主张应收账款债权。保理人向应收账款债务人主张应收账款债权，在扣除保理融资款本息和相关费用后有剩余的，剩余部分应当返还给应收账款债权人。

第七百六十七条 当事人约定无追索权保理的，保理人应当向应收账款债务人主张应收账款债权，保理人取得超过保理融资款本息和相关费用的部分，无需向应收账款债权人返还。

第七百六十八条 应收账款债权人就同一

应收账款订立多个保理合同，致使多个保理人主张权利的，已经登记的先于未登记的取得应收账款；均已经登记的，按照登记时间的先后顺序取得应收账款；均未登记的，由最先到达应收账款债务人的转让通知中载明的保理人取得应收账款；既未登记也未通知的，按照保理融资款或者服务报酬的比例取得应收账款。

第七百六十九条 本章没有规定的，适用本编第六章债权转让的有关规定。

第十七章 承揽合同

第七百七十条 承揽合同是承揽人按照定作人的要求完成工作，交付工作成果，定作人支付报酬的合同。

承揽包括加工、定作、修理、复制、测试、检验等工作。

第七百七十一条 承揽合同的内容一般包括承揽的标的、数量、质量、报酬，承揽方式，材料的提供，履行期限，验收标准和方法等条款。

第七百七十二条 承揽人应当以自己的设备、技术和劳力，完成主要工作，但是当事人另有约定的除外。

承揽人将其承揽的主要工作交由第三人完成的，应当就该第三人完成的工作成果向定作人负责；未经定作人同意的，定作人也可以解除合同。

第七百七十三条 承揽人可以将其承揽的辅助工作交由第三人完成。承揽人将其承揽的辅助工作交由第三人完成的，应当就该第三人完成的工作成果向定作人负责。

第七百七十四条 承揽人提供材料的，应当按照约定选用材料，并接受定作人检验。

第七百七十五条 定作人提供材料的，应当按照约定提供材料。承揽人对定作人提供的材料应当及时检验，发现不符合约定时，应当及时通知定作人更换、补齐或者采取其他补救措施。

承揽人不得擅自更换定作人提供的材料，不得更换不需要修理的零部件。

第七百七十六条 承揽人发现定作人提供的图纸或者技术要求不合理的，应当及时通知定作人。因定作人怠于答复等原因造成承揽人损失的，应当赔偿损失。

第七百七十七条 定作人中途变更承揽工作的要求，造成承揽人损失的，应当赔偿损失。

第七百七十八条 承揽工作需要定作人协助的，定作人有协助的义务。定作人不履行协助义务致使承揽工作不能完成的，承揽人可以催告定作人在合理期限内履行义务，并可以顺延履行期限；定作人逾期不履行的，承揽人可以解除合同。

第七百七十九条 承揽人在工作期间，应当接受定作人必要的监督检验。定作人不得因监督检验妨碍承揽人的正常工作。

第七百八十条 承揽人完成工作的，应当向定作人交付工作成果，并提交必要的技术资料和有关质量证明。定作人应当验收该工作成果。

第七百八十一条 承揽人交付的工作成果不符合质量要求的，定作人可以合理选择请求承揽人承担修理、重作、减少报酬、赔偿损失等违约责任。

第七百八十二条 定作人应当按照约定的期限支付报酬。对支付报酬的期限没有约定或者约定不明确，依据本法第五百一十条的规定仍不能确定的，定作人应当在承揽人交付工作成果时支付；工作成果部分交付的，定作人应当相应支付。

第七百八十三条 定作人未向承揽人支付报酬或者材料费等价款的，承揽人对完成的工作成果享有留置权或者有权拒绝交付，但是当事人另有约定的除外。

第七百八十四条 承揽人应当妥善保管定作人提供的材料以及完成的工作成果，因保管不善造成毁损、灭失的，应当承担赔偿责任。

第七百八十五条 承揽人应当按照定作人的要求保守秘密，未经定作人许可，不得留存复制品或者技术资料。

第七百八十六条 共同承揽人对定作人承担连带责任，但是当事人另有约定的除外。

第七百八十七条 定作人在承揽人完成工作前可以随时解除合同，造成承揽人损失的，应当赔偿损失。

第十八章 建设工程合同

第七百八十八条 建设工程合同是承包人进行工程建设，发包人支付价款的合同。

建设工程合同包括工程勘察、设计、施工

合同。

第七百八十九条 建设工程合同应当采用书面形式。

第七百九十条 建设工程的招标投标活动，应当依照有关法律的规定公开、公平、公正进行。

第七百九十一条 发包人可以与总承包人订立建设工程合同，也可以分别与勘察人、设计人、施工人订立勘察、设计、施工承包合同。发包人不得将应当由一个承包人完成的建设工程支解成若干部分发包给数个承包人。

总承包人或者勘察、设计、施工承包人经发包人同意，可以将自己承包的部分工作交由第三人完成。第三人就其完成的工作成果与总承包人或者勘察、设计、施工承包人向发包人承担连带责任。承包人不得将其承包的全部建设工程转包给第三人或者将其承包的全部建设工程支解以后以分包的名义分别转包给第三人。

禁止承包人将工程分包给不具备相应资质条件的单位。禁止分包单位将其承包的工程再分包。建设工程主体结构的施工必须由承包人自行完成。

第七百九十二条 国家重大建设工程合同，应当按照国家规定的程序和国家批准的投资计划、可行性研究报告等文件订立。

第七百九十三条 建设工程施工合同无效，但是建设工程经验收合格的，可以参照合同关于工程价款的约定折价补偿承包人。

建设工程施工合同无效，且建设工程经验收不合格的，按照以下情形处理：

（一）修复后的建设工程经验收合格的，发包人可以请求承包人承担修复费用；

（二）修复后的建设工程经验收不合格的，承包人无权请求参照合同关于工程价款的约定折价补偿。

发包人对因建设工程不合格造成的损失有过错的，应当承担相应的责任。

第七百九十四条 勘察、设计合同的内容一般包括提交有关基础资料和概预算等文件的期限、质量要求、费用以及其他协作条件等条款。

第七百九十五条 施工合同的内容一般包括工程范围、建设工期、中间交工工程的开工和竣工时间、工程质量、工程造价、技术资料交付时间、材料和设备供应责任、拨款和结算、竣工验收、质量保修范围和质量保证期、相互协作等条款。

第七百九十六条 建设工程实行监理的，发包人应当与监理人采用书面形式订立委托监理合同。发包人与监理人的权利和义务以及法律责任，应当依照本编委托合同以及其他有关法律、行政法规的规定。

第七百九十七条 发包人在不妨碍承包人正常作业的情况下，可以随时对作业进度、质量进行检查。

第七百九十八条 隐蔽工程在隐蔽以前，承包人应当通知发包人检查。发包人没有及时检查的，承包人可以顺延工程日期，并有权请求赔偿停工、窝工等损失。

第七百九十九条 建设工程竣工后，发包人应当根据施工图纸及说明书、国家颁发的施工验收规范和质量检验标准及时进行验收。验收合格的，发包人应当按照约定支付价款，并接收该建设工程。

建设工程竣工经验收合格后，方可交付使用；未经验收或者验收不合格的，不得交付使用。

第八百条 勘察、设计的质量不符合要求或者未按照期限提交勘察、设计文件拖延工期，造成发包人损失的，勘察人、设计人应当继续完善勘察、设计，减收或者免收勘察、设计费并赔偿损失。

第八百零一条 因施工人的原因致使建设工程质量不符合约定的，发包人有权请求施工人在合理期限内无偿修理或者返工、改建。经过修理或者返工、改建后，造成逾期交付的，施工人应当承担违约责任。

第八百零二条 因承包人的原因致使建设工程在合理使用期限内造成人身损害和财产损失的，承包人应当承担赔偿责任。

第八百零三条 发包人未按照约定的时间和要求提供原材料、设备、场地、资金、技术资料的，承包人可以顺延工程日期，并有权请求赔偿停工、窝工等损失。

第八百零四条 因发包人的原因致使工程中途停建、缓建的，发包人应当采取措施弥补或者减少损失，赔偿承包人因此造成的停工、窝工、倒运、机械设备调迁、材料和构件积压等损失和实际费用。

第八百零五条 因发包人变更计划，提供的资料不准确，或者未按照期限提供必需的勘察、设计工作条件而造成勘察、设计的返工、停工或者修改设计，发包人应当按照勘察人、设计人实际消耗的工作量增付费用。

第八百零六条 承包人将建设工程转包、违法分包的，发包人可以解除合同。

发包人提供的主要建筑材料、建筑构配件和设备不符合强制性标准或者不履行协助义务，致使承包人无法施工，经催告后在合理期限内仍未履行相应义务的，承包人可以解除合同。

合同解除后，已经完成的建设工程质量合格的，发包人应当按照约定支付相应的工程价款；已经完成的建设工程质量不合格的，参照本法第七百九十三条的规定处理。

第八百零七条 发包人未按照约定支付价款的，承包人可以催告发包人在合理期限内支付价款。发包人逾期不支付的，除根据建设工程的性质不宜折价、拍卖外，承包人可以与发包人协议将该工程折价，也可以请求人民法院将该工程依法拍卖。建设工程的价款就该工程折价或者拍卖的价款优先受偿。

第八百零八条 本章没有规定的，适用承揽合同的有关规定。

第十九章　运输合同

第一节　一般规定

第八百零九条 运输合同是承运人将旅客或者货物从起运地点运输到约定地点，旅客、托运人或者收货人支付票款或者运输费用的合同。

第八百一十条 从事公共运输的承运人不得拒绝旅客、托运人通常、合理的运输要求。

第八百一十一条 承运人应当在约定期限或者合理期限内将旅客、货物安全运输到约定地点。

第八百一十二条 承运人应当按照约定的或者通常的运输路线将旅客、货物运输到约定地点。

第八百一十三条 旅客、托运人或者收货人应当支付票款或者运输费用。承运人未按照约定路线或者通常路线运输增加票款或者运输费用的，旅客、托运人或者收货人可以拒绝支付增加部分的票款或者运输费用。

第二节　客运合同

第八百一十四条 客运合同自承运人向旅客出具客票时成立，但是当事人另有约定或者另有交易习惯的除外。

第八百一十五条 旅客应当按照有效客票记载的时间、班次和座位号乘坐。旅客无票乘坐、超程乘坐、越级乘坐或者持不符合减价条件的优惠客票乘坐的，应当补交票款，承运人可以按照规定加收票款；旅客不支付票款的，承运人可以拒绝运输。

实名制客运合同的旅客丢失客票的，可以请求承运人挂失补办，承运人不得再次收取票款和其他不合理费用。

第八百一十六条 旅客因自己的原因不能按照客票记载的时间乘坐的，应当在约定的期限内办理退票或者变更手续；逾期办理的，承运人可以不退票款，并不再承担运输义务。

第八百一十七条 旅客随身携带行李应当符合约定的限量和品类要求；超过限量或者违反品类要求携带行李的，应当办理托运手续。

第八百一十八条 旅客不得随身携带或者在行李中夹带易燃、易爆、有毒、有腐蚀性、有放射性以及可能危及运输工具上人身和财产安全的危险物品或者违禁物品。

旅客违反前款规定的，承运人可以将危险物品或者违禁物品卸下、销毁或者送交有关部门。旅客坚持携带或者夹带危险物品或者违禁物品的，承运人应当拒绝运输。

第八百一十九条 承运人应当严格履行安全运输义务，及时告知旅客安全运输应当注意的事项。旅客对承运人为安全运输所作的合理安排应当积极协助和配合。

第八百二十条 承运人应当按照有效客票记载的时间、班次和座位号运输旅客。承运人迟延运输或者有其他不能正常运输情形的，应当及时告知和提醒旅客，采取必要的安置措施，并根据旅客的要求安排改乘其他班次或者退票；由此造成旅客损失的，承运人应当承担赔偿责任，但是不可归责于承运人的除外。

第八百二十一条 承运人擅自降低服务标准的，应当根据旅客的请求退票或者减收票款；提高服务标准的，不得加收票款。

第八百二十二条 承运人在运输过程中，应当尽力救助患有急病、分娩、遇险的旅客。

第八百二十三条 承运人应当对运输过程

中旅客的伤亡承担赔偿责任；但是，伤亡是旅客自身健康原因造成的或者承运人证明伤亡是旅客故意、重大过失造成的除外。

前款规定适用于按照规定免票、持优待票或者经承运人许可搭乘的无票旅客。

第八百二十四条 在运输过程中旅客随身携带物品毁损、灭失，承运人有过错的，应当承担赔偿责任。

旅客托运的行李毁损、灭失的，适用货物运输的有关规定。

第三节 货运合同

第八百二十五条 托运人办理货物运输，应当向承运人准确表明收货人的姓名、名称或者凭指示的收货人，货物的名称、性质、重量、数量，收货地点等有关货物运输的必要情况。

因托运人申报不实或者遗漏重要情况，造成承运人损失的，托运人应当承担赔偿责任。

第八百二十六条 货物运输需要办理审批、检验等手续的，托运人应当将办理完有关手续的文件提交承运人。

第八百二十七条 托运人应当按照约定的方式包装货物。对包装方式没有约定或者约定不明确的，适用本法第六百一十九条的规定。

托运人违反前款规定的，承运人可以拒绝运输。

第八百二十八条 托运人托运易燃、易爆、有毒、有腐蚀性、有放射性等危险物品的，应当按照国家有关危险物品运输的规定对危险物品妥善包装，做出危险物品标志和标签，并将有关危险物品的名称、性质和防范措施的书面材料提交承运人。

托运人违反前款规定的，承运人可以拒绝运输，也可以采取相应措施以避免损失的发生，因此产生的费用由托运人负担。

第八百二十九条 在承运人将货物交付收货人之前，托运人可以要求承运人中止运输、返还货物、变更到达地或者将货物交给其他收货人，但是应当赔偿承运人因此受到的损失。

第八百三十条 货物运输到达后，承运人知道收货人的，应当及时通知收货人，收货人应当及时提货。收货人逾期提货的，应当向承运人支付保管费等费用。

第八百三十一条 收货人提货时应当按照约定的期限检验货物。对检验货物的期限没有约定或者约定不明确，依据本法第五百一十条的规定仍不能确定的，应当在合理期限内检验货物。收货人在约定的期限或者合理期限内对货物的数量、毁损等未提出异议的，视为承运人已经按照运输单证的记载交付的初步证据。

第八百三十二条 承运人对运输过程中货物的毁损、灭失承担赔偿责任。但是，承运人证明货物的毁损、灭失是因不可抗力、货物本身的自然性质或者合理损耗以及托运人、收货人的过错造成的，不承担赔偿责任。

第八百三十三条 货物的毁损、灭失的赔偿额，当事人有约定的，按照其约定；没有约定或者约定不明确，依据本法第五百一十条的规定仍不能确定的，按照交付或者应当交付时货物到达地的市场价格计算。法律、行政法规对赔偿额的计算方法和赔偿限额另有规定的，依照其规定。

第八百三十四条 两个以上承运人以同一运输方式联运的，与托运人订立合同的承运人应当对全程运输承担责任；损失发生在某一运输区段的，与托运人订立合同的承运人和该区段的承运人承担连带责任。

第八百三十五条 货物在运输过程中因不可抗力灭失，未收取运费的，承运人不得请求支付运费；已经收取运费的，托运人可以请求返还。法律另有规定的，依照其规定。

第八百三十六条 托运人或者收货人不支付运费、保管费或者其他费用的，承运人对相应的运输货物享有留置权，但是当事人另有约定的除外。

第八百三十七条 收货人不明或者收货人无正当理由拒绝受领货物的，承运人依法可以提存货物。

第四节 多式联运合同

第八百三十八条 多式联运经营人负责履行或者组织履行多式联运合同，对全程运输享有承运人的权利，承担承运人的义务。

第八百三十九条 多式联运经营人可以与参加多式联运的各区段承运人就多式联运合同的各区段运输约定相互之间的责任；但是，该约定不影响多式联运经营人对全程运输承担的义务。

第八百四十条 多式联运经营人收到托运人交付的货物时，应当签发多式联运单据。按照托运人的要求，多式联运单据可以是可转让单据，也可以是不可转让单据。

第八百四十一条 因托运人托运货物时的过错造成多式联运经营人损失的，即使托运人已经转让多式联运单据，托运人仍然应当承担赔偿责任。

第八百四十二条 货物的毁损、灭失发生于多式联运的某一运输区段的，多式联运经营人的赔偿责任和责任限额，适用调整该区段运输方式的有关法律规定；货物毁损、灭失发生的运输区段不能确定的，依照本章规定承担赔偿责任。

第二十章 技术合同

第一节 一般规定

第八百四十三条 技术合同是当事人就技术开发、转让、许可、咨询或者服务订立的确立相互之间权利和义务的合同。

第八百四十四条 订立技术合同，应当有利于知识产权的保护和科学技术的进步，促进科学技术成果的研发、转化、应用和推广。

第八百四十五条 技术合同的内容一般包括项目的名称，标的的内容、范围和要求，履行的计划、地点和方式，技术信息和资料的保密，技术成果的归属和收益的分配办法，验收标准和方法，名词和术语的解释等条款。

与履行合同有关的技术背景资料、可行性论证和技术评价报告、项目任务书和计划书、技术标准、技术规范、原始设计和工艺文件，以及其他技术文档，按照当事人的约定可以作为合同的组成部分。

技术合同涉及专利的，应当注明发明创造的名称、专利申请人和专利权人、申请日期、申请号、专利号以及专利权的有效期限。

第八百四十六条 技术合同价款、报酬或者使用费的支付方式由当事人约定，可以采取一次总算、一次总付或者一次总算、分期支付，也可以采取提成支付或者提成支付附加预付入门费的方式。

约定提成支付的，可以按照产品价格、实施专利和使用技术秘密后新增的产值、利润或者产品销售额的一定比例提成，也可以按照约定的其他方式计算。提成支付的比例可以采取固定比例、逐年递增比例或者逐年递减比例。

约定提成支付的，当事人可以约定查阅有关会计账目的办法。

第八百四十七条 职务技术成果的使用权、转让权属于法人或者非法人组织的，法人或者非法人组织可以就该项职务技术成果订立技术合同。法人或者非法人组织订立技术合同转让职务技术成果时，职务技术成果的完成人享有以同等条件优先受让的权利。

职务技术成果是执行法人或者非法人组织的工作任务，或者主要是利用法人或者非法人组织的物质技术条件所完成的技术成果。

第八百四十八条 非职务技术成果的使用权、转让权属于完成技术成果的个人，完成技术成果的个人可以就该项非职务技术成果订立技术合同。

第八百四十九条 完成技术成果的个人享有在有关技术成果文件上写明自己是技术成果完成者的权利和取得荣誉证书、奖励的权利。

第八百五十条 非法垄断技术或者侵害他人技术成果的技术合同无效。

第二节 技术开发合同

第八百五十一条 技术开发合同是当事人之间就新技术、新产品、新工艺、新品种或者新材料及其系统的研究开发所订立的合同。

技术开发合同包括委托开发合同和合作开发合同。

技术开发合同应当采用书面形式。

当事人之间就具有实用价值的科技成果实施转化订立的合同，参照适用技术开发合同的有关规定。

第八百五十二条 委托开发合同的委托人应当按照约定支付研究开发经费和报酬，提供技术资料，提出研究开发要求，完成协作事项，接受研究开发成果。

第八百五十三条 委托开发合同的研究开发人应当按照约定制定和实施研究开发计划，合理使用研究开发经费，按期完成研究开发工作，交付研究开发成果，提供有关的技术资料和必要的技术指导，帮助委托人掌握研究开发成果。

第八百五十四条 委托开发合同的当事人违反约定造成研究开发工作停滞、延误或者失败的，应当承担违约责任。

第八百五十五条 合作开发合同的当事人应当按照约定进行投资，包括以技术进行投资，分工参与研究开发工作，协作配合研究开发工作。

第八百五十六条 合作开发合同的当事人违反约定造成研究开发工作停滞、延误或者失败的，应当承担违约责任。

第八百五十七条 作为技术开发合同标的的技术已经由他人公开，致使技术开发合同的履行没有意义的，当事人可以解除合同。

第八百五十八条 技术开发合同履行过程中，因出现无法克服的技术困难，致使研究开发失败或者部分失败的，该风险由当事人约定；没有约定或者约定不明确，依据本法第五百一十条的规定仍不能确定的，风险由当事人合理分担。

当事人一方发现前款规定的可能致使研究开发失败或者部分失败的情形时，应当及时通知另一方并采取适当措施减少损失；没有及时通知并采取适当措施，致使损失扩大的，应当就扩大的损失承担责任。

第八百五十九条 委托开发完成的发明创造，除法律另有规定或者当事人另有约定外，申请专利的权利属于研究开发人。研究开发人取得专利权的，委托人可以依法实施该专利。

研究开发人转让专利申请权的，委托人享有以同等条件优先受让的权利。

第八百六十条 合作开发完成的发明创造，申请专利的权利属于合作开发的当事人共有；当事人一方转让其共有的专利申请权的，其他各方享有以同等条件优先受让的权利。但是，当事人另有约定的除外。

合作开发的当事人一方声明放弃其共有的专利申请权的，除当事人另有约定外，可以由另一方单独申请或者由其他各方共同申请。申请人取得专利权的，放弃专利申请权的一方可以免费实施该专利。

合作开发的当事人一方不同意申请专利的，另一方或者其他各方不得申请专利。

第八百六十一条 委托开发或者合作开发完成的技术秘密成果的使用权、转让权以及收益的分配办法，由当事人约定；没有约定或者约定不明确，依据本法第五百一十条的规定仍不能确定的，在没有相同技术方案被授予专利权前，当事人均有使用和转让的权利。但是，委托开发的研究开发人不得在向委托人交付研究开发成果之前，将研究开发成果转让给第三人。

第三节 技术转让合同和技术许可合同

第八百六十二条 技术转让合同是合法拥有技术的权利人，将现有特定的专利、专利申请、技术秘密的相关权利让与他人所订立的合同。

技术许可合同是合法拥有技术的权利人，将现有特定的专利、技术秘密的相关权利许可他人实施、使用所订立的合同。

技术转让合同和技术许可合同中关于提供实施技术的专用设备、原材料或者提供有关的技术咨询、技术服务的约定，属于合同的组成部分。

第八百六十三条 技术转让合同包括专利权转让、专利申请权转让、技术秘密转让等合同。

技术许可合同包括专利实施许可、技术秘密使用许可等合同。

技术转让合同和技术许可合同应当采用书面形式。

第八百六十四条 技术转让合同和技术许可合同可以约定实施专利或者使用技术秘密的范围，但是不得限制技术竞争和技术发展。

第八百六十五条 专利实施许可合同仅在该专利权的存续期限内有效。专利权有效期限届满或者专利权被宣告无效的，专利权人不得就该专利与他人订立专利实施许可合同。

第八百六十六条 专利实施许可合同的许可人应当按照约定许可被许可人实施专利，交付实施专利有关的技术资料，提供必要的技术指导。

第八百六十七条 专利实施许可合同的被许可人应当按照约定实施专利，不得许可约定以外的第三人实施该专利，并按照约定支付使用费。

第八百六十八条 技术秘密转让合同的让与人和技术秘密使用许可合同的许可人应当按照约定提供技术资料，进行技术指导，保证技术的实用性、可靠性，承担保密义务。

前款规定的保密义务，不限制许可人申请专利，但是当事人另有约定的除外。

第八百六十九条 技术秘密转让合同的受让人和技术秘密使用许可合同的被许可人应当按照约定使用技术，支付转让费、使用费，承担保密义务。

第八百七十条 技术转让合同的让与人和

技术许可合同的许可人应当保证自己是所提供的技术的合法拥有者，并保证所提供的技术完整、无误、有效，能够达到约定的目标。

第八百七十一条 技术转让合同的受让人和技术许可合同的被许可人应当按照约定的范围和期限，对让与人、许可人提供的技术中尚未公开的秘密部分，承担保密义务。

第八百七十二条 许可人未按照约定许可技术的，应当返还部分或者全部使用费，并应当承担违约责任；实施专利或者使用技术秘密超越约定的范围的，违反约定擅自许可第三人实施该项专利或者使用该项技术秘密的，应当停止违约行为，承担违约责任；违反约定的保密义务的，应当承担违约责任。

让与人承担违约责任，参照适用前款规定。

第八百七十三条 被许可人未按照约定支付使用费的，应当补交使用费并按照约定支付违约金；不补交使用费或者支付违约金的，应当停止实施专利或者使用技术秘密，交还技术资料，承担违约责任；实施专利或者使用技术秘密超越约定的范围的，未经许可人同意擅自许可第三人实施该专利或者使用该技术秘密的，应当停止违约行为，承担违约责任；违反约定的保密义务的，应当承担违约责任。

受让人承担违约责任，参照适用前款规定。

第八百七十四条 受让人或者被许可人按照约定实施专利、使用技术秘密侵害他人合法权益的，由让与人或者许可人承担责任，但是当事人另有约定的除外。

第八百七十五条 当事人可以按照互利的原则，在合同中约定实施专利、使用技术秘密后续改进的技术成果的分享办法；没有约定或者约定不明确，依据本法第五百一十条的规定仍不能确定的，一方后续改进的技术成果，其他各方无权分享。

第八百七十六条 集成电路布图设计专有权、植物新品种权、计算机软件著作权等其他知识产权的转让和许可，参照适用本节的有关规定。

第八百七十七条 法律、行政法规对技术进出口合同或者专利、专利申请合同另有规定的，依照其规定。

第四节 技术咨询合同和技术服务合同

第八百七十八条 技术咨询合同是当事人一方以技术知识为对方就特定技术项目提供可行性论证、技术预测、专题技术调查、分析评价报告等所订立的合同。

技术服务合同是当事人一方以技术知识为对方解决特定技术问题所订立的合同，不包括承揽合同和建设工程合同。

第八百七十九条 技术咨询合同的委托人应当按照约定阐明咨询的问题，提供技术背景材料及有关技术资料，接受受托人的工作成果，支付报酬。

第八百八十条 技术咨询合同的受托人应当按照约定的期限完成咨询报告或者解答问题，提出的咨询报告应当达到约定的要求。

第八百八十一条 技术咨询合同的委托人未按照约定提供必要的资料，影响工作进度和质量，不接受或者逾期接受工作成果的，支付的报酬不得追回，未支付的报酬应当支付。

技术咨询合同的受托人未按期提出咨询报告或者提出的咨询报告不符合约定的，应当承担减收或者免收报酬等违约责任。

技术咨询合同的委托人按照受托人符合约定要求的咨询报告和意见作出决策所造成的损失，由委托人承担，但是当事人另有约定的除外。

第八百八十二条 技术服务合同的委托人应当按照约定提供工作条件，完成配合事项，接受工作成果并支付报酬。

第八百八十三条 技术服务合同的受托人应当按照约定完成服务项目，解决技术问题，保证工作质量，并传授解决技术问题的知识。

第八百八十四条 技术服务合同的委托人不履行合同义务或者履行合同义务不符合约定，影响工作进度和质量，不接受或者逾期接受工作成果的，支付的报酬不得追回，未支付的报酬应当支付。

技术服务合同的受托人未按照约定完成服务工作的，应当承担免收报酬等违约责任。

第八百八十五条 技术咨询合同、技术服务合同履行过程中，受托人利用委托人提供的技术资料和工作条件完成的新的技术成果，属于受托人。委托人利用受托人的工作成果完成的新的技术成果，属于委托人。当事人另有约定的，按照其约定。

第八百八十六条 技术咨询合同和技术服务合同对受托人正常开展工作所需费用的负担

没有约定或者约定不明确的，由受托人负担。

第八百八十七条 法律、行政法规对技术中介合同、技术培训合同另有规定的，依照其规定。

第二十一章 保管合同

第八百八十八条 保管合同是保管人保管寄存人交付的保管物，并返还该物的合同。

寄存人到保管人处从事购物、就餐、住宿等活动，将物品存放在指定场所的，视为保管，但是当事人另有约定或者另有交易习惯的除外。

第八百八十九条 寄存人应当按照约定向保管人支付保管费。

当事人对保管费没有约定或者约定不明确，依据本法第五百一十条的规定仍不能确定的，视为无偿保管。

第八百九十条 保管合同自保管物交付时成立，但是当事人另有约定的除外。

第八百九十一条 寄存人向保管人交付保管物的，保管人应当出具保管凭证，但是另有交易习惯的除外。

第八百九十二条 保管人应当妥善保管保管物。

当事人可以约定保管场所或者方法。除紧急情况或者为维护寄存人利益外，不得擅自改变保管场所或者方法。

第八百九十三条 寄存人交付的保管物有瑕疵或者根据保管物的性质需要采取特殊保管措施的，寄存人应当将有关情况告知保管人。寄存人未告知，致使保管物受损失的，保管人不承担赔偿责任；保管人因此受损失的，除保管人知道或者应当知道且未采取补救措施外，寄存人应当承担赔偿责任。

第八百九十四条 保管人不得将保管物转交第三人保管，但是当事人另有约定的除外。

保管人违反前款规定，将保管物转交第三人保管，造成保管物损失的，应当承担赔偿责任。

第八百九十五条 保管人不得使用或者许可第三人使用保管物，但是当事人另有约定的除外。

第八百九十六条 第三人对保管物主张权利的，除依法对保管物采取保全或者执行措施外，保管人应当履行向寄存人返还保管物的义务。

第三人对保管人提起诉讼或者对保管物申请扣押的，保管人应当及时通知寄存人。

第八百九十七条 保管期内，因保管人保管不善造成保管物毁损、灭失的，保管人应当承担赔偿责任。但是，无偿保管人证明自己没有故意或者重大过失的，不承担赔偿责任。

第八百九十八条 寄存人寄存货币、有价证券或者其他贵重物品的，应当向保管人声明，由保管人验收或者封存；寄存人未声明的，该物品毁损、灭失后，保管人可以按照一般物品予以赔偿。

第八百九十九条 寄存人可以随时领取保管物。

当事人对保管期限没有约定或者约定不明确的，保管人可以随时请求寄存人领取保管物；约定保管期限的，保管人无特别事由，不得请求寄存人提前领取保管物。

第九百条 保管期限届满或者寄存人提前领取保管物的，保管人应当将原物及其孳息归还寄存人。

第九百零一条 保管人保管货币的，可以返还相同种类、数量的货币；保管其他可替代物的，可以按照约定返还相同种类、品质、数量的物品。

第九百零二条 有偿的保管合同，寄存人应当按照约定的期限向保管人支付保管费。

当事人对支付期限没有约定或者约定不明确，依据本法第五百一十条的规定仍不能确定的，应当在领取保管物的同时支付。

第九百零三条 寄存人未按照约定支付保管费或者其他费用的，保管人对保管物享有留置权，但是当事人另有约定的除外。

第二十二章 仓储合同

第九百零四条 仓储合同是保管人储存存货人交付的仓储物，存货人支付仓储费的合同。

第九百零五条 仓储合同自保管人和存货人意思表示一致时成立。

第九百零六条 储存易燃、易爆、有毒、有腐蚀性、有放射性等危险物品或者易变质物品的，存货人应当说明该物品的性质，提供有关资料。

存货人违反前款规定的，保管人可以拒收

仓储物，也可以采取相应措施以避免损失的发生，因此产生的费用由存货人负担。

保管人储存易燃、易爆、有毒、有腐蚀性、有放射性等危险物品的，应当具备相应的保管条件。

第九百零七条 保管人应当按照约定对入库仓储物进行验收。保管人验收时发现入库仓储物与约定不符合的，应当及时通知存货人。保管人验收后，发生仓储物的品种、数量、质量不符合约定的，保管人应当承担赔偿责任。

第九百零八条 存货人交付仓储物的，保管人应当出具仓单、入库单等凭证。

第九百零九条 保管人应当在仓单上签名或者盖章。仓单包括下列事项：

（一）存货人的姓名或者名称和住所；

（二）仓储物的品种、数量、质量、包装及其件数和标记；

（三）仓储物的损耗标准；

（四）储存场所；

（五）储存期限；

（六）仓储费；

（七）仓储物已经办理保险的，其保险金额、期间以及保险人的名称；

（八）填发人、填发地和填发日期。

第九百一十条 仓单是提取仓储物的凭证。存货人或者仓单持有人在仓单上背书并经保管人签名或者盖章的，可以转让提取仓储物的权利。

第九百一十一条 保管人根据存货人或者仓单持有人的要求，应当同意其检查仓储物或者提取样品。

第九百一十二条 保管人发现入库仓储物有变质或者其他损坏的，应当及时通知存货人或者仓单持有人。

第九百一十三条 保管人发现入库仓储物有变质或者其他损坏，危及其他仓储物的安全和正常保管的，应当催告存货人或者仓单持有人作出必要的处置。因情况紧急，保管人可以作出必要的处置；但是，事后应当将该情况及时通知存货人或者仓单持有人。

第九百一十四条 当事人对储存期限没有约定或者约定不明确的，存货人或者仓单持有人可以随时提取仓储物，保管人也可以随时请求存货人或者仓单持有人提取仓储物，但是应当给予必要的准备时间。

第九百一十五条 储存期限届满，存货人或者仓单持有人应当凭仓单、入库单等提取仓储物。存货人或者仓单持有人逾期提取的，应当加收仓储费；提前提取的，不减收仓储费。

第九百一十六条 储存期限届满，存货人或者仓单持有人不提取仓储物的，保管人可以催告其在合理期限内提取；逾期不提取的，保管人可以提存仓储物。

第九百一十七条 储存期内，因保管不善造成仓储物毁损、灭失的，保管人应当承担赔偿责任。因仓储物本身的自然性质、包装不符合约定或者超过有效储存期造成仓储物变质、损坏的，保管人不承担赔偿责任。

第九百一十八条 本章没有规定的，适用保管合同的有关规定。

第二十三章　委托合同

第九百一十九条 委托合同是委托人和受托人约定，由受托人处理委托人事务的合同。

第九百二十条 委托人可以特别委托受托人处理一项或者数项事务，也可以概括委托受托人处理一切事务。

第九百二十一条 委托人应当预付处理委托事务的费用。受托人为处理委托事务垫付的必要费用，委托人应当偿还该费用并支付利息。

第九百二十二条 受托人应当按照委托人的指示处理委托事务。需要变更委托人指示的，应当经委托人同意；因情况紧急，难以和委托人取得联系的，受托人应当妥善处理委托事务，但是事后应当将该情况及时报告委托人。

第九百二十三条 受托人应当亲自处理委托事务。经委托人同意，受托人可以转委托。转委托经同意或者追认的，委托人可以就委托事务直接指示转委托的第三人，受托人仅就第三人的选任及其对第三人的指示承担责任。转委托未经同意或者追认的，受托人应当对转委托的第三人的行为承担责任；但是，在紧急情况下受托人为了维护委托人的利益需要转委托第三人的除外。

第九百二十四条 受托人应当按照委托人的要求，报告委托事务的处理情况。委托合同终止时，受托人应当报告委托事务的结果。

第九百二十五条 受托人以自己的名义，

在委托人的授权范围内与第三人订立的合同，第三人在订立合同时知道受托人与委托人之间的代理关系的，该合同直接约束委托人和第三人；但是，有确切证据证明该合同只约束受托人和第三人的除外。

第九百二十六条 受托人以自己的名义与第三人订立合同时，第三人不知道受托人与委托人之间的代理关系的，受托人因第三人的原因对委托人不履行义务，受托人应当向委托人披露第三人，委托人因此可以行使受托人对第三人的权利。但是，第三人与受托人订立合同时如果知道该委托人就不会订立合同的除外。

受托人因委托人的原因对第三人不履行义务，受托人应当向第三人披露委托人，第三人因此可以选择受托人或者委托人作为相对人主张其权利，但是第三人不得变更选定的相对人。

委托人行使受托人对第三人的权利的，第三人可以向委托人主张其对受托人的抗辩。第三人选定委托人作为其相对人的，委托人可以向第三人主张其对受托人的抗辩以及受托人对第三人的抗辩。

第九百二十七条 受托人处理委托事务取得的财产，应当转交给委托人。

第九百二十八条 受托人完成委托事务的，委托人应当按照约定向其支付报酬。

因不可归责于受托人的事由，委托合同解除或者委托事务不能完成的，委托人应当向受托人支付相应的报酬。当事人另有约定的，按照其约定。

第九百二十九条 有偿的委托合同，因受托人的过错造成委托人损失的，委托人可以请求赔偿损失。无偿的委托合同，因受托人的故意或者重大过失造成委托人损失的，委托人可以请求赔偿损失。

受托人超越权限造成委托人损失的，应当赔偿损失。

第九百三十条 受托人处理委托事务时，因不可归责于自己的事由受到损失的，可以向委托人请求赔偿损失。

第九百三十一条 委托人经受托人同意，可以在受托人之外委托第三人处理委托事务。因此造成受托人损失的，受托人可以向委托人请求赔偿损失。

第九百三十二条 两个以上的受托人共同处理委托事务的，对委托人承担连带责任。

第九百三十三条 委托人或者受托人可以随时解除委托合同。因解除合同造成对方损失的，除不可归责于该当事人的事由外，无偿委托合同的解除方应当赔偿因解除时间不当造成的直接损失，有偿委托合同的解除方应当赔偿对方的直接损失和合同履行后可以获得的利益。

第九百三十四条 委托人死亡、终止或者受托人死亡、丧失民事行为能力、终止的，委托合同终止；但是，当事人另有约定或者根据委托事务的性质不宜终止的除外。

第九百三十五条 因委托人死亡或者被宣告破产、解散，致使委托合同终止将损害委托人利益的，在委托人的继承人、遗产管理人或者清算人承受委托事务之前，受托人应当继续处理委托事务。

第九百三十六条 因受托人死亡、丧失民事行为能力或者被宣告破产、解散，致使委托合同终止的，受托人的继承人、遗产管理人、法定代理人或者清算人应当及时通知委托人。因委托合同终止将损害委托人利益的，在委托人作出善后处理之前，受托人的继承人、遗产管理人、法定代理人或者清算人应当采取必要措施。

第二十四章 物业服务合同

第九百三十七条 物业服务合同是物业服务人在物业服务区域内，为业主提供建筑物及其附属设施的维修养护、环境卫生和相关秩序的管理维护等物业服务，业主支付物业费的合同。

物业服务人包括物业服务企业和其他管理人。

第九百三十八条 物业服务合同的内容一般包括服务事项、服务质量、服务费用的标准和收取办法、维修资金的使用、服务用房的管理和使用、服务期限、服务交接等条款。

物业服务人公开作出的有利于业主的服务承诺，为物业服务合同的组成部分。

物业服务合同应当采用书面形式。

第九百三十九条 建设单位依法与物业服务人订立的前期物业服务合同，以及业主委员会与业主大会依法选聘的物业服务人订立的物业服务合同，对业主具有法律约束力。

第九百四十条 建设单位依法与物业服务人订立的前期物业服务合同约定的服务期限届满前，业主委员会或者业主与新物业服务人订立的物业服务合同生效的，前期物业服务合同终止。

第九百四十一条 物业服务人将物业服务区域内的部分专项服务事项委托给专业性服务组织或者其他第三人的，应当就该部分专项服务事项向业主负责。

物业服务人不得将其应当提供的全部物业服务转委托给第三人，或者将全部物业服务支解后分别转委托给第三人。

第九百四十二条 物业服务人应当按照约定和物业的使用性质，妥善维修、养护、清洁、绿化和经营管理物业服务区域内的业主共有部分，维护物业服务区域内的基本秩序，采取合理措施保护业主的人身、财产安全。

对物业服务区域内违反有关治安、环保、消防等法律法规的行为，物业服务人应当及时采取合理措施制止、向有关行政主管部门报告并协助处理。

第九百四十三条 物业服务人应当定期将服务的事项、负责人员、质量要求、收费项目、收费标准、履行情况，以及维修资金使用情况、业主共有部分的经营与收益情况等以合理方式向业主公开并向业主大会、业主委员会报告。

第九百四十四条 业主应当按照约定向物业服务人支付物业费。物业服务人已经按照约定和有关规定提供服务的，业主不得以未接受或者无需接受相关物业服务为由拒绝支付物业费。

业主违反约定逾期不支付物业费的，物业服务人可以催告其在合理期限内支付；合理期限届满仍不支付的，物业服务人可以提起诉讼或者申请仲裁。

物业服务人不得采取停止供电、供水、供热、供燃气等方式催交物业费。

第九百四十五条 业主装饰装修房屋的，应当事先告知物业服务人，遵守物业服务人提示的合理注意事项，并配合其进行必要的现场检查。

业主转让、出租物业专有部分、设立居住权或者依法改变共有部分用途的，应当及时将相关情况告知物业服务人。

第九百四十六条 业主依照法定程序共同决定解聘物业服务人的，可以解除物业服务合同。决定解聘的，应当提前六十日书面通知物业服务人，但是合同对通知期限另有约定的除外。

依据前款规定解除合同造成物业服务人损失的，除不可归责于业主的事由外，业主应当赔偿损失。

第九百四十七条 物业服务期限届满前，业主依法共同决定续聘的，应当与原物业服务人在合同期限届满前续订物业服务合同。

物业服务期限届满前，物业服务人不同意续聘的，应当在合同期限届满前九十日书面通知业主或者业主委员会，但是合同对通知期限另有约定的除外。

第九百四十八条 物业服务期限届满后，业主没有依法作出续聘或者另聘物业服务人的决定，物业服务人继续提供物业服务的，原物业服务合同继续有效，但是服务期限为不定期。

当事人可以随时解除不定期物业服务合同，但是应当提前六十日书面通知对方。

第九百四十九条 物业服务合同终止的，原物业服务人应当在约定期限或者合理期限内退出物业服务区域，将物业服务用房、相关设施、物业服务所必需的相关资料等交还给业主委员会、决定自行管理的业主或者其指定的人，配合新物业服务人做好交接工作，并如实告知物业的使用和管理状况。

原物业服务人违反前款规定的，不得请求业主支付物业服务合同终止后的物业费；造成业主损失的，应当赔偿损失。

第九百五十条 物业服务合同终止后，在业主或者业主大会选聘的新物业服务人或者决定自行管理的业主接管之前，原物业服务人应当继续处理物业服务事项，并可以请求业主支付该期间的物业费。

第二十五章 行纪合同

第九百五十一条 行纪合同是行纪人以自己的名义为委托人从事贸易活动，委托人支付报酬的合同。

第九百五十二条 行纪人处理委托事务支出的费用，由行纪人负担，但是当事人另有约定的除外。

第九百五十三条 行纪人占有委托物的，应当妥善保管委托物。

第九百五十四条 委托物交付给行纪人时有瑕疵或者容易腐烂、变质的，经委托人同意，行纪人可以处分该物；不能与委托人及时取得联系的，行纪人可以合理处分。

第九百五十五条 行纪人低于委托人指定的价格卖出或者高于委托人指定的价格买入的，应当经委托人同意；未经委托人同意，行纪人补偿其差额的，该买卖对委托人发生效力。

行纪人高于委托人指定的价格卖出或者低于委托人指定的价格买入的，可以按照约定增加报酬；没有约定或者约定不明确，依据本法第五百一十条的规定仍不能确定的，该利益属于委托人。

委托人对价格有特别指示的，行纪人不得违背该指示卖出或者买入。

第九百五十六条 行纪人卖出或者买入具有市场定价的商品，除委托人有相反的意思表示外，行纪人自己可以作为买受人或者出卖人。

行纪人有前款规定情形的，仍然可以请求委托人支付报酬。

第九百五十七条 行纪人按照约定买入委托物，委托人应当及时受领。经行纪人催告，委托人无正当理由拒绝受领的，行纪人依法可以提存委托物。

委托物不能卖出或者委托人撤回出卖，经行纪人催告，委托人不取回或者不处分该物的，行纪人依法可以提存委托物。

第九百五十八条 行纪人与第三人订立合同的，行纪人对该合同直接享有权利、承担义务。

第三人不履行义务致使委托人受到损害的，行纪人应当承担赔偿责任，但是行纪人与委托人另有约定的除外。

第九百五十九条 行纪人完成或者部分完成委托事务的，委托人应当向其支付相应的报酬。委托人逾期不支付报酬的，行纪人对委托物享有留置权，但是当事人另有约定的除外。

第九百六十条 本章没有规定的，参照适用委托合同的有关规定。

第二十六章 中介合同

第九百六十一条 中介合同是中介人向委托人报告订立合同的机会或者提供订立合同的媒介服务，委托人支付报酬的合同。

第九百六十二条 中介人应当就有关订立合同的事项向委托人如实报告。

中介人故意隐瞒与订立合同有关的重要事实或者提供虚假情况，损害委托人利益的，不得请求支付报酬并应当承担赔偿责任。

第九百六十三条 中介人促成合同成立的，委托人应当按照约定支付报酬。对中介人的报酬没有约定或者约定不明确，依据本法第五百一十条的规定仍不能确定的，根据中介人的劳务合理确定。因中介人提供订立合同的媒介服务而促成合同成立的，由该合同的当事人平均负担中介人的报酬。

中介人促成合同成立的，中介活动的费用，由中介人负担。

第九百六十四条 中介人未促成合同成立的，不得请求支付报酬；但是，可以按照约定请求委托人支付从事中介活动支出的必要费用。

第九百六十五条 委托人在接受中介人的服务后，利用中介人提供的交易机会或者媒介服务，绕开中介人直接订立合同的，应当向中介人支付报酬。

第九百六十六条 本章没有规定的，参照适用委托合同的有关规定。

第二十七章 合伙合同

第九百六十七条 合伙合同是两个以上合伙人为了共同的事业目的，订立的共享利益、共担风险的协议。

第九百六十八条 合伙人应当按照约定的出资方式、数额和缴付期限，履行出资义务。

第九百六十九条 合伙人的出资、因合伙事务依法取得的收益和其他财产，属于合伙财产。

合伙合同终止前，合伙人不得请求分割合伙财产。

第九百七十条 合伙人就合伙事务作出决定的，除合伙合同另有约定外，应当经全体合伙人一致同意。

合伙事务由全体合伙人共同执行。按照合伙合同的约定或者全体合伙人的决定，可以委托一个或者数个合伙人执行合伙事务；其他合伙人不再执行合伙事务，但是有权监督执行情况。

合伙人分别执行合伙事务的，执行事务合伙人可以对其他合伙人执行的事务提出异议；提出异议后，其他合伙人应当暂停该项事务的执行。

第九百七十一条 合伙人不得因执行合伙事务而请求支付报酬，但是合伙合同另有约定的除外。

第九百七十二条 合伙的利润分配和亏损分担，按照合伙合同的约定办理；合伙合同没有约定或者约定不明确的，由合伙人协商决定；协商不成的，由合伙人按照实缴出资比例分配、分担；无法确定出资比例的，由合伙人平均分配、分担。

第九百七十三条 合伙人对合伙债务承担连带责任。清偿合伙债务超过自己应当承担份额的合伙人，有权向其他合伙人追偿。

第九百七十四条 除合伙合同另有约定外，合伙人向合伙人以外的人转让其全部或者部分财产份额的，须经其他合伙人一致同意。

第九百七十五条 合伙人的债权人不得代位行使合伙人依照本章规定和合伙合同享有的权利，但是合伙人享有的利益分配请求权除外。

第九百七十六条 合伙人对合伙期限没有约定或者约定不明确，依据本法第五百一十条的规定仍不能确定的，视为不定期合伙。

合伙期限届满，合伙人继续执行合伙事务，其他合伙人没有提出异议的，原合伙合同继续有效，但是合伙期限为不定期。

合伙人可以随时解除不定期合伙合同，但是应当在合理期限之前通知其他合伙人。

第九百七十七条 合伙人死亡、丧失民事行为能力或者终止的，合伙合同终止；但是，合伙合同另有约定或者根据合伙事务的性质不宜终止的除外。

第九百七十八条 合伙合同终止后，合伙财产在支付因终止而产生的费用以及清偿合伙债务后有剩余的，依据本法第九百七十二条的规定进行分配。

第三分编 准合同

第二十八章 无因管理

第九百七十九条 管理人没有法定的或者约定的义务，为避免他人利益受损失而管理他人事务的，可以请求受益人偿还因管理事务而支出的必要费用；管理人因管理事务受到损失的，可以请求受益人给予适当补偿。

管理事务不符合受益人真实意思的，管理人不享有前款规定的权利；但是，受益人的真实意思违反法律或者违背公序良俗的除外。

第九百八十条 管理人管理事务不属于前条规定的情形，但是受益人享有管理利益的，受益人应当在其获得的利益范围内向管理人承担前条第一款规定的义务。

第九百八十一条 管理人管理他人事务，应当采取有利于受益人的方法。中断管理对受益人不利的，无正当理由不得中断。

第九百八十二条 管理人管理他人事务，能够通知受益人的，应当及时通知受益人。管理的事务不需要紧急处理的，应当等待受益人的指示。

第九百八十三条 管理结束后，管理人应当向受益人报告管理事务的情况。管理人管理事务取得的财产，应当及时转交给受益人。

第九百八十四条 管理人管理事务经受益人事后追认的，从管理事务开始时起，适用委托合同的有关规定，但是管理人另有意思表示的除外。

第二十九章 不当得利

第九百八十五条 得利人没有法律根据取得不当利益的，受损失的人可以请求得利人返还取得的利益，但是有下列情形之一的除外：

（一）为履行道德义务进行的给付；

（二）债务到期之前的清偿；

（三）明知无给付义务而进行的债务清偿。

第九百八十六条 得利人不知道且不应当知道取得的利益没有法律根据，取得的利益已经不存在的，不承担返还该利益的义务。

第九百八十七条 得利人知道或者应当知道取得的利益没有法律根据的，受损失的人可以请求得利人返还其取得的利益并依法赔偿损失。

第九百八十八条 得利人已经将取得的利益无偿转让给第三人的，受损失的人可以请求第三人在相应范围内承担返还义务。

第七编　侵权责任

第一章　一般规定

第一千一百六十四条　本编调整因侵害民事权益产生的民事关系。

第一千一百六十五条　行为人因过错侵害他人民事权益造成损害的，应当承担侵权责任。

依照法律规定推定行为人有过错，其不能证明自己没有过错的，应当承担侵权责任。

第一千一百六十六条　行为人造成他人民事权益损害，不论行为人有无过错，法律规定应当承担侵权责任的，依照其规定。

第一千一百六十七条　侵权行为危及他人人身、财产安全的，被侵权人有权请求侵权人承担停止侵害、排除妨碍、消除危险等侵权责任。

第一千一百六十八条　二人以上共同实施侵权行为，造成他人损害的，应当承担连带责任。

第一千一百六十九条　教唆、帮助他人实施侵权行为的，应当与行为人承担连带责任。

教唆、帮助无民事行为能力人、限制民事行为能力人实施侵权行为的，应当承担侵权责任；该无民事行为能力人、限制民事行为能力人的监护人未尽到监护职责的，应当承担相应的责任。

第一千一百七十条　二人以上实施危及他人人身、财产安全的行为，其中一人或者数人的行为造成他人损害，能够确定具体侵权人的，由侵权人承担责任；不能确定具体侵权人的，行为人承担连带责任。

第一千一百七十一条　二人以上分别实施侵权行为造成同一损害，每个人的侵权行为都足以造成全部损害的，行为人承担连带责任。

第一千一百七十二条　二人以上分别实施侵权行为造成同一损害，能够确定责任大小的，各自承担相应的责任；难以确定责任大小的，平均承担责任。

第一千一百七十三条　被侵权人对同一损害的发生或者扩大有过错的，可以减轻侵权人的责任。

第一千一百七十四条　损害是因受害人故意造成的，行为人不承担责任。

第一千一百七十五条　损害是因第三人造成的，第三人应当承担侵权责任。

第一千一百七十六条　自愿参加具有一定风险的文体活动，因其他参加者的行为受到损害的，受害人不得请求其他参加者承担侵权责任；但是，其他参加者对损害的发生有故意或者重大过失的除外。

活动组织者的责任适用本法第一千一百九十八条至第一千二百零一条的规定。

第一千一百七十七条　合法权益受到侵害，情况紧迫且不能及时获得国家机关保护，不立即采取措施将使其合法权益受到难以弥补的损害的，受害人可以在保护自己合法权益的必要范围内采取扣留侵权人的财物等合理措施；但是，应当立即请求有关国家机关处理。

受害人采取的措施不当造成他人损害的，应当承担侵权责任。

第一千一百七十八条　本法和其他法律对不承担责任或者减轻责任的情形另有规定的，依照其规定。

第二章　损害赔偿

第一千一百七十九条　侵害他人造成人身损害的，应当赔偿医疗费、护理费、交通费、营养费、住院伙食补助费等为治疗和康复支出的合理费用，以及因误工减少的收入。造成残疾的，还应当赔偿辅助器具费和残疾赔偿金；造成死亡的，还应当赔偿丧葬费和死亡赔偿金。

第一千一百八十条　因同一侵权行为造成多人死亡的，可以以相同数额确定死亡赔偿金。

第一千一百八十一条　被侵权人死亡的，其近亲属有权请求侵权人承担侵权责任。被侵权人为组织，该组织分立、合并的，承继权利的组织有权请求侵权人承担侵权责任。

被侵权人死亡的，支付被侵权人医疗费、丧葬费等合理费用的人有权请求侵权人赔偿费用，但是侵权人已经支付该费用的除外。

第一千一百八十二条　侵害他人人身权益造成财产损失的，按照被侵权人因此受到的损失或者侵权人因此获得的利益赔偿；被侵权人因此受到的损失以及侵权人因此获得的利益难以确定，被侵权人和侵权人就赔偿数额协商不一致，向人民法院提起诉讼的，由人民法院根据实际情况确定赔偿数额。

第一千一百八十三条 侵害自然人人身权益造成严重精神损害的，被侵权人有权请求精神损害赔偿。

因故意或者重大过失侵害自然人具有人身意义的特定物造成严重精神损害的，被侵权人有权请求精神损害赔偿。

第一千一百八十四条 侵害他人财产的，财产损失按照损失发生时的市场价格或者其他合理方式计算。

第一千一百八十五条 故意侵害他人知识产权，情节严重的，被侵权人有权请求相应的惩罚性赔偿。

第一千一百八十六条 受害人和行为人对损害的发生都没有过错的，依照法律的规定由双方分担损失。

第一千一百八十七条 损害发生后，当事人可以协商赔偿费用的支付方式。协商不一致的，赔偿费用应当一次性支付；一次性支付确有困难的，可以分期支付，但是被侵权人有权请求提供相应的担保。

第三章 责任主体的特殊规定

第一千一百八十八条 无民事行为能力人、限制民事行为能力人造成他人损害的，由监护人承担侵权责任。监护人尽到监护职责的，可以减轻其侵权责任。

有财产的无民事行为能力人、限制民事行为能力人造成他人损害的，从本人财产中支付赔偿费用；不足部分，由监护人赔偿。

第一千一百八十九条 无民事行为能力人、限制民事行为能力人造成他人损害，监护人将监护职责委托给他人的，监护人应当承担侵权责任；受托人有过错的，承担相应的责任。

第一千一百九十条 完全民事行为能力人对自己的行为暂时没有意识或者失去控制造成他人损害有过错的，应当承担侵权责任；没有过错的，根据行为人的经济状况对受害人适当补偿。

完全民事行为能力人因醉酒、滥用麻醉药品或者精神药品对自己的行为暂时没有意识或者失去控制造成他人损害的，应当承担侵权责任。

第一千一百九十一条 用人单位的工作人员因执行工作任务造成他人损害的，由用人单位承担侵权责任。用人单位承担侵权责任后，可以向有故意或者重大过失的工作人员追偿。

劳务派遣期间，被派遣的工作人员因执行工作任务造成他人损害的，由接受劳务派遣的用工单位承担侵权责任；劳务派遣单位有过错的，承担相应的责任。

第一千一百九十二条 个人之间形成劳务关系，提供劳务一方因劳务造成他人损害的，由接受劳务一方承担侵权责任。接受劳务一方承担侵权责任后，可以向有故意或者重大过失的提供劳务一方追偿。提供劳务一方因劳务受到损害的，根据双方各自的过错承担相应的责任。

提供劳务期间，因第三人的行为造成提供劳务一方损害的，提供劳务一方有权请求第三人承担侵权责任，也有权请求接受劳务一方给予补偿。接受劳务一方补偿后，可以向第三人追偿。

第一千一百九十三条 承揽人在完成工作过程中造成第三人损害或者自己损害的，定作人不承担侵权责任。但是，定作人对定作、指示或者选任有过错的，应当承担相应的责任。

第一千一百九十四条 网络用户、网络服务提供者利用网络侵害他人民事权益的，应当承担侵权责任。法律另有规定的，依照其规定。

第一千一百九十五条 网络用户利用网络服务实施侵权行为的，权利人有权通知网络服务提供者采取删除、屏蔽、断开链接等必要措施。通知应当包括构成侵权的初步证据及权利人的真实身份信息。

网络服务提供者接到通知后，应当及时将该通知转送相关网络用户，并根据构成侵权的初步证据和服务类型采取必要措施；未及时采取必要措施的，对损害的扩大部分与该网络用户承担连带责任。

权利人因错误通知造成网络用户或者网络服务提供者损害的，应当承担侵权责任。法律另有规定的，依照其规定。

第一千一百九十六条 网络用户接到转送的通知后，可以向网络服务提供者提交不存在侵权行为的声明。声明应当包括不存在侵权行为的初步证据及网络用户的真实身份信息。

网络服务提供者接到声明后，应当将该声明转送发出通知的权利人，并告知其可以向有关部门投诉或者向人民法院提起诉讼。网络服务提供者在转送声明到达权利人后的合理期限内，未收到权利人已经投诉或者提起诉讼通知的，应当及时终止所采取的措施。

第一千一百九十七条 网络服务提供者知道或者应当知道网络用户利用其网络服务侵害他人民事权益，未采取必要措施的，与该网络用户承担连带责任。

第一千一百九十八条 宾馆、商场、银行、车站、机场、体育场馆、娱乐场所等经营场所、公共场所的经营者、管理者或者群众性活动的组织者，未尽到安全保障义务，造成他人损害的，应当承担侵权责任。

因第三人的行为造成他人损害的，由第三人承担侵权责任；经营者、管理者或者组织者未尽到安全保障义务的，承担相应的补充责任。经营者、管理者或者组织者承担补充责任后，可以向第三人追偿。

第一千一百九十九条 无民事行为能力人在幼儿园、学校或者其他教育机构学习、生活期间受到人身损害的，幼儿园、学校或者其他教育机构应当承担侵权责任；但是，能够证明尽到教育、管理职责的，不承担侵权责任。

第一千二百条 限制民事行为能力人在学校或者其他教育机构学习、生活期间受到人身损害，学校或者其他教育机构未尽到教育、管理职责的，应当承担侵权责任。

第一千二百零一条 无民事行为能力人或者限制民事行为能力人在幼儿园、学校或者其他教育机构学习、生活期间，受到幼儿园、学校或者其他教育机构以外的第三人人身损害的，由第三人承担侵权责任；幼儿园、学校或者其他教育机构未尽到管理职责的，承担相应的补充责任。幼儿园、学校或者其他教育机构承担补充责任后，可以向第三人追偿。

第四章 产品责任

第一千二百零二条 因产品存在缺陷造成他人损害的，生产者应当承担侵权责任。

第一千二百零三条 因产品存在缺陷造成他人损害的，被侵权人可以向产品的生产者请求赔偿，也可以向产品的销售者请求赔偿。

产品缺陷由生产者造成的，销售者赔偿后，有权向生产者追偿。因销售者的过错使产品存在缺陷的，生产者赔偿后，有权向销售者追偿。

第一千二百零四条 因运输者、仓储者等第三人的过错使产品存在缺陷，造成他人损害的，产品的生产者、销售者赔偿后，有权向第三人追偿。

第一千二百零五条 因产品缺陷危及他人人身、财产安全的，被侵权人有权请求生产者、销售者承担停止侵害、排除妨碍、消除危险等侵权责任。

第一千二百零六条 产品投入流通后发现存在缺陷的，生产者、销售者应当及时采取停止销售、警示、召回等补救措施；未及时采取补救措施或者补救措施不力造成损害扩大的，对扩大的损害也应当承担侵权责任。

依据前款规定采取召回措施的，生产者、销售者应当负担被侵权人因此支出的必要费用。

第一千二百零七条 明知产品存在缺陷仍然生产、销售，或者没有依据前条规定采取有效补救措施，造成他人死亡或者健康严重损害的，被侵权人有权请求相应的惩罚性赔偿。

第五章 机动车交通事故责任

第一千二百零八条 机动车发生交通事故造成损害的，依照道路交通安全法律和本法的有关规定承担赔偿责任。

第一千二百零九条 因租赁、借用等情形机动车所有人、管理人与使用人不是同一人时，发生交通事故造成损害，属于该机动车一方责任的，由机动车使用人承担赔偿责任；机动车所有人、管理人对损害的发生有过错的，承担相应的赔偿责任。

第一千二百一十条 当事人之间已经以买卖或者其他方式转让并交付机动车但是未办理登记，发生交通事故造成损害，属于该机动车一方责任的，由受让人承担赔偿责任。

第一千二百一十一条 以挂靠形式从事道路运输经营活动的机动车，发生交通事故造成损害，属于该机动车一方责任的，由挂靠人和被挂靠人承担连带责任。

第一千二百一十二条 未经允许驾驶他人机动车，发生交通事故造成损害，属于该机动车一方责任的，由机动车使用人承担赔偿责任；机动车所有人、管理人对损害的发生有过错的，承担相应的赔偿责任，但是本章另有规定的除外。

第一千二百一十三条 机动车发生交通事故造成损害，属于该机动车一方责任的，先由承保机动车强制保险的保险人在强制保险责任限额范围内予以赔偿；不足部分，由承保机动车商业保险的保险人按照保险合同的约定予以赔偿；仍然不足或者没有投保机动车商业保险的，由侵权人赔偿。

第一千二百一十四条 以买卖或者其他方式转让拼装或者已经达到报废标准的机动车，发生交通事故造成损害的，由转让人和受让人承担连带责任。

第一千二百一十五条 盗窃、抢劫或者抢夺的机动车发生交通事故造成损害的，由盗窃人、抢劫人或者抢夺人承担赔偿责任。盗窃人、抢劫人或者抢夺人与机动车使用人不是同一人，发生交通事故造成损害，属于该机动车一方责任的，由盗窃人、抢劫人或者抢夺人与机动车使用人承担连带责任。

保险人在机动车强制保险责任限额范围内垫付抢救费用的，有权向交通事故责任人追偿。

第一千二百一十六条 机动车驾驶人发生交通事故后逃逸，该机动车参加强制保险的，由保险人在机动车强制保险责任限额范围内予以赔偿；机动车不明、该机动车未参加强制保险或者抢救费用超过机动车强制保险责任限额，需要支付被侵权人人身伤亡的抢救、丧葬等费用的，由道路交通事故社会救助基金垫付。道路交通事故社会救助基金垫付后，其管理机构有权向交通事故责任人追偿。

第一千二百一十七条 非营运机动车发生交通事故造成无偿搭乘人损害，属于该机动车一方责任的，应当减轻其赔偿责任，但是机动车使用人有故意或者重大过失的除外。

第六章　医疗损害责任

第一千二百一十八条 患者在诊疗活动中受到损害，医疗机构或者其医务人员有过错的，由医疗机构承担赔偿责任。

第一千二百一十九条 医务人员在诊疗活动中应当向患者说明病情和医疗措施。需要实施手术、特殊检查、特殊治疗的，医务人员应当及时向患者具体说明医疗风险、替代医疗方案等情况，并取得其明确同意；不能或者不宜向患者说明的，应当向患者的近亲属说明，并取得其明确同意。

医务人员未尽到前款义务，造成患者损害的，医疗机构应当承担赔偿责任。

第一千二百二十条 因抢救生命垂危的患者等紧急情况，不能取得患者或者其近亲属意见的，经医疗机构负责人或者授权的负责人批准，可以立即实施相应的医疗措施。

第一千二百二十一条 医务人员在诊疗活动中未尽到与当时的医疗水平相应的诊疗义务，造成患者损害的，医疗机构应当承担赔偿责任。

第一千二百二十二条 患者在诊疗活动中受到损害，有下列情形之一的，推定医疗机构有过错：

（一）违反法律、行政法规、规章以及其他有关诊疗规范的规定；

（二）隐匿或者拒绝提供与纠纷有关的病历资料；

（三）遗失、伪造、篡改或者违法销毁病历资料。

第一千二百二十三条 因药品、消毒产品、医疗器械的缺陷，或者输入不合格的血液造成患者损害的，患者可以向药品上市许可持有人、生产者、血液提供机构请求赔偿，也可以向医疗机构请求赔偿。患者向医疗机构请求赔偿的，医疗机构赔偿后，有权向负有责任的药品上市许可持有人、生产者、血液提供机构追偿。

第一千二百二十四条 患者在诊疗活动中受到损害，有下列情形之一的，医疗机构不承担赔偿责任：

（一）患者或者其近亲属不配合医疗机构进行符合诊疗规范的诊疗；

（二）医务人员在抢救生命垂危的患者等紧急情况下已经尽到合理诊疗义务；

（三）限于当时的医疗水平难以诊疗。

前款第一项情形中，医疗机构或者其医务人员也有过错的，应当承担相应的赔偿责任。

第一千二百二十五条 医疗机构及其医务人员应当按照规定填写并妥善保管住院志、医嘱单、检验报告、手术及麻醉记录、病理资料、护理记录等病历资料。

患者要求查阅、复制前款规定的病历资料的，医疗机构应当及时提供。

第一千二百二十六条 医疗机构及其医务人员应当对患者的隐私和个人信息保密。泄露患者的隐私和个人信息，或者未经患者同意公开其病历资料的，应当承担侵权责任。

第一千二百二十七条 医疗机构及其医务人员不得违反诊疗规范实施不必要的检查。

第一千二百二十八条 医疗机构及其医务人员的合法权益受法律保护。

干扰医疗秩序，妨碍医务人员工作、生活，侵害医务人员合法权益的，应当依法承担法律责任。

第七章 环境污染和生态破坏责任

第一千二百二十九条 因污染环境、破坏生态造成他人损害的，侵权人应当承担侵权责任。

第一千二百三十条 因污染环境、破坏生态发生纠纷，行为人应当就法律规定的不承担责任或者减轻责任的情形及其行为与损害之间不存在因果关系承担举证责任。

第一千二百三十一条 两个以上侵权人污染环境、破坏生态的，承担责任的大小，根据污染物的种类、浓度、排放量，破坏生态的方式、范围、程度，以及行为对损害后果所起的作用等因素确定。

第一千二百三十二条 侵权人违反法律规定故意污染环境、破坏生态造成严重后果的，被侵权人有权请求相应的惩罚性赔偿。

第一千二百三十三条 因第三人的过错污染环境、破坏生态的，被侵权人可以向侵权人请求赔偿，也可以向第三人请求赔偿。侵权人赔偿后，有权向第三人追偿。

第一千二百三十四条 违反国家规定造成生态环境损害，生态环境能够修复的，国家规定的机关或者法律规定的组织有权请求侵权人在合理期限内承担修复责任。侵权人在期限内未修复的，国家规定的机关或者法律规定的组织可以自行或者委托他人进行修复，所需费用由侵权人负担。

第一千二百三十五条 违反国家规定造成生态环境损害的，国家规定的机关或者法律规定的组织有权请求侵权人赔偿下列损失和费用：

（一）生态环境受到损害至修复完成期间服务功能丧失导致的损失；

（二）生态环境功能永久性损害造成的损失；

（三）生态环境损害调查、鉴定评估等费用；

（四）清除污染、修复生态环境费用；

（五）防止损害的发生和扩大所支出的合理费用。

第八章 高度危险责任

第一千二百三十六条 从事高度危险作业造成他人损害的，应当承担侵权责任。

第一千二百三十七条 民用核设施或者运入运出核设施的核材料发生核事故造成他人损害的，民用核设施的营运单位应当承担侵权责任；但是，能够证明损害是因战争、武装冲突、暴乱等情形或者受害人故意造成的，不承担责任。

第一千二百三十八条 民用航空器造成他人损害的，民用航空器的经营者应当承担侵权责任；但是，能够证明损害是因受害人故意造成的，不承担责任。

第一千二百三十九条 占有或者使用易燃、易爆、剧毒、高放射性、强腐蚀性、高致病性等高度危险物造成他人损害的，占有人或者使用人应当承担侵权责任；但是，能够证明损害是因受害人故意或者不可抗力造成的，不承担责任。被侵权人对损害的发生有重大过失的，可以减轻占有人或者使用人的责任。

第一千二百四十条 从事高空、高压、地下挖掘活动或者使用高速轨道运输工具造成他人损害的，经营者应当承担侵权责任；但是，能够证明损害是因受害人故意或者不可抗力造成的，不承担责任。被侵权人对损害的发生有重大过失的，可以减轻经营者的责任。

第一千二百四十一条 遗失、抛弃高度危险物造成他人损害的，由所有人承担侵权责任。所有人将高度危险物交由他人管理的，由管理人承担侵权责任；所有人有过错的，与管理人承担连带责任。

第一千二百四十二条 非法占有高度危险物造成他人损害的，由非法占有人承担侵权责任。所有人、管理人不能证明对防止非法占有尽到高度注意义务的，与非法占有人承担连带责任。

第一千二百四十三条 未经许可进入高度危险活动区域或者高度危险物存放区域受到损害，管理人能够证明已经采取足够安全措施并尽到充分警示义务的，可以减轻或者不承担责任。

第一千二百四十四条 承担高度危险责任，法律规定赔偿限额的，依照其规定，但是行为人有故意或者重大过失的除外。

第九章 饲养动物损害责任

第一千二百四十五条 饲养的动物造成他人损害的，动物饲养人或者管理人应当承担侵权责任；但是，能够证明损害是因被侵权人故意或者重大过失造成的，可以不承担或者减轻责任。

第一千二百四十六条 违反管理规定，未对动物采取安全措施造成他人损害的，动物饲养人或者管理人应当承担侵权责任；但是，能够证明损害是因被侵权人故意造成的，可以减轻责任。

第一千二百四十七条 禁止饲养的烈性犬等危险动物造成他人损害的，动物饲养人或者管理人应当承担侵权责任。

第一千二百四十八条 动物园的动物造成他人损害的，动物园应当承担侵权责任；但是，能够证明尽到管理职责的，不承担侵权责任。

第一千二百四十九条 遗弃、逃逸的动物在遗弃、逃逸期间造成他人损害的，由动物原饲养人或者管理人承担侵权责任。

第一千二百五十条 因第三人的过错致使动物造成他人损害的，被侵权人可以向动物饲养人或者管理人请求赔偿，也可以向第三人请求赔偿。动物饲养人或者管理人赔偿后，有权向第三人追偿。

第一千二百五十一条 饲养动物应当遵守法律法规，尊重社会公德，不得妨碍他人生活。

第十章 建筑物和物件损害责任

第一千二百五十二条 建筑物、构筑物或者其他设施倒塌、塌陷造成他人损害的，由建设单位与施工单位承担连带责任，但是建设单位与施工单位能够证明不存在质量缺陷的除外。建设单位、施工单位赔偿后，有其他责任人的，有权向其他责任人追偿。

因所有人、管理人、使用人或者第三人的原因，建筑物、构筑物或者其他设施倒塌、塌陷造成他人损害的，由所有人、管理人、使用人或者第三人承担侵权责任。

第一千二百五十三条 建筑物、构筑物或者其他设施及其搁置物、悬挂物发生脱落、坠落造成他人损害，所有人、管理人或者使用人不能证明自己没有过错的，应当承担侵权责任。所有人、管理人或者使用人赔偿后，有其他责任人的，有权向其他责任人追偿。

第一千二百五十四条 禁止从建筑物中抛掷物品。从建筑物中抛掷物品或者从建筑物上坠落的物品造成他人损害的，由侵权人依法承担侵权责任；经调查难以确定具体侵权人的，除能够证明自己不是侵权人的外，由可能加害的建筑物使用人给予补偿。可能加害的建筑物使用人补偿后，有权向侵权人追偿。

物业服务企业等建筑物管理人应当采取必要的安全保障措施防止前款规定情形的发生；未采取必要的安全保障措施的，应当依法承担未履行安全保障义务的侵权责任。

发生本条第一款规定的情形的，公安等机关应当依法及时调查，查清责任人。

第一千二百五十五条 堆放物倒塌、滚落或者滑落造成他人损害，堆放人不能证明自己没有过错的，应当承担侵权责任。

第一千二百五十六条 在公共道路上堆放、倾倒、遗撒妨碍通行的物品造成他人损害的，由行为人承担侵权责任。公共道路管理人不能证明已经尽到清理、防护、警示等义务的，应当承担相应的责任。

第一千二百五十七条 因林木折断、倾倒或者果实坠落等造成他人损害，林木的所有人或者管理人不能证明自己没有过错的，应当承担侵权责任。

第一千二百五十八条 在公共场所或者道路上挖掘、修缮安装地下设施等造成他人损害，施工人不能证明已经设置明显标志和采取安全措施的，应当承担侵权责任。

窨井等地下设施造成他人损害，管理人不能证明尽到管理职责的，应当承担侵权责任。

附 则

第一千二百五十九条 民法所称的“以上”、“以下”、“以内”、“届满”，包括本数；

所称的“不满”、“超过”、“以外”，不包括本数。

第一千二百六十条 本法自2021年1月1日起施行。《中华人民共和国婚姻法》、《中华人民共和国继承法》、《中华人民共和国民法通则》、《中华人民共和国收养法》、《中华人民共和国担保法》、《中华人民共和国合同法》、《中华人民共和国物权法》、《中华人民共和国侵权责任法》、《中华人民共和国民法总则》同时废止。

中华人民共和国行政强制法

（2011年6月30日第十一届全国人民代表大会常务委员会第二十一次会议通过 2011年6月30日中华人民共和国主席令第四十九号公布 自2012年1月1日起施行）

目 录

第一章 总 则
第二章 行政强制的种类和设定
第三章 行政强制措施实施程序
　第一节 一般规定
　第二节 查封、扣押
　第三节 冻 结
第四章 行政机关强制执行程序
　第一节 一般规定
　第二节 金钱给付义务的执行
　第三节 代履行
第五章 申请人民法院强制执行
第六章 法律责任
第七章 附 则

第一章 总 则

第一条 为了规范行政强制的设定和实施，保障和监督行政机关依法履行职责，维护公共利益和社会秩序，保护公民、法人和其他组织的合法权益，根据宪法，制定本法。

第二条 本法所称行政强制，包括行政强制措施和行政强制执行。

行政强制措施，是指行政机关在行政管理过程中，为制止违法行为、防止证据损毁、避免危害发生、控制危险扩大等情形，依法对公民的人身自由实施暂时性限制，或者对公民、法人或者其他组织的财物实施暂时性控制的行为。

行政强制执行，是指行政机关或者行政机关申请人民法院，对不履行行政决定的公民、法人或者其他组织，依法强制履行义务的行为。

第三条 行政强制的设定和实施，适用本法。

发生或者即将发生自然灾害、事故灾难、公共卫生事件或者社会安全事件等突发事件，行政机关采取应急措施或者临时措施，依照有关法律、行政法规的规定执行。

行政机关采取金融业审慎监管措施、进出境货物强制性技术监控措施，依照有关法律、行政法规的规定执行。

第四条 行政强制的设定和实施，应当依照法定的权限、范围、条件和程序。

第五条 行政强制的设定和实施，应当适当。采用非强制手段可以达到行政管理目的的，不得设定和实施行政强制。

第六条 实施行政强制，应当坚持教育与强制相结合。

第七条 行政机关及其工作人员不得利用行政强制权为单位或者个人谋取利益。

第八条 公民、法人或者其他组织对行政机关实施行政强制，享有陈述权、申辩权；有权依法申请行政复议或者提起行政诉讼；因行政机关违法实施行政强制受到损害的，有权依法要求赔偿。

公民、法人或者其他组织因人民法院在强制执行中有违法行为或者扩大强制执行范围受到损害的，有权依法要求赔偿。

第二章 行政强制的种类和设定

第九条 行政强制措施的种类：

（一）限制公民人身自由；

（二）查封场所、设施或者财物；

（三）扣押财物；

（四）冻结存款、汇款；

（五）其他行政强制措施。

第十条 行政强制措施由法律设定。

尚未制定法律，且属于国务院行政管理职权事项的，行政法规可以设定除本法第九条第一项、第四项和应当由法律规定的行政强制措施以外的其他行政强制措施。

尚未制定法律、行政法规，且属于地方性事务的，地方性法规可以设定本法第九条第二项、第三项的行政强制措施。

法律、法规以外的其他规范性文件不得设定行政强制措施。

第十一条 法律对行政强制措施的对象、条件、种类作了规定的，行政法规、地方性法规不得作出扩大规定。

法律中未设定行政强制措施的，行政法规、地方性法规不得设定行政强制措施。但是，法律规定特定事项由行政法规规定具体管理措施的，行政法规可以设定除本法第九条第一项、第四项和应当由法律规定的行政强制措施以外的其他行政强制措施。

第十二条 行政强制执行的方式：

（一）加处罚款或者滞纳金；

（二）划拨存款、汇款；

（三）拍卖或者依法处理查封、扣押的场所、设施或者财物；

（四）排除妨碍、恢复原状；

（五）代履行；

（六）其他强制执行方式。

第十三条 行政强制执行由法律设定。

法律没有规定行政机关强制执行的，作出行政决定的行政机关应当申请人民法院强制执行。

第十四条 起草法律草案、法规草案，拟设定行政强制的，起草单位应当采取听证会、论证会等形式听取意见，并向制定机关说明设定该行政强制的必要性、可能产生的影响以及听取和采纳意见的情况。

第十五条 行政强制的设定机关应当定期对其设定的行政强制进行评价，并对不适当的行政强制及时予以修改或者废止。

行政强制的实施机关可以对已设定的行政强制的实施情况及存在的必要性适时进行评价，并将意见报告该行政强制的设定机关。

公民、法人或者其他组织可以向行政强制的设定机关和实施机关就行政强制的设定和实施提出意见和建议。有关机关应当认真研究论证，并以适当方式予以反馈。

第三章 行政强制措施实施程序

第一节 一般规定

第十六条 行政机关履行行政管理职责，依照法律、法规的规定，实施行政强制措施。

违法行为情节显著轻微或者没有明显社会危害的，可以不采取行政强制措施。

第十七条 行政强制措施由法律、法规规定的行政机关在法定职权范围内实施。行政强制措施权不得委托。

依据《中华人民共和国行政处罚法》的规定行使相对集中行政处罚权的行政机关，可以实施法律、法规规定的与行政处罚权有关的行政强制措施。

行政强制措施应当由行政机关具备资格的行政执法人员实施，其他人员不得实施。

第十八条 行政机关实施行政强制措施应当遵守下列规定：

（一）实施前须向行政机关负责人报告并经批准；

（二）由两名以上行政执法人员实施；

（三）出示执法身份证件；

（四）通知当事人到场；

（五）当场告知当事人采取行政强制措施的理由、依据以及当事人依法享有的权利、救济途径；

（六）听取当事人的陈述和申辩；

（七）制作现场笔录；

（八）现场笔录由当事人和行政执法人员签名或者盖章，当事人拒绝的，在笔录中予以注明；

（九）当事人不到场的，邀请见证人到场，由见证人和行政执法人员在现场笔录上签名或者盖章；

（十）法律、法规规定的其他程序。

第十九条 情况紧急，需要当场实施行政强制措施的，行政执法人员应当在二十四小时内向行政机关负责人报告，并补办批准手续。行政机关负责人认为不应当采取行政强制措施的，应当立即解除。

第二十条 依照法律规定实施限制公民人身自由的行政强制措施，除应当履行本法第十八条规定的程序外，还应当遵守下列规定：

（一）当场告知或者实施行政强制措施后立即通知当事人家属实施行政强制措施的行政机关、地点和期限；

（二）在紧急情况下当场实施行政强制措施的，在返回行政机关后，立即向行政机关负责人报告并补办批准手续；

（三）法律规定的其他程序。

实施限制人身自由的行政强制措施不得超过法定期限。实施行政强制措施的目的已经达到或者条件已经消失，应当立即解除。

第二十一条 违法行为涉嫌犯罪应当移送司法机关的，行政机关应当将查封、扣押、冻结的财物一并移送，并书面告知当事人。

第二节 查封、扣押

第二十二条 查封、扣押应当由法律、法规规定的行政机关实施，其他任何行政机关或者组织不得实施。

第二十三条 查封、扣押限于涉案的场所、设施或者财物，不得查封、扣押与违法行为无关的场所、设施或者财物；不得查封、扣押公民个人及其所扶养家属的生活必需品。

当事人的场所、设施或者财物已被其他国家机关依法查封的，不得重复查封。

第二十四条 行政机关决定实施查封、扣押的，应当履行本法第十八条规定的程序，制作并当场交付查封、扣押决定书和清单。

查封、扣押决定书应当载明下列事项：

（一）当事人的姓名或者名称、地址；

（二）查封、扣押的理由、依据和期限；

（三）查封、扣押场所、设施或者财物的名称、数量等；

（四）申请行政复议或者提起行政诉讼的途径和期限；

（五）行政机关的名称、印章和日期。

查封、扣押清单一式二份，由当事人和行政机关分别保存。

第二十五条 查封、扣押的期限不得超过三十日；情况复杂的，经行政机关负责人批准，可以延长，但是延长期限不得超过三十日。法律、行政法规另有规定的除外。

延长查封、扣押的决定应当及时书面告知当事人，并说明理由。

对物品需要进行检测、检验、检疫或者技术鉴定的，查封、扣押的期间不包括检测、检验、检疫或者技术鉴定的期间。检测、检验、检疫或者技术鉴定的期间应当明确，并书面告知当事人。检测、检验、检疫或者技术鉴定的费用由行政机关承担。

第二十六条 对查封、扣押的场所、设施或者财物，行政机关应当妥善保管，不得使用或者损毁；造成损失的，应当承担赔偿责任。

对查封的场所、设施或者财物，行政机关可以委托第三人保管，第三人不得损毁或者擅自转移、处置。因第三人的原因造成的损失，行政机关先行赔付后，有权向第三人追偿。

因查封、扣押发生的保管费用由行政机关承担。

第二十七条 行政机关采取查封、扣押措施后，应当及时查清事实，在本法第二十五条规定的期限内作出处理决定。对违法事实清楚，依法应当没收的非法财物予以没收；法律、行政法规规定应当销毁的，依法销毁；应当解除查封、扣押的，作出解除查封、扣押的决定。

第二十八条 有下列情形之一的，行政机关应当及时作出解除查封、扣押决定：

（一）当事人没有违法行为；

（二）查封、扣押的场所、设施或者财物与违法行为无关；

（三）行政机关对违法行为已经作出处理决定，不再需要查封、扣押；

（四）查封、扣押期限已经届满；

（五）其他不再需要采取查封、扣押措施的情形。

解除查封、扣押应当立即退还财物；已将鲜活物品或者其他不易保管的财物拍卖或者变卖的，退还拍卖或者变卖所得款项。变卖价格明显低于市场价格，给当事人造成损失的，应当给予补偿。

第三节 冻 结

第二十九条 冻结存款、汇款应当由法律规定的行政机关实施，不得委托给其他行政机关或者组织；其他任何行政机关或者组织不得冻结存款、汇款。

冻结存款、汇款的数额应当与违法行为涉及的金额相当；已被其他国家机关依法冻结的，不得重复冻结。

第三十条 行政机关依照法律规定决定实施冻结存款、汇款的，应当履行本法第十八条第一项、第二项、第三项、第七项规定的程序，并向金融机构交付冻结通知书。

金融机构接到行政机关依法作出的冻结通知书后，应当立即予以冻结，不得拖延，不得在冻结前向当事人泄露信息。

法律规定以外的行政机关或者组织要求冻结当事人存款、汇款的，金融机构应当拒绝。

第三十一条 依照法律规定冻结存款、汇款的，作出决定的行政机关应当在三日内向当事人交付冻结决定书。冻结决定书应当载明下列事项：

（一）当事人的姓名或者名称、地址；

（二）冻结的理由、依据和期限；

（三）冻结的账号和数额；

（四）申请行政复议或者提起行政诉讼的途径和期限；

（五）行政机关的名称、印章和日期。

第三十二条 自冻结存款、汇款之日起三十日内，行政机关应当作出处理决定或者作出解除冻结决定；情况复杂的，经行政机关负责人批准，可以延长，但是延长期限不得超过三十日。法律另有规定的除外。

延长冻结的决定应当及时书面告知当事人，并说明理由。

第三十三条 有下列情形之一的，行政机关应当及时作出解除冻结决定：

（一）当事人没有违法行为；

（二）冻结的存款、汇款与违法行为无关；

（三）行政机关对违法行为已经作出处理决定，不再需要冻结；

（四）冻结期限已经届满；

（五）其他不再需要采取冻结措施的情形。

行政机关作出解除冻结决定的，应当及时通知金融机构和当事人。金融机构接到通知后，应当立即解除冻结。

行政机关逾期未作出处理决定或者解除冻结决定的，金融机构应当自冻结期满之日起解除冻结。

第四章 行政机关强制执行程序

第一节 一般规定

第三十四条 行政机关依法作出行政决定后，当事人在行政机关决定的期限内不履行义务的，具有行政强制执行权的行政机关依照本章规定强制执行。

第三十五条 行政机关作出强制执行决定前，应当事先催告当事人履行义务。催告应当以书面形式作出，并载明下列事项：

（一）履行义务的期限；

（二）履行义务的方式；

（三）涉及金钱给付的，应当有明确的金额和给付方式；

（四）当事人依法享有的陈述权和申辩权。

第三十六条 当事人收到催告书后有权进行陈述和申辩。行政机关应当充分听取当事人的意见，对当事人提出的事实、理由和证据，应当进行记录、复核。当事人提出的事实、理由或者证据成立的，行政机关应当采纳。

第三十七条 经催告，当事人逾期仍不履行行政决定，且无正当理由的，行政机关可以作出强制执行决定。

强制执行决定应当以书面形式作出，并载明下列事项：

（一）当事人的姓名或者名称、地址；

（二）强制执行的理由和依据；

（三）强制执行的方式和时间；

（四）申请行政复议或者提起行政诉讼的途径和期限；

（五）行政机关的名称、印章和日期。

在催告期间，对有证据证明有转移或者隐匿财物迹象的，行政机关可以作出立即强制执行决定。

第三十八条 催告书、行政强制执行决定书应当直接送达当事人。当事人拒绝接收或者无法直接送达当事人的，应当依照《中华人民共和国民事诉讼法》的有关规定送达。

第三十九条 有下列情形之一的，中止执行：

（一）当事人履行行政决定确有困难或者暂无履行能力的；

（二）第三人对执行标的主张权利，确有

理由的；

（三）执行可能造成难以弥补的损失，且中止执行不损害公共利益的；

（四）行政机关认为需要中止执行的其他情形。

中止执行的情形消失后，行政机关应当恢复执行。对没有明显社会危害，当事人确无能力履行，中止执行满三年未恢复执行的，行政机关不再执行。

第四十条 有下列情形之一的，终结执行：

（一）公民死亡，无遗产可供执行，又无义务承受人的；

（二）法人或者其他组织终止，无财产可供执行，又无义务承受人的；

（三）执行标的灭失的；

（四）据以执行的行政决定被撤销的；

（五）行政机关认为需要终结执行的其他情形。

第四十一条 在执行中或者执行完毕后，据以执行的行政决定被撤销、变更，或者执行错误的，应当恢复原状或者退还财物；不能恢复原状或者退还财物的，依法给予赔偿。

第四十二条 实施行政强制执行，行政机关可以在不损害公共利益和他人合法权益的情况下，与当事人达成执行协议。执行协议可以约定分阶段履行；当事人采取补救措施的，可以减免加处的罚款或者滞纳金。

执行协议应当履行。当事人不履行执行协议的，行政机关应当恢复强制执行。

第四十三条 行政机关不得在夜间或者法定节假日实施行政强制执行。但是，情况紧急的除外。

行政机关不得对居民生活采取停止供水、供电、供热、供燃气等方式迫使当事人履行相关行政决定。

第四十四条 对违法的建筑物、构筑物、设施等需要强制拆除的，应当由行政机关予以公告，限期当事人自行拆除。当事人在法定期限内不申请行政复议或者提起行政诉讼，又不拆除的，行政机关可以依法强制拆除。

第二节 金钱给付义务的执行

第四十五条 行政机关依法作出金钱给付义务的行政决定，当事人逾期不履行的，行政机关可以依法加处罚款或者滞纳金。加处罚款或者滞纳金的标准应当告知当事人。

加处罚款或者滞纳金的数额不得超出金钱给付义务的数额。

第四十六条 行政机关依照本法第四十五条规定实施加处罚款或者滞纳金超过三十日，经催告当事人仍不履行的，具有行政强制执行权的行政机关可以强制执行。

行政机关实施强制执行前，需要采取查封、扣押、冻结措施的，依照本法第三章规定办理。

没有行政强制执行权的行政机关应当申请人民法院强制执行。但是，当事人在法定期限内不申请行政复议或者提起行政诉讼，经催告仍不履行的，在实施行政管理过程中已经采取查封、扣押措施的行政机关，可以将查封、扣押的财物依法拍卖抵缴罚款。

第四十七条 划拨存款、汇款应当由法律规定的行政机关决定，并书面通知金融机构。金融机构接到行政机关依法作出划拨存款、汇款的决定后，应当立即划拨。

法律规定以外的行政机关或者组织要求划拨当事人存款、汇款的，金融机构应当拒绝。

第四十八条 依法拍卖财物，由行政机关委托拍卖机构依照《中华人民共和国拍卖法》的规定办理。

第四十九条 划拨的存款、汇款以及拍卖和依法处理所得的款项应当上缴国库或者划入财政专户。任何行政机关或者个人不得以任何形式截留、私分或者变相私分。

第三节 代履行

第五十条 行政机关依法作出要求当事人履行排除妨碍、恢复原状等义务的行政决定，当事人逾期不履行，经催告仍不履行，其后果已经或者将危害交通安全、造成环境污染或者破坏自然资源的，行政机关可以代履行，或者委托没有利害关系的第三人代履行。

第五十一条 代履行应当遵守下列规定：

（一）代履行前送达决定书，代履行决定书应当载明当事人的姓名或者名称、地址，代履行的理由和依据、方式和时间、标的、费用预算以及代履行人；

（二）代履行三日前，催告当事人履行，当事人履行的，停止代履行；

（三）代履行时，作出决定的行政机关应当派员到场监督；

（四）代履行完毕，行政机关到场监督的工作人员、代履行人和当事人或者见证人应当在执行文书上签名或者盖章。

代履行的费用按照成本合理确定，由当事人承担。但是，法律另有规定的除外。

代履行不得采用暴力、胁迫以及其他非法方式。

第五十二条 需要立即清除道路、河道、航道或者公共场所的遗洒物、障碍物或者污染物，当事人不能清除的，行政机关可以决定立即实施代履行；当事人不在场的，行政机关应当在事后立即通知当事人，并依法作出处理。

第五章 申请人民法院强制执行

第五十三条 当事人在法定期限内不申请行政复议或者提起行政诉讼，又不履行行政决定的，没有行政强制执行权的行政机关可以自期限届满之日起三个月内，依照本章规定申请人民法院强制执行。

第五十四条 行政机关申请人民法院强制执行前，应当催告当事人履行义务。催告书送达十日后当事人仍未履行义务的，行政机关可以向所在地有管辖权的人民法院申请强制执行；执行对象是不动产的，向不动产所在地有管辖权的人民法院申请强制执行。

第五十五条 行政机关向人民法院申请强制执行，应当提供下列材料：

（一）强制执行申请书；

（二）行政决定书及作出决定的事实、理由和依据；

（三）当事人的意见及行政机关催告情况；

（四）申请强制执行标的情况；

（五）法律、行政法规规定的其他材料。

强制执行申请书应当由行政机关负责人签名，加盖行政机关的印章，并注明日期。

第五十六条 人民法院接到行政机关强制执行的申请，应当在五日内受理。

行政机关对人民法院不予受理的裁定有异议的，可以在十五日内向上一级人民法院申请复议，上一级人民法院应当自收到复议申请之日起十五日内作出是否受理的裁定。

第五十七条 人民法院对行政机关强制执行的申请进行书面审查，对符合本法第五十五条规定，且行政决定具备法定执行效力的，除本法第五十八条规定的情形外，人民法院应当自受理之日起七日内作出执行裁定。

第五十八条 人民法院发现有下列情形之一的，在作出裁定前可以听取被执行人和行政机关的意见：

（一）明显缺乏事实根据的；

（二）明显缺乏法律、法规依据的；

（三）其他明显违法并损害被执行人合法权益的。

人民法院应当自受理之日起三十日内作出是否执行的裁定。裁定不予执行的，应当说明理由，并在五日内将不予执行的裁定送达行政机关。

行政机关对人民法院不予执行的裁定有异议的，可以自收到裁定之日起十五日内向上一级人民法院申请复议，上一级人民法院应当自收到复议申请之日起三十日内作出是否执行的裁定。

第五十九条 因情况紧急，为保障公共安全，行政机关可以申请人民法院立即执行。经人民法院院长批准，人民法院应当自作出执行裁定之日起五日内执行。

第六十条 行政机关申请人民法院强制执行，不缴纳申请费。强制执行的费用由被执行人承担。

人民法院以划拨、拍卖方式强制执行的，可以在划拨、拍卖后将强制执行的费用扣除。

依法拍卖财物，由人民法院委托拍卖机构依照《中华人民共和国拍卖法》的规定办理。

划拨的存款、汇款以及拍卖和依法处理所得的款项应当上缴国库或者划入财政专户，不得以任何形式截留、私分或者变相私分。

第六章 法律责任

第六十一条 行政机关实施行政强制，有下列情形之一的，由上级行政机关或者有关部门责令改正，对直接负责的主管人员和其他直接责任人员依法给予处分：

（一）没有法律、法规依据的；

（二）改变行政强制对象、条件、方式的；

（三）违反法定程序实施行政强制的；

（四）违反本法规定，在夜间或者法定节假日实施行政强制执行的；

（五）对居民生活采取停止供水、供电、

供热、供燃气等方式迫使当事人履行相关行政决定的；

（六）有其他违法实施行政强制情形的。

第六十二条 违反本法规定，行政机关有下列情形之一的，由上级行政机关或者有关部门责令改正，对直接负责的主管人员和其他直接责任人员依法给予处分：

（一）扩大查封、扣押、冻结范围的；

（二）使用或者损毁查封、扣押场所、设施或者财物的；

（三）在查封、扣押法定期间不作出处理决定或者未依法及时解除查封、扣押的；

（四）在冻结存款、汇款法定期间不作出处理决定或者未依法及时解除冻结的。

第六十三条 行政机关将查封、扣押的财物或者划拨的存款、汇款以及拍卖和依法处理所得的款项，截留、私分或者变相私分的，由财政部门或者有关部门予以追缴；对直接负责的主管人员和其他直接责任人员依法给予记大过、降级、撤职或者开除的处分。

行政机关工作人员利用职务上的便利，将查封、扣押的场所、设施或者财物据为己有的，由上级行政机关或者有关部门责令改正，依法给予记大过、降级、撤职或者开除的处分。

第六十四条 行政机关及其工作人员利用行政强制权为单位或者个人谋取利益的，由上级行政机关或者有关部门责令改正，对直接负责的主管人员和其他直接责任人员依法给予处分。

第六十五条 违反本法规定，金融机构有下列行为之一的，由金融业监督管理机构责令改正，对直接负责的主管人员和其他直接责任人员依法给予处分：

（一）在冻结前向当事人泄露信息的；

（二）对应当立即冻结、划拨的存款、汇款不冻结或者不划拨，致使存款、汇款转移的；

（三）将不应当冻结、划拨的存款、汇款予以冻结或者划拨的；

（四）未及时解除冻结存款、汇款的。

第六十六条 违反本法规定，金融机构将款项划入国库或者财政专户以外的其他账户的，由金融业监督管理机构责令改正，并处以违法划拨款项二倍的罚款；对直接负责的主管人员和其他直接责任人员依法给予处分。

违反本法规定，行政机关、人民法院指令金融机构将款项划入国库或者财政专户以外的其他账户的，对直接负责的主管人员和其他直接责任人员依法给予处分。

第六十七条 人民法院及其工作人员在强制执行中有违法行为或者扩大强制执行范围的，对直接负责的主管人员和其他直接责任人员依法给予处分。

第六十八条 违反本法规定，给公民、法人或者其他组织造成损失的，依法给予赔偿。

违反本法规定，构成犯罪的，依法追究刑事责任。

第七章 附 则

第六十九条 本法中十日以内期限的规定是指工作日，不含法定节假日。

第七十条 法律、行政法规授权的具有管理公共事务职能的组织在法定授权范围内，以自己的名义实施行政强制，适用本法有关行政机关的规定。

第七十一条 本法自2012年1月1日起施行。

中华人民共和国治安管理处罚法

（2005年8月28日第十届全国人民代表大会常务委员会第十七次会议通过
根据2012年10月26日第十一届全国人民代表大会常务委员会第二十九次
会议《关于修改〈中华人民共和国治安管理处罚法〉的决定》修正）

目　录

第一章　总　则
第二章　处罚的种类和适用
第三章　违反治安管理的行为和处罚
　第一节　扰乱公共秩序的行为和处罚
　第二节　妨害公共安全的行为和处罚
　第三节　侵犯人身权利、财产权利的行为和处罚
　第四节　妨害社会管理的行为和处罚
第四章　处罚程序
　第一节　调　查
　第二节　决　定
　第三节　执　行
第五章　执法监督
第六章　附　则

第一章　总　则

第一条　为维护社会治安秩序，保障公共安全，保护公民、法人和其他组织的合法权益，规范和保障公安机关及其人民警察依法履行治安管理职责，制定本法。

第二条　扰乱公共秩序，妨害公共安全，侵犯人身权利、财产权利，妨害社会管理，具有社会危害性，依照《中华人民共和国刑法》的规定构成犯罪的，依法追究刑事责任；尚不够刑事处罚的，由公安机关依照本法给予治安管理处罚。

第三条　治安管理处罚的程序，适用本法的规定；本法没有规定的，适用《中华人民共和国行政处罚法》的有关规定。

第四条　在中华人民共和国领域内发生的违反治安管理行为，除法律有特别规定的外，适用本法。

在中华人民共和国船舶和航空器内发生的违反治安管理行为，除法律有特别规定的外，适用本法。

第五条　治安管理处罚必须以事实为依据，与违反治安管理行为的性质、情节以及社会危害程度相当。

实施治安管理处罚，应当公开、公正，尊重和保障人权，保护公民的人格尊严。

办理治安案件应当坚持教育与处罚相结合的原则。

第六条　各级人民政府应当加强社会治安综合治理，采取有效措施，化解社会矛盾，增进社会和谐，维护社会稳定。

第七条　国务院公安部门负责全国的治安管理工作。县级以上地方各级人民政府公安机关负责本行政区域内的治安管理工作。

治安案件的管辖由国务院公安部门规定。

第八条　违反治安管理的行为对他人造成损害的，行为人或者其监护人应当依法承担民事责任。

第九条　对于因民间纠纷引起的打架斗殴或者损毁他人财物等违反治安管理行为，情节较轻的，公安机关可以调解处理。经公安机关调解，当事人达成协议的，不予处罚。经调解未达成协议或者达成协议后不履行的，公安机关应当依照本法的规定对违反治安管理行为人给予处罚，并告知当事人可以就民事争议依法向人民法院提起民事诉讼。

第二章　处罚的种类和适用

第十条　治安管理处罚的种类分为：

（一）警告；

（二）罚款；

（三）行政拘留；

（四）吊销公安机关发放的许可证。

对违反治安管理的外国人，可以附加适用

限期出境或者驱逐出境。

第十一条 办理治安案件所查获的毒品、淫秽物品等违禁品，赌具、赌资，吸食、注射毒品的用具以及直接用于实施违反治安管理行为的本人所有的工具，应当收缴，按照规定处理。

违反治安管理所得的财物，追缴退还被侵害人；没有被侵害人的，登记造册，公开拍卖或者按照国家有关规定处理，所得款项上缴国库。

第十二条 已满十四周岁不满十八周岁的人违反治安管理的，从轻或者减轻处罚；不满十四周岁的人违反治安管理的，不予处罚，但是应当责令其监护人严加管教。

第十三条 精神病人在不能辨认或者不能控制自己行为的时候违反治安管理的，不予处罚，但是应当责令其监护人严加看管和治疗。间歇性的精神病人在精神正常的时候违反治安管理的，应当给予处罚。

第十四条 盲人或者又聋又哑的人违反治安管理的，可以从轻、减轻或者不予处罚。

第十五条 醉酒的人违反治安管理的，应当给予处罚。

醉酒的人在醉酒状态中，对本人有危险或者对他人的人身、财产或者公共安全有威胁的，应当对其采取保护性措施约束至酒醒。

第十六条 有两种以上违反治安管理行为的，分别决定，合并执行。行政拘留处罚合并执行的，最长不超过二十日。

第十七条 共同违反治安管理的，根据违反治安管理行为人在违反治安管理行为中所起的作用，分别处罚。

教唆、胁迫、诱骗他人违反治安管理的，按照其教唆、胁迫、诱骗的行为处罚。

第十八条 单位违反治安管理的，对其直接负责的主管人员和其他直接责任人员依照本法的规定处罚。其他法律、行政法规对同一行为规定给予单位处罚的，依照其规定处罚。

第十九条 违反治安管理有下列情形之一的，减轻处罚或者不予处罚：

（一）情节特别轻微的；

（二）主动消除或者减轻违法后果，并取得被侵害人谅解的；

（三）出于他人胁迫或者诱骗的；

（四）主动投案，向公安机关如实陈述自己的违法行为的；

（五）有立功表现的。

第二十条 违反治安管理有下列情形之一的，从重处罚：

（一）有较严重后果的；

（二）教唆、胁迫、诱骗他人违反治安管理的；

（三）对报案人、控告人、举报人、证人打击报复的；

（四）六个月内曾受过治安管理处罚的。

第二十一条 违反治安管理行为人有下列情形之一，依照本法应当给予行政拘留处罚的，不执行行政拘留处罚：

（一）已满十四周岁不满十六周岁的；

（二）已满十六周岁不满十八周岁，初次违反治安管理的；

（三）七十周岁以上的；

（四）怀孕或者哺乳自己不满一周岁婴儿的。

第二十二条 违反治安管理行为在六个月内没有被公安机关发现的，不再处罚。

前款规定的期限，从违反治安管理行为发生之日起计算；违反治安管理行为有连续或者继续状态的，从行为终了之日起计算。

第三章 违反治安管理的行为和处罚

第一节 扰乱公共秩序的行为和处罚

第二十三条 有下列行为之一的，处警告或者二百元以下罚款；情节较重的，处五日以上十日以下拘留，可以并处五百元以下罚款：

（一）扰乱机关、团体、企业、事业单位秩序，致使工作、生产、营业、医疗、教学、科研不能正常进行，尚未造成严重损失的；

（二）扰乱车站、港口、码头、机场、商场、公园、展览馆或者其他公共场所秩序的；

（三）扰乱公共汽车、电车、火车、船舶、航空器或者其他公共交通工具上的秩序的；

（四）非法拦截或者强登、扒乘机动车、船舶、航空器以及其他交通工具，影响交通工具正常行驶的；

（五）破坏依法进行的选举秩序的。

聚众实施前款行为的，对首要分子处十日以上十五日以下拘留，可以并处一千元以下罚款。

第二十四条 有下列行为之一，扰乱文化、体育等大型群众性活动秩序的，处警告或者二百元以下罚款；情节严重的，处五日以上十日以下拘留，可以并处五百元以下罚款：

（一）强行进入场内的；

（二）违反规定，在场内燃放烟花爆竹或者其他物品的；

（三）展示侮辱性标语、条幅等物品的；

（四）围攻裁判员、运动员或者其他工作人员的；

（五）向场内投掷杂物，不听制止的；

（六）扰乱大型群众性活动秩序的其他行为。

因扰乱体育比赛秩序被处以拘留处罚的，可以同时责令其十二个月内不得进入体育场馆观看同类比赛；违反规定进入体育场馆的，强行带离现场。

第二十五条 有下列行为之一的，处五日以上十日以下拘留，可以并处五百元以下罚款；情节较轻的，处五日以下拘留或者五百元以下罚款：

（一）散布谣言，谎报险情、疫情、警情或者以其他方法故意扰乱公共秩序的；

（二）投放虚假的爆炸性、毒害性、放射性、腐蚀性物质或者传染病病原体等危险物质扰乱公共秩序的；

（三）扬言实施放火、爆炸、投放危险物质扰乱公共秩序的。

第二十六条 有下列行为之一的，处五日以上十日以下拘留，可以并处五百元以下罚款；情节较重的，处十日以上十五日以下拘留，可以并处一千元以下罚款：

（一）结伙斗殴的；

（二）追逐、拦截他人的；

（三）强拿硬要或者任意损毁、占用公私财物的；

（四）其他寻衅滋事行为。

第二十七条 有下列行为之一的，处十日以上十五日以下拘留，可以并处一千元以下罚款；情节较轻的，处五日以上十日以下拘留，可以并处五百元以下罚款：

（一）组织、教唆、胁迫、诱骗、煽动他人从事邪教、会道门活动或者利用邪教、会道门、迷信活动，扰乱社会秩序、损害他人身体健康的；

（二）冒用宗教、气功名义进行扰乱社会秩序、损害他人身体健康活动的。

第二十八条 违反国家规定，故意干扰无线电业务正常进行的，或者对正常运行的无线电台（站）产生有害干扰，经有关主管部门指出后，拒不采取有效措施消除的，处五日以上十日以下拘留；情节严重的，处十日以上十五日以下拘留。

第二十九条 有下列行为之一的，处五日以下拘留；情节较重的，处五日以上十日以下拘留：

（一）违反国家规定，侵入计算机信息系统，造成危害的；

（二）违反国家规定，对计算机信息系统功能进行删除、修改、增加、干扰，造成计算机信息系统不能正常运行的；

（三）违反国家规定，对计算机信息系统中存储、处理、传输的数据和应用程序进行删除、修改、增加的；

（四）故意制作、传播计算机病毒等破坏性程序，影响计算机信息系统正常运行的。

第二节 妨害公共安全的行为和处罚

第三十条 违反国家规定，制造、买卖、储存、运输、邮寄、携带、使用、提供、处置爆炸性、毒害性、放射性、腐蚀性物质或者传染病病原体等危险物质的，处十日以上十五日以下拘留；情节较轻的，处五日以上十日以下拘留。

第三十一条 爆炸性、毒害性、放射性、腐蚀性物质或者传染病病原体等危险物质被盗、被抢或者丢失，未按规定报告的，处五日以下拘留；故意隐瞒不报的，处五日以上十日以下拘留。

第三十二条 非法携带枪支、弹药或者弩、匕首等国家规定的管制器具的，处五日以下拘留，可以并处五百元以下罚款；情节较轻的，处警告或者二百元以下罚款。

非法携带枪支、弹药或者弩、匕首等国家规定的管制器具进入公共场所或者公共交通工具的，处五日以上十日以下拘留，可以并处五百元以下罚款。

第三十三条 有下列行为之一的，处十日以上十五日以下拘留：

（一）盗窃、损毁油气管道设施、电力电信设施、广播电视设施、水利防汛工程设施或者水文监测、测量、气象测报、环境监测、地质监测、地震监测等公共设施的；

（二）移动、损毁国家边境的界碑、界桩以及其他边境标志、边境设施或者领土、领海标志设施的；

（三）非法进行影响国（边）界线走向的活动或者修建有碍国（边）境管理的设施的。

第三十四条 盗窃、损坏、擅自移动使用中的航空设施，或者强行进入航空器驾驶舱的，处十日以上十五日以下拘留。

在使用中的航空器上使用可能影响导航系统正常功能的器具、工具，不听劝阻的，处五日以下拘留或者五百元以下罚款。

第三十五条 有下列行为之一的，处五日以上十日以下拘留，可以并处五百元以下罚款；情节较轻的，处五日以下拘留或者五百元以下罚款：

（一）盗窃、损毁或者擅自移动铁路设施、设备、机车车辆配件或者安全标志的；

（二）在铁路线路上放置障碍物，或者故意向列车投掷物品的；

（三）在铁路线路、桥梁、涵洞处挖掘坑穴、采石取沙的；

（四）在铁路线路上私设道口或者平交过道的。

第三十六条 擅自进入铁路防护网或者火车来临时在铁路线路上行走坐卧、抢越铁路，影响行车安全的，处警告或者二百元以下罚款。

第三十七条 有下列行为之一的，处五日以下拘留或者五百元以下罚款；情节严重的，处五日以上十日以下拘留，可以并处五百元以下罚款：

（一）未经批准，安装、使用电网的，或者安装、使用电网不符合安全规定的；

（二）在车辆、行人通行的地方施工，对沟井坎穴不设覆盖物、防围和警示标志的，或者故意损毁、移动覆盖物、防围和警示标志的；

（三）盗窃、损毁路面井盖、照明等公共设施的。

第三十八条 举办文化、体育等大型群众性活动，违反有关规定，有发生安全事故危险的，责令停止活动，立即疏散；对组织者处五日以上十日以下拘留，并处二百元以上五百元以下罚款；情节较轻的，处五日以下拘留或者五百元以下罚款。

第三十九条 旅馆、饭店、影剧院、娱乐场、运动场、展览馆或者其他供社会公众活动的场所的经营管理人员，违反安全规定，致使该场所有发生安全事故危险，经公安机关责令改正，拒不改正的，处五日以下拘留。

第三节 侵犯人身权利、财产权利的行为和处罚

第四十条 有下列行为之一的，处十日以上十五日以下拘留，并处五百元以上一千元以下罚款；情节较轻的，处五日以上十日以下拘留，并处二百元以上五百元以下罚款：

（一）组织、胁迫、诱骗不满十六周岁的人或者残疾人进行恐怖、残忍表演的；

（二）以暴力、威胁或者其他手段强迫他人劳动的；

（三）非法限制他人人身自由、非法侵入他人住宅或者非法搜查他人身体的。

第四十一条 胁迫、诱骗或者利用他人乞讨的，处十日以上十五日以下拘留，可以并处一千元以下罚款。

反复纠缠、强行讨要或者以其他滋扰他人的方式乞讨的，处五日以下拘留或者警告。

第四十二条 有下列行为之一的，处五日以下拘留或者五百元以下罚款；情节较重的，处五日以上十日以下拘留，可以并处五百元以下罚款：

（一）写恐吓信或者以其他方法威胁他人人身安全的；

（二）公然侮辱他人或者捏造事实诽谤他人的；

（三）捏造事实诬告陷害他人，企图使他人受到刑事追究或者受到治安管理处罚的；

（四）对证人及其近亲属进行威胁、侮辱、殴打或者打击报复的；

（五）多次发送淫秽、侮辱、恐吓或者其他信息，干扰他人正常生活的；

（六）偷窥、偷拍、窃听、散布他人隐私的。

第四十三条 殴打他人的，或者故意伤害他人身体的，处五日以上十日以下拘留，并处二百元以上五百元以下罚款；情节较轻的，处五日以下拘留或者五百元以下罚款。

有下列情形之一的，处十日以上十五日以

下拘留，并处五百元以上一千元以下罚款：

（一）结伙殴打、伤害他人的；

（二）殴打、伤害残疾人、孕妇、不满十四周岁的人或者六十周岁以上的人的；

（三）多次殴打、伤害他人或者一次殴打、伤害多人的。

第四十四条 猥亵他人的，或者在公共场所故意裸露身体，情节恶劣的，处五日以上十日以下拘留；猥亵智力残疾人、精神病人、不满十四周岁的人或者有其他严重情节的，处十日以上十五日以下拘留。

第四十五条 有下列行为之一的，处五日以下拘留或者警告：

（一）虐待家庭成员，被虐待人要求处理的；

（二）遗弃没有独立生活能力的被扶养人的。

第四十六条 强买强卖商品，强迫他人提供服务或者强迫他人接受服务的，处五日以上十日以下拘留，并处二百元以上五百元以下罚款；情节较轻的，处五日以下拘留或者五百元以下罚款。

第四十七条 煽动民族仇恨、民族歧视，或者在出版物、计算机信息网络中刊载民族歧视、侮辱内容的，处十日以上十五日以下拘留，可以并处一千元以下罚款。

第四十八条 冒领、隐匿、毁弃、私自开拆或者非法检查他人邮件的，处五日以下拘留或者五百元以下罚款。

第四十九条 盗窃、诈骗、哄抢、抢夺、敲诈勒索或者故意损毁公私财物的，处五日以上十日以下拘留，可以并处五百元以下罚款；情节较重的，处十日以上十五日以下拘留，可以并处一千元以下罚款。

第四节 妨害社会管理的行为和处罚

第五十条 有下列行为之一的，处警告或者二百元以下罚款；情节严重的，处五日以上十日以下拘留，可以并处五百元以下罚款：

（一）拒不执行人民政府在紧急状态情况下依法发布的决定、命令的；

（二）阻碍国家机关工作人员依法执行职务的；

（三）阻碍执行紧急任务的消防车、救护车、工程抢险车、警车等车辆通行的；

（四）强行冲闯公安机关设置的警戒带、警戒区的。

阻碍人民警察依法执行职务的，从重处罚。

第五十一条 冒充国家机关工作人员或者以其他虚假身份招摇撞骗的，处五日以上十日以下拘留，可以并处五百元以下罚款；情节较轻的，处五日以下拘留或者五百元以下罚款。

冒充军警人员招摇撞骗的，从重处罚。

第五十二条 有下列行为之一的，处十日以上十五日以下拘留，可以并处一千元以下罚款；情节较轻的，处五日以上十日以下拘留，可以并处五百元以下罚款：

（一）伪造、变造或者买卖国家机关、人民团体、企业、事业单位或者其他组织的公文、证件、证明文件、印章的；

（二）买卖或者使用伪造、变造的国家机关、人民团体、企业、事业单位或者其他组织的公文、证件、证明文件的；

（三）伪造、变造、倒卖车票、船票、航空客票、文艺演出票、体育比赛入场券或者其他有价票证、凭证的；

（四）伪造、变造船舶户牌，买卖或者使用伪造、变造的船舶户牌，或者涂改船舶发动机号码的。

第五十三条 船舶擅自进入、停靠国家禁止、限制进入的水域或者岛屿的，对船舶负责人及有关责任人员处五百元以上一千元以下罚款；情节严重的，处五日以下拘留，并处五百元以上一千元以下罚款。

第五十四条 有下列行为之一的，处十日以上十五日以下拘留，并处五百元以上一千元以下罚款；情节较轻的，处五日以下拘留或者五百元以下罚款：

（一）违反国家规定，未经注册登记，以社会团体名义进行活动，被取缔后，仍进行活动的；

（二）被依法撤销登记的社会团体，仍以社会团体名义进行活动的；

（三）未经许可，擅自经营按照国家规定需要由公安机关许可的行业的。

有前款第三项行为的，予以取缔。

取得公安机关许可的经营者，违反国家有关管理规定，情节严重的，公安机关可以吊销许可证。

第五十五条 煽动、策划非法集会、游行、示威，不听劝阻的，处十日以上十五日以下拘留。

第五十六条 旅馆业的工作人员对住宿的旅客不按规定登记姓名、身份证件种类和号码的，或者明知住宿的旅客将危险物质带入旅馆，不予制止的，处二百元以上五百元以下罚款。

旅馆业的工作人员明知住宿的旅客是犯罪嫌疑人员或者被公安机关通缉的人员，不向公安机关报告的，处二百元以上五百元以下罚款；情节严重的，处五日以下拘留，可以并处五百元以下罚款。

第五十七条 房屋出租人将房屋出租给无身份证件的人居住的，或者不按规定登记承租人姓名、身份证件种类和号码的，处二百元以上五百元以下罚款。

房屋出租人明知承租人利用出租房屋进行犯罪活动，不向公安机关报告的，处二百元以上五百元以下罚款；情节严重的，处五日以下拘留，可以并处五百元以下罚款。

第五十八条 违反关于社会生活噪声污染防治的法律规定，制造噪声干扰他人正常生活的，处警告；警告后不改正的，处二百元以上五百元以下罚款。

第五十九条 有下列行为之一的，处五百元以上一千元以下罚款；情节严重的，处五日以上十日以下拘留，并处五百元以上一千元以下罚款：

（一）典当业工作人员承接典当的物品，不查验有关证明、不履行登记手续，或者明知是违法犯罪嫌疑人、赃物，不向公安机关报告的；

（二）违反国家规定，收购铁路、油田、供电、电信、矿山、水利、测量和城市公用设施等废旧专用器材的；

（三）收购公安机关通报寻查的赃物或者有赃物嫌疑的物品的；

（四）收购国家禁止收购的其他物品的。

第六十条 有下列行为之一的，处五日以上十日以下拘留，并处二百元以上五百元以下罚款：

（一）隐藏、转移、变卖或者损毁行政执法机关依法扣押、查封、冻结的财物的；

（二）伪造、隐匿、毁灭证据或者提供虚假证言、谎报案情，影响行政执法机关依法办案的；

（三）明知是赃物而窝藏、转移或者代为销售的；

（四）被依法执行管制、剥夺政治权利或者在缓刑、暂予监外执行中的罪犯或者被依法采取刑事强制措施的人，有违反法律、行政法规或者国务院有关部门的监督管理规定的行为。

第六十一条 协助组织或者运送他人偷越国（边）境的，处十日以上十五日以下拘留，并处一千元以上五千元以下罚款。

第六十二条 为偷越国（边）境人员提供条件的，处五日以上十日以下拘留，并处五百元以上二千元以下罚款。

偷越国（边）境的，处五日以下拘留或者五百元以下罚款。

第六十三条 有下列行为之一的，处警告或者二百元以下罚款；情节较重的，处五日以上十日以下拘留，并处二百元以上五百元以下罚款：

（一）刻划、涂污或者以其他方式故意损坏国家保护的文物、名胜古迹的；

（二）违反国家规定，在文物保护单位附近进行爆破、挖掘等活动，危及文物安全的。

第六十四条 有下列行为之一的，处五百元以上一千元以下罚款；情节严重的，处十日以上十五日以下拘留，并处五百元以上一千元以下罚款：

（一）偷开他人机动车的；

（二）未取得驾驶证驾驶或者偷开他人航空器、机动船舶的。

第六十五条 有下列行为之一的，处五日以上十日以下拘留；情节严重的，处十日以上十五日以下拘留，可以并处一千元以下罚款：

（一）故意破坏、污损他人坟墓或者毁坏、丢弃他人尸骨、骨灰的；

（二）在公共场所停放尸体或者因停放尸体影响他人正常生活、工作秩序，不听劝阻的。

第六十六条 卖淫、嫖娼的，处十日以上十五日以下拘留，可以并处五千元以下罚款；情节较轻的，处五日以下拘留或者五百元以下罚款。

在公共场所拉客招嫖的，处五日以下拘留或者五百元以下罚款。

第六十七条 引诱、容留、介绍他人卖淫的，处十日以上十五日以下拘留，可以并处五千元以下罚款；情节较轻的，处五日以下拘留或者五百元以下罚款。

第六十八条 制作、运输、复制、出售、出租淫秽的书刊、图片、影片、音像制品等淫秽物品或者利用计算机信息网络、电话以及其他通讯工具传播淫秽信息的，处十日以上十五日以下拘留，可以并处三千元以下罚款；情节较轻的，处五日以下拘留或者五百元以下罚款。

第六十九条 有下列行为之一的，处十日以上十五日以下拘留，并处五百元以上一千元以下罚款：

（一）组织播放淫秽音像的；

（二）组织或者进行淫秽表演的；

（三）参与聚众淫乱活动的。

明知他人从事前款活动，为其提供条件的，依照前款的规定处罚。

第七十条 以营利为目的，为赌博提供条件的，或者参与赌博赌资较大的，处五日以下拘留或者五百元以下罚款；情节严重的，处十日以上十五日以下拘留，并处五百元以上三千元以下罚款。

第七十一条 有下列行为之一的，处十日以上十五日以下拘留，可以并处三千元以下罚款；情节较轻的，处五日以下拘留或者五百元以下罚款：

（一）非法种植罂粟不满五百株或者其他少量毒品原植物的；

（二）非法买卖、运输、携带、持有少量未经灭活的罂粟等毒品原植物种子或者幼苗的；

（三）非法运输、买卖、储存、使用少量罂粟壳的。

有前款第一项行为，在成熟前自行铲除的，不予处罚。

第七十二条 有下列行为之一的，处十日以上十五日以下拘留，可以并处二千元以下罚款；情节较轻的，处五日以下拘留或者五百元以下罚款：

（一）非法持有鸦片不满二百克、海洛因或者甲基苯丙胺不满十克或者其他少量毒品的；

（二）向他人提供毒品的；

（三）吸食、注射毒品的；

（四）胁迫、欺骗医务人员开具麻醉药品、精神药品的。

第七十三条 教唆、引诱、欺骗他人吸食、注射毒品的，处十日以上十五日以下拘留，并处五百元以上二千元以下罚款。

第七十四条 旅馆业、饮食服务业、文化娱乐业、出租汽车业等单位的人员，在公安机关查处吸毒、赌博、卖淫、嫖娼活动时，为违法犯罪行为人通风报信的，处十日以上十五日以下拘留。

第七十五条 饲养动物，干扰他人正常生活的，处警告；警告后不改正的，或者放任动物恐吓他人的，处二百元以上五百元以下罚款。

驱使动物伤害他人的，依照本法第四十三条第一款的规定处罚。

第七十六条 有本法第六十七条、第六十八条、第七十条的行为，屡教不改的，可以按照国家规定采取强制性教育措施。

第四章　处罚程序

第一节　调　查

第七十七条 公安机关对报案、控告、举报或者违反治安管理行为人主动投案，以及其他行政主管部门、司法机关移送的违反治安管理案件，应当及时受理，并进行登记。

第七十八条 公安机关受理报案、控告、举报、投案后，认为属于违反治安管理行为的，应当立即进行调查；认为不属于违反治安管理行为的，应当告知报案人、控告人、举报人、投案人，并说明理由。

第七十九条 公安机关及其人民警察对治安案件的调查，应当依法进行。严禁刑讯逼供或者采用威胁、引诱、欺骗等非法手段收集证据。

以非法手段收集的证据不得作为处罚的根据。

第八十条 公安机关及其人民警察在办理治安案件时，对涉及的国家秘密、商业秘密或者个人隐私，应当予以保密。

第八十一条 人民警察在办理治安案件过程中，遇有下列情形之一的，应当回避；违反治安管理行为人、被侵害人或者其法定代理人也有权要求他们回避：

（一）是本案当事人或者当事人的近亲属的；

（二）本人或者其近亲属与本案有利害关系的；

（三）与本案当事人有其他关系，可能影响案件公正处理的。

人民警察的回避，由其所属的公安机关决定；公安机关负责人的回避，由上一级公安机关决定。

第八十二条 需要传唤违反治安管理行为人接受调查的，经公安机关办案部门负责人批准，使用传唤证传唤。对现场发现的违反治安管理行为人，人民警察经出示工作证件，可以口头传唤，但应当在询问笔录中注明。

公安机关应当将传唤的原因和依据告知被传唤人。对无正当理由不接受传唤或者逃避传唤的人，可以强制传唤。

第八十三条 对违反治安管理行为人，公安机关传唤后应当及时询问查证，询问查证的时间不得超过八小时；情况复杂，依照本法规定可能适用行政拘留处罚的，询问查证的时间不得超过二十四小时。

公安机关应当及时将传唤的原因和处所通知被传唤人家属。

第八十四条 询问笔录应当交被询问人核对；对没有阅读能力的，应当向其宣读。记载有遗漏或者差错的，被询问人可以提出补充或者更正。被询问人确认笔录无误后，应当签名或者盖章，询问的人民警察也应当在笔录上签名。

被询问人要求就被询问事项自行提供书面材料的，应当准许；必要时，人民警察也可以要求被询问人自行书写。

询问不满十六周岁的违反治安管理行为人，应当通知其父母或者其他监护人到场。

第八十五条 人民警察询问被侵害人或者其他证人，可以到其所在单位或者住处进行；必要时，也可以通知其到公安机关提供证言。

人民警察在公安机关以外询问被侵害人或者其他证人，应当出示工作证件。

询问被侵害人或者其他证人，同时适用本法第八十四条的规定。

第八十六条 询问聋哑的违反治安管理行为人、被侵害人或者其他证人，应当有通晓手语的人提供帮助，并在笔录上注明。

询问不通晓当地通用的语言文字的违反治安管理行为人、被侵害人或者其他证人，应当配备翻译人员，并在笔录上注明。

第八十七条 公安机关对与违反治安管理行为有关的场所、物品、人身可以进行检查。检查时，人民警察不得少于二人，并应当出示工作证件和县级以上人民政府公安机关开具的检查证明文件。对确有必要立即进行检查的，人民警察经出示工作证件，可以当场检查，但检查公民住所应当出示县级以上人民政府公安机关开具的检查证明文件。

检查妇女的身体，应当由女性工作人员进行。

第八十八条 检查的情况应当制作检查笔录，由检查人、被检查人和见证人签名或者盖章；被检查人拒绝签名的，人民警察应当在笔录上注明。

第八十九条 公安机关办理治安案件，对与案件有关的需要作为证据的物品，可以扣押；对被侵害人或者善意第三人合法占有的财产，不得扣押，应当予以登记。对与案件无关的物品，不得扣押。

对扣押的物品，应当会同在场见证人和被扣押物品持有人查点清楚，当场开列清单一式二份，由调查人员、见证人和持有人签名或者盖章，一份交给持有人，另一份附卷备查。

对扣押的物品，应当妥善保管，不得挪作他用；对不宜长期保存的物品，按照有关规定处理。经查明与案件无关的，应当及时退还；经核实属于他人合法财产的，应当登记后立即退还；满六个月无人对该财产主张权利或者无法查清权利人的，应当公开拍卖或者按照国家有关规定处理，所得款项上缴国库。

第九十条 为了查明案情，需要解决案件中有争议的专门性问题的，应当指派或者聘请具有专门知识的人员进行鉴定；鉴定人鉴定后，应当写出鉴定意见，并且签名。

第二节 决 定

第九十一条 治安管理处罚由县级以上人民政府公安机关决定；其中警告、五百元以下的罚款可以由公安派出所决定。

第九十二条 对决定给予行政拘留处罚的人，在处罚前已经采取强制措施限制人身自由的时间，应当折抵。限制人身自由一日，折抵行政拘留一日。

第九十三条 公安机关查处治安案件，对没有本人陈述，但其他证据能够证明案件事实的，可以作出治安管理处罚决定。但是，只有本人陈述，没有其他证据证明的，不能作出治安管理处罚决定。

第九十四条 公安机关作出治安管理处罚决定前，应当告知违反治安管理行为人作出治安管理处罚的事实、理由及依据，并告知违反治安管理行为人依法享有的权利。

违反治安管理行为人有权陈述和申辩。公安机关必须充分听取违反治安管理行为人的意见，对违反治安管理行为人提出的事实、理由和证据，应当进行复核；违反治安管理行为人提出的事实、理由或者证据成立的，公安机关应当采纳。

公安机关不得因违反治安管理行为人的陈述、申辩而加重处罚。

第九十五条 治安案件调查结束后，公安机关应当根据不同情况，分别作出以下处理：

（一）确有依法应当给予治安管理处罚的违法行为的，根据情节轻重及具体情况，作出处罚决定；

（二）依法不予处罚的，或者违法事实不能成立的，作出不予处罚决定；

（三）违法行为已涉嫌犯罪的，移送主管机关依法追究刑事责任；

（四）发现违反治安管理行为人有其他违法行为的，在对违反治安管理行为作出处罚决定的同时，通知有关行政主管部门处理。

第九十六条 公安机关作出治安管理处罚决定的，应当制作治安管理处罚决定书。决定书应当载明下列内容：

（一）被处罚人的姓名、性别、年龄、身份证件的名称和号码、住址；

（二）违法事实和证据；

（三）处罚的种类和依据；

（四）处罚的执行方式和期限；

（五）对处罚决定不服，申请行政复议、提起行政诉讼的途径和期限；

（六）作出处罚决定的公安机关的名称和作出决定的日期。

决定书应当由作出处罚决定的公安机关加盖印章。

第九十七条 公安机关应当向被处罚人宣告治安管理处罚决定书，并当场交付被处罚人；无法当场向被处罚人宣告的，应当在二日内送达被处罚人。决定给予行政拘留处罚的，应当及时通知被处罚人的家属。

有被侵害人的，公安机关应当将决定书副本抄送被侵害人。

第九十八条 公安机关作出吊销许可证以及处二千元以上罚款的治安管理处罚决定前，应当告知违反治安管理行为人有权要求举行听证；违反治安管理行为人要求听证的，公安机关应当及时依法举行听证。

第九十九条 公安机关办理治安案件的期限，自受理之日起不得超过三十日；案情重大、复杂的，经上一级公安机关批准，可以延长三十日。

为了查明案情进行鉴定的期间，不计入办理治安案件的期限。

第一百条 违反治安管理行为事实清楚，证据确凿，处警告或者二百元以下罚款的，可以当场作出治安管理处罚决定。

第一百零一条 当场作出治安管理处罚决定的，人民警察应当向违反治安管理行为人出示工作证件，并填写处罚决定书。处罚决定书应当当场交付被处罚人；有被侵害人的，并将决定书副本抄送被侵害人。

前款规定的处罚决定书，应当载明被处罚人的姓名、违法行为、处罚依据、罚款数额、时间、地点以及公安机关名称，并由经办的人民警察签名或者盖章。

当场作出治安管理处罚决定的，经办的人民警察应当在二十四小时内报所属公安机关备案。

第一百零二条 被处罚人对治安管理处罚决定不服的，可以依法申请行政复议或者提起行政诉讼。

第三节 执 行

第一百零三条 对被决定给予行政拘留处罚的人，由作出决定的公安机关送达拘留所执行。

第一百零四条 受到罚款处罚的人应当自收到处罚决定书之日起十五日内，到指定的银行缴纳罚款。但是，有下列情形之一的，人民警察可以当场收缴罚款：

（一）被处五十元以下罚款，被处罚人对罚款无异议的；

（二）在边远、水上、交通不便地区，公安机关及其人民警察依照本法的规定作出罚款决定后，被处罚人向指定的银行缴纳罚款确有困难，经被处罚人提出的；

（三）被处罚人在当地没有固定住所，不当场收缴事后难以执行的。

第一百零五条 人民警察当场收缴的罚款，应当自收缴罚款之日起二日内，交至所属的公安机关；在水上、旅客列车上当场收缴的罚款，应当自抵岸或者到站之日起二日内，交至所属的公安机关；公安机关应当自收到罚款之日起二日内将罚款缴付指定的银行。

第一百零六条 人民警察当场收缴罚款的，应当向被处罚人出具省、自治区、直辖市人民政府财政部门统一制发的罚款收据；不出具统一制发的罚款收据的，被处罚人有权拒绝缴纳罚款。

第一百零七条 被处罚人不服行政拘留处罚决定，申请行政复议、提起行政诉讼的，可以向公安机关提出暂缓执行行政拘留的申请。公安机关认为暂缓执行行政拘留不致发生社会危险的，由被处罚人或者其近亲属提出符合本法第一百零八条规定条件的担保人，或者按每日行政拘留二百元的标准交纳保证金，行政拘留的处罚决定暂缓执行。

第一百零八条 担保人应当符合下列条件：

（一）与本案无牵连；

（二）享有政治权利，人身自由未受到限制；

（三）在当地有常住户口和固定住所；

（四）有能力履行担保义务。

第一百零九条 担保人应当保证被担保人不逃避行政拘留处罚的执行。

担保人不履行担保义务，致使被担保人逃避行政拘留处罚的执行的，由公安机关对其处三千元以下罚款。

第一百一十条 被决定给予行政拘留处罚的人交纳保证金，暂缓行政拘留后，逃避行政拘留处罚的执行的，保证金予以没收并上缴国库，已经作出的行政拘留决定仍应执行。

第一百一十一条 行政拘留的处罚决定被撤销，或者行政拘留处罚开始执行的，公安机关收取的保证金应当及时退还交纳人。

第五章 执法监督

第一百一十二条 公安机关及其人民警察应当依法、公正、严格、高效办理治安案件，文明执法，不得徇私舞弊。

第一百一十三条 公安机关及其人民警察办理治安案件，禁止对违反治安管理行为人打骂、虐待或者侮辱。

第一百一十四条 公安机关及其人民警察办理治安案件，应当自觉接受社会和公民的监督。

公安机关及其人民警察办理治安案件，不严格执法或者有违法违纪行为的，任何单位和个人都有权向公安机关或者人民检察院、行政监察机关检举、控告；收到检举、控告的机关，应当依据职责及时处理。

第一百一十五条 公安机关依法实施罚款处罚，应当依照有关法律、行政法规的规定，实行罚款决定与罚款收缴分离；收缴的罚款应当全部上缴国库。

第一百一十六条 人民警察办理治安案件，有下列行为之一的，依法给予行政处分；构成犯罪的，依法追究刑事责任：

（一）刑讯逼供、体罚、虐待、侮辱他人的；

（二）超过询问查证的时间限制人身自由的；

（三）不执行罚款决定与罚款收缴分离制度或者不按规定将罚没的财物上缴国库或者依法处理的；

（四）私分、侵占、挪用、故意损毁收缴、扣押的财物的；

（五）违反规定使用或者不及时返还被侵害人财物的；

（六）违反规定不及时退还保证金的；

（七）利用职务上的便利收受他人财物或者谋取其他利益的；

（八）当场收缴罚款不出具罚款收据或者不如实填写罚款数额的；

（九）接到要求制止违反治安管理行为的报警后，不及时出警的；

（十）在查处违反治安管理活动时，为违法犯罪行为人通风报信的；

（十一）有徇私舞弊、滥用职权，不依法履行法定职责的其他情形的。

办理治安案件的公安机关有前款所列行为的，对直接负责的主管人员和其他直接责任人员给予相应的行政处分。

第一百一十七条 公安机关及其人民警察

违法行使职权，侵犯公民、法人和其他组织合法权益的，应当赔礼道歉；造成损害的，应当依法承担赔偿责任。

第六章　附　则

第一百一十八条　本法所称以上、以下、以内，包括本数。

第一百一十九条　本法自2006年3月1日起施行。1986年9月5日公布、1994年5月12日修订公布的《中华人民共和国治安管理处罚条例》同时废止。

中华人民共和国行政诉讼法

（1989年4月4日第七届全国人民代表大会第二次会议通过　根据2014年11月1日第十二届全国人民代表大会常务委员会第十一次会议《关于修改〈中华人民共和国行政诉讼法〉的决定》第一次修正　根据2017年6月27日第十二届全国人民代表大会常务委员会第二十八次会议《关于修改〈中华人民共和国民事诉讼法〉和〈中华人民共和国行政诉讼法〉的决定》第二次修正）

目　录

第一章　总　则
第二章　受案范围
第三章　管　辖
第四章　诉讼参加人
第五章　证　据
第六章　起诉和受理
第七章　审理和判决
　第一节　一般规定
　第二节　第一审普通程序
　第三节　简易程序
　第四节　第二审程序
　第五节　审判监督程序
第八章　执　行
第九章　涉外行政诉讼
第十章　附　则

第一章　总　则

第一条　为保证人民法院公正、及时审理行政案件，解决行政争议，保护公民、法人和其他组织的合法权益，监督行政机关依法行使职权，根据宪法，制定本法。

第二条　公民、法人或者其他组织认为行政机关和行政机关工作人员的行政行为侵犯其合法权益，有权依照本法向人民法院提起诉讼。

前款所称行政行为，包括法律、法规、规章授权的组织作出的行政行为。

第三条　人民法院应当保障公民、法人和其他组织的起诉权利，对应当受理的行政案件依法受理。

行政机关及其工作人员不得干预、阻碍人民法院受理行政案件。

被诉行政机关负责人应当出庭应诉。不能出庭的，应当委托行政机关相应的工作人员出庭。

第四条　人民法院依法对行政案件独立行使审判权，不受行政机关、社会团体和个人的干涉。

人民法院设行政审判庭，审理行政案件。

第五条　人民法院审理行政案件，以事实为根据，以法律为准绳。

第六条　人民法院审理行政案件，对行政行为是否合法进行审查。

第七条　人民法院审理行政案件，依法实行合议、回避、公开审判和两审终审制度。

第八条　当事人在行政诉讼中的法律地位平等。

第九条　各民族公民都有用本民族语言、

文字进行行政诉讼的权利。

在少数民族聚居或者多民族共同居住的地区，人民法院应当用当地民族通用的语言、文字进行审理和发布法律文书。

人民法院应当对不通晓当地民族通用的语言、文字的诉讼参与人提供翻译。

第十条 当事人在行政诉讼中有权进行辩论。

第十一条 人民检察院有权对行政诉讼实行法律监督。

第二章 受案范围

第十二条 人民法院受理公民、法人或者其他组织提起的下列诉讼：

（一）对行政拘留、暂扣或者吊销许可证和执照、责令停产停业、没收违法所得、没收非法财物、罚款、警告等行政处罚不服的；

（二）对限制人身自由或者对财产的查封、扣押、冻结等行政强制措施和行政强制执行不服的；

（三）申请行政许可，行政机关拒绝或者在法定期限内不予答复，或者对行政机关作出的有关行政许可的其他决定不服的；

（四）对行政机关作出的关于确认土地、矿藏、水流、森林、山岭、草原、荒地、滩涂、海域等自然资源的所有权或者使用权的决定不服的；

（五）对征收、征用决定及其补偿决定不服的；

（六）申请行政机关履行保护人身权、财产权等合法权益的法定职责，行政机关拒绝履行或者不予答复的；

（七）认为行政机关侵犯其经营自主权或者农村土地承包经营权、农村土地经营权的；

（八）认为行政机关滥用行政权力排除或者限制竞争的；

（九）认为行政机关违法集资、摊派费用或者违法要求履行其他义务的；

（十）认为行政机关没有依法支付抚恤金、最低生活保障待遇或者社会保险待遇的；

（十一）认为行政机关不依法履行、未按照约定履行或者违法变更、解除政府特许经营协议、土地房屋征收补偿协议等协议的；

（十二）认为行政机关侵犯其他人身权、财产权等合法权益的。

除前款规定外，人民法院受理法律、法规规定可以提起诉讼的其他行政案件。

第十三条 人民法院不受理公民、法人或者其他组织对下列事项提起的诉讼：

（一）国防、外交等国家行为；

（二）行政法规、规章或者行政机关制定、发布的具有普遍约束力的决定、命令；

（三）行政机关对行政机关工作人员的奖惩、任免等决定；

（四）法律规定由行政机关最终裁决的行政行为。

第三章 管 辖

第十四条 基层人民法院管辖第一审行政案件。

第十五条 中级人民法院管辖下列第一审行政案件：

（一）对国务院部门或者县级以上地方人民政府所作的行政行为提起诉讼的案件；

（二）海关处理的案件；

（三）本辖区内重大、复杂的案件；

（四）其他法律规定由中级人民法院管辖的案件。

第十六条 高级人民法院管辖本辖区内重大、复杂的第一审行政案件。

第十七条 最高人民法院管辖全国范围内重大、复杂的第一审行政案件。

第十八条 行政案件由最初作出行政行为的行政机关所在地人民法院管辖。经复议的案件，也可以由复议机关所在地人民法院管辖。

经最高人民法院批准，高级人民法院可以根据审判工作的实际情况，确定若干人民法院跨行政区域管辖行政案件。

第十九条 对限制人身自由的行政强制措施不服提起的诉讼，由被告所在地或者原告所在地人民法院管辖。

第二十条 因不动产提起的行政诉讼，由不动产所在地人民法院管辖。

第二十一条 两个以上人民法院都有管辖权的案件，原告可以选择其中一个人民法院提起诉讼。原告向两个以上有管辖权的人民法院提起诉讼的，由最先立案的人民法院管辖。

第二十二条 人民法院发现受理的案件不属于本院管辖的，应当移送有管辖权的人民法院，受移送的人民法院应当受理。受移送的人民法院认为受移送的案件按照规定不属于本院管辖的，应当报请上级人民法院指定管辖，不得再自行移送。

第二十三条 有管辖权的人民法院由于特殊原因不能行使管辖权的，由上级人民法院指定管辖。

人民法院对管辖权发生争议，由争议双方协商解决。协商不成的，报它们的共同上级人民法院指定管辖。

第二十四条 上级人民法院有权审理下级人民法院管辖的第一审行政案件。

下级人民法院对其管辖的第一审行政案件，认为需要由上级人民法院审理或者指定管辖的，可以报请上级人民法院决定。

第四章 诉讼参加人

第二十五条 行政行为的相对人以及其他与行政行为有利害关系的公民、法人或者其他组织，有权提起诉讼。

有权提起诉讼的公民死亡，其近亲属可以提起诉讼。

有权提起诉讼的法人或者其他组织终止，承受其权利的法人或者其他组织可以提起诉讼。

人民检察院在履行职责中发现生态环境和资源保护、食品药品安全、国有财产保护、国有土地使用权出让等领域负有监督管理职责的行政机关违法行使职权或者不作为，致使国家利益或者社会公共利益受到侵害的，应当向行政机关提出检察建议，督促其依法履行职责。行政机关不依法履行职责的，人民检察院依法向人民法院提起诉讼。

第二十六条 公民、法人或者其他组织直接向人民法院提起诉讼的，作出行政行为的行政机关是被告。

经复议的案件，复议机关决定维持原行政行为的，作出原行政行为的行政机关和复议机关是共同被告；复议机关改变原行政行为的，复议机关是被告。

复议机关在法定期限内未作出复议决定，公民、法人或者其他组织起诉原行政行为的，作出原行政行为的行政机关是被告；起诉复议机关不作为的，复议机关是被告。

两个以上行政机关作出同一行政行为的，共同作出行政行为的行政机关是共同被告。

行政机关委托的组织所作的行政行为，委托的行政机关是被告。

行政机关被撤销或者职权变更的，继续行使其职权的行政机关是被告。

第二十七条 当事人一方或者双方为二人以上，因同一行政行为发生的行政案件，或者因同类行政行为发生的行政案件、人民法院认为可以合并审理并经当事人同意的，为共同诉讼。

第二十八条 当事人一方人数众多的共同诉讼，可以由当事人推选代表人进行诉讼。代表人的诉讼行为对其所代表的当事人发生效力，但代表人变更、放弃诉讼请求或者承认对方当事人的诉讼请求，应当经被代表的当事人同意。

第二十九条 公民、法人或者其他组织同被诉行政行为有利害关系但没有提起诉讼，或者同案件处理结果有利害关系的，可以作为第三人申请参加诉讼，或者由人民法院通知参加诉讼。

人民法院判决第三人承担义务或者减损第三人权益的，第三人有权依法提起上诉。

第三十条 没有诉讼行为能力的公民，由其法定代理人代为诉讼。法定代理人互相推诿代理责任的，由人民法院指定其中一人代为诉讼。

第三十一条 当事人、法定代理人，可以委托一至二人作为诉讼代理人。

下列人员可以被委托为诉讼代理人：

（一）律师、基层法律服务工作者；

（二）当事人的近亲属或者工作人员；

（三）当事人所在社区、单位以及有关社会团体推荐的公民。

第三十二条 代理诉讼的律师，有权按照规定查阅、复制本案有关材料，有权向有关组织和公民调查，收集与本案有关的证据。对涉及国家秘密、商业秘密和个人隐私的材料，应当依照法律规定保密。

当事人和其他诉讼代理人有权按照规定查阅、复制本案庭审材料，但涉及国家秘密、商业秘密和个人隐私的内容除外。

第五章 证　据

第三十三条 证据包括：

（一）书证；

（二）物证；

（三）视听资料；

（四）电子数据；

（五）证人证言；

（六）当事人的陈述；

（七）鉴定意见；

（八）勘验笔录、现场笔录。

以上证据经法庭审查属实，才能作为认定案件事实的根据。

第三十四条 被告对作出的行政行为负有举证责任，应当提供作出该行政行为的证据和所依据的规范性文件。

被告不提供或者无正当理由逾期提供证据，视为没有相应证据。但是，被诉行政行为涉及第三人合法权益，第三人提供证据的除外。

第三十五条 在诉讼过程中，被告及其诉讼代理人不得自行向原告、第三人和证人收集证据。

第三十六条 被告在作出行政行为时已经收集了证据，但因不可抗力等正当事由不能提供的，经人民法院准许，可以延期提供。

原告或者第三人提出了其在行政处理程序中没有提出的理由或者证据的，经人民法院准许，被告可以补充证据。

第三十七条 原告可以提供证明行政行为违法的证据。原告提供的证据不成立的，不免除被告的举证责任。

第三十八条 在起诉被告不履行法定职责的案件中，原告应当提供其向被告提出申请的证据。但有下列情形之一的除外：

（一）被告应当依职权主动履行法定职责的；

（二）原告因正当理由不能提供证据的。

在行政赔偿、补偿的案件中，原告应当对行政行为造成的损害提供证据。因被告的原因导致原告无法举证的，由被告承担举证责任。

第三十九条 人民法院有权要求当事人提供或者补充证据。

第四十条 人民法院有权向有关行政机关以及其他组织、公民调取证据。但是，不得为证明行政行为的合法性调取被告作出行政行为时未收集的证据。

第四十一条 与本案有关的下列证据，原告或者第三人不能自行收集的，可以申请人民法院调取：

（一）由国家机关保存而须由人民法院调取的证据；

（二）涉及国家秘密、商业秘密和个人隐私的证据；

（三）确因客观原因不能自行收集的其他证据。

第四十二条 在证据可能灭失或者以后难以取得的情况下，诉讼参加人可以向人民法院申请保全证据，人民法院也可以主动采取保全措施。

第四十三条 证据应当在法庭上出示，并由当事人互相质证。对涉及国家秘密、商业秘密和个人隐私的证据，不得在公开开庭时出示。

人民法院应当按照法定程序，全面、客观地审查核实证据。对未采纳的证据应当在裁判文书中说明理由。

以非法手段取得的证据，不得作为认定案件事实的根据。

第六章 起诉和受理

第四十四条 对属于人民法院受案范围的行政案件，公民、法人或者其他组织可以先向行政机关申请复议，对复议决定不服的，再向人民法院提起诉讼；也可以直接向人民法院提起诉讼。

法律、法规规定应当先向行政机关申请复议，对复议决定不服再向人民法院提起诉讼的，依照法律、法规的规定。

第四十五条 公民、法人或者其他组织不服复议决定的，可以在收到复议决定书之日起十五日内向人民法院提起诉讼。复议机关逾期不作决定的，申请人可以在复议期满之日起十五日内向人民法院提起诉讼。法律另有规定的除外。

第四十六条 公民、法人或者其他组织直接向人民法院提起诉讼的，应当自知道或者应当知道作出行政行为之日起六个月内提出。法律另有规定的除外。

因不动产提起诉讼的案件自行政行为作出之日起超过二十年，其他案件自行政行为作出之日起超过五年提起诉讼的，人民法院不予受理。

第四十七条 公民、法人或者其他组织申请行政机关履行保护其人身权、财产权等合法权益的法定职责，行政机关在接到申请之日起两个月内不履行的，公民、法人或者其他组织可以向人民法院提起诉讼。法律、法规对行政机关履行职责的期限另有规定的，从其规定。

公民、法人或者其他组织在紧急情况下请求行政机关履行保护其人身权、财产权等合法权益的法定职责，行政机关不履行的，提起诉讼不受前款规定期限的限制。

第四十八条 公民、法人或者其他组织因不可抗力或者其他不属于其自身的原因耽误起诉期限的，被耽误的时间不计算在起诉期限内。

公民、法人或者其他组织因前款规定以外的其他特殊情况耽误起诉期限的，在障碍消除后十日内，可以申请延长期限，是否准许由人民法院决定。

第四十九条 提起诉讼应当符合下列条件：

（一）原告是符合本法第二十五条规定的公民、法人或者其他组织；

（二）有明确的被告；

（三）有具体的诉讼请求和事实根据；

（四）属于人民法院受案范围和受诉人民法院管辖。

第五十条 起诉应当向人民法院递交起诉状，并按照被告人数提出副本。

书写起诉状确有困难的，可以口头起诉，由人民法院记入笔录，出具注明日期的书面凭证，并告知对方当事人。

第五十一条 人民法院在接到起诉状时对符合本法规定的起诉条件的，应当登记立案。

对当场不能判定是否符合本法规定的起诉条件的，应当接收起诉状，出具注明收到日期的书面凭证，并在七日内决定是否立案。不符合起诉条件的，作出不予立案的裁定。裁定书应当载明不予立案的理由。原告对裁定不服的，可以提起上诉。

起诉状内容欠缺或者有其他错误的，应当给予指导和释明，并一次性告知当事人需要补正的内容。不得未经指导和释明即以起诉不符合条件为由不接收起诉状。

对于不接收起诉状、接收起诉状后不出具书面凭证，以及不一次性告知当事人需要补正的起诉状内容的，当事人可以向上级人民法院投诉，上级人民法院应当责令改正，并对直接负责的主管人员和其他直接责任人员依法给予处分。

第五十二条 人民法院既不立案，又不作出不予立案裁定的，当事人可以向上一级人民法院起诉。上一级人民法院认为符合起诉条件的，应当立案、审理，也可以指定其他下级人民法院立案、审理。

第五十三条 公民、法人或者其他组织认为行政行为所依据的国务院部门和地方人民政府及其部门制定的规范性文件不合法，在对行政行为提起诉讼时，可以一并请求对该规范性文件进行审查。

前款规定的规范性文件不含规章。

第七章 审理和判决

第一节 一般规定

第五十四条 人民法院公开审理行政案件，但涉及国家秘密、个人隐私和法律另有规定的除外。

涉及商业秘密的案件，当事人申请不公开审理的，可以不公开审理。

第五十五条 当事人认为审判人员与本案有利害关系或者有其他关系可能影响公正审判，有权申请审判人员回避。

审判人员认为自己与本案有利害关系或者有其他关系，应当申请回避。

前两款规定，适用于书记员、翻译人员、鉴定人、勘验人。

院长担任审判长时的回避，由审判委员会决定；审判人员的回避，由院长决定；其他人员的回避，由审判长决定。当事人对决定不服的，可以申请复议一次。

第五十六条 诉讼期间，不停止行政行为的执行。但有下列情形之一的，裁定停止执行：

（一）被告认为需要停止执行的；

（二）原告或者利害关系人申请停止执行，人民法院认为该行政行为的执行会造成难以弥补的损失，并且停止执行不损害国家利益、社会公共利益的；

（三）人民法院认为该行政行为的执行会给国家利益、社会公共利益造成重大损害的；

（四）法律、法规规定停止执行的。

当事人对停止执行或者不停止执行的裁定

不服的，可以申请复议一次。

第五十七条 人民法院对起诉行政机关没有依法支付抚恤金、最低生活保障金和工伤、医疗社会保险金的案件，权利义务关系明确、不先予执行将严重影响原告生活的，可以根据原告的申请，裁定先予执行。

当事人对先予执行裁定不服的，可以申请复议一次。复议期间不停止裁定的执行。

第五十八条 经人民法院传票传唤，原告无正当理由拒不到庭，或者未经法庭许可中途退庭的，可以按照撤诉处理；被告无正当理由拒不到庭，或者未经法庭许可中途退庭的，可以缺席判决。

第五十九条 诉讼参与人或者其他人有下列行为之一的，人民法院可以根据情节轻重，予以训诫、责令具结悔过或者处一万元以下的罚款、十五日以下的拘留；构成犯罪的，依法追究刑事责任：

（一）有义务协助调查、执行的人，对人民法院的协助调查决定、协助执行通知书，无故推拖、拒绝或者妨碍调查、执行的；

（二）伪造、隐藏、毁灭证据或者提供虚假证明材料，妨碍人民法院审理案件的；

（三）指使、贿买、胁迫他人作伪证或者威胁、阻止证人作证的；

（四）隐藏、转移、变卖、毁损已被查封、扣押、冻结的财产的；

（五）以欺骗、胁迫等非法手段使原告撤诉的；

（六）以暴力、威胁或者其他方法阻碍人民法院工作人员执行职务，或者以哄闹、冲击法庭等方法扰乱人民法院工作秩序的；

（七）对人民法院审判人员或者其他工作人员、诉讼参与人、协助调查和执行的人员恐吓、侮辱、诽谤、诬陷、殴打、围攻或者打击报复的。

人民法院对有前款规定的行为之一的单位，可以对其主要负责人或者直接责任人员依照前款规定予以罚款、拘留；构成犯罪的，依法追究刑事责任。

罚款、拘留须经人民法院院长批准。当事人不服的，可以向上一级人民法院申请复议一次。复议期间不停止执行。

第六十条 人民法院审理行政案件，不适用调解。但是，行政赔偿、补偿以及行政机关行使法律、法规规定的自由裁量权的案件可以调解。

调解应当遵循自愿、合法原则，不得损害国家利益、社会公共利益和他人合法权益。

第六十一条 在涉及行政许可、登记、征收、征用和行政机关对民事争议所作的裁决的行政诉讼中，当事人申请一并解决相关民事争议的，人民法院可以一并审理。

在行政诉讼中，人民法院认为行政案件的审理需以民事诉讼的裁判为依据的，可以裁定中止行政诉讼。

第六十二条 人民法院对行政案件宣告判决或者裁定前，原告申请撤诉的，或者被告改变其所作的行政行为，原告同意并申请撤诉的，是否准许，由人民法院裁定。

第六十三条 人民法院审理行政案件，以法律和行政法规、地方性法规为依据。地方性法规适用于本行政区域内发生的行政案件。

人民法院审理民族自治地方的行政案件，并以该民族自治地方的自治条例和单行条例为依据。

人民法院审理行政案件，参照规章。

第六十四条 人民法院在审理行政案件中，经审查认为本法第五十三条规定的规范性文件不合法的，不作为认定行政行为合法的依据，并向制定机关提出处理建议。

第六十五条 人民法院应当公开发生法律效力的判决书、裁定书，供公众查阅，但涉及国家秘密、商业秘密和个人隐私的内容除外。

第六十六条 人民法院在审理行政案件中，认为行政机关的主管人员、直接责任人员违法违纪的，应当将有关材料移送监察机关、该行政机关或者其上一级行政机关；认为有犯罪行为的，应当将有关材料移送公安、检察机关。

人民法院对被告经传票传唤无正当理由拒不到庭，或者未经法庭许可中途退庭的，可以将被告拒不到庭或者中途退庭的情况予以公告，并可以向监察机关或者被告的上一级行政机关提出依法给予其主要负责人或者直接责任人员处分的司法建议。

第二节 第一审普通程序

第六十七条 人民法院应当在立案之日起五日内，将起诉状副本发送被告。被告应当在收到起诉状副本之日起十五日内向人民法院提交作出行政行为的证据和所依据的规范性文件，并提出答辩状。人民法院应当在收到答辩状之日起五日内，将答辩状副本发送原告。

被告不提出答辩状的，不影响人民法院审理。

第六十八条 人民法院审理行政案件，由审判员组成合议庭，或者由审判员、陪审员组成合议庭。合议庭的成员，应当是三人以上的单数。

第六十九条 行政行为证据确凿，适用法律、法规正确，符合法定程序的，或者原告申请被告履行法定职责或者给付义务理由不成立的，人民法院判决驳回原告的诉讼请求。

第七十条 行政行为有下列情形之一的，人民法院判决撤销或者部分撤销，并可以判决被告重新作出行政行为：

（一）主要证据不足的；

（二）适用法律、法规错误的；

（三）违反法定程序的；

（四）超越职权的；

（五）滥用职权的；

（六）明显不当的。

第七十一条 人民法院判决被告重新作出行政行为的，被告不得以同一的事实和理由作出与原行政行为基本相同的行政行为。

第七十二条 人民法院经过审理，查明被告不履行法定职责的，判决被告在一定期限内履行。

第七十三条 人民法院经过审理，查明被告依法负有给付义务的，判决被告履行给付义务。

第七十四条 行政行为有下列情形之一的，人民法院判决确认违法，但不撤销行政行为：

（一）行政行为依法应当撤销，但撤销会给国家利益、社会公共利益造成重大损害的；

（二）行政行为程序轻微违法，但对原告权利不产生实际影响的。

行政行为有下列情形之一，不需要撤销或者判决履行的，人民法院判决确认违法：

（一）行政行为违法，但不具有可撤销内容的；

（二）被告改变原违法行政行为，原告仍要求确认原行政行为违法的；

（三）被告不履行或者拖延履行法定职责，判决履行没有意义的。

第七十五条 行政行为有实施主体不具有行政主体资格或者没有依据等重大且明显违法情形，原告申请确认行政行为无效的，人民法院判决确认无效。

第七十六条 人民法院判决确认违法或者无效的，可以同时判决责令被告采取补救措施；给原告造成损失的，依法判决被告承担赔偿责任。

第七十七条 行政处罚明显不当，或者其他行政行为涉及对款额的确定、认定确有错误的，人民法院可以判决变更。

人民法院判决变更，不得加重原告的义务或者减损原告的权益。但利害关系人同为原告，且诉讼请求相反的除外。

第七十八条 被告不依法履行、未按照约定履行或者违法变更、解除本法第十二条第一款第十一项规定的协议的，人民法院判决被告承担继续履行、采取补救措施或者赔偿损失等责任。

被告变更、解除本法第十二条第一款第十一项规定的协议合法，但未依法给予补偿的，人民法院判决给予补偿。

第七十九条 复议机关与作出原行政行为的行政机关为共同被告的案件，人民法院应当对复议决定和原行政行为一并作出裁判。

第八十条 人民法院对公开审理和不公开审理的案件，一律公开宣告判决。

当庭宣判的，应当在十日内发送判决书；定期宣判的，宣判后立即发给判决书。

宣告判决时，必须告知当事人上诉权利、上诉期限和上诉的人民法院。

第八十一条 人民法院应当在立案之日起六个月内作出第一审判决。有特殊情况需要延长的，由高级人民法院批准，高级人民法院审理第一审案件需要延长的，由最高人民法院批准。

第三节　简易程序

第八十二条 人民法院审理下列第一审行政案件，认为事实清楚、权利义务关系明确、争议不大的，可以适用简易程序：

（一）被诉行政行为是依法当场作出的；

（二）案件涉及款额二千元以下的；

（三）属于政府信息公开案件的。

除前款规定以外的第一审行政案件，当事

人各方同意适用简易程序的，可以适用简易程序。

发回重审、按照审判监督程序再审的案件不适用简易程序。

第八十三条 适用简易程序审理的行政案件，由审判员一人独任审理，并应当在立案之日起四十五日内审结。

第八十四条 人民法院在审理过程中，发现案件不宜适用简易程序的，裁定转为普通程序。

第四节 第二审程序

第八十五条 当事人不服人民法院第一审判决的，有权在判决书送达之日起十五日内向上一级人民法院提起上诉。当事人不服人民法院第一审裁定的，有权在裁定书送达之日起十日内向上一级人民法院提起上诉。逾期不提起上诉的，人民法院的第一审判决或者裁定发生法律效力。

第八十六条 人民法院对上诉案件，应当组成合议庭，开庭审理。经过阅卷、调查和询问当事人，对没有提出新的事实、证据或者理由，合议庭认为不需要开庭审理的，也可以不开庭审理。

第八十七条 人民法院审理上诉案件，应当对原审人民法院的判决、裁定和被诉行政行为进行全面审查。

第八十八条 人民法院审理上诉案件，应当在收到上诉状之日起三个月内作出终审判决。有特殊情况需要延长的，由高级人民法院批准，高级人民法院审理上诉案件需要延长的，由最高人民法院批准。

第八十九条 人民法院审理上诉案件，按照下列情形，分别处理：

（一）原判决、裁定认定事实清楚，适用法律、法规正确的，判决或者裁定驳回上诉，维持原判决、裁定；

（二）原判决、裁定认定事实错误或者适用法律、法规错误的，依法改判、撤销或者变更；

（三）原判决认定基本事实不清、证据不足的，发回原审人民法院重审，或者查清事实后改判；

（四）原判决遗漏当事人或者违法缺席判决等严重违反法定程序的，裁定撤销原判决，发回原审人民法院重审。

原审人民法院对发回重审的案件作出判决后，当事人提起上诉的，第二审人民法院不得再次发回重审。

人民法院审理上诉案件，需要改变原审判决的，应当同时对被诉行政行为作出判决。

第五节 审判监督程序

第九十条 当事人对已经发生法律效力的判决、裁定，认为确有错误的，可以向上一级人民法院申请再审，但判决、裁定不停止执行。

第九十一条 当事人的申请符合下列情形之一的，人民法院应当再审：

（一）不予立案或者驳回起诉确有错误的；

（二）有新的证据，足以推翻原判决、裁定的；

（三）原判决、裁定认定事实的主要证据不足、未经质证或者系伪造的；

（四）原判决、裁定适用法律、法规确有错误的；

（五）违反法律规定的诉讼程序，可能影响公正审判的；

（六）原判决、裁定遗漏诉讼请求的；

（七）据以作出原判决、裁定的法律文书被撤销或者变更的；

（八）审判人员在审理该案件时有贪污受贿、徇私舞弊、枉法裁判行为的。

第九十二条 各级人民法院院长对本院已经发生法律效力的判决、裁定，发现有本法第九十一条规定情形之一，或者发现调解违反自愿原则或者调解书内容违法，认为需要再审的，应当提交审判委员会讨论决定。

最高人民法院对地方各级人民法院已经发生法律效力的判决、裁定，上级人民法院对下级人民法院已经发生法律效力的判决、裁定，发现有本法第九十一条规定情形之一，或者发现调解违反自愿原则或者调解书内容违法的，有权提审或者指令下级人民法院再审。

第九十三条 最高人民检察院对各级人民法院已经发生法律效力的判决、裁定，上级人民检察院对下级人民法院已经发生法律效力的判决、裁定，发现有本法第九十一条规定情形之一，或者发现调解书损害国家利益、社会公共利益的，应当提出抗诉。

地方各级人民检察院对同级人民法院已经

发生法律效力的判决、裁定，发现有本法第九十一条规定情形之一，或者发现调解书损害国家利益、社会公共利益的，可以向同级人民法院提出检察建议，并报上级人民检察院备案；也可以提请上级人民检察院向同级人民法院提出抗诉。

各级人民检察院对审判监督程序以外的其他审判程序中审判人员的违法行为，有权向同级人民法院提出检察建议。

第八章　执　行

第九十四条　当事人必须履行人民法院发生法律效力的判决、裁定、调解书。

第九十五条　公民、法人或者其他组织拒绝履行判决、裁定、调解书的，行政机关或者第三人可以向第一审人民法院申请强制执行，或者由行政机关依法强制执行。

第九十六条　行政机关拒绝履行判决、裁定、调解书的，第一审人民法院可以采取下列措施：

（一）对应当归还的罚款或者应当给付的款额，通知银行从该行政机关的账户内划拨；

（二）在规定期限内不履行的，从期满之日起，对该行政机关负责人按日处五十元至一百元的罚款；

（三）将行政机关拒绝履行的情况予以公告；

（四）向监察机关或者该行政机关的上一级行政机关提出司法建议。接受司法建议的机关，根据有关规定进行处理，并将处理情况告知人民法院；

（五）拒不履行判决、裁定、调解书，社会影响恶劣的，可以对该行政机关直接负责的主管人员和其他直接责任人员予以拘留；情节严重，构成犯罪的，依法追究刑事责任。

第九十七条　公民、法人或者其他组织对行政行为在法定期限内不提起诉讼又不履行的，行政机关可以申请人民法院强制执行，或者依法强制执行。

第九章　涉外行政诉讼

第九十八条　外国人、无国籍人、外国组织在中华人民共和国进行行政诉讼，适用本法。法律另有规定的除外。

第九十九条　外国人、无国籍人、外国组织在中华人民共和国进行行政诉讼，同中华人民共和国公民、组织有同等的诉讼权利和义务。

外国法院对中华人民共和国公民、组织的行政诉讼权利加以限制的，人民法院对该国公民、组织的行政诉讼权利，实行对等原则。

第一百条　外国人、无国籍人、外国组织在中华人民共和国进行行政诉讼，委托律师代理诉讼的，应当委托中华人民共和国律师机构的律师。

第十章　附　则

第一百零一条　人民法院审理行政案件，关于期间、送达、财产保全、开庭审理、调解、中止诉讼、终结诉讼、简易程序、执行等，以及人民检察院对行政案件受理、审理、裁判、执行的监督，本法没有规定的，适用《中华人民共和国民事诉讼法》的相关规定。

第一百零二条　人民法院审理行政案件，应当收取诉讼费用。诉讼费用由败诉方承担，双方都有责任的由双方分担。收取诉讼费用的具体办法另行规定。

第一百零三条　本法自 1990 年 10 月 1 日起施行。

中华人民共和国公路法

（1997年7月3日第八届全国人民代表大会常务委员会第二十六次会议通过　根据1999年10月31日第九届全国人民代表大会常务委员会第十二次会议《关于修改〈中华人民共和国公路法〉的决定》第一次修正　根据2004年8月28日第十届全国人民代表大会常务委员会第十一次会议《关于修改〈中华人民共和国公路法〉的决定》第二次修正　根据2009年8月27日第十一届全国人民代表大会常务委员会第十次会议《关于修改部分法律的决定》第三次修正　根据2016年11月7日第十二届全国人民代表大会常务委员会第二十四次会议《关于修改〈中华人民共和国对外贸易法〉等十二部法律的决定》第四次修正　根据2017年11月4日第十二届全国人民代表大会常务委员会第三十次会议《关于修改〈中华人民共和国会计法〉等十一部法律的决定》第五次修正）

目　录

第一章　总　则
第二章　公路规划
第三章　公路建设
第四章　公路养护
第五章　路政管理
第六章　收费公路
第七章　监督检查
第八章　法律责任
第九章　附　则

第一章　总　则

第一条　为了加强公路的建设和管理，促进公路事业的发展，适应社会主义现代化建设和人民生活的需要，制定本法。

第二条　在中华人民共和国境内从事公路的规划、建设、养护、经营、使用和管理，适用本法。

本法所称公路，包括公路桥梁、公路隧道和公路渡口。

第三条　公路的发展应当遵循全面规划、合理布局、确保质量、保障畅通、保护环境、建设改造与养护并重的原则。

第四条　各级人民政府应当采取有力措施，扶持、促进公路建设。公路建设应当纳入国民经济和社会发展计划。

国家鼓励、引导国内外经济组织依法投资建设、经营公路。

第五条　国家帮助和扶持少数民族地区、边远地区和贫困地区发展公路建设。

第六条　公路按其在公路路网中的地位分为国道、省道、县道和乡道，并按技术等级分为高速公路、一级公路、二级公路、三级公路和四级公路。具体划分标准由国务院交通主管部门规定。

新建公路应当符合技术等级的要求。原有不符合最低技术等级要求的等外公路，应当采取措施，逐步改造为符合技术等级要求的公路。

第七条　公路受国家保护，任何单位和个人不得破坏、损坏或者非法占用公路、公路用地及公路附属设施。

任何单位和个人都有爱护公路、公路用地及公路附属设施的义务，有权检举和控告破坏、损坏公路、公路用地、公路附属设施和影响公路安全的行为。

第八条　国务院交通主管部门主管全国公路工作。

县级以上地方人民政府交通主管部门主管本行政区域内的公路工作；但是，县级以上地方人民政府交通主管部门对国道、省道的管理、监督职责，由省、自治区、直辖市人民政府确定。

乡、民族乡、镇人民政府负责本行政区域内的乡道的建设和养护工作。

县级以上地方人民政府交通主管部门可以决定由公路管理机构依照本法规定行使公路行政管理职责。

第九条 禁止任何单位和个人在公路上非法设卡、收费、罚款和拦截车辆。

第十条 国家鼓励公路工作方面的科学技术研究，对在公路科学技术研究和应用方面作出显著成绩的单位和个人给予奖励。

第十一条 本法对专用公路有规定的，适用于专用公路。

专用公路是指由企业或者其他单位建设、养护、管理，专为或者主要为本企业或者本单位提供运输服务的道路。

第二章 公路规划

第十二条 公路规划应当根据国民经济和社会发展以及国防建设的需要编制，与城市建设发展规划和其他方式的交通运输发展规划相协调。

第十三条 公路建设用地规划应当符合土地利用总体规划，当年建设用地应当纳入年度建设用地计划。

第十四条 国道规划由国务院交通主管部门会同国务院有关部门并商国道沿线省、自治区、直辖市人民政府编制，报国务院批准。

省道规划由省、自治区、直辖市人民政府交通主管部门会同同级有关部门并商省道沿线下一级人民政府编制，报省、自治区、直辖市人民政府批准，并报国务院交通主管部门备案。

县道规划由县级人民政府交通主管部门会同同级有关部门编制，经本级人民政府审定后，报上一级人民政府批准。

乡道规划由县级人民政府交通主管部门协助乡、民族乡、镇人民政府编制，报县级人民政府批准。

依照第三款、第四款规定批准的县道、乡道规划，应当报批准机关的上一级人民政府交通主管部门备案。

省道规划应当与国道规划相协调。县道规划应当与省道规划相协调。乡道规划应当与县道规划相协调。

第十五条 专用公路规划由专用公路的主管单位编制，经其上级主管部门审定后，报县级以上人民政府交通主管部门审核。

专用公路规划应当与公路规划相协调。县级以上人民政府交通主管部门发现专用公路规划与国道、省道、县道、乡道规划有不协调的地方，应当提出修改意见，专用公路主管部门和单位应当作出相应的修改。

第十六条 国道规划的局部调整由原编制机关决定。国道规划需要作重大修改的，由原编制机关提出修改方案，报国务院批准。

经批准的省道、县道、乡道公路规划需要修改的，由原编制机关提出修改方案，报原批准机关批准。

第十七条 国道的命名和编号，由国务院交通主管部门确定；省道、县道、乡道的命名和编号，由省、自治区、直辖市人民政府交通主管部门按照国务院交通主管部门的有关规定确定。

第十八条 规划和新建村镇、开发区，应当与公路保持规定的距离并避免在公路两侧对应进行，防止造成公路街道化，影响公路的运行安全与畅通。

第十九条 国家鼓励专用公路用于社会公共运输。专用公路主要用于社会公共运输时，由专用公路的主管单位申请，或者由有关方面申请，专用公路的主管单位同意，并经省、自治区、直辖市人民政府交通主管部门批准，可以改划为省道、县道或者乡道。

第三章 公路建设

第二十条 县级以上人民政府交通主管部门应当依据职责维护公路建设秩序，加强对公路建设的监督管理。

第二十一条 筹集公路建设资金，除各级人民政府的财政拨款，包括依法征税筹集的公路建设专项资金转为的财政拨款外，可以依法向国内外金融机构或者外国政府贷款。

国家鼓励国内外经济组织对公路建设进行投资。开发、经营公路的公司可以依照法律、行政法规的规定发行股票、公司债券筹集资金。

依照本法规定出让公路收费权的收入必须用于公路建设。

向企业和个人集资建设公路，必须根据需要与可能，坚持自愿原则，不得强行摊派，并符合国务院的有关规定。

公路建设资金还可以采取符合法律或者国务院规定的其他方式筹集。

第二十二条 公路建设应当按照国家规定的基本建设程序和有关规定进行。

第二十三条 公路建设项目应当按照国家有关规定实行法人负责制度、招标投标制度和工程监理制度。

第二十四条 公路建设单位应当根据公路建设工程的特点和技术要求，选择具有相应资格的勘查设计单位、施工单位和工程监理单位，并依照有关法律、法规、规章的规定和公路工程技术标准的要求，分别签订合同，明确双方的权利义务。

承担公路建设项目的可行性研究单位、勘查设计单位、施工单位和工程监理单位，必须持有国家规定的资质证书。

第二十五条 公路建设项目的施工，须按国务院交通主管部门的规定报请县级以上地方人民政府交通主管部门批准。

第二十六条 公路建设必须符合公路工程技术标准。

承担公路建设项目的设计单位、施工单位和工程监理单位，应当按照国家有关规定建立健全质量保证体系，落实岗位责任制，并依照有关法律、法规、规章以及公路工程技术标准的要求和合同约定进行设计、施工和监理，保证公路工程质量。

第二十七条 公路建设使用土地依照有关法律、行政法规的规定办理。

公路建设应当贯彻切实保护耕地、节约用地的原则。

第二十八条 公路建设需要使用国有荒山、荒地或者需要在国有荒山、荒地、河滩、滩涂上挖砂、采石、取土的，依照有关法律、行政法规的规定办理后，任何单位和个人不得阻挠或者非法收取费用。

第二十九条 地方各级人民政府对公路建设依法使用土地和搬迁居民，应当给予支持和协助。

第三十条 公路建设项目的设计和施工，应当符合依法保护环境、保护文物古迹和防止水土流失的要求。

公路规划中贯彻国防要求的公路建设项目，应当严格按照规划进行建设，以保证国防交通的需要。

第三十一条 因建设公路影响铁路、水利、电力、邮电设施和其他设施正常使用时，公路建设单位应当事先征得有关部门的同意；因公路建设对有关设施造成损坏的，公路建设单位应当按照不低于该设施原有的技术标准予以修复，或者给予相应的经济补偿。

第三十二条 改建公路时，施工单位应当在施工路段两端设置明显的施工标志、安全标志。需要车辆绕行的，应当在绕行路口设置标志；不能绕行的，必须修建临时道路，保证车辆和行人通行。

第三十三条 公路建设项目和公路修复项目竣工后，应当按照国家有关规定进行验收；未经验收或者验收不合格的，不得交付使用。

建成的公路，应当按照国务院交通主管部门的规定设置明显的标志、标线。

第三十四条 县级以上地方人民政府应当确定公路两侧边沟（截水沟、坡脚护坡道，下同）外缘起不少于一米的公路用地。

第四章 公路养护

第三十五条 公路管理机构应当按照国务院交通主管部门规定的技术规范和操作规程对公路进行养护，保证公路经常处于良好的技术状态。

第三十六条 国家采用依法征税的办法筹集公路养护资金，具体实施办法和步骤由国务院规定。

依法征税筹集的公路养护资金，必须专项用于公路的养护和改建。

第三十七条 县、乡级人民政府对公路养护需要的挖砂、采石、取土以及取水，应当给予支持和协助。

第三十八条 县、乡级人民政府应当在农村义务工的范围内，按照国家有关规定组织公路两侧的农村居民履行为公路建设和养护提供劳务的义务。

第三十九条 为保障公路养护人员的人身安全，公路养护人员进行养护作业时，应当穿着统一的安全标志服；利用车辆进行养护作业时，应当在公路作业车辆上设置明显的作业标志。

公路养护车辆进行作业时，在不影响过往车辆通行的前提下，其行驶路线和方向不受公路标志、标线限制；过往车辆对公路养护车辆和人员应当注意避让。

公路养护工程施工影响车辆、行人通行时，施工单位应当依照本法第三十二条的规定办理。

第四十条 因严重自然灾害致使国道、省道交通中断，公路管理机构应当及时修复；公路管理机构难以及时修复时，县级以上地方人民政府应当及时组织当地机关、团体、企业事业单位、城乡居民进行抢修，并可以请求当地驻军支援，尽快恢复交通。

第四十一条 公路用地范围内的山坡、荒地，由公路管理机构负责水土保持。

第四十二条 公路绿化工作，由公路管理机构按照公路工程技术标准组织实施。

公路用地上的树木，不得任意砍伐；需要更新砍伐的，应当经县级以上地方人民政府交通主管部门同意后，依照《中华人民共和国森林法》的规定办理审批手续，并完成更新补种任务。

第五章 路政管理

第四十三条 各级地方人民政府应当采取措施，加强对公路的保护。

县级以上地方人民政府交通主管部门应当认真履行职责，依法做好公路保护工作，并努力采用科学的管理方法和先进的技术手段，提高公路管理水平，逐步完善公路服务设施，保障公路的完好、安全和畅通。

第四十四条 任何单位和个人不得擅自占用、挖掘公路。

因修建铁路、机场、电站、通信设施、水利工程和进行其他建设工程需要占用、挖掘公路或者使公路改线的，建设单位应当事先征得有关交通主管部门的同意；影响交通安全的，还须征得有关公安机关的同意。占用、挖掘公路或者使公路改线的，建设单位应当按照不低于该段公路原有的技术标准予以修复、改建或者给予相应的经济补偿。

第四十五条 跨越、穿越公路修建桥梁、渡槽或者架设、埋设管线等设施的，以及在公路用地范围内架设、埋设管线、电缆等设施的，应当事先经有关交通主管部门同意，影响交通安全的，还须征得有关公安机关的同意；所修建、架设或者埋设的设施应当符合公路工程技术标准的要求。对公路造成损坏的，应当按照损坏程度给予补偿。

第四十六条 任何单位和个人不得在公路上及公路用地范围内摆摊设点、堆放物品、倾倒垃圾、设置障碍、挖沟引水、利用公路边沟排放污物或者进行其他损坏、污染公路和影响公路畅通的活动。

第四十七条 在大中型公路桥梁和渡口周围二百米、公路隧道上方和洞口外一百米范围内，以及在公路两侧一定距离内，不得挖砂、采石、取土、倾倒废弃物，不得进行爆破作业及其他危及公路、公路桥梁、公路隧道、公路渡口安全的活动。

在前款范围内因抢险、防汛需要修筑堤坝、压缩或者拓宽河床的，应当事先报经省、自治区、直辖市人民政府交通主管部门会同水行政主管部门批准，并采取有效的保护有关的公路、公路桥梁、公路隧道、公路渡口安全的措施。

第四十八条 铁轮车、履带车和其他可能损害公路路面的机具，不得在公路上行驶。

农业机械因当地田间作业需要在公路上短距离行驶或者军用车辆执行任务需要在公路上行驶的，可以不受前款限制，但是应当采取安全保护措施。对公路造成损坏的，应当按照损坏程度给予补偿。

第四十九条 在公路上行驶的车辆的轴载质量应当符合公路工程技术标准要求。

第五十条 超过公路、公路桥梁、公路隧道或者汽车渡船的限载、限高、限宽、限长标准的车辆，不得在有限定标准的公路、公路桥梁上或者公路隧道内行驶，不得使用汽车渡船。超过公路或者公路桥梁限载标准确需行驶的，必须经县级以上地方人民政府交通主管部门批准，并按要求采取有效的防护措施；运载不可解体的超限物品的，应当按照指定的时间、路线、时速行驶，并悬挂明显标志。

运输单位不能按照前款规定采取防护措施的，由交通主管部门帮助其采取防护措施，所需费用由运输单位承担。

第五十一条 机动车制造厂和其他单位不得将公路作为检验机动车制动性能的试车场地。

第五十二条 任何单位和个人不得损坏、擅自移动、涂改公路附属设施。

前款公路附属设施，是指为保护、养护公路和保障公路安全畅通所设置的公路防护、排水、养护、管理、服务、交通安全、渡运、监控、通信、收费等设施、设备以及专用建筑物、构筑物等。

第五十三条 造成公路损坏的，责任者应当及时报告公路管理机构，并接受公路管理机构的现场调查。

第五十四条 任何单位和个人未经县级以上地方人民政府交通主管部门批准，不得在公路用地范围内设置公路标志以外的其他标志。

第五十五条 在公路上增设平面交叉道口，必须按照国家有关规定经过批准，并按照国家规定的技术标准建设。

第五十六条 除公路防护、养护需要的以外，禁止在公路两侧的建筑控制区内修建建筑物和地面构筑物；需要在建筑控制区内埋设管线、电缆等设施的，应当事先经县级以上地方人民政府交通主管部门批准。

前款规定的建筑控制区的范围，由县级以上地方人民政府按照保障公路运行安全和节约用地的原则，依照国务院的规定划定。

建筑控制区范围经县级以上地方人民政府依照前款规定划定后，由县级以上地方人民政府交通主管部门设置标桩、界桩。任何单位和个人不得损坏、擅自挪动该标桩、界桩。

第五十七条 除本法第四十七条第二款的规定外，本章规定由交通主管部门行使的路政管理职责，可以依照本法第八条第四款的规定，由公路管理机构行使。

第六章 收费公路

第五十八条 国家允许依法设立收费公路，同时对收费公路的数量进行控制。

除本法第五十九条规定可以收取车辆通行费的公路外，禁止任何公路收取车辆通行费。

第五十九条 符合国务院交通主管部门规定的技术等级和规模的下列公路，可以依法收取车辆通行费：

（一）由县级以上地方人民政府交通主管部门利用贷款或者向企业、个人集资建成的公路；

（二）由国内外经济组织依法受让前项收费公路收费权的公路；

（三）由国内外经济组织依法投资建成的公路。

第六十条 县级以上地方人民政府交通主管部门利用贷款或者集资建成的收费公路的收费期限，按照收费偿还贷款、集资款的原则，由省、自治区、直辖市人民政府依照国务院交通主管部门的规定确定。

有偿转让公路收费权的公路，收费权转让后，由受让方收费经营。收费权的转让期限由出让、受让双方约定，最长不得超过国务院规定的年限。

国内外经济组织投资建设公路，必须按照国家有关规定办理审批手续；公路建成后，由投资者收费经营。收费经营期限按照收回投资并有合理回报的原则，由有关交通主管部门与投资者约定并按照国家有关规定办理审批手续，但最长不得超过国务院规定的年限。

第六十一条 本法第五十九条第一款第一项规定的公路中的国道收费权的转让，应当在转让协议签订之日起三十个工作日内报国务院交通主管部门备案；国道以外的其他公路收费权的转让，应当在转让协议签订之日起三十个工作日内报省、自治区、直辖市人民政府备案。

前款规定的公路收费权出让的最低成交价，以国有资产评估机构评估的价值为依据确定。

第六十二条 受让公路收费权和投资建设公路的国内外经济组织应当依法成立开发、经营公路的企业（以下简称公路经营企业）。

第六十三条 收费公路车辆通行费的收费标准，由公路收费单位提出方案，报省、自治区、直辖市人民政府交通主管部门会同同级物价行政主管部门审查批准。

第六十四条 收费公路设置车辆通行费的收费站，应当报经省、自治区、直辖市人民政府审查批准。跨省、自治区、直辖市的收费公路设置车辆通行费的收费站，由有关省、自治区、直辖市人民政府协商确定；协商不成的，由国务院交通主管部门决定。同一收费公路由不同的交通主管部门组织建设或者由不同的公路经营企业经营的，应当按照“统一收费、按比例分成”的原则，统筹规划，合理设置收费站。

两个收费站之间的距离，不得小于国务院交通主管部门规定的标准。

第六十五条 有偿转让公路收费权的公路，转让收费权合同约定的期限届满，收费权由出让方收回。

由国内外经济组织依照本法规定投资建成并经营的收费公路，约定的经营期限届满，该公路由国家无偿收回，由有关交通主管部门管理。

第六十六条 依照本法第五十九条规定受让收费权或者由国内外经济组织投资建成经营的公路的养护工作，由各该公路经营企业负责。各该公路经营企业在经营期间应当按照国务院交通主管部门规定的技术规范和操作规程做好对公路的养护工作。在受让收费权的期限届满，或者经营期限届满时，公路应当处于良好的技术状态。

前款规定的公路的绿化和公路用地范围内的水土保持工作，由各该公路经营企业负责。

第一款规定的公路的路政管理，适用本法第五章的规定。该公路路政管理的职责由县级以上地方人民政府交通主管部门或者公路管理机构的派出机构、人员行使。

第六十七条 在收费公路上从事本法第四十四条第二款、第四十五条、第四十八条、第五十条所列活动的，除依照各该条的规定办理外，给公路经营企业造成损失的，应当给予相应的补偿。

第六十八条 收费公路的具体管理办法，由国务院依照本法制定。

第七章 监督检查

第六十九条 交通主管部门、公路管理机构依法对有关公路的法律、法规执行情况进行监督检查。

第七十条 交通主管部门、公路管理机构负有管理和保护公路的责任，有权检查、制止各种侵占、损坏公路、公路用地、公路附属设施及其他违反本法规定的行为。

第七十一条 公路监督检查人员依法在公路、建筑控制区、车辆停放场所、车辆所属单位等进行监督检查时，任何单位和个人不得阻挠。

公路经营者、使用者和其他有关单位、个人，应当接受公路监督检查人员依法实施的监督检查，并为其提供方便。

公路监督检查人员执行公务，应当佩戴标志，持证上岗。

第七十二条 交通主管部门、公路管理机构应当加强对所属公路监督检查人员的管理和教育，要求公路监督检查人员熟悉国家有关法律和规定，公正廉洁，热情服务，秉公执法，对公路监督检查人员的执法行为应当加强监督检查，对其违法行为应当及时纠正，依法处理。

第七十三条 用于公路监督检查的专用车辆，应当设置统一的标志和示警灯。

第八章 法律责任

第七十四条 违反法律或者国务院有关规定，擅自在公路上设卡、收费的，由交通主管部门责令停止违法行为，没收违法所得，可以处违法所得三倍以下的罚款，没有违法所得的，可以处二万元以下的罚款；对负有直接责任的主管人员和其他直接责任人员，依法给予行政处分。

第七十五条 违反本法第二十五条规定，未经有关交通主管部门批准擅自施工的，交通主管部门可以责令停止施工，并可以处五万元以下的罚款。

第七十六条 有下列违法行为之一的，由交通主管部门责令停止违法行为，可以处三万元以下的罚款：

（一）违反本法第四十四条第一款规定，擅自占用、挖掘公路的；

（二）违反本法第四十五条规定，未经同意或者未按照公路工程技术标准的要求修建桥梁、渡槽或者架设、埋设管线、电缆等设施的；

（三）违反本法第四十七条规定，从事危及公路安全的作业的；

（四）违反本法第四十八条规定，铁轮车、履带车和其他可能损害路面的机具擅自在公路上行驶的；

（五）违反本法第五十条规定，车辆超限使用汽车渡船或者在公路上擅自超限行驶的；

（六）违反本法第五十二条、第五十六条规定，损坏、移动、涂改公路附属设施或者损坏、挪动建筑控制区的标桩、界桩，可能危及公路安全的。

第七十七条 违反本法第四十六条的规定，造成公路路面损坏、污染或者影响公路畅通的，或者违反本法第五十一条规定，将公路作为试车场地的，由交通主管部门责令停止违法行为，可以处五千元以下的罚款。

第七十八条 违反本法第五十三条规定，造成公路损坏，未报告的，由交通主管部门处一千元以下的罚款。

第七十九条 违反本法第五十四条规定，在公路用地范围内设置公路标志以外的其他标志的，由交通主管部门责令限期拆除，可以处二万元以下的罚款；逾期不拆除的，由交通主管部门拆除，有关费用由设置者负担。

第八十条 违反本法第五十五条规定，未经批准在公路上增设平面交叉道口的，由交通主管部门责令恢复原状，处五万元以下的罚款。

第八十一条 违反本法第五十六条规定，在公路建筑控制区内修建建筑物、地面构筑物或者擅自埋设管线、电缆等设施的，由交通主管部门责令限期拆除，并可以处五万元以下的罚款。逾期不拆除的，由交通主管部门拆除，有关费用由建筑者、构筑者承担。

第八十二条 除本法第七十四条、第七十五条的规定外，本章规定由交通主管部门行使的行政处罚权和行政措施，可以依照本法第八条第四款的规定由公路管理机构行使。

第八十三条 阻碍公路建设或者公路抢修，致使公路建设或者抢修不能正常进行，尚未造成严重损失的，依照《中华人民共和国治安管理处罚法》的规定处罚。

损毁公路或者擅自移动公路标志，可能影响交通安全，尚不够刑事处罚的，适用《中华人民共和国道路交通安全法》第九十九条的处罚规定。

拒绝、阻碍公路监督检查人员依法执行职务未使用暴力、威胁方法的，依照《中华人民共和国治安管理处罚法》的规定处罚。

第八十四条 违反本法有关规定，构成犯罪的，依法追究刑事责任。

第八十五条 违反本法有关规定，对公路造成损害的，应当依法承担民事责任。

对公路造成较大损害的车辆，必须立即停车，保护现场，报告公路管理机构，接受公路管理机构的调查、处理后方得驶离。

第八十六条 交通主管部门、公路管理机构的工作人员玩忽职守、徇私舞弊、滥用职权，构成犯罪的，依法追究刑事责任；尚不构成犯罪的，依法给予行政处分。

第九章 附 则

第八十七条 本法自1998年1月1日起施行。

中华人民共和国行政许可法

（2003年8月27日第十届全国人民代表大会常务委员会第四次会议通过 根据2019年4月23日第十三届全国人民代表大会常务委员会第十次会议《关于修改〈中华人民共和国建筑法〉等八部法律的决定》修正）

目 录

第一章 总 则
第二章 行政许可的设定
第三章 行政许可的实施机关
第四章 行政许可的实施程序
　第一节 申请与受理
　第二节 审查与决定
　第三节 期 限
　第四节 听 证
　第五节 变更与延续
　第六节 特别规定
第五章 行政许可的费用
第六章 监督检查
第七章 法律责任
第八章 附 则

第一章 总 则

第一条 为了规范行政许可的设定和实施，保护公民、法人和其他组织的合法权益，维护公共利益和社会秩序，保障和监督行政机关有效实施行政管理，根据宪法，制定本法。

第二条 本法所称行政许可，是指行政机关根据公民、法人或者其他组织的申请，经依法审查，准予其从事特定活动的行为。

第三条 行政许可的设定和实施，适用本法。

有关行政机关对其他机关或者对其直接管理的事业单位的人事、财务、外事等事项的审批，不适用本法。

第四条 设定和实施行政许可，应当依照法定的权限、范围、条件和程序。

第五条 设定和实施行政许可，应当遵循公开、公平、公正、非歧视的原则。

有关行政许可的规定应当公布；未经公布的，不得作为实施行政许可的依据。行政许可的实施和结果，除涉及国家秘密、商业秘密或者个人隐私的外，应当公开。未经申请人同意，行政机关及其工作人员、参与专家评审等的人员不得披露申请人提交的商业秘密、未披露信息或者保密商务信息，法律另有规定或者涉及国家安全、重大社会公共利益的除外；行政机关依法公开申请人前述信息的，允许申请人在合理期限内提出异议。

符合法定条件、标准的，申请人有依法取得行政许可的平等权利，行政机关不得歧视任何人。

第六条 实施行政许可，应当遵循便民的原则，提高办事效率，提供优质服务。

第七条 公民、法人或者其他组织对行政机关实施行政许可，享有陈述权、申辩权；有权依法申请行政复议或者提起行政诉讼；其合法权益因行政机关违法实施行政许可受到损害的，有权依法要求赔偿。

第八条 公民、法人或者其他组织依法取得的行政许可受法律保护，行政机关不得擅自改变已经生效的行政许可。

行政许可所依据的法律、法规、规章修改或者废止，或者准予行政许可所依据的客观情况发生重大变化的，为了公共利益的需要，行政机关可以依法变更或者撤回已经生效的行政许可。由此给公民、法人或者其他组织造成财产损失的，行政机关应当依法给予补偿。

第九条 依法取得的行政许可，除法律、法规规定依照法定条件和程序可以转让的外，不得转让。

第十条 县级以上人民政府应当建立健全对行政机关实施行政许可的监督制度，加强对行政机关实施行政许可的监督检查。

行政机关应当对公民、法人或者其他组织从事行政许可事项的活动实施有效监督。

第二章 行政许可的设定

第十一条 设定行政许可，应当遵循经济和社会发展规律，有利于发挥公民、法人或者其他组织的积极性、主动性，维护公共利益和社会秩序，促进经济、社会和生态环境协调发展。

第十二条 下列事项可以设定行政许可：

（一）直接涉及国家安全、公共安全、经济宏观调控、生态环境保护以及直接关系人身健康、生命财产安全等特定活动，需要按照法定条件予以批准的事项；

（二）有限自然资源开发利用、公共资源配置以及直接关系公共利益的特定行业的市场准入等，需要赋予特定权利的事项；

（三）提供公众服务并且直接关系公共利益的职业、行业，需要确定具备特殊信誉、特殊条件或者特殊技能等资格、资质的事项；

（四）直接关系公共安全、人身健康、生命财产安全的重要设备、设施、产品、物品，需要按照技术标准、技术规范，通过检验、检测、检疫等方式进行审定的事项；

（五）企业或者其他组织的设立等，需要确定主体资格的事项；

（六）法律、行政法规规定可以设定行政许可的其他事项。

第十三条 本法第十二条所列事项，通过下列方式能够予以规范的，可以不设行政许可：

（一）公民、法人或者其他组织能够自主决定的；

（二）市场竞争机制能够有效调节的；

（三）行业组织或者中介机构能够自律管理的；

（四）行政机关采用事后监督等其他行政

管理方式能够解决的。

第十四条 本法第十二条所列事项，法律可以设定行政许可。尚未制定法律的，行政法规可以设定行政许可。

必要时，国务院可以采用发布决定的方式设定行政许可。实施后，除临时性行政许可事项外，国务院应当及时提请全国人民代表大会及其常务委员会制定法律，或者自行制定行政法规。

第十五条 本法第十二条所列事项，尚未制定法律、行政法规的，地方性法规可以设定行政许可；尚未制定法律、行政法规和地方性法规的，因行政管理的需要，确需立即实施行政许可的，省、自治区、直辖市人民政府规章可以设定临时性的行政许可。临时性的行政许可实施满一年需要继续实施的，应当提请本级人民代表大会及其常务委员会制定地方性法规。

地方性法规和省、自治区、直辖市人民政府规章，不得设定应当由国家统一确定的公民、法人或者其他组织的资格、资质的行政许可；不得设定企业或者其他组织的设立登记及其前置性行政许可。其设定的行政许可，不得限制其他地区的个人或者企业到本地区从事生产经营和提供服务，不得限制其他地区的商品进入本地区市场。

第十六条 行政法规可以在法律设定的行政许可事项范围内，对实施该行政许可作出具体规定。

地方性法规可以在法律、行政法规设定的行政许可事项范围内，对实施该行政许可作出具体规定。

规章可以在上位法设定的行政许可事项范围内，对实施该行政许可作出具体规定。

法规、规章对实施上位法设定的行政许可作出的具体规定，不得增设行政许可；对行政许可条件作出的具体规定，不得增设违反上位法的其他条件。

第十七条 除本法第十四条、第十五条规定的外，其他规范性文件一律不得设定行政许可。

第十八条 设定行政许可，应当规定行政许可的实施机关、条件、程序、期限。

第十九条 起草法律草案、法规草案和省、自治区、直辖市人民政府规章草案，拟设定行政许可的，起草单位应当采取听证会、论证会等形式听取意见，并向制定机关说明设定该行政许可的必要性、对经济和社会可能产生的影响以及听取和采纳意见的情况。

第二十条 行政许可的设定机关应当定期对其设定的行政许可进行评价；对已设定的行政许可，认为通过本法第十三条所列方式能够解决的，应当对设定该行政许可的规定及时予以修改或者废止。

行政许可的实施机关可以对已设定的行政许可的实施情况及存在的必要性适时进行评价，并将意见报告该行政许可的设定机关。

公民、法人或者其他组织可以向行政许可的设定机关和实施机关就行政许可的设定和实施提出意见和建议。

第二十一条 省、自治区、直辖市人民政府对行政法规设定的有关经济事务的行政许可，根据本行政区域经济和社会发展情况，认为通过本法第十三条所列方式能够解决的，报国务院批准后，可以在本行政区域内停止实施该行政许可。

第三章 行政许可的实施机关

第二十二条 行政许可由具有行政许可权的行政机关在其法定职权范围内实施。

第二十三条 法律、法规授权的具有管理公共事务职能的组织，在法定授权范围内，以自己的名义实施行政许可。被授权的组织适用本法有关行政机关的规定。

第二十四条 行政机关在其法定职权范围内，依照法律、法规、规章的规定，可以委托其他行政机关实施行政许可。委托机关应当将受委托行政机关和受委托实施行政许可的内容予以公告。

委托行政机关对受委托行政机关实施行政许可的行为应当负责监督，并对该行为的后果承担法律责任。

受委托行政机关在委托范围内，以委托行政机关名义实施行政许可；不得再委托其他组织或者个人实施行政许可。

第二十五条 经国务院批准，省、自治区、直辖市人民政府根据精简、统一、效能的原则，可以决定一个行政机关行使有关行政机关的行政许可权。

第二十六条 行政许可需要行政机关内设

的多个机构办理的，该行政机关应当确定一个机构统一受理行政许可申请，统一送达行政许可决定。

行政许可依法由地方人民政府两个以上部门分别实施的，本级人民政府可以确定一个部门受理行政许可申请并转告有关部门分别提出意见后统一办理，或者组织有关部门联合办理、集中办理。

第二十七条 行政机关实施行政许可，不得向申请人提出购买指定商品、接受有偿服务等不正当要求。

行政机关工作人员办理行政许可，不得索取或者收受申请人的财物，不得谋取其他利益。

第二十八条 对直接关系公共安全、人身健康、生命财产安全的设备、设施、产品、物品的检验、检测、检疫，除法律、行政法规规定由行政机关实施的外，应当逐步由符合法定条件的专业技术组织实施。专业技术组织及其有关人员对所实施的检验、检测、检疫结论承担法律责任。

第四章 行政许可的实施程序

第一节 申请与受理

第二十九条 公民、法人或者其他组织从事特定活动，依法需要取得行政许可的，应当向行政机关提出申请。申请书需要采用格式文本的，行政机关应当向申请人提供行政许可申请书格式文本。申请书格式文本中不得包含与申请行政许可事项没有直接关系的内容。

申请人可以委托代理人提出行政许可申请。但是，依法应当由申请人到行政机关办公场所提出行政许可申请的除外。

行政许可申请可以通过信函、电报、电传、传真、电子数据交换和电子邮件等方式提出。

第三十条 行政机关应当将法律、法规、规章规定的有关行政许可的事项、依据、条件、数量、程序、期限以及需要提交的全部材料的目录和申请书示范文本等在办公场所公示。

申请人要求行政机关对公示内容予以说明、解释的，行政机关应当说明、解释，提供准确、可靠的信息。

第三十一条 申请人申请行政许可，应当如实向行政机关提交有关材料和反映真实情况，并对其申请材料实质内容的真实性负责。行政机关不得要求申请人提交与其申请的行政许可事项无关的技术资料和其他材料。

行政机关及其工作人员不得以转让技术作为取得行政许可的条件；不得在实施行政许可的过程中，直接或者间接地要求转让技术。

第三十二条 行政机关对申请人提出的行政许可申请，应当根据下列情况分别作出处理：

（一）申请事项依法不需要取得行政许可的，应当即时告知申请人不受理；

（二）申请事项依法不属于本行政机关职权范围的，应当即时作出不予受理的决定，并告知申请人向有关行政机关申请；

（三）申请材料存在可以当场更正的错误的，应当允许申请人当场更正；

（四）申请材料不齐全或者不符合法定形式的，应当当场或者在五日内一次告知申请人需要补正的全部内容，逾期不告知的，自收到申请材料之日起即为受理；

（五）申请事项属于本行政机关职权范围，申请材料齐全、符合法定形式，或者申请人按照本行政机关的要求提交全部补正申请材料的，应当受理行政许可申请。

行政机关受理或者不予受理行政许可申请，应当出具加盖本行政机关专用印章和注明日期的书面凭证。

第三十三条 行政机关应当建立和完善有关制度，推行电子政务，在行政机关的网站上公布行政许可事项，方便申请人采取数据电文等方式提出行政许可申请；应当与其他行政机关共享有关行政许可信息，提高办事效率。

第二节 审查与决定

第三十四条 行政机关应当对申请人提交的申请材料进行审查。

申请人提交的申请材料齐全、符合法定形式，行政机关能够当场作出决定的，应当当场作出书面的行政许可决定。

根据法定条件和程序，需要对申请材料的实质内容进行核实的，行政机关应当指派两名以上工作人员进行核查。

第三十五条 依法应当先经下级行政机关审查后报上级行政机关决定的行政许可，下级行政机关应当在法定期限内将初步审查意见和全部申请材料直接报送上级行政机关。上级行政机关不得要求申请人重复提供申请材料。

第三十六条 行政机关对行政许可申请进行审查时，发现行政许可事项直接关系他人重大利益的，应当告知该利害关系人。申请人、利害关系人有权进行陈述和申辩。行政机关应当听取申请人、利害关系人的意见。

第三十七条 行政机关对行政许可申请进行审查后，除当场作出行政许可决定的外，应当在法定期限内按照规定程序作出行政许可决定。

第三十八条 申请人的申请符合法定条件、标准的，行政机关应当依法作出准予行政许可的书面决定。

行政机关依法作出不予行政许可的书面决定的，应当说明理由，并告知申请人享有依法申请行政复议或者提起行政诉讼的权利。

第三十九条 行政机关作出准予行政许可的决定，需要颁发行政许可证件的，应当向申请人颁发加盖本行政机关印章的下列行政许可证件：

（一）许可证、执照或者其他许可证书；

（二）资格证、资质证或者其他合格证书；

（三）行政机关的批准文件或者证明文件；

（四）法律、法规规定的其他行政许可证件。

行政机关实施检验、检测、检疫的，可以在检验、检测、检疫合格的设备、设施、产品、物品上加贴标签或者加盖检验、检测、检疫印章。

第四十条 行政机关作出的准予行政许可决定，应当予以公开，公众有权查阅。

第四十一条 法律、行政法规设定的行政许可，其适用范围没有地域限制的，申请人取得的行政许可在全国范围内有效。

第三节 期 限

第四十二条 除可以当场作出行政许可决定的外，行政机关应当自受理行政许可申请之日起二十日内作出行政许可决定。二十日内不能作出决定的，经本行政机关负责人批准，可以延长十日，并应当将延长期限的理由告知申请人。但是，法律、法规另有规定的，依照其规定。

依照本法第二十六条的规定，行政许可采取统一办理或者联合办理、集中办理的，办理的时间不得超过四十五日；四十五日内不能办结的，经本级人民政府负责人批准，可以延长十五日，并应当将延长期限的理由告知申请人。

第四十三条 依法应当先经下级行政机关审查后报上级行政机关决定的行政许可，下级行政机关应当自其受理行政许可申请之日起二十日内审查完毕。但是，法律、法规另有规定的，依照其规定。

第四十四条 行政机关作出准予行政许可的决定，应当自作出决定之日起十日内向申请人颁发、送达行政许可证件，或者加贴标签、加盖检验、检测、检疫印章。

第四十五条 行政机关作出行政许可决定，依法需要听证、招标、拍卖、检验、检测、检疫、鉴定和专家评审的，所需时间不计算在本节规定的期限内。行政机关应当将所需时间书面告知申请人。

第四节 听 证

第四十六条 法律、法规、规章规定实施行政许可应当听证的事项，或者行政机关认为需要听证的其他涉及公共利益的重大行政许可事项，行政机关应当向社会公告，并举行听证。

第四十七条 行政许可直接涉及申请人与他人之间重大利益关系的，行政机关在作出行政许可决定前，应当告知申请人、利害关系人享有要求听证的权利；申请人、利害关系人在被告知听证权利之日起五日内提出听证申请的，行政机关应当在二十日内组织听证。

申请人、利害关系人不承担行政机关组织听证的费用。

第四十八条 听证按照下列程序进行：

（一）行政机关应当于举行听证的七日前将举行听证的时间、地点通知申请人、利害关系人，必要时予以公告；

（二）听证应当公开举行；

（三）行政机关应当指定审查该行政许可申请的工作人员以外的人员为听证主持人，申请人、利害关系人认为主持人与该行政许可事项有直接利害关系的，有权申请回避；

（四）举行听证时，审查该行政许可申请的工作人员应当提供审查意见的证据、理由，申请人、利害关系人可以提出证据，并进行申辩和质证；

（五）听证应当制作笔录，听证笔录应当交听证参加人确认无误后签字或者盖章。

行政机关应当根据听证笔录，作出行政许可决定。

第五节 变更与延续

第四十九条 被许可人要求变更行政许可事项的，应当向作出行政许可决定的行政机关提出申请；符合法定条件、标准的，行政机关应当依法办理变更手续。

第五十条 被许可人需要延续依法取得的行政许可的有效期的，应当在该行政许可有效期届满三十日前向作出行政许可决定的行政机关提出申请。但是，法律、法规、规章另有规定的，依照其规定。

行政机关应当根据被许可人的申请，在该行政许可有效期届满前作出是否准予延续的决定；逾期未作决定的，视为准予延续。

第六节 特别规定

第五十一条 实施行政许可的程序，本节有规定的，适用本节规定；本节没有规定的，适用本章其他有关规定。

第五十二条 国务院实施行政许可的程序，适用有关法律、行政法规的规定。

第五十三条 实施本法第十二条第二项所列事项的行政许可的，行政机关应当通过招标、拍卖等公平竞争的方式作出决定。但是，法律、行政法规另有规定的，依照其规定。

行政机关通过招标、拍卖等方式作出行政许可决定的具体程序，依照有关法律、行政法规的规定。

行政机关按照招标、拍卖程序确定中标人、买受人后，应当作出准予行政许可的决定，并依法向中标人、买受人颁发行政许可证件。

行政机关违反本条规定，不采用招标、拍卖方式，或者违反招标、拍卖程序，损害申请人合法权益的，申请人可以依法申请行政复议或者提起行政诉讼。

第五十四条 实施本法第十二条第三项所列事项的行政许可，赋予公民特定资格，依法应当举行国家考试的，行政机关根据考试成绩和其他法定条件作出行政许可决定；赋予法人或者其他组织特定的资格、资质的，行政机关根据申请人的专业人员构成、技术条件、经营业绩和管理水平等的考核结果作出行政许可决定。但是，法律、行政法规另有规定的，依照其规定。

公民特定资格的考试依法由行政机关或者行业组织实施，公开举行。行政机关或者行业组织应当事先公布资格考试的报名条件、报考办法、考试科目以及考试大纲。但是，不得组织强制性的资格考试的考前培训，不得指定教材或者其他助考材料。

第五十五条 实施本法第十二条第四项所列事项的行政许可的，应当按照技术标准、技术规范依法进行检验、检测、检疫，行政机关根据检验、检测、检疫的结果作出行政许可决定。

行政机关实施检验、检测、检疫，应当自受理申请之日起五日内指派两名以上工作人员按照技术标准、技术规范进行检验、检测、检疫。不需要对检验、检测、检疫结果作进一步技术分析即可认定设备、设施、产品、物品是否符合技术标准、技术规范的，行政机关应当当场作出行政许可决定。

行政机关根据检验、检测、检疫结果，作出不予行政许可决定的，应当书面说明不予行政许可所依据的技术标准、技术规范。

第五十六条 实施本法第十二条第五项所列事项的行政许可，申请人提交的申请材料齐全、符合法定形式的，行政机关应当当场予以登记。需要对申请材料的实质内容进行核实的，行政机关依照本法第三十四条第三款的规定办理。

第五十七条 有数量限制的行政许可，两个或者两个以上申请人的申请均符合法定条件、标准的，行政机关应当根据受理行政许可申请的先后顺序作出准予行政许可的决定。但是，法律、行政法规另有规定的，依照其规定。

第五章 行政许可的费用

第五十八条 行政机关实施行政许可和对行政许可事项进行监督检查，不得收取任何费用。但是，法律、行政法规另有规定的，依照其规定。

行政机关提供行政许可申请书格式文本，

不得收费。

行政机关实施行政许可所需经费应当列入本行政机关的预算，由本级财政予以保障，按照批准的预算予以核拨。

第五十九条 行政机关实施行政许可，依照法律、行政法规收取费用的，应当按照公布的法定项目和标准收费；所收取的费用必须全部上缴国库，任何机关或者个人不得以任何形式截留、挪用、私分或者变相私分。财政部门不得以任何形式向行政机关返还或者变相返还实施行政许可所收取的费用。

第六章 监督检查

第六十条 上级行政机关应当加强对下级行政机关实施行政许可的监督检查，及时纠正行政许可实施中的违法行为。

第六十一条 行政机关应当建立健全监督制度，通过核查反映被许可人从事行政许可事项活动情况的有关材料，履行监督责任。

行政机关依法对被许可人从事行政许可事项的活动进行监督检查时，应当将监督检查的情况和处理结果予以记录，由监督检查人员签字后归档。公众有权查阅行政机关监督检查记录。

行政机关应当创造条件，实现与被许可人、其他有关行政机关的计算机档案系统互联，核查被许可人从事行政许可事项活动情况。

第六十二条 行政机关可以对被许可人生产经营的产品依法进行抽样检查、检验、检测，对其生产经营场所依法进行实地检查。检查时，行政机关可以依法查阅或者要求被许可人报送有关材料；被许可人应当如实提供有关情况和材料。

行政机关根据法律、行政法规的规定，对直接关系公共安全、人身健康、生命财产安全的重要设备、设施进行定期检验。对检验合格的，行政机关应当发给相应的证明文件。

第六十三条 行政机关实施监督检查，不得妨碍被许可人正常的生产经营活动，不得索取或者收受被许可人的财物，不得谋取其他利益。

第六十四条 被许可人在作出行政许可决定的行政机关管辖区域外违法从事行政许可事项活动的，违法行为发生地的行政机关应当依法将被许可人的违法事实、处理结果抄告作出行政许可决定的行政机关。

第六十五条 个人和组织发现违法从事行政许可事项的活动，有权向行政机关举报，行政机关应当及时核实、处理。

第六十六条 被许可人未依法履行开发利用自然资源义务或者未依法履行利用公共资源义务的，行政机关应当责令限期改正；被许可人在规定期限内不改正的，行政机关应当依照有关法律、行政法规的规定予以处理。

第六十七条 取得直接关系公共利益的特定行业的市场准入行政许可的被许可人，应当按照国家规定的服务标准、资费标准和行政机关依法规定的条件，向用户提供安全、方便、稳定和价格合理的服务，并履行普遍服务的义务；未经作出行政许可决定的行政机关批准，不得擅自停业、歇业。

被许可人不履行前款规定的义务的，行政机关应当责令限期改正，或者依法采取有效措施督促其履行义务。

第六十八条 对直接关系公共安全、人身健康、生命财产安全的重要设备、设施，行政机关应当督促设计、建造、安装和使用单位建立相应的自检制度。

行政机关在监督检查时，发现直接关系公共安全、人身健康、生命财产安全的重要设备、设施存在安全隐患的，应当责令停止建造、安装和使用，并责令设计、建造、安装和使用单位立即改正。

第六十九条 有下列情形之一的，作出行政许可决定的行政机关或者其上级行政机关，根据利害关系人的请求或者依据职权，可以撤销行政许可：

（一）行政机关工作人员滥用职权、玩忽职守作出准予行政许可决定的；

（二）超越法定职权作出准予行政许可决定的；

（三）违反法定程序作出准予行政许可决定的；

（四）对不具备申请资格或者不符合法定条件的申请人准予行政许可的；

（五）依法可以撤销行政许可的其他情形。

被许可人以欺骗、贿赂等不正当手段取得行政许可的，应当予以撤销。

依照前两款的规定撤销行政许可，可能对公共利益造成重大损害的，不予撤销。

依照本条第一款的规定撤销行政许可，被许可人的合法权益受到损害的，行政机关应当依法给予赔偿。依照本条第二款的规定撤销行政许可的，被许可人基于行政许可取得的利益不受保护。

第七十条 有下列情形之一的，行政机关应当依法办理有关行政许可的注销手续：

（一）行政许可有效期届满未延续的；

（二）赋予公民特定资格的行政许可，该公民死亡或者丧失行为能力的；

（三）法人或者其他组织依法终止的；

（四）行政许可依法被撤销、撤回，或者行政许可证件依法被吊销的；

（五）因不可抗力导致行政许可事项无法实施的；

（六）法律、法规规定的应当注销行政许可的其他情形。

第七章 法律责任

第七十一条 违反本法第十七条规定设定的行政许可，有关机关应当责令设定该行政许可的机关改正，或者依法予以撤销。

第七十二条 行政机关及其工作人员违反本法的规定，有下列情形之一的，由其上级行政机关或者监察机关责令改正；情节严重的，对直接负责的主管人员和其他直接责任人员依法给予行政处分：

（一）对符合法定条件的行政许可申请不予受理的；

（二）不在办公场所公示依法应当公示的材料的；

（三）在受理、审查、决定行政许可过程中，未向申请人、利害关系人履行法定告知义务的；

（四）申请人提交的申请材料不齐全、不符合法定形式，不一次告知申请人必须补正的全部内容的；

（五）违法披露申请人提交的商业秘密、未披露信息或者保密商务信息的；

（六）以转让技术作为取得行政许可的条件，或者在实施行政许可的过程中直接或者间接地要求转让技术的；

（七）未依法说明不受理行政许可申请或者不予行政许可的理由的；

（八）依法应当举行听证而不举行听证的。

第七十三条 行政机关工作人员办理行政许可、实施监督检查，索取或者收受他人财物或者谋取其他利益，构成犯罪的，依法追究刑事责任；尚不构成犯罪的，依法给予行政处分。

第七十四条 行政机关实施行政许可，有下列情形之一的，由其上级行政机关或者监察机关责令改正，对直接负责的主管人员和其他直接责任人员依法给予行政处分；构成犯罪的，依法追究刑事责任：

（一）对不符合法定条件的申请人准予行政许可或者超越法定职权作出准予行政许可决定的；

（二）对符合法定条件的申请人不予行政许可或者不在法定期限内作出准予行政许可决定的；

（三）依法应当根据招标、拍卖结果或者考试成绩择优作出准予行政许可决定，未经招标、拍卖或者考试，或者不根据招标、拍卖结果或者考试成绩择优作出准予行政许可决定的。

第七十五条 行政机关实施行政许可，擅自收费或者不按照法定项目和标准收费的，由其上级行政机关或者监察机关责令退还非法收取的费用；对直接负责的主管人员和其他直接责任人员依法给予行政处分。

截留、挪用、私分或者变相私分实施行政许可依法收取的费用的，予以追缴；对直接负责的主管人员和其他直接责任人员依法给予行政处分；构成犯罪的，依法追究刑事责任。

第七十六条 行政机关违法实施行政许可，给当事人的合法权益造成损害的，应当依照国家赔偿法的规定给予赔偿。

第七十七条 行政机关不依法履行监督职责或者监督不力，造成严重后果的，由其上级行政机关或者监察机关责令改正，对直接负责的主管人员和其他直接责任人员依法给予行政处分；构成犯罪的，依法追究刑事责任。

第七十八条 行政许可申请人隐瞒有关情况或者提供虚假材料申请行政许可的，行政机关不予受理或者不予行政许可，并给予警告；行政许可申请属于直接关系公共安全、人身健康、生命财产安全事项的，申请人在一年内不得再次申请该行政许可。

第七十九条 被许可人以欺骗、贿赂等不正当手段取得行政许可的，行政机关应当依法给予行政处罚；取得的行政许可属于直接关系公共安全、人身健康、生命财产安全事项的，申请人在三年内不得再次申请该行政许可；构成犯罪的，依法追究刑事责任。

第八十条 被许可人有下列行为之一的，行政机关应当依法给予行政处罚；构成犯罪的，依法追究刑事责任：

（一）涂改、倒卖、出租、出借行政许可证件，或者以其他形式非法转让行政许可的；

（二）超越行政许可范围进行活动的；

（三）向负责监督检查的行政机关隐瞒有关情况、提供虚假材料或者拒绝提供反映其活动情况的真实材料的；

（四）法律、法规、规章规定的其他违法行为。

第八十一条 公民、法人或者其他组织未经行政许可，擅自从事依法应当取得行政许可的活动的，行政机关应当依法采取措施予以制止，并依法给予行政处罚；构成犯罪的，依法追究刑事责任。

第八章 附 则

第八十二条 本法规定的行政机关实施行政许可的期限以工作日计算，不含法定节假日。

第八十三条 本法自2004年7月1日起施行。

本法施行前有关行政许可的规定，制定机关应当依照本法规定予以清理；不符合本法规定的，自本法施行之日起停止执行。

中华人民共和国行政处罚法

（1996年3月17日第八届全国人民代表大会第四次会议通过 根据2009年8月27日第十一届全国人民代表大会常务委员会第十次会议《关于修改部分法律的决定》第一次修正 根据2017年9月1日第十二届全国人民代表大会常务委员会第二十九次会议《关于修改〈中华人民共和国法官法〉等八部法律的决定》第二次修正 2021年1月22日第十三届全国人民代表大会常务委员会第二十五次会议修订）

目 录

第一章 总 则
第二章 行政处罚的种类和设定
第三章 行政处罚的实施机关
第四章 行政处罚的管辖和适用
第五章 行政处罚的决定
　第一节 一般规定
　第二节 简易程序
　第三节 普通程序
　第四节 听证程序
第六章 行政处罚的执行
第七章 法律责任
第八章 附 则

第一章 总 则

第一条 为了规范行政处罚的设定和实施，保障和监督行政机关有效实施行政管理，维护公共利益和社会秩序，保护公民、法人或者其他组织的合法权益，根据宪法，制定本法。

第二条 行政处罚是指行政机关依法对违反行政管理秩序的公民、法人或者其他组织，以减损权益或者增加义务的方式予以惩戒的行为。

第三条 行政处罚的设定和实施，适用本法。

第四条 公民、法人或者其他组织违反行政管理秩序的行为，应当给予行政处罚的，依照本法由法律、法规、规章规定，并由行政机关依照本法规定的程序实施。

第五条 行政处罚遵循公正、公开的原则。

设定和实施行政处罚必须以事实为依据，与违法行为的事实、性质、情节以及社会危害程度相当。

对违法行为给予行政处罚的规定必须公布；未经公布的，不得作为行政处罚的依据。

第六条 实施行政处罚，纠正违法行为，应当坚持处罚与教育相结合，教育公民、法人或者其他组织自觉守法。

第七条 公民、法人或者其他组织对行政机关所给予的行政处罚，享有陈述权、申辩权；对行政处罚不服的，有权依法申请行政复议或者提起行政诉讼。

公民、法人或者其他组织因行政机关违法给予行政处罚受到损害的，有权依法提出赔偿要求。

第八条 公民、法人或者其他组织因违法行为受到行政处罚，其违法行为对他人造成损害的，应当依法承担民事责任。

违法行为构成犯罪，应当依法追究刑事责任的，不得以行政处罚代替刑事处罚。

第二章 行政处罚的种类和设定

第九条 行政处罚的种类：

（一）警告、通报批评；

（二）罚款、没收违法所得、没收非法财物；

（三）暂扣许可证件、降低资质等级、吊销许可证件；

（四）限制开展生产经营活动、责令停产停业、责令关闭、限制从业；

（五）行政拘留；

（六）法律、行政法规规定的其他行政处罚。

第十条 法律可以设定各种行政处罚。

限制人身自由的行政处罚，只能由法律设定。

第十一条 行政法规可以设定除限制人身自由以外的行政处罚。

法律对违法行为已经作出行政处罚规定，行政法规需要作出具体规定的，必须在法律规定的给予行政处罚的行为、种类和幅度的范围内规定。

法律对违法行为未作出行政处罚规定，行政法规为实施法律，可以补充设定行政处罚。拟补充设定行政处罚的，应当通过听证会、论证会等形式广泛听取意见，并向制定机关作出书面说明。行政法规报送备案时，应当说明补充设定行政处罚的情况。

第十二条 地方性法规可以设定除限制人身自由、吊销营业执照以外的行政处罚。

法律、行政法规对违法行为已经作出行政处罚规定，地方性法规需要作出具体规定的，必须在法律、行政法规规定的给予行政处罚的行为、种类和幅度的范围内规定。

法律、行政法规对违法行为未作出行政处罚规定，地方性法规为实施法律、行政法规，可以补充设定行政处罚。拟补充设定行政处罚的，应当通过听证会、论证会等形式广泛听取意见，并向制定机关作出书面说明。地方性法规报送备案时，应当说明补充设定行政处罚的情况。

第十三条 国务院部门规章可以在法律、行政法规规定的给予行政处罚的行为、种类和幅度的范围内作出具体规定。

尚未制定法律、行政法规的，国务院部门规章对违反行政管理秩序的行为，可以设定警告、通报批评或者一定数额罚款的行政处罚。罚款的限额由国务院规定。

第十四条 地方政府规章可以在法律、法规规定的给予行政处罚的行为、种类和幅度的范围内作出具体规定。

尚未制定法律、法规的，地方政府规章对违反行政管理秩序的行为，可以设定警告、通报批评或者一定数额罚款的行政处罚。罚款的限额由省、自治区、直辖市人民代表大会常务委员会规定。

第十五条 国务院部门和省、自治区、直辖市人民政府及其有关部门应当定期组织评估行政处罚的实施情况和必要性，对不适当的行政处罚事项及种类、罚款数额等，应当提出修改或者废止的建议。

第十六条 除法律、法规、规章外，其他规范性文件不得设定行政处罚。

第三章 行政处罚的实施机关

第十七条 行政处罚由具有行政处罚权的

行政机关在法定职权范围内实施。

第十八条 国家在城市管理、市场监管、生态环境、文化市场、交通运输、应急管理、农业等领域推行建立综合行政执法制度，相对集中行政处罚权。

国务院或者省、自治区、直辖市人民政府可以决定一个行政机关行使有关行政机关的行政处罚权。

限制人身自由的行政处罚权只能由公安机关和法律规定的其他机关行使。

第十九条 法律、法规授权的具有管理公共事务职能的组织可以在法定授权范围内实施行政处罚。

第二十条 行政机关依照法律、法规、规章的规定，可以在其法定权限内书面委托符合本法第二十一条规定条件的组织实施行政处罚。行政机关不得委托其他组织或者个人实施行政处罚。

委托书应当载明委托的具体事项、权限、期限等内容。委托行政机关和受委托组织应当将委托书向社会公布。

委托行政机关对受委托组织实施行政处罚的行为应当负责监督，并对该行为的后果承担法律责任。

受委托组织在委托范围内，以委托行政机关名义实施行政处罚；不得再委托其他组织或者个人实施行政处罚。

第二十一条 受委托组织必须符合以下条件：

（一）依法成立并具有管理公共事务职能；

（二）有熟悉有关法律、法规、规章和业务并取得行政执法资格的工作人员；

（三）需要进行技术检查或者技术鉴定的，应当有条件组织进行相应的技术检查或者技术鉴定。

第四章 行政处罚的管辖和适用

第二十二条 行政处罚由违法行为发生地的行政机关管辖。法律、行政法规、部门规章另有规定的，从其规定。

第二十三条 行政处罚由县级以上地方人民政府具有行政处罚权的行政机关管辖。法律、行政法规另有规定的，从其规定。

第二十四条 省、自治区、直辖市根据当地实际情况，可以决定将基层管理迫切需要的县级人民政府部门的行政处罚权交由能够有效承接的乡镇人民政府、街道办事处行使，并定期组织评估。决定应当公布。

承接行政处罚权的乡镇人民政府、街道办事处应当加强执法能力建设，按照规定范围、依照法定程序实施行政处罚。

有关地方人民政府及其部门应当加强组织协调、业务指导、执法监督，建立健全行政处罚协调配合机制，完善评议、考核制度。

第二十五条 两个以上行政机关都有管辖权的，由最先立案的行政机关管辖。

对管辖发生争议的，应当协商解决，协商不成的，报请共同的上一级行政机关指定管辖；也可以直接由共同的上一级行政机关指定管辖。

第二十六条 行政机关因实施行政处罚的需要，可以向有关机关提出协助请求。协助事项属于被请求机关职权范围内的，应当依法予以协助。

第二十七条 违法行为涉嫌犯罪的，行政机关应当及时将案件移送司法机关，依法追究刑事责任。对依法不需要追究刑事责任或者免予刑事处罚，但应当给予行政处罚的，司法机关应当及时将案件移送有关行政机关。

行政处罚实施机关与司法机关之间应当加强协调配合，建立健全案件移送制度，加强证据材料移交、接收衔接，完善案件处理信息通报机制。

第二十八条 行政机关实施行政处罚时，应当责令当事人改正或者限期改正违法行为。

当事人有违法所得，除依法应当退赔的外，应当予以没收。违法所得是指实施违法行为所取得的款项。法律、行政法规、部门规章对违法所得的计算另有规定的，从其规定。

第二十九条 对当事人的同一个违法行为，不得给予两次以上罚款的行政处罚。同一个违法行为违反多个法律规范应当给予罚款处罚的，按照罚款数额高的规定处罚。

第三十条 不满十四周岁的未成年人有违法行为的，不予行政处罚，责令监护人加以管教；已满十四周岁不满十八周岁的未成年人有违法行为的，应当从轻或者减轻行政处罚。

第三十一条 精神病人、智力残疾人在不能辨认或者不能控制自己行为时有违法行为的，不予行政处罚，但应当责令其监护人严加看管和治疗。间歇性精神病人在精神正常时有违法行为的，应当给予行政处罚。尚未完全丧失辨认或者控制自己行为能力的精神病人、智力残疾人有违法行为的，可以从轻或者减轻行政处罚。

第三十二条 当事人有下列情形之一，应当从轻或者减轻行政处罚：

（一）主动消除或者减轻违法行为危害后果的；

（二）受他人胁迫或者诱骗实施违法行为的；

（三）主动供述行政机关尚未掌握的违法行为的；

（四）配合行政机关查处违法行为有立功表现的；

（五）法律、法规、规章规定其他应当从轻或者减轻行政处罚的。

第三十三条 违法行为轻微并及时改正，没有造成危害后果的，不予行政处罚。初次违法且危害后果轻微并及时改正的，可以不予行政处罚。

当事人有证据足以证明没有主观过错的，不予行政处罚。法律、行政法规另有规定的，从其规定。

对当事人的违法行为依法不予行政处罚的，行政机关应当对当事人进行教育。

第三十四条 行政机关可以依法制定行政处罚裁量基准，规范行使行政处罚裁量权。行政处罚裁量基准应当向社会公布。

第三十五条 违法行为构成犯罪，人民法院判处拘役或者有期徒刑时，行政机关已经给予当事人行政拘留的，应当依法折抵相应刑期。

违法行为构成犯罪，人民法院判处罚金时，行政机关已经给予当事人罚款的，应当折抵相应罚金；行政机关尚未给予当事人罚款的，不再给予罚款。

第三十六条 违法行为在二年内未被发现的，不再给予行政处罚；涉及公民生命健康安全、金融安全且有危害后果的，上述期限延长至五年。法律另有规定的除外。

前款规定的期限，从违法行为发生之日起计算；违法行为有连续或者继续状态的，从行为终了之日起计算。

第三十七条 实施行政处罚，适用违法行为发生时的法律、法规、规章的规定。但是，作出行政处罚决定时，法律、法规、规章已被修改或者废止，且新的规定处罚较轻或者不认为是违法的，适用新的规定。

第三十八条 行政处罚没有依据或者实施主体不具有行政主体资格的，行政处罚无效。

违反法定程序构成重大且明显违法的，行政处罚无效。

第五章　行政处罚的决定

第一节　一般规定

第三十九条 行政处罚的实施机关、立案依据、实施程序和救济渠道等信息应当公示。

第四十条 公民、法人或者其他组织违反行政管理秩序的行为，依法应当给予行政处罚的，行政机关必须查明事实；违法事实不清、证据不足的，不得给予行政处罚。

第四十一条 行政机关依照法律、行政法规规定利用电子技术监控设备收集、固定违法事实的，应当经过法制和技术审核，确保电子技术监控设备符合标准、设置合理、标志明显，设置地点应当向社会公布。

电子技术监控设备记录违法事实应当真实、清晰、完整、准确。行政机关应当审核记录内容是否符合要求；未经审核或者经审核不符合要求的，不得作为行政处罚的证据。

行政机关应当及时告知当事人违法事实，并采取信息化手段或者其他措施，为当事人查询、陈述和申辩提供便利。不得限制或者变相限制当事人享有的陈述权、申辩权。

第四十二条 行政处罚应当由具有行政执法资格的执法人员实施。执法人员不得少于两人，法律另有规定的除外。

执法人员应当文明执法，尊重和保护当事人合法权益。

第四十三条 执法人员与案件有直接利害关系或者有其他关系可能影响公正执法的，应当回避。

当事人认为执法人员与案件有直接利害关系或者有其他关系可能影响公正执法的，有权申请回避。

当事人提出回避申请的，行政机关应当依法审查，由行政机关负责人决定。决定作出之前，不停止调查。

第四十四条 行政机关在作出行政处罚决定之前，应当告知当事人拟作出的行政处罚内容及事实、理由、依据，并告知当事人依法享有的陈述、申辩、要求听证等权利。

第四十五条 当事人有权进行陈述和申辩。行政机关必须充分听取当事人的意见，对当事人提出的事实、理由和证据，应当进行复核；当事人提出的事实、理由或者证据成立的，行政机关应当采纳。

行政机关不得因当事人陈述、申辩而给予更重的处罚。

第四十六条 证据包括：

（一）书证；

（二）物证；

（三）视听资料；

（四）电子数据；

（五）证人证言；

（六）当事人的陈述；

（七）鉴定意见；

（八）勘验笔录、现场笔录。

证据必须经查证属实，方可作为认定案件事实的根据。

以非法手段取得的证据，不得作为认定案件事实的根据。

第四十七条 行政机关应当依法以文字、音像等形式，对行政处罚的启动、调查取证、审核、决定、送达、执行等进行全过程记录，归档保存。

第四十八条 具有一定社会影响的行政处罚决定应当依法公开。

公开的行政处罚决定被依法变更、撤销、确认违法或者确认无效的，行政机关应当在三日内撤回行政处罚决定信息并公开说明理由。

第四十九条 发生重大传染病疫情等突发事件，为了控制、减轻和消除突发事件引起的社会危害，行政机关对违反突发事件应对措施的行为，依法快速、从重处罚。

第五十条 行政机关及其工作人员对实施行政处罚过程中知悉的国家秘密、商业秘密或者个人隐私，应当依法予以保密。

第二节 简易程序

第五十一条 违法事实确凿并有法定依据，对公民处以二百元以下、对法人或者其他组织处以三千元以下罚款或者警告的行政处罚的，可以当场作出行政处罚决定。法律另有规定的，从其规定。

第五十二条 执法人员当场作出行政处罚决定的，应当向当事人出示执法证件，填写预定格式、编有号码的行政处罚决定书，并当场交付当事人。当事人拒绝签收的，应当在行政处罚决定书上注明。

前款规定的行政处罚决定书应当载明当事人的违法行为，行政处罚的种类和依据、罚款数额、时间、地点，申请行政复议、提起行政诉讼的途径和期限以及行政机关名称，并由执法人员签名或者盖章。

执法人员当场作出的行政处罚决定，应当报所属行政机关备案。

第五十三条 对当场作出的行政处罚决定，当事人应当依照本法第六十七条至第六十九条的规定履行。

第三节 普通程序

第五十四条 除本法第五十一条规定的可以当场作出的行政处罚外，行政机关发现公民、法人或者其他组织有依法应当给予行政处罚的行为的，必须全面、客观、公正地调查，收集有关证据；必要时，依照法律、法规的规定，可以进行检查。

符合立案标准的，行政机关应当及时立案。

第五十五条 执法人员在调查或者进行检查时，应当主动向当事人或者有关人员出示执法证件。当事人或者有关人员有权要求执法人员出示执法证件。执法人员不出示执法证件的，当事人或者有关人员有权拒绝接受调查或者检查。

当事人或者有关人员应当如实回答询问，并协助调查或者检查，不得拒绝或者阻挠。询问或者检查应当制作笔录。

第五十六条 行政机关在收集证据时，可以采取抽样取证的方法；在证据可能灭失或者以后难以取得的情况下，经行政机关负责人批准，可以先行登记保存，并应当在七日内及时作出处理决定，在此期间，当事人或者有关人员不得销毁或者转移证据。

第五十七条 调查终结，行政机关负责人应当对调查结果进行审查，根据不同情况，分别作出如下决定：

（一）确有应受行政处罚的违法行为的，根据情节轻重及具体情况，作出行政处罚决定；

（二）违法行为轻微，依法可以不予行政处罚的，不予行政处罚；

（三）违法事实不能成立的，不予行政处罚；

（四）违法行为涉嫌犯罪的，移送司法机关。

对情节复杂或者重大违法行为给予行政处罚，行政机关负责人应当集体讨论决定。

第五十八条 有下列情形之一，在行政机关负责人作出行政处罚的决定之前，应当由从事行政处罚决定法制审核的人员进行法制审核；未经法制审核或者审核未通过的，不得作出决定：

（一）涉及重大公共利益的；

（二）直接关系当事人或者第三人重大权益，经过听证程序的；

（三）案件情况疑难复杂、涉及多个法律关系的；

（四）法律、法规规定应当进行法制审核的其他情形。

行政机关中初次从事行政处罚决定法制审核的人员，应当通过国家统一法律职业资格考试取得法律职业资格。

第五十九条 行政机关依照本法第五十七条的规定给予行政处罚，应当制作行政处罚决定书。行政处罚决定书应当载明下列事项：

（一）当事人的姓名或者名称、地址；

（二）违反法律、法规、规章的事实和证据；

（三）行政处罚的种类和依据；

（四）行政处罚的履行方式和期限；

（五）申请行政复议、提起行政诉讼的途径和期限；

（六）作出行政处罚决定的行政机关名称和作出决定的日期。

行政处罚决定书必须盖有作出行政处罚决定的行政机关的印章。

第六十条 行政机关应当自行政处罚案件立案之日起九十日内作出行政处罚决定。法律、法规、规章另有规定的，从其规定。

第六十一条 行政处罚决定书应当在宣告后当场交付当事人；当事人不在场的，行政机关应当在七日内依照《中华人民共和国民事诉讼法》的有关规定，将行政处罚决定书送达当事人。

当事人同意并签订确认书的，行政机关可以采用传真、电子邮件等方式，将行政处罚决定书等送达当事人。

第六十二条 行政机关及其执法人员在作出行政处罚决定之前，未依照本法第四十四条、第四十五条的规定向当事人告知拟作出的行政处罚内容及事实、理由、依据，或者拒绝听取当事人的陈述、申辩，不得作出行政处罚决定；当事人明确放弃陈述或者申辩权利的除外。

第四节　听证程序

第六十三条 行政机关拟作出下列行政处罚决定，应当告知当事人有要求听证的权利，当事人要求听证的，行政机关应当组织听证：

（一）较大数额罚款；

（二）没收较大数额违法所得、没收较大价值非法财物；

（三）降低资质等级、吊销许可证件；

（四）责令停产停业、责令关闭、限制从业；

（五）其他较重的行政处罚；

（六）法律、法规、规章规定的其他情形。

当事人不承担行政机关组织听证的费用。

第六十四条 听证应当依照以下程序组织：

（一）当事人要求听证的，应当在行政机关告知后五日内提出；

（二）行政机关应当在举行听证的七日前，通知当事人及有关人员听证的时间、地点；

（三）除涉及国家秘密、商业秘密或者个人隐私依法予以保密外，听证公开举行；

（四）听证由行政机关指定的非本案调查人员主持；当事人认为主持人与本案有直接利害关系的，有权申请回避；

（五）当事人可以亲自参加听证，也可以委托一至二人代理；

（六）当事人及其代理人无正当理由拒不出席听证或者未经许可中途退出听证的，视为放弃听证权利，行政机关终止听证；

（七）举行听证时，调查人员提出当事人违法的事实、证据和行政处罚建议，当事人进行申辩和质证；

（八）听证应当制作笔录。笔录应当交当事人或者其代理人核对无误后签字或者盖章。当事人或者其代理人拒绝签字或者盖章的，由听证主持人在笔录中注明。

第六十五条 听证结束后，行政机关应当根据听证笔录，依照本法第五十七条的规定，作出决定。

第六章 行政处罚的执行

第六十六条 行政处罚决定依法作出后，当事人应当在行政处罚决定书载明的期限内，予以履行。

当事人确有经济困难，需要延期或者分期缴纳罚款的，经当事人申请和行政机关批准，可以暂缓或者分期缴纳。

第六十七条 作出罚款决定的行政机关应当与收缴罚款的机构分离。

除依照本法第六十八条、第六十九条的规定当场收缴的罚款外，作出行政处罚决定的行政机关及其执法人员不得自行收缴罚款。

当事人应当自收到行政处罚决定书之日起十五日内，到指定的银行或者通过电子支付系统缴纳罚款。银行应当收受罚款，并将罚款直接上缴国库。

第六十八条 依照本法第五十一条的规定当场作出行政处罚决定，有下列情形之一，执法人员可以当场收缴罚款：

（一）依法给予一百元以下罚款的；

（二）不当场收缴事后难以执行的。

第六十九条 在边远、水上、交通不便地区，行政机关及其执法人员依照本法第五十一条、第五十七条的规定作出罚款决定后，当事人到指定的银行或者通过电子支付系统缴纳罚款确有困难，经当事人提出，行政机关及其执法人员可以当场收缴罚款。

第七十条 行政机关及其执法人员当场收缴罚款的，必须向当事人出具国务院财政部门或者省、自治区、直辖市人民政府财政部门统一制发的专用票据；不出具财政部门统一制发的专用票据的，当事人有权拒绝缴纳罚款。

第七十一条 执法人员当场收缴的罚款，应当自收缴罚款之日起二日内，交至行政机关；在水上当场收缴的罚款，应当自抵岸之日起二日内交至行政机关；行政机关应当在二日内将罚款缴付指定的银行。

第七十二条 当事人逾期不履行行政处罚决定的，作出行政处罚决定的行政机关可以采取下列措施：

（一）到期不缴纳罚款的，每日按罚款数额的百分之三加处罚款，加处罚款的数额不得超出罚款的数额；

（二）根据法律规定，将查封、扣押的财物拍卖、依法处理或者将冻结的存款、汇款划拨抵缴罚款；

（三）根据法律规定，采取其他行政强制执行方式；

（四）依照《中华人民共和国行政强制法》的规定申请人民法院强制执行。

行政机关批准延期、分期缴纳罚款的，申请人民法院强制执行的期限，自暂缓或者分期缴纳罚款期限结束之日起计算。

第七十三条 当事人对行政处罚决定不服，申请行政复议或者提起行政诉讼的，行政处罚不停止执行，法律另有规定的除外。

当事人对限制人身自由的行政处罚决定不服，申请行政复议或者提起行政诉讼的，可以向作出决定的机关提出暂缓执行申请。符合法律规定情形的，应当暂缓执行。

当事人申请行政复议或者提起行政诉讼的，加处罚款的数额在行政复议或者行政诉讼期间不予计算。

第七十四条 除依法应当予以销毁的物品外，依法没收的非法财物必须按照国家规定公开拍卖或者按照国家有关规定处理。

罚款、没收的违法所得或者没收非法财物拍卖的款项，必须全部上缴国库，任何行政机关或者个人不得以任何形式截留、私分或者变相私分。

罚款、没收的违法所得或者没收非法财物拍卖的款项，不得同作出行政处罚决定的行政机关及其工作人员的考核、考评直接或者变相挂钩。除依法应当退还、退赔的外，财政部门不得以任何形式向作出行政处罚决定的行政机关返还罚款、没收的违法所得或者没收非法财物拍卖的款项。

第七十五条 行政机关应当建立健全对行政处罚的监督制度。县级以上人民政府应当定期组织开展行政执法评议、考核，加强对行政处罚的监督检查，规范和保障行政处罚的实施。

行政机关实施行政处罚应当接受社会监督。公民、法人或者其他组织对行政机关实施行政处罚的行为，有权申诉或者检举；行政机关应当认真审查，发现有错误的，应当主动改正。

第七章　法律责任

第七十六条　行政机关实施行政处罚，有下列情形之一，由上级行政机关或者有关机关责令改正，对直接负责的主管人员和其他直接责任人员依法给予处分：

（一）没有法定的行政处罚依据的；

（二）擅自改变行政处罚种类、幅度的；

（三）违反法定的行政处罚程序的；

（四）违反本法第二十条关于委托处罚的规定的；

（五）执法人员未取得执法证件的。

行政机关对符合立案标准的案件不及时立案的，依照前款规定予以处理。

第七十七条　行政机关对当事人进行处罚不使用罚款、没收财物单据或者使用非法定部门制发的罚款、没收财物单据的，当事人有权拒绝，并有权予以检举，由上级行政机关或者有关机关对使用的非法单据予以收缴销毁，对直接负责的主管人员和其他直接责任人员依法给予处分。

第七十八条　行政机关违反本法第六十七条的规定自行收缴罚款的，财政部门违反本法第七十四条的规定向行政机关返还罚款、没收的违法所得或者拍卖款项的，由上级行政机关或者有关机关责令改正，对直接负责的主管人员和其他直接责任人员依法给予处分。

第七十九条　行政机关截留、私分或者变相私分罚款、没收的违法所得或者财物的，由财政部门或者有关机关予以追缴，对直接负责的主管人员和其他直接责任人员依法给予处分；情节严重构成犯罪的，依法追究刑事责任。

执法人员利用职务上的便利，索取或者收受他人财物、将收缴罚款据为己有，构成犯罪的，依法追究刑事责任；情节轻微不构成犯罪的，依法给予处分。

第八十条　行政机关使用或者损毁查封、扣押的财物，对当事人造成损失的，应当依法予以赔偿，对直接负责的主管人员和其他直接责任人员依法给予处分。

第八十一条　行政机关违法实施检查措施或者执行措施，给公民人身或者财产造成损害、给法人或者其他组织造成损失的，应当依法予以赔偿，对直接负责的主管人员和其他直接责任人员依法给予处分；情节严重构成犯罪的，依法追究刑事责任。

第八十二条　行政机关对应当依法移交司法机关追究刑事责任的案件不移交，以行政处罚代替刑事处罚，由上级行政机关或者有关机关责令改正，对直接负责的主管人员和其他直接责任人员依法给予处分；情节严重构成犯罪的，依法追究刑事责任。

第八十三条　行政机关对应当予以制止和处罚的违法行为不予制止、处罚，致使公民、法人或者其他组织的合法权益、公共利益和社会秩序遭受损害的，对直接负责的主管人员和其他直接责任人员依法给予处分；情节严重构成犯罪的，依法追究刑事责任。

第八章　附　则

第八十四条　外国人、无国籍人、外国组织在中华人民共和国领域内有违法行为，应当给予行政处罚的，适用本法，法律另有规定的除外。

第八十五条　本法中“二日”“三日”“五日”“七日”的规定是指工作日，不含法定节假日。

第八十六条　本法自2021年7月15日起施行。

中华人民共和国道路交通安全法

（2003年10月28日第十届全国人民代表大会常务委员会第五次会议通过
根据2007年12月29日第十届全国人民代表大会常务委员会第三十一次会议《关于修改〈中华人民共和国道路交通安全法〉的决定》第一次修正
根据2011年4月22日第十一届全国人民代表大会常务委员会第二十次会议《关于修改〈中华人民共和国道路交通安全法〉的决定》第二次修正
根据2021年4月29日第十三届全国人民代表大会常务委员会第二十八次会议《关于修改〈中华人民共和国道路交通安全法〉等八部法律的决定》第三次修正）

目　录

第一章　总　则
第二章　车辆和驾驶人
　第一节　机动车、非机动车
　第二节　机动车驾驶人
第三章　道路通行条件
第四章　道路通行规定
　第一节　一般规定
　第二节　机动车通行规定
　第三节　非机动车通行规定
　第四节　行人和乘车人通行规定
　第五节　高速公路的特别规定
第五章　交通事故处理
第六章　执法监督
第七章　法律责任
第八章　附　则

第一章　总　则

第一条　为了维护道路交通秩序，预防和减少交通事故，保护人身安全，保护公民、法人和其他组织的财产安全及其他合法权益，提高通行效率，制定本法。

第二条　中华人民共和国境内的车辆驾驶人、行人、乘车人以及与道路交通活动有关的单位和个人，都应当遵守本法。

第三条　道路交通安全工作，应当遵循依法管理、方便群众的原则，保障道路交通有序、安全、畅通。

第四条　各级人民政府应当保障道路交通安全管理工作与经济建设和社会发展相适应。

县级以上地方各级人民政府应当适应道路交通发展的需要，依据道路交通安全法律、法规和国家有关政策，制定道路交通安全管理规划，并组织实施。

第五条　国务院公安部门负责全国道路交通安全管理工作。县级以上地方各级人民政府公安机关交通管理部门负责本行政区域内的道路交通安全管理工作。

县级以上各级人民政府交通、建设管理部门依据各自职责，负责有关的道路交通工作。

第六条　各级人民政府应当经常进行道路交通安全教育，提高公民的道路交通安全意识。

公安机关交通管理部门及其交通警察执行职务时，应当加强道路交通安全法律、法规的宣传，并模范遵守道路交通安全法律、法规。

机关、部队、企业事业单位、社会团体以及其他组织，应当对本单位的人员进行道路交通安全教育。

教育行政部门、学校应当将道路交通安全教育纳入法制教育的内容。

新闻、出版、广播、电视等有关单位，有进行道路交通安全教育的义务。

第七条　对道路交通安全管理工作，应当加强科学研究，推广、使用先进的管理方法、技术、设备。

第二章　车辆和驾驶人

第一节　机动车、非机动车

第八条　国家对机动车实行登记制度。机动车经公安机关交通管理部门登记后，方可上道路行驶。尚未登记的机动车，需要临时上道路行驶的，应当取得临时通行牌证。

第九条 申请机动车登记，应当提交以下证明、凭证：

（一）机动车所有人的身份证明；

（二）机动车来历证明；

（三）机动车整车出厂合格证明或者进口机动车进口凭证；

（四）车辆购置税的完税证明或者免税凭证；

（五）法律、行政法规规定应当在机动车登记时提交的其他证明、凭证。

公安机关交通管理部门应当自受理申请之日起五个工作日内完成机动车登记审查工作，对符合前款规定条件的，应当发放机动车登记证书、号牌和行驶证；对不符合前款规定条件的，应当向申请人说明不予登记的理由。

公安机关交通管理部门以外的任何单位或者个人不得发放机动车号牌或者要求机动车悬挂其他号牌，本法另有规定的除外。

机动车登记证书、号牌、行驶证的式样由国务院公安部门规定并监制。

第十条 准予登记的机动车应当符合机动车国家安全技术标准。申请机动车登记时，应当接受对该机动车的安全技术检验。但是，经国家机动车产品主管部门依据机动车国家安全技术标准认定的企业生产的机动车型，该车型的新车在出厂时经检验符合机动车国家安全技术标准，获得检验合格证的，免予安全技术检验。

第十一条 驾驶机动车上道路行驶，应当悬挂机动车号牌，放置检验合格标志、保险标志，并随车携带机动车行驶证。

机动车号牌应当按照规定悬挂并保持清晰、完整，不得故意遮挡、污损。

任何单位和个人不得收缴、扣留机动车号牌。

第十二条 有下列情形之一的，应当办理相应的登记：

（一）机动车所有权发生转移的；

（二）机动车登记内容变更的；

（三）机动车用作抵押的；

（四）机动车报废的。

第十三条 对登记后上道路行驶的机动车，应当依照法律、行政法规的规定，根据车辆用途、载客载货数量、使用年限等不同情况，定期进行安全技术检验。对提供机动车行驶证和机动车第三者责任强制保险单的，机动车安全技术检验机构应当予以检验，任何单位不得附加其他条件。对符合机动车国家安全技术标准的，公安机关交通管理部门应当发给检验合格标志。

对机动车的安全技术检验实行社会化。具体办法由国务院规定。

机动车安全技术检验实行社会化的地方，任何单位不得要求机动车到指定的场所进行检验。

公安机关交通管理部门、机动车安全技术检验机构不得要求机动车到指定的场所进行维修、保养。

机动车安全技术检验机构对机动车检验收取费用，应当严格执行国务院价格主管部门核定的收费标准。

第十四条 国家实行机动车强制报废制度，根据机动车的安全技术状况和不同用途，规定不同的报废标准。

应当报废的机动车必须及时办理注销登记。

达到报废标准的机动车不得上道路行驶。报废的大型客、货车及其他营运车辆应当在公安机关交通管理部门的监督下解体。

第十五条 警车、消防车、救护车、工程救险车应当按照规定喷涂标志图案，安装警报器、标志灯具。其他机动车不得喷涂、安装、使用上述车辆专用的或者与其相类似的标志图案、警报器或者标志灯具。

警车、消防车、救护车、工程救险车应当严格按照规定的用途和条件使用。

公路监督检查的专用车辆，应当依照公路法的规定，设置统一的标志和示警灯。

第十六条 任何单位或者个人不得有下列行为：

（一）拼装机动车或者擅自改变机动车已登记的结构、构造或者特征；

（二）改变机动车型号、发动机号、车架号或者车辆识别代号；

（三）伪造、变造或者使用伪造、变造的机动车登记证书、号牌、行驶证、检验合格标志、保险标志；

（四）使用其他机动车的登记证书、号牌、行驶证、检验合格标志、保险标志。

第十七条 国家实行机动车第三者责任强制保险制度，设立道路交通事故社会救助基金。具体办法由国务院规定。

第十八条 依法应当登记的非机动车，经公安机关交通管理部门登记后，方可上道路行驶。

依法应当登记的非机动车的种类，由省、自治区、直辖市人民政府根据当地实际情况规定。

非机动车的外形尺寸、质量、制动器、车铃和夜间反光装置，应当符合非机动车安全技术标准。

第二节 机动车驾驶人

第十九条 驾驶机动车，应当依法取得机动车驾驶证。

申请机动车驾驶证，应当符合国务院公安部门规定的驾驶许可条件；经考试合格后，由公安机关交通管理部门发给相应类别的机动车驾驶证。

持有境外机动车驾驶证的人，符合国务院公安部门规定的驾驶许可条件，经公安机关交通管理部门考核合格的，可以发给中国的机动车驾驶证。

驾驶人应当按照驾驶证载明的准驾车型驾驶机动车；驾驶机动车时，应当随身携带机动车驾驶证。

公安机关交通管理部门以外的任何单位或者个人，不得收缴、扣留机动车驾驶证。

第二十条 机动车的驾驶培训实行社会化，由交通运输主管部门对驾驶培训学校、驾驶培训班实行备案管理，并对驾驶培训活动加强监督，其中专门的拖拉机驾驶培训学校、驾驶培训班由农业（农业机械）主管部门实行监督管理。

驾驶培训学校、驾驶培训班应当严格按照国家有关规定，对学员进行道路交通安全法律、法规、驾驶技能的培训，确保培训质量。

任何国家机关以及驾驶培训和考试主管部门不得举办或者参与举办驾驶培训学校、驾驶培训班。

第二十一条 驾驶人驾驶机动车上道路行驶前，应当对机动车的安全技术性能进行认真检查；不得驾驶安全设施不全或者机件不符合技术标准等具有安全隐患的机动车。

第二十二条 机动车驾驶人应当遵守道路交通安全法律、法规的规定，按照操作规范安全驾驶、文明驾驶。

饮酒、服用国家管制的精神药品或者麻醉药品，或者患有妨碍安全驾驶机动车的疾病，或者过度疲劳影响安全驾驶的，不得驾驶机动车。

任何人不得强迫、指使、纵容驾驶人违反道路交通安全法律、法规和机动车安全驾驶要求驾驶机动车。

第二十三条 公安机关交通管理部门依照法律、行政法规的规定，定期对机动车驾驶证实施审验。

第二十四条 公安机关交通管理部门对机动车驾驶人违反道路交通安全法律、法规的行为，除依法给予行政处罚外，实行累积记分制度。公安机关交通管理部门对累积记分达到规定分值的机动车驾驶人，扣留机动车驾驶证，对其进行道路交通安全法律、法规教育，重新考试；考试合格的，发还其机动车驾驶证。

对遵守道路交通安全法律、法规，在一年内无累积记分的机动车驾驶人，可以延长机动车驾驶证的审验期。具体办法由国务院公安部门规定。

第三章 道路通行条件

第二十五条 全国实行统一的道路交通信号。

交通信号包括交通信号灯、交通标志、交通标线和交通警察的指挥。

交通信号灯、交通标志、交通标线的设置应当符合道路交通安全、畅通的要求和国家标准，并保持清晰、醒目、准确、完好。

根据通行需要，应当及时增设、调换、更新道路交通信号。增设、调换、更新限制性的道路交通信号，应当提前向社会公告，广泛进行宣传。

第二十六条 交通信号灯由红灯、绿灯、黄灯组成。红灯表示禁止通行，绿灯表示准许通行，黄灯表示警示。

第二十七条 铁路与道路平面交叉的道口，应当设置警示灯、警示标志或者安全防护设施。无人看守的铁路道口，应当在距道口一定距离处设置警示标志。

第二十八条 任何单位和个人不得擅自设置、移动、占用、损毁交通信号灯、交通标志、交通标线。

道路两侧及隔离带上种植的树木或者其他植物，设置的广告牌、管线等，应当与交通设施保持必要的距离，不得遮挡路灯、交通信号灯、交通标志，不得妨碍安全视距，不得影响通行。

第二十九条 道路、停车场和道路配套设施的规划、设计、建设，应当符合道路交通安全、畅通的要求，并根据交通需求及时调整。

公安机关交通管理部门发现已经投入使用的道路存在交通事故频发路段，或者停车场、道路配套设施存在交通安全严重隐患的，应当及时向当地人民政府报告，并提出防范交通事故、消除隐患的建议，当地人民政府应当及时作出处理决定。

第三十条 道路出现坍塌、坑漕、水毁、隆起等损毁或者交通信号灯、交通标志、交通标线等交通设施损毁、灭失的，道路、交通设施的养护部门或者管理部门应当设置警示标志并及时修复。

公安机关交通管理部门发现前款情形，危及交通安全，尚未设置警示标志的，应当及时采取安全措施，疏导交通，并通知道路、交通设施的养护部门或者管理部门。

第三十一条 未经许可，任何单位和个人不得占用道路从事非交通活动。

第三十二条 因工程建设需要占用、挖掘道路，或者跨越、穿越道路架设、增设管线设施，应当事先征得道路主管部门的同意；影响交通安全的，还应当征得公安机关交通管理部门的同意。

施工作业单位应当在经批准的路段和时间内施工作业，并在距离施工作业地点来车方向安全距离处设置明显的安全警示标志，采取防护措施；施工作业完毕，应当迅速清除道路上的障碍物，消除安全隐患，经道路主管部门和公安机关交通管理部门验收合格，符合通行要求后，方可恢复通行。

对未中断交通的施工作业道路，公安机关交通管理部门应当加强交通安全监督检查，维护道路交通秩序。

第三十三条 新建、改建、扩建的公共建筑、商业街区、居住区、大（中）型建筑等，应当配建、增建停车场；停车泊位不足的，应当及时改建或者扩建；投入使用的停车场不得擅自停止使用或者改作他用。

在城市道路范围内，在不影响行人、车辆通行的情况下，政府有关部门可以施划停车泊位。

第三十四条 学校、幼儿园、医院、养老院门前的道路没有行人过街设施的，应当施划人行横道线，设置提示标志。

城市主要道路的人行道，应当按照规划设置盲道。盲道的设置应当符合国家标准。

第四章 道路通行规定

第一节 一般规定

第三十五条 机动车、非机动车实行右侧通行。

第三十六条 根据道路条件和通行需要，道路划分为机动车道、非机动车道和人行道的，机动车、非机动车、行人实行分道通行。没有划分机动车道、非机动车道和人行道的，机动车在道路中间通行，非机动车和行人在道路两侧通行。

第三十七条 道路划设专用车道的，在专用车道内，只准许规定的车辆通行，其他车辆不得进入专用车道内行驶。

第三十八条 车辆、行人应当按照交通信号通行；遇有交通警察现场指挥时，应当按照交通警察的指挥通行；在没有交通信号的道路上，应当在确保安全、畅通的原则下通行。

第三十九条 公安机关交通管理部门根据道路和交通流量的具体情况，可以对机动车、非机动车、行人采取疏导、限制通行、禁止通行等措施。遇有大型群众性活动、大范围施工等情况，需要采取限制交通的措施，或者作出与公众的道路交通活动直接有关的决定，应当提前向社会公告。

第四十条 遇有自然灾害、恶劣气象条件或者重大交通事故等严重影响交通安全的情形，采取其他措施难以保证交通安全时，公安机关交通管理部门可以实行交通管制。

第四十一条 有关道路通行的其他具体规定，由国务院规定。

第二节 机动车通行规定

第四十二条 机动车上道路行驶，不得超过限速标志标明的最高时速。在没有限速标志的路段，应当保持安全车速。

夜间行驶或者在容易发生危险的路段行驶，以及遇有沙尘、冰雹、雨、雪、雾、结冰等气象条件时，应当降低行驶速度。

第四十三条 同车道行驶的机动车，后车应当与前车保持足以采取紧急制动措施的安全距离。有下列情形之一的，不得超车：

（一）前车正在左转弯、掉头、超车的；

（二）与对面来车有会车可能的；

（三）前车为执行紧急任务的警车、消防车、救护车、工程救险车的；

（四）行经铁路道口、交叉路口、窄桥、弯道、陡坡、隧道、人行横道、市区交通流量大的路段等没有超车条件的。

第四十四条 机动车通过交叉路口，应当按照交通信号灯、交通标志、交通标线或者交通警察的指挥通过；通过没有交通信号灯、交通标志、交通标线或者交通警察指挥的交叉路口时，应当减速慢行，并让行人和优先通行的车辆先行。

第四十五条 机动车遇有前方车辆停车排队等候或者缓慢行驶时，不得借道超车或者占用对面车道，不得穿插等候的车辆。

在车道减少的路段、路口，或者在没有交通信号灯、交通标志、交通标线或者交通警察指挥的交叉路口遇到停车排队等候或者缓慢行驶时，机动车应当依次交替通行。

第四十六条 机动车通过铁路道口时，应当按照交通信号或者管理人员的指挥通行；没有交通信号或者管理人员的，应当减速或者停车，在确认安全后通过。

第四十七条 机动车行经人行横道时，应当减速行驶；遇行人正在通过人行横道，应当停车让行。

机动车行经没有交通信号的道路时，遇行人横过道路，应当避让。

第四十八条 机动车载物应当符合核定的载质量，严禁超载；载物的长、宽、高不得违反装载要求，不得遗洒、飘散载运物。

机动车运载超限的不可解体的物品，影响交通安全的，应当按照公安机关交通管理部门指定的时间、路线、速度行驶，悬挂明显标志。在公路上运载超限的不可解体的物品，并应当依照公路法的规定执行。

机动车载运爆炸物品、易燃易爆化学物品以及剧毒、放射性等危险物品，应当经公安机关批准后，按指定的时间、路线、速度行驶，悬挂警示标志并采取必要的安全措施。

第四十九条 机动车载人不得超过核定的人数，客运机动车不得违反规定载货。

第五十条 禁止货运机动车载客。

货运机动车需要附载作业人员的，应当设置保护作业人员的安全措施。

第五十一条 机动车行驶时，驾驶人、乘坐人员应当按规定使用安全带，摩托车驾驶人及乘坐人员应当按规定戴安全头盔。

第五十二条 机动车在道路上发生故障，需要停车排除故障时，驾驶人应当立即开启危险报警闪光灯，将机动车移至不妨碍交通的地方停放；难以移动的，应当持续开启危险报警闪光灯，并在来车方向设置警告标志等措施扩大示警距离，必要时迅速报警。

第五十三条 警车、消防车、救护车、工程救险车执行紧急任务时，可以使用警报器、标志灯具；在确保安全的前提下，不受行驶路线、行驶方向、行驶速度和信号灯的限制，其他车辆和行人应当让行。

警车、消防车、救护车、工程救险车非执行紧急任务时，不得使用警报器、标志灯具，不享有前款规定的道路优先通行权。

第五十四条 道路养护车辆、工程作业车进行作业时，在不影响过往车辆通行的前提下，其行驶路线和方向不受交通标志、标线限制，过往车辆和人员应当注意避让。

洒水车、清扫车等机动车应当按照安全作业标准作业；在不影响其他车辆通行的情况下，可以不受车辆分道行驶的限制，但是不得逆向行驶。

第五十五条 高速公路、大中城市中心城区内的道路，禁止拖拉机通行。其他禁止拖拉机通行的道路，由省、自治区、直辖市人民政府根据当地实际情况规定。

在允许拖拉机通行的道路上，拖拉机可以从事货运，但是不得用于载人。

第五十六条 机动车应当在规定地点停放。禁止在人行道上停放机动车；但是，依照本法第三十三条规定施划的停车泊位除外。

在道路上临时停车的，不得妨碍其他车辆和行人通行。

第三节 非机动车通行规定

第五十七条 驾驶非机动车在道路上行驶应当遵守有关交通安全的规定。非机动车应当在非机动车道内行驶；在没有非机动车道的道路上，应当靠车行道的右侧行驶。

第五十八条 残疾人机动轮椅车、电动自行车在非机动车道内行驶时，最高时速不得超过十五公里。

第五十九条 非机动车应当在规定地点停放。未设停放地点的，非机动车停放不得妨碍其他车辆和行人通行。

第六十条 驾驭畜力车，应当使用驯服的牲畜；驾驭畜力车横过道路时，驾驭人应当下车牵引牲畜；驾驭人离开车辆时，应当拴系牲畜。

第四节 行人和乘车人通行规定

第六十一条 行人应当在人行道内行走，没有人行道的靠路边行走。

第六十二条 行人通过路口或者横过道路，应当走人行横道或者过街设施；通过有交通信号灯的人行横道，应当按照交通信号灯指示通行；通过没有交通信号灯、人行横道的路口，或者在没有过街设施的路段横过道路，应当在确认安全后通过。

第六十三条 行人不得跨越、倚坐道路隔离设施，不得扒车、强行拦车或者实施妨碍道路交通安全的其他行为。

第六十四条 学龄前儿童以及不能辨认或者不能控制自己行为的精神疾病患者、智力障碍者在道路上通行，应当由其监护人、监护人委托的人或者对其负有管理、保护职责的人带领。

盲人在道路上通行，应当使用盲杖或者采取其他导盲手段，车辆应当避让盲人。

第六十五条 行人通过铁路道口时，应当按照交通信号或者管理人员的指挥通行；没有交通信号和管理人员的，应当在确认无火车驶临后，迅速通过。

第六十六条 乘车人不得携带易燃易爆等危险物品，不得向车外抛洒物品，不得有影响驾驶人安全驾驶的行为。

第五节 高速公路的特别规定

第六十七条 行人、非机动车、拖拉机、轮式专用机械车、铰接式客车、全挂拖斗车以及其他设计最高时速低于七十公里的机动车，不得进入高速公路。高速公路限速标志标明的最高时速不得超过一百二十公里。

第六十八条 机动车在高速公路上发生故障时，应当依照本法第五十二条的有关规定办理；但是，警告标志应当设置在故障车来车方向一百五十米以外，车上人员应当迅速转移到右侧路肩上或者应急车道内，并且迅速报警。

机动车在高速公路上发生故障或者交通事故，无法正常行驶的，应当由救援车、清障车拖曳、牵引。

第六十九条 任何单位、个人不得在高速公路上拦截检查行驶的车辆，公安机关的人民警察依法执行紧急公务除外。

第五章 交通事故处理

第七十条 在道路上发生交通事故，车辆驾驶人应当立即停车，保护现场；造成人身伤亡的，车辆驾驶人应当立即抢救受伤人员，并迅速报告执勤的交通警察或者公安机关交通管理部门。因抢救受伤人员变动现场的，应当标明位置。乘车人、过往车辆驾驶人、过往行人应当予以协助。

在道路上发生交通事故，未造成人身伤亡，当事人对事实及成因无争议的，可以即行撤离现场，恢复交通，自行协商处理损害赔偿事宜；不即行撤离现场的，应当迅速报告执勤的交通警察或者公安机关交通管理部门。

在道路上发生交通事故，仅造成轻微财产损失，并且基本事实清楚的，当事人应当先撤离现场再进行协商处理。

第七十一条 车辆发生交通事故后逃逸的，事故现场目击人员和其他知情人员应当向公安机关交通管理部门或者交通警察举报。举报属实的，公安机关交通管理部门应当给予奖励。

第七十二条 公安机关交通管理部门接到交通事故报警后，应当立即派交通警察赶赴现场，先组织抢救受伤人员，并采取措施，尽快恢复交通。

交通警察应当对交通事故现场进行勘验、检查，收集证据；因收集证据的需要，可以扣留事故车辆，但是应当妥善保管，以备核查。

对当事人的生理、精神状况等专业性较强的检验，公安机关交通管理部门应当委托专门机构进行鉴定。鉴定结论应当由鉴定人签名。

第七十三条 公安机关交通管理部门应当根据交通事故现场勘验、检查、调查情况和有关的检验、鉴定结论，及时制作交通事故认定书，作为处理交通事故的证据。交通事故认定书应当载明交通事故的基本事实、成因和当事人的责任，并送达当事人。

第七十四条 对交通事故损害赔偿的争议，当事人可以请求公安机关交通管理部门调解，也可以直接向人民法院提起民事诉讼。

经公安机关交通管理部门调解，当事人未达成协议或者调解书生效后不履行的，当事人可以向人民法院提起民事诉讼。

第七十五条 医疗机构对交通事故中的受伤人员应当及时抢救，不得因抢救费用未及时支付而拖延救治。肇事车辆参加机动车第三者责任强制保险的，由保险公司在责任限额范围内支付抢救费用；抢救费用超过责任限额的，未参加机动车第三者责任强制保险或者肇事后逃逸的，由道路交通事故社会救助基金先行垫付部分或者全部抢救费用，道路交通事故社会救助基金管理机构有权向交通事故责任人追偿。

第七十六条 机动车发生交通事故造成人身伤亡、财产损失的，由保险公司在机动车第三者责任强制保险责任限额范围内予以赔偿；不足的部分，按照下列规定承担赔偿责任：

（一）机动车之间发生交通事故的，由有过错的一方承担赔偿责任；双方都有过错的，按照各自过错的比例分担责任。

（二）机动车与非机动车驾驶人、行人之间发生交通事故，非机动车驾驶人、行人没有过错的，由机动车一方承担赔偿责任；有证据证明非机动车驾驶人、行人有过错的，根据过错程度适当减轻机动车一方的赔偿责任；机动车一方没有过错的，承担不超过百分之十的赔偿责任。

交通事故的损失是由非机动车驾驶人、行人故意碰撞机动车造成的，机动车一方不承担赔偿责任。

第七十七条 车辆在道路以外通行时发生的事故，公安机关交通管理部门接到报案的，参照本法有关规定办理。

第六章 执法监督

第七十八条 公安机关交通管理部门应当加强对交通警察的管理，提高交通警察的素质和管理道路交通的水平。

公安机关交通管理部门应当对交通警察进行法制和交通安全管理业务培训、考核。交通警察经考核不合格的，不得上岗执行职务。

第七十九条 公安机关交通管理部门及其交通警察实施道路交通安全管理，应当依据法定的职权和程序，简化办事手续，做到公正、严格、文明、高效。

第八十条 交通警察执行职务时，应当按照规定着装，佩带人民警察标志，持有人民警察证件，保持警容严整，举止端庄，指挥规范。

第八十一条 依照本法发放牌证等收取工本费，应当严格执行国务院价格主管部门核定的收费标准，并全部上缴国库。

第八十二条 公安机关交通管理部门依法实施罚款的行政处罚，应当依照有关法律、行政法规的规定，实施罚款决定与罚款收缴分离；收缴的罚款以及依法没收的违法所得，应当全部上缴国库。

第八十三条 交通警察调查处理道路交通安全违法行为和交通事故，有下列情形之一的，应当回避：

（一）是本案的当事人或者当事人的近亲属；

（二）本人或者其近亲属与本案有利害关系；

（三）与本案当事人有其他关系，可能影响案件的公正处理。

第八十四条 公安机关交通管理部门及其交通警察的行政执法活动，应当接受行政监察机关依法实施的监督。

公安机关督察部门应当对公安机关交通管理部门及其交通警察执行法律、法规和遵守纪律的情况依法进行监督。

上级公安机关交通管理部门应当对下级公安机关交通管理部门的执法活动进行监督。

第八十五条 公安机关交通管理部门及其交通警察执行职务，应当自觉接受社会和公民的监督。

任何单位和个人都有权对公安机关交通管理部门及其交通警察不严格执法以及违法违纪行为进行检举、控告。收到检举、控告的机关，应当依据职责及时查处。

第八十六条 任何单位不得给公安机关交通管理部门下达或者变相下达罚款指标；公安机关交通管理部门不得以罚款数额作为考核交通警察的标准。

公安机关交通管理部门及其交通警察对超越法律、法规规定的指令，有权拒绝执行，并同时向上级机关报告。

第七章 法律责任

第八十七条 公安机关交通管理部门及其交通警察对道路交通安全违法行为，应当及时纠正。

公安机关交通管理部门及其交通警察应当依据事实和本法的有关规定对道路交通安全违法行为予以处罚。对于情节轻微，未影响道路通行的，指出违法行为，给予口头警告后放行。

第八十八条 对道路交通安全违法行为的处罚种类包括：警告、罚款、暂扣或者吊销机动车驾驶证、拘留。

第八十九条 行人、乘车人、非机动车驾驶人违反道路交通安全法律、法规关于道路通行规定的，处警告或者五元以上五十元以下罚款；非机动车驾驶人拒绝接受罚款处罚的，可以扣留其非机动车。

第九十条 机动车驾驶人违反道路交通安全法律、法规关于道路通行规定的，处警告或者二十元以上二百元以下罚款。本法另有规定的，依照规定处罚。

第九十一条 饮酒后驾驶机动车的，处暂扣六个月机动车驾驶证，并处一千元以上二千元以下罚款。因饮酒后驾驶机动车被处罚，再次饮酒后驾驶机动车的，处十日以下拘留，并处一千元以上二千元以下罚款，吊销机动车驾驶证。

醉酒驾驶机动车的，由公安机关交通管理部门约束至酒醒，吊销机动车驾驶证，依法追究刑事责任；五年内不得重新取得机动车驾驶证。

饮酒后驾驶营运机动车的，处十五日拘留，并处五千元罚款，吊销机动车驾驶证，五年内不得重新取得机动车驾驶证。

醉酒驾驶营运机动车的，由公安机关交通管理部门约束至酒醒，吊销机动车驾驶证，依法追究刑事责任；十年内不得重新取得机动车驾驶证，重新取得机动车驾驶证后，不得驾驶营运机动车。

饮酒后或者醉酒驾驶机动车发生重大交通事故，构成犯罪的，依法追究刑事责任，并由公安机关交通管理部门吊销机动车驾驶证，终生不得重新取得机动车驾驶证。

第九十二条 公路客运车辆载客超过额定乘员的，处二百元以上五百元以下罚款；超过额定乘员百分之二十或者违反规定载货的，处五百元以上二千元以下罚款。

货运机动车超过核定载质量的，处二百元以上五百元以下罚款；超过核定载质量百分之三十或者违反规定载客的，处五百元以上二千元以下罚款。

有前两款行为的，由公安机关交通管理部门扣留机动车至违法状态消除。

运输单位的车辆有本条第一款、第二款规定的情形，经处罚不改的，对直接负责的主管人员处二千元以上五千元以下罚款。

第九十三条 对违反道路交通安全法律、法规关于机动车停放、临时停车规定的，可以指出违法行为，并予以口头警告，令其立即驶离。

机动车驾驶人不在现场或者虽在现场但拒绝立即驶离，妨碍其他车辆、行人通行的，处二十元以上二百元以下罚款，并可以将该机动车拖移至不妨碍交通的地点或者公安机关交通管理部门指定的地点停放。公安机关交通管理部门拖车不得向当事人收取费用，并应当及时告知当事人停放地点。

因采取不正确的方法拖车造成机动车损坏的，应当依法承担补偿责任。

第九十四条 机动车安全技术检验机构实施机动车安全技术检验超过国务院价格主管部门核定的收费标准收取费用的，退还多收取的费用，并由价格主管部门依照《中华人民共和国价格法》的有关规定给予处罚。

机动车安全技术检验机构不按照机动车国家安全技术标准进行检验，出具虚假检验结果的，由公安机关交通管理部门处所收检验费用五倍以上十倍以下罚款，并依法撤销其检验资格；构成犯罪的，依法追究刑事责任。

第九十五条 上道路行驶的机动车未悬挂机动车号牌，未放置检验合格标志、保险标志，或者未随车携带行驶证、驾驶证的，公安机关交通管理部门应当扣留机动车，通知当事人提供相应的牌证、标志或者补办相应手续，并可以依照本法第九十条的规定予以处罚。当事人提供相应的牌证、标志或者补办相应手续的，应当及时退还机动车。

故意遮挡、污损或者不按规定安装机动车号牌的，依照本法第九十条的规定予以处罚。

第九十六条 伪造、变造或者使用伪造、变造的机动车登记证书、号牌、行驶证、驾驶证的，由公安机关交通管理部门予以收缴，扣留该机动车，处十五日以下拘留，并处二千元以上五千元以下罚款；构成犯罪的，依法追究刑事责任。

伪造、变造或者使用伪造、变造的检验合格标志、保险标志的，由公安机关交通管理部门予以收缴，扣留该机动车，处十日以下拘留，并处一千元以上三千元以下罚款；构成犯罪的，依法追究刑事责任。

使用其他车辆的机动车登记证书、号牌、行驶证、检验合格标志、保险标志的，由公安机关交通管理部门予以收缴，扣留该机动车，处二千元以上五千元以下罚款。

当事人提供相应的合法证明或者补办相应手续的，应当及时退还机动车。

第九十七条 非法安装警报器、标志灯具的，由公安机关交通管理部门强制拆除，予以收缴，并处二百元以上二千元以下罚款。

第九十八条 机动车所有人、管理人未按照国家规定投保机动车第三者责任强制保险的，由公安机关交通管理部门扣留车辆至依照规定投保后，并处依照规定投保最低责任限额应缴纳的保险费的二倍罚款。

依照前款缴纳的罚款全部纳入道路交通事故社会救助基金。具体办法由国务院规定。

第九十九条 有下列行为之一的，由公安机关交通管理部门处二百元以上二千元以下罚款：

（一）未取得机动车驾驶证、机动车驾驶证被吊销或者机动车驾驶证被暂扣期间驾驶机动车的；

（二）将机动车交由未取得机动车驾驶证或者机动车驾驶证被吊销、暂扣的人驾驶的；

（三）造成交通事故后逃逸，尚不构成犯罪的；

（四）机动车行驶超过规定时速百分之五十的；

（五）强迫机动车驾驶人违反道路交通安全法律、法规和机动车安全驾驶要求驾驶机动车，造成交通事故，尚不构成犯罪的；

（六）违反交通管制的规定强行通行，不听劝阻的；

（七）故意损毁、移动、涂改交通设施，造成危害后果，尚不构成犯罪的；

（八）非法拦截、扣留机动车辆，不听劝阻，造成交通严重阻塞或者较大财产损失的。

行为人有前款第二项、第四项情形之一的，可以并处吊销机动车驾驶证；有第一项、第三项、第五项至第八项情形之一的，可以并处十五日以下拘留。

第一百条 驾驶拼装的机动车或者已达到报废标准的机动车上道路行驶的，公安机关交通管理部门应当予以收缴，强制报废。

对驾驶前款所列机动车上道路行驶的驾驶人，处二百元以上二千元以下罚款，并吊销机动车驾驶证。

出售已达到报废标准的机动车的，没收违法所得，处销售金额等额的罚款，对该机动车依照本条第一款的规定处理。

第一百零一条 违反道路交通安全法律、法规的规定，发生重大交通事故，构成犯罪的，依法追究刑事责任，并由公安机关交通管理部门吊销机动车驾驶证。

造成交通事故后逃逸的，由公安机关交通管理部门吊销机动车驾驶证，且终生不得重新取得机动车驾驶证。

第一百零二条 对六个月内发生二次以上特大交通事故负有主要责任或者全部责任的专业运输单位，由公安机关交通管理部门责令消除安全隐患，未消除安全隐患的机动车，禁止上道路行驶。

第一百零三条 国家机动车产品主管部门未按照机动车国家安全技术标准严格审查，许可不合格机动车型投入生产的，对负有责任的主管人员和其他直接责任人员给予降级或者撤职的行政处分。

机动车生产企业经国家机动车产品主管部门许可生产的机动车型，不执行机动车国家安全技术标准或者不严格进行机动车成品质量检验，致使质量不合格的机动车出厂销售的，由质量技术监督部门依照《中华人民共和国产品质量法》的有关规定给予处罚。

擅自生产、销售未经国家机动车产品主管部门许可生产的机动车型的，没收非法生产、销售的机动车成品及配件，可以并处非法产品价值三倍以上五倍以下罚款；有营业执照的，由工商行政管理部门吊销营业执照，没有营业执照的，予以查封。

生产、销售拼装的机动车或者生产、销售擅自改装的机动车的，依照本条第三款的规定处罚。

有本条第二款、第三款、第四款所列违法行为，生产或者销售不符合机动车国家安全技术标准的机动车，构成犯罪的，依法追究刑事责任。

第一百零四条 未经批准，擅自挖掘道路、占用道路施工或者从事其他影响道路交通安全活动的，由道路主管部门责令停止违法行为，并恢复原状，可以依法给予罚款；致使通行的人员、车辆及其他财产遭受损失的，依法承担赔偿责任。

有前款行为，影响道路交通安全活动的，公安机关交通管理部门可以责令停止违法行为，迅速恢复交通。

第一百零五条 道路施工作业或者道路出现损毁，未及时设置警示标志、未采取防护措施，或者应当设置交通信号灯、交通标志、交通标线而没有设置或者应当及时变更交通信号灯、交通标志、交通标线而没有及时变更，致使通行的人员、车辆及其他财产遭受损失的，负有相关职责的单位应当依法承担赔偿责任。

第一百零六条 在道路两侧及隔离带上种植树木、其他植物或者设置广告牌、管线等，遮挡路灯、交通信号灯、交通标志，妨碍安全视距的，由公安机关交通管理部门责令行为人排除妨碍；拒不执行的，处二百元以上二千元以下罚款，并强制排除妨碍，所需费用由行为人负担。

第一百零七条 对道路交通违法行为人予以警告、二百元以下罚款，交通警察可以当场作出行政处罚决定，并出具行政处罚决定书。

行政处罚决定书应当载明当事人的违法事实、行政处罚的依据、处罚内容、时间、地点以及处罚机关名称，并由执法人员签名或者盖章。

第一百零八条 当事人应当自收到罚款的行政处罚决定书之日起十五日内，到指定的银行缴纳罚款。

对行人、乘车人和非机动车驾驶人的罚款，当事人无异议的，可以当场予以收缴罚款。

罚款应当开具省、自治区、直辖市财政部门统一制发的罚款收据；不出具财政部门统一制发的罚款收据的，当事人有权拒绝缴纳罚款。

第一百零九条 当事人逾期不履行行政处罚决定的，作出行政处罚决定的行政机关可以采取下列措施：

（一）到期不缴纳罚款的，每日按罚款数额的百分之三加处罚款；

（二）申请人民法院强制执行。

第一百一十条 执行职务的交通警察认为应当对道路交通违法行为人给予暂扣或者吊销机动车驾驶证处罚的，可以先予扣留机动车驾驶证，并在二十四小时内将案件移交公安机关交通管理部门处理。

道路交通违法行为人应当在十五日内到公安机关交通管理部门接受处理。无正当理由逾期未接受处理的，吊销机动车驾驶证。

公安机关交通管理部门暂扣或者吊销机动车驾驶证的，应当出具行政处罚决定书。

第一百一十一条 对违反本法规定予以拘留的行政处罚，由县、市公安局、公安分局或者相当于县一级的公安机关裁决。

第一百一十二条 公安机关交通管理部门扣留机动车、非机动车，应当当场出具凭证，并告知当事人在规定期限内到公安机关交通管理部门接受处理。

公安机关交通管理部门对被扣留的车辆应当妥善保管，不得使用。

逾期不来接受处理，并且经公告三个月仍不来接受处理的，对扣留的车辆依法处理。

第一百一十三条 暂扣机动车驾驶证的期限从处罚决定生效之日起计算；处罚决定生效前先予扣留机动车驾驶证的，扣留一日折抵暂扣期限一日。

吊销机动车驾驶证后重新申请领取机动车驾驶证的期限，按照机动车驾驶证管理规定办理。

第一百一十四条 公安机关交通管理部门根据交通技术监控记录资料，可以对违法的机动车所有人或者管理人依法予以处罚。对能够确定驾驶人的，可以依照本法的规定依法予以处罚。

第一百一十五条 交通警察有下列行为之一的，依法给予行政处分：

（一）为不符合法定条件的机动车发放机动车登记证书、号牌、行驶证、检验合格标志的；

（二）批准不符合法定条件的机动车安装、使用警车、消防车、救护车、工程救险车的警报器、标志灯具，喷涂标志图案的；

（三）为不符合驾驶许可条件、未经考试或者考试不合格人员发放机动车驾驶证的；

（四）不执行罚款决定与罚款收缴分离制度或者不按规定将依法收取的费用、收缴的罚款及没收的违法所得全部上缴国库的；

（五）举办或者参与举办驾驶学校或者驾驶培训班、机动车修理厂或者收费停车场等经营活动的；

（六）利用职务上的便利收受他人财物或者谋取其他利益的；

（七）违法扣留车辆、机动车行驶证、驾驶证、车辆号牌的；

（八）使用依法扣留的车辆的；

（九）当场收取罚款不开具罚款收据或者不如实填写罚款额的；

（十）徇私舞弊，不公正处理交通事故的；

（十一）故意刁难，拖延办理机动车牌证的；

（十二）非执行紧急任务时使用警报器、标志灯具的；

（十三）违反规定拦截、检查正常行驶的车辆的；

（十四）非执行紧急公务时拦截搭乘机动车的；

（十五）不履行法定职责的。

公安机关交通管理部门有前款所列行为之一的，对直接负责的主管人员和其他直接责任人员给予相应的行政处分。

第一百一十六条 依照本法第一百一十五条的规定，给予交通警察行政处分的，在作出行政处分决定前，可以停止其执行职务；必要时，可以予以禁闭。

依照本法第一百一十五条的规定，交通警察受到降级或者撤职行政处分的，可以予以辞退。

交通警察受到开除处分或者被辞退的，应当取消警衔；受到撤职以下行政处分的交通警察，应当降低警衔。

第一百一十七条 交通警察利用职权非法占有公共财物，索取、收受贿赂，或者滥用职权、玩忽职守，构成犯罪的，依法追究刑事责任。

第一百一十八条 公安机关交通管理部门及其交通警察有本法第一百一十五条所列行为之一，给当事人造成损失的，应当依法承担赔偿责任。

第八章 附 则

第一百一十九条 本法中下列用语的含义：

（一）“道路”，是指公路、城市道路和虽在单位管辖范围但允许社会机动车通行的地方，包括广场、公共停车场等用于公众通行的场所。

（二）“车辆”，是指机动车和非机动车。

（三）“机动车”，是指以动力装置驱动或者牵引，上道路行驶的供人员乘用或者用于运送物品以及进行工程专项作业的轮式车辆。

（四）“非机动车”，是指以人力或者畜力驱动，上道路行驶的交通工具，以及虽有动力装置驱动但设计最高时速、空车质量、外形尺寸符合有关国家标准的残疾人机动轮椅车、电动自行车等交通工具。

（五）“交通事故”，是指车辆在道路上因过错或者意外造成的人身伤亡或者财产损失的事件。

第一百二十条 中国人民解放军和中国人民武装警察部队在编机动车牌证、在编机动车检验以及机动车驾驶人考核工作，由中国人民解放军、中国人民武装警察部队有关部门负责。

第一百二十一条 对上道路行驶的拖拉机，由农业（农业机械）主管部门行使本法第八条、第九条、第十三条、第十九条、第二十三条规定的公安机关交通管理部门的管理职权。

农业（农业机械）主管部门依照前款规定行使职权，应当遵守本法有关规定，并接受公安机关交通管理部门的监督；对违反规定的，依照本法有关规定追究法律责任。

本法施行前由农业（农业机械）主管部门发放的机动车牌证，在本法施行后继续有效。

第一百二十二条 国家对入境的境外机动车的道路交通安全实施统一管理。

第一百二十三条 省、自治区、直辖市人民代表大会常务委员会可以根据本地区的实际情况，在本法规定的罚款幅度内，规定具体的执行标准。

第一百二十四条 本法自2004年5月1日起施行。

中华人民共和国行政复议法

（1999年4月29日第九届全国人民代表大会常务委员会第九次会议通过 根据2009年8月27日第十一届全国人民代表大会常务委员会第十次会议《关于修改部分法律的决定》第一次修正 根据2017年9月1日第十二届全国人民代表大会常务委员会第二十九次会议《关于修改〈中华人民共和国法官法〉等八部法律的决定》第二次修正 2023年9月1日第十四届全国人民代表大会常务委员会第五次会议修订）

目 录

第一章 总 则
第二章 行政复议申请
　第一节 行政复议范围
　第二节 行政复议参加人
　第三节 申请的提出
　第四节 行政复议管辖
第三章 行政复议受理
第四章 行政复议审理
　第一节 一般规定
　第二节 行政复议证据
　第三节 普通程序
　第四节 简易程序
　第五节 行政复议附带审查
第五章 行政复议决定
第六章 法律责任
第七章 附 则

第一章 总 则

第一条 为了防止和纠正违法的或者不当的行政行为，保护公民、法人和其他组织的合法权益，监督和保障行政机关依法行使职权，发挥行政复议化解行政争议的主渠道作用，推进法治政府建设，根据宪法，制定本法。

第二条 公民、法人或者其他组织认为行政机关的行政行为侵犯其合法权益，向行政复议机关提出行政复议申请，行政复议机关办理行政复议案件，适用本法。

前款所称行政行为，包括法律、法规、规章授权的组织的行政行为。

第三条 行政复议工作坚持中国共产党的领导。

行政复议机关履行行政复议职责，应当遵循合法、公正、公开、高效、便民、为民的原则，坚持有错必纠，保障法律、法规的正确实施。

第四条 县级以上各级人民政府以及其他依照本法履行行政复议职责的行政机关是行政复议机关。

行政复议机关办理行政复议事项的机构是行政复议机构。行政复议机构同时组织办理行政复议机关的行政应诉事项。

行政复议机关应当加强行政复议工作，支持和保障行政复议机构依法履行职责。上级行政复议机构对下级行政复议机构的行政复议工作进行指导、监督。

国务院行政复议机构可以发布行政复议指导性案例。

第五条 行政复议机关办理行政复议案

件，可以进行调解。

调解应当遵循合法、自愿的原则，不得损害国家利益、社会公共利益和他人合法权益，不得违反法律、法规的强制性规定。

第六条 国家建立专业化、职业化行政复议人员队伍。

行政复议机构中初次从事行政复议工作的人员，应当通过国家统一法律职业资格考试取得法律职业资格，并参加统一职前培训。

国务院行政复议机构应当会同有关部门制定行政复议人员工作规范，加强对行政复议人员的业务考核和管理。

第七条 行政复议机关应当确保行政复议机构的人员配备与所承担的工作任务相适应，提高行政复议人员专业素质，根据工作需要保障办案场所、装备等设施。县级以上各级人民政府应当将行政复议工作经费列入本级预算。

第八条 行政复议机关应当加强信息化建设，运用现代信息技术，方便公民、法人或者其他组织申请、参加行政复议，提高工作质量和效率。

第九条 对在行政复议工作中做出显著成绩的单位和个人，按照国家有关规定给予表彰和奖励。

第十条 公民、法人或者其他组织对行政复议决定不服的，可以依照《中华人民共和国行政诉讼法》的规定向人民法院提起行政诉讼，但是法律规定行政复议决定为最终裁决的除外。

第二章 行政复议申请

第一节 行政复议范围

第十一条 有下列情形之一的，公民、法人或者其他组织可以依照本法申请行政复议：

（一）对行政机关作出的行政处罚决定不服；

（二）对行政机关作出的行政强制措施、行政强制执行决定不服；

（三）申请行政许可，行政机关拒绝或者在法定期限内不予答复，或者对行政机关作出的有关行政许可的其他决定不服；

（四）对行政机关作出的确认自然资源的所有权或者使用权的决定不服；

（五）对行政机关作出的征收征用决定及其补偿决定不服；

（六）对行政机关作出的赔偿决定或者不予赔偿决定不服；

（七）对行政机关作出的不予受理工伤认定申请的决定或者工伤认定结论不服；

（八）认为行政机关侵犯其经营自主权或者农村土地承包经营权、农村土地经营权；

（九）认为行政机关滥用行政权力排除或者限制竞争；

（十）认为行政机关违法集资、摊派费用或者违法要求履行其他义务；

（十一）申请行政机关履行保护人身权利、财产权利、受教育权利等合法权益的法定职责，行政机关拒绝履行、未依法履行或者不予答复；

（十二）申请行政机关依法给付抚恤金、社会保险待遇或者最低生活保障等社会保障，行政机关没有依法给付；

（十三）认为行政机关不依法订立、不依法履行、未按照约定履行或者违法变更、解除政府特许经营协议、土地房屋征收补偿协议等行政协议；

（十四）认为行政机关在政府信息公开工作中侵犯其合法权益；

（十五）认为行政机关的其他行政行为侵犯其合法权益。

第十二条 下列事项不属于行政复议范围：

（一）国防、外交等国家行为；

（二）行政法规、规章或者行政机关制定、发布的具有普遍约束力的决定、命令等规范性文件；

（三）行政机关对行政机关工作人员的奖惩、任免等决定；

（四）行政机关对民事纠纷作出的调解。

第十三条 公民、法人或者其他组织认为行政机关的行政行为所依据的下列规范性文件不合法，在对行政行为申请行政复议时，可以一并向行政复议机关提出对该规范性文件的附带审查申请：

（一）国务院部门的规范性文件；

（二）县级以上地方各级人民政府及其工作部门的规范性文件；

（三）乡、镇人民政府的规范性文件；

（四）法律、法规、规章授权的组织的规范性文件。

前款所列规范性文件不含规章。规章的审查依照法律、行政法规办理。

第二节 行政复议参加人

第十四条 依照本法申请行政复议的公民、法人或者其他组织是申请人。

有权申请行政复议的公民死亡的，其近亲属可以申请行政复议。有权申请行政复议的法人或者其他组织终止的，其权利义务承受人可以申请行政复议。

有权申请行政复议的公民为无民事行为能力人或者限制民事行为能力人的，其法定代理人可以代为申请行政复议。

第十五条 同一行政复议案件申请人人数众多的，可以由申请人推选代表人参加行政复议。

代表人参加行政复议的行为对其所代表的申请人发生效力，但是代表人变更行政复议请求、撤回行政复议申请、承认第三人请求的，应当经被代表的申请人同意。

第十六条 申请人以外的同被申请行政复议的行政行为或者行政复议案件处理结果有利害关系的公民、法人或者其他组织，可以作为第三人申请参加行政复议，或者由行政复议机构通知其作为第三人参加行政复议。

第三人不参加行政复议，不影响行政复议案件的审理。

第十七条 申请人、第三人可以委托一至二名律师、基层法律服务工作者或者其他代理人代为参加行政复议。

申请人、第三人委托代理人的，应当向行政复议机构提交授权委托书、委托人及被委托人的身份证明文件。授权委托书应当载明委托事项、权限和期限。申请人、第三人变更或者解除代理人权限的，应当书面告知行政复议机构。

第十八条 符合法律援助条件的行政复议申请人申请法律援助的，法律援助机构应当依法为其提供法律援助。

第十九条 公民、法人或者其他组织对行政行为不服申请行政复议的，作出行政行为的行政机关或者法律、法规、规章授权的组织是被申请人。

两个以上行政机关以共同的名义作出同一行政行为的，共同作出行政行为的行政机关是被申请人。

行政机关委托的组织作出行政行为的，委托的行政机关是被申请人。

作出行政行为的行政机关被撤销或者职权变更的，继续行使其职权的行政机关是被申请人。

第三节 申请的提出

第二十条 公民、法人或者其他组织认为行政行为侵犯其合法权益的，可以自知道或者应当知道该行政行为之日起六十日内提出行政复议申请；但是法律规定的申请期限超过六十日的除外。

因不可抗力或者其他正当理由耽误法定申请期限的，申请期限自障碍消除之日起继续计算。

行政机关作出行政行为时，未告知公民、法人或者其他组织申请行政复议的权利、行政复议机关和申请期限的，申请期限自公民、法人或者其他组织知道或者应当知道申请行政复议的权利、行政复议机关和申请期限之日起计算，但是自知道或者应当知道行政行为内容之日起最长不得超过一年。

第二十一条 因不动产提出的行政复议申请自行政行为作出之日起超过二十年，其他行政复议申请自行政行为作出之日起超过五年的，行政复议机关不予受理。

第二十二条 申请人申请行政复议，可以书面申请；书面申请有困难的，也可以口头申请。

书面申请的，可以通过邮寄或者行政复议机关指定的互联网渠道等方式提交行政复议申请书，也可以当面提交行政复议申请书。行政机关通过互联网渠道送达行政行为决定书的，应当同时提供提交行政复议申请书的互联网渠道。

口头申请的，行政复议机关应当当场记录申请人的基本情况、行政复议请求、申请行政复议的主要事实、理由和时间。

申请人对两个以上行政行为不服的，应当分别申请行政复议。

第二十三条 有下列情形之一的，申请人应当先向行政复议机关申请行政复议，对行政复议决定不服的，可以再依法向人民法院提起行政诉讼：

（一）对当场作出的行政处罚决定不服；

（二）对行政机关作出的侵犯其已经依法

取得的自然资源的所有权或者使用权的决定不服；

（三）认为行政机关存在本法第十一条规定的未履行法定职责情形；

（四）申请政府信息公开，行政机关不予公开；

（五）法律、行政法规规定应当先向行政复议机关申请行政复议的其他情形。

对前款规定的情形，行政机关在作出行政行为时应当告知公民、法人或者其他组织先向行政复议机关申请行政复议。

第四节 行政复议管辖

第二十四条 县级以上地方各级人民政府管辖下列行政复议案件：

（一）对本级人民政府工作部门作出的行政行为不服的；

（二）对下一级人民政府作出的行政行为不服的；

（三）对本级人民政府依法设立的派出机关作出的行政行为不服的；

（四）对本级人民政府或者其工作部门管理的法律、法规、规章授权的组织作出的行政行为不服的。

除前款规定外，省、自治区、直辖市人民政府同时管辖对本机关作出的行政行为不服的行政复议案件。

省、自治区人民政府依法设立的派出机关参照设区的市级人民政府的职责权限，管辖相关行政复议案件。

对县级以上地方各级人民政府工作部门依法设立的派出机构依照法律、法规、规章规定，以派出机构的名义作出的行政行为不服的行政复议案件，由本级人民政府管辖；其中，对直辖市、设区的市人民政府工作部门按照行政区划设立的派出机构作出的行政行为不服的，也可以由其所在地的人民政府管辖。

第二十五条 国务院部门管辖下列行政复议案件：

（一）对本部门作出的行政行为不服的；

（二）对本部门依法设立的派出机构依照法律、行政法规、部门规章规定，以派出机构的名义作出的行政行为不服的；

（三）对本部门管理的法律、行政法规、部门规章授权的组织作出的行政行为不服的。

第二十六条 对省、自治区、直辖市人民政府依照本法第二十四条第二款的规定、国务院部门依照本法第二十五条第一项的规定作出的行政复议决定不服的，可以向人民法院提起行政诉讼；也可以向国务院申请裁决，国务院依照本法的规定作出最终裁决。

第二十七条 对海关、金融、外汇管理等实行垂直领导的行政机关、税务和国家安全机关的行政行为不服的，向上一级主管部门申请行政复议。

第二十八条 对履行行政复议机构职责的地方人民政府司法行政部门的行政行为不服的，可以向本级人民政府申请行政复议，也可以向上一级司法行政部门申请行政复议。

第二十九条 公民、法人或者其他组织申请行政复议，行政复议机关已经依法受理的，在行政复议期间不得向人民法院提起行政诉讼。

公民、法人或者其他组织向人民法院提起行政诉讼，人民法院已经依法受理的，不得申请行政复议。

第三章 行政复议受理

第三十条 行政复议机关收到行政复议申请后，应当在五日内进行审查。对符合下列规定的，行政复议机关应当予以受理：

（一）有明确的申请人和符合本法规定的被申请人；

（二）申请人与被申请行政复议的行政行为有利害关系；

（三）有具体的行政复议请求和理由；

（四）在法定申请期限内提出；

（五）属于本法规定的行政复议范围；

（六）属于本机关的管辖范围；

（七）行政复议机关未受理过该申请人就同一行政行为提出的行政复议申请，并且人民法院未受理过该申请人就同一行政行为提起的行政诉讼。

对不符合前款规定的行政复议申请，行政复议机关应当在审查期限内决定不予受理并说明理由；不属于本机关管辖的，还应当在不予受理决定中告知申请人有管辖权的行政复议机关。

行政复议申请的审查期限届满，行政复议机关未作出不予受理决定的，审查期限届满之日起视为受理。

第三十一条 行政复议申请材料不齐全或者表述不清楚，无法判断行政复议申请是否符合本法第三十条第一款规定的，行政复议机关应当自收到申请之日起五日内书面通知申请人补正。补正通知应当一次性载明需要补正的事项。

申请人应当自收到补正通知之日起十日内提交补正材料。有正当理由不能按期补正的，行政复议机关可以延长合理的补正期限。无正当理由逾期不补正的，视为申请人放弃行政复议申请，并记录在案。

行政复议机关收到补正材料后，依照本法第三十条的规定处理。

第三十二条 对当场作出或者依据电子技术监控设备记录的违法事实作出的行政处罚决定不服申请行政复议的，可以通过作出行政处罚决定的行政机关提交行政复议申请。

行政机关收到行政复议申请后，应当及时处理；认为需要维持行政处罚决定的，应当自收到行政复议申请之日起五日内转送行政复议机关。

第三十三条 行政复议机关受理行政复议申请后，发现该行政复议申请不符合本法第三十条第一款规定的，应当决定驳回申请并说明理由。

第三十四条 法律、行政法规规定应当先向行政复议机关申请行政复议、对行政复议决定不服再向人民法院提起行政诉讼的，行政复议机关决定不予受理、驳回申请或者受理后超过行政复议期限不作答复的，公民、法人或者其他组织可以自收到决定书之日起或者行政复议期限届满之日起十五日内，依法向人民法院提起行政诉讼。

第三十五条 公民、法人或者其他组织依法提出行政复议申请，行政复议机关无正当理由不予受理、驳回申请或者受理后超过行政复议期限不作答复的，申请人有权向上级行政机关反映，上级行政机关应当责令其纠正；必要时，上级行政复议机关可以直接受理。

第四章 行政复议审理

第一节 一般规定

第三十六条 行政复议机关受理行政复议申请后，依照本法适用普通程序或者简易程序进行审理。行政复议机构应当指定行政复议人员负责办理行政复议案件。

行政复议人员对办理行政复议案件过程中知悉的国家秘密、商业秘密和个人隐私，应当予以保密。

第三十七条 行政复议机关依照法律、法规、规章审理行政复议案件。

行政复议机关审理民族自治地方的行政复议案件，同时依照该民族自治地方的自治条例和单行条例。

第三十八条 上级行政复议机关根据需要，可以审理下级行政复议机关管辖的行政复议案件。

下级行政复议机关对其管辖的行政复议案件，认为需要由上级行政复议机关审理的，可以报请上级行政复议机关决定。

第三十九条 行政复议期间有下列情形之一的，行政复议中止：

（一）作为申请人的公民死亡，其近亲属尚未确定是否参加行政复议；

（二）作为申请人的公民丧失参加行政复议的行为能力，尚未确定法定代理人参加行政复议；

（三）作为申请人的公民下落不明；

（四）作为申请人的法人或者其他组织终止，尚未确定权利义务承受人；

（五）申请人、被申请人因不可抗力或者其他正当理由，不能参加行政复议；

（六）依照本法规定进行调解、和解，申请人和被申请人同意中止；

（七）行政复议案件涉及的法律适用问题需要有权机关作出解释或者确认；

（八）行政复议案件审理需要以其他案件的审理结果为依据，而其他案件尚未审结；

（九）有本法第五十六条或者第五十七条规定的情形；

（十）需要中止行政复议的其他情形。

行政复议中止的原因消除后，应当及时恢复行政复议案件的审理。

行政复议机关中止、恢复行政复议案件的审理，应当书面告知当事人。

第四十条 行政复议期间，行政复议机关无正当理由中止行政复议的，上级行政机关应当责令其恢复审理。

第四十一条 行政复议期间有下列情形之一的，行政复议机关决定终止行政复议：

（一）申请人撤回行政复议申请，行政复议机构准予撤回；

（二）作为申请人的公民死亡，没有近亲属或者其近亲属放弃行政复议权利；

（三）作为申请人的法人或者其他组织终止，没有权利义务承受人或者其权利义务承受人放弃行政复议权利；

（四）申请人对行政拘留或者限制人身自由的行政强制措施不服申请行政复议后，因同一违法行为涉嫌犯罪，被采取刑事强制措施；

（五）依照本法第三十九条第一款第一项、第二项、第四项的规定中止行政复议满六十日，行政复议中止的原因仍未消除。

第四十二条 行政复议期间行政行为不停止执行；但是有下列情形之一的，应当停止执行：

（一）被申请人认为需要停止执行；

（二）行政复议机关认为需要停止执行；

（三）申请人、第三人申请停止执行，行政复议机关认为其要求合理，决定停止执行；

（四）法律、法规、规章规定停止执行的其他情形。

第二节 行政复议证据

第四十三条 行政复议证据包括：

（一）书证；

（二）物证；

（三）视听资料；

（四）电子数据；

（五）证人证言；

（六）当事人的陈述；

（七）鉴定意见；

（八）勘验笔录、现场笔录。

以上证据经行政复议机构审查属实，才能作为认定行政复议案件事实的根据。

第四十四条 被申请人对其作出的行政行为的合法性、适当性负有举证责任。

有下列情形之一的，申请人应当提供证据：

（一）认为被申请人不履行法定职责的，提供曾经要求被申请人履行法定职责的证据，但是被申请人应当依职权主动履行法定职责或者申请人因正当理由不能提供的除外；

（二）提出行政赔偿请求的，提供受行政行为侵害而造成损害的证据，但是因被申请人原因导致申请人无法举证的，由被申请人承担举证责任；

（三）法律、法规规定需要申请人提供证据的其他情形。

第四十五条 行政复议机关有权向有关单位和个人调查取证，查阅、复制、调取有关文件和资料，向有关人员进行询问。

调查取证时，行政复议人员不得少于两人，并应当出示行政复议工作证件。

被调查取证的单位和个人应当积极配合行政复议人员的工作，不得拒绝或者阻挠。

第四十六条 行政复议期间，被申请人不得自行向申请人和其他有关单位或者个人收集证据；自行收集的证据不作为认定行政行为合法性、适当性的依据。

行政复议期间，申请人或者第三人提出被申请行政复议的行政行为作出时没有提出的理由或者证据的，经行政复议机构同意，被申请人可以补充证据。

第四十七条 行政复议期间，申请人、第三人及其委托代理人可以按照规定查阅、复制被申请人提出的书面答复、作出行政行为的证据、依据和其他有关材料，除涉及国家秘密、商业秘密、个人隐私或者可能危及国家安全、公共安全、社会稳定的情形外，行政复议机构应当同意。

第三节 普通程序

第四十八条 行政复议机构应当自行政复议申请受理之日起七日内，将行政复议申请书副本或者行政复议申请笔录复印件发送被申请人。被申请人应当自收到行政复议申请书副本或者行政复议申请笔录复印件之日起十日内，提出书面答复，并提交作出行政行为的证据、依据和其他有关材料。

第四十九条 适用普通程序审理的行政复议案件，行政复议机构应当当面或者通过互联网、电话等方式听取当事人的意见，并将听取的意见记录在案。因当事人原因不能听取意见的，可以书面审理。

第五十条 审理重大、疑难、复杂的行政复议案件，行政复议机构应当组织听证。

行政复议机构认为有必要听证，或者申请人请求听证的，行政复议机构可以组织听证。

听证由一名行政复议人员任主持人，两名以上行政复议人员任听证员，一名记录员制作听证笔录。

第五十一条 行政复议机构组织听证的，应当于举行听证的五日前将听证的时间、地点和拟听证事项书面通知当事人。

申请人无正当理由拒不参加听证的，视为放弃听证权利。

被申请人的负责人应当参加听证。不能参加的，应当说明理由并委托相应的工作人员参加听证。

第五十二条 县级以上各级人民政府应当建立相关政府部门、专家、学者等参与的行政复议委员会，为办理行政复议案件提供咨询意见，并就行政复议工作中的重大事项和共性问题研究提出意见。行政复议委员会的组成和开展工作的具体办法，由国务院行政复议机构制定。

审理行政复议案件涉及下列情形之一的，行政复议机构应当提请行政复议委员会提出咨询意见：

（一）案情重大、疑难、复杂；

（二）专业性、技术性较强；

（三）本法第二十四条第二款规定的行政复议案件；

（四）行政复议机构认为有必要。

行政复议机构应当记录行政复议委员会的咨询意见。

第四节 简易程序

第五十三条 行政复议机关审理下列行政复议案件，认为事实清楚、权利义务关系明确、争议不大的，可以适用简易程序：

（一）被申请行政复议的行政行为是当场作出；

（二）被申请行政复议的行政行为是警告或者通报批评；

（三）案件涉及款额三千元以下；

（四）属于政府信息公开案件。

除前款规定以外的行政复议案件，当事人各方同意适用简易程序的，可以适用简易程序。

第五十四条 适用简易程序审理的行政复议案件，行政复议机构应当自受理行政复议申请之日起三日内，将行政复议申请书副本或者行政复议申请笔录复印件发送被申请人。被申请人应当自收到行政复议申请书副本或者行政复议申请笔录复印件之日起五日内，提出书面答复，并提交作出行政行为的证据、依据和其他有关材料。

适用简易程序审理的行政复议案件，可以书面审理。

第五十五条 适用简易程序审理的行政复议案件，行政复议机构认为不宜适用简易程序的，经行政复议机构的负责人批准，可以转为普通程序审理。

第五节 行政复议附带审查

第五十六条 申请人依照本法第十三条的规定提出对有关规范性文件的附带审查申请，行政复议机关有权处理的，应当在三十日内依法处理；无权处理的，应当在七日内转送有权处理的行政机关依法处理。

第五十七条 行政复议机关在对被申请人作出的行政行为进行审查时，认为其依据不合法，本机关有权处理的，应当在三十日内依法处理；无权处理的，应当在七日内转送有权处理的国家机关依法处理。

第五十八条 行政复议机关依照本法第五十六条、第五十七条的规定有权处理有关规范性文件或者依据的，行政复议机构应当自行政复议中止之日起三日内，书面通知规范性文件或者依据的制定机关就相关条款的合法性提出书面答复。制定机关应当自收到书面通知之日起十日内提交书面答复及相关材料。

行政复议机构认为必要时，可以要求规范性文件或者依据的制定机关当面说明理由，制定机关应当配合。

第五十九条 行政复议机关依照本法第五十六条、第五十七条的规定有权处理有关规范性文件或者依据，认为相关条款合法的，在行政复议决定书中一并告知；认为相关条款超越权限或者违反上位法的，决定停止该条款的执行，并责令制定机关予以纠正。

第六十条 依照本法第五十六条、第五十七条的规定接受转送的行政机关、国家机关应当自收到转送之日起六十日内，将处理意见回复转送的行政复议机关。

第五章 行政复议决定

第六十一条 行政复议机关依照本法审理行政复议案件，由行政复议机构对行政行为进行审查，提出意见，经行政复议机关的负责人同意或者集体讨论通过后，以行政复议机关的名义作出行政复议决定。

经过听证的行政复议案件，行政复议机关应当根据听证笔录、审查认定的事实和证据，依照本法作出行政复议决定。

提请行政复议委员会提出咨询意见的行政复议案件，行政复议机关应当将咨询意见作为作出行政复议决定的重要参考依据。

第六十二条 适用普通程序审理的行政复议案件，行政复议机关应当自受理申请之日起六十日内作出行政复议决定；但是法律规定的行政复议期限少于六十日的除外。情况复杂，不能在规定期限内作出行政复议决定的，经行政复议机构的负责人批准，可以适当延长，并书面告知当事人；但是延长期限最多不得超过三十日。

适用简易程序审理的行政复议案件，行政复议机关应当自受理申请之日起三十日内作出行政复议决定。

第六十三条 行政行为有下列情形之一的，行政复议机关决定变更该行政行为：

（一）事实清楚，证据确凿，适用依据正确，程序合法，但是内容不适当；

（二）事实清楚，证据确凿，程序合法，但是未正确适用依据；

（三）事实不清、证据不足，经行政复议机关查清事实和证据。

行政复议机关不得作出对申请人更为不利的变更决定，但是第三人提出相反请求的除外。

第六十四条 行政行为有下列情形之一的，行政复议机关决定撤销或者部分撤销该行政行为，并可以责令被申请人在一定期限内重新作出行政行为：

（一）主要事实不清、证据不足；

（二）违反法定程序；

（三）适用的依据不合法；

（四）超越职权或者滥用职权。

行政复议机关责令被申请人重新作出行政行为的，被申请人不得以同一事实和理由作出与被申请行政复议的行政行为相同或者基本相同的行政行为，但是行政复议机关以违反法定程序为由决定撤销或者部分撤销的除外。

第六十五条 行政行为有下列情形之一的，行政复议机关不撤销该行政行为，但是确认该行政行为违法：

（一）依法应予撤销，但是撤销会给国家利益、社会公共利益造成重大损害；

（二）程序轻微违法，但是对申请人权利不产生实际影响。

行政行为有下列情形之一，不需要撤销或者责令履行的，行政复议机关确认该行政行为违法：

（一）行政行为违法，但是不具有可撤销内容；

（二）被申请人改变原违法行政行为，申请人仍要求撤销或者确认该行政行为违法；

（三）被申请人不履行或者拖延履行法定职责，责令履行没有意义。

第六十六条 被申请人不履行法定职责的，行政复议机关决定被申请人在一定期限内履行。

第六十七条 行政行为有实施主体不具有行政主体资格或者没有依据等重大且明显违法情形，申请人申请确认行政行为无效的，行政复议机关确认该行政行为无效。

第六十八条 行政行为认定事实清楚，证据确凿，适用依据正确，程序合法，内容适当的，行政复议机关决定维持该行政行为。

第六十九条 行政复议机关受理申请人认为被申请人不履行法定职责的行政复议申请后，发现被申请人没有相应法定职责或者在受理前已经履行法定职责的，决定驳回申请人的行政复议请求。

第七十条 被申请人不按照本法第四十八条、第五十四条的规定提出书面答复、提交作出行政行为的证据、依据和其他有关材料的，视为该行政行为没有证据、依据，行政复议机关决定撤销、部分撤销该行政行为，确认该行政行为违法、无效或者决定被申请人在一定期限内履行，但是行政行为涉及第三人合法权益，第三人提供证据的除外。

第七十一条 被申请人不依法订立、不依法履行、未按照约定履行或者违法变更、解除行政协议的，行政复议机关决定被申请人承担依法订立、继续履行、采取补救措施或者赔偿损失等责任。

被申请人变更、解除行政协议合法，但是未依法给予补偿或者补偿不合理的，行政复议机关决定被申请人依法给予合理补偿。

第七十二条 申请人在申请行政复议时一并提出行政赔偿请求，行政复议机关对依照

《中华人民共和国国家赔偿法》的有关规定应当不予赔偿的，在作出行政复议决定时，应当同时决定驳回行政赔偿请求；对符合《中华人民共和国国家赔偿法》的有关规定应当给予赔偿的，在决定撤销或者部分撤销、变更行政行为或者确认行政行为违法、无效时，应当同时决定被申请人依法给予赔偿；确认行政行为违法的，还可以同时责令被申请人采取补救措施。

申请人在申请行政复议时没有提出行政赔偿请求的，行政复议机关在依法决定撤销或者部分撤销、变更罚款，撤销或者部分撤销违法集资、没收财物、征收征用、摊派费用以及对财产的查封、扣押、冻结等行政行为时，应当同时责令被申请人返还财产，解除对财产的查封、扣押、冻结措施，或者赔偿相应的价款。

第七十三条 当事人经调解达成协议的，行政复议机关应当制作行政复议调解书，经各方当事人签字或者签章，并加盖行政复议机关印章，即具有法律效力。

调解未达成协议或者调解书生效前一方反悔的，行政复议机关应当依法审查或者及时作出行政复议决定。

第七十四条 当事人在行政复议决定作出前可以自愿达成和解，和解内容不得损害国家利益、社会公共利益和他人合法权益，不得违反法律、法规的强制性规定。

当事人达成和解后，由申请人向行政复议机构撤回行政复议申请。行政复议机构准予撤回行政复议申请、行政复议机关决定终止行政复议的，申请人不得再以同一事实和理由提出行政复议申请。但是，申请人能够证明撤回行政复议申请违背其真实意愿的除外。

第七十五条 行政复议机关作出行政复议决定，应当制作行政复议决定书，并加盖行政复议机关印章。

行政复议决定书一经送达，即发生法律效力。

第七十六条 行政复议机关在办理行政复议案件过程中，发现被申请人或者其他下级行政机关的有关行政行为违法或者不当的，可以向其制发行政复议意见书。有关机关应当自收到行政复议意见书之日起六十日内，将纠正相关违法或者不当行政行为的情况报送行政复议机关。

第七十七条 被申请人应当履行行政复议决定书、调解书、意见书。

被申请人不履行或者无正当理由拖延履行行政复议决定书、调解书、意见书的，行政复议机关或者有关上级行政机关应当责令其限期履行，并可以约谈被申请人的有关负责人或者予以通报批评。

第七十八条 申请人、第三人逾期不起诉又不履行行政复议决定书、调解书的，或者不履行最终裁决的行政复议决定的，按照下列规定分别处理：

（一）维持行政行为的行政复议决定书，由作出行政行为的行政机关依法强制执行，或者申请人民法院强制执行；

（二）变更行政行为的行政复议决定书，由行政复议机关依法强制执行，或者申请人民法院强制执行；

（三）行政复议调解书，由行政复议机关依法强制执行，或者申请人民法院强制执行。

第七十九条 行政复议机关根据被申请行政复议的行政行为的公开情况，按照国家有关规定将行政复议决定书向社会公开。

县级以上地方各级人民政府办理以本级人民政府工作部门为被申请人的行政复议案件，应当将发生法律效力的行政复议决定书、意见书同时抄告被申请人的上一级主管部门。

第六章 法律责任

第八十条 行政复议机关不依照本法规定履行行政复议职责，对负有责任的领导人员和直接责任人员依法给予警告、记过、记大过的处分；经有权监督的机关督促仍不改正或者造成严重后果的，依法给予降级、撤职、开除的处分。

第八十一条 行政复议机关工作人员在行政复议活动中，徇私舞弊或者有其他渎职、失职行为的，依法给予警告、记过、记大过的处分；情节严重的，依法给予降级、撤职、开除的处分；构成犯罪的，依法追究刑事责任。

第八十二条 被申请人违反本法规定，不提出书面答复或者不提交作出行政行为的证据、依据和其他有关材料，或者阻挠、变相阻挠公民、法人或者其他组织依法申请行政复议的，对负有责任的领导人员和直接责任人员依法给予警告、记过、记大过的处分；进行报复陷害的，依法给予降级、撤职、开除的处分；构成犯罪的，依法追究刑事责任。

第八十三条 被申请人不履行或者无正当理由拖延履行行政复议决定书、调解书、意见书的，对负有责任的领导人员和直接责任人员依法给予警告、记过、记大过的处分；经责令履行仍拒不履行的，依法给予降级、撤职、开除的处分。

第八十四条 拒绝、阻挠行政复议人员调查取证，故意扰乱行政复议工作秩序的，依法给予处分、治安管理处罚；构成犯罪的，依法追究刑事责任。

第八十五条 行政机关及其工作人员违反本法规定的，行政复议机关可以向监察机关或者公职人员任免机关、单位移送有关人员违法的事实材料，接受移送的监察机关或者公职人员任免机关、单位应当依法处理。

第八十六条 行政复议机关在办理行政复议案件过程中，发现公职人员涉嫌贪污贿赂、失职渎职等职务违法或者职务犯罪的问题线索，应当依照有关规定移送监察机关，由监察机关依法调查处置。

第七章 附 则

第八十七条 行政复议机关受理行政复议申请，不得向申请人收取任何费用。

第八十八条 行政复议期间的计算和行政复议文书的送达，本法没有规定的，依照《中华人民共和国民事诉讼法》关于期间、送达的规定执行。

本法关于行政复议期间有关“三日”、“五日”、“七日”、“十日”的规定是指工作日，不含法定休假日。

第八十九条 外国人、无国籍人、外国组织在中华人民共和国境内申请行政复议，适用本法。

第九十条 本法自 2024 年 1 月 1 日起施行。

中华人民共和国行政复议法实施条例

（2007 年 5 月 23 日国务院第 177 次常务会议通过 2007 年 5 月 29 日中华人民共和国国务院令第 499 号公布 自 2007 年 8 月 1 日起施行）

第一章 总 则

第一条 为了进一步发挥行政复议制度在解决行政争议、建设法治政府、构建社会主义和谐社会中的作用，根据《中华人民共和国行政复议法》（以下简称行政复议法），制定本条例。

第二条 各级行政复议机关应当认真履行行政复议职责，领导并支持本机关负责法制工作的机构（以下简称行政复议机构）依法办理行政复议事项，并依照有关规定配备、充实、调剂专职行政复议人员，保证行政复议机构的办案能力与工作任务相适应。

第三条 行政复议机构除应当依照行政复议法第三条的规定履行职责外，还应当履行下列职责：

（一）依照行政复议法第十八条的规定转送有关行政复议申请；

（二）办理行政复议法第二十九条规定的行政赔偿等事项；

（三）按照职责权限，督促行政复议申请的受理和行政复议决定的履行；

（四）办理行政复议、行政应诉案件统计和重大行政复议决定备案事项；

（五）办理或者组织办理未经行政复议直接提起行政诉讼的行政应诉事项；

（六）研究行政复议工作中发现的问题，及时向有关机关提出改进建议，重大问题及时向行政复议机关报告。

第四条 专职行政复议人员应当具备与履行行政复议职责相适应的品行、专业知识和业务能力，并取得相应资格。具体办法由国务院法制机构会同国务院有关部门规定。

第二章 行政复议申请

第一节 申请人

第五条 依照行政复议法和本条例的规定申请行政复议的公民、法人或者其他组织为申请人。

第六条 合伙企业申请行政复议的，应当以核准登记的企业为申请人，由执行合伙事务的合伙人代表该企业参加行政复议；其他合伙组织申请行政复议的，由合伙人共同申请行政复议。

前款规定以外的不具备法人资格的其他组织申请行政复议的，由该组织的主要负责人代表该组织参加行政复议；没有主要负责人的，由共同推选的其他成员代表该组织参加行政复议。

第七条 股份制企业的股东大会、股东代表大会、董事会认为行政机关作出的具体行政行为侵犯企业合法权益的，可以以企业的名义申请行政复议。

第八条 同一行政复议案件申请人超过5人的，推选1至5名代表参加行政复议。

第九条 行政复议期间，行政复议机构认为申请人以外的公民、法人或者其他组织与被审查的具体行政行为有利害关系的，可以通知其作为第三人参加行政复议。

行政复议期间，申请人以外的公民、法人或者其他组织与被审查的具体行政行为有利害关系的，可以向行政复议机构申请作为第三人参加行政复议。

第三人不参加行政复议，不影响行政复议案件的审理。

第十条 申请人、第三人可以委托1至2名代理人参加行政复议。申请人、第三人委托代理人的，应当向行政复议机构提交授权委托书。授权委托书应当载明委托事项、权限和期限。公民在特殊情况下无法书面委托的，可以口头委托。口头委托的，行政复议机构应当核实并记录在卷。申请人、第三人解除或者变更委托的，应当书面报告行政复议机构。

第二节 被申请人

第十一条 公民、法人或者其他组织对行政机关的具体行政行为不服，依照行政复议法和本条例的规定申请行政复议的，作出该具体行政行为的行政机关为被申请人。

第十二条 行政机关与法律、法规授权的组织以共同的名义作出具体行政行为的，行政机关和法律、法规授权的组织为共同被申请人。

行政机关与其他组织以共同名义作出具体行政行为的，行政机关为被申请人。

第十三条 下级行政机关依照法律、法规、规章规定，经上级行政机关批准作出具体行政行为的，批准机关为被申请人。

第十四条 行政机关设立的派出机构、内设机构或者其他组织，未经法律、法规授权，对外以自己名义作出具体行政行为的，该行政机关为被申请人。

第三节 行政复议申请期限

第十五条 行政复议法第九条第一款规定的行政复议申请期限的计算，依照下列规定办理：

（一）当场作出具体行政行为的，自具体行政行为作出之日起计算；

（二）载明具体行政行为的法律文书直接送达的，自受送达人签收之日起计算；

（三）载明具体行政行为的法律文书邮寄送达的，自受送达人在邮件签收单上签收之日起计算；没有邮件签收单的，自受送达人在送达回执上签名之日起计算；

（四）具体行政行为依法通过公告形式告知受送达人的，自公告规定的期限届满之日起计算；

（五）行政机关作出具体行政行为时未告知公民、法人或者其他组织，事后补充告知的，自该公民、法人或者其他组织收到行政机关补充告知的通知之日起计算；

（六）被申请人能够证明公民、法人或者其他组织知道具体行政行为的，自证据材料证明其知道具体行政行为之日起计算。

行政机关作出具体行政行为，依法应当向有关公民、法人或者其他组织送达法律文书而未送达的，视为该公民、法人或者其他组织不知道该具体行政行为。

第十六条 公民、法人或者其他组织依照行政复议法第六条第（八）项、第（九）项、第（十）项的规定申请行政机关履行法定职责，行政机关未履行的，行政复议申请期限依照下列规定计算：

（一）有履行期限规定的，自履行期限届满之日起计算；

（二）没有履行期限规定的，自行政机关收到申请满 60 日起计算。

公民、法人或者其他组织在紧急情况下请求行政机关履行保护人身权、财产权的法定职责，行政机关不履行的，行政复议申请期限不受前款规定的限制。

第十七条 行政机关作出的具体行政行为对公民、法人或者其他组织的权利、义务可能产生不利影响的，应当告知其申请行政复议的权利、行政复议机关和行政复议申请期限。

第四节 行政复议申请的提出

第十八条 申请人书面申请行政复议的，可以采取当面递交、邮寄或者传真等方式提出行政复议申请。

有条件的行政复议机构可以接受以电子邮件形式提出的行政复议申请。

第十九条 申请人书面申请行政复议的，应当在行政复议申请书中载明下列事项：

（一）申请人的基本情况，包括：公民的姓名、性别、年龄、身份证号码、工作单位、住所、邮政编码；法人或者其他组织的名称、住所、邮政编码和法定代表人或者主要负责人的姓名、职务；

（二）被申请人的名称；

（三）行政复议请求、申请行政复议的主要事实和理由；

（四）申请人的签名或者盖章；

（五）申请行政复议的日期。

第二十条 申请人口头申请行政复议的，行政复议机构应当依照本条例第十九条规定的事项，当场制作行政复议申请笔录交申请人核对或者向申请人宣读，并由申请人签字确认。

第二十一条 有下列情形之一的，申请人应当提供证明材料：

（一）认为被申请人不履行法定职责的，提供曾经要求被申请人履行法定职责而被申请人未履行的证明材料；

（二）申请行政复议时一并提出行政赔偿请求的，提供受具体行政行为侵害而造成损害的证明材料；

（三）法律、法规规定需要申请人提供证据材料的其他情形。

第二十二条 申请人提出行政复议申请时错列被申请人的，行政复议机构应当告知申请人变更被申请人。

第二十三条 申请人对两个以上国务院部门共同作出的具体行政行为不服的，依照行政复议法第十四条的规定，可以向其中任何一个国务院部门提出行政复议申请，由作出具体行政行为的国务院部门共同作出行政复议决定。

第二十四条 申请人对经国务院批准实行省以下垂直领导的部门作出的具体行政行为不服的，可以选择向该部门的本级人民政府或者上一级主管部门申请行政复议；省、自治区、直辖市另有规定的，依照省、自治区、直辖市的规定办理。

第二十五条 申请人依照行政复议法第三十条第二款的规定申请行政复议的，应当向省、自治区、直辖市人民政府提出行政复议申请。

第二十六条 依照行政复议法第七条的规定，申请人认为具体行政行为所依据的规定不合法的，可以在对具体行政行为申请行政复议的同时一并提出对该规定的审查申请；申请人在对具体行政行为提出行政复议申请时尚不知道该具体行政行为所依据的规定的，可以在行政复议机关作出行政复议决定前向行政复议机关提出对该规定的审查申请。

第三章 行政复议受理

第二十七条 公民、法人或者其他组织认为行政机关的具体行政行为侵犯其合法权益提出行政复议申请，除不符合行政复议法和本条例规定的申请条件的，行政复议机关必须受理。

第二十八条 行政复议申请符合下列规定的，应当予以受理：

（一）有明确的申请人和符合规定的被申请人；

（二）申请人与具体行政行为有利害关系；

（三）有具体的行政复议请求和理由；

（四）在法定申请期限内提出；

（五）属于行政复议法规定的行政复议范围；

（六）属于收到行政复议申请的行政复议机构的职责范围；

（七）其他行政复议机关尚未受理同一行

政复议申请，人民法院尚未受理同一主体就同一事实提起的行政诉讼。

第二十九条 行政复议申请材料不齐全或者表述不清楚的，行政复议机构可以自收到该行政复议申请之日起 5 日内书面通知申请人补正。补正通知应当载明需要补正的事项和合理的补正期限。无正当理由逾期不补正的，视为申请人放弃行政复议申请。补正申请材料所用时间不计入行政复议审理期限。

第三十条 申请人就同一事项向两个或者两个以上有权受理的行政机关申请行政复议的，由最先收到行政复议申请的行政机关受理；同时收到行政复议申请的，由收到行政复议申请的行政机关在 10 日内协商确定；协商不成的，由其共同上一级行政机关在 10 日内指定受理机关。协商确定或者指定受理机关所用时间不计入行政复议审理期限。

第三十一条 依照行政复议法第二十条的规定，上级行政机关认为行政复议机关不予受理行政复议申请的理由不成立的，可以先行督促其受理；经督促仍不受理的，应当责令其限期受理，必要时也可以直接受理；认为行政复议申请不符合法定受理条件的，应当告知申请人。

第四章 行政复议决定

第三十二条 行政复议机构审理行政复议案件，应当由 2 名以上行政复议人员参加。

第三十三条 行政复议机构认为必要时，可以实地调查核实证据；对重大、复杂的案件，申请人提出要求或者行政复议机构认为必要时，可以采取听证的方式审理。

第三十四条 行政复议人员向有关组织和人员调查取证时，可以查阅、复制、调取有关文件和资料，向有关人员进行询问。

调查取证时，行政复议人员不得少于 2 人，并应当向当事人或者有关人员出示证件。被调查单位和人员应当配合行政复议人员的工作，不得拒绝或者阻挠。

需要现场勘验的，现场勘验所用时间不计入行政复议审理期限。

第三十五条 行政复议机关应当为申请人、第三人查阅有关材料提供必要条件。

第三十六条 依照行政复议法第十四条的规定申请原级行政复议的案件，由原承办具体行政行为有关事项的部门或者机构提出书面答复，并提交作出具体行政行为的证据、依据和其他有关材料。

第三十七条 行政复议期间涉及专门事项需要鉴定的，当事人可以自行委托鉴定机构进行鉴定，也可以申请行政复议机构委托鉴定机构进行鉴定。鉴定费用由当事人承担。鉴定所用时间不计入行政复议审理期限。

第三十八条 申请人在行政复议决定作出前自愿撤回行政复议申请的，经行政复议机构同意，可以撤回。

申请人撤回行政复议申请的，不得再以同一事实和理由提出行政复议申请。但是，申请人能够证明撤回行政复议申请违背其真实意思表示的除外。

第三十九条 行政复议期间被申请人改变原具体行政行为的，不影响行政复议案件的审理。但是，申请人依法撤回行政复议申请的除外。

第四十条 公民、法人或者其他组织对行政机关行使法律、法规规定的自由裁量权作出的具体行政行为不服申请行政复议，申请人与被申请人在行政复议决定作出前自愿达成和解的，应当向行政复议机构提交书面和解协议；和解内容不损害社会公共利益和他人合法权益的，行政复议机构应当准许。

第四十一条 行政复议期间有下列情形之一，影响行政复议案件审理的，行政复议中止：

（一）作为申请人的自然人死亡，其近亲属尚未确定是否参加行政复议的；

（二）作为申请人的自然人丧失参加行政复议的能力，尚未确定法定代理人参加行政复议的；

（三）作为申请人的法人或者其他组织终止，尚未确定权利义务承受人的；

（四）作为申请人的自然人下落不明或者被宣告失踪的；

（五）申请人、被申请人因不可抗力，不能参加行政复议的；

（六）案件涉及法律适用问题，需要有权机关作出解释或者确认的；

（七）案件审理需要以其他案件的审理结果为依据，而其他案件尚未审结的；

（八）其他需要中止行政复议的情形。

行政复议中止的原因消除后，应当及时恢复行政复议案件的审理。

行政复议机构中止、恢复行政复议案件的审理，应当告知有关当事人。

第四十二条 行政复议期间有下列情形之一的，行政复议终止：

（一）申请人要求撤回行政复议申请，行政复议机构准予撤回的；

（二）作为申请人的自然人死亡，没有近亲属或者其近亲属放弃行政复议权利的；

（三）作为申请人的法人或者其他组织终止，其权利义务的承受人放弃行政复议权利的；

（四）申请人与被申请人依照本条例第四十条的规定，经行政复议机构准许达成和解的；

（五）申请人对行政拘留或者限制人身自由的行政强制措施不服申请行政复议后，因申请人同一违法行为涉嫌犯罪，该行政拘留或者限制人身自由的行政强制措施变更为刑事拘留的。

依照本条例第四十一条第一款第（一）项、第（二）项、第（三）项规定中止行政复议，满60日行政复议中止的原因仍未消除的，行政复议终止。

第四十三条 依照行政复议法第二十八条第一款第（一）项规定，具体行政行为认定事实清楚，证据确凿，适用依据正确，程序合法，内容适当的，行政复议机关应当决定维持。

第四十四条 依照行政复议法第二十八条第一款第（二）项规定，被申请人不履行法定职责的，行政复议机关应当决定其在一定期限内履行法定职责。

第四十五条 具体行政行为有行政复议法第二十八条第一款第（三）项规定情形之一的，行政复议机关应当决定撤销、变更该具体行政行为或者确认该具体行政行为违法；决定撤销该具体行政行为或者确认该具体行政行为违法的，可以责令被申请人在一定期限内重新作出具体行政行为。

第四十六条 被申请人未依照行政复议法第二十三条的规定提出书面答复、提交当初作出具体行政行为的证据、依据和其他有关材料的，视为该具体行政行为没有证据、依据，行政复议机关应当决定撤销该具体行政行为。

第四十七条 具体行政行为有下列情形之一，行政复议机关可以决定变更：

（一）认定事实清楚，证据确凿，程序合法，但是明显不当或者适用依据错误的；

（二）认定事实不清，证据不足，但是经行政复议机关审理查明事实清楚，证据确凿的。

第四十八条 有下列情形之一的，行政复议机关应当决定驳回行政复议申请：

（一）申请人认为行政机关不履行法定职责申请行政复议，行政复议机关受理后发现该行政机关没有相应法定职责或者在受理前已经履行法定职责的；

（二）受理行政复议申请后，发现该行政复议申请不符合行政复议法和本条例规定的受理条件的。

上级行政机关认为行政复议机关驳回行政复议申请的理由不成立的，应当责令其恢复审理。

第四十九条 行政复议机关依照行政复议法第二十八条的规定责令被申请人重新作出具体行政行为的，被申请人应当在法律、法规、规章规定的期限内重新作出具体行政行为；法律、法规、规章未规定期限的，重新作出具体行政行为的期限为60日。

公民、法人或者其他组织对被申请人重新作出的具体行政行为不服，可以依法申请行政复议或者提起行政诉讼。

第五十条 有下列情形之一的，行政复议机关可以按照自愿、合法的原则进行调解：

（一）公民、法人或者其他组织对行政机关行使法律、法规规定的自由裁量权作出的具体行政行为不服申请行政复议的；

（二）当事人之间的行政赔偿或者行政补偿纠纷。

当事人经调解达成协议的，行政复议机关应当制作行政复议调解书。调解书应当载明行政复议请求、事实、理由和调解结果，并加盖行政复议机关印章。行政复议调解书经双方当事人签字，即具有法律效力。

调解未达成协议或者调解书生效前一方反悔的，行政复议机关应当及时作出行政复议决定。

第五十一条 行政复议机关在申请人的行

政复议请求范围内，不得作出对申请人更为不利的行政复议决定。

第五十二条 第三人逾期不起诉又不履行行政复议决定的，依照行政复议法第三十三条的规定处理。

第五章 行政复议指导和监督

第五十三条 行政复议机关应当加强对行政复议工作的领导。

行政复议机构在本级行政复议机关的领导下，按照职责权限对行政复议工作进行督促、指导。

第五十四条 县级以上各级人民政府应当加强对所属工作部门和下级人民政府履行行政复议职责的监督。

行政复议机关应当加强对其行政复议机构履行行政复议职责的监督。

第五十五条 县级以上地方各级人民政府应当建立健全行政复议工作责任制，将行政复议工作纳入本级政府目标责任制。

第五十六条 县级以上地方各级人民政府应当按照职责权限，通过定期组织检查、抽查等方式，对所属工作部门和下级人民政府行政复议工作进行检查，并及时向有关方面反馈检查结果。

第五十七条 行政复议期间行政复议机关发现被申请人或者其他下级行政机关的相关行政行为违法或者需要做好善后工作的，可以制作行政复议意见书。有关机关应当自收到行政复议意见书之日起60日内将纠正相关行政违法行为或者做好善后工作的情况通报行政复议机构。

行政复议期间行政复议机构发现法律、法规、规章实施中带有普遍性的问题，可以制作行政复议建议书，向有关机关提出完善制度和改进行政执法的建议。

第五十八条 县级以上各级人民政府行政复议机构应当定期向本级人民政府提交行政复议工作状况分析报告。

第五十九条 下级行政复议机关应当及时将重大行政复议决定报上级行政复议机关备案。

第六十条 各级行政复议机构应当定期组织对行政复议人员进行业务培训，提高行政复议人员的专业素质。

第六十一条 各级行政复议机关应当定期总结行政复议工作，对在行政复议工作中做出显著成绩的单位和个人，依照有关规定给予表彰和奖励。

第六章 法律责任

第六十二条 被申请人在规定期限内未按照行政复议决定的要求重新作出具体行政行为，或者违反规定重新作出具体行政行为的，依照行政复议法第三十七条的规定追究法律责任。

第六十三条 拒绝或者阻挠行政复议人员调查取证、查阅、复制、调取有关文件和资料的，对有关责任人员依法给予处分或者治安处罚；构成犯罪的，依法追究刑事责任。

第六十四条 行政复议机关或者行政复议机构不履行行政复议法和本条例规定的行政复议职责，经有权监督的行政机关督促仍不改正的，对直接负责的主管人员和其他直接责任人员依法给予警告、记过、记大过的处分；造成严重后果的，依法给予降级、撤职、开除的处分。

第六十五条 行政机关及其工作人员违反行政复议法和本条例规定的，行政复议机构可以向人事、监察部门提出对有关责任人员的处分建议，也可以将有关人员违法的事实材料直接转送人事、监察部门处理；接受转送的人事、监察部门应当依法处理，并将处理结果通报转送的行政复议机构。

第七章 附 则

第六十六条 本条例自2007年8月1日起施行。

公路安全保护条例

（2011年2月16日国务院第144次常务会议通过 2011年3月7日中华人民共和国国务院令第593号公布 自2011年7月1日起施行）

第一章 总 则

第一条 为了加强公路保护，保障公路完好、安全和畅通，根据《中华人民共和国公路法》，制定本条例。

第二条 各级人民政府应当加强对公路保护工作的领导，依法履行公路保护职责。

第三条 国务院交通运输主管部门主管全国公路保护工作。

县级以上地方人民政府交通运输主管部门主管本行政区域的公路保护工作；但是，县级以上地方人民政府交通运输主管部门对国道、省道的保护职责，由省、自治区、直辖市人民政府确定。

公路管理机构依照本条例的规定具体负责公路保护的监督管理工作。

第四条 县级以上各级人民政府发展改革、工业和信息化、公安、工商、质检等部门按照职责分工，依法开展公路保护的相关工作。

第五条 县级以上各级人民政府应当将政府及其有关部门从事公路管理、养护所需经费以及公路管理机构行使公路行政管理职能所需经费纳入本级人民政府财政预算。但是，专用公路的公路保护经费除外。

第六条 县级以上各级人民政府交通运输主管部门应当综合考虑国家有关车辆技术标准、公路使用状况等因素，逐步提高公路建设、管理和养护水平，努力满足国民经济和社会发展以及人民群众生产、生活需要。

第七条 县级以上各级人民政府交通运输主管部门应当依照《中华人民共和国突发事件应对法》的规定，制定地震、泥石流、雨雪冰冻灾害等损毁公路的突发事件（以下简称公路突发事件）应急预案，报本级人民政府批准后实施。

公路管理机构、公路经营企业应当根据交通运输主管部门制定的公路突发事件应急预案，组建应急队伍，并定期组织应急演练。

第八条 国家建立健全公路突发事件应急物资储备保障制度，完善应急物资储备、调配体系，确保发生公路突发事件时能够满足应急处置工作的需要。

第九条 任何单位和个人不得破坏、损坏、非法占用或者非法利用公路、公路用地和公路附属设施。

第二章 公路线路

第十条 公路管理机构应当建立健全公路管理档案，对公路、公路用地和公路附属设施调查核实、登记造册。

第十一条 县级以上地方人民政府应当根据保障公路运行安全和节约用地的原则以及公路发展的需要，组织交通运输、国土资源等部门划定公路建筑控制区的范围。

公路建筑控制区的范围，从公路用地外缘起向外的距离标准为：

（一）国道不少于20米；

（二）省道不少于15米；

（三）县道不少于10米；

（四）乡道不少于5米。

属于高速公路的，公路建筑控制区的范围从公路用地外缘起向外的距离标准不少于30米。

公路弯道内侧、互通立交以及平面交叉道口的建筑控制区范围根据安全视距等要求确定。

第十二条 新建、改建公路的建筑控制区的范围，应当自公路初步设计批准之日起30日内，由公路沿线县级以上地方人民政府依照本条例划定并公告。

公路建筑控制区与铁路线路安全保护区、航道保护范围、河道管理范围或者水工程管理和保护范围重叠的，经公路管理机构和铁路管理机构、航道管理机构、水行政主管部门或者流域管理机构协商后划定。

第十三条 在公路建筑控制区内，除公路保护需要外，禁止修建建筑物和地面构筑物；公路建筑控制区划定前已经合法修建的不得扩建，因公路建设或者保障公路运行安全等原因需要拆除的应当依法给予补偿。

在公路建筑控制区外修建的建筑物、地面构筑物以及其他设施不得遮挡公路标志，不得妨碍安全视距。

第十四条 新建村镇、开发区、学校和货物集散地、大型商业网点、农贸市场等公共场所，与公路建筑控制区边界外缘的距离应当符合下列标准，并尽可能在公路一侧建设：

（一）国道、省道不少于50米；

（二）县道、乡道不少于20米。

第十五条 新建、改建公路与既有城市道路、铁路、通信等线路交叉或者新建、改建城市道路、铁路、通信等线路与既有公路交叉的，建设费用由新建、改建单位承担；城市道路、铁路、通信等线路的管理部门、单位或者公路管理机构要求提高既有建设标准而增加的费用，由提出要求的部门或者单位承担。

需要改变既有公路与城市道路、铁路、通信等线路交叉方式的，按照公平合理的原则分担建设费用。

第十六条 禁止将公路作为检验车辆制动性能的试车场地。

禁止在公路、公路用地范围内摆摊设点、堆放物品、倾倒垃圾、设置障碍、挖沟引水、打场晒粮、种植作物、放养牲畜、采石、取土、采空作业、焚烧物品、利用公路边沟排放污物或者进行其他损坏、污染公路和影响公路畅通的行为。

第十七条 禁止在下列范围内从事采矿、采石、取土、爆破作业等危及公路、公路桥梁、公路隧道、公路渡口安全的活动：

（一）国道、省道、县道的公路用地外缘起向外100米，乡道的公路用地外缘起向外50米；

（二）公路渡口和中型以上公路桥梁周围200米；

（三）公路隧道上方和洞口外100米。

在前款规定的范围内，因抢险、防汛需要修筑堤坝、压缩或者拓宽河床的，应当经省、自治区、直辖市人民政府交通运输主管部门会同水行政主管部门或者流域管理机构批准，并采取安全防护措施方可进行。

第十八条 除按照国家有关规定设立的为车辆补充燃料的场所、设施外，禁止在下列范围内设立生产、储存、销售易燃、易爆、剧毒、放射性等危险物品的场所、设施：

（一）公路用地外缘起向外100米；

（二）公路渡口和中型以上公路桥梁周围200米；

（三）公路隧道上方和洞口外100米。

第十九条 禁止擅自在中型以上公路桥梁跨越的河道上下游各1000米范围内抽取地下水、架设浮桥以及修建其他危及公路桥梁安全的设施。

在前款规定的范围内，确需进行抽取地下水、架设浮桥等活动的，应当经水行政主管部门、流域管理机构等有关单位会同公路管理机构批准，并采取安全防护措施方可进行。

第二十条 禁止在公路桥梁跨越的河道上下游的下列范围内采砂：

（一）特大型公路桥梁跨越的河道上游500米，下游3000米；

（二）大型公路桥梁跨越的河道上游500米，下游2000米；

（三）中小型公路桥梁跨越的河道上游500米，下游1000米。

第二十一条 在公路桥梁跨越的河道上下游各500米范围内依法进行疏浚作业的，应当符合公路桥梁安全要求，经公路管理机构确认安全方可作业。

第二十二条 禁止利用公路桥梁进行牵拉、吊装等危及公路桥梁安全的施工作业。

禁止利用公路桥梁（含桥下空间）、公路隧道、涵洞堆放物品，搭建设施以及铺设高压电线和输送易燃、易爆或者其他有毒有害气体、液体的管道。

第二十三条 公路桥梁跨越航道的，建设单位应当按照国家有关规定设置桥梁航标、桥柱标、桥梁水尺标，并按照国家标准、行业标准设置桥区水上航标和桥墩防撞装置。桥区水上航标由航标管理机构负责维护。

通过公路桥梁的船舶应当符合公路桥梁通航净空要求，严格遵守航行规则，不得在公路桥梁下停泊或者系缆。

第二十四条 重要的公路桥梁和公路隧道按照《中华人民共和国人民武装警察法》和国务院、中央军委的有关规定由中国人民武装警察部队守护。

第二十五条 禁止损坏、擅自移动、涂改、遮挡公路附属设施或者利用公路附属设施架设管道、悬挂物品。

第二十六条 禁止破坏公路、公路用地范围内的绿化物。需要更新采伐护路林的，应当向公路管理机构提出申请，经批准方可更新采伐，并及时补种；不能及时补种的，应当交纳补种所需费用，由公路管理机构代为补种。

第二十七条 进行下列涉路施工活动，建设单位应当向公路管理机构提出申请：

（一）因修建铁路、机场、供电、水利、通信等建设工程需要占用、挖掘公路、公路用地或者使公路改线；

（二）跨越、穿越公路修建桥梁、渡槽或者架设、埋设管道、电缆等设施；

（三）在公路用地范围内架设、埋设管道、电缆等设施；

（四）利用公路桥梁、公路隧道、涵洞铺设电缆等设施；

（五）利用跨越公路的设施悬挂非公路标志；

（六）在公路上增设或者改造平面交叉道口；

（七）在公路建筑控制区内埋设管道、电缆等设施。

第二十八条 申请进行涉路施工活动的建设单位应当向公路管理机构提交下列材料：

（一）符合有关技术标准、规范要求的设计和施工方案；

（二）保障公路、公路附属设施质量和安全的技术评价报告；

（三）处置施工险情和意外事故的应急方案。

公路管理机构应当自受理申请之日起20日内作出许可或者不予许可的决定；影响交通安全的，应当征得公安机关交通管理部门的同意；涉及经营性公路的，应当征求公路经营企业的意见；不予许可的，公路管理机构应当书面通知申请人并说明理由。

第二十九条 建设单位应当按照许可的设计和施工方案进行施工作业，并落实保障公路、公路附属设施质量和安全的防护措施。

涉路施工完毕，公路管理机构应当对公路、公路附属设施是否达到规定的技术标准以及施工是否符合保障公路、公路附属设施质量和安全的要求进行验收；影响交通安全的，还应当经公安机关交通管理部门验收。

涉路工程设施的所有人、管理人应当加强维护和管理，确保工程设施不影响公路的完好、安全和畅通。

第三章 公路通行

第三十条 车辆的外廓尺寸、轴荷和总质量应当符合国家有关车辆外廓尺寸、轴荷、质量限值等机动车安全技术标准，不符合标准的不得生产、销售。

第三十一条 公安机关交通管理部门办理车辆登记，应当当场查验，对不符合机动车国家安全技术标准的车辆不予登记。

第三十二条 运输不可解体物品需要改装车辆的，应当由具有相应资质的车辆生产企业按照规定的车型和技术参数进行改装。

第三十三条 超过公路、公路桥梁、公路隧道限载、限高、限宽、限长标准的车辆，不得在公路、公路桥梁或者公路隧道行驶；超过汽车渡船限载、限高、限宽、限长标准的车辆，不得使用汽车渡船。

公路、公路桥梁、公路隧道限载、限高、限宽、限长标准调整的，公路管理机构、公路经营企业应当及时变更限载、限高、限宽、限长标志；需要绕行的，还应当标明绕行路线。

第三十四条 县级人民政府交通运输主管部门或者乡级人民政府可以根据保护乡道、村道的需要，在乡道、村道的出入口设置必要的限高、限宽设施，但是不得影响消防和卫生急救等应急通行需要，不得向通行车辆收费。

第三十五条 车辆载运不可解体物品，车货总体的外廓尺寸或者总质量超过公路、公路桥梁、公路隧道的限载、限高、限宽、限长标准，确需在公路、公路桥梁、公路隧道行驶的，从事运输的单位和个人应当向公路管理机构申请公路超限运输许可。

第三十六条 申请公路超限运输许可按照下列规定办理：

（一）跨省、自治区、直辖市进行超限运输的，向公路沿线各省、自治区、直辖市公路管理机构提出申请，由起运地省、自治区、直辖市公路管理机构统一受理，并协调公路沿线各省、自治区、直辖市公路管理机构对超限运输申请进行审批，必要时可以由国务院交通运输主管部门统一协调处理；

（二）在省、自治区范围内跨设区的市进行超限运输，或者在直辖市范围内跨区、县进行超限运输的，向省、自治区、直辖市公路管理机构提出申请，由省、自治区、直辖市公路管理机构受理并审批；

（三）在设区的市范围内跨区、县进行超限运输的，向设区的市公路管理机构提出申请，由设区的市公路管理机构受理并审批；

（四）在区、县范围内进行超限运输的，向区、县公路管理机构提出申请，由区、县公路管理机构受理并审批。

公路超限运输影响交通安全的，公路管理机构在审批超限运输申请时，应当征求公安机关交通管理部门意见。

第三十七条 公路管理机构审批超限运输申请，应当根据实际情况勘测通行路线，需要采取加固、改造措施的，可以与申请人签订有关协议，制定相应的加固、改造方案。

公路管理机构应当根据其制定的加固、改造方案，对通行的公路桥梁、涵洞等设施进行加固、改造；必要时应当对超限运输车辆进行监管。

第三十八条 公路管理机构批准超限运输申请的，应当为超限运输车辆配发国务院交通运输主管部门规定式样的超限运输车辆通行证。

经批准进行超限运输的车辆，应当随车携带超限运输车辆通行证，按照指定的时间、路线和速度行驶，并悬挂明显标志。

禁止租借、转让超限运输车辆通行证。禁止使用伪造、变造的超限运输车辆通行证。

第三十九条 经省、自治区、直辖市人民政府批准，有关交通运输主管部门可以设立固定超限检测站点，配备必要的设备和人员。

固定超限检测站点应当规范执法，并公布监督电话。公路管理机构应当加强对固定超限检测站点的管理。

第四十条 公路管理机构在监督检查中发现车辆超过公路、公路桥梁、公路隧道或者汽车渡船的限载、限高、限宽、限长标准的，应当就近引导至固定超限检测站点进行处理。

车辆应当按照超限检测指示标志或者公路管理机构监督检查人员的指挥接受超限检测，不得故意堵塞固定超限检测站点通行车道、强行通过固定超限检测站点或者以其他方式扰乱超限检测秩序，不得采取短途驳载等方式逃避超限检测。

禁止通过引路绕行等方式为不符合国家有关载运标准的车辆逃避超限检测提供便利。

第四十一条 煤炭、水泥等货物集散地以及货运站等场所的经营人、管理人应当采取有效措施，防止不符合国家有关载运标准的车辆出场（站）。

道路运输管理机构应当加强对煤炭、水泥等货物集散地以及货运站等场所的监督检查，制止不符合国家有关载运标准的车辆出场（站）。

任何单位和个人不得指使、强令车辆驾驶人超限运输货物，不得阻碍道路运输管理机构依法进行监督检查。

第四十二条 载运易燃、易爆、剧毒、放射性等危险物品的车辆，应当符合国家有关安全管理规定，并避免通过特大型公路桥梁或者特长公路隧道；确需通过特大型公路桥梁或者特长公路隧道的，负责审批易燃、易爆、剧毒、放射性等危险物品运输许可的机关应当提前将行驶时间、路线通知特大型公路桥梁或者特长公路隧道的管理单位，并对在特大型公路桥梁或者特长公路隧道行驶的车辆进行现场监管。

第四十三条 车辆应当规范装载，装载物不得触地拖行。车辆装载物易掉落、遗洒或者飘散的，应当采取厢式密闭等有效防护措施方可在公路上行驶。

公路上行驶车辆的装载物掉落、遗洒或者飘散的，车辆驾驶人、押运人员应当及时采取措施处理；无法处理的，应当在掉落、遗洒或者飘散物来车方向适当距离外设置警示标志，并迅速报告公路管理机构或者公安机关交通管理部门。其他人员发现公路上有影响交通安全的障碍物的，也应当及时报告公路管理机构或者公安机关交通管理部门。公安机关交通管理部门应当责令改正车辆装载物掉落、遗洒、飘散等违法行为；公路管理机构、公路经营企业应当及时清除掉落、遗洒、飘散在公路上的障碍物。

车辆装载物掉落、遗洒、飘散后，车辆驾驶人、押运人员未及时采取措施处理，造成他人人身、财产损害的，道路运输企业、车辆驾驶人应当依法承担赔偿责任。

第四章 公路养护

第四十四条 公路管理机构、公路经营企业应当加强公路养护，保证公路经常处于良好技术状态。

前款所称良好技术状态，是指公路自身的物理状态符合有关技术标准的要求，包括路面平整，路肩、边坡平顺，有关设施完好。

第四十五条 公路养护应当按照国务院交通运输主管部门规定的技术规范和操作规程实施作业。

第四十六条 从事公路养护作业的单位应当具备下列资质条件：

（一）有一定数量的符合要求的技术人员；

（二）有与公路养护作业相适应的技术设备；

（三）有与公路养护作业相适应的作业经历；

（四）国务院交通运输主管部门规定的其他条件。

公路养护作业单位资质管理办法由国务院交通运输主管部门另行制定。

第四十七条 公路管理机构、公路经营企业应当按照国务院交通运输主管部门的规定对公路进行巡查，并制作巡查记录；发现公路坍塌、坑槽、隆起等损毁的，应当及时设置警示标志，并采取措施修复。

公安机关交通管理部门发现公路坍塌、坑槽、隆起等损毁，危及交通安全的，应当及时采取措施，疏导交通，并通知公路管理机构或者公路经营企业。

其他人员发现公路坍塌、坑槽、隆起等损毁的，应当及时向公路管理机构、公安机关交通管理部门报告。

第四十八条 公路管理机构、公路经营企业应当定期对公路、公路桥梁、公路隧道进行检测和评定，保证其技术状态符合有关技术标准；对经检测发现不符合车辆通行安全要求的，应当进行维修，及时向社会公告，并通知公安机关交通管理部门。

第四十九条 公路管理机构、公路经营企业应当定期检查公路隧道的排水、通风、照明、监控、报警、消防、救助等设施，保持设施处于完好状态。

第五十条 公路管理机构应当统筹安排公路养护作业计划，避免集中进行公路养护作业造成交通堵塞。

在省、自治区、直辖市交界区域进行公路养护作业，可能造成交通堵塞的，有关公路管理机构、公安机关交通管理部门应当事先书面通报相邻的省、自治区、直辖市公路管理机构、公安机关交通管理部门，共同制定疏导预案，确定分流路线。

第五十一条 公路养护作业需要封闭公路的，或者占用半幅公路进行作业，作业路段长度在2公里以上，并且作业期限超过30日的，除紧急情况外，公路养护作业单位应当在作业开始之日前5日向社会公告，明确绕行路线，并在绕行处设置标志；不能绕行的，应当修建临时道路。

第五十二条 公路养护作业人员作业时，应当穿着统一的安全标志服。公路养护车辆、机械设备作业时，应当设置明显的作业标志，开启危险报警闪光灯。

第五十三条 发生公路突发事件影响通行的，公路管理机构、公路经营企业应当及时修复公路、恢复通行。设区的市级以上人民政府交通运输主管部门应当根据修复公路、恢复通行的需要，及时调集抢修力量，统筹安排有关作业计划，下达路网调度指令，配合有关部门组织绕行、分流。

设区的市级以上公路管理机构应当按照国务院交通运输主管部门的规定收集、汇总公路损毁、公路交通流量等信息，开展公路突发事件的监测、预报和预警工作，并利用多种方式及时向社会发布有关公路运行信息。

第五十四条 中国人民武装警察交通部队按照国家有关规定承担公路、公路桥梁、公路隧道等设施的抢修任务。

第五十五条 公路永久性停止使用的，应当按照国务院交通运输主管部门规定的程序核准后作报废处理，并向社会公告。

公路报废后的土地使用管理依照有关土地管理的法律、行政法规执行。

第五章　法律责任

第五十六条　违反本条例的规定，有下列情形之一的，由公路管理机构责令限期拆除，可以处5万元以下的罚款。逾期不拆除的，由公路管理机构拆除，有关费用由违法行为人承担：

（一）在公路建筑控制区内修建、扩建建筑物、地面构筑物或者未经许可埋设管道、电缆等设施的；

（二）在公路建筑控制区外修建的建筑物、地面构筑物以及其他设施遮挡公路标志或者妨碍安全视距的。

第五十七条　违反本条例第十八条、第十九条、第二十三条规定的，由安全生产监督管理部门、水行政主管部门、流域管理机构、海事管理机构等有关单位依法处理。

第五十八条　违反本条例第二十条规定的，由水行政主管部门或者流域管理机构责令改正，可以处3万元以下的罚款。

第五十九条　违反本条例第二十二条规定的，由公路管理机构责令改正，处2万元以上10万元以下的罚款。

第六十条　违反本条例的规定，有下列行为之一的，由公路管理机构责令改正，可以处3万元以下的罚款：

（一）损坏、擅自移动、涂改、遮挡公路附属设施或者利用公路附属设施架设管道、悬挂物品，可能危及公路安全的；

（二）涉路工程设施影响公路完好、安全和畅通的。

第六十一条　违反本条例的规定，未经批准更新采伐护路林的，由公路管理机构责令补种，没收违法所得，并处采伐林木价值3倍以上5倍以下的罚款。

第六十二条　违反本条例的规定，未经许可进行本条例第二十七条第一项至第五项规定的涉路施工活动的，由公路管理机构责令改正，可以处3万元以下的罚款；未经许可进行本条例第二十七条第六项规定的涉路施工活动的，由公路管理机构责令改正，处5万元以下的罚款。

第六十三条　违反本条例的规定，非法生产、销售外廓尺寸、轴荷、总质量不符合国家有关车辆外廓尺寸、轴荷、质量限值等机动车安全技术标准的车辆的，依照《中华人民共和国道路交通安全法》的有关规定处罚。

具有国家规定资质的车辆生产企业未按照规定车型和技术参数改装车辆的，由原发证机关责令改正，处4万元以上20万元以下的罚款；拒不改正的，吊销其资质证书。

第六十四条　违反本条例的规定，在公路上行驶的车辆，车货总体的外廓尺寸、轴荷或者总质量超过公路、公路桥梁、公路隧道、汽车渡船限定标准的，由公路管理机构责令改正，可以处3万元以下的罚款。

第六十五条　违反本条例的规定，经批准进行超限运输的车辆，未按照指定时间、路线和速度行驶的，由公路管理机构或者公安机关交通管理部门责令改正；拒不改正的，公路管理机构或者公安机关交通管理部门可以扣留车辆。

未随车携带超限运输车辆通行证的，由公路管理机构扣留车辆，责令车辆驾驶人提供超限运输车辆通行证或者相应的证明。

租借、转让超限运输车辆通行证的，由公路管理机构没收超限运输车辆通行证，处1000元以上5000元以下的罚款。使用伪造、变造的超限运输车辆通行证的，由公路管理机构没收伪造、变造的超限运输车辆通行证，处3万元以下的罚款。

第六十六条　对1年内违法超限运输超过3次的货运车辆，由道路运输管理机构吊销其车辆营运证；对1年内违法超限运输超过3次的货运车辆驾驶人，由道路运输管理机构责令其停止从事营业性运输；道路运输企业1年内违法超限运输的货运车辆超过本单位货运车辆总数10%的，由道路运输管理机构责令道路运输企业停业整顿；情节严重的，吊销其道路运输经营许可证，并向社会公告。

第六十七条　违反本条例的规定，有下列行为之一的，由公路管理机构强制拖离或者扣留车辆，处3万元以下的罚款：

（一）采取故意堵塞固定超限检测站点通行车道、强行通过固定超限检测站点等方式扰乱超限检测秩序的；

（二）采取短途驳载等方式逃避超限检测的。

第六十八条 违反本条例的规定，指使、强令车辆驾驶人超限运输货物的，由道路运输管理机构责令改正，处3万元以下的罚款。

第六十九条 车辆装载物触地拖行、掉落、遗洒或者飘散，造成公路路面损坏、污染的，由公路管理机构责令改正，处5000元以下的罚款。

第七十条 违反本条例的规定，公路养护作业单位未按照国务院交通运输主管部门规定的技术规范和操作规程进行公路养护作业的，由公路管理机构责令改正，处1万元以上5万元以下的罚款；拒不改正的，吊销其资质证书。

第七十一条 造成公路、公路附属设施损坏的单位和个人应当立即报告公路管理机构，接受公路管理机构的现场调查处理；危及交通安全的，还应当设置警示标志或者采取其他安全防护措施，并迅速报告公安机关交通管理部门。

发生交通事故造成公路、公路附属设施损坏的，公安机关交通管理部门在处理交通事故时应当及时通知有关公路管理机构到场调查处理。

第七十二条 造成公路、公路附属设施损坏，拒不接受公路管理机构现场调查处理的，公路管理机构可以扣留车辆、工具。

公路管理机构扣留车辆、工具的，应当当场出具凭证，并告知当事人在规定期限内到公路管理机构接受处理。逾期不接受处理，并且经公告3个月仍不来接受处理的，对扣留的车辆、工具，由公路管理机构依法处理。

公路管理机构对被扣留的车辆、工具应当妥善保管，不得使用。

第七十三条 违反本条例的规定，公路管理机构工作人员有下列行为之一的，依法给予处分：

（一）违法实施行政许可的；

（二）违反规定拦截、检查正常行驶的车辆的；

（三）未及时采取措施处理公路坍塌、坑槽、隆起等损毁的；

（四）违法扣留车辆、工具或者使用依法扣留的车辆、工具的；

（五）有其他玩忽职守、徇私舞弊、滥用职权行为的。

公路管理机构有前款所列行为之一的，对负有直接责任的主管人员和其他直接责任人员依法给予处分。

第七十四条 违反本条例的规定，构成违反治安管理行为的，由公安机关依法给予治安管理处罚；构成犯罪的，依法追究刑事责任。

第六章 附 则

第七十五条 村道的管理和养护工作，由乡级人民政府参照本条例的规定执行。

专用公路的保护不适用本条例。

第七十六条 军事运输使用公路按照国务院、中央军事委员会的有关规定执行。

第七十七条 本条例自2011年7月1日起施行。1987年10月13日国务院发布的《中华人民共和国公路管理条例》同时废止。

中华人民共和国道路交通安全法实施条例

（2004年4月30日中华人民共和国国务院令第405号公布 根据2017年10月7日《国务院关于修改部分行政法规的决定》修订）

第一章 总 则

第一条 根据《中华人民共和国道路交通安全法》（以下简称道路交通安全法）的规定，制定本条例。

第二条 中华人民共和国境内的车辆驾驶人、行人、乘车人以及与道路交通活动有关的单位和个人，应当遵守道路交通安全法和本条例。

第三条 县级以上地方各级人民政府应当建立、健全道路交通安全工作协调机制，组织有关部门对城市建设项目进行交通影响评价，制定道路交通安全管理规划，确定管理目标，制定实施方案。

第二章 车辆和驾驶人

第一节 机动车

第四条 机动车的登记，分为注册登记、变更登记、转移登记、抵押登记和注销登记。

第五条 初次申领机动车号牌、行驶证的，应当向机动车所有人住所地的公安机关交通管理部门申请注册登记。

申请机动车注册登记，应当交验机动车，并提交以下证明、凭证：

（一）机动车所有人的身份证明；

（二）购车发票等机动车来历证明；

（三）机动车整车出厂合格证明或者进口机动车进口凭证；

（四）车辆购置税完税证明或者免税凭证；

（五）机动车第三者责任强制保险凭证；

（六）法律、行政法规规定应当在机动车注册登记时提交的其他证明、凭证。

不属于国务院机动车产品主管部门规定免予安全技术检验的车型的，还应当提供机动车安全技术检验合格证明。

第六条 已注册登记的机动车有下列情形之一的，机动车所有人应当向登记该机动车的公安机关交通管理部门申请变更登记：

（一）改变机动车车身颜色的；

（二）更换发动机的；

（三）更换车身或者车架的；

（四）因质量有问题，制造厂更换整车的；

（五）营运机动车改为非营运机动车或者非营运机动车改为营运机动车的；

（六）机动车所有人的住所迁出或者迁入公安机关交通管理部门管辖区域的。

申请机动车变更登记，应当提交下列证明、凭证，属于前款第（一）项、第（二）项、第（三）项、第（四）项、第（五）项情形之一的，还应当交验机动车；属于前款第（二）项、第（三）项情形之一的，还应当同时提交机动车安全技术检验合格证明：

（一）机动车所有人的身份证明；

（二）机动车登记证书；

（三）机动车行驶证。

机动车所有人的住所在公安机关交通管理部门管辖区域内迁移、机动车所有人的姓名（单位名称）或者联系方式变更的，应当向登记该机动车的公安机关交通管理部门备案。

第七条 已注册登记的机动车所有权发生转移的，应当及时办理转移登记。

申请机动车转移登记，当事人应当向登记该机动车的公安机关交通管理部门交验机动车，并提交以下证明、凭证：

（一）当事人的身份证明；

（二）机动车所有权转移的证明、凭证；

（三）机动车登记证书；

（四）机动车行驶证。

第八条 机动车所有人将机动车作为抵押物抵押的，机动车所有人应当向登记该机动车的公安机关交通管理部门申请抵押登记。

第九条 已注册登记的机动车达到国家规定的强制报废标准的，公安机关交通管理部门应当在报废期满的2个月前通知机动车所有人办理注销登记。机动车所有人应当在报废期满前将机动车交售给机动车回收企业，由机动车回收企业将报废的机动车登记证书、号牌、行驶证交公安机关交通管理部门注销。机动车所有人逾期不办理注销登记的，公安机关交通管理部门应当公告该机动车登记证书、号牌、行驶证作废。

因机动车灭失申请注销登记的，机动车所有人应当向公安机关交通管理部门提交本人身份证明，交回机动车登记证书。

第十条 办理机动车登记的申请人提交的证明、凭证齐全、有效的，公安机关交通管理部门应当当场办理登记手续。

人民法院、人民检察院以及行政执法部门依法查封、扣押的机动车，公安机关交通管理部门不予办理机动车登记。

第十一条 机动车登记证书、号牌、行驶证丢失或者损毁，机动车所有人申请补发的，应当向公安机关交通管理部门提交本人身份证明和申请材料。公安机关交通管理部门经与机动车登记档案核实后，在收到申请之日起15日内补发。

第十二条 税务部门、保险机构可以在公安机关交通管理部门的办公场所集中办理与机动车有关的税费缴纳、保险合同订立等事项。

第十三条 机动车号牌应当悬挂在车前、车后指定位置，保持清晰、完整。重型、中型载货汽车及其挂车、拖拉机及其挂车的车身或者车厢后部应当喷涂放大的牌号，字样应当端正并保持清晰。

机动车检验合格标志、保险标志应当粘贴在机动车前窗右上角。

机动车喷涂、粘贴标识或者车身广告的，不得影响安全驾驶。

第十四条 用于公路营运的载客汽车、重型载货汽车、半挂牵引车应当安装、使用符合国家标准的行驶记录仪。交通警察可以对机动车行驶速度、连续驾驶时间以及其他行驶状态信息进行检查。安装行驶记录仪可以分步实施，实施步骤由国务院机动车产品主管部门会同有关部门规定。

第十五条 机动车安全技术检验由机动车安全技术检验机构实施。机动车安全技术检验机构应当按照国家机动车安全技术检验标准对机动车进行检验，对检验结果承担法律责任。

质量技术监督部门负责对机动车安全技术检验机构实行计量认证管理，对机动车安全技术检验设备进行检定，对执行国家机动车安全技术检验标准的情况进行监督。

机动车安全技术检验项目由国务院公安部门会同国务院质量技术监督部门规定。

第十六条 机动车应当从注册登记之日起，按照下列期限进行安全技术检验：

（一）营运载客汽车5年以内每年检验1次；超过5年的，每6个月检验1次；

（二）载货汽车和大型、中型非营运载客汽车10年以内每年检验1次；超过10年的，每6个月检验1次；

（三）小型、微型非营运载客汽车6年以内每2年检验1次；超过6年的，每年检验1次；超过15年的，每6个月检验1次；

（四）摩托车4年以内每2年检验1次；超过4年的，每年检验1次；

（五）拖拉机和其他机动车每年检验1次。

营运机动车在规定检验期限内经安全技术检验合格的，不再重复进行安全技术检验。

第十七条 已注册登记的机动车进行安全技术检验时，机动车行驶证记载的登记内容与该机动车的有关情况不符，或者未按照规定提供机动车第三者责任强制保险凭证的，不予通过检验。

第十八条 警车、消防车、救护车、工程救险车标志图案的喷涂以及警报器、标志灯具的安装、使用规定，由国务院公安部门制定。

第二节 机动车驾驶人

第十九条 符合国务院公安部门规定的驾驶许可条件的人，可以向公安机关交通管理部门申请机动车驾驶证。

机动车驾驶证由国务院公安部门规定式样并监制。

第二十条 学习机动车驾驶，应当先学习道路交通安全法律、法规和相关知识，考试合格后，再学习机动车驾驶技能。

在道路上学习驾驶，应当按照公安机关交通管理部门指定的路线、时间进行。在道路上学习机动车驾驶技能应当使用教练车，在教练员随车指导下进行，与教学无关的人员不得乘坐教练车。学员在学习驾驶中有道路交通安全违法行为或者造成交通事故的，由教练员承担责任。

第二十一条 公安机关交通管理部门应当对申请机动车驾驶证的人进行考试，对考试合格的，在5日内核发机动车驾驶证；对考试不合格的，书面说明理由。

第二十二条 机动车驾驶证的有效期为6年，本条例另有规定的除外。

机动车驾驶人初次申领机动车驾驶证后的12个月为实习期。在实习期内驾驶机动车的，应当在车身后部粘贴或者悬挂统一式样的实习标志。

机动车驾驶人在实习期内不得驾驶公共汽车、营运客车或者执行任务的警车、消防车、救护车、工程救险车以及载有爆炸物品、易燃易爆化学物品、剧毒或者放射性等危险物品的机动车；驾驶的机动车不得牵引挂车。

第二十三条 公安机关交通管理部门对机动车驾驶人的道路交通安全违法行为除给予行政处罚外，实行道路交通安全违法行为累积记分（以下简称记分）制度，记分周期为12个月。对在一个记分周期内记分达到12分的，由公安机关交通管理部门扣留其机动车驾驶证，该机动车驾驶人应当按照规定参加道路交通安全法律、法规的学习并接受考试。考试合格的，记分予以清除，发还机动车驾驶证；考试不合格的，继续参加学习和考试。

应当给予记分的道路交通安全违法行为及其分值，由国务院公安部门根据道路交通安全违法行为的危害程度规定。

公安机关交通管理部门应当提供记分查询方式供机动车驾驶人查询。

第二十四条 机动车驾驶人在一个记分周期内记分未达到12分，所处罚款已经缴纳的，记分予以清除；记分虽未达到12分，但尚有罚款未缴纳的，记分转入下一记分周期。

机动车驾驶人在一个记分周期内记分2次以上达到12分的，除按照第二十三条的规定扣留机动车驾驶证、参加学习、接受考试外，还应当接受驾驶技能考试。考试合格的，记分予以清除，发还机动车驾驶证；考试不合格的，继续参加学习和考试。

接受驾驶技能考试的，按照本人机动车驾驶证载明的最高准驾车型考试。

第二十五条 机动车驾驶人记分达到12分，拒不参加公安机关交通管理部门通知的学习，也不接受考试的，由公安机关交通管理部门公告其机动车驾驶证停止使用。

第二十六条 机动车驾驶人在机动车驾驶证的6年有效期内，每个记分周期均未达到12分的，换发10年有效期的机动车驾驶证；在机动车驾驶证的10年有效期内，每个记分周期均未达到12分的，换发长期有效的机动车驾驶证。

换发机动车驾驶证时，公安机关交通管理部门应当对机动车驾驶证进行审验。

第二十七条 机动车驾驶证丢失、损毁，机动车驾驶人申请补发的，应当向公安机关交通管理部门提交本人身份证明和申请材料。公安机关交通管理部门经与机动车驾驶证档案核实后，在收到申请之日起3日内补发。

第二十八条 机动车驾驶人在机动车驾驶证丢失、损毁、超过有效期或者被依法扣留、暂扣期间以及记分达到12分的，不得驾驶机动车。

第三章 道路通行条件

第二十九条 交通信号灯分为：机动车信号灯、非机动车信号灯、人行横道信号灯、车道信号灯、方向指示信号灯、闪光警告信号灯、道路与铁路平面交叉道口信号灯。

第三十条 交通标志分为：指示标志、警告标志、禁令标志、指路标志、旅游区标志、道路施工安全标志和辅助标志。

道路交通标线分为：指示标线、警告标线、禁止标线。

第三十一条 交通警察的指挥分为：手势信号和使用器具的交通指挥信号。

第三十二条 道路交叉路口和行人横过道路较为集中的路段应当设置人行横道、过街天桥或者过街地下通道。

在盲人通行较为集中的路段，人行横道信号灯应当设置声响提示装置。

第三十三条 城市人民政府有关部门可以在不影响行人、车辆通行的情况下，在城市道路上施划停车泊位，并规定停车泊位的使用时间。

第三十四条 开辟或者调整公共汽车、长途汽车的行驶路线或者车站，应当符合交通规划和安全、畅通的要求。

第三十五条 道路养护施工单位在道路上进行养护、维修时，应当按照规定设置规范的安全警示标志和安全防护设施。道路养护施工作业车辆、机械应当安装示警灯，喷涂明显的标志图案，作业时应当开启示警灯和危险报警闪光灯。对未中断交通的施工作业道路，公安机关交通管理部门应当加强交通安全监督检查。发生交通阻塞时，及时做好分流、疏导，维护交通秩序。

道路施工需要车辆绕行的，施工单位应当在绕行处设置标志；不能绕行的，应当修建临时通道，保证车辆和行人通行。需要封闭道路中断交通的，除紧急情况外，应当提前5日向社会公告。

第三十六条 道路或者交通设施养护部门、管理部门应当在急弯、陡坡、临崖、临水等危险路段，按照国家标准设置警告标志和安全防护设施。

第三十七条 道路交通标志、标线不规范，机动车驾驶人容易发生辨认错误的，交通标志、标线的主管部门应当及时予以改善。

道路照明设施应当符合道路建设技术规范，保持照明功能完好。

第四章 道路通行规定

第一节 一般规定

第三十八条 机动车信号灯和非机动车信号灯表示：

（一）绿灯亮时，准许车辆通行，但转弯的车辆不得妨碍被放行的直行车辆、行人通行；

（二）黄灯亮时，已越过停止线的车辆可以继续通行；

（三）红灯亮时，禁止车辆通行。

在未设置非机动车信号灯和人行横道信号灯的路口，非机动车和行人应当按照机动车信号灯的表示通行。

红灯亮时，右转弯的车辆在不妨碍被放行的车辆、行人通行的情况下，可以通行。

第三十九条 人行横道信号灯表示：

（一）绿灯亮时，准许行人通过人行横道；

（二）红灯亮时，禁止行人进入人行横道，但是已经进入人行横道的，可以继续通过或者在道路中心线处停留等候。

第四十条 车道信号灯表示：

（一）绿色箭头灯亮时，准许本车道车辆按指示方向通行；

（二）红色叉形灯或者箭头灯亮时，禁止本车道车辆通行。

第四十一条 方向指示信号灯的箭头方向向左、向上、向右分别表示左转、直行、右转。

第四十二条 闪光警告信号灯为持续闪烁的黄灯，提示车辆、行人通行时注意瞭望，确认安全后通过。

第四十三条 道路与铁路平面交叉道口有两个红灯交替闪烁或者一个红灯亮时，表示禁止车辆、行人通行；红灯熄灭时，表示允许车辆、行人通行。

第二节 机动车通行规定

第四十四条 在道路同方向划有2条以上机动车道的，左侧为快速车道，右侧为慢速车道。在快速车道行驶的机动车应当按照快速车道规定的速度行驶，未达到快速车道规定的行驶速度的，应当在慢速车道行驶。摩托车应当在最右侧车道行驶。有交通标志标明行驶速度的，按照标明的行驶速度行驶。慢速车道内的机动车超越前车时，可以借用快速车道行驶。

在道路同方向划有2条以上机动车道的，变更车道的机动车不得影响相关车道内行驶的机动车的正常行驶。

第四十五条 机动车在道路上行驶不得超过限速标志、标线标明的速度。在没有限速标志、标线的道路上，机动车不得超过下列最高行驶速度：

（一）没有道路中心线的道路，城市道路为每小时30公里，公路为每小时40公里；

（二）同方向只有1条机动车道的道路，城市道路为每小时50公里，公路为每小时70公里。

第四十六条 机动车行驶中遇有下列情形之一的，最高行驶速度不得超过每小时30公里，其中拖拉机、电瓶车、轮式专用机械车不得超过每小时15公里：

（一）进出非机动车道，通过铁路道口、急弯路、窄路、窄桥时；

（二）掉头、转弯、下陡坡时；

（三）遇雾、雨、雪、沙尘、冰雹，能见度在50米以内时；

（四）在冰雪、泥泞的道路上行驶时；

（五）牵引发生故障的机动车时。

第四十七条 机动车超车时，应当提前开启左转向灯、变换使用远、近光灯或者鸣喇叭。在没有道路中心线或者同方向只有1条机动车道的道路上，前车遇后车发出超车信号时，在条件许可的情况下，应当降低速度、靠右让路。后车应当在确认有充足的安全距离后，从前车的左侧超越，在与被超车辆拉开必要的安全距离后，开启右转向灯，驶回原车道。

第四十八条 在没有中心隔离设施或者没有中心线的道路上，机动车遇相对方向来车时应当遵守下列规定：

（一）减速靠右行驶，并与其他车辆、行人保持必要的安全距离；

（二）在有障碍的路段，无障碍的一方先行；但有障碍的一方已驶入障碍路段而无障碍的一方未驶入时，有障碍的一方先行；

（三）在狭窄的坡路，上坡的一方先行；但下坡的一方已行至中途而上坡的一方未上坡时，下坡的一方先行；

（四）在狭窄的山路，不靠山体的一方先行；

（五）夜间会车应当在距相对方向来车150米以外改用近光灯，在窄路、窄桥与非机动车会车时应当使用近光灯。

第四十九条 机动车在有禁止掉头或者禁止左转弯标志、标线的地点以及在铁路道口、人行横道、桥梁、急弯、陡坡、隧道或者容易发生危险的路段，不得掉头。

机动车在没有禁止掉头或者没有禁止左转弯标志、标线的地点可以掉头，但不得妨碍正常行驶的其他车辆和行人的通行。

第五十条 机动车倒车时，应当察明车后情况，确认安全后倒车。不得在铁路道口、交叉路口、单行路、桥梁、急弯、陡坡或者隧道中倒车。

第五十一条 机动车通过有交通信号灯控制的交叉路口，应当按照下列规定通行：

（一）在划有导向车道的路口，按所需行进方向驶入导向车道；

（二）准备进入环形路口的让已在路口内的机动车先行；

（三）向左转弯时，靠路口中心点左侧转弯。转弯时开启转向灯，夜间行驶开启近光灯；

（四）遇放行信号时，依次通过；

（五）遇停止信号时，依次停在停止线以外。没有停止线的，停在路口以外；

（六）向右转弯遇有同车道前车正在等候放行信号时，依次停车等候；

（七）在没有方向指示信号灯的交叉路口，转弯的机动车让直行的车辆、行人先行。相对方向行驶的右转弯机动车让左转弯车辆先行。

第五十二条 机动车通过没有交通信号灯控制也没有交通警察指挥的交叉路口，除应当遵守第五十一条第（二）项、第（三）项的规定外，还应当遵守下列规定：

（一）有交通标志、标线控制的，让优先通行的一方先行；

（二）没有交通标志、标线控制的，在进入路口前停车瞭望，让右方道路的来车先行；

（三）转弯的机动车让直行的车辆先行；

（四）相对方向行驶的右转弯的机动车让左转弯的车辆先行。

第五十三条 机动车遇有前方交叉路口交通阻塞时，应当依次停在路口以外等候，不得进入路口。

机动车在遇有前方机动车停车排队等候或者缓慢行驶时，应当依次排队，不得从前方车辆两侧穿插或者超越行驶，不得在人行横道、网状线区域内停车等候。

机动车在车道减少的路口、路段，遇有前方机动车停车排队等候或者缓慢行驶的，应当每车道一辆依次交替驶入车道减少后的路口、路段。

第五十四条 机动车载物不得超过机动车行驶证上核定的载质量，装载长度、宽度不得超出车厢，并应当遵守下列规定：

（一）重型、中型载货汽车，半挂车载物，高度从地面起不得超过4米，载运集装箱的车辆不得超过4.2米；

（二）其他载货的机动车载物，高度从地面起不得超过2.5米；

（三）摩托车载物，高度从地面起不得超过1.5米，长度不得超出车身0.2米。两轮摩托车载物宽度左右各不得超出车把0.15米；三轮摩托车载物宽度不得超过车身。

载客汽车除车身外部的行李架和内置的行李箱外，不得载货。载客汽车行李架载货，从车顶起高度不得超过0.5米，从地面起高度不得超过4米。

第五十五条 机动车载人应当遵守下列规定：

（一）公路载客汽车不得超过核定的载客人数，但按照规定免票的儿童除外，在载客人数已满的情况下，按照规定免票的儿童不得超过核定载客人数的10%；

（二）载货汽车车厢不得载客。在城市道路上，货运机动车在留有安全位置的情况下，车厢内可以附载临时作业人员1人至5人；载物高度超过车厢栏板时，货物上不得载人；

（三）摩托车后座不得乘坐未满12周岁的未成年人，轻便摩托车不得载人。

第五十六条 机动车牵引挂车应当符合下列规定：

（一）载货汽车、半挂牵引车、拖拉机只允许牵引1辆挂车。挂车的灯光信号、制动、连接、安全防护等装置应当符合国家标准；

（二）小型载客汽车只允许牵引旅居挂车

或者总质量700千克以下的挂车。挂车不得载人；

（三）载货汽车所牵引挂车的载质量不得超过载货汽车本身的载质量。

大型、中型载客汽车，低速载货汽车，三轮汽车以及其他机动车不得牵引挂车。

第五十七条 机动车应当按照下列规定使用转向灯：

（一）向左转弯、向左变更车道、准备超车、驶离停车地点或者掉头时，应当提前开启左转向灯；

（二）向右转弯、向右变更车道、超车完毕驶回原车道、靠路边停车时，应当提前开启右转向灯。

第五十八条 机动车在夜间没有路灯、照明不良或者遇有雾、雨、雪、沙尘、冰雹等低能见度情况下行驶时，应当开启前照灯、示廓灯和后位灯，但同方向行驶的后车与前车近距离行驶时，不得使用远光灯。机动车雾天行驶应当开启雾灯和危险报警闪光灯。

第五十九条 机动车在夜间通过急弯、坡路、拱桥、人行横道或者没有交通信号灯控制的路口时，应当交替使用远近光灯示意。

机动车驶近急弯、坡道顶端等影响安全视距的路段以及超车或者遇有紧急情况时，应当减速慢行，并鸣喇叭示意。

第六十条 机动车在道路上发生故障或者发生交通事故，妨碍交通又难以移动的，应当按照规定开启危险报警闪光灯并在车后50米至100米处设置警告标志，夜间还应当同时开启示廓灯和后位灯。

第六十一条 牵引故障机动车应当遵守下列规定：

（一）被牵引的机动车除驾驶人外不得载人，不得拖带挂车；

（二）被牵引的机动车宽度不得大于牵引机动车的宽度；

（三）使用软连接牵引装置时，牵引车与被牵引车之间的距离应当大于4米小于10米；

（四）对制动失效的被牵引车，应当使用硬连接牵引装置牵引；

（五）牵引车和被牵引车均应当开启危险报警闪光灯。

汽车吊车和轮式专用机械车不得牵引车辆。摩托车不得牵引车辆或者被其他车辆牵引。

转向或者照明、信号装置失效的故障机动车，应当使用专用清障车拖曳。

第六十二条 驾驶机动车不得有下列行为：

（一）在车门、车厢没有关好时行车；

（二）在机动车驾驶室的前后窗范围内悬挂、放置妨碍驾驶人视线的物品；

（三）拨打接听手持电话、观看电视等妨碍安全驾驶的行为；

（四）下陡坡时熄火或者空挡滑行；

（五）向道路上抛撒物品；

（六）驾驶摩托车手离车把或者在车把上悬挂物品；

（七）连续驾驶机动车超过4小时未停车休息或者停车休息时间少于20分钟；

（八）在禁止鸣喇叭的区域或者路段鸣喇叭。

第六十三条 机动车在道路上临时停车，应当遵守下列规定：

（一）在设有禁停标志、标线的路段，在机动车道与非机动车道、人行道之间设有隔离设施的路段以及人行横道、施工地段，不得停车；

（二）交叉路口、铁路道口、急弯路、宽度不足4米的窄路、桥梁、陡坡、隧道以及距离上述地点50米以内的路段，不得停车；

（三）公共汽车站、急救站、加油站、消防栓或者消防队（站）门前以及距离上述地点30米以内的路段，除使用上述设施的以外，不得停车；

（四）车辆停稳前不得开车门和上下人员，开关车门不得妨碍其他车辆和行人通行；

（五）路边停车应当紧靠道路右侧，机动车驾驶人不得离车，上下人员或者装卸物品后，立即驶离；

（六）城市公共汽车不得在站点以外的路段停车上下乘客。

第六十四条 机动车行经漫水路或者漫水桥时，应当停车察明水情，确认安全后，低速通过。

第六十五条 机动车载运超限物品行经铁路道口的，应当按照当地铁路部门指定的铁路道口、时间通过。

机动车行经渡口，应当服从渡口管理人员

指挥，按照指定地点依次待渡。机动车上下渡船时，应当低速慢行。

第六十六条 警车、消防车、救护车、工程救险车在执行紧急任务遇交通受阻时，可以断续使用警报器，并遵守下列规定：

（一）不得在禁止使用警报器的区域或者路段使用警报器；

（二）夜间在市区不得使用警报器；

（三）列队行驶时，前车已经使用警报器的，后车不再使用警报器。

第六十七条 在单位院内、居民居住区内，机动车应当低速行驶，避让行人；有限速标志的，按照限速标志行驶。

第三节 非机动车通行规定

第六十八条 非机动车通过有交通信号灯控制的交叉路口，应当按照下列规定通行：

（一）转弯的非机动车让直行的车辆、行人优先通行；

（二）遇有前方路口交通阻塞时，不得进入路口；

（三）向左转弯时，靠路口中心点的右侧转弯；

（四）遇有停止信号时，应当依次停在路口停止线以外。没有停止线的，停在路口以外；

（五）向右转弯遇有同方向前车正在等候放行信号时，在本车道内能够转弯的，可以通行；不能转弯的，依次等候。

第六十九条 非机动车通过没有交通信号灯控制也没有交通警察指挥的交叉路口，除应当遵守第六十八条第（一）项、第（二）项和第（三）项的规定外，还应当遵守下列规定：

（一）有交通标志、标线控制的，让优先通行的一方先行；

（二）没有交通标志、标线控制的，在路口外慢行或者停车瞭望，让右方道路的来车先行；

（三）相对方向行驶的右转弯的非机动车让左转弯的车辆先行。

第七十条 驾驶自行车、电动自行车、三轮车在路段上横过机动车道，应当下车推行，有人行横道或者行人过街设施的，应当从人行横道或者行人过街设施通过；没有人行横道、没有行人过街设施或者不便使用行人过街设施的，在确认安全后直行通过。

因非机动车道被占用无法在本车道内行驶的非机动车，可以在受阻的路段借用相邻的机动车道行驶，并在驶过被占用路段后迅速驶回非机动车道。机动车遇此情况应当减速让行。

第七十一条 非机动车载物，应当遵守下列规定：

（一）自行车、电动自行车、残疾人机动轮椅车载物，高度从地面起不得超过 1.5 米，宽度左右各不得超出车把 0.15 米，长度前端不得超出车轮，后端不得超出车身 0.3 米；

（二）三轮车、人力车载物，高度从地面起不得超过 2 米，宽度左右各不得超出车身 0.2 米，长度不得超出车身 1 米；

（三）畜力车载物，高度从地面起不得超过 2.5 米，宽度左右各不得超出车身 0.2 米，长度前端不得超出车辕，后端不得超出车身 1 米。

自行车载人的规定，由省、自治区、直辖市人民政府根据当地实际情况制定。

第七十二条 在道路上驾驶自行车、三轮车、电动自行车、残疾人机动轮椅车应当遵守下列规定：

（一）驾驶自行车、三轮车必须年满 12 周岁；

（二）驾驶电动自行车和残疾人机动轮椅车必须年满 16 周岁；

（三）不得醉酒驾驶；

（四）转弯前应当减速慢行，伸手示意，不得突然猛拐，超越前车时不得妨碍被超越的车辆行驶；

（五）不得牵引、攀扶车辆或者被其他车辆牵引，不得双手离把或者手中持物；

（六）不得扶身并行、互相追逐或者曲折竞驶；

（七）不得在道路上骑独轮自行车或者 2 人以上骑行的自行车；

（八）非下肢残疾的人不得驾驶残疾人机动轮椅车；

（九）自行车、三轮车不得加装动力装置；

（十）不得在道路上学习驾驶非机动车。

第七十三条 在道路上驾驭畜力车应当年满 16 周岁，并遵守下列规定：

（一）不得醉酒驾驭；

（二）不得并行，驾驭人不得离开车辆；

（三）行经繁华路段、交叉路口、铁路道口、人行横道、急弯路、宽度不足4米的窄路或者窄桥、陡坡、隧道或者容易发生危险的路段，不得超车。驾驭两轮畜力车应当下车牵引牲畜；

（四）不得使用未经驯服的牲畜驾车，随车幼畜须拴系；

（五）停放车辆应当拉紧车闸，拴系牲畜。

第四节　行人和乘车人通行规定

第七十四条　行人不得有下列行为：

（一）在道路上使用滑板、旱冰鞋等滑行工具；

（二）在车行道内坐卧、停留、嬉闹；

（三）追车、抛物击车等妨碍道路交通安全的行为。

第七十五条　行人横过机动车道，应当从行人过街设施通过；没有行人过街设施的，应当从人行横道通过；没有人行横道的，应当观察来往车辆的情况，确认安全后直行通过，不得在车辆临近时突然加速横穿或者中途倒退、折返。

第七十六条　行人列队在道路上通行，每横列不得超过2人，但在已经实行交通管制的路段不受限制。

第七十七条　乘坐机动车应当遵守下列规定：

（一）不得在机动车道上拦乘机动车；

（二）在机动车道上不得从机动车左侧上下车；

（三）开关车门不得妨碍其他车辆和行人通行；

（四）机动车行驶中，不得干扰驾驶，不得将身体任何部分伸出车外，不得跳车；

（五）乘坐两轮摩托车应当正向骑坐。

第五节　高速公路的特别规定

第七十八条　高速公路应当标明车道的行驶速度，最高车速不得超过每小时120公里，最低车速不得低于每小时60公里。

在高速公路上行驶的小型载客汽车最高车速不得超过每小时120公里，其他机动车不得超过每小时100公里，摩托车不得超过每小时80公里。

同方向有2条车道的，左侧车道的最低车速为每小时100公里；同方向有3条以上车道的，最左侧车道的最低车速为每小时110公里，中间车道的最低车速为每小时90公里。道路限速标志标明的车速与上述车道行驶车速的规定不一致的，按照道路限速标志标明的车速行驶。

第七十九条　机动车从匝道驶入高速公路，应当开启左转向灯，在不妨碍已在高速公路内的机动车正常行驶的情况下驶入车道。

机动车驶离高速公路时，应当开启右转向灯，驶入减速车道，降低车速后驶离。

第八十条　机动车在高速公路上行驶，车速超过每小时100公里时，应当与同车道前车保持100米以上的距离，车速低于每小时100公里时，与同车道前车距离可以适当缩短，但最小距离不得少于50米。

第八十一条　机动车在高速公路上行驶，遇有雾、雨、雪、沙尘、冰雹等低能见度气象条件时，应当遵守下列规定：

（一）能见度小于200米时，开启雾灯、近光灯、示廓灯和前后位灯，车速不得超过每小时60公里，与同车道前车保持100米以上的距离；

（二）能见度小于100米时，开启雾灯、近光灯、示廓灯、前后位灯和危险报警闪光灯，车速不得超过每小时40公里，与同车道前车保持50米以上的距离；

（三）能见度小于50米时，开启雾灯、近光灯、示廓灯、前后位灯和危险报警闪光灯，车速不得超过每小时20公里，并从最近的出口尽快驶离高速公路。

遇有前款规定情形时，高速公路管理部门应当通过显示屏等方式发布速度限制、保持车距等提示信息。

第八十二条　机动车在高速公路上行驶，不得有下列行为：

（一）倒车、逆行、穿越中央分隔带掉头或者在车道内停车；

（二）在匝道、加速车道或者减速车道上超车；

（三）骑、轧车行道分界线或者在路肩上行驶；

（四）非紧急情况时在应急车道行驶或者停车；

（五）试车或者学习驾驶机动车。

第八十三条 在高速公路上行驶的载货汽车车厢不得载人。两轮摩托车在高速公路行驶时不得载人。

第八十四条 机动车通过施工作业路段时，应当注意警示标志，减速行驶。

第八十五条 城市快速路的道路交通安全管理，参照本节的规定执行。

高速公路、城市快速路的道路交通安全管理工作，省、自治区、直辖市人民政府公安机关交通管理部门可以指定设区的市人民政府公安机关交通管理部门或者相当于同级的公安机关交通管理部门承担。

第五章 交通事故处理

第八十六条 机动车与机动车、机动车与非机动车在道路上发生未造成人身伤亡的交通事故，当事人对事实及成因无争议的，在记录交通事故的时间、地点、对方当事人的姓名和联系方式、机动车牌号、驾驶证号、保险凭证号、碰撞部位，并共同签名后，撤离现场，自行协商损害赔偿事宜。当事人对交通事故事实及成因有争议的，应当迅速报警。

第八十七条 非机动车与非机动车或者行人在道路上发生交通事故，未造成人身伤亡，且基本事实及成因清楚的，当事人应当先撤离现场，再自行协商处理损害赔偿事宜。当事人对交通事故事实及成因有争议的，应当迅速报警。

第八十八条 机动车发生交通事故，造成道路、供电、通讯等设施损毁的，驾驶人应当报警等候处理，不得驶离。机动车可以移动的，应当将机动车移至不妨碍交通的地点。公安机关交通管理部门应当将事故有关情况通知有关部门。

第八十九条 公安机关交通管理部门或者交通警察接到交通事故报警，应当及时赶赴现场，对未造成人身伤亡，事实清楚，并且机动车可以移动的，应当在记录事故情况后责令当事人撤离现场，恢复交通。对拒不撤离现场的，予以强制撤离。

对属于前款规定情况的道路交通事故，交通警察可以适用简易程序处理，并当场出具事故认定书。当事人共同请求调解的，交通警察可以当场对损害赔偿争议进行调解。

对道路交通事故造成人员伤亡和财产损失需要勘验、检查现场的，公安机关交通管理部门应当按照勘查现场工作规范进行。现场勘查完毕，应当组织清理现场，恢复交通。

第九十条 投保机动车第三者责任强制保险的机动车发生交通事故，因抢救受伤人员需要保险公司支付抢救费用的，由公安机关交通管理部门通知保险公司。

抢救受伤人员需要道路交通事故救助基金垫付费用的，由公安机关交通管理部门通知道路交通事故社会救助基金管理机构。

第九十一条 公安机关交通管理部门应当根据交通事故当事人的行为对发生交通事故所起的作用以及过错的严重程度，确定当事人的责任。

第九十二条 发生交通事故后当事人逃逸的，逃逸的当事人承担全部责任。但是，有证据证明对方当事人也有过错的，可以减轻责任。

当事人故意破坏、伪造现场、毁灭证据的，承担全部责任。

第九十三条 公安机关交通管理部门对经过勘验、检查现场的交通事故应当在勘查现场之日起 10 日内制作交通事故认定书。对需要进行检验、鉴定的，应当在检验、鉴定结果确定之日起 5 日内制作交通事故认定书。

第九十四条 当事人对交通事故损害赔偿有争议，各方当事人一致请求公安机关交通管理部门调解的，应当在收到交通事故认定书之日起 10 日内提出书面调解申请。

对交通事故致死的，调解从办理丧葬事宜结束之日起开始；对交通事故致伤的，调解从治疗终结或者定残之日起开始；对交通事故造成财产损失的，调解从确定损失之日起开始。

第九十五条 公安机关交通管理部门调解交通事故损害赔偿争议的期限为 10 日。调解达成协议的，公安机关交通管理部门应当制作调解书送交各方当事人，调解书经各方当事人共同签字后生效；调解未达成协议的，公安机关交通管理部门应当制作调解终结书送交各方当事人。

交通事故损害赔偿项目和标准依照有关法律的规定执行。

第九十六条 对交通事故损害赔偿的争议，当事人向人民法院提起民事诉讼的，公安机关交通管理部门不再受理调解申请。

公安机关交通管理部门调解期间，当事人向人民法院提起民事诉讼的，调解终止。

第九十七条 车辆在道路以外发生交通事故，公安机关交通管理部门接到报案的，参照道路交通安全法和本条例的规定处理。

车辆、行人与火车发生的交通事故以及在渡口发生的交通事故，依照国家有关规定处理。

第六章 执法监督

第九十八条 公安机关交通管理部门应当公开办事制度、办事程序，建立警风警纪监督员制度，自觉接受社会和群众的监督。

第九十九条 公安机关交通管理部门及其交通警察办理机动车登记，发放号牌，对驾驶人考试、发证，处理道路交通安全违法行为，处理道路交通事故，应当严格遵守有关规定，不得越权执法，不得延迟履行职责，不得擅自改变处罚的种类和幅度。

第一百条 公安机关交通管理部门应当公布举报电话，受理群众举报投诉，并及时调查核实，反馈查处结果。

第一百零一条 公安机关交通管理部门应当建立执法质量考核评议、执法责任制和执法过错追究制度，防止和纠正道路交通安全执法中的错误或者不当行为。

第七章 法律责任

第一百零二条 违反本条例规定的行为，依照道路交通安全法和本条例的规定处罚。

第一百零三条 以欺骗、贿赂等不正当手段取得机动车登记或者驾驶许可的，收缴机动车登记证书、号牌、行驶证或者机动车驾驶证，撤销机动车登记或者机动车驾驶许可；申请人在3年内不得申请机动车登记或者机动车驾驶许可。

第一百零四条 机动车驾驶人有下列行为之一，又无其他机动车驾驶人即时替代驾驶的，公安机关交通管理部门除依法给予处罚外，可以将其驾驶的机动车移至不妨碍交通的地点或者有关部门指定的地点停放：

（一）不能出示本人有效驾驶证的；

（二）驾驶的机动车与驾驶证载明的准驾车型不符的；

（三）饮酒、服用国家管制的精神药品或者麻醉药品、患有妨碍安全驾驶的疾病，或者过度疲劳仍继续驾驶的；

（四）学习驾驶人员没有教练人员随车指导单独驾驶的。

第一百零五条 机动车驾驶人有饮酒、醉酒、服用国家管制的精神药品或者麻醉药品嫌疑的，应当接受测试、检验。

第一百零六条 公路客运载客汽车超过核定乘员、载货汽车超过核定载质量的，公安机关交通管理部门依法扣留机动车后，驾驶人应当将超载的乘车人转运、将超载的货物卸载，费用由超载机动车的驾驶人或者所有人承担。

第一百零七条 依照道路交通安全法第九十二条、第九十五条、第九十六条、第九十八条的规定被扣留的机动车，驾驶人或者所有人、管理人30日内没有提供被扣留机动车的合法证明，没有补办相应手续，或者不前来接受处理，经公安机关交通管理部门通知并且经公告3个月仍不前来接受处理的，由公安机关交通管理部门将该机动车送交有资格的拍卖机构拍卖，所得价款上缴国库；非法拼装的机动车予以拆除；达到报废标准的机动车予以报废；机动车涉及其他违法犯罪行为的，移交有关部门处理。

第一百零八条 交通警察按照简易程序当场作出行政处罚的，应当告知当事人道路交通安全违法行为的事实、处罚的理由和依据，并将行政处罚决定书当场交付被处罚人。

第一百零九条 对道路交通安全违法行为人处以罚款或者暂扣驾驶证处罚的，由违法行为发生地的县级以上人民政府公安机关交通管理部门或者相当于同级的公安机关交通管理部门作出决定；对处以吊销机动车驾驶证处罚的，由设区的市人民政府公安机关交通管理部门或者相当于同级的公安机关交通管理部门作出决定。

公安机关交通管理部门对非本辖区机动车的道路交通安全违法行为没有当场处罚的，可以由机动车登记地的公安机关交通管理部门处罚。

第一百一十条 当事人对公安机关交通管理部门及其交通警察的处罚有权进行陈述和申辩，交通警察应当充分听取当事人的陈述和申辩，不得因当事人陈述、申辩而加重其处罚。

第八章 附 则

第一百一十一条 本条例所称上道路行驶的拖拉机，是指手扶拖拉机等最高设计行驶速度不超过每小时 20 公里的轮式拖拉机和最高设计行驶速度不超过每小时 40 公里、牵引挂车方可从事道路运输的轮式拖拉机。

第一百一十二条 农业（农业机械）主管部门应当定期向公安机关交通管理部门提供拖拉机登记、安全技术检验以及拖拉机驾驶证发放的资料、数据。公安机关交通管理部门对拖拉机驾驶人作出暂扣、吊销驾驶证处罚或者记分处理的，应当定期将处罚决定书和记分情况通报有关的农业（农业机械）主管部门。吊销驾驶证的，还应当将驾驶证送交有关的农业（农业机械）主管部门。

第一百一十三条 境外机动车入境行驶，应当向入境地的公安机关交通管理部门申请临时通行号牌、行驶证。临时通行号牌、行驶证应当根据行驶需要，载明有效日期和允许行驶的区域。

入境的境外机动车申请临时通行号牌、行驶证以及境外人员申请机动车驾驶许可的条件、考试办法由国务院公安部门规定。

第一百一十四条 机动车驾驶许可考试的收费标准，由国务院价格主管部门规定。

第一百一十五条 本条例自 2004 年 5 月 1 日起施行。1960 年 2 月 11 日国务院批准、交通部发布的《机动车管理办法》，1988 年 3 月 9 日国务院发布的《中华人民共和国道路交通管理条例》，1991 年 9 月 22 日国务院发布的《道路交通事故处理办法》，同时废止。

二、交通管理

1. 综　　合

交通部
行政执法单位实行罚款决定与罚款收缴分离规定

2001年7月23日　　交财发〔2001〕392号

第一条　为规范交通部行政执法单位实行罚款决定与罚款收缴分离，加强对罚款收缴活动的监督管理，根据《中华人民共和国行政处罚法》（以下简称行政处罚法）和国务院颁发的《罚款决定与罚款收缴分离实施办法》等有关规定，结合交通部行政执法单位实际情况，制定本规定。

第二条　交通部所属的港航公安机构、海事管理机构、航务管理机构等行政执法单位（以下简称执法单位）依据国家法律、法规。规章，对公民、法人或其他组织（以下简称当事人）作出行政处罚并收缴罚款时，适用本规定。

第三条　除依照本规定第六条规定可以当场收缴罚款外，作出罚款决定的执法单位应当与收缴罚款的机构分离。

第四条　执法单位作出行政处罚应收缴的罚款，由财政部驻当地财政监察专员办事处、中国人民银行当地分支机构指定的国有商业银行代收（以下简称代收机构），执法单位应当依照本规定及国家有关规定，与指定的代收机构签定代收罚款协议。代收罚款协议应当包括下列事项：

（一）执法单位、代收机构名称；

（二）具体代收网点；

（三）代收机构上缴罚款的预算科目、预算级次；

（四）代收机构告知执法单位代收罚款情况的方式、期限；

（五）需要明确的其他事项。

自代收罚款协议签定之日起，执法单位应当于15日内将代收罚款协议报上级主管部门和财政部驻当地财政监察专员办事处备案。

第五条　执法单位作出罚款决定的行政处罚决定书应当载明代收机构的名称、地址、联系方式和当事人应当缴纳罚款的数额、期限等，并明确当事人逾期缴纳罚款是否加处罚款。当事人应当按照行政处罚决定书确定的罚款数额、期限到指定的代收机构缴纳罚款。

第六条　依照行政处罚法的有关规定，下列情况执法单位及其执法人员可以当场收缴罚款：

（一）当场作出处罚决定，依法给予20元以下罚款的；

（二）当场作出处罚决定，对个人处以50元以下、对单位处以1000元以下罚款，不当场收缴事后难以执行的；

（三）在边远、水上、交通不便地区，执法单位及其执法人员作出处罚决定后，当事人向指定的银行缴纳罚款确有困难，当事人提出要求当场缴纳罚款的。

第七条 执法单位和执法人员作出行政处罚并当场收缴罚款时，原则上执法人员不得少于两人，且下达处罚决定与收缴罚款的人员应当予以分离，并分别将处罚决定书和罚款按本规定第九条规定的时间交至执法单位财务部门。

第八条 执法人员当场收缴罚款，必须向当事人出具财政部统一制发的当场处罚罚款票据。否则，当事人有权拒绝缴纳罚款。

当场处罚罚款票据的领用、保管、使用应严格按照《交通部行政执法单位当场处罚罚款票据管理办法》的有关规定执行。

第九条 执法人员当场收缴的罚款，应当自收缴罚款之日起 2 日内交至本单位财务部门；在水上当场收缴的罚款，应当自抵岸之日起 2 日内交至本单位财务部门。执法单位财务部门应在收到罚款 2 日内缴付代收机构。如执法单位所在地未设代收机构，应按规定上缴上一级执法单位财务部门，由当地有代收机构的上一级执法单位财务部门按规定缴付代收机构。

第十条 当事人对执法单位作出的罚款决定如持有异议，应当先缴纳罚款和加处的罚款，再依法申请行政复议或提起行政诉讼。

第十一条 对错缴和多缴的罚款，以及经复议后不应收缴的罚款须办理退付的，应由作出处罚决定的执法单位提出申请，报财政部驻当地财政监察专员办事处审查批准后，由财政部门开具收入退还书，申请从中央国库退付。执法单位不得从罚款收入中冲退。

第十二条 对作出行政处罚决定，由当事人直接向代收机构缴纳的罚款，执法单位应建立登记备查制度。对当场收缴的罚款，执法单位应做相应的会计处理，并定期与代收机构进行核对。对未按规定到代收机构缴纳罚款的当事人，应予以催缴。

第十三条 下列行为属于违反罚款决定与罚款收缴分离规定的行为：

（一）未按国家法律、法规和本规定实行罚款决定与罚款收缴分离的；

（二）违反当场处罚票据管理规定的；

（三）违反规定，擅自变更罚款范围和标准的；

（四）执法单位及其执法人员当场收缴的罚款，未按规定及时上缴本单位财务部门和代收机构的；

（五）截留、挪用、私分或变相私分罚款收入的；

（六）其他违反罚款决定与罚款收缴分离规定的行为。

第十四条 对具有上述行为的执法单位和执法人员，依据国务院《违反行政事业性收费和罚没收入收支两条线管理规定行政处分暂行规定》的有关规定由上级单位按管理权限予以行政处分，构成犯罪的，依法追究刑事责任。

第十五条 本规定中未规定的事项，按《中华人民共和国行政处罚法》和国务院颁发的《罚款决定与罚款收缴分离实施办法》等有关规定执行。

第十六条 本规定由交通部负责解释。执法单位可依据本规定和国家有关法规，结合本单位的实际情况，制定罚款决定与罚款收缴分离的具体实施细则，并报交通部备案。

第十七条 本规定自发布之日起实施。

交通行政许可实施程序规定

（2004 年 11 月 5 日经第 24 次部务会议通过　2004 年 11 月 22 日
交通部令第 10 号公布　自 2005 年 1 月 1 日起施行）

第一条　为保证交通行政许可依法实施，维护交通行政许可各方当事人的合法权益，保障和规范交通行政机关依法实施行政管理，根据《中华人民共和国行政许可法》（以下简称《行政许可法》），制定本规定。

第二条　实施交通行政许可，应当遵守《行政许可法》和有关法律、法规及本规定规定的程序。

本规定所称交通行政许可，是指依据法律、法规、国务院决定、省级地方人民政府规章的设定，由本规定第三条规定的实施机关实施的行政许可。

第三条　交通行政许可由下列机关实施：

（一）交通部、地方人民政府交通主管部门、地方人民政府港口行政管理部门依据法定职权实施交通行政许可；

（二）海事管理机构、航标管理机关、县级以上道路运输管理机构在法律、法规授权范围内实施交通行政许可；

（三）交通部、地方人民政府交通主管部门、地方人民政府港口行政管理部门在其法定职权范围内，可以依据本规定，委托其他行政机关实施行政许可。

第四条　实施交通行政许可，应当遵循公开、公平、公正、便民、高效的原则。

第五条　实施交通行政许可，实施机关应当按照《行政许可法》的有关规定，将下列内容予以公示：

（一）交通行政许可的事项；

（二）交通行政许可的依据；

（三）交通行政许可的实施主体；

（四）受委托行政机关和受委托实施行政许可的内容；

（五）交通行政许可统一受理的机构；

（六）交通行政许可的条件；

（七）交通行政许可的数量；

（八）交通行政许可的程序和实施期限；

（九）依法需要举行听证的交通行政许可事项；

（十）需要申请人提交材料的目录；

（十一）申请书文本式样；

（十二）作出的准予交通行政许可的决定；

（十三）实施交通行政许可依法应当收费的法定项目和收费标准；

（十四）交通行政许可的监督部门和投诉渠道；

（十五）依法需要公示的其他事项。

已实行电子政务的实施机关应当公布网站地址。

第六条　交通行政许可的公示，可以采取下列方式：

（一）在实施机关的办公场所设置公示栏、电子显示屏或者将公示信息资料集中在实施机关的专门场所供公众查阅；

（二）在联合办理、集中办理行政许可的场所公示；

（三）在实施机关的网站上公示；

（四）法律、法规和规章规定的其他方式。

第七条　公民、法人或者其他组织，依法申请交通行政许可的，应当依法向交通行政许可实施机关提出。

申请人申请交通行政许可，应当如实向实施机关提交有关材料和反映真实情况，并对其申请材料实质内容的真实性负责。

第八条　申请人以书面方式提出交通行政许可申请的，应当填写本规定所规定的《交通行政许可申请书》（见附件 1）。但是，法律、法规、规章对申请书格式文本已有规定的，从其规定。

依法使用申请书格式文本的，交通行政机

关应当免费提供。

申请人可以通过信函、电报、电传、传真、电子数据交换和电子邮件等方式提交交通行政许可申请。

申请人以书面方式提出交通行政许可申请确有困难的，可以口头方式提出申请，交通行政机关应当记录申请人申请事项，并经申请人确认。

第九条 申请人可以委托代理人代为提出交通行政许可申请，但依法应当由申请人到实施机关办公场所提出行政许可申请的除外。

代理人代为提出申请的，应当出具载明委托事项和代理人权限的授权委托书，并出示能证明其身份的证件。

第十条 实施机关收到交通行政许可申请材料后，应当根据下列情况分别作出处理：

（一）申请事项依法不需要取得交通行政许可的，应当即时告知申请人不受理；

（二）申请事项依法不属于本实施机关职权范围的，应当即时作出不予受理的决定，并向申请人出具《交通行政许可申请不予受理决定书》（见附件2），同时告知申请人应当向有关行政机关提出申请；

（三）申请材料可以当场补全或者更正错误的，应当允许申请人当场补全或者更正错误；

（四）申请材料不齐全或者不符合法定形式，申请人当场不能补全或者更正的，应当当场或者在5日内向申请人出具《交通行政许可申请补正通知书》（见附件3），一次性告知申请人需要补正的全部内容；逾期不告知的，自收到申请材料之日起即为受理；

（五）申请事项属于本实施机关职权范围，申请材料齐全，符合法定形式，或者申请人已提交全部补正申请材料的，应当在收到完备的申请材料后受理交通行政许可申请，除当场作出交通行政许可决定的外，应当出具《交通行政许可申请受理通知书》（见附件4）。

《交通行政许可申请不予受理决定书》、《交通行政许可申请补正通知书》、《交通行政许可申请受理通知书》，应当加盖实施机关行政许可专用印章，注明日期。

第十一条 交通行政许可需要实施机关内设的多个机构办理的，该实施机关应当确定一个机构统一受理行政许可申请，并统一送达交通行政许可决定。

实施机关未确定统一受理内设机构的，由最先受理的内设机构作为统一受理内设机构。

第十二条 实施交通行政许可，应当实行责任制度。实施机关应当明确每一项交通行政许可申请的直接负责主管人员和其他直接责任人员。

第十三条 实施机关受理交通行政许可申请后，应当对申请人提交的申请材料进行审查。

申请人提交的申请材料齐全、符合法定形式，实施机关能够当场作出决定的，应当当场作出交通行政许可决定，并向申请人出具《交通行政许可（当场）决定书》（见附件5）。

依照法律、法规和规章的规定，需要对申请材料的实质内容进行核实的，应当审查申请材料反映的情况是否与法定的行政许可条件相一致。

实施实质审查，应当指派两名以上工作人员进行。可以采用以下方式：

（一）当面询问申请人及申请材料内容有关的相关人员；

（二）根据申请人提交的材料之间的内容相互进行印证；

（三）根据行政机关掌握的有关信息与申请材料进行印证；

（四）请求其他行政机关协助审查申请材料的真实性；

（五）调取查阅有关材料，核实申请材料的真实性；

（六）对有关设备、设施、工具、场地进行实地核查。

（七）依法进行检验、勘验、监测；

（八）听取利害关系人意见；

（九）举行听证；

（十）召开专家评审会议审查申请材料的真实性。

依照法律、行政法规规定，实施交通行政许可应当通过招标、拍卖等公平竞争的方式作出决定的，从其规定。

第十四条 实施机关对交通行政许可申请进行审查时，发现行政许可事项直接关系他人重大利益的，应当告知利害关系人，向该利害关系人送达《交通行政许可征求意见通知书》（见附件6）及相关材料（不包括涉及申请人商业秘密的材料)。

利害关系人有权在接到上述通知之日起5日内提出意见，逾期未提出意见的视为放弃上述权利。

实施机关应当将利害关系人的意见及时反馈给申请人，申请人有权进行陈述和申辩。

实施机关作出行政许可决定应当听取申请人、利害关系人的意见。

第十五条 除当场作出交通行政许可决定外，实施机关应当自受理申请之日起20日内作出交通行政许可决定。20日内不能作出决定的，经实施机关负责人批准，可以延长10日，并应当向申请人送达《延长交通行政许可期限通知书》(见附件7)，将延长期限的理由告知申请人。但是，法律、法规另有规定的，从其规定。

实施机关作出行政许可决定，依照法律、法规和规章的规定需要听证、招标、拍卖、检验、检测、检疫、鉴定和专家评审的，所需时间不计算在本条规定的期限内。实施机关应当向申请人送达《交通行政许可法定除外时间通知书》(见附件8)，将所需时间书面告知申请人。

第十六条 申请人的申请符合法定条件、标准的，实施机关应当依法作出准予行政许可的决定，并出具《交通行政许可决定书》(见附件9)。

依照法律、法规规定实施交通行政许可，应当根据考试成绩、考核结果、检验、检测、检疫结果作出行政许可决定的，从其规定。

第十七条 实施机关依法做出不予行政许可的决定的，应当出具《不予交通行政许可决定书》(见附件10)，说明理由，并告知申请人享有依法申请行政复议或者提起行政诉讼的权利。

第十八条 实施机关在作出准予或者不予许可决定后，应当在10日内向申请人送达《交通行政许可决定书》或者《不予交通行政许可决定书》。

《交通行政许可（当场）决定书》、《交通行政许可决定书》、《不予交通行政许可决定书》，应当加盖实施机关印章，注明日期。

第十九条 实施机关作出准予交通行政许可决定的，应当在作出决定之日起10日内，向申请人颁发加盖实施机关印章的下列行政许可证件：

（一）交通行政许可批准文件或者证明文件；

（二）许可证、执照或者其他许可证书；

（三）资格证、资质证或者其他合格证书；

（四）法律、法规、规章规定的其他行政许可证件。

第二十条 法律、法规、规章规定实施交通行政许可应当听证的事项，或者交通行政许可实施机关认为需要听证的其他涉及公共利益的行政许可事项，实施机关应当在作出交通行政许可决定之前，向社会发布《交通行政许可听证公告》（见附件11)，公告期限不少于10日。

第二十一条 交通行政许可直接涉及申请人与他人之间重大利益冲突的，实施机关在作出交通行政许可决定前，应当告知申请人、利害关系人享有要求听证的权利，并出具《交通行政许可告知听证权利书》(见附件12)。

申请人、利害关系人在被告知听证权利之日起5日内提出听证申请的，实施机关应当在20日内组织听证。

第二十二条 听证按照《行政许可法》第四十八条规定的程序进行。

听证应当制作听证笔录。听证笔录应当包括下列事项：

（一）事由；

（二）举行听证的时间、地点和方式；

（三）听证主持人、记录人等；

（四）申请人姓名或者名称、法定代理人及其委托代理人；

（五）利害关系人姓名或者名称、法定代理人及其委托代理人；

（六）审查该行政许可申请的工作人员；

（七）审查该行政许可申请的工作人员的审查意见及证据、依据、理由；

（八）申请人、利害关系人的陈述、申辩、质证的内容及提出的证据；

（九）其他需要载明的事项。

听证笔录应当由听证参加人确认无误后签字或者盖章。

第二十三条 交通行政许可实施机关及其工作人员违反本规定的，按照《行政许可法》和《交通行政许可监督检查及责任追究规定》

查处。

第二十四条 实施机关应当建立健全交通行政许可档案制度，及时归档，妥善保管交通行政许可档案材料。

第二十五条 实施交通行政许可对交通行政许可文书格式有特殊要求的，其文书格式由交通部另行规定。

第二十六条 本规定自2005年1月1日起施行。

交通行政许可监督检查及责任追究规定

（2004年11月5日经第24次部务会议通过 2004年11月22日交通部令第11号公布 自2005年1月1日起施行）

第一条 为加强交通行政许可实施工作的监督检查，及时纠正和查处交通行政许可实施过程中的违法、违纪行为，保证交通行政机关正确履行行政许可的法定职责，根据《中华人民共和国行政许可法》（以下简称《行政许可法》），制定本规定。

第二条 交通行政许可监督检查及其责任追究，应当遵守《行政许可法》和有关法律、法规及本规定。

第三条 实施交通行政许可监督检查及责任追究，应当遵守合法、公正、公平、及时的原则，坚持有错必纠、违法必究，保障有关法律、法规和规章的正确实施。

第四条 县级以上交通主管部门应当建立健全行政许可监督检查制度和责任追究制度，加强对交通行政许可监督。

上级交通主管部门应当加强对下级交通主管部门实施行政许可的监督检查，及时纠正交通行政许可实施中的违法违纪行为。

第五条 交通主管部门应当加强对法律、法规授权的交通行政许可实施组织实施交通行政许可的监督检查，督促其及时纠正交通行政许可实施中的违法违纪行为。

第六条 交通主管部门委托其他行政机关实施交通行政许可的，委托机关应当加强对受委托的行政机关实施交通行政许可的行为的监督检查，并对受委托的行政机关实施交通行政许可的后果承担法律责任。

第七条 交通行政许可实施机关应当建立健全内部监督制度，加强对本机关实施行政许可工作人员的内部监督。

第八条 交通主管部门、交通行政许可实施机关的法制工作机构、监察机关按照职责分工具体负责行政许可监督检查责任追究工作。

第九条 交通行政许可实施机关实施行政许可，应当自觉接受社会和公民的监督。

任何单位和个人都有权对交通行政许可实施机关及其工作人员不严格执行有关行政许可的法律、法规、规章以及在实施交通行政许可中的违法违纪行为进行检举、控告。

第十条 交通行政许可实施机关应当建立交通行政许可举报制度，公开举报电话号码、通信地址或者电子邮件信箱。

交通行政许可实施机关收到举报后，应当依据职责及时查处。

第十一条 实施交通行政许可监督检查的主要内容包括：

（一）交通行政许可申请的受理情况；

（二）交通行政许可申请的审查和决定的情况；

（三）交通行政许可实施机关依法履行对被许可人的监督检查职责的情况；

（四）实施交通行政许可过程中的其他相关行为。

第十二条 有下列情形之一的，作出交通行政许可决定的交通行政许可实施机关或者其上级交通主管部门，根据利害关系人的请求或者依据职权，可以撤销交通行政许可：

（一）交通行政机关工作人员滥用职权、玩忽职守作出准予交通行政许可决定的；

（二）超越法定职权作出准予交通行政许可决定的；

（三）违反法定程序作出准予交通行政许可决定的；

（四）对不具备申请资格或者不符合法定条件的申请人准予交通行政许可的；

（五）依法可以撤销交通行政许可的其他情形。

第十三条 交通行政许可实施机关及其工作人员违反《行政许可法》的规定，有下列情形之一的，由交通行政许可实施机关或者其上级交通主管部门或者监察部门责令改正；情节严重的，对直接负责的主管人员和其他直接责任人员依法给予行政处分：

（一）对符合法定条件的交通行政许可申请不予受理的；

（二）不依法公示应当公示的材料的；

（三）在受理、审查、决定交通行政许可过程中，未向申请人、利害关系人履行法定告知义务的；

（四）申请人提交的申请材料不齐全、不符合法定形式，不一次告知申请人必须补正的全部内容的；

（五）未依法说明不受理交通行政许可申请或者不予交通行政许可的理由的；

（六）依法应当举行听证而不举行听证的。

第十四条 交通行政许可实施机关实施交通行政许可，有下列情形之一的，由其上级交通主管部门或者监察部门责令改正，对直接负责的主管人员和其他直接责任人员依法给予行政处分；构成犯罪的，依法追究刑事责任：

（一）对不符合法定条件的申请人准予行政许可或者超越法定职权作出准予交通行政许可决定的；

（二）对符合法定条件的申请人不予交通行政许可或者不在法定期限内作出准予交通行政许可决定的；

（三）依法应当根据招标、拍卖结果或者考试成绩择优作出准予交通行政许可决定，未经招标、拍卖或者考试，或者不根据招标、拍卖结果或者考试成绩择优作出准予交通行政许可决定的。

第十五条 交通行政许可实施机关在实施行政许可的过程中，擅自收费或者超出法定收费项目和收费标准收费的，由其上级交通主管部门或者监察部门责令退还非法收取的费用，对直接负责的主管人员和其他直接责任人员给予行政处分。

第十六条 交通行政许可实施机关及其工作人员，在实施行政许可的过程中，截留、挪用、私分或者变相私分依法收取的费用的，由其上级交通主管部门或者监察部门予以追缴，并直接负责的主管人员和其他直接责任人员给予行政处分；构成犯罪的应当移交司法机关，依法追究刑事责任。

第十七条 交通行政许可实施机关工作人员办理行政许可、实施监督检查，索取或者收受他人钱物、谋取不正当利益的，应当直接负责的主管人员和其他直接责任人员给予行政处分；构成犯罪的应当移交司法机关，依法追究刑事责任。

第十八条 交通主管部门不依法履行对被许可人的监督职责或者监督不力，造成严重后果的，由其上级交通主管部门或者监察部门责令改正，对直接负责的主管人员和其他直接责任人员依法给予行政处分；构成犯罪的，依法追究刑事责任。

第十九条 交通行政许可的实施机关及其工作人员违法实施行政许可，给当事人的合法权益造成损害的，应当按照《国家赔偿法》的有关规定给予赔偿，并责令有故意或者重大过失的直接负责的主管人员和其他直接责任人员承担相应的赔偿费用。

第二十条 交通主管部门、交通行政许可实施机关的法制工作机构具体负责对本机关负责实施行政许可的内设机构，下级交通主管部门，法律、法规授权的交通行政许可实施组织，受委托实施交通行政许可的行政机关实施行政许可进行执法监督。

法制工作机构发现交通行政许可实施机关实施交通行政许可违法，应当向法制工作机构所在机关提出意见，经机关负责人同意后，按下列规定作出决定：

（一）依法应当撤销行政许可的，决定撤销；

（二）依法应当责令改正的，决定责令改正。

收到责令改正决定的机关应当在10日内以书面形式向作出责令改正决定的机关报告纠正情况。

第二十一条 监察机关依照有关法律、行政法规规定对交通行政许可实施机关及其工作人员实施监察，作出处理决定。

第二十二条 交通行政许可实施机关及其工作人员拒不接受交通行政许可监督检查，或者拒不执行交通行政许可监督检查决定，由其上级交通主管部门或者监察部门对直接负责的主管人员和其他直接责任人员依法给予行政处分。

第二十三条 本规定自2005年1月1日起施行。

道路交通安全违法行为处理程序规定

（2008年12月20日公安部令第105号发布
根据2020年4月7日公安部令第157号修正）

目录

第一章 总 则
第二章 管 辖
第三章 调查取证
　第一节 一般规定
　第二节 交通技术监控
第四章 行政强制措施适用
第五章 行政处罚
　第一节 行政处罚的决定
　第二节 行政处罚的执行
第六章 执法监督
第七章 其他规定
第八章 附 则

第一章 总 则

第一条 为了规范道路交通安全违法行为处理程序，保障公安机关交通管理部门正确履行职责，保护公民、法人和其他组织的合法权益，根据《中华人民共和国道路交通安全法》及其实施条例等法律、行政法规制定本规定。

第二条 公安机关交通管理部门及其交通警察对道路交通安全违法行为（以下简称违法行为）的处理程序，在法定职权范围内依照本规定实施。

第三条 对违法行为的处理应当遵循合法、公正、文明、公开、及时的原则，尊重和保障人权，保护公民的人格尊严。

对违法行为的处理应当坚持教育与处罚相结合的原则，教育公民、法人和其他组织自觉遵守道路交通安全法律法规。

对违法行为的处理，应当以事实为依据，与违法行为的事实、性质、情节以及社会危害程度相当。

第二章 管 辖

第四条 交通警察执勤执法中发现的违法行为由违法行为发生地的公安机关交通管理部门管辖。

对管辖权发生争议的，报请共同的上一级公安机关交通管理部门指定管辖。上一级公安机关交通管理部门应当及时确定管辖主体，并通知争议各方。

第五条 违法行为人可以在违法行为发生地、机动车登记地或者其他任意地公安机关交通管理部门处理交通技术监控设备记录的违法行为。

违法行为人在违法行为发生地以外的地方（以下简称处理地）处理交通技术监控设备记录的违法行为的，处理地公安机关交通管理部门可以协助违法行为发生地公安机关交通管理部门调查违法事实、代为送达法律文书、代为履行处罚告知程序，由违法行为发生地公安机关交通管理部门按照发生地标准作出处罚决定。

违法行为人或者机动车所有人、管理人对交通技术监控设备记录的违法行为事实有异议的，可以通过公安机关交通管理部门互联网站、移动互联网应用程序或者违法行为处理窗口向公安机关交通管理部门提出。处理地公安机关交通管理部门应当在收到当事人申请后当日，通过道路交通违法信息管理系统通知违法行为发生地公安机关交通管理部门。违法行为发生地公安机关交通管理部门应当在五日内予以审查，异议成立的，予以消除；异议不成立的，告知当事人。

第六条 对违法行为人处以警告、罚款或者暂扣机动车驾驶证处罚的，由县级以上公安机关交通管理部门作出处罚决定。

对违法行为人处以吊销机动车驾驶证处罚的，由设区的市公安机关交通管理部门作出处罚决定。

对违法行为人处以行政拘留处罚的，由县、市公安局、公安分局或者相当于县一级的公安机关作出处罚决定。

第三章 调查取证

第一节 一般规定

第七条 交通警察调查违法行为时，应当表明执法身份。

交通警察执勤执法应当严格执行安全防护规定，注意自身安全，在公路上执勤执法不得少于两人。

第八条 交通警察应当全面、及时、合法收集能够证实违法行为是否存在、违法情节轻重的证据。

第九条 交通警察调查违法行为时，应当查验机动车驾驶证、行驶证、机动车号牌、检验合格标志、保险标志等牌证以及机动车和驾驶人违法信息。对运载爆炸物品、易燃易爆化学物品以及剧毒、放射性等危险物品车辆驾驶人违法行为调查的，还应当查验其他相关证件及信息。

第十条 交通警察查验机动车驾驶证时，应当询问驾驶人姓名、住址、出生年月并与驾驶证上记录的内容进行核对；对持证人的相貌与驾驶证上的照片进行核对。必要时，可以要求驾驶人出示居民身份证进行核对。

第十一条 调查中需要采取行政强制措施的，依照法律、法规、本规定及国家其他有关规定实施。

第十二条 交通警察对机动车驾驶人不在现场的违法停放机动车行为，应当在机动车侧门玻璃或者摩托车座位上粘贴违法停车告知单，并采取拍照或者录像方式固定相关证据。

第十三条 调查中发现违法行为人有其他违法行为的，在依法对其道路交通安全违法行为作出处理决定的同时，按照有关规定移送有管辖权的单位处理。涉嫌构成犯罪的，转为刑事案件办理或者移送有权处理的主管机关、部门办理。

第十四条 公安机关交通管理部门对于控告、举报的违法行为以及其他行政主管部门移送的案件应当接受，并按规定处理。

第二节 交通技术监控

第十五条 公安机关交通管理部门可以利用交通技术监控设备、执法记录设备收集、固定违法行为证据。

交通技术监控设备、执法记录设备应当符合国家标准或者行业标准，需要认定、检定的交通技术监控设备应当经认定、检定合格后，方可用于收集、固定违法行为证据。

交通技术监控设备应当定期维护、保养、检测，保持功能完好。

第十六条 交通技术监控设备的设置应当遵循科学、规范、合理的原则，设置的地点应当有明确规范相应交通行为的交通信号。

固定式交通技术监控设备设置地点应当向社会公布。

第十七条 使用固定式交通技术监控设备测速的路段，应当设置测速警告标志。

使用移动测速设备测速的，应当由交通警察操作。使用车载移动测速设备的，还应当使用制式警车。

第十八条 作为处理依据的交通技术监控设备收集的违法行为记录资料，应当清晰、准确地反映机动车类型、号牌、外观等特征以及违法时间、地点、事实。

第十九条 交通技术监控设备收集违法行为记录资料后五日内，违法行为发生地公安机关交通管理部门应当对记录内容进行审核，经审核无误后录入道路交通违法信息管理系统，作为处罚违法行为的证据。

第二十条 交通技术监控设备记录的违法行为信息录入道路交通违法信息管理系统后当日，违法行为发生地和机动车登记地公安机关交通管理部门应当向社会提供查询。违法行为发生地公安机关交通管理部门应当在违法行为信息录入道路交通违法信息管理系统后五日内，按照机动车备案信息中的联系方式，通过移动互联网应用程序、手机短信或者邮寄等方式将违法时间、地点、事实通知违法行为人或者机动车所有人、管理人，并告知其在三十日内接受处理。

公安机关交通管理部门应当在违法行为人或者机动车所有人、管理人处理违法行为和交通事故、办理机动车或者驾驶证业务时，书面确认违法行为人或者机动车所有人、管理人的联系方式和法律文书送达方式，并告知其可以通过公安机关交通管理部门互联网站、移动互联网应用程序等方式备案或者变更联系方式、法律文书送达方式。

第二十一条　对交通技术监控设备记录的违法行为信息，经核查能够确定实际驾驶人的，公安机关交通管理部门可以在道路交通违法信息管理系统中将其记录为实际驾驶人的违法行为信息。

第二十二条　交通技术监控设备记录或者录入道路交通违法信息管理系统的违法行为信息，有下列情形之一并经核实的，违法行为发生地或者机动车登记地公安机关交通管理部门应当自核实之日起三日内予以消除：

（一）警车、消防救援车辆、救护车、工程救险车执行紧急任务期间交通技术监控设备记录的违法行为；

（二）机动车所有人或者管理人提供报案记录证明机动车被盗抢期间、机动车号牌被他人冒用期间交通技术监控设备记录的违法行为；

（三）违法行为人或者机动车所有人、管理人提供证据证明机动车因救助危难或者紧急避险造成的违法行为；

（四）已经在现场被交通警察处理的交通技术监控设备记录的违法行为；

（五）因交通信号指示不一致造成的违法行为；

（六）作为处理依据的交通技术监控设备收集的违法行为记录资料，不能清晰、准确地反映机动车类型、号牌、外观等特征以及违法时间、地点、事实的；

（七）经比对交通技术监控设备记录的违法行为照片、道路交通违法信息管理系统登记的机动车信息，确认记录的机动车号牌信息错误的；

（八）其他应当消除的情形。

第二十三条　经查证属实，单位或者个人提供的违法行为照片或者视频等资料可以作为处罚的证据。

对群众举报的违法行为照片或者视频资料的审核录入要求，参照本规定执行。

第四章　行政强制措施适用

第二十四条　公安机关交通管理部门及其交通警察在执法过程中，依法可以采取下列行政强制措施：

（一）扣留车辆；

（二）扣留机动车驾驶证；

（三）拖移机动车；

（四）检验体内酒精、国家管制的精神药品、麻醉药品含量；

（五）收缴物品；

（六）法律、法规规定的其他行政强制措施。

第二十五条　采取本规定第二十四条第（一）、（二）、（四）、（五）项行政强制措施，应当按照下列程序实施：

（一）口头告知违法行为人或者机动车所有人、管理人违法行为的基本事实、拟作出行政强制措施的种类、依据及其依法享有的权利；

（二）听取当事人的陈述和申辩，当事人提出的事实、理由或者证据成立的，应当采纳；

（三）制作行政强制措施凭证，并告知当事人在十五日内到指定地点接受处理；

（四）行政强制措施凭证应当由当事人签名、交通警察签名或者盖章，并加盖公安机关交通管理部门印章；当事人拒绝签名的，交通警察应当在行政强制措施凭证上注明；

（五）行政强制措施凭证应当当场交付当事人；当事人拒收的，由交通警察在行政强制措施凭证上注明，即为送达。

现场采取行政强制措施的，交通警察应当在二十四小时内向所属公安机关交通管理部门负责人报告，并补办批准手续。公安机关交通管理部门负责人认为不应当采取行政强制措施的，应当立即解除。

第二十六条　行政强制措施凭证应当载明当事人的基本情况、车辆牌号、车辆类型、违法事实、采取行政强制措施种类和依据、接受处理的具体地点和期限、决定机关名称及当事人依法享有的行政复议、行政诉讼权利等内容。

第二十七条 有下列情形之一的，依法扣留车辆：

（一）上道路行驶的机动车未悬挂机动车号牌，未放置检验合格标志、保险标志，或者未随车携带机动车行驶证、驾驶证的；

（二）有伪造、变造或者使用伪造、变造的机动车登记证书、号牌、行驶证、检验合格标志、保险标志、驾驶证或者使用其他车辆的机动车登记证书、号牌、行驶证、检验合格标志、保险标志嫌疑的；

（三）未按照国家规定投保机动车交通事故责任强制保险的；

（四）公路客运车辆或者货运机动车超载的；

（五）机动车有被盗抢嫌疑的；

（六）机动车有拼装或者达到报废标准嫌疑的；

（七）未申领《剧毒化学品公路运输通行证》通过公路运输剧毒化学品的；

（八）非机动车驾驶人拒绝接受罚款处罚的。

对发生道路交通事故，因收集证据需要的，可以依法扣留事故车辆。

第二十八条 交通警察应当在扣留车辆后二十四小时内，将被扣留车辆交所属公安机关交通管理部门。

公安机关交通管理部门扣留车辆的，不得扣留车辆所载货物。对车辆所载货物应当通知当事人自行处理，当事人无法自行处理或者不自行处理的，应当登记并妥善保管，对容易腐烂、损毁、灭失或者其他不具备保管条件的物品，经县级以上公安机关交通管理部门负责人批准，可以在拍照或者录像后变卖或者拍卖，变卖、拍卖所得按照有关规定处理。

第二十九条 对公路客运车辆载客超过核定乘员、货运机动车超过核定载质量的，公安机关交通管理部门应当按照下列规定消除违法状态：

（一）违法行为人可以自行消除违法状态的，应当在公安机关交通管理部门的监督下，自行将超载的乘车人转运、将超载的货物卸载；

（二）违法行为人无法自行消除违法状态的，对超载的乘车人，公安机关交通管理部门应当及时通知有关部门联系转运；对超载的货物，应当在指定的场地卸载，并由违法行为人与指定场地的保管方签订卸载货物的保管合同。

消除违法状态的费用由违法行为人承担。违法状态消除后，应当立即退还被扣留的机动车。

第三十条 对扣留的车辆，当事人接受处理或者提供、补办的相关证明或者手续经核实后，公安机关交通管理部门应当依法及时退还。

公安机关交通管理部门核实的时间不得超过十日；需要延长的，经县级以上公安机关交通管理部门负责人批准，可以延长至十五日。核实时间自车辆驾驶人或者所有人、管理人提供被扣留车辆合法来历证明，补办相应手续，或者接受处理之日起计算。

发生道路交通事故因收集证据需要扣留车辆的，扣留车辆时间依照《道路交通事故处理程序规定》有关规定执行。

第三十一条 有下列情形之一的，依法扣留机动车驾驶证：

（一）饮酒后驾驶机动车的；

（二）将机动车交由未取得机动车驾驶证或者机动车驾驶证被吊销、暂扣的人驾驶的；

（三）机动车行驶超过规定时速百分之五十的；

（四）驾驶有拼装或者达到报废标准嫌疑的机动车上道路行驶的；

（五）在一个记分周期内累积记分达到十二分的。

第三十二条 交通警察应当在扣留机动车驾驶证后二十四小时内，将被扣留机动车驾驶证交所属公安机关交通管理部门。

具有本规定第三十一条第（一）、（二）、（三）、（四）项所列情形之一的，扣留机动车驾驶证至作出处罚决定之日；处罚决定生效前先予扣留机动车驾驶证的，扣留一日折抵暂扣期限一日。只对违法行为人作出罚款处罚的，缴纳罚款完毕后，应当立即发还机动车驾驶证。具有本规定第三十一条第（五）项情形的，扣留机动车驾驶证至考试合格之日。

第三十三条 违反机动车停放、临时停车规定，驾驶人不在现场或者虽在现场但拒绝立即驶离，妨碍其他车辆、行人通行的，公安机关交通管理部门及其交通警察可以将机动车拖移至不妨碍交通的地点或者公安机关交通管理部门指定的地点。

拖移机动车的，现场交通警察应当通过拍照、录像等方式固定违法事实和证据。

第三十四条 公安机关交通管理部门应当公开拖移机动车查询电话，并通过设置拖移机动车专用标志牌明示或者以其他方式告知当事人。当事人可以通过电话查询接受处理的地点、期限和被拖移机动车的停放地点。

第三十五条 车辆驾驶人有下列情形之一的，应当对其检验体内酒精含量：

（一）对酒精呼气测试等方法测试的酒精含量结果有异议并当场提出的；

（二）涉嫌饮酒驾驶车辆发生交通事故的；

（三）涉嫌醉酒驾驶的；

（四）拒绝配合酒精呼气测试等方法测试的。

车辆驾驶人对酒精呼气测试结果无异议的，应当签字确认。事后提出异议的，不予采纳。

车辆驾驶人涉嫌吸食、注射毒品或者服用国家管制的精神药品、麻醉药品后驾驶车辆的，应当按照《吸毒检测程序规定》对车辆驾驶人进行吸毒检测，并通知其家属，但无法通知的除外。

对酒后、吸毒后行为失控或者拒绝配合检验、检测的，可以使用约束带或者警绳等约束性警械。

第三十六条 对车辆驾驶人进行体内酒精含量检验的，应当按照下列程序实施：

（一）由两名交通警察或者由一名交通警察带领警务辅助人员将车辆驾驶人带到医疗机构提取血样，或者现场由法医等具有相应资质的人员提取血样；

（二）公安机关交通管理部门应当在提取血样后五日内将血样送交有检验资格的单位或者机构进行检验，并在收到检验结果后五日内书面告知车辆驾驶人。

检验车辆驾驶人体内酒精含量的，应当通知其家属，但无法通知的除外。

车辆驾驶人对检验结果有异议的，可以在收到检验结果之日起三日内申请重新检验。

具有下列情形之一的，应当进行重新检验：

（一）检验程序违法或者违反相关专业技术要求，可能影响检验结果正确性的；

（二）检验单位或者机构、检验人不具备相应资质和条件的；

（三）检验结果明显依据不足的；

（四）检验人故意作虚假检验的；

（五）检验人应当回避而没有回避的；

（六）检材虚假或者被污染的；

（七）其他应当重新检验的情形。

不符合前款规定情形的，经县级以上公安机关交通管理部门负责人批准，作出不准予重新检验的决定，并在作出决定之日起的三日内书面通知申请人。

重新检验，公安机关应当另行指派或者聘请检验人。

第三十七条 对非法安装警报器、标志灯具或者自行车、三轮车加装动力装置的，公安机关交通管理部门应当强制拆除，予以收缴，并依法予以处罚。

交通警察现场收缴非法装置的，应当在二十四小时内，将收缴的物品交所属公安机关交通管理部门。

对收缴的物品，除作为证据保存外，经县级以上公安机关交通管理部门批准后，依法予以销毁。

第三十八条 公安机关交通管理部门对扣留的拼装或者已达到报废标准的机动车，经县级以上公安机关交通管理部门批准后，予以收缴，强制报废。

第三十九条 对伪造、变造或者使用伪造、变造的机动车登记证书、号牌、行驶证、检验合格标志、保险标志、驾驶证的，应当予以收缴，依法处罚后予以销毁。

对使用其他车辆的机动车登记证书、号牌、行驶证、检验合格标志、保险标志的，应当予以收缴，依法处罚后转至机动车登记地车辆管理所。

第四十条 对在道路两侧及隔离带上种植树木、其他植物或者设置广告牌、管线等，遮挡路灯、交通信号灯、交通标志，妨碍安全视距的，公安机关交通管理部门应当向违法行为人送达排除妨碍通知书，告知履行期限和不履行的后果。违法行为人在规定期限内拒不履行的，依法予以处罚并强制排除妨碍。

第四十一条 强制排除妨碍，公安机关交通管理部门及其交通警察可以当场实施。无法当场实施的，应当按照下列程序实施：

（一）经县级以上公安机关交通管理部门负责人批准，可以委托或者组织没有利害关系的单位予以强制排除妨碍；

（二）执行强制排除妨碍时，公安机关交通管理部门应当派员到场监督。

第五章 行政处罚

第一节 行政处罚的决定

第四十二条 交通警察对于当场发现的违法行为，认为情节轻微、未影响道路通行和安全的，口头告知其违法行为的基本事实、依据，向违法行为人提出口头警告，纠正违法行为后放行。

各省、自治区、直辖市公安机关交通管理部门可以根据实际确定适用口头警告的具体范围和实施办法。

第四十三条 对违法行为人处以警告或者二百元以下罚款的，可以适用简易程序。

对违法行为人处以二百元（不含）以上罚款、暂扣或者吊销机动车驾驶证的，应当适用一般程序。不需要采取行政强制措施的，现场交通警察应当收集、固定相关证据，并制作违法行为处理通知书。其中，对违法行为人单处二百元（不含）以上罚款的，可以通过简化取证方式和审核审批手续等措施快速办理。

对违法行为人处以行政拘留处罚的，按照《公安机关办理行政案件程序规定》实施。

第四十四条 适用简易程序处罚的，可以由一名交通警察作出，并应当按照下列程序实施：

（一）口头告知违法行为人违法行为的基本事实、拟作出的行政处罚、依据及其依法享有的权利；

（二）听取违法行为人的陈述和申辩，违法行为人提出的事实、理由或者证据成立的，应当采纳；

（三）制作简易程序处罚决定书；

（四）处罚决定书应当由被处罚人签名、交通警察签名或者盖章，并加盖公安机关交通管理部门印章；被处罚人拒绝签名的，交通警察应当在处罚决定书上注明；

（五）处罚决定书应当当场交付被处罚人；被处罚人拒收的，由交通警察在处罚决定书上注明，即为送达。

交通警察应当在二日内将简易程序处罚决定书报所属公安机关交通管理部门备案。

第四十五条 简易程序处罚决定书应当载明被处罚人的基本情况、车辆牌号、车辆类型、违法事实、处罚的依据、处罚的内容、履行方式、期限、处罚机关名称及被处罚人依法享有的行政复议、行政诉讼权利等内容。

第四十六条 制发违法行为处理通知书应当按照下列程序实施：

（一）口头告知违法行为人违法行为的基本事实；

（二）听取违法行为人的陈述和申辩，违法行为人提出的事实、理由或者证据成立的，应当采纳；

（三）制作违法行为处理通知书，并通知当事人在十五日内接受处理；

（四）违法行为处理通知书应当由违法行为人签名、交通警察签名或者盖章，并加盖公安机关交通管理部门印章；当事人拒绝签名的，交通警察应当在违法行为处理通知书上注明；

（五）违法行为处理通知书应当当场交付当事人；当事人拒收的，由交通警察在违法行为处理通知书上注明，即为送达。

交通警察应当在二十四小时内将违法行为处理通知书报所属公安机关交通管理部门备案。

第四十七条 违法行为处理通知书应当载明当事人的基本情况、车辆牌号、车辆类型、违法事实、接受处理的具体地点和时限、通知机关名称等内容。

第四十八条 适用一般程序作出处罚决定，应当由两名以上交通警察按照下列程序实施：

（一）对违法事实进行调查，询问当事人违法行为的基本情况，并制作笔录；当事人拒绝接受询问、签名或者盖章的，交通警察应当在询问笔录上注明；

（二）采用书面形式或者笔录形式告知当事人拟作出的行政处罚的事实、理由及依据，并告知其依法享有的权利；

（三）对当事人陈述、申辩进行复核，复核结果应当在笔录中注明；

（四）制作行政处罚决定书；

（五）行政处罚决定书应当由被处罚人签名，并加盖公安机关交通管理部门印章；被处罚人拒绝签名的，交通警察应当在处罚决定书上注明；

（六）行政处罚决定书应当当场交付被处罚人；被处罚人拒收的，由交通警察在处罚决定书上注明，即为送达；被处罚人不在场的，应当依照《公安机关办理行政案件程序规定》的有关规定送达。

第四十九条 行政处罚决定书应当载明被处罚人的基本情况、车辆牌号、车辆类型、违法事实和证据、处罚的依据、处罚的内容、履行方式、期限、处罚机关名称及被处罚人依法享有的行政复议、行政诉讼权利等内容。

第五十条 一人有两种以上违法行为，分别裁决，合并执行，可以制作一份行政处罚决定书。

一人只有一种违法行为，依法应当并处两个以上处罚种类且涉及两个处罚主体的，应当分别制作行政处罚决定书。

第五十一条 对违法行为事实清楚，需要按照一般程序处以罚款的，应当自违法行为人接受处理之时起二十四小时内作出处罚决定；处以暂扣机动车驾驶证的，应当自违法行为人接受处理之日起三日内作出处罚决定；处以吊销机动车驾驶证的，应当自违法行为人接受处理或者听证程序结束之日起七日内作出处罚决定，交通肇事构成犯罪的，应当在人民法院判决后及时作出处罚决定。

第五十二条 对交通技术监控设备记录的违法行为，当事人应当及时到公安机关交通管理部门接受处理，处以警告或者二百元以下罚款的，可以适用简易程序；处以二百元（不含）以上罚款、吊销机动车驾驶证的，应当适用一般程序。

第五十三条 违法行为人或者机动车所有人、管理人收到道路交通安全违法行为通知后，应当及时到公安机关交通管理部门接受处理。机动车所有人、管理人将机动车交由他人驾驶的，应当通知机动车驾驶人按照本规定第二十条规定期限接受处理。

违法行为人或者机动车所有人、管理人无法在三十日内接受处理的，可以申请延期处理。延长的期限最长不得超过三个月。

第五十四条 机动车有五起以上未处理的违法行为记录，违法行为人或者机动车所有人、管理人未在三十日内接受处理且未申请延期处理的，违法行为发生地公安机关交通管理部门应当按照备案信息中的联系方式，通过移动互联网应用程序、手机短信或者邮寄等方式将拟作出的行政处罚决定的事实、理由、依据以及依法享有的权利，告知违法行为人或者机动车所有人、管理人。违法行为人或者机动车所有人、管理人未在告知后三十日内接受处理的，可以采取公告方式告知拟作出的行政处罚决定的事实、理由、依据、依法享有的权利以及公告期届满后将依法作出行政处罚决定。公告期为七日。

违法行为人或者机动车所有人、管理人提出申辩或者接受处理的，应当按照本规定第四十四条或者第四十八条办理；违法行为人或者机动车所有人、管理人未提出申辩的，公安机关交通管理部门可以依法作出行政处罚决定，并制作行政处罚决定书。

第五十五条 行政处罚决定书可以邮寄或者电子送达。邮寄或者电子送达不成功的，公安机关交通管理部门可以公告送达，公告期为六十日。

第五十六条 电子送达可以采用移动互联网应用程序、电子邮件、移动通信等能够确认受送达人收悉的特定系统作为送达媒介。送达日期为公安机关交通管理部门对应系统显示发送成功的日期。受送达人证明到达其特定系统的日期与公安机关交通管理部门对应系统显示发送成功的日期不一致的，以受送达人证明到达其特定系统的日期为准。

公告应当通过互联网交通安全综合服务管理平台、移动互联网应用程序等方式进行。公告期满，即为送达。

公告内容应当避免泄漏个人隐私。

第五十七条 交通警察在道路执勤执法时，发现违法行为人或者机动车所有人、管理人有交通技术监控设备记录的违法行为逾期未处理的，应当以口头或者书面方式告知违法行为人或者机动车所有人、管理人。

第五十八条 违法行为人可以通过公安机关交通管理部门自助处理平台自助处理违法行为。

第二节　行政处罚的执行

第五十九条　对行人、乘车人、非机动车驾驶人处以罚款，交通警察当场收缴的，交通警察应当在简易程序处罚决定书上注明，由被处罚人签名确认。被处罚人拒绝签名的，交通警察应当在处罚决定书上注明。

交通警察依法当场收缴罚款的，应当开具省、自治区、直辖市财政部门统一制发的罚款收据；不开具省、自治区、直辖市财政部门统一制发的罚款收据的，当事人有权拒绝缴纳罚款。

第六十条　当事人逾期不履行行政处罚决定的，作出行政处罚决定的公安机关交通管理部门可以采取下列措施：

（一）到期不缴纳罚款的，每日按罚款数额的百分之三加处罚款，加处罚款总额不得超出罚款数额；

（二）申请人民法院强制执行。

第六十一条　公安机关交通管理部门对非本辖区机动车驾驶人给予暂扣、吊销机动车驾驶证处罚的，应当在作出处罚决定之日起十五日内，将机动车驾驶证转至核发地公安机关交通管理部门。

违法行为人申请不将暂扣的机动车驾驶证转至核发地公安机关交通管理部门的，应当准许，并在行政处罚决定书上注明。

第六十二条　对违法行为人决定行政拘留并处罚款的，公安机关交通管理部门应当告知违法行为人可以委托他人代缴罚款。

第六章　执法监督

第六十三条　交通警察执勤执法时，应当按照规定着装，佩戴人民警察标志，随身携带人民警察证件，保持警容严整，举止端庄，指挥规范。

交通警察查处违法行为时应当使用规范、文明的执法用语。

第六十四条　公安机关交通管理部门所属的交警队、车管所及重点业务岗位应当建立值日警官和法制员制度，防止和纠正执法中的错误和不当行为。

第六十五条　各级公安机关交通管理部门应当加强执法监督，建立本单位及其所属民警的执法档案，实施执法质量考评、执法责任制和执法过错追究。

执法档案可以是电子档案或者纸质档案。

第六十六条　公安机关交通管理部门应当依法建立交通民警执勤执法考核评价标准，不得下达或者变相下达罚款指标，不得以处罚数量作为考核民警执法效果的依据。

第七章　其他规定

第六十七条　当事人对公安机关交通管理部门采取的行政强制措施或者作出的行政处罚决定不服的，可以依法申请行政复议或者提起行政诉讼。

第六十八条　公安机关交通管理部门应当使用道路交通违法信息管理系统对违法行为信息进行管理。对记录和处理的交通违法行为信息应当及时录入道路交通违法信息管理系统。

第六十九条　公安机关交通管理部门对非本辖区机动车有违法行为记录的，应当在违法行为信息录入道路交通违法信息管理系统后，在规定时限内将违法行为信息转至机动车登记地公安机关交通管理部门。

第七十条　公安机关交通管理部门对非本辖区机动车驾驶人的违法行为给予记分或者暂扣、吊销机动车驾驶证以及扣留机动车驾驶证的，应当在违法行为信息录入道路交通违法信息管理系统后，在规定时限内将违法行为信息转至驾驶证核发地公安机关交通管理部门。

第七十一条　公安机关交通管理部门可以与保险监管机构建立违法行为与机动车交通事故责任强制保险费率联系浮动制度。

第七十二条　机动车所有人为单位的，公安机关交通管理部门可以将严重影响道路交通安全的违法行为通报机动车所有人。

第七十三条　对非本辖区机动车驾驶人申请在违法行为发生地、处理地参加满分学习、考试的，公安机关交通管理部门应当准许，考试合格后发还扣留的机动车驾驶证，并将考试合格的信息转至驾驶证核发地公安机关交通管理部门。

驾驶证核发地公安机关交通管理部门应当根据转递信息清除机动车驾驶人的累积记分。

第七十四条　以欺骗、贿赂等不正当手段取得机动车登记的，应当收缴机动车登记证书、号牌、行驶证，由机动车登记地公安机关交通管理部门撤销机动车登记。

以欺骗、贿赂等不正当手段取得驾驶许可

的，应当收缴机动车驾驶证，由驾驶证核发地公安机关交通管理部门撤销机动车驾驶许可。

非本辖区机动车登记或者机动车驾驶许可需要撤销的，公安机关交通管理部门应当将收缴的机动车登记证书、号牌、行驶证或者机动车驾驶证以及相关证据材料，及时转至机动车登记地或者驾驶证核发地公安机关交通管理部门。

第七十五条 撤销机动车登记或者机动车驾驶许可的，应当按照下列程序实施：

（一）经设区的市公安机关交通管理部门负责人批准，制作撤销决定书送达当事人；

（二）将收缴的机动车登记证书、号牌、行驶证或者机动车驾驶证以及撤销决定书转至机动车登记地或者驾驶证核发地车辆管理所予以注销；

（三）无法收缴的，公告作废。

第七十六条 简易程序案卷应当包括简易程序处罚决定书。一般程序案卷应当包括行政强制措施凭证或者违法行为处理通知书、证据材料、公安交通管理行政处罚决定书。

在处理违法行为过程中形成的其他文书应当一并存入案卷。

第八章 附 则

第七十七条 本规定中下列用语的含义：

（一）“违法行为人”，是指违反道路交通安全法律、行政法规规定的公民、法人及其他组织。

（二）“县级以上公安机关交通管理部门”，是指县级以上人民政府公安机关交通管理部门或者相当于同级的公安机关交通管理部门。“设区的市公安机关交通管理部门”，是指设区的市人民政府公安机关交通管理部门或者相当于同级的公安机关交通管理部门。

第七十八条 交通技术监控设备记录的非机动车、行人违法行为参照本规定关于机动车违法行为处理程序处理。

第七十九条 公安机关交通管理部门可以以电子案卷形式保存违法处理案卷。

第八十条 本规定未规定的违法行为处理程序，依照《公安机关办理行政案件程序规定》执行。

第八十一条 本规定所称“以上”“以下”，除特别注明的外，包括本数在内。

本规定所称的“二日”“三日”“五日”“七日”“十日”“十五日”，是指工作日，不包括节假日。

第八十二条 执行本规定所需要的法律文书式样，由公安部制定。公安部没有制定式样，执法工作中需要的其他法律文书，各省、自治区、直辖市公安机关交通管理部门可以制定式样。

第八十三条 本规定自2009年4月1日起施行。2004年4月30日发布的《道路交通安全违法行为处理程序规定》（公安部第69号令）同时废止。本规定生效后，以前有关规定与本规定不一致的，以本规定为准。

2. 车 辆 管 理

中华人民共和国车辆购置税法

（2018年12月29日第十三届全国人民代表大会常务委员会第七次会议通过　2018年12月29日中华人民共和国主席令第十九号公布　自2019年7月1日起施行）

第一条　在中华人民共和国境内购置汽车、有轨电车、汽车挂车、排气量超过一百五十毫升的摩托车（以下统称应税车辆）的单位和个人，为车辆购置税的纳税人，应当依照本法规定缴纳车辆购置税。

第二条　本法所称购置，是指以购买、进口、自产、受赠、获奖或者其他方式取得并自用应税车辆的行为。

第三条　车辆购置税实行一次性征收。购置已征车辆购置税的车辆，不再征收车辆购置税。

第四条　车辆购置税的税率为百分之十。

第五条　车辆购置税的应纳税额按照应税车辆的计税价格乘以税率计算。

第六条　应税车辆的计税价格，按照下列规定确定：

（一）纳税人购买自用应税车辆的计税价格，为纳税人实际支付给销售者的全部价款，不包括增值税税款；

（二）纳税人进口自用应税车辆的计税价格，为关税完税价格加上关税和消费税；

（三）纳税人自产自用应税车辆的计税价格，按照纳税人生产的同类应税车辆的销售价格确定，不包括增值税税款；

（四）纳税人以受赠、获奖或者其他方式取得自用应税车辆的计税价格，按照购置应税车辆时相关凭证载明的价格确定，不包括增值税税款。

第七条　纳税人申报的应税车辆计税价格明显偏低，又无正当理由的，由税务机关依照《中华人民共和国税收征收管理法》的规定核定其应纳税额。

第八条　纳税人以外汇结算应税车辆价款的，按照申报纳税之日的人民币汇率中间价折合成人民币计算缴纳税款。

第九条　下列车辆免征车辆购置税：

（一）依照法律规定应当予以免税的外国驻华使馆、领事馆和国际组织驻华机构及其有关人员自用的车辆；

（二）中国人民解放军和中国人民武装警察部队列入装备订货计划的车辆；

（三）悬挂应急救援专用号牌的国家综合性消防救援车辆；

（四）设有固定装置的非运输专用作业车辆；

（五）城市公交企业购置的公共汽电车辆。

根据国民经济和社会发展的需要，国务院可以规定减征或者其他免征车辆购置税的情形，报全国人民代表大会常务委员会备案。

第十条　车辆购置税由税务机关负责征收。

第十一条　纳税人购置应税车辆，应当向车辆登记地的主管税务机关申报缴纳车辆购置税；购置不需要办理车辆登记的应税车辆的，应当向纳税人所在地的主管税务机关申报缴纳车辆购置税。

第十二条　车辆购置税的纳税义务发生时间为纳税人购置应税车辆的当日。纳税人应当自纳税义务发生之日起六十日内申报缴纳车辆购置税。

第十三条 纳税人应当在向公安机关交通管理部门办理车辆注册登记前，缴纳车辆购置税。

公安机关交通管理部门办理车辆注册登记，应当根据税务机关提供的应税车辆完税或者免税电子信息对纳税人申请登记的车辆信息进行核对，核对无误后依法办理车辆注册登记。

第十四条 免税、减税车辆因转让、改变用途等原因不再属于免税、减税范围的，纳税人应当在办理车辆转移登记或者变更登记前缴纳车辆购置税。计税价格以免税、减税车辆初次办理纳税申报时确定的计税价格为基准，每满一年扣减百分之十。

第十五条 纳税人将已征车辆购置税的车辆退回车辆生产企业或者销售企业的，可以向主管税务机关申请退还车辆购置税。退税额以已缴税款为基准，自缴纳税款之日至申请退税之日，每满一年扣减百分之十。

第十六条 税务机关和公安、商务、海关、工业和信息化等部门应当建立应税车辆信息共享和工作配合机制，及时交换应税车辆和纳税信息资料。

第十七条 车辆购置税的征收管理，依照本法和《中华人民共和国税收征收管理法》的规定执行。

第十八条 纳税人、税务机关及其工作人员违反本法规定的，依照《中华人民共和国税收征收管理法》和有关法律法规的规定追究法律责任。

第十九条 本法自2019年7月1日起施行。2000年10月22日国务院公布的《中华人民共和国车辆购置税暂行条例》同时废止。

中华人民共和国车船税法

（2011年2月25日第十一届全国人民代表大会常务委员会第十九次会议通过
根据2019年4月23日第十三届全国人民代表大会常务委员会第十次会议
《关于修改〈中华人民共和国建筑法〉等八部法律的决定》修正）

第一条 在中华人民共和国境内属于本法所附《车船税税目税额表》规定的车辆、船舶（以下简称车船）的所有人或者管理人，为车船税的纳税人，应当依照本法缴纳车船税。

第二条 车船的适用税额依照本法所附《车船税税目税额表》执行。

车辆的具体适用税额由省、自治区、直辖市人民政府依照本法所附《车船税税目税额表》规定的税额幅度和国务院的规定确定。

船舶的具体适用税额由国务院在本法所附《车船税税目税额表》规定的税额幅度内确定。

第三条 下列车船免征车船税：

（一）捕捞、养殖渔船；

（二）军队、武装警察部队专用的车船；

（三）警用车船；

（四）悬挂应急救援专用号牌的国家综合性消防救援车辆和国家综合性消防救援专用船舶；

（五）依照法律规定应当予以免税的外国驻华使领馆、国际组织驻华代表机构及其有关人员的车船。

第四条 对节约能源、使用新能源的车船可以减征或者免征车船税；对受严重自然灾害影响纳税困难以及有其他特殊原因确需减税、免税的，可以减征或者免征车船税。具体办法由国务院规定，并报全国人民代表大会常务委员会备案。

第五条 省、自治区、直辖市人民政府根据当地实际情况，可以对公共交通车船，农村居民拥有并主要在农村地区使用的摩托车、三轮汽车和低速载货汽车定期减征或者免征车船税。

第六条 从事机动车第三者责任强制保险业务的保险机构为机动车车船税的扣缴义务

人，应当在收取保险费时依法代收车船税，并出具代收税款凭证。

第七条 车船税的纳税地点为车船的登记地或者车船税扣缴义务人所在地。依法不需要办理登记的车船，车船税的纳税地点为车船的所有人或者管理人所在地。

第八条 车船税纳税义务发生时间为取得车船所有权或者管理权的当月。

第九条 车船税按年申报缴纳。具体申报纳税期限由省、自治区、直辖市人民政府规定。

第十条 公安、交通运输、农业、渔业等车船登记管理部门、船舶检验机构和车船税扣缴义务人的行业主管部门应当在提供车船有关信息等方面，协助税务机关加强车船税的征收管理。

车辆所有人或者管理人在申请办理车辆相关登记、定期检验手续时，应当向公安机关交通管理部门提交依法纳税或者免税证明。公安机关交通管理部门核查后办理相关手续。

第十一条 车船税的征收管理，依照本法和《中华人民共和国税收征收管理法》的规定执行。

第十二条 国务院根据本法制定实施条例。

第十三条 本法自2012年1月1日起施行。2006年12月29日国务院公布的《中华人民共和国车船税暂行条例》同时废止。

附：

车船税税目税额表

<table>
<tr><th colspan="2">税目</th><th>计税单位</th><th>年基准税额</th><th>备注</th></tr>
<tr><td rowspan="7">乘用车（按发动机汽缸容量（排气量）分档）</td><td>1.0升（含）以下的</td><td rowspan="7">每辆</td><td>60元至360元</td><td rowspan="7">核定载客人数9人（含）以下</td></tr>
<tr><td>1.0升以上至1.6升（含）的</td><td>300元至540元</td></tr>
<tr><td>1.6升以上至2.0升（含）的</td><td>360元至660元</td></tr>
<tr><td>2.0升以上至2.5升（含）的</td><td>660元至1200元</td></tr>
<tr><td>2.5升以上至3.0升（含）的</td><td>1200元至2400元</td></tr>
<tr><td>3.0升以上至4.0升（含）的</td><td>2400元至3600元</td></tr>
<tr><td>4.0升以上的</td><td>3600元至5400元</td></tr>
<tr><td rowspan="2">商用车</td><td>客车</td><td>每辆</td><td>480元至1440元</td><td>核定载客人数9人以上，包括电车</td></tr>
<tr><td>货车</td><td>整备质量每吨</td><td>16元至120元</td><td>包括半挂牵引车、三轮汽车和低速载货汽车等</td></tr>
<tr><td>挂车</td><td></td><td>整备质量每吨</td><td>按照货车税额的50%计算</td><td></td></tr>
<tr><td rowspan="2">其他车辆</td><td>专用作业车</td><td rowspan="2">整备质量每吨</td><td>16元至120元</td><td rowspan="2">不包括拖拉机</td></tr>
<tr><td>轮式专用机械车</td><td>16元至120元</td></tr>
<tr><td>摩托车</td><td></td><td>每辆</td><td>36元至180元</td><td></td></tr>
<tr><td rowspan="2">船舶</td><td>机动船舶</td><td>净吨位每吨</td><td>3元至6元</td><td>拖船、非机动驳船分别按照机动船舶税额的50%计算</td></tr>
<tr><td>游艇</td><td>艇身长度每米</td><td>600元至2000元</td><td></td></tr>
</table>

缺陷汽车产品召回管理条例

（2012年10月22日中华人民共和国国务院令第626号公布
根据2019年3月2日《国务院关于修改部分行政法规的决定》修订）

第一条 为了规范缺陷汽车产品召回，加强监督管理，保障人身、财产安全，制定本条例。

第二条 在中国境内生产、销售的汽车和汽车挂车（以下统称汽车产品）的召回及其监督管理，适用本条例。

第三条 本条例所称缺陷，是指由于设计、制造、标识等原因导致的在同一批次、型号或者类别的汽车产品中普遍存在的不符合保障人身、财产安全的国家标准、行业标准的情形或者其他危及人身、财产安全的不合理的危险。

本条例所称召回，是指汽车产品生产者对其已售出的汽车产品采取措施消除缺陷的活动。

第四条 国务院产品质量监督部门负责全国缺陷汽车产品召回的监督管理工作。

国务院有关部门在各自职责范围内负责缺陷汽车产品召回的相关监督管理工作。

第五条 国务院产品质量监督部门根据工作需要，可以委托省、自治区、直辖市人民政府产品质量监督部门负责缺陷汽车产品召回监督管理的部分工作。

国务院产品质量监督部门缺陷产品召回技术机构按照国务院产品质量监督部门的规定，承担缺陷汽车产品召回的具体技术工作。

第六条 任何单位和个人有权向产品质量监督部门投诉汽车产品可能存在的缺陷，国务院产品质量监督部门应当以便于公众知晓的方式向社会公布受理投诉的电话、电子邮箱和通信地址。

国务院产品质量监督部门应当建立缺陷汽车产品召回信息管理系统，收集汇总、分析处理有关缺陷汽车产品信息。

产品质量监督部门、汽车产品主管部门、商务主管部门、海关、公安机关交通管理部门、交通运输主管部门等有关部门应当建立汽车产品的生产、销售、进口、登记检验、维修、消费者投诉、召回等信息的共享机制。

第七条 产品质量监督部门和有关部门、机构及其工作人员对履行本条例规定职责所知悉的商业秘密和个人信息，不得泄露。

第八条 对缺陷汽车产品，生产者应当依照本条例全部召回；生产者未实施召回的，国务院产品质量监督部门应当依照本条例责令其召回。

本条例所称生产者，是指在中国境内依法设立的生产汽车产品并以其名义颁发产品合格证的企业。

从中国境外进口汽车产品到境内销售的企业，视为前款所称的生产者。

第九条 生产者应当建立并保存汽车产品设计、制造、标识、检验等方面的信息记录以及汽车产品初次销售的车主信息记录，保存期不得少于10年。

第十条 生产者应当将下列信息报国务院产品质量监督部门备案：

（一）生产者基本信息；

（二）汽车产品技术参数和汽车产品初次销售的车主信息；

（三）因汽车产品存在危及人身、财产安全的故障而发生修理、更换、退货的信息；

（四）汽车产品在中国境外实施召回的信息；

（五）国务院产品质量监督部门要求备案的其他信息。

第十一条 销售、租赁、维修汽车产品的经营者（以下统称经营者）应当按照国务院产品质量监督部门的规定建立并保存汽车产品相关信息记录，保存期不得少于5年。

经营者获知汽车产品存在缺陷的，应当立即停止销售、租赁、使用缺陷汽车产品，并协助生产者实施召回。

经营者应当向国务院产品质量监督部门报告和向生产者通报所获知的汽车产品可能存在缺陷的相关信息。

第十二条 生产者获知汽车产品可能存在缺陷的，应当立即组织调查分析，并如实向国务院产品质量监督部门报告调查分析结果。

生产者确认汽车产品存在缺陷的，应当立即停止生产、销售、进口缺陷汽车产品，并实施召回。

第十三条 国务院产品质量监督部门获知汽车产品可能存在缺陷的，应当立即通知生产者开展调查分析；生产者未按照通知开展调查分析的，国务院产品质量监督部门应当开展缺陷调查。

国务院产品质量监督部门认为汽车产品可能存在会造成严重后果的缺陷的，可以直接开展缺陷调查。

第十四条 国务院产品质量监督部门开展缺陷调查，可以进入生产者、经营者的生产经营场所进行现场调查，查阅、复制相关资料和记录，向相关单位和个人了解汽车产品可能存在缺陷的情况。

生产者应当配合缺陷调查，提供调查需要的有关资料、产品和专用设备。经营者应当配合缺陷调查，提供调查需要的有关资料。

国务院产品质量监督部门不得将生产者、经营者提供的资料、产品和专用设备用于缺陷调查所需的技术检测和鉴定以外的用途。

第十五条 国务院产品质量监督部门调查认为汽车产品存在缺陷的，应当通知生产者实施召回。

生产者认为其汽车产品不存在缺陷的，可以自收到通知之日起15个工作日内向国务院产品质量监督部门提出异议，并提供证明材料。国务院产品质量监督部门应当组织与生产者无利害关系的专家对证明材料进行论证，必要时对汽车产品进行技术检测或者鉴定。

生产者既不按照通知实施召回又不在本条第二款规定期限内提出异议的，或者经国务院产品质量监督部门依照本条第二款规定组织论证、技术检测、鉴定确认汽车产品存在缺陷的，国务院产品质量监督部门应当责令生产者实施召回；生产者应当立即停止生产、销售、进口缺陷汽车产品，并实施召回。

第十六条 生产者实施召回，应当按照国务院产品质量监督部门的规定制定召回计划，并报国务院产品质量监督部门备案。修改已备案的召回计划应当重新备案。

生产者应当按照召回计划实施召回。

第十七条 生产者应当将报国务院产品质量监督部门备案的召回计划同时通报销售者，销售者应当停止销售缺陷汽车产品。

第十八条 生产者实施召回，应当以便于公众知晓的方式发布信息，告知车主汽车产品存在的缺陷、避免损害发生的应急处置方法和生产者消除缺陷的措施等事项。

国务院产品质量监督部门应当及时向社会公布已经确认的缺陷汽车产品信息以及生产者实施召回的相关信息。

车主应当配合生产者实施召回。

第十九条 对实施召回的缺陷汽车产品，生产者应当及时采取修正或者补充标识、修理、更换、退货等措施消除缺陷。

生产者应当承担消除缺陷的费用和必要的运送缺陷汽车产品的费用。

第二十条 生产者应当按照国务院产品质量监督部门的规定提交召回阶段性报告和召回总结报告。

第二十一条 国务院产品质量监督部门应当对召回实施情况进行监督，并组织与生产者无利害关系的专家对生产者消除缺陷的效果进行评估。

第二十二条 生产者违反本条例规定，有下列情形之一的，由产品质量监督部门责令改正；拒不改正的，处5万元以上20万元以下的罚款：

（一）未按照规定保存有关汽车产品、车主的信息记录；

（二）未按照规定备案有关信息、召回计划；

（三）未按照规定提交有关召回报告。

第二十三条 违反本条例规定，有下列情形之一的，由产品质量监督部门责令改正；拒不改正的，处50万元以上100万元以下的罚款；有违法所得的，并处没收违法所得；情节严重的，由许可机关吊销有关许可：

（一）生产者、经营者不配合产品质量监督部门缺陷调查；

（二）生产者未按照已备案的召回计划实

施召回；

（三）生产者未将召回计划通报销售者。

第二十四条 生产者违反本条例规定，有下列情形之一的，由产品质量监督部门责令改正，处缺陷汽车产品货值金额1%以上10%以下的罚款；有违法所得的，并处没收违法所得；情节严重的，由许可机关吊销有关许可：

（一）未停止生产、销售或者进口缺陷汽车产品；

（二）隐瞒缺陷情况；

（三）经责令召回拒不召回。

第二十五条 违反本条例规定，从事缺陷汽车产品召回监督管理工作的人员有下列行为之一的，依法给予处分：

（一）将生产者、经营者提供的资料、产品和专用设备用于缺陷调查所需的技术检测和鉴定以外的用途；

（二）泄露当事人商业秘密或者个人信息；

（三）其他玩忽职守、徇私舞弊、滥用职权行为。

第二十六条 违反本条例规定，构成犯罪的，依法追究刑事责任。

第二十七条 汽车产品出厂时未随车装备的轮胎存在缺陷的，由轮胎的生产者负责召回。具体办法由国务院产品质量监督部门参照本条例制定。

第二十八条 生产者依照本条例召回缺陷汽车产品，不免除其依法应当承担的责任。

汽车产品存在本条例规定的缺陷以外的质量问题的，车主有权依照产品质量法、消费者权益保护法等法律、行政法规和国家有关规定以及合同约定，要求生产者、销售者承担修理、更换、退货、赔偿损失等相应的法律责任。

第二十九条 本条例自2013年1月1日起施行。

中华人民共和国车船税法实施条例

（2011年12月5日中华人民共和国国务院令第611号公布
根据2019年3月2日《国务院关于修改部分行政法规的决定》修订）

第一条 根据《中华人民共和国车船税法》（以下简称车船税法）的规定，制定本条例。

第二条 车船税法第一条所称车辆、船舶，是指：

（一）依法应当在车船登记管理部门登记的机动车辆和船舶；

（二）依法不需要在车船登记管理部门登记的在单位内部场所行驶或者作业的机动车辆和船舶。

第三条 省、自治区、直辖市人民政府根据车船税法所附《车船税税目税额表》确定车辆具体适用税额，应当遵循以下原则：

（一）乘用车依排气量从小到大递增税额；

（二）客车按照核定载客人数20人以下和20人（含）以上两档划分，递增税额。

省、自治区、直辖市人民政府确定的车辆具体适用税额，应当报国务院备案。

第四条 机动船舶具体适用税额为：

（一）净吨位不超过200吨的，每吨3元；

（二）净吨位超过200吨但不超过2000吨的，每吨4元；

（三）净吨位超过2000吨但不超过10000吨的，每吨5元；

（四）净吨位超过10000吨的，每吨6元。

拖船按照发动机功率每1千瓦折合净吨位0.67吨计算征收车船税。

第五条 游艇具体适用税额为：

（一）艇身长度不超过10米的，每米600元；

（二）艇身长度超过10米但不超过18米的，每米900元；

（三）艇身长度超过18米但不超过30米

的，每米1300元；

（四）艇身长度超过30米的，每米2000元；

（五）辅助动力帆艇，每米600元。

第六条 车船税法和本条例所涉及的排气量、整备质量、核定载客人数、净吨位、千瓦、艇身长度，以车船登记管理部门核发的车船登记证书或者行驶证所载数据为准。

依法不需要办理登记的车船和依法应当登记而未办理登记或者不能提供车船登记证书、行驶证的车船，以车船出厂合格证明或者进口凭证标注的技术参数、数据为准；不能提供车船出厂合格证明或者进口凭证的，由主管税务机关参照国家相关标准核定，没有国家相关标准的参照同类车船核定。

第七条 车船税法第三条第一项所称的捕捞、养殖渔船，是指在渔业船舶登记管理部门登记为捕捞船或者养殖船的船舶。

第八条 车船税法第三条第二项所称的军队、武装警察部队专用的车船，是指按照规定在军队、武装警察部队车船登记管理部门登记，并领取军队、武警牌照的车船。

第九条 车船税法第三条第三项所称的警用车船，是指公安机关、国家安全机关、监狱、劳动教养管理机关和人民法院、人民检察院领取警用牌照的车辆和执行警务的专用船舶。

第十条 节约能源、使用新能源的车船可以免征或者减半征收车船税。免征或者减半征收车船税的车船的范围，由国务院财政、税务主管部门商国务院有关部门制订，报国务院批准。

对受地震、洪涝等严重自然灾害影响纳税困难以及其他特殊原因确需减免税的车船，可以在一定期限内减征或者免征车船税。具体减免期限和数额由省、自治区、直辖市人民政府确定，报国务院备案。

第十一条 车船税由税务机关负责征收。

第十二条 机动车车船税扣缴义务人在代收车船税时，应当在机动车交通事故责任强制保险的保险单以及保费发票上注明已收税款的信息，作为代收税款凭证。

第十三条 已完税或者依法减免税的车辆，纳税人应当向扣缴义务人提供登记地的主管税务机关出具的完税凭证或者减免税证明。

第十四条 纳税人没有按照规定期限缴纳车船税的，扣缴义务人在代收代缴税款时，可以一并代收代缴欠缴税款的滞纳金。

第十五条 扣缴义务人已代收代缴车船税的，纳税人不再向车辆登记地的主管税务机关申报缴纳车船税。

没有扣缴义务人的，纳税人应当向主管税务机关自行申报缴纳车船税。

第十六条 纳税人缴纳车船税时，应当提供反映排气量、整备质量、核定载客人数、净吨位、千瓦、艇身长度等与纳税相关信息的相应凭证以及税务机关根据实际需要要求提供的其他资料。

纳税人以前年度已经提供前款所列资料信息的，可以不再提供。

第十七条 车辆车船税的纳税人按照纳税地点所在的省、自治区、直辖市人民政府确定的具体适用税额缴纳车船税。

第十八条 扣缴义务人应当及时解缴代收代缴的税款和滞纳金，并向主管税务机关申报。扣缴义务人向税务机关解缴税款和滞纳金时，应当同时报送明细的税款和滞纳金扣缴报告。扣缴义务人解缴税款和滞纳金的具体期限，由省、自治区、直辖市税务机关依照法律、行政法规的规定确定。

第十九条 购置的新车船，购置当年的应纳税额自纳税义务发生的当月起按月计算。应纳税额为年应纳税额除以12再乘以应纳税月份数。

在一个纳税年度内，已完税的车船被盗抢、报废、灭失的，纳税人可以凭有关管理机关出具的证明和完税凭证，向纳税所在地的主管税务机关申请退还自被盗抢、报废、灭失月份起至该纳税年度终了期间的税款。

已办理退税的被盗抢车船失而复得的，纳税人应当从公安机关出具相关证明的当月起计算缴纳车船税。

第二十条 已缴纳车船税的车船在同一纳税年度内办理转让过户的，不另纳税，也不退税。

第二十一条 车船税法第八条所称取得车船所有权或者管理权的当月，应当以购买车船的发票或者其他证明文件所载日期的当月为准。

第二十二条 税务机关可以在车船登记管

理部门、车船检验机构的办公场所集中办理车船税征收事宜。

公安机关交通管理部门在办理车辆相关登记和定期检验手续时，经核查，对没有提供依法纳税或者免税证明的，不予办理相关手续。

第二十三条 车船税按年申报，分月计算，一次性缴纳。纳税年度为公历1月1日至12月31日。

第二十四条 临时入境的外国车船和香港特别行政区、澳门特别行政区、台湾地区的车船，不征收车船税。

第二十五条 按照规定缴纳船舶吨税的机动船舶，自车船税法实施之日起5年内免征车船税。

依法不需要在车船登记管理部门登记的机场、港口、铁路站场内部行驶或者作业的车船，自车船税法实施之日起5年内免征车船税。

第二十六条 车船税法所附《车船税税目税额表》中车辆、船舶的含义如下：

乘用车，是指在设计和技术特性上主要用于载运乘客及随身行李，核定载客人数包括驾驶员在内不超过9人的汽车。

商用车，是指除乘用车外，在设计和技术特性上用于载运乘客、货物的汽车，划分为客车和货车。

半挂牵引车，是指装备有特殊装置用于牵引半挂车的商用车。

三轮汽车，是指最高设计车速不超过每小时50公里，具有三个车轮的货车。

低速载货汽车，是指以柴油机为动力，最高设计车速不超过每小时70公里，具有四个车轮的货车。

挂车，是指就其设计和技术特性需由汽车或者拖拉机牵引，才能正常使用的一种无动力的道路车辆。

专用作业车，是指在其设计和技术特性上用于特殊工作的车辆。

轮式专用机械车，是指有特殊结构和专门功能，装有橡胶车轮可以自行行驶，最高设计车速大于每小时20公里的轮式工程机械车。

摩托车，是指无论采用何种驱动方式，最高设计车速大于每小时50公里，或者使用内燃机，其排量大于50毫升的两轮或者三轮车辆。

船舶，是指各类机动、非机动船舶以及其他水上移动装置，但是船舶上装备的救生艇筏和长度小于5米的艇筏除外。其中，机动船舶是指用机器推进的船舶；拖船是指专门用于拖（推）动运输船舶的专业作业船舶；非机动驳船，是指在船舶登记管理部门登记为驳船的非机动船舶；游艇是指具备内置机械推进动力装置，长度在90米以下，主要用于游览观光、休闲娱乐、水上体育运动等活动，并应当具有船舶检验证书和适航证书的船舶。

第二十七条 本条例自2012年1月1日起施行。

报废机动车回收管理办法

（2019年4月22日中华人民共和国国务院令第715号公布　自2019年6月1日起施行）

第一条 为了规范报废机动车回收活动，保护环境，促进循环经济发展，保障道路交通安全，制定本办法。

第二条 本办法所称报废机动车，是指根据《中华人民共和国道路交通安全法》的规定应当报废的机动车。

不属于《中华人民共和国道路交通安全法》规定的应当报废的机动车，机动车所有人自愿作报废处理的，依照本办法的规定执行。

第三条 国家鼓励特定领域的老旧机动车提前报废更新，具体办法由国务院有关部门另行制定。

第四条 国务院负责报废机动车回收管理的部门主管全国报废机动车回收（含拆解，下同）监督管理工作，国务院公安、生态环境、工业和信息化、交通运输、市场监督管理等部门在各自的职责范围内负责报废机动车回收有关的监督管理工作。

县级以上地方人民政府负责报废机动车回收管理的部门对本行政区域内报废机动车回收活动实施监督管理。县级以上地方人民政府公安、生态环境、工业和信息化、交通运输、市场监督管理等部门在各自的职责范围内对本行政区域内报废机动车回收活动实施有关的监督管理。

第五条 国家对报废机动车回收企业实行资质认定制度。未经资质认定，任何单位或者个人不得从事报废机动车回收活动。

国家鼓励机动车生产企业从事报废机动车回收活动。机动车生产企业按照国家有关规定承担生产者责任。

第六条 取得报废机动车回收资质认定，应当具备下列条件：

（一）具有企业法人资格；

（二）具有符合环境保护等有关法律、法规和强制性标准要求的存储、拆解场地，拆解设备、设施以及拆解操作规范；

（三）具有与报废机动车拆解活动相适应的专业技术人员。

第七条 拟从事报废机动车回收活动的，应当向省、自治区、直辖市人民政府负责报废机动车回收管理的部门提出申请。省、自治区、直辖市人民政府负责报废机动车回收管理的部门应当依法进行审查，对符合条件的，颁发资质认定书；对不符合条件的，不予资质认定并书面说明理由。

省、自治区、直辖市人民政府负责报废机动车回收管理的部门应当充分利用计算机网络等先进技术手段，推行网上申请、网上受理等方式，为申请人提供便利条件。申请人可以在网上提出申请。

省、自治区、直辖市人民政府负责报废机动车回收管理的部门应当将本行政区域内取得资质认定的报废机动车回收企业名单及时向社会公布。

第八条 任何单位或者个人不得要求机动车所有人将报废机动车交售给指定的报废机动车回收企业。

第九条 报废机动车回收企业对回收的报废机动车，应当向机动车所有人出具《报废机动车回收证明》，收回机动车登记证书、号牌、行驶证，并按照国家有关规定及时向公安机关交通管理部门办理注销登记，将注销证明转交机动车所有人。

《报废机动车回收证明》样式由国务院负责报废机动车回收管理的部门规定。任何单位或者个人不得买卖或者伪造、变造《报废机动车回收证明》。

第十条 报废机动车回收企业对回收的报废机动车，应当逐车登记机动车的型号、号牌号码、发动机号码、车辆识别代号等信息；发现回收的报废机动车疑似赃物或者用于盗窃、抢劫等犯罪活动的犯罪工具的，应当及时向公安机关报告。

报废机动车回收企业不得拆解、改装、拼装、倒卖疑似赃物或者犯罪工具的机动车或者其发动机、方向机、变速器、前后桥、车架（以下统称“五大总成”）和其他零部件。

第十一条 回收的报废机动车必须按照有关规定予以拆解；其中，回收的报废大型客车、货车等营运车辆和校车，应当在公安机关的监督下解体。

第十二条 拆解的报废机动车“五大总成”具备再制造条件的，可以按照国家有关规定出售给具有再制造能力的企业经过再制造予以循环利用；不具备再制造条件的，应当作为废金属，交售给钢铁企业作为冶炼原料。

拆解的报废机动车“五大总成”以外的零部件符合保障人身和财产安全等强制性国家标准，能够继续使用的，可以出售，但应当标明“报废机动车回用件”。

第十三条 国务院负责报废机动车回收管理的部门应当建立报废机动车回收信息系统。报废机动车回收企业应当如实记录本企业回收的报废机动车“五大总成”等主要部件的数量、型号、流向等信息，并上传至报废机动车回收信息系统。

负责报废机动车回收管理的部门、公安机关应当通过政务信息系统实现信息共享。

第十四条 拆解报废机动车，应当遵守环境保护法律、法规和强制性标准，采取有效措施保护环境，不得造成环境污染。

第十五条 禁止任何单位或者个人利用报废机动车“五大总成”和其他零部件拼装机

动车，禁止拼装的机动车交易。

除机动车所有人将报废机动车依法交售给报废机动车回收企业外，禁止报废机动车整车交易。

第十六条 县级以上地方人民政府负责报废机动车回收管理的部门应当加强对报废机动车回收企业的监督检查，建立和完善以随机抽查为重点的日常监督检查制度，公布抽查事项目录，明确抽查的依据、频次、方式、内容和程序，随机抽取被检查企业，随机选派检查人员。抽查情况和查处结果应当及时向社会公布。

在监督检查中发现报废机动车回收企业不具备本办法规定的资质认定条件的，应当责令限期改正；拒不改正或者逾期未改正的，由原发证部门吊销资质认定书。

第十七条 县级以上地方人民政府负责报废机动车回收管理的部门应当向社会公布本部门的联系方式，方便公众举报违法行为。

县级以上地方人民政府负责报废机动车回收管理的部门接到举报的，应当及时依法调查处理，并为举报人保密；对实名举报的，负责报废机动车回收管理的部门应当将处理结果告知举报人。

第十八条 负责报废机动车回收管理的部门在监督管理工作中发现不属于本部门处理权限的违法行为的，应当及时移交有权处理的部门；有权处理的部门应当及时依法调查处理，并将处理结果告知负责报废机动车回收管理的部门。

第十九条 未取得资质认定，擅自从事报废机动车回收活动的，由负责报废机动车回收管理的部门没收非法回收的报废机动车、报废机动车“五大总成”和其他零部件，没收违法所得；违法所得在5万元以上的，并处违法所得2倍以上5倍以下的罚款；违法所得不足5万元或者没有违法所得的，并处5万元以上10万元以下的罚款。对负责报废机动车回收管理的部门没收非法回收的报废机动车、报废机动车“五大总成”和其他零部件，必要时有关主管部门应当予以配合。

第二十条 有下列情形之一的，由公安机关依法给予治安管理处罚：

（一）买卖或者伪造、变造《报废机动车回收证明》；

（二）报废机动车回收企业明知或者应当知道回收的机动车为赃物或者用于盗窃、抢劫等犯罪活动的犯罪工具，未向公安机关报告，擅自拆解、改装、拼装、倒卖该机动车。

报废机动车回收企业有前款规定情形，情节严重的，由原发证部门吊销资质认定书。

第二十一条 报废机动车回收企业有下列情形之一的，由负责报废机动车回收管理的部门责令改正，没收报废机动车“五大总成”和其他零部件，没收违法所得；违法所得在5万元以上的，并处违法所得2倍以上5倍以下的罚款；违法所得不足5万元或者没有违法所得的，并处5万元以上10万元以下的罚款；情节严重的，责令停业整顿直至由原发证部门吊销资质认定书：

（一）出售不具备再制造条件的报废机动车“五大总成”；

（二）出售不能继续使用的报废机动车“五大总成”以外的零部件；

（三）出售的报废机动车“五大总成”以外的零部件未标明“报废机动车回用件”。

第二十二条 报废机动车回收企业对回收的报废机动车，未按照国家有关规定及时向公安机关交通管理部门办理注销登记并将注销证明转交机动车所有人的，由负责报废机动车回收管理的部门责令改正，可以处1万元以上5万元以下的罚款。

利用报废机动车“五大总成”和其他零部件拼装机动车或者出售报废机动车整车、拼装的机动车的，依照《中华人民共和国道路交通安全法》的规定予以处罚。

第二十三条 报废机动车回收企业未如实记录本企业回收的报废机动车“五大总成”等主要部件的数量、型号、流向等信息并上传至报废机动车回收信息系统的，由负责报废机动车回收管理的部门责令改正，并处1万元以上5万元以下的罚款；情节严重的，责令停业整顿。

第二十四条 报废机动车回收企业违反环境保护法律、法规和强制性标准，污染环境的，由生态环境主管部门责令限期改正，并依法予以处罚；拒不改正或者逾期未改正的，由原发证部门吊销资质认定书。

第二十五条 负责报废机动车回收管理的部门和其他有关部门的工作人员在监督管理工

作中滥用职权、玩忽职守、徇私舞弊的，依法给予处分。

第二十六条 违反本办法规定，构成犯罪的，依法追究刑事责任。

第二十七条 报废新能源机动车回收的特殊事项，另行制定管理规定。

军队报废机动车的回收管理，依照国家和军队有关规定执行。

第二十八条 本办法自2019年6月1日起施行。2001年6月16日国务院公布的《报废汽车回收管理办法》同时废止。

报废机动车回收管理办法实施细则

（2020年7月18日商务部、国家发展和改革委员会、工业和信息化部、公安部、生态环境部、交通运输部、国家市场监督管理总局令第2号公布　自2020年9月1日起施行）

第一章　总　则

第一条 为规范报废机动车回收拆解活动，加强报废机动车回收拆解行业管理，根据国务院《报废机动车回收管理办法》（以下简称《管理办法》），制定本细则。

第二条 在中华人民共和国境内从事报废机动车回收拆解活动，适用本细则。

第三条 国家鼓励报废机动车回收拆解行业市场化、专业化、集约化发展，推动完善报废机动车回收利用体系，提高回收利用效率和服务水平。

第四条 商务部负责组织全国报废机动车回收拆解的监督管理工作，发展改革委、工业和信息化部、公安部、生态环境部、交通运输部、市场监管总局等部门在各自职责范围内负责报废机动车有关监督管理工作。

第五条 省级商务主管部门负责实施报废机动车回收拆解企业（以下简称回收拆解企业）资质认定工作。县级以上地方商务主管部门对本行政区域内报废机动车回收拆解活动实施监督管理，促进行业健康有序发展。

县级以上地方公安机关依据职责及相关法律法规的规定，对报废机动车回收拆解行业治安状况、买卖伪造票证等活动实施监督管理，并依法处置。

县级以上地方生态环境主管部门依据职责对回收拆解企业回收拆解活动的环境污染防治工作进行监督管理，防止造成环境污染，并依据相关法律法规处理。

县级以上地方发展改革、工业和信息化、交通运输、市场监管部门在各自的职责范围内负责本行政区域内报废机动车有关监督管理工作。

第六条 报废机动车回收拆解行业协会、商会等应当制定行业规范，提供信息咨询、培训等服务，开展行业监测和预警分析，加强行业自律。

第二章　资质认定和管理

第七条 国家对回收拆解企业实行资质认定制度。未经资质认定，任何单位或者个人不得从事报废机动车回收拆解活动。

国家鼓励机动车生产企业从事报废机动车回收拆解活动，机动车生产企业按照国家有关规定承担生产者责任，应当向回收拆解企业提供报废机动车拆解指导手册等相关技术信息。

第八条 取得报废机动车回收拆解资质认定，应当具备下列条件：

（一）具有企业法人资格；

（二）拆解经营场地符合所在地城市总体规划或者国土空间规划及安全要求，不得建在居民区、商业区、饮用水水源保护区及其他环境敏感区内；

（三）符合国家标准《报废机动车回收拆解企业技术规范》（GB22128）的场地、设施设备、存储、拆解技术规范，以及相应的专业技术人员要求；

（四）符合环保标准《报废机动车拆解环境保护技术规范》（HJ348）要求；

（五）具有符合国家规定的生态环境保护制度，具备相应的污染防治措施，对拆解产生的固体废物有妥善处置方案。

第九条 申请资质认定的企业（以下简称申请企业）应当书面向拆解经营场地所在地省级商务主管部门或者通过商务部“全国汽车流通信息管理应用服务”系统提出申请，并提交下列书面材料：

（一）设立申请报告（应当载明申请企业的名称、法定代表人、注册资本、住所、拆解场所、统一社会信用代码等内容）；

（二）申请企业《营业执照》；

（三）申请企业章程；

（四）申请企业法定代表人身份证或者其他有效身份证件；

（五）拆解经营场地土地使用权、房屋产权证明或者租期10年以上的土地租赁合同或者土地使用权出租合同及房屋租赁证明材料；

（六）申请企业购置或者以融资租赁方式获取的用于报废机动车拆解和污染防治的设施、设备清单，以及发票或者融资租赁合同等所有权证明文件；

（七）生态环境主管部门出具的建设项目环境影响评价文件的审批文件；

（八）申请企业高级管理和专业技术人员名单；

（九）申请企业拆解操作规范、安全规程和固体废物利用处置方案。

上述材料可以通过政府信息系统获取的，审核机关可不再要求申请企业提供。

第十条 省级商务主管部门应当对收到的资质认定申请材料进行审核，对材料齐全、符合法定形式的，应当受理申请；对材料不齐全或者不符合法定形式的，应当在收到申请之日起5个工作日内告知申请企业需要补正的内容。

省级商务主管部门可以委托拆解经营场地所在地地（市）级商务主管部门对申请材料是否齐全、符合法定形式进行审核。

第十一条 省级商务主管部门受理资质认定申请后，应当组织成立专家组对申请企业进行现场验收评审。

省级商务主管部门应当建立由报废机动车拆解、生态环境保护、财务等相关领域专业技术人员组成的专家库，专家库人数不少于20人。现场验收评审专家组由5人以上单数专家组成，从专家库中随机抽取专家产生，专家应当具有专业代表性。

专家组根据本细则规定的资质认定条件，实施现场验收评审，如实填写《现场验收评审意见表》。现场验收评审专家应当对现场验收评审意见负责。

省级商务主管部门应当参照商务部报废机动车回收拆解企业现场验收评审意见示范表，结合本地实际，制定本地区《现场验收评审意见表》。

第十二条 省级商务主管部门经审查资质认定申请材料、《现场验收评审意见表》等，认为申请符合资质认定条件的，在省级商务主管部门网站和“全国汽车流通信息管理应用服务”系统予以公示，公示期不少于5个工作日。公示期间，对申请有异议的，省级商务主管部门应当根据需要通过组织听证、专家复评复审等对异议进行核实；对申请无异议的，省级商务主管部门应当在“全国汽车流通信息管理应用服务”系统对申请予以通过，创建企业账户，并颁发《报废机动车回收拆解企业资质认定证书》（以下简称《资质认定书》）。对申请不符合资质认定条件的，省级商务主管部门应当作出不予资质认定的决定并书面说明理由。

省级商务主管部门应当及时将本行政区域内取得资质认定的回收拆解企业名单向社会公布。

第十三条 省级商务主管部门应当自受理资质认定申请之日起20个工作日内完成审查工作并作出相关决定。20个工作日内不能作出决定的，经省级商务主管部门负责人批准，可以延长10个工作日，并应当将延长期限的理由告知申请企业。

现场验收评审、听证等所需时间不计算在本条规定的期限内。省级商务主管部门应当将所需时间书面告知申请企业。

第十四条 回收拆解企业不得涂改、出租、出借《资质认定书》，或者以其他形式非法转让《资质认定书》。

第十五条 回收拆解企业设立分支机构的，应当在市场监管部门注册登记后30日内通过“全国汽车流通信息管理应用服务”系统向分支机构注册登记所在地省级商务主管部门备案，并上传下列材料的电子文档：

（一）分支机构《营业执照》；

（二）《报废机动车回收拆解企业分支机构备案信息表》。

回收拆解企业的分支机构不得拆解报废机动车。

第十六条 回收拆解企业名称、住所或者法定代表人发生变更的，回收拆解企业应当自信息变更之日起30日内通过“全国汽车流通信息管理应用服务”系统上传变更说明及变更后的《营业执照》，经拆解经营场地所在地省级商务主管部门核准后换发《资质认定书》。

第十七条 回收拆解企业拆解经营场地发生迁建、改建、扩建的，应当依据本细则重新申请回收拆解企业资质认定。申请符合资质认定条件的，予以换发《资质认定书》；不符合资质认定条件的，由原发证机关注销其《资质认定书》。

第三章 回收拆解行为规范

第十八条 回收拆解企业在回收报废机动车时，应当核验机动车所有人有效身份证件，逐车登记机动车型号、号牌号码、车辆识别代号、发动机号等信息，并收回下列证牌：

（一）机动车登记证书原件；

（二）机动车行驶证原件；

（三）机动车号牌。

回收拆解企业应当核对报废机动车的车辆型号、号牌号码、车辆识别代号、发动机号等实车信息是否与机动车登记证书、机动车行驶证记载的信息一致。

无法提供本条第一款所列三项证牌中任意一项的，应当由机动车所有人出具书面情况说明，并对其真实性负责。

机动车所有人为自然人且委托他人代办的，还需提供受委托人有效证件及授权委托书；机动车所有人为机关、企业、事业单位、社会团体等的，需提供加盖单位公章的营业执照复印件、统一社会信用代码证书复印件或者社会团体法人登记证书复印件以及单位授权委托书、经办人身份证件。

第十九条 回收拆解企业在回收报废机动车后，应当通过“全国汽车流通信息管理应用服务”系统如实录入机动车信息，打印《报废机动车回收证明》，上传机动车拆解前照片，机动车拆解后，上传拆解后照片。上传的照片应当包括机动车拆解前整体外观、拆解后状况以及车辆识别代号等特征。对按照规定应当在公安机关监督下解体的报废机动车，回收拆解企业应当在机动车拆解后，打印《报废机动车回收证明》。

回收拆解企业应当按照国家有关规定及时向公安机关交通管理部门申请机动车注销登记，将注销证明及《报废机动车回收证明》交给机动车所有人。

第二十条 报废机动车“五大总成”和尾气后处理装置，以及新能源汽车动力蓄电池不齐全的，机动车所有人应当书面说明情况，并对其真实性负责。机动车车架（或者车身）或者发动机缺失的应当认定为车辆缺失，回收拆解企业不得出具《报废机动车回收证明》。

第二十一条 机动车存在抵押、质押情形的，回收拆解企业不得出具《报废机动车回收证明》。

发现回收的报废机动车疑似为赃物或者用于盗窃、抢劫等犯罪活动工具的，以及涉嫌伪造变造号牌、车辆识别代号、发动机号的，回收拆解企业应当向公安机关报告。已经打印的《报废机动车回收证明》应当予以作废。

第二十二条 《报废机动车回收证明》需要重新开具或者作废的，回收拆解企业应当收回已开具的《报废机动车回收证明》，并向拆解经营场地所在地地（市）级商务主管部门提出书面申请。地（市）级商务主管部门在“全国汽车流通信息管理应用服务”系统中对相关信息进行更改，并通报同级公安机关交通管理部门。

第二十三条 回收拆解企业必须在其资质认定的拆解经营场地内对回收的报废机动车予以拆解，禁止以任何方式交易报废机动车整车、拼装车。回收的报废大型客、货车等营运车辆和校车，应当在公安机关现场或者视频监督下解体。回收拆解企业应当积极配合报废机动车监督解体工作。

第二十四条 回收拆解企业拆解报废机动车应当符合国家标准《报废机动车回收拆解企业技术规范》（GB22128）相关要求，并建立生产经营全覆盖的电子监控系统，录像保存至少1年。

第二十五条 回收拆解企业应当遵守环境保护法律、法规和强制性标准，建立固体废物管理台账，如实记录报废机动车拆解产物的种类、数量、流向、贮存、利用和处置等信息，并通过“全国固体废物管理信息系统”进行填报；制定危险废物管理计划，按照国家有关规定贮存、运输、转移和利用处置危险废物。

第四章 回收利用行为规范

第二十六条 回收拆解企业应当建立报废机动车零部件销售台账，如实记录报废机动车“五大总成”数量、型号、流向等信息，并录入“全国汽车流通信息管理应用服务”系统。

回收拆解企业应当对出售用于再制造的报废机动车“五大总成”按照商务部制定的标识规则编码，其中车架应当录入原车辆识别代号信息。

第二十七条 回收拆解企业应当按照国家对新能源汽车动力蓄电池回收利用管理有关要求，对报废新能源汽车的废旧动力蓄电池或者其他类型储能装置进行拆卸、收集、贮存、运输及回收利用，加强全过程安全管理。

回收拆解企业应当将报废新能源汽车车辆识别代号及动力蓄电池编码、数量、型号、流向等信息，录入“新能源汽车国家监测与动力蓄电池回收利用溯源综合管理平台”系统。

第二十八条 回收拆解企业拆解的报废机动车“五大总成”具备再制造条件的，可以按照国家有关规定出售给具有再制造能力的企业经过再制造予以循环利用；不具备再制造条件的，应当作为废金属，交售给冶炼或者破碎企业。

第二十九条 回收拆解企业拆解的报废机动车“五大总成”以外的零部件符合保障人身和财产安全等强制性国家标准，能够继续使用的，可以出售，但应当标明“报废机动车回用件”。

回收拆解企业拆解的尾气后处理装置、危险废物应当如实记录，并交由有处理资质的企业进行拆解处置，不得向其他企业出售和转卖。

回收拆解企业拆卸的动力蓄电池应当交售给新能源汽车生产企业建立的动力蓄电池回收服务网点，或者符合国家对动力蓄电池梯次利用管理有关要求的梯次利用企业，或者从事废旧动力蓄电池综合利用的企业。

第三十条 禁止任何单位或者个人利用报废机动车“五大总成”拼装机动车。

第三十一条 机动车维修经营者不得承修已报废的机动车。

第五章 监督管理

第三十二条 县级以上地方商务主管部门应当会同相关部门，采取“双随机、一公开”方式，对本行政区域内报废机动车回收拆解活动实施日常监督检查，重点检查以下方面：

（一）回收拆解企业符合资质认定条件情况；

（二）报废机动车回收拆解程序合规情况；

（三）《资质认定书》使用合规情况；

（四）出具《报废机动车回收证明》情况；

（五）“五大总成”及其他零部件处置情况。

第三十三条 县级以上地方商务主管部门可以会同相关部门采取下列措施进行监督检查：

（一）进入从事报废机动车回收拆解活动的有关场所进行检查；

（二）询问与监督检查事项有关的单位和个人，要求其说明情况；

（三）查阅、复制有关文件、资料，检查相关数据信息系统及复制相关信息数据；

（四）依据有关法律法规采取的其他措施。

第三十四条 县级以上地方商务主管部门发现回收拆解企业不再具备本细则第八条规定条件的，应当责令其限期整改；拒不改正或者逾期未改正的，由原发证机关撤销其《资质认定书》。

回收拆解企业停止报废机动车回收拆解业务12个月以上的，或者注销营业执照的，由原发证机关撤销其《资质认定书》。

省级商务主管部门应当将本行政区域内被撤销、吊销《资质认定书》的回收拆解企业名单及时向社会公布。

回收拆解企业因违反本细则受到被吊销

《资质认定书》的行政处罚，禁止该企业自行政处罚生效之日起三年内再次申请报废机动车回收拆解资质认定。

第三十五条 各级商务、发展改革、工业和信息化、公安、生态环境、交通运输、市场监管等部门应当加强回收拆解企业监管信息共享，及时分享资质认定、变更、撤销等信息、回收拆解企业行政处罚以及《报废机动车回收证明》和报废机动车照片等信息。

第三十六条 县级以上地方商务主管部门应当会同有关部门建立回收拆解企业信用档案，将企业相关违法违规行为依法作出的处理决定录入信用档案，并及时向社会公布。

第三十七条 《资质认定书》《报废机动车回收证明》和《报废机动车回收拆解企业分支机构备案信息表》样式由商务部规定，省级商务主管部门负责印制发放，任何单位和个人不得买卖或者伪造、变造。

第三十八条 省级商务主管部门应当加强对现场验收评审专家库的管理，实施动态调整机制。专家在验收评审过程中出现违反独立、客观、公平、公正原则问题的，省级商务主管部门应当及时将有关专家调整出现场验收评审专家库，且不得再次选入。

第三十九条 县级以上地方商务主管部门应当向社会公布本部门的联系方式，方便公众举报报废机动车回收拆解相关的违法行为。

县级以上地方商务主管部门接到举报，应当及时依法调查处理，并为举报人保密；对实名举报的，应当将处理结果告知举报人。

第六章 法律责任

第四十条 违反本细则第七条第一款规定，未取得资质认定，擅自从事报废机动车回收拆解活动的，由县级以上地方商务主管部门会同有关部门按照《管理办法》第十九条规定没收非法回收拆解的报废机动车、报废机动车“五大总成”和其他零部件，没收违法所得；违法所得在5万元以上的，并处违法所得2倍以上5倍以下的罚款；违法所得不足5万元或者没有违法所得的，并处5万元以上10万元以下的罚款。

违反本细则第七条第二款规定，机动车生产企业未按照国家有关规定承担生产者责任向回收拆解企业提供相关技术支持的，由县级以上地方工业和信息化主管部门责令改正，并处1万元以上3万元以下的罚款。

第四十一条 违反本细则第十四条规定，回收拆解企业涂改、出租、出借或者以其他形式非法转让《资质认定书》的，由县级以上地方商务主管部门责令改正，并处1万元以上3万元以下的罚款。

第四十二条 违反本细则第十五条第一款规定，回收拆解企业未按照要求备案分支机构的，由分支机构注册登记所在地县级以上地方商务主管部门责令改正，并处1万元以上3万元以下的罚款。

违反本细则第十五条第二款规定，回收拆解企业的分支机构对报废机动车进行拆解的，由分支机构注册登记所在地县级以上地方商务主管部门责令改正，并处3万元罚款；拒不改正或者情节严重的，由原发证部门吊销回收拆解企业的《资质认定书》。

第四十三条 违反本细则第十九条第一款、第二十条、第二十一条的规定，回收拆解企业违规开具或者发放《报废机动车回收证明》，或者未按照规定对已出具《报废机动车回收证明》的报废机动车进行拆解的，由县级以上地方商务主管部门责令限期改正，整改期间暂停打印《报废机动车回收证明》；情节严重的，处1万元以上3万元以下的罚款。

回收拆解企业明知或者应当知道回收的机动车为赃物或者用于盗窃、抢劫等犯罪活动的犯罪工具，未向公安机关报告，擅自拆解、改装、拼装、倒卖该机动车的，由县级以上地方公安机关按照《治安管理处罚法》予以治安管理处罚，构成犯罪的，依法追究刑事责任。

因违反前款规定，被追究刑事责任或者两年内被治安管理处罚两次以上的，由原发证部门吊销《资质认定书》。

第四十四条 违反本细则第十九条第二款规定，回收拆解企业未按照国家有关规定及时向公安机关交通管理部门办理机动车注销登记，并将注销证明转交机动车所有人的，由县级以上地方商务主管部门按照《管理办法》第二十二条规定责令改正，可以处1万元以上5万元以下的罚款。

第四十五条 违反本细则第二十三条规定，回收拆解企业未在其资质认定的拆解经营场地内对回收的报废机动车予以拆解，或者交易报废机动车整车、拼装车的，由县级以上地方商务主管部门责令改正，并处3万元罚款；拒不改正或者情节严重的，由原发证部门吊销《资质认定书》。

第四十六条 违反本细则第二十四条规定，回收拆解企业未建立生产经营全覆盖的电子监控系统，或者录像保存不足1年的，由县级以上地方商务主管部门责令限期改正，整改期间暂停打印《报废机动车回收证明》；情节严重的，处1万元以上3万元以下的罚款。

第四十七条 回收拆解企业违反环境保护法律、法规和强制性标准，污染环境的，由生态环境主管部门按照《管理办法》第二十四条规定责令限期改正，并依法予以处罚；拒不改正或者逾期未改正的，由原发证部门吊销《资质认定书》。

回收拆解企业不再符合本细则第八条规定有关环境保护相关认定条件的，由生态环境主管部门责令限期改正，并依法予以处罚；拒不改正或者逾期未改正的，由原发证部门撤销《资质认定书》。

回收拆解企业违反本细则第二十五条规定的，由生态环境主管部门依法予以处罚。

第四十八条 违反本细则第二十六条规定，回收拆解企业未按照要求建立报废机动车零部件销售台账并如实记录“五大总成”信息并上传信息系统的，由县级以上地方商务主管部门按照《管理办法》第二十三条规定责令改正，并处1万元以上5万元以下的罚款；情节严重的，责令停业整顿。

第四十九条 违反本细则第二十七条规定，回收拆解企业未按照国家有关标准和规定要求，对报废新能源汽车的废旧动力蓄电池或者其他类型储能设施进行拆卸、收集、贮存、运输及回收利用的，或者未将报废新能源汽车车辆识别代号及动力蓄电池编码、数量、型号、流向等信息录入有关平台的，由县级以上地方商务主管部门会同工业和信息化主管部门责令改正，并处1万元以上3万元以下的罚款。

第五十条 违反本细则第二十八条、第二十九条规定，回收拆解企业出售的报废机动车“五大总成”及其他零部件不符合相关要求的，由县级以上地方商务主管部门按照《管理办法》第二十一条规定责令改正，没收报废机动车“五大总成”和其他零部件，没收违法所得；违法所得在5万元以上的，并处违法所得2倍以上5倍以下的罚款；违法所得不足5万元或者没有违法所得的，并处5万元以上10万元以下的罚款；情节严重的，责令停业整顿直至由原发证部门吊销《资质认定书》。

回收拆解企业将报废机动车“五大总成”及其他零部件出售给或者交予本细则第二十八条、第二十九条规定以外企业处理的，由县级以上地方商务主管部门会同有关部门责令改正，并处1万元以上3万元以下的罚款。

第五十一条 违反本细则第三十一条规定，机动车维修经营者承修已报废的机动车的，由县级以上道路运输管理机构责令改正；有违法所得的，没收违法所得，处违法所得2倍以上10倍以下的罚款；没有违法所得或者违法所得不足1万元的，处2万元以上5万元以下的罚款，没收报废机动车；情节严重的，由县级以上道路运输管理机构责令停业整顿；构成犯罪的，依法追究刑事责任。

第五十二条 违反本细则第三十七条规定，买卖或者伪造、变造《资质认定书》的，由县级以上地方公安机关依法给予治安管理处罚。

买卖或者伪造、变造《报废机动车回收证明》的，由县级以上地方公安机关按照《治安管理处罚法》予以治安管理处罚。

第五十三条 发现在拆解或者处置过程中可能造成环境污染的电器电子等产品，设计使用列入国家禁止使用名录的有毒有害物质的，回收拆解企业有权向市场监管部门进行举报，有关部门应当及时通报市场监管部门。市场监管部门依据《循环经济促进法》第五十一条规定处理。

第五十四条 各级商务、发展改革、工业和信息化、公安、生态环境、交通运输、市场监管等部门及其工作人员应当按照《管理办法》和本细则规定履行职责。违反相关规定的，按照《管理办法》第二十五条规定追究责任。任何单位和个人有权对相关部门及其工作人员的违法违规行为进行举报。

第七章 附 则

第五十五条 省级商务主管部门可以结合本地实际情况制定本细则的实施办法，并报商务部备案。

第五十六条 本细则实施前已经取得报废机动车回收资质的企业，应当在本细则实施后两年内按照本细则的要求向省级商务主管部门申请重新进行资质认定。通过资质认定的，换发《资质认定书》；超过两年未通过资质认定的，由原发证部门注销其《资质认定书》。

第五十七条 县级以上地方商务主管部门涉及本细则有关商务执法职责发生调整的，有关商务执法职责由本级人民政府确定的承担相关职责的部门实施。

第五十八条 本细则由商务部会同发展改革委、工业和信息化部、公安部、生态环境部、交通运输部、市场监管总局负责解释。

第五十九条 本细则自 2020 年 9 月 1 日起施行。

小微型客车租赁经营服务管理办法

（2020 年 12 月 20 日交通运输部发布　根据 2021 年 8 月 11 日《交通运输部关于修改〈小微型客车租赁经营服务管理办法〉的决定》修正）

第一章　总　则

第一条 为规范小微型客车租赁经营服务行为，保护经营者和承租人合法权益，制定本办法。

第二条 从事小微型客车租赁经营服务，应当遵守本办法。

本办法所称小微型客车租赁经营服务，是指小微型客车租赁经营者与承租人订立租赁合同，将 9 座及以下的小微型客车交付承租人使用，收取租赁费用的经营活动。

第三条 交通运输部负责指导全国小微型客车租赁管理工作。

县级以上地方人民政府负责小微型客车租赁管理的行政主管部门（以下统称小微型客车租赁行政主管部门）负责本行政区域内小微型客车租赁管理工作。

第四条 小微型客车租赁经营者应当依法经营，诚实守信，优质服务，公平竞争。

第五条 国家鼓励小微型客车租赁实行规模化、网络化经营，鼓励使用新能源汽车开展小微型客车租赁。

第二章　经营服务

第六条 从事小微型客车租赁经营的，应当具备下列条件：

（一）取得企业法人资格；

（二）投入经营的小微型客车应当经检验合格且登记的使用性质为租赁（以下称租赁小微型客车）；

（三）有与租赁业务相适应的经营场所、管理人员；

（四）在经营所在地有相应服务机构及服务能力；

（五）有健全的经营管理制度、服务规程、安全管理制度和应急救援预案。

从事分时租赁经营的，还应当具备以下服务能力：

（一）有与开展分时租赁业务相适应的信息数据交互及处理能力，保证服务平台运行可靠；

（二）有相应服务人员负责调配租赁小微型客车。

第七条 从事小微型客车租赁经营的，应当在向市场监督管理部门办理有关登记手续或者新设服务机构开展经营活动后 60 日内，就近向经营所在地市级或者县级小微型客车租赁行政主管部门办理备案，并附送本办法第六条相应的材料。

备案材料不完备或者不符合要求的，受理备案的小微型客车租赁行政主管部门应当书面通知备案人补充完善。

第八条 小微型客车租赁行政主管部门受理备案后，应当将小微型客车租赁经营者的企业名称、经营范围、企业注册地址、服务机构地址和联系方式，以及租赁小微型客车号牌号码、车辆类型、所有人、使用性质、品牌型号、注册日期、核定载人数等备案信息进行建档管理。

第九条 备案事项发生变更的，小微型客车租赁经营者应当在变更之日起 15 日内到原备案机构办理变更备案。

小微型客车租赁经营者暂停或者终止经营的，应当在暂停或者终止经营之日起 15 日内，向原备案机构书面报告。

暂停或者终止分时租赁经营的，应当提前 30 日向社会公告，并同时向原备案机构书面报告。

第十条 小微型客车租赁经营者和接受委托提供小微型客车租赁交易撮合、信息发布等服务的电子商务平台经营者，应当遵守国家网络安全、个人信息保护、数据安全、电子商务等方面的法律法规，依法收集相关信息和数据，严格保护个人信息和重要数据，维护网络数据安全，支持配合有关部门开展相关监管工作。

第十一条 小微型客车租赁经营者应当按照国家有关标准规范为承租人提供安全便利优质的小微型客车租赁服务，确保车辆安全、卫生状况良好。

小微型客车租赁经营者不得随车提供驾驶劳务。

第十二条 小微型客车租赁经营者还应当遵守下列规定：

（一）在经营场所或者服务平台以显著方式明示服务项目、租赁流程、租赁车辆类型、收费标准、押金收取与退还、客服与监督电话等事项；

（二）按照合同约定将租赁小微型客车交付承租人，交付的租赁小微型客车在租赁期间应当符合《中华人民共和国道路交通安全法》规定的上路行驶条件，车内设施设备功能齐全正常，外观内饰完好整洁；

（三）随车配备租赁小微型客车机动车行驶证；

（四）按照国家有关规定对租赁小微型客车进行检测、维护，确保技术性能良好；

（五）建立救援服务体系，租赁小微型客车在租赁期间出现故障或者发生事故时，按照合同约定提供救援、换车服务；

（六）建立租赁经营管理档案，保存租赁经营信息，并按照要求报送相关数据信息；

（七）从事分时租赁经营的，应当按照国家有关规定计程计时，收取承租人押金和预付资金的，还应当按照国家有关规定管理押金和预付资金。

第十三条 承租人应当遵守下列规定：

（一）承租人为自然人的，应当持其机动车驾驶证租赁小微型客车；承租人为法人或者其他组织的，应当持实际驾驶人的机动车驾驶证租赁小微型客车；

（二）上路行驶期间，随车携带租赁小微型客车机动车行驶证；

（三）按照操作规范驾驶租赁小微型客车，遵守道路交通安全相关法律法规；

（四）按照合同约定使用租赁小微型客车，不得携带易燃、易爆、毒害性、放射性、腐蚀性物质或者传染病病原体等危害公共安全的危险物质，不得利用租赁小微型客车从事违法犯罪活动；

（五）妥善保管租赁小微型客车，未经小微型客车租赁经营者同意，不得改动租赁小微型客车部件、设施和变更机动车使用性质，不得将租赁小微型客车抵押、变卖、转租；

（六）租赁期间租赁小微型客车发生交通违法、交通事故的，按照相关法律、行政法规接受处理。

第十四条 小微型客车租赁经营者应当与承租人订立租赁合同。在订立租赁合同前，小微型客车租赁经营者应当对承租人身份进行查验，并留存有关信息。承租人为自然人的，应当查验其身份证件。承租人为企业法人或者其他组织的，应当查验企业法人营业执照或者其他有效登记证件、授权委托书、经办人身份证件。

租赁小微型客车应当交付给经过身份查验的承租人，对身份不明、拒绝身份查验的，不得提供租赁服务。

第十五条 小微型客车租赁经营者应当按照安全生产相关法律法规，落实安全生产责任，完善安全生产规章制度，加强安全生产管理。

第十六条 鼓励小微型客车租赁经营者办理车上人员责任险等保险。

第十七条 小微型客车租赁经营者应当建立服务投诉制度，公布服务监督电话，指定部门或者人员受理投诉。接到投诉后，应当及时受理，于10日内处理完毕并告知投诉人处理结果。

第十八条 机动车使用性质登记为租赁的小微型客车不得擅自用于道路运输经营。利用租赁小微型客车从事道路运输经营的，应当先按照道路运输经营相关管理规定办理行政许可和机动车使用性质变更手续。

第十九条 租赁小微型客车按照租赁载客汽车使用年限执行报废管理。租赁小微型客车使用性质由租赁变更为营运的，应当按照小微型营运载客汽车使用年限执行报废管理。

第三章 监督管理

第二十条 小微型客车租赁行政主管部门应当在小微型客车租赁经营者办理备案后2个工作日内，通过政府监管平台或者相关政府网站向社会公布本办法第八条规定的建档信息，并传送至全国互联网道路运输便民政务服务系统。

鼓励小微型客车租赁经营者运营系统与政府监管平台实现信息对接。

第二十一条 小微型客车租赁行政主管部门应当依法加强市场监管和企业信用管理，定期组织开展小微型客车租赁服务质量信誉考核并及时公布考核情况。

第二十二条 小微型客车租赁行政主管部门应当按照法定职责督促指导小微型客车租赁经营者落实承租人身份查验要求。

第二十三条 小微型客车租赁行政主管部门应当建立投诉举报制度，公开投诉电话、通信地址或者电子邮箱，明确投诉办结时限，接受小微型客车租赁相关投诉和社会监督。

第二十四条 汽车租赁行业协会应当加强行业自律，建立完善行业自律性管理约束机制，规范会员行为，维护公平竞争的市场环境。

第四章 法律责任

第二十五条 小微型客车租赁经营者违反本办法，有下列行为之一的，由小微型客车租赁行政主管部门责令改正，并处3000元以上1万元以下罚款：

（一）未按照规定办理备案或者变更备案的；

（二）提供的租赁小微型客车不符合《中华人民共和国道路交通安全法》规定的上路行驶条件的；

（三）未建立小微型客车租赁经营管理档案或者未按照规定报送相关数据信息的；

（四）未在经营场所或者服务平台以显著方式明示服务项目、租赁流程、租赁车辆类型、收费标准、押金收取与退还、客服与监督电话等事项的。

小微型客车租赁经营者未取得道路运输经营许可或者出租汽车经营许可，随车提供驾驶劳务的，按照《中华人民共和国道路运输条例》《巡游出租汽车经营服务管理规定》《网络预约出租汽车经营服务管理暂行办法》中关于从事非法营运的规定进行处罚。

第二十六条 小微型客车租赁经营者和受委托的电子商务平台经营者，违反国家反恐怖、道路运输经营、网络安全、个人信息保护、数据安全、电子商务等方面的法律法规，按照相关规定进行处罚。

第五章 附 则

第二十七条 本办法所称分时租赁，是指利用移动互联网、卫星定位等信息技术构建服务平台，以分钟或者小时等为计时单位，为承租人提供自助式小微型客车预定和取还、费用结算等服务的租赁经营方式。

第二十八条 本办法自2021年4月1日起施行。

机动车登记规定

（2021 年 12 月 17 日公安部令第 164 号发布　自 2022 年 5 月 1 日起施行）

目　录

第一章　总　则
第二章　机动车登记
　第一节　注册登记
　第二节　变更登记
　第三节　转让登记
　第四节　抵押登记
　第五节　注销登记
第三章　机动车牌证
　第一节　牌证发放
　第二节　牌证补换领
　第三节　检验合格标志核发
第四章　校车标牌核发
第五章　监督管理
第六章　法律责任
第七章　附　则

第一章　总　则

第一条　为了规范机动车登记，保障道路交通安全，保护公民、法人和其他组织的合法权益，根据《中华人民共和国道路交通安全法》及其实施条例，制定本规定。

第二条　本规定由公安机关交通管理部门负责实施。

省级公安机关交通管理部门负责本省（自治区、直辖市）机动车登记工作的指导、检查和监督。直辖市公安机关交通管理部门车辆管理所、设区的市或者相当于同级的公安机关交通管理部门车辆管理所负责办理本行政区域内机动车登记业务。

县级公安机关交通管理部门车辆管理所可以办理本行政区域内除危险货物运输车、校车、中型以上载客汽车登记以外的其他机动车登记业务。具体业务范围和办理条件由省级公安机关交通管理部门确定。

警用车辆登记业务按照有关规定办理。

第三条　车辆管理所办理机动车登记业务，应当遵循依法、公开、公正、便民的原则。

车辆管理所办理机动车登记业务，应当依法受理申请人的申请，审查申请人提交的材料，按规定查验机动车。对符合条件的，按照规定的标准、程序和期限办理机动车登记。对申请材料不齐全或者不符合法定形式的，应当一次书面或者电子告知申请人需要补正的全部内容。对不符合规定的，应当书面或者电子告知不予受理、登记的理由。

车辆管理所应当将法律、行政法规和本规定的有关办理机动车登记的事项、条件、依据、程序、期限以及收费标准、需要提交的全部材料的目录和申请表示范文本等在办公场所公示。

省级、设区的市或者相当于同级的公安机关交通管理部门应当在互联网上发布信息，便于群众查阅办理机动车登记的有关规定，查询机动车登记、检验等情况，下载、使用有关表格。

第四条　车辆管理所办理机动车登记业务时，应当按照减环节、减材料、减时限的要求，积极推行一次办结、限时办结等制度，为申请人提供规范、便利、高效的服务。

公安机关交通管理部门应当积极推进与有关部门信息互联互通，对实现信息共享、网上核查的，申请人免予提交相关证明凭证。

公安机关交通管理部门应当按照就近办理、便捷办理的原则，推进在机动车销售企业、二手车交易市场等地设置服务站点，方便申请人办理机动车登记业务，并在办公场所和互联网公示辖区内的业务办理网点、地址、联系电话、办公时间和业务范围。

第五条　车辆管理所应当使用全国统一的计算机管理系统办理机动车登记、核发机动车登记证书、号牌、行驶证和检验合格标志。

计算机管理系统的数据库标准和软件全国统一，能够完整、准确地记录和存储机动车登记业务全过程和经办人员信息，并能够实时将有关信息传送到全国公安交通管理信息系统。

第六条 车辆管理所应当使用互联网交通安全综合服务管理平台受理申请人网上提交的申请，验证申请人身份，按规定办理机动车登记业务。

互联网交通安全综合服务管理平台信息管理系统数据库标准和软件全国统一。

第七条 申请办理机动车登记业务的，应当如实向车辆管理所提交规定的材料、交验机动车，如实申告规定的事项，并对其申请材料实质内容的真实性以及机动车的合法性负责。

第八条 公安机关交通管理部门应当建立机动车登记业务监督制度，加强对机动车登记、牌证生产制作和发放等监督管理。

第九条 车辆管理所办理机动车登记业务时可以依据相关法律法规认可、使用电子签名、电子印章、电子证照。

第二章 机动车登记

第一节 注册登记

第十条 初次申领机动车号牌、行驶证的，机动车所有人应当向住所地的车辆管理所申请注册登记。

第十一条 机动车所有人应当到机动车安全技术检验机构对机动车进行安全技术检验，取得机动车安全技术检验合格证明后申请注册登记。但经海关进口的机动车和国务院机动车产品主管部门认定免予安全技术检验的机动车除外。

免予安全技术检验的机动车有下列情形之一的，应当进行安全技术检验：

（一）国产机动车出厂后两年内未申请注册登记的；

（二）经海关进口的机动车进口后两年内未申请注册登记的；

（三）申请注册登记前发生交通事故的。

专用校车办理注册登记前，应当按照专用校车国家安全技术标准进行安全技术检验。

第十二条 申请注册登记的，机动车所有人应当交验机动车，确认申请信息，并提交以下证明、凭证：

（一）机动车所有人的身份证明；

（二）购车发票等机动车来历证明；

（三）机动车整车出厂合格证明或者进口机动车进口凭证；

（四）机动车交通事故责任强制保险凭证；

（五）车辆购置税、车船税完税证明或者免税凭证，但法律规定不属于征收范围的除外；

（六）法律、行政法规规定应当在机动车注册登记时提交的其他证明、凭证。

不属于经海关进口的机动车和国务院机动车产品主管部门规定免予安全技术检验的机动车，还应当提交机动车安全技术检验合格证明。

车辆管理所应当自受理申请之日起二日内，查验机动车，采集、核对车辆识别代号拓印膜或者电子资料，审查提交的证明、凭证，核发机动车登记证书、号牌、行驶证和检验合格标志。

机动车安全技术检验、税务、保险等信息实现与有关部门或者机构联网核查的，申请人免予提交相关证明、凭证，车辆管理所核对相关电子信息。

第十三条 车辆管理所办理消防车、救护车、工程救险车注册登记时，应当对车辆的使用性质、标志图案、标志灯具和警报器进行审查。

机动车所有人申请机动车使用性质登记为危险货物运输、公路客运、旅游客运的，应当具备相关道路运输许可；实现与有关部门联网核查道路运输许可信息、车辆使用性质信息的，车辆管理所应当核对相关电子信息。

申请危险货物运输车登记的，机动车所有人应当为单位。

车辆管理所办理注册登记时，应当对牵引车和挂车分别核发机动车登记证书、号牌、行驶证和检验合格标志。

第十四条 车辆管理所实现与机动车制造厂新车出厂查验信息联网的，机动车所有人申请小型、微型非营运载客汽车注册登记时，免予交验机动车。

车辆管理所应当会同有关部门在具备条件的摩托车销售企业推行摩托车带牌销售，方便机动车所有人购置车辆、投保保险、缴纳税款、注册登记一站式办理。

第十五条 有下列情形之一的，不予办理注册登记：

（一）机动车所有人提交的证明、凭证无效的；

（二）机动车来历证明被涂改或者机动车来历证明记载的机动车所有人与身份证明不符的；

（三）机动车所有人提交的证明、凭证与机动车不符的；

（四）机动车未经国务院机动车产品主管部门许可生产或者未经国家进口机动车主管部门许可进口的；

（五）机动车的型号或者有关技术参数与国务院机动车产品主管部门公告不符的；

（六）机动车的车辆识别代号或者有关技术参数不符合国家安全技术标准的；

（七）机动车达到国家规定的强制报废标准的；

（八）机动车被监察机关、人民法院、人民检察院、行政执法部门依法查封、扣押的；

（九）机动车属于被盗抢骗的；

（十）其他不符合法律、行政法规规定的情形。

第二节 变更登记

第十六条 已注册登记的机动车有下列情形之一的，机动车所有人应当向登记地车辆管理所申请变更登记：

（一）改变车身颜色的；

（二）更换发动机的；

（三）更换车身或者车架的；

（四）因质量问题更换整车的；

（五）机动车登记的使用性质改变的；

（六）机动车所有人的住所迁出、迁入车辆管理所管辖区域的。

属于第一款第一项至第三项规定的变更事项的，机动车所有人应当在变更后十日内向车辆管理所申请变更登记。

第十七条 申请变更登记的，机动车所有人应当交验机动车，确认申请信息，并提交以下证明、凭证：

（一）机动车所有人的身份证明；

（二）机动车登记证书；

（三）机动车行驶证；

（四）属于更换发动机、车身或者车架的，还应当提交机动车安全技术检验合格证明；

（五）属于因质量问题更换整车的，还应当按照第十二条的规定提交相关证明、凭证。

车辆管理所应当自受理之日起一日内，查验机动车，审查提交的证明、凭证，在机动车登记证书上签注变更事项，收回行驶证，重新核发行驶证。属于第十六条第一款第三项、第四项、第六项规定的变更登记事项的，还应当采集、核对车辆识别代号拓印膜或者电子资料。属于机动车使用性质变更为公路客运、旅游客运，实现与有关部门联网核查道路运输许可信息、车辆使用性质信息的，还应当核对相关电子信息。属于需要重新核发机动车号牌的，收回号牌、行驶证，核发号牌、行驶证和检验合格标志。

小型、微型载客汽车因改变车身颜色申请变更登记，车辆不在登记地的，可以向车辆所在地车辆管理所提出申请。车辆所在地车辆管理所应当按规定查验机动车，审查提交的证明、凭证，并将机动车查验电子资料转递至登记地车辆管理所，登记地车辆管理所按规定复核并核发行驶证。

第十八条 机动车所有人的住所迁出车辆管理所管辖区域的，转出地车辆管理所应当自受理之日起三日内，查验机动车，在机动车登记证书上签注变更事项，制作上传机动车电子档案资料。机动车所有人应当在三十日内到住所地车辆管理所申请机动车转入。属于小型、微型载客汽车或者摩托车机动车所有人的住所迁出车辆管理所管辖区域的，应当向转入地车辆管理所申请变更登记。

申请机动车转入的，机动车所有人应当确认申请信息，提交身份证明、机动车登记证书，并交验机动车。机动车在转入时已超过检验有效期的，应当按规定进行安全技术检验并提交机动车安全技术检验合格证明和交通事故责任强制保险凭证。车辆管理所应当自受理之日起三日内，查验机动车，采集、核对车辆识别代号拓印膜或者电子资料，审查相关证明、凭证和机动车电子档案资料，在机动车登记证书上签注转入信息，收回号牌、行驶证，确定新的机动车号牌号码，核发号牌、行驶证和检验合格标志。

机动车所有人申请转出、转入前，应当将涉及该车的道路交通安全违法行为和交通事故处理完毕。

第十九条 机动车所有人为两人以上，需要将登记的所有人姓名变更为其他共同所有人姓名的，可以向登记地车辆管理所申请变更登记。申请时，机动车所有人应当共同提出申请，确认申请信息，提交机动车登记证书、行驶证、变更前和变更后机动车所有人的身份证明和共同所有的公证证明，但属于夫妻双方共同所有的，可以提供结婚证或者证明夫妻关系的居民户口簿。

车辆管理所应当自受理之日起一日内，审查提交的证明、凭证，在机动车登记证书上签注变更事项，收回号牌、行驶证，确定新的机动车号牌号码，重新核发号牌、行驶证和检验合格标志。变更后机动车所有人的住所不在车辆管理所管辖区域内的，迁出地和迁入地车辆管理所应当按照第十八条的规定办理变更登记。

第二十条 同一机动车所有人名下机动车的号牌号码需要互换，符合以下情形的，可以向登记地车辆管理所申请变更登记：

（一）两辆机动车在同一辖区车辆管理所登记；

（二）两辆机动车属于同一号牌种类；

（三）两辆机动车使用性质为非营运。

机动车所有人应当确认申请信息，提交机动车所有人身份证明、两辆机动车的登记证书、行驶证、号牌。申请前，应当将两车的道路交通安全违法行为和交通事故处理完毕。

车辆管理所应当自受理之日起一日内，审查提交的证明、凭证，在机动车登记证书上签注变更事项，收回两车的号牌、行驶证，重新核发号牌、行驶证和检验合格标志。

同一机动车一年内可以互换变更一次机动车号牌号码。

第二十一条 有下列情形之一的，不予办理变更登记：

（一）改变机动车的品牌、型号和发动机型号的，但经国务院机动车产品主管部门许可选装的发动机除外；

（二）改变已登记的机动车外形和有关技术参数的，但法律、法规和国家强制性标准另有规定的除外；

（三）属于第十五条第一项、第七项、第八项、第九项规定情形的。

距机动车强制报废标准规定要求使用年限一年以内的机动车，不予办理第十六条第五项、第六项规定的变更事项。

第二十二条 有下列情形之一，在不影响安全和识别号牌的情况下，机动车所有人不需要办理变更登记：

（一）增加机动车车内装饰；

（二）小型、微型载客汽车加装出入口踏步件；

（三）货运机动车加装防风罩、水箱、工具箱、备胎架等。

属于第一款第二项、第三项规定变更事项的，加装的部件不得超出车辆宽度。

第二十三条 已注册登记的机动车有下列情形之一的，机动车所有人应当在信息或者事项变更后三十日内，向登记地车辆管理所申请变更备案：

（一）机动车所有人住所在车辆管理所管辖区域内迁移、机动车所有人姓名（单位名称）变更的；

（二）机动车所有人身份证明名称或者号码变更的；

（三）机动车所有人联系方式变更的；

（四）车辆识别代号因磨损、锈蚀、事故等原因辨认不清或者损坏的；

（五）小型、微型自动挡载客汽车加装、拆除、更换肢体残疾人操纵辅助装置的；

（六）载货汽车、挂车加装、拆除车用起重尾板的；

（七）小型、微型载客汽车在不改变车身主体结构且保证安全的情况下加装车顶行李架，换装不同式样散热器面罩、保险杠、轮毂的；属于换装轮毂的，不得改变轮胎规格。

第二十四条 申请变更备案的，机动车所有人应当确认申请信息，按照下列规定办理：

（一）属于第二十三条第一项规定情形的，机动车所有人应当提交身份证明、机动车登记证书、行驶证。车辆管理所应当自受理之日起一日内，在机动车登记证书上签注备案事项，收回并重新核发行驶证；

（二）属于第二十三条第二项规定情形的，机动车所有人应当提交身份证明、机动车登记证书；属于身份证明号码变更的，还应当提交相关变更证明。车辆管理所应当自受理之日起一日内，在机动车登记证书上签注备案事项；

（三）属于第二十三条第三项规定情形的，机动车所有人应当提交身份证明。车辆管理所应当自受理之日起一日内办理备案；

（四）属于第二十三条第四项规定情形的，机动车所有人应当提交身份证明、机动车登记证书、行驶证，交验机动车。车辆管理所应当自受理之日起一日内，查验机动车，监督重新打刻原车辆识别代号，采集、核对车辆识别代号拓印膜或者电子资料，在机动车登记证书上签注备案事项；

（五）属于第二十三条第五项、第六项规定情形的，机动车所有人应当提交身份证明、行驶证、机动车安全技术检验合格证明、操纵辅助装置或者尾板加装合格证明，交验机动车。车辆管理所应当自受理之日起一日内，查验机动车，收回并重新核发行驶证；

（六）属于第二十三条第七项规定情形的，机动车所有人应当提交身份证明、行驶证，交验机动车。车辆管理所应当自受理之日起一日内，查验机动车，收回并重新核发行驶证。

因第二十三条第五项、第六项、第七项申请变更备案，车辆不在登记地的，可以向车辆所在地车辆管理所提出申请。车辆所在地车辆管理所应当按规定查验机动车，审查提交的证明、凭证，并将机动车查验电子资料转递至登记地车辆管理所，登记地车辆管理所按规定复核并核发行驶证。

第三节　转让登记

第二十五条　已注册登记的机动车所有权发生转让的，现机动车所有人应当自机动车交付之日起三十日内向登记地车辆管理所申请转让登记。

机动车所有人申请转让登记前，应当将涉及该车的道路交通安全违法行为和交通事故处理完毕。

第二十六条　申请转让登记的，现机动车所有人应当交验机动车，确认申请信息，并提交以下证明、凭证：

（一）现机动车所有人的身份证明；

（二）机动车所有权转让的证明、凭证；

（三）机动车登记证书；

（四）机动车行驶证；

（五）属于海关监管的机动车，还应当提交海关监管车辆解除监管证明书或者海关批准的转让证明；

（六）属于超过检验有效期的机动车，还应当提交机动车安全技术检验合格证明和交通事故责任强制保险凭证。

车辆管理所应当自受理申请之日起一日内，查验机动车，核对车辆识别代号拓印膜或者电子资料，审查提交的证明、凭证，收回号牌、行驶证，确定新的机动车号牌号码，在机动车登记证书上签注转让事项，重新核发号牌、行驶证和检验合格标志。

在机动车抵押登记期间申请转让登记的，应当由原机动车所有人、现机动车所有人和抵押权人共同申请，车辆管理所一并办理新的抵押登记。

在机动车质押备案期间申请转让登记的，应当由原机动车所有人、现机动车所有人和质权人共同申请，车辆管理所一并办理新的质押备案。

第二十七条　车辆管理所办理转让登记时，现机动车所有人住所不在车辆管理所管辖区域内的，转出地车辆管理所应当自受理之日起三日内，查验机动车，核对车辆识别代号拓印膜或者电子资料，审查提交的证明、凭证，收回号牌、行驶证，在机动车登记证书上签注转让和变更事项，核发有效期为三十日的临时行驶车号牌，制作上传机动车电子档案资料。机动车所有人应当在临时行驶车号牌的有效期限内到转入地车辆管理所申请机动车转入。

申请机动车转入时，机动车所有人应当确认申请信息，提交身份证明、机动车登记证书，并交验机动车。机动车在转入时已超过检验有效期的，应当按规定进行安全技术检验并提交机动车安全技术检验合格证明和交通事故责任强制保险凭证。转入地车辆管理所应当自受理之日起三日内，查验机动车，采集、核对车辆识别代号拓印膜或者电子资料，审查相关证明、凭证和机动车电子档案资料，在机动车登记证书上签注转入信息，核发号牌、行驶证和检验合格标志。

小型、微型载客汽车或者摩托车在转入地交易的，现机动车所有人应当向转入地车辆管理所申请转让登记。

第二十八条　二手车出口企业收购机动车的，车辆管理所应当自受理之日起三日内，查验机动车，核对车辆识别代号拓印膜或者电子资料，审查提交的证明、凭证，在机动车登记证书上签注转让待出口事项，收回号牌、行驶证，核发有效期不超过六十日的临时行驶车号牌。

第二十九条 有下列情形之一的，不予办理转让登记：

（一）机动车与该车档案记载内容不一致的；

（二）属于海关监管的机动车，海关未解除监管或者批准转让的；

（三）距机动车强制报废标准规定要求使用年限一年以内的机动车；

（四）属于第十五条第一项、第二项、第七项、第八项、第九项规定情形的。

第三十条 被监察机关、人民法院、人民检察院、行政执法部门依法没收并拍卖，或者被仲裁机构依法仲裁裁决，或者被监察机关依法处理，或者被人民法院调解、裁定、判决机动车所有权转让时，原机动车所有人未向现机动车所有人提供机动车登记证书、号牌或者行驶证的，现机动车所有人在办理转让登记时，应当提交监察机关或者人民法院出具的未得到机动车登记证书、号牌或者行驶证的协助执行通知书，或者人民检察院、行政执法部门出具的未得到机动车登记证书、号牌或者行驶证的证明。车辆管理所应当公告原机动车登记证书、号牌或者行驶证作废，并在办理转让登记的同时，补发机动车登记证书。

第四节 抵押登记

第三十一条 机动车作为抵押物抵押的，机动车所有人和抵押权人应当向登记地车辆管理所申请抵押登记；抵押权消灭的，应当向登记地车辆管理所申请解除抵押登记。

第三十二条 申请抵押登记的，由机动车所有人和抵押权人共同申请，确认申请信息，并提交下列证明、凭证：

（一）机动车所有人和抵押权人的身份证明；

（二）机动车登记证书；

（三）机动车抵押合同。

车辆管理所应当自受理之日起一日内，审查提交的证明、凭证，在机动车登记证书上签注抵押登记的内容和日期。

在机动车抵押登记期间，申请因质量问题更换整车变更登记、机动车迁出迁入、共同所有人变更或者补领、换领机动车登记证书的，应当由机动车所有人和抵押权人共同申请。

第三十三条 申请解除抵押登记的，由机动车所有人和抵押权人共同申请，确认申请信息，并提交下列证明、凭证：

（一）机动车所有人和抵押权人的身份证明；

（二）机动车登记证书。

人民法院调解、裁定、判决解除抵押的，机动车所有人或者抵押权人应当确认申请信息，提交机动车登记证书、人民法院出具的已经生效的调解书、裁定书或者判决书，以及相应的协助执行通知书。

车辆管理所应当自受理之日起一日内，审查提交的证明、凭证，在机动车登记证书上签注解除抵押登记的内容和日期。

第三十四条 机动车作为质押物质押的，机动车所有人可以向登记地车辆管理所申请质押备案；质押权消灭的，应当向登记地车辆管理所申请解除质押备案。

申请办理机动车质押备案或者解除质押备案的，由机动车所有人和质权人共同申请，确认申请信息，并提交以下证明、凭证：

（一）机动车所有人和质权人的身份证明；

（二）机动车登记证书。

车辆管理所应当自受理之日起一日内，审查提交的证明、凭证，在机动车登记证书上签注质押备案或者解除质押备案的内容和日期。

第三十五条 机动车抵押、解除抵押信息实现与有关部门或者金融机构等联网核查的，申请人免予提交相关证明、凭证。

机动车抵押登记日期、解除抵押登记日期可以供公众查询。

第三十六条 属于第十五条第一项、第七项、第八项、第九项或者第二十九条第二项规定情形的，不予办理抵押登记、质押备案。对机动车所有人、抵押权人、质权人提交的证明、凭证无效，或者机动车被监察机关、人民法院、人民检察院、行政执法部门依法查封、扣押的，不予办理解除抵押登记、质押备案。

第五节 注销登记

第三十七条 机动车有下列情形之一的，机动车所有人应当向登记地车辆管理所申请注销登记：

（一）机动车已达到国家强制报废标准的；

（二）机动车未达到国家强制报废标准，机动车所有人自愿报废的；

（三）因自然灾害、失火、交通事故等造成机动车灭失的；

（四）机动车因故不在我国境内使用的；

（五）因质量问题退车的。

属于第一款第四项、第五项规定情形的，机动车所有人申请注销登记前，应当将涉及该车的道路交通安全违法行为和交通事故处理完毕。

属于二手车出口符合第一款第四项规定情形的，二手车出口企业应当在机动车办理海关出口通关手续后二个月内申请注销登记。

第三十八条　属于第三十七条第一款第一项、第二项规定情形，机动车所有人申请注销登记的，应当向报废机动车回收企业交售机动车，确认申请信息，提交机动车登记证书、号牌和行驶证。

报废机动车回收企业应当确认机动车，向机动车所有人出具报废机动车回收证明，七日内将申请表、机动车登记证书、号牌、行驶证和报废机动车回收证明副本提交车辆管理所。属于报废校车、大型客车、重型货车及其他营运车辆的，申请注销登记时，还应当提交车辆识别代号拓印膜、车辆解体的照片或者电子资料。

车辆管理所应当自受理之日起一日内，审查提交的证明、凭证，收回机动车登记证书、号牌、行驶证，出具注销证明。

对车辆不在登记地的，机动车所有人可以向车辆所在地机动车回收企业交售报废机动车。报废机动车回收企业应当确认机动车，向机动车所有人出具报废机动车回收证明，七日内将申请表、机动车登记证书、号牌、行驶证、报废机动车回收证明副本以及车辆识别代号拓印膜或者电子资料提交报废地车辆管理所。属于报废校车、大型客车、重型货车及其他营运车辆的，还应当提交车辆解体的照片或者电子资料。

报废地车辆管理所应当自受理之日起一日内，审查提交的证明、凭证，收回机动车登记证书、号牌、行驶证，并通过计算机登记管理系统将机动车报废信息传递给登记地车辆管理所。登记地车辆管理所应当自接到机动车报废信息之日起一日内办理注销登记，并出具注销证明。

机动车报废信息实现与有关部门联网核查的，报废机动车回收企业免予提交相关证明、凭证，车辆管理所应当核对相关电子信息。

第三十九条　属于第三十七条第一款第三项、第四项、第五项规定情形，机动车所有人申请注销登记的，应当确认申请信息，并提交以下证明、凭证：

（一）机动车所有人身份证明；

（二）机动车登记证书；

（三）机动车行驶证；

（四）属于海关监管的机动车，因故不在我国境内使用的，还应当提交海关出具的海关监管车辆进（出）境领（销）牌照通知书；

（五）属于因质量问题退车的，还应当提交机动车制造厂或者经销商出具的退车证明。

申请人因机动车灭失办理注销登记的，应当书面承诺因自然灾害、失火、交通事故等导致机动车灭失，并承担不实承诺的法律责任。

二手车出口企业因二手车出口办理注销登记的，应当提交机动车所有人身份证明、机动车登记证书和机动车出口证明。

车辆管理所应当自受理之日起一日内，审查提交的证明、凭证，属于机动车因故不在我国境内使用的还应当核查机动车出境记录，收回机动车登记证书、号牌、行驶证，出具注销证明。

第四十条　已注册登记的机动车有下列情形之一的，登记地车辆管理所应当办理机动车注销：

（一）机动车登记被依法撤销的；

（二）达到国家强制报废标准的机动车被依法收缴并强制报废的。

第四十一条　已注册登记的机动车有下列情形之一的，车辆管理所应当公告机动车登记证书、号牌、行驶证作废：

（一）达到国家强制报废标准，机动车所有人逾期不办理注销登记的；

（二）机动车登记被依法撤销后，未收缴机动车登记证书、号牌、行驶证的；

（三）达到国家强制报废标准的机动车被依法收缴并强制报废的；

（四）机动车所有人办理注销登记时未交回机动车登记证书、号牌、行驶证的。

第四十二条 属于第十五条第一项、第八项、第九项或者第二十九条第一项规定情形的，不予办理注销登记。机动车在抵押登记、质押备案期间的，不予办理注销登记。

第三章 机动车牌证

第一节 牌证发放

第四十三条 机动车所有人可以通过计算机随机选取或者按照选号规则自行编排的方式确定机动车号牌号码。

公安机关交通管理部门应当使用统一的机动车号牌选号系统发放号牌号码，号牌号码公开向社会发放。

第四十四条 办理机动车变更登记、转让登记或者注销登记后，原机动车所有人申请机动车登记时，可以向车辆管理所申请使用原机动车号牌号码。

申请使用原机动车号牌号码应当符合下列条件：

（一）在办理机动车迁出、共同所有人变更、转让登记或者注销登记后两年内提出申请；

（二）机动车所有人拥有原机动车且使用原号牌号码一年以上；

（三）涉及原机动车的道路交通安全违法行为和交通事故处理完毕。

第四十五条 夫妻双方共同所有的机动车将登记的机动车所有人姓名变更为另一方姓名，婚姻关系存续期满一年且经夫妻双方共同申请的，可以使用原机动车号牌号码。

第四十六条 机动车具有下列情形之一，需要临时上道路行驶的，机动车所有人应当向车辆管理所申领临时行驶车号牌：

（一）未销售的；

（二）购买、调拨、赠予等方式获得机动车后尚未注册登记的；

（三）新车出口销售的；

（四）进行科研、定型试验的；

（五）因轴荷、总质量、外廓尺寸超出国家标准不予办理注册登记的特型机动车。

第四十七条 机动车所有人申领临时行驶车号牌应当提交以下证明、凭证：

（一）机动车所有人的身份证明；

（二）机动车交通事故责任强制保险凭证；

（三）属于第四十六条第一项、第五项规定情形的，还应当提交机动车整车出厂合格证明或者进口机动车进口凭证；

（四）属于第四十六条第二项规定情形的，还应当提交机动车来历证明，以及机动车整车出厂合格证明或者进口机动车进口凭证；

（五）属于第四十六条第三项规定情形的，还应当提交机动车制造厂出具的安全技术检验证明以及机动车出口证明；

（六）属于第四十六条第四项规定情形的，还应当提交书面申请，以及机动车安全技术检验合格证明或者机动车制造厂出具的安全技术检验证明。

车辆管理所应当自受理之日起一日内，审查提交的证明、凭证，属于第四十六条第一项、第二项、第三项规定情形，需要临时上道路行驶的，核发有效期不超过三十日的临时行驶车号牌。属于第四十六条第四项规定情形的，核发有效期不超过六个月的临时行驶车号牌。属于第四十六条第五项规定情形的，核发有效期不超过九十日的临时行驶车号牌。

因号牌制作的原因，无法在规定时限内核发号牌的，车辆管理所应当核发有效期不超过十五日的临时行驶车号牌。

对属于第四十六条第一项、第二项规定情形，机动车所有人需要多次申领临时行驶车号牌的，车辆管理所核发临时行驶车号牌不得超过三次。属于第四十六条第三项规定情形的，车辆管理所核发一次临时行驶车号牌。

临时行驶车号牌有效期不得超过机动车交通事故责任强制保险有效期。

机动车办理登记后，机动车所有人收到机动车号牌之日起三日后，临时行驶车号牌作废，不得继续使用。

第四十八条 对智能网联机动车进行道路测试、示范应用需要上道路行驶的，道路测试、示范应用单位应当向车辆管理所申领临时行驶车号牌，提交以下证明、凭证：

（一）道路测试、示范应用单位的身份证明；

（二）机动车交通事故责任强制保险凭证；

（三）经主管部门确认的道路测试、示范

应用凭证；

（四）机动车安全技术检验合格证明。

车辆管理所应当自受理之日起一日内，审查提交的证明、凭证，核发临时行驶车号牌。临时行驶车号牌有效期应当与准予道路测试、示范应用凭证上签注的期限保持一致，但最长不得超过六个月。

第四十九条 对临时入境的机动车需要上道路行驶的，机动车所有人应当按规定向入境地或者始发地车辆管理所申领临时入境机动车号牌和行驶证。

第五十条 公安机关交通管理部门应当使用统一的号牌管理信息系统制作、发放、收回、销毁机动车号牌和临时行驶车号牌。

第二节 牌证补换领

第五十一条 机动车号牌灭失、丢失或者损毁的，机动车所有人应当向登记地车辆管理所申请补领、换领。申请时，机动车所有人应当确认申请信息并提交身份证明。

车辆管理所应当审查提交的证明、凭证，收回未灭失、丢失或者损毁的号牌，自受理之日起十五日内补发、换发号牌，原机动车号牌号码不变。

补发、换发号牌期间，申请人可以申领有效期不超过十五日的临时行驶车号牌。

补领、换领机动车号牌的，原机动车号牌作废，不得继续使用。

第五十二条 机动车登记证书、行驶证灭失、丢失或者损毁的，机动车所有人应当向登记地车辆管理所申请补领、换领。申请时，机动车所有人应当确认申请信息并提交身份证明。

车辆管理所应当审查提交的证明、凭证，收回损毁的登记证书、行驶证，自受理之日起一日内补发、换发登记证书、行驶证。

补领、换领机动车登记证书、行驶证的，原机动车登记证书、行驶证作废，不得继续使用。

第五十三条 机动车所有人发现登记内容有错误的，应当及时要求车辆管理所更正。车辆管理所应当自受理之日起五日内予以确认。确属登记错误的，在机动车登记证书上更正相关内容，换发行驶证。需要改变机动车号牌号码的，应当收回号牌、行驶证，确定新的机动车号牌号码，重新核发号牌、行驶证和检验合格标志。

第三节 检验合格标志核发

第五十四条 机动车所有人可以在机动车检验有效期满前三个月内向车辆管理所申请检验合格标志。除大型载客汽车、校车以外的机动车因故不能在登记地检验的，机动车所有人可以向车辆所在地车辆管理所申请检验合格标志。

申请前，机动车所有人应当将涉及该车的道路交通安全违法行为和交通事故处理完毕。申请时，机动车所有人应当确认申请信息并提交行驶证、机动车交通事故责任强制保险凭证、车船税纳税或者免税证明、机动车安全技术检验合格证明。

车辆管理所应当自受理之日起一日内，审查提交的证明、凭证，核发检验合格标志。

第五十五条 对免予到机动车安全技术检验机构检验的机动车，机动车所有人申请检验合格标志时，应当提交机动车所有人身份证明或者行驶证、机动车交通事故责任强制保险凭证、车船税纳税或者免税证明。

车辆管理所应当自受理之日起一日内，审查提交的证明、凭证，核发检验合格标志。

第五十六条 公安机关交通管理部门应当实行机动车检验合格标志电子化，在核发检验合格标志的同时，发放检验合格标志电子凭证。

检验合格标志电子凭证与纸质检验合格标志具有同等效力。

第五十七条 机动车检验合格标志灭失、丢失或者损毁，机动车所有人需要补领、换领的，可以持机动车所有人身份证明或者行驶证向车辆管理所申请补领或者换领。对机动车交通事故责任强制保险在有效期内的，车辆管理所应当自受理之日起一日内补发或者换发。

第四章 校车标牌核发

第五十八条 学校或者校车服务提供者申请校车使用许可，应当按照《校车安全管理条例》向县级或者设区的市级人民政府教育行政部门提出申请。公安机关交通管理部门收到教育行政部门送来的征求意见材料后，应当在一日内通知申请人交验机动车。

第五十九条 县级或者设区的市级公安机关交通管理部门应当自申请人交验机动车之日

起二日内确认机动车，查验校车标志灯、停车指示标志、卫星定位装置以及逃生锤、干粉灭火器、急救箱等安全设备，审核行驶线路、开行时间和停靠站点。属于专用校车的，还应当查验校车外观标识。审查以下证明、凭证：

（一）机动车所有人的身份证明；

（二）机动车行驶证；

（三）校车安全技术检验合格证明；

（四）包括行驶线路、开行时间和停靠站点的校车运行方案；

（五）校车驾驶人的机动车驾驶证。

公安机关交通管理部门应当自收到教育行政部门征求意见材料之日起三日内向教育行政部门回复意见，但申请人未按规定交验机动车的除外。

第六十条 学校或者校车服务提供者按照《校车安全管理条例》取得校车使用许可后，应当向县级或者设区的市级公安机关交通管理部门领取校车标牌。领取时应当确认表格信息，并提交以下证明、凭证：

（一）机动车所有人的身份证明；

（二）校车驾驶人的机动车驾驶证；

（三）机动车行驶证；

（四）县级或者设区的市级人民政府批准的校车使用许可；

（五）县级或者设区的市级人民政府批准的包括行驶线路、开行时间和停靠站点的校车运行方案。

公安机关交通管理部门应当在收到领取表之日起三日内核发校车标牌。对属于专用校车的，应当核对行驶证上记载的校车类型和核载人数；对不属于专用校车的，应当在行驶证副页上签注校车类型和核载人数。

第六十一条 校车标牌应当记载本车的号牌号码、机动车所有人、驾驶人、行驶线路、开行时间、停靠站点、发牌单位、有效期限等信息。校车标牌分前后两块，分别放置于前风窗玻璃右下角和后风窗玻璃适当位置。

校车标牌有效期的截止日期与校车安全技术检验有效期的截止日期一致，但不得超过校车使用许可有效期。

第六十二条 专用校车应当自注册登记之日起每半年进行一次安全技术检验，非专用校车应当自取得校车标牌后每半年进行一次安全技术检验。

学校或者校车服务提供者应当在校车检验有效期满前一个月内向公安机关交通管理部门申请检验合格标志。

公安机关交通管理部门应当自受理之日起一日内，审查提交的证明、凭证，核发检验合格标志，换发校车标牌。

第六十三条 已取得校车标牌的机动车达到报废标准或者不再作为校车使用的，学校或者校车服务提供者应当拆除校车标志灯、停车指示标志，消除校车外观标识，并将校车标牌交回核发的公安机关交通管理部门。

专用校车不得改变使用性质。

校车使用许可被吊销、注销或者撤销的，学校或者校车服务提供者应当拆除校车标志灯、停车指示标志，消除校车外观标识，并将校车标牌交回核发的公安机关交通管理部门。

第六十四条 校车行驶线路、开行时间、停靠站点或者车辆、所有人、驾驶人发生变化的，经县级或者设区的市级人民政府批准后，应当按照本规定重新领取校车标牌。

第六十五条 公安机关交通管理部门应当每月将校车标牌的发放、变更、收回等信息报本级人民政府备案，并通报教育行政部门。

学校或者校车服务提供者应当自取得校车标牌之日起，每月查询校车道路交通安全违法行为记录，及时到公安机关交通管理部门接受处理。核发校车标牌的公安机关交通管理部门应当每月汇总辖区内校车道路交通安全违法和交通事故等情况，通知学校或者校车服务提供者，并通报教育行政部门。

第六十六条 校车标牌灭失、丢失或者损毁的，学校或者校车服务提供者应当向核发标牌的公安机关交通管理部门申请补领或者换领。申请时，应当提交机动车所有人的身份证明及机动车行驶证。公安机关交通管理部门应当自受理之日起三日内审核，补发或者换发校车标牌。

第五章　监督管理

第六十七条 公安机关交通管理部门应当建立业务监督管理中心，通过远程监控、数据分析、日常检查、档案抽查、业务回访等方式，对机动车登记及相关业务办理情况进行监督管理。

直辖市、设区的市或者相当于同级的公安

机关交通管理部门应当通过监管系统每周对机动车登记及相关业务办理情况进行监控、分析，及时查处整改发现的问题。省级公安机关交通管理部门应当通过监管系统每月对机动车登记及相关业务办理情况进行监控、分析，及时查处、通报发现的问题。

车辆管理所存在严重违规办理机动车登记情形的，上级公安机关交通管理部门可以暂停该车辆管理所办理相关业务或者指派其他车辆管理所人员接管业务。

第六十八条 县级公安机关交通管理部门办理机动车登记及相关业务的，办公场所、设施设备、人员资质和信息系统等应当满足业务办理需求，并符合相关规定和标准要求。

直辖市、设区的市公安机关交通管理部门应当加强对县级公安机关交通管理部门办理机动车登记及相关业务的指导、培训和监督管理。

第六十九条 机动车销售企业、二手车交易市场、机动车安全技术检验机构、报废机动车回收企业和邮政、金融机构、保险机构等单位，经公安机关交通管理部门委托可以设立机动车登记服务站，在公安机关交通管理部门监督管理下协助办理机动车登记及相关业务。

机动车登记服务站应当规范设置名称和外观标识，公开业务范围、办理依据、办理程序、收费标准等事项。机动车登记服务站应当使用统一的计算机管理系统协助办理机动车登记及相关业务。

机动车登记服务站协助办理机动车登记的，可以提供办理保险和车辆购置税、机动车预查验、信息预录入等服务，便利机动车所有人一站式办理。

第七十条 公安机关交通管理部门应当建立机动车登记服务站监督管理制度，明确设立条件、业务范围、办理要求、信息系统安全等规定，签订协议及责任书，通过业务抽查、网上巡查、实地检查、业务回访等方式加强对机动车登记服务站协助办理业务情况的监督管理。

机动车登记服务站存在违反规定办理机动车登记及相关业务、违反信息安全管理规定等情形的，公安机关交通管理部门应当暂停委托其业务办理，限期整改；有严重违规情形的，终止委托其业务办理。机动车登记服务站违反规定办理业务给当事人造成经济损失的，应当依法承担赔偿责任；构成犯罪的，依法追究相关责任人员刑事责任。

第七十一条 公安机关交通管理部门应当建立号牌制作发放监管制度，加强对机动车号牌制作单位和号牌质量的监督管理。

机动车号牌制作单位存在违反规定制作和发放机动车号牌的，公安机关交通管理部门应当暂停其相关业务，限期整改；构成犯罪的，依法追究相关责任人员刑事责任。

第七十二条 机动车安全技术检验机构应当按照国家机动车安全技术检验标准对机动车进行检验，对检验结果承担法律责任。

公安机关交通管理部门在核发机动车检验合格标志时，发现机动车安全技术检验机构存在为未经检验的机动车出具检验合格证明、伪造或者篡改检验数据等出具虚假检验结果行为的，停止认可其出具的检验合格证明，依法进行处罚，并通报市场监督管理部门；构成犯罪的，依法追究相关责任人员刑事责任。

第七十三条 从事机动车查验工作的人员，应当持有公安机关交通管理部门颁发的资格证书。公安机关交通管理部门应当在公安民警、警务辅助人员中选拔足够数量的机动车查验员，从事查验工作。机动车登记服务站工作人员可以在车辆管理所监督下承担机动车查验工作。

机动车查验员应当严格遵守查验工作纪律，不得减少查验项目、降低查验标准，不得参与、协助、纵容为违规机动车办理登记。公安民警、警务辅助人员不得参与或者变相参与机动车安全技术检验机构经营活动，不得收取机动车安全技术检验机构、机动车销售企业、二手车交易市场、报废机动车回收企业等相关企业、申请人的财物。

车辆管理所应当对机动车查验过程进行全程录像，并实时监控查验过程，没有使用录像设备的，不得进行查验。机动车查验中，查验员应当使用执勤执法记录仪记录查验过程。车辆管理所应当建立机动车查验音视频档案，存储录像设备和执勤执法记录仪记录的音像资料。

第七十四条 车辆管理所在办理机动车登记及相关业务过程中发现存在以下情形的，应当及时开展调查：

（一）机动车涉嫌走私、被盗抢骗、非法生产销售、拼（组）装、非法改装的；

（二）涉嫌提交虚假申请材料的；

（三）涉嫌使用伪造、变造机动车牌证的；

（四）涉嫌以欺骗、贿赂等不正当手段取得机动车登记的；

（五）存在短期内频繁补换领牌证、转让登记、转出转入等异常情形的；

（六）存在其他违法违规情形的。

车辆管理所发现申请人通过互联网办理机动车登记及相关业务存在第一款规定嫌疑情形的，应当转为现场办理，当场审查申请材料，及时开展调查。

第七十五条 车辆管理所开展调查时，可以通知申请人协助调查，询问嫌疑情况，记录调查内容，并可以采取检验鉴定、实地检查等方式进行核查。

对经调查发现涉及行政案件或者刑事案件的，应当依法采取必要的强制措施或者其他处置措施，移交有管辖权的公安机关按照《公安机关办理行政案件程序规定》《公安机关办理刑事案件程序规定》等规定办理。

对办理机动车登记时发现机动车涉嫌走私的，公安机关交通管理部门应当将机动车及相关资料移交海关依法处理。

第七十六条 已注册登记的机动车被盗抢骗的，车辆管理所应当根据刑侦部门提供的情况，在计算机登记系统内记录，停止办理该车的各项登记和业务。被盗抢骗机动车发还后，车辆管理所应当恢复办理该车的各项登记和业务。

机动车在被盗抢骗期间，发动机号码、车辆识别代号或者车身颜色被改变的，车辆管理所应当凭有关技术鉴定证明办理变更备案。

第七十七条 公安机关交通管理部门及其交通警察、警务辅助人员办理机动车登记工作，应当接受监察机关、公安机关督察审计部门等依法实施的监督。

公安机关交通管理部门及其交通警察、警务辅助人员办理机动车登记工作，应当自觉接受社会和公民的监督。

第六章 法律责任

第七十八条 有下列情形之一的，由公安机关交通管理部门处警告或者二百元以下罚款：

（一）重型、中型载货汽车、专项作业车、挂车及大型客车的车身或者车厢后部未按照规定喷涂放大的牌号或者放大的牌号不清晰的；

（二）机动车喷涂、粘贴标识或者车身广告，影响安全驾驶的；

（三）载货汽车、专项作业车及挂车未按照规定安装侧面及后下部防护装置、粘贴车身反光标识的；

（四）机动车未按照规定期限进行安全技术检验的；

（五）改变车身颜色、更换发动机、车身或者车架，未按照第十六条规定的时限办理变更登记的；

（六）机动车所有权转让后，现机动车所有人未按照第二十五条规定的时限办理转让登记的；

（七）机动车所有人办理变更登记、转让登记，未按照第十八条、第二十七条规定的时限到住所地车辆管理所申请机动车转入的；

（八）机动车所有人未按照第二十三条规定申请变更备案的。

第七十九条 除第十六条、第二十二条、第二十三条规定的情形外，擅自改变机动车外形和已登记的有关技术参数的，由公安机关交通管理部门责令恢复原状，并处警告或者五百元以下罚款。

第八十条 隐瞒有关情况或者提供虚假材料申请机动车登记的，公安机关交通管理部门不予受理或者不予登记，处五百元以下罚款；申请人在一年内不得再次申请机动车登记。

对发现申请人通过机动车虚假交易、以合法形式掩盖非法目的等手段，在机动车登记业务中牟取不正当利益的，依照第一款的规定处理。

第八十一条 以欺骗、贿赂等不正当手段取得机动车登记的，由公安机关交通管理部门收缴机动车登记证书、号牌、行驶证，撤销机动车登记，处二千元以下罚款；申请人在三年内不得再次申请机动车登记。

以欺骗、贿赂等不正当手段办理补、换领机动车登记证书、号牌、行驶证和检验合格标志等业务的，由公安机关交通管理部门收缴机动车登记证书、号牌、行驶证和检验合格标志，未收缴的，公告作废，处二千元以下罚款。

组织、参与实施第八十条、本条前两款行为之一牟取经济利益的，由公安机关交通管理部门处违法所得三倍以上五倍以下罚款，但最高不超过十万元。

第八十二条 省、自治区、直辖市公安厅、局可以根据本地区的实际情况，在本规定的处罚幅度范围内，制定具体的执行标准。

对本规定的道路交通安全违法行为的处理程序按照《道路交通安全违法行为处理程序规定》执行。

第八十三条 交通警察有下列情形之一的，按照有关规定给予处分；对聘用人员予以解聘。构成犯罪的，依法追究刑事责任：

（一）违反规定为被盗抢骗、走私、非法拼（组）装、达到国家强制报废标准的机动车办理登记的；

（二）不按照规定查验机动车和审查证明、凭证的；

（三）故意刁难，拖延或者拒绝办理机动车登记的；

（四）违反本规定增加机动车登记条件或者提交的证明、凭证的；

（五）违反第四十三条的规定，采用其他方式确定机动车号牌号码的；

（六）违反规定跨行政辖区办理机动车登记和业务的；

（七）与非法中介串通牟取经济利益的；

（八）超越职权进入计算机登记管理系统办理机动车登记和业务，或者不按规定使用计算机登记管理系统办理机动车登记和业务的；

（九）违反规定侵入计算机登记管理系统，泄漏、篡改、买卖系统数据，或者泄漏系统密码的；

（十）违反规定向他人出售或者提供机动车登记信息的；

（十一）参与或者变相参与机动车安全技术检验机构经营活动的；

（十二）利用职务上的便利索取、收受他人财物或者牟取其他利益的；

（十三）强令车辆管理所违反本规定办理机动车登记的。

交通警察未按照第七十三条第三款规定使用执法记录仪的，根据情节轻重，按照有关规定给予处分。

第八十四条 公安机关交通管理部门有第八十三条所列行为之一的，按照有关规定对直接负责的主管人员和其他直接责任人员给予相应的处分。

公安机关交通管理部门及其工作人员有第八十三条所列行为之一，给当事人造成损失的，应当依法承担赔偿责任。

第七章 附 则

第八十五条 机动车登记证书、号牌、行驶证、检验合格标志的式样由公安部统一制定并监制。

机动车登记证书、号牌、行驶证、检验合格标志的制作应当符合有关标准。

第八十六条 机动车所有人可以委托代理人代理申请各项机动车登记和业务，但共同所有人变更、申请补领机动车登记证书、机动车灭失注销的除外；对机动车所有人因死亡、出境、重病、伤残或者不可抗力等原因不能到场的，可以凭相关证明委托代理人代理申请，或者由继承人申请。

代理人申请机动车登记和业务时，应当提交代理人的身份证明和机动车所有人的委托书。

第八十七条 公安机关交通管理部门应当实行机动车登记档案电子化，机动车电子档案与纸质档案具有同等效力。车辆管理所对办理机动车登记时不需要留存原件的证明、凭证，应当以电子文件形式归档。

第八十八条 本规定所称进口机动车以及进口机动车的进口凭证是指：

（一）进口机动车：

1. 经国家限定口岸海关进口的汽车；

2. 经各口岸海关进口的其他机动车；

3. 海关监管的机动车；

4. 国家授权的执法部门没收的走私、无合法进口证明和利用进口关键件非法拼（组）装的机动车。

（二）进口机动车的进口凭证：

1. 进口汽车的进口凭证，是国家限定口岸海关签发的货物进口证明书；

2. 其他进口机动车的进口凭证，是各口岸海关签发的货物进口证明书；

3. 海关监管的机动车的进口凭证，是监管地海关出具的海关监管车辆进（出）境领（销）牌照通知书；

4. 国家授权的执法部门没收的走私、无进口证明和利用进口关键件非法拼（组）装的机动车的进口凭证，是该部门签发的没收走私汽车、摩托车证明书。

第八十九条 本规定所称机动车所有人、身份证明以及住所是指：

（一）机动车所有人包括拥有机动车的个人或者单位。

1. 个人是指我国内地的居民和军人（含武警）以及香港、澳门特别行政区、台湾地区居民、定居国外的中国公民和外国人；

2. 单位是指机关、企业、事业单位和社会团体以及外国驻华使馆、领馆和外国驻华办事机构、国际组织驻华代表机构。

（二）身份证明：

1. 机关、企业、事业单位、社会团体的身份证明，是该单位的统一社会信用代码证书、营业执照或者社会团体法人登记证书，以及加盖单位公章的委托书和被委托人的身份证明。机动车所有人为单位的内设机构，本身不具备领取统一社会信用代码证书条件的，可以使用上级单位的统一社会信用代码证书作为机动车所有人的身份证明。上述单位已注销、撤销或者破产，其机动车需要办理变更登记、转让登记、解除抵押登记、注销登记、解除质押备案和补、换领机动车登记证书、号牌、行驶证的，已注销的企业的身份证明，是市场监督管理部门出具的准予注销登记通知书；已撤销的机关、事业单位、社会团体的身份证明，是其上级主管机关出具的有关证明；已破产无有效营业执照的企业，其身份证明是依法成立的财产清算机构或者人民法院依法指定的破产管理人出具的有关证明。商业银行、汽车金融公司申请办理抵押登记业务的，其身份证明是营业执照或者加盖公章的营业执照复印件；

2. 外国驻华使馆、领馆和外国驻华办事机构、国际组织驻华代表机构的身份证明，是该使馆、领馆或者该办事机构、代表机构出具的证明；

3. 居民的身份证明，是居民身份证或者临时居民身份证。在户籍地以外居住的内地居民，其身份证明是居民身份证或者临时居民身份证，以及公安机关核发的居住证明或者居住登记证明；

4. 军人（含武警）的身份证明，是居民身份证或者临时居民身份证。在未办理居民身份证前，是军队有关部门核发的军官证、文职干部证、士兵证、离休证、退休证等有效军人身份证件，以及其所在的团级以上单位出具的本人住所证明；

5. 香港、澳门特别行政区居民的身份证明，是港澳居民居住证；或者是其所持有的港澳居民来往内地通行证或者外交部核发的中华人民共和国旅行证，以及公安机关出具的住宿登记证明；

6. 台湾地区居民的身份证明，是台湾居民居住证；或者是其所持有的公安机关核发的五年有效的台湾居民来往大陆通行证或者外交部核发的中华人民共和国旅行证，以及公安机关出具的住宿登记证明；

7. 定居国外的中国公民的身份证明，是中华人民共和国护照和公安机关出具的住宿登记证明；

8. 外国人的身份证明，是其所持有的有效护照或者其他国际旅行证件，停居留期三个月以上的有效签证或者停留、居留许可，以及公安机关出具的住宿登记证明；或者是外国人永久居留身份证；

9. 外国驻华使馆、领馆人员、国际组织驻华代表机构人员的身份证明，是外交部核发的有效身份证件。

（三）住所：

1. 单位的住所是其主要办事机构所在地；

2. 个人的住所是户籍登记地或者其身份证明记载的住址。在户籍地以外居住的内地居民的住所是公安机关核发的居住证明或者居住登记证明记载的住址。

属于在户籍地以外办理除机动车注册登记、转让登记、住所迁入、共同所有人变更以外业务的，机动车所有人免予提交公安机关核发的居住证明或者居住登记证明。

属于在户籍地以外办理小型、微型非营运载客汽车注册登记的，机动车所有人免予提交公安机关核发的居住证明或者居住登记证明。

第九十条 本规定所称机动车来历证明以及机动车整车出厂合格证明是指：

（一）机动车来历证明：

1. 在国内购买的机动车，其来历证明是机动车销售统一发票或者二手车交易发票。在国外购买的机动车，其来历证明是该车销售单位开具的销售发票及其翻译文本，但海关监管的机动车不需提供来历证明；

2. 监察机关依法没收、追缴或者责令退赔的机动车，其来历证明是监察机关出具的法律文书，以及相应的协助执行通知书；

3. 人民法院调解、裁定或者判决转让的机动车，其来历证明是人民法院出具的已经生效的调解书、裁定书或者判决书，以及相应的协助执行通知书；

4. 仲裁机构仲裁裁决转让的机动车，其来历证明是仲裁裁决书和人民法院出具的协助执行通知书；

5. 继承、赠予、中奖、协议离婚和协议抵偿债务的机动车，其来历证明是继承、赠予、中奖、协议离婚、协议抵偿债务的相关文书和公证机关出具的公证书；

6. 资产重组或者资产整体买卖中包含的机动车，其来历证明是资产主管部门的批准文件；

7. 机关、企业、事业单位和社会团体统一采购并调拨到下属单位未注册登记的机动车，其来历证明是机动车销售统一发票和该部门出具的调拨证明；

8. 机关、企业、事业单位和社会团体已注册登记并调拨到下属单位的机动车，其来历证明是该单位出具的调拨证明。被上级单位调回或者调拨到其他下属单位的机动车，其来历证明是上级单位出具的调拨证明；

9. 经公安机关破案发还的被盗抢骗且已向原机动车所有人理赔完毕的机动车，其来历证明是权益转让证明书。

（二）机动车整车出厂合格证明：

1. 机动车整车厂生产的汽车、摩托车、挂车，其出厂合格证明是该厂出具的机动车整车出厂合格证；

2. 使用国产或者进口底盘改装的机动车，其出厂合格证明是机动车底盘生产厂出具的机动车底盘出厂合格证或者进口机动车底盘的进口凭证和机动车改装厂出具的机动车整车出厂合格证；

3. 使用国产或者进口整车改装的机动车，其出厂合格证明是机动车生产厂出具的机动车整车出厂合格证或者进口机动车的进口凭证和机动车改装厂出具的机动车整车出厂合格证；

4. 监察机关、人民法院、人民检察院或者行政执法机关依法扣留、没收并拍卖的未注册登记的国产机动车，未能提供出厂合格证明的，可以凭监察机关、人民法院、人民检察院或者行政执法机关出具的证明替代。

第九十一条 本规定所称二手车出口企业是指经商务主管部门认定具备二手车出口资质的企业。

第九十二条 本规定所称“一日”、“二日”、“三日”、“五日”、“七日”、“十日”、“十五日”，是指工作日，不包括节假日。

临时行驶车号牌的最长有效期“十五日”、“三十日”、“六十日”、“九十日”、“六个月”，包括工作日和节假日。

本规定所称“以下”、“以上”、“以内”，包括本数。

第九十三条 本规定自2022年5月1日起施行。2008年5月27日发布的《机动车登记规定》（公安部令第102号）和2012年9月12日发布的《公安部关于修改〈机动车登记规定〉的决定》（公安部令第124号）同时废止。本规定生效后，公安部以前制定的规定与本规定不一致的，以本规定为准。

机动车维修管理规定

（2005年6月24日交通部发布 根据2015年8月8日《交通运输部关于修改〈机动车维修管理规定〉的决定》第一次修正 根据2016年4月19日《交通运输部关于修改〈机动车维修管理规定〉的决定》第二次修正 根据2019年6月21日《交通运输部关于修改〈机动车维修管理规定〉的决定》第三次修正 根据2021年8月11日《交通运输部关于修改〈机动车维修管理规定〉的决定》第四次修正 根据2023年11月10日《交通运输部关于修改〈机动车维修管理规定〉的决定》第五次修正）

目 录

第一章 总 则
第二章 经营备案
第三章 维修经营
第四章 质量管理
第五章 监督检查
第六章 法律责任
第七章 附 则

第一章 总 则

第一条 为规范机动车维修经营活动，维护机动车维修市场秩序，保护机动车维修各方当事人的合法权益，保障机动车运行安全，保护环境，节约能源，促进机动车维修业的健康发展，根据《中华人民共和国道路运输条例》及有关法律、行政法规的规定，制定本规定。

第二条 从事机动车维修经营的，应当遵守本规定。

本规定所称机动车维修经营，是指以维持或者恢复机动车技术状况和正常功能，延长机动车使用寿命为作业任务所进行的维护、修理以及维修救援等相关经营活动。

第三条 机动车维修经营者应当依法经营，诚实信用，公平竞争，优质服务，落实安全生产主体责任和维修质量主体责任。

第四条 机动车维修管理，应当公平、公正、公开和便民。

第五条 任何单位和个人不得封锁或者垄断机动车维修市场。

托修方有权自主选择维修经营者进行维修。除汽车生产厂家履行缺陷汽车产品召回、汽车质量“三包”责任外，任何单位和个人不得强制或者变相强制指定维修经营者。

鼓励机动车维修企业实行集约化、专业化、连锁经营，促进机动车维修业的合理分工和协调发展。

鼓励推广应用机动车维修环保、节能、不解体检测和故障诊断技术，推进行业信息化建设和救援、维修服务网络化建设，提高机动车维修行业整体素质，满足社会需要。

鼓励机动车维修企业优先选用具备机动车检测维修国家职业资格的人员，并加强技术培训，提升从业人员素质。

第六条 交通运输部主管全国机动车维修管理工作。

县级以上地方人民政府交通运输主管部门（以下简称交通运输主管部门）负责本行政区域的机动车维修管理工作。

第二章 经营备案

第七条 从事机动车维修经营业务的，应当在依法向市场监督管理机构办理有关登记手续后，向所在地县级交通运输主管部门进行备案。

交通运输主管部门应当按照《中华人民共和国道路运输条例》和本规定实施机动车维修经营备案。交通运输主管部门不得向机动车维修经营者收取备案相关费用。

第八条 机动车维修经营依据维修车型种类、服务能力和经营项目实行分类备案。

机动车维修经营业务根据维修对象分为汽

车维修经营业务、危险货物运输车辆维修经营业务、摩托车维修经营业务和其他机动车维修经营业务四类。

汽车维修经营业务、其他机动车维修经营业务根据经营项目和服务能力分为一类维修经营业务、二类维修经营业务和三类维修经营业务。

摩托车维修经营业务根据经营项目和服务能力分为一类维修经营业务和二类维修经营业务。

第九条 一类、二类汽车维修经营业务或者其他机动车维修经营业务，可以从事相应车型的整车修理、总成修理、整车维护、小修、维修救援、专项修理和维修竣工检验工作；三类汽车维修经营业务（含汽车综合小修）、三类其他机动车维修经营业务，可以分别从事汽车综合小修或者发动机维修、车身维修、电气系统维修、自动变速器维修、轮胎动平衡及修补、四轮定位检测调整、汽车润滑与养护、喷油泵和喷油器维修、曲轴修磨、气缸镗磨、散热器维修、空调维修、汽车美容装潢、汽车玻璃安装及修复等汽车专项维修工作。具体有关经营项目按照《汽车维修业开业条件》（GB/T 16739）相关条款的规定执行。

第十条 一类摩托车维修经营业务，可以从事摩托车整车修理、总成修理、整车维护、小修、专项修理和竣工检验工作；二类摩托车维修经营业务，可以从事摩托车维护、小修和专项修理工作。

第十一条 危险货物运输车辆维修经营业务，除可以从事危险货物运输车辆维修经营业务外，还可以从事一类汽车维修经营业务。

第十二条 从事汽车维修经营业务或者其他机动车维修经营业务的，应当符合下列条件：

（一）有与其经营业务相适应的维修车辆停车场和生产厂房。租用的场地应当有书面的租赁合同，且租赁期限不得少于1年。停车场和生产厂房面积按照国家标准《汽车维修业开业条件》（GB/T 16739）相关条款的规定执行。

（二）有与其经营业务相适应的设备、设施。所配备的计量设备应当符合国家有关技术标准要求，并经法定检定机构检定合格。从事汽车维修经营业务的设备、设施的具体要求按照国家标准《汽车维修业开业条件》（GB/T 16739）相关条款的规定执行；从事其他机动车维修经营业务的设备、设施的具体要求，参照国家标准《汽车维修业开业条件》（GB/T 16739）执行，但所配备设施、设备应与其维修车型相适应。

（三）有必要的技术人员：

1. 从事一类和二类维修业务的应当各配备至少1名技术负责人员、质量检验人员、业务接待人员以及从事机修、电器、钣金、涂漆的维修技术人员。技术负责人员应当熟悉汽车或者其他机动车维修业务，并掌握汽车或者其他机动车维修及相关政策法规和技术规范；质量检验人员应当熟悉各类汽车或者其他机动车维修检测作业规范，掌握汽车或者其他机动车维修故障诊断和质量检验的相关技术，熟悉汽车或者其他机动车维修服务收费标准及相关政策法规和技术规范，并持有与承修车型种类相适应的机动车驾驶证；从事机修、电器、钣金、涂漆的维修技术人员应当熟悉所从事工种的维修技术和操作规范，并了解汽车或者其他机动车维修及相关政策法规。各类技术人员的配备要求按照《汽车维修业开业条件》（GB/T 16739）相关条款的规定执行。

2. 从事三类维修业务的，按照其经营项目分别配备相应的机修、电器、钣金、涂漆的维修技术人员；从事汽车综合小修、发动机维修、车身维修、电气系统维修、自动变速器维修的，还应当配备技术负责人员和质量检验人员。各类技术人员的配备要求按照国家标准《汽车维修业开业条件》（GB/T 16739）相关条款的规定执行。

（四）有健全的维修管理制度。包括质量管理制度、安全生产管理制度、车辆维修档案管理制度、人员培训制度、设备管理制度及配件管理制度。具体要求按照国家标准《汽车维修业开业条件》（GB/T 16739）相关条款的规定执行。

（五）有必要的环境保护措施。具体要求按照国家标准《汽车维修业开业条件》（GB/T 16739）相关条款的规定执行。

第十三条 从事危险货物运输车辆维修的汽车维修经营者，除具备汽车维修经营一类维修经营业务的条件外，还应当具备下列条件：

（一）有与其作业内容相适应的专用维修

车间和设备、设施，并设置明显的指示性标志；

（二）有完善的突发事件应急预案，应急预案包括报告程序、应急指挥以及处置措施等内容；

（三）有相应的安全管理人员；

（四）有齐全的安全操作规程。

本规定所称危险货物运输车辆维修，是指对运输易燃、易爆、腐蚀、放射性、剧毒等性质货物的机动车维修，不包含对危险货物运输车辆罐体的维修。

第十四条 从事摩托车维修经营的，应当符合下列条件：

（一）有与其经营业务相适应的摩托车维修停车场和生产厂房。租用的场地应有书面的租赁合同，且租赁期限不得少于1年。停车场和生产厂房的面积按照国家标准《摩托车维修业开业条件》（GB/T 18189）相关条款的规定执行。

（二）有与其经营业务相适应的设备、设施。所配备的计量设备应符合国家有关技术标准要求，并经法定检定机构检定合格。具体要求按照国家标准《摩托车维修业开业条件》（GB/T 18189）相关条款的规定执行。

（三）有必要的技术人员：

1. 从事一类维修业务的应当至少有1名质量检验人员。质量检验人员应当熟悉各类摩托车维修检测作业规范，掌握摩托车维修故障诊断和质量检验的相关技术，熟悉摩托车维修服务收费标准及相关政策法规和技术规范。

2. 按照其经营业务分别配备相应的机修、电器、钣金、涂漆的维修技术人员。机修、电器、钣金、涂漆的维修技术人员应当熟悉所从事工种的维修技术和操作规范，并了解摩托车维修及相关政策法规。

（四）有健全的维修管理制度。包括质量管理制度、安全生产管理制度、摩托车维修档案管理制度、人员培训制度、设备管理制度及配件管理制度。具体要求按照国家标准《摩托车维修业开业条件》（GB/T 18189）相关条款的规定执行。

（五）有必要的环境保护措施。具体要求按照国家标准《摩托车维修业开业条件》（GB/T 18189）相关条款的规定执行。

第十五条 从事机动车维修经营的，应当向所在地的县级交通运输主管部门进行备案，提交《机动车维修经营备案表》（见附件1），并附送符合本规定第十二条、第十三条、第十四条规定条件的下列材料，保证材料真实完整：

（一）维修经营者的营业执照复印件；

（二）经营场地（含生产厂房和业务接待室）、停车场面积材料、土地使用权及产权证明等相关材料；

（三）技术人员汇总表，以及各相关人员的学历、技术职称或职业资格证明等相关材料；

（四）维修设备设施汇总表，维修检测设备及计量设备检定合格证明等相关材料；

（五）维修管理制度等相关材料；

（六）环境保护措施等相关材料。

第十六条 从事机动车维修连锁经营服务的，其机动车维修连锁经营企业总部应先完成备案。

机动车维修连锁经营服务网点可由机动车维修连锁经营企业总部向连锁经营服务网点所在地县级交通运输主管部门进行备案，提交《机动车维修经营备案表》，附送下列材料，并对材料真实性承担相应的法律责任：

（一）连锁经营协议书副本；

（二）连锁经营的作业标准和管理手册；

（三）连锁经营服务网点符合机动车维修经营相应条件的承诺书。

连锁经营服务网点的备案经营项目应当在机动车维修连锁经营企业总部备案经营项目范围内。

第十七条 交通运输主管部门收到备案材料后，对材料齐全且符合备案要求的应当予以备案，并编号归档；对材料不全或者不符合备案要求的，应当场或者自收到备案材料之日起5日内一次性书面通知备案人需要补充的全部内容。

第十八条 机动车维修经营者名称、法定代表人、经营范围、经营地址等备案事项发生变化的，应当向原办理备案的交通运输主管部门办理备案变更。

机动车维修经营者需要终止经营的，应当在终止经营前30日告知原备案机构。

第十九条 交通运输主管部门应当向社会公布已备案的机动车维修经营者名单并及时更

新，便于社会查询和监督。

第三章　维修经营

第二十条　机动车维修经营者应当按照备案的经营范围开展维修服务。

第二十一条　机动车维修经营者应当将《机动车维修标志牌》（见附件2）悬挂在经营场所的醒目位置。

《机动车维修标志牌》由机动车维修经营者按照统一式样和要求自行制作。

第二十二条　机动车维修经营者不得擅自改装机动车，不得承修已报废的机动车，不得利用配件拼装机动车。

托修方要改变机动车车身颜色，更换发动机、车身和车架的，应当按照有关法律、法规的规定办理相关手续，机动车维修经营者在查看相关手续后方可承修。

第二十三条　机动车维修经营者应当加强对从业人员的安全教育和职业道德教育，确保安全生产。

机动车维修从业人员应当执行机动车维修安全生产操作规程，不得违章作业。

第二十四条　机动车维修产生的废弃物，应当按照国家的有关规定进行处理。

第二十五条　机动车维修经营者应当公布机动车维修工时定额和收费标准，合理收取费用。

机动车维修工时定额可按各省机动车维修协会等行业中介组织统一制定的标准执行，也可按机动车维修经营者报所在地交通运输主管部门备案后的标准执行，也可按机动车生产厂家公布的标准执行。当上述标准不一致时，优先适用机动车维修经营者备案的标准。

机动车维修经营者应当将其执行的机动车维修工时单价标准报所在地交通运输主管部门备案。

机动车生产、进口企业应当在新车型投放市场后六个月内，向社会公布其生产、进口机动车车型的维修技术信息和工时定额。具体要求按照国家有关部门关于汽车维修技术信息公开的规定执行。

第二十六条　机动车维修经营者应当使用规定的结算票据，并向托修方交付维修结算清单，作为托修方追责依据。维修结算清单中，工时费与材料费应当分项计算。维修结算清单应当符合交通运输部有关标准要求，维修结算清单内容应包括托修方信息、承修方信息、维修费用明细单等。

机动车维修经营者不出具规定的结算票据和结算清单的，托修方有权拒绝支付费用。

第二十七条　机动车维修经营者应当按照规定，向交通运输主管部门报送统计资料。

交通运输主管部门应当为机动车维修经营者保守商业秘密。

第二十八条　机动车维修连锁经营企业总部应当按照统一采购、统一配送、统一标识、统一经营方针、统一服务规范和价格的要求，建立连锁经营的作业标准和管理手册，加强对连锁经营服务网点经营行为的监管和约束，杜绝不规范的商业行为。

第四章　质量管理

第二十九条　机动车维修经营者应当按照国家、行业或者地方的维修标准规范和机动车生产、进口企业公开的维修技术信息进行维修。尚无标准或规范的，可参照机动车生产企业提供的维修手册、使用说明书和有关技术资料进行维修。

机动车维修经营者不得通过临时更换机动车污染控制装置、破坏机动车车载排放诊断系统等维修作业，使机动车通过排放检验。

第三十条　机动车维修经营者不得使用假冒伪劣配件维修机动车。

机动车维修配件实行追溯制度。机动车维修经营者应当记录配件采购、使用信息，查验产品合格证等相关证明，并按规定留存配件来源凭证。

托修方、维修经营者可以使用同质配件维修机动车。同质配件是指，产品质量等同或者高于装车零部件标准要求，且具有良好装车性能的配件。

机动车维修经营者对于换下的配件、总成，应当交托修方自行处理。

机动车维修经营者应当将原厂配件、同质配件和修复配件分别标识，明码标价，供用户选择。

第三十一条　机动车维修经营者对机动车进行二级维护、总成修理、整车修理的，应当实行维修前诊断检验、维修过程检验和竣工质量检验制度。

承担机动车维修竣工质量检验的机动车维修企业或机动车检验检测机构应当使用符合有关标准并在检定有效期内的设备，按照有关标准进行检测，如实提供检测结果证明，并对检测结果承担法律责任。

第三十二条 机动车维修竣工质量检验合格的，维修质量检验人员应当签发《机动车维修竣工出厂合格证》（见附件3）；未签发机动车维修竣工出厂合格证的机动车，不得交付使用，车主可以拒绝交费或接车。

第三十三条 机动车维修经营者应当建立机动车维修档案，并实行档案电子化管理。维修档案应当包括：维修合同（托修单）、维修项目、维修人员及维修结算清单等。对机动车进行二级维护、总成修理、整车修理的，维修档案还应当包括：质量检验单、质量检验人员、竣工出厂合格证（副本）等。

机动车维修经营者应当按照规定如实填报、及时上传承修机动车的维修电子数据记录至国家有关汽车维修电子健康档案系统。机动车生产厂家或者第三方开发、提供机动车维修服务管理系统的，应当向汽车维修电子健康档案系统开放相应数据接口。

机动车托修方有权查阅机动车维修档案。

第三十四条 交通运输主管部门应当加强机动车维修从业人员管理，建立健全从业人员信用档案，加强从业人员诚信监管。

机动车维修经营者应当加强从业人员从业行为管理，促进从业人员诚信、规范从业维修。

第三十五条 交通运输主管部门应当加强对机动车维修经营的质量监督和管理，采用定期检查、随机抽样检测检验的方法，对机动车维修经营者维修质量进行监督。

交通运输主管部门可以委托具有法定资格的机动车维修质量监督检验单位，对机动车维修质量进行监督检验。

第三十六条 机动车维修实行竣工出厂质量保证期制度。

汽车和危险货物运输车辆整车修理或总成修理质量保证期为车辆行驶20000公里或者100日；二级维护质量保证期为车辆行驶5000公里或者30日；一级维护、小修及专项修理质量保证期为车辆行驶2000公里或者10日。

摩托车整车修理或者总成修理质量保证期为摩托车行驶7000公里或者80日；维护、小修及专项修理质量保证期为摩托车行驶800公里或者10日。

其他机动车整车修理或者总成修理质量保证期为机动车行驶6000公里或者60日；维护、小修及专项修理质量保证期为机动车行驶700公里或者7日。

质量保证期中行驶里程和日期指标，以先达到者为准。

机动车维修质量保证期，从维修竣工出厂之日起计算。

第三十七条 在质量保证期和承诺的质量保证期内，因维修质量原因造成机动车无法正常使用，且承修方在3日内不能或者无法提供因非维修原因而造成机动车无法使用的相关证据的，机动车维修经营者应当及时无偿返修，不得故意拖延或者无理拒绝。

在质量保证期内，机动车因同一故障或维修项目经两次修理仍不能正常使用的，机动车维修经营者应当负责联系其他机动车维修经营者，并承担相应修理费用。

第三十八条 机动车维修经营者应当公示承诺的机动车维修质量保证期。所承诺的质量保证期不得低于第三十六条的规定。

第三十九条 交通运输主管部门应当受理机动车维修质量投诉，积极按照维修合同约定和相关规定调解维修质量纠纷。

第四十条 机动车维修质量纠纷双方当事人均有保护当事车辆原始状态的义务。必要时可拆检车辆有关部位，但双方当事人应同时在场，共同认可拆检情况。

第四十一条 对机动车维修质量的责任认定需要进行技术分析和鉴定，且承修方和托修方共同要求交通运输主管部门出面协调的，交通运输主管部门应当组织专家组或委托具有法定检测资格的检测机构作出技术分析和鉴定。鉴定费用由责任方承担。

第四十二条 对机动车维修经营者实行质量信誉考核制度。机动车维修质量信誉考核办法另行制定。

机动车维修质量信誉考核内容应当包括经营者基本情况、经营业绩（含奖励情况）、不良记录等。

第四十三条 交通运输主管部门应当采集机动车维修企业信用信息，并建立机动车维修企业信用档案，除涉及国家秘密、商业秘密外，应当依法公开，供公众查阅。机动车维修质量信誉考核结果、汽车维修电子健康档案系统维修电子数据记录上传情况及车主评价、投诉和处理情况是机动车维修信用档案的重要组成部分。

第四十四条 建立机动车维修经营者和从业人员黑名单制度，县级交通运输主管部门负责认定机动车维修经营者和从业人员黑名单，具体办法由交通运输部另行制定。

第五章 监督检查

第四十五条 交通运输主管部门应当加强对机动车维修经营活动的监督检查。

交通运输主管部门应当依法履行对维修经营者的监管职责，对维修经营者是否依法备案或者备案事项是否属实进行监督检查。

交通运输主管部门的工作人员应当严格按照职责权限和程序进行监督检查，不得滥用职权、徇私舞弊，不得乱收费、乱罚款。

第四十六条 交通运输主管部门应当积极运用信息化技术手段，科学、高效地开展机动车维修管理工作。

第四十七条 交通运输主管部门的执法人员在机动车维修经营场所实施监督检查时，应当有2名以上人员参加，并向当事人出示交通运输部监制的交通行政执法证件。

交通运输主管部门实施监督检查时，可以采取下列措施：

（一）询问当事人或者有关人员，并要求其提供有关资料；

（二）查询、复制与违法行为有关的维修台帐、票据、凭证、文件及其他资料，核对与违法行为有关的技术资料；

（三）在违法行为发现场所进行摄影、摄像取证；

（四）检查与违法行为有关的维修设备及相关机具的有关情况。

检查的情况和处理结果应当记录，并按照规定归档。当事人有权查阅监督检查记录。

第四十八条 从事机动车维修经营活动的单位和个人，应当自觉接受交通运输主管部门及其工作人员的检查，如实反映情况，提供有关资料。

第六章 法律责任

第四十九条 违反本规定，从事机动车维修经营业务，未按规定进行备案的，由交通运输主管部门责令改正；拒不改正的，处3000元以上1万元以下的罚款。

第五十条 违反本规定，从事机动车维修经营业务不符合国务院交通运输主管部门制定的机动车维修经营业务标准的，由交通运输主管部门责令改正；情节严重的，由交通运输主管部门责令停业整顿。

第五十一条 违反本规定，机动车维修经营者使用假冒伪劣配件维修机动车，承修已报废的机动车或者擅自改装机动车的，由交通运输主管部门责令改正；有违法所得的，没收违法所得，处违法所得2倍以上10倍以下的罚款；没有违法所得或者违法所得不足1万元的，处2万元以上5万元以下的罚款，没收假冒伪劣配件及报废车辆；情节严重的，由交通运输主管部门责令停业整顿；构成犯罪的，依法追究刑事责任。

第五十二条 违反本规定，机动车维修经营者签发虚假机动车维修竣工出厂合格证的，由交通运输主管部门责令改正；有违法所得的，没收违法所得，处违法所得2倍以上10倍以下的罚款；没有违法所得或者违法所得不足3000元的，处5000元以上2万元以下的罚款；情节严重的，由交通运输主管部门责令停业整顿；构成犯罪的，依法追究刑事责任。

第五十三条 违反本规定，有下列行为之一的，由交通运输主管部门责令其限期整改：

（一）机动车维修经营者未按照规定执行机动车维修质量保证期制度的；

（二）机动车维修经营者未按照有关技术规范进行维修作业的；

（三）伪造、转借、倒卖机动车维修竣工出厂合格证的；

（四）机动车维修经营者只收费不维修或者虚列维修作业项目的；

（五）机动车维修经营者未在经营场所醒目位置悬挂机动车维修标志牌的；

（六）机动车维修经营者未在经营场所公布收费项目、工时定额和工时单价的；

（七）机动车维修经营者超出公布的结算工时定额、结算工时单价向托修方收费的；

（八）机动车维修经营者未按规定建立机动车维修档案并实行档案电子化管理，或者未及时上传维修电子数据记录至国家有关汽车维修电子健康档案系统的。

第五十四条 违反本规定，交通运输主管部门的工作人员有下列情形之一的，依法给予行政处分；构成犯罪的，依法追究刑事责任：

（一）不按照规定实施备案和黑名单制度的；

（二）参与或者变相参与机动车维修经营业务的；

（三）发现违法行为不及时查处的；

（四）索取、收受他人财物或谋取其他利益的；

（五）其他违法违纪行为。

第七章 附 则

第五十五条 本规定自2005年8月1日起施行。经商国家发展和改革委员会、原国家工商行政管理总局同意，1986年12月12日原交通部、原国家经委、原国家工商行政管理局发布的《汽车维修行业管理暂行办法》同时废止，1991年4月10日原交通部颁布的《汽车维修质量管理办法》同时废止。

3. 车辆保险

中华人民共和国保险法

（1995年6月30日第八届全国人民代表大会常务委员会第十四次会议通过 根据2002年10月28日第九届全国人民代表大会常务委员会第三十次会议《关于修改〈中华人民共和国保险法〉的决定》第一次修正 2009年2月28日第十一届全国人民代表大会常务委员会第七次会议修订 根据2014年8月31日第十二届全国人民代表大会常务委员会第十次会议《关于修改〈中华人民共和国保险法〉等五部法律的决定》第二次修正 根据2015年4月24日第十二届全国人民代表大会常务委员会第十四次会议《关于修改〈中华人民共和国计量法〉等五部法律的决定》第三次修正）

目 录

第一章 总 则
第二章 保险合同
　第一节 一般规定
　第二节 人身保险合同
　第三节 财产保险合同
第三章 保险公司
第四章 保险经营规则
第五章 保险代理人和保险经纪人
第六章 保险业监督管理
第七章 法律责任
第八章 附 则

第一章 总 则

第一条 为了规范保险活动，保护保险活动当事人的合法权益，加强对保险业的监督管理，维护社会经济秩序和社会公共利益，促进保险事业的健康发展，制定本法。

第二条 本法所称保险，是指投保人根据合同约定，向保险人支付保险费，保险人对于合同约定的可能发生的事故因其发生所造成的财产损失承担赔偿保险金责任，或者当被保险人死亡、伤残、疾病或者达到合同约定的年龄、期限等条件时承担给付保险金责任的商业保险行为。

第三条 在中华人民共和国境内从事保险活动，适用本法。

第四条 从事保险活动必须遵守法律、行政法规，尊重社会公德，不得损害社会公共利益。

第五条 保险活动当事人行使权利、履行义务应当遵循诚实信用原则。

第六条 保险业务由依照本法设立的保险公司以及法律、行政法规规定的其他保险组织经营，其他单位和个人不得经营保险业务。

第七条 在中华人民共和国境内的法人和其他组织需要办理境内保险的，应当向中华人民共和国境内的保险公司投保。

第八条 保险业和银行业、证券业、信托业实行分业经营、分业管理，保险公司与银行、证券、信托业务机构分别设立。国家另有规定的除外。

第九条 国务院保险监督管理机构依法对保险业实施监督管理。

国务院保险监督管理机构根据履行职责的需要设立派出机构。派出机构按照国务院保险监督管理机构的授权履行监督管理职责。

第二章 保险合同

第一节 一般规定

第十条 保险合同是投保人与保险人约定保险权利义务关系的协议。

投保人是指与保险人订立保险合同，并按照合同约定负有支付保险费义务的人。

保险人是指与投保人订立保险合同，并按照合同约定承担赔偿或者给付保险金责任的保险公司。

第十一条 订立保险合同，应当协商一致，遵循公平原则确定各方的权利和义务。

除法律、行政法规规定必须保险的外，保险合同自愿订立。

第十二条 人身保险的投保人在保险合同订立时，对被保险人应当具有保险利益。

财产保险的被保险人在保险事故发生时，对保险标的应当具有保险利益。

人身保险是以人的寿命和身体为保险标的的保险。

财产保险是以财产及其有关利益为保险标的的保险。

被保险人是指其财产或者人身受保险合同保障，享有保险金请求权的人。投保人可以为被保险人。

保险利益是指投保人或者被保险人对保险标的具有的法律上承认的利益。

第十三条 投保人提出保险要求，经保险人同意承保，保险合同成立。保险人应当及时向投保人签发保险单或者其他保险凭证。

保险单或者其他保险凭证应当载明当事人双方约定的合同内容。当事人也可以约定采用其他书面形式载明合同内容。

依法成立的保险合同，自成立时生效。投保人和保险人可以对合同的效力约定附条件或者附期限。

第十四条 保险合同成立后，投保人按照约定交付保险费，保险人按照约定的时间开始承担保险责任。

第十五条 除本法另有规定或者保险合同另有约定外，保险合同成立后，投保人可以解除合同，保险人不得解除合同。

第十六条 订立保险合同，保险人就保险标的或者被保险人的有关情况提出询问的，投保人应当如实告知。

投保人故意或者因重大过失未履行前款规定的如实告知义务，足以影响保险人决定是否同意承保或者提高保险费率的，保险人有权解除合同。

前款规定的合同解除权，自保险人知道有解除事由之日起，超过三十日不行使而消灭。自合同成立之日起超过二年的，保险人不得解除合同；发生保险事故的，保险人应当承担赔偿或者给付保险金的责任。

投保人故意不履行如实告知义务的，保险人对于合同解除前发生的保险事故，不承担赔偿或者给付保险金的责任，并不退还保险费。

投保人因重大过失未履行如实告知义务，对保险事故的发生有严重影响的，保险人对于合同解除前发生的保险事故，不承担赔偿或者给付保险金的责任，但应当退还保险费。

保险人在合同订立时已经知道投保人未如实告知的情况的，保险人不得解除合同；发生保险事故的，保险人应当承担赔偿或者给付保险金的责任。

保险事故是指保险合同约定的保险责任范围内的事故。

第十七条 订立保险合同，采用保险人提供的格式条款的，保险人向投保人提供的投保单应当附格式条款，保险人应当向投保人说明合同的内容。

对保险合同中免除保险人责任的条款，保险人在订立合同时应当在投保单、保险单或者其他保险凭证上作出足以引起投保人注意的提示，并对该条款的内容以书面或者口头形式向投保人作出明确说明；未作提示或者明确说明的，该条款不产生效力。

第十八条 保险合同应当包括下列事项：

（一）保险人的名称和住所；

（二）投保人、被保险人的姓名或者名称、住所，以及人身保险的受益人的姓名或者名称、住所；

（三）保险标的；

（四）保险责任和责任免除；

（五）保险期间和保险责任开始时间；

（六）保险金额；

（七）保险费以及支付办法；

（八）保险金赔偿或者给付办法；

（九）违约责任和争议处理；

（十）订立合同的年、月、日。

投保人和保险人可以约定与保险有关的其他事项。

受益人是指人身保险合同中由被保险人或者投保人指定的享有保险金请求权的人。投保人、被保险人可以为受益人。

保险金额是指保险人承担赔偿或者给付保险金责任的最高限额。

第十九条 采用保险人提供的格式条款订立的保险合同中的下列条款无效：

（一）免除保险人依法应承担的义务或者加重投保人、被保险人责任的；

（二）排除投保人、被保险人或者受益人依法享有的权利的。

第二十条 投保人和保险人可以协商变更合同内容。

变更保险合同的，应当由保险人在保险单或者其他保险凭证上批注或者附贴批单，或者由投保人和保险人订立变更的书面协议。

第二十一条 投保人、被保险人或者受益人知道保险事故发生后，应当及时通知保险人。故意或者因重大过失未及时通知，致使保险事故的性质、原因、损失程度等难以确定的，保险人对无法确定的部分，不承担赔偿或者给付保险金的责任，但保险人通过其他途径已经及时知道或者应当及时知道保险事故发生的除外。

第二十二条 保险事故发生后，按照保险合同请求保险人赔偿或者给付保险金时，投保人、被保险人或者受益人应当向保险人提供其所能提供的与确认保险事故的性质、原因、损失程度等有关的证明和资料。

保险人按照合同的约定，认为有关的证明和资料不完整的，应当及时一次性通知投保人、被保险人或者受益人补充提供。

第二十三条 保险人收到被保险人或者受益人的赔偿或者给付保险金的请求后，应当及时作出核定；情形复杂的，应当在三十日内作出核定，但合同另有约定的除外。保险人应当将核定结果通知被保险人或者受益人；对属于保险责任的，在与被保险人或者受益人达成赔偿或者给付保险金的协议后十日内，履行赔偿或者给付保险金义务。保险合同对赔偿或者给付保险金的期限有约定的，保险人应当按照约定履行赔偿或者给付保险金义务。

保险人未及时履行前款规定义务的，除支付保险金外，应当赔偿被保险人或者受益人因此受到的损失。

任何单位和个人不得非法干预保险人履行赔偿或者给付保险金的义务，也不得限制被保险人或者受益人取得保险金的权利。

第二十四条 保险人依照本法第二十三条的规定作出核定后，对不属于保险责任的，应当自作出核定之日起三日内向被保险人或者受益人发出拒绝赔偿或者拒绝给付保险金通知书，并说明理由。

第二十五条 保险人自收到赔偿或者给付保险金的请求和有关证明、资料之日起六十日内，对其赔偿或者给付保险金的数额不能确定的，应当根据已有证明和资料可以确定的数额先予支付；保险人最终确定赔偿或者给付保险金的数额后，应当支付相应的差额。

第二十六条 人寿保险以外的其他保险的被保险人或者受益人，向保险人请求赔偿或者给付保险金的诉讼时效期间为二年，自其知道或者应当知道保险事故发生之日起计算。

人寿保险的被保险人或者受益人向保险人请求给付保险金的诉讼时效期间为五年，自其知道或者应当知道保险事故发生之日起计算。

第二十七条 未发生保险事故，被保险人或者受益人谎称发生了保险事故，向保险人提出赔偿或者给付保险金请求的，保险人有权解除合同，并不退还保险费。

投保人、被保险人故意制造保险事故的，保险人有权解除合同，不承担赔偿或者给付保险金的责任；除本法第四十三条规定外，不退还保险费。

保险事故发生后，投保人、被保险人或者受益人以伪造、变造的有关证明、资料或者其他证据，编造虚假的事故原因或者夸大损失程度的，保险人对其虚报的部分不承担赔偿或者给付保险金的责任。

投保人、被保险人或者受益人有前三款规定行为之一，致使保险人支付保险金或者支出费用的，应当退回或者赔偿。

第二十八条 保险人将其承担的保险业务，以分保形式部分转移给其他保险人的，为再保险。

应再保险接受人的要求，再保险分出人应当将其自负责任及原保险的有关情况书面告知再保险接受人。

第二十九条 再保险接受人不得向原保险的投保人要求支付保险费。

原保险的被保险人或者受益人不得向再保险接受人提出赔偿或者给付保险金的请求。

再保险分出人不得以再保险接受人未履行再保险责任为由，拒绝履行或者迟延履行其原保险责任。

第三十条 采用保险人提供的格式条款订立的保险合同，保险人与投保人、被保险人或者受益人对合同条款有争议的，应当按照通常理解予以解释。对合同条款有两种以上解释的，人民法院或者仲裁机构应当作出有利于被保险人和受益人的解释。

第二节 人身保险合同

第三十一条 投保人对下列人员具有保险利益：

（一）本人；

（二）配偶、子女、父母；

（三）前项以外与投保人有抚养、赡养或者扶养关系的家庭其他成员、近亲属；

（四）与投保人有劳动关系的劳动者。

除前款规定外，被保险人同意投保人为其订立合同的，视为投保人对被保险人具有保险利益。

订立合同时，投保人对被保险人不具有保险利益的，合同无效。

第三十二条 投保人申报的被保险人年龄不真实，并且其真实年龄不符合合同约定的年龄限制的，保险人可以解除合同，并按照合同约定退还保险单的现金价值。保险人行使合同解除权，适用本法第十六条第三款、第六款的规定。

投保人申报的被保险人年龄不真实，致使投保人支付的保险费少于应付保险费的，保险人有权更正并要求投保人补交保险费，或者在给付保险金时按照实付保险费与应付保险费的比例支付。

投保人申报的被保险人年龄不真实，致使投保人支付的保险费多于应付保险费的，保险人应当将多收的保险费退还投保人。

第三十三条 投保人不得为无民事行为能力人投保以死亡为给付保险金条件的人身保险，保险人也不得承保。

父母为其未成年子女投保的人身保险，不受前款规定限制。但是，因被保险人死亡给付的保险金总和不得超过国务院保险监督管理机构规定的限额。

第三十四条 以死亡为给付保险金条件的合同，未经被保险人同意并认可保险金额的，合同无效。

按照以死亡为给付保险金条件的合同所签发的保险单，未经被保险人书面同意，不得转让或者质押。

父母为其未成年子女投保的人身保险，不受本条第一款规定限制。

第三十五条 投保人可以按照合同约定向保险人一次支付全部保险费或者分期支付保险费。

第三十六条 合同约定分期支付保险费，投保人支付首期保险费后，除合同另有约定外，投保人自保险人催告之日起超过三十日未支付当期保险费，或者超过约定的期限六十日未支付当期保险费的，合同效力中止，或者由保险人按照合同约定的条件减少保险金额。

被保险人在前款规定期限内发生保险事故的，保险人应当按照合同约定给付保险金，但可以扣减欠交的保险费。

第三十七条 合同效力依照本法第三十六

条规定中止的，经保险人与投保人协商并达成协议，在投保人补交保险费后，合同效力恢复。但是，自合同效力中止之日起满二年双方未达成协议的，保险人有权解除合同。

保险人依照前款规定解除合同的，应当按照合同约定退还保险单的现金价值。

第三十八条 保险人对人寿保险的保险费，不得用诉讼方式要求投保人支付。

第三十九条 人身保险的受益人由被保险人或者投保人指定。

投保人指定受益人时须经被保险人同意。投保人为与其有劳动关系的劳动者投保人身保险，不得指定被保险人及其近亲属以外的人为受益人。

被保险人为无民事行为能力人或者限制民事行为能力人的，可以由其监护人指定受益人。

第四十条 被保险人或者投保人可以指定一人或者数人为受益人。

受益人为数人的，被保险人或者投保人可以确定受益顺序和受益份额；未确定受益份额的，受益人按照相等份额享有受益权。

第四十一条 被保险人或者投保人可以变更受益人并书面通知保险人。保险人收到变更受益人的书面通知后，应当在保险单或者其他保险凭证上批注或者附贴批单。

投保人变更受益人时须经被保险人同意。

第四十二条 被保险人死亡后，有下列情形之一的，保险金作为被保险人的遗产，由保险人依照《中华人民共和国继承法》的规定履行给付保险金的义务：

（一）没有指定受益人，或者受益人指定不明无法确定的；

（二）受益人先于被保险人死亡，没有其他受益人的；

（三）受益人依法丧失受益权或者放弃受益权，没有其他受益人的。

受益人与被保险人在同一事件中死亡，且不能确定死亡先后顺序的，推定受益人死亡在先。

第四十三条 投保人故意造成被保险人死亡、伤残或者疾病的，保险人不承担给付保险金的责任。投保人已交足二年以上保险费的，保险人应当按照合同约定向其他权利人退还保险单的现金价值。

受益人故意造成被保险人死亡、伤残、疾病的，或者故意杀害被保险人未遂的，该受益人丧失受益权。

第四十四条 以被保险人死亡为给付保险金条件的合同，自合同成立或者合同效力恢复之日起二年内，被保险人自杀的，保险人不承担给付保险金的责任，但被保险人自杀时为无民事行为能力人的除外。

保险人依照前款规定不承担给付保险金责任的，应当按照合同约定退还保险单的现金价值。

第四十五条 因被保险人故意犯罪或者抗拒依法采取的刑事强制措施导致其伤残或者死亡的，保险人不承担给付保险金的责任。投保人已交足二年以上保险费的，保险人应当按照合同约定退还保险单的现金价值。

第四十六条 被保险人因第三者的行为而发生死亡、伤残或者疾病等保险事故的，保险人向被保险人或者受益人给付保险金后，不享有向第三者追偿的权利，但被保险人或者受益人仍有权向第三者请求赔偿。

第四十七条 投保人解除合同的，保险人应当自收到解除合同通知之日起三十日内，按照合同约定退还保险单的现金价值。

第三节 财产保险合同

第四十八条 保险事故发生时，被保险人对保险标的不具有保险利益的，不得向保险人请求赔偿保险金。

第四十九条 保险标的转让的，保险标的的受让人承继被保险人的权利和义务。

保险标的转让的，被保险人或者受让人应当及时通知保险人，但货物运输保险合同和另有约定的合同除外。

因保险标的转让导致危险程度显著增加的，保险人自收到前款规定的通知之日起三十日内，可以按照合同约定增加保险费或者解除合同。保险人解除合同的，应当将已收取的保险费，按照合同约定扣除自保险责任开始之日起至合同解除之日止应收的部分后，退还投保人。

被保险人、受让人未履行本条第二款规定的通知义务的，因转让导致保险标的危险程度显著增加而发生的保险事故，保险人不承担赔偿保险金的责任。

第五十条 货物运输保险合同和运输工具

航程保险合同，保险责任开始后，合同当事人不得解除合同。

第五十一条 被保险人应当遵守国家有关消防、安全、生产操作、劳动保护等方面的规定，维护保险标的的安全。

保险人可以按照合同约定对保险标的的安全状况进行检查，及时向投保人、被保险人提出消除不安全因素和隐患的书面建议。

投保人、被保险人未按照约定履行其对保险标的的安全应尽责任的，保险人有权要求增加保险费或者解除合同。

保险人为维护保险标的的安全，经被保险人同意，可以采取安全预防措施。

第五十二条 在合同有效期内，保险标的的危险程度显著增加的，被保险人应当按照合同约定及时通知保险人，保险人可以按照合同约定增加保险费或者解除合同。保险人解除合同的，应当将已收取的保险费，按照合同约定扣除自保险责任开始之日起至合同解除之日止应收的部分后，退还投保人。

被保险人未履行前款规定的通知义务的，因保险标的的危险程度显著增加而发生的保险事故，保险人不承担赔偿保险金的责任。

第五十三条 有下列情形之一的，除合同另有约定外，保险人应当降低保险费，并按日计算退还相应的保险费：

（一）据以确定保险费率的有关情况发生变化，保险标的的危险程度明显减少的；

（二）保险标的的保险价值明显减少的。

第五十四条 保险责任开始前，投保人要求解除合同的，应当按照合同约定向保险人支付手续费，保险人应当退还保险费。保险责任开始后，投保人要求解除合同的，保险人应当将已收取的保险费，按照合同约定扣除自保险责任开始之日起至合同解除之日止应收的部分后，退还投保人。

第五十五条 投保人和保险人约定保险标的的保险价值并在合同中载明的，保险标的发生损失时，以约定的保险价值为赔偿计算标准。

投保人和保险人未约定保险标的的保险价值的，保险标的发生损失时，以保险事故发生时保险标的的实际价值为赔偿计算标准。

保险金额不得超过保险价值。超过保险价值的，超过部分无效，保险人应当退还相应的保险费。

保险金额低于保险价值的，除合同另有约定外，保险人按照保险金额与保险价值的比例承担赔偿保险金的责任。

第五十六条 重复保险的投保人应当将重复保险的有关情况通知各保险人。

重复保险的各保险人赔偿保险金的总和不得超过保险价值。除合同另有约定外，各保险人按照其保险金额与保险金额总和的比例承担赔偿保险金的责任。

重复保险的投保人可以就保险金额总和超过保险价值的部分，请求各保险人按比例返还保险费。

重复保险是指投保人对同一保险标的、同一保险利益、同一保险事故分别与两个以上保险人订立保险合同，且保险金额总和超过保险价值的保险。

第五十七条 保险事故发生时，被保险人应当尽力采取必要的措施，防止或者减少损失。

保险事故发生后，被保险人为防止或者减少保险标的的损失所支付的必要的、合理的费用，由保险人承担；保险人所承担的费用数额在保险标的损失赔偿金额以外另行计算，最高不超过保险金额的数额。

第五十八条 保险标的发生部分损失的，自保险人赔偿之日起三十日内，投保人可以解除合同；除合同另有约定外，保险人也可以解除合同，但应当提前十五日通知投保人。

合同解除的，保险人应当将保险标的未受损失部分的保险费，按照合同约定扣除自保险责任开始之日起至合同解除之日止应收的部分后，退还投保人。

第五十九条 保险事故发生后，保险人已支付了全部保险金额，并且保险金额等于保险价值的，受损保险标的的全部权利归于保险人；保险金额低于保险价值的，保险人按照保险金额与保险价值的比例取得受损保险标的的部分权利。

第六十条 因第三者对保险标的的损害而造成保险事故的，保险人自向被保险人赔偿保险金之日起，在赔偿金额范围内代位行使被保险人对第三者请求赔偿的权利。

前款规定的保险事故发生后，被保险人已经从第三者取得损害赔偿的，保险人赔偿保险金时，可以相应扣减被保险人从第三者已取得的赔偿金额。

保险人依照本条第一款规定行使代位请求赔偿的权利，不影响被保险人就未取得赔偿的部分向第三者请求赔偿的权利。

第六十一条 保险事故发生后，保险人未赔偿保险金之前，被保险人放弃对第三者请求赔偿的权利的，保险人不承担赔偿保险金的责任。

保险人向被保险人赔偿保险金后，被保险人未经保险人同意放弃对第三者请求赔偿的权利的，该行为无效。

被保险人故意或者因重大过失致使保险人不能行使代位请求赔偿的权利的，保险人可以扣减或者要求返还相应的保险金。

第六十二条 除被保险人的家庭成员或者其组成人员故意造成本法第六十条第一款规定的保险事故外，保险人不得对被保险人的家庭成员或者其组成人员行使代位请求赔偿的权利。

第六十三条 保险人向第三者行使代位请求赔偿的权利时，被保险人应当向保险人提供必要的文件和所知道的有关情况。

第六十四条 保险人、被保险人为查明和确定保险事故的性质、原因和保险标的的损失程度所支付的必要的、合理的费用，由保险人承担。

第六十五条 保险人对责任保险的被保险人给第三者造成的损害，可以依照法律的规定或者合同的约定，直接向该第三者赔偿保险金。

责任保险的被保险人给第三者造成损害，被保险人对第三者应负的赔偿责任确定的，根据被保险人的请求，保险人应当直接向该第三者赔偿保险金。被保险人怠于请求的，第三者有权就其应获赔偿部分直接向保险人请求赔偿保险金。

责任保险的被保险人给第三者造成损害，被保险人未向该第三者赔偿的，保险人不得向被保险人赔偿保险金。

责任保险是指以被保险人对第三者依法应负的赔偿责任为保险标的的保险。

第六十六条 责任保险的被保险人因给第三者造成损害的保险事故而被提起仲裁或者诉讼的，被保险人支付的仲裁或者诉讼费用以及其他必要的、合理的费用，除合同另有约定外，由保险人承担。

第三章　保险公司

第六十七条 设立保险公司应当经国务院保险监督管理机构批准。

国务院保险监督管理机构审查保险公司的设立申请时，应当考虑保险业的发展和公平竞争的需要。

第六十八条 设立保险公司应当具备下列条件：

（一）主要股东具有持续盈利能力，信誉良好，最近三年内无重大违法违规记录，净资产不低于人民币二亿元；

（二）有符合本法和《中华人民共和国公司法》规定的章程；

（三）有符合本法规定的注册资本；

（四）有具备任职专业知识和业务工作经验的董事、监事和高级管理人员；

（五）有健全的组织机构和管理制度；

（六）有符合要求的营业场所和与经营业务有关的其他设施；

（七）法律、行政法规和国务院保险监督管理机构规定的其他条件。

第六十九条 设立保险公司，其注册资本的最低限额为人民币二亿元。

国务院保险监督管理机构根据保险公司的业务范围、经营规模，可以调整其注册资本的最低限额，但不得低于本条第一款规定的限额。

保险公司的注册资本必须为实缴货币资本。

第七十条 申请设立保险公司，应当向国务院保险监督管理机构提出书面申请，并提交下列材料：

（一）设立申请书，申请书应当载明拟设立的保险公司的名称、注册资本、业务范围等；

（二）可行性研究报告；

（三）筹建方案；

（四）投资人的营业执照或者其他背景资料，经会计师事务所审计的上一年度财务会计报告；

（五）投资人认可的筹备组负责人和拟任董事长、经理名单及本人认可证明；

（六）国务院保险监督管理机构规定的其他材料。

第七十一条 国务院保险监督管理机构应当对设立保险公司的申请进行审查，自受理之日起六个月内作出批准或者不批准筹建的决定，并书面通知申请人。决定不批准的，应当书面说明理由。

第七十二条 申请人应当自收到批准筹建通知之日起一年内完成筹建工作；筹建期间不得从事保险经营活动。

第七十三条 筹建工作完成后，申请人具备本法第六十八条规定的设立条件的，可以向国务院保险监督管理机构提出开业申请。

国务院保险监督管理机构应当自受理开业申请之日起六十日内，作出批准或者不批准开业的决定。决定批准的，颁发经营保险业务许可证；决定不批准的，应当书面通知申请人并说明理由。

第七十四条 保险公司在中华人民共和国境内设立分支机构，应当经保险监督管理机构批准。

保险公司分支机构不具有法人资格，其民事责任由保险公司承担。

第七十五条 保险公司申请设立分支机构，应当向保险监督管理机构提出书面申请，并提交下列材料：

（一）设立申请书；

（二）拟设机构三年业务发展规划和市场分析材料；

（三）拟任高级管理人员的简历及相关证明材料；

（四）国务院保险监督管理机构规定的其他材料。

第七十六条 保险监督管理机构应当对保险公司设立分支机构的申请进行审查，自受理之日起六十日内作出批准或者不批准的决定。决定批准的，颁发分支机构经营保险业务许可证；决定不批准的，应当书面通知申请人并说明理由。

第七十七条 经批准设立的保险公司及其分支机构，凭经营保险业务许可证向工商行政管理机关办理登记，领取营业执照。

第七十八条 保险公司及其分支机构自取得经营保险业务许可证之日起六个月内，无正当理由未向工商行政管理机关办理登记的，其经营保险业务许可证失效。

第七十九条 保险公司在中华人民共和国境外设立子公司、分支机构，应当经国务院保险监督管理机构批准。

第八十条 外国保险机构在中华人民共和国境内设立代表机构，应当经国务院保险监督管理机构批准。代表机构不得从事保险经营活动。

第八十一条 保险公司的董事、监事和高级管理人员，应当品行良好，熟悉与保险相关的法律、行政法规，具有履行职责所需的经营管理能力，并在任职前取得保险监督管理机构核准的任职资格。

保险公司高级管理人员的范围由国务院保险监督管理机构规定。

第八十二条 有《中华人民共和国公司法》第一百四十六条规定的情形或者下列情形之一的，不得担任保险公司的董事、监事、高级管理人员：

（一）因违法行为或者违纪行为被金融监督管理机构取消任职资格的金融机构的董事、监事、高级管理人员，自被取消任职资格之日起未逾五年的；

（二）因违法行为或者违纪行为被吊销执业资格的律师、注册会计师或者资产评估机构、验证机构等机构的专业人员，自被吊销执业资格之日起未逾五年的。

第八十三条 保险公司的董事、监事、高级管理人员执行公司职务时违反法律、行政法规或者公司章程的规定，给公司造成损失的，应当承担赔偿责任。

第八十四条 保险公司有下列情形之一的，应当经保险监督管理机构批准：

（一）变更名称；

（二）变更注册资本；

（三）变更公司或者分支机构的营业场所；

（四）撤销分支机构；

（五）公司分立或者合并；

（六）修改公司章程；

（七）变更出资额占有限责任公司资本总额百分之五以上的股东，或者变更持有股份有限公司股份百分之五以上的股东；

（八）国务院保险监督管理机构规定的其他情形。

第八十五条 保险公司应当聘用专业人员，建立精算报告制度和合规报告制度。

第八十六条 保险公司应当按照保险监督管理机构的规定，报送有关报告、报表、文件和资料。

保险公司的偿付能力报告、财务会计报告、精算报告、合规报告及其他有关报告、报表、文件和资料必须如实记录保险业务事项，不得有虚假记载、误导性陈述和重大遗漏。

第八十七条 保险公司应当按照国务院保险监督管理机构的规定妥善保管业务经营活动的完整账簿、原始凭证和有关资料。

前款规定的账簿、原始凭证和有关资料的保管期限，自保险合同终止之日起计算，保险期间在一年以下的不得少于五年，保险期间超过一年的不得少于十年。

第八十八条 保险公司聘请或者解聘会计师事务所、资产评估机构、资信评级机构等中介服务机构，应当向保险监督管理机构报告；解聘会计师事务所、资产评估机构、资信评级机构等中介服务机构，应当说明理由。

第八十九条 保险公司因分立、合并需要解散，或者股东会、股东大会决议解散，或者公司章程规定的解散事由出现，经国务院保险监督管理机构批准后解散。

经营有人寿保险业务的保险公司，除因分立、合并或者被依法撤销外，不得解散。

保险公司解散，应当依法成立清算组进行清算。

第九十条 保险公司有《中华人民共和国企业破产法》第二条规定情形的，经国务院保险监督管理机构同意，保险公司或者其债权人可以依法向人民法院申请重整、和解或者破产清算；国务院保险监督管理机构也可以依法向人民法院申请对该保险公司进行重整或者破产清算。

第九十一条 破产财产在优先清偿破产费用和共益债务后，按照下列顺序清偿：

（一）所欠职工工资和医疗、伤残补助、抚恤费用，所欠应当划入职工个人账户的基本养老保险、基本医疗保险费用，以及法律、行政法规规定应当支付给职工的补偿金；

（二）赔偿或者给付保险金；

（三）保险公司欠缴的除第（一）项规定以外的社会保险费用和所欠税款；

（四）普通破产债权。

破产财产不足以清偿同一顺序的清偿要求的，按照比例分配。

破产保险公司的董事、监事和高级管理人员的工资，按照该公司职工的平均工资计算。

第九十二条 经营有人寿保险业务的保险公司被依法撤销或者被依法宣告破产的，其持有的人寿保险合同及责任准备金，必须转让给其他经营有人寿保险业务的保险公司；不能同其他保险公司达成转让协议的，由国务院保险监督管理机构指定经营有人寿保险业务的保险公司接受转让。

转让或者由国务院保险监督管理机构指定接受转让前款规定的人寿保险合同及责任准备金的，应当维护被保险人、受益人的合法权益。

第九十三条 保险公司依法终止其业务活动，应当注销其经营保险业务许可证。

第九十四条 保险公司，除本法另有规定外，适用《中华人民共和国公司法》的规定。

第四章 保险经营规则

第九十五条 保险公司的业务范围：

（一）人身保险业务，包括人寿保险、健康保险、意外伤害保险等保险业务；

（二）财产保险业务，包括财产损失保险、责任保险、信用保险、保证保险等保险业务；

（三）国务院保险监督管理机构批准的与保险有关的其他业务。

保险人不得兼营人身保险业务和财产保险业务。但是，经营财产保险业务的保险公司经国务院保险监督管理机构批准，可以经营短期健康保险业务和意外伤害保险业务。

保险公司应当在国务院保险监督管理机构依法批准的业务范围内从事保险经营活动。

第九十六条 经国务院保险监督管理机构批准，保险公司可以经营本法第九十五条规定的保险业务的下列再保险业务：

（一）分出保险；

（二）分入保险。

第九十七条 保险公司应当按照其注册资本总额的百分之二十提取保证金，存入国务院保险监督管理机构指定的银行，除公司清算时用于清偿债务外，不得动用。

第九十八条 保险公司应当根据保障被保险人利益、保证偿付能力的原则，提取各项责任准备金。

保险公司提取和结转责任准备金的具体办法，由国务院保险监督管理机构制定。

第九十九条 保险公司应当依法提取公积金。

第一百条 保险公司应当缴纳保险保障基金。

保险保障基金应当集中管理，并在下列情形下统筹使用：

（一）在保险公司被撤销或者被宣告破产时，向投保人、被保险人或者受益人提供救济；

（二）在保险公司被撤销或者被宣告破产时，向依法接受其人寿保险合同的保险公司提供救济；

（三）国务院规定的其他情形。

保险保障基金筹集、管理和使用的具体办法，由国务院制定。

第一百零一条 保险公司应当具有与其业务规模和风险程度相适应的最低偿付能力。保险公司的认可资产减去认可负债的差额不得低于国务院保险监督管理机构规定的数额；低于规定数额的，应当按照国务院保险监督管理机构的要求采取相应措施达到规定的数额。

第一百零二条 经营财产保险业务的保险公司当年自留保险费，不得超过其实有资本金加公积金总和的四倍。

第一百零三条 保险公司对每一危险单位，即对一次保险事故可能造成的最大损失范围所承担的责任，不得超过其实有资本金加公积金总和的百分之十；超过的部分应当办理再保险。

保险公司对危险单位的划分应当符合国务院保险监督管理机构的规定。

第一百零四条 保险公司对危险单位的划分方法和巨灾风险安排方案，应当报国务院保险监督管理机构备案。

第一百零五条 保险公司应当按照国务院保险监督管理机构的规定办理再保险，并审慎选择再保险接受人。

第一百零六条 保险公司的资金运用必须稳健，遵循安全性原则。

保险公司的资金运用限于下列形式：

（一）银行存款；

（二）买卖债券、股票、证券投资基金份额等有价证券；

（三）投资不动产；

（四）国务院规定的其他资金运用形式。

保险公司资金运用的具体管理办法，由国务院保险监督管理机构依照前两款的规定制定。

第一百零七条 经国务院保险监督管理机构会同国务院证券监督管理机构批准，保险公司可以设立保险资产管理公司。

保险资产管理公司从事证券投资活动，应当遵守《中华人民共和国证券法》等法律、行政法规的规定。

保险资产管理公司的管理办法，由国务院保险监督管理机构会同国务院有关部门制定。

第一百零八条 保险公司应当按照国务院保险监督管理机构的规定，建立对关联交易的管理和信息披露制度。

第一百零九条 保险公司的控股股东、实际控制人、董事、监事、高级管理人员不得利用关联交易损害公司的利益。

第一百一十条 保险公司应当按照国务院保险监督管理机构的规定，真实、准确、完整地披露财务会计报告、风险管理状况、保险产品经营情况等重大事项。

第一百一十一条 保险公司从事保险销售的人员应当品行良好，具有保险销售所需的专业能力。保险销售人员的行为规范和管理办法，由国务院保险监督管理机构规定。

第一百一十二条 保险公司应当建立保险代理人登记管理制度，加强对保险代理人的培训和管理，不得唆使、诱导保险代理人进行违背诚信义务的活动。

第一百一十三条 保险公司及其分支机构应当依法使用经营保险业务许可证，不得转让、出租、出借经营保险业务许可证。

第一百一十四条 保险公司应当按照国务院保险监督管理机构的规定，公平、合理拟订保险条款和保险费率，不得损害投保人、被保险人和受益人的合法权益。

保险公司应当按照合同约定和本法规定，及时履行赔偿或者给付保险金义务。

第一百一十五条 保险公司开展业务，应当遵循公平竞争的原则，不得从事不正当竞争。

第一百一十六条 保险公司及其工作人员在保险业务活动中不得有下列行为：

（一）欺骗投保人、被保险人或者受益人；

（二）对投保人隐瞒与保险合同有关的重要情况；

（三）阻碍投保人履行本法规定的如实告知义务，或者诱导其不履行本法规定的如实告知义务；

（四）给予或者承诺给予投保人、被保险人、受益人保险合同约定以外的保险费回扣或者其他利益；

（五）拒不依法履行保险合同约定的赔偿或者给付保险金义务；

（六）故意编造未曾发生的保险事故、虚构保险合同或者故意夸大已经发生的保险事故的损失程度进行虚假理赔，骗取保险金或者牟取其他不正当利益；

（七）挪用、截留、侵占保险费；

（八）委托未取得合法资格的机构从事保险销售活动；

（九）利用开展保险业务为其他机构或者个人牟取不正当利益；

（十）利用保险代理人、保险经纪人或者保险评估机构，从事以虚构保险中介业务或者编造退保等方式套取费用等违法活动；

（十一）以捏造、散布虚假事实等方式损害竞争对手的商业信誉，或者以其他不正当竞争行为扰乱保险市场秩序；

（十二）泄露在业务活动中知悉的投保人、被保险人的商业秘密；

（十三）违反法律、行政法规和国务院保险监督管理机构规定的其他行为。

第五章 保险代理人和保险经纪人

第一百一十七条 保险代理人是根据保险人的委托，向保险人收取佣金，并在保险人授权的范围内代为办理保险业务的机构或者个人。

保险代理机构包括专门从事保险代理业务的保险专业代理机构和兼营保险代理业务的保险兼业代理机构。

第一百一十八条 保险经纪人是基于投保人的利益，为投保人与保险人订立保险合同提供中介服务，并依法收取佣金的机构。

第一百一十九条 保险代理机构、保险经纪人应当具备国务院保险监督管理机构规定的条件，取得保险监督管理机构颁发的经营保险代理业务许可证、保险经纪业务许可证。

第一百二十条 以公司形式设立保险专业代理机构、保险经纪人，其注册资本最低限额适用《中华人民共和国公司法》的规定。

国务院保险监督管理机构根据保险专业代理机构、保险经纪人的业务范围和经营规模，可以调整其注册资本的最低限额，但不得低于《中华人民共和国公司法》规定的限额。

保险专业代理机构、保险经纪人的注册资本或者出资额必须为实缴货币资本。

第一百二十一条 保险专业代理机构、保险经纪人的高级管理人员，应当品行良好，熟悉保险法律、行政法规，具有履行职责所需的经营管理能力，并在任职前取得保险监督管理机构核准的任职资格。

第一百二十二条 个人保险代理人、保险代理机构的代理从业人员、保险经纪人的经纪从业人员，应当品行良好，具有从事保险代理业务或者保险经纪业务所需的专业能力。

第一百二十三条 保险代理机构、保险经纪人应当有自己的经营场所，设立专门账簿记载保险代理业务、经纪业务的收支情况。

第一百二十四条 保险代理机构、保险经纪人应当按照国务院保险监督管理机构的规定缴存保证金或者投保职业责任保险。

第一百二十五条 个人保险代理人在代为办理人寿保险业务时，不得同时接受两个以上保险人的委托。

第一百二十六条 保险人委托保险代理人代为办理保险业务，应当与保险代理人签订委托代理协议，依法约定双方的权利和义务。

第一百二十七条 保险代理人根据保险人的授权代为办理保险业务的行为，由保险人承担责任。

保险代理人没有代理权、超越代理权或者代理权终止后以保险人名义订立合同，使投保人有理由相信其有代理权的，该代理行为有效。保险人可以依法追究越权的保险代理人的责任。

第一百二十八条 保险经纪人因过错给投保人、被保险人造成损失的，依法承担赔偿责任。

第一百二十九条 保险活动当事人可以委托保险公估机构等依法设立的独立评估机构或者具有相关专业知识的人员，对保险事故进行评估和鉴定。

接受委托对保险事故进行评估和鉴定的机构和人员，应当依法、独立、客观、公正地进行评估和鉴定，任何单位和个人不得干涉。

前款规定的机构和人员，因故意或者过失给保险人或者被保险人造成损失的，依法承担赔偿责任。

第一百三十条 保险佣金只限于向保险代理人、保险经纪人支付，不得向其他人支付。

第一百三十一条 保险代理人、保险经纪人及其从业人员在办理保险业务活动中不得有下列行为：

（一）欺骗保险人、投保人、被保险人或者受益人；

（二）隐瞒与保险合同有关的重要情况；

（三）阻碍投保人履行本法规定的如实告知义务，或者诱导其不履行本法规定的如实告知义务；

（四）给予或者承诺给予投保人、被保险人或者受益人保险合同约定以外的利益；

（五）利用行政权力、职务或者职业便利以及其他不正当手段强迫、引诱或者限制投保人订立保险合同；

（六）伪造、擅自变更保险合同，或者为保险合同当事人提供虚假证明材料；

（七）挪用、截留、侵占保险费或者保险金；

（八）利用业务便利为其他机构或者个人牟取不正当利益；

（九）串通投保人、被保险人或者受益人，骗取保险金；

（十）泄露在业务活动中知悉的保险人、投保人、被保险人的商业秘密。

第一百三十二条 本法第八十六条第一款、第一百一十三条的规定，适用于保险代理机构和保险经纪人。

第六章 保险业监督管理

第一百三十三条 保险监督管理机构依照本法和国务院规定的职责，遵循依法、公开、公正的原则，对保险业实施监督管理，维护保险市场秩序，保护投保人、被保险人和受益人的合法权益。

第一百三十四条 国务院保险监督管理机构依照法律、行政法规制定并发布有关保险业监督管理的规章。

第一百三十五条 关系社会公众利益的保险险种、依法实行强制保险的险种和新开发的人寿保险险种等的保险条款和保险费率，应当报国务院保险监督管理机构批准。国务院保险监督管理机构审批时，应当遵循保护社会公众利益和防止不正当竞争的原则。其他保险险种的保险条款和保险费率，应当报保险监督管理机构备案。

保险条款和保险费率审批、备案的具体办法，由国务院保险监督管理机构依照前款规定制定。

第一百三十六条 保险公司使用的保险条款和保险费率违反法律、行政法规或者国务院保险监督管理机构的有关规定的，由保险监督管理机构责令停止使用，限期修改；情节严重的，可以在一定期限内禁止申报新的保险条款和保险费率。

第一百三十七条 国务院保险监督管理机构应当建立健全保险公司偿付能力监管体系，对保险公司的偿付能力实施监控。

第一百三十八条 对偿付能力不足的保险公司，国务院保险监督管理机构应当将其列为重点监管对象，并可以根据具体情况采取下列措施：

（一）责令增加资本金、办理再保险；

（二）限制业务范围；

（三）限制向股东分红；

（四）限制固定资产购置或者经营费用规模；

（五）限制资金运用的形式、比例；

（六）限制增设分支机构；

（七）责令拍卖不良资产、转让保险业务；

（八）限制董事、监事、高级管理人员的薪酬水平；

（九）限制商业性广告；

（十）责令停止接受新业务。

第一百三十九条 保险公司未依照本法规定提取或者结转各项责任准备金，或者未依照本法规定办理再保险，或者严重违反本法关于资金运用的规定的，由保险监督管理机构责令限期改正，并可以责令调整负责人及有关管理人员。

第一百四十条 保险监督管理机构依照本法第一百三十九条的规定作出限期改正的决定后，保险公司逾期未改正的，国务院保险监督管理机构可以决定选派保险专业人员和指定该保险公司的有关人员组成整顿组，对公司进行整顿。

整顿决定应当载明被整顿公司的名称、整顿理由、整顿组成员和整顿期限，并予以公告。

第一百四十一条 整顿组有权监督被整顿保险公司的日常业务。被整顿公司的负责人及有关管理人员应当在整顿组的监督下行使职权。

第一百四十二条 整顿过程中，被整顿保险公司的原有业务继续进行。但是，国务院保险监督管理机构可以责令被整顿公司停止部分原有业务、停止接受新业务，调整资金运用。

第一百四十三条 被整顿保险公司经整顿已纠正其违反本法规定的行为，恢复正常经营状况的，由整顿组提出报告，经国务院保险监督管理机构批准，结束整顿，并由国务院保险监督管理机构予以公告。

第一百四十四条 保险公司有下列情形之一的，国务院保险监督管理机构可以对其实行接管：

（一）公司的偿付能力严重不足的；

（二）违反本法规定，损害社会公共利益，可能严重危及或者已经严重危及公司的偿付能力的。

被接管的保险公司的债权债务关系不因接管而变化。

第一百四十五条 接管组的组成和接管的实施办法，由国务院保险监督管理机构决定，并予以公告。

第一百四十六条 接管期限届满，国务院保险监督管理机构可以决定延长接管期限，但接管期限最长不得超过二年。

第一百四十七条 接管期限届满，被接管的保险公司已恢复正常经营能力的，由国务院保险监督管理机构决定终止接管，并予以公告。

第一百四十八条 被整顿、被接管的保险公司有《中华人民共和国企业破产法》第二条规定情形的，国务院保险监督管理机构可以依法向人民法院申请对该保险公司进行重整或者破产清算。

第一百四十九条 保险公司因违法经营被依法吊销经营保险业务许可证的，或者偿付能力低于国务院保险监督管理机构规定标准，不予撤销将严重危害保险市场秩序、损害公共利益的，由国务院保险监督管理机构予以撤销并公告，依法及时组织清算组进行清算。

第一百五十条 国务院保险监督管理机构有权要求保险公司股东、实际控制人在指定的期限内提供有关信息和资料。

第一百五十一条 保险公司的股东利用关联交易严重损害公司利益，危及公司偿付能力的，由国务院保险监督管理机构责令改正。在按照要求改正前，国务院保险监督管理机构可以限制其股东权利；拒不改正的，可以责令其转让所持的保险公司股权。

第一百五十二条 保险监督管理机构根据履行监督管理职责的需要，可以与保险公司董事、监事和高级管理人员进行监督管理谈话，要求其就公司的业务活动和风险管理的重大事项作出说明。

第一百五十三条 保险公司在整顿、接管、撤销清算期间，或者出现重大风险时，国务院保险监督管理机构可以对该公司直接负责的董事、监事、高级管理人员和其他直接责任人员采取以下措施：

（一）通知出境管理机关依法阻止其出境；

（二）申请司法机关禁止其转移、转让或者以其他方式处分财产，或者在财产上设定其他权利。

第一百五十四条 保险监督管理机构依法履行职责，可以采取下列措施：

（一）对保险公司、保险代理人、保险经纪人、保险资产管理公司、外国保险机构的代表机构进行现场检查；

（二）进入涉嫌违法行为发生场所调查取证；

（三）询问当事人及与被调查事件有关的单位和个人，要求其对与被调查事件有关的事项作出说明；

（四）查阅、复制与被调查事件有关的财

产权登记等资料；

（五）查阅、复制保险公司、保险代理人、保险经纪人、保险资产管理公司、外国保险机构的代表机构以及与被调查事件有关的单位和个人的财务会计资料及其他相关文件和资料；对可能被转移、隐匿或者毁损的文件和资料予以封存；

（六）查询涉嫌违法经营的保险公司、保险代理人、保险经纪人、保险资产管理公司、外国保险机构的代表机构以及与涉嫌违法事项有关的单位和个人的银行账户；

（七）对有证据证明已经或者可能转移、隐匿违法资金等涉案财产或者隐匿、伪造、毁损重要证据的，经保险监督管理机构主要负责人批准，申请人民法院予以冻结或者查封。

保险监督管理机构采取前款第（一）项、第（二）项、第（五）项措施的，应当经保险监督管理机构负责人批准；采取第（六）项措施的，应当经国务院保险监督管理机构负责人批准。

保险监督管理机构依法进行监督检查或者调查，其监督检查、调查的人员不得少于二人，并应当出示合法证件和监督检查、调查通知书；监督检查、调查的人员少于二人或者未出示合法证件和监督检查、调查通知书的，被检查、调查的单位和个人有权拒绝。

第一百五十五条 保险监督管理机构依法履行职责，被检查、调查的单位和个人应当配合。

第一百五十六条 保险监督管理机构工作人员应当忠于职守，依法办事，公正廉洁，不得利用职务便利牟取不正当利益，不得泄露所知悉的有关单位和个人的商业秘密。

第一百五十七条 国务院保险监督管理机构应当与中国人民银行、国务院其他金融监督管理机构建立监督管理信息共享机制。

保险监督管理机构依法履行职责，进行监督检查、调查时，有关部门应当予以配合。

第七章 法律责任

第一百五十八条 违反本法规定，擅自设立保险公司、保险资产管理公司或者非法经营商业保险业务的，由保险监督管理机构予以取缔，没收违法所得，并处违法所得一倍以上五倍以下的罚款；没有违法所得或者违法所得不足二十万元的，处二十万元以上一百万元以下的罚款。

第一百五十九条 违反本法规定，擅自设立保险专业代理机构、保险经纪人，或者未取得经营保险代理业务许可证、保险经纪业务许可证从事保险代理业务、保险经纪业务的，由保险监督管理机构予以取缔，没收违法所得，并处违法所得一倍以上五倍以下的罚款；没有违法所得或者违法所得不足五万元的，处五万元以上三十万元以下的罚款。

第一百六十条 保险公司违反本法规定，超出批准的业务范围经营的，由保险监督管理机构责令限期改正，没收违法所得，并处违法所得一倍以上五倍以下的罚款；没有违法所得或者违法所得不足十万元的，处十万元以上五十万元以下的罚款。逾期不改正或者造成严重后果的，责令停业整顿或者吊销业务许可证。

第一百六十一条 保险公司有本法第一百一十六条规定行为之一的，由保险监督管理机构责令改正，处五万元以上三十万元以下的罚款；情节严重的，限制其业务范围、责令停止接受新业务或者吊销业务许可证。

第一百六十二条 保险公司违反本法第八十四条规定的，由保险监督管理机构责令改正，处一万元以上十万元以下的罚款。

第一百六十三条 保险公司违反本法规定，有下列行为之一的，由保险监督管理机构责令改正，处五万元以上三十万元以下的罚款：

（一）超额承保，情节严重的；

（二）为无民事行为能力人承保以死亡为给付保险金条件的保险的。

第一百六十四条 违反本法规定，有下列行为之一的，由保险监督管理机构责令改正，处五万元以上三十万元以下的罚款；情节严重的，可以限制其业务范围、责令停止接受新业务或者吊销业务许可证：

（一）未按照规定提存保证金或者违反规定动用保证金的；

（二）未按照规定提取或者结转各项责任准备金的；

（三）未按照规定缴纳保险保障基金或者提取公积金的；

（四）未按照规定办理再保险的；

（五）未按照规定运用保险公司资金的；

（六）未经批准设立分支机构的；

（七）未按照规定申请批准保险条款、保险费率的。

第一百六十五条 保险代理机构、保险经纪人有本法第一百三十一条规定行为之一的，由保险监督管理机构责令改正，处五万元以上三十万元以下的罚款；情节严重的，吊销业务许可证。

第一百六十六条 保险代理机构、保险经纪人违反本法规定，有下列行为之一的，由保险监督管理机构责令改正，处二万元以上十万元以下的罚款；情节严重的，责令停业整顿或者吊销业务许可证：

（一）未按照规定缴存保证金或者投保职业责任保险的；

（二）未按照规定设立专门账簿记载业务收支情况的。

第一百六十七条 违反本法规定，聘任不具有任职资格的人员的，由保险监督管理机构责令改正，处二万元以上十万元以下的罚款。

第一百六十八条 违反本法规定，转让、出租、出借业务许可证的，由保险监督管理机构处一万元以上十万元以下的罚款；情节严重的，责令停业整顿或者吊销业务许可证。

第一百六十九条 违反本法规定，有下列行为之一的，由保险监督管理机构责令限期改正；逾期不改正的，处一万元以上十万元以下的罚款：

（一）未按照规定报送或者保管报告、报表、文件、资料的，或者未按照规定提供有关信息、资料的；

（二）未按照规定报送保险条款、保险费率备案的；

（三）未按照规定披露信息的。

第一百七十条 违反本法规定，有下列行为之一的，由保险监督管理机构责令改正，处十万元以上五十万元以下的罚款；情节严重的，可以限制其业务范围、责令停止接受新业务或者吊销业务许可证：

（一）编制或者提供虚假的报告、报表、文件、资料的；

（二）拒绝或者妨碍依法监督检查的；

（三）未按照规定使用经批准或者备案的保险条款、保险费率的。

第一百七十一条 保险公司、保险资产管理公司、保险专业代理机构、保险经纪人违反本法规定的，保险监督管理机构除分别依照本法第一百六十条至第一百七十条的规定对该单位给予处罚外，对其直接负责的主管人员和其他直接责任人员给予警告，并处一万元以上十万元以下的罚款；情节严重的，撤销任职资格。

第一百七十二条 个人保险代理人违反本法规定的，由保险监督管理机构给予警告，可以并处二万元以下的罚款；情节严重的，处二万元以上十万元以下的罚款。

第一百七十三条 外国保险机构未经国务院保险监督管理机构批准，擅自在中华人民共和国境内设立代表机构的，由国务院保险监督管理机构予以取缔，处五万元以上三十万元以下的罚款。

外国保险机构在中华人民共和国境内设立的代表机构从事保险经营活动的，由保险监督管理机构责令改正，没收违法所得，并处违法所得一倍以上五倍以下的罚款；没有违法所得或者违法所得不足二十万元的，处二十万元以上一百万元以下的罚款；对其首席代表可以责令撤换；情节严重的，撤销其代表机构。

第一百七十四条 投保人、被保险人或者受益人有下列行为之一，进行保险诈骗活动，尚不构成犯罪的，依法给予行政处罚：

（一）投保人故意虚构保险标的，骗取保险金的；

（二）编造未曾发生的保险事故，或者编造虚假的事故原因或者夸大损失程度，骗取保险金的；

（三）故意造成保险事故，骗取保险金的。

保险事故的鉴定人、评估人、证明人故意提供虚假的证明文件，为投保人、被保险人或者受益人进行保险诈骗提供条件的，依照前款规定给予处罚。

第一百七十五条 违反本法规定，给他人造成损害的，依法承担民事责任。

第一百七十六条 拒绝、阻碍保险监督管理机构及其工作人员依法行使监督检查、调查职权，未使用暴力、威胁方法的，依法给予治安管理处罚。

第一百七十七条 违反法律、行政法规的规定，情节严重的，国务院保险监督管理机构可以禁止有关责任人员一定期限直至终身进入保险业。

第一百七十八条 保险监督管理机构从事监督管理工作的人员有下列情形之一的，依法给予处分：

（一）违反规定批准机构的设立的；

（二）违反规定进行保险条款、保险费率审批的；

（三）违反规定进行现场检查的；

（四）违反规定查询账户或者冻结资金的；

（五）泄露其知悉的有关单位和个人的商业秘密的；

（六）违反规定实施行政处罚的；

（七）滥用职权、玩忽职守的其他行为。

第一百七十九条 违反本法规定，构成犯罪的，依法追究刑事责任。

第八章 附 则

第一百八十条 保险公司应当加入保险行业协会。保险代理人、保险经纪人、保险公估机构可以加入保险行业协会。

保险行业协会是保险业的自律性组织，是社会团体法人。

第一百八十一条 保险公司以外的其他依法设立的保险组织经营的商业保险业务，适用本法。

第一百八十二条 海上保险适用《中华人民共和国海商法》的有关规定；《中华人民共和国海商法》未规定的，适用本法的有关规定。

第一百八十三条 中外合资保险公司、外资独资保险公司、外国保险公司分公司适用本法规定；法律、行政法规另有规定的，适用其规定。

第一百八十四条 国家支持发展为农业生产服务的保险事业。农业保险由法律、行政法规另行规定。

强制保险，法律、行政法规另有规定的，适用其规定。

第一百八十五条 本法自2009年10月1日起施行。

机动车交通事故责任强制保险条例

（2006年3月21日中华人民共和国国务院令第462号公布 根据2012年3月30日《国务院关于修改〈机动车交通事故责任强制保险条例〉的决定》第一次修订 根据2012年12月17日《国务院关于修改〈机动车交通事故责任强制保险条例〉的决定》第二次修订 根据2016年2月6日《国务院关于修改部分行政法规的决定》第三次修订 根据2019年3月2日《国务院关于修改部分行政法规的决定》第四次修订）

第一章 总 则

第一条 为了保障机动车道路交通事故受害人依法得到赔偿，促进道路交通安全，根据《中华人民共和国道路交通安全法》、《中华人民共和国保险法》，制定本条例。

第二条 在中华人民共和国境内道路上行驶的机动车的所有人或者管理人，应当依照《中华人民共和国道路交通安全法》的规定投保机动车交通事故责任强制保险。

机动车交通事故责任强制保险的投保、赔偿和监督管理，适用本条例。

第三条 本条例所称机动车交通事故责任强制保险，是指由保险公司对被保险机动车发生道路交通事故造成本车人员、被保险人以外的受害人的人身伤亡、财产损失，在责任限额内予以赔偿的强制性责任保险。

第四条 国务院保险监督管理机构依法对保险公司的机动车交通事故责任强制保险业务实施监督管理。

公安机关交通管理部门、农业（农业机械）主管部门（以下统称机动车管理部门）应当依法对机动车参加机动车交通事故责任强制保险的情况实施监督检查。对未参加机动车交通事故责任强制保险的机动车，机动车管理部门不得予以登记，机动车安全技术检验机构不得予以检验。

公安机关交通管理部门及其交通警察在调查处理道路交通安全违法行为和道路交通事故时，应当依法检查机动车交通事故责任强制保险的保险标志。

第二章 投 保

第五条 保险公司可以从事机动车交通事故责任强制保险业务。

为了保证机动车交通事故责任强制保险制度的实行，国务院保险监督管理机构有权要求保险公司从事机动车交通事故责任强制保险业务。

除保险公司外，任何单位或者个人不得从事机动车交通事故责任强制保险业务。

第六条 机动车交通事故责任强制保险实行统一的保险条款和基础保险费率。国务院保险监督管理机构按照机动车交通事故责任强制保险业务总体上不盈利不亏损的原则审批保险费率。

国务院保险监督管理机构在审批保险费率时，可以聘请有关专业机构进行评估，可以举行听证会听取公众意见。

第七条 保险公司的机动车交通事故责任强制保险业务，应当与其他保险业务分开管理，单独核算。

国务院保险监督管理机构应当每年对保险公司的机动车交通事故责任强制保险业务情况进行核查，并向社会公布；根据保险公司机动车交通事故责任强制保险业务的总体盈利或者亏损情况，可以要求或者允许保险公司相应调整保险费率。

调整保险费率的幅度较大的，国务院保险监督管理机构应当进行听证。

第八条 被保险机动车没有发生道路交通安全违法行为和道路交通事故的，保险公司应当在下一年度降低其保险费率。在此后的年度内，被保险机动车仍然没有发生道路交通安全违法行为和道路交通事故的，保险公司应当继续降低其保险费率，直至最低标准。被保险机动车发生道路交通安全违法行为或者道路交通事故的，保险公司应当在下一年度提高其保险费率。多次发生道路交通安全违法行为、道路交通事故，或者发生重大道路交通事故的，保险公司应当加大提高其保险费率的幅度。在道路交通事故中被保险人没有过错的，不提高其保险费率。降低或者提高保险费率的标准，由国务院保险监督管理机构会同国务院公安部门制定。

第九条 国务院保险监督管理机构、国务院公安部门、国务院农业主管部门以及其他有关部门应当逐步建立有关机动车交通事故责任强制保险、道路交通安全违法行为和道路交通事故的信息共享机制。

第十条 投保人在投保时应当选择从事机动车交通事故责任强制保险业务的保险公司，被选择的保险公司不得拒绝或者拖延承保。

国务院保险监督管理机构应当将从事机动车交通事故责任强制保险业务的保险公司向社会公示。

第十一条 投保人投保时，应当向保险公司如实告知重要事项。

重要事项包括机动车的种类、厂牌型号、识别代码、牌照号码、使用性质和机动车所有人或者管理人的姓名（名称）、性别、年龄、住所、身份证或者驾驶证号码（组织机构代码）、续保前该机动车发生事故的情况以及国务院保险监督管理机构规定的其他事项。

第十二条 签订机动车交通事故责任强制保险合同时，投保人应当一次支付全部保险费；保险公司应当向投保人签发保险单、保险标志。保险单、保险标志应当注明保险单号码、车牌号码、保险期限、保险公司的名称、地址和理赔电话号码。

被保险人应当在被保险机动车上放置保险标志。

保险标志式样全国统一。保险单、保险标志由国务院保险监督管理机构监制。任何单位或者个人不得伪造、变造或者使用伪造、变造的保险单、保险标志。

第十三条 签订机动车交通事故责任强制保险合同时，投保人不得在保险条款和保险费率之外，向保险公司提出附加其他条件的要求。

签订机动车交通事故责任强制保险合同时，保险公司不得强制投保人订立商业保险合同以及提出附加其他条件的要求。

第十四条 保险公司不得解除机动车交通事故责任强制保险合同；但是，投保人对重要事项未履行如实告知义务的除外。

投保人对重要事项未履行如实告知义务，保险公司解除合同前，应当书面通知投保人，投保人应当自收到通知之日起5日内履行如实告知义务；投保人在上述期限内履行如实告知义务的，保险公司不得解除合同。

第十五条 保险公司解除机动车交通事故责任强制保险合同的，应当收回保险单和保险标志，并书面通知机动车管理部门。

第十六条 投保人不得解除机动车交通事故责任强制保险合同，但有下列情形之一的除外：

（一）被保险机动车被依法注销登记的；

（二）被保险机动车办理停驶的；

（三）被保险机动车经公安机关证实丢失的。

第十七条 机动车交通事故责任强制保险合同解除前，保险公司应当按照合同承担保险责任。

合同解除时，保险公司可以收取自保险责任开始之日起至合同解除之日止的保险费，剩余部分的保险费退还投保人。

第十八条 被保险机动车所有权转移的，应当办理机动车交通事故责任强制保险合同变更手续。

第十九条 机动车交通事故责任强制保险合同期满，投保人应当及时续保，并提供上一年度的保险单。

第二十条 机动车交通事故责任强制保险的保险期间为1年，但有下列情形之一的，投保人可以投保短期机动车交通事故责任强制保险：

（一）境外机动车临时入境的；

（二）机动车临时上道路行驶的；

（三）机动车距规定的报废期限不足1年的；

（四）国务院保险监督管理机构规定的其他情形。

第三章 赔 偿

第二十一条 被保险机动车发生道路交通事故造成本车人员、被保险人以外的受害人人身伤亡、财产损失的，由保险公司依法在机动车交通事故责任强制保险责任限额范围内予以赔偿。

道路交通事故的损失是由受害人故意造成的，保险公司不予赔偿。

第二十二条 有下列情形之一的，保险公司在机动车交通事故责任强制保险责任限额范围内垫付抢救费用，并有权向致害人追偿：

（一）驾驶人未取得驾驶资格或者醉酒的；

（二）被保险机动车被盗抢期间肇事的；

（三）被保险人故意制造道路交通事故的。

有前款所列情形之一，发生道路交通事故的，造成受害人的财产损失，保险公司不承担赔偿责任。

第二十三条 机动车交通事故责任强制保险在全国范围内实行统一的责任限额。责任限额分为死亡伤残赔偿限额、医疗费用赔偿限额、财产损失赔偿限额以及被保险人在道路交通事故中无责任的赔偿限额。

机动车交通事故责任强制保险责任限额由国务院保险监督管理机构会同国务院公安部门、国务院卫生主管部门、国务院农业主管部门规定。

第二十四条 国家设立道路交通事故社会救助基金（以下简称救助基金）。有下列情形之一时，道路交通事故中受害人人身伤亡的丧葬费用、部分或者全部抢救费用，由救助基金先行垫付，救助基金管理机构有权向道路交通事故责任人追偿：

（一）抢救费用超过机动车交通事故责任强制保险责任限额的；

（二）肇事机动车未参加机动车交通事故责任强制保险的；

（三）机动车肇事后逃逸的。

第二十五条 救助基金的来源包括：

（一）按照机动车交通事故责任强制保险的保险费的一定比例提取的资金；

（二）对未按照规定投保机动车交通事故责任强制保险的机动车的所有人、管理人的罚款；

（三）救助基金管理机构依法向道路交通事故责任人追偿的资金；

（四）救助基金孳息；

（五）其他资金。

第二十六条 救助基金的具体管理办法，由国务院财政部门会同国务院保险监督管理机构、国务院公安部门、国务院卫生主管部门、国务院农业主管部门制定试行。

第二十七条 被保险机动车发生道路交通事故，被保险人或者受害人通知保险公司的，保险公司应当立即给予答复，告知被保险人或者受害人具体的赔偿程序等有关事项。

第二十八条 被保险机动车发生道路交通事故的，由被保险人向保险公司申请赔偿保险金。保险公司应当自收到赔偿申请之日起1日内，书面告知被保险人需要向保险公司提供的与赔偿有关的证明和资料。

第二十九条 保险公司应当自收到被保险人提供的证明和资料之日起5日内，对是否属于保险责任作出核定，并将结果通知被保险人；对不属于保险责任的，应当书面说明理由；对属于保险责任的，在与被保险人达成赔偿保险金的协议后10日内，赔偿保险金。

第三十条 被保险人与保险公司对赔偿有争议的，可以依法申请仲裁或者向人民法院提起诉讼。

第三十一条 保险公司可以向被保险人赔偿保险金，也可以直接向受害人赔偿保险金。但是，因抢救受伤人员需要保险公司支付或者垫付抢救费用的，保险公司在接到公安机关交通管理部门通知后，经核对应当及时向医疗机构支付或者垫付抢救费用。

因抢救受伤人员需要救助基金管理机构垫付抢救费用的，救助基金管理机构在接到公安机关交通管理部门通知后，经核对应当及时向医疗机构垫付抢救费用。

第三十二条 医疗机构应当参照国务院卫生主管部门组织制定的有关临床诊疗指南，抢救、治疗道路交通事故中的受伤人员。

第三十三条 保险公司赔偿保险金或者垫付抢救费用，救助基金管理机构垫付抢救费用，需要向有关部门、医疗机构核实有关情况的，有关部门、医疗机构应当予以配合。

第三十四条 保险公司、救助基金管理机构的工作人员对当事人的个人隐私应当保密。

第三十五条 道路交通事故损害赔偿项目和标准依照有关法律的规定执行。

第四章　罚　则

第三十六条 保险公司以外的单位或者个人，非法从事机动车交通事故责任强制保险业务的，由国务院保险监督管理机构予以取缔；构成犯罪的，依法追究刑事责任；尚不构成犯罪的，由国务院保险监督管理机构没收违法所得，违法所得20万元以上的，并处违法所得1倍以上5倍以下罚款；没有违法所得或者违法所得不足20万元的，处20万元以上100万元以下罚款。

第三十七条 保险公司违反本条例规定，有下列行为之一的，由国务院保险监督管理机构责令改正，处5万元以上30万元以下罚款；情节严重的，可以限制业务范围、责令停止接受新业务或者吊销经营保险业务许可证：

（一）拒绝或者拖延承保机动车交通事故责任强制保险的；

（二）未按照统一的保险条款和基础保险费率从事机动车交通事故责任强制保险业务的；

（三）未将机动车交通事故责任强制保险业务和其他保险业务分开管理，单独核算的；

（四）强制投保人订立商业保险合同的；

（五）违反规定解除机动车交通事故责任强制保险合同的；

（六）拒不履行约定的赔偿保险金义务的；

（七）未按照规定及时支付或者垫付抢救费用的。

第三十八条 机动车所有人、管理人未按照规定投保机动车交通事故责任强制保险的，由公安机关交通管理部门扣留机动车，通知机动车所有人、管理人依照规定投保，处依照规定投保最低责任限额应缴纳的保险费的2倍罚款。

机动车所有人、管理人依照规定补办机动车交通事故责任强制保险的，应当及时退还机动车。

第三十九条 上道路行驶的机动车未放置保险标志的，公安机关交通管理部门应当扣留机动车，通知当事人提供保险标志或者补办相应手续，可以处警告或者20元以上200元以下罚款。

当事人提供保险标志或者补办相应手续

的，应当及时退还机动车。

第四十条 伪造、变造或者使用伪造、变造的保险标志，或者使用其他机动车的保险标志，由公安机关交通管理部门予以收缴，扣留该机动车，处200元以上2000元以下罚款；构成犯罪的，依法追究刑事责任。

当事人提供相应的合法证明或者补办相应手续的，应当及时退还机动车。

第五章 附 则

第四十一条 本条例下列用语的含义：

（一）投保人，是指与保险公司订立机动车交通事故责任强制保险合同，并按照合同负有支付保险费义务的机动车的所有人、管理人。

（二）被保险人，是指投保人及其允许的合法驾驶人。

（三）抢救费用，是指机动车发生道路交通事故导致人员受伤时，医疗机构参照国务院卫生主管部门组织制定的有关临床诊疗指南，对生命体征不平稳和虽然生命体征平稳但如果不采取处理措施会产生生命危险，或者导致残疾、器官功能障碍，或者导致病程明显延长的受伤人员，采取必要的处理措施所发生的医疗费用。

第四十二条 挂车不投保机动车交通事故责任强制保险。发生道路交通事故造成人身伤亡、财产损失的，由牵引车投保的保险公司在机动车交通事故责任强制保险责任限额范围内予以赔偿；不足的部分，由牵引车方和挂车方依照法律规定承担赔偿责任。

第四十三条 机动车在道路以外的地方通行时发生事故，造成人身伤亡、财产损失的赔偿，比照适用本条例。

第四十四条 中国人民解放军和中国人民武装警察部队在编机动车参加机动车交通事故责任强制保险的办法，由中国人民解放军和中国人民武装警察部队另行规定。

第四十五条 机动车所有人、管理人自本条例施行之日起3个月内投保机动车交通事故责任强制保险；本条例施行前已经投保商业性机动车第三者责任保险的，保险期满，应当投保机动车交通事故责任强制保险。

第四十六条 本条例自2006年7月1日起施行。

最高人民法院
关于适用《中华人民共和国保险法》若干问题的解释（一）

法释〔2009〕12号

（2009年9月14日最高人民法院审判委员会第1473次会议通过
2009年9月21日最高人民法院公告公布 自2009年10月1日起施行）

为正确审理保险合同纠纷案件，切实维护当事人的合法权益，现就人民法院适用2009年2月28日第十一届全国人大常委会第七次会议修订的《中华人民共和国保险法》（以下简称保险法）的有关问题规定如下：

第一条 保险法施行后成立的保险合同发生的纠纷，适用保险法的规定。保险法施行前成立的保险合同发生的纠纷，除本解释另有规定外，适用当时的法律规定；当时的法律没有规定的，参照适用保险法的有关规定。

认定保险合同是否成立，适用合同订立时的法律。

第二条 对于保险法施行前成立的保险合同，适用当时的法律认定无效而适用保险法认定有效的，适用保险法的规定。

第三条 保险合同成立于保险法施行前而保险标的转让、保险事故、理赔、代位求偿等行为或事件，发生于保险法施行后的，适用保险法的规定。

第四条 保险合同成立于保险法施行前，

保险法施行后，保险人以投保人未履行如实告知义务或者申报被保险人年龄不真实为由，主张解除合同的，适用保险法的规定。

第五条 保险法施行前成立的保险合同，下列情形下的期间自2009年10月1日起计算：

（一）保险法施行前，保险人收到赔偿或者给付保险金的请求，保险法施行后，适用保险法第二十三条规定的三十日的；

（二）保险法施行前，保险人知道解除事由，保险法施行后，按照保险法第十六条、第三十二条的规定行使解除权，适用保险法第十六条规定的三十日的；

（三）保险法施行后，保险人按照保险法第十六条第二款的规定请求解除合同，适用保险法第十六条规定的二年的；

（四）保险法施行前，保险人收到保险标的转让通知，保险法施行后，以保险标的的转让导致危险程度显著增加为由请求按照合同约定增加保险费或者解除合同，适用保险法第四十九条规定的三十日的。

第六条 保险法施行前已经终审的案件，当事人申请再审或者按照审判监督程序提起再审的案件，不适用保险法的规定。

最高人民法院 关于适用《中华人民共和国保险法》若干问题的解释（二）

（2013年5月6日最高人民法院审判委员会第1577次会议通过
根据2020年12月23日最高人民法院审判委员会第1823次会议通过的
《最高人民法院关于修改〈最高人民法院关于破产企业国有划拨土地使用权
应否列入破产财产等问题的批复〉等二十九件商事类司法解释的决定》修正）

为正确审理保险合同纠纷案件，切实维护当事人的合法权益，根据《中华人民共和国民法典》《中华人民共和国保险法》《中华人民共和国民事诉讼法》等法律规定，结合审判实践，就保险法中关于保险合同一般规定部分有关法律适用问题解释如下：

第一条 财产保险中，不同投保人就同一保险标的分别投保，保险事故发生后，被保险人在其保险利益范围内依据保险合同主张保险赔偿的，人民法院应予支持。

第二条 人身保险中，因投保人对被保险人不具有保险利益导致保险合同无效，投保人主张保险人退还扣减相应手续费后的保险费的，人民法院应予支持。

第三条 投保人或者投保人的代理人订立保险合同时没有亲自签字或者盖章，而由保险人或者保险人的代理人代为签字或者盖章的，对投保人不生效。但投保人已经交纳保险费的，视为其对代签字或者盖章行为的追认。

保险人或者保险人的代理人代为填写保险单证后经投保人签字或者盖章确认的，代为填写的内容视为投保人的真实意思表示。但有证据证明保险人或者保险人的代理人存在保险法第一百一十六条、第一百三十一条相关规定情形的除外。

第四条 保险人接受了投保人提交的投保单并收取了保险费，尚未作出是否承保的意思表示，发生保险事故，被保险人或者受益人请求保险人按照保险合同承担赔偿或者给付保险金责任，符合承保条件的，人民法院应予支持；不符合承保条件的，保险人不承担保险责任，但应当退还已经收取的保险费。

保险人主张不符合承保条件的，应承担举证责任。

第五条 保险合同订立时，投保人明知的与保险标的或者被保险人有关的情况，属于保险法第十六条第一款规定的投保人“应当如实告知”的内容。

第六条 投保人的告知义务限于保险人询问的范围和内容。当事人对询问范围及内容有争议的，保险人负举证责任。

保险人以投保人违反了对投保单询问表中所列概括性条款的如实告知义务为由请求解除合同的，人民法院不予支持。但该概括性条款有具体内容的除外。

第七条 保险人在保险合同成立后知道或者应当知道投保人未履行如实告知义务，仍然收取保险费，又依照保险法第十六条第二款的规定主张解除合同的，人民法院不予支持。

第八条 保险人未行使合同解除权，直接以存在保险法第十六条第四款、第五款规定的情形为由拒绝赔偿的，人民法院不予支持。但当事人就拒绝赔偿事宜及保险合同存续另行达成一致的情况除外。

第九条 保险人提供的格式合同文本中的责任免除条款、免赔额、免赔率、比例赔付或者给付等免除或者减轻保险人责任的条款，可以认定为保险法第十七条第二款规定的“免除保险人责任的条款”。

保险人因投保人、被保险人违反法定或者约定义务，享有解除合同权利的条款，不属于保险法第十七条第二款规定的“免除保险人责任的条款”。

第十条 保险人将法律、行政法规中的禁止性规定情形作为保险合同免责条款的免责事由，保险人对该条款作出提示后，投保人、被保险人或者受益人以保险人未履行明确说明义务为由主张该条款不成为合同内容的，人民法院不予支持。

第十一条 保险合同订立时，保险人在投保单或者保险单等其他保险凭证上，对保险合同中免除保险人责任的条款，以足以引起投保人注意的文字、字体、符号或者其他明显标志作出提示的，人民法院应当认定其履行了保险法第十七条第二款规定的提示义务。

保险人对保险合同中有关免除保险人责任条款的概念、内容及其法律后果以书面或者口头形式向投保人作出常人能够理解的解释说明的，人民法院应当认定保险人履行了保险法第十七条第二款规定的明确说明义务。

第十二条 通过网络、电话等方式订立的保险合同，保险人以网页、音频、视频等形式对免除保险人责任条款予以提示和明确说明的，人民法院可以认定其履行了提示和明确说明义务。

第十三条 保险人对其履行了明确说明义务负举证责任。

投保人对保险人履行了符合本解释第十一条第二款要求的明确说明义务在相关文书上签字、盖章或者以其他形式予以确认的，应当认定保险人履行了该项义务。但另有证据证明保险人未履行明确说明义务的除外。

第十四条 保险合同中记载的内容不一致的，按照下列规则认定：

（一）投保单与保险单或者其他保险凭证不一致的，以投保单为准。但不一致的情形系经保险人说明并经投保人同意的，以投保人签收的保险单或者其他保险凭证载明的内容为准；

（二）非格式条款与格式条款不一致的，以非格式条款为准；

（三）保险凭证记载的时间不同的，以形成时间在后的为准；

（四）保险凭证存在手写和打印两种方式的，以双方签字、盖章的手写部分的内容为准。

第十五条 保险法第二十三条规定的三十日核定期间，应自保险人初次收到索赔请求及投保人、被保险人或者受益人提供的有关证明和资料之日起算。

保险人主张扣除投保人、被保险人或者受益人补充提供有关证明和资料期间的，人民法院应予支持。扣除期间自保险人根据保险法第二十二条规定作出的通知到达投保人、被保险人或者受益人之日起，至投保人、被保险人或者受益人按照通知要求补充提供的有关证明和资料到达保险人之日止。

第十六条 保险人应以自己的名义行使保险代位求偿权。

根据保险法第六十条第一款的规定，保险人代位求偿权的诉讼时效期间应自其取得代位求偿权之日起算。

第十七条 保险人在其提供的保险合同格式条款中对非保险术语所作的解释符合专业意义，或者虽不符合专业意义，但有利于投保人、被保险人或者受益人的，人民法院应予认可。

第十八条 行政管理部门依据法律规定制作的交通事故认定书、火灾事故认定书等，人民法院应当依法审查并确认其相应的证明力，但有相反证据能够推翻的除外。

第十九条 保险事故发生后，被保险人或者受益人起诉保险人，保险人以被保险人或者受益人未要求第三者承担责任为由抗辩不承担保险责任的，人民法院不予支持。

财产保险事故发生后，被保险人就其所受损失从第三者取得赔偿后的不足部分提起诉讼，请求保险人赔偿的，人民法院应予依法受理。

第二十条 保险公司依法设立并取得营业执照的分支机构属于《中华人民共和国民事诉讼法》第四十八条规定的其他组织，可以作为保险合同纠纷案件的当事人参加诉讼。

第二十一条 本解释施行后尚未终审的保险合同纠纷案件，适用本解释；本解释施行前已经终审，当事人申请再审或者按照审判监督程序决定再审的案件，不适用本解释。

最高人民法院
关于适用《中华人民共和国保险法》若干问题的解释（三）

（2015年9月21日最高人民法院审判委员会第1661次会议通过
根据2020年12月23日最高人民法院审判委员会第1823次会议通过的
《最高人民法院关于修改〈最高人民法院关于破产企业国有划拨土地使用权
应否列入破产财产等问题的批复〉等二十九件商事类司法解释的决定》修正）

为正确审理保险合同纠纷案件，切实维护当事人的合法权益，根据《中华人民共和国民法典》《中华人民共和国保险法》《中华人民共和国民事诉讼法》等法律规定，结合审判实践，就保险法中关于保险合同章人身保险部分有关法律适用问题解释如下：

第一条 当事人订立以死亡为给付保险金条件的合同，根据保险法第三十四条的规定，“被保险人同意并认可保险金额”可以采取书面形式、口头形式或者其他形式；可以在合同订立时作出，也可以在合同订立后追认。

有下列情形之一的，应认定为被保险人同意投保人为其订立保险合同并认可保险金额：

（一）被保险人明知他人代其签名同意而未表示异议的；

（二）被保险人同意投保人指定的受益人的；

（三）有证据足以认定被保险人同意投保人为其投保的其他情形。

第二条 被保险人以书面形式通知保险人和投保人撤销其依据保险法第三十四条第一款规定所作出的同意意思表示的，可认定为保险合同解除。

第三条 人民法院审理人身保险合同纠纷案件时，应主动审查投保人订立保险合同时是否具有保险利益，以及以死亡为给付保险金条件的合同是否经过被保险人同意并认可保险金额。

第四条 保险合同订立后，因投保人丧失对被保险人的保险利益，当事人主张保险合同无效的，人民法院不予支持。

第五条 保险合同订立时，被保险人根据保险人的要求在指定医疗服务机构进行体检，当事人主张投保人如实告知义务免除的，人民法院不予支持。

保险人知道被保险人的体检结果，仍以投保人未就相关情况履行如实告知义务为由要求解除合同的，人民法院不予支持。

第六条 未成年人父母之外的其他履行监护职责的人为未成年人订立以死亡为给付保险金条件的合同，当事人主张参照保险法第三十三条第二款、第三十四条第三款的规定认定该合同有效的，人民法院不予支持，但经未成年人父母同意的除外。

第七条 当事人以被保险人、受益人或者他人已经代为支付保险费为由，主张投保人对应的交费义务已经履行的，人民法院应予支持。

第八条 保险合同效力依照保险法第三十六条规定中止，投保人提出恢复效力申请并同意补交保险费，除被保险人的危险程度在中止期间显著增加外，保险人拒绝恢复效力的，人民法院不予支持。

保险人在收到恢复效力申请后，三十日内未明确拒绝的，应认定为同意恢复效力。

保险合同自投保人补交保险费之日恢复效力。保险人要求投保人补交相应利息的，人民法院应予支持。

第九条 投保人指定受益人未经被保险人同意的，人民法院应认定指定行为无效。

当事人对保险合同约定的受益人存在争议，除投保人、被保险人在保险合同之外另有约定外，按以下情形分别处理：

（一）受益人约定为“法定”或者“法定继承人”的，以民法典规定的法定继承人为受益人；

（二）受益人仅约定为身份关系，投保人与被保险人为同一主体的，根据保险事故发生时与被保险人的身份关系确定受益人；投保人与被保险人为不同主体的，根据保险合同成立时与被保险人的身份关系确定受益人；

（三）约定的受益人包括姓名和身份关系，保险事故发生时身份关系发生变化的，认定为未指定受益人。

第十条 投保人或者被保险人变更受益人，当事人主张变更行为自变更意思表示发出时生效的，人民法院应予支持。

投保人或者被保险人变更受益人未通知保险人，保险人主张变更对其不发生效力的，人民法院应予支持。

投保人变更受益人未经被保险人同意的，人民法院应认定变更行为无效。

第十一条 投保人或者被保险人在保险事故发生后变更受益人，变更后的受益人请求保险人给付保险金的，人民法院不予支持。

第十二条 投保人或者被保险人指定数人为受益人，部分受益人在保险事故发生前死亡、放弃受益权或者依法丧失受益权的，该受益人应得的受益份额按照保险合同的约定处理；保险合同没有约定或者约定不明的，该受益人应得的受益份额按照以下情形分别处理：

（一）未约定受益顺序和受益份额的，由其他受益人平均享有；

（二）未约定受益顺序但约定受益份额的，由其他受益人按照相应比例享有；

（三）约定受益顺序但未约定受益份额的，由同顺序的其他受益人平均享有；同一顺序没有其他受益人的，由后一顺序的受益人平均享有；

（四）约定受益顺序和受益份额的，由同顺序的其他受益人按照相应比例享有；同一顺序没有其他受益人的，由后一顺序的受益人按照相应比例享有。

第十三条 保险事故发生后，受益人将与本次保险事故相对应的全部或者部分保险金请求权转让给第三人，当事人主张该转让行为有效的，人民法院应予支持，但根据合同性质、当事人约定或者法律规定不得转让的除外。

第十四条 保险金根据保险法第四十二条规定作为被保险人的遗产，被保险人的继承人要求保险人给付保险金，保险人以其已向持有保险单的被保险人的其他继承人给付保险金为由抗辩的，人民法院应予支持。

第十五条 受益人与被保险人存在继承关系，在同一事件中死亡且不能确定死亡先后顺序的，人民法院应根据保险法第四十二条第二款的规定推定受益人死亡在先，并按照保险法及本解释的相关规定确定保险金归属。

第十六条 保险合同解除时，投保人与被保险人、受益人为不同主体，被保险人或者受益人要求退还保险单的现金价值的，人民法院不予支持，但保险合同另有约定的除外。

投保人故意造成被保险人死亡、伤残或者疾病，保险人依照保险法第四十三条规定退还保险单的现金价值的，其他权利人按照被保险人、被保险人继承人的顺序确定。

第十七条 投保人解除保险合同，当事人以其解除合同未经被保险人或者受益人同意为由主张解除行为无效的，人民法院不予支持，但被保险人或者受益人已向投保人支付相当于保险单现金价值的款项并通知保险人的除外。

第十八条 保险人给付费用补偿型的医疗费用保险金时，主张扣减被保险人从公费医疗或者社会医疗保险取得的赔偿金额的，应当证明该保险产品在厘定医疗费用保险费率时已经将公费医疗或者社会医疗保险部分相应扣除，并按照扣减后的标准收取保险费。

第十九条 保险合同约定按照基本医疗保险的标准核定医疗费用，保险人以被保险人的医疗支出超出基本医疗保险范围为由拒绝给付保险金的，人民法院不予支持；保险人有证据证明被保险人支出的费用超过基本医疗保险同类医疗费用标准，要求对超出部分拒绝给付保险金的，人民法院应予支持。

第二十条 保险人以被保险人未在保险合同约定的医疗服务机构接受治疗为由拒绝给付保险金的，人民法院应予支持，但被保险人因情况紧急必须立即就医的除外。

第二十一条 保险人以被保险人自杀为由拒绝给付保险金的，由保险人承担举证责任。

受益人或者被保险人的继承人以被保险人自杀时无民事行为能力为由抗辩的，由其承担举证责任。

第二十二条 保险法第四十五条规定的“被保险人故意犯罪”的认定，应当以刑事侦查机关、检察机关和审判机关的生效法律文书或者其他结论性意见为依据。

第二十三条 保险人主张根据保险法第四十五条的规定不承担给付保险金责任的，应当证明被保险人的死亡、伤残结果与其实施的故意犯罪或者抗拒依法采取的刑事强制措施的行为之间存在因果关系。

被保险人在羁押、服刑期间因意外或者疾病造成伤残或者死亡，保险人主张根据保险法第四十五条的规定不承担给付保险金责任的，人民法院不予支持。

第二十四条 投保人为被保险人订立以死亡为给付保险金条件的保险合同，被保险人被宣告死亡后，当事人要求保险人按照保险合同约定给付保险金的，人民法院应予支持。

被保险人被宣告死亡之日在保险责任期间之外，但有证据证明下落不明之日在保险责任期间之内，当事人要求保险人按照保险合同约定给付保险金的，人民法院应予支持。

第二十五条 被保险人的损失系由承保事故或者非承保事故、免责事由造成难以确定，当事人请求保险人给付保险金的，人民法院可以按照相应比例予以支持。

第二十六条 本解释自 2015 年 12 月 1 日起施行。本解释施行后尚未终审的保险合同纠纷案件，适用本解释；本解释施行前已经终审，当事人申请再审或者按照审判监督程序决定再审的案件，不适用本解释。

最高人民法院
关于适用《中华人民共和国保险法》若干问题的解释（四）

（2018 年 5 月 14 日最高人民法院审判委员会第 1738 次会议通过
根据 2020 年 12 月 23 日最高人民法院审判委员会第 1823 次会议通过的
《最高人民法院关于修改〈最高人民法院关于破产企业国有划拨土地使用权
应否列入破产财产等问题的批复〉等二十九件商事类司法解释的决定》修正）

为正确审理保险合同纠纷案件，切实维护当事人的合法权益，根据《中华人民共和国民法典》《中华人民共和国保险法》《中华人民共和国民事诉讼法》等法律规定，结合审判实践，就保险法中财产保险合同部分有关法律适用问题解释如下：

第一条 保险标的已交付受让人，但尚未依法办理所有权变更登记，承担保险标的毁损灭失风险的受让人，依照保险法第四十八条、第四十九条的规定主张行使被保险人权利的，人民法院应予支持。

第二条 保险人已向投保人履行了保险法规定的提示和明确说明义务，保险标的受让人以保险标的转让后保险人未向其提示或者明确说明为由，主张免除保险人责任的条款不成为合同内容的，人民法院不予支持。

第三条 被保险人死亡，继承保险标的的当事人主张承继被保险人的权利和义务的，人民法院应予支持。

第四条 人民法院认定保险标的是否构成保险法第四十九条、第五十二条规定的“危险程度显著增加”时，应当综合考虑以下因素：

（一）保险标的用途的改变；

（二）保险标的使用范围的改变；

（三）保险标的所处环境的变化；

（四）保险标的因改装等原因引起的变化；

（五）保险标的使用人或者管理人的改变；

（六）危险程度增加持续的时间；

（七）其他可能导致危险程度显著增加的因素。

保险标的危险程度虽然增加，但增加的危险属于保险合同订立时保险人预见或者应当预见的保险合同承保范围的，不构成危险程度显著增加。

第五条 被保险人、受让人依法及时向保险人发出保险标的转让通知后，保险人作出答复前，发生保险事故，被保险人或者受让人主张保险人按照保险合同承担赔偿保险金的责任的，人民法院应予支持。

第六条 保险事故发生后，被保险人依照保险法第五十七条的规定，请求保险人承担为防止或者减少保险标的的损失所支付的必要、合理费用，保险人以被保险人采取的措施未产生实际效果为由抗辩的，人民法院不予支持。

第七条 保险人依照保险法第六十条的规定，主张代位行使被保险人因第三者侵权或者违约等享有的请求赔偿的权利的，人民法院应予支持。

第八条 投保人和被保险人为不同主体，因投保人对保险标的的损害而造成保险事故，保险人依法主张代位行使被保险人对投保人请求赔偿的权利的，人民法院应予支持，但法律另有规定或者保险合同另有约定的除外。

第九条 在保险人以第三者为被告提起的代位求偿权之诉中，第三者以被保险人在保险合同订立前已放弃对其请求赔偿的权利为由进行抗辩，人民法院认定上述放弃行为合法有效，保险人就相应部分主张行使代位求偿权的，人民法院不予支持。

保险合同订立时，保险人就是否存在上述放弃情形提出询问，投保人未如实告知，导致保险人不能代位行使请求赔偿的权利，保险人请求返还相应保险金的，人民法院应予支持，但保险人知道或者应当知道上述情形仍同意承保的除外。

第十条 因第三者对保险标的的损害而造成保险事故，保险人获得代位请求赔偿的权利的情况未通知第三者或者通知到达第三者前，第三者在被保险人已经从保险人处获赔的范围内又向被保险人作出赔偿，保险人主张代位行使被保险人对第三者请求赔偿的权利的，人民法院不予支持。保险人就相应保险金主张被保险人返还的，人民法院应予支持。

保险人获得代位请求赔偿的权利的情况已经通知到第三者，第三者又向被保险人作出赔偿，保险人主张代位行使请求赔偿的权利，第三者以其已经向被保险人赔偿为由抗辩的，人民法院不予支持。

第十一条 被保险人因故意或者重大过失未履行保险法第六十三条规定的义务，致使保险人未能行使或者未能全部行使代位请求赔偿的权利，保险人主张在其损失范围内扣减或者返还相应保险金的，人民法院应予支持。

第十二条 保险人以造成保险事故的第三者为被告提起代位求偿权之诉的，以被保险人与第三者之间的法律关系确定管辖法院。

第十三条 保险人提起代位求偿权之诉时，被保险人已经向第三者提起诉讼的，人民法院可以依法合并审理。

保险人行使代位求偿权时，被保险人已经向第三者提起诉讼，保险人向受理该案的人民法院申请变更当事人，代位行使被保险人对第三者请求赔偿的权利，被保险人同意的，人民法院应予准许；被保险人不同意的，保险人可以作为共同原告参加诉讼。

第十四条 具有下列情形之一的，被保险人可以依照保险法第六十五条第二款的规定请求保险人直接向第三者赔偿保险金：

（一）被保险人对第三者所负的赔偿责任经人民法院生效裁判、仲裁裁决确认；

（二）被保险人对第三者所负的赔偿责任经被保险人与第三者协商一致；

（三）被保险人对第三者应负的赔偿责任能够确定的其他情形。

前款规定的情形下，保险人主张按照保险合同确定保险赔偿责任的，人民法院应予支持。

第十五条 被保险人对第三者应负的赔偿责任确定后，被保险人不履行赔偿责任，且第三者以保险人为被告或者以保险人与被保险人为共同被告提起诉讼时，被保险人尚未向保险人提出直接向第三者赔偿保险金的请求的，可以认定为属于保险法第六十五条第二款规定的“被保险人怠于请求”的情形。

第十六条 责任保险的被保险人因共同侵权依法承担连带责任，保险人以该连带责任超出被保险人应承担的责任份额为由，拒绝赔付保险金的，人民法院不予支持。保险人承担保险责任后，主张就超出被保险人责任份额的部分向其他连带责任人追偿的，人民法院应予支持。

第十七条 责任保险的被保险人对第三者所负的赔偿责任已经生效判决确认并已进入执行程序，但未获得清偿或者未获得全部清偿，第三者依法请求保险人赔偿保险金，保险人以前述生效判决已进入执行程序为由抗辩的，人民法院不予支持。

第十八条 商业责任险的被保险人向保险人请求赔偿保险金的诉讼时效期间，自被保险人对第三者应负的赔偿责任确定之日起计算。

第十九条 责任保险的被保险人与第三者就被保险人的赔偿责任达成和解协议且经保险人认可，被保险人主张保险人在保险合同范围内依据和解协议承担保险责任的，人民法院应予支持。

被保险人与第三者就被保险人的赔偿责任达成和解协议，未经保险人认可，保险人主张对保险责任范围以及赔偿数额重新予以核定的，人民法院应予支持。

第二十条 责任保险的保险人在被保险人向第三者赔偿之前向被保险人赔偿保险金，第三者依照保险法第六十五条第二款的规定行使保险金请求权时，保险人以其已向被保险人赔偿为由拒绝赔偿保险金的，人民法院不予支持。保险人向第三者赔偿后，请求被保险人返还相应保险金的，人民法院应予支持。

第二十一条 本解释自2018年9月1日起施行。

本解释施行后人民法院正在审理的一审、二审案件，适用本解释；本解释施行前已经终审，当事人申请再审或者按照审判监督程序决定再审的案件，不适用本解释。

最高人民法院研究室
关于对《保险法》第十七条规定的“明确说明”应如何理解的问题的答复

2000年1月24日　　法研〔2000〕5号

甘肃省高级人民法院：

你院甘高法研〔1999〕06号《关于金昌市旅游局诉中保财产保险公司金川区支公司保险赔偿一案的请示报告》收悉。经研究，答复如下：

《中华人民共和国保险法》第十七条规定：“保险合同中规定有保险责任免除条款的，保险人应当向投保人明确说明，未明确说明的，该条款不发生法律效力。”这里所规定的“明确说明”，是指保险人在与投保人签订保险合同之前或者签订保险合同之时，对于保险合同中所约定的免责条款，除了在保险单上提示投保人注意外，还应当对有关免责条款的概念、内容及其法律后果等，以书面或者口头形式向投保人或其代理人作出解释，以使投保人明了该条款的真实含义和法律后果。

最高人民法院
关于在道路交通事故损害赔偿纠纷案件中机动车交通事故责任强制保险中的分项限额能否突破的请示的答复

2012年5月29日　　〔2012〕民一他字第17号

辽宁省高级人民法院：

你院〔2012〕辽民一他字第1号《关于在道路交通事故损害赔偿纠纷案件中，机动车交通事故责任强制保险中的分项限额能否突破的请示》已收悉，经研究，

答复如下：

根据《中华人民共和国道路交通安全法》第十七条、《机动车交通事故责任强制保险条例》第二十三条，机动车发生交通事故后，受害人请求承保机动车第

三者责任强制保险的保险公司对超出机动车第三者责任强制保险分项限额范围予以赔偿的，人民法院不予支持。

中国保险监督管理委员会
关于严格执行《机动车交通事故责任强制保险费率浮动暂行办法》的通知

2009年7月30日　　保监厅发〔2009〕62号

各中资财产保险公司，各保监局，中国保险行业协会：

根据《机动车交通事故责任强制保险条例》，中国保监会于2007年6月下发了《机动车交通事故责任强制保险费率浮动暂行办法》（保监发〔2007〕52号，以下简称《暂行办法》）。《暂行办法》规定交强险费率与道路交通事故相挂钩，实行“奖优罚劣”的费率浮动机制。《暂行办法》的实施对促进驾驶人提高道路交通安全意识、预防减少道路交通事故发挥了积极作用。

近期，个别保险公司不严格执行《暂行办法》中费率浮动的规定，对未发生有责任道路交通事故的投保人，不按《暂行办法》实行优惠费率。为维护保险市场秩序，保护投保人合法权益，现就有关事项通知如下：

一、各保险公司应督促各分支机构严格执行《暂行办法》。投保人能够提供上年度未发生无责任道路交通事故证明的，各保险机构要按照《暂行办法》实行优惠费率。投保人不能提供上年度未发生有责任道路交通事故证明的，各保险机构要主动通过公司业务系统、车险信息平台或其他方式进行查询，并根据查询结果，按照《暂行办法》实行费率浮动。各保险机构不得以各种理由，不执行《暂行办法》的有关规定。

二、各保监局要加大对辖区内各保险机构的监管力度。要对辖区内各保险机构执行《暂行办法》的情况进行巡视抽查，要高度重视信访工作，一旦发现不按照《暂行办法》进行交强险费率浮动的违规线索，要及时查处、从严处理。

三、中国保险行业协会要加快推进车险信息平台建设，确保《暂行办法》的顺利实施。

未建立车险信息平台的地区，协会要组织各保险机构通过相互报盘或手工方式等，实现交强险费率浮动。

四、各单位要加大对《暂行办法》的宣传力度，以张贴提示、分发宣传册等灵活多样的形式宣传交强险费率浮动机制，提高公众道路交通安全意识。

中国保险监督管理委员会
关于印发《机动车辆保险理赔管理指引》的通知

2012年2月21日　　保监发〔2012〕15号

各保监局、各财产保险公司、中国保险行业协会：

为贯彻落实全国保险监管工作会关于“抓服务、严监管、防风险、促发展”的总体要求和《中国保监会关于加强和改进财产保险理赔服务质量的意见》（保监发〔2012〕5号，以下简称《意见》）的原则精神，规范财产保险公司车险经营行为，切实保护保险消费者的合法权益，我会制定了《机动车辆保险理赔管理指引》（以下简称《指引》），现印发你们，并就有关事项通知如下：

一、保险公司应高度重视车险理赔管理工作，强化基础管理，提升理赔服务能力

（一）加强车险理赔管理制度建设，加大理赔资源配置力度，夯实理赔服务基础。

1. 公司应建立完整统一的车险理赔组织管理、赔案管理、数据管理、运行保障等制度，加强理赔运行管理、资源配置、流程管控、服务标准及服务体系建设。

2. 公司应根据理赔管理、客户服务和业务发展需要，制定理赔资源配置方案及理赔服务方案，明确理赔资源和其他业务资源配比，确保理赔资源配备充足。不能满足上述要求的，应暂缓业务发展速度，控制业务规模。鼓励中小公司创新服务模式。

3. 公司应制定覆盖车险理赔全流程的管理制度和操作规范。按照精简高效的原则，对接报案、调度、查勘、立案、定损（估损）、人身伤亡跟踪（调查）、报核价、核损等各环节的工作流程和操作办法进行统一规范，逐步实现理赔管理和客户服务规范化和标准化。

（二）加强信息化建设，充分运用信息化手段实现车险理赔集中统一管理。

1. 公司应按照车险理赔集中统一管理原则，实现全国或区域接报案集中，以及对核损、核价、医疗审核、核赔等理赔流程关键环节的总公司集中管控。

2. 公司理赔信息系统数据库应建立在总公司。总公司不得授予省级分公司程序修改权和数据修改权。所有程序及数据的修改应保存审批及操作记录，以确保数据真实、准确、规范。

3. 公司理赔信息系统应与接报案系统、承保系统、再保险系统、财务系统数据实现集成管理、无缝对接，并实现对理赔全流程运行的管控。

（三）建立科学合理的理赔考核监督机制，加强对理赔服务质量考核。

1. 公司应加强对理赔管理和客户服务的监督管理，加强对理赔案件处理的监督考核，严防人为操控导致的拖赔惜赔、无理拒赔。

2. 公司应健全完善科学有效的理赔管理和客户服务考核监督体系，将理赔服务客户满意度纳入考核体系中。不得单纯考核赔付率、变相压低赔偿金额而影响理赔服务质量、损害消费者合法权益。

3. 公司应建立客户回访制度、信访投诉处理机制及争议调处机制，向社会公布理赔投诉电话，接受社会监督。对理赔中出现的争议要注重通过调解来解决。

4. 公司应定期或不定期开展理赔质量现场或非现场专项检查，包括对各级机构理赔服务的规范性、理赔服务效率、理赔关键举措、赔案质量、特殊案件处理、理赔费用列支等进行专项检查或评估。

（四）提高服务质量和水平，强化服务创新意识，提升社会满意度。

1. 公司应建立统一的理赔流程，明确理赔时效和理赔服务标准，并通过网络等多种形式向社会公开承诺。要不断提升理赔服务水平，通过必要的手段和机制保证理赔服务承诺落到实处。要创新服务形式，采取上门收取单证、提供救援车辆等方式加强服务，并通过客户服务回访、客户满意度调查等多种方式对理赔服务质量进行监督检查。

2. 公司应确保客户自由选择维修单位的权利，不得强制指定或变相强制指定车辆维修单位。要监督维修单位使用经有关部门认证企业生产、符合原厂技术规范和配件性能标准、质量合格的配件进行维修，协助客户跟踪维修质量与进度。

3. 公司应建立异地理赔管理制度和考核奖惩办法。按照“异地出险，就地理赔”的原则，建立信息管理系统和网络，搭建省间代查勘、代定损、代赔付操作平台，确保全国理赔服务标准规范统一。

4. 公司在加强理赔管理防范骗赔的同时，应落实理赔服务承诺，不得以打击车险骗赔等为由，降低车险理赔服务质量。

二、保险行业协会要统筹协调，提升行业理赔服务水平

（一）中国保险行业协会要进一步细化行业车险理赔规范，积极探索理赔纠纷争议调处机制，通过自律公约、制定行业理赔服务和客户服务标准等形式提升行业车险理赔服务质量和水平。

（二）中国保险行业协会要加快推进车险信息平台建设，利用信息化手段细化管理要求，实现系统管控。要集中行业力量，逐步研究探索建立配件价格、修理工时、工时费率行业标准。

（三）中国保险行业协会要逐步探索实施行业统一的理赔人员从业资格、培训考试、考核评级等制度，建立理赔人员信息库。

（四）各地保险行业协会应在行业基础规范和标准的基础上，根据本地区区域、自然环境、道路交通情况等因素确定各理赔环节的基本服务效率标准。

（五）各地保险行业协会应就加强理赔服务，积极组织公司与相关的汽车修理企业、医疗机构、残疾鉴定机构、公估机构等进行沟通协调，加强行业间协作。

三、保险监管部门要加强监管，督促落实，切实维护消费者合法权益

（一）各保监局应指导监督行业协会根据本地区区域、自然环境、道路交通情况等因素细化各理赔环节的基本服务效率标准。

（二）各保监局应指导行业协会定期组织开展质量评价和信息披露工作，加强对辖区内各保险机构理赔服务质量评价和信息披露工作的指导监督，通过加大信息披露力度，引导消费者理性选择保险机构。

（三）各保监局在本通知基础上，应结合本地区实际进一步细化要求，规范操作，指导各地行业协会落实《指引》要求，切实保护被保险人合法权益。

（四）各保监局要督促辖区内保险机构认真贯彻执行关于理赔管理和客户服务的监管政策和要求。对恶意拖赔、惜赔、无理拒赔和消费者反映强烈的保险机构，要依法加大查处力度，加大信息披露力度，将处罚情况定期向社会公布，切实保护保险消费者的利益。

各公司应严格按照《指引》要求进行自查，结合《意见》精神尽快完善制度，并迅速向社会公开承诺理赔时效、理赔服务质量和标准，公布投诉电话及争议调处机制。2012年5月底前将自查情况和整改落实方案（包括完成时限及责任人）、理赔服务承诺和落实方案（包括责任人）上报保监会财产保险监管部。

我会将进一步完善车险理赔服务质量评价体系，统一评价指标，规范评价口径和标准，探索建立理赔服务质量评价和信息披露的长效机制。对总公司内部管理薄弱、理赔管理粗放、严重侵犯消费者权益的，我会将在依法从重处罚违法违规行为的基础上，进一步采取对总公司下发监管函、将总公司列为重点监管公司、限制批设分支机构等措施。

附：

机动车辆保险理赔管理指引

第一章　总　则

第一条　为维护被保险人合法权益，规范财产保险公司（以下简称“公司”）机动车辆保险（以下简称“车险”）经营行为，控制经营风险，提升行业理赔管理服务水平，促进行业诚信建设，根据《中华人民共和国保险法》及相关法律法规制订《机动车辆保险理赔管理指引》（以下简称《指引》）。

第二条　本《指引》所称公司，是指在中华人民共和国境内依法经营车险的财产保险公司，包括中资保险公司、中外合资保险公司、外商独资保险公司以及外资保险公司在华设立的分公司。

第三条　本《指引》中的车险理赔是指公司收到被保险人出险通知后，依据法律法规和保险合同，对有关事故损失事实调查核实，核定保险责任并赔偿保险金的行为，是保险人履行保险合同义务的体现。

第四条　车险理赔一般应包括报案受理、调度、查勘、立案、定损（估损）、人身伤亡跟踪（调查）、报核价、核损、医疗审核、资料收集、理算、核赔、结销案、赔款支付、追偿及损余物资处理、客户回访、投诉处理以及特殊案件处理等环节。

第五条　公司应制定完整统一的车险理赔组织管理、赔案管理、数据管理、运行保障管理等制度，搭建与业务规模、风险控制、客户服务相适应的理赔管理、流程控制、运行管理及服务体系。

第六条　公司车险理赔管理及服务应遵循以下原则：

（一）强化总公司集中统一的管理、控制和监督；

（二）逐步实现全过程流程化、信息化、规范化、标准化、一致性的理赔管理服务模式；

（三）建立健全符合合规管理及风险防范控制措施的理赔管理、风险控制、客户服务信息管理系统；

（四）确保各级理赔机构人员合理分工、职责明确、责任清晰、监督到位、考核落实；

（五）理赔资源配置要兼顾成本控制、风险防范、服务质量和效率。

第七条　本《指引》明确了公司在车险理赔管理中应达到的管理与服务的基本要求。公司与客户之间的权利义务关系应以《保险法》及相关法律法规和保险合同条款为准。

第八条　中国保险监督管理委员会及其派出机构依法对公司车险理赔实施监督检查，并可向社会公开《指引》的有关执行情况。

第二章　理赔管理

第一节　组织管理和资源配置

第九条　公司应建立健全车险理赔组织管理制度。明确理赔管理架构、管理机制、工作流程及各环节操作规范，明确各类理赔机构和人员的工作职责及权限、考核指标、标准及办法。明确理赔关键环节管理机制、关键岗位人员管理方式。明确理赔岗位各相关人员资格条件，建立理赔人员培训考试及考核评级制度，制订与业务规模、理赔管理和客户服务需要相适应的理赔资源配置办法等。

第十条　公司应按照车险理赔集中统一管理原则，建立完整合理的车险理赔组织架构，有效满足业务发展、理赔管理及客户服务需要。

（一）集中统一管理原则是指总公司统一制定理赔管理制度、规范理赔服务流程及标准，完善监督考核机制，应实现全国或区域接报案集中，以及对核损、核价、医疗审核、核赔等理赔流程关键环节和关键数据修改的总公司集中管控。

（二）完整合理的理赔组织架构，应将理赔管理职能、理赔操作职能以及客户服务职能分开设置，形成相互协作、相互监督的有效管理机制。

鼓励总公司对理赔线实行人、财、物全部垂直化管理。

第十一条 公司应制定严格管控措施和IT系统管控手段，强化关键岗位和关键环节的集中统一管理、监督和控制。

对核损、核价、医疗审核、核赔等关键岗位人员，应逐步实行总公司自上而下垂直管理，统一负责聘用、下派、任命、考核、薪酬发放、职务变动以及理赔审核管理权限授予等。

第十二条 对分支机构实行分类授权理赔管理，应充分考虑公司业务规模、经营效益、管理水平、区域条件等，可以选择“从人授权”和“从机构授权”方式。从机构授权只限于总公司对省级分公司的授权。

“从人授权”应根据理赔人员专业技能、考试评级结果授予不同金额、不同类型案件的审核权限；“从机构授权”应根据分支机构的经营管理水平、风险控制能力、经营效益以及服务需求授予不同理赔环节和内容的管理权限。

鼓励公司采取“从人授权”方式，加强专业化管理。

第十三条 公司应针对不同理赔岗位风险特性，制订严格岗位互掣制度。

核保岗位不得与核损、核价、核赔岗位兼任。同一赔案中，查勘、定损与核赔岗位，核损与核赔岗位之间不得兼任。在一定授权金额内，查勘、定损与核损岗位，理算与核赔岗位可兼任，但应制定严格有效的事中、事后抽查监督机制。

第十四条 公司应根据理赔管理、客户服务和业务发展需要，充分考虑业务规模、发展速度及地域特点，拟定理赔资源配置方案，明确理赔资源和业务资源配比。保证理赔服务场所、理赔服务工具、理赔信息系统、理赔人员等资源配备充足。

（一）在设有营销服务部以上经营机构地区

1. 应设立固定理赔服务场所或在营业场所内设立相对独立理赔服务区域，接受客户上门查勘定损、提交索赔材料。理赔服务场所数量应根据业务规模、案件数量以及服务半径合理设置、科学布局。理赔服务场所应保证交通便利、标识醒目。公司应对外公布理赔服务场所地址、电话。

2. 各地保险行业协会应根据本地区地域、自然环境、道路交通情况等因素确定各理赔环节的基本服务效率标准，各公司应保证各岗位理赔人员、理赔服务工具的配备满足上述标准要求。

（二）在未设分支机构地区

公司应制定切实可行的理赔服务方案，保证报案电话畅通，采取委托第三方等便捷方式为客户提供及时查勘、定损和救援等服务。在承保时，应向客户明确说明上述情况，并告知理赔服务流程。

不能满足上述要求的，公司应暂缓业务发展速度，控制业务规模。

第十五条 公司应建立各理赔岗位职责、上岗条件、培训、考核、评级、监督等管理制度和机制，建立理赔人员技术培训档案及服务投诉档案，如实记录理赔人员技能等级、培训考核情况和服务标准执行情况。

鼓励保险行业协会逐步探索实施行业统一的理赔人员从业资格、培训考试、考核评级等制度，建立理赔人员信息库。

第十六条 公司应对理赔人员进行岗前、岗中、晋级培训并考试。制定详实可行的培训计划和考核方案，保证基本培训时间、质量和效果。

（一）岗前培训：各岗位人员上岗前应参加岗前培训和考核，培训时间不应少于60小时，考试合格后可上岗工作；

（二）岗中培训：公司应通过集中面对面授课、视频授课等形式，对各岗位人员进行培训。核损、核价、医疗审核、核赔人员每年参加培训时间不应少于100小时，其他岗位人员每年参加培训时间不应少于50小时；

（三）晋级培训：各岗位人员晋级或非核损、核价、医疗审核、核赔岗位人员拟从事核损、核价、医疗审核、核赔岗位的，应经过统一培训和考试，合格后可晋级。

第二节 赔案管理

第十七条 公司应制定覆盖车险理赔全过程的管理制度和操作规范。按照精简高效原则，对接报案、调度、查勘、立案、定损（估损）、人身伤亡跟踪（调查）、报核价、核损、医疗审核、资料收集、理算、核赔、结销案、赔款支付、追偿及损余物资处理、客户回访、投诉处理以及特殊案件处理等各环节的工作流程和操作办法进行统一规范，逐步实现标准化、一致性的理赔管理和客户服务。

为防范风险，提高工作质量和效率，理赔处理各环节衔接点要严格规范，前后各环节间应形成必要的相互监督控制机制。

第十八条 公司应建立严格的未决赔案管理制度。规范未决赔案管理流程，准确掌握未决赔案数量及处理进度；监督促进提升理赔处理时效。根据未决赔案估损及估损调整管理规则确定估损金额，确保未决赔款准备金准确计提，真实反映负债和经营结果。

第十九条 公司应制订报核价管理制度。建立或采用科学合理的汽车零配件价格标准，做好零配件价格信息维护和本地化工作。

行业协会应积极推动保险行业与汽车产业链相关行业共同研究建立科学、合理的维修配件和工时系数标准化体系。

第二十条 公司应建立特殊案件管理制度。对案件注销、注销恢复、重开赔案、通融赔案、拒赔案件、预付赔款、规定范围内的诉讼案件、追偿赔案及其它特殊案件的审核和流程进行规范，并将审批权限上收到总公司。

第二十一条 公司应建立反欺诈管理制度。总公司及分支机构应建立自上而下、内外部合作、信息共享的反欺诈专职团队。对重点领域和环节通过在理赔信息系统中设立欺诈案件和可疑赔案筛查功能加大反欺诈预防查处力度。建立投诉、举报、信访处理机制和反欺诈奖励制度，向社会公布理赔投诉电话。

有条件的地区应建立本地区保险行业内联合反欺诈处理（或信息共享）机制或保险行业与当地公安机关联合反欺诈处理（或信息共享）机制。

第二十二条 公司应建立异地理赔管理制度和考核奖惩办法。按照“异地出险，就地理赔”原则，建立信息管理系统和网络，搭建省间代查勘、代定损、代赔付操作平台，规范实务流程和操作规则，做好跨省间客户投诉管理工作，确保全国理赔服务标准规范统一。

第三节 数据管理

第二十三条 公司应建立支撑车险理赔管理、风险控制及客户服务全流程化业务处理及信息管理系统。系统间实现无缝连接，无人工干预，实时数据传送处理，避免数据漏失、人工调整及时滞差异。

第二十四条 公司应制定数据质量管理制度。加强理赔与承保、财务间数据规范性、准确性和及时性的管理监督，使业务、财务数据归集、统计口径保持一致。公司应对数据质量定期监控与考评，对疑问数据及时通报。

第二十五条 公司应规范理赔各环节间数据管理。明确数据间勾稽关系，做到历史数据可追溯，对日常数据日清日结。应确定数据维护流程、使用性质和查询范围。应制定数据标准化推行制度。对异常（风险）数据设立基础考察观测项目，根据管理控制的重点适时调整考察观测项目。

疑问数据修改应依法合规，严格修改规范。疑问数据应及时整改，整改时应充分考虑整改方案是否合理以及是否会引发其它数据质量问题，严禁随意修改。

第二十六条 公司应建立内部各部门、各地区间必要的信息交流沟通机制。根据理赔数据管理情况，实现理赔部门与产品、承保、财务、精算、法律和客户服务等相关部门间沟通及信息反馈。

建立信息平台地区，公司应及时向信息平台上传理赔信息，确保上传信息与核心业务系统信息完整一致。

第四节 运行保障

第二十七条 公司应建立理赔费用管理制度，严格按照会计制度规定，规范直接理赔费用和间接理赔费用管理。理赔费用分摊应科学、合理并符合相关规定。

直接理赔费用要严格按照列支项目和原始凭证、材料，如实列支，审批权应集中到省级或以上机构，并按照直接理赔费用占赔款的一定比例监控；间接理赔费用要制定严格的间接理赔费用预算管理、计提标准、列支项目、列支审核以及执行监督制度，间接理赔费用的列支项目和单笔大额支出应规定严格的审批流程等。

公司应将理赔费用纳入考核政策，对各级机构形成约束。

第二十八条 公司应制定未决赔款准备金管理制度。根据未决赔款数据准确估算未决赔款准备金，建立理赔与精算的联合估算规则，要真实、准确、及时反映车险经营状况，有效预警经营风险，保证经营稳定。

第二十九条 公司应加强对合作单位管理，包括合作修理厂、合作医疗机构、医疗评残机构、公估机构以及其他保险中介机构的管理。

（一）公司在选择合作单位时，应保证公正、公平、公开原则，维护被保险人、受害人以及保险人的合法权益，依法选择，严格管理，建立准入、考核、监督及退出机制。

（二）公司应保证客户自由选择维修单位的权利，不得强制指定或变相强制指定车辆维修单位。

公司选择合作修理厂，应与经过规定程序产生的车辆维修单位签订维修合作协议。承修方要保证维修质量、维修时间达到客户满意，保险公司应协助客户跟踪维修质量与进度。

保险行业协会应积极协调组织公司就保险理赔服务有关工作与汽车修理厂、医疗机构、医疗评残机构、公估机构等相关单位沟通协调，加强行业间协作。

（三）严格理赔权限管理

1. 公司严禁将核损、核价、医疗审核、核赔等关键岗位理赔权限授予合作单位等非本公司系统内的各类机构或人员。

2. 原则上不允许合作单位代客户报案，代保险公司查勘、定损（专业公估机构除外），代客户领取赔款。

第三十条 公司应制定防灾防损制度，包括控制保险标的风险，抗御灾害及应对突发事件办法，降低保险事故发生频率和减少事故损失程度技能，增强为客户服务能力。

第三十一条 公司应建立客户投诉管理制度。对客户投诉渠道、投诉信息、投诉受理人、建议解决措施、投诉结果反馈、投诉结果归档、投诉处理的监督考核等规范管理。

第三十二条 公司应建立客户回访制度，对出险客户回访量、回访类型、回访内容、问题处置流程、解决问题比率、回访统计分析与反馈、回访结果归档，回访质量监督考核办法等进行规范管理。

第三十三条 公司应建立绩效考核机制。科学设计理赔质量指标体系，制定绩效考核管理办法。

理赔质量指标体系应包括客户服务满意度、投诉率、投诉处理满意度等客户服务类指标，案均结案时长、结案率等理赔效率类指标，估损偏差率、限时立案率、未决发展偏差率、服务质量、数据质量等理赔管理类指标以及赔付率、案均赔款、理赔费用等理赔成本类指标。公司应加强对理赔质量整体考核监管，不得单纯考核赔付率，不合理压低赔偿金额，损害消费者权益，影响理赔服务质量。

第三十四条 公司应定期或不定期开展理赔质量现场或非现场专项检查，包括对理赔服务、理赔关键举措、赔案质量、特殊案件处理、理赔费用列支等问题专项检查或评估。在日常赔案管理中，总公司应加强对分支机构理赔质量的常规检查和远程非现场检查监督，必要时可进行理赔效能专项检查。

第三十五条 公司应严格遵守各项法律法规，忠实履行保险合同义务。诚实守信、合法经营，禁止下列行为：

（一）理赔人员“吃、拿、卡、要”、故意刁难客户，或利用权力谋取个人私利；

（二）利用赔案强制被保险人提前续保；

（三）冒用被保险人名义缮制虚假赔案；

（四）无正当理由注销赔案；

（五）错赔、惜赔、拖赔、滥赔；

（六）理赔人员与客户内外勾结采取人为扩大损失等非法手段骗取赔款，损害公司利益的行为；

（七）其他侵犯客户合法权益的失信或违法违规行为。

第三章 流程控制

第一节 理赔信息系统

第三十六条 公司应以支持公司理赔全过程、流程化、规范化、标准化运行管控为目标，统一规划、开发、管理和维护理赔信息系统。

第三十七条 理赔流程中关键风险点的合规管控要求，应内嵌入理赔信息系统，并通过信息系统控制得以实现。

理赔信息系统操作应与理赔实务相一致，并严格规范指导实际操作。

第三十八条 公司应保证所有理赔案件处理通过理赔信息系统，实现全流程运行管控。严禁系统外处理赔案。

第三十九条 理赔信息系统数据库应建立在总公司。总公司不得授权省级分公司程序修改权和数据修改权。所有程序、数据的修改应保存审批及操作记录。

严禁将理赔信息系统数据库建立在省级及省级以下分支机构。

第四十条 公司理赔信息系统的功能设置应满足内控制度各项要求，至少应包括以下内容：

（一）理赔信息系统应与接报案系统、承保系统、再保险系统、财务系统数据实现集成管理，无缝对接。通过公司行政审批系统审批的案件信息应该自动对接到理赔系统，如果不能自动对接，应将行政审批意见扫描并上传至理赔系统中。

（二）理赔信息系统应实现理赔全流程管控，至少包括接报案、调度、查勘、立案、定损（估损）、人身伤亡跟踪（调查）、报核价、核损、医疗审核、资料收集、理算、核赔、结销案、赔款支付、追偿及损余物资处理、客户回访、投诉处理以及特殊案件处理等必要环节及完整的业务处理信息。理赔信息系统应实时准确反映各理赔环节、岗位的工作时效。

（三）理赔信息系统应能对核损、报核价、医疗审核、核赔等重要环节实现分级授权设置，系统按照授权规则自动提交上级审核；未经最终核损人审核同意，理赔系统不能打印损失确认书。未经最终核赔人审核同意，理赔系统不得核赔通过，财务系统不得支付赔款。

（四）理赔信息系统应按法律法规及条款约定设定理算标准及公式。

（五）理赔信息系统中不得单方面强制设置保险条款以外的责任免除、赔款扣除等内容。

（六）理赔信息系统数据应保证完整、真实并不能篡改。

（七）理赔信息系统应设置反欺诈识别提醒功能，对出险时间与起保或终止时间接近、保险年度内索赔次数异常等情况进行提示。

（八）理赔信息系统可在各环节对采集到的客户信息进行补充修正，确保客户信息真实、准确、详实。

（九）理赔信息系统应具备影像存储传输功能，逐步实现全程电子化单证，推行无纸化操作；鼓励公司使用远程视频传输系统功能。

（十）理赔信息系统可对符合快速处理条件的赔案适当简化流程。

（十一）理赔信息系统应加强对一人多岗的监控，严禁使用他人工号。

第四十一条 公司应制订应急处理机制，保证系统故障时接报案等理赔服务工作及时有序进行。

第二节 接报案

第四十二条 公司应实行接报案全国或区域统一管理模式，不得将接报案统一集中到省级或以下机构管理。所有车险理赔案件必须通过系统接报案环节录入并生成编号后方可继续下一流程。

第四十三条 公司应建立有效报案甄别机制，通过接报案人员采用标准话术详细询问、接报案受理后及时回访等方法，逐步减少无效报案。

第四十四条 报案时间超过出险时间48小时的，公司应在理赔信息系统中设定警示标志，并应录入具体原因。公司应对报案时间超过出险时间15天的案件建立监督审核机制。

第四十五条 接报案时，理赔信息系统应自动查询并提示同一保单项下或同一车辆的以往报案记录，包括标的车辆作为第三者车辆的案件记录。对30天内多次报案的应设警示标志，防止重复报案并降低道德风险。

第四十六条 公司应积极引导被保险人或肇事司机直接向保险公司报案。对由修理单位等机构或个人代被保险人报案的，公司应要求其提供被保险人真实联系方式，并向被保险人核实。同时，公司应在后续理赔环节中通过查验被保险人有效身份证件或与被保险人见面方式对案件进行核实。

第四十七条 公司接报案受理人员应仔细询问并记录报案信息，报案记录应尽可能详尽，至少应包括以下内容：保单信息、出险车辆信息、被保险人信息、报案人信息、驾驶员信息、出险情况、损失情况、事故处理及施救等情况。

完成报案记录后，接报案人员或查勘人员要及时向报案人或被保险人详细明确说明理赔处理流程和所需证明材料等有关事项。

为方便客户了解赔偿程序和索赔要领，公司应向客户提供多渠道、多方式解释说明。

第三节 调 度

第四十八条 公司应建立完善、科学的调度体系，利用信息化手段准确调度，提高效率。

第四十九条 公司应通过调度系统实时掌握理赔人员、理赔车辆、理赔任务的工作状态。

第四节 查 勘

第五十条 公司应通过移动终端、远程控制或双人查勘等方式确保现场查勘信息真实。对重大、可疑赔案，应双人、多人查勘。

公司应加大对疑难重大案件复勘力度，并对第一现场、复勘现场、无现场查勘方式进行统计。

公司应建立查勘应急处理机制，防范并妥善处理突发大案或案件高峰期可能出现的查勘资源配置不到位。

第五十一条 理赔案件查勘报告应真实客观反映查勘情况，查勘报告重要项目应填写完整规范。重要项目至少应包括：出险车辆信息、驾驶员信息、事故成因、经过和性质、查勘时间、地点、内容、人员伤亡情况、事故车辆损失部位、程度等情况、查勘人员签名等。

现场照片应清楚反映事故全貌和损失情况。公司应采取技术手段防止或识别数码相片的修改。

查勘信息应及时录入理赔系统，超过规定时限的，应提交上级管理人员，对查勘人员进行考核处罚。

第五十二条 查勘人员应详细记录客户信息，了解事故情况，进行调查取证。

查勘人员应向客户递交书面“索赔须知”，并进行必要讲解，提示客户及时提出索赔申请。“索赔须知”至少应包括：索赔程序指引、索赔需提供的资料、理赔时效承诺、理赔投诉电话、理赔人员信息、理赔信息客户自主查询方式方法以及其他注意事项等。

第五十三条 公司查勘人员应在查勘环节收集真实完整的客户信息，并在后续环节中不断完善补充。

第五十四条 公司应对委托外部机构查勘严格管理。公司应制定外部合作机构资质标准，并与委托查勘机构签订合作协议。分支机构委托外部机构查勘的，应经总公司审批授权。

第五十五条 鼓励公司印制防伪易碎贴或防伪易碎封签（标签），加贴于特定部位，防止损坏配件被恶意替换，并加强配件残值管理处置。主要用于以下方面：

（一）第一现场估损符合自动核价条件的，对需要回收残值的配件加贴。

（二）第一现场不能估损的案件，对外表损坏配件加贴，对易产生替换和可能损坏的配件加贴；对需监督拆解车辆，在拆解关键点加贴。

（三）水损事故中对损失与否不能确认的配件，如电脑板等加贴。

第五十六条 公司应严格按照《保险法》及相关法律法规和保险合同的约定，在法律规定时限内，核定事故是否属于保险责任。情形复杂的，应在30日内作出核定，但合同另有约定的除外。不属于保险责任的，应自作出核定之日起3日内向被保险人发出拒绝赔偿通知书并说明理由，将索赔单证扫描存入系统后，退还相关索赔单证，并办理签收手续。

第五节 立 案

第五十七条 公司应加强立案过程管理，确保立案时估损金额尽量准确。公司原则上应实行报案即立案。接到报案后应及时在理赔信息系统中进行立案处理。系统应设置超过3日尚未立案则强制自动立案功能。

第五十八条 公司应及时充足准确录入估损金额，对自动立案并通过理赔系统对案件进行自动估损赋值的，应本着充分原则，赋值金额参考历史同类案件的案均赔款或其他合理统计量确定。公司应根据险别、有无人伤等不同情况明确赋值规则。

第六节 定损（估损）

第五十九条 公司定损人员应准确记录损失部位和项目，提出修理、更换建议，及时录入理赔信息系统。并请客户签字确认损失部位和项目。

第六十条 定损人员应及时向客户说明损失情况，并就定损项目、修复方式、配件类型、维修金额等向客户耐心细致解释。核损通过后的损失确认书，应由客户签字确认。对客户自行承担的损失，应明确告知客户并做好解释说明。

定损项目和金额需要调整的，定损人员应征得客户同意并签字确认。

第六十一条 公司应对委托外部机构定损严格管控。

第七节　报核价

第六十二条　公司应建立专业报核价队伍，在理赔信息系统中设置报核价模块，逐步实现常用配件自动报价。

第六十三条　公司应维护更新零部件价格信息，推行价格信息本地化，保证价格信息与区域市场匹配。

公司应采用经国家有关部门批准和认证的正规配件企业生产、符合原厂技术规范和配件性能标准、有合法商标、质量检验合格的配件。

第八节　核　损

第六十四条　公司应高度重视核损环节管理，加强核损队伍建设，提高核损人员专业技能。

第六十五条　核损人员应认真核对查勘、定损人员提交的事故现场查勘情况，与客户填报的事故经过是否一致，确定事故真伪及是否属于保险责任。

鼓励公司核损人员对拟提供给客户的“索赔须知”内容进行审核，确保对需提供的索赔材料说明准确。

第六十六条　核损人员应对定损人员提交的标的损失项目、修复方式、估损金额，根据报核价环节提供的配件价格信息进行远程在线审核或现场审核，并提出审核意见。

第六十七条　理赔信息系统应自动按照核损通过数值调整未决赔款金额。对于未决赔款金额波动较大的，应在系统中设置提醒标志。

第九节　人伤跟踪和医疗审核

第六十八条　总公司应建立人身伤亡案件（以下简称为“人伤”）审核专业管理团队，省级及以下理赔部门设置专职人伤跟踪（调查）和医疗审核团队或岗位，参与人伤损失的事故查勘、损伤调查、处理跟踪、协助合解、参与诉讼、资料收集、单证审核和费用核定等工作。公司应制订人伤跟踪、审核实务，应实现提前介入、过程跟踪、全程协助、加强管控的目标。

公司原则上应设置专线电话，安排人伤专业人员，为被保险人或受害人提供人伤处理全程咨询服务。

公司应加大人伤调查力度，制订人伤调查要求、具体内容和调查时效。

人伤审核人员应主动参与被保险人与事故受害人之间的损害赔偿合解工作，促成双方达成满意的合解结果。

在被保险人与受害人之间发生诉讼纠纷时，公司应积极主动协助被保险人做好诉讼案件处理工作。

第六十九条　公司在人伤跟踪过程中，应及时就诊疗方案、用药标准、后续治疗费用、残疾器具使用等问题向医疗单位、被保险人或受害人进行了解，并及时修正未决赔案估损金额。

第七十条　公司应根据相关法律法规和保险合同，按照以人为本和有利及时救治原则，进行人伤费用审核和支付。

第七十一条　公司对需进行伤残鉴定的人伤案件，应优先推荐和引导伤者到当地公信力较高的伤残鉴定机构进行评定，确保评残公正、客观。公司应跟踪评残过程及鉴定结果，发现疑义的应及时向鉴定机构反馈或要求复评。

公司应将“低残高评”、“疑义伤残”等记录在案，向有关主管部门反馈。

第十节　资料收集

第七十二条　公司接收、记录客户送达的索赔资料时，应按照“索赔须知”当场查验索赔资料是否齐全，及时出具接收回执。回执上应注明公司接收人、接收时间和公司咨询电话。

第七十三条　公司认为有关证明和资料不完整的，应当及时一次性书面通知投保人、被保险人或者受益人补充提供。

第十一节　理　算

第七十四条　公司对索赔资料齐全、无异议的案件，应及时完成理算工作。

第十二节　核　赔

第七十五条　公司理赔时效标准不得低于法律法规以及行业关于理赔时效的规定。

公司自收到索赔请求和有关证明、资料之日起60日内，对其赔偿数额不能确定的，应根据已有证明和资料可以确定的数额先予支付。最终确定赔偿数额后，支付相应差额。

第七十六条　公司应对疑难案件会商，在充分尊重事实，准确适用法律，综合评定各方利益，并与客户有效沟通后，做出最终结论，并将结果及时反馈。

第十三节 结销案

第七十七条 公司应当在全部损失标的核赔通过后自动或人工结案。结案后的重开赔案权限应通过理赔信息系统上收至总公司。

第七十八条 公司应明确规定赔案注销、零结案和拒赔条件，严格注销案件、零结案和拒赔管理。

注销恢复案件处理权限应通过理赔信息系统上收至总公司。

第十四节 赔款支付

第七十九条 公司应在与客户达成赔偿协议后10日内赔付。公司应及时通知客户领取保险赔款，定期清理已决未支付赔案。不得通过预付赔款方式支付已达成协议的赔款。

鼓励公司建立快速理赔机制。

第八十条 公司应在理赔信息系统中设定赔款收款人姓名、账号和开户银行名称，赔款支付时应遵守反洗钱的相关规定。

在赔款成功支付后，公司应通过电话、短信或书面等方式告知客户。

鼓励公司在客户投保时，积极引导客户约定赔款支付方式、明确赔款支付对象、开户行、账号等信息。

第八十一条 被保险人为个人的，公司应积极引导被保险人通过银行转账方式领取保险赔款。保险赔款金额超过一定金额的，要通过非现金方式支付，且支付到与被保险人、道路交通事故受害人等符合法律法规规定的人员名称相一致的银行账户。

各地区、各公司可根据实际情况，制订现金支付的最高限额。

第八十二条 被保险人为单位的，公司应严格按照有关支付结算规定，对1000元以上的保险赔款要通过非现金方式支付，且支付到与被保险人、道路交通事故受害人等符合法律法规规定的人员名称相一致的银行账户。

各地区、各公司可根据实际情况，进一步限定采取汇款、网上银行等无背书功能的转账支付方式。

鼓励公司采取无现金支付方式支付赔款。

第八十三条 公司应严格管控代领保险赔款风险。

（一）严格“直赔”修理厂管理

公司对签订“直赔”协议的修理单位（以下简称“直赔厂”），必须严格管理监督。

1. 不得将代报案、代查勘权限授予直赔厂。

2. 直赔厂在代客户索赔时，应提供维修发票、维修清单以及被保险人出具的授权书原件、身份证明等材料。

3. 公司应通过银行采用无背书功能的转账支付方式将保险赔款划入以承修事故车辆的修理单位为户名的银行账户，并通过电话回访或书面方式告知被保险人。

4. 对于不能提供被保险人真实联系方式、授权书的修理单位，公司不应与其签订或续签“直赔”协议。

（二）严格管控其他单位或个人代领保险赔款

对于直赔厂之外的其他单位或个人代被保险人或道路交通事故受害人领取保险赔款的，必须提供被保险人或道路交通事故受害人有效身份证明原件、授权书原件以及代领赔款人身份证明原件。

赔款支付方式按照第八十一条和第八十二条的规定执行。

第八十四条 被保险人给第三者造成损害，被保险人对第三者应负的赔偿责任确定的，根据被保险人的请求，公司应直接向该第三者赔偿保险金。被保险人怠于请求的，第三者有权就其应获赔偿部分直接向公司请求赔偿，公司应受理。

第十五节 追偿及损余物资处理

第八十五条 公司应加强代位追偿案件管理，制订制度规范以及追偿案件的业务、财务处理方式及流程。

第八十六条 公司应制订损余物资管理办法。损余物资折归被保险人的，应与被保险人协商同意，确保公平合理。

公司回收损余物资的，应在理赔信息系统中准确录入损余物资管理信息和处置情况，统计损余物资处置金额。处理款项应及时冲减赔款。

对于盗抢险追回车辆、推定全损车辆的损余处理，应上收到省级或以上机构统一处理。

第四章 理赔服务

第一节 服务标准

第八十七条 理赔服务应贯彻于理赔全过

程，包括风险管理、客户回访、投诉处理等内容。

第八十八条 公司应制订理赔服务规范，确保流程控制中各环节理赔手续简便、服务时效明确、服务标准一致。

第八十九条 公司应建立“首问负责制”，保证流程顺畅，不互相推诿。

最先受理客户咨询、投诉的人员作为首问责任人，负责处理或督促相关部门解决客户提出的各类问题，并跟踪至问题解决。

第九十条 公司应设立全国统一的服务电话号码，并向社会公示，24小时×365天接受报案和咨询。公司应保证报案电话畅通，接通率不低于85%。

公司应提供24小时×365天查勘定损服务。

各地保险行业协会应根据本地实际情况，规定理赔人员到达事故现场时限，并向社会公布。

第九十一条 公司应建立理赔服务指标体系。理赔服务指标至少应包括：报案电话接通率、到达现场时长、平均结案周期、小额赔案结案周期、赔付时效、客户有效投诉率等。

各地保险行业协会应根据本地实际情况，制定理赔服务指标参考标准，并向社会公布。

第九十二条 公司应统一查勘定损员服装样式，统一制作并悬挂胸牌，按照公司视觉识别标识统一进行查勘车辆的外观喷涂和编号，便于各级理赔服务工作管理监督，提升理赔服务形象。

第九十三条 公司应制订理赔标准用语规范，涵盖理赔全流程。理赔人员在服务过程中应体现出良好的保险职业道德和精神风貌，主动迅速准确为客户提供优质服务。

第九十四条 异地理赔服务、委托外部机构理赔服务不得低于规定的理赔服务时效、理赔标准。

第二节 服务内容

第九十五条 公司应高度重视车险理赔服务工作，进一步强化理赔服务意识、增强理赔服务能力、提高理赔服务质量。

公司应积极协助被保险人向责任对方（责任对方是指在事故中对被保险人负有赔偿责任的当事人）进行索赔；当被保险人选择直接向投保保险公司索赔，并将向责任对方请求赔偿的权利转让给保险公司时，保险公司应该认真履行赔付义务。

各公司之间应进一步加强沟通协调。对于涉及多家保险公司的赔案，各公司均应积极参与处理，不得推诿。

为提高运行效率，各省级行业协会应逐步依托行业车险信息平台尽快实现数据及时传递和共享，应组织保险公司逐步建立行业间定损标准、赔付标准和追偿实务标准，积极解决保险理赔服务问题，提高客户满意度。

第九十六条 公司应根据赔案类型、客户分类和赔付数据建立差异化理赔服务机制。

公司应建立小额赔案理赔快速处理机制，不断提高小额案件理赔时效和服务质量。小额赔案的标准和赔付时限由各省级行业协会根据情况确定。

第九十七条 公司可在合理成本范围内为客户提供车辆救援、风险管理等增值服务。

第九十八条 公司应提供多渠道的理赔信息反馈服务。公司应按照相关规定，提供理赔信息自助查询服务。公司应在与理赔相关的营业场所或服务场所，张贴统一印制的索赔指引或索赔流程图，在保险凭证和保险宣传资料上明示服务电话，制订并对外公布理赔服务承诺。

公司应逐步实施电话、短信通知提醒、网络平台上传资料等服务内容。

第三节 服务保证

第九十九条 公司应建立客户回访制度，应设专职人员在赔款支付15个工作日内进行客户回访，各公司应根据案件量确保一定回访比例。

建立客户回访台账或留存回访电话录音，内容至少应包括：案件情况真实性、理赔服务质量、赔款领取情况等。回访记录应妥善保存，自保险合同终止之日起计算，保管期限不得少于5年。

第一百条 公司应建立投诉信访处理机制，设立客户服务部门或者咨询投诉岗位，向社会公布理赔投诉电话，接受社会监督。

（一）公司应设专职人员负责受理客户理赔投诉工作。建立客户投诉登记台帐，台帐内容至少应包括：投诉编号、投诉日期、投诉人及联系方式、被投诉人、涉及保单或赔案号、投诉原因、投诉具体内容、处理结果、答复客户日期等。

（二）对保险监管部门按照规定转办的涉及理赔服务方面的信访事项，不得推诿、敷衍、拖延、弄虚作假，由公司分管领导负责并按照监管部门要求报告受理情况和办理结果。

（三）上门投诉的客户，有专人负责接待，尽最大努力即时解决。无法即时解决的，明确答复时限。其他形式（如电话、传真、信访和电子邮件等）的一般性投诉，承办部门应在 3 个工作日内答复；重大、疑难类投诉，应在 5 个工作日内答复。

对信访投诉情况定期分析，并采取改进措施。

第一百零一条 公司应建立并不断完善重大突发性事件、群体性投诉和媒体曝光事件的应急机制。

第一百零二条 公司应建立对理赔服务的内部稽核检查机制。

公司应通过客户服务暗访、客户满意度调查制度等多种方式对理赔服务质量监督检查，确保理赔服务水平。

第一百零三条 公司在加强理赔管理的同时，应不断提升理赔服务水平，落实理赔服务承诺，不得以打击车险骗赔等各种理由为名，降低车险理赔服务质量。

第五章 附 则

第一百零四条 车险电销专用产品业务的理赔及后续管理等原则上在保险标的所在地进行，并实行属地管理。

第一百零五条 交强险案件的理赔，应严格遵照监管部门及行业协会的有关规定执行。

第一百零六条 公司在与保险公估机构建立业务合作关系时，双方签订的合作协议中应明确规定保险公估机构提供的相关服务不低于本《指引》要求的管理与服务质量水平。

第一百零七条 本《指引》自下发之日起实施。

公安部 中国保险监督管理委员会
关于实行酒后驾驶与机动车交强险费率联系浮动制度的通知

2010 年 1 月 20 日　　公通字〔2010〕8 号

各省、自治区、直辖市公安厅、局，各中资财产保险公司、各保监局，中国保险行业协会：

为进一步加大对酒后驾驶违法行为的惩处力度，促进机动车驾驶人增强交通安全意识和法制意识，根据《机动车交通事故责任强制保险条例》有关规定，公安部、中国保险监督管理委员会决定，自 2010 年 3 月 1 日起，逐步实行酒后驾驶违法行为与机动车交通事故责任强制保险（以下简称“交强险”）费率联系浮动制度。现将有关事项通知如下：

一、加强协作，制定实施办法。酒后驾驶严重危害道路交通安全、社会公共安全和人民群众生命财产安全。实行酒后驾驶与机动车交强险费率联系浮动制度是整治酒后驾驶违法行为的重要举措，是建立严管酒后驾驶长效机制的重要制度。各级公安机关、各保监局和各从事交强险业务的保险公司（以下简称“各保险公司”）要切实提高认识，加强协调配合，充分做好前期各项准备工作，确保该项制度稳步实施。各保监局和省级公安机关要在充分听取社会意见的基础上，研究制定酒后驾驶违法行为与交强险费率联系浮动的具体实施办法，明确职责分工、实施步骤和信息交换程序规定，并建立费率浮动告知制度和异议处理制度。

二、结合实际，确定浮动标准。各保监局和省级公安机关要密切协作配合，在充分测算和论证的基础上，在公安部和保监会确定的交强险费率浮动幅度内，明确饮酒后驾驶、醉酒后驾驶违法行为上浮费率的标准。其中，饮酒后驾驶违法行为一次上浮的交强险费率控制在 10%至 15%之间，醉酒后驾驶违法行为一次上浮的交强险费率控制在20%至30%之间，累计上浮的费率不得超过60%，确定费率标准情况应当报公安部、保监会备案。各保险公司必须严格执行交强险费率方案、交强险费率浮动办法，不得擅自加收或减收交强险保费。

三、完善平台，健全交换机制。各省级公安机关要定期汇总本省（自治区、直辖市）酒后驾驶违法行为信息，并及时将相关信息转递给当地保监局。已建立车险联合信息平台的地区，要通过该信息平台向保险机构转递酒后驾驶违法行为信息；尚未建立平台的地区，可以通过数据交换、书面通报等方式实现信息转递。各保监局要认真做好协调配合、技术服务等工作，指导督促各保险公司做好业务系统的修改、调试等准备工作，实现各保险公司内部信息的共享，确保联系浮动制度的顺利实施。中国保险行业协会要加快推进信息平台建设步伐，扩大建设平台的地区范围，完善平台功能。

四、加强宣传，做好舆论引导。各省级公安机关和各保监局、保险公司要提前研究策划宣传工作，充分利用电视、电台、报纸、网络等各种新闻媒体，通过召开新闻通气会、电视访谈等多种形式，大力宣传实施该项制度的目的、意义和具体办法，最大限度地争取社会各界的关注和支持，营造良好的舆论环境。

各地贯彻情况，请及时报公安部、保监会。

中国保险监督管理委员会
关于机动车交强险承保中“即时生效”有关问题的复函

2010年3月3日　　保监厅函〔2010〕79号

辽宁保监局：

你局《关于对机动车交强险承保中“即时生效”有关问题的请示》（辽保监发〔2010〕5号）收悉。经研究，现函复如下：

一、《关于加强机动车交强险承保工作管理的通知》（保监厅函〔2009〕91号，以下简称《通知》）未强制要求各经营交强险业务的保险公司实行交强险保单出单时“即时生效”。

二、2009年10月1日实施的《中华人民共和国保险法》规定“投保人和保险人可以对合同的效力约定附条件或者附期限”。投保人在投保机动车交强险时，可提出交强险保单出单时“即时生效”。根据《通知》规定，各经营交强险业务的保险公司可根据实际情况采取适当方式实现交强险保单出单时“即时生效”。

道路交通事故社会救助基金管理办法

（2020年11月26日经财政部部务会议审议通过　2021年12月1日财政部、银保监会、公安部、国家卫生健康委员会、农业农村部令第107号公布　自2022年1月1日起施行）

第一章　总　则

第一条　为加强道路交通事故社会救助基金管理，对道路交通事故中受害人依法进行救助，根据《中华人民共和国道路交通安全法》、《机动车交通事故责任强制保险条例》，制定本办法。

第二条 道路交通事故社会救助基金的筹集、使用和管理适用本办法。

本办法所称道路交通事故社会救助基金（以下简称救助基金），是指依法筹集用于垫付机动车道路交通事故中受害人人身伤亡的丧葬费用、部分或者全部抢救费用的社会专项基金。

第三条 救助基金实行统一政策、地方筹集、分级管理、分工负责。

救助基金管理应当坚持扶危救急、公开透明、便捷高效的原则，保障救助基金安全高效和可持续运行。

第四条 省、自治区、直辖市、计划单列市人民政府（以下统称省级人民政府）应当设立救助基金。

省级救助基金主管部门会同有关部门报省级人民政府确定省级以下救助基金的设立以及管理级次，并推进省级以下救助基金整合，逐步实现省级统筹。

第五条 财政部门是救助基金的主管部门。

财政部负责会同有关部门制定救助基金的有关政策，并对省级救助基金的筹集、使用和管理进行指导。

县级以上地方财政部门根据救助基金设立情况，依法监督检查救助基金的筹集、使用和管理，按照规定确定救助基金管理机构，并对其管理情况进行考核。

第六条 国务院保险监督管理机构的派出机构负责对保险公司缴纳救助基金情况实施监督检查。

县级以上地方公安机关交通管理部门负责通知救助基金管理机构垫付道路交通事故中受害人的抢救费用，并协助救助基金管理机构做好相关救助基金垫付费用的追偿工作。

县级以上地方农业机械化主管部门负责协助救助基金管理机构做好相关救助基金垫付费用的追偿工作。

县级以上地方卫生健康主管部门负责监督医疗机构按照道路交通事故受伤人员临床诊疗相关指南和规范及时抢救道路交通事故中的受害人以及依法申请救助基金垫付抢救费用。

第七条 县级以上财政部门、公安机关交通管理部门、卫生健康主管部门、农业机械化主管部门以及国务院保险监督管理机构及其派出机构，应当通过多种渠道加强救助基金有关政策的宣传和提示，为道路交通事故受害人及其亲属申请使用救助基金提供便利。

第八条 救助基金主管部门可以通过政府采购等方式依法确定救助基金管理机构。

保险公司或者其他能够独立承担民事责任的专业机构可以作为救助基金管理机构，具体负责救助基金运行管理。

第二章 救助基金筹集

第九条 救助基金的来源包括：

（一）按照机动车交通事故责任强制保险（以下简称交强险）的保险费的一定比例提取的资金；

（二）对未按照规定投保交强险的机动车的所有人、管理人的罚款；

（三）依法向机动车道路交通事故责任人追偿的资金；

（四）救助基金孳息；

（五）地方政府按照规定安排的财政临时补助；

（六）社会捐款；

（七）其他资金。

第十条 每年5月1日前，财政部会同国务院保险监督管理机构根据上一年度救助基金的收支情况，按照收支平衡的原则，合理确定当年从交强险保险费中提取救助基金的比例幅度。省级人民政府在幅度范围内确定本地区具体提取比例。

以省级为单位，救助基金累计结余达到上一年度支出金额3倍以上的，本年度暂停从交强险保险费中提取。

第十一条 办理交强险业务的保险公司应当按照确定的比例，从交强险保险费中提取资金，并在每季度结束后10个工作日内，通过银行转账方式足额转入省级救助基金账户。

第十二条 县级以上地方财政部门应当根据当年预算在每季度结束后10个工作日内，将未按照规定投保交强险的罚款全额划拨至省级救助基金账户。

第十三条 县级以上地方财政部门向救助基金安排临时补助的，应当依照《中华人民共和国预算法》等预算管理法律法规的规定及时拨付。

第三章　救助基金使用

第十四条　有下列情形之一时，救助基金垫付道路交通事故中受害人人身伤亡的丧葬费用、部分或者全部抢救费用：

（一）抢救费用超过交强险责任限额的；

（二）肇事机动车未参加交强险的；

（三）机动车肇事后逃逸的。

救助基金一般垫付受害人自接受抢救之时起7日内的抢救费用，特殊情况下超过7日的抢救费用，由医疗机构书面说明理由。具体费用应当按照规定的收费标准核算。

第十五条　依法应当由救助基金垫付受害人丧葬费用、部分或者全部抢救费用的，由道路交通事故发生地的救助基金管理机构及时垫付。

第十六条　发生本办法第十四条所列情形之一需要救助基金垫付部分或者全部抢救费用的，公安机关交通管理部门应当在处理道路交通事故之日起3个工作日内书面通知救助基金管理机构。

第十七条　医疗机构在抢救受害人结束后，对尚未结算的抢救费用，可以向救助基金管理机构提出垫付申请，并提供需要垫付抢救费用的相关材料。

受害人或者其亲属对尚未支付的抢救费用，可以向救助基金管理机构提出垫付申请，医疗机构应当予以协助并提供需要垫付抢救费用的相关材料。

第十八条　救助基金管理机构收到公安机关交通管理部门的抢救费用垫付通知或者申请人的抢救费用垫付申请以及相关材料后，应当在3个工作日内按照本办法有关规定、道路交通事故受伤人员临床诊疗相关指南和规范，以及规定的收费标准，对下列内容进行审核，并将审核结果书面告知处理该道路交通事故的公安机关交通管理部门或者申请人：

（一）是否属于本办法第十四条规定的救助基金垫付情形；

（二）抢救费用是否真实、合理；

（三）救助基金管理机构认为需要审核的其他内容。

对符合垫付要求的，救助基金管理机构应当在2个工作日内将相关费用结算划入医疗机构账户。对不符合垫付要求的，不予垫付，并向处理该交通事故的公安机关交通管理部门或者申请人书面说明理由。

第十九条　发生本办法第十四条所列情形之一需要救助基金垫付丧葬费用的，由受害人亲属凭处理该道路交通事故的公安机关交通管理部门出具的《尸体处理通知书》向救助基金管理机构提出书面垫付申请。

对无主或者无法确认身份的遗体，由县级以上公安机关交通管理部门会同有关部门按照规定处理。

第二十条　救助基金管理机构收到丧葬费用垫付申请和相关材料后，对符合垫付要求的，应当在3个工作日内按照有关标准垫付丧葬费用；对不符合垫付要求的，不予垫付，并向申请人书面说明理由。救助基金管理机构应当同时将审核结果书面告知处理该道路交通事故的公安机关交通管理部门。

第二十一条　救助基金管理机构对抢救费用和丧葬费用的垫付申请进行审核时，可以向公安机关交通管理部门、医疗机构和保险公司等有关单位核实情况，有关单位应当予以配合。

第二十二条　救助基金管理机构与医疗机构或者其他单位就垫付抢救费用、丧葬费用问题发生争议时，由救助基金主管部门会同卫生健康主管部门或者其他有关部门协调解决。

第四章　救助基金管理

第二十三条　救助基金管理机构应当保持相对稳定，一经确定，除本办法另有规定外，3年内不得变更。

第二十四条　救助基金管理机构履行下列管理职责：

（一）接收救助基金资金；

（二）制作、发放宣传材料，积极宣传救助基金申请使用和管理有关政策；

（三）受理、审核垫付申请，并及时垫付；

（四）追偿垫付款，向人民法院、公安机关等单位通报拒不履行偿还义务的机动车道路交通事故责任人信息；

（五）如实报告救助基金业务事项；

（六）管理救助基金的其他职责。

第二十五条　救助基金管理机构应当建立符合救助基金筹集、使用和管理要求的信息系统，建立数据信息交互机制，规范救助基金网上申请和审核流程，提高救助基金使用和管理效率。

救助基金管理机构应当设立热线电话，建立24小时值班制度，确保能够及时受理、审核垫付申请。

第二十六条 救助基金管理机构应当公开以下信息：

（一）救助基金有关政策文件；

（二）救助基金管理机构的电话、地址和救助网点；

（三）救助基金申请流程以及所需提供的材料清单；

（四）救助基金筹集、使用、追偿和结余信息，但涉及国家秘密、商业秘密的除外；

（五）救助基金主管部门对救助基金管理机构的考核结果；

（六）救助基金主管部门规定的其他信息。

救助基金管理机构、有关部门及其工作人员对被救助人的个人隐私和个人信息，应当依法予以保密。

第二十七条 救助基金账户应当按照国家有关银行账户管理规定开立。

救助基金实行单独核算、专户管理，并按照本办法第十四条的规定使用，不得用于担保、出借、投资或者其他用途。

第二十八条 救助基金管理机构根据本办法垫付抢救费用和丧葬费用后，应当依法向机动车道路交通事故责任人进行追偿。

发生本办法第十四条第三项情形救助基金垫付丧葬费用、部分或者全部抢救费用的，道路交通事故案件侦破后，处理该道路交通事故的公安机关交通管理部门应当及时通知救助基金管理机构。

有关单位、受害人或者其继承人应当协助救助基金管理机构进行追偿。

第二十九条 道路交通事故受害人或者其继承人已经从机动车道路交通事故责任人或者通过其他方式获得赔偿的，应当退还救助基金垫付的相应费用。

对道路交通事故死亡人员身份无法确认或者其受益人不明的，救助基金管理机构可以在扣除垫付的抢救费用和丧葬费用后，代为保管死亡人员所得赔偿款，死亡人员身份或者其受益人身份确定后，应当依法处理。

第三十条 救助基金管理机构已经履行追偿程序和职责，但有下列情形之一导致追偿未果的，可以提请救助基金主管部门批准核销：

（一）肇事逃逸案件超过3年未侦破的；

（二）机动车道路交通事故责任人死亡（被宣告死亡）、被宣告失踪或者终止，依法认定无财产可供追偿的；

（三）机动车道路交通事故责任人、应当退还救助基金垫付费用的受害人或者其继承人家庭经济特别困难，依法认定无财产可供追偿或者退还的。

省级救助基金主管部门会同有关部门根据本省实际情况，遵循账销案存权存的原则，制定核销实施细则。

第三十一条 救助基金管理机构应当于每季度结束后15个工作日内，将上一季度的财务会计报告报送至救助基金主管部门；于每年2月1日前，将上一年度工作报告和财务会计报告报送至救助基金主管部门，并接受救助基金主管部门依法实施的年度考核、监督检查。

第三十二条 救助基金管理机构变更或者终止时，应当委托会计师事务所依法进行审计，并对救助基金进行清算。

第三十三条 救助基金主管部门应当每年向社会公告救助基金的筹集、使用、管理和追偿情况。

第三十四条 救助基金主管部门应当委托会计师事务所对救助基金年度财务会计报告依法进行审计，并将审计结果向社会公告。

第三十五条 救助基金主管部门应当根据救助基金管理机构年度服务数量和质量结算管理费用。

救助基金的管理费用列入本级预算，不得在救助基金中列支。

第三十六条 救助基金主管部门在确定救助基金管理机构时，应当书面约定有下列情形之一的，救助基金主管部门可以变更救助基金管理机构，并依法追究有关单位和人员的责任：

（一）未按照本办法规定受理、审核救助基金垫付申请并进行垫付的；

（二）提供虚假工作报告、财务会计报告的；

（三）违反本办法规定使用救助基金的；

（四）违规核销的；

（五）拒绝或者妨碍有关部门依法实施监督检查的；

（六）可能严重影响救助基金管理的其他情形。

第三十七条 省级救助基金主管部门应当于每年3月1日前，将本地区上一年度救助基金的筹集、使用、管理、追偿以及救助基金管理机构相关情况报送至财政部和国务院保险监督管理机构。

第五章 法律责任

第三十八条 办理交强险业务的保险公司未依法从交强险保险费中提取资金并及时足额转入救助基金账户的，由国务院保险监督管理机构的派出机构进行催缴，超过3个工作日仍未足额上缴的，给予警告，并予以公告。

第三十九条 医疗机构提供虚假抢救费用材料或者拒绝、推诿、拖延抢救道路交通事故受害人的，由卫生健康主管部门按照有关规定予以处理。

第四十条 救助基金主管部门和有关部门工作人员，在工作中滥用职权、玩忽职守、徇私舞弊的，依法给予处分；涉嫌犯罪的，依法追究刑事责任。

第六章 附 则

第四十一条 本办法所称受害人，是指机动车发生道路交通事故造成人身伤亡的人员。

第四十二条 本办法所称抢救费用，是指机动车发生道路交通事故导致人员受伤时，医疗机构按照道路交通事故受伤人员临床诊疗相关指南和规范，对生命体征不平稳和虽然生命体征平稳但如果不采取必要的救治措施会产生生命危险，或者导致残疾、器官功能障碍，或者导致病程明显延长的受伤人员，采取必要的救治措施所发生的医疗费用。

第四十三条 本办法所称丧葬费用，是指丧葬所必需的遗体接运、存放、火化、骨灰寄存和安葬等服务费用。具体垫付费用标准由救助基金主管部门会同有关部门结合当地实际，参考有关规定确定。

第四十四条 机动车在道路以外的地方通行时发生事故，造成人身伤亡的，参照适用本办法。

第四十五条 省级救助基金主管部门应当依据本办法有关规定，会同本地区有关部门制定实施细则，明确有关主体的职责，细化垫付等具体工作流程和规则，并将实施细则报财政部和有关部门备案。

第四十六条 本办法自2022年1月1日起施行。《道路交通事故社会救助基金管理试行办法》（财政部 保监会 公安部 卫生部 农业部令第56号）同时废止。

4. 人 员 管 理

临时入境机动车和驾驶人管理规定

（2006年11月8日公安部部长办公会议通过 2006年12月1日公安部令第90号发布 自2007年1月1日起施行）

第一条 根据《中华人民共和国道路交通安全法》及其实施条例，制定本规定。

第二条 本规定适用于下列临时进入中华人民共和国境内不超过三个月的机动车和机动车驾驶人：

（一）经国家主管部门批准，临时入境参

加有组织的旅游、比赛以及其他交往活动的外国机动车和机动车驾驶人；

（二）临时入境后仅在边境地区一定范围内行驶的外国机动车和机动车驾驶人；

（三）临时入境后需驾驶租赁的中国机动车的外国机动车驾驶人。

与中国签订有双边或者多边过境运输协定的，按照协定办理。国家或者政府之间对机动车牌证和驾驶证有互相认可协议的，按照协议办理。

第三条 外国机动车临时入境行驶，应当向入境地或者始发地所在的直辖市或者设区的市公安机关交通管理部门申领临时入境机动车号牌和行驶证。

第四条 申请临时入境机动车号牌、行驶证的，应当用中文填写《临时入境机动车号牌、行驶证申请表》，交验机动车，并提交以下证明、凭证：

（一）境外主管部门核发的机动车登记证明，属于非中文表述的，还应当出具中文翻译文本；

（二）中国海关等部门出具的准许机动车入境的凭证；

（三）属于有组织的旅游、比赛以及其他交往活动的，还应当提交中国相关主管部门出具的证明；

（四）机动车安全技术检验合格证明，属于境外主管部门核发的，还应当出具中文翻译文本；

（五）不少于临时入境期限的中国机动车交通事故责任强制保险凭证。

公安机关交通管理部门应当在收到申请材料之日起三日内审查提交的证明、凭证，查验机动车。符合规定的，核发临时入境机动车号牌和行驶证。

第五条 临时入境机动车号牌为纸质号牌，载明允许行驶的区域、线路和有效期。

临时入境机动车号牌背面为临时入境机动车行驶证，签注车辆类型、号牌号码、厂牌型号、行驶区域或者线路、有效期等信息。

第六条 临时入境机动车号牌和行驶证有效期应当与入境批准文件上签注的期限一致，但最长不得超过三个月。临时入境机动车号牌和行驶证有效期不得延期。

第七条 临时入境汽车号牌应当放置在前挡风玻璃内右侧。临时入境摩托车号牌应当随车携带，以备检查。

第八条 临时入境的外国机动车，可以凭入境凭证行驶至本规定第三条规定的临时入境机动车号牌和行驶证核发机关所在地，并于入境后二日内申请临时入境机动车号牌和行驶证。

第九条 临时入境的境外机动车驾驶人，可以驾驶其自带的临时入境的机动车或者租赁的中国机动车。

第十条 临时入境的机动车驾驶人在中国道路上驾驶自带临时入境的机动车，应当向入境地或者始发地所在的直辖市或者设区的市公安机关交通管理部门申领临时机动车驾驶许可。

第十一条 临时入境的机动车驾驶人驾驶租赁的中国机动车，应当向机动车租赁单位所在的直辖市或者设区的市公安机关交通管理部门申领临时机动车驾驶许可。

第十二条 临时机动车驾驶许可的准驾车型应当符合申请人所持境外机动车驾驶证的准驾车型。驾驶自带临时入境机动车的，临时机动车驾驶许可的准驾车型还应当与其自带机动车车型一致。驾驶租赁中国机动车的，临时机动车驾驶许可的准驾车型为小型汽车和小型自动挡汽车。

第十三条 申领临时机动车驾驶许可的，应当用中文填写《临时机动车驾驶许可申请表》，提交下列证明、凭证：

（一）入出境身份证件；

（二）境外机动车驾驶证，属于非中文表述的，还应当出具中文翻译文本；

（三）年龄、身体条件符合中国驾驶许可条件的证明文件；

（四）两张一寸彩色照片（近期半身免冠正面白底）；

（五）参加有组织的旅游、比赛以及其他交往活动的，还应当提交中国相关主管部门出具的证明。

公安机关交通管理部门应当在收到申请材料之日起三日内进行审查，符合规定的，组织道路交通安全法律、法规学习，核发临时机动车驾驶许可。

第十四条 临时机动车驾驶许可有效期截止日期应当与机动车驾驶人入出境身份证件上

签注的准许入境期限的截止日期一致，但有效期最长不超过三个月。临时机动车驾驶许可有效期不得延期。

第十五条 临时机动车驾驶许可应当随身携带，并与所持境外机动车驾驶证及其中文翻译文本同时使用。

第十六条 临时入境的机动车驾驶人，可以凭所持境外机动车驾驶证和入境凭证，驾驶自带机动车行驶至本规定第十条规定的临时机动车驾驶许可核发机关所在地，并于入境后二日内申请临时机动车驾驶许可。

第十七条 公安机关交通管理部门核发临时入境机动车号牌、行驶证和临时机动车驾驶许可时，应当对境外机动车和机动车驾驶人以前的入境记录进行核查，发现有道路交通违法行为和交通事故未处理完毕的，告知其处理完毕后再核发牌证；在中国境内有驾驶机动车交通肇事逃逸记录的，不予核发临时机动车驾驶许可。

第十八条 临时入境的机动车驾驶人应当按照下列规定驾驶机动车：

（一）遵守中国的道路交通安全法律、法规及规章；

（二）按照临时入境机动车号牌上签注的行驶区域或者路线行驶；

（三）遇有交通警察检查的，应当停车接受检查，出示入出境证件、临时机动车驾驶许可和所持境外机动车驾驶证及其中文翻译文本；

（四）违反道路交通安全法律、法规的，应当依法接受中国公安机关交通管理部门的处理；

（五）发生交通事故的，应当立即停车，保护现场，抢救受伤人员，并迅速报告执勤的交通警察或者公安机关交通管理部门，依法接受中国公安机关交通管理部门的处理。

第十九条 临时入境的机动车驾驶人有下列行为之一的，公安机关交通管理部门应当按照下列规定处理：

（一）未取得临时机动车驾驶许可驾驶机动车，或者临时机动车驾驶许可超过有效期驾驶机动车的，按照《中华人民共和国道路交通安全法》第九十九条处理；

（二）驾驶未取得临时入境机动车号牌和行驶证的机动车，或者驾驶临时入境机动车号牌和行驶证超过有效期的机动车的，按照《中华人民共和国道路交通安全法》第九十五条处理；

（三）驾驶临时入境的机动车超出行驶区域或者路线的，按照《中华人民共和国道路交通安全法》第九十条处理。

第二十条 边境地区因边贸活动、客货运输、边民往来或借道通行活动等频繁入出境，且入境后仅在边境地区一定范围内行驶的外国机动车和机动车驾驶人，申请临时入境机动车号牌和行驶证、临时机动车驾驶许可时，可以由省级公安机关结合本省实际制定实施意见。

“边境地区一定范围”的界限由省级公安机关确定。

第二十一条 香港特别行政区、澳门特别行政区和台湾地区机动车因参加有组织的旅游、比赛以及其他交往活动的，参照本规定执行。

持香港特别行政区、澳门特别行政区和台湾地区机动车驾驶证的人员临时进入内地需驾驶机动车的，参照本规定执行。

第二十二条 临时入境机动车号牌、行驶证和临时机动车驾驶许可由公安部统一印制。

第二十三条 本规定所称“临时入境的机动车”，是指在国外注册登记，需临时进入中国境内行驶的机动车。“临时入境的机动车驾驶人”，是指持有境外机动车驾驶证，需临时进入中国境内驾驶机动车的境外人员。

第二十四条 本规定所称“始发地”，是指有组织的旅游、比赛以及其他交往活动的出发地。

第二十五条 本规定自 2007 年 1 月 1 日起施行。1989 年 5 月 1 日发布的《临时入境机动车辆与驾驶员管理办法》（公安部令第 4 号）同时废止。2007 年 1 月 1 日前公安部发布的其他规定与本规定不一致的，以本规定为准。

交通运输部关于印发《道路运输驾驶员诚信考核办法（试行）》的通知

2008年8月29日　　交公路发〔2008〕280号

各省、自治区、直辖市、新疆生产建设兵团交通厅（局、委）：

现将《道路运输驾驶员诚信考核办法（试行）》印发给你们，请遵照执行。

附：

道路运输驾驶员诚信考核办法（试行）

第一章　总　则

第一条　为加强道路运输驾驶员动态管理，推进道路运输驾驶员诚信体系建设，引导道路运输驾驶员依法经营，诚实信用，根据《中华人民共和国道路运输条例》、《危险化学品安全管理条例》及有关规章，制定本办法。

第二条　道路运输驾驶员的诚信考核，应当遵守本办法。

本办法所称的道路运输驾驶员，是指经营性道路客货运输驾驶员和道路危险货物运输驾驶员。

本办法所称的诚信考核，是指对道路运输驾驶员在道路运输活动中的安全生产、遵守法规和服务质量等情况进行的综合评价。

第三条　道路运输驾驶员诚信考核工作应当遵循公平、公正、公开和便民的原则。

第四条　道路运输驾驶员应当自觉遵守国家相关法律、行政法规及规章，诚实信用，文明从业，履行社会责任，为社会提供安全、优质的运输服务。

第五条　道路运输管理机构应当加快道路运输驾驶员管理信息化建设，充分利用道路运输管理信息系统，完善道路运输驾驶员数据库，建立道路运输驾驶员诚信考核公共信息平台。

第六条　交通运输部主管全国道路运输驾驶员诚信考核工作。

县级以上人民政府交通运输主管部门负责组织领导本行政区域内的道路运输驾驶员诚信考核工作。

县级以上道路运输管理机构按照本办法规定的职责负责组织实施本行政区域内的道路运输驾驶员诚信考核工作。

第二章　诚信考核等级与计分

第七条　道路运输驾驶员诚信考核等级分为优良、合格、基本合格和不合格，分别用AAA级、AA级、A级和B级表示。

第八条　道路运输驾驶员诚信考核内容包括：

（一）安全生产情况：安全生产责任事故情况；

（二）遵守法规情况：违反道路运输相关法律、行政法规、规章的有关情况；

（三）服务质量情况：服务质量事件和有责投诉的有关情况。

第九条　道路运输驾驶员诚信考核实行计分制，考核周期为12个月，满分为20分，从道路运输驾驶员初次领取从业资格证件之日起计算。一个考核周期届满，经签注诚信考核等级后，该考核周期内的计分予以清除，不转入下一个考核周期。

根据道路运输驾驶员违反诚信考核指标的

情况，一次计分的分值分别为：20 分、10 分、5 分、3 分、1 分五种。计分分值标准见附件 1。

第十条 对道路运输驾驶员的道路运输违法行为，处罚与计分同时执行。

道路运输驾驶员一次有两个以上违法行为的，计分时应当分别计算，累加分值。

第十一条 道路运输驾驶员对道路运输违法行为处罚不服，申请行政复议或者提起行政诉讼后，经依法裁决变更或者撤销原处罚决定的，相应计分分值予以变更或者撤销，相应的诚信考核等级按规定予以调整。

第十二条 道路运输驾驶员诚信考核等级，由道路运输管理机构按照下列标准进行评定：

（一）道路运输驾驶员具备以下条件的，诚信考核等级为 AAA 级：

1. 上一考核周期的诚信考核等级为 AA 级及以上；

2. 考核周期内累计计分分值为 0 分。

（二）道路运输驾驶员具备以下条件的，诚信考核等级为 AA 级：

1. 未达到 AAA 级的考核条件；

2. 上一考核周期的诚信考核等级为 A 级及以上；

3. 考核周期内累计计分分值未达到 10 分。

（三）道路运输驾驶员具备以下条件的，诚信考核等级为 A 级：

1. 未达到 AA 级的考核条件；

2. 考核周期内累计计分分值未达到 20 分。

（四）道路运输驾驶员考核周期内累计计分有 20 分及以上记录的，诚信考核等级为 B 级。

第三章 诚信考核实施与管理

第十三条 设区的市级道路运输管理机构应当建立道路运输驾驶员诚信档案，并及时将道路运输驾驶员的相关信息和材料存入其诚信档案。

根据道路运输驾驶员的从业资格类别，道路运输驾驶员诚信档案主要内容包括：

（一）基本情况，包括道路运输驾驶员的姓名、性别、身份证号、住址、联系电话、服务单位、初领驾驶证日期、准驾车型、从业资格证号、从业资格类别、从业资格证件领取时间和变更记录以及继续教育情况等；

（二）安全生产记录，包括有关部门抄告的以及交通运输主管部门和道路运输管理机构掌握的责任事故的时间、地点、事故原因、事故经过、死伤人数、经济损失等事故概况以及责任认定和处理情况；

（三）遵守法规情况，包括本行政区域内查处的和本行政区域外抄告的道路运输驾驶员违反道路运输相关法规的情况；

（四）服务质量记录，包括经交通运输主管部门或者道路运输管理机构通报的服务质量事件的时间、社会影响等情况，以及有责投诉的投诉人、投诉内容、责任人、受理机关及处理情况；

（五）《道路运输驾驶员诚信考核表》（式样见附件 2）。

第十四条 道路运输驾驶员基本情况信息保存到从业资格证件注销或者吊销后三年。安全生产、遵守法规、服务质量信息和《道路运输驾驶员诚信考核表》保存期不少于三年。

第十五条 县级以上道路运输管理机构对道路运输驾驶员实施监督检查时，应当按照计分分值标准将其违章信息和计分分值填写在从业资格证件的“违章和计分记录”栏内，注明日期，由执法人员签字，加盖道路运输管理机构执法专用印章，并及时将相关信息录入道路运输驾驶员数据库。

实行电子化从业资格证件的，相关信息直接存入电子证件和道路运输驾驶员数据库。

第十六条 道路运输管理机构应当畅通投诉渠道，收集并汇总道路运输驾驶员的有关诚信信息，存入道路运输驾驶员诚信档案和道路运输驾驶员数据库。

不具备法律效力的证据或者正在处理的涉及驾驶员违反道路运输法规的相关情况，不作为道路运输驾驶员诚信考核的依据。

第十七条 省级道路运输管理机构应当建立道路运输驾驶员信息抄告和信息共享机制，定期将本辖区查处的外省地道路运输驾驶员的违法行为和计分情况，抄告相应的省级道路运输管理机构。

收到抄告信息的省级道路运输管理机构应当及时将相关信息录入道路运输驾驶员数

据库。

第十八条 道路运输驾驶员在考核周期内累计计分达到20分的，应当在计满20分之日起15日内，到档案所在地有培训资格的机构，接受不少于18个学时的道路运输法规、职业道德和安全知识的继续教育。继续教育结束后，道路运输驾驶员凭继续教育合格证明到设区的市级道路运输管理机构办理清除计分手续。

设区的市级道路运输管理机构应当审核并收存继续教育合格证明，在驾驶员从业资格证件的“继续教育记录”栏内标注继续教育起止时间，并将相关信息录入道路运输驾驶员数据库，清除继续教育前的计分。在本次诚信考核周期内，道路运输驾驶员诚信考核等级为B级。

第十九条 道路运输驾驶员应当在诚信考核周期届满后20日内，持本人的从业资格证件到档案所在地设区的市级道路运输管理机构签注诚信考核等级，并填写《道路运输驾驶员诚信考核表》。

道路运输驾驶员发生重大以上道路交通事故，且在诚信考核周期届满后20日内尚未有责任认定结论的，道路运输驾驶员应当自收到公安机关交通管理部门出具的交通事故认定书后15日内，到档案所在地设区的市级道路运输管理机构办理诚信考核等级签注手续。

道路运输驾驶员需要向道路运输管理机构提供有关诚信信息的，应当提交相应的证明材料。

第二十条 设区的市级道路运输管理机构在收到《道路运输驾驶员诚信考核表》后，应当对道路运输驾驶员从业资格证件上的违章和计分记录、道路运输驾驶员数据库中的记录、《道路运输驾驶员诚信考核表》及相关证明材料进行核实和计分汇总，并在其从业资格证件和《道路运输驾驶员诚信考核表》的“诚信考核记录”栏中标注诚信考核起止时间，签注诚信考核等级，加盖道路运输驾驶员诚信考核专用印章（式样见附件3）。

诚信考核周期内，发生重大以上道路交通事故尚未有责任认定结论的，道路运输管理机构应当待事故责任明确后，签注诚信考核等级。

第二十一条 道路运输管理机构应当向社会公布本辖区内道路运输驾驶员历次考核周期的计分分值、诚信考核等级以及下一次签注诚信考核等级的时间等相关信息和查询方式，提供查询便利。

第二十二条 单位和个人对公布的诚信考核信息有异议的，可以在公告之日起15日内，向道路运输管理机构进行书面举报或举证，并提供相关证明材料。

举报人应当如实签署姓名或者单位名称，并附联系方式。

道路运输管理机构应当为举报人保密，不得向其他单位或者个人泄漏举报人的姓名及有关情况。

第四章　奖惩措施

第二十三条 道路运输经营者应当及时掌握本单位道路运输驾驶员的诚信考核等级，并作为培训、辞退道路运输驾驶员，调整道路运输驾驶员工资和奖励的重要依据。

第二十四条 道路运输经营者应当加强对诚信考核等级为B级的道路运输驾驶员的教育和管理。对存在重大安全隐患的，应当及时调离驾驶员工作岗位。

第二十五条 道路运输管理机构应当鼓励道路运输经营者以及其他相关的社团组织对诚信考核等级为AAA级的道路运输驾驶员进行表彰奖励。

第二十六条 道路运输经营者不得安排诚信考核等级为B级的道路运输驾驶员，承担具有重大政治和国防战备意义、社会影响大、安全风险高的运输生产任务；不得安排其承担黄金周和春运期间的道路旅客运输任务。

第二十七条 道路运输驾驶员有下列情形之一的，道路运输管理机构应当将其列入黑名单，并向社会公告：

（一）在考核周期内累计计分达到20分，且未按照规定参加继续教育培训的；

（二）无正当理由超过规定时间，未签注诚信考核等级的；

（三）从业资格证件被吊销的。

第二十八条 道路运输驾驶员存在以下情形之一的，道路运输管理机构应当根据《国务院关于特大安全事故行政责任追究的规定》，按照其不具备安全生产条件，依法撤销其从业资格证件：

（一）连续三个考核周期诚信考核等级均为B级的；

（二）在一个考核周期内累计计分有三次以上达到20分的。

第二十九条 道路运输经营者在一个年度内，所属取得从业资格证件的道路运输驾驶员累计有20%以上诚信考核等级为B级的，道路运输管理机构应当向其下发整改通知书，责令限期整改，并不得将其作为道路运输行业表彰评优的对象。

道路运输经营者连续两个年度，所属取得从业资格证件的道路运输驾驶员均累计有20%以上诚信考核等级为B级的，道路运输管理机构还应当向社会公告，且一年内不得批准其新增运力。

第五章　附　则

第三十条 各省、自治区、直辖市交通运输主管部门和道路运输管理机构可依据本办法制定实施细则。

第三十一条 道路危险货物运输押运人员、装卸管理人员以及机动车驾驶培训教练员和机动车维修技术人员诚信考核办法由省级道路运输管理机构参照本办法制定，并报交通运输部备案。

第三十二条 本办法由中华人民共和国交通运输部负责解释。

第三十三条 本办法自2009年4月1日起施行。

附件（略）

交通运输部
关于印发《道路运输驾驶员继续教育办法》的通知

2011年3月18日　　交运发〔2011〕106号

各省、自治区、直辖市、新疆生产建设兵团交通运输厅（局、委）：

现将《道路运输驾驶员继续教育办法》印发给你们，请遵照执行。

附：

道路运输驾驶员继续教育办法

第一章　总　则

第一条 为不断提高道路运输驾驶员职业素质，促进道路运输驾驶员继续教育科学化、制度化和规范化，根据《中华人民共和国道路运输条例》及有关规章，制定本办法。

第二条 道路运输驾驶员的继续教育，应当遵守本办法。

本办法所称的道路运输驾驶员，是指持有《中华人民共和国道路运输从业人员从业资格证》的经营性道路客货运输驾驶员和道路危险货物运输驾驶员。

本办法所称的继续教育，是指为不断提高道路运输驾驶员的职业技能和职业道德水平，使其知识和技能得到更新的多种形式的教育。

第三条 接受继续教育是道路运输驾驶员的义务。道路运输驾驶员应当按照规定接受相应的继续教育。

第四条 继续教育坚持以具有一定规模的道路运输企业实施为主的原则。

第五条 交通运输部负责指导全国道路运输驾驶员的继续教育工作。

县级以上地方人民政府交通运输主管部门负责组织领导本行政区域内的道路运输驾驶员继续教育工作。

县级以上道路运输管理机构负责监督本行政区域内的道路运输驾驶员继续教育工作。

第二章 继续教育的内容和形式

第六条 交通运输部统一制定道路运输驾驶员继续教育大纲并向社会公布。

继续教育大纲内容包括道路运输相关政策法规、职业道德、运输安全和节能减排等。

第七条 交通运输部职业资格机构根据继续教育大纲，组织编写继续教育教材。各地可结合本行政区域实际，组织编写补充教材。

第八条 道路运输驾驶员继续教育周期为2年。道路运输驾驶员在每个周期接受继续教育的时间累计应不少于24学时。

第九条 道路运输驾驶员继续教育以接受道路运输企业组织并经县级以上道路运输管理机构备案的培训为主。不具备条件的运输企业和个体运输驾驶员的继续教育工作，由其他继续教育机构承担。继续教育还包括以下形式：

（一）经许可的道路运输驾驶员从业资格培训机构组织的继续教育；

（二）交通运输部或省级交通运输主管部门备案的网络远程继续教育；

（三）经省级道路运输管理机构认定的其他继续教育形式。

第三章 继续教育的组织和实施

第十条 道路运输管理机构应当制定并按照管理权限，向社会公布继续教育培训计划和安排，指导道路运输企业合理、有序地组织道路运输驾驶员参加继续教育。

第十一条 道路运输企业应当组织和督促本单位的道路运输驾驶员参加继续教育，并保证道路运输驾驶员参加继续教育的时间，提供必要的学习条件。

第十二条 道路运输管理机构应当建立继续教育机构的信用管理数据库，对参与继续教育的教职人员建立信用档案，规范继续教育机构的教学行为，完善监督管理。

第十三条 继续教育机构应当根据继续教育大纲要求，按照确定的科目和课程编制教学计划、组织教学，加强教学管理，保证教学质量。

第十四条 从事道路运输驾驶员继续教育的师资，应当参加省级交通运输主管部门组织的师资培训。

第十五条 道路运输驾驶员完成继续教育并经相应道路运输管理机构确认后，道路运输管理机构应当及时在其从业资格证件和从业资格管理档案予以记载。

继续教育的确认可采取考核或学时认定等方式，具体由省级道路运输管理机构确定。

第四章 继续教育的监督检查

第十六条 道路运输管理机构应当加强对道路运输驾驶员继续教育情况的检查，并将参加继续教育的情况纳入诚信考核的内容。

道路运输企业及个体运输经营者应当督促其所聘用的道路运输驾驶员参加继续教育。

第十七条 继续教育机构应当建立学员培训档案，将继续教育培训计划、继续教育师资情况、参培学员登记表等纳入档案管理，并接受道路运输管理机构的监督检查。

第十八条 继续教育机构违反本规定，有下列情形之一的，由道路运输管理机构责令改正；拒不改正的，不予确认其所开展的继续教育：

（一）未经备案擅自从事继续教育或者提供虚假继续教育资料的；

（二）未按照继续教育大纲要求组织相应继续教育的；

（三）发布继续教育虚假信息的。

第十九条 道路运输驾驶员在其从业资格证件有效期内，未按规定完成继续教育的，应当补充完成继续教育后办理换证手续。

第二十条 道路运输管理机构及其工作人员违反本规定，有徇私舞弊、弄虚作假等情形的，依法给予行政处分；构成犯罪的，依法追究刑事责任。

第二十一条 道路运输驾驶员在诚信考核周期内累计计分达到20分应接受诚信考核教育的，按照《道路运输驾驶员诚信考核办法（试行）》有关规定执行。

第五章 附 则

第二十二条 各省、自治区、直辖市交通运输主管部门可依据本办法制定具体实施办法。

第二十三条 本办法自2011年5月1日起施行。

交通运输部办公厅
关于取消总质量4.5吨及以下普通货运车辆道路运输证和驾驶员从业资格证的通知

2018年12月24日　　交办运函〔2018〕2052号

各省、自治区、直辖市、新疆生产建设兵团交通运输厅（局、委）：

为贯彻落实国务院常务会议关于“取消4.5吨及以下普通货运从业资格证和车辆营运证”的部署要求，深化交通运输“放管服”改革，促进物流业降本增效，经交通运输部同意，决定在《中华人民共和国道路运输条例》及相关部门规章修订前，自2019年1月1日起，对4.5吨及以下普通货运从业资格证和车辆营运证的管理，暂按以下要求执行：

一、自2019年1月1日起，各地交通运输管理部门不再为总质量4.5吨及以下普通货运车辆配发道路运输证。

二、自2019年1月1日起，对于总质量4.5吨及以下普通货运车辆从事普通货物运输活动的，各地交通运输管理部门不得对该类车辆、驾驶员以“无证经营”和“未取得相应从业资格证件，驾驶道路客货运输车辆”为由实施行政处罚。

出租汽车驾驶员从业资格管理规定

（2011年12月26日交通运输部发布　根据2016年8月26日《交通运输部关于修改〈出租汽车驾驶员从业资格管理规定〉的决定》第一次修正　根据2021年8月11日《交通运输部关于修改〈出租汽车驾驶员从业资格管理规定〉的决定》第二次修正）

第一章　总　则

第一条　为了规范出租汽车驾驶员从业行为，提升出租汽车客运服务水平，根据国家有关规定，制定本规定。

第二条　出租汽车驾驶员的从业资格管理适用本规定。

第三条　国家对从事出租汽车客运服务的驾驶员实行从业资格制度。

出租汽车驾驶员从业资格包括巡游出租汽车驾驶员从业资格和网络预约出租汽车驾驶员从业资格等。

第四条　出租汽车驾驶员从业资格管理工作应当公平、公正、公开和便民。

第五条　出租汽车驾驶员应当依法经营、诚实守信、文明服务、保障安全。

第六条　交通运输部负责指导全国出租汽车驾驶员从业资格管理工作。

各省、自治区人民政府交通运输主管部门在本级人民政府领导下，负责指导本行政区域内出租汽车驾驶员从业资格管理工作。

直辖市、设区的市级或者县级交通运输主管部门或者人民政府指定的其他出租汽车行政主管部门（以下称出租汽车行政主管部门）在本级人民政府领导下，负责具体实施出租汽车驾驶员从业资格管理。

第二章　考　试

第七条　出租汽车驾驶员从业资格考试包括全国公共科目和区域科目考试。

全国公共科目考试是对国家出租汽车法律法规、职业道德、服务规范、安全运营等具有普遍规范要求的知识测试。

巡游出租汽车驾驶员从业资格区域科目考试是对地方出租汽车政策法规、经营区域人文地理和交通路线等具有区域服务特征的知识测试。

网络预约出租汽车驾驶员从业资格区域科目考试是对地方出租汽车政策法规等具有区域规范要求的知识测试。设区的市级以上地方人民政府出租汽车行政主管部门可以根据区域服务特征自行确定其他考试内容。

第八条　全国公共科目考试实行全国统一考试大纲。全国公共科目考试大纲、考试题库由交通运输部负责编制。

区域科目考试大纲和考试题库由设区的市级以上地方人民政府出租汽车行政主管部门负责编制。

出租汽车驾驶员从业资格考试由设区的市级以上地方人民政府出租汽车行政主管部门按照交通运输部编制的考试工作规范和程序组织实施。鼓励推广使用信息化方式和手段组织实施出租汽车驾驶员从业资格考试。

第九条　拟从事出租汽车客运服务的，应当填写《出租汽车驾驶员从业资格证申请表》（式样见附件1），向所在地设区的市级出租汽车行政主管部门申请参加出租汽车驾驶员从业资格考试。

第十条　申请参加出租汽车驾驶员从业资格考试的，应当符合下列条件：

（一）取得相应准驾车型机动车驾驶证并具有3年以上驾驶经历；

（二）无交通肇事犯罪、危险驾驶犯罪记录，无吸毒记录，无饮酒后驾驶记录，最近连续3个记分周期内没有记满12分记录；

（三）无暴力犯罪记录；

（四）城市人民政府规定的其他条件。

第十一条　申请参加出租汽车驾驶员从业资格考试的，应当提供符合第十条规定的证明或者承诺材料：

（一）机动车驾驶证及复印件；

（二）无交通肇事犯罪、危险驾驶犯罪记录，无吸毒记录，无饮酒后驾驶记录，最近连续3个记分周期内没有记满12分记录的材料；

（三）无暴力犯罪记录的材料；

（四）身份证明及复印件；

（五）城市人民政府规定的其他材料。

第十二条　设区的市级出租汽车行政主管部门对符合申请条件的申请人，应当按照出租汽车驾驶员从业资格考试工作规范及时安排考试。

首次参加出租汽车驾驶员从业资格考试的申请人，全国公共科目和区域科目考试应当在首次申请考试的区域完成。

第十三条　设区的市级出租汽车行政主管部门应当在考试结束10日内公布考试成绩。考试合格成绩有效期为3年。

全国公共科目考试成绩在全国范围内有效，区域科目考试成绩在所在地行政区域内有效。

第十四条　出租汽车驾驶员从业资格考试全国公共科目和区域科目考试均合格的，设区的市级出租汽车行政主管部门应当自公布考试成绩之日起10日内向巡游出租汽车驾驶员核发《巡游出租汽车驾驶员证》、向网络预约出租汽车驾驶员核发《网络预约出租汽车驾驶员证》（《巡游出租汽车驾驶员证》和《网络预约出租汽车驾驶员证》以下统称从业资格证）。

从业资格证式样参照《中华人民共和国道路运输从业人员从业资格证》式样。

鼓励推广使用从业资格电子证件。采用电子证件的，应当包含证件式样所确定的相关信息。

第十五条　出租汽车驾驶员到从业资格证发证机关核定的范围外从事出租汽车客运服务的，应当参加当地的区域科目考试。区域科目考试合格的，由当地设区的市级出租汽车行政主管部门核发从业资格证。

第三章　注　册

第十六条　取得从业资格证的出租汽车驾驶员，应当经出租汽车行政主管部门从业资格注册后，方可从事出租汽车客运服务。

出租汽车驾驶员从业资格注册有效期为3年。

第十七条 出租汽车经营者应当聘用取得从业资格证的出租汽车驾驶员，并在出租汽车驾驶员办理从业资格注册后再安排上岗。

第十八条 巡游出租汽车驾驶员申请从业资格注册或者延续注册的，应当填写《巡游出租汽车驾驶员从业资格注册登记表》（式样见附件2），持其从业资格证及与出租汽车经营者签订的劳动合同或者经营合同，到发证机关所在地出租汽车行政主管部门申请注册。

个体巡游出租汽车经营者自己驾驶出租汽车从事经营活动的，持其从业资格证及车辆运营证申请注册。

第十九条 受理注册申请的出租汽车行政主管部门应当在5日内办理完结注册手续，并在从业资格证中加盖注册章。

第二十条 巡游出租汽车驾驶员注册有效期届满需继续从事出租汽车客运服务的，应当在有效期届满30日前，向所在地出租汽车行政主管部门申请延续注册。

第二十一条 出租汽车驾驶员不具有完全民事行为能力，或者受到刑事处罚且刑事处罚尚未执行完毕的，不予延续注册。

第二十二条 巡游出租汽车驾驶员在从业资格注册有效期内，与出租汽车经营者解除劳动合同或者经营合同的，应当在20日内向原注册机构报告，并申请注销注册。

巡游出租汽车驾驶员变更服务单位的，应当重新申请注册。

第二十三条 网络预约出租汽车驾驶员的注册，通过出租汽车经营者向发证机关所在地出租汽车行政主管部门报备完成，报备信息包括驾驶员从业资格证信息、与出租汽车经营者签订的劳动合同或者协议等。

网络预约出租汽车驾驶员与出租汽车经营者解除劳动合同或者协议的，通过出租汽车经营者向发证机关所在地出租汽车行政主管部门报备完成注销。

第四章 继续教育

第二十四条 出租汽车驾驶员在注册期内应当按规定完成继续教育。

取得从业资格证超过3年未申请注册的，注册后上岗前应当完成不少于27学时的继续教育。

第二十五条 交通运输部统一制定出租汽车驾驶员继续教育大纲并向社会公布。继续教育大纲内容包括出租汽车相关政策法规、社会责任和职业道德、服务规范、安全运营和节能减排知识等。

第二十六条 出租汽车驾驶员继续教育由出租汽车经营者组织实施。

第二十七条 出租汽车驾驶员完成继续教育后，应当由出租汽车经营者向所在地出租汽车行政主管部门报备，出租汽车行政主管部门在出租汽车驾驶员从业资格证中予以记录。

第二十八条 出租汽车行政主管部门应当加强对出租汽车经营者组织继续教育情况的监督检查。

第二十九条 出租汽车经营者应当建立学员培训档案，将继续教育计划、继续教育师资情况、参培学员登记表等纳入档案管理，并接受出租汽车行政主管部门的监督检查。

第五章 从业资格证件管理

第三十条 出租汽车驾驶员从业资格证由交通运输部统一制发并制定编号规则。设区的市级出租汽车行政主管部门负责从业资格证的发放和管理工作。

第三十一条 出租汽车驾驶员从业资格证遗失、毁损的，应当到原发证机关办理证件补（换）发手续。

第三十二条 出租汽车驾驶员办理从业资格证补（换）发手续，应当填写《出租汽车驾驶员从业资格证补（换）发登记表》（式样见附件3）。出租汽车行政主管部门应当对符合要求的从业资格证补（换）发申请予以办理。

第三十三条 出租汽车驾驶员在从事出租汽车客运服务时，应当携带从业资格证。

第三十四条 出租汽车驾驶员从业资格证不得转借、出租、涂改、伪造或者变造。

第三十五条 出租汽车经营者应当维护出租汽车驾驶员的合法权益，为出租汽车驾驶员从业资格注册、继续教育等提供便利。

第三十六条 出租汽车行政主管部门应当加强对出租汽车驾驶员的从业管理，将其违法行为记录作为服务质量信誉考核的依据。

第三十七条 出租汽车行政主管部门应当建立出租汽车驾驶员从业资格管理档案。

出租汽车驾驶员从业资格管理档案包括：

从业资格考试申请材料、从业资格证申请、注册及补（换）发记录、违法行为记录、交通责任事故情况、继续教育记录和服务质量信誉考核结果等。

第三十八条 出租汽车驾驶员有下列情形之一的，由发证机关注销其从业资格证。从业资格证被注销的，应当及时收回；无法收回的，由发证机关公告作废。

（一）持证人死亡的；

（二）持证人申请注销的；

（三）持证人达到法定退休年龄的；

（四）持证人机动车驾驶证被注销或者被吊销的；

（五）因身体健康等其他原因不宜继续从事出租汽车客运服务的。

第三十九条 出租汽车驾驶员有下列不具备安全运营条件情形之一的，由发证机关撤销其从业资格证，并公告作废：

（一）持证人身体健康状况不再符合从业要求且没有主动申请注销从业资格证的；

（二）有交通肇事犯罪、危险驾驶犯罪记录，有吸毒记录，有饮酒后驾驶记录，有暴力犯罪记录，最近连续3个记分周期内记满12分记录。

第四十条 出租汽车驾驶员在运营过程中，应当遵守国家对驾驶员在法律法规、职业道德、服务规范、安全运营等方面的资格规定，文明行车、优质服务。出租汽车驾驶员不得有下列行为：

（一）途中甩客或者故意绕道行驶；

（二）不按照规定使用出租汽车相关设备；

（三）不按照规定使用文明用语，车容车貌不符合要求；

（四）未经乘客同意搭载其他乘客；

（五）不按照规定出具相应车费票据；

（六）网络预约出租汽车驾驶员违反规定巡游揽客、站点候客；

（七）巡游出租汽车驾驶员拒载，或者未经约车人或乘客同意、网络预约出租汽车驾驶员无正当理由未按承诺到达约定地点提供预约服务；

（八）巡游出租汽车驾驶员不按照规定使用计程计价设备、违规收费或者网络预约出租汽车驾驶员违规收费；

（九）对举报、投诉其服务质量或者对其服务作出不满意评价的乘客实施报复。

出租汽车驾驶员有本条前款违法行为的，应当加强继续教育；情节严重的，出租汽车行政主管部门应当对其延期注册。

第六章 法律责任

第四十一条 违反本规定，有下列行为之一的人员，由县级以上出租汽车行政主管部门责令改正，并处200元以上2000元以下的罚款；构成犯罪的，依法追究刑事责任：

（一）未取得从业资格证或者超越从业资格证核定范围，驾驶出租汽车从事经营活动的；

（二）使用失效、伪造、变造的从业资格证，驾驶出租汽车从事经营活动的；

（三）转借、出租、涂改从业资格证的。

第四十二条 出租汽车驾驶员违反第十六条、第四十条规定的，由县级以上出租汽车行政主管部门责令改正，并处200元以上500元以下的罚款。

第四十三条 违反本规定，聘用未取得从业资格证的人员，驾驶出租汽车从事经营活动的，由县级以上出租汽车行政主管部门责令改正，并处3000元以上1万元以下的罚款；情节严重的，处1万元以上3万元以下的罚款。

第四十四条 违反本规定，有下列行为之一的出租汽车经营者，由县级以上出租汽车行政主管部门责令改正，并处1000元以上3000元以下的罚款：

（一）聘用未按规定办理注册手续的人员，驾驶出租汽车从事经营活动的；

（二）不按照规定组织实施继续教育的。

第四十五条 违反本规定，出租汽车行政主管部门及工作人员有下列情形之一的，对直接负责的主管人员和其他直接责任人员，依法给予行政处分；构成犯罪的，依法追究刑事责任：

（一）未按规定的条件、程序和期限组织从业资格考试及核发从业资格证的；

（二）发现违法行为未及时查处的；

（三）索取、收受他人财物及谋取其他不正当利益的；

（四）其他违法行为。

第四十六条 地方性法规、政府规章对出租汽车驾驶员违法行为需要承担的法律责任与本规定有不同规定的，从其规定。

第七章 附 则

第四十七条 本规定施行前依法取得的从业资格证继续有效。可在原证件有效期届满前申请延续注册时申请换发新的从业资格证，并按规定进行注册。

其他预约出租汽车驾驶员的从业资格参照巡游出租汽车驾驶员执行。

第四十八条 本规定自2012年4月1日起施行。

机动车驾驶员培训管理规定

（2022年9月26日交通运输部令第32号公布 自2022年11月1日起施行）

第一章 总 则

第一条 为规范机动车驾驶员培训经营活动，维护机动车驾驶员培训市场秩序，保护各方当事人的合法权益，根据《中华人民共和国道路交通安全法》《中华人民共和国道路运输条例》等有关法律、行政法规，制定本规定。

第二条 从事机动车驾驶员培训业务的，应当遵守本规定。

机动车驾驶员培训业务是指以培训学员的机动车驾驶能力或者以培训道路运输驾驶人员的从业能力为教学任务，为社会公众有偿提供驾驶培训服务的活动。包括对初学机动车驾驶人员、增加准驾车型的驾驶人员和道路运输驾驶人员所进行的驾驶培训、继续教育以及机动车驾驶员培训教练场经营等业务。

第三条 机动车驾驶员培训实行社会化，从事机动车驾驶员培训业务应当依法经营，诚实信用，公平竞争。

第四条 机动车驾驶员培训管理应当公平、公正、公开和便民。

第五条 交通运输部主管全国机动车驾驶员培训管理工作。

县级以上地方人民政府交通运输主管部门（以下简称交通运输主管部门）负责本行政区域内的机动车驾驶员培训管理工作。

第二章 经营备案

第六条 机动车驾驶员培训依据经营项目、培训能力和培训内容实行分类备案。

机动车驾驶员培训业务根据经营项目分为普通机动车驾驶员培训、道路运输驾驶员从业资格培训和机动车驾驶员培训教练场经营三类。

普通机动车驾驶员培训根据培训能力分为一级普通机动车驾驶员培训、二级普通机动车驾驶员培训和三级普通机动车驾驶员培训三类。

道路运输驾驶员从业资格培训根据培训内容分为道路客货运输驾驶员从业资格培训和危险货物运输驾驶员从业资格培训两类。

第七条 从事三类（含三类）以上车型普通机动车驾驶员培训业务的，备案为一级普通机动车驾驶员培训；从事两类车型普通机动车驾驶员培训业务的，备案为二级普通机动车驾驶员培训；只从事一类车型普通机动车驾驶员培训业务的，备案为三级普通机动车驾驶员培训。

第八条 从事经营性道路旅客运输驾驶员、经营性道路货物运输驾驶员从业资格培训业务的，备案为道路客货运输驾驶员从业资格培训；从事道路危险货物运输驾驶员从业资格培训业务的，备案为危险货物运输驾驶员从业资格培训。

第九条 从事机动车驾驶员培训教练场经营业务的，备案为机动车驾驶员培训教练场经营。

第十条 从事普通机动车驾驶员培训业务的，应当具备下列条件：

（一）取得企业法人资格。

（二）有健全的组织机构。

包括教学、教练员、学员、质量、安全、

结业考核和设施设备管理等组织机构，并明确负责人、管理人员、教练员和其他人员的岗位职责。具体要求按照有关国家标准执行。

（三）有健全的管理制度。

包括安全管理制度、教练员管理制度、学员管理制度、培训质量管理制度、结业考核制度、教学车辆管理制度、教学设施设备管理制度、教练场地管理制度、档案管理制度等。具体要求按照有关国家标准执行。

（四）有与培训业务相适应的教学人员。

1. 有与培训业务相适应的理论教练员。机动车驾驶员培训机构聘用的理论教练员应当具备以下条件：

持有机动车驾驶证，具有汽车及相关专业中专以上学历或者汽车及相关专业中级以上技术职称，具有 2 年以上安全驾驶经历，掌握道路交通安全法规、驾驶理论、机动车构造、交通安全心理学、常用伤员急救等安全驾驶知识，了解车辆环保和节约能源的有关知识，了解教育学、教育心理学的基本教学知识，具备编写教案、规范讲解的授课能力。

2. 有与培训业务相适应的驾驶操作教练员。机动车驾驶员培训机构聘用的驾驶操作教练员应当具备以下条件：

持有相应的机动车驾驶证，年龄不超过 60 周岁，符合一定的安全驾驶经历和相应车型驾驶经历，熟悉道路交通安全法规、驾驶理论、机动车构造、交通安全心理学和应急驾驶的基本知识，了解车辆维护和常见故障诊断等有关知识，具备驾驶要领讲解、驾驶动作示范、指导驾驶的教学能力。

3. 所配备的理论教练员数量要求及每种车型所配备的驾驶操作教练员数量要求应当按照有关国家标准执行。

（五）有与培训业务相适应的管理人员。

管理人员包括理论教学负责人、驾驶操作训练负责人、教学车辆管理人员、结业考核人员和计算机管理人员等。具体要求按照有关国家标准执行。

（六）有必要的教学车辆。

1. 所配备的教学车辆应当符合国家有关技术标准要求，并装有副后视镜、副制动踏板、灭火器及其他安全防护装置。具体要求按照有关国家标准执行。

2. 从事一级普通机动车驾驶员培训的，所配备的教学车辆不少于 80 辆；从事二级普通机动车驾驶员培训的，所配备的教学车辆不少于 40 辆；从事三级普通机动车驾驶员培训的，所配备的教学车辆不少于 20 辆。具体要求按照有关国家标准执行。

（七）有必要的教学设施、设备和场地。

具体要求按照有关国家标准执行。租用教练场地的，还应当持有书面租赁合同和出租方土地使用证明，租赁期限不得少于 3 年。

第十一条 从事道路运输驾驶员从业资格培训业务的，应当具备下列条件：

（一）取得企业法人资格。

（二）有健全的组织机构。

包括教学、教练员、学员、质量、安全和设施设备管理等组织机构，并明确负责人、管理人员、教练员和其他人员的岗位职责。具体要求按照有关国家标准执行。

（三）有健全的管理制度。

包括安全管理制度、教练员管理制度、学员管理制度、培训质量管理制度、教学车辆管理制度、教学设施设备管理制度、教练场地管理制度、档案管理制度等。具体要求按照有关国家标准执行。

（四）有与培训业务相适应的教学车辆。

1. 从事道路客货运输驾驶员从业资格培训业务的，应当同时具备大型客车、城市公交车、中型客车、小型汽车、小型自动挡汽车等五种车型中至少一种车型的教学车辆和重型牵引挂车、大型货车等两种车型中至少一种车型的教学车辆。

2. 从事危险货物运输驾驶员从业资格培训业务的，应当具备重型牵引挂车、大型货车等两种车型中至少一种车型的教学车辆。

3. 所配备的教学车辆不少于 5 辆，且每种车型教学车辆不少于 2 辆。教学车辆具体要求按照有关国家标准执行。

（五）有与培训业务相适应的教学人员。

1. 从事道路客货运输驾驶员从业资格理论知识培训的，教练员应当持有机动车驾驶证，具有汽车及相关专业大专以上学历或者汽车及相关专业高级以上技术职称，具有 2 年以上安全驾驶经历，熟悉道路交通安全法规、驾驶理论、旅客运输法规、货物运输法规以及机动车维修、货物装卸保管和旅客急救等相关知识，了解教育学、教育心理学的基本教学知识，具备编写教案、规范讲解的授课能力，具有2年以上从事普通机动车驾驶员培训的教学经历，且近2年无不良的教学记录。从事应用能力教学的，还应当具有相应教学车型的驾驶经历，熟悉机动车安全检视、伤员急救、危险源辨识与防御性驾驶以及节能驾驶的相关知识，具备相应的教学能力。

2. 从事危险货物运输驾驶员从业资格理论知识培训的，教练员应当持有机动车驾驶证，具有化工及相关专业大专以上学历或者化工及相关专业高级以上技术职称，具有2年以上安全驾驶经历，熟悉道路交通安全法规、驾驶理论、危险货物运输法规、危险化学品特性、包装容器使用方法、职业安全防护和应急救援等知识，具备相应的授课能力，具有2年以上化工及相关专业的教学经历，且近2年无不良的教学记录。从事应用能力教学的，还应当具有相应教学车型的驾驶经历，熟悉机动车安全检视、伤员急救、危险源辨识与防御性驾驶以及节能驾驶的相关知识，具备相应的教学能力。

3. 所配备教练员的数量应不低于教学车辆的数量。

（六）有必要的教学设施、设备和场地。

1. 配备相应车型的教练场地，机动车构造、机动车维护、常见故障诊断和排除、货物装卸保管、医学救护、消防器材等教学设施、设备和专用场地。教练场地要求按照有关国家标准执行。

2. 从事危险货物运输驾驶员从业资格培训业务的，还应当同时配备常见危险化学品样本、包装容器、教学挂图、危险化学品实验室等设施、设备和专用场地。

第十二条 从事机动车驾驶员培训教练场经营业务的，应当具备下列条件：

（一）取得企业法人资格。

（二）有与经营业务相适应的教练场地。具体要求按照有关国家标准执行。

（三）有与经营业务相适应的场地设施、设备，办公、教学、生活设施以及维护服务设施。具体要求按照有关国家标准执行。

（四）具备相应的安全条件。包括场地封闭设施、训练区隔离设施、安全通道以及消防设施、设备等。具体要求按照有关国家标准执行。

（五）有相应的管理人员。包括教练场安全负责人、档案管理人员以及场地设施、设备管理人员。

（六）有健全的安全管理制度。包括安全检查制度、安全责任制度、教学车辆安全管理制度以及突发事件应急预案等。

第十三条 从事机动车驾驶员培训业务的，应当依法向市场监督管理部门办理有关登记手续后，最迟不晚于开始经营活动的15日内，向所在地县级交通运输主管部门办理备案，并提交以下材料，保证材料真实、完整、有效：

（一）《机动车驾驶员培训备案表》（式样见附件1）；

（二）企业法定代表人身份证明；

（三）经营场所使用权证明或者产权证明；

（四）教练场地使用权证明或者产权证明；

（五）教练场地技术条件说明；

（六）教学车辆技术条件、车型及数量证明（从事机动车驾驶员培训教练场经营的无需提交）；

（七）教学车辆购置证明（从事机动车驾驶员培训教练场经营的无需提交）；

（八）机构设置、岗位职责和管理制度材料；

（九）各类设施、设备清单；

（十）拟聘用人员名册、职称证明；

（十一）营业执照；

（十二）学时收费标准。

从事普通机动车驾驶员培训业务的，在提交备案材料时，应当同时提供由公安机关交通管理部门出具的相关人员安全驾驶经历证明，安全驾驶经历的起算时间自备案材料提交之日起倒计。

第十四条 县级交通运输主管部门收到备案材料后，对材料齐全且符合要求的，应当予以备案并编号归档；对材料不齐全或者不符合要求的，应当当场或者自收到备案材料之日起5日内一次性书面通知备案人需要补充的全部内容。

第十五条 机动车驾驶员培训机构变更培训能力、培训车型及数量、培训内容、教练场地等备案事项的，应当符合法定条件、标准，并在变更之日起15日内向原备案部门办理备案变更。

机动车驾驶员培训机构名称、法定代表人、经营场所等营业执照登记事项发生变化的，应当在完成营业执照变更登记后15日内向原备案部门办理变更手续。

第十六条 机动车驾驶员培训机构需要终止经营的，应当在终止经营前30日内书面告知原备案部门。

第十七条 县级交通运输主管部门应当向社会公布已备案的机动车驾驶员培训机构名称、法定代表人、经营场所、培训车型、教练场地等信息，并及时更新，供社会查询和监督。

第三章 教练员管理

第十八条 机动车驾驶培训教练员实行职业技能等级制度。鼓励机动车驾驶员培训机构优先聘用取得职业技能等级证书的人员担任教练员。鼓励教练员同时具备理论教练员和驾驶操作教练员的教学水平。

第十九条 机动车驾驶员培训机构应当建立健全教练员聘用管理制度，不得聘用最近连续3个记分周期内有交通违法记分满分记录或者发生交通死亡责任事故、组织或者参与考试舞弊、收受或者索取学员财物的人员担任教练员。

第二十条 教练员应当按照统一的教学大纲规范施教，并如实填写《教学日志》和《机动车驾驶员培训记录》（以下简称《培训记录》，式样见附件2）。

在教学过程中，教练员不得将教学车辆交给与教学无关人员驾驶。

第二十一条 机动车驾驶员培训机构应当对教练员进行道路交通安全法律法规、教学技能、应急处置等相关内容的岗前培训，加强对教练员职业道德教育和驾驶新知识、新技术的再教育，对教练员每年进行至少一周的培训，提高教练员的职业素质。

第二十二条 机动车驾驶员培训机构应当加强对教练员教学情况的监督检查，定期开展教练员教学质量信誉考核，公布考核结果，督促教练员提高教学质量。

第二十三条 省级交通运输主管部门应当制定教练员教学质量信誉考核办法，考核内容应当包括教练员的教学业绩、教学质量排行情况、参加再教育情况、不良记录等。

第二十四条 机动车驾驶员培训机构应当建立教练员档案，并将教练员档案主要信息按要求报送县级交通运输主管部门。

教练员档案包括教练员的基本情况、职业技能等级证书取得情况、参加岗前培训和再教育情况、教学质量信誉考核情况等。

县级交通运输主管部门应当建立教练员信息档案，并通过信息化手段对教练员信息档案进行动态管理。

第四章 经营管理

第二十五条 机动车驾驶员培训机构开展培训业务，应当与备案事项保持一致，并保持备案经营项目需具备的业务条件。

第二十六条 机动车驾驶员培训机构应当在经营场所的醒目位置公示其经营项目、培训能力、培训车型、培训内容、收费项目、收费标准、教练员、教学场地、投诉方式、学员满意度评价参与方式等情况。

第二十七条 机动车驾驶员培训机构应当与学员签订培训合同，明确双方权利义务，按照合同约定提供培训服务，保障学员自主选择教练员等合法权益。

第二十八条 机动车驾驶员培训机构应当在备案地开展培训业务，不得采取异地培训、恶意压价、欺骗学员等不正当手段开展经营活动，不得允许社会车辆以其名义开展机动车驾驶员培训经营活动。

第二十九条 机动车驾驶员培训实行学时制，按照学时合理收取费用。鼓励机动车驾驶员培训机构提供计时培训计时收费、先培训后付费服务模式。

对每个学员理论培训时间每天不得超过6个学时，实际操作培训时间每天不得超过4个学时。

第三十条 机动车驾驶员培训机构应当建立学时预约制度，并向社会公布联系电话和预约方式。

第三十一条 参加机动车驾驶员培训的人员，在报名时应当填写《机动车驾驶员培训学员登记表》（以下简称《学员登记表》，式样见附件3），并提供身份证明。参加道路运输驾驶员从业资格培训的人员，还应当同时提供相应的驾驶证。报名人员应当对所提供材料的真实性负责。

第三十二条 机动车驾驶员培训机构应当按照全国统一的教学大纲内容和学时要求，制定教学计划，开展培训教学活动。

培训教学活动结束后，机动车驾驶员培训机构应当组织学员结业考核，向考核合格的学员颁发《机动车驾驶员培训结业证书》（以下简称《结业证书》，式样见附件4）。

《结业证书》由省级交通运输主管部门按照全国统一式样监制并编号。

第三十三条 机动车驾驶员培训机构应当建立学员档案。学员档案主要包括：《学员登记表》、《教学日志》、《培训记录》、《结业证书》复印件等。

学员档案保存期不少于4年。

第三十四条 机动车驾驶员培训机构应当使用符合标准并取得牌证、具有统一标识的教学车辆。

教学车辆的统一标识由省级交通运输主管部门负责制定，并组织实施。

第三十五条 机动车驾驶员培训机构应当按照国家有关规定对教学车辆进行定期维护和检测，保持教学车辆性能完好，满足教学和安全行车的要求，并按照国家有关规定及时更新。

禁止使用报废、检测不合格和其他不符合国家规定的车辆从事机动车驾驶员培训业务。不得随意改变教学车辆的用途。

第三十六条 机动车驾驶员培训机构应当建立教学车辆档案。教学车辆档案主要内容包括：车辆基本情况、维护和检测情况、技术等级记录、行驶里程记录等。

教学车辆档案应当保存至车辆报废后1年。

第三十七条 机动车驾驶员培训机构应当在其备案的教练场地开展基础和场地驾驶培训。

机动车驾驶员培训机构在道路上进行培训活动，应当遵守公安机关交通管理部门指定的路线和时间，并在教练员随车指导下进行，与教学无关的人员不得乘坐教学车辆。

第三十八条 机动车驾驶员培训机构应当保持教学设施、设备的完好，充分利用先进的科技手段，提高培训质量。

第三十九条 机动车驾驶员培训机构应当按照有关规定，向交通运输主管部门报送《培训记录》以及有关统计资料等信息。

《培训记录》应当经教练员签字、机动车驾驶员培训机构审核确认。

第四十条 交通运输主管部门应当根据机动车驾驶员培训机构执行教学大纲、颁发《结业证书》等情况，对《培训记录》及有关资料进行严格审查。

第四十一条 省级交通运输主管部门应当建立机动车驾驶员培训机构质量信誉考评体系，制定机动车驾驶员培训监督管理的量化考核标准，并定期向社会公布对机动车驾驶员培训机构的考核结果。

机动车驾驶员培训机构质量信誉考评应当包括培训机构的基本情况、学员满意度评价情况、教学大纲执行情况、《结业证书》发放情况、《培训记录》填写情况、培训业绩、考试情况、不良记录、教练员教学质量信誉考核开展情况等内容。

机动车驾驶员培训机构的学员满意度评价应当包括教学质量、服务质量、教学环境、教学方式、教练员评价等内容，具体实施细则由省级交通运输主管部门确定。

第五章 监督检查

第四十二条 交通运输主管部门应当依法对机动车驾驶员培训经营活动进行监督检查，督促机动车驾驶员培训机构及时办理备案手续，加强对机动车驾驶员培训机构是否备案、是否保持备案经营项目需具备的业务条件、备案事项与实际从事业务是否一致等情况的检查。

监督检查活动原则上随机抽取检查对象、检查人员，严格遵守《交通运输行政执法程序规定》等相关规定，检查结果向社会公布。

第四十三条 机动车驾驶员培训机构、管理人员、教练员、学员以及其他相关人员应当积极配合执法检查人员的监督检查工作，如实反映情况，提供有关资料。

第四十四条 已经备案的机动车驾驶员培训机构未保持备案经营项目需具备的业务条件的，交通运输主管部门应当责令其限期整改，并将整改要求、整改结果等相关情况向社会公布。

第四十五条 交通运输主管部门应当健全信用管理制度，加强机动车驾驶员培训机构质量信誉考核结果的运用，强化对机动车驾驶员培训机构和教练员的信用监管。

第四十六条 交通运输主管部门应当与相关部门建立健全协同监管机制，及时向公安机关、市场监督管理等部门通报机动车驾驶员培训机构备案、停业、终止经营等信息，加强部门间信息共享和跨部门联合监管。

第四十七条 鼓励机动车驾驶员培训相关行业协会健全完善行业规范，加强行业自律，促进行业持续健康发展。

第六章 法律责任

第四十八条 违反本规定，从事机动车驾驶员培训业务，有下列情形之一的，由交通运输主管部门责令改正；拒不改正的，处5000元以上2万元以下的罚款：

（一）从事机动车驾驶员培训业务未按规定办理备案的；

（二）未按规定办理备案变更的；

（三）提交虚假备案材料的。

有前款第三项行为且情节严重的，其直接负责的主管人员和其他直接责任人员5年内不得从事原备案的机动车驾驶员培训业务。

第四十九条 违反本规定，机动车驾驶员培训机构不严格按照规定进行培训或者在培训结业证书发放时弄虚作假，有下列情形之一的，由交通运输主管部门责令改正；拒不改正的，责令停业整顿：

（一）未按全国统一的教学大纲进行培训的；

（二）未在备案的教练场地开展基础和场地驾驶培训的；

（三）未按规定组织学员结业考核或者未向培训结业的人员颁发《结业证书》的；

（四）向未参加培训、未完成培训、未参加结业考核或者结业考核不合格的人员颁发《结业证书》的。

第五十条 违反本规定，机动车驾驶员培训机构有下列情形之一的，由交通运输主管部门责令限期整改，逾期整改不合格的，予以通报批评：

（一）未在经营场所的醒目位置公示其经营项目、培训能力、培训车型、培训内容、收费项目、收费标准、教练员、教学场地、投诉方式、学员满意度评价参与方式等情况的；

（二）未按规定聘用教学人员的；

（三）未按规定建立教练员档案、学员档案、教学车辆档案的；

（四）未按规定报送《培训记录》、教练员档案主要信息和有关统计资料等信息的；

（五）使用不符合规定的车辆及设施、设备从事教学活动的；

（六）存在索取、收受学员财物或者谋取其他利益等不良行为的；

（七）未按规定与学员签订培训合同的；

（八）未按规定开展教练员岗前培训或者再教育的；

（九）未定期开展教练员教学质量信誉考核或者未公布考核结果的。

第五十一条 违反本规定，教练员有下列情形之一的，由交通运输主管部门责令限期整改；逾期整改不合格的，予以通报批评：

（一）未按全国统一的教学大纲进行教学的；

（二）填写《教学日志》《培训记录》弄虚作假的；

（三）教学过程中有道路交通安全违法行为或者造成交通事故的；

（四）存在索取、收受学员财物或者谋取其他利益等不良行为的；

（五）未按规定参加岗前培训或者再教育的；

（六）在教学过程中将教学车辆交给与教学无关人员驾驶的。

第五十二条 违反本规定，交通运输主管部门的工作人员有下列情形之一的，依法给予处分；构成犯罪的，依法追究刑事责任：

（一）不按规定为机动车驾驶员培训机构办理备案的；

（二）参与或者变相参与机动车驾驶员培训业务的；

（三）发现违法行为不及时查处的；

（四）索取、收受他人财物或者谋取其他利益的；

（五）有其他违法违纪行为的。

第七章 附 则

第五十三条 本规定自2022年11月1日

起施行。2006年1月12日以交通部令2006年第2号公布的《机动车驾驶员培训管理规定》、2016年4月21日以交通运输部令2016年第51号公布的《关于修改〈机动车驾驶员培训管理规定〉的决定》同时废止。

道路运输从业人员管理规定

（2006年11月23日交通部发布　根据2016年4月21日《交通运输部关于修改〈道路运输从业人员管理规定〉的决定》第一次修正　根据2019年6月21日《交通运输部关于修改〈道路运输从业人员管理规定〉的决定》第二次修正　根据2022年11月10日《交通运输部关于修改〈道路运输从业人员管理规定〉的决定》第三次修正）

目　录

第一章　总　则
第二章　从业资格管理
第三章　从业资格证件管理
第四章　从业行为规定
第五章　法律责任
第六章　附　则

第一章　总　则

第一条　为加强道路运输从业人员管理，提高道路运输从业人员职业素质，根据《中华人民共和国安全生产法》《中华人民共和国道路运输条例》《危险化学品安全管理条例》以及有关法律、行政法规，制定本规定。

第二条　本规定所称道路运输从业人员是指经营性道路客货运输驾驶员、道路危险货物运输从业人员、机动车维修技术技能人员、机动车驾驶培训教练员、道路运输企业主要负责人和安全生产管理人员、其他道路运输从业人员。

经营性道路客货运输驾驶员包括经营性道路旅客运输驾驶员和经营性道路货物运输驾驶员。

道路危险货物运输从业人员包括道路危险货物运输驾驶员、装卸管理人员和押运人员。

机动车维修技术技能人员包括机动车维修技术负责人员、质量检验人员以及从事机修、电器、钣金、涂漆、车辆技术评估（含检测）作业的技术技能人员。

机动车驾驶培训教练员包括理论教练员、驾驶操作教练员、道路客货运输驾驶员从业资格培训教练员和危险货物运输驾驶员从业资格培训教练员。

其他道路运输从业人员是指除上述人员以外的道路运输从业人员，包括道路客运乘务员、机动车驾驶员培训机构教学负责人及结业考核人员、机动车维修企业价格结算员及业务接待员。

第三条　道路运输从业人员应当依法经营，诚实信用，规范操作，文明从业。

第四条　道路运输从业人员管理工作应当公平、公正、公开和便民。

第五条　交通运输部负责全国道路运输从业人员管理工作。

县级以上地方交通运输主管部门负责本行政区域内的道路运输从业人员管理工作。

第二章　从业资格管理

第六条　国家对经营性道路客货运输驾驶员、道路危险货物运输从业人员实行从业资格考试制度。其他实施国家职业资格制度的道路运输从业人员，按照国家职业资格的有关规定执行。

从业资格是对道路运输从业人员所从事的特定岗位职业素质的基本评价。

经营性道路客货运输驾驶员和道路危险货物运输从业人员必须取得相应从业资格，方可从事相应的道路运输活动。

鼓励机动车维修企业、机动车驾驶员培训

机构优先聘用取得国家职业资格证书或者职业技能等级证书的从业人员从事机动车维修和机动车驾驶员培训工作。

第七条 道路运输从业人员从业资格考试应当按照交通运输部编制的考试大纲、考试题库、考核标准、考试工作规范和程序组织实施。

第八条 经营性道路客货运输驾驶员从业资格考试由设区的市级交通运输主管部门组织实施。

道路危险货物运输从业人员从业资格考试由设区的市级交通运输主管部门组织实施。

第九条 经营性道路旅客运输驾驶员应当符合下列条件：

（一）取得相应的机动车驾驶证 1 年以上；

（二）年龄不超过 60 周岁；

（三）3 年内无重大以上交通责任事故；

（四）掌握相关道路旅客运输法规、机动车维修和旅客急救基本知识；

（五）经考试合格，取得相应的从业资格证件。

第十条 经营性道路货物运输驾驶员应当符合下列条件：

（一）取得相应的机动车驾驶证；

（二）年龄不超过 60 周岁；

（三）掌握相关道路货物运输法规、机动车维修和货物装载保管基本知识；

（四）经考试合格，取得相应的从业资格证件。

第十一条 道路危险货物运输驾驶员应当符合下列条件：

（一）取得相应的机动车驾驶证；

（二）年龄不超过 60 周岁；

（三）3 年内无重大以上交通责任事故；

（四）取得经营性道路旅客运输或者货物运输驾驶员从业资格 2 年以上或者接受全日制驾驶职业教育的；

（五）接受相关法规、安全知识、专业技术、职业卫生防护和应急救援知识的培训，了解危险货物性质、危害特征、包装容器的使用特性和发生意外时的应急措施；

（六）经考试合格，取得相应的从业资格证件。

从事 4500 千克及以下普通货运车辆运营活动的驾驶员，申请从事道路危险货物运输的，应当符合前款第（一）（二）（三）（五）（六）项规定的条件。

第十二条 道路危险货物运输装卸管理人员和押运人员应当符合下列条件：

（一）年龄不超过 60 周岁；

（二）初中以上学历；

（三）接受相关法规、安全知识、专业技术、职业卫生防护和应急救援知识的培训，了解危险货物性质、危害特征、包装容器的使用特性和发生意外时的应急措施；

（四）经考试合格，取得相应的从业资格证件。

第十三条 机动车维修技术技能人员应当符合下列条件：

（一）技术负责人员

1. 具有机动车维修或者相关专业大专以上学历，或者具有机动车维修或相关专业中级以上专业技术职称；

2. 熟悉机动车维修业务，掌握机动车维修相关政策法规和技术规范。

（二）质量检验人员

1. 具有高中以上学历；

2. 熟悉机动车维修检测作业规范，掌握机动车维修故障诊断和质量检验的相关技术，熟悉机动车维修服务标准相关政策法规和技术规范。

（三）从事机修、电器、钣金、涂漆、车辆技术评估（含检测）作业的技术技能人员

1. 具有初中以上学历；

2. 熟悉所从事工种的维修技术和操作规范，并了解机动车维修相关政策法规。

第十四条 机动车驾驶培训教练员应当符合下列条件：

（一）理论教练员

1. 取得机动车驾驶证，具有 2 年以上安全驾驶经历；

2. 具有汽车及相关专业中专以上学历或者汽车及相关专业中级以上技术职称；

3. 掌握道路交通安全法规、驾驶理论、机动车构造、交通安全心理学、常用伤员急救等安全驾驶知识，了解车辆环保和节约能源的有关知识，了解教育学、教育心理学的基本教学知识，具备编写教案、规范讲解的授课能力。

（二）驾驶操作教练员

1. 取得相应的机动车驾驶证，符合安全驾驶经历和相应车型驾驶经历的要求；

2. 年龄不超过60周岁；

3. 熟悉道路交通安全法规、驾驶理论、机动车构造、交通安全心理学和应急驾驶的基本知识，了解车辆维护和常见故障诊断等有关知识，具备驾驶要领讲解、驾驶动作示范、指导驾驶的教学能力。

（三）道路客货运输驾驶员从业资格培训教练员

1. 具有汽车及相关专业大专以上学历或者汽车及相关专业高级以上技术职称；

2. 掌握道路旅客运输法规、货物运输法规以及机动车维修、货物装卸保管和旅客急救等相关知识，具备相应的授课能力；

3. 具有2年以上从事普通机动车驾驶员培训的教学经历，且近2年无不良的教学记录。

（四）危险货物运输驾驶员从业资格培训教练员

1. 具有化工及相关专业大专以上学历或者化工及相关专业高级以上技术职称；

2. 掌握危险货物运输法规、危险化学品特性、包装容器使用方法、职业安全防护和应急救援等知识，具备相应的授课能力；

3. 具有2年以上化工及相关专业的教学经历，且近2年无不良的教学记录。

第十五条 申请参加经营性道路客货运输驾驶员从业资格考试的人员，应当向其户籍地或者暂住地设区的市级交通运输主管部门提出申请，填写《经营性道路客货运输驾驶员从业资格考试申请表》（式样见附件1），并提供下列材料：

（一）身份证明；

（二）机动车驾驶证；

（三）申请参加道路旅客运输驾驶员从业资格考试的，还应当提供道路交通安全主管部门出具的3年内无重大以上交通责任事故记录证明。

第十六条 申请参加道路危险货物运输驾驶员从业资格考试的，应当向其户籍地或者暂住地设区的市级交通运输主管部门提出申请，填写《道路危险货物运输从业人员从业资格考试申请表》（式样见附件2），并提供下列材料：

（一）身份证明；

（二）机动车驾驶证；

（三）道路旅客运输驾驶员从业资格证件或者道路货物运输驾驶员从业资格证件或者全日制驾驶职业教育学籍证明（从事4500千克及以下普通货运车辆运营活动的驾驶员除外）；

（四）相关培训证明；

（五）道路交通安全主管部门出具的3年内无重大以上交通责任事故记录证明。

第十七条 申请参加道路危险货物运输装卸管理人员和押运人员从业资格考试的，应当向其户籍地或者暂住地设区的市级交通运输主管部门提出申请，填写《道路危险货物运输从业人员从业资格考试申请表》，并提供下列材料：

（一）身份证明；

（二）学历证明；

（三）相关培训证明。

第十八条 交通运输主管部门对符合申请条件的申请人应当在受理考试申请之日起30日内安排考试。

第十九条 交通运输主管部门应当在考试结束5日内公布考试成绩。实施计算机考试的，应当现场公布考试成绩。对考试合格人员，应当自公布考试成绩之日起5日内颁发相应的道路运输从业人员从业资格证件。

第二十条 道路运输从业人员从业资格考试成绩有效期为1年，考试成绩逾期作废。

第二十一条 申请人在从业资格考试中有舞弊行为的，取消当次考试资格，考试成绩无效。

第二十二条 交通运输主管部门应当建立道路运输从业人员从业资格管理档案，并推进档案电子化。

道路运输从业人员从业资格管理档案包括：从业资格考试申请材料，从业资格考试及从业资格证件记录，从业资格证件换发、补发、变更记录，违章、事故及诚信考核等。

第二十三条 交通运输主管部门应当向社会提供道路运输从业人员相关从业信息的查询服务。

第三章 从业资格证件管理

第二十四条 经营性道路客货运输驾驶

员、道路危险货物运输从业人员经考试合格后，取得《中华人民共和国道路运输从业人员从业资格证》（纸质证件和电子证件式样见附件3）。

第二十五条 道路运输从业人员从业资格证件全国通用。

第二十六条 已获得从业资格证件的人员需要增加相应从业资格类别的，应当向原发证机关提出申请，并按照规定参加相应培训和考试。

第二十七条 道路运输从业人员从业资格证件由交通运输部统一印制并编号。

经营性道路客货运输驾驶员、道路危险货物运输从业人员从业资格证件由设区的市级交通运输主管部门发放和管理。

第二十八条 交通运输主管部门应当建立道路运输从业人员从业资格证件管理数据库，推广使用从业资格电子证件。

交通运输主管部门应当结合道路运输从业人员从业资格证件的管理工作，依托信息化系统，推进从业人员管理数据共享，实现异地稽查信息共享、动态资格管理和高频服务事项跨区域协同办理。

第二十九条 道路运输从业人员从业资格证件有效期为6年。道路运输从业人员应当在从业资格证件有效期届满30日前到原发证机关办理换证手续。

道路运输从业人员从业资格证件遗失、毁损的，应当到原发证机关办理证件补发手续。

道路运输从业人员服务单位等信息变更的，应当到交通运输主管部门办理从业资格证件变更手续。道路运输从业人员申请转籍的，受理地交通运输主管部门应当查询核实相应从业资格证件信息后，重新发放从业资格证件并建立档案，收回原证件并通报原发证机关注销原证件和归档。

第三十条 道路运输从业人员办理换证、补证和变更手续，应当填写《道路运输从业人员从业资格证件换发、补发、变更登记表》（式样见附件4）。

第三十一条 交通运输主管部门应当对符合要求的从业资格证件换发、补发、变更申请予以办理。

申请人违反相关从业资格管理规定且尚未接受处罚的，受理机关应当在其接受处罚后换发、补发、变更相应的从业资格证件。

第三十二条 道路运输从业人员有下列情形之一的，由发证机关注销其从业资格证件：

（一）持证人死亡的；

（二）持证人申请注销的；

（三）经营性道路客货运输驾驶员、道路危险货物运输从业人员年龄超过60周岁的；

（四）经营性道路客货运输驾驶员、道路危险货物运输驾驶员的机动车驾驶证被注销或者被吊销的；

（五）超过从业资格证件有效期180日未申请换证的。

凡被注销的从业资格证件，应当由发证机关予以收回，公告作废并登记归档；无法收回的，从业资格证件自行作废。

第三十三条 交通运输主管部门应当通过信息化手段记录、归集道路运输从业人员的交通运输违法违章等信息。尚未实现信息化管理的，应当将经营性道路客货运输驾驶员、道路危险货物运输从业人员的违章行为记录在《中华人民共和国道路运输从业人员从业资格证》的违章记录栏内，并通报发证机关。发证机关应当将相关信息作为道路运输从业人员诚信考核的依据。

第三十四条 道路运输从业人员诚信考核周期为12个月，从初次领取从业资格证件之日起计算。诚信考核等级分为优良、合格、基本合格和不合格，分别用AAA级、AA级、A级和B级表示。

省级交通运输主管部门应当将道路运输从业人员每年的诚信考核结果向社会公布，供公众查阅。

道路运输从业人员诚信考核具体办法另行制定。

第四章 从业行为规定

第三十五条 经营性道路客货运输驾驶员以及道路危险货物运输从业人员应当在从业资格证件许可的范围内从事道路运输活动。道路危险货物运输驾驶员除可以驾驶道路危险货物运输车辆外，还可以驾驶原从业资格证件许可的道路旅客运输车辆或者道路货物运输车辆。

第三十六条 道路运输从业人员在从事道路运输活动时，应当携带相应的从业资格证件，并应当遵守国家相关法规和道路运输安全操作规程，不得违法经营、违章作业。

第三十七条 道路运输从业人员应当按照规定参加国家相关法规、职业道德及业务知识培训。

经营性道路客货运输驾驶员和道路危险货物运输驾驶员诚信考核等级为不合格的，应当按照规定参加继续教育。

第三十八条 经营性道路客货运输驾驶员和道路危险货物运输驾驶员不得超限、超载运输，连续驾驶时间不得超过4个小时，不得超速行驶和疲劳驾驶。

第三十九条 经营性道路旅客运输驾驶员和道路危险货物运输驾驶员应当按照规定填写行车日志。行车日志式样由省级交通运输主管部门统一制定。

第四十条 经营性道路旅客运输驾驶员应当采取必要措施保证旅客的人身和财产安全，发生紧急情况时，应当积极进行救护。

经营性道路货物运输驾驶员应当采取必要措施防止货物脱落、扬撒等。

严禁驾驶道路货物运输车辆从事经营性道路旅客运输活动。

第四十一条 道路危险货物运输驾驶员应当按照道路交通安全主管部门指定的行车时间和路线运输危险货物。

道路危险货物运输装卸管理人员应当按照安全作业规程对道路危险货物装卸作业进行现场监督，确保装卸安全。

道路危险货物运输押运人员应当对道路危险货物运输进行全程监管。

道路危险货物运输从业人员应当严格按照道路危险货物运输有关标准进行操作，不得违章作业。

第四十二条 在道路危险货物运输过程中发生燃烧、爆炸、污染、中毒或者被盗、丢失、流散、泄漏等事故，道路危险货物运输驾驶员、押运人员应当立即向当地公安部门和所在运输企业或者单位报告，说明事故情况、危险货物品名和特性，并采取一切可能的警示措施和应急措施，积极配合有关部门进行处置。

第四十三条 机动车维修技术技能人员应当按照维修规范和程序作业，不得擅自扩大维修项目，不得使用假冒伪劣配件，不得擅自改装机动车，不得承修已报废的机动车，不得利用配件拼装机动车。

第四十四条 机动车驾驶培训教练员应当按照全国统一的教学大纲实施教学，规范填写教学日志和培训记录，不得擅自减少学时和培训内容。

第四十五条 道路运输企业主要负责人和安全生产管理人员必须具备与本单位所从事的生产经营活动相应的安全生产知识和管理能力，由设区的市级交通运输主管部门对其安全生产知识和管理能力考核合格。考核不得收费。

道路运输企业主要负责人和安全生产管理人员考核管理办法另行制定。

第五章 法律责任

第四十六条 违反本规定，有下列行为之一的人员，由县级以上交通运输主管部门责令改正，处200元以上2000元以下的罚款：

（一）未取得相应从业资格证件，驾驶道路客运车辆的；

（二）使用失效、伪造、变造的从业资格证件，驾驶道路客运车辆的；

（三）超越从业资格证件核定范围，驾驶道路客运车辆的。

驾驶道路货运车辆违反前款规定的，由县级以上交通运输主管部门责令改正，处200元罚款。

第四十七条 违反本规定，有下列行为之一的人员，由设区的市级交通运输主管部门处5万元以上10万元以下的罚款：

（一）未取得相应从业资格证件，从事道路危险货物运输活动的；

（二）使用失效、伪造、变造的从业资格证件，从事道路危险货物运输活动的；

（三）超越从业资格证件核定范围，从事道路危险货物运输活动的。

第四十八条 道路运输从业人员有下列不具备安全条件情形之一的，由发证机关撤销其从业资格证件：

（一）经营性道路客货运输驾驶员、道路危险货物运输从业人员身体健康状况不符合有关机动车驾驶和相关从业要求且没有主动申请注销从业资格的；

（二）经营性道路客货运输驾驶员、道路危险货物运输驾驶员发生重大以上交通事故，且负主要责任的；

（三）发现重大事故隐患，不立即采取消

除措施，继续作业的。

被撤销的从业资格证件应当由发证机关公告作废并登记归档。

第四十九条 道路运输企业主要负责人和安全生产管理人员未按照规定经考核合格的，由所在地设区的市级交通运输主管部门依照《中华人民共和国安全生产法》第九十七条的规定进行处罚。

第五十条 违反本规定，交通运输主管部门工作人员有下列情形之一的，依法给予行政处分：

（一）不按规定的条件、程序和期限组织从业资格考试的；

（二）发现违法行为未及时查处的；

（三）索取、收受他人财物及谋取其他不正当利益的；

（四）其他违法行为。

第六章 附 则

第五十一条 从业资格考试收费标准和从业资格证件工本费由省级以上交通运输主管部门会同同级财政部门、物价部门核定。

第五十二条 使用总质量4500千克及以下普通货运车辆的驾驶人员，不适用本规定。

第五十三条 本规定自2007年3月1日起施行。2001年9月6日公布的《营业性道路运输驾驶员职业培训管理规定》（交通部令2001年第7号）同时废止。

铁路机车车辆驾驶人员资格许可办法

（2024年7月26日经第14次部务会议通过　2024年8月2日交通运输部令第9号公布　自2024年12月1日起施行）

目 录

第一章 总 则
第二章 申 请
第三章 考 试
第四章 驾驶证管理
第五章 监督管理
第六章 法律责任
第七章 附 则

第一章 总 则

第一条 为了规范铁路机车车辆驾驶人员资格许可工作，保障铁路运输安全和畅通，根据《中华人民共和国铁路法》《中华人民共和国行政许可法》《铁路安全管理条例》等法律、行政法规和国家有关规定，制定本办法。

第二条 在中华人民共和国境内的铁路线上，承担铁路运输或者施工、维修、检测、试验等任务的铁路机车、动车组、大型养路机械、轨道车、接触网作业车驾驶人员（以下简称驾驶人员），应当依照本办法向国家铁路局申请铁路机车车辆驾驶资格，经考试合格后取得资格许可，并获得相应类别的铁路机车车辆驾驶证（以下简称驾驶证）。

内地与香港过境作业的铁路机车车辆驾驶人员资格管理，以及外方进入我国境内作业的铁路机车车辆驾驶人员资格管理按有关规定执行。

第三条 国家铁路局负责铁路机车车辆驾驶人员资格许可管理工作。

各地区铁路监督管理局（含北京铁路督察室，下同）负责本辖区内铁路机车车辆驾驶人员资格监督检查工作。

国家铁路局和各地区铁路监督管理局，以下统称铁路监管部门。

第四条 具有下列情形的人员不得驾驶铁路机车车辆：

（一）走私、贩卖或者吸食毒品的；

（二）组织、领导或者参与恐怖主义活动的；

（三）饮酒、服用国家管制的精神药品或者麻醉药品，或者患有妨碍安全驾驶铁路机车车辆疾病，或者存在其他影响安全驾驶行为的；

（四）违章驾驶后未采取考核、教育、培训等措施的；

（五）不具有相应驾驶资格或者持过期、失效、不符合准驾类型驾驶证的（不含经批准在相应申请考试机型上进行实际操作训练或者实际操作考试的人员，下同）。

第五条 驾驶资格按机车车辆类型分为机车系列和自轮运转车辆系列，并对不跨线至国家铁路营业线作业的城际铁路、市域（郊）铁路、专用铁路及铁路专用线驾驶人员实施差异化分类管理。

第六条 对不跨线至国家铁路营业线作业的城际铁路、市域（郊）铁路、专用铁路及铁路专用线驾驶人员的驾驶资格，分为四类，分别以“市”、“专”字拼音第一个字母大写“S”、“Z”脚注予以区分：

（一）S1类：需从城际及市域（郊）铁路跨线至地铁等城市轨道交通线路作业的，包括城际及市域（郊）铁路本线作业的；

（二）S2类：仅在城际及市域（郊）铁路本线作业的；

（三）Z1类：需出专用铁路及铁路专用线厂（矿）区但不过轨进入国家铁路营业线作业的，包括专用铁路及铁路专用线厂（矿）区内和段管线内作业的；

（四）Z2类：仅在专用铁路及铁路专用线厂（矿）区内和段管线内作业的。

跨线至城市轨道交通线路作业的，须按照国家有关规定取得城市轨道交通列车驾驶员相应职业准入资格。

第七条 驾驶资格具体代码及对应的准驾铁路机车车辆类型为：

（一）机车系列，代码以“机”字拼音第一个字母大写“J”表示：

J5类：准驾内燃机车（含内电混合动力新能源机车），按适用范围分为J5、J5S1、J5S2、J5Z1、J5Z2类型；

J6类：准驾电力机车（含电电混合、氢动力新能源机车），按适用范围分为J6、J6S1、J6S2、J6Z1、J6Z2类型；

J7类：准驾动力分散型电力动车组（含新能源动车组），按适用范围分为J7、J7S1、J7S2类型；

J8类：准驾动力集中型内燃动车组，按适用范围分为J8、J8S1、J8S2类型；

J9类：准驾动力集中型电力动车组，按适用范围分为J9、J9S1、J9S2类型。

（二）自轮运转车辆系列，代码以“辆”字拼音第一个字母大写“L”表示：

L2类：准驾大型养路机械（含新能源大型养路机械），按适用范围分为L2、L2S1、L2S2、L2Z1、L2Z2类型；

L3类：准驾轨道车、接触网作业车（含新能源轨道车、接触网作业车），按适用范围分为L3、L3S1、L3S2、L3Z1、L3Z2类型。

第八条 国家铁路局推进铁路机车车辆驾驶资格信息管理系统（以下简称信息管理系统）建设，通过系统实现驾驶资格申请、考试、证件管理、监督检查等功能。

第九条 国家铁路局建立铁路机车车辆驾驶人员资格信用信息记录库，对聘用铁路机车车辆驾驶人员的企业（以下简称企业）、驾驶资格考试涉及的单位以及人员违反驾驶资格申请、考试、证件管理、执业等相关规定的行为，纳入信用信息记录库并上报至国家统一信用信息共享平台。

第十条 企业应当落实安全生产主体责任，建立健全驾驶人员管理制度。

企业应当为驾驶资格申请人提供必要的学习、培训条件。

企业应当对驾驶人员进行岗前教育和培训，教育和培训合格后方可上岗；未经教育和培训，或者经教育和培训后考核不合格的人员，不得上岗作业。

企业应当定期对驾驶人员组织培训和考核，制定培训大纲和培训计划，建立培训档案，保存培训考核记录。考核不合格的驾驶人员应当及时调整工作岗位。

企业应当对驾驶人员定期进行健康检查，符合国家对驾驶人员健康标准要求的，方可允许上岗作业。

企业应当对驾驶资格申请人和驾驶人员进行安全背景审查，科学合理制定执乘制度，保证驾驶人员身心健康，并根据驾驶人员的年龄、健康状况、技能水平等确定合理的执乘方式，确保铁路运输安全。

第十一条 驾驶人员应当遵守铁路运输安全法律、法规的规定，严格按照操作规程安全驾驶，有权拒绝违章指挥。

第十二条 任何单位或者个人不得强迫、

指使、纵容驾驶人员违反铁路运输安全法律、法规和安全驾驶要求驾驶铁路机车车辆，不得将铁路机车车辆交由不具有相应驾驶资格的人员驾驶。

第二章 申 请

第十三条 申请取得驾驶证的，应当具备下列条件：

（一）年龄在18周岁至45周岁，申请Z1类驾驶资格的年龄上限可以延长至50周岁，申请Z2类驾驶资格的年龄上限可以延长至55周岁；

（二）身体健康，符合国家对驾驶人员健康标准的要求，驾驶适应性测试合格，有良好的汉字读写能力并能够熟练运用普通话交流，申请Z1、Z2类驾驶资格的，对驾驶适应性测试不作要求；

（三）具有国家承认的中专及以上学历（含高中、高职、技校，下同），但是第七项规定的除外；

（四）机车系列申请人应当连续机务乘务学习1年以上或者机务乘务学习行程6万公里以上，自轮运转车辆系列申请人应当连续自轮运转车辆乘务学习6个月以上；但是第六项、第七项、第八项规定的除外；

（五）不具有本办法第四条第一项、第二项规定的情形；

（六）申请J9或者J8类驾驶资格的，应当连续动车组机务乘务学习1年以上且乘务学习行程6万公里以上；

（七）申请J7类驾驶资格的，应当具有国家承认的机车车辆或者机电类专业大专及以上学历；并且连续动车组机务乘务学习行程20万公里，或者连续动车组机务乘务学习2年以上且乘务学习行程15万公里以上，或者连续担任动车组机械师职务2年以上且连续动车组机务乘务学习行程10万公里以上；

（八）申请S1、S2类驾驶资格的，应当连续机务乘务学习1年以上或者机务乘务学习行程6万公里以上，或者连续地铁乘务学习2年以上，或者连续自轮运转车辆乘务学习6个月以上；申请Z1、Z2类驾驶资格的，应当连续机务乘务学习1年以上或者机务乘务学习行程3万公里以上，或者连续自轮运转车辆乘务学习6个月以上。

初次申请驾驶证只能申请机车系列J9、J8、J7、J6、J5类中的一种，或者自轮运转车辆系列L3、L2类中的一种。

第十四条 初次申请驾驶证的，申请人应当提交下列材料：

（一）铁路机车车辆驾驶人员资格考试申请表；

（二）本人居民身份证、港澳台居民居住证或者外国人永久居留身份证；

（三）具有资质的健康体检机构或者二级及以上医疗机构按要求出具的近1年内的体检合格报告；

（四）本人学历相关材料。

第十五条 申请人应当按照本办法规定提交完整、真实的申请材料。

通过信息管理系统申请时，按系统要求办理。

第十六条 增加本系列准驾机车车辆类型或者增加准驾系列称为增驾。申请增驾时，每次可以申请某一系列的一种机车车辆类型。

已具有J9、J8、J7、J6、J5类驾驶资格之一可以互为申请其中的一种。J9、J8、J6、J5类申请J7类增驾资格时，应当不超过45周岁，具有所持有的驾驶资格2年以上且安全乘务10万公里以上；J9、J8、J6、J5类互为申请增驾资格时，应当具有所持驾驶资格1年以上且安全乘务6万公里以上。

L2类持证人申请L3类增驾资格时，应当具有L2类驾驶资格2年以上且安全乘务1万公里以上；L3类持证人申请L2类增驾资格时，应当具有L3类驾驶资格2年以上且安全乘务1万公里以上。

第十七条 申请增驾时，申请人应当提交本办法第十四条第一项、第二项、第三项规定材料和已持有的驾驶证信息。

第三章 考 试

第十八条 国家铁路局组织建立并管理驾驶资格考试考点、专家库、试题库、考评员库，发布考试公告，编写并公布考试大纲。

驾驶资格考试考点应当符合考试相关规定，达到相应的保密要求，具有良好的社会信誉。

第十九条 国家铁路局铁路机车车辆驾驶人员资格考试中心（以下简称国家铁路局考试

中心）具体承办铁路机车车辆驾驶人员资格考试工作。

第二十条 初次申请和申请增驾的人员应当参加国家铁路局组织的考试。考试包括理论考试和实际操作考试。

理论考试内容包括行车安全规章和专业知识两个科目。实际操作考试内容包括检查与试验、驾驶两个科目。

经理论考试合格后，方准予参加实际操作考试。理论考试或者实际操作考试如有一个科目不合格，即为考试不合格。

第二十一条 理论考试成绩2年内有效。在理论考试合格有效期内，最多允许参加3次实际操作考试。未在有效期内通过实际操作考试的，本次理论考试成绩作废。

国家铁路局通过信息管理系统公布申请人考试成绩。

第四章 驾驶证管理

第二十二条 申请人符合条件且考试合格的，由国家铁路局作出准予行政许可的决定，并颁发相应类别的实体驾驶证。

信息管理系统自动生成电子驾驶证。

第二十三条 驾驶证仅限本人持有和使用，企业不得非法扣留驾驶证。驾驶人员执业遇执法检查时，应当主动配合驾驶资格查验工作。

查验驾驶资格时，电子驾驶证和实体驾驶证均可以作为验证依据。若实体驾驶证与电子驾驶证信息发生不一致时，以电子驾驶证信息为准。

第二十四条 驾驶证应当记载和签注下列内容：

（一）持证人信息：姓名、性别、出生日期、所在单位、公民身份号码或者港澳台居民居住证号码或者外国人永久居留身份证号码、本人照片；

（二）核发机构签注：准驾机车车辆类型代码、初次领驾驶证日期、有效起止日期、核发机关印章。

第二十五条 驾驶证有效期为6年。驾驶证有效截止日期不得超过持证人法定退休日期。

驾驶证有效期满、需要延续的，应当在驾驶证有效期届满前180日内、30日前通过信息管理系统向国家铁路局提出换证申请。驾驶证记载内容发生变化、损毁或者丢失的，应当在90日内向国家铁路局申请换证或者补证。国家铁路局审核后认为符合条件的，予以换证或者补证。

非有效期满换证或者补证的，换发或者补发后的驾驶证有效截止日期不变。申请换证或者补证时无须提交体检合格报告和照片。

驾驶证申请补证期间，驾驶人员可以凭电子驾驶证执业。

第二十六条 有下列情形之一的，应当撤销驾驶资格许可：

（一）工作人员滥用职权、玩忽职守，致使不符合条件的人员取得驾驶证的；

（二）以欺骗、贿赂等不正当手段取得驾驶证的；

（三）依法可以撤销驾驶资格许可的其他情形。

因本条第一款第二项原因撤销驾驶资格许可的，3年内不得再次申请驾驶证。

第二十七条 有下列情形之一的，应当注销驾驶资格许可：

（一）驾驶证有效期届满未延续的；

（二）驾驶人员死亡或者丧失行为能力的；

（三）驾驶证被依法撤销的；

（四）法律、法规规定的其他情形。

第五章 监督管理

第二十八条 驾驶人员应当持续符合许可条件。国家铁路局对驾驶人员实施驾驶资格技能鉴定和职业资格等级评定制度，加强对驾驶人员资格许可的事中事后监管。

第二十九条 铁路监管部门应当加强对企业和驾驶人员的监督检查，对违法违规行为及时纠正，依法查处。

第三十条 企业应当加强对本单位驾驶人员的管理，不得实施下列行为：

（一）安排未取得驾驶资格的人员驾驶铁路机车车辆；

（二）安排驾驶人员持过期、失效或者不符合准驾类型的驾驶证驾驶铁路机车车辆；

（三）安排存在本办法第四条规定情形的人员驾驶铁路机车车辆。

第三十一条 企业发现本单位驾驶人员的

驾驶资格许可存在应当被撤销、注销情形的，应当自发现之日起30日内向国家铁路局报告，并通过信息管理系统向国家铁路局办理注销手续。

第三十二条 铁路监管部门发现已取得驾驶资格的人员存在本办法规定的不得驾驶铁路机车车辆情形或者违反铁路驾驶作业相关安全规章制度危及安全的，应当予以纠正，责令驾驶人员予以整改。整改完成后，经铁路监管部门检查符合要求的，方可继续上岗作业。

第三十三条 铁路监管部门执法人员对企业和驾驶人员进行监督检查时应当出示有效的执法证件，不得干扰驾驶人员的正常工作，不得非法扣留驾驶证。

第六章 法律责任

第三十四条 申请人隐瞒有关情况或者提供虚假材料申请驾驶证的，国家铁路局不予受理或者不予行政许可，并给予警告；申请人在1年内不得再次申请。

第三十五条 申请人在考试过程中有贿赂、舞弊行为的，或者申请材料弄虚作假的，取消考试资格，已经通过的考试科目成绩无效。

第三十六条 驾驶人员有下列行为之一的，由铁路监管部门处1000元以下的罚款：

（一）饮酒、服用国家管制的精神药品或者麻醉药品后驾驶铁路机车车辆的；

（二）因个人违章驾驶铁路机车车辆发生较大及以上铁路交通事故的；

（三）将铁路机车车辆交由未取得驾驶资格的人员驾驶的；

（四）持过期、失效或者不符合准驾类型的驾驶证驾驶铁路机车车辆的。

第三十七条 驾驶资格申请、考试相关单位和个人有下列行为之一的，由铁路监管部门给予警告，处违法所得3倍以下、最高不超过3万元的罚款，没有违法所得的，处1万元以下的罚款；对直接负责的主管人员和其他直接责任人员处1000元以下的罚款：

（一）对驾驶适应性测试不合格的申请人出具虚假合格证明的；

（二）对不符合要求的申请人出具虚假乘务经历合格证明的。

第三十八条 企业有下列行为之一的，由铁路监管部门责令改正，给予警告，处违法所得3倍以下、最高不超过3万元的罚款，没有违法所得的，处1万元以下的罚款；对直接负责的主管人员和其他直接责任人员处1000元以下的罚款：

（一）明知驾驶人员饮酒、服用国家管制的精神药品或者麻醉药品仍安排其驾驶铁路机车车辆的；

（二）明知驾驶人员患有妨碍安全驾驶铁路机车车辆的疾病，或者存在其他影响安全驾驶行为仍安排其驾驶铁路机车车辆的；

（三）强迫、指使、纵容驾驶人员违反铁路运输安全法律、法规和安全驾驶要求驾驶铁路机车车辆的；

（四）安排未取得驾驶资格的人员驾驶铁路机车车辆的；

（五）安排驾驶资格与准驾类型不符的人员驾驶铁路机车车辆的；

（六）安排驾驶人员持过期、失效驾驶证驾驶铁路机车车辆的；

（七）对违章驾驶人员未采取考核、教育、培训等措施仍安排其驾驶铁路机车车辆的。

第三十九条 企业有下列行为之一的，由铁路监管部门给予警告，处违法所得3倍以下、最高不超过3万元的罚款，没有违法所得的，处1万元以下的罚款；对直接负责的主管人员和其他直接责任人员处1000元以下的罚款；违反《中华人民共和国安全生产法》的，按照《中华人民共和国安全生产法》的有关规定给予处罚：

（一）上岗前未对驾驶人员进行上岗培训的；

（二）未建立驾驶人员管理制度的；

（三）未制定岗位培训大纲和培训计划的；

（四）未建立培训档案的；

（五）未定期组织培训考核的；

（六）对培训考核不合格的人员未及时调整工作岗位的；

（七）非法扣留驾驶人员驾驶证的；

（八）发现本单位驾驶人员存在符合驾驶证撤销、注销的情形未按时报告国家铁路局的。

第四十条 有下列行为之一的，按照有关规定对责任人员给予处分；构成犯罪的，依法追究刑事责任：

（一）参与、协助、纵容考试舞弊的；

（二）故意为不符合申请条件、未经考试、考试不合格人员签注合格成绩或者核发驾驶证的；

（三）故意为不符合条件的人员换发或者补发驾驶证的；

（四）在办理驾驶资格过程中索取或者收受他人财物或者谋取其他利益的。

第七章 附 则

第四十一条 国家铁路局依据本办法制定实施细则。

第四十二条 国家铁路局考试中心具体承办驾驶人员的驾驶资格技能鉴定和职业资格等级评定有关工作。

鼓励和支持相关行业协（学）会及其会员单位参与驾驶人员的驾驶资格考试、技能鉴定和职业资格等级评定有关工作。

第四十三条 本办法自2024年12月1日起施行。交通运输部于2019年12月2日以交通运输部令2019年第43号公布的《铁路机车车辆驾驶人员资格许可办法》同时废止。

机动车驾驶证申领和使用规定

（2024年12月21日公安部令第172号发布 自2025年1月1日起施行）

目 录

第一章 总 则
第二章 机动车驾驶证申请
　第一节 机动车驾驶证
　第二节 申 请
第三章 机动车驾驶人考试
　第一节 考试内容和合格标准
　第二节 考试要求
　第三节 考试监督管理
第四章 发证、换证、补证
第五章 机动车驾驶人管理
　第一节 审 验
　第二节 监督管理
　第三节 校车驾驶人管理
第六章 法律责任
第七章 附 则

第一章 总 则

第一条 为了规范机动车驾驶证申领和使用，保障道路交通安全，保护公民、法人和其他组织的合法权益，根据《中华人民共和国道路交通安全法》及其实施条例、《中华人民共和国行政许可法》，制定本规定。

第二条 本规定由公安机关交通管理部门负责实施。

省级公安机关交通管理部门负责本省（自治区、直辖市）机动车驾驶证业务工作的指导、检查和监督。直辖市公安机关交通管理部门车辆管理所、设区的市或者相当于同级的公安机关交通管理部门车辆管理所负责办理本行政区域内机动车驾驶证业务。

县级公安机关交通管理部门车辆管理所可以办理本行政区域内除大型客车、重型牵引挂车、城市公交车、中型客车、大型货车场地驾驶技能、道路驾驶技能考试以外的其他机动车驾驶证业务。具体业务范围和办理条件由省级公安机关交通管理部门确定。

第三条 车辆管理所办理机动车驾驶证业务，应当遵循依法、公开、公正、便民的原则。

车辆管理所办理机动车驾驶证业务，应当依法受理申请人的申请，审查申请人提交的材料。对符合条件的，按照规定的标准、程序和期限办理机动车驾驶证。对申请材料不齐全或者不符合法定形式的，应当一次书面或者电子告知申请人需要补正的全部内容。对不符合条件的，应当书面或者电子告知理由。

车辆管理所应当将法律、行政法规和本规定的有关办理机动车驾驶证的事项、条件、依据、程序、期限以及收费标准、需要提交的全部材料的目录和申请表示范文本等在办公场所公示。

省级、设区的市或者相当于同级的公安机关交通管理部门应当在互联网上发布信息，便于群众查阅办理机动车驾驶证的有关规定，查询驾驶证使用状态、交通违法及记分等情况，下载、使用有关表格。

第四条 车辆管理所办理机动车驾驶证业务时，应当按照减环节、减材料、减时限的要求，积极推行一次办结、限时办结等制度，为申请人提供规范、便利、高效的服务。

公安机关交通管理部门应当积极推进与有关部门信息互联互通，对实现信息共享、网上核查的，申请人免予提交相关证明凭证。

公安机关交通管理部门应当按照就近办理、便捷办理的原则，推进在驾驶人考场、政务服务大厅等地设置服务站点，方便申请人办理机动车驾驶证业务，并在办公场所和互联网公示辖区内的业务办理网点、地址、联系电话、办公时间和业务范围。

第五条 车辆管理所应当使用全国统一的计算机管理系统办理机动车驾驶证业务、核发机动车驾驶证。

计算机管理系统的数据库标准和软件全国统一，能够完整、准确地记录和存储机动车驾驶证业务办理、驾驶人考试等全过程和经办人员信息，并能够实时将有关信息传送到全国公安交通管理信息系统。

第六条 车辆管理所应当使用互联网交通安全综合服务管理平台受理申请人网上提交的申请，验证申请人身份，按规定办理机动车驾驶证业务。

互联网交通安全综合服务管理平台信息管理系统数据库标准和软件全国统一。

第七条 申请办理机动车驾驶证业务的，应当如实向车辆管理所提交规定的材料，如实申告规定的事项，并对其申请材料实质内容的真实性负责。

第八条 公安机关交通管理部门应当建立机动车驾驶证业务监督制度，加强对驾驶人考试、驾驶证核发和使用的监督管理。

第九条 车辆管理所办理机动车驾驶证业务时可以依据相关法律法规认可、使用电子签名、电子印章、电子证照。

第二章 机动车驾驶证申请

第一节 机动车驾驶证

第十条 驾驶机动车，应当依法取得机动车驾驶证。

第十一条 机动车驾驶人准予驾驶的车型顺序依次分为：大型客车、重型牵引挂车、城市公交车、中型客车、大型货车、小型汽车、小型自动挡汽车、低速载货汽车、三轮汽车、残疾人专用小型自动挡载客汽车、轻型牵引挂车、普通三轮摩托车、普通二轮摩托车、轻便摩托车、轮式专用机械车、无轨电车和有轨电车（附件1）。

第十二条 机动车驾驶证记载和签注以下内容：

（一）机动车驾驶人信息：姓名、性别、出生日期、国籍、住址、身份证明号码（机动车驾驶证号码）、照片；

（二）车辆管理所签注内容：初次领证日期、准驾车型代号、有效期限、核发机关印章、档案编号、准予驾驶机动车听力辅助条件。

第十三条 机动车驾驶证有效期分为六年、十年和长期。

第二节 申 请

第十四条 申请机动车驾驶证的人，应当符合下列规定：

（一）年龄条件：

1. 申请小型汽车、小型自动挡汽车、残疾人专用小型自动挡载客汽车、轻便摩托车准驾车型的，在18周岁以上；

2. 申请普通三轮摩托车、普通二轮摩托车准驾车型的，在18周岁以上，70周岁以下；

3. 申请轻型牵引挂车准驾车型的，在20周岁以上，70周岁以下；

4. 申请低速载货汽车、三轮汽车、轮式专用机械车准驾车型的，在18周岁以上，63周岁以下；

5. 申请城市公交车、中型客车、大型货车、无轨电车或者有轨电车准驾车型的，在20周岁以上，63周岁以下；

6. 申请大型客车、重型牵引挂车准驾车型的，在22周岁以上，63周岁以下；

7. 接受全日制驾驶职业教育的学生，申请大型客车、重型牵引挂车准驾车型的，在19周岁以上，63周岁以下。”

（二）身体条件：

1. 身高：申请大型客车、重型牵引挂车、城市公交车、大型货车、无轨电车准驾车型的，身高为155厘米以上。申请中型客车准驾车型的，身高为150厘米以上；

2. 视力：申请大型客车、重型牵引挂车、城市公交车、中型客车、大型货车、无轨电车或者有轨电车准驾车型的，两眼裸视力或者矫正视力达到对数视力表5.0以上。申请其他准驾车型的，两眼裸视力或者矫正视力达到对数视力表4.9以上。单眼视力障碍，优眼裸视力或者矫正视力达到对数视力表5.0以上，且水平视野达到150度的，可以申请小型汽车、小型自动挡汽车、低速载货汽车、三轮汽车、残疾人专用小型自动挡载客汽车准驾车型的机动车驾驶证；

3. 辨色力：无红绿色盲；

4. 听力：两耳分别距音叉50厘米能辨别声源方向。有听力障碍但佩戴助听设备能够达到以上条件的，可以申请小型汽车、小型自动挡汽车准驾车型的机动车驾驶证；

5. 上肢：双手拇指健全，每只手其他手指必须有三指健全，肢体和手指运动功能正常。但手指末节残缺或者左手有三指健全，且双手手掌完整的，可以申请小型汽车、小型自动挡汽车、低速载货汽车、三轮汽车准驾车型的机动车驾驶证；

6. 下肢：双下肢健全且运动功能正常，不等长度不得大于5厘米。单独左下肢缺失或者丧失运动功能，但右下肢正常的，可以申请小型自动挡汽车准驾车型的机动车驾驶证；

7. 躯干、颈部：无运动功能障碍；

8. 右下肢、双下肢缺失或者丧失运动功能但能够自主坐立，且上肢符合本项第5目规定的，可以申请残疾人专用小型自动挡载客汽车准驾车型的机动车驾驶证。一只手掌缺失，另一只手拇指健全，其他手指有两指健全，上肢和手指运动功能正常，且下肢符合本项第6目规定的，可以申请残疾人专用小型自动挡载客汽车准驾车型的机动车驾驶证；

9. 年龄在70周岁以上能够通过记忆力、判断力、反应力等能力测试的，可以申请小型汽车、小型自动挡汽车、残疾人专用小型自动挡载客汽车、轻便摩托车准驾车型的机动车驾驶证。

第十五条 有下列情形之一的，不得申请机动车驾驶证：

（一）有器质性心脏病、癫痫病、美尼尔氏症、眩晕症、癔病、震颤麻痹、精神病、痴呆以及影响肢体活动的神经系统疾病等妨碍安全驾驶疾病的；

（二）三年内有吸食、注射毒品行为或者解除强制隔离戒毒措施未满三年，以及长期服用依赖性精神药品成瘾尚未戒除的；

（三）造成交通事故后逃逸构成犯罪的；

（四）饮酒后或者醉酒驾驶机动车发生重大交通事故构成犯罪的；

（五）醉酒驾驶机动车或者饮酒后驾驶营运机动车依法被吊销机动车驾驶证未满五年的；

（六）醉酒驾驶营运机动车依法被吊销机动车驾驶证未满十年的；

（七）驾驶机动车追逐竞驶、超员、超速、违反危险化学品安全管理规定运输危险化学品构成犯罪依法被吊销机动车驾驶证未满五年的；

（八）因本款第四项以外的其他违反交通管理法律法规的行为发生重大交通事故构成犯罪依法被吊销机动车驾驶证未满十年的；

（九）因其他情形依法被吊销机动车驾驶证未满二年的；

（十）驾驶许可依法被撤销未满三年的；

（十一）未取得机动车驾驶证驾驶机动车，发生负同等以上责任交通事故造成人员重伤或者死亡未满十年的；

（十二）三年内有代替他人参加机动车驾驶人考试行为的；

（十三）法律、行政法规规定的其他情形。

未取得机动车驾驶证驾驶机动车，有第一款第五项至第八项行为之一的，在规定期限内不得申请机动车驾驶证。

第十六条 初次申领机动车驾驶证的，可以申请准驾车型为城市公交车、大型货车、小型汽车、小型自动挡汽车、低速载货汽车、三轮汽车、残疾人专用小型自动挡载客汽车、普通三轮摩托车、普通二轮摩托车、轻便摩托车、轮式专用机械车、无轨电车、有轨电车的机动车驾驶证。

已持有机动车驾驶证，申请增加准驾车型的，可以申请增加的准驾车型为大型客车、重型牵引挂车、城市公交车、中型客车、大型货车、小型汽车、小型自动挡汽车、低速载货汽车、三轮汽车、轻型牵引挂车、普通三轮摩托车、普通二轮摩托车、轻便摩托车、轮式专用机械车、无轨电车、有轨电车。

第十七条 已持有机动车驾驶证，申请增加准驾车型的，应当在本记分周期和申请前最近一个记分周期内没有记满 12 分记录。申请增加轻型牵引挂车、中型客车、重型牵引挂车、大型客车准驾车型的，还应当符合下列规定：

（一）申请增加轻型牵引挂车准驾车型的，已取得驾驶小型汽车、小型自动挡汽车准驾车型资格一年以上；

（二）申请增加中型客车准驾车型的，已取得驾驶城市公交车、大型货车、小型汽车、小型自动挡汽车、低速载货汽车或者三轮汽车准驾车型资格二年以上，并在申请前最近连续二个记分周期内没有记满 12 分记录；

（三）申请增加重型牵引挂车准驾车型的，已取得驾驶中型客车或者大型货车准驾车型资格二年以上，或者取得驾驶大型客车准驾车型资格一年以上，并在申请前最近连续二个记分周期内没有记满 12 分记录；

（四）申请增加大型客车准驾车型的，已取得驾驶城市公交车、中型客车准驾车型资格二年以上、已取得驾驶大型货车准驾车型资格三年以上，或者取得驾驶重型牵引挂车准驾车型资格一年以上，并在申请前最近连续三个记分周期内没有记满 12 分记录。

正在接受全日制驾驶职业教育的学生，已在校取得驾驶小型汽车准驾车型资格，并在本记分周期和申请前最近一个记分周期内没有记满 12 分记录的，可以申请增加大型客车、重型牵引挂车准驾车型。

第十八条 有下列情形之一的，不得申请大型客车、重型牵引挂车、城市公交车、中型客车、大型货车准驾车型：

（一）发生交通事故造成人员死亡，承担同等以上责任的；

（二）醉酒后驾驶机动车的；

（三）再次饮酒后驾驶机动车的；

（四）有吸食、注射毒品后驾驶机动车行为的，或者有执行社区戒毒、强制隔离戒毒、社区康复措施记录的；

（五）驾驶机动车追逐竞驶、超员、超速、违反危险化学品安全管理规定运输危险化学品构成犯罪的；

（六）被吊销或者撤销机动车驾驶证未满十年的；

（七）未取得机动车驾驶证驾驶机动车，发生负同等以上责任交通事故造成人员重伤或者死亡的。

第十九条 持有军队、武装警察部队机动车驾驶证，符合本规定的申请条件，可以申请对应准驾车型的机动车驾驶证。

第二十条 持有境外机动车驾驶证，符合本规定的申请条件，且取得该驾驶证时在核发国家或者地区一年内累计居留九十日以上的，可以申请对应准驾车型的机动车驾驶证。属于申请准驾车型为大型客车、重型牵引挂车、中型客车机动车驾驶证的，还应当取得境外相应准驾车型机动车驾驶证二年以上。

第二十一条 持有境外机动车驾驶证，需要临时驾驶机动车的，应当按规定向车辆管理所申领临时机动车驾驶许可。

对入境短期停留的，可以申领有效期为三个月的临时机动车驾驶许可；停居留时间超过三个月的，有效期可以延长至一年。

临时入境机动车驾驶人的临时机动车驾驶许可在一个记分周期内累积记分达到 12 分，未按规定参加道路交通安全法律、法规和相关知识学习、考试的，不得申请机动车驾驶证或者再次申请临时机动车驾驶许可。

第二十二条 申领机动车驾驶证的人，按照下列规定向车辆管理所提出申请：

（一）在户籍所在地居住的，应当在户籍所在地提出申请；

（二）在户籍所在地以外居住的，可以在居住地提出申请；

（三）现役军人（含武警），应当在部队驻地提出申请；

（四）境外人员，应当在居留地或者居住地提出申请；

（五）申请增加准驾车型的，应当在所持机动车驾驶证核发地提出申请；

（六）接受全日制驾驶职业教育，申请增加大型客车、重型牵引挂车准驾车型的，应当在接受教育地提出申请。

第二十三条 申请机动车驾驶证，应当确认申请信息，并提交以下证明：

（一）申请人的身份证明；

（二）医疗机构出具的有关身体条件的证明。

第二十四条 持军队、武装警察部队机动车驾驶证的人申请机动车驾驶证，应当确认申请信息，并提交以下证明、凭证：

（一）申请人的身份证明。属于复员、转业、退伍的人员，还应当提交军队、武装警察部队核发的复员、转业、退伍证明；

（二）医疗机构出具的有关身体条件的证明；

（三）军队、武装警察部队机动车驾驶证。

第二十五条 持境外机动车驾驶证的人申请机动车驾驶证，应当确认申请信息，并提交以下证明、凭证：

（一）申请人的身份证明；

（二）医疗机构出具的有关身体条件的证明；

（三）所持机动车驾驶证。属于非中文表述的，还应当提供翻译机构出具或者公证机构公证的中文翻译文本。

属于外国驻华使馆、领馆人员及国际组织驻华代表机构人员申请的，按照外交对等原则执行。

属于内地居民申请的，还应当提交申请人的护照或者往来港澳通行证、往来台湾通行证。

第二十六条 实行小型汽车、小型自动挡汽车驾驶证自学直考的地方，申请人可以使用加装安全辅助装置的自备机动车，在具备安全驾驶经历等条件的人员随车指导下，按照公安机关交通管理部门指定的路线、时间学习驾驶技能，按照第二十三条的规定申请相应准驾车型的驾驶证。

小型汽车、小型自动挡汽车驾驶证自学直考管理制度由公安部另行规定。

第二十七条 申请机动车驾驶证的人，符合本规定要求的驾驶许可条件，有下列情形之一的，可以按照第十六条第一款和第二十三条的规定直接申请相应准驾车型的机动车驾驶证考试：

（一）原机动车驾驶证因超过有效期未换证被注销的；

（二）原机动车驾驶证因未提交身体条件证明被注销的；

（三）原机动车驾驶证由本人申请注销的；

（四）原机动车驾驶证因身体条件暂时不符合规定被注销的；

（五）原机动车驾驶证或者准驾车型资格因其他原因被注销的，但机动车驾驶证被吊销或者被撤销的除外；

（六）持有的军队、武装警察部队机动车驾驶证超过有效期的；

（七）持有境外机动车驾驶证或者境外机动车驾驶证超过有效期的。

有前款第六项、第七项规定情形之一的，还应当提交机动车驾驶证。

第二十八条 申请人提交的证明、凭证齐全、符合法定形式的，车辆管理所应当受理，并按规定审查申请人的机动车驾驶证申请条件。属于第二十五条规定情形的，还应当核查申请人的出入境记录；属于第二十七条第一款第一项至第五项规定情形之一的，还应当核查申请人的驾驶经历；属于正在接受全日制驾驶职业教育的学生，申请增加大型客车、重型牵引挂车准驾车型的，还应当核查申请人的学籍。

公安机关交通管理部门已经实现与医疗机构等单位联网核查的，申请人免予提交身体条件证明等证明、凭证。

对于符合申请条件的，车辆管理所应当按规定安排预约考试；不需要考试的，一日内核发机动车驾驶证。申请人属于复员、转业、退伍人员持军队、武装警察部队机动车驾驶证申请机动车驾驶证的，应当收回军队、武装警察部队机动车驾驶证。

第二十九条 车辆管理所对申请人的申请条件及提交的材料、申告的事项有疑义的，可以对实质内容进行调查核实。

调查时，应当询问申请人并制作询问笔录，向证明、凭证的核发机关核查。

经调查，申请人不符合申请条件的，不予办理；有违法行为的，依法予以处理。

第三章 机动车驾驶人考试

第一节 考试内容和合格标准

第三十条 机动车驾驶人考试内容分为道路交通安全法律、法规和相关知识考试科目（以下简称“科目一”）、场地驾驶技能考试科目（以下简称“科目二”）、道路驾驶技能和安全文明驾驶常识考试科目（以下简称“科目三”）。

已持有小型自动挡汽车准驾车型驾驶证申请增加小型汽车准驾车型的，应当考试科目二和科目三。

已持有大型客车、城市公交车、中型客车、大型货车、小型汽车、小型自动挡汽车准驾车型驾驶证申请增加轻型牵引挂车准驾车型的，应当考试科目二和科目三安全文明驾驶常识。

已持有轻便摩托车准驾车型驾驶证申请增加普通三轮摩托车、普通二轮摩托车准驾车型的，或者持有普通二轮摩托车驾驶证申请增加普通三轮摩托车准驾车型的，应当考试科目二和科目三。

已持有大型客车、重型牵引挂车、城市公交车、中型客车、大型货车、小型汽车、小型自动挡汽车准驾车型驾驶证的机动车驾驶人身体条件发生变化，不符合所持机动车驾驶证准驾车型的条件，但符合残疾人专用小型自动挡载客汽车准驾车型条件，申请变更的，应当考试科目二和科目三。

第三十一条 考试内容和合格标准全国统一，根据不同准驾车型规定相应的考试项目。

第三十二条 科目一考试内容包括：道路通行、交通信号、道路交通安全违法行为和交通事故处理、机动车驾驶证申领和使用、机动车登记等规定以及其他道路交通安全法律、法规和规章。

第三十三条 科目二考试内容包括：

（一）大型客车、重型牵引挂车、城市公交车、中型客车、大型货车考试桩考、坡道定点停车和起步、侧方停车、通过单边桥、曲线行驶、直角转弯、通过限宽门、窄路掉头，以及模拟高速公路、连续急弯山区路、隧道、雨（雾）天、湿滑路、紧急情况处置；

（二）小型汽车、低速载货汽车考试倒车入库、坡道定点停车和起步、侧方停车、曲线行驶、直角转弯；

（三）小型自动挡汽车、残疾人专用小型自动挡载客汽车考试倒车入库、侧方停车、曲线行驶、直角转弯；

（四）轻型牵引挂车考试桩考、曲线行驶、直角转弯；

（五）三轮汽车、普通三轮摩托车、普通二轮摩托车和轻便摩托车考试桩考、坡道定点停车和起步、通过单边桥；

（六）轮式专用机械车、无轨电车、有轨电车的考试内容由省级公安机关交通管理部门确定。

对第一款第一项至第三项规定的准驾车型，省级公安机关交通管理部门可以根据实际增加考试内容。

第三十四条 科目三道路驾驶技能考试内容包括：大型客车、重型牵引挂车、城市公交车、中型客车、大型货车、小型汽车、小型自动挡汽车、低速载货汽车和残疾人专用小型自动挡载客汽车考试上车准备、起步、直线行驶、加减挡位操作、变更车道、靠边停车、直行通过路口、路口左转弯、路口右转弯、通过人行横道线、通过学校区域、通过公共汽车站、会车、超车、掉头、夜间行驶；其他准驾车型的考试内容，由省级公安机关交通管理部门确定。

大型客车、重型牵引挂车、城市公交车、中型客车、大型货车考试里程不少于10公里，其中初次申领城市公交车、大型货车准驾车型的，白天考试里程不少于5公里，夜间考试里程不少于3公里。小型汽车、小型自动挡汽车、低速载货汽车、残疾人专用小型自动挡载客汽车考试里程不少于3公里。不进行夜间考试的，应当进行模拟夜间灯光考试。

对大型客车、重型牵引挂车、城市公交车、中型客车、大型货车准驾车型，省级公安机关交通管理部门应当根据实际增加山区、隧道、陡坡等复杂道路驾驶考试内容。对其他汽车准驾车型，省级公安机关交通管理部门可以根据实际增加考试内容。

第三十五条 科目三安全文明驾驶常识考试内容包括：安全文明驾驶操作要求、恶劣气象和复杂道路条件下的安全驾驶知识、爆胎等紧急情况下的临危处置方法、防范次生事故处置知识、伤员急救知识等。

第三十六条 持军队、武装警察部队机动车驾驶证的人申请大型客车、重型牵引挂车、城市公交车、中型客车、大型货车准驾车型机动车驾驶证的，应当考试科目一和科目三；申请其他准驾车型机动车驾驶证的，免予考试核发机动车驾驶证。

第三十七条 持境外机动车驾驶证申请机动车驾驶证的，应当考试科目一。申请准驾车型为大型客车、重型牵引挂车、城市公交车、中型客车、大型货车机动车驾驶证的，应当考试科目一、科目二和科目三。

属于外国驻华使馆、领馆人员及国际组织驻华代表机构人员申请的，应当按照外交对等原则执行。

第三十八条 各科目考试的合格标准为：

（一）科目一考试满分为 100 分，成绩达到 90 分的为合格；

（二）科目二考试满分为 100 分，考试大型客车、重型牵引挂车、城市公交车、中型客车、大型货车、轻型牵引挂车准驾车型的，成绩达到 90 分的为合格，其他准驾车型的成绩达到 80 分的为合格；

（三）科目三道路驾驶技能和安全文明驾驶常识考试满分分别为 100 分，成绩分别达到 90 分的为合格。

第二节 考试要求

第三十九条 车辆管理所应当按照预约的考场和时间安排考试。申请人科目一考试合格后，可以预约科目二或者科目三道路驾驶技能考试。有条件的地方，申请人可以同时预约科目二、科目三道路驾驶技能考试，预约成功后可以连续进行考试。科目二、科目三道路驾驶技能考试均合格后，申请人可以当日参加科目三安全文明驾驶常识考试。

申请人申请大型客车、重型牵引挂车、城市公交车、中型客车、大型货车、轻型牵引挂车驾驶证，因当地尚未设立科目二考场的，可以选择省（自治区）内其他考场参加考试。

申请人申领小型汽车、小型自动挡汽车、低速载货汽车、三轮汽车、残疾人专用小型自动挡载客汽车、轻型牵引挂车驾驶证期间，已通过部分科目考试后，居住地发生变更的，可以申请变更考试地，在现居住地预约其他科目考试。申请变更考试地不得超过三次。

车辆管理所应当使用全国统一的考试预约系统，采用互联网、电话、服务窗口等方式供申请人预约考试。

第四十条 初次申请机动车驾驶证或者申请增加准驾车型的，科目一考试合格后，车辆管理所应当在一日内核发学习驾驶证明。

属于第三十条第二款至第四款规定申请增加准驾车型以及第五款规定申请变更准驾车型的，受理后直接核发学习驾驶证明。

属于自学直考的，车辆管理所还应当按规定发放学车专用标识（附件 2）。

第四十一条 申请人在场地和道路上学习驾驶，应当按规定取得学习驾驶证明。学习驾驶证明的有效期为三年，但有效期截止日期不得超过申请年龄条件上限。申请人应当在有效期内完成科目二和科目三考试。未在有效期内完成考试的，已考试合格的科目成绩作废。

学习驾驶证明可以采用纸质或者电子形式，纸质学习驾驶证明和电子学习驾驶证明具有同等效力。申请人可以通过互联网交通安全综合服务管理平台打印或者下载学习驾驶证明。

第四十二条 申请人在道路上学习驾驶，应当随身携带学习驾驶证明，使用教练车或者学车专用标识签注的自学用车，在教练员或者学车专用标识签注的指导人员随车指导下，按照公安机关交通管理部门指定的路线、时间进行。

申请人为自学直考人员的，在道路上学习驾驶时，应当在自学用车上按规定放置、粘贴学车专用标识，自学用车不得搭载随车指导人员以外的其他人员。

第四十三条 初次申请机动车驾驶证或者申请增加准驾车型的，申请人预约考试科目二，应当符合下列规定：

（一）报考小型汽车、小型自动挡汽车、低速载货汽车、三轮汽车、残疾人专用小型自动挡载客汽车、轮式专用机械车、无轨电车、有轨电车准驾车型的，在取得学习驾驶证明满十日后预约考试；

（二）报考大型客车、重型牵引挂车、城市公交车、中型客车、大型货车、轻型牵引挂车准驾车型的，在取得学习驾驶证明满二十日后预约考试。

第四十四条 初次申请机动车驾驶证或者申请增加准驾车型的，申请人预约考试科目三，应当符合下列规定：

（一）报考小型自动挡汽车、残疾人专用小型自动挡载客汽车、低速载货汽车、三轮汽车准驾车型的，在取得学习驾驶证明满二十日后预约考试；

（二）报考小型汽车、轮式专用机械车、无轨电车、有轨电车准驾车型的，在取得学习驾驶证明满三十日后预约考试；

（三）报考大型客车、重型牵引挂车、城市公交车、中型客车、大型货车准驾车型的，在取得学习驾驶证明满四十日后预约考试。属于已经持有汽车类驾驶证，申请增加准驾车型的，在取得学习驾驶证明满三十日后预约考试。

第四十五条 持军队、武装警察部队或者境外机动车驾驶证申请机动车驾驶证的，应当自车辆管理所受理之日起三年内完成科目考试。

第四十六条 申请人因故不能按照预约时间参加考试的，应当提前一日申请取消预约。对申请人未按照预约考试时间参加考试的，判定该次考试不合格。

第四十七条 每个科目考试一次，考试不合格的，可以补考一次。不参加补考或者补考仍不合格的，本次考试终止，申请人应当重新预约考试，但科目二、科目三考试应当在十日后预约。科目三安全文明驾驶常识考试不合格的，已通过的道路驾驶技能考试成绩有效。

在学习驾驶证明有效期内，科目二和科目三道路驾驶技能考试预约考试的次数分别不得超过五次。第五次考试仍不合格的，已考试合格的其他科目成绩作废。

第四十八条 车辆管理所组织考试前应当使用全国统一的计算机管理系统当日随机选配考试员，随机安排考生分组，随机选取考试路线。

第四十九条 从事考试工作的人员，应当持有公安机关交通管理部门颁发的资格证书。公安机关交通管理部门应当在公安民警、警务辅助人员中选拔足够数量的考试员，从事考试工作。可以聘用运输企业驾驶人、警风警纪监督员等人员承担考试辅助工作和监督职责。

考试员应当认真履行考试职责，严格按照规定考试，接受社会监督。在考试前应当自我介绍，讲解考试要求，核实申请人身份；考试中应当严格执行考试程序，按照考试项目和考试标准评定考试成绩；考试后应当当场公布考试成绩，讲评考试不合格原因。

每个科目的考试成绩单应当有申请人和考试员的签名。未签名的不得核发机动车驾驶证。

第五十条 考试员、考试辅助人员及考场工作人员应当严格遵守考试工作纪律，不得为不符合机动车驾驶许可条件、未经考试、考试不合格人员签注合格考试成绩，不得减少考试项目、降低评判标准或者参与、协助、纵容考试作弊，不得参与或者变相参与驾驶培训机构、社会考场经营活动，不得收取驾驶培训机构、社会考场、教练员、申请人的财物。

第五十一条 直辖市、设区的市或者相当于同级的公安机关交通管理部门应当根据本地考试需求建设考场，配备足够数量的考试车辆。对考场布局、数量不能满足本地考试需求的，应当采取政府购买服务等方式使用社会考场，并按照公平竞争、择优选定的原则，依法通过公开招标等程序确定。对考试供给能力能够满足考试需求的，应当及时向社会公告，不再购买社会考场服务。

考试场地建设、路段设置、车辆配备、设施设备配置以及考试项目、评判要求应当符合相关标准。考试场地、考试设备和考试系统应当经省级公安机关交通管理部门验收合格后方可使用。公安机关交通管理部门应当加强对辖区考场的监督管理，定期开展考试场地、考试车辆、考试设备和考场管理情况的监督检查。

第三节　考试监督管理

第五十二条 车辆管理所应当在办事大厅、候考场所和互联网公开各考场的考试能力、预约计划、预约人数和约考结果等情况，公布考场布局、考试路线和流程。考试预约计划应当至少在考试前十日在互联网上公开。

车辆管理所应当在候考场所、办事大厅向群众直播考试视频，考生可以在考试结束后三日内查询自己的考试视频资料。

第五十三条 车辆管理所应当严格比对、核验考生身份，对考试过程进行全程录音、录像，并实时监控考试过程，没有使用录音、录像设备的，不得组织考试。严肃考试纪律，规范考场秩序，对考场秩序混乱的，应当中止考试。考试过程中，考试员应当使用执法记录仪记录监考过程。

车辆管理所应当建立音视频信息档案，存储录音、录像设备和执法记录仪记录的音像资料。建立考试质量抽查制度，每日抽查音视频信息档案，发现存在违反考试纪律、考场秩序混乱以及音视频信息缺失或者不完整的，应当进行调查处理。

省级公安机关交通管理部门应当定期抽查音视频信息档案，及时通报、纠正、查处发现的问题。

第五十四条 车辆管理所应当根据考试场地、考试设备、考试车辆、考试员数量等实际情况，核定每个考场、每个考试员每日最大考试量。

车辆管理所应当根据驾驶培训主管部门提供的信息对驾驶培训机构教练员、教练车、训练场地等情况进行备案。

第五十五条 公安机关交通管理部门应当建立业务监督管理中心，通过远程监控、数据分析、日常检查、档案抽查、业务回访等方式，对机动车驾驶人考试和机动车驾驶证业务办理情况进行监督管理。

直辖市、设区的市或者相当于同级的公安机关交通管理部门应当通过监管系统每周对机动车驾驶人考试情况进行监控、分析，及时查处整改发现的问题。省级公安机关交通管理部门应当通过监管系统每月对机动车驾驶人考试情况进行监控、分析，及时查处、通报发现的问题。

车辆管理所存在为未经考试或者考试不合格人员核发机动车驾驶证等严重违规办理机动车驾驶证业务情形的，上级公安机关交通管理部门可以暂停该车辆管理所办理相关业务或者指派其他车辆管理所人员接管业务。

第五十六条 县级公安机关交通管理部门办理机动车驾驶证业务的，办公场所、设施设备、人员资质和信息系统等应当满足业务办理需求，并符合相关规定和标准要求。

直辖市、设区的市公安机关交通管理部门应当加强对县级公安机关交通管理部门办理机动车驾驶证相关业务的指导、培训和监督管理。

第五十七条 公安机关交通管理部门应当对社会考场的场地设施、考试系统、考试工作等进行统一管理。

社会考场的考试系统应当接入机动车驾驶人考试管理系统，实时上传考试过程录音录像、考试成绩等信息。

第五十八条 直辖市、设区的市或者相当于同级的公安机关交通管理部门应当每月向社会公布车辆管理所考试员考试质量情况、三年内驾龄驾驶人交通违法率和交通肇事率等信息。

直辖市、设区的市或者相当于同级的公安机关交通管理部门应当每月向社会公布辖区内驾驶培训机构的考试合格率、三年内驾龄驾驶人交通违法率和交通肇事率等信息，按照考试合格率、三年内驾龄驾驶人交通违法率和交通肇事率对驾驶培训机构培训质量公开排名，并通报培训主管部门。

第五十九条 对三年内驾龄驾驶人发生一次死亡3人以上交通事故且负主要以上责任的，省级公安机关交通管理部门应当倒查车辆管理所考试、发证情况，向社会公布倒查结果。对三年内驾龄驾驶人发生一次死亡1至2人的交通事故且负主要以上责任的，直辖市、设区的市或者相当于同级的公安机关交通管理部门应当组织责任倒查。

直辖市、设区的市或者相当于同级的公安机关交通管理部门发现驾驶培训机构及其教练员存在缩短培训学时、减少培训项目以及贿赂考试员、以承诺考试合格等名义向学员索取财物、参与违规办理驾驶证或者考试舞弊行为的，应当通报培训主管部门，并向社会公布。

公安机关交通管理部门发现考场、考试设备生产销售企业及其工作人员存在组织或者参与考试舞弊、伪造或者篡改考试系统数据的，不得继续使用该考场或者采购该企业考试设备；构成犯罪的，依法追究刑事责任。

第四章 发证、换证、补证

第六十条 申请人考试合格后，应当接受不少于半小时的交通安全文明驾驶常识和交通事故案例警示教育，并参加领证宣誓仪式。

车辆管理所应当在申请人参加领证宣誓仪式的当日核发机动车驾驶证。

第六十一条 公安机关交通管理部门应当实行机动车驾驶证电子化，机动车驾驶人可以通过互联网交通安全综合服务管理平台申请机动车驾驶证电子版。

机动车驾驶证电子版与纸质版具有同等效力。

第六十二条 机动车驾驶人在机动车驾驶证的六年有效期内，每个记分周期均未记满12分的，换发十年有效期的机动车驾驶证；在机动车驾驶证的十年有效期内，每个记分周期均未记满12分的，换发长期有效的机动车驾驶证。

第六十三条 机动车驾驶人应当于机动车驾驶证有效期满前九十日内，向机动车驾驶证核发地或者核发地以外的车辆管理所申请换证。申请时应当确认申请信息，并提交以下证明、凭证：

（一）机动车驾驶人的身份证明；

（二）医疗机构出具的有关身体条件的证明。

第六十四条 机动车驾驶人户籍迁出原车辆管理所管辖区的，应当向迁入地车辆管理所申请换证。机动车驾驶人在核发地车辆管理所管辖区以外居住的，可以向居住地车辆管理所申请换证。申请时应当确认申请信息，提交机动车驾驶人的身份证明和机动车驾驶证，并申报身体条件情况。

第六十五条 年龄在63周岁以上的，不得驾驶大型客车、重型牵引挂车、城市公交车、中型客车、大型货车、轮式专用机械车、无轨电车和有轨电车。持有大型客车、重型牵引挂车、城市公交车、中型客车、大型货车驾驶证的，应当到机动车驾驶证核发地或者核发地以外的车辆管理所换领准驾车型为小型汽车或者小型自动挡汽车的机动车驾驶证，其中属于持有重型牵引挂车驾驶证的，还可以保留轻型牵引挂车准驾车型。但年龄在63周岁以上，需要申请继续驾驶大型客车、重型牵引挂车、城市公交车、中型客车、大型货车、轮式专用机械车、无轨电车和有轨电车，通过记忆力、判断力、反应力等能力测试的，可以在年满63周岁前一年内向机动车驾驶证核发地或者核发地以外的车辆管理所申请延长原准驾车型驾驶资格期限，延长期限最长不超过三年。

年龄在70周岁以上的，不得驾驶低速载货汽车、三轮汽车、轻型牵引挂车、普通三轮摩托车、普通二轮摩托车。持有普通三轮摩托车、普通二轮摩托车驾驶证的，应当到机动车驾驶证核发地或者核发地以外的车辆管理所换领准驾车型为轻便摩托车的机动车驾驶证；持有驾驶证包含轻型牵引挂车准驾车型的，应当到机动车驾驶证核发地或者核发地以外的车辆管理所换领准驾车型为小型汽车或者小型自动挡汽车的机动车驾驶证。

有前两款规定情形之一的，车辆管理所应当通知机动车驾驶人在三十日内办理换证业务。机动车驾驶人逾期未办理的，车辆管理所应当公告准驾车型驾驶资格作废。

申请时应当确认申请信息，并提交第六十三条规定的证明、凭证。

机动车驾驶人自愿降低准驾车型的，应当确认申请信息，并提交机动车驾驶人的身份证明和机动车驾驶证。

第六十六条 有下列情形之一的，机动车驾驶人应当在三十日内到机动车驾驶证核发地或者核发地以外的车辆管理所申请换证：

（一）在车辆管理所管辖区域内，机动车驾驶证记载的机动车驾驶人信息发生变化的；

（二）机动车驾驶证损毁无法辨认的。

申请时应当确认申请信息，并提交机动车驾驶人的身份证明；属于第一款第一项的，还应当提交机动车驾驶证；属于身份证明号码变更的，还应当提交相关变更证明。

第六十七条 机动车驾驶人身体条件发生变化，不符合所持机动车驾驶证准驾车型的条件，但符合准予驾驶的其他准驾车型条件的，应当在三十日内到机动车驾驶证核发地或者核发地以外的车辆管理所申请降低准驾车型。申请时应当确认申请信息，并提交机动车驾驶人的身份证明、医疗机构出具的有关身体条件的证明。

机动车驾驶人身体条件发生变化，不符合第十四条第二项规定或者具有第十五条规定情形之一，不适合驾驶机动车的，应当在三十日内到机动车驾驶证核发地车辆管理所申请注销。申请时应当确认申请信息，并提交机动车驾驶人的身份证明和机动车驾驶证。

机动车驾驶人身体条件不适合驾驶机动车的，不得驾驶机动车。

第六十八条 车辆管理所对符合第六十三条至第六十六条、第六十七条第一款规定的，应当在一日内换发机动车驾驶证。对符合第六十七条第二款规定的，应当在一日内注销机动车驾驶证。其中，对符合第六十四条、第六十五条、第六十六条第一款第一项、第六十七条规定的，还应当收回原机动车驾驶证。

第六十九条 机动车驾驶证遗失的，机动车驾驶人应当向机动车驾驶证核发地或者核发地以外的车辆管理所申请补发。申请时应当确认申请信息，并提交机动车驾驶人的身份证明。符合规定的，车辆管理所应当在一日内补发机动车驾驶证。

机动车驾驶人补领机动车驾驶证后，原机动车驾驶证作废，不得继续使用。

机动车驾驶证被依法扣押、扣留或者暂扣期间，机动车驾驶人不得申请补发。

第七十条 机动车驾驶人向核发地以外的车辆管理所申请办理第六十三条、第六十五条、第六十六条、第六十七条第一款、第六十九条规定的换证、补证业务时，应当同时按照第六十四条规定办理。

第五章 机动车驾驶人管理

第一节 审 验

第七十一条 公安机关交通管理部门对机动车驾驶人的道路交通安全违法行为，除依法给予行政处罚外，实行道路交通安全违法行为累积记分制度，记分周期为 12 个月，满分为 12 分。

机动车驾驶人在一个记分周期内记分达到 12 分的，应当按规定参加学习、考试。

第七十二条 机动车驾驶人应当按照法律、行政法规的规定，定期到公安机关交通管理部门接受审验。

机动车驾驶人按照本规定第六十三条、第六十四条换领机动车驾驶证时，应当接受公安机关交通管理部门的审验。

持有大型客车、重型牵引挂车、城市公交车、中型客车、大型货车驾驶证的驾驶人，应当在每个记分周期结束后三十日内到公安机关交通管理部门接受审验。但在一个记分周期内没有记分记录的，免予本记分周期审验。

持有第三款规定以外准驾车型驾驶证的驾驶人，发生交通事故造成人员死亡承担同等以上责任未被吊销机动车驾驶证的，应当在本记分周期结束后三十日内到公安机关交通管理部门接受审验。

年龄在 70 周岁以上的机动车驾驶人发生责任交通事故造成人员重伤或者死亡的，应当在本记分周期结束后三十日内到公安机关交通管理部门接受审验。

机动车驾驶人可以在机动车驾驶证核发地或者核发地以外的地方参加审验、提交身体条件证明。

第七十三条 机动车驾驶证审验内容包括：

（一）道路交通安全违法行为、交通事故处理情况；

（二）身体条件情况；

（三）道路交通安全违法行为记分及记满 12 分后参加学习和考试情况。

持有大型客车、重型牵引挂车、城市公交车、中型客车、大型货车驾驶证一个记分周期内有记分的，以及持有其他准驾车型驾驶证发生交通事故造成人员死亡承担同等以上责任未被吊销机动车驾驶证的驾驶人，审验时应当参加不少于三小时的道路交通安全法律法规、交通安全文明驾驶、应急处置等知识学习，并接受交通事故案例警示教育。

年龄在 70 周岁以上的机动车驾驶人审验时还应当按照规定进行记忆力、判断力、反应力等能力测试。

对道路交通安全违法行为或者交通事故未处理完毕的、身体条件不符合驾驶许可条件的、未按照规定参加学习、教育和考试的，不予通过审验。

第七十四条 年龄在 70 周岁以上的机动车驾驶人，应当每年进行一次身体检查，在记分周期结束后三十日内，提交医疗机构出具的有关身体条件的证明。

持有残疾人专用小型自动挡载客汽车驾驶证的机动车驾驶人，应当每三年进行一次身体检查，在记分周期结束后三十日内，提交医疗机构出具的有关身体条件的证明。

机动车驾驶人按照本规定第七十二条第三款、第四款规定参加审验时，应当申报身体条件情况。

第七十五条 机动车驾驶人因服兵役、出国（境）等原因，无法在规定时间内办理驾驶证期满换证、审验、提交身体条件证明的，可以在驾驶证有效期内或者有效期届满一年内向机动车驾驶证核发地车辆管理所申请延期办理。申请时应当确认申请信息，并提交机动车驾驶人的身份证明。

延期期限最长不超过三年。延期期间机动车驾驶人不得驾驶机动车。

第二节 监督管理

第七十六条 机动车驾驶人初次取得汽车类准驾车型或者初次取得摩托车类准驾车型后的12个月为实习期。

在实习期内驾驶机动车的，应当在车身后部粘贴或者悬挂统一式样的实习标志（附件3）。

第七十七条 机动车驾驶人在实习期内不得驾驶公共汽车、营运客车或者执行任务的警车、消防车、救护车、工程救险车以及载有爆炸物品、易燃易爆化学物品、剧毒或者放射性等危险物品的机动车；驾驶的机动车不得牵引挂车。

驾驶人在实习期内驾驶机动车上高速公路行驶，应当由持相应或者包含其准驾车型驾驶证三年以上的驾驶人陪同。其中，驾驶残疾人专用小型自动挡载客汽车的，可以由持有小型自动挡载客汽车以上准驾车型驾驶证的驾驶人陪同。

在增加准驾车型后的实习期内，驾驶原准驾车型的机动车时不受上述限制。

第七十八条 持有准驾车型为残疾人专用小型自动挡载客汽车的机动车驾驶人驾驶机动车时，应当按规定在车身设置残疾人机动车专用标志（附件4）。

有听力障碍的机动车驾驶人驾驶机动车时，应当佩戴助听设备。有视力矫正的机动车驾驶人驾驶机动车时，应当佩戴眼镜。

第七十九条 机动车驾驶人有下列情形之一的，车辆管理所应当注销其机动车驾驶证：

（一）死亡的；

（二）提出注销申请的；

（三）丧失民事行为能力，监护人提出注销申请的；

（四）身体条件不适合驾驶机动车的；

（五）有器质性心脏病、癫痫病、美尼尔氏症、眩晕症、癔病、震颤麻痹、精神病、痴呆以及影响肢体活动的神经系统疾病等妨碍安全驾驶疾病的；

（六）被查获有吸食、注射毒品后驾驶机动车行为，依法被责令社区戒毒、社区康复或者决定强制隔离戒毒，或者长期服用依赖性精神药品成瘾尚未戒除的；

（七）代替他人参加机动车驾驶人考试的；

（八）超过机动车驾驶证有效期一年以上未换证的；

（九）年龄在70周岁以上，在一个记分周期结束后一年内未提交身体条件证明的；或者持有残疾人专用小型自动挡载客汽车准驾车型，在三个记分周期结束后一年内未提交身体条件证明的；

（十）年龄在63周岁以上，所持机动车驾驶证只具有轮式专用机械车、无轨电车或者有轨电车准驾车型，且未经车辆管理所核准延期申请的，或者年龄在70周岁以上，所持机动车驾驶证只具有低速载货汽车、三轮汽车准驾车型的；

（十一）机动车驾驶证依法被吊销或者驾驶许可依法被撤销的。

有第一款第二项至第十一项情形之一，未收回机动车驾驶证的，应当公告机动车驾驶证作废。

有第一款第八项情形被注销机动车驾驶证未超过二年的，机动车驾驶人参加道路交通安全法律、法规和相关知识考试合格后，可以恢复驾驶资格。申请人可以向机动车驾驶证核发地或者核发地以外的车辆管理所申请。

有第一款第九项情形被注销机动车驾驶证，机动车驾驶证在有效期内或者超过有效期不满一年的，机动车驾驶人提交身体条件证明后，可以恢复驾驶资格。申请人可以向机动车驾驶证核发地或者核发地以外的车辆管理所申请。

有第一款第二项至第九项情形之一，按照第二十七条规定申请机动车驾驶证，有道路交通安全违法行为或者交通事故未处理记录的，应当将道路交通安全违法行为、交通事故处理完毕。

第八十条 机动车驾驶人在实习期内发生的道路交通安全违法行为被记满12分的，注销其实习的准驾车型驾驶资格。

第八十一条 机动车驾驶人联系电话、联系地址等信息发生变化的，应当在信息变更后三十日内，向驾驶证核发地车辆管理所备案。

持有大型客车、重型牵引挂车、城市公交车、中型客车、大型货车驾驶证的驾驶人从业单位等信息发生变化的，应当在信息变更后三十日内，向从业单位所在地车辆管理所备案。

第八十二条 道路运输企业应当定期将聘用的机动车驾驶人向所在地公安机关交通管理部门备案，督促及时处理道路交通安全违法行为、交通事故和参加机动车驾驶证审验。

公安机关交通管理部门应当每月向辖区内交通运输主管部门、运输企业通报机动车驾驶人的道路交通安全违法行为、记分和交通事故等情况。

第八十三条 车辆管理所在办理驾驶证核发及相关业务过程中发现存在以下情形的，应当及时开展调查：

（一）涉嫌提交虚假申请材料的；

（二）涉嫌在考试过程中有贿赂、舞弊行为的；

（三）涉嫌以欺骗、贿赂等不正当手段取得机动车驾驶证的；

（四）涉嫌使用伪造、变造的机动车驾驶证的；

（五）存在短期内频繁补换领、转出转入驾驶证等异常情形的；

（六）存在其他违法违规情形的。

车辆管理所发现申请人通过互联网办理驾驶证补证、换证等业务存在前款规定嫌疑情形的，应当转为现场办理，当场审查申请材料，及时开展调查。

第八十四条 车辆管理所开展调查时，可以通知申请人协助调查，询问嫌疑情况，记录调查内容，并可以采取实地检查、调取档案、调取考试视频监控等方式进行核查。

对经调查发现涉及行政案件或者刑事案件的，应当依法采取必要的强制措施或者其他处置措施，移交有管辖权的公安机关按照《公安机关办理行政案件程序规定》《公安机关办理刑事案件程序规定》等规定办理。

第八十五条 办理残疾人专用小型自动挡载客汽车驾驶证业务时，提交的身体条件证明应当由经省级卫生健康行政部门认定的专门医疗机构出具。办理其他机动车驾驶证业务时，提交的身体条件证明应当由县级、部队团级以上医疗机构，或者经地市级以上卫生健康行政部门认定的具有健康体检资质的二级以上医院、乡镇卫生院、社区卫生服务中心、健康体检中心等医疗机构出具。

身体条件证明自出具之日起六个月内有效。

公安机关交通管理部门应当会同卫生健康行政部门在办公场所和互联网公示辖区内可以出具有关身体条件证明的医疗机构名称、地址及联系方式。

第八十六条 医疗机构出具虚假身体条件证明的，公安机关交通管理部门应当停止认可该医疗机构出具的证明，并通报卫生健康行政部门。

第三节 校车驾驶人管理

第八十七条 校车驾驶人应当依法取得校车驾驶资格。

取得校车驾驶资格应当符合下列条件：

（一）取得相应准驾车型驾驶证并具有三年以上驾驶经历，年龄符合国家校车驾驶资格条件；

（二）最近连续三个记分周期内没有被记满12分记录；

（三）无致人死亡或者重伤的交通事故责任记录；

（四）无酒后驾驶或者醉酒驾驶机动车记录，最近一年内无驾驶客运车辆超员、超速等严重道路交通安全违法行为记录；

（五）无犯罪记录；

（六）身心健康，无传染性疾病，无癫痫病、精神病等可能危及行车安全的疾病病史，无酗酒、吸毒行为记录。

第八十八条 机动车驾驶人申请取得校车驾驶资格，应当向县级或者设区的市级公安机关交通管理部门提出申请，确认申请信息，并提交以下证明、凭证：

（一）申请人的身份证明；

（二）机动车驾驶证；

（三）医疗机构出具的有关身体条件的证明。

第八十九条 公安机关交通管理部门自受理申请之日起五日内审查提交的证明、凭证，并向所在地县级公安机关核查，确认申请人无犯罪、吸毒行为记录。对符合条件的，在机动车驾驶证上签注准许驾驶校车及相应车型，并通报教育行政部门；不符合条件的，应当书面说明理由。

第九十条 校车驾驶人应当在每个记分周期结束后三十日内到公安机关交通管理部门接受审验。审验时，应当提交医疗机构出具的有关身体条件的证明，参加不少于三小时的道路交通安全法律法规、交通安全文明驾驶、应急处置等知识学习，并接受交通事故案例警示教育。

第九十一条 公安机关交通管理部门应当与教育行政部门和学校建立校车驾驶人的信息交换机制，每月通报校车驾驶人的交通违法、交通事故和审验等情况。

第九十二条 校车驾驶人有下列情形之一的，公安机关交通管理部门应当注销其校车驾驶资格，通知机动车驾驶人换领机动车驾驶证，并通报教育行政部门和学校：

（一）提出注销申请的；

（二）年龄超过国家校车驾驶资格条件的；

（三）在致人死亡或者重伤的交通事故负有责任的；

（四）有酒后驾驶或者醉酒驾驶机动车，以及驾驶客运车辆超员、超速等严重道路交通安全违法行为的；

（五）有记满12分或者犯罪记录的；

（六）有传染性疾病，癫痫病、精神病等可能危及行车安全的疾病，有酗酒、吸毒行为记录的。

未收回签注校车驾驶许可的机动车驾驶证的，应当公告其校车驾驶资格作废。

第六章 法律责任

第九十三条 申请人隐瞒有关情况或者提供虚假材料申领机动车驾驶证的，公安机关交通管理部门不予受理或者不予办理，处五百元以下罚款；申请人在一年内不得再次申领机动车驾驶证。

申请人在考试过程中有贿赂、舞弊行为的，取消考试资格，已经通过考试的其他科目成绩无效，公安机关交通管理部门处二千元以下罚款；申请人在一年内不得再次申领机动车驾驶证。

申请人以欺骗、贿赂等不正当手段取得机动车驾驶证的，公安机关交通管理部门收缴机动车驾驶证，撤销机动车驾驶许可，处二千元以下罚款；申请人在三年内不得再次申领机动车驾驶证。

组织、参与实施前三款行为之一牟取经济利益的，由公安机关交通管理部门处违法所得三倍以上五倍以下罚款，但最高不超过十万元。

申请人隐瞒有关情况或者提供虚假材料申请校车驾驶资格的，公安机关交通管理部门不予受理或者不予办理，处五百元以下罚款；申请人在一年内不得再次申请校车驾驶资格。申请人以欺骗、贿赂等不正当手段取得校车驾驶资格的，公安机关交通管理部门撤销校车驾驶资格，处二千元以下罚款；申请人在三年内不得再次申请校车驾驶资格。

第九十四条 申请人在教练员或者学车专用标识签注的指导人员随车指导下，使用符合规定的机动车学习驾驶中有道路交通安全违法行为或者发生交通事故的，按照《道路交通安全法实施条例》第二十条规定，由教练员或者随车指导人员承担责任。

第九十五条 申请人在道路上学习驾驶时，有下列情形之一的，由公安机关交通管理部门对教练员或者随车指导人员处二十元以上二百元以下罚款：

（一）未按照公安机关交通管理部门指定的路线、时间进行的；

（二）未按照本规定第四十二条规定放置、粘贴学车专用标识的。

第九十六条 申请人在道路上学习驾驶时，有下列情形之一的，由公安机关交通管理部门对教练员或者随车指导人员处二百元以上五百元以下罚款：

（一）未使用符合规定的机动车的；

（二）自学用车搭载随车指导人员以外的其他人员的。

第九十七条 申请人在道路上学习驾驶时，有下列情形之一的，由公安机关交通管理部门按照《道路交通安全法》第九十九条第一款第一项规定予以处罚：

（一）未取得学习驾驶证明的；

（二）没有教练员或者随车指导人员的；

（三）由不符合规定的人员随车指导的。

将机动车交由有前款规定情形之一的申请人驾驶的，由公安机关交通管理部门按照《道路交通安全法》第九十九条第一款第二项规定予以处罚。

第九十八条 机动车驾驶人有下列行为之一的，由公安机关交通管理部门处二十元以上二百元以下罚款：

（一）机动车驾驶人补换领机动车驾驶证

后，继续使用原机动车驾驶证的；

（二）在实习期内驾驶机动车不符合第七十七条规定的；

（三）持有大型客车、重型牵引挂车、城市公交车、中型客车、大型货车驾驶证的驾驶人，未按照第八十一条规定申报变更信息的。

有第一款第一项规定情形的，由公安机关交通管理部门收回原机动车驾驶证。

第九十九条 机动车驾驶人有下列行为之一的，由公安机关交通管理部门处二百元以上五百元以下罚款：

（一）机动车驾驶证被依法扣押、扣留或者暂扣期间，采用隐瞒、欺骗手段补领机动车驾驶证的；

（二）机动车驾驶人身体条件发生变化不适合驾驶机动车，仍驾驶机动车的；

（三）逾期不参加审验仍驾驶机动车的。

有第一款第一项、第二项规定情形之一的，由公安机关交通管理部门收回机动车驾驶证。

第一百条 机动车驾驶人参加审验教育时在签注学习记录、学习过程中弄虚作假的，相应学习记录无效，重新参加审验学习，由公安机关交通管理部门处一千元以下罚款。

代替实际机动车驾驶人参加审验教育的，由公安机关交通管理部门处二千元以下罚款。

组织他人实施前两款行为之一，有违法所得的，由公安机关交通管理部门处违法所得三倍以下罚款，但最高不超过二万元；没有违法所得的，由公安机关交通管理部门处二万元以下罚款。

第一百零一条 省、自治区、直辖市公安厅、局可以根据本地区的实际情况，在本规定的处罚幅度范围内，制定具体的执行标准。

对本规定的道路交通安全违法行为的处理程序按照《道路交通安全违法行为处理程序规定》执行。

第一百零二条 公安机关交通管理部门及其交通警察、警务辅助人员办理机动车驾驶证业务、开展机动车驾驶人考试工作，应当接受监察机关、公安机关督察审计部门等依法实施的监督。

公安机关交通管理部门及其交通警察、警务辅助人员办理机动车驾驶证业务、开展机动车驾驶人考试工作，应当自觉接受社会和公民的监督。

第一百零三条 交通警察有下列情形之一的，按照有关规定给予处分；聘用人员有下列情形之一的予以解聘。构成犯罪的，依法追究刑事责任：

（一）为不符合机动车驾驶许可条件、未经考试、考试不合格人员签注合格考试成绩或者核发机动车驾驶证的；

（二）减少考试项目、降低评判标准或者参与、协助、纵容考试作弊的；

（三）为不符合规定的申请人发放学习驾驶证明、学车专用标识的；

（四）与非法中介串通牟取经济利益的；

（五）违反规定侵入机动车驾驶证管理系统，泄漏、篡改、买卖系统数据，或者泄漏系统密码的；

（六）违反规定向他人出售或者提供机动车驾驶证信息的；

（七）参与或者变相参与驾驶培训机构、社会考场、考试设备生产销售企业经营活动的；

（八）利用职务上的便利索取、收受他人财物或者牟取其他利益的。

交通警察未按照第五十三条第一款规定使用执法记录仪的，根据情节轻重，按照有关规定给予处分。

公安机关交通管理部门有第一款所列行为之一的，按照有关规定对直接负责的主管人员和其他直接责任人员给予相应的处分。

第七章 附 则

第一百零四条 国家之间对机动车驾驶证有互相认可协议的，按照协议办理。

国家之间签订有关协定涉及机动车驾驶证的，按照协定执行。

第一百零五条 机动车驾驶人可以委托代理人代理换证、补证、提交身体条件证明、提交审验材料、延期办理和注销业务。代理人申请机动车驾驶证业务时，应当提交代理人的身份证明和机动车驾驶人的委托书。

第一百零六条 公安机关交通管理部门应当实行驾驶人考试、驾驶证管理档案电子化。机动车驾驶证电子档案与纸质档案具有同等效力。

第一百零七条 机动车驾驶证、临时机动车驾驶许可和学习驾驶证明的式样由公安部统一制定并监制。

机动车驾驶证、临时机动车驾驶许可和学习驾驶证明的制作应当按照中华人民共和国公共安全行业标准《中华人民共和国机动车驾驶证件》执行。

第一百零八条 拖拉机驾驶证的申领和使用另行规定。拖拉机驾驶证式样、规格应当符合中华人民共和国公共安全行业标准《中华人民共和国机动车驾驶证件》的规定。

第一百零九条 本规定下列用语的含义：

（一）身份证明是指：

1. 居民的身份证明，是居民身份证或者临时居民身份证；

2. 现役军人（含武警）的身份证明，是居民身份证或者临时居民身份证。在未办理居民身份证前，是军队有关部门核发的军官证、文职干部证、士兵证、离休证、退休证等有效军人身份证件，以及其所在的团级以上单位出具的部队驻地住址证明；

3. 香港、澳门特别行政区居民的身份证明，是港澳居民居住证；或者是其所持有的港澳居民来往内地通行证或者外交部核发的中华人民共和国旅行证，以及公安机关出具的住宿登记证明；

4. 台湾地区居民的身份证明，是台湾居民居住证；或者是其所持有的公安机关核发的五年有效的台湾居民来往大陆通行证或者外交部核发的中华人民共和国旅行证，以及公安机关出具的住宿登记证明；

5. 定居国外的中国公民的身份证明，是中华人民共和国护照和公安机关出具的住宿登记证明；

6. 外国人的身份证明，是其所持有的有效护照或者其他国际旅行证件，停居留期三个月以上的有效签证或者停留、居留许可，以及公安机关出具的住宿登记证明；或者是外国人永久居留身份证；

7. 外国驻华使馆、领馆人员、国际组织驻华代表机构人员的身份证明，是外交部核发的有效身份证件。

（二）住址是指：

1. 居民的住址，是居民身份证或者临时居民身份证记载的住址；

2. 现役军人（含武警）的住址，是居民身份证或者临时居民身份证记载的住址。在未办理居民身份证前，是其所在的团级以上单位出具的部队驻地住址；

3. 境外人员的住址，是公安机关出具的住宿登记证明记载的地址；

4. 外国驻华使馆、领馆人员及国际组织驻华代表机构人员的住址，是外交部核发的有效身份证件记载的地址。

（三）境外机动车驾驶证是指外国、香港、澳门特别行政区、台湾地区核发的具有单独驾驶资格的正式机动车驾驶证，不包括学习驾驶证、临时驾驶证、实习驾驶证。

（四）汽车类驾驶证是指大型客车、重型牵引挂车、城市公交车、中型客车、大型货车、小型汽车、小型自动挡汽车、低速载货汽车、三轮汽车、残疾人专用小型自动挡汽车、轻型牵引挂车、轮式专用机械车、无轨电车、有轨电车准驾车型驾驶证。摩托车类驾驶证是指普通三轮摩托车、普通二轮摩托车、轻便摩托车准驾车型驾驶证。

第一百一十条 本规定所称“一日”、“三日”、“五日”，是指工作日，不包括节假日。

本规定所称“以上”、“以下”，包括本数。

第一百一十一条 本规定自2022年4月1日起施行。2012年9月12日发布的《机动车驾驶证申领和使用规定》（公安部令第123号）和2016年1月29日发布的《公安部关于修改〈机动车驾驶证申领和使用规定〉的决定》（公安部令第139号）同时废止。本规定生效后，公安部以前制定的规定与本规定不一致的，以本规定为准。

5. 道路管理

收费公路管理条例

（2004年8月18日国务院第61次常务会议通过　2004年9月13日中华人民共和国国务院令第417号公布　自2004年11月1日起施行）

第一章　总　则

第一条　为了加强对收费公路的管理，规范公路收费行为，维护收费公路的经营管理者和使用者的合法权益，促进公路事业的发展，根据《中华人民共和国公路法》（以下简称公路法），制定本条例。

第二条　本条例所称收费公路，是指符合公路法和本条例规定，经批准依法收取车辆通行费的公路（含桥梁和隧道）。

第三条　各级人民政府应当采取积极措施，支持、促进公路事业的发展。公路发展应当坚持非收费公路为主，适当发展收费公路。

第四条　全部由政府投资或者社会组织、个人捐资建设的公路，不得收取车辆通行费。

第五条　任何单位或者个人不得违反公路法和本条例的规定，在公路上设站（卡）收取车辆通行费。

第六条　对在公路上非法设立收费站（卡）收取车辆通行费的，任何单位和个人都有权拒绝交纳。

任何单位或者个人对在公路上非法设立收费站（卡）、非法收取或者使用车辆通行费、非法转让收费公路权益或者非法延长收费期限等行为，都有权向交通、价格、财政等部门举报。收到举报的部门应当按照职责分工依法及时查处；无权查处的，应当及时移送有权查处的部门。受理的部门必须自收到举报或者移送材料之日起10日内进行查处。

第七条　收费公路的经营管理者，经依法批准有权向通行收费公路的车辆收取车辆通行费。

军队车辆、武警部队车辆，公安机关在辖区内收费公路上处理交通事故、执行正常巡逻任务和处置突发事件的统一标志的制式警车，以及经国务院交通主管部门或者省、自治区、直辖市人民政府批准执行抢险救灾任务的车辆，免交车辆通行费。

进行跨区作业的联合收割机、运输联合收割机（包括插秧机）的车辆，免交车辆通行费。联合收割机不得在高速公路上通行。

第八条　任何单位或者个人不得以任何形式非法干预收费公路的经营管理，挤占、挪用收费公路经营管理者依法收取的车辆通行费。

第二章　收费公路建设和收费站的设置

第九条　建设收费公路，应当符合国家和省、自治区、直辖市公路发展规划，符合本条例规定的收费公路的技术等级和规模。

第十条　县级以上地方人民政府交通主管部门利用贷款或者向企业、个人有偿集资建设的公路（以下简称政府还贷公路），国内外经济组织投资建设或者依照公路法的规定受让政府还贷公路收费权的公路（以下简称经营性公路），经依法批准后，方可收取车辆通行费。

第十一条　建设和管理政府还贷公路，应当按照政事分开的原则，依法设立专门的不以营利为目的的法人组织。

省、自治区、直辖市人民政府交通主管部门对本行政区域内的政府还贷公路，可以实行统一管理、统一贷款、统一还款。

经营性公路建设项目应当向社会公布，采用招标投标方式选择投资者。

经营性公路由依法成立的公路企业法人建设、经营和管理。

第十二条 收费公路收费站的设置，由省、自治区、直辖市人民政府按照下列规定审查批准：

（一）高速公路以及其他封闭式的收费公路，除两端出入口外，不得在主线上设置收费站。但是，省、自治区、直辖市之间确需设置收费站的除外。

（二）非封闭式的收费公路的同一主线上，相邻收费站的间距不得少于 50 公里。

第十三条 高速公路以及其他封闭式的收费公路，应当实行计算机联网收费，减少收费站点，提高通行效率。联网收费的具体办法由国务院交通主管部门会同国务院有关部门制定。

第十四条 收费公路的收费期限，由省、自治区、直辖市人民政府按照下列标准审查批准：

（一）政府还贷公路的收费期限，按照用收费偿还贷款、偿还有偿集资款的原则确定，最长不得超过 15 年。国家确定的中西部省、自治区、直辖市的政府还贷公路收费期限，最长不得超过 20 年。

（二）经营性公路的收费期限，按照收回投资并有合理回报的原则确定，最长不得超过 25 年。国家确定的中西部省、自治区、直辖市的经营性公路收费期限，最长不得超过 30 年。

第十五条 车辆通行费的收费标准，应当依照价格法律、行政法规的规定进行听证，并按照下列程序审查批准：

（一）政府还贷公路的收费标准，由省、自治区、直辖市人民政府交通主管部门会同同级价格主管部门、财政部门审核后，报本级人民政府审查批准。

（二）经营性公路的收费标准，由省、自治区、直辖市人民政府交通主管部门会同同级价格主管部门审核后，报本级人民政府审查批准。

第十六条 车辆通行费的收费标准，应当根据公路的技术等级、投资总额、当地物价指数、偿还贷款或者有偿集资款的期限和收回投资的期限以及交通量等因素计算确定。对在国家规定的绿色通道上运输鲜活农产品的车辆，可以适当降低车辆通行费的收费标准或者免交车辆通行费。

修建与收费公路经营管理无关的设施、超标准修建的收费公路经营管理设施和服务设施，其费用不得作为确定收费标准的因素。

车辆通行费的收费标准需要调整的，应当依照本条例第十五条规定的程序办理。

第十七条 依照本条例规定的程序审查批准的收费公路收费站、收费期限、车辆通行费收费标准或者收费标准的调整方案，审批机关应当自审查批准之日起 10 日内将有关文件向国务院交通主管部门和国务院价格主管部门备案；其中属于政府还贷公路的，还应当自审查批准之日起 10 日内向国务院财政部门备案。

第十八条 建设收费公路，应当符合下列技术等级和规模：

（一）高速公路连续里程 30 公里以上。但是，城市市区至本地机场的高速公路除外。

（二）一级公路连续里程 50 公里以上。

（三）二车道的独立桥梁、隧道，长度 800 米以上；四车道的独立桥梁、隧道，长度 500 米以上。

技术等级为二级以下（含二级）的公路不得收费。但是，在国家确定的中西部省、自治区、直辖市建设的二级公路，其连续里程 60 公里以上的，经依法批准，可以收取车辆通行费。

第三章 收费公路权益的转让

第十九条 依照本条例的规定转让收费公路权益的，应当向社会公布，采用招标投标的方式，公平、公正、公开地选择经营管理者，并依法订立转让协议。

第二十条 收费公路的权益，包括收费权、广告经营权、服务设施经营权。

转让收费公路权益的，应当依法保护投资者的合法利益。

第二十一条 转让政府还贷公路权益中的收费权，可以申请延长收费期限，但延长的期限不得超过 5 年。

转让经营性公路权益中的收费权，不得延长收费期限。

第二十二条 有下列情形之一的，收费公路权益中的收费权不得转让：

（一）长度小于1000米的二车道独立桥梁和隧道；

（二）二级公路；

（三）收费时间已超过批准收费期限2/3。

第二十三条 转让政府还贷公路权益的收入，必须缴入国库，除用于偿还贷款和有偿集资款外，必须用于公路建设。

第二十四条 收费公路权益转让的具体办法，由国务院交通主管部门会同国务院发展改革部门和财政部门制定。

第四章 收费公路的经营管理

第二十五条 收费公路建成后，应当按照国家有关规定进行验收；验收合格的，方可收取车辆通行费。

收费公路不得边建设边收费。

第二十六条 收费公路经营管理者应当按照国家规定的标准和规范，对收费公路及沿线设施进行日常检查、维护，保证收费公路处于良好的技术状态，为通行车辆及人员提供优质服务。

收费公路的养护应当严格按照工期施工、竣工，不得拖延工期，不得影响车辆安全通行。

第二十七条 收费公路经营管理者应当在收费站的显著位置，设置载有收费站名称、审批机关、收费单位、收费标准、收费起止年限和监督电话等内容的公告牌，接受社会监督。

第二十八条 收费公路经营管理者应当按照国家规定的标准，结合公路交通状况、沿线设施等情况，设置交通标志、标线。

交通标志、标线必须清晰、准确、易于识别。重要的通行信息应当重复提示。

第二十九条 收费道口的设置，应当符合车辆行驶安全的要求；收费道口的数量，应当符合车辆快速通过的需要，不得造成车辆堵塞。

第三十条 收费站工作人员的配备，应当与收费道口的数量、车流量相适应，不得随意增加人员。

收费公路经营管理者应当加强对收费站工作人员的业务培训和职业道德教育，收费人员应当做到文明礼貌，规范服务。

第三十一条 遇有公路损坏、施工或者发生交通事故等影响车辆正常安全行驶的情形时，收费公路经营管理者应当在现场设置安全防护设施，并在收费公路出入口进行限速、警示提示，或者利用收费公路沿线可变信息板等设施予以公告；造成交通堵塞时，应当及时报告有关部门并协助疏导交通。

遇有公路严重损毁、恶劣气象条件或者重大交通事故等严重影响车辆安全通行的情形时，公安机关应当根据情况，依法采取限速通行、关闭公路等交通管制措施。收费公路经营管理者应当积极配合公安机关，及时将有关交通管制的信息向通行车辆进行提示。

第三十二条 收费公路经营管理者收取车辆通行费，必须向收费公路使用者开具收费票据。政府还贷公路的收费票据，由省、自治区、直辖市人民政府财政部门统一印（监）制。经营性公路的收费票据，由省、自治区、直辖市人民政府税务部门统一印（监）制。

第三十三条 收费公路经营管理者对依法应当交纳而拒交、逃交、少交车辆通行费的车辆，有权拒绝其通行，并要求其补交应交纳的车辆通行费。

任何人不得为拒交、逃交、少交车辆通行费而故意堵塞收费道口、强行冲卡、殴打收费公路管理人员、破坏收费设施或者从事其他扰乱收费公路经营管理秩序的活动。

发生前款规定的扰乱收费公路经营管理秩序行为时，收费公路经营管理者应当及时报告公安机关，由公安机关依法予以处理。

第三十四条 在收费公路上行驶的车辆不得超载。

发现车辆超载时，收费公路经营管理者应当及时报告公安机关，由公安机关依法予以处理。

第三十五条 收费公路经营管理者不得有下列行为：

（一）擅自提高车辆通行费收费标准；

（二）在车辆通行费收费标准之外加收或者代收任何其他费用；

（三）强行收取或者以其他不正当手段按车辆收取某一期间的车辆通行费；

（四）不开具收费票据，开具未经省、自治区、直辖市人民政府财政、税务部门统一印（监）制的收费票据或者开具已经过期失效的收费票据。

有前款所列行为之一的，通行车辆有权拒绝交纳车辆通行费。

第三十六条 政府还贷公路的管理者收取的车辆通行费收入，应当全部存入财政专户，严格实行收支两条线管理。

政府还贷公路的车辆通行费，除必要的管理、养护费用从财政部门批准的车辆通行费预算中列支外，必须全部用于偿还贷款和有偿集资款，不得挪作他用。

第三十七条 收费公路的收费期限届满，必须终止收费。

政府还贷公路在批准的收费期限届满前已经还清贷款、还清有偿集资款的，必须终止收费。

依照本条前两款的规定，收费公路终止收费的，有关省、自治区、直辖市人民政府应当向社会公告，明确规定终止收费的日期，接受社会监督。

第三十八条 收费公路终止收费前 6 个月，省、自治区、直辖市人民政府交通主管部门应当对收费公路进行鉴定和验收。经鉴定和验收，公路符合取得收费公路权益时核定的技术等级和标准的，收费公路经营管理者方可按照国家有关规定向交通主管部门办理公路移交手续；不符合取得收费公路权益时核定的技术等级和标准的，收费公路经营管理者应当在交通主管部门确定的期限内进行养护，达到要求后，方可按照规定办理公路移交手续。

第三十九条 收费公路终止收费后，收费公路经营管理者应当自终止收费之日起 15 日内拆除收费设施。

第四十条 任何单位或者个人不得通过封堵非收费公路或者在非收费公路上设卡收费等方式，强迫车辆通行收费公路。

第四十一条 收费公路经营管理者应当按照国务院交通主管部门和省、自治区、直辖市人民政府交通主管部门的要求，及时提供统计资料和有关情况。

第四十二条 收费公路的养护、绿化和公路用地范围内的水土保持及路政管理，依照公路法的有关规定执行。

第四十三条 国务院交通主管部门和省、自治区、直辖市人民政府交通主管部门应当对收费公路实施监督检查，督促收费公路经营管理者依法履行公路养护、绿化和公路用地范围内的水土保持义务。

第四十四条 审计机关应当依法加强收费公路的审计监督，对违法行为依法进行查处。

第四十五条 行政执法机关依法对收费公路实施监督检查时，不得向收费公路经营管理者收取任何费用。

第四十六条 省、自治区、直辖市人民政府应当将本行政区域内收费公路及收费站名称、收费单位、收费标准、收费期限等信息向社会公布，接受社会监督。

第五章 法律责任

第四十七条 违反本条例的规定，擅自批准收费公路建设、收费站、收费期限、车辆通行费收费标准或者收费公路权益转让的，由省、自治区、直辖市人民政府责令改正；对负有责任的主管人员和其他直接责任人员依法给予记大过直至开除的行政处分；构成犯罪的，依法追究刑事责任。

第四十八条 违反本条例的规定，地方人民政府或者有关部门及其工作人员非法干预收费公路经营管理，或者挤占、挪用收费公路经营管理者收取的车辆通行费的，由上级人民政府或者有关部门责令停止非法干预，退回挤占、挪用的车辆通行费；对负有责任的主管人员和其他直接责任人员依法给予记大过直至开除的行政处分；构成犯罪的，依法追究刑事责任。

第四十九条 违反本条例的规定，擅自在公路上设立收费站（卡）收取车辆通行费或者应当终止收费而不终止的，由国务院交通主管部门或者省、自治区、直辖市人民政府交通主管部门依据职权，责令改正，强制拆除收费设施；有违法所得的，没收违法所得，并处违法所得 2 倍以上 5 倍以下的罚款；没有违法所得的，处 1 万元以上 5 万元以下的罚款；负有责任的主管人员和其他直接责任人员属于国家工作人员的，依法给予记大过直至开除的行政处分。

第五十条 违反本条例的规定，有下列情形之一的，由国务院交通主管部门或者省、自治区、直辖市人民政府交通主管部门依据职权，责令改正，并根据情节轻重，处 5 万元以上 20 万元以下的罚款：

（一）收费站的设置不符合标准或者擅自变更收费站位置的；

（二）未按照国家规定的标准和规范对收费公路及沿线设施进行日常检查、维护的；

（三）未按照国家有关规定合理设置交通标志、标线的；

（四）道口设置不符合车辆行驶安全要求或者道口数量不符合车辆快速通过需要的；

（五）遇有公路损坏、施工或者发生交通事故等影响车辆正常安全行驶的情形，未按照规定设置安全防护设施或者未进行提示、公告，或者遇有交通堵塞不及时疏导交通的；

（六）应当公布有关限速通行或者关闭收费公路的信息而未及时公布的。

第五十一条 违反本条例的规定，收费公路经营管理者收费时不开具票据，开具未经省、自治区、直辖市人民政府财政、税务部门统一印（监）制的票据，或者开具已经过期失效的票据的，由财政部门或者税务部门责令改正，并根据情节轻重，处10万元以上50万元以下的罚款；负有责任的主管人员和其他直接责任人员属于国家工作人员的，依法给予记大过直至开除的行政处分；构成犯罪的，依法追究刑事责任。

第五十二条 违反本条例的规定，政府还贷公路的管理者未将车辆通行费足额存入财政专户或者未将转让政府还贷公路权益的收入全额缴入国库的，由财政部门予以追缴、补齐；对负有责任的主管人员和其他直接责任人员，依法给予记过直至开除的行政处分。

违反本条例的规定，财政部门未将政府还贷公路的车辆通行费或者转让政府还贷公路权益的收入用于偿还贷款、偿还有偿集资款，或者将车辆通行费、转让政府还贷公路权益的收入挪作他用的，由本级人民政府责令偿还贷款、偿还有偿集资款，或者责令退还挪用的车辆通行费和转让政府还贷公路权益的收入；对负有责任的主管人员和其他直接责任人员，依法给予记过直至开除的行政处分；构成犯罪的，依法追究刑事责任。

第五十三条 违反本条例的规定，收费公路终止收费后，收费公路经营管理者不及时拆除收费设施的，由省、自治区、直辖市人民政府交通主管部门责令限期拆除；逾期不拆除的，强制拆除，拆除费用由原收费公路经营管理者承担。

第五十四条 违反本条例的规定，收费公路经营管理者未按照国务院交通主管部门规定的技术规范和操作规程进行收费公路养护的，由省、自治区、直辖市人民政府交通主管部门责令改正；拒不改正的，责令停止收费。责令停止收费后30日内仍未履行公路养护义务的，由省、自治区、直辖市人民政府交通主管部门指定其他单位进行养护，养护费用由原收费公路经营管理者承担。拒不承担的，由省、自治区、直辖市人民政府交通主管部门申请人民法院强制执行。

第五十五条 违反本条例的规定，收费公路经营管理者未履行公路绿化和水土保持义务的，由省、自治区、直辖市人民政府交通主管部门责令改正，并可以对原收费公路经营管理者处履行绿化、水土保持义务所需费用1倍至2倍的罚款。

第五十六条 国务院价格主管部门或者县级以上地方人民政府价格主管部门对违反本条例的价格违法行为，应当依据价格管理的法律、法规和规章的规定予以处罚。

第五十七条 违反本条例的规定，为拒交、逃交、少交车辆通行费而故意堵塞收费道口、强行冲卡、殴打收费公路管理人员、破坏收费设施或者从事其他扰乱收费公路经营管理秩序活动，构成违反治安管理行为的，由公安机关依法予以处罚；构成犯罪的，依法追究刑事责任；给收费公路经营管理者造成损失或者造成人身损害的，依法承担民事赔偿责任。

第五十八条 违反本条例的规定，假冒军队车辆、武警部队车辆、公安机关统一标志的制式警车和抢险救灾车辆逃交车辆通行费的，由有关机关依法予以处理。

第六章 附 则

第五十九条 本条例施行前在建的和已投入运行的收费公路，由国务院交通主管部门会同国务院发展改革部门和财政部门依照本条例规定的原则进行规范。具体办法由国务院交通主管部门制定。

第六十条 本条例自2004年11月1日起施行。

城市道路管理条例

（1996年6月4日中华人民共和国国务院令第198号发布　根据2011年1月8日《国务院关于废止和修改部分行政法规的决定》第一次修订　根据2017年3月1日《国务院关于修改和废止部分行政法规的决定》第二次修订　根据2019年3月24日《国务院关于修改部分行政法规的决定》第三次修订）

第一章　总　则

第一条　为了加强城市道路管理，保障城市道路完好，充分发挥城市道路功能，促进城市经济和社会发展，制定本条例。

第二条　本条例所称城市道路，是指城市供车辆、行人通行的，具备一定技术条件的道路、桥梁及其附属设施。

第三条　本条例适用于城市道路规划、建设、养护、维修和路政管理。

第四条　城市道路管理实行统一规划、配套建设、协调发展和建设、养护、管理并重的原则。

第五条　国家鼓励和支持城市道路科学技术研究，推广先进技术，提高城市道路管理的科学技术水平。

第六条　国务院建设行政主管部门主管全国城市道路管理工作。

省、自治区人民政府城市建设行政主管部门主管本行政区域内的城市道路管理工作。

县级以上城市人民政府市政工程行政主管部门主管本行政区域内的城市道路管理工作。

第二章　规划和建设

第七条　县级以上城市人民政府应当组织市政工程、城市规划、公安交通等部门，根据城市总体规划编制城市道路发展规划。

市政工程行政主管部门应当根据城市道路发展规划，制定城市道路年度建设计划，经城市人民政府批准后实施。

第八条　城市道路建设资金可以按照国家有关规定，采取政府投资、集资、国内外贷款、国有土地有偿使用收入、发行债券等多种渠道筹集。

第九条　城市道路的建设应当符合城市道路技术规范。

第十条　政府投资建设城市道路的，应当根据城市道路发展规划和年度建设计划，由市政工程行政主管部门组织建设。

单位投资建设城市道路的，应当符合城市道路发展规划。

城市住宅小区、开发区内的道路建设，应当分别纳入住宅小区、开发区的开发建设计划配套建设。

第十一条　国家鼓励国内外企业和其他组织以及个人按照城市道路发展规划，投资建设城市道路。

第十二条　城市供水、排水、燃气、热力、供电、通信、消防等依附于城市道路的各种管线、杆线等设施的建设计划，应当与城市道路发展规划和年度建设计划相协调，坚持先地下、后地上的施工原则，与城市道路同步建设。

第十三条　新建的城市道路与铁路干线相交的，应当根据需要在城市规划中预留立体交通设施的建设位置。

城市道路与铁路相交的道口建设应当符合国家有关技术规范，并根据需要逐步建设立体交通设施。建设立体交通设施所需投资，按照国家规定由有关部门协商确定。

第十四条　建设跨越江河的桥梁和隧道，应当符合国家规定的防洪、通航标准和其他有关技术规范。

第十五条　县级以上城市人民政府应当有计划地按照城市道路技术规范改建、拓宽城市道路和公路的结合部，公路行政主管部门可以按照国家有关规定在资金上给予补助。

第十六条 承担城市道路设计、施工的单位，应当具有相应的资质等级，并按照资质等级承担相应的城市道路的设计、施工任务。

第十七条 城市道路的设计、施工，应当严格执行国家和地方规定的城市道路设计、施工的技术规范。

城市道路施工，实行工程质量监督制度。

城市道路工程竣工，经验收合格后，方可交付使用；未经验收或者验收不合格的，不得交付使用。

第十八条 城市道路实行工程质量保修制度。城市道路的保修期为1年，自交付使用之日起计算。保修期内出现工程质量问题，由有关责任单位负责保修。

第十九条 市政工程行政主管部门对利用贷款或者集资建设的大型桥梁、隧道等，可以在一定期限内向过往车辆（军用车辆除外）收取通行费，用于偿还贷款或者集资款，不得挪作他用。

收取通行费的范围和期限，由省、自治区、直辖市人民政府规定。

第三章 养护和维修

第二十条 市政工程行政主管部门对其组织建设和管理的城市道路，按照城市道路的等级、数量及养护和维修的定额，逐年核定养护、维修经费，统一安排养护、维修资金。

第二十一条 承担城市道路养护、维修的单位，应当严格执行城市道路养护、维修的技术规范，定期对城市道路进行养护、维修，确保养护、维修工程的质量。

市政工程行政主管部门负责对养护、维修工程的质量进行监督检查，保障城市道路完好。

第二十二条 市政工程行政主管部门组织建设和管理的道路，由其委托的城市道路养护、维修单位负责养护、维修。单位投资建设和管理的道路，由投资建设的单位或者其委托的单位负责养护、维修。城市住宅小区、开发区内的道路，由建设单位或者其委托的单位负责养护、维修。

第二十三条 设在城市道路上的各类管线的检查井、箱盖或者城市道路附属设施，应当符合城市道路养护规范。因缺损影响交通和安全时，有关产权单位应当及时补缺或者修复。

第二十四条 城市道路的养护、维修工程应当按照规定的期限修复竣工，并在养护、维修工程施工现场设置明显标志和安全防围设施，保障行人和交通车辆安全。

第二十五条 城市道路养护、维修的专用车辆应当使用统一标志；执行任务时，在保证交通安全畅通的情况下，不受行驶路线和行驶方向的限制。

第四章 路政管理

第二十六条 市政工程行政主管部门执行路政管理的人员执行公务，应当按照有关规定佩戴标志，持证上岗。

第二十七条 城市道路范围内禁止下列行为：

（一）擅自占用或者挖掘城市道路；

（二）履带车、铁轮车或者超重、超高、超长车辆擅自在城市道路上行驶；

（三）机动车在桥梁或者非指定的城市道路上试刹车；

（四）擅自在城市道路上建设建筑物、构筑物；

（五）在桥梁上架设压力在4公斤/平方厘米（0.4兆帕）以上的煤气管道、10千伏以上的高压电力线和其他易燃易爆管线；

（六）擅自在桥梁或者路灯设施上设置广告牌或者其他挂浮物；

（七）其他损害、侵占城市道路的行为。

第二十八条 履带车、铁轮车或者超重、超高、超长车辆需要在城市道路上行驶的，事先须征得市政工程行政主管部门同意，并按照公安交通管理部门指定的时间、路线行驶。

军用车辆执行任务需要在城市道路上行驶的，可以不受前款限制，但是应当按照规定采取安全保护措施。

第二十九条 依附于城市道路建设各种管线、杆线等设施的，应当经市政工程行政主管部门批准，方可建设。

第三十条 未经市政工程行政主管部门和公安交通管理部门批准，任何单位或者个人不得占用或者挖掘城市道路。

第三十一条 因特殊情况需要临时占用城市道路的，须经市政工程行政主管部门和公安交通管理部门批准，方可按照规定占用。

经批准临时占用城市道路的，不得损坏城市道路；占用期满后，应当及时清理占用现场，恢复城市道路原状；损坏城市道路的，应当修复或者给予赔偿。

第三十二条 城市人民政府应当严格控制占用城市道路作为集贸市场。

第三十三条 因工程建设需要挖掘城市道路的，应当提交城市规划部门批准签发的文件和有关设计文件，经市政工程行政主管部门和公安交通管理部门批准，方可按照规定挖掘。

新建、扩建、改建的城市道路交付使用后5年内、大修的城市道路竣工后3年内不得挖掘；因特殊情况需要挖掘的，须经县级以上城市人民政府批准。

第三十四条 埋设在城市道路下的管线发生故障需要紧急抢修的，可以先行破路抢修，并同时通知市政工程行政主管部门和公安交通管理部门，在24小时内按照规定补办批准手续。

第三十五条 经批准挖掘城市道路的，应当在施工现场设置明显标志和安全防围设施；竣工后，应当及时清理现场，通知市政工程行政主管部门检查验收。

第三十六条 经批准占用或者挖掘城市道路的，应当按照批准的位置、面积、期限占用或者挖掘。需要移动位置、扩大面积、延长时间的，应当提前办理变更审批手续。

第三十七条 占用或者挖掘由市政工程行政主管部门管理的城市道路的，应当向市政工程行政主管部门交纳城市道路占用费或者城市道路挖掘修复费。

城市道路占用费的收费标准，由省、自治区人民政府的建设行政主管部门、直辖市人民政府的市政工程行政主管部门拟订，报同级财政、物价主管部门核定；城市道路挖掘修复费的收费标准，由省、自治区人民政府的建设行政主管部门、直辖市人民政府的市政工程行政主管部门制定，报同级财政、物价主管部门备案。

第三十八条 根据城市建设或者其他特殊需要，市政工程行政主管部门可以对临时占用城市道路的单位或者个人决定缩小占用面积、缩短占用时间或者停止占用，并根据具体情况退还部分城市道路占用费。

第五章 罚 则

第三十九条 违反本条例的规定，有下列行为之一的，由市政工程行政主管部门责令停止设计、施工，限期改正，可以并处3万元以下的罚款；已经取得设计、施工资格证书，情节严重的，提请原发证机关吊销设计、施工资格证书：

（一）未取得设计、施工资格或者未按照资质等级承担城市道路的设计、施工任务的；

（二）未按照城市道路设计、施工技术规范设计、施工的；

（三）未按照设计图纸施工或者擅自修改图纸的。

第四十条 违反本条例第十七条规定，擅自使用未经验收或者验收不合格的城市道路的，由市政工程行政主管部门责令限期改正，给予警告，可以并处工程造价2%以下的罚款。

第四十一条 承担城市道路养护、维修的单位违反本条例的规定，未定期对城市道路进行养护、维修或者未按照规定的期限修复竣工，并拒绝接受市政工程行政主管部门监督、检查的，由市政工程行政主管部门责令限期改正，给予警告；对负有直接责任的主管人员和其他直接责任人员，依法给予行政处分。

第四十二条 违反本条例第二十七条规定，或者有下列行为之一的，由市政工程行政主管部门或者其他有关部门责令限期改正，可以处以2万元以下的罚款；造成损失的，应当依法承担赔偿责任：

（一）未对设在城市道路上的各种管线的检查井、箱盖或者城市道路附属设施的缺损及时补缺或者修复的；

（二）未在城市道路施工现场设置明显标志和安全防围设施的；

（三）占用城市道路期满或者挖掘城市道路后，不及时清理现场的；

（四）依附于城市道路建设各种管线、杆线等设施，不按照规定办理批准手续的；

（五）紧急抢修埋设在城市道路下的管线，不按照规定补办批准手续的；

（六）未按照批准的位置、面积、期限占用或者挖掘城市道路，或者需要移动位置、扩大面积、延长时间，未提前办理变更审批手续的。

第四十三条 违反本条例，构成犯罪的，由司法机关依法追究刑事责任；尚不构成犯罪，应当给予治安管理处罚的，依照治安管理处罚法的规定给予处罚。

第四十四条 市政工程行政主管部门人员玩忽职守、滥用职权、徇私舞弊，构成犯罪的，依法追究刑事责任；尚不构成犯罪的，依法给予行政处分。

第六章 附 则

第四十五条 本条例自1996年10月1日起施行。

城市公共交通条例

（2024年8月19日国务院第39次常务会议通过 2024年10月17日中华人民共和国国务院令第793号公布自2024年12月1日起施行）

第一章 总 则

第一条 为了推动城市公共交通高质量发展，提升城市公共交通服务水平，保障城市公共交通安全，更好满足公众基本出行需求，促进城市现代化建设，制定本条例。

第二条 本条例所称城市公共交通，是指在城市人民政府确定的区域内，利用公共汽电车、城市轨道交通车辆等公共交通工具和有关系统、设施，按照核定的线路、站点、时间、票价等运营，为公众提供基本出行服务。

第三条 国家实施城市公共交通优先发展战略，综合采取规划、土地、财政、金融等方面措施，保障城市公共交通发展，增强城市公共交通竞争力和吸引力。

国家鼓励、引导公众优先选择公共交通作为机动化出行方式。

第四条 城市公共交通工作应当坚持中国共产党的领导，坚持以人民为中心，坚持城市公共交通公益属性，落实城市公共交通优先发展战略，构建安全、便捷、高效、绿色、经济的城市公共交通体系。

第五条 城市人民政府是发展城市公共交通的责任主体。

城市人民政府应当加强对城市公共交通工作的组织领导，落实城市公共交通发展保障措施，强化对城市公共交通安全的监督管理，统筹研究和协调解决城市公共交通工作中的重大问题。

国务院城市公共交通主管部门及其他有关部门和省、自治区人民政府应当加强对城市公共交通工作的指导。

第六条 城市人民政府应当根据城市功能定位、规模、空间布局、发展目标、公众出行需求等实际情况和特点，与城市土地和空间使用相协调，统筹各种交通方式，科学确定城市公共交通发展目标和发展模式，推动提升城市公共交通在机动化出行中的分担比例。

第七条 承担城市公共交通运营服务的企业（以下简称城市公共交通企业）由城市人民政府或者其城市公共交通主管部门依法确定。

第八条 国家鼓励和支持新技术、新能源、新装备在城市公共交通系统中的推广应用，提高城市公共交通信息化、智能化水平，推动城市公共交通绿色低碳转型，提升运营效率和管理水平。

第二章 发展保障

第九条 城市综合交通体系规划应当明确公共交通优先发展原则，统筹城市交通基础设施建设，合理配置和利用各种交通资源，强化各种交通方式的衔接协调。城市人民政府根据实际情况和需要组织编制城市公共交通规划。

建设城市轨道交通系统的城市应当按照国家有关规定编制城市轨道交通线网规划和建设规划。

城市综合交通体系规划、城市公共交通规划、城市轨道交通线网规划和建设规划应当与国土空间规划相衔接，将涉及土地和空间使用的合理需求纳入国土空间规划实施监督系统统筹保障。

第十条 城市人民政府有关部门应当根据相关规划以及城市发展和公众出行需求情况，合理确定城市公共交通线路，布局公共交通场站等设施，提高公共交通覆盖率。

城市人民政府应当组织有关部门开展公众出行调查，作为优化城市公共交通线路和场站布局的依据。

第十一条 新建、改建、扩建居住区、交通枢纽、学校、医院、体育场馆、商业中心等大型建设项目，应当统筹考虑公共交通出行需求；建设项目批准、核准文件要求配套建设城市公共交通基础设施的，建设单位应当按照要求建设相关设施并同步投入使用。

城市公共交通基础设施建设应当符合无障碍环境建设要求，并与适老化改造相结合。

第十二条 城市人民政府应当依法保障城市公共交通基础设施用地。城市公共交通基础设施用地符合规定条件的，可以以划拨、协议出让等方式供给。

在符合国土空间规划和用途管制要求且不影响城市公共交通功能和规模的前提下，对城市公共交通基础设施用地可以按照国家有关规定实施综合开发，支持城市公共交通发展。

第十三条 城市人民政府应当根据城市公共交通实际和财政承受能力安排城市公共交通发展所需经费，并纳入本级预算。

国家鼓励、引导金融机构提供与城市公共交通发展相适应的金融服务，加大对城市公共交通发展的融资支持力度。

国家鼓励和支持社会资本依法参与城市公共交通基础设施建设运营，保障其合法权益。

第十四条 城市公共交通票价依法实行政府定价或者政府指导价，并建立动态调整机制。鼓励根据城市公共交通服务质量、运输距离以及换乘方式等因素，建立多层次、差别化的城市公共交通票价体系。

制定、调整城市公共交通票价，应当统筹考虑企业运营成本、社会承受能力、交通供求状况等因素，并依法履行定价成本监审等程序。

第十五条 城市公共交通企业在保障公众基本出行的前提下，可以开展定制化出行服务业务。定制化出行服务业务可以实行市场调节价。

第十六条 城市人民政府应当组织有关部门，在对城市公共交通企业开展运营服务质量评价和成本费用年度核算报告审核的基础上，综合考虑财政承受能力、企业增收节支空间等因素，按照规定及时给予补贴补偿。

第十七条 城市人民政府可以根据实际情况和需要，按照统筹公共交通效率和整体交通效率、集约利用城市道路资源的原则，设置公共交通专用车道，并实行科学管理和动态调整。

第三章 运营服务

第十八条 城市人民政府城市公共交通主管部门应当通过与城市公共交通企业签订运营服务协议等方式，明确城市公共交通运营有关服务标准、规范、要求以及运营服务质量评价等事项。

城市公共交通企业应当遵守城市公共交通运营有关服务标准、规范、要求等，加强企业内部管理，不断提高运营服务质量和效率。

城市公共交通企业不得将其运营的城市公共交通线路转让、出租或者变相转让、出租给他人运营。

第十九条 城市公共交通企业应当按照运营服务协议或者城市人民政府城市公共交通主管部门的要求配备城市公共交通车辆，并按照规定设置车辆运营服务标识。

第二十条 城市公共交通企业应当通过便于公众知晓的方式，及时公开运营线路、停靠站点、运营时间、发车间隔、票价等信息。鼓励城市公共交通企业通过电子站牌、出行信息服务系统等信息化手段为公众提供信息查询服务。

第二十一条 城市公共交通企业应当加强运营调度管理，在保障安全的前提下提高运行准点率和运行效率。

第二十二条 城市公共交通企业不得擅自变更运营线路、停靠站点、运营时间或者中断运营服务；因特殊原因需要临时变更运营线路、停靠站点、运营时间或者暂时中断运营服务的，除发生突发事件或者为保障运营安全等采取紧急措施外，应当提前向社会公告，并向城市人民政府城市公共交通主管部门报告。

第二十三条 因大型群众性活动等情形出现公共交通客流集中、正常运营服务安排难以满足需求的，城市公共交通企业应当按照城市人民政府城市公共交通主管部门的要求，及时采取增开临时班次、缩短发车间隔、延长运营时间等措施，保障运营服务。

第二十四条 乘客应当按照票价支付票款；对拒不支付票款的，城市公共交通企业可以拒绝其进站乘车。

城市公共交通企业应当依照法律、法规和国家有关规定，对相关群体乘坐公共交通工具提供便利和优待。

第二十五条 城市公共交通企业应当建立运营服务质量投诉处理机制并向社会公布，及时妥善处理乘客提出的投诉，并向乘客反馈处理结果；乘客对处理结果不满意的，可以向城市人民政府城市公共交通主管部门申诉，城市人民政府城市公共交通主管部门应当及时作出答复。乘客也可以直接就运营服务质量问题向城市人民政府城市公共交通主管部门投诉。

第二十六条 城市人民政府城市公共交通主管部门应当定期组织开展城市公共交通企业运营服务质量评价，并将评价结果向社会公布。

第二十七条 未经城市人民政府同意，城市公共交通企业不得终止运营服务；因破产、解散终止运营服务的，应当提前30日向城市人民政府城市公共交通主管部门报告，城市人民政府城市公共交通主管部门应当及时采取指定临时运营服务企业、调配运营车辆等措施，确保运营服务不中断；需要重新确定承担城市公共交通运营服务企业的，城市人民政府或者其城市公共交通主管部门应当按照规定及时确定。

第四章 安全管理

第二十八条 城市公共交通企业应当遵守有关安全生产的法律、法规和标准，落实全员安全生产责任，建立健全安全生产管理制度和安全生产责任制，保障安全经费投入，构建安全风险分级管控和隐患排查治理双重预防机制，增强突发事件防范和应急能力。

第二十九条 城市公共交通建设工程的勘察、设计、施工、监理应当遵守有关建设工程管理的法律、法规和标准。

城市公共交通建设工程涉及公共安全的设施应当与主体工程同步规划、同步建设、同步投入使用。

第三十条 城市公共交通企业投入运营的车辆应当依法经检验合格，并按照国家有关标准配备灭火器、安全锤以及安全隔离、紧急报警、车门紧急开启等安全设备，设置明显的安全警示标志。

城市公共交通企业应当按照国家有关标准对车辆和有关系统、设施设备进行维护、保养，确保性能良好和安全运行。

利用城市公共交通车辆或者设施设备设置广告的，应当遵守有关广告管理的法律、法规，不得影响城市公共交通运营安全。

第三十一条 城市公共交通企业直接涉及运营安全的驾驶员、乘务员、调度员、值班员、信号工、通信工等重点岗位人员（以下统称重点岗位人员），应当符合下列条件：

（一）具有履行岗位职责的能力；

（二）无可能危及运营安全的疾病；

（三）无暴力犯罪和吸毒行为记录；

（四）国务院城市公共交通主管部门规定的其他条件。

除符合前款规定条件外，城市公共汽电车驾驶员还应当取得相应准驾车型机动车驾驶证，城市轨道交通列车驾驶员还应当按照国家有关规定取得相应职业准入资格。

第三十二条 城市公共交通企业应当定期对重点岗位人员进行岗位职责、操作规程、服务规范、安全防范和应急处置基本知识等方面的培训和考核，经考核合格的方可上岗作业。培训和考核情况应当建档备查。

城市公共交通企业应当关注重点岗位人员的身体、心理状况和行为习惯，对重点岗位人员定期组织体检，加强心理疏导，及时采取有效措施防范重点岗位人员身体、心理状况或者行为异常导致运营安全事故发生。

城市公共交通企业应当合理安排驾驶员工作时间，防止疲劳驾驶。

第三十三条 城市公共交通企业应当依照有关法律、法规的规定，落实对相关人员进行安全背景审查、配备安保人员和相应设施设备等安全防范责任。

第三十四条 城市公共交通企业应当加强对客流状况的日常监测；出现或者可能出现客

流大量积压时，应当及时采取疏导措施，必要时可以采取临时限制客流或者临时封站等措施，确保运营安全。

因突发事件或者设施设备故障等原因危及运营安全的，城市公共交通企业可以暂停部分区段或者全线网运营服务，并做好乘客疏导和现场秩序维护等工作。乘客应当按照城市公共交通企业工作人员的指挥和引导有序疏散。

第三十五条 乘客应当遵守乘车规范，维护乘车秩序。

乘客不得携带易燃、易爆、毒害性、放射性、腐蚀性以及其他可能危及人身和财产安全的危险物品进站乘车；乘客坚持携带的，城市公共交通企业应当拒绝其进站乘车。

城市轨道交通运营单位应当按照国家有关规定，对进入城市轨道交通车站的人员及其携带物品进行安全检查；对拒不接受安全检查的，应当拒绝其进站乘车。安全检查应当遵守有关操作规范，提高质量和效率。

第三十六条 任何单位和个人不得实施下列危害城市公共交通运营安全的行为：

（一）非法拦截或者强行上下城市公共交通车辆；

（二）非法占用城市公共交通场站或者出入口；

（三）擅自进入城市轨道交通线路、车辆基地、控制中心、列车驾驶室或者其他禁止非工作人员进入的区域；

（四）向城市公共交通车辆投掷物品或者在城市轨道交通线路上放置障碍物；

（五）故意损坏或者擅自移动、遮挡城市公共交通站牌、安全警示标志、监控设备、安全防护设备；

（六）在非紧急状态下擅自操作有安全警示标志的安全设备；

（七）干扰、阻碍城市公共交通车辆驾驶员安全驾驶；

（八）其他危害城市公共交通运营安全的行为。

城市公共交通企业发现前款规定行为的，应当及时予以制止，并采取措施消除安全隐患，必要时报请有关部门依法处理。

第三十七条 城市人民政府有关部门应当按照职责分工，加强对城市公共交通运营安全的监督管理，建立城市公共交通运营安全工作协作机制。

第三十八条 城市人民政府城市公共交通主管部门应当会同有关部门制定城市公共交通应急预案，报城市人民政府批准。

城市公共交通企业应当根据城市公共交通应急预案，制定本单位应急预案，报城市人民政府城市公共交通主管部门、应急管理部门备案，并定期组织演练。

城市人民政府应当加强城市公共交通应急能力建设，组织有关部门、城市公共交通企业和其他有关单位联合开展城市公共交通应急处置演练，提高突发事件应急处置能力。

第三十九条 城市人民政府应当健全有关部门与城市公共交通企业之间的信息共享机制。城市人民政府城市公共交通主管部门、城市公共交通企业应当加强与有关部门的沟通，及时掌握气象、自然灾害、公共安全等方面可能影响城市公共交通运营安全的信息，并采取有针对性的安全防范措施。有关部门应当予以支持、配合。

第四十条 城市人民政府应当将城市轨道交通纳入城市防灾减灾规划，完善城市轨道交通防范水淹、火灾、冰雪、雷击、风暴等设计和论证，提高城市轨道交通灾害防范应对能力。

第四十一条 城市轨道交通建设单位组织编制城市轨道交通建设工程可行性研究报告和初步设计文件，应当落实国家有关公共安全和运营服务的要求。

第四十二条 城市轨道交通建设工程项目依法经验收合格后，城市人民政府城市公共交通主管部门应当组织开展运营前安全评估，通过安全评估的方可投入运营。城市轨道交通建设单位和运营单位应当按照国家有关规定办理建设和运营交接手续。

城市轨道交通建设工程项目验收以及建设和运营交接的管理办法由国务院住房城乡建设主管部门会同国务院城市公共交通主管部门制定。

第四十三条 城市人民政府应当组织有关部门划定城市轨道交通线路安全保护区，制定安全保护区管理制度。

在城市轨道交通线路安全保护区内进行作业的，应当征得城市轨道交通运营单位同意。作业单位应当制定和落实安全防护方案，并在作业过程中对作业影响区域进行动态监测，及时发现并消除安全隐患。城市轨道交通运营单位可以进入作业现场进行巡查，发现作业危及或者可能危及城市轨道交通运营安全的，应当要求作业单位采取措施消除安全隐患或者停止作业。

第四十四条 城市人民政府城市公共交通主管部门应当定期组织开展城市轨道交通运营安全第三方评估，督促运营单位及时发现并消除安全隐患。

第五章 法律责任

第四十五条 城市公共交通企业以外的单位或者个人擅自从事城市公共交通线路运营的，由城市人民政府城市公共交通主管部门责令停止运营，没收违法所得，并处违法所得1倍以上5倍以下的罚款；没有违法所得或者违法所得不足1万元的，处1万元以上5万元以下的罚款。

城市公共交通企业将其运营的城市公共交通线路转让、出租或者变相转让、出租给他人运营的，由城市人民政府城市公共交通主管部门责令改正，并依照前款规定处罚。

第四十六条 城市公共交通企业有下列行为之一的，由城市人民政府城市公共交通主管部门责令改正；拒不改正的，处1万元以上5万元以下的罚款：

（一）未遵守城市公共交通运营有关服务标准、规范、要求；

（二）未按照规定配备城市公共交通车辆或者设置车辆运营服务标识；

（三）未公开运营线路、停靠站点、运营时间、发车间隔、票价等信息。

第四十七条 城市公共交通企业擅自变更运营线路、停靠站点、运营时间的，由城市人民政府城市公共交通主管部门责令改正；拒不改正的，处1万元以上5万元以下的罚款。

城市公共交通企业擅自中断运营服务的，由城市人民政府城市公共交通主管部门责令改正；拒不改正的，处5万元以上20万元以下的罚款。

城市公共交通企业因特殊原因变更运营线路、停靠站点、运营时间或者暂时中断运营服务，未按照规定向社会公告并向城市人民政府城市公共交通主管部门报告的，由城市人民政府城市公共交通主管部门责令改正，可以处1万元以下的罚款。

第四十八条 城市公共交通企业违反本条例规定，未经城市人民政府同意终止运营服务的，由城市人民政府城市公共交通主管部门责令改正；拒不改正的，处10万元以上50万元以下的罚款。

第四十九条 城市公共交通企业有下列行为之一的，由城市人民政府城市公共交通主管部门责令改正，可以处5万元以下的罚款，有违法所得的，没收违法所得；拒不改正的，处5万元以上20万元以下的罚款：

（一）利用城市公共交通车辆或者设施设备设置广告，影响城市公共交通运营安全；

（二）重点岗位人员不符合规定条件或者未按照规定对重点岗位人员进行培训和考核，或者安排考核不合格的重点岗位人员上岗作业。

第五十条 在城市轨道交通线路安全保护区内进行作业的单位有下列行为之一的，由城市人民政府城市公共交通主管部门责令改正，暂时停止作业，可以处5万元以下的罚款；拒不改正的，责令停止作业，并处5万元以上20万元以下的罚款；造成城市轨道交通设施损坏或者影响运营安全的，并处20万元以上100万元以下的罚款：

（一）未征得城市轨道交通运营单位同意进行作业；

（二）未制定和落实安全防护方案；

（三）未在作业过程中对作业影响区域进行动态监测或者未及时消除发现的安全隐患。

第五十一条 城市人民政府及其城市公共交通主管部门、其他有关部门的工作人员在城市公共交通工作中滥用职权、玩忽职守、徇私舞弊的，依法给予处分。

第五十二条 违反本条例规定，构成违反治安管理行为的，由公安机关依法给予治安管理处罚；构成犯罪的，依法追究刑事责任。

第六章 附 则

第五十三条 用于公共交通服务的城市轮渡，参照本条例的有关规定执行。

第五十四条 城市人民政府根据城乡融合

和区域协调发展需要，统筹推进城乡之间、区域之间公共交通一体化发展。

第五十五条 本条例自 2024 年 12 月 1 日起施行。

公路工程竣（交）工验收办法

（2004 年 3 月 15 日经第 6 次部务会议通过 2004 年 3 月 31 日交通部令第 3 号公布 自 2004 年 10 月 1 日起施行）

第一章 总 则

第一条 为规范公路工程竣（交）工验收工作，保障公路安全有效运营，根据《中华人民共和国公路法》，制定本办法。

第二条 本办法适用于中华人民共和国境内新建和改建的公路工程竣（交）工验收活动。

第三条 公路工程应按本办法进行竣（交）工验收，未经验收或者验收不合格的，不得交付使用。

第四条 公路工程验收分为交工验收和竣工验收两个阶段。

交工验收是检查施工合同的执行情况，评价工程质量是否符合技术标准及设计要求，是否可以移交下一阶段施工或是否满足通车要求，对各参建单位工作进行初步评价。

竣工验收是综合评价工程建设成果，对工程质量、参建单位和建设项目进行综合评价。

第五条 公路工程竣（交）工验收的依据是：

（一）批准的工程可行性研究报告；

（二）批准的工程初步设计、施工图设计及变更设计文件；

（三）批准的招标文件及合同文本；

（四）行政主管部门的有关批复、批示文件；

（五）交通部颁布的公路工程技术标准、规范、规程及国家有关部门的相关规定。

第六条 交工验收由项目法人负责。

竣工验收由交通主管部门按项目管理权限负责。交通部负责国家、部重点公路工程项目中 100 公里以上的高速公路、独立特大型桥梁和特长隧道工程的竣工验收工作；其它公路工程建设项目，由省级人民政府交通主管部门确定的相应交通主管部门负责竣工验收工作。

第七条 公路工程竣（交）工验收工作应当做到公正、真实和科学。

第二章 交工验收

第八条 公路工程（合同段）进行交工验收应具备以下条件：

（一）合同约定的各项内容已完成；

（二）施工单位按交通部制定的《公路工程质量检验评定标准》及相关规定的要求对工程质量自检合格；

（三）监理工程师对工程质量的评定合格；

（四）质量监督机构按交通部规定的公路工程质量鉴定办法对工程质量进行检测（必要时可委托有相应资质的检测机构承担检测任务），并出具检测意见；

（五）竣工文件已按交通部规定的内容编制完成；

（六）施工单位、监理单位已完成本合同段的工作总结。

第九条 公路工程各合同段符合交工验收条件后，经监理工程师同意，由施工单位向项目法人提出申请，项目法人应及时组织对该合同段进行交工验收。

第十条 交工验收的主要工作内容是：

（一）检查合同执行情况；

（二）检查施工自检报告、施工总结报告及施工资料；

（三）检查监理单位独立抽检资料、监理工作报告及质量评定资料；

（四）检查工程实体，审查有关资料，包括主要产品质量的抽（检）测报告；

（五）核查工程完工数量是否与批准的设计文件相符，是否与工程计量数量一致；

（六）对合同是否全面执行、工程质量是否合格作出结论，按交通主管部门规定的格式签署合同段交工验收证书；

（七）按交通部规定的办法对设计单位、监理单位、施工单位的工作进行初步评价。

第十一条 项目法人负责组织公路工程各合同段的设计、监理、施工等单位参加交工验收。拟交付使用的工程，应邀请运营、养护管理单位参加。参加验收单位的主要职责是：

项目法人负责组织各合同段参建单位完成交工验收工作的各项内容，总结合同执行过程中的经验，对工程质量是否合格作出结论；

设计单位负责检查已完成的工程是否与设计相符，是否满足设计要求；

监理单位负责完成监理资料的汇总、整理，协助项目法人检查施工单位的合同执行情况，核对工程数量，科学公正地对工程质量进行评定；

施工单位负责提交竣工资料，完成交工验收准备工作。

第十二条 项目法人组织监理单位按《公路工程质量检验评定标准》的要求对各合同段的工程质量进行评定。

监理单位根据独立抽检资料对工程质量进行评定，当监理按规定完成的独立抽检资料不能满足评定要求时，可以采用经监理确认的施工自检资料。

项目法人根据对工程质量的检查及平时掌握的情况，对监理单位所做的工程质量评定进行审定。

第十三条 各合同段工程质量评分采用所含各单位工程质量评分的加权平均值。即：

工程各合同段交工验收结束后，由项目法人对整个工程项目进行工程质量评定，工程质量评分采用各合同段工程质量评分的加权平均值。即：

工程质量等级评定分为合格和不合格，工程质量评分值大于等于75分的为合格，小于75分的为不合格。

第十四条 公路工程各合同段验收合格后，项目法人应按交通部规定的要求及时完成项目交工验收报告，并向交通主管部门备案。国家、部重点公路工程项目中100公里以上的高速公路、独立特大型桥梁和特长隧道工程向省级人民政府交通主管部门备案，其它公路工程按省级人民政府交通主管部门的规定向相应的交通主管部门备案。

公路工程各合同段验收合格后，质量监督机构应向交通主管部门提交项目的检测报告。交通主管部门在15天内未对备案的项目交工验收报告提出异议，项目法人可开放交通进入试运营期。试运营期不得超过3年。

第十五条 交工验收提出的工程质量缺陷等遗留问题，由施工单位限期完成。

第三章 竣工验收

第十六条 公路工程进行竣工验收应具备以下条件：

（一）通车试运营2年后；

（二）交工验收提出的工程质量缺陷等遗留问题已处理完毕，并经项目法人验收合格；

（三）工程决算已按交通部规定的办法编制完成，竣工决算已经审计，并经交通主管部门或其授权单位认定；

（四）竣工文件已按交通部规定的内容完成；

（五）对需进行档案、环保等单项验收的项目，已经有关部门验收合格；

（六）各参建单位已按交通部规定的内容完成各自的工作报告；

（七）质量监督机构已按交通部规定的公路工程质量鉴定办法对工程质量检测鉴定合格，并形成工程质量鉴定报告。

第十七条 公路工程符合竣工验收条件后，项目法人应按照项目管理权限及时向交通主管部门申请验收。交通主管部门应当自收到申请之日起30日内，对申请人递交的材料进行审查，对于不符合竣工验收条件的，应当及时退回并告知理由；对于符合验收条件的，应自收到申请文件之日起3个月内组织竣工验收。

第十八条 竣工验收的主要工作内容是：

（一）成立竣工验收委员会；

（二）听取项目法人、设计单位、施工单位、监理单位的工作报告；

（三）听取质量监督机构的工作报告及工程质量鉴定报告；

（四）检查工程实体质量、审查有关

资料；

（五）按交通部规定的办法对工程质量进行评分，并确定工程质量等级；

（六）按交通部规定的办法对参建单位进行综合评价；

（七）对建设项目进行综合评价；

（八）形成并通过竣工验收鉴定书。

第十九条 竣工验收委员会由交通主管部门、公路管理机构、质量监督机构、造价管理机构等单位代表组成。大中型项目及技术复杂工程，应邀请有关专家参加。国防公路应邀请军队代表参加。

项目法人、设计单位、监理单位、施工单位、接管养护等单位参加竣工验收工作。

第二十条 参加竣工验收工作各方的主要职责是：

竣工验收委员会负责对工程实体质量及建设情况进行全面检查。按交通部规定的办法对工程质量进行评分，对各参建单位进行综合评价，对建设项目进行综合评价，确定工程质量和建设项目等级，形成工程竣工验收鉴定书；

项目法人负责提交项目执行报告及验收所需资料，协助竣工验收委员会开展工作；

设计单位负责提交设计工作报告，配合竣工验收检查工作；

监理单位负责提交监理工作报告，提供工程监理资料，配合竣工验收检查工作；

施工单位负责提交施工总结报告，提供各种资料，配合竣工验收检查工作。

第二十一条 竣工验收工程质量评分采取加权平均法计算，其中交工验收工程质量得分权值为0.2，质量监督机构工程质量鉴定得分权值为0.6，竣工验收委员会对工程质量评定得分权值为0.2。

工程质量评定得分大于等于90分为优良，小于90分且大于等于75分为合格，小于75分为不合格。

第二十二条 竣工验收委员会按交通部规定的办法对参建单位的工作进行综合评价。

评定得分大于等于90分且工程质量等级优良的为好，大于等于75分为中，小于75分为差。

第二十三条 竣工验收建设项目综合评分采取加权平均法计算，其中竣工验收工程质量得分权值为0.7，参建单位工作评价得分权值为0.3（项目法人占0.15，设计、施工、监理各占0.05）。

评定得分大于等于90分且工程质量等级优良的为优良，大于等于75分为合格，小于75分为不合格。

第二十四条 负责组织竣工验收的交通主管部门对通过验收的建设项目按交通部规定的要求签发《公路工程竣工验收鉴定书》。

通过竣工验收的工程，由质量监督机构依据竣工验收结论，按照交通部规定的格式对各参建单位签发工作综合评价等级证书。

第四章 罚 则

第二十五条 项目法人违反本办法规定，对不具备交工验收条件的公路工程组织交工验收，交工验收无效，由交通主管部门责令改正。

第二十六条 项目法人违反本办法规定，对未进行交工验收、交工验收不合格或未备案的工程开放交通进行试运营的，由交通主管部门责令停止试运营，并予以警告处罚。

第二十七条 项目法人对试运营期超过3年的公路工程不申请组织竣工验收的，由交通主管部门责令改正。对责令改正后仍不申请组织竣工验收的，由交通主管部门责令停止试运营。

第二十八条 质量监督机构人员在验收工作中滥用职权、玩忽职守、徇私舞弊的，依法给予行政处分，构成犯罪的，依法追究刑事责任。

第五章 附 则

第二十九条 公路工程建设项目建成后，施工单位、监理单位、项目法人应负责编制工程竣工文件、图表、资料，并装订成册，其编制费用分别由施工单位、监理单位、项目法人承担。

各合同段交工验收工作所需的费用由施工单位承担。整个建设项目竣（交）工验收期间质量监督机构进行工程质量检测所需的费用由项目法人承担。

第三十条 对通过验收的工程，由项目法人按照国家规定，分别向档案管理部门和公路管理机构、接管养护单位办理有关档案资料和资产移交手续。

第三十一条 对于规模较小、等级较低的小型项目，可将交工验收和竣工验收合并进行。规模较小、等级较低的小型项目的具体标准由省级人民政府交通主管部门结合本地区的具体情况制订。

第三十二条 本办法由交通部负责解释。

第三十三条 本办法自2004年10月1日起施行。交通部颁布的《公路工程竣工验收办法》（交公路发〔1995〕1081号）同时废止。

收费公路权益转让办法

（2007年6月15日经第7次部务会议通过　2008年8月20日交通运输部、国家发展和改革委员会、财政部令第11号公布　自2008年10月1日起施行）

第一章　总　则

第一条 为了规范收费公路权益转让行为，维护转让方、受让方以及使用者的合法权益，促进公路事业发展，根据《中华人民共和国公路法》（以下简称《公路法》）、《收费公路管理条例》（以下简称《收费条例》）制定本办法。

第二条 在中华人民共和国境内转让收费公路权益，应当遵守本办法。

第三条 本办法下列用语的含义是：

（一）收费公路，是指按照《公路法》和《收费条例》规定，经批准依法收取车辆通行费的公路（含桥梁和隧道）。收费公路包括政府还贷公路和经营性公路。

政府还贷公路，是指县级以上地方人民政府交通运输主管部门利用贷款或者向企业、个人有偿集资建成的收费公路。

经营性公路，是指国内外经济组织依法投资建设或者依法受让政府还贷公路收费权的收费公路。

（二）收费公路权益，是指收费公路的收费权、广告经营权、服务设施经营权。

（三）收费公路权益转让，是指收费公路建成通车后，转让方将其合法取得的收费公路权益有偿转让给受让方的交易活动。

转让方是指将合法取得的收费公路权益依法有偿转让给受让方的国内外经济组织，包括不以营利为目的的专门建设和管理政府还贷公路的法人组织和投资建设经营经营性公路的国内外经济组织。

受让方是指依法从转让方有偿取得收费公路权益的国内外经济组织。

第四条 国家允许依法转让收费公路权益，同时对收费公路权益的转让进行严格控制。

国家在综合考虑转让必要性、合理性、社会承受力等因素的基础上，严格限制政府还贷公路转让为经营性公路。

收费公路权益转让活动，应当遵守相关法律、法规、规章的规定，应当遵循公开、公平、公正和诚实信用的原则。

第五条 国务院交通运输主管部门主管全国收费公路权益的转让工作。国务院发展改革部门和财政主管部门依据各自职责，负责收费公路权益转让的相关管理工作。

第二章　收费公路权益转让条件

第六条 转让收费权的公路，应当符合《收费条例》第十八条规定的技术等级和规模。

第七条 有下列情形之一的，收费公路权益中的收费权不得转让：

（一）长度小于1000米的二车道独立桥梁和隧道；

（二）二级公路；

（三）收费时间已超过批准收费期限2/3。

第八条 同一个收费公路项目的收费权、广告经营权、服务设施经营权，可以合并转让，也可以单独转让。

第九条 转让收费公路权益，不得有下列行为：

（一）将一个依法批准的收费公路项目分成若干段转让收费权；

（二）将收费公路权益项目与非收费公路权益项目捆绑转让；

（三）受让方没有全部承继转让方原对政府和社会公众承担的责任、义务；

（四）将政府还贷公路权益无偿划转给企业法人。

第十条 转让尚未偿清国际金融组织或者外国政府贷款的收费公路权益的，应当按照国家相关规定在申请转让审批前经原利用国外贷款审批部门同意。

收费公路权益转让的受让方应当按照国家有关投资管理的相关规定，在申请转让审批前将投资项目申请报告报有相应管理权限的投资主管部门核准。申请核准时应当同时提交收费公路权益转让合同。

第十一条 转让公路收费权，应当征得下列利害关系人同意：

（一）该公路的债权人；

（二）该公路收费权的质权人；

（三）该公路的所有投资人；

（四）公路的投资建设合同和转让公路收费权合同中约定转让及再转让时要征得其同意的人。

第十二条 公路收费权的受让方应当具备下列条件：

（一）财务状况良好，企业所有者权益不低于受让项目实际造价的35%；

（二）商业信誉良好，在经济活动中无重大违法违规行为；

（三）法律、法规规定的其他条件。

单独转让公路广告经营权、服务设施经营权时，其受让方应当具备的条件，按照地方性法规和省级人民政府规章执行。

第十三条 转让政府还贷公路收费权，可以向省级人民政府申请延长收费期限，但延长的期限不得超过5年，且累计收费期限的总和最长不得超过20年。国家确定的中西部省、自治区、直辖市政府还贷公路累计收费期限的总和，最长不得超过25年。

转让经营性公路收费权，不得延长收费期限，且累计收费期限的总和最长不得超过25年。国家确定的中西部省、自治区、直辖市经营性公路累计收费期限的总和，最长不得超过30年。

不得以转让公路收费权为由提高车辆通行费标准。

第三章 收费公路权益转让程序

第十四条 转让公路收费权，在办理转让审批前，转让方可以先向审批机关提出转让立项申请。

提出转让立项申请的，需要提交以下材料：

（一）转让收费权的公路概况，包括公路建设年限，技术等级和规模，投资来源和投资额，通车收费时间，近三年该收费公路的收支情况等；

（二）转让的原因和目的；

（三）转让政府还贷公路所得收入的投向；

（四）本办法第十一条规定的利害关系人同意转让的书面意见；

（五）转让尚未偿清国际金融组织或者外国政府贷款的收费公路权益的，出具原利用国外贷款审批部门的书面同意意见；

（六）省级人民政府批准收取车辆通行费的文件；

（七）经审计机关或者有资格的会计师事务所审计的上一年度会计报告；

（八）首次转让公路收费权的，提供该收费公路竣工财务决算和竣工审计报告；

（九）转让经营性公路收费权的，提供公司章程；

（十）再次转让公路收费权的，提供原转让协议；

（十一）审批机关认为需要提供的其他文件。

第十五条 审批机关收到转让立项申请后，应当对申请转让的收费权是否符合转让条件进行初步审查，并出具转让立项审查意见。

转让立项审查意见可以作为转让方在作转让前期准备工作时证明拟转让的公路收费权符合转让条件的依据。

转让立项审查意见自出具之日起一年内有效。

第十六条 转让下列收费公路的收费权，转让方应当委托符合条件的资产评估机构，对收费权价值进行评估：

（一）政府还贷公路；

（二）有财政性资金投入的经营性公路；

（三）使用国有资本金投资的公路。

资产评估机构出具的评估报告，是确定前款规定收费公路的收费权转让最低成交价的依据。

转让方对资产评估机构出具的资产评估报告，应当按照国家有关资产评估的规定，报有关部门核准或者备案。

第十七条 转让方按照第十六条规定进行收费权价值评估的，应当委托符合下列条件的资产评估机构：

（一）具有法律、行政法规规定的资产评估资质；

（二）评估机构的人员具备与公路收费权价值评估相适应的专业知识和经验；

（三）评估机构和人员近三年未发生违规行为，未有违规不良记录。

第十八条 转让收费公路权益进行收费权价值评估，评估方法应当采用收益现值法，所涉及的收益期限由转让方与资产评估机构在批准的收费期限内约定。

第十九条 转让政府还贷公路收费权益和有财政性资金投入的经营性公路收费权益，应当采用公开招标的方式，公平、公正、公开选择受让方。

第二十条 收费公路权益转让的招标投标活动，应当严格执行《中华人民共和国招标投标法》等有关规定。

省级人民政府交通运输主管部门负责对收费公路权益转让招标投标全过程的监督管理。省级人民政府发展改革部门、财政主管部门依据各自职责，负责招标投标活动的监督。

第二十一条 进行收费公路权益转让招标的，转让方应当通过国家指定的报刊、信息网络或者其他媒介，发布招标公告。公告期不得少于20日。

第二十二条 转让政府还贷公路权益和有财政性资金投入以及使用国有资本金投资的经营性公路权益进行招标的，应当实行有底价招标。其中转让收费权的招标底价不得低于有关部门核准或者确认的收费权价值评估价。

第二十三条 转让方应当依法编制招标文件。招标文件应当包括下列内容：

（一）招标项目的基本情况，包括项目建设年限、通车时间、技术等级和规模、投资来源和投资额、近年收支情况等；

（二）受让方应当具备的条件及有关资格和资信要求。转让政府还贷公路权益和有财政性资金投入的经营性公路权益的，应当要求受让方承诺所成立的公路经营企业不对外提供担保，包括为受让方债务提供任何形式的担保，不承担受让方的债务；

（三）受让方的权利和义务；

（四）转让金的支付形式、期限（最长不超过合同生效后6个月）及担保要求；

（五）经营期间公路养护、绿化及水土保持要求；

（六）经营终结后解散和清算的程序，公路权益移交时公路及公路附属设施、服务设施的标准；

（七）受让方或其设立的公路经营企业破产，终止、解除转让协议的条件；

（八）政府终止收费公路权益转让协议的条件；

（九）投标文件的编制要求及其送达方式、地点和截止时间；

（十）开标地点及开标和评标的时间安排；

（十一）评标标准、评标办法、评标程序、确定废标的因素；

（十二）签订的转让合同的主要条款；

（十三）职工安置方案；

（十四）债权债务处理方案；

（十五）其他需要说明的问题。

第二十四条 受让方确定后，转让方和受让方应当依法订立收费公路权益转让合同。

转让合同应当包括下列条款：

（一）转让方与受让方的名称与住所；

（二）项目名称和经营内容；

（三）经营范围和转让期限；

（四）转让价格及支付价款的时间（最长不超过合同生效后6个月）和方式；

（五）有关资产交割事项；

（六）转让方涉及的职工安置方案；

（七）转让方的权利和义务；

（八）受让方的权利和义务；

（九）公路养护和服务质量保障措施（包括建立养护维修保证金等）；

（十）经营风险的承担责任；

（十一）公路养护责任；

（十二）公路移交的方式和时间；

（十三）争议的解决方式；

（十四）各方的违约责任；

（十五）合同变更和解除的条件；

（十六）转让合同期满后公路收费权的归属和移交事项；

（十七）转让和受让双方认为必要的其他条款。

第二十五条 公路收费权益转让合同自公路收费权转让批准之日起生效。

第二十六条 转让国道（包括国道主干线和国家高速公路网项目，下同）收费权，应当经国务院交通运输主管部门批准。转让国道以外的其他公路收费权，应当经省级交通运输主管部门审核同意，报省级人民政府批准。

将公路广告经营权、服务设施经营权与公路收费权合并转让的，由具有审批公路收费权权限的审批机关批准。

单独转让公路广告经营权、服务设施经营权的审批，按照地方性法规和省级人民政府规章执行。

第二十七条 申请转让公路收费权的，转让方应当向审批机关提交申请文件，内容应当包括：

（一）提出过立项申请的，需提交转让立项审查意见；未提出过立项申请的，需提交第十四条规定的相关材料；

（二）转让前期按照规定进行收费权价值评估的有关材料和资产评估报告的核准或者备案文件等；

（三）转让前期招标投标情况和受让方的确定情况；

（四）审计部门或者会计师事务所出具的受让方上年度会计报告和受让方的法人营业执照副本；

（五）按照第十条规定办理的相关手续和书面同意意见；

（六）转让收入的具体投向；

（七）公路收费权益管理情况；

（八）转让方、受让方签订的公路收费权益转让合同；

（九）审批机关认为需要提供的其他文件。

第二十八条 审批机关应当按照《行政许可法》和相关规定的要求，办理公路收费权转让审批。

审批机关在审查收费公路权益转让申请时，应当综合考虑维护国家利益、社会公共利益的因素。

同意转让公路收费权的，审批机关应当出具公路收费权转让批准文件。

第二十九条 由省级人民政府批准转让公路收费权的，转让方自批准之日起 30 日内，应当将省级交通运输主管部门审核意见、省级人民政府批准文件和转让合同报国务院交通运输主管部门备案。

第三十条 国务院交通运输主管部门应当自批准公路收费权转让之日起 30 日内，将批准文件抄送国务院发展改革主管部门和财政主管部门。

第三十一条 转让方应当对所提交申请材料的真实性、合法性负责。

第四章 转让收入使用管理

第三十二条 转让政府还贷公路权益的收入，除用于偿还公路建设贷款和有偿集资款外，应当全部用于公路建设。任何单位不得将转让政府还贷公路权益的收入用于公路建设以外的其他项目。

转让有财政性资金投入的经营性公路权益取得的收入中与财政性资金投入份额相应的收入部分，除用于偿还公路建设贷款外，主要用于公路建设。

第三十三条 转让全部由社会资金投入的经营性公路权益取得的收入，由投资者自行决定转让收入使用方向。

国家有关部门应当鼓励投资者将这部分收入继续投入公路建设项目。

第三十四条 转让政府还贷公路权益和转让有财政性资金投入的经营性公路权益取得的收入中与财政性资金投入份额相应的收入部分，纳入预算管理。转让方应当在取得上述转让收入的 3 个工作日内，按照规定的预算级次上缴财政。实行非税收入收缴管理制度改革的，按照改革的相关规定执行。财政主管部门应当将转让收入纳入当年财政收支预算，资金拨付按照财政国库管理制度有关规定执行。

第五章 收费公路权益转让后续管理及收回

第三十五条 受让方依法拥有转让期限内

的公路收费权益，转让收费公路权益的公路、公路附属设施的所有权仍归国家所有。

第三十六条 收费公路权益转让合同约定的转让期限届满，转让收费公路权益的公路、公路附属设施以及服务设施应当处于良好的技术状态，由国家无偿收回，由交通运输主管部门管理。

收费公路权益转让期限未满，因社会公共利益需要等原因国家提前收回转让的收费公路权益的，接收收费公路权益的交通运输主管部门依法给予受让方补偿。最高补偿额按照原转让价格和提前收回的期限占原批准转让期限的比例计算确定。

第三十七条 收费公路权益转让后，该公路路政管理的职责仍然由县级以上地方人民政府交通运输主管部门或者公路管理机构的派出机构、人员行使。

第三十八条 受让方在依法取得收费公路权益后，依法成立的公路经营企业应当按照国家规定的标准和规范要求，做好公路养护管理、绿化以及公路用地范围内的水土保持工作，并对收费公路及沿线设施进行日常检查、检测、维护，保证收费公路处于良好的技术状态。

公路经营企业应当根据交通运输主管部门要求，定期提供公路技术状况检测报告。

第三十九条 公路经营企业应当接受国务院交通运输主管部门和省、自治区、直辖市人民政府交通运输主管部门的行业管理，按要求实行联网收费，并遵守路网的其他统一要求，及时提供统计资料和有关经营情况。

第四十条 收费公路权益转让后，省、自治区、直辖市交通运输主管部门应当对该收费公路的收费管理和养护情况实施监督检查。

收费公路权益转让合同约定的转让期限届满前6个月，省、自治区、直辖市人民政府交通运输主管部门应当对转让权益的收费公路进行鉴定和验收。经鉴定和验收，公路符合收费公路权益转让时核定的技术等级和标准的，公路经营企业方可按照国家有关规定，在转让期限届满时向交通运输主管部门办理公路移交手续；不符合转让收费公路权益时核定的技术等级和标准的，公路经营企业应当在交通运输主管部门确定的期限内进行养护，达到要求后，方可按照规定办理公路移交手续。转让期限届满仍未达到要求的，交通运输主管部门应当收回公路收费权，办理公路移交手续，指定其他单位进行养护，养护费用由原公路经营企业承担。

第六章 法律责任

第四十一条 违反本办法的规定，擅自批准收费公路权益转让的，按《收费条例》第四十七条的规定查处。

第四十二条 违反本办法第九条的规定，由国务院交通运输主管部门或者省级交通运输主管部门依据职权，责令改正；对负有责任的主管人员和其他直接责任人员依法给予行政处分；构成犯罪的，依法追究刑事责任。

第四十三条 违反本办法的规定，转让方应当通过招标选择受让方而未进行招标，或者招标的程序、内容不符合本办法的规定，按照《中华人民共和国招标投标法》的有关规定查处。

第四十四条 违反本办法的规定，社会中介机构在对收费公路权益转让项目进行审计或者评估时弄虚作假，或者出具的会计报告和评估报告严重失实的，根据其情节轻重，由有关机构按照国家有关法律、法规的规定处罚。

第四十五条 违反本办法的规定，有下列行为之一的，按照《收费条例》第五十二条的规定查处：

（一）转让方未将转让政府还贷公路权益的收入和转让有财政性资金投入的经营性公路权益取得的收入中与财政性资金投入份额相应的收入部分全额缴入国库的；

（二）交通运输主管部门、财政主管部门将转让政府还贷公路权益的收入和转让有财政性资金投入的经营性公路权益取得的收入中与财政性资金投入份额相应的收入部分，未用于偿还贷款或者偿还有偿集资款及未用于公路建设，将转让收入挪作他用的。

第四十六条 违反本办法的规定，受让方未履行公路养护、绿化和公路用地范围内的水土保持义务，按照《收费条例》第五十四条和第五十五条的规定查处。

第四十七条 违反本办法的规定，审批机关及其工作人员有下列情形之一的，按照《中华人民共和国行政许可法》第七十二条和第七十四条的规定查处：

（一）不在本办法规定的期限内出具审批意见的；

（二）对不符合法定条件和程序的收费公路权益转让申请予以批准，或者超越法定职权予以审批的；

（三）在受理、审查过程中，未向转让方一次告知必须补正的全部内容的。

第四十八条 审批机关工作人员在办理收费公路权益转让审批过程中，索取或者收受他人财物或者谋取其他利益，按照《中华人民共和国行政许可法》第七十三条的规定查处。

第七章 附 则

第四十九条 本办法规定的时限以工作日计算，不含法定节假日。

第五十条 本办法自2008年10月1日起施行。交通部于1996年10月9日以交通部第9号令发布的《公路经营权有偿转让管理办法》同时废止。

路政管理规定

（2003年1月27日交通部发布 根据2016年12月10日交通运输部《关于修改〈路政管理规定〉的决定》修正）

第一章 总 则

第一条 为加强公路管理，提高路政管理水平，保障公路的完好、安全和畅通，根据《中华人民共和国公路法》（以下简称《公路法》）及其他有关法律、行政法规，制定本规定。

第二条 本规定适用于中华人民共和国境内的国道、省道、县道、乡道的路政管理。

本规定所称路政管理，是指县级以上人民政府交通主管部门或者其设置的公路管理机构，为维护公路管理者、经营者、使用者的合法权益，根据《公路法》及其他有关法律、法规和规章的规定，实施保护公路、公路用地及公路附属设施（以下统称“路产”）的行政管理。

第三条 路政管理工作应当遵循“统一管理、分级负责、依法行政”的原则。

第四条 交通部根据《公路法》及其他有关法律、行政法规的规定主管全国路政管理工作。

县级以上地方人民政府交通主管部门根据《公路法》及其他有关法律、法规、规章的规定主管本行政区域内路政管理工作。

县级以上地方人民政府交通主管部门设置的公路管理机构根据《公路法》的规定或者根据县级以上地方人民政府交通主管部门的委托负责路政管理的具体工作。

第五条 县级以上地方人民政府交通主管部门或者其设置的公路管理机构的路政管理职责如下：

（一）宣传、贯彻执行公路管理的法律、法规和规章；

（二）保护路产；

（三）实施路政巡查；

（四）管理公路两侧建筑控制区；

（五）维持公路养护作业现场秩序；

（六）参与公路工程交工、竣工验收；

（七）依法查处各种违反路政管理法律、法规、规章的案件；

（八）法律、法规规定的其他职责。

第六条 依照《公路法》的有关规定，受让公路收费权或者由国内外经济组织投资建成的收费公路的路政管理工作，由县级以上地方人民政府交通主管部门或者其设置的公路管理机构的派出机构、人员负责。

第七条 任何单位和个人不得破坏、损坏或者非法占用路产。

任何单位和个人都有爱护路产的义务，有检举破坏、损坏路产和影响公路安全行为的权利。

第二章 路政管理许可

第八条 除公路防护、养护外，占用、利用或者挖掘公路、公路用地、公路两侧建筑控制区，以及更新、砍伐公路用地上的树木，应当根据《公路法》和本规定，事先报经交通主管部门或者其设置的公路管理机构批准、同意。

第九条 因修建铁路、机场、电站、通信设施、水利工程和进行其他建设工程需要占用、挖掘公路或者使公路改线的，建设单位应当按照《公路法》第四十四条第二款的规定，事先向交通主管部门或者其设置的公路管理机构提交申请书和设计图。

本条前款规定的申请书包括以下主要内容：

（一）主要理由；

（二）地点（公路名称、桩号及与公路边坡外缘或者公路界桩的距离）；

（三）安全保障措施；

（四）施工期限；

（五）修复、改建公路的措施或者补偿数额。

第十条 跨越、穿越公路，修建桥梁、渡槽或者架设、埋设管线等设施，以及在公路用地范围内架设、埋设管（杆）线、电缆等设施，应当按照《公路法》第四十五条的规定，事先向交通主管部门或者其设置的公路管理机构提交申请书和设计图。

本条前款规定的申请书包括以下主要内容：

（一）主要理由；

（二）地点（公路名称、桩号及与公路边坡外缘或者公路界桩的距离）；

（三）安全保障措施；

（四）施工期限；

（五）修复、改建公路的措施或者补偿数额。

第十一条 因抢险、防汛需要在大中型公路桥梁和渡口周围二百米范围内修筑堤坝、压缩或者拓宽河床，应当按照《公路法》第四十七条第二款的规定，事先向交通主管部门提交申请书和设计图。

本条前款规定的申请书包括以下主要内容：

（一）主要理由；

（二）地点（公路名称、桩号及与公路边坡外缘或者公路界桩的距离）；

（三）安全保障措施；

（四）施工期限。

第十二条 铁轮车、履带车和其他可能损害公路路面的机具，不得在公路上行驶。

农业机械因当地田间作业需要在公路上短距离行驶或者军用车辆执行任务需要在公路上行驶的，可以不受前款限制，但是应当采取安全保护措施。对公路造成损坏的，应当按照损坏程度给予补偿。

第十三条 超过公路、公路桥梁、公路隧道或者汽车渡船的限载、限高、限宽、限长标准的车辆，确需在公路上行驶的，按照《公路法》第五十条和交通部制定的《超限运输车辆行驶公路管理规定》的规定办理。

第十四条 在公路用地范围内设置公路标志以外的其他标志，应当按照《公路法》第五十四条的规定，事先向交通主管部门或者其设置的公路管理机构提交申请书和设计图。

本条前款规定的申请书包括以下主要内容：

（一）主要理由；

（二）标志的内容；

（三）标志的颜色、外廓尺寸及结构；

（四）标志设置地点（公路名称、桩号）；

（五）标志设置时间及保持期限。

第十五条 在公路上增设平面交叉道口，应当按照《公路法》第五十五条的规定，事先向交通主管部门或者其设置的公路管理机构提交申请书和设计图或者平面布置图。

本条前款规定的申请书包括以下主要内容：

（一）主要理由；

（二）地点（公路名称、桩号）；

（三）施工期限；

（四）安全保障措施。

第十六条 在公路两侧的建筑控制区内埋设管（杆）线、电缆等设施，应当按照《公路法》第五十六条第一款的规定，事先向交通主管部门或者其设置的公路管理机构提交申请书和设计图。

本条前款规定的申请书包括以下主要内容：

（一）主要理由；

（二）地点（公路名称、桩号及与公路边坡外缘或公路界桩的距离）；

（三）安全保障措施；

（四）施工期限。

第十七条 更新砍伐公路用地上的树木，应当依照《公路法》第四十二条第二款的规定，事先向交通主管部门或者其设置的公路管理机构提交申请书。

本条前款规定的申请书包括以下主要内容：

（一）主要理由；

（二）地点（公路名称、桩号）；

（三）树木的种类和数量；

（四）安全保障措施；

（五）时间；

（六）补种措施。

第十八条 除省级人民政府根据《公路法》第八条第二款就国道、省道管理、监督职责作出决定外，路政管理许可的权限如下：

（一）属于国道、省道的，由省级人民政府交通主管部门或者其设置的公路管理机构办理；

（二）属于县道的，由市（设区的市）级人民政府交通主管部门或者其设置的公路管理机构办理；

（三）属于乡道的，由县级人民政府交通主管部门或者其设置的公路管理机构办理。

路政管理许可事项涉及有关部门职责的，应当经交通主管部门或者其设置的公路管理机构批准或者同意后，依照有关法律、法规的规定，办理相关手续。其中，本规定第十一条规定的事项，由省级人民政府交通主管部门会同省级水行政主管部门办理。

第十九条 交通主管部门或者其设置的公路管理机构自接到申请书之日起15日内应当作出决定。作出批准或者同意的决定的，应当签发相应的许可证；作出不批准或者不同意的决定的，应当书面告知，并说明理由。

第三章 路政案件管辖

第二十条 路政案件由案件发生地的县级人民政府交通主管部门或者其设置的公路管理机构管辖。

第二十一条 对管辖发生争议的，报请共同的上一级人民政府交通主管部门或者其设置的公路管理机构指定管辖。

下级人民政府交通主管部门或者其设置的公路管理机构对属于其管辖的案件，认为需要由上级人民政府交通主管部门或者其设置的公路管理机构处理的，可以报请上一级人民政府交通主管部门或者其设置的公路管理机构决定。

上一级人民政府交通主管部门或者其设置的公路管理机构认为必要的，可以直接处理属于下级人民政府交通主管部门或者其设置的公路管理机构管辖的案件。

第二十二条 报请上级人民政府交通主管部门或者其设置的公路管理机构处理的案件以及上级人民政府交通主管部门或者其设置的公路管理机构决定直接处理的案件，案件发生地的县级人民政府交通主管部门或者其设置的公路管理机构应当首先制止违法行为，并做好保护现场等工作，上级人民政府交通主管部门或者其设置的公路管理机构应当及时确定管辖权。

第四章 行政处罚

第二十三条 有下列违法行为之一的，依照《公路法》第七十六条的规定，责令停止违法行为，可处三万元以下的罚款：

（一）违反《公路法》第四十四条第一款规定，擅自占用、挖掘公路的；

（二）违反《公路法》第四十五条规定，未经同意或者未按照公路工程技术标准的要求修建跨越、穿越公路的桥梁、渡槽或者架设、埋设管线、电缆等设施的；

（三）违反《公路法》第四十七条规定，未经批准从事危及公路安全作业的；

（四）违反《公路法》第四十八条规定，铁轮车、履带车和其他可能损害路面的机具擅自在公路上超限行驶的；

（五）违反《公路法》第五十条规定，车辆超限使用汽车渡船或者在公路上擅自超限行驶的；

（六）违反《公路法》第五十二条、第五十六条规定，损坏、移动、涂改公路附属设施或者损坏、挪动建筑控制区的标桩、界桩，可能危及公路安全的。

第二十四条 有下列违法行为之一的，依照《公路法》第七十七条的规定，责令停止违法行为，可处五千元以下罚款：

（一）违反《公路法》第四十六条规定，

造成公路路面损坏、污染或者影响公路畅通的；

（二）违反《公路法》第五十一条规定，将公路作为检验机动车辆制动性能的试车场地的。

第二十五条 违反《公路法》第五十三条规定，造成公路损坏，未报告的，依照《公路法》第七十八条的规定，处以一千元以下罚款。

第二十六条 违反《公路法》第五十四条规定，在公路用地范围内设置公路标志以外的其他标志的，依照《公路法》第七十九条的规定，责令限期拆除，可处二万元以下罚款。

第二十七条 违反《公路法》第五十五条规定，未经批准在公路上设置平面交叉道口的，依照《公路法》第八十条的规定，责令恢复原状，处五万元以下罚款。

第二十八条 违反《公路法》第五十六条规定，在公路建筑控制区内修建建筑物、地面构筑物或者擅自埋设管线、电缆等设施的，依照《公路法》第八十一条的规定，责令限期拆除，并可处五万元以下罚款。

第二十九条 《公路法》第八章及本规定规定的行政处罚，由县级以上地方人民政府交通主管部门或者其设置的公路管理机构依照《公路法》有关规定实施。

第三十条 实施路政处罚的程序，按照《交通行政处罚程序规定》办理。

第五章 公路赔偿和补偿

第三十一条 公民、法人或者其他组织造成路产损坏的，应向公路管理机构缴纳路产损坏赔（补）偿费。

第三十二条 根据《公路法》第四十四条第二款，经批准占用、利用、挖掘公路或者使公路改线的，建设单位应当按照不低于该段公路原有技术标准予以修复、改建或者给予相应的补偿。

第三十三条 路产损坏事实清楚，证据确凿充分，赔偿数额较小，且当事人无争议的，可以当场处理。

当场处理公路赔（补）偿案件，应当制作、送达《公路赔（补）偿通知书》收取公路赔（补）偿费，出具收费凭证。

第三十四条 除本规定第三十三条规定可以当场处理的公路赔（补）偿案件外，处理公路赔（补）偿案件应当按照下列程序进行：

（一）立案；

（二）调查取证；

（三）听取当事人陈述和申辩或听证；

（四）制作并送达《公路赔（补）偿通知书》；

（五）收取公路赔（补）偿费；

（六）出具收费凭证；

（七）结案。

调查取证应当询问当事人及证人，制作调查笔录；需要进行现场勘验或者鉴定的，还应当制作现场勘验报告或者鉴定报告。

第三十五条 本规定对公路赔（补）偿案件处理程序的具体事项未作规定的，参照《交通行政处罚程序规定》办理。

办理公路赔（补）偿案件涉及路政处罚的，可以一并进行调查取证，分别进行处理。

第三十六条 当事人对《公路赔（补）偿通知书》认定的事实和赔（补）偿费数额有疑义的，可以向公路管理机构申请复核。

公路管理机构应当自收到公路赔（补）偿复核申请之日起15日内完成复核，并将复核结果书面通知当事人。

本条规定不影响当事人依法向人民法院提起民事诉讼的法定权利。

第三十七条 公路赔（补）偿费应当用于受损公路的修复，不得挪作他用。

第六章 行政强制措施

第三十八条 对公路造成较大损害、当场不能处理完毕的车辆，公路管理机构应当依据《公路法》第八十五条第二款的规定，签发《责令车辆停驶通知书》，责令该车辆停驶并停放于指定场所。调查、处理完毕后，应当立即放行车辆，有关费用由车辆所有人或者使用人承担。

第三十九条 违反《公路法》第五十四条规定，在公路用地范围内设置公路标志以外的其他标志，依法责令限期拆除，而设置者逾期不拆除的，依照《公路法》第七十九条的规定强行拆除。

第四十条 违反《公路法》第五十六条规定，在公路建筑控制区内修建建筑物、地面构筑物或者擅自埋设管（杆）线、电缆等设施，依法责令限期拆除，而建筑者、构筑者逾期不拆除的，依照《公路法》第八十一条的规定强行拆除。

第四十一条 依法实施强行拆除所发生的有关费用，由设置者、建筑者、构筑者负担。

第四十二条 依法实施路政强行措施，应当遵守下列程序：

（一）制作并送达路政强制措施告诫书，告知当事人作出拆除非法标志或者设施决定的事实、理由及依据，拆除非法标志或者设施的期限，不拆除非法标志或者设施的法律后果，并告知当事人依法享有的权利；

（二）听取当事人陈述和申辩；

（三）复核当事人提出的事实、理由和依据；

（四）经督促告诫，当事人逾期不拆除非法标志或者设施的，制作并送达路政强制措施决定书；

（五）实施路政强制措施；

（六）制作路政强制措施笔录。

实施强行拆除涉及路政处罚的，可以一并进行调查取证，分别进行处理。

第四十三条 有下列情形之一的，可依法申请人民法院强制执行：

（一）当事人拒不履行公路行政处罚决定；

（二）依法强行拆除受到阻挠。

第四十四条 《公路法》第八章及本规定规定的行政强制措施，由县级以上地方人民政府交通主管部门或者其设置的公路管理机构依照《公路法》有关规定实施。

第七章 监督检查

第四十五条 交通主管部门、公路管理机构应当依法对有关公路管理的法律、法规、规章执行情况进行监督检查。

第四十六条 交通主管部门、公路管理机构应当加强路政巡查，认真查处各种侵占、损坏路产及其他违反公路管理法律、法规和本规定的行为。

第四十七条 路政管理人员依法在公路、建筑控制区、车辆停放场所、车辆所属单位等进行监督检查时，任何单位和个人不得阻挠。

第四十八条 公路养护人员发现破坏、损坏或者非法占用路产和影响公路安全的行为应当予以制止，并及时向公路管理机构报告，协助路政管理人员实施日常路政管理。

第四十九条 公路经营者、使用者和其他有关单位、个人，应当接受路政管理人员依法实施的监督检查，并为其提供方便。

第五十条 对公路造成较大损害的车辆，必须立即停车，保护现场，并向公路管理机构报告。

第五十一条 交通主管部门、公路管理机构应当对路政管理人员的执法行为加强监督检查，对其违法行为应当及时纠正，依法处理。

第八章 人员与装备

第五十二条 公路管理机构应当配备相应的专职路政管理人员，具体负责路政管理工作。

第五十三条 路政管理人员的配备标准由省级人民政府交通主管部门会同有关部门按照“精干高效”的原则，根据本辖区公路的行政等级、技术等级和当地经济发展水平等实际情况综合确定。

第五十四条 路政管理人员录用应具备以下条件：

（一）年龄在20周岁以上，但一线路政执法人员的年龄不得超过45岁；

（二）身体健康；

（三）大专毕业以上文化程度；

（四）持有符合交通部规定的岗位培训考试合格证书。

第五十五条 路政管理人员实行公开录用、竞争上岗，由市（设区的市）级公路管理机构组织实施，省级公路管理机构批准。

第五十六条 路政管理人员执行公务时，必须按规定统一着装，佩戴标志，持证上岗。

第五十七条 路政管理人员必须爱岗敬业，恪尽职守，熟悉业务，清正廉洁，文明服务、秉公执法。

第五十八条 交通主管部门、公路管理机构应当加强路政管理队伍建设，提高路政管理执法水平。

第五十九条 路政管理人员玩忽职守、徇私舞弊、滥用职权，依法给予行政处分；构成犯罪的，依法追究刑事责任。

第六十条 公路管理机构应当配备专门用

于路政管理的交通、通信及其他必要的装备。

用于路政管理的交通、通讯及其他装备不得用于非路政管理活动。

第六十一条 用于路政管理的专用车辆，应当按照《公路法》第七十三条和交通部制定的《公路监督检查专用车辆管理办法》的规定，设置统一的标志和示警灯。

第九章 内务管理

第六十二条 公路管理机构应当建立健全路政内务管理制度，加强各项内务管理工作。

第六十三条 路政内务管理制度如下：

（一）路政管理人员岗位职责；

（二）路政管理人员行为规范；

（三）路政管理人员执法考核、评议制度；

（四）路政执法与办案程序；

（五）路政巡查制度；

（六）路政管理统计制度；

（七）路政档案管理制度；

（八）其他路政内务管理制度。

第六十四条 公路管理机构应当公开办事制度，自觉接受社会监督。

第十章 附 则

第六十五条 公路赔（补）偿费标准，由省、自治区、直辖市人民政府交通主管部门会同同级财政、价格主管部门制定。

第六十六条 路政管理文书的格式，由交通部统一制定。

第六十七条 本规定由交通部负责解释。

第六十八条 本规定自2003年4月1日起施行。1990年9月24日交通部发布的《公路路政管理规定（试行）》同时废止。

农村公路建设管理办法

（2017年12月27日经第25次部务会议通过 2018年4月8日交通运输部令第4号公布 自2018年6月1日起施行）

第一章 总 则

第一条 为了规范农村公路建设管理，促进农村公路可持续健康发展，根据《公路法》《公路安全保护条例》《建设工程质量管理条例》《建设工程安全生产管理条例》等法律、行政法规和国务院相关规定，制定本办法。

第二条 农村公路新建、改建、扩建的管理，适用本办法。

本办法所称农村公路是指纳入农村公路规划，并按照公路工程技术标准修建的县道、乡道、村道及其所属设施，包括经省级交通运输主管部门认定并纳入统计年报里程的农村公路。公路包括公路桥梁、隧道和渡口。

县道是指除国道、省道以外的县际间公路以及连接县级人民政府所在地与乡级人民政府所在地和主要商品生产、集散地的公路。

乡道是指除县道及县道以上等级公路以外的乡际间公路以及连接乡级人民政府所在地与建制村的公路。

村道是指除乡道及乡道以上等级公路以外的连接建制村与建制村、建制村与自然村、建制村与外部的公路，但不包括村内街巷和农田间的机耕道。

第三条 农村公路建设应当遵循政府主导、分级负责、安全至上、确保质量、生态环保、因地制宜的原则。

第四条 交通运输部负责全国公路建设的行业管理工作。

县级以上地方交通运输主管部门依据职责主管本行政区域内农村公路的建设管理工作，县级交通运输主管部门具体负责指导、监督乡道、村道建设管理工作。

第五条 县级人民政府应当按照国务院有关规定落实本行政区域内农村公路建设的主体责任，对农村公路建设质量、安全负责，落实财政保障机制，加强和规范农村公路建设管理，严格生态环境保护，扶持和促进农村公路绿色可持续发展。

乡级人民政府负责本行政区域内乡道、村道建设管理工作。

村民委员会在乡级人民政府的指导下，可以按照村民自愿、民主决策的原则和一事一议制度组织村道建设。

第六条 农村公路建设项目实行项目业主责任制。项目业主应当具备建设项目相应的管理和技术能力。

鼓励选择专业化机构履行项目业主职责。

第七条 农村公路建设项目按照规模、功能、技术复杂程度等因素，分为重要农村公路建设项目和一般农村公路建设项目。

省级交通运输主管部门可以会同同级有关部门确定重要农村公路建设项目和一般农村公路建设项目的具体划分标准，并可以根据相关法规和本办法，结合本地区实际情况简化一般农村公路建设项目的建设程序。

第八条 鼓励在农村公路建设中应用新技术、新材料、新工艺、新设备，提高建设质量。

在保证农村公路建设质量的前提下，鼓励整合旧路资源、加工适于筑路的废旧材料等用于农村公路建设，推动资源循环利用。

鼓励采用设计、施工和验收后一定时期养护工作合并实施的“建养一体化”模式。

第九条 市级以上地方交通运输主管部门应当采用随机抽取建设项目，随机选派检查人员，检查情况向社会公开的方式，对农村公路建设项目进行监督检查。检查比例由省级交通运输主管部门确定。

县级交通运输主管部门应当实现农村公路建设项目监督检查全覆盖。

鼓励委托具有公路设计、施工、监理资质的单位进行监督检查。

第十条 农村公路建设项目年度计划、补助政策、招标投标、施工管理、质量监管、资金使用、工程验收等信息应当按照交通运输部有关规定向社会公开，接受社会监督。

第二章 规划管理

第十一条 农村公路建设规划应当符合国民经济和社会发展规划、土地利用总体规划，与城乡规划、国道、省道以及其他交通运输方式的发展规划相协调。

第十二条 县道建设规划由县级交通运输主管部门会同同级有关部门编制，经县级人民政府审定后，报上一级人民政府批准。

乡道、村道建设规划由县级交通运输主管部门协助乡级人民政府编制，报县级人民政府批准。

经批准的农村公路建设规划，应当报批准机关的上一级交通运输主管部门备案。

第十三条 农村公路建设规划编制单位应当在编制建设规划时同步建立农村公路建设规划项目库，同建设规划一并履行报批和备案手续。

农村公路建设规划项目库实行动态管理，根据需要定期调整。项目库调整应当报原批准机关批准，并报批准机关的上一级交通运输主管部门备案。

第十四条 县级以上地方交通运输主管部门应当根据农村公路建设规划项目库，统筹考虑财政投入、年度建设重点、养护能力等因素，会同同级有关部门编制农村公路建设项目年度计划。

未纳入农村公路建设规划项目库的建设项目，不得列入年度计划。

农村公路建设项目年度计划编制及审批程序由省级交通运输主管部门制定。

第三章 建设资金

第十五条 农村公路建设资金应当按照国家相关规定，列入地方各级政府财政预算。

农村公路建设应当逐步建立健全以财政投入为主、多渠道筹措为辅的资金筹措机制。

鼓励采取农村公路资源开发、金融支持、捐助、捐款等方式筹集农村公路建设资金。

第十六条 县级以上地方交通运输主管部门应当依据职责，建立健全农村公路建设资金管理制度，加强对资金使用情况的监管。

第十七条 由中央政府给予投资支持的农村公路建设项目，应当按照有关规定及时将项目以及资金使用情况报相关部门备案。

第十八条 农村公路建设资金应当按照有关规定及时支付。已列入建设计划的项目可以采用“先建后补”等方式组织建设。

车辆购置税补助资金应当全部用于建设项目建筑安装工程费支出，不得从中提取咨询、审查、管理等其他费用，但中央政府全额投资的建设项目除外。

第十九条 农村公路建设资金使用情况应当按照规定接受有关部门监督检查。

任何单位、组织和个人不得截留、挤占、挪用农村公路建设资金。

第二十条 农村公路建设不得增加农民负担，不得损害农民利益，不得采用强制手段向单位和个人集资，不得强行让农民出工、备料。

第二十一条 农村公路建设不得拖欠工程款和农民工工资，不得拖欠征地拆迁款。

第四章 建设标准和设计

第二十二条 农村公路建设应当根据本地区实际情况，合理确定公路技术等级，并符合有关标准规范和省级以上交通运输主管部门相关要求。

第二十三条 农村公路设计应当做好耕地特别是永久基本农田、水利设施、生态环境和文物古迹的保护。

有条件的地方在农村公路设计时可以结合旅游等需求设置休息区、观景台。

第二十四条 农村公路设计应当由具有相应资质的设计单位承担。

重要农村公路建设项目应当进行初步设计和施工图设计。一般农村公路建设项目可以直接进行施工图设计，并可以多个项目一并进行。

第二十五条 农村公路建设项目设计文件由县级以上地方交通运输主管部门依据法律、行政法规的相关规定进行审批，具体审批权限由省级交通运输主管部门确定。

农村公路建设项目重大或者较大设计变更应当报原设计审批部门批准。

第五章 建设施工

第二十六条 农村公路建设用地应当符合土地使用标准，并按照国家有关规定执行。

第二十七条 农村公路建设项目需要征地拆迁的，应当按照当地人民政府确定的补偿标准给予补偿。

第二十八条 农村公路建设项目的勘察、设计、施工、监理等符合法定招标条件的，应当依法进行招标。

省级交通运输主管部门可以编制农村公路建设招标文件范本。

第二十九条 县级以上地方交通运输主管部门应当会同同级有关部门加强对农村公路建设项目招标投标工作的指导和监督。

第三十条 重要农村公路建设项目应当单独招标，一般农村公路建设项目可以多个项目一并招标。

第三十一条 农村公路建设项目的招标由项目业主负责组织。

第三十二条 农村公路建设项目应当选择具有相应资质的单位施工。在保证工程质量的条件下，可以在专业技术人员的指导下组织当地群众参与实施一般农村公路建设项目中技术难度低的路基和附属设施。

第三十三条 农村公路建设项目由项目业主依照相关法规自主决定工程监理形式。

第六章 质量安全

第三十四条 农村公路建设项目应当遵守工程质量和安全监督管理相关法规规定。

第三十五条 农村公路建设项目应当设定保修期限和质量保证金。重要农村公路建设项目保修期限在2至3年，一般农村公路建设项目保修期限在1至2年，具体期限由项目业主和施工单位在合同中约定，自项目交工验收之日起计算。质量保证金可以从建设项目资金中预留或者以银行保函方式缴纳，预留或者缴纳比例应当符合国家相关规定。

在保修期限内发生的质量缺陷，由施工单位负责修复。施工单位不能进行修复的，由项目业主负责组织修复，修复所产生的相关费用从质量保证金中扣除，不足部分由施工单位承担。

保修期限届满且质量缺陷得到有效处置的，预留的质量保证金应当及时返还施工单位。

第三十六条 省级交通运输主管部门应当建立农村公路建设信用评价体系，由县级交通运输主管部门对农村公路建设项目有关单位进行评价，并实施相应守信联合激励和失信联合惩戒。

第三十七条 农村公路建设项目应当按照有关标准设置交通安全、防护、排水等附属设施，并与主体工程同时设计、同时施工、同时投入使用。

第三十八条 鼓励聘请技术专家或者动员当地群众代表参与农村公路建设项目质量和安全监督工作。

第三十九条 鼓励推行标准化施工，对混凝土拌和、构件预制、钢筋加工等推行工厂化管理，提高建设质量。

第七章 工程验收

第四十条 农村公路建设项目完工后，应当按照国家有关规定组织交工、竣工验收。未经验收或者验收不合格的，不得交付使用。

一般农村公路建设项目的交工、竣工验收可以合并进行，并可以多个项目一并验收。

第四十一条 农村公路建设项目由项目业主组织交工验收，由县级以上地方交通运输主管部门按照项目管理权限组织竣工验收。交工、竣工验收合并的项目，由县级以上地方交通运输主管部门按照项目管理权限组织验收。

由县级以上地方交通运输主管部门组织验收的农村公路建设项目，应当邀请同级公安、安全生产监督管理等相关部门参加，验收结果报上一级交通运输主管部门备案。

市级以上地方交通运输主管部门应当将项目验收作为监督检查的重要内容。

第四十二条 农村公路建设项目验收时，验收单位应当按照设计文件和项目承包合同，组织质量鉴定检测，核定工程量。

第四十三条 农村公路建设项目在交工验收时发现存在质量缺陷等问题，由施工单位限期完成整改。

第四十四条 农村公路新建项目交工验收合格后，方可开放交通，并移交管理养护单位。

县级以上交通运输主管部门应当及时组织做好基础数据统计、更新和施工资料归档工作。

第四十五条 省级交通运输主管部门可以根据《公路工程竣（交）工验收办法》和《公路工程质量检验评定标准》，结合本地区实际情况，规定具体的农村公路建设项目验收程序。

第八章 法律责任

第四十六条 违反本办法规定，有下列情形之一的，由有关交通运输主管部门或者由其向地方人民政府建议对责任单位进行通报批评，限期整改；情节严重的，对责任人依法给予行政处分：

（一）在筹集农村公路建设资金过程中，强制单位和个人集资，强迫农民出工、备料的；

（二）擅自降低征地补偿标准，或者拖欠工程款、征地拆迁款和农民工工资的。

第四十七条 违反本办法规定，农村公路建设资金不按时支付，或者截留、挤占、挪用建设资金的，由有关交通运输主管部门或者由其向地方人民政府建议对责任单位进行通报批评，限期整改；情节严重的，对责任人依法给予行政处分。

第四十八条 违反本办法规定，农村公路新建项目未经交工验收合格即开放交通的，由有关交通运输主管部门责令停止使用，限期改正。

第四十九条 农村公路建设项目发生招标投标违法行为的，依据《招标投标法》《招标投标法实施条例》等有关规定，对相关责任单位和责任人给予处罚。

第五十条 农村公路建设项目发生转包、违法分包等质量安全违法行为的，依据《建设工程质量管理条例》《建设工程安全生产管理条例》等有关规定，对相关责任单位和责任人给予处罚。

第九章 附 则

第五十一条 本办法自2018年6月1日起施行。2006年1月27日以交通部令2006年第3号发布的《农村公路建设管理办法》同时废止。

城市轨道交通运营管理规定

（2018年5月14日经第7次部务会议通过　2018年5月21日交通运输部令第8号公布　自2018年7月1日起施行）

第一章　总　则

第一条　为规范城市轨道交通运营管理，保障运营安全，提高服务质量，促进城市轨道交通行业健康发展，根据国家有关法律、行政法规和国务院有关文件要求，制定本规定。

第二条　地铁、轻轨等城市轨道交通的运营及相关管理活动，适用本规定。

第三条　城市轨道交通运营管理应当遵循以人民为中心、安全可靠、便捷高效、经济舒适的原则。

第四条　交通运输部负责指导全国城市轨道交通运营管理工作。

省、自治区交通运输主管部门负责指导本行政区域内的城市轨道交通运营管理工作。

城市轨道交通所在地城市交通运输主管部门或者城市人民政府指定的城市轨道交通运营主管部门（以下统称城市轨道交通运营主管部门）在本级人民政府的领导下负责组织实施本行政区域内的城市轨道交通运营监督管理工作。

第二章　运营基础要求

第五条　城市轨道交通运营主管部门在城市轨道交通线网规划及建设规划征求意见阶段，应当综合考虑与城市规划的衔接、城市轨道交通客流需求、运营安全保障等因素，对线网布局和规模、换乘枢纽规划、建设时序、资源共享、线网综合应急指挥系统建设、线路功能定位、线路制式、系统规模、交通接驳等提出意见。

城市轨道交通运营主管部门在城市轨道交通工程项目可行性研究报告和初步设计文件编制审批征求意见阶段，应当对客流预测、系统设计运输能力、行车组织、运营管理、运营服务、运营安全等提出意见。

第六条　城市轨道交通工程项目可行性研究报告和初步设计文件中应当设置运营服务专篇，内容应当至少包括：

（一）车站开通运营的出入口数量、站台面积、通道宽度、换乘条件、站厅容纳能力等设施、设备能力与服务需求和安全要求的符合情况；

（二）车辆、通信、信号、供电、自动售检票等设施设备选型与线网中其他线路设施设备的兼容情况；

（三）安全应急设施规划布局、规模等与运营安全的适应性，与主体工程的同步规划和设计情况；

（四）与城市轨道交通线网运力衔接配套情况；

（五）其他交通方式的配套衔接情况；

（六）无障碍环境建设情况。

第七条　城市轨道交通车辆、通信、信号、供电、机电、自动售检票、站台门等设施设备和综合监控系统应当符合国家规定的运营准入技术条件，并实现系统互联互通、兼容共享，满足网络化运营需要。

第八条　城市轨道交通工程项目原则上应当在可行性研究报告编制前，按照有关规定选择确定运营单位。运营单位应当满足以下条件：

（一）具有企业法人资格，经营范围包括城市轨道交通运营管理；

（二）具有健全的行车管理、客运管理、设施设备管理、人员管理等安全生产管理体系和服务质量保障制度；

（三）具有车辆、通信、信号、供电、机电、轨道、土建结构、运营管理等专业管理人员，以及与运营安全相适应的专业技术人员。

第九条　运营单位应当全程参与城市轨道交通工程项目按照规定开展的不载客试运行，

熟悉工程设备和标准，察看系统运行的安全可靠性，发现存在质量问题和安全隐患的，应当督促城市轨道交通建设单位（以下简称建设单位）及时处理。

运营单位应当在运营接管协议中明确相关土建工程、设施设备、系统集成的保修范围、保修期限和保修责任，并督促建设单位将上述内容纳入建设工程质量保修书。

第十条 城市轨道交通工程项目验收合格后，由城市轨道交通运营主管部门组织初期运营前安全评估。通过初期运营前安全评估的，方可依法办理初期运营手续。

初期运营期间，运营单位应当按照设计标准和技术规范，对土建工程、设施设备、系统集成的运行状况和质量进行监控，发现存在问题或者安全隐患的，应当要求相关责任单位按照有关规定或者合同约定及时处理。

第十一条 城市轨道交通线路初期运营期满一年，运营单位应当向城市轨道交通运营主管部门报送初期运营报告，并由城市轨道交通运营主管部门组织正式运营前安全评估。通过安全评估的，方可依法办理正式运营手续。对安全评估中发现的问题，城市轨道交通运营主管部门应当报告城市人民政府，同时通告有关责任单位要求限期整改。

开通初期运营的城市轨道交通线路有甩项工程的，甩项工程完工并验收合格后，应当通过城市轨道交通运营主管部门组织的安全评估，方可投入使用。受客观条件限制难以完成甩项工程的，运营单位应当督促建设单位与设计单位履行设计变更手续。全部甩项工程投入使用或者履行设计变更手续后，城市轨道交通工程项目方可依法办理正式运营手续。

第十二条 运营单位承担运营安全生产主体责任，应当建立安全生产责任制，设置安全生产管理机构，配备专职安全管理人员，保障安全运营所必需的资金投入。

第十三条 运营单位应当配置满足运营需求的从业人员，按相关标准进行安全和技能培训教育，并对城市轨道交通列车驾驶员、行车调度员、行车值班员、信号工、通信工等重点岗位人员进行考核，考核不合格的，不得从事岗位工作。运营单位应当对重点岗位人员进行安全背景审查。

城市轨道交通列车驾驶员应当按照法律法规的规定取得驾驶员职业准入资格。

运营单位应当对列车驾驶员定期开展心理测试，对不符合要求的及时调整工作岗位。

第十四条 运营单位应当按照有关规定，完善风险分级管控和隐患排查治理双重预防制度，建立风险数据库和隐患排查手册，对于可能影响安全运营的风险隐患及时整改，并向城市轨道交通运营主管部门报告。

城市轨道交通运营主管部门应当建立运营重大隐患治理督办制度，督促运营单位采取安全防护措施，尽快消除重大隐患；对非运营单位原因不能及时消除的，应当报告城市人民政府依法处理。

第十五条 运营单位应当建立健全本单位的城市轨道交通运营设施设备定期检查、检测评估、养护维修、更新改造制度和技术管理体系，并报城市轨道交通运营主管部门备案。

运营单位应当对设施设备进行定期检查、检测评估，及时养护维修和更新改造，并保存记录。

第十六条 城市轨道交通运营主管部门和运营单位应当建立城市轨道交通智能管理系统，对所有运营过程、区域和关键设施设备进行监管，具备运行控制、关键设施和关键部位监测、风险管控和隐患排查、应急处置、安全监控等功能，并实现运营单位和各级交通运输主管部门之间的信息共享，提高运营安全管理水平。

运营单位应当建立网络安全管理制度，严格落实网络安全有关规定和等级保护要求，加强列车运行控制等关键系统信息安全保护，提升网络安全水平。

第十七条 城市轨道交通运营主管部门应当对运营单位运营安全管理工作进行监督检查，定期委托第三方机构组织专家开展运营期间安全评估工作。

初期运营前、正式运营前以及运营期间的安全评估工作管理办法由交通运输部另行制定。

第十八条 城市轨道交通运营主管部门和运营单位应当建立城市轨道交通运营信息统计分析制度，并按照有关规定及时报送相关信息。

第三章 运营服务

第十九条 运营单位应当按照有关标准为

乘客提供安全、可靠、便捷、高效、经济的服务，保证服务质量。

运营单位应当向社会公布运营服务质量承诺并报城市轨道交通运营主管部门备案，定期报告履行情况。

第二十条 运营单位应当根据城市轨道交通沿线乘客出行规律及网络化运输组织要求，合理编制运行图，并报城市轨道交通运营主管部门备案。

运营单位调整运行图严重影响服务质量的，应当向城市轨道交通运营主管部门说明理由。

第二十一条 运营单位应当通过标识、广播、视频设备、网络等多种方式按照下列要求向乘客提供运营服务和安全应急等信息：

（一）在车站醒目位置公布首末班车时间、城市轨道交通线网示意图、进出站指示、换乘指示和票价信息；

（二）在站厅或者站台提供列车到达、间隔时间、方向提示、周边交通方式换乘、安全提示、无障碍出行等信息；

（三）在车厢提供城市轨道交通线网示意图、列车运行方向、到站、换乘、开关车门提示等信息；

（四）首末班车时间调整、车站出入口封闭、设施设备故障、限流、封站、甩站、暂停运营等非正常运营信息。

第二十二条 城市轨道交通票价制定和调整按照国家有关规定执行。

城市轨道交通运营主管部门应当按照有关标准组织实施交通一卡通在轨道交通的建设与推广应用，推动跨区域、跨交通方式的互联互通。

第二十三条 城市轨道交通运营主管部门应当制定城市轨道交通乘客乘车规范，乘客应当遵守。拒不遵守的，运营单位有权劝阻和制止，制止无效的，报告公安机关依法处理。

第二十四条 城市轨道交通运营主管部门应当通过乘客满意度调查等多种形式，定期对运营单位服务质量进行监督和考评，考评结果向社会公布。

第二十五条 城市轨道交通运营主管部门和运营单位应当分别建立投诉受理制度。接到乘客投诉后，应当及时处理，并将处理结果告知乘客。

第二十六条 乘客应当持有效乘车凭证乘车，不得使用无效、伪造、变造的乘车凭证。运营单位有权查验乘客的乘车凭证。

第二十七条 乘客及其他人员因违法违规行为对城市轨道交通运营造成严重影响的，应当依法追究责任。

第二十八条 鼓励运营单位采用大数据分析、移动互联网等先进技术及有关设施设备，提升服务品质。运营单位应当保证乘客个人信息的采集和使用符合国家网络和信息安全有关规定。

第四章　安全支持保障

第二十九条 城市轨道交通工程项目应当按照规定划定保护区。

开通初期运营前，建设单位应当向运营单位提供保护区平面图，并在具备条件的保护区设置提示或者警示标志。

第三十条 在城市轨道交通保护区内进行下列作业的，作业单位应当按照有关规定制定安全防护方案，经运营单位同意后，依法办理相关手续并对作业影响区域进行动态监测：

（一）新建、改建、扩建或者拆除建（构）筑物；

（二）挖掘、爆破、地基加固、打井、基坑施工、桩基础施工、钻探、灌浆、喷锚、地下顶进作业；

（三）敷设或者搭架管线、吊装等架空作业；

（四）取土、采石、采砂、疏浚河道；

（五）大面积增加或者减少建（构）筑物载荷的活动；

（六）电焊、气焊和使用明火等具有火灾危险作业。

第三十一条 运营单位有权进入作业现场进行巡查，发现危及或者可能危及城市轨道交通运营安全的情形，运营单位有权予以制止，并要求相关责任单位或者个人采取措施消除妨害；逾期未改正的，及时报告有关部门依法处理。

第三十二条 使用高架线路桥下空间不得危害城市轨道交通运营安全，并预留高架线路桥梁设施日常检查、检测和养护维修条件。

地面、高架线路沿线建（构）筑物或者植物不得妨碍行车瞭望，不得侵入城市轨道交通线路的限界。沿线建（构）筑物、植物可能妨碍行车瞭望或者侵入线路限界的，责任单位应当及时采取措施消除影响。责任单位不能消除影响，危及城市轨道交通运营安全、情况紧急的，运营单位可以先行处置，并及时报告有关部门依法处理。

第三十三条 禁止下列危害城市轨道交通运营设施设备安全的行为：

（一）损坏隧道、轨道、路基、高架、车站、通风亭、冷却塔、变电站、管线、护栏护网等设施；

（二）损坏车辆、机电、电缆、自动售检票等设备，干扰通信信号、视频监控设备等系统；

（三）擅自在高架桥梁及附属结构上钻孔打眼，搭设电线或者其他承力绳索，设置附着物；

（四）损坏、移动、遮盖安全标志、监测设施以及安全防护设备。

第三十四条 禁止下列危害或者可能危害城市轨道交通运营安全的行为：

（一）拦截列车；

（二）强行上下车；

（三）擅自进入隧道、轨道或者其他禁入区域；

（四）攀爬或者跨越围栏、护栏、护网、站台门等；

（五）擅自操作有警示标志的按钮和开关装置，在非紧急状态下动用紧急或者安全装置；

（六）在城市轨道交通车站出入口 5 米范围内停放车辆、乱设摊点等，妨碍乘客通行和救援疏散；

（七）在通风口、车站出入口 50 米范围内存放有毒、有害、易燃、易爆、放射性和腐蚀性等物品；

（八）在出入口、通风亭、变电站、冷却塔周边躺卧、留宿、堆放和晾晒物品；

（九）在地面或者高架线路两侧各 100 米范围内升放风筝、气球等低空飘浮物体和无人机等低空飞行器。

第三十五条 在城市轨道交通车站、车厢、隧道、站前广场等范围内设置广告、商业设施的，不得影响正常运营，不得影响导向、提示、警示、运营服务等标识识别、设施设备使用和检修，不得挤占出入口、通道、应急疏散设施空间和防火间距。

城市轨道交通车站站台、站厅层不应设置妨碍安全疏散的非运营设施。

第三十六条 禁止乘客携带有毒、有害、易燃、易爆、放射性、腐蚀性以及其他可能危及人身和财产安全的危险物品进站、乘车。运营单位应当按规定在车站醒目位置公示城市轨道交通禁止、限制携带物品目录。

第三十七条 各级城市轨道交通运营主管部门应当按照职责监督指导运营单位开展反恐防范、安检、治安防范和消防安全管理相关工作。

鼓励推广应用安检新技术、新产品，推动实行安检新模式，提高安检质量和效率。

第三十八条 交通运输部应当建立城市轨道交通重点岗位从业人员不良记录和乘客违法违规行为信息库，并按照规定将有关信用信息及时纳入交通运输和相关统一信用信息共享平台。

第三十九条 鼓励经常乘坐城市轨道交通的乘客担任志愿者，及时报告城市轨道交通运营安全问题和隐患，检举揭发危害城市轨道交通运营安全的违法违规行为。运营单位应当对志愿者开展培训。

第五章 应急处置

第四十条 城市轨道交通所在地城市及以上地方各级人民政府应当建立运营突发事件处置工作机制，明确相关部门和单位的职责分工、工作机制和处置要求，制定完善运营突发事件应急预案。

运营单位应当按照有关法规要求建立运营突发事件应急预案体系，制定综合应急预案、专项应急预案和现场处置方案。运营单位应当组织专家对专项应急预案进行评审。

因地震、洪涝、气象灾害等自然灾害和恐怖袭击、刑事案件等社会安全事件以及其他因素影响或者可能影响城市轨道交通正常运营时，参照运营突发事件应急预案做好监测预警、信息报告、应急响应、后期处置等相关应对工作。

第四十一条 运营单位应当储备必要的应急物资，配备专业应急救援装备，建立应急救援队伍，配齐应急人员，完善应急值守和报告制度，加强应急培训，提高应急救援能力。

第四十二条 城市轨道交通运营主管部门应当按照有关法规要求，在城市人民政府领导下会同有关部门定期组织开展联动应急演练。

运营单位应当定期组织运营突发事件应急演练，其中综合应急预案演练和专项应急预案演练每半年至少组织一次。现场处置方案演练应当纳入日常工作，开展常态化演练。运营单位应当组织社会公众参与应急演练，引导社会公众正确应对突发事件。

第四十三条 运营单位应当在城市轨道交通车站、车辆、地面和高架线路等区域的醒目位置设置安全警示标志，按照规定在车站、车辆配备灭火器、报警装置和必要的救生器材，并确保能够正常使用。

第四十四条 城市轨道交通运营突发事件发生后，运营单位应当按照有关规定及时启动相应应急预案。运营单位应当充分发挥志愿者在突发事件应急处置中的作用，提高乘客自救互救能力。

现场工作人员应当按照各自岗位职责要求开展现场处置，通过广播系统、乘客信息系统和人工指引等方式，引导乘客快速疏散。

第四十五条 运营单位应当加强城市轨道交通客流监测。可能发生大客流时，应当按照预案要求及时增加运力进行疏导；大客流可能影响运营安全时，运营单位可以采取限流、封站、甩站等措施。

因运营突发事件、自然灾害、社会安全事件以及其他原因危及运营安全时，运营单位可以暂停部分区段或者全线网的运营，根据需要及时启动相应应急保障预案，做好客流疏导和现场秩序维护，并报告城市轨道交通运营主管部门。

运营单位采取限流、甩站、封站、暂停运营措施应当及时告知公众，其中封站、暂停运营措施还应当向城市轨道交通运营主管部门报告。

第四十六条 城市轨道交通运营主管部门和运营单位应当建立城市轨道交通运营安全重大故障和事故报送制度。

城市轨道交通运营主管部门和运营单位应当定期组织对重大故障和事故原因进行分析，不断完善城市轨道交通运营安全管理制度以及安全防范和应急处置措施。

第四十七条 城市轨道交通运营主管部门和运营单位应当加强舆论引导，宣传文明出行、安全乘车理念和突发事件应对知识，培养公众安全防范意识，引导理性应对突发事件。

第六章 法律责任

第四十八条 违反本规定第十条、第十一条，城市轨道交通工程项目（含甩项工程）未经安全评估投入运营的，由城市轨道交通运营主管部门责令限期整改，并对运营单位处以2万元以上3万元以下的罚款，同时对其主要负责人处以1万元以下的罚款；有严重安全隐患的，城市轨道交通运营主管部门应当责令暂停运营。

第四十九条 违反本规定，运营单位有下列行为之一的，由城市轨道交通运营主管部门责令限期改正；逾期未改正的，处以5000元以上3万元以下的罚款，并可对其主要负责人处以1万元以下的罚款：

（一）未全程参与试运行；

（二）未按照相关标准对从业人员进行技能培训教育；

（三）列车驾驶员未按照法律法规的规定取得职业准入资格；

（四）列车驾驶员、行车调度员、行车值班员、信号工、通信工等重点岗位从业人员未经考核上岗；

（五）未按照有关规定完善风险分级管控和隐患排查治理双重预防制度；

（六）未建立风险数据库和隐患排查手册；

（七）未按要求报告运营安全风险隐患整改情况；

（八）未建立设施设备检查、检测评估、养护维修、更新改造制度和技术管理体系；

（九）未对设施设备定期检查、检测评估和及时养护维修、更新改造；

（十）未按照有关规定建立运营突发事件应急预案体系；

（十一）储备的应急物资不满足需要，未配备专业应急救援装备，或者未建立应急救援队伍、配齐应急人员；

（十二）未按时组织运营突发事件应急演练。

第五十条 违反本规定第十八条、第四十六条，运营单位未按照规定上报城市轨道交通运营相关信息或者运营安全重大故障和事故的，由城市轨道交通运营主管部门责令限期改正；逾期未改正的，处以 5000 元以上 3 万元以下的罚款。

第五十一条 违反本规定，运营单位有下列行为之一，由城市轨道交通运营主管部门责令限期改正；逾期未改正的，处以 1 万元以下的罚款：

（一）未向社会公布运营服务质量承诺或者定期报告履行情况；

（二）运行图未报城市轨道交通运营主管部门备案或者调整运行图严重影响服务质量的，未向城市轨道交通运营主管部门说明理由；

（三）未按规定向乘客提供运营服务和安全应急等信息；

（四）未建立投诉受理制度，或者未及时处理乘客投诉并将处理结果告知乘客；

（五）采取的限流、甩站、封站、暂停运营等措施，未及时告知公众或者封站、暂停运营等措施未向城市轨道交通运营主管部门报告。

第五十二条 违反本规定第三十二条，有下列行为之一，由城市轨道交通运营主管部门责令相关责任人和单位限期改正、消除影响；逾期未改正的，可以对个人处以 5000 元以下的罚款，对单位处以 3 万元以下的罚款；造成损失的，依法承担赔偿责任；情节严重构成犯罪的，依法追究刑事责任：

（一）高架线路桥下的空间使用可能危害运营安全的；

（二）地面、高架线路沿线建（构）筑物或者植物妨碍行车瞭望、侵入限界的。

第五十三条 违反本规定第三十三条、第三十四条，运营单位有权予以制止，并由城市轨道交通运营主管部门责令改正，可以对个人处以 5000 元以下的罚款，对单位处以 3 万元以下的罚款；违反治安管理规定的，由公安机关依法处理；构成犯罪的，依法追究刑事责任。

第五十四条 城市轨道交通运营主管部门不履行本规定职责造成严重后果的，或者有其他滥用职权、玩忽职守、徇私舞弊行为的，对负有责任的领导人员和直接责任人员依法给予处分；构成犯罪的，依法追究刑事责任。

第五十五条 地方性法规、地方政府规章对城市轨道交通运营违法行为需要承担的法律责任与本规定有不同规定的，从其规定。

第七章 附 则

第五十六条 本规定自 2018 年 7 月 1 日起施行。

公路建设监督管理办法

（2006 年 6 月 8 日交通部发布 根据 2021 年 8 月 11 日交通运输部《关于修改〈公路建设监督管理办法〉的决定》修正）

第一章 总 则

第一条 为促进公路事业持续、快速、健康发展，加强公路建设监督管理，维护公路建设市场秩序，根据《中华人民共和国公路法》、《建设工程质量管理条例》和国家有关法律、法规，制定本办法。

第二条 在中华人民共和国境内从事公路建设的单位和人员必须遵守本办法。

本办法所称公路建设是指公路、桥梁、隧道、交通工程及沿线设施和公路渡口的项目建议书、可行性研究、勘察、设计、施工、竣（交）工验收和后评价全过程的活动。

第三条 公路建设监督管理实行统一领导，分级管理。

交通部主管全国公路建设监督管理；县级以上地方人民政府交通主管部门主管本行政区域内公路建设监督管理。

第四条 县级以上人民政府交通主管部门必须依照法律、法规及本办法的规定对公路建设实施监督管理。

有关单位和个人应当接受县级以上人民政府交通主管部门依法进行的公路建设监督检查，并给予支持与配合，不得拒绝或阻碍。

第二章 监督部门的职责与权限

第五条 公路建设监督管理的职责包括：

（一）监督国家有关公路建设工作方针、政策和法律、法规、规章、强制性技术标准的执行；

（二）监督公路建设项目建设程序的履行；

（三）监督公路建设市场秩序；

（四）监督公路工程质量和工程安全；

（五）监督公路建设资金的使用；

（六）指导、检查下级人民政府交通主管部门的监督管理工作；

（七）依法查处公路建设违法行为。

第六条 交通部对全国公路建设项目进行监督管理，依据职责负责国家高速公路网建设项目和交通部确定的其他重点公路建设项目前期工作、施工许可、招标投标、工程质量、工程进度、资金、安全管理的监督和竣工验收工作。

除应当由交通部实施的监督管理职责外，省级人民政府交通主管部门依据职责负责本行政区域内公路建设项目的监督管理，具体负责本行政区域内的国家高速公路网建设项目、交通部和省级人民政府确定的其他重点公路建设项目的监督管理。

设区的市和县级人民政府交通主管部门按照有关规定负责本行政区域内公路建设项目的监督管理。

第七条 县级以上人民政府交通主管部门在履行公路建设监督管理职责时，有权要求：

（一）被检查单位提供有关公路建设的文件和资料；

（二）进入被检查单位的工作现场进行检查；

（三）对发现的工程质量和安全问题以及其他违法行为依法处理。

第三章 建设程序的监督管理

第八条 公路建设应当按照国家规定的建设程序和有关规定进行。

政府投资公路建设项目实行审批制，企业投资公路建设项目实行核准制。县级以上人民政府交通主管部门应当按职责权限审批或核准公路建设项目，不得越权审批、核准项目或擅自简化建设程序。

第九条 政府投资公路建设项目的实施，应当按照下列程序进行：

（一）根据规划，编制项目建议书；

（二）根据批准的项目建议书，进行工程可行性研究，编制可行性研究报告；

（三）根据批准的可行性研究报告，编制初步设计文件；

（四）根据批准的初步设计文件，编制施工图设计文件；

（五）根据批准的施工图设计文件，组织项目招标；

（六）根据国家有关规定，进行征地拆迁等施工前准备工作，并向交通主管部门申报施工许可；

（七）根据批准的项目施工许可，组织项目实施；

（八）项目完工后，编制竣工图表、工程决算和竣工财务决算，办理项目交、竣工验收和财产移交手续；

（九）竣工验收合格后，组织项目后评价。

国务院对政府投资公路建设项目建设程序另有简化规定的，依照其规定执行。

第十条 企业投资公路建设项目的实施，应当按照下列程序进行：

（一）根据规划，编制工程可行性研究报告；

（二）组织投资人招标工作，依法确定投资人；

（三）投资人编制项目申请报告，按规定报项目审批部门核准；

（四）根据核准的项目申请报告，编制初步设计文件，其中涉及公共利益、公众安全、工程建设强制性标准的内容应当按项目隶属关系报交通主管部门审查；

（五）根据初步设计文件编制施工图设计文件；

（六）根据批准的施工图设计文件组织项目招标；

（七）根据国家有关规定，进行征地拆迁等施工前准备工作，并向交通主管部门申报施工许可；

（八）根据批准的项目施工许可，组织项目实施；

（九）项目完工后，编制竣工图表、工程决算和竣工财务决算，办理项目交、竣工验收；

（十）竣工验收合格后，组织项目后评价。

第十一条 县级以上人民政府交通主管部门根据国家有关规定，按照职责权限负责组织公路建设项目的项目建议书、工程可行性研究工作、编制设计文件、经营性项目的投资人招标、竣工验收和项目后评价工作。

公路建设项目的项目建议书、工程可行性研究报告、设计文件、招标文件、项目申请报告等应按照国家颁发的编制办法或有关规定编制，并符合国家规定的工作质量和深度要求。

第十二条 公路建设项目法人应当依法选择勘察、设计、施工、咨询、监理单位，采购与工程建设有关的重要设备、材料，办理施工许可，组织项目实施，组织项目交工验收，准备项目竣工验收和后评价。

第十三条 公路建设项目应当按照国家有关规定实行项目法人责任制度、招标投标制度、工程监理制度和合同管理制度。

第十四条 公路建设项目必须符合公路工程技术标准。施工单位必须按批准的设计文件施工，任何单位和人员不得擅自修改工程设计。

已批准的公路工程设计，原则上不得变更。确需设计变更的，应当按照交通部制定的《公路工程设计变更管理办法》的规定履行审批手续。

第十五条 公路建设项目验收分为交工验收和竣工验收两个阶段。项目法人负责组织对各合同段进行交工验收，并完成项目交工验收报告报交通主管部门备案。交通主管部门在15天内没有对备案项目的交工验收报告提出异议，项目法人可开放交通进入试运营期。试运营期不得超过3年。

通车试运营2年后，交通主管部门应组织竣工验收，经竣工验收合格的项目可转为正式运营。对未进行交工验收、交工验收不合格或没有备案的工程开放交通进行试运营的，由交通主管部门责令停止试运营。

公路建设项目验收工作应当符合交通部制定的《公路工程竣（交）工验收办法》的规定。

第四章 建设市场的监督管理

第十六条 县级以上人民政府交通主管部门依据职责，负责对公路建设市场的监督管理，查处建设市场中的违法行为。对经营性公路建设项目投资人、公路建设从业单位和主要从业人员的信用情况应进行记录并及时向社会公布。

第十七条 公路建设市场依法实行准入管理。公路建设项目法人或其委托的项目建设管理单位的项目建设管理机构、主要负责人的技术和管理能力应当满足拟建项目的管理需要，符合交通部有关规定的要求。公路工程勘察、设计、施工、监理、试验检测等从业单位应当依法取得有关部门许可的相应资质后，方可进入公路建设市场。

公路建设市场必须开放，任何单位和个人不得对公路建设市场实行地方保护，不得限制符合市场准入条件的从业单位和从业人员依法进入公路建设市场。

第十八条 公路建设从业单位从事公路建设活动，必须遵守国家有关法律、法规、规章和公路工程技术标准，不得损害社会公共利益和他人合法权益。

第十九条 公路建设项目法人应当承担公路建设相关责任和义务，对建设项目质量、投资和工期负责。

公路建设项目法人必须依法开展招标活动，不得接受投标人低于成本价的投标，不得随意压缩建设工期，禁止指定分包和指定采购。

第二十条 公路建设从业单位应当依法取得公路工程资质证书并按照资质管理有关规定，在其核定的业务范围内承揽工程，禁止无证或越级承揽工程。

公路建设从业单位必须按合同规定履行其义务，禁止转包或违法分包。

第五章 质量与安全的监督管理

第二十一条 县级以上人民政府交通主管

部门应当加强对公路建设从业单位的质量与安全生产管理机构的建立、规章制度落实情况的监督检查。

第二十二条 公路建设实行工程质量监督管理制度。公路工程质量监督机构应当根据交通主管部门的委托依法实施工程质量监督，并对监督工作质量负责。

第二十三条 公路建设项目实施过程中，监理单位应当依照法律、法规、规章以及有关技术标准、设计文件、合同文件和监理规范的要求，采用旁站、巡视和平行检验形式对工程实施监理，对不符合工程质量与安全要求的工程应当责令施工单位返工。

未经监理工程师签认，施工单位不得将建筑材料、构件和设备在工程上使用或安装，不得进行下一道工序施工。

第二十四条 公路工程质量监督机构应当具备与质量监督工作相适应的试验检测条件，根据国家有关工程质量的法律、法规、规章和交通部制定的技术标准、规范、规程以及质量检验评定标准等，对工程质量进行监督、检查和鉴定。任何单位和个人不得干预或阻挠质量监督机构的质量鉴定工作。

第二十五条 公路建设从业单位应当对工程质量和安全负责。工程实施中应当加强对职工的教育与培训，按照国家有关规定建立健全质量和安全保证体系，落实质量和安全生产责任制，保证工程质量和工程安全。

第二十六条 公路建设项目发生工程质量事故，项目法人应在24小时内按项目管理隶属关系向交通主管部门报告，工程质量事故同时报公路工程质量监督机构。

省级人民政府交通主管部门或受委托的公路工程质量监督机构负责调查处理一般工程质量事故；交通部会同省级人民政府交通主管部门负责调查处理重大工程质量事故；特别重大工程质量事故和安全事故的调查处理按照国家有关规定办理。

第六章 建设资金的监督管理

第二十七条 对于使用财政性资金安排的公路建设项目，县级以上人民政府交通主管部门必须对公路建设资金的筹集、使用和管理实行全过程监督检查，确保建设资金的安全。

公路建设项目法人必须按照国家有关法律、法规、规章的规定，合理安排和使用公路建设资金。

第二十八条 对于企业投资公路建设项目，县级以上人民政府交通主管部门要依法对资金到位情况、使用情况进行监督检查。

第二十九条 公路建设资金监督管理的主要内容：

（一）是否严格执行建设资金专款专用、专户存储、不准侵占、挪用等有关管理规定；

（二）是否严格执行概预算管理规定，有无将建设资金用于计划外工程；

（三）资金来源是否符合国家有关规定，配套资金是否落实、及时到位；

（四）是否按合同规定拨付工程进度款，有无高估冒算，虚报冒领情况，工程预备费使用是否符合有关规定；

（五）是否在控制额度内按规定使用建设管理费，按规定的比例预留工程质量保证金，有无非法扩大建设成本的问题；

（六）是否按规定编制项目竣工财务决算，办理财产移交手续，形成的资产是否及时登记入帐管理；

（七）财会机构是否建立健全，并配备相适应的财会人员。各项原始记录、统计台帐、凭证帐册、会计核算、财务报告、内部控制制度等基础性工作是否健全、规范。

第三十条 县级以上人民政府交通主管部门对公路建设资金监督管理的主要职责：

（一）制定公路建设资金管理制度；

（二）按规定审核、汇总、编报、批复年度公路建设支出预算、财务决算和竣工财务决算；

（三）合理安排资金，及时调度、拨付和使用公路建设资金；

（四）监督管理建设项目工程概预算、年度投资计划安排与调整、财务决算；

（五）监督检查公路建设项目资金筹集、使用和管理，及时纠正违法问题，对重大问题提出意见报上级交通主管部门；

（六）收集、汇总、报送公路建设资金管理信息，审查、编报公路建设项目投资效益分析报告；

（七）督促项目法人及时编报工程财务决算，做好竣工验收准备工作；

（八）督促项目法人及时按规定办理财产

移交手续，规范资产管理。

第七章 社会监督

第三十一条 县级以上人民政府交通主管部门应定期向社会公开发布公路建设市场管理、工程进展、工程质量情况、工程质量和安全事故处理等信息，接受社会监督。

第三十二条 公路建设施工现场实行标示牌管理。标示牌应当标明该项工程的作业内容，项目法人、勘察、设计、施工、监理单位名称和主要负责人姓名，接受社会监督。

第三十三条 公路建设实行工程质量举报制度，任何单位和个人对公路建设中违反国家法律、法规的行为，工程质量事故和质量缺陷都有权向县级以上人民政府交通主管部门或质量监督机构检举和投诉。

第三十四条 县级以上人民政府交通主管部门可聘请社会监督员对公路建设活动和工程质量进行监督。

第三十五条 对举报内容属实的单位和个人，县级以上人民政府交通主管部门可予以表彰或奖励。

第八章 罚 则

第三十六条 违反本办法第四条规定，拒绝或阻碍依法进行公路建设监督检查工作的，责令改正，构成犯罪的，依法追究刑事责任。

第三十七条 违反本办法第八条规定，越权审批、核准或擅自简化基本建设程序的，责令限期补办手续，可给予警告处罚；造成严重后果的，对全部或部分使用财政性资金的项目，可暂停项目执行或暂缓资金拨付，对直接责任人依法给予行政处分。

第三十八条 违反本办法第十二条规定，项目法人将工程发包给不具有相应资质等级的勘察、设计、施工和监理单位的，责令改正，处50万元以上100万元以下的罚款；未按规定办理施工许可擅自施工的，责令停止施工、限期改正，视情节可处工程合同价款1%以上2%以下罚款。

第三十九条 违反本办法第十四条规定，未经批准擅自修改工程设计，责令限期改正，可给予警告处罚；情节严重的，对全部或部分使用财政性资金的项目，可暂停项目执行或暂缓资金拨付。

第四十条 违反本办法第十五条规定，未组织项目交工验收或验收不合格擅自交付使用的，责令改正并停止使用，处工程合同价款2%以上4%以下的罚款；对收费公路项目应当停止收费。

第四十一条 违反本办法第十九条规定，项目法人随意压缩工期，侵犯他人合法权益的，责令限期改正，可处20万元以上50万元以下的罚款；造成严重后果的，对全部或部分使用财政性资金的项目，可暂停项目执行或暂缓资金拨付。

第四十二条 违反本办法第二十条规定，承包单位弄虚作假、无证或越级承揽工程任务的，责令停止违法行为，对勘察、设计单位或工程监理单位处合同约定的勘察费、设计费或监理酬金1倍以上2 倍以下的罚款；对施工单位处工程合同价款2%以上4%以下的罚款，可以责令停业整顿，降低资质等级；情节严重的，吊销资质证书；有违法所得的，予以没收。承包单位转包或违法分包工程的，责令改正，没收违法所得，对勘察、设计、监理单位处合同约定的勘察费、设计费、监理酬金的25%以上50%以下的罚款；对施工单位处工程合同价款0.5%以上1%以下的罚款。

第四十三条 违反本办法第二十二条规定，公路工程质量监督机构不履行公路工程质量监督职责、不承担质量监督责任的，由交通主管部门视情节轻重，责令整改或者给予警告。公路工程质量监督机构工作人员在公路工程质量监督管理工作中玩忽职守、滥用职权、徇私舞弊的，由交通主管部门或者公路工程质量监督机构依法给予行政处分；构成犯罪的，依法追究刑事责任。

第四十四条 违反本办法第二十三条规定，监理单位将不合格的工程、建筑材料、构件和设备按合格予以签认的，责令改正，可给予警告处罚，情节严重的，处50万元以上100万元以下的罚款；施工单位在工程上使用或安装未经监理签认的建筑材料、构件和设备的，责令改正，可给予警告处罚，情节严重的，处工程合同价款2%以上4%以下的罚款。

第四十五条 违反本办法第二十五条规定，公路建设从业单位忽视工程质量和安全管理，造成质量或安全事故的，对项目法人给予警告、限期整改，情节严重的，暂停资金拨付；对勘察、设计、施工和监理等单位给予警告；对情节严重的监理单位，还可给予责令停业整顿、降低资质等级和吊销资质证书的处罚。

第四十六条 违反本办法第二十六条规定，项目法人对工程质量事故隐瞒不报、谎报或拖延报告期限的，给予警告处罚，对直接责任人依法给予行政处分。

第四十七条 违反本办法第二十九条规定，项目法人侵占、挪用公路建设资金，非法扩大建设成本，责令限期整改，可给予警告处罚；情节严重的，对全部或部分使用财政性资金的项目，可暂停项目执行或暂缓资金拨付，对直接责任人依法给予行政处分。

第四十八条 公路建设从业单位有关人员，具有行贿、索贿、受贿行为，损害国家、单位合法权益，构成犯罪的，依法追究刑事责任。

第四十九条 政府交通主管部门工作人员玩忽职守、滥用职权、徇私舞弊的，依法给予行政处分；构成犯罪的，依法追究刑事责任。

第九章 附 则

第五十条 本办法由交通部负责解释。

第五十一条 本办法自2006年8月1日起施行。交通部2000年8月28日公布的《公路建设监督管理办法》（交通部令2000年第8号）同时废止。

6. 交通事故

中华人民共和国民事诉讼法

（1991年4月9日第七届全国人民代表大会第四次会议通过 根据2007年10月28日第十届全国人民代表大会常务委员会第三十次会议《关于修改〈中华人民共和国民事诉讼法〉的决定》第一次修正 根据2012年8月31日第十一届全国人民代表大会常务委员会第二十八次会议《关于修改〈中华人民共和国民事诉讼法〉的决定》第二次修正 根据2017年6月27日第十二届全国人民代表大会常务委员会第二十八次会议《关于修改〈中华人民共和国民事诉讼法〉和〈中华人民共和国行政诉讼法〉的决定》第三次修正 根据2021年12月24日第十三届全国人民代表大会常务委员会第三十二次会议《关于修改〈中华人民共和国民事诉讼法〉的决定》第四次修正 根据2023年9月1日第十四届全国人民代表大会常务委员会第五次会议《关于修改〈中华人民共和国民事诉讼法〉的决定》第五次修正）

目 录

第一编 总 则
第一章 任务、适用范围和基本原则
第二章 管 辖
第一节 级别管辖
第二节 地域管辖
第三节 移送管辖和指定管辖
第三章 审判组织
第四章 回 避
第五章 诉讼参加人
第一节 当事人
第二节 诉讼代理人
第六章 证 据
第七章 期间、送达
第一节 期 间
第二节 送 达
第八章 调 解

第九章 保全和先予执行
第十章 对妨害民事诉讼的强制措施
第十一章 诉讼费用
第二编 审判程序
第十二章 第一审普通程序
第一节 起诉和受理
第二节 审理前的准备
第三节 开庭审理
第四节 诉讼中止和终结
第五节 判决和裁定
第十三章 简易程序
第十四章 第二审程序
第十五章 特别程序
第一节 一般规定
第二节 选民资格案件
第三节 宣告失踪、宣告死亡案件
第四节 指定遗产管理人案件
第五节 认定公民无民事行为能力、限制民事行为能力案件
第六节 认定财产无主案件
第七节 确认调解协议案件
第八节 实现担保物权案件
第十六章 审判监督程序
第十七章 督促程序
第十八章 公示催告程序
第三编 执行程序
第十九章 一般规定
第二十章 执行的申请和移送
第二十一章 执行措施
第二十二章 执行中止和终结
第四编 涉外民事诉讼程序的特别规定
第二十三章 一般原则
第二十四章 管 辖
第二十五章 送达、调查取证、期间
第二十六章 仲 裁
第二十七章 司法协助

第一编 总 则

第一章 任务、适用范围和基本原则

第一条 中华人民共和国民事诉讼法以宪法为根据，结合我国民事审判工作的经验和实际情况制定。

第二条 中华人民共和国民事诉讼法的任务，是保护当事人行使诉讼权利，保证人民法院查明事实，分清是非，正确适用法律，及时审理民事案件，确认民事权利义务关系，制裁民事违法行为，保护当事人的合法权益，教育公民自觉遵守法律，维护社会秩序、经济秩序，保障社会主义建设事业顺利进行。

第三条 人民法院受理公民之间、法人之间、其他组织之间以及他们相互之间因财产关系和人身关系提起的民事诉讼，适用本法的规定。

第四条 凡在中华人民共和国领域内进行民事诉讼，必须遵守本法。

第五条 外国人、无国籍人、外国企业和组织在人民法院起诉、应诉，同中华人民共和国公民、法人和其他组织有同等的诉讼权利义务。

外国法院对中华人民共和国公民、法人和其他组织的民事诉讼权利加以限制的，中华人民共和国人民法院对该国公民、企业和组织的民事诉讼权利，实行对等原则。

第六条 民事案件的审判权由人民法院行使。

人民法院依照法律规定对民事案件独立进行审判，不受行政机关、社会团体和个人的干涉。

第七条 人民法院审理民事案件，必须以事实为根据，以法律为准绳。

第八条 民事诉讼当事人有平等的诉讼权利。人民法院审理民事案件，应当保障和便利当事人行使诉讼权利，对当事人在适用法律上一律平等。

第九条 人民法院审理民事案件，应当根据自愿和合法的原则进行调解；调解不成的，应当及时判决。

第十条 人民法院审理民事案件，依照法律规定实行合议、回避、公开审判和两审终审制度。

第十一条 各民族公民都有用本民族语言、文字进行民事诉讼的权利。

在少数民族聚居或者多民族共同居住的地区，人民法院应当用当地民族通用的语言、文字进行审理和发布法律文书。

人民法院应当对不通晓当地民族通用的语言、文字的诉讼参与人提供翻译。

第十二条 人民法院审理民事案件时，当

事人有权进行辩论。

第十三条 民事诉讼应当遵循诚信原则。

当事人有权在法律规定的范围内处分自己的民事权利和诉讼权利。

第十四条 人民检察院有权对民事诉讼实行法律监督。

第十五条 机关、社会团体、企业事业单位对损害国家、集体或者个人民事权益的行为，可以支持受损害的单位或者个人向人民法院起诉。

第十六条 经当事人同意，民事诉讼活动可以通过信息网络平台在线进行。

民事诉讼活动通过信息网络平台在线进行的，与线下诉讼活动具有同等法律效力。

第十七条 民族自治地方的人民代表大会根据宪法和本法的原则，结合当地民族的具体情况，可以制定变通或者补充的规定。自治区的规定，报全国人民代表大会常务委员会批准。自治州、自治县的规定，报省或者自治区的人民代表大会常务委员会批准，并报全国人民代表大会常务委员会备案。

第二章 管 辖

第一节 级别管辖

第十八条 基层人民法院管辖第一审民事案件，但本法另有规定的除外。

第十九条 中级人民法院管辖下列第一审民事案件：

（一）重大涉外案件；

（二）在本辖区有重大影响的案件；

（三）最高人民法院确定由中级人民法院管辖的案件。

第二十条 高级人民法院管辖在本辖区有重大影响的第一审民事案件。

第二十一条 最高人民法院管辖下列第一审民事案件：

（一）在全国有重大影响的案件；

（二）认为应当由本院审理的案件。

第二节 地域管辖

第二十二条 对公民提起的民事诉讼，由被告住所地人民法院管辖；被告住所地与经常居住地不一致的，由经常居住地人民法院管辖。

对法人或者其他组织提起的民事诉讼，由被告住所地人民法院管辖。

同一诉讼的几个被告住所地、经常居住地在两个以上人民法院辖区的，各该人民法院都有管辖权。

第二十三条 下列民事诉讼，由原告住所地人民法院管辖；原告住所地与经常居住地不一致的，由原告经常居住地人民法院管辖：

（一）对不在中华人民共和国领域内居住的人提起的有关身份关系的诉讼；

（二）对下落不明或者宣告失踪的人提起的有关身份关系的诉讼；

（三）对被采取强制性教育措施的人提起的诉讼；

（四）对被监禁的人提起的诉讼。

第二十四条 因合同纠纷提起的诉讼，由被告住所地或者合同履行地人民法院管辖。

第二十五条 因保险合同纠纷提起的诉讼，由被告住所地或者保险标的物所在地人民法院管辖。

第二十六条 因票据纠纷提起的诉讼，由票据支付地或者被告住所地人民法院管辖。

第二十七条 因公司设立、确认股东资格、分配利润、解散等纠纷提起的诉讼，由公司住所地人民法院管辖。

第二十八条 因铁路、公路、水上、航空运输和联合运输合同纠纷提起的诉讼，由运输始发地、目的地或者被告住所地人民法院管辖。

第二十九条 因侵权行为提起的诉讼，由侵权行为地或者被告住所地人民法院管辖。

第三十条 因铁路、公路、水上和航空事故请求损害赔偿提起的诉讼，由事故发生地或者车辆、船舶最先到达地、航空器最先降落地或者被告住所地人民法院管辖。

第三十一条 因船舶碰撞或者其他海事损害事故请求损害赔偿提起的诉讼，由碰撞发生地、碰撞船舶最先到达地、加害船舶被扣留地或者被告住所地人民法院管辖。

第三十二条 因海难救助费用提起的诉讼，由救助地或者被救助船舶最先到达地人民法院管辖。

第三十三条 因共同海损提起的诉讼，由船舶最先到达地、共同海损理算地或者航程终止地的人民法院管辖。

第三十四条 下列案件，由本条规定的人民法院专属管辖：

（一）因不动产纠纷提起的诉讼，由不动产所在地人民法院管辖；

（二）因港口作业中发生纠纷提起的诉讼，由港口所在地人民法院管辖；

（三）因继承遗产纠纷提起的诉讼，由被继承人死亡时住所地或者主要遗产所在地人民法院管辖。

第三十五条 合同或者其他财产权益纠纷的当事人可以书面协议选择被告住所地、合同履行地、合同签订地、原告住所地、标的物所在地等与争议有实际联系的地点的人民法院管辖，但不得违反本法对级别管辖和专属管辖的规定。

第三十六条 两个以上人民法院都有管辖权的诉讼，原告可以向其中一个人民法院起诉；原告向两个以上有管辖权的人民法院起诉的，由最先立案的人民法院管辖。

第三节 移送管辖和指定管辖

第三十七条 人民法院发现受理的案件不属于本院管辖的，应当移送有管辖权的人民法院，受移送的人民法院应当受理。受移送的人民法院认为受移送的案件依照规定不属于本院管辖的，应当报请上级人民法院指定管辖，不得再自行移送。

第三十八条 有管辖权的人民法院由于特殊原因，不能行使管辖权的，由上级人民法院指定管辖。

人民法院之间因管辖权发生争议，由争议双方协商解决；协商解决不了的，报请它们的共同上级人民法院指定管辖。

第三十九条 上级人民法院有权审理下级人民法院管辖的第一审民事案件；确有必要将本院管辖的第一审民事案件交下级人民法院审理的，应当报请其上级人民法院批准。

下级人民法院对它所管辖的第一审民事案件，认为需要由上级人民法院审理的，可以报请上级人民法院审理。

第三章 审判组织

第四十条 人民法院审理第一审民事案件，由审判员、人民陪审员共同组成合议庭或者由审判员组成合议庭。合议庭的成员人数，必须是单数。

适用简易程序审理的民事案件，由审判员一人独任审理。基层人民法院审理的基本事实清楚、权利义务关系明确的第一审民事案件，可以由审判员一人适用普通程序独任审理。

人民陪审员在参加审判活动时，除法律另有规定外，与审判员有同等的权利义务。

第四十一条 人民法院审理第二审民事案件，由审判员组成合议庭。合议庭的成员人数，必须是单数。

中级人民法院对第一审适用简易程序审结或者不服裁定提起上诉的第二审民事案件，事实清楚、权利义务关系明确的，经双方当事人同意，可以由审判员一人独任审理。

发回重审的案件，原审人民法院应当按照第一审程序另行组成合议庭。

审理再审案件，原来是第一审的，按照第一审程序另行组成合议庭；原来是第二审的或者是上级人民法院提审的，按照第二审程序另行组成合议庭。

第四十二条 人民法院审理下列民事案件，不得由审判员一人独任审理：

（一）涉及国家利益、社会公共利益的案件；

（二）涉及群体性纠纷，可能影响社会稳定的案件；

（三）人民群众广泛关注或者其他社会影响较大的案件；

（四）属于新类型或者疑难复杂的案件；

（五）法律规定应当组成合议庭审理的案件；

（六）其他不宜由审判员一人独任审理的案件。

第四十三条 人民法院在审理过程中，发现案件不宜由审判员一人独任审理的，应当裁定转由合议庭审理。

当事人认为案件由审判员一人独任审理违反法律规定的，可以向人民法院提出异议。人民法院对当事人提出的异议应当审查，异议成立的，裁定转由合议庭审理；异议不成立的，裁定驳回。

第四十四条 合议庭的审判长由院长或者庭长指定审判员一人担任；院长或者庭长参加审判的，由院长或者庭长担任。

第四十五条 合议庭评议案件，实行少数服从多数的原则。评议应当制作笔录，由合议庭成员签名。评议中的不同意见，必须如实记入笔录。

第四十六条 审判人员应当依法秉公办案。

审判人员不得接受当事人及其诉讼代理人请客送礼。

审判人员有贪污受贿，徇私舞弊，枉法裁判行为的，应当追究法律责任；构成犯罪的，依法追究刑事责任。

第四章 回 避

第四十七条 审判人员有下列情形之一的，应当自行回避，当事人有权用口头或者书面方式申请他们回避：

（一）是本案当事人或者当事人、诉讼代理人近亲属的；

（二）与本案有利害关系的；

（三）与本案当事人、诉讼代理人有其他关系，可能影响对案件公正审理的。

审判人员接受当事人、诉讼代理人请客送礼，或者违反规定会见当事人、诉讼代理人的，当事人有权要求他们回避。

审判人员有前款规定的行为的，应当依法追究法律责任。

前三款规定，适用于法官助理、书记员、司法技术人员、翻译人员、鉴定人、勘验人。

第四十八条 当事人提出回避申请，应当说明理由，在案件开始审理时提出；回避事由在案件开始审理后知道的，也可以在法庭辩论终结前提出。

被申请回避的人员在人民法院作出是否回避的决定前，应当暂停参与本案的工作，但案件需要采取紧急措施的除外。

第四十九条 院长担任审判长或者独任审判员时的回避，由审判委员会决定；审判人员的回避，由院长决定；其他人员的回避，由审判长或者独任审判员决定。

第五十条 人民法院对当事人提出的回避申请，应当在申请提出的三日内，以口头或者书面形式作出决定。申请人对决定不服的，可以在接到决定时申请复议一次。复议期间，被申请回避的人员，不停止参与本案的工作。人民法院对复议申请，应当在三日内作出复议决定，并通知复议申请人。

第五章 诉讼参加人

第一节 当事人

第五十一条 公民、法人和其他组织可以作为民事诉讼的当事人。

法人由其法定代表人进行诉讼。其他组织由其主要负责人进行诉讼。

第五十二条 当事人有权委托代理人，提出回避申请，收集、提供证据，进行辩论，请求调解，提起上诉，申请执行。

当事人可以查阅本案有关材料，并可以复制本案有关材料和法律文书。查阅、复制本案有关材料的范围和办法由最高人民法院规定。

当事人必须依法行使诉讼权利，遵守诉讼秩序，履行发生法律效力的判决书、裁定书和调解书。

第五十三条 双方当事人可以自行和解。

第五十四条 原告可以放弃或者变更诉讼请求。被告可以承认或者反驳诉讼请求，有权提起反诉。

第五十五条 当事人一方或者双方为二人以上，其诉讼标的是共同的，或者诉讼标的是同一种类、人民法院认为可以合并审理并经当事人同意的，为共同诉讼。

共同诉讼的一方当事人对诉讼标的有共同权利义务的，其中一人的诉讼行为经其他共同诉讼人承认，对其他共同诉讼人发生效力；对诉讼标的没有共同权利义务的，其中一人的诉讼行为对其他共同诉讼人不发生效力。

第五十六条 当事人一方人数众多的共同诉讼，可以由当事人推选代表人进行诉讼。代表人的诉讼行为对其所代表的当事人发生效力，但代表人变更、放弃诉讼请求或者承认对方当事人的诉讼请求，进行和解，必须经被代表的当事人同意。

第五十七条 诉讼标的是同一种类、当事人一方人数众多在起诉时人数尚未确定的，人民法院可以发出公告，说明案件情况和诉讼请求，通知权利人在一定期间向人民法院登记。

向人民法院登记的权利人可以推选代表人进行诉讼；推选不出代表人的，人民法院可以与参加登记的权利人商定代表人。

代表人的诉讼行为对其所代表的当事人发生效力，但代表人变更、放弃诉讼请求或者承认对方当事人的诉讼请求，进行和解，必须经被代表的当事人同意。

人民法院作出的判决、裁定，对参加登记的全体权利人发生效力。未参加登记的权利人在诉讼时效期间提起诉讼的，适用该判决、裁定。

第五十八条 对污染环境、侵害众多消费者合法权益等损害社会公共利益的行为，法律规定的机关和有关组织可以向人民法院提起诉讼。

人民检察院在履行职责中发现破坏生态环境和资源保护、食品药品安全领域侵害众多消费者合法权益等损害社会公共利益的行为，在没有前款规定的机关和组织或者前款规定的机关和组织不提起诉讼的情况下，可以向人民法院提起诉讼。前款规定的机关或者组织提起诉讼的，人民检察院可以支持起诉。

第五十九条 对当事人双方的诉讼标的，第三人认为有独立请求权的，有权提起诉讼。

对当事人双方的诉讼标的，第三人虽然没有独立请求权，但案件处理结果同他有法律上的利害关系的，可以申请参加诉讼，或者由人民法院通知他参加诉讼。人民法院判决承担民事责任的第三人，有当事人的诉讼权利义务。

前两款规定的第三人，因不能归责于本人的事由未参加诉讼，但有证据证明发生法律效力的判决、裁定、调解书的部分或者全部内容错误，损害其民事权益的，可以自知道或者应当知道其民事权益受到损害之日起六个月内，向作出该判决、裁定、调解书的人民法院提起诉讼。人民法院经审理，诉讼请求成立的，应当改变或者撤销原判决、裁定、调解书；诉讼请求不成立的，驳回诉讼请求。

第二节 诉讼代理人

第六十条 无诉讼行为能力人由他的监护人作为法定代理人代为诉讼。法定代理人之间互相推诿代理责任的，由人民法院指定其中一人代为诉讼。

第六十一条 当事人、法定代理人可以委托一至二人作为诉讼代理人。

下列人员可以被委托为诉讼代理人：

（一）律师、基层法律服务工作者；

（二）当事人的近亲属或者工作人员；

（三）当事人所在社区、单位以及有关社会团体推荐的公民。

第六十二条 委托他人代为诉讼，必须向人民法院提交由委托人签名或者盖章的授权委托书。

授权委托书必须记明委托事项和权限。诉讼代理人代为承认、放弃、变更诉讼请求，进行和解，提起反诉或者上诉，必须有委托人的特别授权。

侨居在国外的中华人民共和国公民从国外寄交或者托交的授权委托书，必须经中华人民共和国驻该国的使领馆证明；没有使领馆的，由与中华人民共和国有外交关系的第三国驻该国的使领馆证明，再转由中华人民共和国驻该第三国使领馆证明，或者由当地的爱国华侨团体证明。

第六十三条 诉讼代理人的权限如果变更或者解除，当事人应当书面告知人民法院，并由人民法院通知对方当事人。

第六十四条 代理诉讼的律师和其他诉讼代理人有权调查收集证据，可以查阅本案有关材料。查阅本案有关材料的范围和办法由最高人民法院规定。

第六十五条 离婚案件有诉讼代理人的，本人除不能表达意思的以外，仍应出庭；确因特殊情况无法出庭的，必须向人民法院提交书面意见。

第六章 证 据

第六十六条 证据包括：

（一）当事人的陈述；

（二）书证；

（三）物证；

（四）视听资料；

（五）电子数据；

（六）证人证言；

（七）鉴定意见；

（八）勘验笔录。

证据必须查证属实，才能作为认定事实的根据。

第六十七条 当事人对自己提出的主张，有责任提供证据。

当事人及其诉讼代理人因客观原因不能自行收集的证据，或者人民法院认为审理案件需要的证据，人民法院应当调查收集。

人民法院应当按照法定程序，全面地、客观地审查核实证据。

第六十八条 当事人对自己提出的主张应当及时提供证据。

人民法院根据当事人的主张和案件审理情况，确定当事人应当提供的证据及其期限。当事人在该期限内提供证据确有困难的，可以向人民法院申请延长期限，人民法院根据当事人的申请适当延长。当事人逾期提供证据的，人民法院应当责令其说明理由；拒不说明理由或者理由不成立的，人民法院根据不同情形可以不予采纳该证据，或者采纳该证据但予以训诫、罚款。

第六十九条 人民法院收到当事人提交的证据材料，应当出具收据，写明证据名称、页数、份数、原件或者复印件以及收到时间等，并由经办人员签名或者盖章。

第七十条 人民法院有权向有关单位和个人调查取证，有关单位和个人不得拒绝。

人民法院对有关单位和个人提出的证明文书，应当辨别真伪，审查确定其效力。

第七十一条 证据应当在法庭上出示，并由当事人互相质证。对涉及国家秘密、商业秘密和个人隐私的证据应当保密，需要在法庭出示的，不得在公开开庭时出示。

第七十二条 经过法定程序公证证明的法律事实和文书，人民法院应当作为认定事实的根据，但有相反证据足以推翻公证证明的除外。

第七十三条 书证应当提交原件。物证应当提交原物。提交原件或者原物确有困难的，可以提交复制品、照片、副本、节录本。

提交外文书证，必须附有中文译本。

第七十四条 人民法院对视听资料，应当辨别真伪，并结合本案的其他证据，审查确定能否作为认定事实的根据。

第七十五条 凡是知道案件情况的单位和个人，都有义务出庭作证。有关单位的负责人应当支持证人作证。

不能正确表达意思的人，不能作证。

第七十六条 经人民法院通知，证人应当出庭作证。有下列情形之一的，经人民法院许可，可以通过书面证言、视听传输技术或者视听资料等方式作证：

（一）因健康原因不能出庭的；

（二）因路途遥远，交通不便不能出庭的；

（三）因自然灾害等不可抗力不能出庭的；

（四）其他有正当理由不能出庭的。

第七十七条 证人因履行出庭作证义务而支出的交通、住宿、就餐等必要费用以及误工损失，由败诉一方当事人负担。当事人申请证人作证的，由该当事人先行垫付；当事人没有申请，人民法院通知证人作证的，由人民法院先行垫付。

第七十八条 人民法院对当事人的陈述，应当结合本案的其他证据，审查确定能否作为认定事实的根据。

当事人拒绝陈述的，不影响人民法院根据证据认定案件事实。

第七十九条 当事人可以就查明事实的专门性问题向人民法院申请鉴定。当事人申请鉴定的，由双方当事人协商确定具备资格的鉴定人；协商不成的，由人民法院指定。

当事人未申请鉴定，人民法院对专门性问题认为需要鉴定的，应当委托具备资格的鉴定人进行鉴定。

第八十条 鉴定人有权了解进行鉴定所需要的案件材料，必要时可以询问当事人、证人。

鉴定人应当提出书面鉴定意见，在鉴定书上签名或者盖章。

第八十一条 当事人对鉴定意见有异议或者人民法院认为鉴定人有必要出庭的，鉴定人应当出庭作证。经人民法院通知，鉴定人拒不出庭作证的，鉴定意见不得作为认定事实的根据；支付鉴定费用的当事人可以要求返还鉴定费用。

第八十二条 当事人可以申请人民法院通知有专门知识的人出庭，就鉴定人作出的鉴定意见或者专业问题提出意见。

第八十三条 勘验物证或者现场，勘验人必须出示人民法院的证件，并邀请当地基层组织或者当事人所在单位派人参加。当事人或者当事人的成年家属应当到场，拒不到场的，不影响勘验的进行。

有关单位和个人根据人民法院的通知，有义务保护现场，协助勘验工作。

勘验人应当将勘验情况和结果制作笔录，由勘验人、当事人和被邀参加人签名或者盖章。

第八十四条 在证据可能灭失或者以后难以取得的情况下，当事人可以在诉讼过程中向人民法院申请保全证据，人民法院也可以主动采取保全措施。

因情况紧急，在证据可能灭失或者以后难

以取得的情况下，利害关系人可以在提起诉讼或者申请仲裁前向证据所在地、被申请人住所地或者对案件有管辖权的人民法院申请保全证据。

证据保全的其他程序，参照适用本法第九章保全的有关规定。

第七章　期间、送达

第一节　期　间

第八十五条　期间包括法定期间和人民法院指定的期间。

期间以时、日、月、年计算。期间开始的时和日，不计算在期间内。

期间届满的最后一日是法定休假日的，以法定休假日后的第一日为期间届满的日期。

期间不包括在途时间，诉讼文书在期满前交邮的，不算过期。

第八十六条　当事人因不可抗拒的事由或者其他正当理由耽误期限的，在障碍消除后的十日内，可以申请顺延期限，是否准许，由人民法院决定。

第二节　送　达

第八十七条　送达诉讼文书必须有送达回证，由受送达人在送达回证上记明收到日期，签名或者盖章。

受送达人在送达回证上的签收日期为送达日期。

第八十八条　送达诉讼文书，应当直接送交受送达人。受送达人是公民的，本人不在交他的同住成年家属签收；受送达人是法人或者其他组织的，应当由法人的法定代表人、其他组织的主要负责人或者该法人、组织负责收件的人签收；受送达人有诉讼代理人的，可以送交其代理人签收；受送达人已向人民法院指定代收人的，送交代收人签收。

受送达人的同住成年家属，法人或者其他组织的负责收件的人，诉讼代理人或者代收人在送达回证上签收的日期为送达日期。

第八十九条　受送达人或者他的同住成年家属拒绝接收诉讼文书的，送达人可以邀请有关基层组织或者所在单位的代表到场，说明情况，在送达回证上记明拒收事由和日期，由送达人、见证人签名或者盖章，把诉讼文书留在受送达人的住所；也可以把诉讼文书留在受送达人的住所，并采用拍照、录像等方式记录送达过程，即视为送达。

第九十条　经受送达人同意，人民法院可以采用能够确认其收悉的电子方式送达诉讼文书。通过电子方式送达的判决书、裁定书、调解书，受送达人提出需要纸质文书的，人民法院应当提供。

采用前款方式送达的，以送达信息到达受送达人特定系统的日期为送达日期。

第九十一条　直接送达诉讼文书有困难的，可以委托其他人民法院代为送达，或者邮寄送达。邮寄送达的，以回执上注明的收件日期为送达日期。

第九十二条　受送达人是军人的，通过其所在部队团以上单位的政治机关转交。

第九十三条　受送达人被监禁的，通过其所在监所转交。

受送达人被采取强制性教育措施的，通过其所在强制性教育机构转交。

第九十四条　代为转交的机关、单位收到诉讼文书后，必须立即交受送达人签收，以在送达回证上的签收日期，为送达日期。

第九十五条　受送达人下落不明，或者用本节规定的其他方式无法送达的，公告送达。自发出公告之日起，经过三十日，即视为送达。

公告送达，应当在案卷中记明原因和经过。

第八章　调　解

第九十六条　人民法院审理民事案件，根据当事人自愿的原则，在事实清楚的基础上，分清是非，进行调解。

第九十七条　人民法院进行调解，可以由审判员一人主持，也可以由合议庭主持，并尽可能就地进行。

人民法院进行调解，可以用简便方式通知当事人、证人到庭。

第九十八条　人民法院进行调解，可以邀请有关单位和个人协助。被邀请的单位和个人，应当协助人民法院进行调解。

第九十九条　调解达成协议，必须双方自愿，不得强迫。调解协议的内容不得违反法律规定。

第一百条　调解达成协议，人民法院应当制作调解书。调解书应当写明诉讼请求、案件的事实和调解结果。

调解书由审判人员、书记员署名，加盖人民法院印章，送达双方当事人。

调解书经双方当事人签收后，即具有法律效力。

第一百零一条 下列案件调解达成协议，人民法院可以不制作调解书：

（一）调解和好的离婚案件；

（二）调解维持收养关系的案件；

（三）能够即时履行的案件；

（四）其他不需要制作调解书的案件。

对不需要制作调解书的协议，应当记入笔录，由双方当事人、审判人员、书记员签名或者盖章后，即具有法律效力。

第一百零二条 调解未达成协议或者调解书送达前一方反悔的，人民法院应当及时判决。

第九章 保全和先予执行

第一百零三条 人民法院对于可能因当事人一方的行为或者其他原因，使判决难以执行或者造成当事人其他损害的案件，根据对方当事人的申请，可以裁定对其财产进行保全、责令其作出一定行为或者禁止其作出一定行为；当事人没有提出申请的，人民法院在必要时也可以裁定采取保全措施。

人民法院采取保全措施，可以责令申请人提供担保，申请人不提供担保的，裁定驳回申请。

人民法院接受申请后，对情况紧急的，必须在四十八小时内作出裁定；裁定采取保全措施的，应当立即开始执行。

第一百零四条 利害关系人因情况紧急，不立即申请保全将会使其合法权益受到难以弥补的损害的，可以在提起诉讼或者申请仲裁前向被保全财产所在地、被申请人住所地或者对案件有管辖权的人民法院申请采取保全措施。申请人应当提供担保，不提供担保的，裁定驳回申请。

人民法院接受申请后，必须在四十八小时内作出裁定；裁定采取保全措施的，应当立即开始执行。

申请人在人民法院采取保全措施后三十日内不依法提起诉讼或者申请仲裁的，人民法院应当解除保全。

第一百零五条 保全限于请求的范围，或者与本案有关的财物。

第一百零六条 财产保全采取查封、扣押、冻结或者法律规定的其他方法。人民法院保全财产后，应当立即通知被保全财产的人。

财产已被查封、冻结的，不得重复查封、冻结。

第一百零七条 财产纠纷案件，被申请人提供担保的，人民法院应当裁定解除保全。

第一百零八条 申请有错误的，申请人应当赔偿被申请人因保全所遭受的损失。

第一百零九条 人民法院对下列案件，根据当事人的申请，可以裁定先予执行：

（一）追索赡养费、扶养费、抚养费、抚恤金、医疗费用的；

（二）追索劳动报酬的；

（三）因情况紧急需要先予执行的。

第一百一十条 人民法院裁定先予执行的，应当符合下列条件：

（一）当事人之间权利义务关系明确，不先予执行将严重影响申请人的生活或者生产经营的；

（二）被申请人有履行能力。

人民法院可以责令申请人提供担保，申请人不提供担保的，驳回申请。申请人败诉的，应当赔偿被申请人因先予执行遭受的财产损失。

第一百一十一条 当事人对保全或者先予执行的裁定不服的，可以申请复议一次。复议期间不停止裁定的执行。

第十章 对妨害民事诉讼的强制措施

第一百一十二条 人民法院对必须到庭的被告，经两次传票传唤，无正当理由拒不到庭的，可以拘传。

第一百一十三条 诉讼参与人和其他人应当遵守法庭规则。

人民法院对违反法庭规则的人，可以予以训诫，责令退出法庭或者予以罚款、拘留。

人民法院对哄闹、冲击法庭，侮辱、诽谤、威胁、殴打审判人员，严重扰乱法庭秩序的人，依法追究刑事责任；情节较轻的，予以罚款、拘留。

第一百一十四条 诉讼参与人或者其他人

有下列行为之一的，人民法院可以根据情节轻重予以罚款、拘留；构成犯罪的，依法追究刑事责任：

（一）伪造、毁灭重要证据，妨碍人民法院审理案件的；

（二）以暴力、威胁、贿买方法阻止证人作证或者指使、贿买、胁迫他人作伪证的；

（三）隐藏、转移、变卖、毁损已被查封、扣押的财产，或者已被清点并责令其保管的财产，转移已被冻结的财产的；

（四）对司法工作人员、诉讼参加人、证人、翻译人员、鉴定人、勘验人、协助执行的人，进行侮辱、诽谤、诬陷、殴打或者打击报复的；

（五）以暴力、威胁或者其他方法阻碍司法工作人员执行职务的；

（六）拒不履行人民法院已经发生法律效力的判决、裁定的。

人民法院对有前款规定的行为之一的单位，可以对其主要负责人或者直接责任人员予以罚款、拘留；构成犯罪的，依法追究刑事责任。

第一百一十五条 当事人之间恶意串通，企图通过诉讼、调解等方式侵害国家利益、社会公共利益或者他人合法权益的，人民法院应当驳回其请求，并根据情节轻重予以罚款、拘留；构成犯罪的，依法追究刑事责任。

当事人单方捏造民事案件基本事实，向人民法院提起诉讼，企图侵害国家利益、社会公共利益或者他人合法权益的，适用前款规定。

第一百一十六条 被执行人与他人恶意串通，通过诉讼、仲裁、调解等方式逃避履行法律文书确定的义务的，人民法院应当根据情节轻重予以罚款、拘留；构成犯罪的，依法追究刑事责任。

第一百一十七条 有义务协助调查、执行的单位有下列行为之一的，人民法院除责令其履行协助义务外，并可以予以罚款：

（一）有关单位拒绝或者妨碍人民法院调查取证的；

（二）有关单位接到人民法院协助执行通知书后，拒不协助查询、扣押、冻结、划拨、变价财产的；

（三）有关单位接到人民法院协助执行通知书后，拒不协助扣留被执行人的收入、办理有关财产权证照转移手续、转交有关票证、证照或者其他财产的；

（四）其他拒绝协助执行的。

人民法院对有前款规定的行为之一的单位，可以对其主要负责人或者直接责任人员予以罚款；对仍不履行协助义务的，可以予以拘留；并可以向监察机关或者有关机关提出予以纪律处分的司法建议。

第一百一十八条 对个人的罚款金额，为人民币十万元以下。对单位的罚款金额，为人民币五万元以上一百万元以下。

拘留的期限，为十五日以下。

被拘留的人，由人民法院交公安机关看管。在拘留期间，被拘留人承认并改正错误的，人民法院可以决定提前解除拘留。

第一百一十九条 拘传、罚款、拘留必须经院长批准。

拘传应当发拘传票。

罚款、拘留应当用决定书。对决定不服的，可以向上一级人民法院申请复议一次。复议期间不停止执行。

第一百二十条 采取对妨害民事诉讼的强制措施必须由人民法院决定。任何单位和个人采取非法拘禁他人或者非法私自扣押他人财产追索债务的，应当依法追究刑事责任，或者予以拘留、罚款。

第十一章 诉讼费用

第一百二十一条 当事人进行民事诉讼，应当按照规定交纳案件受理费。财产案件除交纳案件受理费外，并按照规定交纳其他诉讼费用。

当事人交纳诉讼费用确有困难的，可以按照规定向人民法院申请缓交、减交或者免交。

收取诉讼费用的办法另行制定。

第二编 审判程序

第十二章 第一审普通程序

第一节 起诉和受理

第一百二十二条 起诉必须符合下列条件：

（一）原告是与本案有直接利害关系的公民、法人和其他组织；

（二）有明确的被告；

（三）有具体的诉讼请求和事实、理由；

（四）属于人民法院受理民事诉讼的范围和受诉人民法院管辖。

第一百二十三条 起诉应当向人民法院递交起诉状，并按照被告人数提出副本。

书写起诉状确有困难的，可以口头起诉，由人民法院记入笔录，并告知对方当事人。

第一百二十四条 起诉状应当记明下列事项：

（一）原告的姓名、性别、年龄、民族、职业、工作单位、住所、联系方式，法人或者其他组织的名称、住所和法定代表人或者主要负责人的姓名、职务、联系方式；

（二）被告的姓名、性别、工作单位、住所等信息，法人或者其他组织的名称、住所等信息；

（三）诉讼请求和所根据的事实与理由；

（四）证据和证据来源，证人姓名和住所。

第一百二十五条 当事人起诉到人民法院的民事纠纷，适宜调解的，先行调解，但当事人拒绝调解的除外。

第一百二十六条 人民法院应当保障当事人依照法律规定享有的起诉权利。对符合本法第一百二十二条的起诉，必须受理。符合起诉条件的，应当在七日内立案，并通知当事人；不符合起诉条件的，应当在七日内作出裁定书，不予受理；原告对裁定不服的，可以提起上诉。

第一百二十七条 人民法院对下列起诉，分别情形，予以处理：

（一）依照行政诉讼法的规定，属于行政诉讼受案范围的，告知原告提起行政诉讼；

（二）依照法律规定，双方当事人达成书面仲裁协议申请仲裁、不得向人民法院起诉的，告知原告向仲裁机构申请仲裁；

（三）依照法律规定，应当由其他机关处理的争议，告知原告向有关机关申请解决；

（四）对不属于本院管辖的案件，告知原告向有管辖权的人民法院起诉；

（五）对判决、裁定、调解书已经发生法律效力的案件，当事人又起诉的，告知原告申请再审，但人民法院准许撤诉的裁定除外；

（六）依照法律规定，在一定期限内不得起诉的案件，在不得起诉的期限内起诉的，不予受理；

（七）判决不准离婚和调解和好的离婚案件，判决、调解维持收养关系的案件，没有新情况、新理由，原告在六个月内又起诉的，不予受理。

第二节 审理前的准备

第一百二十八条 人民法院应当在立案之日起五日内将起诉状副本发送被告，被告应当在收到之日起十五日内提出答辩状。答辩状应当记明被告的姓名、性别、年龄、民族、职业、工作单位、住所、联系方式；法人或者其他组织的名称、住所和法定代表人或者主要负责人的姓名、职务、联系方式。人民法院应当在收到答辩状之日起五日内将答辩状副本发送原告。

被告不提出答辩状的，不影响人民法院审理。

第一百二十九条 人民法院对决定受理的案件，应当在受理案件通知书和应诉通知书中向当事人告知有关的诉讼权利义务，或者口头告知。

第一百三十条 人民法院受理案件后，当事人对管辖权有异议的，应当在提交答辩状期间提出。人民法院对当事人提出的异议，应当审查。异议成立的，裁定将案件移送有管辖权的人民法院；异议不成立的，裁定驳回。

当事人未提出管辖异议，并应诉答辩或者提出反诉的，视为受诉人民法院有管辖权，但违反级别管辖和专属管辖规定的除外。

第一百三十一条 审判人员确定后，应当在三日内告知当事人。

第一百三十二条 审判人员必须认真审核诉讼材料，调查收集必要的证据。

第一百三十三条 人民法院派出人员进行调查时，应当向被调查人出示证件。

调查笔录经被调查人校阅后，由被调查人、调查人签名或者盖章。

第一百三十四条 人民法院在必要时可以委托外地人民法院调查。

委托调查，必须提出明确的项目和要求。受委托人民法院可以主动补充调查。

受委托人民法院收到委托书后，应当在三十日内完成调查。因故不能完成的，应当在上述期限内函告委托人民法院。

第一百三十五条 必须共同进行诉讼的当事人没有参加诉讼的，人民法院应当通知其参加诉讼。

第一百三十六条 人民法院对受理的案件，分别情形，予以处理：

（一）当事人没有争议，符合督促程序规定条件的，可以转入督促程序；

（二）开庭前可以调解的，采取调解方式及时解决纠纷；

（三）根据案件情况，确定适用简易程序或者普通程序；

（四）需要开庭审理的，通过要求当事人交换证据等方式，明确争议焦点。

第三节 开庭审理

第一百三十七条 人民法院审理民事案件，除涉及国家秘密、个人隐私或者法律另有规定的以外，应当公开进行。

离婚案件，涉及商业秘密的案件，当事人申请不公开审理的，可以不公开审理。

第一百三十八条 人民法院审理民事案件，根据需要进行巡回审理，就地办案。

第一百三十九条 人民法院审理民事案件，应当在开庭三日前通知当事人和其他诉讼参与人。公开审理的，应当公告当事人姓名、案由和开庭的时间、地点。

第一百四十条 开庭审理前，书记员应当查明当事人和其他诉讼参与人是否到庭，宣布法庭纪律。

开庭审理时，由审判长或者独任审判员核对当事人，宣布案由，宣布审判人员、法官助理、书记员等的名单，告知当事人有关的诉讼权利义务，询问当事人是否提出回避申请。

第一百四十一条 法庭调查按照下列顺序进行：

（一）当事人陈述；

（二）告知证人的权利义务，证人作证，宣读未到庭的证人证言；

（三）出示书证、物证、视听资料和电子数据；

（四）宣读鉴定意见；

（五）宣读勘验笔录。

第一百四十二条 当事人在法庭上可以提出新的证据。

当事人经法庭许可，可以向证人、鉴定人、勘验人发问。

当事人要求重新进行调查、鉴定或者勘验的，是否准许，由人民法院决定。

第一百四十三条 原告增加诉讼请求，被告提出反诉，第三人提出与本案有关的诉讼请求，可以合并审理。

第一百四十四条 法庭辩论按照下列顺序进行：

（一）原告及其诉讼代理人发言；

（二）被告及其诉讼代理人答辩；

（三）第三人及其诉讼代理人发言或者答辩；

（四）互相辩论。

法庭辩论终结，由审判长或者独任审判员按照原告、被告、第三人的先后顺序征询各方最后意见。

第一百四十五条 法庭辩论终结，应当依法作出判决。判决前能够调解的，还可以进行调解，调解不成的，应当及时判决。

第一百四十六条 原告经传票传唤，无正当理由拒不到庭的，或者未经法庭许可中途退庭的，可以按撤诉处理；被告反诉的，可以缺席判决。

第一百四十七条 被告经传票传唤，无正当理由拒不到庭的，或者未经法庭许可中途退庭的，可以缺席判决。

第一百四十八条 宣判前，原告申请撤诉的，是否准许，由人民法院裁定。

人民法院裁定不准许撤诉的，原告经传票传唤，无正当理由拒不到庭的，可以缺席判决。

第一百四十九条 有下列情形之一的，可以延期开庭审理：

（一）必须到庭的当事人和其他诉讼参与人有正当理由没有到庭的；

（二）当事人临时提出回避申请的；

（三）需要通知新的证人到庭，调取新的证据，重新鉴定、勘验，或者需要补充调查的；

（四）其他应当延期的情形。

第一百五十条 书记员应当将法庭审理的全部活动记入笔录，由审判人员和书记员签名。

法庭笔录应当当庭宣读，也可以告知当事人和其他诉讼参与人当庭或者在五日内阅读。当事人和其他诉讼参与人认为对自己的陈述记录有遗漏或者差错的，有权申请补正。如果不予补正，应当将申请记录在案。

法庭笔录由当事人和其他诉讼参与人签名或者盖章。拒绝签名盖章的，记明情况附卷。

第一百五十一条 人民法院对公开审理或者不公开审理的案件，一律公开宣告判决。

当庭宣判的，应当在十日内发送判决书；定期宣判的，宣判后立即发给判决书。

宣告判决时，必须告知当事人上诉权利、上诉期限和上诉的法院。

宣告离婚判决，必须告知当事人在判决发生法律效力前不得另行结婚。

第一百五十二条 人民法院适用普通程序审理的案件，应当在立案之日起六个月内审结。有特殊情况需要延长的，经本院院长批准，可以延长六个月；还需要延长的，报请上级人民法院批准。

第四节 诉讼中止和终结

第一百五十三条 有下列情形之一的，中止诉讼：

（一）一方当事人死亡，需要等待继承人表明是否参加诉讼的；

（二）一方当事人丧失诉讼行为能力，尚未确定法定代理人的；

（三）作为一方当事人的法人或者其他组织终止，尚未确定权利义务承受人的；

（四）一方当事人因不可抗拒的事由，不能参加诉讼的；

（五）本案必须以另一案的审理结果为依据，而另一案尚未审结的；

（六）其他应当中止诉讼的情形。

中止诉讼的原因消除后，恢复诉讼。

第一百五十四条 有下列情形之一的，终结诉讼：

（一）原告死亡，没有继承人，或者继承人放弃诉讼权利的；

（二）被告死亡，没有遗产，也没有应当承担义务的人的；

（三）离婚案件一方当事人死亡的；

（四）追索赡养费、扶养费、抚养费以及解除收养关系案件的一方当事人死亡的。

第五节 判决和裁定

第一百五十五条 判决书应当写明判决结果和作出该判决的理由。判决书内容包括：

（一）案由、诉讼请求、争议的事实和理由；

（二）判决认定的事实和理由、适用的法律和理由；

（三）判决结果和诉讼费用的负担；

（四）上诉期间和上诉的法院。

判决书由审判人员、书记员署名，加盖人民法院印章。

第一百五十六条 人民法院审理案件，其中一部分事实已经清楚，可以就该部分先行判决。

第一百五十七条 裁定适用于下列范围：

（一）不予受理；

（二）对管辖权有异议的；

（三）驳回起诉；

（四）保全和先予执行；

（五）准许或者不准许撤诉；

（六）中止或者终结诉讼；

（七）补正判决书中的笔误；

（八）中止或者终结执行；

（九）撤销或者不予执行仲裁裁决；

（十）不予执行公证机关赋予强制执行效力的债权文书；

（十一）其他需要裁定解决的事项。

对前款第一项至第三项裁定，可以上诉。

裁定书应当写明裁定结果和作出该裁定的理由。裁定书由审判人员、书记员署名，加盖人民法院印章。口头裁定的，记入笔录。

第一百五十八条 最高人民法院的判决、裁定，以及依法不准上诉或者超过上诉期没有上诉的判决、裁定，是发生法律效力的判决、裁定。

第一百五十九条 公众可以查阅发生法律效力的判决书、裁定书，但涉及国家秘密、商业秘密和个人隐私的内容除外。

第十三章 简易程序

第一百六十条 基层人民法院和它派出的法庭审理事实清楚、权利义务关系明确、争议不大的简单的民事案件，适用本章规定。

基层人民法院和它派出的法庭审理前款规定以外的民事案件，当事人双方也可以约定适用简易程序。

第一百六十一条 对简单的民事案件，原告可以口头起诉。

当事人双方可以同时到基层人民法院或者

它派出的法庭，请求解决纠纷。基层人民法院或者它派出的法庭可以当即审理，也可以另定日期审理。

第一百六十二条 基层人民法院和它派出的法庭审理简单的民事案件，可以用简便方式传唤当事人和证人、送达诉讼文书、审理案件，但应当保障当事人陈述意见的权利。

第一百六十三条 简单的民事案件由审判员一人独任审理，并不受本法第一百三十九条、第一百四十一条、第一百四十四条规定的限制。

第一百六十四条 人民法院适用简易程序审理案件，应当在立案之日起三个月内审结。有特殊情况需要延长的，经本院院长批准，可以延长一个月。

第一百六十五条 基层人民法院和它派出的法庭审理事实清楚、权利义务关系明确、争议不大的简单金钱给付民事案件，标的额为各省、自治区、直辖市上年度就业人员年平均工资百分之五十以下的，适用小额诉讼的程序审理，实行一审终审。

基层人民法院和它派出的法庭审理前款规定的民事案件，标的额超过各省、自治区、直辖市上年度就业人员年平均工资百分之五十但在二倍以下的，当事人双方也可以约定适用小额诉讼的程序。

第一百六十六条 人民法院审理下列民事案件，不适用小额诉讼的程序：

（一）人身关系、财产确权案件；

（二）涉外案件；

（三）需要评估、鉴定或者对诉前评估、鉴定结果有异议的案件；

（四）一方当事人下落不明的案件；

（五）当事人提出反诉的案件；

（六）其他不宜适用小额诉讼的程序审理的案件。

第一百六十七条 人民法院适用小额诉讼的程序审理案件，可以一次开庭审结并且当庭宣判。

第一百六十八条 人民法院适用小额诉讼的程序审理案件，应当在立案之日起两个月内审结。有特殊情况需要延长的，经本院院长批准，可以延长一个月。

第一百六十九条 人民法院在审理过程中，发现案件不宜适用小额诉讼的程序的，应当适用简易程序的其他规定审理或者裁定转为普通程序。

当事人认为案件适用小额诉讼的程序审理违反法律规定的，可以向人民法院提出异议。人民法院对当事人提出的异议应当审查，异议成立的，应当适用简易程序的其他规定审理或者裁定转为普通程序；异议不成立的，裁定驳回。

第一百七十条 人民法院在审理过程中，发现案件不宜适用简易程序的，裁定转为普通程序。

第十四章 第二审程序

第一百七十一条 当事人不服地方人民法院第一审判决的，有权在判决书送达之日起十五日内向上一级人民法院提起上诉。

当事人不服地方人民法院第一审裁定的，有权在裁定书送达之日起十日内向上一级人民法院提起上诉。

第一百七十二条 上诉应当递交上诉状。上诉状的内容，应当包括当事人的姓名，法人的名称及其法定代表人的姓名或者其他组织的名称及其主要负责人的姓名；原审人民法院名称、案件的编号和案由；上诉的请求和理由。

第一百七十三条 上诉状应当通过原审人民法院提出，并按照对方当事人或者代表人的人数提出副本。

当事人直接向第二审人民法院上诉的，第二审人民法院应当在五日内将上诉状移交原审人民法院。

第一百七十四条 原审人民法院收到上诉状，应当在五日内将上诉状副本送达对方当事人，对方当事人在收到之日起十五日内提出答辩状。人民法院应当在收到答辩状之日起五日内将副本送达上诉人。对方当事人不提出答辩状的，不影响人民法院审理。

原审人民法院收到上诉状、答辩状，应当在五日内连同全部案卷和证据，报送第二审人民法院。

第一百七十五条 第二审人民法院应当对上诉请求的有关事实和适用法律进行审查。

第一百七十六条 第二审人民法院对上诉案件应当开庭审理。经过阅卷、调查和询问当事人，对没有提出新的事实、证据或者理由，人民法院认为不需要开庭审理的，可以不开庭审理。

第二审人民法院审理上诉案件，可以在本院进行，也可以到案件发生地或者原审人民法院所在地进行。

第一百七十七条 第二审人民法院对上诉案件，经过审理，按照下列情形，分别处理：

（一）原判决、裁定认定事实清楚，适用法律正确的，以判决、裁定方式驳回上诉，维持原判决、裁定；

（二）原判决、裁定认定事实错误或者适用法律错误的，以判决、裁定方式依法改判、撤销或者变更；

（三）原判决认定基本事实不清的，裁定撤销原判决，发回原审人民法院重审，或者查清事实后改判；

（四）原判决遗漏当事人或者违法缺席判决等严重违反法定程序的，裁定撤销原判决，发回原审人民法院重审。

原审人民法院对发回重审的案件作出判决后，当事人提起上诉的，第二审人民法院不得再次发回重审。

第一百七十八条 第二审人民法院对不服第一审人民法院裁定的上诉案件的处理，一律使用裁定。

第一百七十九条 第二审人民法院审理上诉案件，可以进行调解。调解达成协议，应当制作调解书，由审判人员、书记员署名，加盖人民法院印章。调解书送达后，原审人民法院的判决即视为撤销。

第一百八十条 第二审人民法院判决宣告前，上诉人申请撤回上诉的，是否准许，由第二审人民法院裁定。

第一百八十一条 第二审人民法院审理上诉案件，除依照本章规定外，适用第一审普通程序。

第一百八十二条 第二审人民法院的判决、裁定，是终审的判决、裁定。

第一百八十三条 人民法院审理对判决的上诉案件，应当在第二审立案之日起三个月内审结。有特殊情况需要延长的，由本院院长批准。

人民法院审理对裁定的上诉案件，应当在第二审立案之日起三十日内作出终审裁定。

第十五章 特别程序

第一节 一般规定

第一百八十四条 人民法院审理选民资格案件、宣告失踪或者宣告死亡案件、指定遗产管理人案件、认定公民无民事行为能力或者限制民事行为能力案件、认定财产无主案件、确认调解协议案件和实现担保物权案件，适用本章规定。本章没有规定的，适用本法和其他法律的有关规定。

第一百八十五条 依照本章程序审理的案件，实行一审终审。选民资格案件或者重大、疑难的案件，由审判员组成合议庭审理；其他案件由审判员一人独任审理。

第一百八十六条 人民法院在依照本章程序审理案件的过程中，发现本案属于民事权益争议的，应当裁定终结特别程序，并告知利害关系人可以另行起诉。

第一百八十七条 人民法院适用特别程序审理的案件，应当在立案之日起三十日内或者公告期满后三十日内审结。有特殊情况需要延长的，由本院院长批准。但审理选民资格的案件除外。

第二节 选民资格案件

第一百八十八条 公民不服选举委员会对选民资格的申诉所作的处理决定，可以在选举日的五日以前向选区所在地基层人民法院起诉。

第一百八十九条 人民法院受理选民资格案件后，必须在选举日前审结。

审理时，起诉人、选举委员会的代表和有关公民必须参加。

人民法院的判决书，应当在选举日前送达选举委员会和起诉人，并通知有关公民。

第三节 宣告失踪、宣告死亡案件

第一百九十条 公民下落不明满二年，利害关系人申请宣告其失踪的，向下落不明人住所地基层人民法院提出。

申请书应当写明失踪的事实、时间和请求，并附有公安机关或者其他有关机关关于该公民下落不明的书面证明。

第一百九十一条 公民下落不明满四年，或者因意外事件下落不明满二年，或者因意外事件下落不明，经有关机关证明该公民不可能生存，利害关系人申请宣告其死亡的，向下落不明人住所地基层人民法院提出。

申请书应当写明下落不明的事实、时间和请求，并附有公安机关或者其他有关机关关于该公民下落不明的书面证明。

第一百九十二条 人民法院受理宣告失踪、宣告死亡案件后，应当发出寻找下落不明人的公告。宣告失踪的公告期间为三个月，宣告死亡的公告期间为一年。因意外事件下落不明，经有关机关证明该公民不可能生存的，宣告死亡的公告期间为三个月。

公告期间届满，人民法院应当根据被宣告失踪、宣告死亡的事实是否得到确认，作出宣告失踪、宣告死亡的判决或者驳回申请的判决。

第一百九十三条 被宣告失踪、宣告死亡的公民重新出现，经本人或者利害关系人申请，人民法院应当作出新判决，撤销原判决。

第四节 指定遗产管理人案件

第一百九十四条 对遗产管理人的确定有争议，利害关系人申请指定遗产管理人的，向被继承人死亡时住所地或者主要遗产所在地基层人民法院提出。

申请书应当写明被继承人死亡的时间、申请事由和具体请求，并附有被继承人死亡的相关证据。

第一百九十五条 人民法院受理申请后，应当审查核实，并按照有利于遗产管理的原则，判决指定遗产管理人。

第一百九十六条 被指定的遗产管理人死亡、终止、丧失民事行为能力或者存在其他无法继续履行遗产管理职责情形的，人民法院可以根据利害关系人或者本人的申请另行指定遗产管理人。

第一百九十七条 遗产管理人违反遗产管理职责，严重侵害继承人、受遗赠人或者债权人合法权益的，人民法院可以根据利害关系人的申请，撤销其遗产管理人资格，并依法指定新的遗产管理人。

第五节 认定公民无民事行为能力、限制民事行为能力案件

第一百九十八条 申请认定公民无民事行为能力或者限制民事行为能力，由利害关系人或者有关组织向该公民住所地基层人民法院提出。

申请书应当写明该公民无民事行为能力或者限制民事行为能力的事实和根据。

第一百九十九条 人民法院受理申请后，必要时应当对被请求认定为无民事行为能力或者限制民事行为能力的公民进行鉴定。申请人已提供鉴定意见的，应当对鉴定意见进行审查。

第二百条 人民法院审理认定公民无民事行为能力或者限制民事行为能力的案件，应当由该公民的近亲属为代理人，但申请人除外。近亲属互相推诿的，由人民法院指定其中一人为代理人。该公民健康情况许可的，还应当询问本人的意见。

人民法院经审理认定申请有事实根据的，判决该公民为无民事行为能力或者限制民事行为能力人；认定申请没有事实根据的，应当判决予以驳回。

第二百零一条 人民法院根据被认定为无民事行为能力人、限制民事行为能力人本人、利害关系人或者有关组织的申请，证实该公民无民事行为能力或者限制民事行为能力的原因已经消除的，应当作出新判决，撤销原判决。

第六节 认定财产无主案件

第二百零二条 申请认定财产无主，由公民、法人或者其他组织向财产所在地基层人民法院提出。

申请书应当写明财产的种类、数量以及要求认定财产无主的根据。

第二百零三条 人民法院受理申请后，经审查核实，应当发出财产认领公告。公告满一年无人认领的，判决认定财产无主，收归国家或者集体所有。

第二百零四条 判决认定财产无主后，原财产所有人或者继承人出现，在民法典规定的诉讼时效期间可以对财产提出请求，人民法院审查属实后，应当作出新判决，撤销原判决。

第七节 确认调解协议案件

第二百零五条 经依法设立的调解组织调解达成调解协议，申请司法确认的，由双方当事人自调解协议生效之日起三十日内，共同向下列人民法院提出：

（一）人民法院邀请调解组织开展先行调解的，向作出邀请的人民法院提出；

（二）调解组织自行开展调解的，向当事人住所地、标的物所在地、调解组织所在地的基层人民法院提出；调解协议所涉纠纷应当由中级人民法院管辖的，向相应的中级人民法院

提出。

第二百零六条 人民法院受理申请后，经审查，符合法律规定的，裁定调解协议有效，一方当事人拒绝履行或者未全部履行的，对方当事人可以向人民法院申请执行；不符合法律规定的，裁定驳回申请，当事人可以通过调解方式变更原调解协议或者达成新的调解协议，也可以向人民法院提起诉讼。

第八节 实现担保物权案件

第二百零七条 申请实现担保物权，由担保物权人以及其他有权请求实现担保物权的人依照民法典等法律，向担保财产所在地或者担保物权登记地基层人民法院提出。

第二百零八条 人民法院受理申请后，经审查，符合法律规定的，裁定拍卖、变卖担保财产，当事人依据该裁定可以向人民法院申请执行；不符合法律规定的，裁定驳回申请，当事人可以向人民法院提起诉讼。

第十六章 审判监督程序

第二百零九条 各级人民法院院长对本院已经发生法律效力的判决、裁定、调解书，发现确有错误，认为需要再审的，应当提交审判委员会讨论决定。

最高人民法院对地方各级人民法院已经发生法律效力的判决、裁定、调解书，上级人民法院对下级人民法院已经发生法律效力的判决、裁定、调解书，发现确有错误的，有权提审或者指令下级人民法院再审。

第二百一十条 当事人对已经发生法律效力的判决、裁定，认为有错误的，可以向上一级人民法院申请再审；当事人一方人数众多或者当事人双方为公民的案件，也可以向原审人民法院申请再审。当事人申请再审的，不停止判决、裁定的执行。

第二百一十一条 当事人的申请符合下列情形之一的，人民法院应当再审：

（一）有新的证据，足以推翻原判决、裁定的；

（二）原判决、裁定认定的基本事实缺乏证据证明的；

（三）原判决、裁定认定事实的主要证据是伪造的；

（四）原判决、裁定认定事实的主要证据未经质证的；

（五）对审理案件需要的主要证据，当事人因客观原因不能自行收集，书面申请人民法院调查收集，人民法院未调查收集的；

（六）原判决、裁定适用法律确有错误的；

（七）审判组织的组成不合法或者依法应当回避的审判人员没有回避的；

（八）无诉讼行为能力人未经法定代理人代为诉讼或者应当参加诉讼的当事人，因不能归责于本人或者其诉讼代理人的事由，未参加诉讼的；

（九）违反法律规定，剥夺当事人辩论权利的；

（十）未经传票传唤，缺席判决的；

（十一）原判决、裁定遗漏或者超出诉讼请求的；

（十二）据以作出原判决、裁定的法律文书被撤销或者变更的；

（十三）审判人员审理该案件时有贪污受贿，徇私舞弊，枉法裁判行为的。

第二百一十二条 当事人对已经发生法律效力的调解书，提出证据证明调解违反自愿原则或者调解协议的内容违反法律的，可以申请再审。经人民法院审查属实的，应当再审。

第二百一十三条 当事人对已经发生法律效力的解除婚姻关系的判决、调解书，不得申请再审。

第二百一十四条 当事人申请再审的，应当提交再审申请书等材料。人民法院应当自收到再审申请书之日起五日内将再审申请书副本发送对方当事人。对方当事人应当自收到再审申请书副本之日起十五日内提交书面意见；不提交书面意见的，不影响人民法院审查。人民法院可以要求申请人和对方当事人补充有关材料，询问有关事项。

第二百一十五条 人民法院应当自收到再审申请书之日起三个月内审查，符合本法规定的，裁定再审；不符合本法规定的，裁定驳回申请。有特殊情况需要延长的，由本院院长批准。

因当事人申请裁定再审的案件由中级人民法院以上的人民法院审理，但当事人依照本法第二百一十条的规定选择向基层人民法院申请再审的除外。最高人民法院、高级人民法院裁定再审的案件，由本院再审或者交其他人民法院再审，也可以交原审人民法院再审。

第二百一十六条 当事人申请再审，应当在判决、裁定发生法律效力后六个月内提出；有本法第二百一十一条第一项、第三项、第十二项、第十三项规定情形的，自知道或者应当知道之日起六个月内提出。

第二百一十七条 按照审判监督程序决定再审的案件，裁定中止原判决、裁定、调解书的执行，但追索赡养费、扶养费、抚养费、抚恤金、医疗费用、劳动报酬等案件，可以不中止执行。

第二百一十八条 人民法院按照审判监督程序再审的案件，发生法律效力的判决、裁定是由第一审法院作出的，按照第一审程序审理，所作的判决、裁定，当事人可以上诉；发生法律效力的判决、裁定是由第二审法院作出的，按照第二审程序审理，所作的判决、裁定，是发生法律效力的判决、裁定；上级人民法院按照审判监督程序提审的，按照第二审程序审理，所作的判决、裁定是发生法律效力的判决、裁定。

人民法院审理再审案件，应当另行组成合议庭。

第二百一十九条 最高人民检察院对各级人民法院已经发生法律效力的判决、裁定，上级人民检察院对下级人民法院已经发生法律效力的判决、裁定，发现有本法第二百一十一条规定情形之一的，或者发现调解书损害国家利益、社会公共利益的，应当提出抗诉。

地方各级人民检察院对同级人民法院已经发生法律效力的判决、裁定，发现有本法第二百一十一条规定情形之一的，或者发现调解书损害国家利益、社会公共利益的，可以向同级人民法院提出检察建议，并报上级人民检察院备案；也可以提请上级人民检察院向同级人民法院提出抗诉。

各级人民检察院对审判监督程序以外的其他审判程序中审判人员的违法行为，有权向同级人民法院提出检察建议。

第二百二十条 有下列情形之一的，当事人可以向人民检察院申请检察建议或者抗诉：

（一）人民法院驳回再审申请的；

（二）人民法院逾期未对再审申请作出裁定的；

（三）再审判决、裁定有明显错误的。

人民检察院对当事人的申请应当在三个月内进行审查，作出提出或者不予提出检察建议或者抗诉的决定。当事人不得再次向人民检察院申请检察建议或者抗诉。

第二百二十一条 人民检察院因履行法律监督职责提出检察建议或者抗诉的需要，可以向当事人或者案外人调查核实有关情况。

第二百二十二条 人民检察院提出抗诉的案件，接受抗诉的人民法院应当自收到抗诉书之日起三十日内作出再审的裁定；有本法第二百一十一条第一项至第五项规定情形之一的，可以交下一级人民法院再审，但经该下一级人民法院再审的除外。

第二百二十三条 人民检察院决定对人民法院的判决、裁定、调解书提出抗诉的，应当制作抗诉书。

第二百二十四条 人民检察院提出抗诉的案件，人民法院再审时，应当通知人民检察院派员出席法庭。

第十七章　督促程序

第二百二十五条 债权人请求债务人给付金钱、有价证券，符合下列条件的，可以向有管辖权的基层人民法院申请支付令：

（一）债权人与债务人没有其他债务纠纷的；

（二）支付令能够送达债务人的。

申请书应当写明请求给付金钱或者有价证券的数量和所根据的事实、证据。

第二百二十六条 债权人提出申请后，人民法院应当在五日内通知债权人是否受理。

第二百二十七条 人民法院受理申请后，经审查债权人提供的事实、证据，对债权债务关系明确、合法的，应当在受理之日起十五日内向债务人发出支付令；申请不成立的，裁定予以驳回。

债务人应当自收到支付令之日起十五日内清偿债务，或者向人民法院提出书面异议。

债务人在前款规定的期间不提出异议又不履行支付令的，债权人可以向人民法院申请执行。

第二百二十八条 人民法院收到债务人提出的书面异议后，经审查，异议成立的，应当裁定终结督促程序，支付令自行失效。

支付令失效的，转入诉讼程序，但申请支

付令的一方当事人不同意提起诉讼的除外。

第十八章　公示催告程序

第二百二十九条　按照规定可以背书转让的票据持有人，因票据被盗、遗失或者灭失，可以向票据支付地的基层人民法院申请公示催告。依照法律规定可以申请公示催告的其他事项，适用本章规定。

申请人应当向人民法院递交申请书，写明票面金额、发票人、持票人、背书人等票据主要内容和申请的理由、事实。

第二百三十条　人民法院决定受理申请，应当同时通知支付人停止支付，并在三日内发出公告，催促利害关系人申报权利。公示催告的期间，由人民法院根据情况决定，但不得少于六十日。

第二百三十一条　支付人收到人民法院停止支付的通知，应当停止支付，至公示催告程序终结。

公示催告期间，转让票据权利的行为无效。

第二百三十二条　利害关系人应当在公示催告期间向人民法院申报。

人民法院收到利害关系人的申报后，应当裁定终结公示催告程序，并通知申请人和支付人。

申请人或者申报人可以向人民法院起诉。

第二百三十三条　没有人申报的，人民法院应当根据申请人的申请，作出判决，宣告票据无效。判决应当公告，并通知支付人。自判决公告之日起，申请人有权向支付人请求支付。

第二百三十四条　利害关系人因正当理由不能在判决前向人民法院申报的，自知道或者应当知道判决公告之日起一年内，可以向作出判决的人民法院起诉。

第三编　执行程序

第十九章　一般规定

第二百三十五条　发生法律效力的民事判决、裁定，以及刑事判决、裁定中的财产部分，由第一审人民法院或者与第一审人民法院同级的被执行的财产所在地人民法院执行。

法律规定由人民法院执行的其他法律文书，由被执行人住所地或者被执行的财产所在地人民法院执行。

第二百三十六条　当事人、利害关系人认为执行行为违反法律规定的，可以向负责执行的人民法院提出书面异议。当事人、利害关系人提出书面异议的，人民法院应当自收到书面异议之日起十五日内审查，理由成立的，裁定撤销或者改正；理由不成立的，裁定驳回。当事人、利害关系人对裁定不服的，可以自裁定送达之日起十日内向上一级人民法院申请复议。

第二百三十七条　人民法院自收到申请执行书之日起超过六个月未执行的，申请执行人可以向上一级人民法院申请执行。上一级人民法院经审查，可以责令原人民法院在一定期限内执行，也可以决定由本院执行或者指令其他人民法院执行。

第二百三十八条　执行过程中，案外人对执行标的提出书面异议的，人民法院应当自收到书面异议之日起十五日内审查，理由成立的，裁定中止对该标的的执行；理由不成立的，裁定驳回。案外人、当事人对裁定不服，认为原判决、裁定错误的，依照审判监督程序办理；与原判决、裁定无关的，可以自裁定送达之日起十五日内向人民法院提起诉讼。

第二百三十九条　执行工作由执行员进行。

采取强制执行措施时，执行员应当出示证件。执行完毕后，应当将执行情况制作笔录，由在场的有关人员签名或者盖章。

人民法院根据需要可以设立执行机构。

第二百四十条　被执行人或者被执行的财产在外地的，可以委托当地人民法院代为执行。受委托人民法院收到委托函件后，必须在十五日内开始执行，不得拒绝。执行完毕后，应当将执行结果及时函复委托人民法院；在三十日内如果还未执行完毕，也应当将执行情况函告委托人民法院。

受委托人民法院自收到委托函件之日起十五日内不执行的，委托人民法院可以请求受委托人民法院的上级人民法院指令受委托人民法院执行。

第二百四十一条　在执行中，双方当事人自行和解达成协议的，执行员应当将协议内容记入笔录，由双方当事人签名或者盖章。

申请执行人因受欺诈、胁迫与被执行人达成和解协议，或者当事人不履行和解协议的，人民法院可以根据当事人的申请，恢复对原生效法律文书的执行。

第二百四十二条 在执行中，被执行人向人民法院提供担保，并经申请执行人同意的，人民法院可以决定暂缓执行及暂缓执行的期限。被执行人逾期仍不履行的，人民法院有权执行被执行人的担保财产或者担保人的财产。

第二百四十三条 作为被执行人的公民死亡的，以其遗产偿还债务。作为被执行人的法人或者其他组织终止的，由其权利义务承受人履行义务。

第二百四十四条 执行完毕后，据以执行的判决、裁定和其他法律文书确有错误，被人民法院撤销的，对已被执行的财产，人民法院应当作出裁定，责令取得财产的人返还；拒不返还的，强制执行。

第二百四十五条 人民法院制作的调解书的执行，适用本编的规定。

第二百四十六条 人民检察院有权对民事执行活动实行法律监督。

第二十章 执行的申请和移送

第二百四十七条 发生法律效力的民事判决、裁定，当事人必须履行。一方拒绝履行的，对方当事人可以向人民法院申请执行，也可以由审判员移送执行员执行。

调解书和其他应当由人民法院执行的法律文书，当事人必须履行。一方拒绝履行的，对方当事人可以向人民法院申请执行。

第二百四十八条 对依法设立的仲裁机构的裁决，一方当事人不履行的，对方当事人可以向有管辖权的人民法院申请执行。受申请的人民法院应当执行。

被申请人提出证据证明仲裁裁决有下列情形之一的，经人民法院组成合议庭审查核实，裁定不予执行：

（一）当事人在合同中没有订有仲裁条款或者事后没有达成书面仲裁协议的；

（二）裁决的事项不属于仲裁协议的范围或者仲裁机构无权仲裁的；

（三）仲裁庭的组成或者仲裁的程序违反法定程序的；

（四）裁决所根据的证据是伪造的；

（五）对方当事人向仲裁机构隐瞒了足以影响公正裁决的证据的；

（六）仲裁员在仲裁该案时有贪污受贿，徇私舞弊，枉法裁决行为的。

人民法院认定执行该裁决违背社会公共利益的，裁定不予执行。

裁定书应当送达双方当事人和仲裁机构。

仲裁裁决被人民法院裁定不予执行的，当事人可以根据双方达成的书面仲裁协议重新申请仲裁，也可以向人民法院起诉。

第二百四十九条 对公证机关依法赋予强制执行效力的债权文书，一方当事人不履行的，对方当事人可以向有管辖权的人民法院申请执行，受申请的人民法院应当执行。

公证债权文书确有错误的，人民法院裁定不予执行，并将裁定书送达双方当事人和公证机关。

第二百五十条 申请执行的期间为二年。申请执行时效的中止、中断，适用法律有关诉讼时效中止、中断的规定。

前款规定的期间，从法律文书规定履行期间的最后一日起计算；法律文书规定分期履行的，从最后一期履行期限届满之日起计算；法律文书未规定履行期间的，从法律文书生效之日起计算。

第二百五十一条 执行员接到申请执行书或者移交执行书，应当向被执行人发出执行通知，并可以立即采取强制执行措施。

第二十一章 执行措施

第二百五十二条 被执行人未按执行通知履行法律文书确定的义务，应当报告当前以及收到执行通知之日前一年的财产情况。被执行人拒绝报告或者虚假报告的，人民法院可以根据情节轻重对被执行人或者其法定代理人、有关单位的主要负责人或者直接责任人员予以罚款、拘留。

第二百五十三条 被执行人未按执行通知履行法律文书确定的义务，人民法院有权向有关单位查询被执行人的存款、债券、股票、基金份额等财产情况。人民法院有权根据不同情形扣押、冻结、划拨、变价被执行人的财产。人民法院查询、扣押、冻结、划拨、变价的财产不得超出被执行人应当履行义务的范围。

人民法院决定扣押、冻结、划拨、变价财产，应当作出裁定，并发出协助执行通知书，有关单位必须办理。

第二百五十四条 被执行人未按执行通知履行法律文书确定的义务，人民法院有权扣留、提取被执行人应当履行义务部分的收入。但应当保留被执行人及其所扶养家属的生活必需费用。

人民法院扣留、提取收入时，应当作出裁定，并发出协助执行通知书，被执行人所在单位、银行、信用合作社和其他有储蓄业务的单位必须办理。

第二百五十五条 被执行人未按执行通知履行法律文书确定的义务，人民法院有权查封、扣押、冻结、拍卖、变卖被执行人应当履行义务部分的财产。但应当保留被执行人及其所扶养家属的生活必需品。

采取前款措施，人民法院应当作出裁定。

第二百五十六条 人民法院查封、扣押财产时，被执行人是公民的，应当通知被执行人或者他的成年家属到场；被执行人是法人或者其他组织的，应当通知其法定代表人或者主要负责人到场。拒不到场的，不影响执行。被执行人是公民的，其工作单位或者财产所在地的基层组织应当派人参加。

对被查封、扣押的财产，执行员必须造具清单，由在场人签名或者盖章后，交被执行人一份。被执行人是公民的，也可以交他的成年家属一份。

第二百五十七条 被查封的财产，执行员可以指定被执行人负责保管。因被执行人的过错造成的损失，由被执行人承担。

第二百五十八条 财产被查封、扣押后，执行员应当责令被执行人在指定期间履行法律文书确定的义务。被执行人逾期不履行的，人民法院应当拍卖被查封、扣押的财产；不适于拍卖或者当事人双方同意不进行拍卖的，人民法院可以委托有关单位变卖或者自行变卖。国家禁止自由买卖的物品，交有关单位按照国家规定的价格收购。

第二百五十九条 被执行人不履行法律文书确定的义务，并隐匿财产的，人民法院有权发出搜查令，对被执行人及其住所或者财产隐匿地进行搜查。

采取前款措施，由院长签发搜查令。

第二百六十条 法律文书指定交付的财物或者票证，由执行员传唤双方当事人当面交付，或者由执行员转交，并由被交付人签收。

有关单位持有该项财物或者票证的，应当根据人民法院的协助执行通知书转交，并由被交付人签收。

有关公民持有该项财物或者票证的，人民法院通知其交出。拒不交出的，强制执行。

第二百六十一条 强制迁出房屋或者强制退出土地，由院长签发公告，责令被执行人在指定期间履行。被执行人逾期不履行的，由执行员强制执行。

强制执行时，被执行人是公民的，应当通知被执行人或者他的成年家属到场；被执行人是法人或者其他组织的，应当通知其法定代表人或者主要负责人到场。拒不到场的，不影响执行。被执行人是公民的，其工作单位或者房屋、土地所在地的基层组织应当派人参加。执行员应当将强制执行情况记入笔录，由在场人签名或者盖章。

强制迁出房屋被搬出的财物，由人民法院派人运至指定处所，交给被执行人。被执行人是公民的，也可以交给他的成年家属。因拒绝接收而造成的损失，由被执行人承担。

第二百六十二条 在执行中，需要办理有关财产权证照转移手续的，人民法院可以向有关单位发出协助执行通知书，有关单位必须办理。

第二百六十三条 对判决、裁定和其他法律文书指定的行为，被执行人未按执行通知履行的，人民法院可以强制执行或者委托有关单位或者其他人完成，费用由被执行人承担。

第二百六十四条 被执行人未按判决、裁定和其他法律文书指定的期间履行给付金钱义务的，应当加倍支付迟延履行期间的债务利息。被执行人未按判决、裁定和其他法律文书指定的期间履行其他义务的，应当支付迟延履行金。

第二百六十五条 人民法院采取本法第二百五十三条、第二百五十四条、第二百五十五条规定的执行措施后，被执行人仍不能偿还债务的，应当继续履行义务。债权人发现被执行人有其他财产的，可以随时请求人民法院执行。

第二百六十六条 被执行人不履行法律文

书确定的义务的，人民法院可以对其采取或者通知有关单位协助采取限制出境，在征信系统记录、通过媒体公布不履行义务信息以及法律规定的其他措施。

第二十二章　执行中止和终结

第二百六十七条　有下列情形之一的，人民法院应当裁定中止执行：

（一）申请人表示可以延期执行的；

（二）案外人对执行标的提出确有理由的异议的；

（三）作为一方当事人的公民死亡，需要等待继承人继承权利或者承担义务的；

（四）作为一方当事人的法人或者其他组织终止，尚未确定权利义务承受人的；

（五）人民法院认为应当中止执行的其他情形。

中止的情形消失后，恢复执行。

第二百六十八条　有下列情形之一的，人民法院裁定终结执行：

（一）申请人撤销申请的；

（二）据以执行的法律文书被撤销的；

（三）作为被执行人的公民死亡，无遗产可供执行，又无义务承担人的；

（四）追索赡养费、扶养费、抚养费案件的权利人死亡的；

（五）作为被执行人的公民因生活困难无力偿还借款，无收入来源，又丧失劳动能力的；

（六）人民法院认为应当终结执行的其他情形。

第二百六十九条　中止和终结执行的裁定，送达当事人后立即生效。

第四编　涉外民事诉讼程序的特别规定

第二十三章　一般原则

第二百七十条　在中华人民共和国领域内进行涉外民事诉讼，适用本编规定。本编没有规定的，适用本法其他有关规定。

第二百七十一条　中华人民共和国缔结或者参加的国际条约同本法有不同规定的，适用该国际条约的规定，但中华人民共和国声明保留的条款除外。

第二百七十二条　对享有外交特权与豁免的外国人、外国组织或者国际组织提起的民事诉讼，应当依照中华人民共和国有关法律和中华人民共和国缔结或者参加的国际条约的规定办理。

第二百七十三条　人民法院审理涉外民事案件，应当使用中华人民共和国通用的语言、文字。当事人要求提供翻译的，可以提供，费用由当事人承担。

第二百七十四条　外国人、无国籍人、外国企业和组织在人民法院起诉、应诉，需要委托律师代理诉讼的，必须委托中华人民共和国的律师。

第二百七十五条　在中华人民共和国领域内没有住所的外国人、无国籍人、外国企业和组织委托中华人民共和国律师或者其他人代理诉讼，从中华人民共和国领域外寄交或者托交的授权委托书，应当经所在国公证机关证明，并经中华人民共和国驻该国使领馆认证，或者履行中华人民共和国与该所在国订立的有关条约中规定的证明手续后，才具有效力。

第二十四章　管　辖

第二百七十六条　因涉外民事纠纷，对在中华人民共和国领域内没有住所的被告提起除身份关系以外的诉讼，如果合同签订地、合同履行地、诉讼标的物所在地、可供扣押财产所在地、侵权行为地、代表机构住所地位于中华人民共和国领域内的，可以由合同签订地、合同履行地、诉讼标的物所在地、可供扣押财产所在地、侵权行为地、代表机构住所地人民法院管辖。

除前款规定外，涉外民事纠纷与中华人民共和国存在其他适当联系的，可以由人民法院管辖。

第二百七十七条　涉外民事纠纷的当事人书面协议选择人民法院管辖的，可以由人民法院管辖。

第二百七十八条　当事人未提出管辖异议，并应诉答辩或者提出反诉的，视为人民法院有管辖权。

第二百七十九条　下列民事案件，由人民法院专属管辖：

（一）因在中华人民共和国领域内设立的

法人或者其他组织的设立、解散、清算，以及该法人或者其他组织作出的决议的效力等纠纷提起的诉讼；

（二）因与在中华人民共和国领域内审查授予的知识产权的有效性有关的纠纷提起的诉讼；

（三）因在中华人民共和国领域内履行中外合资经营企业合同、中外合作经营企业合同、中外合作勘探开发自然资源合同发生纠纷提起的诉讼。

第二百八十条 当事人之间的同一纠纷，一方当事人向外国法院起诉，另一方当事人向人民法院起诉，或者一方当事人既向外国法院起诉，又向人民法院起诉，人民法院依照本法有管辖权的，可以受理。当事人订立排他性管辖协议选择外国法院管辖且不违反本法对专属管辖的规定，不涉及中华人民共和国主权、安全或者社会公共利益的，人民法院可以裁定不予受理；已经受理的，裁定驳回起诉。

第二百八十一条 人民法院依据前条规定受理案件后，当事人以外国法院已经先于人民法院受理为由，书面申请人民法院中止诉讼的，人民法院可以裁定中止诉讼，但是存在下列情形之一的除外：

（一）当事人协议选择人民法院管辖，或者纠纷属于人民法院专属管辖；

（二）由人民法院审理明显更为方便。

外国法院未采取必要措施审理案件，或者未在合理期限内审结的，依当事人的书面申请，人民法院应当恢复诉讼。

外国法院作出的发生法律效力的判决、裁定，已经被人民法院全部或者部分承认，当事人对已经获得承认的部分又向人民法院起诉的，裁定不予受理；已经受理的，裁定驳回起诉。

第二百八十二条 人民法院受理的涉外民事案件，被告提出管辖异议，且同时有下列情形的，可以裁定驳回起诉，告知原告向更为方便的外国法院提起诉讼：

（一）案件争议的基本事实不是发生在中华人民共和国领域内，人民法院审理案件和当事人参加诉讼均明显不方便；

（二）当事人之间不存在选择人民法院管辖的协议；

（三）案件不属于人民法院专属管辖；

（四）案件不涉及中华人民共和国主权、安全或者社会公共利益；

（五）外国法院审理案件更为方便。

裁定驳回起诉后，外国法院对纠纷拒绝行使管辖权，或者未采取必要措施审理案件，或者未在合理期限内审结，当事人又向人民法院起诉的，人民法院应当受理。

第二十五章 送达、调查取证、期间

第二百八十三条 人民法院对在中华人民共和国领域内没有住所的当事人送达诉讼文书，可以采用下列方式：

（一）依照受送达人所在国与中华人民共和国缔结或者共同参加的国际条约中规定的方式送达；

（二）通过外交途径送达；

（三）对具有中华人民共和国国籍的受送达人，可以委托中华人民共和国驻受送达人所在国的使领馆代为送达；

（四）向受送达人在本案中委托的诉讼代理人送达；

（五）向受送达人在中华人民共和国领域内设立的独资企业、代表机构、分支机构或者有权接受送达的业务代办人送达；

（六）受送达人为外国人、无国籍人，其在中华人民共和国领域内设立的法人或者其他组织担任法定代表人或者主要负责人，且与该法人或者其他组织为共同被告的，向该法人或者其他组织送达；

（七）受送达人为外国法人或者其他组织，其法定代表人或者主要负责人在中华人民共和国领域内的，向其法定代表人或者主要负责人送达；

（八）受送达人所在国的法律允许邮寄送达的，可以邮寄送达，自邮寄之日起满三个月，送达回证没有退回，但根据各种情况足以认定已经送达的，期间届满之日视为送达；

（九）采用能够确认受送达人收悉的电子方式送达，但是受送达人所在国法律禁止的除外；

（十）以受送达人同意的其他方式送达，但是受送达人所在国法律禁止的除外。

不能用上述方式送达的，公告送达，自发出公告之日起，经过六十日，即视为送达。

第二百八十四条 当事人申请人民法院调

查收集的证据位于中华人民共和国领域外，人民法院可以依照证据所在国与中华人民共和国缔结或者共同参加的国际条约中规定的方式，或者通过外交途径调查收集。

在所在国法律不禁止的情况下，人民法院可以采用下列方式调查收集：

（一）对具有中华人民共和国国籍的当事人、证人，可以委托中华人民共和国驻当事人、证人所在国的使领馆代为取证；

（二）经双方当事人同意，通过即时通讯工具取证；

（三）以双方当事人同意的其他方式取证。

第二百八十五条 被告在中华人民共和国领域内没有住所的，人民法院应当将起诉状副本送达被告，并通知被告在收到起诉状副本后三十日内提出答辩状。被告申请延期的，是否准许，由人民法院决定。

第二百八十六条 在中华人民共和国领域内没有住所的当事人，不服第一审人民法院判决、裁定的，有权在判决书、裁定书送达之日起三十日内提起上诉。被上诉人在收到上诉状副本后，应当在三十日内提出答辩状。当事人不能在法定期间提起上诉或者提出答辩状，申请延期的，是否准许，由人民法院决定。

第二百八十七条 人民法院审理涉外民事案件的期间，不受本法第一百五十二条、第一百八十三条规定的限制。

第二十六章 仲 裁

第二百八十八条 涉外经济贸易、运输和海事中发生的纠纷，当事人在合同中订有仲裁条款或者事后达成书面仲裁协议，提交中华人民共和国涉外仲裁机构或者其他仲裁机构仲裁的，当事人不得向人民法院起诉。

当事人在合同中没有订有仲裁条款或者事后没有达成书面仲裁协议的，可以向人民法院起诉。

第二百八十九条 当事人申请采取保全的，中华人民共和国的涉外仲裁机构应当将当事人的申请，提交被申请人住所地或者财产所在地的中级人民法院裁定。

第二百九十条 经中华人民共和国涉外仲裁机构裁决的，当事人不得向人民法院起诉。一方当事人不履行仲裁裁决的，对方当事人可以向被申请人住所地或者财产所在地的中级人民法院申请执行。

第二百九十一条 对中华人民共和国涉外仲裁机构作出的裁决，被申请人提出证据证明仲裁裁决有下列情形之一的，经人民法院组成合议庭审查核实，裁定不予执行：

（一）当事人在合同中没有订有仲裁条款或者事后没有达成书面仲裁协议的；

（二）被申请人没有得到指定仲裁员或者进行仲裁程序的通知，或者由于其他不属于被申请人负责的原因未能陈述意见的；

（三）仲裁庭的组成或者仲裁的程序与仲裁规则不符的；

（四）裁决的事项不属于仲裁协议的范围或者仲裁机构无权仲裁的。

人民法院认定执行该裁决违背社会公共利益的，裁定不予执行。

第二百九十二条 仲裁裁决被人民法院裁定不予执行的，当事人可以根据双方达成的书面仲裁协议重新申请仲裁，也可以向人民法院起诉。

第二十七章 司法协助

第二百九十三条 根据中华人民共和国缔结或者参加的国际条约，或者按照互惠原则，人民法院和外国法院可以相互请求，代为送达文书、调查取证以及进行其他诉讼行为。

外国法院请求协助的事项有损于中华人民共和国的主权、安全或者社会公共利益的，人民法院不予执行。

第二百九十四条 请求和提供司法协助，应当依照中华人民共和国缔结或者参加的国际条约所规定的途径进行；没有条约关系的，通过外交途径进行。

外国驻中华人民共和国的使领馆可以向该国公民送达文书和调查取证，但不得违反中华人民共和国的法律，并不得采取强制措施。

除前款规定的情况外，未经中华人民共和国主管机关准许，任何外国机关或者个人不得在中华人民共和国领域内送达文书、调查取证。

第二百九十五条 外国法院请求人民法院提供司法协助的请求书及其所附文件，应当附有中文译本或者国际条约规定的其他文字文本。

人民法院请求外国法院提供司法协助的请求书及其所附文件，应当附有该国文字译本或者国际条约规定的其他文字文本。

第二百九十六条 人民法院提供司法协助，依照中华人民共和国法律规定的程序进行。外国法院请求采用特殊方式的，也可以按照其请求的特殊方式进行，但请求采用的特殊方式不得违反中华人民共和国法律。

第二百九十七条 人民法院作出的发生法律效力的判决、裁定，如果被执行人或者其财产不在中华人民共和国领域内，当事人请求执行的，可以由当事人直接向有管辖权的外国法院申请承认和执行，也可以由人民法院依照中华人民共和国缔结或者参加的国际条约的规定，或者按照互惠原则，请求外国法院承认和执行。

在中华人民共和国领域内依法作出的发生法律效力的仲裁裁决，当事人请求执行的，如果被执行人或者其财产不在中华人民共和国领域内，当事人可以直接向有管辖权的外国法院申请承认和执行。

第二百九十八条 外国法院作出的发生法律效力的判决、裁定，需要人民法院承认和执行的，可以由当事人直接向有管辖权的中级人民法院申请承认和执行，也可以由外国法院依照该国与中华人民共和国缔结或者参加的国际条约的规定，或者按照互惠原则，请求人民法院承认和执行。

第二百九十九条 人民法院对申请或者请求承认和执行的外国法院作出的发生法律效力的判决、裁定，依照中华人民共和国缔结或者参加的国际条约，或者按照互惠原则进行审查后，认为不违反中华人民共和国法律的基本原则且不损害国家主权、安全、社会公共利益的，裁定承认其效力；需要执行的，发出执行令，依照本法的有关规定执行。

第三百条 对申请或者请求承认和执行的外国法院作出的发生法律效力的判决、裁定，人民法院经审查，有下列情形之一的，裁定不予承认和执行：

（一）依据本法第三百零一条的规定，外国法院对案件无管辖权；

（二）被申请人未得到合法传唤或者虽经合法传唤但未获得合理的陈述、辩论机会，或者无诉讼行为能力的当事人未得到适当代理；

（三）判决、裁定是通过欺诈方式取得；

（四）人民法院已对同一纠纷作出判决、裁定，或者已经承认第三国法院对同一纠纷作出的判决、裁定；

（五）违反中华人民共和国法律的基本原则或者损害国家主权、安全、社会公共利益。

第三百零一条 有下列情形之一的，人民法院应当认定该外国法院对案件无管辖权：

（一）外国法院依照其法律对案件没有管辖权，或者虽然依照其法律有管辖权但与案件所涉纠纷无适当联系；

（二）违反本法对专属管辖的规定；

（三）违反当事人排他性选择法院管辖的协议。

第三百零二条 当事人向人民法院申请承认和执行外国法院作出的发生法律效力的判决、裁定，该判决、裁定涉及的纠纷与人民法院正在审理的纠纷属于同一纠纷的，人民法院可以裁定中止诉讼。

外国法院作出的发生法律效力的判决、裁定不符合本法规定的承认条件的，人民法院裁定不予承认和执行，并恢复已经中止的诉讼；符合本法规定的承认条件的，人民法院裁定承认其效力；需要执行的，发出执行令，依照本法的有关规定执行；对已经中止的诉讼，裁定驳回起诉。

第三百零三条 当事人对承认和执行或者不予承认和执行的裁定不服的，可以自裁定送达之日起十日内向上一级人民法院申请复议。

第三百零四条 在中华人民共和国领域外作出的发生法律效力的仲裁裁决，需要人民法院承认和执行的，当事人可以直接向被执行人住所地或者其财产所在地的中级人民法院申请。被执行人住所地或者其财产不在中华人民共和国领域内的，当事人可以向申请人住所地或者与裁决的纠纷有适当联系的地点的中级人民法院申请。人民法院应当依照中华人民共和国缔结或者参加的国际条约，或者按照互惠原则办理。

第三百零五条 涉及外国国家的民事诉讼，适用中华人民共和国有关外国国家豁免的法律规定；有关法律没有规定的，适用本法。

第三百零六条 本法自公布之日起施行，《中华人民共和国民事诉讼法（试行）》同时废止。

全国人民代表大会常务委员会
关于司法鉴定管理问题的决定

（2005年2月28日第十届全国人民代表大会常务委员会第十四次会议通过
根据2015年4月24日第十二届全国人民代表大会常务委员会第十四次会议
《关于修改〈中华人民共和国义务教育法〉等五部法律的决定》修正）

为了加强对鉴定人和鉴定机构的管理，适应司法机关和公民、组织进行诉讼的需要，保障诉讼活动的顺利进行，特作如下决定：

一、司法鉴定是指在诉讼活动中鉴定人运用科学技术或者专门知识对诉讼涉及的专门性问题进行鉴别和判断并提供鉴定意见的活动。

二、国家对从事下列司法鉴定业务的鉴定人和鉴定机构实行登记管理制度：

（一）法医类鉴定；

（二）物证类鉴定；

（三）声像资料鉴定；

（四）根据诉讼需要由国务院司法行政部门商最高人民法院、最高人民检察院确定的其他应当对鉴定人和鉴定机构实行登记管理的鉴定事项。

法律对前款规定事项的鉴定人和鉴定机构的管理另有规定的，从其规定。

三、国务院司法行政部门主管全国鉴定人和鉴定机构的登记管理工作。省级人民政府司法行政部门依照本决定的规定，负责对鉴定人和鉴定机构的登记、名册编制和公告。

四、具备下列条件之一的人员，可以申请登记从事司法鉴定业务：

（一）具有与所申请从事的司法鉴定业务相关的高级专业技术职称；

（二）具有与所申请从事的司法鉴定业务相关的专业执业资格或者高等院校相关专业本科以上学历，从事相关工作五年以上；

（三）具有与所申请从事的司法鉴定业务相关工作十年以上经历，具有较强的专业技能。

因故意犯罪或者职务过失犯罪受过刑事处罚的，受过开除公职处分的，以及被撤销鉴定人登记的人员，不得从事司法鉴定业务。

五、法人或者其他组织申请从事司法鉴定业务的，应当具备下列条件：

（一）有明确的业务范围；

（二）有在业务范围内进行司法鉴定所必需的仪器、设备；

（三）有在业务范围内进行司法鉴定所必需的依法通过计量认证或者实验室认可的检测实验室；

（四）每项司法鉴定业务有三名以上鉴定人。

六、申请从事司法鉴定业务的个人、法人或者其他组织，由省级人民政府司法行政部门审核，对符合条件的予以登记，编入鉴定人和鉴定机构名册并公告。

省级人民政府司法行政部门应当根据鉴定人或者鉴定机构的增加和撤销登记情况，定期更新所编制的鉴定人和鉴定机构名册并公告。

七、侦查机关根据侦查工作的需要设立的鉴定机构，不得面向社会接受委托从事司法鉴定业务。

人民法院和司法行政部门不得设立鉴定机构。

八、各鉴定机构之间没有隶属关系；鉴定机构接受委托从事司法鉴定业务，不受地域范围的限制。

鉴定人应当在一个鉴定机构中从事司法鉴定业务。

九、在诉讼中，对本决定第二条所规定的鉴定事项发生争议，需要鉴定的，应当委托列入鉴定人名册的鉴定人进行鉴定。鉴定人从事司法鉴定业务，由所在的鉴定机构统一接受委托。

鉴定人和鉴定机构应当在鉴定人和鉴定机构名册注明的业务范围内从事司法鉴定业务。

鉴定人应当依照诉讼法律规定实行回避。

十、司法鉴定实行鉴定人负责制度。鉴定人应当独立进行鉴定，对鉴定意见负责并在鉴定书上签名或者盖章。多人参加的鉴定，对鉴定意见有不同意见的，应当注明。

十一、在诉讼中，当事人对鉴定意见有异议的，经人民法院依法通知，鉴定人应当出庭作证。

十二、鉴定人和鉴定机构从事司法鉴定业务，应当遵守法律、法规，遵守职业道德和职业纪律，尊重科学，遵守技术操作规范。

十三、鉴定人或者鉴定机构有违反本决定规定行为的，由省级人民政府司法行政部门予以警告，责令改正。

鉴定人或者鉴定机构有下列情形之一的，由省级人民政府司法行政部门给予停止从事司法鉴定业务三个月以上一年以下的处罚；情节严重的，撤销登记：

（一）因严重不负责任给当事人合法权益造成重大损失的；

（二）提供虚假证明文件或者采取其他欺诈手段，骗取登记的；

（三）经人民法院依法通知，拒绝出庭作证的；

（四）法律、行政法规规定的其他情形。

鉴定人故意作虚假鉴定，构成犯罪的，依法追究刑事责任；尚不构成犯罪的，依照前款规定处罚。

十四、司法行政部门在鉴定人和鉴定机构的登记管理工作中，应当严格依法办事，积极推进司法鉴定的规范化、法制化。对于滥用职权、玩忽职守，造成严重后果的直接责任人员，应当追究相应的法律责任。

十五、司法鉴定的收费标准由省、自治区、直辖市人民政府价格主管部门会同同级司法行政部门制定。

十六、对鉴定人和鉴定机构进行登记、名册编制和公告的具体办法，由国务院司法行政部门制定，报国务院批准。

十七、本决定下列用语的含义是：

（一）法医类鉴定，包括法医病理鉴定、法医临床鉴定、法医精神病鉴定、法医物证鉴定和法医毒物鉴定。

（二）物证类鉴定，包括文书鉴定、痕迹鉴定和微量鉴定。

（三）声像资料鉴定，包括对录音带、录像带、磁盘、光盘、图片等载体上记录的声音、图像信息的真实性、完整性及其所反映的情况过程进行的鉴定和对记录的声音、图像中的语言、人体、物体作出种类或者同一认定。

十八、本决定自 2005 年 10 月 1 日起施行。

最高人民法院
关于适用《中华人民共和国民事诉讼法》的解释

（2014 年 12 月 18 日最高人民法院审判委员会第 1636 次会议通过　根据 2020 年 12 月 23 日最高人民法院审判委员会第 1823 次会议通过的《最高人民法院关于修改〈最高人民法院关于人民法院民事调解工作若干问题的规定〉等十九件民事诉讼类司法解释的决定》第一次修正　根据 2022 年 3 月 22 日最高人民法院审判委员会第 1866 次会议通过的《最高人民法院关于修改〈最高人民法院关于适用《中华人民共和国民事诉讼法》的解释〉的决定》第二次修正　该修正自 2022 年 4 月 10 日起施行）

目　录

一、管　辖
二、回　避
三、诉讼参加人
四、证　据

五、期间和送达
六、调　解
七、保全和先予执行
八、对妨害民事诉讼的强制措施
九、诉讼费用
十、第一审普通程序
十一、简易程序
十二、简易程序中的小额诉讼
十三、公益诉讼
十四、第三人撤销之诉
十五、执行异议之诉
十六、第二审程序
十七、特别程序
十八、审判监督程序
十九、督促程序
二十、公示催告程序
二十一、执行程序
二十二、涉外民事诉讼程序的特别规定
二十三、附　则

2012年8月31日，第十一届全国人民代表大会常务委员会第二十八次会议审议通过了《关于修改〈中华人民共和国民事诉讼法〉的决定》。根据修改后的民事诉讼法，结合人民法院民事审判和执行工作实际，制定本解释。

一、管　辖

第一条　民事诉讼法第十九条第一项规定的重大涉外案件，包括争议标的额大的案件、案情复杂的案件，或者一方当事人人数众多等具有重大影响的案件。

第二条　专利纠纷案件由知识产权法院、最高人民法院确定的中级人民法院和基层人民法院管辖。

海事、海商案件由海事法院管辖。

第三条　公民的住所地是指公民的户籍所在地，法人或者其他组织的住所地是指法人或者其他组织的主要办事机构所在地。

法人或者其他组织的主要办事机构所在地不能确定的，法人或者其他组织的注册地或者登记地为住所地。

第四条　公民的经常居住地是指公民离开住所地至起诉时已连续居住一年以上的地方，但公民住院就医的地方除外。

第五条　对没有办事机构的个人合伙、合伙型联营体提起的诉讼，由被告注册登记地人民法院管辖。没有注册登记，几个被告又不在同一辖区的，被告住所地的人民法院都有管辖权。

第六条　被告被注销户籍的，依照民事诉讼法第二十三条规定确定管辖；原告、被告均被注销户籍的，由被告居住地人民法院管辖。

第七条　当事人的户籍迁出后尚未落户，有经常居住地的，由该地人民法院管辖；没有经常居住地的，由其原户籍所在地人民法院管辖。

第八条　双方当事人都被监禁或者被采取强制性教育措施的，由被告原住所地人民法院管辖。被告被监禁或者被采取强制性教育措施一年以上的，由被告被监禁地或者被采取强制性教育措施地人民法院管辖。

第九条　追索赡养费、扶养费、抚养费案件的几个被告住所地不在同一辖区的，可以由原告住所地人民法院管辖。

第十条　不服指定监护或者变更监护关系的案件，可以由被监护人住所地人民法院管辖。

第十一条　双方当事人均为军人或者军队单位的民事案件由军事法院管辖。

第十二条　夫妻一方离开住所地超过一年，另一方起诉离婚的案件，可以由原告住所地人民法院管辖。

夫妻双方离开住所地超过一年，一方起诉离婚的案件，由被告经常居住地人民法院管辖；没有经常居住地的，由原告起诉时被告居住地人民法院管辖。

第十三条　在国内结婚并定居国外的华侨，如定居国法院以离婚诉讼须由婚姻缔结地法院管辖为由不予受理，当事人向人民法院提出离婚诉讼的，由婚姻缔结地或者一方在国内的最后居住地人民法院管辖。

第十四条　在国外结婚并定居国外的华侨，如定居国法院以离婚诉讼须由国籍所属国法院管辖为由不予受理，当事人向人民法院提出离婚诉讼的，由一方原住所地或者在国内的最后居住地人民法院管辖。

第十五条　中国公民一方居住在国外，一方居住在国内，不论哪一方向人民法院提起离婚诉讼，国内一方住所地人民法院都有权管辖。国外一方在居住国法院起诉，国内一方向人民法院起诉的，受诉人民法院有权管辖。

第十六条 中国公民双方在国外但未定居，一方向人民法院起诉离婚的，应由原告或者被告原住所地人民法院管辖。

第十七条 已经离婚的中国公民，双方均定居国外，仅就国内财产分割提起诉讼的，由主要财产所在地人民法院管辖。

第十八条 合同约定履行地点的，以约定的履行地点为合同履行地。

合同对履行地点没有约定或者约定不明确，争议标的为给付货币的，接收货币一方所在地为合同履行地；交付不动产的，不动产所在地为合同履行地；其他标的，履行义务一方所在地为合同履行地。即时结清的合同，交易行为地为合同履行地。

合同没有实际履行，当事人双方住所地都不在合同约定的履行地的，由被告住所地人民法院管辖。

第十九条 财产租赁合同、融资租赁合同以租赁物使用地为合同履行地。合同对履行地有约定的，从其约定。

第二十条 以信息网络方式订立的买卖合同，通过信息网络交付标的的，以买受人住所地为合同履行地；通过其他方式交付标的的，收货地为合同履行地。合同对履行地有约定的，从其约定。

第二十一条 因财产保险合同纠纷提起的诉讼，如果保险标的物是运输工具或者运输中的货物，可以由运输工具登记注册地、运输目的地、保险事故发生地人民法院管辖。

因人身保险合同纠纷提起的诉讼，可以由被保险人住所地人民法院管辖。

第二十二条 因股东名册记载、请求变更公司登记、股东知情权、公司决议、公司合并、公司分立、公司减资、公司增资等纠纷提起的诉讼，依照民事诉讼法第二十七条规定确定管辖。

第二十三条 债权人申请支付令，适用民事诉讼法第二十二条规定，由债务人住所地基层人民法院管辖。

第二十四条 民事诉讼法第二十九条规定的侵权行为地，包括侵权行为实施地、侵权结果发生地。

第二十五条 信息网络侵权行为实施地包括实施被诉侵权行为的计算机等信息设备所在地，侵权结果发生地包括被侵权人住所地。

第二十六条 因产品、服务质量不合格造成他人财产、人身损害提起的诉讼，产品制造地、产品销售地、服务提供地、侵权行为地和被告住所地人民法院都有管辖权。

第二十七条 当事人申请诉前保全后没有在法定期间起诉或者申请仲裁，给被申请人、利害关系人造成损失引起的诉讼，由采取保全措施的人民法院管辖。

当事人申请诉前保全后在法定期间内起诉或者申请仲裁，被申请人、利害关系人因保全受到损失提起的诉讼，由受理起诉的人民法院或者采取保全措施的人民法院管辖。

第二十八条 民事诉讼法第三十四条第一项规定的不动产纠纷是指因不动产的权利确认、分割、相邻关系等引起的物权纠纷。

农村土地承包经营合同纠纷、房屋租赁合同纠纷、建设工程施工合同纠纷、政策性房屋买卖合同纠纷，按照不动产纠纷确定管辖。

不动产已登记的，以不动产登记簿记载的所在地为不动产所在地；不动产未登记的，以不动产实际所在地为不动产所在地。

第二十九条 民事诉讼法第三十五条规定的书面协议，包括书面合同中的协议管辖条款或者诉讼前以书面形式达成的选择管辖的协议。

第三十条 根据管辖协议，起诉时能够确定管辖法院的，从其约定；不能确定的，依照民事诉讼法的相关规定确定管辖。

管辖协议约定两个以上与争议有实际联系的地点的人民法院管辖，原告可以向其中一个人民法院起诉。

第三十一条 经营者使用格式条款与消费者订立管辖协议，未采取合理方式提请消费者注意，消费者主张管辖协议无效的，人民法院应予支持。

第三十二条 管辖协议约定由一方当事人住所地人民法院管辖，协议签订后当事人住所地变更的，由签订管辖协议时的住所地人民法院管辖，但当事人另有约定的除外。

第三十三条 合同转让的，合同的管辖协议对合同受让人有效，但转让时受让人不知道有管辖协议，或者转让协议另有约定且原合同相对人同意的除外。

第三十四条 当事人因同居或者在解除婚

姻、收养关系后发生财产争议，约定管辖的，可以适用民事诉讼法第三十五条规定确定管辖。

第三十五条 当事人在答辩期间届满后未应诉答辩，人民法院在一审开庭前，发现案件不属于本院管辖的，应当裁定移送有管辖权的人民法院。

第三十六条 两个以上人民法院都有管辖权的诉讼，先立案的人民法院不得将案件移送给另一个有管辖权的人民法院。人民法院在立案前发现其他有管辖权的人民法院已先立案的，不得重复立案；立案后发现其他有管辖权的人民法院已先立案的，裁定将案件移送给先立案的人民法院。

第三十七条 案件受理后，受诉人民法院的管辖权不受当事人住所地、经常居住地变更的影响。

第三十八条 有管辖权的人民法院受理案件后，不得以行政区域变更为由，将案件移送给变更后有管辖权的人民法院。判决后的上诉案件和依审判监督程序提审的案件，由原审人民法院的上级人民法院进行审判；上级人民法院指令再审、发回重审的案件，由原审人民法院再审或者重审。

第三十九条 人民法院对管辖异议审查后确定有管辖权的，不因当事人提起反诉、增加或者变更诉讼请求等改变管辖，但违反级别管辖、专属管辖规定的除外。

人民法院发回重审或者按第一审程序再审的案件，当事人提出管辖异议的，人民法院不予审查。

第四十条 依照民事诉讼法第三十八条第二款规定，发生管辖权争议的两个人民法院因协商不成报请它们的共同上级人民法院指定管辖时，双方为同属一个地、市辖区的基层人民法院的，由该地、市的中级人民法院及时指定管辖；同属一个省、自治区、直辖市的两个人民法院的，由该省、自治区、直辖市的高级人民法院及时指定管辖；双方为跨省、自治区、直辖市的人民法院，高级人民法院协商不成的，由最高人民法院及时指定管辖。

依照前款规定报请上级人民法院指定管辖时，应当逐级进行。

第四十一条 人民法院依照民事诉讼法第三十八条第二款规定指定管辖的，应当作出裁定。

对报请上级人民法院指定管辖的案件，下级人民法院应当中止审理。指定管辖裁定作出前，下级人民法院对案件作出判决、裁定的，上级人民法院应当在裁定指定管辖的同时，一并撤销下级人民法院的判决、裁定。

第四十二条 下列第一审民事案件，人民法院依照民事诉讼法第三十九条第一款规定，可以在开庭前交下级人民法院审理：

（一）破产程序中有关债务人的诉讼案件；

（二）当事人人数众多且不方便诉讼的案件；

（三）最高人民法院确定的其他类型案件。

人民法院交下级人民法院审理前，应当报请其上级人民法院批准。上级人民法院批准后，人民法院应当裁定将案件交下级人民法院审理。

二、回　避

第四十三条 审判人员有下列情形之一的，应当自行回避，当事人有权申请其回避：

（一）是本案当事人或者当事人近亲属的；

（二）本人或者其近亲属与本案有利害关系的；

（三）担任过本案的证人、鉴定人、辩护人、诉讼代理人、翻译人员的；

（四）是本案诉讼代理人近亲属的；

（五）本人或者其近亲属持有本案非上市公司当事人的股份或者股权的；

（六）与本案当事人或者诉讼代理人有其他利害关系，可能影响公正审理的。

第四十四条 审判人员有下列情形之一的，当事人有权申请其回避：

（一）接受本案当事人及其受托人宴请，或者参加由其支付费用的活动的；

（二）索取、接受本案当事人及其受托人财物或者其他利益的；

（三）违反规定会见本案当事人、诉讼代理人的；

（四）为本案当事人推荐、介绍诉讼代理人，或者为律师、其他人员介绍代理本案的；

（五）向本案当事人及其受托人借用款

物的；

（六）有其他不正当行为，可能影响公正审理的。

第四十五条 在一个审判程序中参与过本案审判工作的审判人员，不得再参与该案其他程序的审判。

发回重审的案件，在一审法院作出裁判后又进入第二审程序的，原第二审程序中审判人员不受前款规定的限制。

第四十六条 审判人员有应当回避的情形，没有自行回避，当事人也没有申请其回避的，由院长或者审判委员会决定其回避。

第四十七条 人民法院应当依法告知当事人对合议庭组成人员、独任审判员和书记员等人员有申请回避的权利。

第四十八条 民事诉讼法第四十七条所称的审判人员，包括参与本案审理的人民法院院长、副院长、审判委员会委员、庭长、副庭长、审判员和人民陪审员。

第四十九条 书记员和执行员适用审判人员回避的有关规定。

三、诉讼参加人

第五十条 法人的法定代表人以依法登记的为准，但法律另有规定的除外。依法不需要办理登记的法人，以其正职负责人为法定代表人；没有正职负责人的，以其主持工作的副职负责人为法定代表人。

法定代表人已经变更，但未完成登记，变更后的法定代表人要求代表法人参加诉讼的，人民法院可以准许。

其他组织，以其主要负责人为代表人。

第五十一条 在诉讼中，法人的法定代表人变更的，由新的法定代表人继续进行诉讼，并应向人民法院提交新的法定代表人身份证明书。原法定代表人进行的诉讼行为有效。

前款规定，适用于其他组织参加的诉讼。

第五十二条 民事诉讼法第五十一条规定的其他组织是指合法成立、有一定的组织机构和财产，但又不具备法人资格的组织，包括：

（一）依法登记领取营业执照的个人独资企业；

（二）依法登记领取营业执照的合伙企业；

（三）依法登记领取我国营业执照的中外合作经营企业、外资企业；

（四）依法成立的社会团体的分支机构、代表机构；

（五）依法设立并领取营业执照的法人的分支机构；

（六）依法设立并领取营业执照的商业银行、政策性银行和非银行金融机构的分支机构；

（七）经依法登记领取营业执照的乡镇企业、街道企业；

（八）其他符合本条规定条件的组织。

第五十三条 法人非依法设立的分支机构，或者虽依法设立，但没有领取营业执照的分支机构，以设立该分支机构的法人为当事人。

第五十四条 以挂靠形式从事民事活动，当事人请求由挂靠人和被挂靠人依法承担民事责任的，该挂靠人和被挂靠人为共同诉讼人。

第五十五条 在诉讼中，一方当事人死亡，需要等待继承人表明是否参加诉讼的，裁定中止诉讼。人民法院应当及时通知继承人作为当事人承担诉讼，被继承人已经进行的诉讼行为对承担诉讼的继承人有效。

第五十六条 法人或者其他组织的工作人员执行工作任务造成他人损害的，该法人或者其他组织为当事人。

第五十七条 提供劳务一方因劳务造成他人损害，受害人提起诉讼的，以接受劳务一方为被告。

第五十八条 在劳务派遣期间，被派遣的工作人员因执行工作任务造成他人损害的，以接受劳务派遣的用工单位为当事人。当事人主张劳务派遣单位承担责任的，该劳务派遣单位为共同被告。

第五十九条 在诉讼中，个体工商户以营业执照上登记的经营者为当事人。有字号的，以营业执照上登记的字号为当事人，但应同时注明该字号经营者的基本信息。

营业执照上登记的经营者与实际经营者不一致的，以登记的经营者和实际经营者为共同诉讼人。

第六十条 在诉讼中，未依法登记领取营业执照的个人合伙的全体合伙人为共同诉讼人。个人合伙有依法核准登记的字号的，应在法律文书中注明登记的字号。全体合伙人可以推选代表人；被推选的代表人，应由全体合伙人出具推选书。

第六十一条 当事人之间的纠纷经人民调解委员会或者其他依法设立的调解组织调解达成协议后，一方当事人不履行调解协议，另一方当事人向人民法院提起诉讼的，应以对方当事人为被告。

第六十二条 下列情形，以行为人为当事人：

（一）法人或者其他组织应登记而未登记，行为人即以该法人或者其他组织名义进行民事活动的；

（二）行为人没有代理权、超越代理权或者代理权终止后以被代理人名义进行民事活动的，但相对人有理由相信行为人有代理权的除外；

（三）法人或者其他组织依法终止后，行为人仍以其名义进行民事活动的。

第六十三条 企业法人合并的，因合并前的民事活动发生的纠纷，以合并后的企业为当事人；企业法人分立的，因分立前的民事活动发生的纠纷，以分立后的企业为共同诉讼人。

第六十四条 企业法人解散的，依法清算并注销前，以该企业法人为当事人；未依法清算即被注销的，以该企业法人的股东、发起人或者出资人为当事人。

第六十五条 借用业务介绍信、合同专用章、盖章的空白合同书或者银行账户的，出借单位和借用人为共同诉讼人。

第六十六条 因保证合同纠纷提起的诉讼，债权人向保证人和被保证人一并主张权利的，人民法院应当将保证人和被保证人列为共同被告。保证合同约定为一般保证，债权人仅起诉保证人的，人民法院应当通知被保证人作为共同被告参加诉讼；债权人仅起诉被保证人的，可以只列被保证人为被告。

第六十七条 无民事行为能力人、限制民事行为能力人造成他人损害的，无民事行为能力人、限制民事行为能力人和其监护人为共同被告。

第六十八条 居民委员会、村民委员会或者村民小组与他人发生民事纠纷的，居民委员会、村民委员会或者有独立财产的村民小组为当事人。

第六十九条 对侵害死者遗体、遗骨以及姓名、肖像、名誉、荣誉、隐私等行为提起诉讼的，死者的近亲属为当事人。

第七十条 在继承遗产的诉讼中，部分继承人起诉的，人民法院应通知其他继承人作为共同原告参加诉讼；被通知的继承人不愿意参加诉讼又未明确表示放弃实体权利的，人民法院仍应将其列为共同原告。

第七十一条 原告起诉被代理人和代理人，要求承担连带责任的，被代理人和代理人为共同被告。

原告起诉代理人和相对人，要求承担连带责任的，代理人和相对人为共同被告。

第七十二条 共有财产权受到他人侵害，部分共有权人起诉的，其他共有权人为共同诉讼人。

第七十三条 必须共同进行诉讼的当事人没有参加诉讼的，人民法院应当依照民事诉讼法第一百三十五条的规定，通知其参加；当事人也可以向人民法院申请追加。人民法院对当事人提出的申请，应当进行审查，申请理由不成立的，裁定驳回；申请理由成立的，书面通知被追加的当事人参加诉讼。

第七十四条 人民法院追加共同诉讼的当事人时，应当通知其他当事人。应当追加的原告，已明确表示放弃实体权利的，可不予追加；既不愿意参加诉讼，又不放弃实体权利的，仍应追加为共同原告，其不参加诉讼，不影响人民法院对案件的审理和依法作出判决。

第七十五条 民事诉讼法第五十六条、第五十七条和第二百零六条规定的人数众多，一般指十人以上。

第七十六条 依照民事诉讼法第五十六条规定，当事人一方人数众多在起诉时确定的，可以由全体当事人推选共同的代表人，也可以由部分当事人推选自己的代表人；推选不出代表人的当事人，在必要的共同诉讼中可以自己参加诉讼，在普通的共同诉讼中可以另行起诉。

第七十七条 根据民事诉讼法第五十七条规定，当事人一方人数众多在起诉时不确定的，由当事人推选代表人。当事人推选不出的，可以由人民法院提出人选与当事人协商；协商不成的，也可以由人民法院在起诉的当事人中指定代表人。

第七十八条 民事诉讼法第五十六条和第

五十七条规定的代表人为二至五人，每位代表人可以委托一至二人作为诉讼代理人。

第七十九条 依照民事诉讼法第五十七条规定受理的案件，人民法院可以发出公告，通知权利人向人民法院登记。公告期间根据案件的具体情况确定，但不得少于三十日。

第八十条 根据民事诉讼法第五十七条规定向人民法院登记的权利人，应当证明其与对方当事人的法律关系和所受到的损害。证明不了的，不予登记，权利人可以另行起诉。人民法院的裁判在登记的范围内执行。未参加登记的权利人提起诉讼，人民法院认定其请求成立的，裁定适用人民法院已作出的判决、裁定。

第八十一条 根据民事诉讼法第五十九条的规定，有独立请求权的第三人有权向人民法院提出诉讼请求和事实、理由，成为当事人；无独立请求权的第三人，可以申请或者由人民法院通知参加诉讼。

第一审程序中未参加诉讼的第三人，申请参加第二审程序的，人民法院可以准许。

第八十二条 在一审诉讼中，无独立请求权的第三人无权提出管辖异议，无权放弃、变更诉讼请求或者申请撤诉，被判决承担民事责任的，有权提起上诉。

第八十三条 在诉讼中，无民事行为能力人、限制民事行为能力人的监护人是他的法定代理人。事先没有确定监护人的，可以由有监护资格的人协商确定；协商不成的，由人民法院在他们之中指定诉讼中的法定代理人。当事人没有民法典第二十七条、第二十八条规定的监护人的，可以指定民法典第三十二条规定的有关组织担任诉讼中的法定代理人。

第八十四条 无民事行为能力人、限制民事行为能力人以及其他依法不能作为诉讼代理人的，当事人不得委托其作为诉讼代理人。

第八十五条 根据民事诉讼法第六十一条第二款第二项规定，与当事人有夫妻、直系血亲、三代以内旁系血亲、近姻亲关系以及其他有抚养、赡养关系的亲属，可以当事人近亲属的名义作为诉讼代理人。

第八十六条 根据民事诉讼法第六十一条第二款第二项规定，与当事人有合法劳动人事关系的职工，可以当事人工作人员的名义作为诉讼代理人。

第八十七条 根据民事诉讼法第六十一条第二款第三项规定，有关社会团体推荐公民担任诉讼代理人的，应当符合下列条件：

（一）社会团体属于依法登记设立或者依法免予登记设立的非营利性法人组织；

（二）被代理人属于该社会团体的成员，或者当事人一方住所地位于该社会团体的活动地域；

（三）代理事务属于该社会团体章程载明的业务范围；

（四）被推荐的公民是该社会团体的负责人或者与该社会团体有合法劳动人事关系的工作人员。

专利代理人经中华全国专利代理人协会推荐，可以在专利纠纷案件中担任诉讼代理人。

第八十八条 诉讼代理人除根据民事诉讼法第六十二条规定提交授权委托书外，还应当按照下列规定向人民法院提交相关材料：

（一）律师应当提交律师执业证、律师事务所证明材料；

（二）基层法律服务工作者应当提交法律服务工作者执业证、基层法律服务所出具的介绍信以及当事人一方位于本辖区内的证明材料；

（三）当事人的近亲属应当提交身份证件和与委托人有近亲属关系的证明材料；

（四）当事人的工作人员应当提交身份证件和与当事人有合法劳动人事关系的证明材料；

（五）当事人所在社区、单位推荐的公民应当提交身份证件、推荐材料和当事人属于该社区、单位的证明材料；

（六）有关社会团体推荐的公民应当提交身份证件和符合本解释第八十七条规定条件的证明材料。

第八十九条 当事人向人民法院提交的授权委托书，应当在开庭审理前送交人民法院。授权委托书仅写“全权代理”而无具体授权的，诉讼代理人无权代为承认、放弃、变更诉讼请求，进行和解，提出反诉或者提起上诉。

适用简易程序审理的案件，双方当事人同时到庭并径行开庭审理的，可以当场口头委托诉讼代理人，由人民法院记入笔录。

四、证　据

第九十条 当事人对自己提出的诉讼请求

所依据的事实或者反驳对方诉讼请求所依据的事实，应当提供证据加以证明，但法律另有规定的除外。

在作出判决前，当事人未能提供证据或者证据不足以证明其事实主张的，由负有举证证明责任的当事人承担不利的后果。

第九十一条 人民法院应当依照下列原则确定举证证明责任的承担，但法律另有规定的除外：

（一）主张法律关系存在的当事人，应当对产生该法律关系的基本事实承担举证证明责任；

（二）主张法律关系变更、消灭或者权利受到妨害的当事人，应当对该法律关系变更、消灭或者权利受到妨害的基本事实承担举证证明责任。

第九十二条 一方当事人在法庭审理中，或者在起诉状、答辩状、代理词等书面材料中，对于己不利的事实明确表示承认的，另一方当事人无需举证证明。

对于涉及身份关系、国家利益、社会公共利益等应当由人民法院依职权调查的事实，不适用前款自认的规定。

自认的事实与查明的事实不符的，人民法院不予确认。

第九十三条 下列事实，当事人无须举证证明：

（一）自然规律以及定理、定律；

（二）众所周知的事实；

（三）根据法律规定推定的事实；

（四）根据已知的事实和日常生活经验法则推定出的另一事实；

（五）已为人民法院发生法律效力的裁判所确认的事实；

（六）已为仲裁机构生效裁决所确认的事实；

（七）已为有效公证文书所证明的事实。

前款第二项至第四项规定的事实，当事人有相反证据足以反驳的除外；第五项至第七项规定的事实，当事人有相反证据足以推翻的除外。

第九十四条 民事诉讼法第六十七条第二款规定的当事人及其诉讼代理人因客观原因不能自行收集的证据包括：

（一）证据由国家有关部门保存，当事人及其诉讼代理人无权查阅调取的；

（二）涉及国家秘密、商业秘密或者个人隐私的；

（三）当事人及其诉讼代理人因客观原因不能自行收集的其他证据。

当事人及其诉讼代理人因客观原因不能自行收集的证据，可以在举证期限届满前书面申请人民法院调查收集。

第九十五条 当事人申请调查收集的证据，与待证事实无关联、对证明待证事实无意义或者其他无调查收集必要的，人民法院不予准许。

第九十六条 民事诉讼法第六十七条第二款规定的人民法院认为审理案件需要的证据包括：

（一）涉及可能损害国家利益、社会公共利益的；

（二）涉及身份关系的；

（三）涉及民事诉讼法第五十八条规定诉讼的；

（四）当事人有恶意串通损害他人合法权益可能的；

（五）涉及依职权追加当事人、中止诉讼、终结诉讼、回避等程序性事项的。

除前款规定外，人民法院调查收集证据，应当依照当事人的申请进行。

第九十七条 人民法院调查收集证据，应当由两人以上共同进行。调查材料要由调查人、被调查人、记录人签名、捺印或者盖章。

第九十八条 当事人根据民事诉讼法第八十四条第一款规定申请证据保全的，可以在举证期限届满前书面提出。

证据保全可能对他人造成损失的，人民法院应当责令申请人提供相应的担保。

第九十九条 人民法院应当在审理前的准备阶段确定当事人的举证期限。举证期限可以由当事人协商，并经人民法院准许。

人民法院确定举证期限，第一审普通程序案件不得少于十五日，当事人提供新的证据的第二审案件不得少于十日。

举证期限届满后，当事人对已经提供的证据，申请提供反驳证据或者对证据来源、形式等方面的瑕疵进行补正的，人民法院可以酌情再次确定举证期限，该期限不受前款规定的限制。

第一百条 当事人申请延长举证期限的，应当在举证期限届满前向人民法院提出书面申请。

申请理由成立的，人民法院应当准许，适当延长举证期限，并通知其他当事人。延长的举证期限适用于其他当事人。

申请理由不成立的，人民法院不予准许，并通知申请人。

第一百零一条 当事人逾期提供证据的，人民法院应当责令其说明理由，必要时可以要求其提供相应的证据。

当事人因客观原因逾期提供证据，或者对方当事人对逾期提供证据未提出异议的，视为未逾期。

第一百零二条 当事人因故意或者重大过失逾期提供的证据，人民法院不予采纳。但该证据与案件基本事实有关的，人民法院应当采纳，并依照民事诉讼法第六十八条、第一百一十八条第一款的规定予以训诫、罚款。

当事人非因故意或者重大过失逾期提供的证据，人民法院应当采纳，并对当事人予以训诫。

当事人一方要求另一方赔偿因逾期提供证据致使其增加的交通、住宿、就餐、误工、证人出庭作证等必要费用的，人民法院可予支持。

第一百零三条 证据应当在法庭上出示，由当事人互相质证。未经当事人质证的证据，不得作为认定案件事实的根据。

当事人在审理前的准备阶段认可的证据，经审判人员在庭审中说明后，视为质证过的证据。

涉及国家秘密、商业秘密、个人隐私或者法律规定应当保密的证据，不得公开质证。

第一百零四条 人民法院应当组织当事人围绕证据的真实性、合法性以及与待证事实的关联性进行质证，并针对证据有无证明力和证明力大小进行说明和辩论。

能够反映案件真实情况、与待证事实相关联、来源和形式符合法律规定的证据，应当作为认定案件事实的根据。

第一百零五条 人民法院应当按照法定程序，全面、客观地审核证据，依照法律规定，运用逻辑推理和日常生活经验法则，对证据有无证明力和证明力大小进行判断，并公开判断的理由和结果。

第一百零六条 对以严重侵害他人合法权益、违反法律禁止性规定或者严重违背公序良俗的方法形成或者获取的证据，不得作为认定案件事实的根据。

第一百零七条 在诉讼中，当事人为达成调解协议或者和解协议作出妥协而认可的事实，不得在后续的诉讼中作为对其不利的根据，但法律另有规定或者当事人均同意的除外。

第一百零八条 对负有举证证明责任的当事人提供的证据，人民法院经审查并结合相关事实，确信待证事实的存在具有高度可能性的，应当认定该事实存在。

对一方当事人为反驳负有举证证明责任的当事人所主张事实而提供的证据，人民法院经审查并结合相关事实，认为待证事实真伪不明的，应当认定该事实不存在。

法律对于待证事实所应达到的证明标准另有规定的，从其规定。

第一百零九条 当事人对欺诈、胁迫、恶意串通事实的证明，以及对口头遗嘱或者赠与事实的证明，人民法院确信该待证事实存在的可能性能够排除合理怀疑的，应当认定该事实存在。

第一百一十条 人民法院认为有必要的，可以要求当事人本人到庭，就案件有关事实接受询问。在询问当事人之前，可以要求其签署保证书。

保证书应当载明据实陈述、如有虚假陈述愿意接受处罚等内容。当事人应当在保证书上签名或者捺印。

负有举证证明责任的当事人拒绝到庭、拒绝接受询问或者拒绝签署保证书，待证事实又欠缺其他证据证明的，人民法院对其主张的事实不予认定。

第一百一十一条 民事诉讼法第七十三条规定的提交书证原件确有困难，包括下列情形：

（一）书证原件遗失、灭失或者毁损的；

（二）原件在对方当事人控制之下，经合法通知提交而拒不提交的；

（三）原件在他人控制之下，而其有权不提交的；

（四）原件因篇幅或者体积过大而不便提

交的；

（五）承担举证证明责任的当事人通过申请人民法院调查收集或者其他方式无法获得书证原件的。

前款规定情形，人民法院应当结合其他证据和案件具体情况，审查判断书证复制品等能否作为认定案件事实的根据。

第一百一十二条 书证在对方当事人控制之下的，承担举证证明责任的当事人可以在举证期限届满前书面申请人民法院责令对方当事人提交。

申请理由成立的，人民法院应当责令对方当事人提交，因提交书证所产生的费用，由申请人负担。对方当事人无正当理由拒不提交的，人民法院可以认定申请人所主张的书证内容为真实。

第一百一十三条 持有书证的当事人以妨碍对方当事人使用为目的，毁灭有关书证或者实施其他致使书证不能使用行为的，人民法院可以依照民事诉讼法第一百一十四条规定，对其处以罚款、拘留。

第一百一十四条 国家机关或者其他依法具有社会管理职能的组织，在其职权范围内制作的文书所记载的事项推定为真实，但有相反证据足以推翻的除外。必要时，人民法院可以要求制作文书的机关或者组织对文书的真实性予以说明。

第一百一十五条 单位向人民法院提出的证明材料，应当由单位负责人及制作证明材料的人员签名或者盖章，并加盖单位印章。人民法院就单位出具的证明材料，可以向单位及制作证明材料的人员进行调查核实。必要时，可以要求制作证明材料的人员出庭作证。

单位及制作证明材料的人员拒绝人民法院调查核实，或者制作证明材料的人员无正当理由拒绝出庭作证的，该证明材料不得作为认定案件事实的根据。

第一百一十六条 视听资料包括录音资料和影像资料。

电子数据是指通过电子邮件、电子数据交换、网上聊天记录、博客、微博客、手机短信、电子签名、域名等形成或者存储在电子介质中的信息。

存储在电子介质中的录音资料和影像资料，适用电子数据的规定。

第一百一十七条 当事人申请证人出庭作证的，应当在举证期限届满前提出。

符合本解释第九十六条第一款规定情形的，人民法院可以依职权通知证人出庭作证。

未经人民法院通知，证人不得出庭作证，但双方当事人同意并经人民法院准许的除外。

第一百一十八条 民事诉讼法第七十七条规定的证人因履行出庭作证义务而支出的交通、住宿、就餐等必要费用，按照机关事业单位工作人员差旅费用和补贴标准计算；误工损失按照国家上年度职工日平均工资标准计算。

人民法院准许证人出庭作证申请的，应当通知申请人预缴证人出庭作证费用。

第一百一十九条 人民法院在证人出庭作证前应当告知其如实作证的义务以及作伪证的法律后果，并责令其签署保证书，但无民事行为能力人和限制民事行为能力人除外。

证人签署保证书适用本解释关于当事人签署保证书的规定。

第一百二十条 证人拒绝签署保证书的，不得作证，并自行承担相关费用。

第一百二十一条 当事人申请鉴定，可以在举证期限届满前提出。申请鉴定的事项与待证事实无关联，或者对证明待证事实无意义的，人民法院不予准许。

人民法院准许当事人鉴定申请的，应当组织双方当事人协商确定具备相应资格的鉴定人。当事人协商不成的，由人民法院指定。

符合依职权调查收集证据条件的，人民法院应当依职权委托鉴定，在询问当事人的意见后，指定具备相应资格的鉴定人。

第一百二十二条 当事人可以依照民事诉讼法第八十二条的规定，在举证期限届满前申请一至二名具有专门知识的人出庭，代表当事人对鉴定意见进行质证，或者对案件事实所涉及的专业问题提出意见。

具有专门知识的人在法庭上就专业问题提出的意见，视为当事人的陈述。

人民法院准许当事人申请的，相关费用由提出申请的当事人负担。

第一百二十三条 人民法院可以对出庭的具有专门知识的人进行询问。经法庭准许，当事人可以对出庭的具有专门知识的人进行询问，当事人各自申请的具有专门知识的人可以就案件中的有关问题进行对质。

具有专门知识的人不得参与专业问题之外的法庭审理活动。

第一百二十四条 人民法院认为有必要的，可以根据当事人的申请或者依职权对物证或者现场进行勘验。勘验时应当保护他人的隐私和尊严。

人民法院可以要求鉴定人参与勘验。必要时，可以要求鉴定人在勘验中进行鉴定。

五、期间和送达

第一百二十五条 依照民事诉讼法第八十五条第二款规定，民事诉讼中以时起算的期间从次时起算；以日、月、年计算的期间从次日起算。

第一百二十六条 民事诉讼法第一百二十六条规定的立案期限，因起诉状内容欠缺通知原告补正的，从补正后交人民法院的次日起算。由上级人民法院转交下级人民法院立案的案件，从受诉人民法院收到起诉状的次日起算。

第一百二十七条 民事诉讼法第五十九条第三款、第二百一十二条以及本解释第三百七十二条、第三百八十二条、第三百九十九条、第四百二十条、第四百二十一条规定的六个月，民事诉讼法第二百三十条规定的一年，为不变期间，不适用诉讼时效中止、中断、延长的规定。

第一百二十八条 再审案件按照第一审程序或者第二审程序审理的，适用民事诉讼法第一百五十二条、第一百八十三条规定的审限。审限自再审立案的次日起算。

第一百二十九条 对申请再审案件，人民法院应当自受理之日起三个月内审查完毕，但公告期间、当事人和解期间等不计入审查期限。有特殊情况需要延长的，由本院院长批准。

第一百三十条 向法人或者其他组织送达诉讼文书，应当由法人的法定代表人、该组织的主要负责人或者办公室、收发室、值班室等负责收件的人签收或者盖章，拒绝签收或者盖章的，适用留置送达。

民事诉讼法第八十九条规定的有关基层组织和所在单位的代表，可以是受送达人住所地的居民委员会、村民委员会的工作人员以及受送达人所在单位的工作人员。

第一百三十一条 人民法院直接送达诉讼文书的，可以通知当事人到人民法院领取。当事人到达人民法院，拒绝签署送达回证的，视为送达。审判人员、书记员应当在送达回证上注明送达情况并签名。

人民法院可以在当事人住所地以外向当事人直接送达诉讼文书。当事人拒绝签署送达回证的，采用拍照、录像等方式记录送达过程即视为送达。审判人员、书记员应当在送达回证上注明送达情况并签名。

第一百三十二条 受送达人有诉讼代理人的，人民法院既可以向受送达人送达，也可以向其诉讼代理人送达。受送达人指定诉讼代理人为代收人的，向诉讼代理人送达时，适用留置送达。

第一百三十三条 调解书应当直接送达当事人本人，不适用留置送达。当事人本人因故不能签收的，可由其指定的代收人签收。

第一百三十四条 依照民事诉讼法第九十一条规定，委托其他人民法院代为送达的，委托法院应当出具委托函，并附需要送达的诉讼文书和送达回证，以受送达人在送达回证上签收的日期为送达日期。

委托送达的，受委托人民法院应当自收到委托函及相关诉讼文书之日起十日内代为送达。

第一百三十五条 电子送达可以采用传真、电子邮件、移动通信等即时收悉的特定系统作为送达媒介。

民事诉讼法第九十条第二款规定的到达受送达人特定系统的日期，为人民法院对应系统显示发送成功的日期，但受送达人证明到达其特定系统的日期与人民法院对应系统显示发送成功的日期不一致的，以受送达人证明到达其特定系统的日期为准。

第一百三十六条 受送达人同意采用电子方式送达的，应当在送达地址确认书中予以确认。

第一百三十七条 当事人在提起上诉、申请再审、申请执行时未书面变更送达地址的，其在第一审程序中确认的送达地址可以作为第二审程序、审判监督程序、执行程序的送达地址。

第一百三十八条 公告送达可以在法院的公告栏和受送达人住所地张贴公告，也可以在报纸、信息网络等媒体上刊登公告，发出公告日期以最后张贴或者刊登的日期为准。对公告送达方式有特殊要求的，应当按要求的方式进行。公告期满，即视为送达。

人民法院在受送达人住所地张贴公告的，应当采取拍照、录像等方式记录张贴过程。

第一百三十九条 公告送达应当说明公告送达的原因；公告送达起诉状或者上诉状副本的，应当说明起诉或者上诉要点，受送达人答辩期限及逾期不答辩的法律后果；公告送达传票，应当说明出庭的时间和地点及逾期不出庭的法律后果；公告送达判决书、裁定书的，应当说明裁判主要内容，当事人有权上诉的，还应当说明上诉权利、上诉期限和上诉的人民法院。

第一百四十条 适用简易程序的案件，不适用公告送达。

第一百四十一条 人民法院在定期宣判时，当事人拒不签收判决书、裁定书的，应视为送达，并在宣判笔录中记明。

六、调解

第一百四十二条 人民法院受理案件后，经审查，认为法律关系明确、事实清楚，在征得当事人双方同意后，可以径行调解。

第一百四十三条 适用特别程序、督促程序、公示催告程序的案件，婚姻等身份关系确认案件以及其他根据案件性质不能进行调解的案件，不得调解。

第一百四十四条 人民法院审理民事案件，发现当事人之间恶意串通，企图通过和解、调解方式侵害他人合法权益的，应当依照民事诉讼法第一百一十五条的规定处理。

第一百四十五条 人民法院审理民事案件，应当根据自愿、合法的原则进行调解。当事人一方或者双方坚持不愿调解的，应当及时裁判。

人民法院审理离婚案件，应当进行调解，但不应久调不决。

第一百四十六条 人民法院审理民事案件，调解过程不公开，但当事人同意公开的除外。

调解协议内容不公开，但为保护国家利益、社会公共利益、他人合法权益，人民法院认为确有必要公开的除外。

主持调解以及参与调解的人员，对调解过程以及调解过程中获悉的国家秘密、商业秘密、个人隐私和其他不宜公开的信息，应当保守秘密，但为保护国家利益、社会公共利益、他人合法权益的除外。

第一百四十七条 人民法院调解案件时，当事人不能出庭的，经其特别授权，可由其委托代理人参加调解，达成的调解协议，可由委托代理人签名。

离婚案件当事人确因特殊情况无法出庭参加调解的，除本人不能表达意志的以外，应当出具书面意见。

第一百四十八条 当事人自行和解或者调解达成协议后，请求人民法院按照和解协议或者调解协议的内容制作判决书的，人民法院不予准许。

无民事行为能力人的离婚案件，由其法定代理人进行诉讼。法定代理人与对方达成协议要求发给判决书的，可根据协议内容制作判决书。

第一百四十九条 调解书需经当事人签收后才发生法律效力的，应当以最后收到调解书的当事人签收的日期为调解书生效日期。

第一百五十条 人民法院调解民事案件，需由无独立请求权的第三人承担责任的，应当经其同意。该第三人在调解书送达前反悔的，人民法院应当及时裁判。

第一百五十一条 根据民事诉讼法第一百零一条第一款第四项规定，当事人各方同意在调解协议上签名或者盖章后即发生法律效力的，经人民法院审查确认后，应当记入笔录或者将调解协议附卷，并由当事人、审判人员、书记员签名或者盖章后即具有法律效力。

前款规定情形，当事人请求制作调解书的，人民法院审查确认后可以制作调解书送交当事人。当事人拒收调解书的，不影响调解协议的效力。

七、保全和先予执行

第一百五十二条 人民法院依照民事诉讼法第一百零三条、第一百零四条规定，在采取诉前保全、诉讼保全措施时，责令利害关系人或者当事人提供担保的，应当书面通知。

利害关系人申请诉前保全的，应当提供担保。申请诉前财产保全的，应当提供相当于请求保全数额的担保；情况特殊的，人民法院可以酌情处理。申请诉前行为保全的，担保的数额由人民法院根据案件的具体情况决定。

在诉讼中，人民法院依申请或者依职权采取保全措施的，应当根据案件的具体情况，决定当事人是否应当提供担保以及担保的数额。

第一百五十三条 人民法院对季节性商品、鲜活、易腐烂变质以及其他不宜长期保存的物品采取保全措施时，可以责令当事人及时处理，由人民法院保存价款；必要时，人民法院可予以变卖，保存价款。

第一百五十四条 人民法院在财产保全中采取查封、扣押、冻结财产措施时，应当妥善保管被查封、扣押、冻结的财产。不宜由人民法院保管的，人民法院可以指定被保全人负责保管；不宜由被保全人保管的，可以委托他人或者申请保全人保管。

查封、扣押、冻结担保物权人占有的担保财产，一般由担保物权人保管；由人民法院保管的，质权、留置权不因采取保全措施而消灭。

第一百五十五条 由人民法院指定被保全人保管的财产，如果继续使用对该财产的价值无重大影响，可以允许被保全人继续使用；由人民法院保管或者委托他人、申请保全人保管的财产，人民法院和其他保管人不得使用。

第一百五十六条 人民法院采取财产保全的方法和措施，依照执行程序相关规定办理。

第一百五十七条 人民法院对抵押物、质押物、留置物可以采取财产保全措施，但不影响抵押权人、质权人、留置权人的优先受偿权。

第一百五十八条 人民法院对债务人到期应得的收益，可以采取财产保全措施，限制其支取，通知有关单位协助执行。

第一百五十九条 债务人的财产不能满足保全请求，但对他人有到期债权的，人民法院可以依债权人的申请裁定该他人不得对本案债务人清偿。该他人要求偿付的，由人民法院提存财物或者价款。

第一百六十条 当事人向采取诉前保全措施以外的其他有管辖权的人民法院起诉的，采取诉前保全措施的人民法院应当将保全手续移送受理案件的人民法院。诉前保全的裁定视为受移送人民法院作出的裁定。

第一百六十一条 对当事人不服一审判决提起上诉的案件，在第二审人民法院接到报送的案件之前，当事人有转移、隐匿、出卖或者毁损财产等行为，必须采取保全措施的，由第一审人民法院依当事人申请或者依职权采取。第一审人民法院的保全裁定，应当及时报送第二审人民法院。

第一百六十二条 第二审人民法院裁定对第一审人民法院采取的保全措施予以续保或者采取新的保全措施的，可以自行实施，也可以委托第一审人民法院实施。

再审人民法院裁定对原保全措施予以续保或者采取新的保全措施的，可以自行实施，也可以委托原审人民法院或者执行法院实施。

第一百六十三条 法律文书生效后，进入执行程序前，债权人因对方当事人转移财产等紧急情况，不申请保全将可能导致生效法律文书不能执行或者难以执行的，可以向执行法院申请采取保全措施。债权人在法律文书指定的履行期间届满后五日内不申请执行的，人民法院应当解除保全。

第一百六十四条 对申请保全人或者他人提供的担保财产，人民法院应当依法办理查封、扣押、冻结等手续。

第一百六十五条 人民法院裁定采取保全措施后，除作出保全裁定的人民法院自行解除或者其上级人民法院决定解除外，在保全期限内，任何单位不得解除保全措施。

第一百六十六条 裁定采取保全措施后，有下列情形之一的，人民法院应当作出解除保全裁定：

（一）保全错误的；

（二）申请人撤回保全申请的；

（三）申请人的起诉或者诉讼请求被生效裁判驳回的；

（四）人民法院认为应当解除保全的其他情形。

解除以登记方式实施的保全措施的，应当向登记机关发出协助执行通知书。

第一百六十七条 财产保全的被保全人提供其他等值担保财产且有利于执行的，人民法院可以裁定变更保全标的物为被保全人提供的担保财产。

第一百六十八条 保全裁定未经人民法院依法撤销或者解除，进入执行程序后，自动转为执行中的查封、扣押、冻结措施，期限连续计算，执行法院无需重新制作裁定书，但查封、扣押、冻结期限届满的除外。

第一百六十九条 民事诉讼法规定的先予执行，人民法院应当在受理案件后终审判决作出前采取。先予执行应当限于当事人诉讼请求的范围，并以当事人的生活、生产经营的急需为限。

第一百七十条 民事诉讼法第一百零九条第三项规定的情况紧急，包括：

（一）需要立即停止侵害、排除妨碍的；

（二）需要立即制止某项行为的；

（三）追索恢复生产、经营急需的保险理赔费的；

（四）需要立即返还社会保险金、社会救助资金的；

（五）不立即返还款项，将严重影响权利人生活和生产经营的。

第一百七十一条 当事人对保全或者先予执行裁定不服的，可以自收到裁定书之日起五日内向作出裁定的人民法院申请复议。人民法院应当在收到复议申请后十日内审查。裁定正确的，驳回当事人的申请；裁定不当的，变更或者撤销原裁定。

第一百七十二条 利害关系人对保全或者先予执行的裁定不服申请复议的，由作出裁定的人民法院依照民事诉讼法第一百一十一条规定处理。

第一百七十三条 人民法院先予执行后，根据发生法律效力的判决，申请人应当返还因先予执行所取得的利益的，适用民事诉讼法第二百四十条的规定。

八、对妨害民事诉讼的强制措施

第一百七十四条 民事诉讼法第一百一十二条规定的必须到庭的被告，是指负有赡养、抚育、扶养义务和不到庭就无法查清案情的被告。

人民法院对必须到庭才能查清案件基本事实的原告，经两次传票传唤，无正当理由拒不到庭的，可以拘传。

第一百七十五条 拘传必须用拘传票，并直接送达被拘传人；在拘传前，应当向被拘传人说明拒不到庭的后果，经批评教育仍拒不到庭的，可以拘传其到庭。

第一百七十六条 诉讼参与人或者其他人有下列行为之一的，人民法院可以适用民事诉讼法第一百一十三条规定处理：

（一）未经准许进行录音、录像、摄影的；

（二）未经准许以移动通信等方式现场传播审判活动的；

（三）其他扰乱法庭秩序，妨害审判活动进行的。

有前款规定情形的，人民法院可以暂扣诉讼参与人或者其他人进行录音、录像、摄影、传播审判活动的器材，并责令其删除有关内容；拒不删除的，人民法院可以采取必要手段强制删除。

第一百七十七条 训诫、责令退出法庭由合议庭或者独任审判员决定。训诫的内容、被责令退出法庭者的违法事实应当记入庭审笔录。

第一百七十八条 人民法院依照民事诉讼法第一百一十三条至第一百一十七条的规定采取拘留措施的，应经院长批准，作出拘留决定书，由司法警察将被拘留人送交当地公安机关看管。

第一百七十九条 被拘留人不在本辖区的，作出拘留决定的人民法院应当派员到被拘留人所在地的人民法院，请该院协助执行，受委托的人民法院应当及时派员协助执行。被拘留人申请复议或者在拘留期间承认并改正错误，需要提前解除拘留的，受委托人民法院应当向委托人民法院转达或者提出建议，由委托人民法院审查决定。

第一百八十条 人民法院对被拘留人采取拘留措施后，应当在二十四小时内通知其家属；确实无法按时通知或者通知不到的，应当记录在案。

第一百八十一条 因哄闹、冲击法庭，用暴力、威胁等方法抗拒执行公务等紧急情况，必须立即采取拘留措施的，可在拘留后，立即报告院长补办批准手续。院长认为拘留不当的，应当解除拘留。

第一百八十二条 被拘留人在拘留期间认错悔改的，可以责令其具结悔过，提前解除拘留。提前解除拘留，应报经院长批准，并作出提前解除拘留决定书，交负责看管的公安机关执行。

第一百八十三条 民事诉讼法第一百一十三条至第一百一十六条规定的罚款、拘留可以单独适用，也可以合并适用。

第一百八十四条 对同一妨害民事诉讼行为的罚款、拘留不得连续适用。发生新的妨害民事诉讼行为的，人民法院可以重新予以罚款、拘留。

第一百八十五条 被罚款、拘留的人不服罚款、拘留决定申请复议的，应当自收到决定书之日起三日内提出。上级人民法院应当在收到复议申请后五日内作出决定，并将复议结果通知下级人民法院和当事人。

第一百八十六条 上级人民法院复议时认为强制措施不当的，应当制作决定书，撤销或者变更下级人民法院作出的拘留、罚款决定。情况紧急的，可以在口头通知后三日内发出决定书。

第一百八十七条 民事诉讼法第一百一十四条第一款第五项规定的以暴力、威胁或者其他方法阻碍司法工作人员执行职务的行为，包括：

（一）在人民法院哄闹、滞留，不听从司法工作人员劝阻的；

（二）故意毁损、抢夺人民法院法律文书、查封标志的；

（三）哄闹、冲击执行公务现场，围困、扣押执行或者协助执行公务人员的；

（四）毁损、抢夺、扣留案件材料、执行公务车辆、其他执行公务器械、执行公务人员服装和执行公务证件的；

（五）以暴力、威胁或者其他方法阻碍司法工作人员查询、查封、扣押、冻结、划拨、拍卖、变卖财产的；

（六）以暴力、威胁或者其他方法阻碍司法工作人员执行职务的其他行为。

第一百八十八条 民事诉讼法第一百一十四条第一款第六项规定的拒不履行人民法院已经发生法律效力的判决、裁定的行为，包括：

（一）在法律文书发生法律效力后隐藏、转移、变卖、毁损财产或者无偿转让财产、以明显不合理的价格交易财产、放弃到期债权、无偿为他人提供担保等，致使人民法院无法执行的；

（二）隐藏、转移、毁损或者未经人民法院允许处分已向人民法院提供担保的财产的；

（三）违反人民法院限制高消费令进行消费的；

（四）有履行能力而拒不按照人民法院执行通知履行生效法律文书确定的义务的；

（五）有义务协助执行的个人接到人民法院协助执行通知书后，拒不协助执行的。

第一百八十九条 诉讼参与人或者其他人有下列行为之一的，人民法院可以适用民事诉讼法第一百一十四条的规定处理：

（一）冒充他人提起诉讼或者参加诉讼的；

（二）证人签署保证书后作虚假证言，妨碍人民法院审理案件的；

（三）伪造、隐藏、毁灭或者拒绝交出有关被执行人履行能力的重要证据，妨碍人民法院查明被执行人财产状况的；

（四）擅自解冻已被人民法院冻结的财产的；

（五）接到人民法院协助执行通知书后，给当事人通风报信，协助其转移、隐匿财产的。

第一百九十条 民事诉讼法第一百一十五条规定的他人合法权益，包括案外人的合法权益、国家利益、社会公共利益。

第三人根据民事诉讼法第五十九条第三款规定提起撤销之诉，经审查，原案当事人之间恶意串通进行虚假诉讼的，适用民事诉讼法第一百一十五条规定处理。

第一百九十一条 单位有民事诉讼法第一百一十五条或者第一百一十六条规定行为的，人民法院应当对该单位进行罚款，并可以对其主要负责人或者直接责任人员予以罚款、拘留；构成犯罪的，依法追究刑事责任。

第一百九十二条 有关单位接到人民法院协助执行通知书后，有下列行为之一的，人民法院可以适用民事诉讼法第一百一十七条规定处理：

（一）允许被执行人高消费的；

（二）允许被执行人出境的；

（三）拒不停止办理有关财产权证照转移手续、权属变更登记、规划审批等手续的；

（四）以需要内部请示、内部审批，有内部规定等为由拖延办理的。

第一百九十三条 人民法院对个人或者单位采取罚款措施时，应当根据其实施妨害民事诉讼行为的性质、情节、后果，当地的经济发展水平，以及诉讼标的额等因素，在民事诉讼法第一百一十八条第一款规定的限额内确定相应的罚款金额。

九、诉讼费用

第一百九十四条 依照民事诉讼法第五十七条审理的案件不预交案件受理费，结案后按照诉讼标的额由败诉方交纳。

第一百九十五条 支付令失效后转入诉讼程序的，债权人应当按照《诉讼费用交纳办法》补交案件受理费。

支付令被撤销后，债权人另行起诉的，按照《诉讼费用交纳办法》交纳诉讼费用。

第一百九十六条 人民法院改变原判决、裁定、调解结果的，应当在裁判文书中对原审诉讼费用的负担一并作出处理。

第一百九十七条 诉讼标的物是证券的，按照证券交易规则并根据当事人起诉之日前最后一个交易日的收盘价、当日的市场价或者其载明的金额计算诉讼标的金额。

第一百九十八条 诉讼标的物是房屋、土地、林木、车辆、船舶、文物等特定物或者知识产权，起诉时价值难以确定的，人民法院应当向原告释明主张过高或者过低的诉讼风险，以原告主张的价值确定诉讼标的金额。

第一百九十九条 适用简易程序审理的案件转为普通程序的，原告自接到人民法院交纳诉讼费用通知之日起七日内补交案件受理费。

原告无正当理由未按期足额补交的，按撤诉处理，已经收取的诉讼费用退还一半。

第二百条 破产程序中有关债务人的民事诉讼案件，按照财产案件标准交纳诉讼费，但劳动争议案件除外。

第二百零一条 既有财产性诉讼请求，又有非财产性诉讼请求的，按照财产性诉讼请求的标准交纳诉讼费。

有多个财产性诉讼请求的，合并计算交纳诉讼费；诉讼请求中有多个非财产性诉讼请求的，按一件交纳诉讼费。

第二百零二条 原告、被告、第三人分别上诉的，按照上诉请求分别预交二审案件受理费。

同一方多人共同上诉的，只预交一份二审案件受理费；分别上诉的，按照上诉请求分别预交二审案件受理费。

第二百零三条 承担连带责任的当事人败诉的，应当共同负担诉讼费用。

第二百零四条 实现担保物权案件，人民法院裁定拍卖、变卖担保财产的，申请费由债务人、担保人负担；人民法院裁定驳回申请的，申请费由申请人负担。

申请人另行起诉的，其已经交纳的申请费可以从案件受理费中扣除。

第二百零五条 拍卖、变卖担保财产的裁定作出后，人民法院强制执行的，按照执行金额收取执行申请费。

第二百零六条 人民法院决定减半收取案件受理费的，只能减半一次。

第二百零七条 判决生效后，胜诉方预交但不应负担的诉讼费用，人民法院应当退还，由败诉方向人民法院交纳，但胜诉方自愿承担或者同意败诉方直接向其支付的除外。

当事人拒不交纳诉讼费用的，人民法院可以强制执行。

十、第一审普通程序

第二百零八条 人民法院接到当事人提交的民事起诉状时，对符合民事诉讼法第一百二十二条的规定，且不属于第一百二十七条规定情形的，应当登记立案；对当场不能判定是否符合起诉条件的，应当接收起诉材料，并出具注明收到日期的书面凭证。

需要补充必要相关材料的，人民法院应当及时告知当事人。在补齐相关材料后，应当在七日内决定是否立案。

立案后发现不符合起诉条件或者属于民事诉讼法第一百二十七条规定情形的，裁定驳回起诉。

第二百零九条 原告提供被告的姓名或者名称、住所等信息具体明确，足以使被告与他人相区别的，可以认定为有明确的被告。

起诉状列写被告信息不足以认定明确的被告的，人民法院可以告知原告补正。原告补正后仍不能确定明确的被告的，人民法院裁定不予受理。

第二百一十条 原告在起诉状中有谩骂和人身攻击之辞的，人民法院应当告知其修改后提起诉讼。

第二百一十一条 对本院没有管辖权的案

件，告知原告向有管辖权的人民法院起诉；原告坚持起诉的，裁定不予受理；立案后发现本院没有管辖权的，应当将案件移送有管辖权的人民法院。

第二百一十二条 裁定不予受理、驳回起诉的案件，原告再次起诉，符合起诉条件且不属于民事诉讼法第一百二十七条规定情形的，人民法院应予受理。

第二百一十三条 原告应当预交而未预交案件受理费，人民法院应当通知其预交，通知后仍不预交或者申请减、缓、免未获批准而仍不预交的，裁定按撤诉处理。

第二百一十四条 原告撤诉或者人民法院按撤诉处理后，原告以同一诉讼请求再次起诉的，人民法院应予受理。

原告撤诉或者按撤诉处理的离婚案件，没有新情况、新理由，六个月内又起诉的，比照民事诉讼法第一百二十七条第七项的规定不予受理。

第二百一十五条 依照民事诉讼法第一百二十七条第二项的规定，当事人在书面合同中订有仲裁条款，或者在发生纠纷后达成书面仲裁协议，一方向人民法院起诉的，人民法院应当告知原告向仲裁机构申请仲裁，其坚持起诉的，裁定不予受理，但仲裁条款或者仲裁协议不成立、无效、失效、内容不明确无法执行的除外。

第二百一十六条 在人民法院首次开庭前，被告以有书面仲裁协议为由对受理民事案件提出异议的，人民法院应当进行审查。

经审查符合下列情形之一的，人民法院应当裁定驳回起诉：

（一）仲裁机构或者人民法院已经确认仲裁协议有效的；

（二）当事人没有在仲裁庭首次开庭前对仲裁协议的效力提出异议的；

（三）仲裁协议符合仲裁法第十六条规定且不具有仲裁法第十七条规定情形的。

第二百一十七条 夫妻一方下落不明，另一方诉至人民法院，只要求离婚，不申请宣告下落不明人失踪或者死亡的案件，人民法院应当受理，对下落不明人公告送达诉讼文书。

第二百一十八条 赡养费、扶养费、抚养费案件，裁判发生法律效力后，因新情况、新理由，一方当事人再行起诉要求增加或者减少费用的，人民法院应作为新案受理。

第二百一十九条 当事人超过诉讼时效期间起诉的，人民法院应予受理。受理后对方当事人提出诉讼时效抗辩，人民法院经审理认为抗辩事由成立的，判决驳回原告的诉讼请求。

第二百二十条 民事诉讼法第七十一条、第一百三十七条、第一百五十九条规定的商业秘密，是指生产工艺、配方、贸易联系、购销渠道等当事人不愿公开的技术秘密、商业情报及信息。

第二百二十一条 基于同一事实发生的纠纷，当事人分别向同一人民法院起诉的，人民法院可以合并审理。

第二百二十二条 原告在起诉状中直接列写第三人的，视为其申请人民法院追加该第三人参加诉讼。是否通知第三人参加诉讼，由人民法院审查决定。

第二百二十三条 当事人在提交答辩状期间提出管辖异议，又针对起诉状的内容进行答辩的，人民法院应当依照民事诉讼法第一百三十条第一款的规定，对管辖异议进行审查。

当事人未提出管辖异议，就案件实体内容进行答辩、陈述或者反诉的，可以认定为民事诉讼法第一百三十条第二款规定的应诉答辩。

第二百二十四条 依照民事诉讼法第一百三十六条第四项规定，人民法院可以在答辩期届满后，通过组织证据交换、召集庭前会议等方式，作好审理前的准备。

第二百二十五条 根据案件具体情况，庭前会议可以包括下列内容：

（一）明确原告的诉讼请求和被告的答辩意见；

（二）审查处理当事人增加、变更诉讼请求的申请和提出的反诉，以及第三人提出的与本案有关的诉讼请求；

（三）根据当事人的申请决定调查收集证据，委托鉴定，要求当事人提供证据，进行勘验，进行证据保全；

（四）组织交换证据；

（五）归纳争议焦点；

（六）进行调解。

第二百二十六条 人民法院应当根据当事人的诉讼请求、答辩意见以及证据交换的情况，归纳争议焦点，并就归纳的争议焦点征求当事人的意见。

第二百二十七条 人民法院适用普通程序审理案件，应当在开庭三日前用传票传唤当事人。对诉讼代理人、证人、鉴定人、勘验人、翻译人员应当用通知书通知其到庭。当事人或者其他诉讼参与人在外地的，应当留有必要的在途时间。

第二百二十八条 法庭审理应当围绕当事人争议的事实、证据和法律适用等焦点问题进行。

第二百二十九条 当事人在庭审中对其在审理前的准备阶段认可的事实和证据提出不同意见的，人民法院应当责令其说明理由。必要时，可以责令其提供相应证据。人民法院应当结合当事人的诉讼能力、证据和案件的具体情况进行审查。理由成立的，可以列入争议焦点进行审理。

第二百三十条 人民法院根据案件具体情况并征得当事人同意，可以将法庭调查和法庭辩论合并进行。

第二百三十一条 当事人在法庭上提出新的证据的，人民法院应当依照民事诉讼法第六十八条第二款规定和本解释相关规定处理。

第二百三十二条 在案件受理后，法庭辩论结束前，原告增加诉讼请求，被告提出反诉，第三人提出与本案有关的诉讼请求，可以合并审理的，人民法院应当合并审理。

第二百三十三条 反诉的当事人应当限于本诉的当事人的范围。

反诉与本诉的诉讼请求基于相同法律关系、诉讼请求之间具有因果关系，或者反诉与本诉的诉讼请求基于相同事实的，人民法院应当合并审理。

反诉应由其他人民法院专属管辖，或者与本诉的诉讼标的及诉讼请求所依据的事实、理由无关联的，裁定不予受理，告知另行起诉。

第二百三十四条 无民事行为能力人的离婚诉讼，当事人的法定代理人应当到庭；法定代理人不能到庭的，人民法院应当在查清事实的基础上，依法作出判决。

第二百三十五条 无民事行为能力的当事人的法定代理人，经传票传唤无正当理由拒不到庭，属于原告方的，比照民事诉讼法第一百四十六条的规定，按撤诉处理；属于被告方的，比照民事诉讼法第一百四十七条的规定，缺席判决。必要时，人民法院可以拘传其到庭。

第二百三十六条 有独立请求权的第三人经人民法院传票传唤，无正当理由拒不到庭的，或者未经法庭许可中途退庭的，比照民事诉讼法第一百四十六条的规定，按撤诉处理。

第二百三十七条 有独立请求权的第三人参加诉讼后，原告申请撤诉，人民法院在准许原告撤诉后，有独立请求权的第三人作为另案原告，原案原告、被告作为另案被告，诉讼继续进行。

第二百三十八条 当事人申请撤诉或者依法可以按撤诉处理的案件，如果当事人有违反法律的行为需要依法处理的，人民法院可以不准许撤诉或者不按撤诉处理。

法庭辩论终结后原告申请撤诉，被告不同意的，人民法院可以不予准许。

第二百三十九条 人民法院准许本诉原告撤诉的，应当对反诉继续审理；被告申请撤回反诉的，人民法院应予准许。

第二百四十条 无独立请求权的第三人经人民法院传票传唤，无正当理由拒不到庭，或者未经法庭许可中途退庭的，不影响案件的审理。

第二百四十一条 被告经传票传唤无正当理由拒不到庭，或者未经法庭许可中途退庭的，人民法院应当按期开庭或者继续开庭审理，对到庭的当事人诉讼请求、双方的诉辩理由以及已经提交的证据及其他诉讼材料进行审理后，可以依法缺席判决。

第二百四十二条 一审宣判后，原审人民法院发现判决有错误，当事人在上诉期内提出上诉的，原审人民法院可以提出原判决有错误的意见，报送第二审人民法院，由第二审人民法院按照第二审程序进行审理；当事人不上诉的，按照审判监督程序处理。

第二百四十三条 民事诉讼法第一百五十二条规定的审限，是指从立案之日起至裁判宣告、调解书送达之日止的期间，但公告期间、鉴定期间、双方当事人和解期间、审理当事人提出的管辖异议以及处理人民法院之间的管辖争议期间不应计算在内。

第二百四十四条 可以上诉的判决书、裁定书不能同时送达双方当事人的，上诉期从各自收到判决书、裁定书之日计算。

第二百四十五条 民事诉讼法第一百五十

七条第一款第七项规定的笔误是指法律文书误写、误算，诉讼费用漏写、误算和其他笔误。

第二百四十六条 裁定中止诉讼的原因消除，恢复诉讼程序时，不必撤销原裁定，从人民法院通知或者准许当事人双方继续进行诉讼时起，中止诉讼的裁定即失去效力。

第二百四十七条 当事人就已经提起诉讼的事项在诉讼过程中或者裁判生效后再次起诉，同时符合下列条件的，构成重复起诉：

（一）后诉与前诉的当事人相同；

（二）后诉与前诉的诉讼标的相同；

（三）后诉与前诉的诉讼请求相同，或者后诉的诉讼请求实质上否定前诉裁判结果。

当事人重复起诉的，裁定不予受理；已经受理的，裁定驳回起诉，但法律、司法解释另有规定的除外。

第二百四十八条 裁判发生法律效力后，发生新的事实，当事人再次提起诉讼的，人民法院应当依法受理。

第二百四十九条 在诉讼中，争议的民事权利义务转移的，不影响当事人的诉讼主体资格和诉讼地位。人民法院作出的发生法律效力的判决、裁定对受让人具有拘束力。

受让人申请以无独立请求权的第三人身份参加诉讼的，人民法院可予准许。受让人申请替代当事人承担诉讼的，人民法院可以根据案件的具体情况决定是否准许；不予准许的，可以追加其为无独立请求权的第三人。

第二百五十条 依照本解释第二百四十九条规定，人民法院准许受让人替代当事人承担诉讼的，裁定变更当事人。

变更当事人后，诉讼程序以受让人为当事人继续进行，原当事人应当退出诉讼。原当事人已经完成的诉讼行为对受让人具有拘束力。

第二百五十一条 二审裁定撤销一审判决发回重审的案件，当事人申请变更、增加诉讼请求或者提出反诉，第三人提出与本案有关的诉讼请求的，依照民事诉讼法第一百四十三条规定处理。

第二百五十二条 再审裁定撤销原判决、裁定发回重审的案件，当事人申请变更、增加诉讼请求或者提出反诉，符合下列情形之一的，人民法院应当准许：

（一）原审未合法传唤缺席判决，影响当事人行使诉讼权利的；

（二）追加新的诉讼当事人的；

（三）诉讼标的物灭失或者发生变化致使原诉讼请求无法实现的；

（四）当事人申请变更、增加的诉讼请求或者提出的反诉，无法通过另诉解决的。

第二百五十三条 当庭宣判的案件，除当事人当庭要求邮寄发送裁判文书的外，人民法院应当告知当事人或者诉讼代理人领取裁判文书的时间和地点以及逾期不领取的法律后果。上述情况，应当记入笔录。

第二百五十四条 公民、法人或者其他组织申请查阅发生法律效力的判决书、裁定书的，应当向作出该生效裁判的人民法院提出。申请应当以书面形式提出，并提供具体的案号或者当事人姓名、名称。

第二百五十五条 对于查阅判决书、裁定书的申请，人民法院根据下列情形分别处理：

（一）判决书、裁定书已经通过信息网络向社会公开的，应当引导申请人自行查阅；

（二）判决书、裁定书未通过信息网络向社会公开，且申请符合要求的，应当及时提供便捷的查阅服务；

（三）判决书、裁定书尚未发生法律效力，或者已失去法律效力的，不提供查阅并告知申请人；

（四）发生法律效力的判决书、裁定书不是本院作出的，应当告知申请人向作出生效裁判的人民法院申请查阅；

（五）申请查阅的内容涉及国家秘密、商业秘密、个人隐私的，不予准许并告知申请人。

十一、简易程序

第二百五十六条 民事诉讼法第一百六十条规定的简单民事案件中的事实清楚，是指当事人对争议的事实陈述基本一致，并能提供相应的证据，无须人民法院调查收集证据即可查明事实；权利义务关系明确是指能明确区分谁是责任的承担者，谁是权利的享有者；争议不大是指当事人对案件的是非、责任承担以及诉讼标的争执无原则分歧。

第二百五十七条 下列案件，不适用简易程序：

（一）起诉时被告下落不明的；

（二）发回重审的；

（三）当事人一方人数众多的；

（四）适用审判监督程序的；

（五）涉及国家利益、社会公共利益的；

（六）第三人起诉请求改变或者撤销生效判决、裁定、调解书的；

（七）其他不宜适用简易程序的案件。

第二百五十八条 适用简易程序审理的案件，审理期限到期后，有特殊情况需要延长的，经本院院长批准，可以延长审理期限。延长后的审理期限累计不得超过四个月。

人民法院发现案件不宜适用简易程序，需要转为普通程序审理的，应当在审理期限届满前作出裁定并将审判人员及相关事项书面通知双方当事人。

案件转为普通程序审理的，审理期限自人民法院立案之日计算。

第二百五十九条 当事人双方可就开庭方式向人民法院提出申请，由人民法院决定是否准许。经当事人双方同意，可以采用视听传输技术等方式开庭。

第二百六十条 已经按照普通程序审理的案件，在开庭后不得转为简易程序审理。

第二百六十一条 适用简易程序审理案件，人民法院可以依照民事诉讼法第九十条、第一百六十二条的规定采取捎口信、电话、短信、传真、电子邮件等简便方式传唤双方当事人、通知证人和送达诉讼文书。

以简便方式送达的开庭通知，未经当事人确认或者没有其他证据证明当事人已经收到的，人民法院不得缺席判决。

适用简易程序审理案件，由审判员独任审判，书记员担任记录。

第二百六十二条 人民法庭制作的判决书、裁定书、调解书，必须加盖基层人民法院印章，不得用人民法庭的印章代替基层人民法院的印章。

第二百六十三条 适用简易程序审理案件，卷宗中应当具备以下材料：

（一）起诉状或者口头起诉笔录；

（二）答辩状或者口头答辩笔录；

（三）当事人身份证明材料；

（四）委托他人代理诉讼的授权委托书或者口头委托笔录；

（五）证据；

（六）询问当事人笔录；

（七）审理（包括调解）笔录；

（八）判决书、裁定书、调解书或者调解协议；

（九）送达和宣判笔录；

（十）执行情况；

（十一）诉讼费收据；

（十二）适用民事诉讼法第一百六十五条规定审理的，有关程序适用的书面告知。

第二百六十四条 当事人双方根据民事诉讼法第一百六十条第二款规定约定适用简易程序的，应当在开庭前提出。口头提出的，记入笔录，由双方当事人签名或者捺印确认。

本解释第二百五十七条规定的案件，当事人约定适用简易程序的，人民法院不予准许。

第二百六十五条 原告口头起诉的，人民法院应当将当事人的姓名、性别、工作单位、住所、联系方式等基本信息，诉讼请求，事实及理由等准确记入笔录，由原告核对无误后签名或者捺印。对当事人提交的证据材料，应当出具收据。

第二百六十六条 适用简易程序案件的举证期限由人民法院确定，也可以由当事人协商一致并经人民法院准许，但不得超过十五日。被告要求书面答辩的，人民法院可在征得其同意的基础上，合理确定答辩期间。

人民法院应当将举证期限和开庭日期告知双方当事人，并向当事人说明逾期举证以及拒不到庭的法律后果，由双方当事人在笔录和开庭传票的送达回证上签名或者捺印。

当事人双方均表示不需要举证期限、答辩期间的，人民法院可以立即开庭审理或者确定开庭日期。

第二百六十七条 适用简易程序审理案件，可以简便方式进行审理前的准备。

第二百六十八条 对没有委托律师、基层法律服务工作者代理诉讼的当事人，人民法院在庭审过程中可以对回避、自认、举证证明责任等相关内容向其作必要的解释或者说明，并在庭审过程中适当提示当事人正确行使诉讼权利、履行诉讼义务。

第二百六十九条 当事人就案件适用简易程序提出异议，人民法院经审查，异议成立的，裁定转为普通程序；异议不成立的，裁定驳回。裁定以口头方式作出的，应当记入笔录。

转为普通程序的，人民法院应当将审判人员及相关事项以书面形式通知双方当事人。

转为普通程序前，双方当事人已确认的事实，可以不再进行举证、质证。

第二百七十条 适用简易程序审理的案件，有下列情形之一的，人民法院在制作判决书、裁定书、调解书时，对认定事实或者裁判理由部分可以适当简化：

（一）当事人达成调解协议并需要制作民事调解书的；

（二）一方当事人明确表示承认对方全部或者部分诉讼请求的；

（三）涉及商业秘密、个人隐私的案件，当事人一方要求简化裁判文书中的相关内容，人民法院认为理由正当的；

（四）当事人双方同意简化的。

十二、简易程序中的小额诉讼

第二百七十一条 人民法院审理小额诉讼案件，适用民事诉讼法第一百六十五条的规定，实行一审终审。

第二百七十二条 民事诉讼法第一百六十五条规定的各省、自治区、直辖市上年度就业人员年平均工资，是指已经公布的各省、自治区、直辖市上一年度就业人员年平均工资。在上一年度就业人员年平均工资公布前，以已经公布的最近年度就业人员年平均工资为准。

第二百七十三条 海事法院可以适用小额诉讼的程序审理海事、海商案件。案件标的额应当以实际受理案件的海事法院或者其派出法庭所在的省、自治区、直辖市上年度就业人员年平均工资为基数计算。

第二百七十四条 人民法院受理小额诉讼案件，应当向当事人告知该类案件的审判组织、一审终审、审理期限、诉讼费用交纳标准等相关事项。

第二百七十五条 小额诉讼案件的举证期限由人民法院确定，也可以由当事人协商一致并经人民法院准许，但一般不超过七日。

被告要求书面答辩的，人民法院可以在征得其同意的基础上合理确定答辩期间，但最长不得超过十五日。

当事人到庭后表示不需要举证期限和答辩期间的，人民法院可立即开庭审理。

第二百七十六条 当事人对小额诉讼案件提出管辖异议的，人民法院应当作出裁定。裁定一经作出即生效。

第二百七十七条 人民法院受理小额诉讼案件后，发现起诉不符合民事诉讼法第一百二十二条规定的起诉条件的，裁定驳回起诉。裁定一经作出即生效。

第二百七十八条 因当事人申请增加或者变更诉讼请求、提出反诉、追加当事人等，致使案件不符合小额诉讼案件条件的，应当适用简易程序的其他规定审理。

前款规定案件，应当适用普通程序审理的，裁定转为普通程序。

适用简易程序的其他规定或者普通程序审理前，双方当事人已确认的事实，可以不再进行举证、质证。

第二百七十九条 当事人对按照小额诉讼案件审理有异议的，应当在开庭前提出。人民法院经审查，异议成立的，适用简易程序的其他规定审理或者裁定转为普通程序；异议不成立的，裁定驳回。裁定以口头方式作出的，应当记入笔录。

第二百八十条 小额诉讼案件的裁判文书可以简化，主要记载当事人基本信息、诉讼请求、裁判主文等内容。

第二百八十一条 人民法院审理小额诉讼案件，本解释没有规定的，适用简易程序的其他规定。

十三、公益诉讼

第二百八十二条 环境保护法、消费者权益保护法等法律规定的机关和有关组织对污染环境、侵害众多消费者合法权益等损害社会公共利益的行为，根据民事诉讼法第五十八条规定提起公益诉讼，符合下列条件的，人民法院应当受理：

（一）有明确的被告；

（二）有具体的诉讼请求；

（三）有社会公共利益受到损害的初步证据；

（四）属于人民法院受理民事诉讼的范围和受诉人民法院管辖。

第二百八十三条 公益诉讼案件由侵权行为地或者被告住所地中级人民法院管辖，但法律、司法解释另有规定的除外。

因污染海洋环境提起的公益诉讼，由污染

发生地、损害结果地或者采取预防污染措施地海事法院管辖。

对同一侵权行为分别向两个以上人民法院提起公益诉讼的，由最先立案的人民法院管辖，必要时由它们的共同上级人民法院指定管辖。

第二百八十四条 人民法院受理公益诉讼案件后，应当在十日内书面告知相关行政主管部门。

第二百八十五条 人民法院受理公益诉讼案件后，依法可以提起诉讼的其他机关和有关组织，可以在开庭前向人民法院申请参加诉讼。人民法院准许参加诉讼的，列为共同原告。

第二百八十六条 人民法院受理公益诉讼案件，不影响同一侵权行为的受害人根据民事诉讼法第一百二十二条规定提起诉讼。

第二百八十七条 对公益诉讼案件，当事人可以和解，人民法院可以调解。

当事人达成和解或者调解协议后，人民法院应当将和解或者调解协议进行公告。公告期间不得少于三十日。

公告期满后，人民法院经审查，和解或者调解协议不违反社会公共利益的，应当出具调解书；和解或者调解协议违反社会公共利益的，不予出具调解书，继续对案件进行审理并依法作出裁判。

第二百八十八条 公益诉讼案件的原告在法庭辩论终结后申请撤诉的，人民法院不予准许。

第二百八十九条 公益诉讼案件的裁判发生法律效力后，其他依法具有原告资格的机关和有关组织就同一侵权行为另行提起公益诉讼的，人民法院裁定不予受理，但法律、司法解释另有规定的除外。

十四、第三人撤销之诉

第二百九十条 第三人对已经发生法律效力的判决、裁定、调解书提起撤销之诉的，应当自知道或者应当知道其民事权益受到损害之日起六个月内，向作出生效判决、裁定、调解书的人民法院提出，并应当提供存在下列情形的证据材料：

（一）因不能归责于本人的事由未参加诉讼；

（二）发生法律效力的判决、裁定、调解书的全部或者部分内容错误；

（三）发生法律效力的判决、裁定、调解书内容错误损害其民事权益。

第二百九十一条 人民法院应当在收到起诉状和证据材料之日起五日内送交对方当事人，对方当事人可以自收到起诉状之日起十日内提出书面意见。

人民法院应当对第三人提交的起诉状、证据材料以及对方当事人的书面意见进行审查。必要时，可以询问双方当事人。

经审查，符合起诉条件的，人民法院应当在收到起诉状之日起三十日内立案。不符合起诉条件的，应当在收到起诉状之日起三十日内裁定不予受理。

第二百九十二条 人民法院对第三人撤销之诉案件，应当组成合议庭开庭审理。

第二百九十三条 民事诉讼法第五十九条第三款规定的因不能归责于本人的事由未参加诉讼，是指没有被列为生效判决、裁定、调解书当事人，且无过错或者无明显过错的情形。包括：

（一）不知道诉讼而未参加的；

（二）申请参加未获准许的；

（三）知道诉讼，但因客观原因无法参加的；

（四）因其他不能归责于本人的事由未参加诉讼的。

第二百九十四条 民事诉讼法第五十九条第三款规定的判决、裁定、调解书的部分或者全部内容，是指判决、裁定的主文，调解书中处理当事人民事权利义务的结果。

第二百九十五条 对下列情形提起第三人撤销之诉的，人民法院不予受理：

（一）适用特别程序、督促程序、公示催告程序、破产程序等非讼程序处理的案件；

（二）婚姻无效、撤销或者解除婚姻关系等判决、裁定、调解书中涉及身份关系的内容；

（三）民事诉讼法第五十七条规定的未参加登记的权利人对代表人诉讼案件的生效裁判；

（四）民事诉讼法第五十八条规定的损害社会公共利益行为的受害人对公益诉讼案件的生效裁判。

第二百九十六条 第三人提起撤销之诉，人民法院应当将该第三人列为原告，生效判决、裁定、调解书的当事人列为被告，但生效判决、裁定、调解书中没有承担责任的无独立请求权的第三人列为第三人。

第二百九十七条 受理第三人撤销之诉案件后，原告提供相应担保，请求中止执行的，人民法院可以准许。

第二百九十八条 对第三人撤销或者部分撤销发生法律效力的判决、裁定、调解书内容的请求，人民法院经审理，按下列情形分别处理：

（一）请求成立且确认其民事权利的主张全部或部分成立的，改变原判决、裁定、调解书内容的错误部分；

（二）请求成立，但确认其全部或部分民事权利的主张不成立，或者未提出确认其民事权利请求的，撤销原判决、裁定、调解书内容的错误部分；

（三）请求不成立的，驳回诉讼请求。

对前款规定裁判不服的，当事人可以上诉。

原判决、裁定、调解书的内容未改变或者未撤销的部分继续有效。

第二百九十九条 第三人撤销之诉案件审理期间，人民法院对生效判决、裁定、调解书裁定再审的，受理第三人撤销之诉的人民法院应当裁定将第三人的诉讼请求并入再审程序。但有证据证明原审当事人之间恶意串通损害第三人合法权益的，人民法院应当先行审理第三人撤销之诉案件，裁定中止再审诉讼。

第三百条 第三人诉讼请求并入再审程序审理的，按照下列情形分别处理：

（一）按照第一审程序审理的，人民法院应当对第三人的诉讼请求一并审理，所作的判决可以上诉；

（二）按照第二审程序审理的，人民法院可以调解，调解达不成协议的，应当裁定撤销原判决、裁定、调解书，发回一审法院重审，重审时应当列明第三人。

第三百零一条 第三人提起撤销之诉后，未中止生效判决、裁定、调解书执行的，执行法院对第三人依照民事诉讼法第二百三十四条规定提出的执行异议，应予审查。第三人不服驳回执行异议裁定，申请对原判决、裁定、调解书再审的，人民法院不予受理。

案外人对人民法院驳回其执行异议裁定不服，认为原判决、裁定、调解书内容错误损害其合法权益的，应当根据民事诉讼法第二百三十四条规定申请再审，提起第三人撤销之诉的，人民法院不予受理。

十五、执行异议之诉

第三百零二条 根据民事诉讼法第二百三十四条规定，案外人、当事人对执行异议裁定不服，自裁定送达之日起十五日内向人民法院提起执行异议之诉的，由执行法院管辖。

第三百零三条 案外人提起执行异议之诉，除符合民事诉讼法第一百二十二条规定外，还应当具备下列条件：

（一）案外人的执行异议申请已经被人民法院裁定驳回；

（二）有明确的排除对执行标的执行的诉讼请求，且诉讼请求与原判决、裁定无关；

（三）自执行异议裁定送达之日起十五日内提起。

人民法院应当在收到起诉状之日起十五日内决定是否立案。

第三百零四条 申请执行人提起执行异议之诉，除符合民事诉讼法第一百二十二条规定外，还应当具备下列条件：

（一）依案外人执行异议申请，人民法院裁定中止执行；

（二）有明确的对执行标的继续执行的诉讼请求，且诉讼请求与原判决、裁定无关；

（三）自执行异议裁定送达之日起十五日内提起。

人民法院应当在收到起诉状之日起十五日内决定是否立案。

第三百零五条 案外人提起执行异议之诉的，以申请执行人为被告。被执行人反对案外人异议的，被执行人为共同被告；被执行人不反对案外人异议的，可以列被执行人为第三人。

第三百零六条 申请执行人提起执行异议之诉的，以案外人为被告。被执行人反对申请执行人主张的，以案外人和被执行人为共同被告；被执行人不反对申请执行人主张的，可以列被执行人为第三人。

第三百零七条 申请执行人对中止执行裁

定未提起执行异议之诉，被执行人提起执行异议之诉的，人民法院告知其另行起诉。

第三百零八条 人民法院审理执行异议之诉案件，适用普通程序。

第三百零九条 案外人或者申请执行人提起执行异议之诉的，案外人应当就其对执行标的享有足以排除强制执行的民事权益承担举证证明责任。

第三百一十条 对案外人提起的执行异议之诉，人民法院经审理，按照下列情形分别处理：

（一）案外人就执行标的享有足以排除强制执行的民事权益的，判决不得执行该执行标的；

（二）案外人就执行标的不享有足以排除强制执行的民事权益的，判决驳回诉讼请求。

案外人同时提出确认其权利的诉讼请求的，人民法院可以在判决中一并作出裁判。

第三百一十一条 对申请执行人提起的执行异议之诉，人民法院经审理，按照下列情形分别处理：

（一）案外人就执行标的不享有足以排除强制执行的民事权益的，判决准许执行该执行标的；

（二）案外人就执行标的享有足以排除强制执行的民事权益的，判决驳回诉讼请求。

第三百一十二条 对案外人执行异议之诉，人民法院判决不得对执行标的执行的，执行异议裁定失效。

对申请执行人执行异议之诉，人民法院判决准许对该执行标的执行的，执行异议裁定失效，执行法院可以根据申请执行人的申请或者依职权恢复执行。

第三百一十三条 案外人执行异议之诉审理期间，人民法院不得对执行标的进行处分。申请执行人请求人民法院继续执行并提供相应担保的，人民法院可以准许。

被执行人与案外人恶意串通，通过执行异议、执行异议之诉妨害执行的，人民法院应当依照民事诉讼法第一百一十六条规定处理。申请执行人因此受到损害的，可以提起诉讼要求被执行人、案外人赔偿。

第三百一十四条 人民法院对执行标的裁定中止执行后，申请执行人在法律规定的期间内未提起执行异议之诉的，人民法院应当自起诉期限届满之日起七日内解除对该执行标的采取的执行措施。

十六、第二审程序

第三百一十五条 双方当事人和第三人都提起上诉的，均列为上诉人。人民法院可以依职权确定第二审程序中当事人的诉讼地位。

第三百一十六条 民事诉讼法第一百七十三条、第一百七十四条规定的对方当事人包括被上诉人和原审其他当事人。

第三百一十七条 必要共同诉讼人的一人或者部分人提起上诉的，按下列情形分别处理：

（一）上诉仅对与对方当事人之间权利义务分担有意见，不涉及其他共同诉讼人利益的，对方当事人为被上诉人，未上诉的同一方当事人依原审诉讼地位列明；

（二）上诉仅对共同诉讼人之间权利义务分担有意见，不涉及对方当事人利益的，未上诉的同一方当事人为被上诉人，对方当事人依原审诉讼地位列明；

（三）上诉对双方当事人之间以及共同诉讼人之间权利义务承担有意见的，未提起上诉的其他当事人均为被上诉人。

第三百一十八条 一审宣判时或者判决书、裁定书送达时，当事人口头表示上诉的，人民法院应告知其必须在法定上诉期间内递交上诉状。未在法定上诉期间内递交上诉状的，视为未提起上诉。虽递交上诉状，但未在指定的期限内交纳上诉费的，按自动撤回上诉处理。

第三百一十九条 无民事行为能力人、限制民事行为能力人的法定代理人，可以代理当事人提起上诉。

第三百二十条 上诉案件的当事人死亡或者终止的，人民法院依法通知其权利义务承继者参加诉讼。

需要终结诉讼的，适用民事诉讼法第一百五十四条规定。

第三百二十一条 第二审人民法院应当围绕当事人的上诉请求进行审理。

当事人没有提出请求的，不予审理，但一审判决违反法律禁止性规定，或者损害国家利益、社会公共利益、他人合法权益的除外。

第三百二十二条 开庭审理的上诉案件，

第二审人民法院可以依照民事诉讼法第一百三十六条第四项规定进行审理前的准备。

第三百二十三条 下列情形，可以认定为民事诉讼法第一百七十七条第一款第四项规定的严重违反法定程序：

（一）审判组织的组成不合法的；

（二）应当回避的审判人员未回避的；

（三）无诉讼行为能力人未经法定代理人代为诉讼的；

（四）违法剥夺当事人辩论权利的。

第三百二十四条 对当事人在第一审程序中已经提出的诉讼请求，原审人民法院未作审理、判决的，第二审人民法院可以根据当事人自愿的原则进行调解；调解不成的，发回重审。

第三百二十五条 必须参加诉讼的当事人或者有独立请求权的第三人，在第一审程序中未参加诉讼，第二审人民法院可以根据当事人自愿的原则予以调解；调解不成的，发回重审。

第三百二十六条 在第二审程序中，原审原告增加独立的诉讼请求或者原审被告提出反诉的，第二审人民法院可以根据当事人自愿的原则就新增加的诉讼请求或者反诉进行调解；调解不成的，告知当事人另行起诉。

双方当事人同意由第二审人民法院一并审理的，第二审人民法院可以一并裁判。

第三百二十七条 一审判决不准离婚的案件，上诉后，第二审人民法院认为应当判决离婚的，可以根据当事人自愿的原则，与子女抚养、财产问题一并调解；调解不成的，发回重审。

双方当事人同意由第二审人民法院一并审理的，第二审人民法院可以一并裁判。

第三百二十八条 人民法院依照第二审程序审理案件，认为依法不应由人民法院受理的，可以由第二审人民法院直接裁定撤销原裁判，驳回起诉。

第三百二十九条 人民法院依照第二审程序审理案件，认为第一审人民法院受理案件违反专属管辖规定的，应当裁定撤销原裁判并移送有管辖权的人民法院。

第三百三十条 第二审人民法院查明第一审人民法院作出的不予受理裁定有错误的，应当在撤销原裁定的同时，指令第一审人民法院立案受理；查明第一审人民法院作出的驳回起诉裁定有错误的，应当在撤销原裁定的同时，指令第一审人民法院审理。

第三百三十一条 第二审人民法院对下列上诉案件，依照民事诉讼法第一百七十六条规定可以不开庭审理：

（一）不服不予受理、管辖权异议和驳回起诉裁定的；

（二）当事人提出的上诉请求明显不能成立的；

（三）原判决、裁定认定事实清楚，但适用法律错误的；

（四）原判决严重违反法定程序，需要发回重审的。

第三百三十二条 原判决、裁定认定事实或者适用法律虽有瑕疵，但裁判结果正确的，第二审人民法院可以在判决、裁定中纠正瑕疵后，依照民事诉讼法第一百七十七条第一款第一项规定予以维持。

第三百三十三条 民事诉讼法第一百七十七条第一款第三项规定的基本事实，是指用以确定当事人主体资格、案件性质、民事权利义务等对原判决、裁定的结果有实质性影响的事实。

第三百三十四条 在第二审程序中，作为当事人的法人或者其他组织分立的，人民法院可以直接将分立后的法人或者其他组织列为共同诉讼人；合并的，将合并后的法人或者其他组织列为当事人。

第三百三十五条 在第二审程序中，当事人申请撤回上诉，人民法院经审查认为一审判决确有错误，或者当事人之间恶意串通损害国家利益、社会公共利益、他人合法权益的，不应准许。

第三百三十六条 在第二审程序中，原审原告申请撤回起诉，经其他当事人同意，且不损害国家利益、社会公共利益、他人合法权益的，人民法院可以准许。准许撤诉的，应当一并裁定撤销一审裁判。

原审原告在第二审程序中撤回起诉后重复起诉的，人民法院不予受理。

第三百三十七条 当事人在第二审程序中达成和解协议的，人民法院可以根据当事人的请求，对双方达成的和解协议进行审查并制作调解书送达当事人；因和解而申请撤诉，经审查符合撤诉条件的，人民法院应予准许。

第三百三十八条 第二审人民法院宣告判决可以自行宣判，也可以委托原审人民法院或者当事人所在地人民法院代行宣判。

第三百三十九条 人民法院审理对裁定的上诉案件，应当在第二审立案之日起三十日内作出终审裁定。有特殊情况需要延长审限的，由本院院长批准。

第三百四十条 当事人在第一审程序中实施的诉讼行为，在第二审程序中对该当事人仍具有拘束力。

当事人推翻其在第一审程序中实施的诉讼行为时，人民法院应当责令其说明理由。理由不成立的，不予支持。

十七、特别程序

第三百四十一条 宣告失踪或者宣告死亡案件，人民法院可以根据申请人的请求，清理下落不明人的财产，并指定案件审理期间的财产管理人。公告期满后，人民法院判决宣告失踪的，应当同时依照民法典第四十二条的规定指定失踪人的财产代管人。

第三百四十二条 失踪人的财产代管人经人民法院指定后，代管人申请变更代管的，比照民事诉讼法特别程序的有关规定进行审理。申请理由成立的，裁定撤销申请人的代管人身份，同时另行指定财产代管人；申请理由不成立的，裁定驳回申请。

失踪人的其他利害关系人申请变更代管的，人民法院应当告知其以原指定的代管人为被告起诉，并按普通程序进行审理。

第三百四十三条 人民法院判决宣告公民失踪后，利害关系人向人民法院申请宣告失踪人死亡，自失踪之日起满四年的，人民法院应当受理，宣告失踪的判决即是该公民失踪的证明，审理中仍应依照民事诉讼法第一百九十二条规定进行公告。

第三百四十四条 符合法律规定的多个利害关系人提出宣告失踪、宣告死亡申请的，列为共同申请人。

第三百四十五条 寻找下落不明人的公告应当记载下列内容：

（一）被申请人应当在规定期间内向受理法院申报其具体地址及其联系方式。否则，被申请人将被宣告失踪、宣告死亡；

（二）凡知悉被申请人生存现状的人，应当在公告期间内将其所知道情况向受理法院报告。

第三百四十六条 人民法院受理宣告失踪、宣告死亡案件后，作出判决前，申请人撤回申请的，人民法院应当裁定终结案件，但其他符合法律规定的利害关系人加入程序要求继续审理的除外。

第三百四十七条 在诉讼中，当事人的利害关系人或者有关组织提出该当事人不能辨认或者不能完全辨认自己的行为，要求宣告该当事人无民事行为能力或者限制民事行为能力的，应由利害关系人或者有关组织向人民法院提出申请，由受诉人民法院按照特别程序立案审理，原诉讼中止。

第三百四十八条 认定财产无主案件，公告期间有人对财产提出请求的，人民法院应当裁定终结特别程序，告知申请人另行起诉，适用普通程序审理。

第三百四十九条 被指定的监护人不服居民委员会、村民委员会或者民政部门指定，应当自接到通知之日起三十日内向人民法院提出异议。经审理，认为指定并无不当的，裁定驳回异议；指定不当的，判决撤销指定，同时另行指定监护人。判决书应当送达异议人、原指定单位及判决指定的监护人。

有关当事人依照民法典第三十一条第一款规定直接向人民法院申请指定监护人的，适用特别程序审理，判决指定监护人。判决书应当送达申请人、判决指定的监护人。

第三百五十条 申请认定公民无民事行为能力或者限制民事行为能力的案件，被申请人没有近亲属的，人民法院可以指定经被申请人住所地的居民委员会、村民委员会或者民政部门同意，且愿意担任代理人的个人或者组织为代理人。

没有前款规定的代理人的，由被申请人住所地的居民委员会、村民委员会或者民政部门担任代理人。

代理人可以是一人，也可以是同一顺序中的两人。

第三百五十一条 申请司法确认调解协议的，双方当事人应当本人或者由符合民事诉讼法第六十一条规定的代理人依照民事诉讼法第二百零一条的规定提出申请。

第三百五十二条 调解组织自行开展的调解，有两个以上调解组织参与的，符合民事诉讼法第二百零一条规定的各调解组织所在地人民法院均有管辖权。

双方当事人可以共同向符合民事诉讼法第二百零一条规定的其中一个有管辖权的人民法院提出申请；双方当事人共同向两个以上有管辖权的人民法院提出申请的，由最先立案的人民法院管辖。

第三百五十三条 当事人申请司法确认调解协议，可以采用书面形式或者口头形式。当事人口头申请的，人民法院应当记入笔录，并由当事人签名、捺印或者盖章。

第三百五十四条 当事人申请司法确认调解协议，应当向人民法院提交调解协议、调解组织主持调解的证明，以及与调解协议相关的财产权利证明等材料，并提供双方当事人的身份、住所、联系方式等基本信息。

当事人未提交上述材料的，人民法院应当要求当事人限期补交。

第三百五十五条 当事人申请司法确认调解协议，有下列情形之一的，人民法院裁定不予受理：

（一）不属于人民法院受理范围的；

（二）不属于收到申请的人民法院管辖的；

（三）申请确认婚姻关系、亲子关系、收养关系等身份关系无效、有效或者解除的；

（四）涉及适用其他特别程序、公示催告程序、破产程序审理的；

（五）调解协议内容涉及物权、知识产权确权的。

人民法院受理申请后，发现有上述不予受理情形的，应当裁定驳回当事人的申请。

第三百五十六条 人民法院审查相关情况时，应当通知双方当事人共同到场对案件进行核实。

人民法院经审查，认为当事人的陈述或者提供的证明材料不充分、不完备或者有疑义的，可以要求当事人限期补充陈述或者补充证明材料。必要时，人民法院可以向调解组织核实有关情况。

第三百五十七条 确认调解协议的裁定作出前，当事人撤回申请的，人民法院可以裁定准许。

当事人无正当理由未在限期内补充陈述、补充证明材料或者拒不接受询问的，人民法院可以按撤回申请处理。

第三百五十八条 经审查，调解协议有下列情形之一的，人民法院应当裁定驳回申请：

（一）违反法律强制性规定的；

（二）损害国家利益、社会公共利益、他人合法权益的；

（三）违背公序良俗的；

（四）违反自愿原则的；

（五）内容不明确的；

（六）其他不能进行司法确认的情形。

第三百五十九条 民事诉讼法第二百零三条规定的担保物权人，包括抵押权人、质权人、留置权人；其他有权请求实现担保物权的人，包括抵押人、出质人、财产被留置的债务人或者所有权人等。

第三百六十条 实现票据、仓单、提单等有权利凭证的权利质权案件，可以由权利凭证持有人住所地人民法院管辖；无权利凭证的权利质权，由出质登记地人民法院管辖。

第三百六十一条 实现担保物权案件属于海事法院等专门人民法院管辖的，由专门人民法院管辖。

第三百六十二条 同一债权的担保物有多个且所在地不同，申请人分别向有管辖权的人民法院申请实现担保物权的，人民法院应当依法受理。

第三百六十三条 依照民法典第三百九十二条的规定，被担保的债权既有物的担保又有人的担保，当事人对实现担保物权的顺序有约定，实现担保物权的申请违反该约定的，人民法院裁定不予受理；没有约定或者约定不明的，人民法院应当受理。

第三百六十四条 同一财产上设立多个担保物权，登记在先的担保物权尚未实现的，不影响后顺位的担保物权人向人民法院申请实现担保物权。

第三百六十五条 申请实现担保物权，应当提交下列材料：

（一）申请书。申请书应当记明申请人、被申请人的姓名或者名称、联系方式等基本信息，具体的请求和事实、理由；

（二）证明担保物权存在的材料，包括主合同、担保合同、抵押登记证明或者他项权利证书，权利质权的权利凭证或者质权出质登记证明等；

（三）证明实现担保物权条件成就的材料；

（四）担保财产现状的说明；

（五）人民法院认为需要提交的其他材料。

第三百六十六条 人民法院受理申请后，应当在五日内向被申请人送达申请书副本、异议权利告知书等文书。

被申请人有异议的，应当在收到人民法院通知后的五日内向人民法院提出，同时说明理由并提供相应的证据材料。

第三百六十七条 实现担保物权案件可以由审判员一人独任审查。担保财产标的额超过基层人民法院管辖范围的，应当组成合议庭进行审查。

第三百六十八条 人民法院审查实现担保物权案件，可以询问申请人、被申请人、利害关系人，必要时可以依职权调查相关事实。

第三百六十九条 人民法院应当就主合同的效力、期限、履行情况，担保物权是否有效设立、担保财产的范围、被担保的债权范围、被担保的债权是否已届清偿期等担保物权实现的条件，以及是否损害他人合法权益等内容进行审查。

被申请人或者利害关系人提出异议的，人民法院应当一并审查。

第三百七十条 人民法院审查后，按下列情形分别处理：

（一）当事人对实现担保物权无实质性争议且实现担保物权条件成就的，裁定准许拍卖、变卖担保财产；

（二）当事人对实现担保物权有部分实质性争议的，可以就无争议部分裁定准许拍卖、变卖担保财产；

（三）当事人对实现担保物权有实质性争议的，裁定驳回申请，并告知申请人向人民法院提起诉讼。

第三百七十一条 人民法院受理申请后，申请人对担保财产提出保全申请的，可以按照民事诉讼法关于诉讼保全的规定办理。

第三百七十二条 适用特别程序作出的判决、裁定，当事人、利害关系人认为有错误的，可以向作出该判决、裁定的人民法院提出异议。人民法院经审查，异议成立或者部分成立的，作出新的判决、裁定撤销或者改变原判决、裁定；异议不成立的，裁定驳回。

对人民法院作出的确认调解协议、准许实现担保物权的裁定，当事人有异议的，应当自收到裁定之日起十五日内提出；利害关系人有异议的，自知道或者应当知道其民事权益受到侵害之日起六个月内提出。

十八、审判监督程序

第三百七十三条 当事人死亡或者终止的，其权利义务承继者可以根据民事诉讼法第二百零六条、第二百零八条的规定申请再审。

判决、调解书生效后，当事人将判决、调解书确认的债权转让，债权受让人对该判决、调解书不服申请再审的，人民法院不予受理。

第三百七十四条 民事诉讼法第二百零六条规定的人数众多的一方当事人，包括公民、法人和其他组织。

民事诉讼法第二百零六条规定的当事人双方为公民的案件，是指原告和被告均为公民的案件。

第三百七十五条 当事人申请再审，应当提交下列材料：

（一）再审申请书，并按照被申请人和原审其他当事人的人数提交副本；

（二）再审申请人是自然人的，应当提交身份证明；再审申请人是法人或者其他组织的，应当提交营业执照、组织机构代码证书、法定代表人或者主要负责人身份证明书。委托他人代为申请的，应当提交授权委托书和代理人身份证明；

（三）原审判决书、裁定书、调解书；

（四）反映案件基本事实的主要证据及其他材料。

前款第二项、第三项、第四项规定的材料可以是与原件核对无异的复印件。

第三百七十六条 再审申请书应当记明下列事项：

（一）再审申请人与被申请人及原审其他当事人的基本信息；

（二）原审人民法院的名称，原审裁判文书案号；

（三）具体的再审请求；

（四）申请再审的法定情形及具体事实、

理由。

再审申请书应当明确申请再审的人民法院，并由再审申请人签名、捺印或者盖章。

第三百七十七条 当事人一方人数众多或者当事人双方为公民的案件，当事人分别向原审人民法院和上一级人民法院申请再审且不能协商一致的，由原审人民法院受理。

第三百七十八条 适用特别程序、督促程序、公示催告程序、破产程序等非讼程序审理的案件，当事人不得申请再审。

第三百七十九条 当事人认为发生法律效力的不予受理、驳回起诉的裁定错误的，可以申请再审。

第三百八十条 当事人就离婚案件中的财产分割问题申请再审，如涉及判决中已分割的财产，人民法院应当依照民事诉讼法第二百零七条的规定进行审查，符合再审条件的，应当裁定再审；如涉及判决中未作处理的夫妻共同财产，应当告知当事人另行起诉。

第三百八十一条 当事人申请再审，有下列情形之一的，人民法院不予受理：

（一）再审申请被驳回后再次提出申请的；

（二）对再审判决、裁定提出申请的；

（三）在人民检察院对当事人的申请作出不予提出再审检察建议或者抗诉决定后又提出申请的。

前款第一项、第二项规定情形，人民法院应当告知当事人可以向人民检察院申请再审检察建议或者抗诉，但因人民检察院提出再审检察建议或者抗诉而再审作出的判决、裁定除外。

第三百八十二条 当事人对已经发生法律效力的调解书申请再审，应当在调解书发生法律效力后六个月内提出。

第三百八十三条 人民法院应当自收到符合条件的再审申请书等材料之日起五日内向再审申请人发送受理通知书，并向被申请人及原审其他当事人发送应诉通知书、再审申请书副本等材料。

第三百八十四条 人民法院受理申请再审案件后，应当依照民事诉讼法第二百零七条、第二百零八条、第二百一十一条等规定，对当事人主张的再审事由进行审查。

第三百八十五条 再审申请人提供的新的证据，能够证明原判决、裁定认定基本事实或者裁判结果错误的，应当认定为民事诉讼法第二百零七条第一项规定的情形。

对于符合前款规定的证据，人民法院应当责令再审申请人说明其逾期提供该证据的理由；拒不说明理由或者理由不成立的，依照民事诉讼法第六十八条第二款和本解释第一百零二条的规定处理。

第三百八十六条 再审申请人证明其提交的新的证据符合下列情形之一的，可以认定逾期提供证据的理由成立：

（一）在原审庭审结束前已经存在，因客观原因于庭审结束后才发现的；

（二）在原审庭审结束前已经发现，但因客观原因无法取得或者在规定的期限内不能提供的；

（三）在原审庭审结束后形成，无法据此另行提起诉讼的。

再审申请人提交的证据在原审中已经提供，原审人民法院未组织质证且未作为裁判根据的，视为逾期提供证据的理由成立，但原审人民法院依照民事诉讼法第六十八条规定不予采纳的除外。

第三百八十七条 当事人对原判决、裁定认定事实的主要证据在原审中拒绝发表质证意见或者质证中未对证据发表质证意见的，不属于民事诉讼法第二百零七条第四项规定的未经质证的情形。

第三百八十八条 有下列情形之一，导致判决、裁定结果错误的，应当认定为民事诉讼法第二百零七条第六项规定的原判决、裁定适用法律确有错误：

（一）适用的法律与案件性质明显不符的；

（二）确定民事责任明显违背当事人约定或者法律规定的；

（三）适用已经失效或者尚未施行的法律的；

（四）违反法律溯及力规定的；

（五）违反法律适用规则的；

（六）明显违背立法原意的。

第三百八十九条 原审开庭过程中有下列情形之一的，应当认定为民事诉讼法第二百零七条第九项规定的剥夺当事人辩论权利：

（一）不允许当事人发表辩论意见的；

（二）应当开庭审理而未开庭审理的；

（三）违反法律规定送达起诉状副本或者上诉状副本，致使当事人无法行使辩论权利的；

（四）违法剥夺当事人辩论权利的其他情形。

第三百九十条 民事诉讼法第二百零七条第十一项规定的诉讼请求，包括一审诉讼请求、二审上诉请求，但当事人未对一审判决、裁定遗漏或者超出诉讼请求提起上诉的除外。

第三百九十一条 民事诉讼法第二百零七条第十二项规定的法律文书包括：

（一）发生法律效力的判决书、裁定书、调解书；

（二）发生法律效力的仲裁裁决书；

（三）具有强制执行效力的公证债权文书。

第三百九十二条 民事诉讼法第二百零七条第十三项规定的审判人员审理该案件时有贪污受贿、徇私舞弊、枉法裁判行为，是指已经由生效刑事法律文书或者纪律处分决定所确认的行为。

第三百九十三条 当事人主张的再审事由成立，且符合民事诉讼法和本解释规定的申请再审条件的，人民法院应当裁定再审。

当事人主张的再审事由不成立，或者当事人申请再审超过法定申请再审期限、超出法定再审事由范围等不符合民事诉讼法和本解释规定的申请再审条件的，人民法院应当裁定驳回再审申请。

第三百九十四条 人民法院对已经发生法律效力的判决、裁定、调解书依法决定再审，依照民事诉讼法第二百一十三条规定，需要中止执行的，应当在再审裁定中同时写明中止原判决、裁定、调解书的执行；情况紧急的，可以将中止执行裁定口头通知负责执行的人民法院，并在通知后十日内发出裁定书。

第三百九十五条 人民法院根据审查案件的需要决定是否询问当事人。新的证据可能推翻原判决、裁定的，人民法院应当询问当事人。

第三百九十六条 审查再审申请期间，被申请人及原审其他当事人依法提出再审申请的，人民法院应当将其列为再审申请人，对其再审事由一并审查，审查期限重新计算。经审查，其中一方再审申请人主张的再审事由成立的，应当裁定再审。各方再审申请人主张的再审事由均不成立的，一并裁定驳回再审申请。

第三百九十七条 审查再审申请期间，再审申请人申请人民法院委托鉴定、勘验的，人民法院不予准许。

第三百九十八条 审查再审申请期间，再审申请人撤回再审申请的，是否准许，由人民法院裁定。

再审申请人经传票传唤，无正当理由拒不接受询问的，可以按撤回再审申请处理。

第三百九十九条 人民法院准许撤回再审申请或者按撤回再审申请处理后，再审申请人再次申请再审的，不予受理，但有民事诉讼法第二百零七条第一项、第三项、第十二项、第十三项规定情形，自知道或者应当知道之日起六个月内提出的除外。

第四百条 再审申请审查期间，有下列情形之一的，裁定终结审查：

（一）再审申请人死亡或者终止，无权利义务承继者或者权利义务承继者声明放弃再审申请的；

（二）在给付之诉中，负有给付义务的被申请人死亡或者终止，无可供执行的财产，也没有应当承担义务的人的；

（三）当事人达成和解协议且已履行完毕的，但当事人在和解协议中声明不放弃申请再审权利的除外；

（四）他人未经授权以当事人名义申请再审的；

（五）原审或者上一级人民法院已经裁定再审的；

（六）有本解释第三百八十一条第一款规定情形的。

第四百零一条 人民法院审理再审案件应当组成合议庭开庭审理，但按照第二审程序审理，有特殊情况或者双方当事人已经通过其他方式充分表达意见，且书面同意不开庭审理的除外。

符合缺席判决条件的，可以缺席判决。

第四百零二条 人民法院开庭审理再审案件，应当按照下列情形分别进行：

（一）因当事人申请再审的，先由再审申请人陈述再审请求及理由，后由被申请人答辩、其他原审当事人发表意见；

（二）因抗诉再审的，先由抗诉机关宣读抗诉书，再由申请抗诉的当事人陈述，后由被申请人答辩、其他原审当事人发表意见；

（三）人民法院依职权再审，有申诉人的，先由申诉人陈述再审请求及理由，后由被申诉人答辩、其他原审当事人发表意见；

（四）人民法院依职权再审，没有申诉人的，先由原审原告或者原审上诉人陈述，后由原审其他当事人发表意见。

对前款第一项至第三项规定的情形，人民法院应当要求当事人明确其再审请求。

第四百零三条 人民法院审理再审案件应当围绕再审请求进行。当事人的再审请求超出原审诉讼请求的，不予审理；符合另案诉讼条件的，告知当事人可以另行起诉。

被申请人及原审其他当事人在庭审辩论结束前提出的再审请求，符合民事诉讼法第二百一十二条规定的，人民法院应当一并审理。

人民法院经再审，发现已经发生法律效力的判决、裁定损害国家利益、社会公共利益、他人合法权益的，应当一并审理。

第四百零四条 再审审理期间，有下列情形之一的，可以裁定终结再审程序：

（一）再审申请人在再审期间撤回再审请求，人民法院准许的；

（二）再审申请人经传票传唤，无正当理由拒不到庭的，或者未经法庭许可中途退庭，按撤回再审请求处理的；

（三）人民检察院撤回抗诉的；

（四）有本解释第四百条第一项至第四项规定情形的。

因人民检察院提出抗诉裁定再审的案件，申请抗诉的当事人有前款规定的情形，且不损害国家利益、社会公共利益或者他人合法权益的，人民法院应当裁定终结再审程序。

再审程序终结后，人民法院裁定中止执行的原生效判决自动恢复执行。

第四百零五条 人民法院经再审审理认为，原判决、裁定认定事实清楚、适用法律正确的，应予维持；原判决、裁定认定事实、适用法律虽有瑕疵，但裁判结果正确的，应当在再审判决、裁定中纠正瑕疵后予以维持。

原判决、裁定认定事实、适用法律错误，导致裁判结果错误的，应当依法改判、撤销或者变更。

第四百零六条 按照第二审程序再审的案件，人民法院经审理认为不符合民事诉讼法规定的起诉条件或者符合民事诉讼法第一百二十七条规定不予受理情形的，应当裁定撤销一、二审判决，驳回起诉。

第四百零七条 人民法院对调解书裁定再审后，按照下列情形分别处理：

（一）当事人提出的调解违反自愿原则的事由不成立，且调解书的内容不违反法律强制性规定的，裁定驳回再审申请；

（二）人民检察院抗诉或者再审检察建议所主张的损害国家利益、社会公共利益的理由不成立的，裁定终结再审程序。

前款规定情形，人民法院裁定中止执行的调解书需要继续执行的，自动恢复执行。

第四百零八条 一审原告在再审审理程序中申请撤回起诉，经其他当事人同意，且不损害国家利益、社会公共利益、他人合法权益的，人民法院可以准许。裁定准许撤诉的，应当一并撤销原判决。

一审原告在再审审理程序中撤回起诉后重复起诉的，人民法院不予受理。

第四百零九条 当事人提交新的证据致使再审改判，因再审申请人或者申请检察监督当事人的过错未能在原审程序中及时举证，被申请人等当事人请求补偿其增加的交通、住宿、就餐、误工等必要费用的，人民法院应予支持。

第四百一十条 部分当事人到庭并达成调解协议，其他当事人未作出书面表示的，人民法院应当在判决中对该事实作出表述；调解协议内容不违反法律规定，且不损害其他当事人合法权益的，可以在判决主文中予以确认。

第四百一十一条 人民检察院依法对损害国家利益、社会公共利益的发生法律效力的判决、裁定、调解书提出抗诉，或者经人民检察院检察委员会讨论决定提出再审检察建议的，人民法院应予受理。

第四百一十二条 人民检察院对已经发生法律效力的判决以及不予受理、驳回起诉的裁定依法提出抗诉的，人民法院应予受理，但适用特别程序、督促程序、公示催告程序、破产程序以及解除婚姻关系的判决、裁定等不适用审判监督程序的判决、裁定除外。

第四百一十三条 人民检察院依照民事诉

讼法第二百一十六条第一款第三项规定对有明显错误的再审判决、裁定提出抗诉或者再审检察建议的，人民法院应予受理。

第四百一十四条 地方各级人民检察院依当事人的申请对生效判决、裁定向同级人民法院提出再审检察建议，符合下列条件的，应予受理：

（一）再审检察建议书和原审当事人申请书及相关证据材料已经提交；

（二）建议再审的对象为依照民事诉讼法和本解释规定可以进行再审的判决、裁定；

（三）再审检察建议书列明该判决、裁定有民事诉讼法第二百一十五条第二款规定情形；

（四）符合民事诉讼法第二百一十六条第一款第一项、第二项规定情形；

（五）再审检察建议经该人民检察院检察委员会讨论决定。

不符合前款规定的，人民法院可以建议人民检察院予以补正或者撤回；不予补正或者撤回的，应当函告人民检察院不予受理。

第四百一十五条 人民检察院依当事人的申请对生效判决、裁定提出抗诉，符合下列条件的，人民法院应当在三十日内裁定再审：

（一）抗诉书和原审当事人申请书及相关证据材料已经提交；

（二）抗诉对象为依照民事诉讼法和本解释规定可以进行再审的判决、裁定；

（三）抗诉书列明该判决、裁定有民事诉讼法第二百一十五条第一款规定情形；

（四）符合民事诉讼法第二百一十六条第一款第一项、第二项规定情形。

不符合前款规定的，人民法院可以建议人民检察院予以补正或者撤回；不予补正或者撤回的，人民法院可以裁定不予受理。

第四百一十六条 当事人的再审申请被上级人民法院裁定驳回后，人民检察院对原判决、裁定、调解书提出抗诉，抗诉事由符合民事诉讼法第二百零七条第一项至第五项规定情形之一的，受理抗诉的人民法院可以交由下一级人民法院再审。

第四百一十七条 人民法院收到再审检察建议后，应当组成合议庭，在三个月内进行审查，发现原判决、裁定、调解书确有错误，需要再审的，依照民事诉讼法第二百零五条规定裁定再审，并通知当事人；经审查，决定不予再审的，应当书面回复人民检察院。

第四百一十八条 人民法院审理因人民检察院抗诉或者检察建议裁定再审的案件，不受此前已经作出的驳回当事人再审申请裁定的影响。

第四百一十九条 人民法院开庭审理抗诉案件，应当在开庭三日前通知人民检察院、当事人和其他诉讼参与人。同级人民检察院或者提出抗诉的人民检察院应当派员出庭。

人民检察院因履行法律监督职责向当事人或者案外人调查核实的情况，应当向法庭提交并予以说明，由双方当事人进行质证。

第四百二十条 必须共同进行诉讼的当事人因不能归责于本人或者其诉讼代理人的事由未参加诉讼的，可以根据民事诉讼法第二百零七条第八项规定，自知道或者应当知道之日起六个月内申请再审，但符合本解释第四百二十一条规定情形的除外。

人民法院因前款规定的当事人申请而裁定再审，按照第一审程序再审的，应当追加其为当事人，作出新的判决、裁定；按照第二审程序再审，经调解不能达成协议的，应当撤销原判决、裁定，发回重审，重审时应追加其为当事人。

第四百二十一条 根据民事诉讼法第二百三十四条规定，案外人对驳回其执行异议的裁定不服，认为原判决、裁定、调解书内容错误损害其民事权益的，可以自执行异议裁定送达之日起六个月内，向作出原判决、裁定、调解书的人民法院申请再审。

第四百二十二条 根据民事诉讼法第二百三十四条规定，人民法院裁定再审后，案外人属于必要的共同诉讼当事人的，依照本解释第四百二十条第二款规定处理。

案外人不是必要的共同诉讼当事人的，人民法院仅审理原判决、裁定、调解书对其民事权益造成损害的内容。经审理，再审请求成立的，撤销或者改变原判决、裁定、调解书；再审请求不成立的，维持原判决、裁定、调解书。

第四百二十三条 本解释第三百三十八条规定适用于审判监督程序。

第四百二十四条 对小额诉讼案件的判决、裁定，当事人以民事诉讼法第二百零七条规定的事由向原审人民法院申请再审的，人民法院应当受理。申请再审事由成立的，应当裁定再审，组成合议庭进行审理。作出的再审判决、裁定，当事人不得上诉。

当事人以不应按小额诉讼案件审理为由向原审人民法院申请再审的，人民法院应当受理。理由成立的，应当裁定再审，组成合议庭审理。作出的再审判决、裁定，当事人可以上诉。

十九、督促程序

第四百二十五条 两个以上人民法院都有管辖权的，债权人可以向其中一个基层人民法院申请支付令。

债权人向两个以上有管辖权的基层人民法院申请支付令的，由最先立案的人民法院管辖。

第四百二十六条 人民法院收到债权人的支付令申请书后，认为申请书不符合要求的，可以通知债权人限期补正。人民法院应当自收到补正材料之日起五日内通知债权人是否受理。

第四百二十七条 债权人申请支付令，符合下列条件的，基层人民法院应当受理，并在收到支付令申请书后五日内通知债权人：

（一）请求给付金钱或者汇票、本票、支票、股票、债券、国库券、可转让的存款单等有价证券；

（二）请求给付的金钱或者有价证券已到期且数额确定，并写明了请求所根据的事实、证据；

（三）债权人没有对待给付义务；

（四）债务人在我国境内且未下落不明；

（五）支付令能够送达债务人；

（六）收到申请书的人民法院有管辖权；

（七）债权人未向人民法院申请诉前保全。

不符合前款规定的，人民法院应当在收到支付令申请书后五日内通知债权人不予受理。

基层人民法院受理申请支付令案件，不受债权金额的限制。

第四百二十八条 人民法院受理申请后，由审判员一人进行审查。经审查，有下列情形之一的，裁定驳回申请：

（一）申请人不具备当事人资格的；

（二）给付金钱或者有价证券的证明文件没有约定逾期给付利息或者违约金、赔偿金，债权人坚持要求给付利息或者违约金、赔偿金的；

（三）要求给付的金钱或者有价证券属于违法所得的；

（四）要求给付的金钱或者有价证券尚未到期或者数额不确定的。

人民法院受理支付令申请后，发现不符合本解释规定的受理条件的，应当在受理之日起十五日内裁定驳回申请。

第四百二十九条 向债务人本人送达支付令，债务人拒绝接收的，人民法院可以留置送达。

第四百三十条 有下列情形之一的，人民法院应当裁定终结督促程序，已发出支付令的，支付令自行失效：

（一）人民法院受理支付令申请后，债权人就同一债权债务关系又提起诉讼的；

（二）人民法院发出支付令之日起三十日内无法送达债务人的；

（三）债务人收到支付令前，债权人撤回申请的。

第四百三十一条 债务人在收到支付令后，未在法定期间提出书面异议，而向其他人民法院起诉的，不影响支付令的效力。

债务人超过法定期间提出异议的，视为未提出异议。

第四百三十二条 债权人基于同一债权债务关系，在同一支付令申请中向债务人提出多项支付请求，债务人仅就其中一项或者几项请求提出异议的，不影响其他各项请求的效力。

第四百三十三条 债权人基于同一债权债务关系，就可分之债向多个债务人提出支付请求，多个债务人中的一人或者几人提出异议的，不影响其他请求的效力。

第四百三十四条 对设有担保的债务的主债务人发出的支付令，对担保人没有拘束力。

债权人就担保关系单独提起诉讼的，支付令自人民法院受理案件之日起失效。

第四百三十五条 经形式审查，债务人提出的书面异议有下列情形之一的，应当认定异议成立，裁定终结督促程序，支付令自行失效：

（一）本解释规定的不予受理申请情

形的；

（二）本解释规定的裁定驳回申请情形的；

（三）本解释规定的应当裁定终结督促程序情形的；

（四）人民法院对是否符合发出支付令条件产生合理怀疑的。

第四百三十六条 债务人对债务本身没有异议，只是提出缺乏清偿能力、延缓债务清偿期限、变更债务清偿方式等异议的，不影响支付令的效力。

人民法院经审查认为异议不成立的，裁定驳回。

债务人的口头异议无效。

第四百三十七条 人民法院作出终结督促程序或者驳回异议裁定前，债务人请求撤回异议的，应当裁定准许。

债务人对撤回异议反悔的，人民法院不予支持。

第四百三十八条 支付令失效后，申请支付令的一方当事人不同意提起诉讼的，应当自收到终结督促程序裁定之日起七日内向受理申请的人民法院提出。

申请支付令的一方当事人不同意提起诉讼的，不影响其向其他有管辖权的人民法院提起诉讼。

第四百三十九条 支付令失效后，申请支付令的一方当事人自收到终结督促程序裁定之日起七日内未向受理申请的人民法院表明不同意提起诉讼的，视为向受理申请的人民法院起诉。

债权人提出支付令申请的时间，即为向人民法院起诉的时间。

第四百四十条 债权人向人民法院申请执行支付令的期间，适用民事诉讼法第二百四十六条的规定。

第四百四十一条 人民法院院长发现本院已经发生法律效力的支付令确有错误，认为需要撤销的，应当提交本院审判委员会讨论决定后，裁定撤销支付令，驳回债权人的申请。

二十、公示催告程序

第四百四十二条 民事诉讼法第二百二十五条规定的票据持有人，是指票据被盗、遗失或者灭失前的最后持有人。

第四百四十三条 人民法院收到公示催告的申请后，应当立即审查，并决定是否受理。经审查认为符合受理条件的，通知予以受理，并同时通知支付人停止支付；认为不符合受理条件的，七日内裁定驳回申请。

第四百四十四条 因票据丧失，申请公示催告的，人民法院应结合票据存根、丧失票据的复印件、出票人关于签发票据的证明、申请人合法取得票据的证明、银行挂失止付通知书、报案证明等证据，决定是否受理。

第四百四十五条 人民法院依照民事诉讼法第二百二十六条规定发出的受理申请的公告，应当写明下列内容：

（一）公示催告申请人的姓名或者名称；

（二）票据的种类、号码、票面金额、出票人、背书人、持票人、付款期限等事项以及其他可以申请公示催告的权利凭证的种类、号码、权利范围、权利人、义务人、行权日期等事项；

（三）申报权利的期间；

（四）在公示催告期间转让票据等权利凭证，利害关系人不申报的法律后果。

第四百四十六条 公告应当在有关报纸或者其他媒体上刊登，并于同日公布于人民法院公告栏内。人民法院所在地有证券交易所的，还应当同日在该交易所公布。

第四百四十七条 公告期间不得少于六十日，且公示催告期间届满日不得早于票据付款日后十五日。

第四百四十八条 在申报期届满后、判决作出之前，利害关系人申报权利的，应当适用民事诉讼法第二百二十八条第二款、第三款规定处理。

第四百四十九条 利害关系人申报权利，人民法院应当通知其向法院出示票据，并通知公示催告申请人在指定的期间查看该票据。公示催告申请人申请公示催告的票据与利害关系人出示的票据不一致的，应当裁定驳回利害关系人的申报。

第四百五十条 在申报权利的期间无人申报权利，或者申报被驳回的，申请人应当自公示催告期间届满之日起一个月内申请作出判决。逾期不申请判决的，终结公示催告程序。

裁定终结公示催告程序的，应当通知申请人和支付人。

第四百五十一条 判决公告之日起，公示催告申请人有权依据判决向付款人请求付款。

付款人拒绝付款，申请人向人民法院起诉，符合民事诉讼法第一百二十二条规定的起诉条件的，人民法院应予受理。

第四百五十二条 适用公示催告程序审理案件，可由审判员一人独任审理；判决宣告票据无效的，应当组成合议庭审理。

第四百五十三条 公示催告申请人撤回申请，应在公示催告前提出；公示催告期间申请撤回的，人民法院可以径行裁定终结公示催告程序。

第四百五十四条 人民法院依照民事诉讼法第二百二十七条规定通知支付人停止支付，应当符合有关财产保全的规定。支付人收到停止支付通知后拒不止付的，除可依照民事诉讼法第一百一十四条、第一百一十七条规定采取强制措施外，在判决后，支付人仍应承担付款义务。

第四百五十五条 人民法院依照民事诉讼法第二百二十八条规定终结公示催告程序后，公示催告申请人或者申报人向人民法院提起诉讼，因票据权利纠纷提起的，由票据支付地或者被告住所地人民法院管辖；因非票据权利纠纷提起的，由被告住所地人民法院管辖。

第四百五十六条 依照民事诉讼法第二百二十八条规定制作的终结公示催告程序的裁定书，由审判员、书记员署名，加盖人民法院印章。

第四百五十七条 依照民事诉讼法第二百三十条的规定，利害关系人向人民法院起诉的，人民法院可按票据纠纷适用普通程序审理。

第四百五十八条 民事诉讼法第二百三十条规定的正当理由，包括：

（一）因发生意外事件或者不可抗力致使利害关系人无法知道公告事实的；

（二）利害关系人因被限制人身自由而无法知道公告事实，或者虽然知道公告事实，但无法自己或者委托他人代为申报权利的；

（三）不属于法定申请公示催告情形的；

（四）未予公告或者未按法定方式公告的；

（五）其他导致利害关系人在判决作出前未能向人民法院申报权利的客观事由。

第四百五十九条 根据民事诉讼法第二百三十条的规定，利害关系人请求人民法院撤销除权判决的，应当将申请人列为被告。

利害关系人仅诉请确认其为合法持票人的，人民法院应当在裁判文书中写明，确认利害关系人为票据权利人的判决作出后，除权判决即被撤销。

二十一、执行程序

第四百六十条 发生法律效力的实现担保物权裁定、确认调解协议裁定、支付令，由作出裁定、支付令的人民法院或者与其同级的被执行财产所在地的人民法院执行。

认定财产无主的判决，由作出判决的人民法院将无主财产收归国家或者集体所有。

第四百六十一条 当事人申请人民法院执行的生效法律文书应当具备下列条件：

（一）权利义务主体明确；

（二）给付内容明确。

法律文书确定继续履行合同的，应当明确继续履行的具体内容。

第四百六十二条 根据民事诉讼法第二百三十四条规定，案外人对执行标的提出异议的，应当在该执行标的执行程序终结前提出。

第四百六十三条 案外人对执行标的提出的异议，经审查，按照下列情形分别处理：

（一）案外人对执行标的不享有足以排除强制执行的权益的，裁定驳回其异议；

（二）案外人对执行标的享有足以排除强制执行的权益的，裁定中止执行。

驳回案外人执行异议裁定送达案外人之日起十五日内，人民法院不得对执行标的进行处分。

第四百六十四条 申请执行人与被执行人达成和解协议后请求中止执行或者撤回执行申请的，人民法院可以裁定中止执行或者终结执行。

第四百六十五条 一方当事人不履行或者不完全履行在执行中双方自愿达成的和解协议，对方当事人申请执行原生效法律文书的，人民法院应当恢复执行，但和解协议已履行的部分应当扣除。和解协议已经履行完毕的，人民法院不予恢复执行。

第四百六十六条 申请恢复执行原生效法律文书，适用民事诉讼法第二百四十六条申请执行期间的规定。申请执行期间因达成执行中的和解协议而中断，其期间自和解协议约定履行期限的最后一日起重新计算。

第四百六十七条　人民法院依照民事诉讼法第二百三十八条规定决定暂缓执行的，如果担保是有期限的，暂缓执行的期限应当与担保期限一致，但最长不得超过一年。被执行人或者担保人对担保的财产在暂缓执行期间有转移、隐藏、变卖、毁损等行为的，人民法院可以恢复强制执行。

第四百六十八条　根据民事诉讼法第二百三十八条规定向人民法院提供执行担保的，可以由被执行人或者他人提供财产担保，也可以由他人提供保证。担保人应当具有代为履行或者代为承担赔偿责任的能力。

他人提供执行保证的，应当向执行法院出具保证书，并将保证书副本送交申请执行人。被执行人或者他人提供财产担保的，应当参照民法典的有关规定办理相应手续。

第四百六十九条　被执行人在人民法院决定暂缓执行的期限届满后仍不履行义务的，人民法院可以直接执行担保财产，或者裁定执行担保人的财产，但执行担保人的财产以担保人应当履行义务部分的财产为限。

第四百七十条　依照民事诉讼法第二百三十九条规定，执行中作为被执行人的法人或者其他组织分立、合并的，人民法院可以裁定变更后的法人或者其他组织为被执行人；被注销的，如果依照有关实体法的规定有权利义务承受人的，可以裁定该权利义务承受人为被执行人。

第四百七十一条　其他组织在执行中不能履行法律文书确定的义务的，人民法院可以裁定执行对该其他组织依法承担义务的法人或者公民个人的财产。

第四百七十二条　在执行中，作为被执行人的法人或者其他组织名称变更的，人民法院可以裁定变更后的法人或者其他组织为被执行人。

第四百七十三条　作为被执行人的公民死亡，其遗产继承人没有放弃继承的，人民法院可以裁定变更被执行人，由该继承人在遗产的范围内偿还债务。继承人放弃继承的，人民法院可以直接执行被执行人的遗产。

第四百七十四条　法律规定由人民法院执行的其他法律文书执行完毕后，该法律文书被有关机关或者组织依法撤销的，经当事人申请，适用民事诉讼法第二百四十条规定。

第四百七十五条　仲裁机构裁决的事项，部分有民事诉讼法第二百四十四条第二款、第三款规定情形的，人民法院应当裁定对该部分不予执行。

应当不予执行部分与其他部分不可分的，人民法院应当裁定不予执行仲裁裁决。

第四百七十六条　依照民事诉讼法第二百四十四条第二款、第三款规定，人民法院裁定不予执行仲裁裁决后，当事人对该裁定提出执行异议或者复议的，人民法院不予受理。当事人可以就该民事纠纷重新达成书面仲裁协议申请仲裁，也可以向人民法院起诉。

第四百七十七条　在执行中，被执行人通过仲裁程序将人民法院查封、扣押、冻结的财产确权或者分割给案外人的，不影响人民法院执行程序的进行。

案外人不服的，可以根据民事诉讼法第二百三十四条规定提出异议。

第四百七十八条　有下列情形之一的，可以认定为民事诉讼法第二百四十五条第二款规定的公证债权文书确有错误：

（一）公证债权文书属于不得赋予强制执行效力的债权文书的；

（二）被执行人一方未亲自或者未委托代理人到场公证等严重违反法律规定的公证程序的；

（三）公证债权文书的内容与事实不符或者违反法律强制性规定的；

（四）公证债权文书未载明被执行人不履行义务或者不完全履行义务时同意接受强制执行的。

人民法院认定执行该公证债权文书违背社会公共利益的，裁定不予执行。

公证债权文书被裁定不予执行后，当事人、公证事项的利害关系人可以就债权争议提起诉讼。

第四百七十九条　当事人请求不予执行仲裁裁决或者公证债权文书的，应当在执行终结前向执行法院提出。

第四百八十条　人民法院应当在收到申请执行书或者移交执行书后十日内发出执行通知。

执行通知中除应责令被执行人履行法律文书确定的义务外，还应通知其承担民事诉讼法第二百六十条规定的迟延履行利息或者迟延履行金。

第四百八十一条 申请执行人超过申请执行时效期间向人民法院申请强制执行的，人民法院应予受理。被执行人对申请执行时效期间提出异议，人民法院经审查异议成立的，裁定不予执行。

被执行人履行全部或者部分义务后，又以不知道申请执行时效期间届满为由请求执行回转的，人民法院不予支持。

第四百八十二条 对必须接受调查询问的被执行人、被执行人的法定代表人、负责人或者实际控制人，经依法传唤无正当理由拒不到场的，人民法院可以拘传其到场。

人民法院应当及时对被拘传人进行调查询问，调查询问的时间不得超过八小时；情况复杂，依法可能采取拘留措施的，调查询问的时间不得超过二十四小时。

人民法院在本辖区以外采取拘传措施时，可以将被拘传人拘传到当地人民法院，当地人民法院应予协助。

第四百八十三条 人民法院有权查询被执行人的身份信息与财产信息，掌握相关信息的单位和个人必须按照协助执行通知书办理。

第四百八十四条 对被执行的财产，人民法院非经查封、扣押、冻结不得处分。对银行存款等各类可以直接扣划的财产，人民法院的扣划裁定同时具有冻结的法律效力。

第四百八十五条 人民法院冻结被执行人的银行存款的期限不得超过一年，查封、扣押动产的期限不得超过两年，查封不动产、冻结其他财产权的期限不得超过三年。

申请执行人申请延长期限的，人民法院应当在查封、扣押、冻结期限届满前办理续行查封、扣押、冻结手续，续行期限不得超过前款规定的期限。

人民法院也可以依职权办理续行查封、扣押、冻结手续。

第四百八十六条 依照民事诉讼法第二百五十四条规定，人民法院在执行中需要拍卖被执行人财产的，可以由人民法院自行组织拍卖，也可以交由具备相应资质的拍卖机构拍卖。

交拍卖机构拍卖的，人民法院应当对拍卖活动进行监督。

第四百八十七条 拍卖评估需要对现场进行检查、勘验的，人民法院应当责令被执行人、协助义务人予以配合。被执行人、协助义务人不予配合的，人民法院可以强制进行。

第四百八十八条 人民法院在执行中需要变卖被执行人财产的，可以交有关单位变卖，也可以由人民法院直接变卖。

对变卖的财产，人民法院或者其工作人员不得买受。

第四百八十九条 经申请执行人和被执行人同意，且不损害其他债权人合法权益和社会公共利益的，人民法院可以不经拍卖、变卖，直接将被执行人的财产作价交申请执行人抵偿债务。对剩余债务，被执行人应当继续清偿。

第四百九十条 被执行人的财产无法拍卖或者变卖的，经申请执行人同意，且不损害其他债权人合法权益和社会公共利益的，人民法院可以将该项财产作价后交付申请执行人抵偿债务，或者交付申请执行人管理；申请执行人拒绝接收或者管理的，退回被执行人。

第四百九十一条 拍卖成交或者依法定程序裁定以物抵债的，标的物所有权自拍卖成交裁定或者抵债裁定送达买受人或者接受抵债物的债权人时转移。

第四百九十二条 执行标的物为特定物的，应当执行原物。原物确已毁损或者灭失的，经双方当事人同意，可以折价赔偿。

双方当事人对折价赔偿不能协商一致的，人民法院应当终结执行程序。申请执行人可以另行起诉。

第四百九十三条 他人持有法律文书指定交付的财物或者票证，人民法院依照民事诉讼法第二百五十六条第二款、第三款规定发出协助执行通知后，拒不转交的，可以强制执行，并可依照民事诉讼法第一百一十七条、第一百一十八条规定处理。

他人持有期间财物或者票证毁损、灭失的，参照本解释第四百九十二条规定处理。

他人主张合法持有财物或者票证的，可以根据民事诉讼法第二百三十四条规定提出执行异议。

第四百九十四条 在执行中，被执行人隐匿财产、会计账簿等资料的，人民法院除可依照民事诉讼法第一百一十四条第一款第六项规定对其处理外，还应责令被执行人交出隐匿的财产、会计账簿等资料。被执行人拒不交出的，人民法院可以采取搜查措施。

第四百九十五条 搜查人员应当按规定着装并出示搜查令和工作证件。

第四百九十六条 人民法院搜查时禁止无关人员进入搜查现场；搜查对象是公民的，应当通知被执行人或者他的成年家属以及基层组织派员到场；搜查对象是法人或者其他组织的，应当通知法定代表人或者主要负责人到场。拒不到场的，不影响搜查。

搜查妇女身体，应当由女执行人员进行。

第四百九十七条 搜查中发现应当依法采取查封、扣押措施的财产，依照民事诉讼法第二百五十二条第二款和第二百五十四条规定办理。

第四百九十八条 搜查应当制作搜查笔录，由搜查人员、被搜查人及其他在场人签名、捺印或者盖章。拒绝签名、捺印或者盖章的，应当记入搜查笔录。

第四百九十九条 人民法院执行被执行人对他人的到期债权，可以作出冻结债权的裁定，并通知该他人向申请执行人履行。

该他人对到期债权有异议，申请执行人请求对异议部分强制执行的，人民法院不予支持。利害关系人对到期债权有异议的，人民法院应当按照民事诉讼法第二百三十四条规定处理。

对生效法律文书确定的到期债权，该他人予以否认的，人民法院不予支持。

第五百条 人民法院在执行中需要办理房产证、土地证、林权证、专利证书、商标证书、车船执照等有关财产权证照转移手续的，可以依照民事诉讼法第二百五十八条规定办理。

第五百零一条 被执行人不履行生效法律文书确定的行为义务，该义务可由他人完成的，人民法院可以选定代履行人；法律、行政法规对履行该行为义务有资格限制的，应当从有资格的人中选定。必要时，可以通过招标的方式确定代履行人。

申请执行人可以在符合条件的人中推荐代履行人，也可以申请自己代为履行，是否准许，由人民法院决定。

第五百零二条 代履行费用的数额由人民法院根据案件具体情况确定，并由被执行人在指定期限内预先支付。被执行人未预付的，人民法院可以对该费用强制执行。

代履行结束后，被执行人可以查阅、复制费用清单以及主要凭证。

第五百零三条 被执行人不履行法律文书指定的行为，且该项行为只能由被执行人完成的，人民法院可以依照民事诉讼法第一百一十四条第一款第六项规定处理。

被执行人在人民法院确定的履行期间内仍不履行的，人民法院可以依照民事诉讼法第一百一十四条第一款第六项规定再次处理。

第五百零四条 被执行人迟延履行的，迟延履行期间的利息或者迟延履行金自判决、裁定和其他法律文书指定的履行期间届满之日起计算。

第五百零五条 被执行人未按判决、裁定和其他法律文书指定的期间履行非金钱给付义务的，无论是否已给申请执行人造成损失，都应当支付迟延履行金。已经造成损失的，双倍补偿申请执行人已经受到的损失；没有造成损失的，迟延履行金可以由人民法院根据具体案件情况决定。

第五百零六条 被执行人为公民或者其他组织，在执行程序开始后，被执行人的其他已经取得执行依据的债权人发现被执行人的财产不能清偿所有债权的，可以向人民法院申请参与分配。

对人民法院查封、扣押、冻结的财产有优先权、担保物权的债权人，可以直接申请参与分配，主张优先受偿权。

第五百零七条 申请参与分配，申请人应当提交申请书。申请书应当写明参与分配和被执行人不能清偿所有债权的事实、理由，并附有执行依据。

参与分配申请应当在执行程序开始后，被执行人的财产执行终结前提出。

第五百零八条 参与分配执行中，执行所得价款扣除执行费用，并清偿应当优先受偿的债权后，对于普通债权，原则上按照其占全部申请参与分配债权数额的比例受偿。清偿后的剩余债务，被执行人应当继续清偿。债权人发现被执行人有其他财产的，可以随时请求人民法院执行。

第五百零九条 多个债权人对执行财产申请参与分配的，执行法院应当制作财产分配方案，并送达各债权人和被执行人。债权人或者被执行人对分配方案有异议的，应当自收到分配方案之日起十五日内向执行法院提出书面异议。

第五百一十条 债权人或者被执行人对分配方案提出书面异议的，执行法院应当通知未提出异议的债权人、被执行人。

未提出异议的债权人、被执行人自收到通知之日起十五日内未提出反对意见的，执行法院依异议人的意见对分配方案审查修正后进行分配；提出反对意见的，应当通知异议人。异议人可以自收到通知之日起十五日内，以提出反对意见的债权人、被执行人为被告，向执行法院提起诉讼；异议人逾期未提起诉讼的，执行法院按照原分配方案进行分配。

诉讼期间进行分配的，执行法院应当提存与争议债权数额相应的款项。

第五百一十一条 在执行中，作为被执行人的企业法人符合企业破产法第二条第一款规定情形的，执行法院经申请执行人之一或者被执行人同意，应当裁定中止对该被执行人的执行，将执行案件相关材料移送被执行人住所地人民法院。

第五百一十二条 被执行人住所地人民法院应当自收到执行案件相关材料之日起三十日内，将是否受理破产案件的裁定告知执行法院。不予受理的，应当将相关案件材料退回执行法院。

第五百一十三条 被执行人住所地人民法院裁定受理破产案件的，执行法院应当解除对被执行人财产的保全措施。被执行人住所地人民法院裁定宣告被执行人破产的，执行法院应当裁定终结对该被执行人的执行。

被执行人住所地人民法院不受理破产案件的，执行法院应当恢复执行。

第五百一十四条 当事人不同意移送破产或者被执行人住所地人民法院不受理破产案件的，执行法院就执行变价所得财产，在扣除执行费用及清偿优先受偿的债权后，对于普通债权，按照财产保全和执行中查封、扣押、冻结财产的先后顺序清偿。

第五百一十五条 债权人根据民事诉讼法第二百六十一条规定请求人民法院继续执行的，不受民事诉讼法第二百四十六条规定申请执行时效期间的限制。

第五百一十六条 被执行人不履行法律文书确定的义务的，人民法院除对被执行人予以处罚外，还可以根据情节将其纳入失信被执行人名单，将被执行人不履行或者不完全履行义务的信息向其所在单位、征信机构以及其他相关机构通报。

第五百一十七条 经过财产调查未发现可供执行的财产，在申请执行人签字确认或者执行法院组成合议庭审查核实并经院长批准后，可以裁定终结本次执行程序。

依照前款规定终结执行后，申请执行人发现被执行人有可供执行财产的，可以再次申请执行。再次申请不受申请执行时效期间的限制。

第五百一十八条 因撤销申请而终结执行后，当事人在民事诉讼法第二百四十六条规定的申请执行时效期间内再次申请执行的，人民法院应当受理。

第五百一十九条 在执行终结六个月内，被执行人或者其他人对已执行的标的有妨害行为的，人民法院可以依申请排除妨害，并可以依照民事诉讼法第一百一十四条规定进行处罚。因妨害行为给执行债权人或者其他人造成损失的，受害人可以另行起诉。

二十二、涉外民事诉讼程序的特别规定

第五百二十条 有下列情形之一，人民法院可以认定为涉外民事案件：

（一）当事人一方或者双方是外国人、无国籍人、外国企业或者组织的；

（二）当事人一方或者双方的经常居所地在中华人民共和国领域外的；

（三）标的物在中华人民共和国领域外的；

（四）产生、变更或者消灭民事关系的法律事实发生在中华人民共和国领域外的；

（五）可以认定为涉外民事案件的其他情形。

第五百二十一条 外国人参加诉讼，应当向人民法院提交护照等用以证明自己身份的证件。

外国企业或者组织参加诉讼，向人民法院提交的身份证明文件，应当经所在国公证机关

公证，并经中华人民共和国驻该国使领馆认证，或者履行中华人民共和国与该所在国订立的有关条约中规定的证明手续。

代表外国企业或者组织参加诉讼的人，应当向人民法院提交其有权作为代表人参加诉讼的证明，该证明应当经所在国公证机关公证，并经中华人民共和国驻该国使领馆认证，或者履行中华人民共和国与该所在国订立的有关条约中规定的证明手续。

本条所称的“所在国”，是指外国企业或者组织的设立登记地国，也可以是办理了营业登记手续的第三国。

第五百二十二条 依照民事诉讼法第二百七十一条以及本解释第五百二十一条规定，需要办理公证、认证手续，而外国当事人所在国与中华人民共和国没有建立外交关系的，可以经该国公证机关公证，经与中华人民共和国有外交关系的第三国驻该国使领馆认证，再转由中华人民共和国驻该第三国使领馆认证。

第五百二十三条 外国人、外国企业或者组织的代表人在人民法院法官的见证下签署授权委托书，委托代理人进行民事诉讼的，人民法院应予认可。

第五百二十四条 外国人、外国企业或者组织的代表人在中华人民共和国境内签署授权委托书，委托代理人进行民事诉讼，经中华人民共和国公证机构公证的，人民法院应予认可。

第五百二十五条 当事人向人民法院提交的书面材料是外文的，应当同时向人民法院提交中文翻译件。

当事人对中文翻译件有异议的，应当共同委托翻译机构提供翻译文本；当事人对翻译机构的选择不能达成一致的，由人民法院确定。

第五百二十六条 涉外民事诉讼中的外籍当事人，可以委托本国人为诉讼代理人，也可以委托本国律师以非律师身份担任诉讼代理人；外国驻华使领馆官员，受本国公民的委托，可以以个人名义担任诉讼代理人，但在诉讼中不享有外交或者领事特权和豁免。

第五百二十七条 涉外民事诉讼中，外国驻华使领馆授权其本馆官员，在作为当事人的本国国民不在中华人民共和国领域内的情况下，可以以外交代表身份为其本国国民在中华人民共和国聘请中华人民共和国律师或者中华人民共和国公民代理民事诉讼。

第五百二十八条 涉外民事诉讼中，经调解双方达成协议，应当制发调解书。当事人要求发给判决书的，可以依协议的内容制作判决书送达当事人。

第五百二十九条 涉外合同或者其他财产权益纠纷的当事人，可以书面协议选择被告住所地、合同履行地、合同签订地、原告住所地、标的物所在地、侵权行为地等与争议有实际联系地点的外国法院管辖。

根据民事诉讼法第三十四条和第二百七十三条规定，属于中华人民共和国法院专属管辖的案件，当事人不得协议选择外国法院管辖，但协议选择仲裁的除外。

第五百三十条 涉外民事案件同时符合下列情形的，人民法院可以裁定驳回原告的起诉，告知其向更方便的外国法院提起诉讼：

（一）被告提出案件应由更方便外国法院管辖的请求，或者提出管辖异议；

（二）当事人之间不存在选择中华人民共和国法院管辖的协议；

（三）案件不属于中华人民共和国法院专属管辖；

（四）案件不涉及中华人民共和国国家、公民、法人或者其他组织的利益；

（五）案件争议的主要事实不是发生在中华人民共和国境内，且案件不适用中华人民共和国法律，人民法院审理案件在认定事实和适用法律方面存在重大困难；

（六）外国法院对案件享有管辖权，且审理该案件更加方便。

第五百三十一条 中华人民共和国法院和外国法院都有管辖权的案件，一方当事人向外国法院起诉，而另一方当事人向中华人民共和国法院起诉的，人民法院可予受理。判决后，外国法院申请或者当事人请求人民法院承认和执行外国法院对本案作出的判决、裁定的，不予准许；但双方共同缔结或者参加的国际条约另有规定的除外。

外国法院判决、裁定已经被人民法院承认，当事人就同一争议向人民法院起诉的，人民法院不予受理。

第五百三十二条 对在中华人民共和国领域内没有住所的当事人，经用公告方式送达诉讼文书，公告期满不应诉，人民法院缺席判决后，仍应当将裁判文书依照民事诉讼法第二百七十四条第八项规定公告送达。自公告送达裁判文书满三个月之日起，经过三十日的上诉期当事人没有上诉的，一审判决即发生法律效力。

第五百三十三条 外国人或者外国企业、组织的代表人、主要负责人在中华人民共和国领域内的，人民法院可以向该自然人或者外国企业、组织的代表人、主要负责人送达。

外国企业、组织的主要负责人包括该企业、组织的董事、监事、高级管理人员等。

第五百三十四条 受送达人所在国允许邮寄送达的，人民法院可以邮寄送达。

邮寄送达时应当附有送达回证。受送达人未在送达回证上签收但在邮件回执上签收的，视为送达，签收日期为送达日期。

自邮寄之日起满三个月，如果未收到送达的证明文件，且根据各种情况不足以认定已经送达的，视为不能用邮寄方式送达。

第五百三十五条 人民法院一审时采取公告方式向当事人送达诉讼文书的，二审时可径行采取公告方式向其送达诉讼文书，但人民法院能够采取公告方式之外的其他方式送达的除外。

第五百三十六条 不服第一审人民法院判决、裁定的上诉期，对在中华人民共和国领域内有住所的当事人，适用民事诉讼法第一百七十一条规定的期限；对在中华人民共和国领域内没有住所的当事人，适用民事诉讼法第二百七十六条规定的期限。当事人的上诉期均已届满没有上诉的，第一审人民法院的判决、裁定即发生法律效力。

第五百三十七条 人民法院对涉外民事案件的当事人申请再审进行审查的期间，不受民事诉讼法第二百一十一条规定的限制。

第五百三十八条 申请人向人民法院申请执行中华人民共和国涉外仲裁机构的裁决，应当提出书面申请，并附裁决书正本。如申请人为外国当事人，其申请书应当用中文文本提出。

第五百三十九条 人民法院强制执行涉外仲裁机构的仲裁裁决时，被执行人以有民事诉讼法第二百八十一条第一款规定的情形为由提出抗辩的，人民法院应当对被执行人的抗辩进行审查，并根据审查结果裁定执行或者不予执行。

第五百四十条 依照民事诉讼法第二百七十九条规定，中华人民共和国涉外仲裁机构将当事人的保全申请提交人民法院裁定的，人民法院可以进行审查，裁定是否进行保全。裁定保全的，应当责令申请人提供担保，申请人不提供担保的，裁定驳回申请。

当事人申请证据保全，人民法院经审查认为无需提供担保的，申请人可以不提供担保。

第五百四十一条 申请人向人民法院申请承认和执行外国法院作出的发生法律效力的判决、裁定，应当提交申请书，并附外国法院作出的发生法律效力的判决、裁定正本或者经证明无误的副本以及中文译本。外国法院判决、裁定为缺席判决、裁定的，申请人应当同时提交该外国法院已经合法传唤的证明文件，但判决、裁定已经对此予以明确说明的除外。

中华人民共和国缔结或者参加的国际条约对提交文件有规定的，按照规定办理。

第五百四十二条 当事人向中华人民共和国有管辖权的中级人民法院申请承认和执行外国法院作出的发生法律效力的判决、裁定的，如果该法院所在国与中华人民共和国没有缔结或者共同参加国际条约，也没有互惠关系的，裁定驳回申请，但当事人向人民法院申请承认外国法院作出的发生法律效力的离婚判决的除外。

承认和执行申请被裁定驳回的，当事人可以向人民法院起诉。

第五百四十三条 对临时仲裁庭在中华人民共和国领域外作出的仲裁裁决，一方当事人向人民法院申请承认和执行的，人民法院应当依照民事诉讼法第二百九十条规定处理。

第五百四十四条 对外国法院作出的发生法律效力的判决、裁定或者外国仲裁裁决，需要中华人民共和国法院执行的，当事人应当先向人民法院申请承认。人民法院经审查，裁定承认后，再根据民事诉讼法第三编的规定予以执行。

当事人仅申请承认而未同时申请执行的，人民法院仅对应否承认进行审查并作出裁定。

第五百四十五条 当事人申请承认和执行外国法院作出的发生法律效力的判决、裁定或者外国仲裁裁决的期间，适用民事诉讼法第二百四十六条的规定。

当事人仅申请承认而未同时申请执行的，申请执行的期间自人民法院对承认申请作出的裁定生效之日起重新计算。

第五百四十六条 承认和执行外国法院作出的发生法律效力的判决、裁定或者外国仲裁裁决的案件，人民法院应当组成合议庭进行审查。

人民法院应当将申请书送达被申请人。被申请人可以陈述意见。

人民法院经审查作出的裁定，一经送达即发生法律效力。

第五百四十七条 与中华人民共和国没有司法协助条约又无互惠关系的国家的法院，未通过外交途径，直接请求人民法院提供司法协助的，人民法院应予退回，并说明理由。

第五百四十八条 当事人在中华人民共和国领域外使用中华人民共和国法院的判决书、裁定书，要求中华人民共和国法院证明其法律效力的，或者外国法院要求中华人民共和国法院证明判决书、裁定书的法律效力的，作出判决、裁定的中华人民共和国法院，可以本法院的名义出具证明。

第五百四十九条 人民法院审理涉及香港、澳门特别行政区和台湾地区的民事诉讼案件，可以参照适用涉外民事诉讼程序的特别规定。

二十三、附　则

第五百五十条 本解释公布施行后，最高人民法院于1992年7月14日发布的《关于适用〈中华人民共和国民事诉讼法〉若干问题的意见》同时废止；最高人民法院以前发布的司法解释与本解释不一致的，不再适用。

最高人民法院
关于购买人使用分期付款购买的车辆从事运输因交通事故造成他人财产损失保留车辆所有权的出卖方不应承担民事责任的批复

法释〔2000〕38号

（2000年11月21日最高人民法院审判委员会第1143次会议通过
2000年12月1日最高人民法院公告公布　自2000年12月8日起施行）

四川省高级人民法院：

你院川高法〔1999〕2号《关于在实行分期付款、保留所有权的车辆买卖合同履行过程中购买方使用该车辆进行货物运输给他人造成损失的，出卖方是否应当承担民事责任的请示》收悉。经研究，答复如下：

采取分期付款方式购车，出卖方在购买方付清全部车款前保留车辆所有权的，购买方以自己名义与他人订立货物运输合同并使用该车运输时，因交通事故造成他人财产损失的，出卖方不承担民事责任。

此复。

最高人民法院
关于实际车主肇事后其挂靠单位应否承担责任的复函

2001年11月8日　　〔2001〕民一他字第23号

湖北省高级人民法院：

你院关于“关于实际车主肇事后其挂靠单位应否承担责任的请示”收悉。我们研究认为，本案的被挂靠单位湖北洋丰股份有限公司从挂靠车辆的运营中取得了利益，因此应承担适当的民事责任。

关于挂靠入户有关问题的说明

1. 关于机动车登记的性质

机动车登记不是所有权登记。

公安部在答复最高人民法院执行工作办公室和研究室时，《关于确定机动车所有权人问题的复函》（公交管〔2000〕98号）和《关于机动车财产所有权转移时间问题的复函》（公交管〔2000〕110号）中均认为：“公安机关办理的机动车登记，是准予或者不准予机动车上道路行驶的登记，不是机动车所有权登记。”

2. 关于非营运车辆挂靠

有的地方明确规定违规，应对所有人和被挂靠者分别处罚。

营运车辆挂靠是目前常见的经营模式，是特殊时期大多地方的权宜之计，被默许合法合规。但是，非营运车辆挂靠号牌的行为是违反登记入户管理规定的，如山西大同等地规定：“机动车辆挂靠入户的，对车辆所有人和被挂靠者分别处五千元以上一万元以下罚款，并可暂扣机动车辆，直到办理变更手续。”

3. 关于挂靠费及责任

最高法、湖北省高院、武汉市中院均发布解释和意见，认为收取挂靠车辆营运利益的，被挂靠人应当承担适当的民事责任。

最高人民法院
关于连环购车未办理过户手续，原车主是否对机动车发生交通事故致人损害承担责任的请示的批复

2001年12月31日　　〔2001〕民一他字第32号

江苏省高级人民院：

你院“关于连环购车未办理过户手续，原车主是否承担对机动车发生交通事故致人损害承担责任的请示”收悉。经研究认为：

连环购车未办理过户手续，因车辆已经交付，原车主既不能支配该车的营运，也不能从该车的营运中获得利益，故原车主不应对机动车发生交通事故致人损害承担责任。但是，连环购车未办理过户手续的行为，违反有关行政管理法规的，应受其规定的调整。

最高人民法院
关于“关于交通事故车辆贬值损失赔偿问题的建议”的答复

（2016年3月4日）

我院在起草《关于道路交通损害赔偿司法解释》征求意见中，对机动车“贬值损失”是否应予赔偿的问题，讨论最为激烈。从理论上讲，损害赔偿的基本原则是填平损失，因此，只要有损失就应获得赔偿，但司法解释最终没有对机动车“贬值损失”的赔偿作出规定。主要原因在于，我们认为，任何一部法律法规以及司法解释的出台，均要考虑当时的社会经济发展情况综合予以判断，目前我们尚不具备完全支持贬值损失的客观条件：（1）虽然理论上不少观点认为贬值损失具有可赔偿性，但仍存有较多争议，比如因维修导致零部件以旧换新是否存在溢价，从而产生损益相抵的问题等；（2）贬值损失的可赔偿性要兼顾一国的道路交通实际状况。在事故率比较高、人们道路交通安全意识尚需提高的我国，赔偿贬值损失会加重道路交通参与人的负担，不利于社会经济发展；（3）我国目前鉴定市场尚不规范，鉴定机构在逐利目的驱动下，对贬值损失的确定具有较大的任意性。由于贬值损失数额确定的不科学，导致可能出现案件实质上的不公正，加重侵权人的负担；（4）客观上讲，贬值损失几乎在每辆发生事故的机动车上都会存在，规定贬值损失可能导致本不会成诉的交通事故案件大量涌入法院，不利于减少纠纷。综合以上考虑，目前，我们对该项损失的赔偿持谨慎态度，倾向于原则上不予支持。当然，在少数特殊、极端情形下，也可以考虑予以适当赔偿，但必须慎重考量，严格把握。我们会继续密切关注理论界和审判实务中对于机动车贬值损失赔偿问题的发展动态，加强调查研究，将来如果社会客观条件允许，我们也会适当做出调整。

感谢您对人民法院工作的支持。

最高人民法院　公安部　司法部
中国银行保险监督管理委员会
关于在全国推广道路交通事故损害赔偿纠纷“网上数据一体化处理”改革工作的通知

2020年5月6日　　法〔2020〕142号

各省、自治区、直辖市高级人民法院、公安厅（局）、司法厅（局），各银保监局，解放军军事法院，新疆维吾尔自治区高级人民法院生产建设兵团分院、新疆生产建设兵团公安局、司法局：

2017年10月27日，最高人民法院、公安部、司法部、原中国保险监督管理委员会下发《关于在全国部分地区开展道路交通事故损害赔偿纠纷“网上数据一体化处理”改革试点工作的通知》（法〔2017〕316号），决定在14个省市联合开展道路交通事故损害赔偿纠纷“网上数据一体化处理”（以下简称道交纠纷一体化处理）改革试点工作。两年的改革试点证明，这项工作方向正确、意义重大、成效明显，对开创互联网时代矛盾纠纷多元化解新模式、实现纠纷公正高效处理、维护人民群众人身财产合法权益、推进社会治理创新发挥了积极作用。最高人民法院、公安部、司法部、中国银行保险监督管理委员会决定，将联合开展道交纠纷一体化处理改革工作在全国推广。现将有关事项通知如下。

一、统一思想，充分认识全面推广道交纠纷一体化处理工作的重要意义

开展道交纠纷一体化处理工作，是满足人民群众日益增长的美好生活需要、服务保障经济社会发展大局的必然要求，是创新多元化纠纷解决机制、促进矛盾纠纷公正高效便捷化解的有益探索，是打造共建共治共享的社会治理格局、提高社会治理社会化、法治化、智能化、专业化水平的重要举措。前期的改革试点形成了一批可复制、可推广的成功经验，在此基础上以点带面，深入推进、全面推广这项工作，有利于巩固和深化改革成果，使改革红利惠及更广大人民群众，使机制优势充分转化成治理效能，具有重要的现实意义和实践价值。

二、自觉服务和保障大局，增强做好工作的责任感、使命感

人民法院、公安机关、司法行政机关、银行保险监管机构要以深入贯彻党的十九大、十九届二中、三中、四中全会精神以及中央政法工作会议、政法领域全面深化改革推进会和市域治理会议精神为契机，以习近平新时代中国特色社会主义思想为指导，增强“四个意识”，坚定“四个自信”，做到“两个维护”，不忘初心、牢记使命，紧紧围绕推进国家治理体系和治理能力现代化这一重大战略任务，深化社会综合治理，更广泛地运用互联网技术和信息化手段加强预防和化解社会矛盾机制建设，切实增强做好道交纠纷一体化处理工作的责任感、使命感，在互动协作中促进矛盾纠纷源头治理和有效化解，合力打造共建共治共享的社会治理格局，有力促进平安中国、法治中国建设。

三、坚持问题导向和目标导向，发挥示范引领作用，推进试点地区道交纠纷一体化处理工作新发展

试点地区应在巩固改革试点成果的基础上，坚持问题导向、目标导向，深入推进道交纠纷一体化处理工作，充分发挥示范引领作用，为推进基层社会治理体系和治理能力现代化贡献力量。

（一）加大平台建设力度。未完成平台上线的人民法院应在两年内实现道交纠纷一体化平台全部上线。自主建设的道交纠纷一体化平台应确保按照《道路交通事故损害赔偿纠纷“网上数据一体化处理”业务规范指引》《道路交通事故损害赔偿纠纷“网上数据一体化处理”技术规范指引》的要求，将数据实时汇聚至统建的道交纠纷一体化平台。

（二）优化升级平台功能。按照共建共治共享原则，进一步打通道交领域各部门数据孤岛，开放道交纠纷一体化平台数据接口，实现各部门数据共享，解决调解员多系统重复录入信息问题。完善道交纠纷处理全流程数据库，提高数据录入的准确性、完整性和及时性，着力解决鉴定机构、保险公司等部门与人民法院系统对接不畅、人民法院内网办案系统与外网道交纠纷一体化平台不对接问题，优化提升一体化平台功能模块的便捷性、智能性，让平台运行更加高效，全面实现信息互通、一网办案。积极做好道交纠纷一体化平台与人民法院调解平台、公共法律服务平台的对接工作，使道路交通事故损害赔偿纠纷也可通过人民法院调解平台、公共法律服务平台申请调解，实现相关平台互联互通、数据共享。

（三）强化部门联动协同。在党委统一领导下，积极争取政府及有关部门对深入推进道交纠纷一体化处理工作的支持，落实和加大专项工作经费保障，着力解决多头管理、工作交叉、权责不清等制约纠纷高效便捷化解的突出问题，充分利用道交纠纷一体化平台形成的大数据资源，加强社会治安形势分析研判，健全非诉调解、诉讼风险评估、类案结果提示、一键理赔等工作机制，凝聚多元力量，共同发力、协同推进社会治理创新。

（四）规范完善调解机制。司法行政机关应会同有关部门，进一步加强道路交通事故人民调解组织建设，充实人民调解员力量，积极发展专职人民调解员队伍，加强人民调解员网络操作和法律知识培训，及时上传调解案件信息，完善调解工作考核机制，增强调解工作激励。银行保险监管机构应会同司法行政机关，指导保险行业协会加强保险行业道路交通事故纠纷调解组织建设和调解员的选聘管理，加强对涉保险的道交纠纷调解工作的指导，提高相关调解工作的规范化、制度化，研究解决异地保单调解授权存在障碍等待等问题。人民法院应加强特邀调解工作，建立特邀调解组织和调解员名册，吸纳保险行业人员、人民调解员、法律职业工作者等担任特邀调解员。

（五）完善诉调对接。强化诉源治理体系建设，促进矛盾纠纷诉前化解，积极开展在线调解，扩大电子送达方式的适用，完善涉保司法鉴定工作机制，规范鉴定的委托与受理，建立在线委托鉴定机制。拓展理赔计算器在行政调解、人民调解、保险理赔中的运用，统一赔偿标准与证据规则，积极试行城乡融合发展背景下道交纠纷人身损害赔偿城乡一元标准，使调解、裁判、保险理赔流程更加标准、高效。人民法院应完善在线司法确认、调解转诉讼的绩效考核机制，将在线司法确认作为审判绩效指标计入工作量。

（六）提高网上保险理赔效率。银行保险监管机构应进一步提高对道交纠纷一体化处理工作重要性的认识，积极引导各保险公司通过道交纠纷一体化平台进行理赔，简化平台上调解案件的保险理赔审批程序，缩短理赔时限，使一键理赔、快速赔付落地见效。

四、借鉴成功经验，开拓创新，确保非试点地区道交纠纷一体化处理工作顺利稳步推开

非试点地区应结合各自实际情况，借鉴试点地区成功经验，积极探索，分步骤、稳步开展道交纠纷一体化处理工作，确保这项工作取得实效，积极推动本地区基层社会治理创新。

（一）关于组织领导。非试点地区人民法院、公安机关、司法行政机关、银行保险监管机构应树立战略眼光，充分认识全面推广道交纠纷一体化处理工作的重要意义，加强组织领导，统筹协调，通盘部署，建立工作协调和信息共享机制，确定联系部门和联系人，设立专项工作经费，共同推进道交纠纷一体化平台建设和工作开展。结合本地实际制定具体实施方案，逐级层报上级业务或主管部门。

非试点地区人民法院应结合自身实际组建专门的改革联络办公室，负责各相关部门之间协作交流、联席会议等具体事宜的落实及日常联络。

（二）关于工作内容和工作要求。按照最高人民法院、公安部、司法部、原中国保险监督管理委员会《关于在全国部分地区开展道路交通事故损害赔偿纠纷“网上数据一体化处理”改革试点工作的通知》（法〔2017〕316号）的相关内容执行。

（三）关于规范要求和平台建设方式。按照最高人民法院办公厅、公安部办公厅、司法部办公厅、中国银行保险监督管理委员会办公厅《关于印发〈道路交通事故损害赔偿纠纷“网上数据一体化处理”工作规范（试行）〉的通知》、最高人民法院《关于下发〈关于道路交通事故损害赔偿纠纷“网上数据一体化处理”业务规范指引〉〈关于道路交通事故损害赔偿纠纷“网上数据一体化处理”技术规范指引〉的通知》执行。自主建设道交纠纷一体化平台的人民法院，应确保自建平台的数据能够实时汇聚到统建的道交纠纷一体化平台。

（四）关于时间要求。新开展工作的高级人民法院根据自身信息化建设情况，认真确定道交纠纷一体化平台的建设方式，于2020年6月1日前通过纸质文件报送最高人民法院，确定后原则上不再支持建设模式的变更，2020年12月31日前完成平台建设。

五、加强宣传引导，为全面推广道交纠纷一体化处理工作营造良好氛围

改革工作的有序开展、全面推广，离不开宣传引导工作。人民法院、公安机关、司法行政机关、银行保险监管机构要加大普法宣传力度，通过媒体报道、发放宣传册、网络直播等多种途径，让人民群众全面了解道交纠纷一体化处理工作的内容和成效，提升社会认知度和接受度，为深入推进、全面推广道交纠纷一体化处理工作创造有利外部环境。加强对道交纠纷当事人的引导，在当事人自愿选择的基础上，主动运用道交纠纷一体化平台化解矛盾纠纷，减少当事人诉累，促进矛盾纠纷便捷高效公正化解，提高社会综合治理效能。

六、及时总结问题经验，协同做好道交纠纷一体化处理工作阶段性检查

全面推广道交纠纷一体化处理工作中存在的问题与经验要及时向上级业务或主管部门报送。最高人民法院、公安部、司法部、中国银行保险监督管理委员会将共同加强指导，适时组织阶段性检查总结。

最高人民法院
关于人民法院民事诉讼中委托鉴定审查工作若干问题的规定

2020年8月14日　　法〔2020〕202号

为进一步规范民事诉讼中委托鉴定工作，促进司法公正，根据《中华人民共和国民事诉讼法》《最高人民法院关于适用〈中华人民共和国民事诉讼法〉的解释》《最高人民法院关于民事诉讼证据的若干规定》等法律、司法解释的规定，结合人民法院工作实际，制定本规定。

一、对鉴定事项的审查

1. 严格审查拟鉴定事项是否属于查明案件事实的专门性问题，有下列情形之一的，人民法院不予委托鉴定：

（1）通过生活常识、经验法则可以推定的事实；

（2）与待证事实无关联的问题；

（3）对证明待证事实无意义的问题；

（4）应当由当事人举证的非专门性问题；

（5）通过法庭调查、勘验等方法可以查明的事实；

（6）对当事人责任划分的认定；

（7）法律适用问题；

（8）测谎；

（9）其他不适宜委托鉴定的情形。

2. 拟鉴定事项所涉鉴定技术和方法争议较大的，应当先对其鉴定技术和方法的科学可靠性进行审查。所涉鉴定技术和方法没有科学可靠性的，不予委托鉴定。

二、对鉴定材料的审查

3. 严格审查鉴定材料是否符合鉴定要求，人民法院应当告知当事人不提供符合要求鉴定材料的法律后果。

4. 未经法庭质证的材料（包括补充材料），不得作为鉴定材料。

当事人无法联系、公告送达或当事人放弃质证的，鉴定材料应当经合议庭确认。

5. 对当事人有争议的材料，应当由人民法院予以认定，不得直接交由鉴定机构、鉴定人选用。

三、对鉴定机构的审查

6. 人民法院选择鉴定机构，应当根据法律、司法解释等规定，审查鉴定机构的资质、执业范围等事项。

7. 当事人协商一致选择鉴定机构的，人民法院应当审查协商选择的鉴定机构是否具备鉴定资质及符合法律、司法解释等规定。发现双方当事人的选择有可能损害国家利益、集体利益或第三方利益的，应当终止协商选择程序，采用随机方式选择。

8. 人民法院应当要求鉴定机构在接受委托后5个工作日内，提交鉴定方案、收费标准、鉴定人情况和鉴定人承诺书。

重大、疑难、复杂鉴定事项可适当延长提交期限。

鉴定人拒绝签署承诺书的，人民法院应当要求更换鉴定人或另行委托鉴定机构。

四、对鉴定人的审查

9. 人民法院委托鉴定机构指定鉴定人的，应当严格依照法律、司法解释等规定，对鉴定人的专业能力、从业经验、业内评价、执业范围、鉴定资格、资质证书有效期以及是否有依法回避的情形等进行审查。

特殊情形人民法院直接指定鉴定人的，依照前款规定进行审查。

五、对鉴定意见书的审查

10. 人民法院应当审查鉴定意见书是否具备《最高人民法院关于民事诉讼证据的若干规定》第三十六条规定的内容。

11. 鉴定意见书有下列情形之一的，视为未完成委托鉴定事项，人民法院应当要求鉴定人补充鉴定或重新鉴定：

（1）鉴定意见和鉴定意见书的其他部分相互矛盾的；

（2）同一认定意见使用不确定性表述的；

（3）鉴定意见书有其他明显瑕疵的。

补充鉴定或重新鉴定仍不能完成委托鉴定事项的，人民法院应当责令鉴定人退回已经收取的鉴定费用。

六、加强对鉴定活动的监督

12. 人民法院应当向当事人释明不按期预交鉴定费用及鉴定人出庭费用的法律后果，并对鉴定机构、鉴定人收费情况进行监督。

公益诉讼可以申请暂缓交纳鉴定费用和鉴定人出庭费用。

符合法律援助条件的当事人可以申请暂缓或减免交纳鉴定费用和鉴定人出庭费用。

13. 人民法院委托鉴定应当根据鉴定事项的难易程度、鉴定材料准备情况，确定合理的鉴定期限，一般案件鉴定时限不超过30个工作日，重大、疑难、复杂案件鉴定时限不超过60个工作日。

鉴定机构、鉴定人因特殊情况需要延长鉴定期限的，应当提出书面申请，人民法院可以根据具体情况决定是否延长鉴定期限。

鉴定人未按期提交鉴定书的，人民法院应当审查鉴定人是否存在正当理由。如无正当理由且人民法院准许当事人申请另行委托鉴定的，应当责令原鉴定机构、鉴定人退回已经收取的鉴定费用。

14. 鉴定机构、鉴定人超范围鉴定、虚假鉴定、无正当理由拖延鉴定、拒不出庭作证、违规收费以及有其他违法违规情形的，人民法院可以根据情节轻重，对鉴定机构、鉴定人予以暂停委托、责令退还鉴定费用、从人民法院委托鉴定专业机构、专业人员备选名单中除名等惩戒，并向行政主管部门或者行业协会发出司法建议。鉴定机构、鉴定人存在违法犯罪情形的，人民法院应当将有关线索材料移送公安、检察机关处理。

人民法院建立鉴定人黑名单制度。鉴定机构、鉴定人有前款情形的，可列入鉴定人黑名单。鉴定机构、鉴定人被列入黑名单期间，不得进入人民法院委托鉴定专业机构、专业人员备选名单和相关信息平台。

15. 人民法院应当充分运用委托鉴定信息平台加强对委托鉴定工作的管理。

16. 行政诉讼中人民法院委托鉴定，参照适用本规定。

17. 本规定自2020年9月1日起施行。

附件：

鉴定人承诺书（试行）

本人接受人民法院委托，作为诉讼参与人参加诉讼活动，依照国家法律法规和人民法院相关规定完成本次司法鉴定活动，承诺如下：

一、遵循科学、公正和诚实原则，客观、独立地进行鉴定，保证鉴定意见不受当事人、代理人或其他第三方的干扰。

二、廉洁自律，不接受当事人、诉讼代理人及其请托人提供的财物、宴请或其他利益。

三、自觉遵守有关回避的规定，及时向人民法院报告可能影响鉴定意见的各种情形。

四、保守在鉴定活动中知悉的国家秘密、商业秘密和个人隐私，不利用鉴定活动中知悉的国家秘密、商业秘密和个人隐私获取利益，不向无关人员泄露案情及鉴定信息。

五、勤勉尽责，遵照相关鉴定管理规定及技术规范，认真分析判断专业问题，独立进行检验、测算、分析、评定并形成鉴定意见，保证不出具虚假或误导性鉴定意见；妥善保管、保存、移交相关鉴定材料，不因自身原因造成鉴定材料污损、遗失。

六、按照规定期限和人民法院要求完成鉴定事项，如遇特殊情形不能如期完成的，应当提前向人民法院申请延期。

七、保证依法履行鉴定人出庭作证义务，做好鉴定意见的解释及质证工作。

本人已知悉违反上述承诺将承担的法律责任及行业主管部门、人民法院给予的相应处理后果。

承诺人：（签名）

鉴定机构：（盖章）

年　月　日

最高人民法院
关于审理道路交通事故损害赔偿案件适用法律若干问题的解释

（2012年9月17日最高人民法院审判委员会第1556次会议通过
根据2020年12月23日最高人民法院审判委员会第1823次会议通过的
《最高人民法院关于修改〈最高人民法院关于在民事审判工作中适用
《中华人民共和国工会法》若干问题的解释〉等二十七件
民事类司法解释的决定》修正）

为正确审理道路交通事故损害赔偿案件，根据《中华人民共和国民法典》《中华人民共和国道路交通安全法》《中华人民共和国保险法》《中华人民共和国民事诉讼法》等法律的规定，结合审判实践，制定本解释。

一、关于主体责任的认定

第一条 机动车发生交通事故造成损害，机动车所有人或者管理人有下列情形之一，人民法院应当认定其对损害的发生有过错，并适用民法典第一千二百零九条的规定确定其相应的赔偿责任：

（一）知道或者应当知道机动车存在缺陷，且该缺陷是交通事故发生原因之一的；

（二）知道或者应当知道驾驶人无驾驶资格或者未取得相应驾驶资格的；

（三）知道或者应当知道驾驶人因饮酒、服用国家管制的精神药品或者麻醉药品，或者患有妨碍安全驾驶机动车的疾病等依法不能驾驶机动车的；

（四）其他应当认定机动车所有人或者管理人有过错的。

第二条 被多次转让但是未办理登记的机动车发生交通事故造成损害，属于该机动车一方责任，当事人请求由最后一次转让并交付的受让人承担赔偿责任的，人民法院应予支持。

第三条 套牌机动车发生交通事故造成损害，属于该机动车一方责任，当事人请求由套牌机动车的所有人或者管理人承担赔偿责任的，人民法院应予支持；被套牌机动车所有人或者管理人同意套牌的，应当与套牌机动车的所有人或者管理人承担连带责任。

第四条 拼装车、已达到报废标准的机动车或者依法禁止行驶的其他机动车被多次转让，并发生交通事故造成损害，当事人请求由所有的转让人和受让人承担连带责任的，人民法院应予支持。

第五条 接受机动车驾驶培训的人员，在培训活动中驾驶机动车发生交通事故造成损害，属于该机动车一方责任，当事人请求驾驶培训单位承担赔偿责任的，人民法院应予支持。

第六条 机动车试乘过程中发生交通事故造成试乘人损害，当事人请求提供试乘服务者承担赔偿责任的，人民法院应予支持。试乘人有过错的，应当减轻提供试乘服务者的赔偿责任。

第七条 因道路管理维护缺陷导致机动车发生交通事故造成损害，当事人请求道路管理者承担相应赔偿责任的，人民法院应予支持。但道路管理者能够证明已经依照法律、法规、规章的规定，或者按照国家标准、行业标准、地方标准的要求尽到安全防护、警示等管理维护义务的除外。

依法不得进入高速公路的车辆、行人，进入高速公路发生交通事故造成自身损害，当事人请求高速公路管理者承担赔偿责任的，适用民法典第一千二百四十三条的规定。

第八条 未按照法律、法规、规章或者国家标准、行业标准、地方标准的强制性规定设计、施工，致使道路存在缺陷并造成交通事故，当事人请求建设单位与施工单位承担相应赔偿责任的，人民法院应予支持。

第九条 机动车存在产品缺陷导致交通事故造成损害，当事人请求生产者或者销售者依照民法典第七编第四章的规定承担赔偿责任的，人民法院应予支持。

第十条 多辆机动车发生交通事故造成第三人损害，当事人请求多个侵权人承担赔偿责任的，人民法院应当区分不同情况，依照民法典第一千一百七十条、第一千一百七十一条、第一千一百七十二条的规定，确定侵权人承担连带责任或者按份责任。

二、关于赔偿范围的认定

第十一条 道路交通安全法第七十六条规定的“人身伤亡”，是指机动车发生交通事故侵害被侵权人的生命权、身体权、健康权等人身权益所造成的损害，包括民法典第一千一百七十九条和第一千一百八十三条规定的各项损害。

道路交通安全法第七十六条规定的“财产损失”，是指因机动车发生交通事故侵害被侵权人的财产权益所造成的损失。

第十二条 因道路交通事故造成下列财产损失，当事人请求侵权人赔偿的，人民法院应予支持：

（一）维修被损坏车辆所支出的费用、车辆所载物品的损失、车辆施救费用；

（二）因车辆灭失或者无法修复，为购买交通事故发生时与被损坏车辆价值相当的车辆重置费用；

（三）依法从事货物运输、旅客运输等经营性活动的车辆，因无法从事相应经营活动所产生的合理停运损失；

（四）非经营性车辆因无法继续使用，所产生的通常替代性交通工具的合理费用。

三、关于责任承担的认定

第十三条 同时投保机动车第三者责任强制保险（以下简称交强险）和第三者责任商业保险（以下简称商业三者险）的机动车发生交通事故造成损害，当事人同时起诉侵权人和保险公司的，人民法院应当依照民法典第一千二百一十三条的规定，确定赔偿责任。

被侵权人或者其近亲属请求承保交强险的保险公司优先赔偿精神损害的，人民法院应予支持。

第十四条 投保人允许的驾驶人驾驶机动车致使投保人遭受损害，当事人请求承保交强险的保险公司在责任限额范围内予以赔偿的，人民法院应予支持，但投保人为本车上人员的除外。

第十五条 有下列情形之一导致第三人人身损害，当事人请求保险公司在交强险责任限额范围内予以赔偿，人民法院应予支持：

（一）驾驶人未取得驾驶资格或者未取得相应驾驶资格的；

（二）醉酒、服用国家管制的精神药品或者麻醉药品后驾驶机动车发生交通事故的；

（三）驾驶人故意制造交通事故的。

保险公司在赔偿范围内向侵权人主张追偿权的，人民法院应予支持。追偿权的诉讼时效期间自保险公司实际赔偿之日起计算。

第十六条 未依法投保交强险的机动车发生交通事故造成损害，当事人请求投保义务人在交强险责任限额范围内予以赔偿的，人民法院应予支持。

投保义务人和侵权人不是同一人，当事人请求投保义务人和侵权人在交强险责任限额范围内承担相应责任的，人民法院应予支持。

第十七条 具有从事交强险业务资格的保险公司违法拒绝承保、拖延承保或者违法解除交强险合同，投保义务人在向第三人承担赔偿责任后，请求该保险公司在交强险责任限额范围内承担相应赔偿责任的，人民法院应予支持。

第十八条 多辆机动车发生交通事故造成第三人损害，损失超出各机动车交强险责任限额之和的，由各保险公司在各自责任限额范围内承担赔偿责任；损失未超出各机动车交强险责任限额之和，当事人请求由各保险公司按照其责任限额与责任限额之和的比例承担赔偿责任的，人民法院应予支持。

依法分别投保交强险的牵引车和挂车连接使用时发生交通事故造成第三人损害，当事人请求由各保险公司在各自的责任限额范围内平均赔偿的，人民法院应予支持。

多辆机动车发生交通事故造成第三人损害，其中部分机动车未投保交强险，当事人请求先由已承保交强险的保险公司在责任限额范围内予以赔偿的，人民法院应予支持。保险公司就超出其应承担的部分向未投保交强险的投保义务人或者侵权人行使追偿权的，人民法院应予支持。

第十九条 同一交通事故的多个被侵权人同时起诉的，人民法院应当按照各被侵权人的损失比例确定交强险的赔偿数额。

第二十条 机动车所有权在交强险合同有效期内发生变动，保险公司在交通事故发生后，以该机动车未办理交强险合同变更手续为由主张免除赔偿责任的，人民法院不予支持。

机动车在交强险合同有效期内发生改装、使用性质改变等导致危险程度增加的情形，发生交通事故后，当事人请求保险公司在责任限额范围内予以赔偿的，人民法院应予支持。

前款情形下，保险公司另行起诉请求投保义务人按照重新核定后的保险费标准补足当期保险费的，人民法院应予支持。

第二十一条 当事人主张交强险人身伤亡保险金请求权转让或者设定担保的行为无效的，人民法院应予支持。

四、关于诉讼程序的规定

第二十二条 人民法院审理道路交通事故损害赔偿案件，应当将承保交强险的保险公司列为共同被告。但该保险公司已经在交强险责任限额范围内予以赔偿且当事人无异议的除外。

人民法院审理道路交通事故损害赔偿案件，当事人请求将承保商业三者险的保险公司列为共同被告的，人民法院应予准许。

第二十三条 被侵权人因道路交通事故死亡，无近亲属或者近亲属不明，未经法律授权的机关或者有关组织向人民法院起诉主张死亡赔偿金的，人民法院不予受理。

侵权人以已向未经法律授权的机关或者有关组织支付死亡赔偿金为理由，请求保险公司在交强险责任限额范围内予以赔偿的，人民法院不予支持。

被侵权人因道路交通事故死亡，无近亲属或者近亲属不明，支付被侵权人医疗费、丧葬费等合理费用的单位或者个人，请求保险公司在交强险责任限额范围内予以赔偿的，人民法院应予支持。

第二十四条 公安机关交通管理部门制作的交通事故认定书，人民法院应依法审查并确认其相应的证明力，但有相反证据推翻的除外。

五、关于适用范围的规定

第二十五条 机动车在道路以外的地方通行时引发的损害赔偿案件，可以参照适用本解释的规定。

第二十六条 本解释施行后尚未终审的案件，适用本解释；本解释施行前已经终审，当事人申请再审或者按照审判监督程序决定再审的案件，不适用本解释。

最高人民法院
关于确定民事侵权精神损害赔偿责任若干问题的解释

（2001年2月26日最高人民法院审判委员会第1161次会议通过
根据2020年12月23日最高人民法院审判委员会第1823次会议通过的
《最高人民法院关于修改〈最高人民法院关于在民事审判工作中适用
《中华人民共和国工会法》若干问题的解释〉等二十七件
民事类司法解释的决定》修正）

为在审理民事侵权案件中正确确定精神损害赔偿责任，根据《中华人民共和国民法典》等有关法律规定，结合审判实践，制定本解释。

第一条 因人身权益或者具有人身意义的特定物受到侵害，自然人或者其近亲属向人民法院提起诉讼请求精神损害赔偿的，人民法院应当依法予以受理。

第二条 非法使被监护人脱离监护，导致亲子关系或者近亲属间的亲属关系遭受严重损害，监护人向人民法院起诉请求赔偿精神损害的，人民法院应当依法予以受理。

第三条 死者的姓名、肖像、名誉、荣誉、隐私、遗体、遗骨等受到侵害，其近亲属向人民法院提起诉讼请求精神损害赔偿的，人民法院应当依法予以支持。

第四条 法人或者非法人组织以名誉权、荣誉权、名称权遭受侵害为由，向人民法院起诉请求精神损害赔偿的，人民法院不予支持。

第五条 精神损害的赔偿数额根据以下因素确定：

（一）侵权人的过错程度，但是法律另有规定的除外；

（二）侵权行为的目的、方式、场合等具体情节；

（三）侵权行为所造成的后果；

（四）侵权人的获利情况；

（五）侵权人承担责任的经济能力；

（六）受理诉讼法院所在地的平均生活水平。

第六条 在本解释公布施行之前已经生效施行的司法解释，其内容有与本解释不一致的，以本解释为准。

最高人民法院
关于审理人身损害赔偿案件适用法律若干问题的解释

（2003年12月4日最高人民法院审判委员会第1299次会议通过　根据2020年12月23日最高人民法院审判委员会第1823次会议通过的《最高人民法院关于修改〈最高人民法院关于在民事审判工作中适用《中华人民共和国工会法》若干问题的解释〉等二十七件民事类司法解释的决定》修正　根据2022年2月15日最高人民法院审判委员会第1864次会议通过的《最高人民法院关于修改〈最高人民法院关于审理人身损害赔偿案件适用法律若干问题的解释〉的决定》修正　该修正自2022年5月1日起施行）

为正确审理人身损害赔偿案件，依法保护当事人的合法权益，根据《中华人民共和国民法典》《中华人民共和国民事诉讼法》等有关法律规定，结合审判实践，制定本解释。

第一条 因生命、身体、健康遭受侵害，赔偿权利人起诉请求赔偿义务人赔偿物质损害和精神损害的，人民法院应予受理。

本条所称“赔偿权利人”，是指因侵权行为或者其他致害原因直接遭受人身损害的受害人以及死亡受害人的近亲属。

本条所称“赔偿义务人”，是指因自己或者他人的侵权行为以及其他致害原因依法应当承担民事责任的自然人、法人或者非法人组织。

第二条 赔偿权利人起诉部分共同侵权人的，人民法院应当追加其他共同侵权人作为共同被告。赔偿权利人在诉讼中放弃对部分共同侵权人的诉讼请求的，其他共同侵权人对被放弃诉讼请求的被告应当承担的赔偿份额不承担连带责任。责任范围难以确定的，推定各共同侵权人承担同等责任。

人民法院应当将放弃诉讼请求的法律后果告知赔偿权利人，并将放弃诉讼请求的情况在法律文书中叙明。

第三条 依法应当参加工伤保险统筹的用人单位的劳动者，因工伤事故遭受人身损害，劳动者或者其近亲属向人民法院起诉请求用人单位承担民事赔偿责任的，告知其按《工伤保险条例》的规定处理。

因用人单位以外的第三人侵权造成劳动者人身损害，赔偿权利人请求第三人承担民事赔偿责任的，人民法院应予支持。

第四条 无偿提供劳务的帮工人，在从事帮工活动中致人损害的，被帮工人应当承担赔偿责任。被帮工人承担赔偿责任后向有故意或者重大过失的帮工人追偿的，人民法院应予支持。被帮工人明确拒绝帮工的，不承担赔偿责任。

第五条 无偿提供劳务的帮工人因帮工活动遭受人身损害的，根据帮工人和被帮工人各自的过错承担相应的责任；被帮工人明确拒绝帮工的，被帮工人不承担赔偿责任，但可以在受益范围内予以适当补偿。

帮工人在帮工活动中因第三人的行为遭受人身损害的，有权请求第三人承担赔偿责任，也有权请求被帮工人予以适当补偿。被帮工人补偿后，可以向第三人追偿。

第六条 医疗费根据医疗机构出具的医药费、住院费等收款凭证，结合病历和诊断证明等相关证据确定。赔偿义务人对治疗的必要性和合理性有异议的，应当承担相应的举证责任。

医疗费的赔偿数额，按照一审法庭辩论终结前实际发生的数额确定。器官功能恢复训练所必要的康复费、适当的整容费以及其他后续治疗费，赔偿权利人可以待实际发生后另行起诉。但根据医疗证明或者鉴定结论确定必然发生的费用，可以与已经发生的医疗费一并予以赔偿。

第七条 误工费根据受害人的误工时间和收入状况确定。

误工时间根据受害人接受治疗的医疗机构出具的证明确定。受害人因伤致残持续误工的，误工时间可以计算至定残日前一天。

受害人有固定收入的，误工费按照实际减少的收入计算。受害人无固定收入的，按照其最近三年的平均收入计算；受害人不能举证证明其最近三年的平均收入状况的，可以参照受诉法院所在地相同或者相近行业上一年度职工的平均工资计算。

第八条 护理费根据护理人员的收入状况和护理人数、护理期限确定。

护理人员有收入的，参照误工费的规定计算；护理人员没有收入或者雇佣护工的，参照当地护工从事同等级别护理的劳务报酬标准计算。护理人员原则上为一人，但医疗机构或者鉴定机构有明确意见的，可以参照确定护理人员人数。

护理期限应计算至受害人恢复生活自理能力时止。受害人因残疾不能恢复生活自理能力的，可以根据其年龄、健康状况等因素确定合理的护理期限，但最长不超过二十年。

受害人定残后的护理，应当根据其护理依赖程度并结合配制残疾辅助器具的情况确定护理级别。

第九条 交通费根据受害人及其必要的陪护人员因就医或者转院治疗实际发生的费用计算。交通费应当以正式票据为凭；有关凭据应当与就医地点、时间、人数、次数相符合。

第十条 住院伙食补助费可以参照当地国家机关一般工作人员的出差伙食补助标准予以确定。

受害人确有必要到外地治疗，因客观原因不能住院，受害人本人及其陪护人员实际发生的住宿费和伙食费，其合理部分应予赔偿。

第十一条 营养费根据受害人伤残情况参照医疗机构的意见确定。

第十二条 残疾赔偿金根据受害人丧失劳动能力程度或者伤残等级，按照受诉法院所在地上一年度城镇居民人均可支配收入标准，自定残之日起按二十年计算。但六十周岁以上的，年龄每增加一岁减少一年；七十五周岁以上的，按五年计算。

受害人因伤致残但实际收入没有减少，或者伤残等级较轻但造成职业妨害严重影响其劳动就业的，可以对残疾赔偿金作相应调整。

第十三条 残疾辅助器具费按照普通适用器具的合理费用标准计算。伤情有特殊需要的，可以参照辅助器具配制机构的意见确定相应的合理费用标准。

辅助器具的更换周期和赔偿期限参照配制机构的意见确定。

第十四条 丧葬费按照受诉法院所在地上一年度职工月平均工资标准，以六个月总额计算。

第十五条 死亡赔偿金按照受诉法院所在地上一年度城镇居民人均可支配收入标准，按二十年计算。但六十周岁以上的，年龄每增加一岁减少一年；七十五周岁以上的，按五年计算。

第十六条 被扶养人生活费计入残疾赔偿金或者死亡赔偿金。

第十七条 被扶养人生活费根据扶养人丧失劳动能力程度，按照受诉法院所在地上一年度城镇居民人均消费支出标准计算。被扶养人为未成年人的，计算至十八周岁；被扶养人无劳动能力又无其他生活来源的，计算二十年。但六十周岁以上的，年龄每增加一岁减少一年；七十五周岁以上的，按五年计算。

被扶养人是指受害人依法应当承担扶养义务的未成年人或者丧失劳动能力又无其他生活来源的成年近亲属。被扶养人还有其他扶养人的，赔偿义务人只赔偿受害人依法应当负担的部分。被扶养人有数人的，年赔偿总额累计不超过上一年度城镇居民人均消费支出额。

第十八条 赔偿权利人举证证明其住所地或者经常居住地城镇居民人均可支配收入高于受诉法院所在地标准的，残疾赔偿金或者死亡赔偿金可以按照其住所地或者经常居住地的相关标准计算。

被扶养人生活费的相关计算标准，依照前款原则确定。

第十九条 超过确定的护理期限、辅助器具费给付年限或者残疾赔偿金给付年限，赔偿权利人向人民法院起诉请求继续给付护理费、辅助器具费或者残疾赔偿金的，人民法院应予受理。赔偿权利人确需继续护理、配制辅助器具，或者没有劳动能力和生活来源的，人民法院应当判令赔偿义务人继续给付相关费用五至十年。

第二十条 赔偿义务人请求以定期金方式给付残疾赔偿金、辅助器具费的，应当提供相应的担保。人民法院可以根据赔偿义务人的给付能力和提供担保的情况，确定以定期金方式给付相关费用。但是，一审法庭辩论终结前已经发生的费用、死亡赔偿金以及精神损害抚慰金，应当一次性给付。

第二十一条 人民法院应当在法律文书中明确定期金的给付时间、方式以及每期给付标准。执行期间有关统计数据发生变化的，给付金额应当适时进行相应调整。

定期金按照赔偿权利人的实际生存年限给付，不受本解释有关赔偿期限的限制。

第二十二条 本解释所称"城镇居民人均可支配收入""城镇居民人均消费支出""职工平均工资"，按照政府统计部门公布的各省、自治区、直辖市以及经济特区和计划单列市上一年度相关统计数据确定。

"上一年度"，是指一审法庭辩论终结时的上一统计年度。

第二十三条 精神损害抚慰金适用《最高人民法院关于确定民事侵权精神损害赔偿责任若干问题的解释》予以确定。

第二十四条 本解释自 2022 年 5 月 1 日起施行。施行后发生的侵权行为引起的人身损害赔偿案件适用本解释。

本院以前发布的司法解释与本解释不一致的，以本解释为准。

最高人民法院
关于适用《中华人民共和国民法典》侵权责任编的解释（一）

法释〔2024〕12 号

（2023 年 12 月 18 日最高人民法院审判委员会第 1909 次会议通过
2024 年 9 月 25 日中华人民共和国最高人民法院公告公布
自 2024 年 9 月 27 日起施行）

为正确审理侵权责任纠纷案件，根据《中华人民共和国民法典》、《中华人民共和国民事诉讼法》等法律规定，结合审判实践，制定本解释。

第一条 非法使被监护人脱离监护，监护人请求赔偿为恢复监护状态而支出的合理费用等财产损失的，人民法院应予支持。

第二条 非法使被监护人脱离监护，导致父母子女关系或者其他近亲属关系受到严重损害的，应当认定为民法典第一千一百八十三条第一款规定的严重精神损害。

第三条 非法使被监护人脱离监护，被监护人在脱离监护期间死亡，作为近亲属的监护人既请求赔偿人身损害，又请求赔偿监护关系受侵害产生的损失的，人民法院依法予以支持。

第四条 无民事行为能力人、限制民事行为能力人造成他人损害，被侵权人请求监护人承担侵权责任，或者合并请求监护人和受托履行监护职责的人承担侵权责任的，人民法院应当将无民事行为能力人、限制民事行为能力人列为共同被告。

第五条 无民事行为能力人、限制民事行为能力人造成他人损害，被侵权人请求监护人承担侵权人应承担的全部责任的，人民法院应予支持，并在判决中明确，赔偿费用可以先从被监护人财产中支付，不足部分由监护人支付。

监护人抗辩主张承担补充责任，或者被侵权人、监护人主张人民法院判令有财产的无民事行为能力人、限制民事行为能力人承担赔偿责任的，人民法院不予支持。

从被监护人财产中支付赔偿费用的，应当保留被监护人所必需的生活费和完成义务教育所必需的费用。

第六条 行为人在侵权行为发生时不满十八周岁，被诉时已满十八周岁的，被侵权人请求原监护人承担侵权人应承担的全部责任的，人民法院应予支持，并在判决中明确，赔偿费用可以先从被监护人财产中支付，不足部分由监护人支付。

前款规定情形，被侵权人仅起诉行为人的，人民法院应当向原告释明申请追加原监护人为共同被告。

第七条 未成年子女造成他人损害，被侵权人请求父母共同承担侵权责任的，人民法院依照民法典第二十七条第一款、第一千零六十八条以及第一千一百八十八条的规定予以支持。

第八条 夫妻离婚后，未成年子女造成他人损害，被侵权人请求离异夫妻共同承担侵权责任的，人民法院依照民法典第一千零六十八条、第一千零八十四条以及第一千一百八十八条的规定予以支持。一方以未与该子女共同生活为由主张不承担或者少承担责任的，人民法院不予支持。

离异夫妻之间的责任份额，可以由双方协议确定；协议不成的，人民法院可以根据双方履行监护职责的约定和实际履行情况等确定。实际承担责任超过自己责任份额的一方向另一方追偿的，人民法院应予支持。

第九条 未成年子女造成他人损害的，依照民法典第一千零七十二条第二款的规定，未与该子女形成抚养教育关系的继父或者继母不承担监护人的侵权责任，由该子女的生父母依照本解释第八条的规定承担侵权责任。

第十条 无民事行为能力人、限制民事行为能力人造成他人损害，被侵权人合并请求监护人和受托履行监护职责的人承担侵权责任的，依照民法典第一千一百八十九条的规定，监护人承担侵权人应承担的全部责任；受托人在过错范围内与监护人共同承担责任，但责任主体实际支付的赔偿费用总和不应超出被侵权人应受偿的损失数额。

监护人承担责任后向受托人追偿的，人民法院可以参照民法典第九百二十九条的规定处理。

仅有一般过失的无偿受托人承担责任后向监护人追偿的，人民法院应予支持。

第十一条 教唆、帮助无民事行为能力人、限制民事行为能力人实施侵权行为，教唆人、帮助人以其不知道且不应当知道行为人为无民事行为能力人、限制民事行为能力人为由，主张不承担侵权责任或者与行为人的监护人承担连带责任的，人民法院不予支持。

第十二条 教唆、帮助无民事行为能力人、限制民事行为能力人实施侵权行为，被侵权人合并请求教唆人、帮助人以及监护人承担侵权责任的，依照民法典第一千一百六十九条第二款的规定，教唆人、帮助人承担侵权人应承担的全部责任；监护人在未尽到监护职责的范围内与教唆人、帮助人共同承担责任，但责任主体实际支付的赔偿费用总和不应超出被侵权人应受偿的损失数额。

监护人先行支付赔偿费用后，就超过自己相应责任的部分向教唆人、帮助人追偿的，人民法院应予支持。

第十三条 教唆、帮助无民事行为能力人、限制民事行为能力人实施侵权行为，被侵权人合并请求教唆人、帮助人与监护人以及受托履行监护职责的人承担侵权责任的，依照本解释第十条、第十二条的规定认定民事责任。

第十四条 无民事行为能力人或者限制民事行为能力人在幼儿园、学校或者其他教育机构学习、生活期间，受到教育机构以外的第三人人身损害，第三人、教育机构作为共同被告且依法应承担侵权责任的，人民法院应当在判决中明确，教育机构在人民法院就第三人的财产依法强制执行后仍不能履行的范围内，承担与其过错相应的补充责任。

被侵权人仅起诉教育机构的，人民法院应当向原告释明申请追加实施侵权行为的第三人为共同被告。

第三人不确定的，未尽到管理职责的教育机构先行承担与其过错相应的责任；教育机构承担责任后向已经确定的第三人追偿的，人民法院依照民法典第一千二百零一条的规定予以支持。

第十五条 与用人单位形成劳动关系的工作人员、执行用人单位工作任务的其他人员，因执行工作任务造成他人损害，被侵权人依照民法典第一千一百九十一条第一款的规定，请求用人单位承担侵权责任的，人民法院应予支持。

个体工商户的从业人员因执行工作任务造成他人损害的，适用民法典第一千一百九十一条第一款的规定认定民事责任。

第十六条 劳务派遣期间，被派遣的工作人员因执行工作任务造成他人损害，被侵权人合并请求劳务派遣单位与接受劳务派遣的用工单位承担侵权责任的，依照民法典第一千一百九十一条第二款的规定，接受劳务派遣的用工单位承担侵权人应承担的全部责任；劳务派遣单位在不当选派工作人员、未依法履行培训义务等过错范围内，与接受劳务派遣的用工单位共同承担责任，但责任主体实际支付的赔偿费用总和不应超出被侵权人应受偿的损失数额。

劳务派遣单位先行支付赔偿费用后，就超过自己相应责任的部分向接受劳务派遣的用工单位追偿的，人民法院应予支持，但双方另有约定的除外。

第十七条 工作人员在执行工作任务中实施的违法行为造成他人损害，构成自然人犯罪的，工作人员承担刑事责任不影响用人单位依法承担民事责任。依照民法典第一千一百九十一条规定用人单位应当承担侵权责任的，在刑事案件中已完成的追缴、退赔可以在民事判决书中明确并扣减，也可以在执行程序中予以扣减。

第十八条 承揽人在完成工作过程中造成第三人损害的，人民法院依照民法典第一千一百六十五条的规定认定承揽人的民事责任。

被侵权人合并请求定作人和承揽人承担侵权责任的，依照民法典第一千一百六十五条、第一千一百九十三条的规定，造成损害的承揽人承担侵权人应承担的全部责任；定作人在定作、指示或者选任过错范围内与承揽人共同承担责任，但责任主体实际支付的赔偿费用总和不应超出被侵权人应受偿的损失数额。

定作人先行支付赔偿费用后，就超过自己相应责任的部分向承揽人追偿的，人民法院应予支持，但双方另有约定的除外。

第十九条 因产品存在缺陷造成买受人财产损害，买受人请求产品的生产者或者销售者赔偿缺陷产品本身损害以及其他财产损害的，人民法院依照民法典第一千二百零二条、第一千二百零三条的规定予以支持。

第二十条 以买卖或者其他方式转让拼装或者已经达到报废标准的机动车，发生交通事故造成损害，转让人、受让人以其不知道且不应当知道该机动车系拼装或者已经达到报废标准为由，主张不承担侵权责任的，人民法院不予支持。

第二十一条 未依法投保强制保险的机动车发生交通事故造成损害，投保义务人和交通事故责任人不是同一人，被侵权人合并请求投保义务人和交通事故责任人承担侵权责任的，交通事故责任人承担侵权人应承担的全部责任；投保义务人在机动车强制保险责任限额范围内与交通事故责任人共同承担责任，但责任主体实际支付的赔偿费用总和不应超出被侵权人应受偿的损失数额。

投保义务人先行支付赔偿费用后，就超出机动车强制保险责任限额范围部分向交通事故责任人追偿的，人民法院应予支持。

第二十二条 机动车驾驶人离开本车后，因未采取制动措施等自身过错受到本车碰撞、碾压造成损害，机动车驾驶人请求承保本车机动车强制保险的保险人在强制保险责任限额范围内，以及承保本车机动车商业第三者责任保险的保险人按照保险合同的约定赔偿的，人民法院不予支持，但可以依据机动车车上人员责任保险的有关约定支持相应的赔偿请求。

第二十三条 禁止饲养的烈性犬等危险动物造成他人损害，动物饲养人或者管理人主张不承担责任或者减轻责任的，人民法院不予支持。

第二十四条 物业服务企业等建筑物管理人未采取必要的安全保障措施防止从建筑物中抛掷物品或者从建筑物上坠落的物品造成他人损害，具体侵权人、物业服务企业等建筑物管理人作为共同被告的，人民法院应当依照民法典第一千一百九十八条第二款、第一千二百五十四条的规定，在判决中明确，未采取必要安全保障措施的物业服务企业等建筑物管理人在人民法院就具体侵权人的财产依法强制执行后仍不能履行的范围内，承担与其过错相应的补充责任。

第二十五条 物业服务企业等建筑物管理人未采取必要的安全保障措施防止从建筑物中抛掷物品或者从建筑物上坠落的物品造成他人损害，经公安等机关调查，在民事案件一审法庭辩论终结前仍难以确定具体侵权人的，未采取必要安全保障措施的物业服务企业等建筑物管理人承担与其过错相应的责任。被侵权人其余部分的损害，由可能加害的建筑物使用人给予适当补偿。

具体侵权人确定后，已经承担责任的物业服务企业等建筑物管理人、可能加害的建筑物使用人向具体侵权人追偿的，人民法院依照民法典第一千一百九十八条第二款、第一千二百五十四条第一款的规定予以支持。

第二十六条 本解释自 2024 年 9 月 27 日起施行。

本解释施行后，人民法院尚未审结的一审、二审案件适用本解释。本解释施行前已经终审，当事人申请再审或者按照审判监督程序决定再审的，适用当时的法律、司法解释规定。

道路交通事故处理程序规定

（2017 年 7 月 22 日公安部令第 146 号发布　自 2018 年 5 月 1 日起施行）

目　录

第一章　总　则
第二章　管　辖
第三章　报警和受案
第四章　自行协商
第五章　简易程序
第六章　调　查
　第一节　一般规定
　第二节　现场处置和调查
　第三节　交通肇事逃逸查缉
　第四节　检验、鉴定
第七章　认定与复核
　第一节　道路交通事故认定
　第二节　复　核
第八章　处罚执行
第九章　损害赔偿调解
第十章　涉外道路交通事故处理
第十一章　执法监督
第十二章　附　则

第一章　总　则

第一条 为了规范道路交通事故处理程序，保障公安机关交通管理部门依法履行职责，保护道路交通事故当事人的合法权益，根据《中华人民共和国道路交通安全法》及其实施条例等有关法律、行政法规，制定本规定。

第二条 处理道路交通事故，应当遵循合法、公正、公开、便民、效率的原则，尊重和保障人权，保护公民的人格尊严。

第三条 道路交通事故分为财产损失事

故、伤人事故和死亡事故。

财产损失事故是指造成财产损失，尚未造成人员伤亡的道路交通事故。

伤人事故是指造成人员受伤，尚未造成人员死亡的道路交通事故。

死亡事故是指造成人员死亡的道路交通事故。

第四条 道路交通事故的调查处理应当由公安机关交通管理部门负责。

财产损失事故可以由当事人自行协商处理，但法律法规及本规定另有规定的除外。

第五条 交通警察经过培训并考试合格，可以处理适用简易程序的道路交通事故。

处理伤人事故，应当由具有道路交通事故处理初级以上资格的交通警察主办。

处理死亡事故，应当由具有道路交通事故处理中级以上资格的交通警察主办。

第六条 公安机关交通管理部门处理道路交通事故应当使用全国统一的交通管理信息系统。

鼓励应用先进的科技装备和先进技术处理道路交通事故。

第七条 交通警察处理道路交通事故，应当按照规定使用执法记录设备。

第八条 公安机关交通管理部门应当建立与司法机关、保险机构等有关部门间的数据信息共享机制，提高道路交通事故处理工作信息化水平。

第二章 管 辖

第九条 道路交通事故由事故发生地的县级公安机关交通管理部门管辖。未设立县级公安机关交通管理部门的，由设区的市公安机关交通管理部门管辖。

第十条 道路交通事故发生在两个以上管辖区域的，由事故起始点所在地公安机关交通管理部门管辖。

对管辖权有争议的，由共同的上一级公安机关交通管理部门指定管辖。指定管辖前，最先发现或者最先接到报警的公安机关交通管理部门应当先行处理。

第十一条 上级公安机关交通管理部门在必要的时候，可以处理下级公安机关交通管理部门管辖的道路交通事故，或者指定下级公安机关交通管理部门限时将案件移送其他下级公安机关交通管理部门处理。

案件管辖权发生转移的，处理时限从案件接收之日起计算。

第十二条 中国人民解放军、中国人民武装警察部队人员、车辆发生道路交通事故的，按照本规定处理。依法应当吊销、注销中国人民解放军、中国人民武装警察部队核发的机动车驾驶证以及对现役军人实施行政拘留或者追究刑事责任的，移送中国人民解放军、中国人民武装警察部队有关部门处理。

上道路行驶的拖拉机发生道路交通事故的，按照本规定处理。公安机关交通管理部门对拖拉机驾驶人依法暂扣、吊销、注销驾驶证或者记分处理的，应当将决定书和记分情况通报有关的农业（农业机械）主管部门。吊销、注销驾驶证的，还应当将驾驶证送交有关的农业（农业机械）主管部门。

第三章 报警和受案

第十三条 发生死亡事故、伤人事故的，或者发生财产损失事故且有下列情形之一的，当事人应当保护现场并立即报警：

（一）驾驶人无有效机动车驾驶证或者驾驶的机动车与驾驶证载明的准驾车型不符的；

（二）驾驶人有饮酒、服用国家管制的精神药品或者麻醉药品嫌疑的；

（三）驾驶人有从事校车业务或者旅客运输，严重超过额定乘员载客，或者严重超过规定时速行驶嫌疑的；

（四）机动车无号牌或者使用伪造、变造的号牌的；

（五）当事人不能自行移动车辆的；

（六）一方当事人离开现场的；

（七）有证据证明事故是由一方故意造成的。

驾驶人必须在确保安全的原则下，立即组织车上人员疏散到路外安全地点，避免发生次生事故。驾驶人已因道路交通事故死亡或者受伤无法行动的，车上其他人员应当自行组织疏散。

第十四条 发生财产损失事故且有下列情形之一，车辆可以移动的，当事人应当组织车上人员疏散到路外安全地点，在确保安全的原则下，采取现场拍照或者标划事故车辆现场位置等方式固定证据，将车辆移至不妨碍交通的地点后报警：

（一）机动车无检验合格标志或者无保险标志的；

（二）碰撞建筑物、公共设施或者其他设施的。

第十五条 载运爆炸性、易燃性、毒害性、放射性、腐蚀性、传染病病原体等危险物品车辆发生事故的，当事人应当立即报警，危险物品车辆驾驶人、押运人应当按照危险物品安全管理法律、法规、规章以及有关操作规程的规定，采取相应的应急处置措施。

第十六条 公安机关及其交通管理部门接到报警的，应当受理，制作受案登记表并记录下列内容：

（一）报警方式、时间，报警人姓名、联系方式，电话报警的，还应当记录报警电话；

（二）发生或者发现道路交通事故的时间、地点；

（三）人员伤亡情况；

（四）车辆类型、车辆号牌号码，是否载有危险物品以及危险物品的种类、是否发生泄漏等；

（五）涉嫌交通肇事逃逸的，还应当询问并记录肇事车辆的车型、颜色、特征及其逃逸方向、逃逸驾驶人的体貌特征等有关情况。

报警人不报姓名的，应当记录在案。报警人不愿意公开姓名的，应当为其保密。

第十七条 接到道路交通事故报警后，需要派员到现场处置，或者接到出警指令的，公安机关交通管理部门应当立即派交通警察赶赴现场。

第十八条 发生道路交通事故后当事人未报警，在事故现场撤除后，当事人又报警请求公安机关交通管理部门处理的，公安机关交通管理部门应当按照本规定第十六条规定的记录内容予以记录，并在三日内作出是否接受案件的决定。

经核查道路交通事故事实存在的，公安机关交通管理部门应当受理，制作受案登记表；经核查无法证明道路交通事故事实存在，或者不属于公安机关交通管理部门管辖的，应当书面告知当事人，并说明理由。

第四章 自行协商

第十九条 机动车与机动车、机动车与非机动车发生财产损失事故，当事人应当在确保安全的原则下，采取现场拍照或者标划事故车辆现场位置等方式固定证据后，立即撤离现场，将车辆移至不妨碍交通的地点，再协商处理损害赔偿事宜，但有本规定第十三条第一款情形的除外。

非机动车与非机动车或者行人发生财产损失事故，当事人应当先撤离现场，再协商处理损害赔偿事宜。

对应当自行撤离现场而未撤离的，交通警察应当责令当事人撤离现场；造成交通堵塞的，对驾驶人处以200元罚款。

第二十条 发生可以自行协商处理的财产损失事故，当事人可以通过互联网在线自行协商处理；当事人对事实及成因有争议的，可以通过互联网共同申请公安机关交通管理部门在线确定当事人的责任。

当事人报警的，交通警察、警务辅助人员可以指导当事人自行协商处理。当事人要求交通警察到场处理的，应当指派交通警察到现场调查处理。

第二十一条 当事人自行协商达成协议的，制作道路交通事故自行协商协议书，并共同签名。道路交通事故自行协商协议书应当载明事故发生的时间、地点、天气、当事人姓名、驾驶证号或者身份证号、联系方式、机动车种类和号牌号码、保险公司、保险凭证号、事故形态、碰撞部位、当事人的责任等内容。

第二十二条 当事人自行协商达成协议的，可以按照下列方式履行道路交通事故损害赔偿：

（一）当事人自行赔偿；

（二）到投保的保险公司或者道路交通事故保险理赔服务场所办理损害赔偿事宜。

当事人自行协商达成协议后未履行的，可以申请人民调解委员会调解或者向人民法院提起民事诉讼。

第五章 简易程序

第二十三条 公安机关交通管理部门可以适用简易程序处理以下道路交通事故，但有交通肇事、危险驾驶犯罪嫌疑的除外：

（一）财产损失事故；

（二）受伤当事人伤势轻微，各方当事人一致同意适用简易程序处理的伤人事故。

适用简易程序的，可以由一名交通警察处理。

第二十四条 交通警察适用简易程序处理道路交通事故时，应当在固定现场证据后，责令当事人撤离现场，恢复交通。拒不撤离现场的，予以强制撤离。当事人无法及时移动车辆影响通行和交通安全的，交通警察应当将车辆移至不妨碍交通的地点。具有本规定第十三条第一款第一项、第二项情形之一的，按照《中华人民共和国道路交通安全法实施条例》第一百零四条规定处理。

撤离现场后，交通警察应当根据现场固定的证据和当事人、证人陈述等，认定并记录道路交通事故发生的时间、地点、天气、当事人姓名、驾驶证号或者身份证号、联系方式、机动车种类和号牌号码、保险公司、保险凭证号、道路交通事故形态、碰撞部位等，并根据本规定第六十条确定当事人的责任，当场制作道路交通事故认定书。不具备当场制作条件的，交通警察应当在三日内制作道路交通事故认定书。

道路交通事故认定书应当由当事人签名，并现场送达当事人。当事人拒绝签名或者接收的，交通警察应当在道路交通事故认定书上注明情况。

第二十五条 当事人共同请求调解的，交通警察应当当场进行调解，并在道路交通事故认定书上记录调解结果，由当事人签名，送达当事人。

第二十六条 有下列情形之一的，不适用调解，交通警察可以在道路交通事故认定书上载明有关情况后，将道路交通事故认定书送达当事人：

（一）当事人对道路交通事故认定有异议的；

（二）当事人拒绝在道路交通事故认定书上签名的；

（三）当事人不同意调解的。

第六章 调 查

第一节 一般规定

第二十七条 除简易程序外，公安机关交通管理部门对道路交通事故进行调查时，交通警察不得少于二人。

交通警察调查时应当向被调查人员出示《人民警察证》，告知被调查人依法享有的权利和义务，向当事人发送联系卡。联系卡载明交通警察姓名、办公地址、联系方式、监督电话等内容。

第二十八条 交通警察调查道路交通事故时，应当合法、及时、客观、全面地收集证据。

第二十九条 对发生一次死亡三人以上道路交通事故的，公安机关交通管理部门应当开展深度调查；对造成其他严重后果或者存在严重安全问题的道路交通事故，可以开展深度调查。具体程序另行规定。

第二节 现场处置和调查

第三十条 交通警察到达事故现场后，应当立即进行下列工作：

（一）按照事故现场安全防护有关标准和规范的要求划定警戒区域，在安全距离位置放置发光或者反光锥筒和警告标志，确定专人负责现场交通指挥和疏导。因道路交通事故导致交通中断或者现场处置、勘查需要采取封闭道路等交通管制措施的，还应当视情在事故现场来车方向提前组织分流，放置绕行提示标志；

（二）组织抢救受伤人员；

（三）指挥救护、勘查等车辆停放在安全和便于抢救、勘查的位置，开启警灯，夜间还应当开启危险报警闪光灯和示廓灯；

（四）查找道路交通事故当事人和证人，控制肇事嫌疑人；

（五）其他需要立即开展的工作。

第三十一条 道路交通事故造成人员死亡的，应当经急救、医疗人员或者法医确认，并由具备资质的医疗机构出具死亡证明。尸体应当存放在殡葬服务单位或者医疗机构等有停尸条件的场所。

第三十二条 交通警察应当对事故现场开展下列调查工作：

（一）勘查事故现场，查明事故车辆、当事人、道路及其空间关系和事故发生时的天气情况；

（二）固定、提取或者保全现场证据材料；

（三）询问当事人、证人并制作询问笔录；现场不具备制作询问笔录条件的，可以通过录音、录像记录询问过程；

（四）其他调查工作。

第三十三条 交通警察勘查道路交通事故现场，应当按照有关法规和标准的规定，拍摄现场照片，绘制现场图，及时提取、采集与案件有关的痕迹、物证等，制作现场勘查笔录。现场勘查过程中发现当事人涉嫌利用交通工具实施其他犯罪的，应当妥善保护犯罪现场和证据，控制犯罪嫌疑人，并立即报告公安机关主管部门。

发生一次死亡三人以上事故的，应当进行现场摄像，必要时可以聘请具有专门知识的人参加现场勘验、检查。

现场图、现场勘查笔录应当由参加勘查的交通警察、当事人和见证人签名。当事人、见证人拒绝签名或者无法签名以及无见证人的，应当记录在案。

第三十四条 痕迹、物证等证据可能因时间、地点、气象等原因导致改变、毁损、灭失的，交通警察应当及时固定、提取或者保全。

对涉嫌饮酒或者服用国家管制的精神药品、麻醉药品驾驶车辆的人员，公安机关交通管理部门应当按照《道路交通安全违法行为处理程序规定》及时抽血或者提取尿样等检材，送交有检验鉴定资质的机构进行检验。

车辆驾驶人员当场死亡的，应当及时抽血检验。不具备抽血条件的，应当由医疗机构或者鉴定机构出具证明。

第三十五条 交通警察应当核查当事人的身份证件、机动车驾驶证、机动车行驶证、检验合格标志、保险标志等。

对交通肇事嫌疑人可以依法传唤。对在现场发现的交通肇事嫌疑人，经出示《人民警察证》，可以口头传唤，并在询问笔录中注明嫌疑人到案经过、到案时间和离开时间。

第三十六条 勘查事故现场完毕后，交通警察应当清点并登记现场遗留物品，迅速组织清理现场，尽快恢复交通。

现场遗留物品能够当场发还的，应当当场发还并做记录；当场无法确定所有人的，应当登记，并妥善保管，待所有人确定后，及时发还。

第三十七条 因调查需要，公安机关交通管理部门可以向有关单位、个人调取汽车行驶记录仪、卫星定位装置、技术监控设备的记录资料以及其他与事故有关的证据材料。

第三十八条 因调查需要，公安机关交通管理部门可以组织道路交通事故当事人、证人对肇事嫌疑人、嫌疑车辆等进行辨认。

辨认应当在交通警察的主持下进行。主持辨认的交通警察不得少于二人。多名辨认人对同一辨认对象进行辨认时，应当由辨认人个别进行。

辨认时，应当将辨认对象混杂在特征相类似的其他对象中，不得给辨认人任何暗示。辨认肇事嫌疑人时，被辨认的人数不得少于七人；对肇事嫌疑人照片进行辨认的，不得少于十人的照片。辨认嫌疑车辆时，同类车辆不得少于五辆；对肇事嫌疑车辆照片进行辨认时，不得少于十辆的照片。

对尸体等特定辨认对象进行辨认，或者辨认人能够准确描述肇事嫌疑人、嫌疑车辆独有特征的，不受数量的限制。

对肇事嫌疑人的辨认，辨认人不愿意公开进行时，可以在不暴露辨认人的情况下进行，并应当为其保守秘密。

对辨认经过和结果，应当制作辨认笔录，由交通警察、辨认人、见证人签名。必要时，应当对辨认过程进行录音或者录像。

第三十九条 因收集证据的需要，公安机关交通管理部门可以扣留事故车辆，并开具行政强制措施凭证。扣留的车辆应当妥善保管。

公安机关交通管理部门不得扣留事故车辆所载货物。对所载货物在核实重量、体积及货物损失后，通知机动车驾驶人或者货物所有人自行处理。无法通知当事人或者当事人不自行处理的，按照《公安机关办理行政案件程序规定》的有关规定办理。

严禁公安机关交通管理部门指定停车场停放扣留的事故车辆。

第四十条 当事人涉嫌犯罪的，因收集证据的需要，公安机关交通管理部门可以依据《中华人民共和国刑事诉讼法》《公安机关办理刑事案件程序规定》，扣押机动车驾驶证等与事故有关的物品、证件，并按照规定出具扣押法律文书。扣押的物品应当妥善保管。

对扣押的机动车驾驶证等物品、证件，作为证据使用的，应当随案移送，并制作随案移送清单一式两份，一份留存，一份交人民检察院。对于实物不宜移送的，应当将其清单、照片或者其他证明文件随案移送。待人民法院作出生效判决后，按照人民法院的通知，依法作出处理。

第四十一条 经过调查，不属于公安机关交通管理部门管辖的，应当将案件移送有关部门并书面通知当事人，或者告知当事人处理途径。

公安机关交通管理部门在调查过程中，发现当事人涉嫌交通肇事、危险驾驶犯罪的，应当按照《中华人民共和国刑事诉讼法》《公安机关办理刑事案件程序规定》立案侦查。发现当事人有其他违法犯罪嫌疑的，应当及时移送有关部门，移送不影响事故的调查和处理。

第四十二条 投保机动车交通事故责任强制保险的车辆发生道路交通事故，因抢救受伤人员需要保险公司支付抢救费用的，公安机关交通管理部门应当书面通知保险公司。

抢救受伤人员需要道路交通事故社会救助基金垫付费用的，公安机关交通管理部门应当书面通知道路交通事故社会救助基金管理机构。

道路交通事故造成人员死亡需要救助基金垫付丧葬费用的，公安机关交通管理部门应当在送达尸体处理通知书的同时，告知受害人亲属向道路交通事故社会救助基金管理机构提出书面垫付申请。

第三节 交通肇事逃逸查缉

第四十三条 公安机关交通管理部门应当根据管辖区域和道路情况，制定交通肇事逃逸案件查缉预案，并组织专门力量办理交通肇事逃逸案件。

发生交通肇事逃逸案件后，公安机关交通管理部门应当立即启动查缉预案，布置警力堵截，并通过全国机动车缉查布控系统查缉。

第四十四条 案发地公安机关交通管理部门可以通过发协查通报、向社会公告等方式要求协查、举报交通肇事逃逸车辆或者侦破线索。发出协查通报或者向社会公告时，应当提供交通肇事逃逸案件基本事实、交通肇事逃逸车辆情况、特征及逃逸方向等有关情况。

中国人民解放军和中国人民武装警察部队车辆涉嫌交通肇事逃逸的，公安机关交通管理部门应当通报中国人民解放军、中国人民武装警察部队有关部门。

第四十五条 接到协查通报的公安机关交通管理部门，应当立即布置堵截或者排查。发现交通肇事逃逸车辆或者嫌疑车辆的，应当予以扣留，依法传唤交通肇事逃逸人或者与协查通报相符的嫌疑人，并及时将有关情况通知案发地公安机关交通管理部门。案发地公安机关交通管理部门应当立即派交通警察前往办理移交。

第四十六条 公安机关交通管理部门查获交通肇事逃逸车辆或者交通肇事逃逸嫌疑人后，应当按原范围撤销协查通报，并通过全国机动车缉查布控系统撤销布控。

第四十七条 公安机关交通管理部门侦办交通肇事逃逸案件期间，交通肇事逃逸案件的受害人及其家属向公安机关交通管理部门询问案件侦办情况的，除依法不应当公开的内容外，公安机关交通管理部门应当告知并做好记录。

第四十八条 道路交通事故社会救助基金管理机构已经为受害人垫付抢救费用或者丧葬费用的，公安机关交通管理部门应当在交通肇事逃逸案件侦破后及时书面告知道路交通事故社会救助基金管理机构交通肇事逃逸驾驶人的有关情况。

第四节 检验、鉴定

第四十九条 需要进行检验、鉴定的，公安机关交通管理部门应当按照有关规定，自事故现场调查结束之日起三日内委托具备资质的鉴定机构进行检验、鉴定。

尸体检验应当在死亡之日起三日内委托。对交通肇事逃逸车辆的检验、鉴定自查获肇事嫌疑车辆之日起三日内委托。

对现场调查结束之日起三日后需要检验、鉴定的，应当报经上一级公安机关交通管理部门批准。

对精神疾病的鉴定，由具有精神病鉴定资质的鉴定机构进行。

第五十条 检验、鉴定费用由公安机关交通管理部门承担，但法律法规另有规定或者当事人自行委托伤残评定、财产损失评估的除外。

第五十一条 公安机关交通管理部门应当与鉴定机构确定检验、鉴定完成的期限，确定的期限不得超过三十日。超过三十日的，应当报经上一级公安机关交通管理部门批准，但最长不得超过六十日。

第五十二条 尸体检验不得在公众场合进行。为了确定死因需要解剖尸体的，应当征得死者家属同意。死者家属不同意解剖尸体的，经县级以上公安机关或者上一级公安机关交通管理部门负责人批准，可以解剖尸体，并且通知死者家属到场，由其在解剖尸体通知书上签名。

死者家属无正当理由拒不到场或者拒绝签名的，交通警察应当在解剖尸体通知书上注明。对身份不明的尸体，无法通知死者家属的，应当记录在案。

第五十三条 尸体检验报告确定后，应当书面通知死者家属在十日内办理丧葬事宜。无正当理由逾期不办理的应记录在案，并经县级以上公安机关或者上一级公安机关交通管理部门负责人批准，由公安机关或者上一级公安机关交通管理部门处理尸体，逾期存放的费用由死者家属承担。

对于没有家属、家属不明或者因自然灾害等不可抗力导致无法通知或者通知后家属拒绝领回的，经县级以上公安机关或者上一级公安机关交通管理部门负责人批准，可以及时处理。

对身份不明的尸体，由法医提取人身识别检材，并对尸体拍照、采集相关信息后，由公安机关交通管理部门填写身份不明尸体信息登记表，并在设区的市级以上报纸刊登认尸启事。登报后三十日仍无人认领的，经县级以上公安机关或者上一级公安机关交通管理部门负责人批准，可以及时处理。

因宗教习俗等原因对尸体处理期限有特殊需要的，经县级以上公安机关或者上一级公安机关交通管理部门负责人批准，可以紧急处理。

第五十四条 鉴定机构应当在规定的期限内完成检验、鉴定，并出具书面检验报告、鉴定意见，由鉴定人签名，鉴定意见还应当加盖机构印章。检验报告、鉴定意见应当载明以下事项：

（一）委托人；

（二）委托日期和事项；

（三）提交的相关材料；

（四）检验、鉴定的时间；

（五）依据和结论性意见，通过分析得出结论性意见的，应当有分析证明过程。

检验报告、鉴定意见应当附有鉴定机构、鉴定人的资质证明或者其他证明文件。

第五十五条 公安机关交通管理部门应当对检验报告、鉴定意见进行审核，并在收到检验报告、鉴定意见之日起五日内，将检验报告、鉴定意见复印件送达当事人，但有下列情形之一的除外：

（一）检验、鉴定程序违法或者违反相关专业技术要求，可能影响检验报告、鉴定意见公正、客观的；

（二）鉴定机构、鉴定人不具备鉴定资质和条件的；

（三）检验报告、鉴定意见明显依据不足的；

（四）故意作虚假鉴定的；

（五）鉴定人应当回避而没有回避的；

（六）检材虚假或者检材被损坏、不具备鉴定条件的；

（七）其他可能影响检验报告、鉴定意见公正、客观的情形。

检验报告、鉴定意见有前款规定情形之一的，经县级以上公安机关交通管理部门负责人批准，应当在收到检验报告、鉴定意见之日起三日内重新委托检验、鉴定。

第五十六条 当事人对检验报告、鉴定意见有异议，申请重新检验、鉴定的，应当自公安机关交通管理部门送达之日起三日内提出书面申请，经县级以上公安机关交通管理部门负责人批准，原办案单位应当重新委托检验、鉴定。检验报告、鉴定意见不具有本规定第五十五条第一款情形的，经县级以上公安机关交通管理部门负责人批准，由原办案单位作出不准予重新检验、鉴定的决定，并在作出决定之日起三日内书面通知申请人。

同一交通事故的同一检验、鉴定事项，重新检验、鉴定以一次为限。

第五十七条 重新检验、鉴定应当另行委托鉴定机构。

第五十八条 自检验报告、鉴定意见确定之日起五日内，公安机关交通管理部门应当通知当事人领取扣留的事故车辆。

因扣留车辆发生的费用由作出决定的公安机关交通管理部门承担，但公安机关交通管理部门通知当事人领取，当事人逾期未领取产生的停车费用由当事人自行承担。

经通知当事人三十日后不领取的车辆，经公告三个月仍不领取的，对扣留的车辆依法处理。

第七章　认定与复核

第一节　道路交通事故认定

第五十九条　道路交通事故认定应当做到事实清楚、证据确实充分、适用法律正确、责任划分公正、程序合法。

第六十条　公安机关交通管理部门应当根据当事人的行为对发生道路交通事故所起的作用以及过错的严重程度，确定当事人的责任。

（一）因一方当事人的过错导致道路交通事故的，承担全部责任；

（二）因两方或者两方以上当事人的过错发生道路交通事故的，根据其行为对事故发生的作用以及过错的严重程度，分别承担主要责任、同等责任和次要责任；

（三）各方均无导致道路交通事故的过错，属于交通意外事故的，各方均无责任。

一方当事人故意造成道路交通事故的，他方无责任。

第六十一条　当事人有下列情形之一的，承担全部责任：

（一）发生道路交通事故后逃逸的；

（二）故意破坏、伪造现场、毁灭证据的。

为逃避法律责任追究，当事人弃车逃逸以及潜逃藏匿的，如有证据证明其他当事人也有过错，可以适当减轻责任，但同时有证据证明逃逸当事人有第一款第二项情形的，不予减轻。

第六十二条　公安机关交通管理部门应当自现场调查之日起十日内制作道路交通事故认定书。交通肇事逃逸案件在查获交通肇事车辆和驾驶人后十日内制作道路交通事故认定书。对需要进行检验、鉴定的，应当在检验报告、鉴定意见确定之日起五日内制作道路交通事故认定书。

有条件的地方公安机关交通管理部门可以试行在互联网公布道路交通事故认定书，但对涉及的国家秘密、商业秘密或者个人隐私，应当保密。

第六十三条　发生死亡事故以及复杂、疑难的伤人事故后，公安机关交通管理部门应当在制作道路交通事故认定书或者道路交通事故证明前，召集各方当事人到场，公开调查取得的证据。

证人要求保密或者涉及国家秘密、商业秘密以及个人隐私的，按照有关法律法规的规定执行。

当事人不到场的，公安机关交通管理部门应当予以记录。

第六十四条　道路交通事故认定书应当载明以下内容：

（一）道路交通事故当事人、车辆、道路和交通环境等基本情况；

（二）道路交通事故发生经过；

（三）道路交通事故证据及事故形成原因分析；

（四）当事人导致道路交通事故的过错及责任或者意外原因；

（五）作出道路交通事故认定的公安机关交通管理部门名称和日期。

道路交通事故认定书应当由交通警察签名或者盖章，加盖公安机关交通管理部门道路交通事故处理专用章。

第六十五条　道路交通事故认定书应当在制作后三日内分别送达当事人，并告知申请复核、调解和提起民事诉讼的权利、期限。

当事人收到道路交通事故认定书后，可以查阅、复制、摘录公安机关交通管理部门处理道路交通事故的证据材料，但证人要求保密或者涉及国家秘密、商业秘密以及个人隐私的，按照有关法律法规的规定执行。公安机关交通管理部门对当事人复制的证据材料应当加盖公安机关交通管理部门事故处理专用章。

第六十六条　交通肇事逃逸案件尚未侦破，受害一方当事人要求出具道路交通事故认定书的，公安机关交通管理部门应当在接到当事人书面申请后十日内，根据本规定第六十一条确定各方当事人责任，制作道路交通事故认定书，并送达受害方当事人。道路交通事故认定书应当载明事故发生的时间、地点、受害人情况及调查得到的事实，以及受害方当事人的责任。

交通肇事逃逸案件侦破后，已经按照前款规定制作道路交通事故认定书的，应当按照本规定第六十一条重新确定责任，制作道路交通事故认定书，分别送达当事人。重新制作的道路交通事故认定书除应当载明本规定第六十四条规定的内容外，还应当注明撤销原道路交通事故认定书。

第六十七条 道路交通事故基本事实无法查清、成因无法判定的，公安机关交通管理部门应当出具道路交通事故证明，载明道路交通事故发生的时间、地点、当事人情况及调查得到的事实，分别送达当事人，并告知申请复核、调解和提起民事诉讼的权利、期限。

第六十八条 由于事故当事人、关键证人处于抢救状态或者因其他客观原因导致无法及时取证，现有证据不足以认定案件基本事实的，经上一级公安机关交通管理部门批准，道路交通事故认定的时限可中止计算，并书面告知各方当事人或者其代理人，但中止的时间最长不得超过六十日。

当中止认定的原因消失，或者中止期满受伤人员仍然无法接受调查的，公安机关交通管理部门应当在五日内，根据已经调查取得的证据制作道路交通事故认定书或者出具道路交通事故证明。

第六十九条 伤人事故符合下列条件，各方当事人一致书面申请快速处理的，经县级以上公安机关交通管理部门负责人批准，可以根据已经取得的证据，自当事人申请之日起五日内制作道路交通事故认定书：

（一）当事人不涉嫌交通肇事、危险驾驶犯罪的；

（二）道路交通事故基本事实及成因清楚，当事人无异议的。

第七十条 对尚未查明身份的当事人，公安机关交通管理部门应当在道路交通事故认定书或者道路交通事故证明中予以注明，待身份信息查明以后，制作书面补充说明送达各方当事人。

第二节 复 核

第七十一条 当事人对道路交通事故认定或者出具道路交通事故证明有异议的，可以自道路交通事故认定书或者道路交通事故证明送达之日起三日内提出书面复核申请。当事人逾期提交复核申请的，不予受理，并书面通知申请人。

复核申请应当载明复核请求及其理由和主要证据。同一事故的复核以一次为限。

第七十二条 复核申请人通过作出道路交通事故认定的公安机关交通管理部门提出复核申请的，作出道路交通事故认定的公安机关交通管理部门应当自收到复核申请之日起二日内将复核申请连同道路交通事故有关材料移送上一级公安机关交通管理部门。

复核申请人直接向上一级公安机关交通管理部门提出复核申请的，上一级公安机关交通管理部门应当通知作出道路交通事故认定的公安机关交通管理部门自收到通知之日起五日内提交案卷材料。

第七十三条 除当事人逾期提交复核申请的情形外，上一级公安机关交通管理部门收到复核申请之日即为受理之日。

第七十四条 上一级公安机关交通管理部门自受理复核申请之日起三十日内，对下列内容进行审查，并作出复核结论：

（一）道路交通事故认定的事实是否清楚、证据是否确实充分、适用法律是否正确、责任划分是否公正；

（二）道路交通事故调查及认定程序是否合法；

（三）出具道路交通事故证明是否符合规定。

复核原则上采取书面审查的形式，但当事人提出要求或者公安机关交通管理部门认为有必要时，可以召集各方当事人到场，听取各方意见。

办理复核案件的交通警察不得少于二人。

第七十五条 复核审查期间，申请人提出撤销复核申请的，公安机关交通管理部门应当终止复核，并书面通知各方当事人。

受理复核申请后，任何一方当事人就该事故向人民法院提起诉讼并经人民法院受理的，公安机关交通管理部门应当将受理当事人复核申请的有关情况告知相关人民法院。

受理复核申请后，人民检察院对交通肇事犯罪嫌疑人作出批准逮捕决定的，公安机关交通管理部门应当将受理当事人复核申请的有关情况告知相关人民检察院。

第七十六条 上一级公安机关交通管理部门认为原道路交通事故认定事实清楚、证据确实充分、适用法律正确、责任划分公正、程序合法的，应当作出维持原道路交通事故认定的复核结论。

上一级公安机关交通管理部门认为调查及认定程序存在瑕疵，但不影响道路交通事故认定的，在责令原办案单位补正或者作出合理解释后，可以作出维持原道路交通事故认定的复核结论。

上一级公安机关交通管理部门认为原道路交通事故认定有下列情形之一的，应当作出责令原办案单位重新调查、认定的复核结论：

（一）事实不清的；

（二）主要证据不足的；

（三）适用法律错误的；

（四）责任划分不公正的；

（五）调查及认定违反法定程序可能影响道路交通事故认定的。

第七十七条 上一级公安机关交通管理部门审查原道路交通事故证明后，按下列规定处理：

（一）认为事故成因确属无法查清，应当作出维持原道路交通事故证明的复核结论；

（二）认为事故成因仍需进一步调查的，应当作出责令原办案单位重新调查、认定的复核结论。

第七十八条 上一级公安机关交通管理部门应当在作出复核结论后三日内将复核结论送达各方当事人。公安机关交通管理部门认为必要的，应当召集各方当事人，当场宣布复核结论。

第七十九条 上一级公安机关交通管理部门作出责令重新调查、认定的复核结论后，原办案单位应当在十日内依照本规定重新调查，重新作出道路交通事故认定，撤销原道路交通事故认定书或者原道路交通事故证明。

重新调查需要检验、鉴定的，原办案单位应当在检验报告、鉴定意见确定之日起五日内，重新作出道路交通事故认定。

重新作出道路交通事故认定的，原办案单位应当送达各方当事人，并报上一级公安机关交通管理部门备案。

第八十条 上一级公安机关交通管理部门可以设立道路交通事故复核委员会，由办理复核案件的交通警察会同相关行业代表、社会专家学者等人员共同组成，负责案件复核，并以上一级公安机关交通管理部门的名义作出复核结论。

第八章 处罚执行

第八十一条 公安机关交通管理部门应当按照《道路交通安全违法行为处理程序规定》，对当事人的道路交通安全违法行为依法作出处罚。

第八十二条 对发生道路交通事故构成犯罪，依法应当吊销驾驶人机动车驾驶证的，应当在人民法院作出有罪判决后，由设区的市公安机关交通管理部门依法吊销机动车驾驶证。同时具有逃逸情形的，公安机关交通管理部门应当同时依法作出终生不得重新取得机动车驾驶证的决定。

第八十三条 专业运输单位六个月内两次发生一次死亡三人以上事故，且单位或者车辆驾驶人对事故承担全部责任或者主要责任的，专业运输单位所在地的公安机关交通管理部门应当报经设区的市公安机关交通管理部门批准后，作出责令限期消除安全隐患的决定，禁止未消除安全隐患的机动车上道路行驶，并通报道路交通事故发生地及运输单位所在地的人民政府有关行政管理部门。

第九章 损害赔偿调解

第八十四条 当事人可以采取以下方式解决道路交通事故损害赔偿争议：

（一）申请人民调解委员会调解；

（二）申请公安机关交通管理部门调解；

（三）向人民法院提起民事诉讼。

第八十五条 当事人申请人民调解委员会调解，达成调解协议后，双方当事人认为有必要的，可以根据《中华人民共和国人民调解法》共同向人民法院申请司法确认。

当事人申请人民调解委员会调解，调解未达成协议的，当事人可以直接向人民法院提起民事诉讼，或者自人民调解委员会作出终止调解之日起三日内，一致书面申请公安机关交通管理部门进行调解。

第八十六条 当事人申请公安机关交通管理部门调解的，应当在收到道路交通事故认定书、道路交通事故证明或者上一级公安机关交通管理部门维持原道路交通事故认定的复核结论之日起十日内一致书面申请。

当事人申请公安机关交通管理部门调解，调解未达成协议的，当事人可以依法向人民法院提起民事诉讼，或者申请人民调解委员会进行调解。

第八十七条 公安机关交通管理部门应当按照合法、公正、自愿、及时的原则进行道路交通事故损害赔偿调解。

道路交通事故损害赔偿调解应当公开进行，但当事人申请不予公开的除外。

第八十八条 公安机关交通管理部门应当与当事人约定调解的时间、地点，并于调解时间三日前通知当事人。口头通知的，应当记入调解记录。

调解参加人因故不能按期参加调解的，应当在预定调解时间一日前通知承办的交通警察，请求变更调解时间。

第八十九条 参加损害赔偿调解的人员包括：

（一）道路交通事故当事人及其代理人；

（二）道路交通事故车辆所有人或者管理人；

（三）承保机动车保险的保险公司人员；

（四）公安机关交通管理部门认为有必要参加的其他人员。

委托代理人应当出具由委托人签名或者盖章的授权委托书。授权委托书应当载明委托事项和权限。

参加损害赔偿调解的人员每方不得超过三人。

第九十条 公安机关交通管理部门受理调解申请后，应当按照下列规定日期开始调解：

（一）造成人员死亡的，从规定的办理丧葬事宜时间结束之日起；

（二）造成人员受伤的，从治疗终结之日起；

（三）因伤致残的，从定残之日起；

（四）造成财产损失的，从确定损失之日起。

公安机关交通管理部门受理调解申请时已超过前款规定的时间，调解自受理调解申请之日起开始。

公安机关交通管理部门应当自调解开始之日起十日内制作道路交通事故损害赔偿调解书或者道路交通事故损害赔偿调解终结书。

第九十一条 交通警察调解道路交通事故损害赔偿，按照下列程序实施：

（一）告知各方当事人权利、义务；

（二）听取各方当事人的请求及理由；

（三）根据道路交通事故认定书认定的事实以及《中华人民共和国道路交通安全法》第七十六条的规定，确定当事人承担的损害赔偿责任；

（四）计算损害赔偿的数额，确定各方当事人承担的比例，人身损害赔偿的标准按照《中华人民共和国侵权责任法》《最高人民法院关于审理人身损害赔偿案件适用法律若干问题的解释》《最高人民法院关于审理道路交通事故损害赔偿案件适用法律若干问题的解释》等有关规定执行，财产损失的修复费用、折价赔偿费用按照实际价值或者评估机构的评估结论计算；

（五）确定赔偿履行方式及期限。

第九十二条 因确定损害赔偿的数额，需要进行伤残评定、财产损失评估的，由各方当事人协商确定有资质的机构进行，但财产损失数额巨大涉嫌刑事犯罪的，由公安机关交通管理部门委托。

当事人委托伤残评定、财产损失评估的费用，由当事人承担。

第九十三条 经调解达成协议的，公安机关交通管理部门应当当场制作道路交通事故损害赔偿调解书，由各方当事人签字，分别送达各方当事人。

调解书应当载明以下内容：

（一）调解依据；

（二）道路交通事故认定书认定的基本事实和损失情况；

（三）损害赔偿的项目和数额；

（四）各方的损害赔偿责任及比例；

（五）赔偿履行方式和期限；

（六）调解日期。

经调解各方当事人未达成协议的，公安机关交通管理部门应当终止调解，制作道路交通事故损害赔偿调解终结书，送达各方当事人。

第九十四条 有下列情形之一的，公安机关交通管理部门应当终止调解，并记录在案：

（一）调解期间有一方当事人向人民法院提起民事诉讼的；

（二）一方当事人无正当理由不参加调解的；

（三）一方当事人调解过程中退出调解的。

第九十五条 有条件的地方公安机关交通管理部门可以联合有关部门，设置道路交通事故保险理赔服务场所。

第十章　涉外道路交通事故处理

第九十六条　外国人在中华人民共和国境内发生道路交通事故的，除按照本规定执行外，还应当按照办理涉外案件的有关法律、法规、规章的规定执行。

公安机关交通管理部门处理外国人发生的道路交通事故，应当告知当事人我国法律、法规、规章规定的当事人在处理道路交通事故中的权利和义务。

第九十七条　外国人发生道路交通事故有下列情形之一的，不准其出境：

（一）涉嫌犯罪的；

（二）有未了结的道路交通事故损害赔偿案件，人民法院决定不准出境的；

（三）法律、行政法规规定不准出境的其他情形。

第九十八条　外国人发生道路交通事故并承担全部责任或者主要责任的，公安机关交通管理部门应当告知道路交通事故损害赔偿权利人可以向人民法院提出采取诉前保全措施的请求。

第九十九条　公安机关交通管理部门在处理道路交通事故过程中，使用中华人民共和国通用的语言文字。对不通晓我国语言文字的，应当为其提供翻译；当事人通晓我国语言文字而不需要他人翻译的，应当出具书面声明。

经公安机关交通管理部门批准，外国人可以自行聘请翻译，翻译费由当事人承担。

第一百条　享有外交特权与豁免的人员发生道路交通事故时，应当主动出示有效身份证件，交通警察认为应当给予暂扣或者吊销机动车驾驶证处罚的，可以扣留其机动车驾驶证。需要对享有外交特权与豁免的人员进行调查的，可以约谈，谈话时仅限于与道路交通事故有关的内容。需要检验、鉴定车辆的，公安机关交通管理部门应当征得其同意，并在检验、鉴定后立即发还。

公安机关交通管理部门应当根据收集的证据，制作道路交通事故认定书送达当事人，当事人拒绝接收的，送达至其所在机构；没有所在机构或者所在机构不明确的，由当事人所属国家的驻华使领馆转交送达。

享有外交特权与豁免的人员应当配合公安机关交通管理部门的调查和检验、鉴定。对于经核查确实享有外交特权与豁免但不同意接受调查或者检验、鉴定的，公安机关交通管理部门应当将有关情况记录在案，损害赔偿事宜通过外交途径解决。

第一百零一条　公安机关交通管理部门处理享有外交特权与豁免的外国人发生人员死亡事故的，应当将其身份、证件及事故经过、损害后果等基本情况记录在案，并将有关情况迅速通报省级人民政府外事部门和该外国人所属国家的驻华使馆或者领馆。

第一百零二条　外国驻华领事机构、国际组织、国际组织驻华代表机构享有特权与豁免的人员发生道路交通事故的，公安机关交通管理部门参照本规定第一百条、第一百零一条规定办理，但《中华人民共和国领事特权与豁免条例》、中国已参加的国际公约以及我国与有关国家或者国际组织缔结的协议有不同规定的除外。

第十一章　执法监督

第一百零三条　公安机关警务督察部门可以依法对公安机关交通管理部门及其交通警察处理道路交通事故工作进行现场督察，查处违纪违法行为。

上级公安机关交通管理部门对下级公安机关交通管理部门处理道路交通事故工作进行监督，发现错误应当及时纠正，造成严重后果的，依纪依法追究有关人员的责任。

第一百零四条　公安机关交通管理部门及其交通警察处理道路交通事故，应当公开办事制度、办事程序，建立警风警纪监督员制度，并自觉接受社会和群众的监督。

任何单位和个人都有权对公安机关交通管理部门及其交通警察不依法严格公正处理道路交通事故、利用职务上的便利收受他人财物或者谋取其他利益、徇私舞弊、滥用职权、玩忽职守以及其他违纪违法行为进行检举、控告。收到检举、控告的机关，应当依据职责及时查处。

第一百零五条　在调查处理道路交通事故时，交通警察或者公安机关检验、鉴定人员有下列情形之一的，应当回避：

（一）是本案的当事人或者是当事人的近亲属的；

（二）本人或者其近亲属与本案有利害关

系的；

（三）与本案当事人有其他关系，可能影响案件公正处理的。

交通警察或者公安机关检验、鉴定人员需要回避的，由本级公安机关交通管理部门负责人或者检验、鉴定人员所属的公安机关决定。公安机关交通管理部门负责人需要回避的，由公安机关或者上一级公安机关交通管理部门负责人决定。

对当事人提出的回避申请，公安机关交通管理部门应当在二日内作出决定，并通知申请人。

第一百零六条 人民法院、人民检察院审理、审查道路交通事故案件，需要公安机关交通管理部门提供有关证据的，公安机关交通管理部门应当在接到调卷公函之日起三日内，或者按照其时限要求，将道路交通事故案件调查材料正本移送人民法院或者人民检察院。

第一百零七条 公安机关交通管理部门对查获交通肇事逃逸车辆及人员提供有效线索或者协助的人员、单位，应当给予表彰和奖励。

公安机关交通管理部门及其交通警察接到协查通报不配合协查并造成严重后果的，由公安机关或者上级公安机关交通管理部门追究有关人员和单位主管领导的责任。

第十二章 附 则

第一百零八条 道路交通事故处理资格等级管理规定由公安部另行制定，资格证书式样全国统一。

第一百零九条 公安机关交通管理部门应当在邻省、市（地）、县交界的国、省、县道上，以及辖区内交通流量集中的路段，设置标有管辖地公安机关交通管理部门名称及道路交通事故报警电话号码的提示牌。

第一百一十条 车辆在道路以外通行时发生的事故，公安机关交通管理部门接到报案的，参照本规定处理。涉嫌犯罪的，及时移送有关部门。

第一百一十一条 执行本规定所需要的法律文书式样，由公安部制定。公安部没有制定式样，执法工作中需要的其他法律文书，省级公安机关可以制定式样。

当事人自行协商处理损害赔偿事宜的，可以自行制作协议书，但应当符合本规定第二十一条关于协议书内容的规定。

第一百一十二条 本规定中下列用语的含义是：

（一）“交通肇事逃逸”，是指发生道路交通事故后，当事人为逃避法律责任，驾驶或者遗弃车辆逃离道路交通事故现场以及潜逃藏匿的行为。

（二）“深度调查”，是指以有效防范道路交通事故为目的，对道路交通事故发生的深层次原因以及道路交通安全相关因素开展延伸调查，分析查找安全隐患及管理漏洞，并提出从源头解决问题的意见和建议的活动。

（三）“检验报告、鉴定意见确定”，是指检验报告、鉴定意见复印件送达当事人之日起三日内，当事人未申请重新检验、鉴定的，以及公安机关交通管理部门批准重新检验、鉴定，鉴定机构出具检验报告、鉴定意见的。

（四）“外国人”，是指不具有中国国籍的人。

（五）本规定所称的“一日”、“二日”、“三日”、“五日”、“十日”，是指工作日，不包括节假日。

（六）本规定所称的“以上”、“以下”均包括本数在内。

（七）“县级以上公安机关交通管理部门”，是指县级以上人民政府公安机关交通管理部门或者相当于同级的公安机关交通管理部门。

（八）“设区的市公安机关交通管理部门”，是指设区的市人民政府公安机关交通管理部门或者相当于同级的公安机关交通管理部门。

（九）“设区的市公安机关”，是指设区的市人民政府公安机关或者相当于同级的公安机关。

第一百一十三条 本规定没有规定的道路交通事故案件办理程序，依照《公安机关办理行政案件程序规定》《公安机关办理刑事案件程序规定》的有关规定执行。

第一百一十四条 本规定自2018年5月1日起施行。2008年8月17日发布的《道路交通事故处理程序规定》（公安部令第104号）同时废止。

【指导性案例】

指导案例 19 号

赵春明等诉烟台市福山区汽车运输公司、卫德平等机动车交通事故责任纠纷案[①]

（最高人民法院审判委员会讨论通过　2013 年 11 月 8 日发布）

关键词　民事　机动车交通事故责任　套牌　连带责任

裁判要点

机动车所有人或者管理人将机动车号牌出借他人套牌使用，或者明知他人套牌使用其机动车号牌不予制止，套牌机动车发生交通事故造成他人损害的，机动车所有人或者管理人应当与套牌机动车所有人或者管理人承担连带责任。

相关法条

《中华人民共和国侵权责任法》第八条[②]

《中华人民共和国道路交通安全法》第十六条[③]

基本案情

2008 年 11 月 25 日 5 时 30 分许，被告林则东驾驶套牌的鲁 F41703 货车在同三高速公路某段行驶时，与同向行驶的被告周亚平驾驶的客车相撞，两车冲下路基，客车翻滚致车内乘客冯永菊当场死亡。经交警部门认定，货车司机林则东负主要责任，客车司机周亚平负次要责任，冯永菊不负事故责任。原告赵春明、赵某某、冯某某、侯某某分别系死者冯永菊的丈夫、儿子、父亲和母亲。

鲁 F41703 号牌在车辆管理部门登记的货车并非肇事货车，该号牌登记货车的所有人系被告烟台市福山区汽车运输公司（以下简称福山公司），实际所有人系被告卫德平，该货车在被告永安财产保险股份有限公司烟台中心支公司（以下简称永安保险公司）投保机动车第三者责任强制保险。

套牌使用鲁 F41703 号牌的货车（肇事货车）实际所有人为被告卫广辉，林则东系卫广辉雇佣的司机。据车辆管理部门登记信息反映，鲁 F41703 号牌登记货车自 2004 年 4 月 26 日至 2008 年 7 月 2 日，先后 15 次被以损坏或灭失为由申请补领号牌和行驶证。2007 年 8 月 23 日卫广辉申请补领行驶证的申请表上有福山公司的签章。事发后，福山公司曾派人到交警部门处理相关事宜。审理中，卫广辉表示，卫德平对套牌事宜知情并收取套牌费，事发后卫广辉还向卫德平借用鲁 F41703 号牌登记货车的保单去处理事故，保单仍在卫广辉处。

发生事故的客车的登记所有人系被告朱荣明，但该车辆几经转手，现实际所有人系周亚平，朱荣明对该客车既不支配也未从该车运营中获益。被告上海腾飞建设工程有限公司（以下简称腾飞公司）系周亚平的雇主，但事发时周亚平并非履行职务。该客车在中国人民财产保险股份有限公司上海市分公司（以下简称人保公司）投保了机动车第三者责任强制保险。

裁判结果

上海市宝山区人民法院于 2010 年 5 月 18 日作出（2009）宝民一（民）初字第 1128 号民事判决：一、被告卫广辉、林则东赔偿四原告丧葬费、精神损害抚慰金、死亡赔偿金、交通费、误工费、住宿费、被扶养人生活费和律师费共计 396863 元；二、被告周亚平赔偿四原告丧葬费、精神损害抚慰金、死亡赔偿金、交

① 本书原文引用指导性案例，原案例未隐名的，不再特别处理。

② 现为《中华人民共和国民法典》第一千一百六十八条。

③ 现为《中华人民共和国道路交通安全法》（2021 年修正）第十六条。

通费、误工费、住宿费、被扶养人生活费和律师费共计170084元；三、被告福山公司、卫德平对上述判决主文第一项的赔偿义务承担连带责任；被告卫广辉、林则东、周亚平对上述判决主文第一、二项的赔偿义务互负连带责任；四、驳回四原告的其余诉讼请求。宣判后，卫德平提起上诉。上海市第二中级人民法院于2010年8月5日作出（2010）沪二中民一（民）终字第1353号民事判决：驳回上诉，维持原判。

裁判理由

法院生效裁判认为：根据本案交通事故责任认定，肇事货车司机林则东负事故主要责任，而卫广辉是肇事货车的实际所有人，也是林则东的雇主，故卫广辉和林则东应就本案事故损失连带承担主要赔偿责任。永安保险公司承保的鲁F41703货车并非实际肇事货车，其也不知道鲁F41703机动车号牌被肇事货车套牌，故永安保险公司对本案事故不承担赔偿责任。根据交通事故责任认定，本案客车司机周亚平对事故负次要责任，周亚平也是该客车的实际所有人，故周亚平应对本案事故损失承担次要赔偿责任。朱荣明虽系该客车的登记所有人，但该客车已几经转手，朱荣明既不支配该车，也未从该车运营中获益，故其对本案事故不承担责任。周亚平虽受雇于腾飞公司，但本案事发时周亚平并非在为腾飞公司履行职务，故腾飞公司对本案亦不承担责任。至于承保该客车的人保公司，因死者冯永菊系车内人员，依法不适用机动车交通事故责任强制保险，故人保公司对本案不承担责任。另，卫广辉和林则东一方、周亚平一方虽各自应承担的责任比例有所不同，但车祸的发生系两方的共同侵权行为所致，故卫广辉、林则东对于周亚平的应负责任份额，周亚平对于卫广辉、林则东的应负责任份额，均应互负连带责任。

鲁F41703货车的登记所有人福山公司和实际所有人卫德平，明知卫广辉等人套用自己的机动车号牌而不予阻止，且提供方便，纵容套牌货车在公路上行驶，福山公司与卫德平的行为已属于出借机动车号牌给他人使用的情形，该行为违反了《中华人民共和国道路交通安全法》等有关机动车管理的法律规定。将机动车号牌出借他人套牌使用，将会纵容不符合安全技术标准的机动车通过套牌在道路上行驶，增加道路交通的危险性，危及公共安全。套牌机动车发生交通事故造成损害，号牌出借人同样存在过错，对于肇事的套牌车一方应负的赔偿责任，号牌出借人应当承担连带责任。故福山公司和卫德平应对卫广辉与林则东一方的赔偿责任份额承担连带责任。

指导案例24号

荣宝英诉王阳、永诚财产保险股份有限公司江阴支公司机动车交通事故责任纠纷案

（最高人民法院审判委员会讨论通过 2014年1月26日发布）

关键词 民事 交通事故 过错责任

裁判要点

交通事故的受害人没有过错，其体质状况对损害后果的影响不属于可以减轻侵权人责任的法定情形。

相关法条

《中华人民共和国侵权责任法》第二十六条①

《中华人民共和国道路交通安全法》第七十六条第一款第（二）项②

基本案情

原告荣宝英诉称：被告王阳驾驶轿车与其发生刮擦，致其受伤。该事故经江苏省无锡市

① 现为《中华人民共和国民法典》第一千一百七十三条。

② 现为《中华人民共和国道路交通安全法》（2021年修正）第七十六条第一款第二项。

公安局交通巡逻警察支队滨湖大队（简称滨湖交警大队）认定：王阳负事故的全部责任，荣宝英无责。原告要求下述两被告赔偿医疗费用 30006 元、住院伙食补助费 414 元、营养费 1620 元、残疾赔偿金 27658.05 元、护理费 6000 元、交通费 800 元、精神损害抚慰金 10500 元，并承担本案诉讼费用及鉴定费用。

被告永诚财产保险股份有限公司江阴支公司（简称永诚保险公司）辩称：对于事故经过及责任认定没有异议，其愿意在交强险限额范围内予以赔偿；对于医疗费用 30006 元、住院伙食补助费 414 元没有异议；因鉴定意见结论中载明"损伤参与度评定为 75%，其个人体质的因素占 25%"，故确定残疾赔偿金应当乘以损伤参与度系数 0.75，认可 20743.54 元；对于营养费认可 1350 元，护理费认可 3300 元，交通费认可 400 元，鉴定费用不予承担。

被告王阳辩称：对于事故经过及责任认定没有异议，原告的损失应当由永诚保险公司在交强险限额范围内优先予以赔偿；鉴定费用请求法院依法判决，其余各项费用同意保险公司意见；其已向原告赔偿 20000 元。

法院经审理查明：2012 年 2 月 10 日 14 时 45 分许，王阳驾驶号牌为苏 MT1888 的轿车，沿江苏省无锡市滨湖区蠡湖大道由北往南行驶至蠡湖大道大通路口人行横道线时，碰擦行人荣宝英致其受伤。2 月 11 日，滨湖交警大队作出《道路交通事故认定书》，认定王阳负事故的全部责任，荣宝英无责。事故发生当天，荣宝英即被送往医院治疗，发生医疗费用 30006 元，王阳垫付 20000 元。荣宝英治疗恢复期间，以每月 2200 元聘请一名家政服务人员。号牌苏 MT1888 轿车在永诚保险公司投保了机动车交通事故责任强制保险，保险期间为 2011 年 8 月 17 日 0 时起至 2012 年 8 月 16 日 24 时止。原、被告一致确认荣宝英的医疗费用为 30006 元、住院伙食补助费为 414 元、精神损害抚慰金为 10500 元。

荣宝英申请并经无锡市中西医结合医院司法鉴定所鉴定，结论为：1. 荣宝英左桡骨远端骨折的伤残等级评定为十级；左下肢损伤的伤残等级评定为九级。损伤参与度评定为 75%，其个人体质的因素占 25%。2. 荣宝英的误工期评定为 150 日，护理期评定为 60 日，营养期评定为 90 日。一审法院据此确认残疾赔偿金 27658.05 元扣减 25% 为 20743.54 元。

裁判结果

江苏省无锡市滨湖区人民法院于 2013 年 2 月 8 日作出（2012）锡滨民初字第 1138 号判决：一、被告永诚保险公司于本判决生效后十日内赔偿荣宝英医疗费用、住院伙食补助费、营养费、残疾赔偿金、护理费、交通费、精神损害抚慰金共计 45343.54 元。二、被告王阳于本判决生效后十日内赔偿荣宝英医疗费用、住院伙食补助费、营养费、鉴定费共计 4040 元。三、驳回原告荣宝英的其他诉讼请求。宣判后，荣宝英向江苏省无锡市中级人民法院提出上诉。无锡市中级人民法院经审理于 2013 年 6 月 21 日以原审适用法律错误为由作出（2013）锡民终字第 497 号民事判决：一、撤销无锡市滨湖区人民法院（2012）锡滨民初字第 1138 号民事判决。二、被告永诚保险公司于本判决生效后十日内赔偿荣宝英 52258.05 元。三、被告王阳于本判决生效后十日内赔偿荣宝英 4040 元。四、驳回原告荣宝英的其他诉讼请求。

裁判理由

法院生效裁判认为：《中华人民共和国侵权责任法》第二十六条规定："被侵权人对损害的发生也有过错的，可以减轻侵权人的责任。"《中华人民共和国道路交通安全法》第七十六条第一款第（二）项规定，机动车与非机动车驾驶人、行人之间发生交通事故，非机动车驾驶人、行人没有过错的，由机动车一方承担赔偿责任；有证据证明非机动车驾驶人、行人有过错的，根据过错程度适当减轻机动车一方的赔偿责任。因此，交通事故中在计算残疾赔偿金是否应当扣减时应当根据受害人对损失的发生或扩大是否存在过错进行分析。本案中，虽然原告荣宝英的个人体质状况对损害后果的发生具有一定的影响，但这不是侵权责任法等法律规定的过错，荣宝英不应因个人体质状况对交通事故导致的伤残存在一定影响而自负相应责任，原审判决以伤残等级鉴定结论中将荣宝英个人体质状况"损伤参与度评定为 75%"为由，在计算残疾赔偿金时作相应扣减属适用法律错误，应予纠正。

从交通事故受害人发生损伤及造成损害后果的因果关系看，本起交通事故的引发系肇事者王阳驾驶机动车穿越人行横道线时，未尽到安全注意义务碰擦行人荣宝英所致；本起交通事故造成的损害后果系受害人荣宝英被机动车碰撞、跌倒发生骨折所致，事故责任认定荣宝英对本起事故不负责任，其对事故的发生及损害后果的造成均无过错。虽然荣宝英年事已高，但其年老骨质疏松仅是事故造成后果的客观因素，并无法律上的因果关系。因此，受害人荣宝英对于损害的发生或者扩大没有过错，不存在减轻或者免除加害人赔偿责任的法定情形。同时，机动车应当遵守文明行车、礼让行人的一般交通规则和社会公德。本案所涉事故发生在人行横道线上，正常行走的荣宝英对将被机动车碰撞这一事件无法预见，而王阳驾驶机动车在路经人行横道线时未依法减速慢行、避让行人，导致事故发生。因此，依法应当由机动车一方承担事故引发的全部赔偿责任。

根据我国道路交通安全法的相关规定，机动车发生交通事故造成人身伤亡、财产损失的，由保险公司在机动车第三者责任强制保险责任限额范围内予以赔偿。而我国交强险立法并未规定在确定交强险责任时应依据受害人体质状况对损害后果的影响作相应扣减，保险公司的免责事由也仅限于受害人故意造成交通事故的情形，即便是投保机动车无责，保险公司也应在交强险无责限额内予以赔偿。因此，对于受害人符合法律规定的赔偿项目和标准的损失，均属交强险的赔偿范围，参照“损伤参与度”确定损害赔偿责任和交强险责任均没有法律依据。

【人民法院案例库参考案例】

柴某某等诉某财产保险股份有限公司黄山市分公司等机动车交通事故责任纠纷案

——被保险机动车年检合格但在发生交通事故时检验不合格的情形，不属于保险合同约定的“未按规定检验或检验不合格”的免责情形

【关键词】

民事　机动车交通事故责任　保险合同　免责条款　车辆检验

【基本案情】

2019年10月29日23时15分许，柴某甲驾驶赣L57×号重型半挂牵引车（牵引赣LH8×挂车，搭载汪某某）沿206国道由北往南行驶，行驶至206国道1836公里200米处（广昌县甘竹镇答田村刘家堡路段）时追尾撞上停于前方路面等候通行的陈某某驾驶的皖J09×号重型半挂牵引车（牵引皖JB2×挂车），造成柴某甲当场死亡、汪某某受伤，两车及车上货物损坏的交通事故。本起事故经广昌县公安局交通警察大队认定，柴某甲负事故主要责任，陈某某当日驾驶的车辆尾部反光标识不符合相关技术标准，以致夜间不能对其他车辆起到应有的警示作用，是引发此次事故的次要原因，因此负事故次要责任，汪某某不承担事故责任。

皖J098×号重型半挂牵引车与皖JB2×挂车的所有人均为黄山某物流公司，陈某某系黄山某物流公司雇员，事发时驾车系履行雇员职责。黄山某物流公司为皖J098×号重型半挂牵引车在某财产保险股份有限公司黄山市分公司（以下简称某财保黄山市分公司）投保了交强险及商业不计免赔额的150万元的第三者责任险保险，为皖JB2×挂车投保了商业不计免赔额的5万元的第三者责任险保险，本次事故发生在两个险种的保险期间内。黄山某物流公司在为皖J098×号重型半挂牵引车与皖JB2×挂车投保商业三者险时签署了投保人声明，且保险条款第24条第3款第1项约定：发生保险事

故时被保险机动车行驶证、号牌被注销的，或未按规定检验或检验不合格属于免责事由。

柴某甲夫妻及其父母在该起交通事故发生前一年，经常居住地为贵溪市城区。柴某甲与黄某某系夫妻关系，共生育一儿、一女，即柴某乙、柴某丙。柴某某、龚某某共生育两儿、一女，分别为长子柴某甲、次子柴某丁（病故）、长女柴某戊（已出嫁）。柴某甲死亡时45周岁。

柴某某、龚某某、黄某某、柴某乙、柴某丙（以下简称柴某某等五人）诉请：1. 判令陈某某、黄山某物流公司、某财保黄山分公司赔偿因交通事故导致柴某甲死亡给柴某某等五人造成的各项经济损失共计520026.4元；2. 本案诉讼费用由陈某某、黄山某物流公司、某财保黄山分公司承担。

江西省广昌县人民法院于2019年12月24日作出（2019）赣1030民初1220号民事判决：一、某财保黄山分公司在机动车交强险责任限额内赔偿柴某某等五人交通事故损失110000元；二、黄山某物流公司赔偿柴某某等五人交通事故损失362314.4元；三、驳回柴某某等五人的其他诉讼请求。黄山某物流公司不服上诉，江西省抚州市中级人民法院于2020年4月16日作出（2020）赣10民终324号民事判决：驳回上诉，维持原判。黄山某物流公司不服，申请再审。江西省高级人民法院于2021年3月31日作出（2021）赣民再1号民事判决：一、撤销一、二审判决；二、某财保黄山分公司应于本判决生效之日起十日内在交强险及商业三者险范围内赔偿柴某某等五人因本案交通事故造成的各项损失472314.4元；三、驳回柴某某等五人的其他诉讼请求。

【裁判理由】

法院生效裁判认为，本案系机动车交通事故责任纠纷，涉案交通事故发生的时间在被保险机动车检验有效期内，《道路交通事故认定书》认定涉案车辆尾部反光标识不符合相关技术标准。根据涉案保险合同责任免除条款部分第二十四条约定，“在上述保险责任范围内，下列情况下，不论任何原因造成的人身伤亡、财产损失和费用，保险人均不负责赔偿：……（三）被保险机动车有下列情形之一者：1. 发生保险事故时被保险机动车行驶证、号牌被注销的，或未按规定检验或者检验不合格……”黄山某物流公司主张被保险机动车年检合格，即使车辆上的反光标识不合格，也不属于上述保险合同免责条款约定的免赔事项。而某财保黄山分公司主张被保险机动车虽然年检合格，但在发生交通事故时检验不合格，属于保险公司免责事由。因此，本案的争议焦点在于：涉案被保险机动车年检合格但在发生交通事故时检验不合格的情形，是否属于保险合同约定的“未按规定检验或检验不合格”的免责情形。

法院认为，应明确本案保险合同约定的“未按规定检验或检验不合格”的具体免责情形范围，主要存在两种情形：一是被保险机动车“未按规定检验”；二是被保险机动车“检验不合格”。

对于第一种情形，根据《中华人民共和国道路交通安全法》第十三条第一款的规定：“对登记后上道路行驶的机动车，应当依照法律、行政法规的规定，根据车辆用途、载客载货数量、使用年限等不同情况，定期进行安全技术检验。对提供机动车行驶证和机动车第三者责任强制保险单的，机动车安全技术检验机构应当予以检验，任何单位不得附加其他条件。对符合机动车国家安全技术标准的，公安机关交通管理部门应当发给检验合格标志。”《中华人民共和国道路交通安全法实施条例》第十五条第一款的规定：“机动车安全技术检验由机动车安全技术检验机构实施。机动车安全技术检验机构应当按照国家机动车安全技术检验标准对机动车进行检验，对检验结果承担法律责任。”和该条例第十六条的规定：“机动车应当从注册登记之日起，按照下列期限进行安全技术检验：……（二）载货汽车和大型、中型非营运载客汽车10年以内每年检验1次；超过10年的，每6个月检验1次……营运机动车在规定检验期限内经安全技术检验合格的，不再重复进行安全技术检验。”从文义理解角度看，被保险机动车“未按规定检验”应理解为被保险机动车未按法律法规或行政管理规章的要求，在规定检验期内由机动车安全技术检验机构按照国家机动车安全技术检验标准实施机动车安全技术检验，也就是通常所说的被保险机动车未参加定期年检。本案中，双方当事人对涉案机动车已参加定期年检并检验合格的事实无争议，故涉案机动车不属于此种免责情形。

对于第二种情形，双方当事人对于涉案机动车是否属于此种情形存在争议。黄山某物流公司主张保险条款中的“检验不合格”是指被保险机动车经年检不合格仍上路行驶发生交通事故的情形。某财保黄山分公司主张应理解为被保险机动车在发生交通事故后经有关鉴定机构检验，认定车辆质量不合格的情形。生效裁判认为，保险条款中的“检验不合格”应理解为被保险机动车年检不合格而非发生交通事故后另行所做的检验不合格，本案机动车不属于此种免责情形。具体分析如下：

第一，从合同条款上下文理解来看，“检验不合格”应理解为被保险机动车年检不合格。本案中，涉案保险合同约定的“未按规定检验或检验不合格”应整体理解，“检验不合格”应与该条款中的“未按规定检验”相呼应，意指被保险机动车已经按规定参加了定期年检，但检验结论不合格。

第二，从格式条款的通常理解来看，“检验不合格”也应理解为被保险机动车年检不合格。本案中争议的保险合同免责条款是某财保黄山分公司为了重复使用而预先拟定，属于格式条款。根据《中华人民共和国保险法》第三十条的规定，本案保险合同免责条款中“检验不合格”存在两种解释，应当根据普通大众的理解进行解读，作出符合日常生活经验的通常理解，同时还应作出有利于投保人黄山某物流公司的解释，故该免责条款中的“检验不合格”应意指机动车定期年检的检验结论不合格。

第三，从投保人的合理期待来看，“检验不合格”也应理解为被保险机动车年检不合格。首先，就保险合同缔约目的而言，投保人投保的目的在于分散风险减少损失，保险公司制定免责条款的目的在于控制承保风险。基于对专门的机动车安全技术检验机构出具的机动车检验合格标志的合理信赖，当被保险机动车拥有该检验合格标志后，可以认为该机动车性能合格可以上路行驶且并不会增加其发生交通事故的危险程度，对于投保人与保险公司而言，符合双方订立保险合同的目的以及实现双方的利益衡平。本案中，涉案被保险机动车按规定进行了年检并检验合格，黄山某物流公司已尽到投保人义务，并没有加大某财保黄山分公司的承保风险。其次，就事物发展的自然规律而言，在机动车年检合格到发生交通事故期间，被保险机动车的基本性能必然有一个自然损耗的过程，可能会出现零件老化、隐形故障或机械故障等问题，也可能会出现因交通事故碰撞导致的故障。所以，在投保人正常合理使用车辆的情况下，也可能会出现发生交通事故时机动车性能经检验不符合国家安全技术标准的情形。因此，在被保险机动车年检合格的情况下，将涉案保险合同免责条款中的“检验不合格”单独割裂出来理解为被保险机动车发生交通事故时检验不合格的情形，无疑是加重了投保人的风险负担，不利于保护投保人主动按规定参加机动车年检的积极性，也不符合投保人投保机动车商业三者险的心理预期。所以，黄山某物流公司主张“检验不合格”应理解为被保险机动车定期年检的检验结论不合格是符合其理性预期的。

当然，驾驶人在驾驶机动车上道路行驶前，应当在合理谨慎范围内尽到认真检查机动车安全技术性能的日常检验义务，避免驾驶具有明显安全隐患的机动车，但这并不构成保险公司的免责事由。本案中，根据江西抚州司法鉴定中心出具的《司法鉴定意见书》以及现场照片，涉案被保险机动车挂车后部的反光标识并非没有，而是“尾部左右纵梁反光标识及上部横梁反光标识被篷布遮挡，被遮挡的车身后部没有水平固定一块200mm×150mm的柔性反光标识”，尾部下部横梁反光标识仍可见，本案被保险机动车安全技术性能并没有明显重大故障隐患，仅是驾驶人未完成合理谨慎的日常检验义务，并不能因此免除某财保黄山分公司的保险责任。

法院认为，基于上述理由，本案被保险机动车年检合格但在发生交通事故时检验不合格的情形，不属于保险合同约定的“未按规定检验或检验不合格”的免责情形。黄山某物流公司主张某财保黄山分公司在商业三者险范围内承担赔偿责任，符合保险合同约定，法院予以支持。结合一、二审查明的事实，柴某某等五人的损失由某财保黄山分公司在交强险的死亡残疾赔偿限额下赔付110000元，超过交强险赔偿限额的部分905786元（1015786元－110000元），由某财保黄山分公司在商业三者险范围内承担40%的赔偿责任，即362314.4元（905786元×40%）。

综上，一、二审判决认定事实清楚，但在认定某财保黄山分公司应当承担的保险赔偿责任范围上存在适用法律错误，再审予以纠正。

【裁判要旨】

保险合同约定的“未按规定检验或检验不合格”的免责情形，意指被保险机动车已经按规定参加了定期年检但检验结论不合格，而非被保险机动车年检合格但在发生交通事故后经有关鉴定机构检验认定车辆质量不合格的情形，故保险公司仍应在商业第三者责任保险范围内承担赔偿责任。

【关联索引】

《中华人民共和国保险法》第三十条

《中华人民共和国道路交通安全法》第十三条

《中华人民共和国道路交通安全法实施条例》第十五条、第十六条

一审：江西省广昌县人民法院（2019）赣1030民初1220号民事判决（2019年12月24日）

二审：江西省抚州市中级人民法院（2020）赣10民终324号民事判决（2020年4月16日）

再审：江西省高级人民法院（2021）赣民再1号民事判决（2021年3月31日）

朱某、保险公司诉田某、蔡某香机动车交通事故责任纠纷案

——法庭辩论结束后受害人死亡不应成为减少赔偿金的理由

【关键词】

民事　机动车交通事故责任　法庭辩论结束前　后续治疗费　侵权责任　公平正义观

【基本案情】

朱某驾驶小型轿车，与行驶方向右侧路边站立的蔡某武相撞，造成蔡某武受伤的交通事故，经交通警察大队现场勘查，认定朱某承担全部责任，蔡某武无责任。经司法鉴定所鉴定，蔡某武因外伤造成特重型颅脑损伤术后，遗留持续性植物人生存状态的残疾等级为一级。蔡某武诉至原审法院，请求判令朱某及某保险股份有限公司某支公司（以下简称保险公司）赔偿经济损失140万余元。原审法院判决朱某、保险公司向蔡某武赔偿110万余元，其中，后续治疗费，根据鉴定意见支持伤后两年；生存期护理费，鉴于蔡某武为特重型颅脑损伤后呈持续性植物人生存状态，对鉴定后生存期护理费暂支持5年。朱某及其保险公司在履行完原生效判决后才发现，蔡某武已于原审判决作出前一日死亡，遂以出现“新的证据”为由，向法院申请再审，请求返还后续治疗费、生存期护理费共计22万余元。

湖北省宜昌市夷陵区人民法院于2022年4月22日作出（2022）鄂0506民初595号民事判决：一、保险公司在本判决生效后十日内在交强险限额内赔偿蔡某武经济损失180000元，在商业三者险限额内赔偿859478.22元，合计1039478.22元。二、朱某在本判决生效后十日内赔偿蔡某武经济损失41338.08元。三、驳回蔡某武的其他诉讼请求。

该判决发生法律效力后，朱某、保险公司不服，向宜昌市中级人民法院申请再审。宜昌市中级人民法院裁定提审本案，并于湖北省宜昌市中级人民法院于2023年3月27日作出（2023）鄂05民再12号民事判决：维持湖北省宜昌市夷陵区人民法院（2022）鄂0506民初595号民事判决。

【裁判理由】

法院生效裁判认为：受害人蔡某武此时死亡，其家属田某、蔡某香无须向朱某、保险公司退还后续治疗费、生存期护理费22万余元。一、从后续治疗费、生存期护理费的价值功能和法律标准来看，其具有补偿性和预判性。后续治疗费是指对损伤经治疗后体征固定而遗留功能障碍并且需要再次治疗或者是伤情还没有恢复需要进行二次治疗所需要的医疗费用，需要结合损伤程度、治疗情况、医学水平等因素进行综合考量、评估、预判，是一个动态、反

复给付的过程。生存期护理费，是一种潜在的、尚未发生的损害，须依受害人生存年限确定，具有不确定性与难预测性的特点。原审法院支持受害人蔡某武伤后 2 年内后续治疗费、5 年生存期护理费，具有补偿性、预判性。二、从民事诉讼程序的构造来看，“法庭辩论结束前”应为事实认定的节点。民事诉讼程序的构造、安排有其自身的逻辑性、科学性和合理性，无论是诉讼当事人、还是审判组织都必须遵守民事诉讼的原理和规则。民事诉讼中关于法律事实的审查和认定也有其时间范围，即以法庭辩论终结前为基准，当事人的权利、义务随之就被确定，一般不得再就此进行争执，否则，诉讼活动将无法正常、有序、公平开展。对此，《民事诉讼法》也有相关的规定，从维护裁判的稳定性、权威性、公正性出发，受害人蔡某武在原审法庭辩论结束后、原审裁判文书作出前一日死亡，不应成为衡量原审判决对错的标准。三、从法、理、情的有机统一角度来看，应尊重人民群众朴素的公平正义观。按照一般公众认知，死亡系比受伤更为严重的结果，若因受害人蔡某武死亡，再审法院就支持朱某、保险公司的再审请求，判决受害人蔡某武的继承人田某、蔡某香返还 22 万余元，则违法行为人因受害人死亡反而减轻了赔偿责任，这有违民法的公平、诚信与公序良俗原则，有违社会主义核心价值观“诚信友善”的公民价值准则，不符合法、理、情的有机统一，因此，再审法院依法维持原审判决。

【裁判要旨】

在新时代背景下，司法裁判过程已不再是与法条做简单比对的过程，而是蕴含着科学理性裁判思维和多元复杂裁判方法的过程，新型、复杂、疑难案件尤其如此。如果本案机械适用法条，因受害人此时死亡，原审诉讼中原告主体资格就存在问题，再审法院若裁定程序违法、发回重审，这就涉及随着原审诉讼请求变更，赔偿项目将相应发生变化，最终导致赔偿金严重“缩水”。公平、诚信与公序良俗原则是社会主义核心价值观在法律中的重要体现，如支持再审请求，那么本案民事赔偿责任与侵权结果失衡，再审法院无法作出一份侵权人从其违法行为中“获利”的判决，受害人家属亦无法认可这样的“退赔”，普通民众也无法接受这样的“正义”。

1. 从后续治疗费、生存期护理费的价值功能和法律标准来看，其具有补偿性和预判性。

后续治疗费、生存期护理费具有补偿性和预判性。后续治疗费是指对损伤经治疗后体征固定而遗留功能障碍并且需要再次治疗或者是伤情还没有恢复需要进行二次治疗所需要的医疗费用，需要结合损伤程度、治疗情况、医学水平等因素进行综合考量、评估、预判，是一个动态、反复给付的过程。生存期护理费，是一种潜在的、尚未发生的损害，须依受害人生存年限确定，具有不确定性与难预测性的特点。原审法院支持受害人蔡某武伤后 2 年内后续治疗费、5 年生存期护理费，具有补偿性、预判性。

2. 从民事诉讼程序的构造来看，“法庭辩论结束前”应为事实认定的节点。

民事诉讼程序的构造、安排有其自身的逻辑性、科学性和合理性，无论是诉讼当事人、还是审判组织都必须遵守民事诉讼的原理和规则。民事诉讼中关于法律事实的审查和认定也有其时间范围，即以法庭辩论终结前为基准，当事人的权利、义务随之就被确定，一般不得再就此进行争执，否则，诉讼活动将无法正常、有序、公平开展。对此，《民事诉讼法》也有相关的规定，如《最高人民法院关于适用〈中华人民共和国民事诉讼法〉的解释》第二百三十二条、《最高人民法院关于审理侵犯商业秘密民事案件适用法律若干问题的规定》第二十七条第一款、《最高人民法院关于人民法院立案、审判与执行工作协调运行的意见》第十四条等规定。故从维护裁判的稳定性、权威性、公正性出发，受害人蔡某武在原审法庭辩论结束后、原审裁判文书作出前一日死亡，不应成为衡量原审判决对错的标准。

3. 从法、理、情的有机统一角度来看，应尊重人民群众朴素的公平正义观。

蔡某武死亡之前，朱某、保险公司对原审判决不持异议，现以损失不再发生、赔偿范围已确定为由，据此否定原审判决，申请再审，请求返还差额。举轻以明重，违法行为人因受害人死亡反而减轻了赔偿责任，这有违民法的公平、诚信与公序良俗原则，有违社会主义核心价值观“诚信友善”的公民价值准则，不符合法、理、情的有机统一。

【关联索引】

《中华人民共和国民法典》第一千二百一十三条

一审：湖北省宜昌市夷陵区人民法院（2022）鄂0506民初595号民事判决（2022年4月22日）

二审：湖北省宜昌市中级人民法院（2022）鄂05民终2377号民事裁定（2022年8月3日）

再审：湖北省宜昌市中级人民法院（2023）鄂05民再12号民事判决（2023年3月27日）

吴某某诉某保险公司机动车交通事故责任纠纷案

——交强险和商业三者责任保险中“第三者”的认定

【关键词】

民事　机动车交通事故责任　交强险　商业三者责任保险　第三者

【基本案情】

原告吴某某诉称：2015年5月17日，吴某某驾驶其所有的轿车在闽清123县道31公里处将车辆熄火停靠路边后下车，其间发现车辆后溜，便用身体阻挡以制止，被车辆碰撞致颅脑损伤。经闽清县交警大队认定吴某某对本次交通事故的发生负全部责任。经评定，吴某某的伤残程度为三级伤残，终身需要护理依赖。吴某某在某保险公司处为轿车投保了机动车交通事故责任强制保险和商业第三者责任保险50万元（不计免赔）。故诉至法院请求：判令某保险公司在交强险、商业三者险限额内赔偿各项损失62万元。

某保险公司辩称，吴某某为被保险车辆的车主、驾驶员、投保人、被保险人，不属于交强险与商业第三者责任险项下的“第三者”，根据责任保险性质、《机动车交通事故责任强制保险条例》第三条及第二十一条、交强险及商业第三者责任险保险条款的规定，不属于交强险与商业第三者责任险的赔偿对象，某保险公司不承担本案保险责任。

法院经审理查明：2015年5月17日，吴某某驾驶其所有的闽AXA6××号轿车在闽清123县道31公里处将车辆熄火停靠路边后下车方便，期间发现车辆后溜，吴某某用身体去阻挡，以制止车辆后溜，并被后溜的车碰撞致颅脑损伤，闽清县交警大队认定吴某某对本交通事故的发生负全部责任。吴某某受伤后即被送往某军区福州总医院抢救治疗，共住院治疗78天。2016年6月16日，福建鼎力司法鉴定中心鉴定吴某某的伤残程度评定为三级伤残，终身需要护理依赖。吴某某在人保财险闽清公司处为闽AXA6××号轿车投保了交强险和商业三者险50万元且不计免赔，且事故发生于保险期限内。吴某某的户籍地为闽清县梅城镇，根据国家统计局城乡分类代码，闽清县梅城镇为“121”，属于城镇范围。

福建省闽清县人民法院于2020年12月21日作出（2020）闽0124民初2514号民事判决：某保险公司在交强险限额范围内赔偿吴某某12万元；在第三者责任商业保险限额范围内赔偿吴某某50万元。某保险公司不服提出上诉，福建省福州市中级人民法院于2021年3月31日作出（2021）闽01民终1817号民事判决：驳回上诉，维持原判。某保险公司不服终审判决，向福建省福州市中级人民法院申请再审。福建省福州市中级人民法院裁定再审本案，并于2022年6月28日作出（2022）闽01民再12号民事判决，撤销原一、二审判决；驳回吴某某的全部诉讼请求。

【裁判理由】

法院生效裁判认为，根据《机动车交通事故责任强制保险条例》第三条、第二十一条、第四十一条的规定，以及案涉保险合同的约定，吴某某系被保险人，交强险和商业三者保险均属于第三者责任保险之范畴，赔付前提是被保险人应对第三者（受害人）承担赔偿责任。吴某某作为被保险人和机动车驾驶人，虽然发生事故时其身处车外，但仍是车辆的实际控制人、驾驶风险的引发人，应对本次事故产生的损失负全部责任。由于吴某某同时具备侵权人和受害人的双重身份，若认定责任保险应予理赔，则相当于允许吴某某向自己请求损害赔偿，显然违背了侵权法的基本原理和前述被保险人须对第三者负有赔偿责任的基本前提。原判决以发生事故时吴某某所处的物理位置判定其属于第三者，适用法律错误，应予纠正，故撤销一、二审判决，改判驳回吴某某的全部诉讼请求。

【裁判要旨】

根据侵权法原理，任何危险行为的直接操作者不能构成此类侵权案件的受害人。当被保险车辆发生交通事故时，即使本车人员脱离了被保险车辆，不能当然地视其为机动车第三者责任保险中的“第三者”，不应将其作为机动车第三者责任保险赔偿范围的理赔对象。

【关联索引】

《中华人民共和国道路交通安全法》第七十六条

《中华人民共和国保险法》第六十五条

《机动车交通事故责任强制保险条例》第三条、第二十一条、第四十一条

一审：福建省闽清县人民法院（2020）闽0124民初2514号民事判决（2020年12月21日）

二审：福建省福州市中级人民法院（2021）闽01民终1817号民事判决（2021年3月31日）

再审：福建省福州市中级人民法院（2022）闽01民再12号民事判决（2022年6月28日）

商某诉某保险公司北京分公司等机动车交通事故责任纠纷案

——“零时起保”保险条款的效力认定

【关键词】

民事　机动车交通事故责任　商业三者险　零时起保保险条款　效力认定

【基本案情】

商某请求法院判令，王某、冯某、某保险公司北京分公司赔偿商某医疗费22855.82元、住院伙食补助费800元、营养费6000元、护理费14022.84元、误工费47500元、鉴定费2100元、精神损害抚慰金5000元、交通费2000元，合计100278.66元。

法院经审理查明：2021年12月23日17时35分，在北京市大兴区六环路内环某桥西侧东100米，王某驾驶轻型厢式货车由东向西行驶时车辆前部与前方同向徐某驾驶的小型轿车（内乘商某等人）及张某驾驶的大型普通客车后部相撞，造成三车辆接触部位损坏，商某等人受伤。北京市公安局大兴分局交通支队高速路中队出具《道路交通事故认定书》，认定王某为全部责任，徐某为无责，商某等为无责。事故发生后，商某前往北京市大兴区某医院住院治疗，实际住院3天。出院诊断为鼻骨骨折等。王某驾驶的轻型厢式货车在某保险公司北京分公司投保交强险200000元，交强险保险单载明投保时间和收费确认时间均为2021年12月23日10时59分，特别约定该保单自收费确认时刻起即时生效，本次事故发生在保险期间内。上述车辆在某保险公司北京分公司投保商业三者险1000000元，商业三者险保险单载明收费确认时间为2021年12月23日10时59分，保险期间自2021年12月24日0时0分起至2022年12月23日24时0分止。对于本次交通事故是否发生在商业三者险的保险期间内，双方当事人有异议。案件审理过程中，某保险公司北京分公司已经赔偿因此次事故受伤的另一伤者，目前交强险项下医疗部分剩余14924.89元、伤残项下剩余179256.37元。

北京市大兴区人民法院于2022年12月30日作出（2022）京0115民初19710号民事判决：一、某保险公司北京分公司于本判决生效后十日内赔偿商某医疗费7462.44元、护理费

9400 元、误工费 22500 元、交通费 1000 元，合计 40362. 44 元；二、王某、冯某于本判决生效后十日内赔偿商某医疗费 15033. 68 元、住院伙食补助费 800 元、营养费 3000 元，合计 18833. 68 元；三、驳回商某的其他诉讼请求。一审判决生效后，冯某向北京市大兴区人民法院提起再审申请。北京市大兴区人民法院于 2023 年 2 月 15 日作出（2023）京 0115 民申 8 号民事裁定：驳回冯某的再审申请。

【裁判理由】

法院生效裁判认为，关于冯某主张本案交通事故发生在某保险公司北京分公司所承保商业三者险的保险期间内一节，根据《中华人民共和国保险法》第十三条第一款“投保人提出保险要求，经保险人同意承保，保险合同成立。保险人应当及时向投保人签发保险单或者其他保险凭证”及第三款“依法成立的保险合同，自成立时生效。投保人和保险人可以对合同的效力约定附条件或者附期限”，根据已查明事实，投保人于 2021 年 12 月 23 日 10 时 59 分投保并缴纳保费，某保险公司北京分公司即刻同意承保并签发保险单，故涉案商业三者险保险合同于 2021 年 12 月 23 日 10 时 59 分成立并生效；根据上述法律第十四条规定，“保险合同成立后，投保人按照约定交付保险费，保险人按照约定的时间开始承担保险责任”，因某保险公司北京分公司签发保单后已及时交付投保人，保单上明确记载有保险期间的起止时间，即在 2021 年 12 月 24 日 0 时 0 分起至 2022 年 12 月 23 日 24 时 0 分止，故某保险公司北京分公司应在保单记载的保险期间内承担保险责任；因涉案交通事故的发生时间未在上述保险期间内，故不属商业三者险的保险事故，某保险公司北京分公司在商业三者险范围内不承担保险责任。

格式条款是当事人为了重复使用而预先拟定，并在订立合同时未与对方协商的条款；但现无证据证明投保人提出了该商业三者险合同在交费时起算保险期间，但某保险公司北京分公司予以拒绝的情况；而且投保人在收到保险单后未对保险期间提出异议，应视为对保险期间的认可；保险期间具有可协商性，无论何时起算保险时间，保险公司均应承担自此之后为期 1 年的保险责任，并非免除或者减轻保险公司责任；王某所驾驶车辆属货运性质，车辆初次登记日期为 2017 年 12 月 15 日，在 2021 年 12 月 23 日投保时经过多个保险期间，商业三者险保单中的投保人北京某商贸有限公司系企业，区别于对家庭车辆初次投保的一般人，冯某一方对商业三者险于次日零时生效应有认知；据此，对冯某关于“零时起保”条款无效的主张，不予采纳。

【裁判要旨】

1. 若保险人能够举证证明，在订立保险合同时，保险人已就“零时起保”条款，对一般情况下的投保人（如首次投保，被保险车辆系新车）作了明确说明，投保人已知悉并接受该条款的，则该条款应成为合同内容，具有法律效力；否则，“零时起保”条款不成为合同的内容。

2. 当投保人并非首次投保商业三者险，或者投保人是企业，或者被投保机动车系营运车辆等可以确认投保人对商业三者险条款熟悉时，应减轻保险公司的明确说明义务，可以认定“零时起保”保险条款有效；除非投保人举证证明其确实不知道关于保险期间的次日“零时起保”条款。

【关联索引】

《中华人民共和国保险法》第十三条、第十四条、第十七条

《中华人民共和国民法典》第四百九十六条

《最高人民法院关于适用〈中华人民共和国保险法〉若干问题的解释（二）》第九条

一审：北京市大兴区人民法院（2022）京 0115 民初 19710 号民事判决（2022 年 12 月 30 日）

再审：北京市大兴区人民法院（2023）京 0115 民申 8 号民事裁定（2023 年 2 月 15 日）

某保险支公司诉陈某某、杨某某、朱某某及林某某机动车交通事故责任纠纷案

——以家庭自用车辆投保从事网约车营运的保险责任认定

【关键词】

民事　机动车交通事故责任　家庭自用车辆　网约车　法定免责条款

【基本案情】

某保险股份有限公司市中心支公司（一审被告、二审上诉人，以下简称某保险支公司）诉称：（一）被保险机动车的使用性质发生改变，并导致危险程度显著增加发生的保险事故，属于《中华人民共和国保险法》第五十二条规定的法定免责事由，对于该法定免责事由，保险人无需履行提示、明确说明义务，二审法院以某保险支公司对案涉免责条款未尽提示义务为由，判令某保险支公司在商业三者险限额内承担赔偿责任，适用法律错误。（二）虽然保险人对于法定免责事由无须履行提示说明义务，事实上某保险支公司提交的证据足以证明其已就免责条款尽到了提示、说明义务。本案属于电子保单，保险人通常通过手机或电脑操作流程完成其提示、明确说明义务。在电子投保过程中，投保流程分为浏览、电子签名、验证、支付四个环节，浏览环节前需识别保险公司的二维码，输入证件号验证，会弹出保险条款、免责事项说明书，在点击内容进行阅读后并进行电子签字后，再根据手机收到验证码进行验证，最后付款。某保险支公司提交的投保单中，投保人勾选同意上述条款，且在投保人声明中签字确认，足以证明保险人尽到了提示说明义务。原审法院以免责条款未加黑加粗为由认定某保险支公司对案涉免责条款未尽提示说明义务，适用法律错误。请求法院判令：撤销一、二审判决，改判某保险支公司在交强险限额内向陈某某赔偿179323元，超过交强险限额的损失53609.71元，由杨某某、朱某某承担。

杨某某辩称：保险公司未履行告知义务，同时其并非全职驾驶网约车，只是偶尔顺路载客，请求维持二审判决。

陈某某辩称：请求维持二审判决。

朱某某、林某某均未提交书面或口头意见。

法院经审理查明：杨某某驾驶轿车在福建省漳州市中医院门口停车，车上乘员朱某某在开启车门时未确保安全，导致陈某某骑行的电动车与轿车发生碰撞并致陈某某受伤的交通事故，经交警芗城大队道路交通事故认定书认定，杨某某负本次事故同等责任，朱某某负本次事故同等责任，陈某某不负事故责任。事故发生后，陈某某当天被送往漳州市中医院救治，经诊断：右膝关节软组织挫伤等，后经司法鉴定中心鉴定，鉴定结论为：1. 伤残等级为一处第十级；2. 误工期限为受伤后至伤残评定前一日，护理期限为90日（含住院），营养期限为60日。陈某某户籍地为漳州市芗城区市区，应按城镇居民标准计算本案各项经济损失。事故发生时，案涉的驾驶员为杨某某，该车辆所有人为林某某，杨某某与林某某为夫妻关系；该车已向某保险支公司投保机动车交强险及商业第三者责任保险，商业第三者责任险限额150万元，本事故发生在保险期间内。

福建省漳州市芗城区人民法院于2021年6月29日作出（2021）闽0602民初3271号民事判决，判令某保险支公司在交强险和商业第三者责任险赔偿限额内赔偿陈某某各项损失。宣判后，某保险支公司提出上诉。福建省漳州市中级人民法院于2021年9月23日作出（2021）闽06民终2621号民事判决，驳回上诉，维持原判。某保险支公司仍不服，向福建省高级人民法院申请再审，该案提审后，于2023年2月22日作出（2022）闽民再429号再审判决，撤销一、二审判决，改判某保险支公司在机动车交通事故责任强制保险限额内对陈某某进行赔偿。

【裁判理由】

法院生效裁判认为，《中华人民共和国保

险法》第五十二条规定："在合同有效期内，保险标的的危险程度显著增加的，被保险人应当按照合同约定及时通知保险人，保险人可以按照合同约定增加保险费或者解除合同。保险人解除合同的，应当将已收取的保险费，按照合同约定扣除自保险责任开始之日起至合同解除之日止应收的部分后，退还投保人。被保险人未履行前款规定的通知义务的，因保险标的的危险程度显著增加而发生的保险事故，保险人不承担赔偿保险金的责任。"《最高人民法院关于适用〈中华人民共和国保险法〉若干问题的解释（四）》第四条第一款规定："人民法院认定保险标的是否构成保险法第四十九条、第五十二条规定的'危险程度显著增加'时，应当综合考虑以下因素：（一）保险标的用途的改变……"本案中，杨某某以使用性质"家庭自用"对案涉车辆进行投保，后将该车辆用于开展网约车营运活动，因营运车辆相较于家庭自用车辆运行里程多，使用频率高，发生交通事故的概率明显上升，且案涉事故系在营运过程中发生，杨某某的行为显著增加了保险标的即案涉车辆的危险程度，但杨某某并未将车辆用途变更的情况及时通知人寿财险漳州支公司，违反了《中华人民共和国保险法》第五十二条的规定。《最高人民法院关于适用〈中华人民共和国保险法〉若干问题的解释（二）》第十条规定："保险人将法律、行政法规中的禁止性规定情形作为保险合同免责条款的免责事由，保险人对该条款作出提示后，投保人、被保险人或者受益人以保险人未履行明确说明义务为由主张该条款不生效的，人民法院不予支持。"因《中华人民共和国保险法》第五十二条明确规定在特定情况下"保险人不承担赔偿保险金的责任"，即使保险人未就该类免责条款进行提示和明确说明，保险人仍可依据法律规定拒绝承担保险责任，二审法院以案涉保险合同中改变车辆使用性质的免责条款没有加粗加黑，不能说明人寿财险漳州支公司对投保人杨某某就免责条款尽到提醒说明义务，故该免责条款不产生效力的认定不当，应予纠正。

【裁判要旨】

以家庭自用车辆投保后从事网约车营运，导致保险标的危险程度显著增加的，在营运过程中发生的交通事故，可在商业三者险范围内主张免责。

【关联索引】

《中华人民共和国保险法》第五十二条

《最高人民法院关于适用〈中华人民共和国保险法〉若干问题的解释（二）》第十条

《最高人民法院关于适用〈中华人民共和国保险法〉若干问题的解释（四）》第四条

一审：福建省漳州市芗城区人民法院（2021）闽0602民初3271号民事判决（2021年6月29日）

二审：福建省漳州市中级人民法院（2021）闽06民终2621号民事判决（2021年9月23日）

再审：福建省高级人民法院（2022）闽民再429号民事判决（2023年2月22日）

赵某、赵某某、倪某某诉中国人民财产保险股份有限公司某公司、张某某机动车交通事故责任纠纷案

——保险免责条款为禁止性法律规定的，保险人的说明义务的举证责任可以适当减轻

【关键词】

民事　机动车交通事故责任　无证驾驶　肇事后逃逸　保险免责条款提示义务

【基本案情】

赵某、赵某某、倪某某诉称：2018年7月1日14时20分许，赵某驾驶棕色"长安"牌小型轿车（乘车人倪某某、赵某某），与对向行驶的张某某驾驶的轻型普通货车发生碰撞。事故经宁夏回族自治区石嘴山市公安局交通警察分局特勤大队认定，张某某系无证驾驶且事

故发生后弃车逃逸，负全部责任，赵某、赵某某、倪某某无责任。张某某驾驶的轻型普通货车于2018年5月30日在中国人民财产保险股份有限公司某公司（以下简称人保财险某公司）投保了交强险及限额50万元的商业险。事故发生后，赵某、赵某某、倪某某在石嘴山市第二人民医院及银川国龙医院治疗，治疗费用未得到赔偿，遂向宁夏回族自治区石嘴山市大武口区人民法院起诉请求：判令张某某、人保财险某公司赔偿赵某、赵某某、倪某某的医疗费损失和财产损失，判令人保财险某公司在交强险限额范围内赔偿，超出部分由商业险根据合同承担赔偿责任，本案诉讼费由张某某、人保财险某公司承担。

张某某辩称：对事故的发生无异议，对赵某等人主张的医疗费用和财产损失费用部分有异议。

人保财险某公司辩称：张某某存在无证驾驶及事故发生后弃车逃逸的违法行为，按照交强险条例和保险合同的约定，对于赵某三人人身损害赔偿合理的部分，在法院判决后享有向张某某追偿的权利，商业险属于免责拒赔范围。

法院经审理查明：2018年7月1日14时20分许，赵某驾驶棕色“长安”牌小型轿车（乘车人倪某某、赵某某），沿大武口区星海镇小沙路由南向北行驶至距浴山潭大街与小沙路路口500米处时，与对向行驶的张某某驾驶的轻型普通货车发生碰撞，致赵某、赵某某、倪某某受伤，双方车辆不同程度受损的交通事故。事故经石嘴山市公安局交通警察分局特勤大队认定，张某某系无证驾驶且事故发生后弃车逃逸，负全部责任，赵某、赵某某、倪某某无责任。张某某驾驶的轻型普通货车于2018年5月30日在人保财险某公司投保了交强险及限额50万元的商业险。事故发生后，赵某、赵某某、倪某某在石嘴山市第二人民医院及银川国龙医院治疗。

一审中，人保财险某公司提交《中国人民财产保险股份有限公司机动车综合商业保险条款》，该保险条款第二十四条约定“在上述保险责任范围内，下列情况下，不论任何原因造成的人身伤害、财产损失和费用，保险人均不负责赔偿：（二）驾驶人有下列情形之一者：1. 事故发生后，在未依法采取措施的情况下驾驶被保险机动车或者遗弃被保险机动车离开事故现场……3. 无证驾驶，驾驶证被依法扣留、暂扣、吊销、注销期间……”欲证明：结合事故责任认定书，张某某存在该保险条款第二十四条第二款第一项、第三项规定的责任免除事由，保险人对于赵某、赵某某、倪某某的损失不负责赔偿。赵某、赵某某、倪某某及张某某在一审庭审中对该证据均无异议。

宁夏回族自治区石嘴山市大武口区人民法院于2018年10月23日作出（2018）宁0202民初3355号民事判决：一、人保财险某公司自判决生效之日起十日内在交强险限额范围内赔偿赵某、赵某某、倪某某的损失11237.04元；二、人保财险某公司自判决生效之日起十日内在商业三者险范围内赔偿赵华的财产损失30565元；三、驳回赵某、赵某某、倪某某的其他诉讼请求。人保财险某公司不服一审判决，提起上诉。宁夏回族自治区石嘴山市中级人民法院于2018年12月26日作出（2018）宁02民终1147号民事判决，驳回上诉，维持原判。

人保财险某公司不服二审判决，向宁夏回族自治区高级人民法院申请再审，宁夏回族自治区高级人民法院裁定指令石嘴山市中级人民法院再审本案。该院于2019年5月28日作出（2019）宁02民再8号民事判决，维持石嘴山市中级人民法院（2018）宁02民终1147号民事判决。宁夏回族自治区人民检察院认为（2019）宁02民再8号民事判决适用法律不当，判决结果不当，向宁夏回族自治区高级人民法院提起抗诉。宁夏回族自治区高级人民法院于2020年6月30日作出（2020）宁民再23号民事判决：一、撤销宁夏回族自治区石嘴山市中级人民法院（2019）宁02民再8号民事判决、宁夏回族自治区石嘴山市中级人民法院（2018）宁02民终1147号民事判决、宁夏回族自治区石嘴山市大武口区人民法院（2018）宁0202民初3355号民事判决；二、人保财险某公司于判决生效之日起十日内在交强险限额内赔偿赵某、赵某某、倪某某9237.04元；三、张某某于判决生效之日起十日内赔偿赵某、赵某某、倪某某经济损失32565元；四、驳回赵某、赵某某、倪某某其他诉讼请求。

【裁判理由】

法院生效裁判认为，根据《最高人民法院

关于审理道路交通事故损害赔偿案件适用法律若干问题的解释》第十八条和《机动车交通事故责任强制保险条例》第二十二条的规定，驾驶人未取得驾驶资格或者醉酒的，保险公司在机动车交通事故责任强制保险责任限额范围内垫付抢救费用，并有权向致害人追偿，发生道路交通事故的造成受害人的财产损失，保险公司不承担赔偿责任。本案张某某无证驾驶导致交通事故的情形下，人保财险某公司只在交强险责任限额内对抢救受害人的费用承担赔偿垫付责任，对财产损失不应承担赔偿责任。《中华人民共和国道路交通安全法》第十九条规定："驾驶机动车，应当依法取得机动车驾驶证。"第一百零一条规定："违反道路交通安全法律、法规的规定，发生重大交通事故，构成犯罪的，依法追究刑事责任，并由公安机关交通管理部门吊销机动车驾驶证。造成交通事故后逃逸的，由公安机关交通管理部门吊销机动车驾驶证，且终生不得重新取得机动车驾驶证。"《最高人民法院关于适用〈中华人民共和国保险法〉若干问题的解释（二）》第十条规定："保险人将法律、行政法规中的禁止性规定情形作为保险合同免责条款的免责事由，保险人对该条款作出提示后，投保人、被保险人或者受益人以保险人未履行明确说明义务为由主张该条款不生效的，人民法院不予支持。"根据上述规定，无证驾驶、发生事故后逃逸，均是法律法规中所禁止的违法行为，保险人将该情形的保险事故作为保险合同的免责条款，其说明义务可以相对减轻。人保财险某公司在本案一审诉讼中提交的保险单正本明确注明"本保险合同由保险条款、投保单、保险单、批单和特别约定组成"，且以黑体字明确有"重要提示"，提示投保人"详细阅读本保险中对应的保险条款、特别是责任免除，投保人被保险义务"，亦对所涉免责条款在保险条款中加粗加黑。人保财险某公司在本案一审中提交《中国人民财产保险股份有限公司机动车综合商业保险条款》以证明在张某某所投保的机动车综合商业三者险种，保险条款第二十四条约定：驾驶人存在在事故发生后，在未依法采取措施的情况下驾驶被保险机动车或者遗弃被保险机动车离开事故现场，或存在无证驾驶，均属于保险人免除保险责任的事由。赵某、赵某某、倪某某及张某某在一审庭审中对该证据均无异议。人保财险某公司据此主张其就商业保险条款中约定无证驾驶、事故后逃逸属免责条款，已向张某某履行了提示义务，证据充分。二审判决以人保财险某公司虽然在投保单上作出了提示，但并没有提供证据证实其同时尽到了以书面或者口头形式向张某某作出明确说明的义务为由，认定该条款对张某某不发生效力，并据此判令人保财险某公司应在商业三者险限额范围内赔偿赵某财产损失，证据采信和适用法律不当。人保财险某公司不应在商业三者险限额范围内赔偿赵某财产损失。《中华人民共和国道路交通安全法》第七十六条规定，机动车发生交通事故造成人身伤亡、财产损失的，由保险公司在机动车第三者责任强制保险责任限额范围内予以赔偿；不足的部分，按照下列规定承担赔偿责任：（一）机动车之间发生交通事故的，由有过错的一方承担赔偿责任；双方都有过错的，按照各自过错的比例分担责任……张某某在本次事故中负全部责任，赵某、赵某某、倪某某无责任，人保财险公司在本案中对赵某、赵某某、倪某某的人身损失在交强险限额范围内承担赔偿责任，不足部分应由张某某承担。赵某、赵某某、倪某某的经济损失应由张某某承担赔偿责任。

【裁判要旨】

对于保险人将法律禁止性规定作为免责事由的格式条款，保险人的提示和明确说明义务是否可以减轻或者免除。对于违反禁止性规定，应根据该规定的立法目的受到相应的行政处罚或者刑事处罚，并不当然对私法上的民事合同产生影响，更不产生免除保险责任的法律效果。因此，对于该种情形的免责条款，保险人仍需进行提示，但明确说明义务的举证责任可以适当减轻。

【关联索引】

《最高人民法院关于审理道路交通事故损害赔偿案件适用法律若干问题的解释》第十五条（本案适用的是2012年12月21日施行的《最高人民法院关于审理道路交通事故损害赔偿案件适用法律若干问题的解释》第十八条）

《中华人民共和国道路交通安全法》第十九条、第七十六条、第一百零一条

《最高人民法院关于适用〈中华人民共和国保险法〉若干问题的解释（二）》第十条

一审：宁夏回族自治区石嘴山市大武口区

人民法院（2018）宁0202民初3355号民事判决（2018年10月23日）

二审：宁夏回族自治区石嘴山市中级人民法院（2018）宁02民终1147号民事判决（2018年12月26日）

原审再审：宁夏回族自治区石嘴山市中级人民法院（2019）宁02民再8号民事判决（2019年5月28日）

再审：宁夏回族自治区高级人民法院（2020）宁民再23号民事判决（2020年6月30日）

孙某某诉罗某、刘某某、某保险公司机动车交通事故责任纠纷案

——因自身严重疾病对损害后果有一定影响不减轻侵权人赔偿责任

【关键词】

民事　机动车交通事故责任　外伤参与度　自身严重疾病　个人体质状况　特殊体质　侵权责任

【基本案情】

孙某某诉称：2013年6月27日被罗某驾驶刘某某所有的小轿车碰撞其驾驶的电动车，造成其受伤的交通事故。交警大队认定罗某承担事故全部责任，孙某某无责任。事故造成孙某某的损失有：医疗费、护理费、住院伙食补助费、营养费、残疾赔偿金、精神损害抚慰金、交通费、被扶养人生活费、后续治疗费等。请求判令罗某、刘某某、某保险公司共同赔偿孙某某损失633281元。

某保险公司辩称：其愿在交强险的责任限额范围内全额赔偿孙某某合理合法损失。经鉴定由于本次事故外伤在孙某某伤残发生中的参与度为25%，故交强险不足赔偿孙某某损失的部分由其公司在商业三者险的责任限额范围内按照参与度25%承担赔偿责任，另有若干赔偿项目不合理。

法院经审理查明：2013年6月27日23时05分左右，罗某驾驶小轿车沿省道东西线路往东山方向行驶至福建省诏安县大嵖桥大桥路段，在实施超车过程中与孙某某驾驶的正常行驶电动车发生碰撞，造成孙某某受伤、两车的交通事故。经诏安县交警大队认定，罗某承担事故全部责任，孙某某不承担事故责任。孙某某受伤后被送往诏安县医院治疗。司法鉴定所出具法医临床鉴定意见书，结论：1. 孙某某的伤残等级为第四级；2. 孙某某有部分护理依赖需要；3. 孙某某的护理期限为五年；4. 孙某某的后续治疗费用约为2500元；5. 本次事故外伤在孙某某伤残发生中的参与度为25%。另查明，肇事车辆在某保险公司投保交强险和商业三者险，其中商业三者险的责任限额为500000元（不计免赔率）。

福建省诏安县人民法院于2014年12月29日作出（2014）诏民初字第1378号民事判决：一、某保险公司应赔偿孙某某221285.13元，于本判决发生法律效力后十五日内履行完毕；二、驳回孙某某的其他诉讼请求。一审判决作出后，某财产保险公司提起上诉，福建省漳州市中级人民法院于2015年9月23日作出（2015）漳民终字第573号民事判决：一、维持诏安县人民法院（2014）诏民初字第1378号民事判决的第二项；二、变更诏安县人民法院（2014）诏民初字第1378号民事判决的第一项为：某保险公司应赔偿孙某某323444.50元，于判决发生法律效力后十五日内履行完毕。孙某某不服终审判决，向福建省高级人民法院申请再审。福建省高级人民法院于2018年6月22日作出（2017）闽民再341号民事判决：一、撤销漳州市中级人民法院（2015）漳民终字第573号民事判决和漳州市诏安县人民法院（2014）诏民初字第1378号民事判决。二、某保险公司应在判决生效之日起十日内在交强险责任限额范围内赔偿孙某某120000元、在商业三者险责任限额范围内赔偿孙某某407089.01元，两项合计527089.01元。三、驳

回孙某某的其他诉讼请求。

【裁判理由】

法院生效裁判认为，交通事故的受害人没有过错，其自身疾病状况对损害后果的影响不属于可以减轻侵权人责任的法定情形，侵权人应按其过错大小承担赔偿责任，保险公司亦应在相应的保险合同范围内承担保险理赔责任。

《侵权责任法》第六条第一款规定："行为人因过错侵害他人民事权益，应当承担侵权责任。"该款是对过错责任的规定。过错是行为人行为时的一种应受谴责的心理状态。正是由于这种应受谴责的心理状态，法律要对行为人所实施的行为作否定性评价，让其承担侵权责任。本案中，罗某负全部责任，孙某某不负事故责任。司法鉴定意见认定孙某某所受损伤交通事故因素参与度为25%，其个人原有基础疾病等因素占75%。孙某某的原有疾病是其身体的一种客观情况，与其主观心理状态无关。显然，不能将受害人原有疾病认定为一种应受谴责的主观心理状态。虽然孙某某有高血压病史，但其对事故的发生及损害后果的造成均无主观过错，其高血压病史仅是与事故造成后果存在客观上的介入因素，并无法律上的因果关系。故交通事故受害人没有过错，以其自身疾病对构成伤残的参与度作为减轻侵权人责任，不符合《侵权责任法》《道路交通安全法》的规定。按照受害人自身疾病对伤残结果的参与度比例扣减相应赔偿金属于适用法律错误。应撤销一、二审判决，改判罗某承担全部赔偿责任，由保险公司在交强险和机动车第三者责任险赔偿限额范围内支付孙某某赔偿款527089.01元。

【裁判要旨】

1. 最高人民法院第24号指导案例明确的是道路交通事故损害的过错归责原则，与本案案情类似，应予参照适用，不能仅因案情的个别差异而不予参照适用。审理中有意见认为，最高人民法院第24号指导案例与本案的案情不同，指导案例是受害人的个人体质状况（骨质疏松）有参与度，本案是受害人自身严重疾病（脑梗死、高血压）有参与度，故本案应考虑参与度问题。实际上在因果关系理论与实务中，一般将受害人身体原因这一介入因素统称为受害人"特殊体质"。"特殊体质"一般包含：体质状况，如骨质疏松、蛋壳脑袋等；严重疾病，如高血压、血友病等；残障情况，如身体、智力残疾等。其实就医学角度而言，骨质疏松、蛋壳脑袋、智力残疾等也可以认为是一种疾病。因此，在一般案件中作"体质"与"疾病"的区分并不严谨。第24号指导案例确认了"蛋壳脑袋规则"。"蛋壳脑袋理论"是英美侵权法中关于人身损害赔偿责任的一项著名规则。该规则认为，一个对他人犯有过失的人，不应计较受害人的个人特质，尽管受害人的这种个人特质增加了他遭受损害的可能性和程度；对于一个因受害人的头骨破裂而引起的损害赔偿请求，受害人的头骨异常易于破裂不能成为抗辩的理由，即侵权人不能以此作为减少应承担的损害赔偿金的理由。根据该指导案例裁判要旨及理由说明可知，其参照的正是"蛋壳脑袋规则"，即虽有受害人特殊体质介入，导致损害后果扩大，侵权人也应就全部的损害后果负责。

2. 本案不适用原因力的责任分配。《侵权责任法》的归责可以分为责任构成和责任分配两个阶段。在责任构成阶段，考察的重点是各个要件的有无，缺乏任何一个要件都意味着对责任的否定，是一个"全有或全无"的阶段。而在责任分配阶段，考察的重点是各个要件的强度，进而综合决定责任的大小，这是一个"或多或少"的阶段。就"原因力"这个概念而言，其作为一个强度概念，则不属于责任构成阶段，而是责任分配中的一个因素。责任构成阶段没有原因力而只有原因，因此因果关系的"因"在一般侵权中必须是法律上认可的过错行为，而被侵权人的特殊体质不能被理解为是一种法律意义上的过错。而原因力是责任分配阶段的概念，这里的"因"就可以是任何参与责任分配的因素，因此，特殊体质也可以是这里的"因"。责任分配阶段因为是法官综合考虑决定的阶段，可以出现不考虑特殊体质和考虑特殊体质两种情况。是否考虑受害人特殊体质对损害的原因力必须结合侵权人的过错程度、受害人自身的过错程度、侵权人行为的社会价值及其风险等因素综合考量。故第24号指导案例应当是综合考量了机动车拥有可以分散风险的保险、违章行为不具有社会价值、受害人没有过错等多种因素，进而认为不应考虑特殊体质的结果。当案件没有这些因素的时候，受害人的特殊体质又会被接受为可以减轻侵权人责任的原因力，即如医疗损害赔偿案件。

【关联索引】

《中华人民共和国民法典》第一千一百六十五条（本案适用的是2010年7月1日施行的《中华人民共和国侵权责任法》第六条）

一审：福建省诏安县人民法院（2014）诏民初字第1378号民事判决（2014年12月29日）

二审：福建省漳州市中级人民法院（2015）漳民终字第573号民事判决（2015年9月23日）

再审：福建省高级人民法院（2017）闽民再341号民事判决（2018年6月22日）

孔某某诉毋某某机动车交通事故责任纠纷案

——交通事故中燃油助力车的性质认定及责任承担

【关键词】

民事　机动车交通事故责任　燃油助力车　国家标准　交强险 机动车

【基本案情】

2014年6月12日，毋某某向法院提起诉讼，请求判令孔某某赔偿其医疗费7596.32元、营养费110元、伙食补助费330元、护理费675元、鉴定费700元、伤残赔偿金22398.03元、精神赔偿金3000元，上述共计34809.35元，除去孔某某已经支付的2900元，剩余应赔偿费用总计31909.35元。

法院经审理查明：2013年11月14日8时30分许，孔某某驾驶无号牌助力车，经工业路由西向东行驶至工业路与民主路交叉口西侧时与经工业路由南向西左转弯进入工业路的毋某某驾驶的二轮自行车相撞，造成人员受伤、车辆损坏的交通事故。事故经焦作市公安局焦南分局交管巡防大队处理，作出2013N/11140830号《道路交通事故认定书》，认定责任为：（1）孔某某无机动车驾驶证驾驶无号牌机动车未戴安全头盔上道路行驶，应承担事故同等责任；（2）毋某某驾驶非机动车进入道路未让行车辆，应承担事故同等责任。毋某某于事故当天入住焦作市第二人民医院救治，于2013年11月25日出院，实际住院11天。毋某某住院花费6462.32元。其中，孔某某垫付2900元。毋某某入院时主要诊断为：急性颅脑损伤2级；外伤性蛛网膜下腔出血。毋某某出院证显示出院医嘱：（1）继续服药治疗；（2）两周后复查头颅CT排除慢性硬膜下血肿可能，门诊随诊。毋某某出院后产生两次诊疗费用，每次144.5元，共计289元。毋某某系焦作市城镇居民，1943年9月10日出生。孔某某所驾驶的无号牌车辆未投保交强险。2014年9月18日，根据孔某某申请，一审法院委托焦作某援法医临床司法鉴定所对毋某某的伤情进行了伤残等级鉴定，该鉴定机构出具了焦某援司鉴所【2014】临鉴字第×××号司法鉴定意见书，鉴定意见为：毋某某的伤残等级为十级伤残。另查明，2013年度河南省城镇居民人均可支配收入22398.03元/年、居民服务业和其他服务业职工平均工资29041元/年。我国交强险死亡伤残赔偿限额为110000元、医疗费用赔偿限额10000元、财产损失赔偿限额为2000元。

河南省焦作市解放区人民法院于2014年12月29日作出（2014）解民二初字第489号民事判决：一、本判决生效后十日内，孔某某在交强险限额范围内赔偿毋某某医疗费4251.32元、营养费110元、伙食补助费330元、护理费675元、鉴定费700元、残疾赔偿金20158.23元、精神损害抚慰金3000元，上述费用合计29224.55元；二、驳回毋某某的其他诉讼请求。孔某某不服，提起上诉。河南省焦作市中级人民法院于2015年5月8日作出（2015）焦民二终字第00120号民事判决：一、撤销焦作市解放区人民法院（2014）解民二初字第489号民事判决；二、孔某某在接到本判决十日内赔偿毋某某各项损失共计14612.28元；三、驳回毋某某的其他诉讼请求。毋某某不服，向河南省焦作市中级人民法院申请再审。河南省焦作市中级人民法院于2016年5月20日作出（2016）豫08民申72号民事裁定：再审本案。焦作市中级人民法院于2016年7月21日作出（2016）豫08民再17号民事判决：一、撤销焦作市中级人民法院（2015）焦民二终字第00120号民事判决；二、维持焦作市解放区人民法院（2014）解民二初字第489号民事判决。

【裁判理由】

法院生效裁判认为，参照机动车运行安全技术条件，本案肇事的燃油助力车应是轻便摩托车，属于机动车范畴，应按规定上牌并购买交强险，并且公安交管部门已经在事故认定书中对车辆的性质属于机动车作出了认定。未依法投保交强险的机动车发生交通事故造成损害，当事人请求投保义务人在交强险责任限额范围内予以赔偿的，人民法院应予支持。本案中，孔某某所驾车辆系机动车且未按规定投保交强险，故毋某某要求孔某某在交强险限额内承担责任的主张符合法律规定。毋某某的再审请求成立，依法应予支持。二审判决认定孔某某所驾驶车辆不在机动车范围之内不当，应予纠正。

【裁判要旨】

1. 采用汽油作为动力装置驱动、设计最高时速大于20km/h、整车重量超过40kg的燃油助力车不符合非机动车的国家标准，故在机动车交通事故责任纠纷中应将燃油助力车认定为机动车。

2. 燃油助力车的所有人或者管理人应当按照《中华人民共和国道路交通安全法》的规定投保机动车交通事故责任强制保险；未投保交强险的燃油助力车与行人发生交通事故的，燃油助力车的所有人或者管理人应当在交强险限额范围内承担赔偿责任。

【关联索引】

《中华人民共和国道路交通安全法》第十七条、第一百一十九条

《机动车运行安全技术条件（GB 7258—2012）》3.5

一审：河南省焦作市解放区人民法院（2014）解民二初字第489号民事判决（2014年12月29）

二审：河南省焦作市中级人民法院（2015）焦民二终字第00120号民事判决（2015年5月8日）

再审审查：河南省焦作市中级人民法院（2016）豫08民申72号民事裁定（2016年5月20日）

再审判决：河南省焦作市中级人民法院（2016）豫08民再17号民事判决（2016年7月21日）

【法答网精选答问】

能否依据交通事故责任认定中的“全责”或“主责”认定“好意同乘”规定中的“重大过失”？

答疑意见：《民法典》第一千二百一十七条规定的“好意同乘”中驾驶人重大过失一般指严重违反最基本的注意义务，例如，驾驶人存在酒后驾驶、无证驾驶、行驶中闯红灯等明显违法行为情形。交通事故责任认定书中对驾驶人作出的全责或主责认定，只能作为评判的考量因素，不能仅凭此当然认定驾驶人存在重大过失。例如，驾驶人仅因通常认为的一般过失造成交通事故，但如果对方完全没有过错或者造成的是单方事故，在交通事故责任认定上驾驶人仍会被评判为“全责”；反之，如果一方驾驶人存在无证驾驶等重大过失，但对方驾驶人同时存在醉酒驾驶等更为严重且直接引发事故的违法行为，在事故责任认定上可能会评判对方驾驶人为主责，无证驾驶一方因此仅被评判为次责，但在侵权责任过错评价上，可

以评判双方都存在重大过失。因此，不能单纯以交通事故认定书上的事故责任认定判断行为人是否构成重大过失，而应当结合驾驶人的客观行为表现及主观心理状态等全案事实作出综合判断。

咨询人：山东省威海市中级人民法院宋杨

答疑专家：山东省高级人民法院审判监督二庭　孔祥雨

[本答问为法答网精选答问（第五批）问题2]

三、交通运输

1. 综　　合

中华人民共和国道路运输条例

（2004年4月30日中华人民共和国国务院令第406号公布　根据2012年11月9日《国务院关于修改和废止部分行政法规的决定》第一次修订　根据2016年2月6日《国务院关于修改部分行政法规的决定》第二次修订　根据2019年3月2日《国务院关于修改部分行政法规的决定》第三次修订　根据2022年3月29日《国务院关于修改和废止部分行政法规的决定》第四次修订　根据2023年7月20日《国务院关于修改和废止部分行政法规的决定》第五次修订）

第一章　总　则

第一条　为了维护道路运输市场秩序，保障道路运输安全，保护道路运输有关各方当事人的合法权益，促进道路运输业的健康发展，制定本条例。

第二条　从事道路运输经营以及道路运输相关业务的，应当遵守本条例。

前款所称道路运输经营包括道路旅客运输经营（以下简称客运经营）和道路货物运输经营（以下简称货运经营）；道路运输相关业务包括站（场）经营、机动车维修经营、机动车驾驶员培训。

第三条　从事道路运输经营以及道路运输相关业务，应当依法经营，诚实信用，公平竞争。

第四条　道路运输管理，应当公平、公正、公开和便民。

第五条　国家鼓励发展乡村道路运输，并采取必要的措施提高乡镇和行政村的通班车率，满足广大农民的生活和生产需要。

第六条　国家鼓励道路运输企业实行规模化、集约化经营。任何单位和个人不得封锁或者垄断道路运输市场。

第七条　国务院交通运输主管部门主管全国道路运输管理工作。

县级以上地方人民政府交通运输主管部门负责本行政区域的道路运输管理工作。

第二章　道路运输经营

第一节　客　运

第八条　申请从事客运经营的，应当具备下列条件：

（一）有与其经营业务相适应并经检测合格的车辆；

（二）有符合本条例第九条规定条件的驾

驶人员；

（三）有健全的安全生产管理制度。

申请从事班线客运经营的，还应当有明确的线路和站点方案。

第九条 从事客运经营的驾驶人员，应当符合下列条件：

（一）取得相应的机动车驾驶证；

（二）年龄不超过60周岁；

（三）3年内无重大以上交通责任事故记录；

（四）经设区的市级人民政府交通运输主管部门对有关客运法律法规、机动车维修和旅客急救基本知识考试合格。

第十条 申请从事客运经营的，应当依法向市场监督管理部门办理有关登记手续后，按照下列规定提出申请并提交符合本条例第八条规定条件的相关材料：

（一）从事县级行政区域内和毗邻县行政区域间客运经营的，向所在地县级人民政府交通运输主管部门提出申请；

（二）从事省际、市际、县际（除毗邻县行政区域间外）客运经营的，向所在地设区的市级人民政府交通运输主管部门提出申请；

（三）在直辖市申请从事客运经营的，向所在地直辖市人民政府确定的交通运输主管部门提出申请。

依照前款规定收到申请的交通运输主管部门，应当自受理申请之日起20日内审查完毕，作出许可或者不予许可的决定。予以许可的，向申请人颁发道路运输经营许可证，并向申请人投入运输的车辆配发车辆营运证；不予许可的，应当书面通知申请人并说明理由。

对从事省际和市际客运经营的申请，收到申请的交通运输主管部门依照本条第二款规定颁发道路运输经营许可证前，应当与运输线路目的地的相应交通运输主管部门协商，协商不成的，应当按程序报省、自治区、直辖市人民政府交通运输主管部门协商决定。对从事设区的市内毗邻县客运经营的申请，有关交通运输主管部门应当进行协商，协商不成的，报所在地市级人民政府交通运输主管部门决定。

第十一条 取得道路运输经营许可证的客运经营者，需要增加客运班线的，应当依照本条例第十条的规定办理有关手续。

第十二条 县级以上地方人民政府交通运输主管部门在审查客运申请时，应当考虑客运市场的供求状况、普遍服务和方便群众等因素。

同一线路有3个以上申请人时，可以通过招标的形式作出许可决定。

第十三条 县级以上地方人民政府交通运输主管部门应当定期公布客运市场供求状况。

第十四条 客运班线的经营期限为4年到8年。经营期限届满需要延续客运班线经营许可的，应当重新提出申请。

第十五条 客运经营者需要终止客运经营的，应当在终止前30日内告知原许可机关。

第十六条 客运经营者应当为旅客提供良好的乘车环境，保持车辆清洁、卫生，并采取必要的措施防止在运输过程中发生侵害旅客人身、财产安全的违法行为。

第十七条 旅客应当持有效客票乘车，遵守乘车秩序，讲究文明卫生，不得携带国家规定的危险物品及其他禁止携带的物品乘车。

第十八条 班线客运经营者取得道路运输经营许可证后，应当向公众连续提供运输服务，不得擅自暂停、终止或者转让班线运输。

第十九条 从事包车客运的，应当按照约定的起始地、目的地和线路运输。

从事旅游客运的，应当在旅游区域按照旅游线路运输。

第二十条 客运经营者不得强迫旅客乘车，不得甩客、敲诈旅客；不得擅自更换运输车辆。

第二节 货 运

第二十一条 申请从事货运经营的，应当具备下列条件：

（一）有与其经营业务相适应并经检测合格的车辆；

（二）有符合本条例第二十二条规定条件的驾驶人员；

（三）有健全的安全生产管理制度。

第二十二条 从事货运经营的驾驶人员，应当符合下列条件：

（一）取得相应的机动车驾驶证；

（二）年龄不超过60周岁；

（三）经设区的市级人民政府交通运输主管部门对有关货运法律法规、机动车维修和货物装载保管基本知识考试合格（使用总质量4500千克及以下普通货运车辆的驾驶人员除外）。

第二十三条 申请从事危险货物运输经营的，还应当具备下列条件：

（一）有5辆以上经检测合格的危险货物运输专用车辆、设备；

（二）有经所在地设区的市级人民政府交通运输主管部门考试合格，取得上岗资格证的驾驶人员、装卸管理人员、押运人员；

（三）危险货物运输专用车辆配有必要的通讯工具；

（四）有健全的安全生产管理制度。

第二十四条 申请从事货运经营的，应当依法向市场监督管理部门办理有关登记手续后，按照下列规定提出申请并分别提交符合本条例第二十一条、第二十三条规定条件的相关材料：

（一）从事危险货物运输经营以外的货运经营的，向县级人民政府交通运输主管部门提出申请；

（二）从事危险货物运输经营的，向设区的市级人民政府交通运输主管部门提出申请。

依照前款规定收到申请的交通运输主管部门，应当自受理申请之日起20日内审查完毕，作出许可或者不予许可的决定。予以许可的，向申请人颁发道路运输经营许可证，并向申请人投入运输的车辆配发车辆营运证；不予许可的，应当书面通知申请人并说明理由。

使用总质量4500千克及以下普通货运车辆从事普通货运经营的，无需按照本条规定申请取得道路运输经营许可证及车辆营运证。

第二十五条 货运经营者不得运输法律、行政法规禁止运输的货物。

法律、行政法规规定必须办理有关手续后方可运输的货物，货运经营者应当查验有关手续。

第二十六条 国家鼓励货运经营者实行封闭式运输，保证环境卫生和货物运输安全。

货运经营者应当采取必要措施，防止货物脱落、扬撒等。

运输危险货物应当采取必要措施，防止危险货物燃烧、爆炸、辐射、泄漏等。

第二十七条 运输危险货物应当配备必要的押运人员，保证危险货物处于押运人员的监管之下，并悬挂明显的危险货物运输标志。

托运危险货物的，应当向货运经营者说明危险货物的品名、性质、应急处置方法等情况，并严格按照国家有关规定包装，设置明显标志。

第三节 客运和货运的共同规定

第二十八条 客运经营者、货运经营者应当加强对从业人员的安全教育、职业道德教育，确保道路运输安全。

道路运输从业人员应当遵守道路运输操作规程，不得违章作业。驾驶人员连续驾驶时间不得超过4个小时。

第二十九条 生产（改装）客运车辆、货运车辆的企业应当按照国家规定标定车辆的核定人数或者载重量，严禁多标或者少标车辆的核定人数或者载重量。

客运经营者、货运经营者应当使用符合国家规定标准的车辆从事道路运输经营。

第三十条 客运经营者、货运经营者应当加强对车辆的维护和检测，确保车辆符合国家规定的技术标准；不得使用报废的、擅自改装的和其他不符合国家规定的车辆从事道路运输经营。

第三十一条 客运经营者、货运经营者应当制定有关交通事故、自然灾害以及其他突发事件的道路运输应急预案。应急预案应当包括报告程序、应急指挥、应急车辆和设备的储备以及处置措施等内容。

第三十二条 发生交通事故、自然灾害以及其他突发事件，客运经营者和货运经营者应当服从县级以上人民政府或者有关部门的统一调度、指挥。

第三十三条 道路运输车辆应当随车携带车辆营运证，不得转让、出租。

第三十四条 道路运输车辆运输旅客的，不得超过核定的人数，不得违反规定载货；运输货物的，不得运输旅客，运输的货物应当符合核定的载重量，严禁超载；载物的长、宽、高不得违反装载要求。

违反前款规定的，由公安机关交通管理部门依照《中华人民共和国道路交通安全法》的有关规定进行处罚。

第三十五条 客运经营者、危险货物运输经营者应当分别为旅客或者危险货物投保承运人责任险。

第三章 道路运输相关业务

第三十六条 从事道路运输站（场）经

营的，应当具备下列条件：

（一）有经验收合格的运输站（场）；

（二）有相应的专业人员和管理人员；

（三）有相应的设备、设施；

（四）有健全的业务操作规程和安全管理制度。

第三十七条 从事机动车维修经营的，应当具备下列条件：

（一）有相应的机动车维修场地；

（二）有必要的设备、设施和技术人员；

（三）有健全的机动车维修管理制度；

（四）有必要的环境保护措施。

国务院交通运输主管部门根据前款规定的条件，制定机动车维修经营业务标准。

第三十八条 从事机动车驾驶员培训的，应当具备下列条件：

（一）取得企业法人资格；

（二）有健全的培训机构和管理制度；

（三）有与培训业务相适应的教学人员、管理人员；

（四）有必要的教学车辆和其他教学设施、设备、场地。

第三十九条 申请从事道路旅客运输站（场）经营业务的，应当在依法向市场监督管理部门办理有关登记手续后，向所在地县级人民政府交通运输主管部门提出申请，并附送符合本条例第三十六条规定条件的相关材料。县级人民政府交通运输主管部门应当自受理申请之日起15日内审查完毕，作出许可或者不予许可的决定，并书面通知申请人。

从事道路货物运输站（场）经营、机动车维修经营和机动车驾驶员培训业务的，应当在依法向市场监督管理部门办理有关登记手续后，向所在地县级人民政府交通运输主管部门进行备案，并分别附送符合本条例第三十六条、第三十七条、第三十八条规定条件的相关材料。

第四十条 道路运输站（场）经营者应当对出站的车辆进行安全检查，禁止无证经营的车辆进站从事经营活动，防止超载车辆或者未经安全检查的车辆出站。

道路运输站（场）经营者应当公平对待使用站（场）的客运经营者和货运经营者，无正当理由不得拒绝道路运输车辆进站从事经营活动。

道路运输站（场）经营者应当向旅客和货主提供安全、便捷、优质的服务；保持站（场）卫生、清洁；不得随意改变站（场）用途和服务功能。

第四十一条 道路旅客运输站（场）经营者应当为客运经营者合理安排班次，公布其运输线路、起止经停站点、运输班次、始发时间、票价，调度车辆进站、发车，疏导旅客，维持上下车秩序。

道路旅客运输站（场）经营者应当设置旅客购票、候车、行李寄存和托运等服务设施，按照车辆核定载客限额售票，并采取措施防止携带危险品的人员进站乘车。

第四十二条 道路货物运输站（场）经营者应当按照国务院交通运输主管部门规定的业务操作规程装卸、储存、保管货物。

第四十三条 机动车维修经营者应当按照国家有关技术规范对机动车进行维修，保证维修质量，不得使用假冒伪劣配件维修机动车。

机动车维修经营者应当公布机动车维修工时定额和收费标准，合理收取费用，维修服务完成后应当提供维修费用明细单。

第四十四条 机动车维修经营者对机动车进行二级维护、总成修理或者整车修理的，应当进行维修质量检验。检验合格的，维修质量检验人员应当签发机动车维修合格证。

机动车维修实行质量保证期制度。质量保证期内因维修质量原因造成机动车无法正常使用的，机动车维修经营者应当无偿返修。

机动车维修质量保证期制度的具体办法，由国务院交通运输主管部门制定。

第四十五条 机动车维修经营者不得承修已报废的机动车，不得擅自改装机动车。

第四十六条 机动车驾驶员培训机构应当按照国务院交通运输主管部门规定的教学大纲进行培训，确保培训质量。培训结业的，应当向参加培训的人员颁发培训结业证书。

第四章　国际道路运输

第四十七条 国务院交通运输主管部门应当及时向社会公布中国政府与有关国家政府签署的双边或者多边道路运输协定确定的国际道路运输线路。

第四十八条 从事国际道路运输经营的，应当具备下列条件：

（一）依照本条例第十条、第二十四条规定取得道路运输经营许可证的企业法人；

（二）在国内从事道路运输经营满3年，且未发生重大以上道路交通责任事故。

第四十九条 申请从事国际道路旅客运输经营的，应当向省、自治区、直辖市人民政府交通运输主管部门提出申请并提交符合本条例第四十八条规定条件的相关材料。省、自治区、直辖市人民政府交通运输主管部门应当自受理申请之日起20日内审查完毕，作出批准或者不予批准的决定。予以批准的，应当向国务院交通运输主管部门备案；不予批准的，应当向当事人说明理由。

从事国际道路货物运输经营的，应当向省、自治区、直辖市人民政府交通运输主管部门进行备案，并附送符合本条例第四十八条规定条件的相关材料。

国际道路运输经营者应当持有关文件依法向有关部门办理相关手续。

第五十条 中国国际道路运输经营者应当在其投入运输车辆的显著位置，标明中国国籍识别标志。

外国国际道路运输经营者的车辆在中国境内运输，应当标明本国国籍识别标志，并按照规定的运输线路行驶；不得擅自改变运输线路，不得从事起止地都在中国境内的道路运输经营。

第五十一条 在口岸设立的国际道路运输管理机构应当加强对出入口岸的国际道路运输的监督管理。

第五十二条 外国国际道路运输经营者依法在中国境内设立的常驻代表机构不得从事经营活动。

第五章 执法监督

第五十三条 县级以上地方人民政府交通运输、公安、市场监督管理等部门应当建立信息共享和协同监管机制，按照职责分工加强对道路运输及相关业务的监督管理。

第五十四条 县级以上人民政府交通运输主管部门应当加强执法队伍建设，提高其工作人员的法制、业务素质。

县级以上人民政府交通运输主管部门的工作人员应当接受法制和道路运输管理业务培训、考核，考核不合格的，不得上岗执行职务。

第五十五条 上级交通运输主管部门应当对下级交通运输主管部门的执法活动进行监督。

县级以上人民政府交通运输主管部门应当建立健全内部监督制度，对其工作人员执法情况进行监督检查。

第五十六条 县级以上人民政府交通运输主管部门及其工作人员执行职务时，应当自觉接受社会和公民的监督。

第五十七条 县级以上人民政府交通运输主管部门应当建立道路运输举报制度，公开举报电话号码、通信地址或者电子邮件信箱。

任何单位和个人都有权对县级以上人民政府交通运输主管部门的工作人员滥用职权、徇私舞弊的行为进行举报。县级以上人民政府交通运输主管部门及其他有关部门收到举报后，应当依法及时查处。

第五十八条 县级以上人民政府交通运输主管部门的工作人员应当严格按照职责权限和程序进行监督检查，不得乱设卡、乱收费、乱罚款。

县级以上人民政府交通运输主管部门的工作人员应当重点在道路运输及相关业务经营场所、客货集散地进行监督检查。

县级以上人民政府交通运输主管部门的工作人员在公路路口进行监督检查时，不得随意拦截正常行驶的道路运输车辆。

第五十九条 县级以上人民政府交通运输主管部门的工作人员实施监督检查时，应当有2名以上人员参加，并向当事人出示执法证件。

第六十条 县级以上人民政府交通运输主管部门的工作人员实施监督检查时，可以向有关单位和个人了解情况，查阅、复制有关资料。但是，应当保守被调查单位和个人的商业秘密。

被监督检查的单位和个人应当接受依法实施的监督检查，如实提供有关资料或者情况。

第六十一条 县级以上人民政府交通运输主管部门的工作人员在实施道路运输监督检查过程中，发现车辆超载行为的，应当立即予以制止，并采取相应措施安排旅客改乘或者强制卸货。

第六十二条 县级以上人民政府交通运输

主管部门的工作人员在实施道路运输监督检查过程中，对没有车辆营运证又无法当场提供其他有效证明的车辆予以暂扣的，应当妥善保管，不得使用，不得收取或者变相收取保管费用。

第六章 法律责任

第六十三条 违反本条例的规定，有下列情形之一的，由县级以上地方人民政府交通运输主管部门责令停止经营，并处罚款；构成犯罪的，依法追究刑事责任：

（一）未取得道路运输经营许可，擅自从事道路普通货物运输经营，违法所得超过1万元的，没收违法所得，处违法所得1倍以上5倍以下的罚款；没有违法所得或者违法所得不足1万元的，处3000元以上1万元以下的罚款，情节严重的，处1万元以上5万元以下的罚款；

（二）未取得道路运输经营许可，擅自从事道路客运经营，违法所得超过2万元的，没收违法所得，处违法所得2倍以上10倍以下的罚款；没有违法所得或者违法所得不足2万元的，处1万元以上10万元以下的罚款；

（三）未取得道路运输经营许可，擅自从事道路危险货物运输经营，违法所得超过2万元的，没收违法所得，处违法所得2倍以上10倍以下的罚款；没有违法所得或者违法所得不足2万元的，处3万元以上10万元以下的罚款。

第六十四条 不符合本条例第九条、第二十二条规定条件的人员驾驶道路运输经营车辆的，由县级以上地方人民政府交通运输主管部门责令改正，处200元以上2000元以下的罚款；构成犯罪的，依法追究刑事责任。

第六十五条 违反本条例的规定，未经许可擅自从事道路旅客运输站（场）经营的，由县级以上地方人民政府交通运输主管部门责令停止经营；有违法所得的，没收违法所得，处违法所得2倍以上10倍以下的罚款；没有违法所得或者违法所得不足1万元的，处2万元以上5万元以下的罚款；构成犯罪的，依法追究刑事责任。

从事机动车维修经营业务不符合国务院交通运输主管部门制定的机动车维修经营业务标准的，由县级以上地方人民政府交通运输主管部门责令改正；情节严重的，由县级以上地方人民政府交通运输主管部门责令停业整顿。

从事道路货物运输站（场）经营、机动车驾驶员培训业务，未按规定进行备案的，由县级以上地方人民政府交通运输主管部门责令改正；拒不改正的，处5000元以上2万元以下的罚款。

从事机动车维修经营业务，未按规定进行备案的，由县级以上地方人民政府交通运输主管部门责令改正；拒不改正的，处3000元以上1万元以下的罚款。

备案时提供虚假材料情节严重的，其直接负责的主管人员和其他直接责任人员5年内不得从事原备案的业务。

第六十六条 违反本条例的规定，客运经营者、货运经营者、道路运输相关业务经营者非法转让、出租道路运输许可证件的，由县级以上地方人民政府交通运输主管部门责令停止违法行为，收缴有关证件，处2000元以上1万元以下的罚款；有违法所得的，没收违法所得。

第六十七条 违反本条例的规定，客运经营者、危险货物运输经营者未按规定投保承运人责任险的，由县级以上地方人民政府交通运输主管部门责令限期投保；拒不投保的，由原许可机关吊销道路运输经营许可证。

第六十八条 违反本条例的规定，客运经营者有下列情形之一的，由县级以上地方人民政府交通运输主管部门责令改正，处1000元以上2000元以下的罚款；情节严重的，由原许可机关吊销道路运输经营许可证：

（一）不按批准的客运站点停靠或者不按规定的线路、公布的班次行驶的；

（二）在旅客运输途中擅自变更运输车辆或者将旅客移交他人运输的；

（三）未报告原许可机关，擅自终止客运经营的。

客运经营者强行招揽旅客，货运经营者强行招揽货物或者没有采取必要措施防止货物脱落、扬撒等的，由县级以上地方人民政府交通运输主管部门责令改正，处1000元以上3000元以下的罚款；情节严重的，由原许可机关吊销道路运输经营许可证。

第六十九条 违反本条例的规定，客运经营者、货运经营者不按规定维护和检测运输车辆的，由县级以上地方人民政府交通运输主管部门责令改正，处1000元以上5000元以下的罚款。

违反本条例的规定，客运经营者、货运经营者擅自改装已取得车辆营运证的车辆的，由县级以上地方人民政府交通运输主管部门责令改正，处5000元以上2万元以下的罚款。

第七十条 违反本条例的规定，道路旅客运输站（场）经营者允许无证经营的车辆进站从事经营活动以及超载车辆、未经安全检查的车辆出站或者无正当理由拒绝道路运输车辆进站从事经营活动的，由县级以上地方人民政府交通运输主管部门责令改正，处1万元以上3万元以下的罚款。

道路货物运输站（场）经营者有前款违法情形的，由县级以上地方人民政府交通运输主管部门责令改正，处3000元以上3万元以下的罚款。

违反本条例的规定，道路运输站（场）经营者擅自改变道路运输站（场）的用途和服务功能，或者不公布运输线路、起止经停站点、运输班次、始发时间、票价的，由县级以上地方人民政府交通运输主管部门责令改正；拒不改正的，处3000元的罚款；有违法所得的，没收违法所得。

第七十一条 违反本条例的规定，机动车维修经营者使用假冒伪劣配件维修机动车，承修已报废的机动车或者擅自改装机动车的，由县级以上地方人民政府交通运输主管部门责令改正；有违法所得的，没收违法所得，处违法所得2倍以上10倍以下的罚款；没有违法所得或者违法所得不足1万元的，处2万元以上5万元以下的罚款，没收假冒伪劣配件及报废车辆；情节严重的，由县级以上地方人民政府交通运输主管部门责令停业整顿；构成犯罪的，依法追究刑事责任。

第七十二条 违反本条例的规定，机动车维修经营者签发虚假的机动车维修合格证，由县级以上地方人民政府交通运输主管部门责令改正；有违法所得的，没收违法所得，处违法所得2倍以上10倍以下的罚款；没有违法所得或者违法所得不足3000元的，处5000元以上2万元以下的罚款；情节严重的，由县级以上地方人民政府交通运输主管部门责令停业整顿；构成犯罪的，依法追究刑事责任。

第七十三条 违反本条例的规定，机动车驾驶员培训机构不严格按照规定进行培训或者在培训结业证书发放时弄虚作假的，由县级以上地方人民政府交通运输主管部门责令改正；拒不改正的，责令停业整顿。

第七十四条 违反本条例的规定，外国国际道路运输经营者未按照规定的线路运输，擅自从事中国境内道路运输的，由省、自治区、直辖市人民政府交通运输主管部门责令停止运输；有违法所得的，没收违法所得，处违法所得2倍以上10倍以下的罚款；没有违法所得或者违法所得不足1万元的，处3万元以上6万元以下的罚款。

外国国际道路运输经营者未按照规定标明国籍识别标志的，由省、自治区、直辖市人民政府交通运输主管部门责令停止运输，处200元以上2000元以下的罚款。

从事国际道路货物运输经营，未按规定进行备案的，由省、自治区、直辖市人民政府交通运输主管部门责令改正；拒不改正的，处5000元以上2万元以下的罚款。

第七十五条 县级以上人民政府交通运输主管部门应当将道路运输及其相关业务经营者和从业人员的违法行为记入信用记录，并依照有关法律、行政法规的规定予以公示。

第七十六条 违反本条例的规定，县级以上人民政府交通运输主管部门的工作人员有下列情形之一的，依法给予行政处分；构成犯罪的，依法追究刑事责任：

（一）不依照本条例规定的条件、程序和期限实施行政许可的；

（二）参与或者变相参与道路运输经营以及道路运输相关业务的；

（三）发现违法行为不及时查处的；

（四）违反规定拦截、检查正常行驶的道路运输车辆的；

（五）违法扣留运输车辆、车辆营运证的；

（六）索取、收受他人财物，或者谋取其他利益的；

（七）其他违法行为。

第七章 附 则

第七十七条 内地与香港特别行政区、澳门特别行政区之间的道路运输，参照本条例的有关规定执行。

第七十八条 外商可以依照有关法律、行政法规和国家有关规定，在中华人民共和国境内采用中外合资、中外合作、独资形式投资有关的道路运输经营以及道路运输相关业务。

第七十九条 从事非经营性危险货物运输的，应当遵守本条例有关规定。

第八十条 县级以上地方人民政府交通运输主管部门依照本条例发放经营许可证件和车辆营运证，可以收取工本费。工本费的具体收费标准由省、自治区、直辖市人民政府财政部门、价格主管部门会同同级交通运输主管部门核定。

第八十一条 出租车客运和城市公共汽车客运的管理办法由国务院另行规定。

第八十二条 本条例自 2004 年 7 月 1 日起施行。

道路运输服务质量投诉管理规定

（1999 年 10 月 11 日交通部发布　根据 2016 年 9 月 2 日《交通运输部关于修改〈道路运输服务质量投诉管理规定〉的决定》修正）

第一章　总　则

第一条 为了保护道路运输服务对象的合法权益，及时、公正处理服务质量投诉，加强对道路运输服务质量的监督和管理，维护道路运输市场的正常秩序，依据《中华人民共和国消费者权益保护法》及其他有关法律、法规制定本规定。

第二条 县级以上（含县级，下同）人民政府交通行政主管部门负责本辖区道路运输服务质量投诉管理工作，其所属的道路运政管理机构（以下简称运政机构）是道路运输服务质量投诉（以下简称服务质量投诉）的受理机构，负责本规定的具体实施。

第三条 各级运政机构受理服务质量投诉应遵循合法、公正、高效、便民的原则。

第二章　投诉受理机构

第四条 县级以上运政机构应当向社会公布投诉地址及投诉电话，及时受理本辖区的服务质量投诉案件。

第五条 运政机构受理服务质量投诉的主要职责是：

（一）贯彻执行国家有关服务质量投诉处理的法律、法规和规章制度；

（二）及时调查处理（或批转下一级运政机构调查处理）被投诉对象注册地为本辖区的服务质量投诉案件；报请上一级运政机构将本单位收到的被投诉对象注册地为非本辖区的投诉案件批转其辖区运政机构办理；

（三）协助上一级运政机构调查处理涉及本辖区的服务质量投诉案件；

（四）受理上一级运政机构转来的投诉案件，并报告投诉的调查处理情况和结果；

（五）建立健全本辖区服务质量投诉受理工作通报表彰、统计分析和投诉档案管理以及信息反馈等制度；

（六）督促、检查本辖区道路运输经营者制定和实施服务质量纠纷处理制度。

第三章　投诉受理条件和范围

第六条 投诉受理条件：

（一）投诉人必须是权益受到损害的道路运输服务对象或他们的代理人；

（二）有明确的投诉对象、具体事实及有关证明材料或证明人。

第七条 投诉受理范围：

（一）道路运输经营者未履行合同或协议而又拒不承担违约责任的；

（二）道路运输经营者未执行国家有关价格政策或未提供与其价格相符的服务的；

（三）道路运输经营者故意或过失造成投诉人人身伤害，货物灭失、短少、变质、污染、损坏、误期等而又拒绝赔偿损失的；

（四）道路运输经营者有欺诈行为的；

（五）道路运输经营者在经营活动中违反有关法律、法规或规章导致道路运输服务对象权益受到损害的；

（六）道路运输经营者未按规定提供与其经营内容相适应的服务设施、服务项目或服务质量标准的；

（七）道路运输经营者其他侵犯投诉人权益、损害投诉人利益的行为。

第八条 下列投诉不属于本受理范围：

（一）法院、仲裁机构或者有关行政机关已经受理的案件；

（二）由于不可抗拒力造成道路运输服务对象权益受到损害的投诉；

（三）治安和刑事案件投诉；

（四）交通事故投诉；

（五）国家法律、法规已经明确规定由其他机构受理的投诉。

第四章 投诉人与被投诉人

第九条 投诉可采用书面投诉、电话投诉或当面投诉三种形式。投诉人应在书面投诉材料上阐明或在电话投诉、当面投诉时说明下列事项：

（一）投诉人的名称或姓名及联系方式；

（二）被投诉人的名称或车辆牌照号码；

（三）投诉案件发生的时间、地点、经过及有关证明材料或证明人；

（四）投诉请求（包括停止侵害、惩治违法、违章经营，赔礼道歉，赔偿损失等）。

第十条 投诉人有权了解投诉的处理情况；有权与被投诉人自行和解；有权放弃或变更投诉请求。

第十一条 被投诉人有就被投诉案件进行陈述和申辩的权利。

第十二条 被投诉人不得妨碍运政机构对投诉案件进行的调查、核实工作，不得销毁、灭失有关证据。

第五章 投诉受理程序

第十三条 运政机构接到投诉时，应当根据第七条、第八条的规定，确定是否受理，不予受理的，要说明理由。电话投诉和当面投诉的要做好投诉记录（《道路运输服务质量投诉记录》式样见附件1），也可通知其递交书面投诉材料。

第十四条 运政机构受理投诉后，应当在5日内通知被投诉人。被投诉人应当在接到投诉通知之日起10日内作出书面答复意见。书面答复应当载明以下事项：

（一）对投诉内容及投诉请求表明态度；

（二）陈述事实，申辩举证；

（三）提出解决意见。

第十五条 运政机构应依法对投诉案件进行核实。经调查核实后，依据有关法律、法规或规章，分清责任，在投诉受理之日起30日内，做出相应的投诉处理决定，并通知双方当事人。

第六章 投诉处理

第十六条 根据投诉事实的性质，对投诉案件的处理决定可采取调解或行政处罚两种处理方式。

第十七条 投诉案件的责任认定主要依据是投诉事实和有关法律、法规及规章：

（一）《中华人民共和国合同法》及其他有关道路运输或合同的法律、法规；

（二）《道路旅客运输及客运站管理规定》《道路货物运输及站场管理规定》《道路运输车辆技术管理规定》等道路运输管理规章。

第十八条 根据责任认定结果，可做出以下调解意见，并应说明理由：

（一）被投诉人过错的，由被投诉人向投诉人赔礼道歉或赔偿损失；

（二）投诉人与被投诉人共同过错的，由双方分别承担相应责任；

（三）投诉人自身过错的，责任自负。

第十九条 运政机构对投诉案件进行调解，应制作《道路运输服务质量投诉调解书》（式样见附件2），一式3份。由投诉人、被投诉人双方（或其代表）签字，并经运政管理机构盖章确认后，分别交投诉人和被投诉人各1份，运政机构存档1份。

第二十条 有关汽车维修质量纠纷的调解依照《汽车维修质量纠纷调解办法》（交公路发〔1998〕349号）办理。

第二十一条 由于道路运输经营者经营活动违反有关法律、法规及规章导致道路运输服务对象权益受到侵害的投诉案件，运政机构应责令其停止侵害，并依照有关道路运输的法律、法规及规章给予行政处罚。

第二十二条 运政机构工作人员在处理投诉案件过程中玩忽职守、推诿拖拉、徇私枉法的，应给予行政处分，构成犯罪的追究法律责任。

第七章 附 则

第二十三条 道路运输经营者被投诉的责任频率、对投诉案件调解工作是否配合等情况，是考核企业服务质量、评定企业资质等级等方面的主要依据之一，应作为年度审验的重要内容，并在涉及审批事项等方面作为先决条件。

第二十四条 本规定自2000年1月1日起实施。

交通运输标准化管理办法

（2019年5月6日经第9次部务会议通过 2019年5月13日交通运输部令第12号公布 自2019年7月1日起施行）

第一章 总 则

第一条 为规范交通运输标准化工作，提升产品和服务质量，促进交通运输行业高质量发展，依据《中华人民共和国标准化法》，制定本办法。

第二条 在中华人民共和国境内从事综合交通运输、铁路、公路、水路、民航、邮政领域的标准（统称为交通运输标准）制定、实施、监督等相关活动，除遵守相关法律、行政法规外，还应当遵守本办法。

第三条 交通运输标准包括国家标准、行业标准、地方标准、团体标准和企业标准。国家标准分为强制性标准、推荐性标准，行业标准、地方标准是推荐性标准。

第四条 涉及铁路、公路、水路、民航、邮政两种及以上领域需要协调衔接和共同使用的技术要求，应当制定综合交通运输标准。

铁路、公路、水路、民航、邮政领域的标准应当与综合交通运输标准协调衔接。

第五条 国家对标准化工作实行国务院标准化行政主管部门统一管理与国务院有关行政主管部门分工管理相结合的工作机制。

交通运输部负责综合交通运输和公路、水路领域标准化相关管理工作。

国家铁路局、中国民用航空局、国家邮政局按照各自职责分别负责铁路、民航、邮政领域标准化相关管理工作。

县级以上地方人民政府标准化行政主管部门会同交通运输主管部门按照职责负责本行政区域内交通运输标准化相关管理工作。

第六条 交通运输部标准化管理委员会负责指导交通运输标准技术体系建设，统筹协调衔接综合交通运输、铁路、公路、水路、民航、邮政领域标准，研究审核交通运输标准化发展重大政策和重要事项等工作。

第七条 鼓励组织和参与制定国际标准，持续推进交通运输标准的外文翻译和出版工作，加强与世界各国在交通运输标准方面的交流与合作。

第二章 标准化规划

第八条 交通运输标准化规划应当符合国家标准化体系建设规划、交通运输行业规划，充分考虑新技术、新业态发展趋势，经交通运输部标准化管理委员会审核后，报请交通运输部发布。

第九条 交通运输标准体系应当依据交通运输标准化规划制定，由交通运输部发布。

综合交通运输标准体系应当经交通运输部标准化管理委员会审核后，报请交通运输部发布。

标准体系实行动态管理，根据需要及时进行调整。

第十条 交通运输标准化年度计划应当依据标准体系并结合行业发展需要制定，由交通运输部发布。

第十一条 国家铁路局、中国民用航空局、国家邮政局可以根据工作需要制定本领域标准化规划、标准体系和年度计划。

第三章 标准制定

第十二条 拟制定交通运输国家标准的项目，应当按照有关规定报国务院标准化行政主管部门立项；拟制定交通运输行业标准的项目，由交通运输部立项，其中铁路、民航、邮政领域的行业标准分别由国家铁路局、中国民用航空局、国家邮政局立项。

有关单位和个人可以向前款规定的立项单位提出标准项目立项建议。

第十三条 交通运输国家或者行业推荐性标准的起草、技术审查工作，应当由专业标准化技术委员会（以下简称标委会）承担；强制性标准的起草、技术审查工作，可以委托标委会承担。

标委会可以由生产者、经营者、使用者、消费者以及有关行政主管部门、科研院所、检测机构、社会团体等相关方组成。

未成立标委会的，应当成立专家组承担国家标准、行业标准的起草、技术审查工作。标委会和专家组的组成应当具有广泛代表性。

第十四条 标委会或者专家组应当在广泛调研、深入研讨、试验论证的基础上，起草标准征求意见稿。

标委会或者专家组可以组织科研机构、大专院校、社会团体和企业具体参与或者承担标准起草的相关工作，并全过程跟踪指导。

第十五条 交通运输标准应当采取多种方式征求行业内外有关部门、协会、企业以及相关生产、使用、管理、科研和检测等单位的意见。综合交通运输标准涉及铁路、民航、邮政领域的标准，还应当征求国家铁路局、中国民用航空局、国家邮政局意见。

第十六条 标委会或者专家组根据意见征集情况对标准征求意见稿及时进行修改完善，形成标准送审稿，并按照标准审查有关规定对标准送审稿及时进行技术审查。

技术审查可以采用会议审查、书面审查或者网络电子投票审查方式。强制性标准应当采用会议审查。对技术、经济和社会意义重大以及涉及面广、分歧意见多的推荐性标准，原则上应当采用会议审查。

第十七条 交通运输国家标准报国务院标准化行政主管部门按照有关规定发布；行业标准由交通运输部编号、发布，其中铁路、民航、邮政领域的行业标准分别由国家铁路局、中国民用航空局、国家邮政局编号、发布，报国务院标准化行政主管部门备案。

交通运输国家标准、行业标准按照国务院标准化行政主管部门制定的编号规则进行编号。

第十八条 交通运输国家标准、行业标准发布后，县级以上人民政府交通运输主管部门、相关标委会应当积极组织开展标准宣传实施等工作，传播标准化理念，推广标准化经验，推动全行业运用标准化方式组织生产、经营、管理和服务。

第十九条 交通运输国家标准、行业标准制定过程中形成的有关资料，应当按照标准档案管理相关规定的要求归档。

第二十条 交通运输地方标准、团体标准、企业标准的制定按照国务院标准化行政主管部门有关规定执行。

第四章 标准实施与监督

第二十一条 交通运输强制性标准应当严格执行。鼓励积极采用交通运输推荐性标准。

不符合交通运输强制性标准的产品、服务，不得生产、销售、进口或者提供。

第二十二条 交通运输强制性标准应当免费向社会公开。推动交通运输推荐性标准免费向社会公开。鼓励团体标准、企业标准通过标准信息公开服务平台向社会公开。

第二十三条 企业应当依法公开其执行的交通运输标准的编号和名称，并按照标准组织生产经营活动；执行自行制定的企业标准的，还应当公开产品、服务的功能指标和产品的性能指标。企业研制新产品、改进产品或者进行技术改造，应当符合标准化要求。

第二十四条 县级以上人民政府交通运输主管部门应当依据法定职责，对交通运输标准实施情况进行监督检查。强制性标准实施情况应当作为监督检查的重点。

第二十五条 县级以上人民政府交通运输主管部门应当建立举报投诉制度，公开举报投诉方式。接到举报投诉的，应当按照规定及时处理。

第二十六条 交通运输部应当建立交通运输标准实施信息反馈和评估机制，根据技术进步情况和行业发展需要适时进行实施效果评估，并对其制定的标准进行复审。复审结果应当作为修订、废止相关标准的依据。复审周期一般不超过5年。

铁路、民航、邮政领域的标准实施信息反馈和评估机制分别由国家铁路局、中国民用航空局、国家邮政局依据前款规定执行。

鼓励有关单位和个人向县级以上地方人民政府交通运输主管部门或者标准化行政主管部门反馈标准实施情况。

第二十七条 县级以上人民政府交通运输主管部门应当加强计量、检验检测、认证认可基础能力建设，完善相关制度，提升技术水平，增强标准化工作监督检查及服务能力。

第二十八条 交通运输企事业单位违反本办法有关规定的，依照有关法律、行政法规的规定予以处罚。

第五章 附 则

第二十九条 国家铁路局、中国民用航空局、国家邮政局可以依据本办法制定铁路、民航、邮政领域标准化具体管理规定。

第三十条 法律、行政法规和国务院决定对工程建设强制性标准的制定另有规定的，从其规定。

第三十一条 本办法自2019年7月1日起施行。

2. 道路旅客运输

城市公共汽车和电车客运管理规定

（2017年3月1日交通运输部第3次部务会议通过 2017年3月7日交通运输部令第5号公布 自2017年5月1日起施行）

第一章 总 则

第一条 为规范城市公共汽车和电车客运活动，保障运营安全，提高服务质量，促进城市公共汽车和电车客运事业健康有序发展，依据《国务院关于城市优先发展公共交通的指导意见》（国发〔2012〕64号），制定本规定。

第二条 从事城市公共汽车和电车（以下简称城市公共汽电车）客运的服务提供、运营管理、设施设备维护、安全保障等活动，应当遵守本规定。

本规定所称城市公共汽电车客运，是指在城市人民政府确定的区域内，运用符合国家有关标准和规定的公共汽电车车辆和城市公共汽电车客运服务设施，按照核准的线路、站点、时间和票价运营，为社会公众提供基本出行服务的活动。

本规定所称城市公共汽电车客运服务设施，是指保障城市公共汽电车客运服务的停车场、保养场、站务用房、候车亭、站台、站牌以及加油（气）站、电车触线网、整流站和电动公交车充电设施等相关设施。

第三条 交通运输部负责指导全国城市公共汽电车客运管理工作。

省、自治区人民政府交通运输主管部门负责指导本行政区域内城市公共汽电车客运管理工作。

城市人民政府交通运输主管部门或者城市人民政府指定的城市公共交通运营主管部门（以下简称城市公共交通主管部门）具体承担本行政区域内城市公共汽电车客运管理工作。

第四条 城市公共汽电车客运是城市公共

交通的重要组成部分，具有公益属性。

省、自治区人民政府交通运输主管部门和城市公共交通主管部门应当在本级人民政府的领导下，会同有关部门，根据国家优先发展公共交通战略，落实在城市规划、财政政策、用地供给、设施建设、路权分配等方面优先保障城市公共汽电车客运事业发展的政策措施。

第五条 城市公共汽电车客运的发展，应当遵循安全可靠、便捷高效、经济适用、节能环保的原则。

第六条 国家鼓励城市公共汽电车客运运营企业实行规模化、集约化经营。

第七条 国家鼓励推广新技术、新能源、新装备，加强城市公共交通智能化建设，推进物联网、大数据、移动互联网等现代信息技术在城市公共汽电车客运运营、服务和管理方面的应用。

第二章 规划与建设

第八条 城市公共交通主管部门应当统筹考虑城市发展和社会公众基本出行需求，会同有关部门组织编制、修改城市公共汽电车线网规划。

编制、修改城市公共汽电车线网规划，应当科学设计城市公共汽电车线网、场站布局、换乘枢纽和重要交通节点设置，注重城市公共汽电车与其他出行方式的衔接和协调，并广泛征求相关部门和社会各方的意见。

第九条 城市公共交通主管部门应当依据城市公共汽电车线网规划，结合城市发展和社会公众出行需求，科学论证、适时开辟或者调整城市公共汽电车线路和站点，并征求社会公众意见。

新建、改建、扩建城市公共汽电车客运服务设施，应当符合城市公共汽电车线网规划。

第十条 城市公共交通主管部门应当按照城市公共汽电车线网规划，对城市道路等市政设施以及规模居住区、交通枢纽、商业中心、工业园区等大型建设项目配套建设城市公共汽电车客运服务设施制定相关标准。

第十一条 城市公共交通主管部门应当会同有关部门，按照相关标准要求，科学设置公交专用道、公交优先通行信号系统、港湾式停靠站等，提高城市公共汽电车的通行效率。

第十二条 城市公共交通主管部门应当定期开展社会公众出行调查，充分利用移动互联网、大数据、云计算等现代信息技术收集、分析社会公众出行时间、方式、频率、空间分布等信息，作为优化城市公共交通线网的依据。

第十三条 城市公共交通主管部门应当按照有关标准对城市公共汽电车线路、站点进行统一命名，方便乘客出行及换乘。

第三章 运营管理

第十四条 城市公共汽电车客运按照国家相关规定实行特许经营，城市公共交通主管部门应当根据规模经营、适度竞争的原则，综合考虑运力配置、社会公众需求、社会公众安全等因素，通过服务质量招投标的方式选择运营企业，授予城市公共汽电车线路运营权；不符合招投标条件的，由城市公共交通主管部门择优选择取得线路运营权的运营企业。城市公共交通主管部门应当与取得线路运营权的运营企业签订线路特许经营协议。

城市公共汽电车线路运营权实行无偿授予，城市公共交通主管部门不得拍卖城市公共汽电车线路运营权。运营企业不得转让、出租或者变相转让、出租城市公共汽电车线路运营权。

第十五条 申请城市公共汽电车线路运营权应当符合下列条件：

（一）具有企业法人营业执照；

（二）具有符合运营线路要求的运营车辆或者提供保证符合国家有关标准和规定车辆的承诺书；

（三）具有合理可行、符合安全运营要求的线路运营方案；

（四）具有健全的经营服务管理制度、安全生产管理制度和服务质量保障制度；

（五）具有相应的管理人员和与运营业务相适应的从业人员；

（六）有关法律、法规规定的其他条件。

第十六条 城市公共汽电车线路运营权实行期限制，同一城市公共汽电车线路运营权实行统一的期限。

第十七条 城市公共汽电车线路特许经营协议应当明确以下内容：

（一）运营线路、站点设置、配置车辆数及车型、首末班次时间、运营间隔、线路运营权期限等；

（二）运营服务标准；

（三）安全保障制度、措施和责任；

（四）执行的票制、票价；

（五）线路运营权的变更、延续、暂停、终止的条件和方式；

（六）履约担保；

（七）运营期限内的风险分担；

（八）应急预案和临时接管预案；

（九）运营企业相关运营数据上报要求；

（十）违约责任；

（十一）争议调解方式；

（十二）双方的其他权利和义务；

（十三）双方认为应当约定的其他事项。

在线路特许经营协议有效期限内，确需变更协议内容的，协议双方应当在共同协商的基础上签订补充协议。

第十八条 城市公共汽电车线路运营权期限届满，由城市公共交通主管部门按照第十四条规定重新选择取得该线路运营权的运营企业。

第十九条 获得城市公共汽电车线路运营权的运营企业，应当按照线路特许经营协议要求提供连续服务，不得擅自停止运营。

运营企业需要暂停城市公共汽电车线路运营的，应当提前3个月向城市公共交通主管部门提出报告。运营企业应当按照城市公共交通主管部门的要求，自拟暂停之日7日前向社会公告；城市公共交通主管部门应当根据需要，采取临时指定运营企业、调配车辆等应对措施，保障社会公众出行需求。

第二十条 在线路运营权期限内，运营企业因破产、解散、被撤销线路运营权以及不可抗力等原因不能运营时，应当及时书面告知城市公共交通主管部门。城市公共交通主管部门应当按照国家相关规定重新选择线路运营企业。

在线路运营权期限内，运营企业合并、分立的，应当向城市公共交通主管部门申请终止其原有线路运营权。合并、分立后的运营企业符合本规定第十五条规定条件的，城市公共交通主管部门可以与其就运营企业原有的线路运营权重新签订线路特许经营协议；不符合相关要求的，城市公共交通主管部门应当按照国家相关规定重新选择线路运营企业。

第二十一条 城市公共交通主管部门应当配合有关部门依法做好票制票价的制定和调整，依据成本票价，并按照鼓励社会公众优先选择城市公共交通出行的原则，统筹考虑社会公众承受能力、政府财政状况和出行距离等因素，确定票制票价。

运营企业应当执行城市人民政府确定的城市公共汽电车票制票价。

第二十二条 运营企业应当按照企业会计准则等有关规定，加强财务管理，规范会计核算，并按规定向城市公共交通主管部门报送运营信息、统计报表和年度会计报告等信息。年度会计报告内容应当包括运营企业实际执行票价低于运营成本的部分，执行政府乘车优惠政策减少的收入，以及执行抢险救灾等政府指令性任务发生的支出等。

第二十三条 城市公共交通主管部门应当配合有关部门建立运营企业的运营成本核算制度和补偿、补贴制度。

对于运营企业执行票价低于成本票价等所减少的运营收入，执行政府乘车优惠政策减少的收入，以及因承担政府指令性任务所造成的政策性亏损，城市公共交通主管部门应当建议有关部门按规定予以补偿、补贴。

第四章 运营服务

第二十四条 运营企业应当按照线路特许经营协议确定的数量、车型配备符合有关标准规定的城市公共汽电车车辆，并报城市公共交通主管部门备案。

第二十五条 运营企业应当按照有关标准及城市公共交通主管部门的要求，在投入运营的车辆上配置符合以下要求的相关服务设施和运营标识：

（一）在规定位置公布运营线路图、价格表；

（二）在规定位置张贴统一制作的乘车规则和投诉电话；

（三）在规定位置设置特需乘客专用座位；

（四）在无人售票车辆上配置符合规定的投币箱、电子读卡器等服务设施；

（五）规定的其他车辆服务设施和标识。

第二十六条 运营企业应当按照有关标准及城市公共交通主管部门的要求，在城市公共汽电车客运首末站和中途站配置符合以下要求的相关服务设施和运营标识：

（一）在规定位置公布线路票价、站点名称和服务时间；

（二）在规定位置张贴投诉电话；

（三）规定的其他站点服务设施和标识配置要求。

第二十七条 运营企业聘用的从事城市公共汽电车客运的驾驶员、乘务员，应当具备以下条件：

（一）具有履行岗位职责的能力；

（二）身心健康，无可能危及运营安全的疾病或者病史；

（三）无吸毒或者暴力犯罪记录。

从事城市公共汽电车客运的驾驶员还应当符合以下条件：

（一）取得与准驾车型相符的机动车驾驶证且实习期满；

（二）最近连续3个记分周期内没有记满12分违规记录；

（三）无交通肇事犯罪、危险驾驶犯罪记录，无饮酒后驾驶记录。

第二十八条 运营企业应当按照有关规范和标准对城市公共汽电车客运驾驶员、乘务员进行有关法律法规、岗位职责、操作规程、服务规范、安全防范和应急处置等基本知识与技能的培训和考核，安排培训、考核合格人员上岗。运营企业应当将相关培训、考核情况建档备查，并报城市公共交通主管部门备案。

第二十九条 从事城市公共汽电车客运的驾驶员、乘务员，应当遵守以下规定：

（一）履行相关服务标准；

（二）按照规定的时段、线路和站点运营，不得追抢客源、滞站揽客；

（三）按照价格主管部门核准的票价收费，并执行有关优惠乘车的规定；

（四）维护城市公共汽电车场站和车厢内的正常运营秩序，播报线路名称、走向和停靠站，提示安全注意事项；

（五）为老、幼、病、残、孕乘客提供必要的帮助；

（六）发生突发事件时应当及时处置，保护乘客安全，不得先于乘客弃车逃离；

（七）遵守城市公共交通主管部门制定的其他服务规范。

第三十条 运营企业应当按照线路特许经营协议规定的线路、站点、运营间隔、首末班次时间、车辆数、车型等组织运营。未经城市公共交通主管部门同意，运营企业不得擅自改变线路特许经营协议内容。按照第十七条规定变更协议内容签订补充协议的，应当向社会公示。

第三十一条 运营企业应当依据城市公共汽电车线路特许经营协议制定行车作业计划，并报城市公共交通主管部门备案。运营企业应当履行约定的服务承诺，保证服务质量，按照行车作业计划调度车辆，并如实记录、保存线路运营情况和数据。

第三十二条 运营企业应当及时向城市公共交通主管部门上报相关信息和数据，主要包括运营企业人员、资产等信息，场站、车辆等设施设备相关数据，运营线路、客运量及乘客出行特征、运营成本等相关数据，公共汽电车调查数据，企业政策与制度信息等。

第三十三条 由于交通管制、城市建设、重大公共活动、公共突发事件等影响城市公共汽电车线路正常运营的，城市公共交通主管部门和运营企业应当及时向社会公告相关线路运营的变更、暂停情况，并采取相应措施，保障社会公众出行需求。

第三十四条 城市公共交通主管部门应当根据社会公众出行便利、城市公共汽电车线网优化等需要，组织运营企业提供社区公交、定制公交、夜间公交等多样化服务。

第三十五条 发生下列情形之一的，运营企业应当按照城市公共交通主管部门的要求，按照应急预案采取应急运输措施：

（一）抢险救灾；

（二）主要客流集散点运力严重不足；

（三）举行重大公共活动；

（四）其他需要及时组织运力对人员进行疏运的突发事件。

第三十六条 城市公共汽电车客运场站等服务设施的日常管理单位应当按照有关标准和规定，对场站等服务设施进行日常管理，定期进行维修、保养，保持其技术状况、安全性能符合国家标准，维护场站的正常运营秩序。

第三十七条 运营企业应当按照国家有关标准，定期对城市公共电车触线网、馈线网、整流站等供配电设施进行维护，保证其正常使用，并按照国家有关规定设立保护标识。

第三十八条 乘客应当遵守乘车规则，文明乘车，不得在城市公共汽电车客运车辆或者场站内饮酒、吸烟、乞讨或者乱扔废弃物。

乘客有违反前款行为时，运营企业从业人员应当对乘客进行劝止，劝阻无效的，运营企业从业人员有权拒绝为其提供服务。

第三十九条 乘客应当按照规定票价支付车费，未按规定票价支付的，运营企业从业人员有权要求乘客补交车费，并按照有关规定加收票款。

符合当地优惠乘车条件的乘客，应当按规定出示有效乘车凭证，不能出示的，运营企业从业人员有权要求其按照普通乘客支付车费。

第四十条 有下列情形之一的，乘客可以拒绝支付车费：

（一）运营车辆未按规定公布运营收费标准的；

（二）无法提供车票凭证或者车票凭证不符合规定的；

（三）不按核准的收费标准收费的。

第四十一条 城市公共汽电车客运车辆在运营途中发生故障不能继续运营时，驾驶员、乘务员应当向乘客说明原因，安排改乘同线路后序车辆或者采取其他有效措施疏导乘客，并及时报告运营企业。

第四十二条 进入城市公共汽电车客运场站等服务设施的单位和个人，应当遵守城市公共汽电车场站等服务设施运营管理制度。

第四十三条 运营企业利用城市公共汽电车客运服务设施和车辆设置广告的，应当遵守有关广告管理的法律、法规及标准。广告设置不得有覆盖站牌标识和车辆运营标识、妨碍车辆行驶安全视线等影响运营安全的情形。

第五章 运营安全

第四十四条 运营企业是城市公共汽电车客运安全生产的责任主体。运营企业应当建立健全企业安全生产管理制度，设置安全生产管理机构或者配备专职安全生产管理人员，保障安全生产经费投入，增强突发事件防范和应急处置能力，定期开展安全检查和隐患排查，加强安全乘车和应急知识宣传。

第四十五条 运营企业应当制定城市公共汽电车客运运营安全操作规程，加强对驾驶员、乘务员等从业人员的安全管理和教育培训。驾驶员、乘务员等从业人员在运营过程中应当执行安全操作规程。

第四十六条 运营企业应当对城市公共汽电车客运服务设施设备建立安全生产管理制度，落实责任制，加强对有关设施设备的管理和维护。

第四十七条 运营企业应当建立城市公共汽电车车辆安全管理制度，定期对运营车辆及附属设备进行检测、维护、更新，保证其处于良好状态。不得将存在安全隐患的车辆投入运营。

第四十八条 运营企业应当在城市公共汽电车车辆和场站醒目位置设置安全警示标志、安全疏散示意图等，并为车辆配备灭火器、安全锤等安全应急设备，保证安全应急设备处于良好状态。

第四十九条 禁止携带违禁物品乘车。运营企业应当在城市公共汽电车主要站点的醒目位置公布禁止携带的违禁物品目录。有条件的，应当在城市公共汽电车车辆上张贴禁止携带违禁物品乘车的提示。

第五十条 运营企业应当依照规定配备安保人员和相应设备设施，加强安全检查和保卫工作。乘客应当自觉接受、配合安全检查。对于拒绝接受安全检查或者携带违禁物品的乘客，运营企业从业人员应当制止其乘车；制止无效的，及时报告公安部门处理。

第五十一条 城市公共交通主管部门应当会同有关部门，定期进行安全检查，督促运营企业及时采取措施消除各种安全隐患。

第五十二条 城市公共交通主管部门应当会同有关部门制定城市公共汽电车客运突发事件应急预案，报城市人民政府批准。

运营企业应当根据城市公共汽电车客运突发事件应急预案，制定本企业的应急预案，并定期演练。

发生安全事故或者影响城市公共汽电车客运运营安全的突发事件时，城市公共交通主管部门、运营企业等应当按照应急预案及时采取应急处置措施。

第五十三条 禁止从事下列危害城市公共汽电车运营安全、扰乱乘车秩序的行为：

（一）非法拦截或者强行上下城市公共汽电车车辆；

（二）在城市公共汽电车场站及其出入口

通道擅自停放非城市公共汽电车车辆、堆放杂物或者摆摊设点等；

（三）妨碍驾驶员的正常驾驶；

（四）违反规定进入公交专用道；

（五）擅自操作有警示标志的城市公共汽电车按钮、开关装置，非紧急状态下动用紧急或安全装置；

（六）妨碍乘客正常上下车；

（七）其他危害城市公共汽电车运营安全、扰乱乘车秩序的行为。

运营企业从业人员接到报告或者发现上述行为应当及时制止；制止无效的，及时报告公安部门处理。

第五十四条 任何单位和个人都有保护城市公共汽电车客运服务设施的义务，不得有下列行为：

（一）破坏、盗窃城市公共汽电车车辆、设施设备；

（二）擅自关闭、侵占、拆除城市公共汽电车客运服务设施或者挪作他用；

（三）损坏、覆盖电车供电设施及其保护标识，在电车架线杆、馈线安全保护范围内修建建筑物、构筑物或者堆放、悬挂物品，搭设管线、电（光）缆等；

（四）擅自覆盖、涂改、污损、毁坏或者迁移、拆除站牌；

（五）其他影响城市公共汽电车客运服务设施功能和安全的行为。

第六章 监督检查

第五十五条 城市公共交通主管部门应当建立“双随机”抽查制度，并定期对城市公共汽电车客运进行监督检查，维护正常的运营秩序，保障运营服务质量。

第五十六条 城市公共交通主管部门有权行使以下监督检查职责：

（一）向运营企业了解情况，要求其提供有关凭证、票据、账簿、文件及其他相关材料；

（二）进入运营企业进行检查，调阅、复制相关材料；

（三）向有关单位和人员了解情况。

城市公共交通主管部门对检查中发现的违法行为，应当当场予以纠正或者要求限期改正；对依法应当给予行政处罚、采取强制措施的行为，应当依法予以处理。

有关单位和个人应当接受城市公共交通主管部门及其工作人员依法实施的监督检查，如实提供有关材料或者说明情况。

第五十七条 城市公共交通主管部门应当建立运营企业服务质量评价制度，定期对运营企业的服务质量进行评价并向社会公布，评价结果作为衡量运营企业运营绩效、发放政府补贴和线路运营权管理等的依据。

对服务质量评价不合格的线路，城市公共交通主管部门应当责令相关运营企业整改。整改不合格，严重危害公共利益，或者造成重大安全事故的，城市公共交通主管部门可以终止其部分或者全部线路运营权的协议内容。

第五十八条 城市公共交通主管部门和运营企业应当分别建立城市公共交通服务投诉受理制度并向社会公布，及时核查和处理投诉事项，并将处理结果及时告知投诉人。

第五十九条 城市公共交通主管部门应当对完成政府指令性运输任务成绩突出，文明服务成绩显著，有救死扶伤、见义勇为等先进事迹的运营企业和相关从业人员予以表彰。

第七章 法律责任

第六十条 未取得线路运营权、未与城市公共交通主管部门签订城市公共汽电车线路特许经营协议，擅自从事城市公共汽电车客运线路运营的，由城市公共交通主管部门责令停止运营，并处2万元以上3万元以下的罚款。

第六十一条 运营企业违反本规定第二十五条、第二十六条规定，未配置符合要求的服务设施和运营标识的，由城市公共交通主管部门责令限期改正；逾期不改正的，处5000元以下的罚款。

第六十二条 运营企业有下列行为之一的，由城市公共交通主管部门责令限期改正；逾期未改正的，处5000元以上1万元以下的罚款：

（一）未定期对城市公共汽电车车辆及其安全设施设备进行检测、维护、更新的；

（二）未在城市公共汽电车车辆和场站醒目位置设置安全警示标志、安全疏散示意图和安全应急设备的；

（三）使用不具备本规定第二十七条规定条件的人员担任驾驶员、乘务员的；

（四）未对拟担任驾驶员、乘务员的人员进行培训、考核的。

第六十三条 运营企业未制定应急预案并组织演练的，由城市公共交通主管部门责令限期改正，并处1万元以下的罚款。

发生影响运营安全的突发事件时，运营企业未按照应急预案的规定采取应急处置措施，造成严重后果的，由城市公共交通主管部门处2万元以上3万元以下的罚款。

第六十四条 城市公共汽电车客运场站和服务设施的日常管理单位未按照规定对有关场站设施进行管理和维护的，由城市公共交通主管部门责令限期改正；逾期未改正的，处1万元以下的罚款。

第六十五条 违法携带违禁物品进站乘车的，或者有本规定第五十三条危害运营安全行为的，运营企业应当报当地公安部门依法处理。

第六十六条 违反本规定第五十四条，有危害城市公共汽电车客运服务设施行为的，由城市公共交通主管部门责令改正，对损坏的设施依法赔偿，并对个人处1000元以下的罚款，对单位处5000元以下的罚款。构成犯罪的，依法追究刑事责任。

第六十七条 城市公共交通主管部门不履行本规定职责、造成严重后果的，或者有其他滥用职权、玩忽职守、徇私舞弊行为的，对负有责任的领导人员和直接责任人员依法给予处分；构成犯罪的，依法追究刑事责任。

第六十八条 地方性法规、政府规章对城市公共汽电车客运违法行为需要承担的法律责任与本规定有不同规定的，从其规定。

第八章 附 则

第六十九条 县（自治县、旗、自治旗、团场）开通公共汽电车客运的，参照适用本规定。

第七十条 经相关城市人民政府协商开通的毗邻城市间公共汽电车客运，参照适用本规定。

第七十一条 本规定自2017年5月1日起施行。

交通运输部 公安部
关于公布《道路客运车辆禁止、限制携带和托运物品目录》的公告

2021年6月9日　　交运规〔2021〕2号

各省、自治区、直辖市、新疆生产建设兵团交通运输厅（局、委）、公安厅（局）：

为落实《中华人民共和国反恐怖主义法》《中华人民共和国道路运输条例》等有关法律、行政法规规定，保障旅客人身财产安全和道路旅客运输安全，现公布《道路客运车辆禁止、限制携带和托运物品目录》，自2021年6月20日起施行。

道路旅客运输站经营者、道路客运经营者应当在经营场所及售票渠道公示《道路客运车辆禁止、限制携带和托运物品目录》，履行告知义务。道路旅客运输站经营者和开展定制客运服务的班车客运经营者应当依法依规开展安全检查，强化安检人员专业素质培训，依托成熟可靠、经济适用的安检设施设备，提升违禁物品发现能力。旅客应当自觉遵守相关规定，配合做好安全检查。交通运输、公安等部门应当依法对道路客运安检工作实施监督指导。

《道路客运车辆禁止、限制携带和托运物品目录》中禁止随身携带但可以在行李舱放置（托运）的物品，旅客应当交由相关工作人员放置于行李舱或自行妥善处置，具备条件的道路旅客运输站也可提供寄存服务，寄存期限及逾期处置方式等事项应当与旅客协商一致。旅客拒绝配合安全检查或违反相关规定携带、托运违禁物品的，相关经营者应当拒绝提供服务；构成违反治安管理行为的，及时向公安机

关报告，由公安机关依法处理；构成犯罪的，依法追究刑事责任。

军人、武警、公安民警、民兵、射击运动员等人员依法可以携带、托运枪支弹药或管制器具的，按照国家有关规定办理。

在特定区域、特定时间，国务院有关主管部门或省级人民政府根据需要依法决定提升道路客运车辆违禁物品查控标准的，从其规定。

附：

道路客运车辆禁止、限制携带和托运物品目录

一、禁止携带和托运的物品目录

（一）枪支、子弹及相关物品类（含主要零部件）：

1. 军用枪、公务用枪：手枪、冲锋枪、步枪、机枪、防暴枪等以及各类配用子弹；

2. 民用枪：气枪、猎枪、运动枪、麻醉注射枪等以及各类配用子弹；

3. 发令枪、样品枪、道具枪、钢珠枪、催泪枪、电击枪、水弹枪等；

4. 上述物品的样品、仿制品。

（二）爆炸物品类：

1. 弹药：炸弹、手榴弹、手雷、地雷、照明弹、燃烧弹、烟幕弹、信号弹、催泪弹、毒气弹等；

2. 爆破器材：炸药、雷管、导火索、导爆索、震源弹、爆破剂等；

3. 烟火制品：礼花弹、烟花（含冷光烟花）、鞭炮、摔炮、拉炮、砸炮等各类烟花爆竹，发令纸、黑火药、烟火药、引火线，以及“钢丝棉烟花”等具有烟花效果的制品等；

4. 上述物品的仿制品。

（三）管制器具：

1. 管制刀具：匕首、三棱刀（包括机械加工用的三棱刮刀）、带有自锁装置的弹簧刀（跳刀）、刀尖角度小于60度、刀身长度超过150毫米的各类单刃、双刃和多刃刀具，刀尖角度大于60度、刀身长度超过220毫米的各类单刃、双刃和多刃刀具，以及符合上述条件的陶瓷类刀具等；

2. 其他器具：警棍、军用或警用匕首、刺刀、催泪器、电击器、防卫器、弩、弩箭等。

（四）易燃、易爆物品：

1. 压缩气体和液化气体：氢气、甲烷、乙烷、环氧乙烷、二甲醚、丁烷、天然气、乙烯、氯乙烯、丙烯、乙炔（溶于介质的）、一氧化碳、液化石油气、氟利昂、氧气（供病人吸氧的袋装医用氧气除外）、水煤气等；

2. 易燃液体：汽油（包括甲醇汽油、乙醇汽油）、煤油、柴油、苯、体积百分含量大于75%或标识不清晰的酒精及酒类饮品、1，2-环氧丙烷、二硫化碳、甲醇、丙酮、乙醚、油漆、稀料、松香油及含易燃溶剂的制品等；

3. 易燃固体：红磷、闪光粉、固体酒精、赛璐珞、发泡剂H、偶氮二异庚腈等；

4. 自燃物品：黄磷、白磷、硝化纤维（含胶片）、油纸及其制品等；

5. 遇湿易燃物品：金属钾、钠、锂、碳化钙（电石）、镁铝粉等；

6. 氧化剂和有机过氧化物：高锰酸钾、氯酸钾、过氧化钠、过氧化钾、过氧化铅、过醋酸、双氧水、氯酸钠、硝酸铵等。

（五）毒害品：

氰化物、砒霜、硒粉、苯酚、氯、氨、异氰酸甲酯、硫酸二甲酯等高毒化学品以及剧毒农药等。

（六）腐蚀性物品：

硫酸、盐酸、硝酸、有液蓄电池（含氢氧化钾固体、注有酸液或碱液的）、氢氧化钠、氢氧化钾、汞（水银）等。

（七）放射性物品：

指含有放射性核素，并且其活度和比活度均高于国家规定豁免值的物品，详见《放射性物品分类和名录（试行）》。

（八）感染性物质：

包括可感染人类的高致病性病原微生物菌（毒）种和感染性样本，详见《人间传染的病原微生物名录》中危害程度分类为第一类、第二类的病原微生物。

（九）其他危害道路客运车辆公共卫生或

运行安全的物品：

1. 硫化氢及有粪臭、腐败臭等强烈刺激性的气味或者有恶臭等异味的物品；

2. 容易引起旅客恐慌情绪的物品，以及不能判明性质，但是可能具有危险性、妨碍公共安全或公共卫生的物品（含活动物，按照规定佩戴犬牌并采取系犬绳、戴口套等措施的服务犬除外）。农村客运车辆经营者可视情况允许旅客携带少量家禽。

（十）国家法律、行政法规、规章规定的其他禁止携带、运输的物品。

二、限制携带和托运的物品目录

（一）包装密封完好、标识清晰且体积百分含量大于或等于24%、小于或等于75%的酒精及酒类饮品累计不超过3000毫升。

（二）指甲油、去光剂累计不超过50毫升。

（三）冷烫精、染发剂、摩丝、发胶、杀虫剂、空气清新剂等自喷压力容器累计不超过600毫升。

（四）安全火柴不超过2小盒，普通打火机不超过2个。

（五）标识清晰的充电宝、锂电池数量不超过5块，单块额定能量不超过100Wh（如充电宝或锂电池未直接标注额定能量Wh，则可以按照计算）。

（六）国家法律、行政法规、规章规定的其他限制携带、运输的物品。

三、禁止旅客随身携带但可以在行李舱放置（托运）的物品目录

（一）锐器：菜刀、水果刀、剪刀、美工刀、裁纸刀等日用刀具；手术刀、屠宰刀、雕刻刀、刨刀、铣刀等专业刀具；刀、矛、剑、戟等表演刀具。

（二）钝器：棍棒、球棒、桌球杆、曲棍球杆等。

（三）工具农具：钻机、凿、锥、锯、斧头、焊枪、锤、冰镐、耙、铁锹、镢头、锄头、农用叉、镰刀、铡刀等。

（四）其他：反曲弓、复合弓等非机械弓箭类器材，飞镖、弹弓，不超过50毫升的防身喷剂等。

（五）持有身份证明和检疫证明、装于封闭容器内的宠物可在具备通风条件的行李舱托运，并应向旅客说明运输过程中通风、温度条件。

巡游出租汽车经营服务管理规定

（2014年9月30日交通运输部发布　根据2016年8月26日《交通运输部关于修改〈出租汽车经营服务管理规定〉的决定》第一次修正　根据2021年8月11日《交通运输部关于修改〈巡游出租汽车经营服务管理规定〉的决定》第二次修正）

第一章　总　则

第一条　为规范巡游出租汽车经营服务行为，保障乘客、驾驶员和巡游出租汽车经营者的合法权益，促进出租汽车行业健康发展，根据国家有关法律、行政法规，制定本规定。

第二条　从事巡游出租汽车经营服务，应当遵守本规定。

第三条　出租汽车是城市综合交通运输体系的组成部分，是城市公共交通的补充，为社会公众提供个性化运输服务。优先发展城市公共交通，适度发展出租汽车。

巡游出租汽车发展应当与城市经济社会发展相适应，与公共交通等客运服务方式协调发展。

第四条　巡游出租汽车应当依法经营，诚实守信，公平竞争，优质服务。

第五条　国家鼓励巡游出租汽车实行规模化、集约化、公司化经营。

第六条　交通运输部负责指导全国巡游出

租汽车管理工作。

各省、自治区人民政府交通运输主管部门在本级人民政府领导下，负责指导本行政区域内巡游出租汽车管理工作。

直辖市、设区的市级或者县级交通运输主管部门或者人民政府指定的其他出租汽车行政主管部门（以下称出租汽车行政主管部门）在本级人民政府领导下，负责具体实施巡游出租汽车管理。

第七条 县级以上地方人民政府出租汽车行政主管部门应当根据经济社会发展和人民群众出行需要，按照巡游出租汽车功能定位，制定巡游出租汽车发展规划，并报经同级人民政府批准后实施。

第二章 经营许可

第八条 申请巡游出租汽车经营的，应当根据经营区域向相应的县级以上地方人民政府出租汽车行政主管部门提出申请，并符合下列条件：

（一）有符合机动车管理要求并满足以下条件的车辆或者提供保证满足以下条件的车辆承诺书：

1. 符合国家、地方规定的巡游出租汽车技术条件；

2. 有按照第十三条规定取得的巡游出租汽车车辆经营权。

（二）有取得符合要求的从业资格证件的驾驶人员；

（三）有健全的经营管理制度、安全生产管理制度和服务质量保障制度；

（四）有固定的经营场所和停车场地。

第九条 申请人申请巡游出租汽车经营时，应当提交以下材料：

（一）《巡游出租汽车经营申请表》（见附件1）；

（二）投资人、负责人身份、资信证明及其复印件，经办人的身份证明及其复印件和委托书；

（三）巡游出租汽车车辆经营权证明及拟投入车辆承诺书（见附件2），包括车辆数量、座位数、类型及等级、技术等级；

（四）聘用或者拟聘用驾驶员从业资格证及其复印件；

（五）巡游出租汽车经营管理制度、安全生产管理制度和服务质量保障制度文本；

（六）经营场所、停车场地有关使用证明等。

第十条 县级以上地方人民政府出租汽车行政主管部门对巡游出租汽车经营申请予以受理的，应当自受理之日起20日内作出许可或者不予许可的决定。

第十一条 县级以上地方人民政府出租汽车行政主管部门对巡游出租汽车经营申请作出行政许可决定的，应当出具《巡游出租汽车经营行政许可决定书》（见附件3），明确经营范围、经营区域、车辆数量及要求、巡游出租汽车车辆经营权期限等事项，并在10日内向被许可人发放《道路运输经营许可证》。

县级以上地方人民政府出租汽车行政主管部门对不符合规定条件的申请作出不予行政许可决定的，应当向申请人出具《不予行政许可决定书》。

第十二条 县级以上地方人民政府出租汽车行政主管部门应当按照当地巡游出租汽车发展规划，综合考虑市场实际供需状况、巡游出租汽车运营效率等因素，科学确定巡游出租汽车运力规模，合理配置巡游出租汽车的车辆经营权。

第十三条 国家鼓励通过服务质量招投标方式配置巡游出租汽车的车辆经营权。

县级以上地方人民政府出租汽车行政主管部门应当根据投标人提供的运营方案、服务质量状况或者服务质量承诺、车辆设备和安全保障措施等因素，择优配置巡游出租汽车的车辆经营权，向中标人发放车辆经营权证明，并与中标人签订经营协议。

第十四条 巡游出租汽车车辆经营权的经营协议应当包括以下内容：

（一）巡游出租汽车车辆经营权的数量、使用方式、期限等；

（二）巡游出租汽车经营服务标准；

（三）巡游出租汽车车辆经营权的变更、终止和延续等；

（四）履约担保；

（五）违约责任；

（六）争议解决方式；

（七）双方认为应当约定的其他事项。

在协议有效期限内，确需变更协议内容的，协议双方应当在共同协商的基础上签订补充协议。

第十五条 被许可人应当按照《巡游出租汽车经营行政许可决定书》和经营协议，投入符合规定数量、座位数、类型及等级、技术等级等要求的车辆。原许可机关核实符合要求后，为车辆核发《道路运输证》。

投入运营的巡游出租汽车车辆应当安装符合规定的计程计价设备、具有行驶记录功能的车辆卫星定位装置、应急报警装置，按照要求喷涂车身颜色和标识，设置有中英文“出租汽车”字样的顶灯和能显示空车、暂停运营、电召等运营状态的标志，按照规定在车辆醒目位置标明运价标准、乘客须知、经营者名称和服务监督电话。

第十六条 巡游出租汽车车辆经营权不得超过规定的期限，具体期限由县级以上地方人民政府出租汽车行政主管部门报本级人民政府根据投入车辆的车型和报废周期等因素确定。

第十七条 巡游出租汽车车辆经营权因故不能继续经营的，授予车辆经营权的出租汽车行政主管部门可优先收回。在车辆经营权有效期限内，需要变更车辆经营权经营主体的，应当到原许可机关办理变更许可手续。出租汽车行政主管部门在办理车辆经营权变更许可手续时，应当按照第八条的规定，审查新的车辆经营权经营主体的条件，提示车辆经营权期限等相关风险，并重新签订经营协议，经营期限为该车辆经营权的剩余期限。

第十八条 巡游出租汽车经营者在车辆经营权期限内，不得擅自暂停或者终止经营。需要变更许可事项或者暂停、终止经营的，应当提前30日向原许可机关提出申请，依法办理相关手续。巡游出租汽车经营者终止经营的，应当将相关的《道路运输经营许可证》和《道路运输证》等交回原许可机关。

巡游出租汽车经营者取得经营许可后无正当理由超过180天不投入符合要求的车辆运营或者运营后连续180天以上停运的，视为自动终止经营，由原许可机关收回相应的巡游出租汽车车辆经营权。

巡游出租汽车经营者合并、分立或者变更经营主体名称的，应当到原许可机关办理变更许可手续。

第十九条 巡游出租汽车车辆经营权到期后，巡游出租汽车经营者拟继续从事经营的，应当在车辆经营权有效期届满60日前，向原许可机关提出申请。原许可机关应当根据《出租汽车服务质量信誉考核办法》规定的出租汽车经营者服务质量信誉考核等级，审核巡游出租汽车经营者的服务质量信誉考核结果，并按照以下规定处理：

（一）考核等级在经营期限内均为AA级及以上的，应当批准其继续经营；

（二）考核等级在经营期限内有A级的，应当督促其加强内部管理，整改合格后准许其继续经营；

（三）考核等级在经营期限内有B级或者一半以上为A级的，可视情适当核减车辆经营权；

（四）考核等级在经营期限内有一半以上为B级的，应当收回车辆经营权，并按照第十三条的规定重新配置车辆经营权。

第三章 运营服务

第二十条 巡游出租汽车经营者应当为乘客提供安全、便捷、舒适的出租汽车服务。

鼓励巡游出租汽车经营者使用节能环保车辆和为残疾人提供服务的无障碍车辆。

第二十一条 巡游出租汽车经营者应当遵守下列规定：

（一）在许可的经营区域内从事经营活动，超出许可的经营区域的，起讫点一端应当在许可的经营区域内；

（二）保证营运车辆性能良好；

（三）按照国家相关标准运营服务；

（四）保障聘用人员合法权益，依法与其签订劳动合同或者经营合同；

（五）加强从业人员管理和培训教育；

（六）不得将巡游出租汽车交给未经从业资格注册的人员运营。

第二十二条 巡游出租汽车运营时，车容车貌、设施设备应当符合以下要求：

（一）车身外观整洁完好，车厢内整洁、卫生，无异味；

（二）车门功能正常，车窗玻璃密闭良好，无遮蔽物，升降功能有效；

（三）座椅牢固无塌陷，前排座椅可前后移动，靠背倾度可调，安全带和锁扣齐全、有效；

（四）座套、头枕套、脚垫齐全；

（五）计程计价设备、顶灯、运营标志、服务监督卡（牌）、车载信息化设备等完好有效。

第二十三条 巡游出租汽车驾驶员应当按照国家出租汽车服务标准提供服务，并遵守下列规定：

（一）做好运营前例行检查，保持车辆设施、设备完好，车容整洁，备齐发票、备足零钱；

（二）衣着整洁，语言文明，主动问候，提醒乘客系好安全带；

（三）根据乘客意愿升降车窗玻璃及使用空调、音响、视频等服务设备；

（四）乘客携带行李时，主动帮助乘客取放行李；

（五）主动协助老、幼、病、残、孕等乘客上下车；

（六）不得在车内吸烟，忌食有异味的食物；

（七）随车携带道路运输证、从业资格证，并按规定摆放、粘贴有关证件和标志；

（八）按照乘客指定的目的地选择合理路线行驶，不得拒载、议价、途中甩客、故意绕道行驶；

（九）在机场、火车站、汽车客运站、港口、公共交通枢纽等客流集散地载客时应当文明排队，服从调度，不得违反规定在非指定区域揽客；

（十）未经乘客同意不得搭载其他乘客；

（十一）按规定使用计程计价设备，执行收费标准并主动出具有效车费票据；

（十二）遵守道路交通安全法规，文明礼让行车。

第二十四条 巡游出租汽车驾驶员遇到下列特殊情形时，应当按照下列方式办理：

（一）乘客对服务不满意时，虚心听取批评意见；

（二）发现乘客遗失财物，设法及时归还失主。无法找到失主的，及时上交巡游出租汽车企业或者有关部门处理，不得私自留存；

（三）发现乘客遗留可疑危险物品的，立即报警。

第二十五条 巡游出租汽车乘客应当遵守下列规定：

（一）不得携带易燃、易爆、有毒等危害公共安全的物品乘车；

（二）不得携带宠物和影响车内卫生的物品乘车；

（三）不得向驾驶员提出违反道路交通安全法规的要求；

（四）不得向车外抛洒物品，不得破坏车内设施设备；

（五）醉酒者或者精神病患者乘车的，应当有陪同（监护）人员；

（六）遵守电召服务规定，按照约定的时间和地点乘车；

（七）按照规定支付车费。

第二十六条 乘客要求去偏远、冷僻地区或者夜间要求驶出城区的，驾驶员可以要求乘客随同到就近的有关部门办理验证登记手续；乘客不予配合的，驾驶员有权拒绝提供服务。

第二十七条 巡游出租汽车运营过程中有下列情形之一的，乘客有权拒绝支付费用：

（一）驾驶员不按照规定使用计程计价设备，或者计程计价设备发生故障时继续运营的；

（二）驾驶员不按照规定向乘客出具相应车费票据的；

（三）驾驶员因发生道路交通安全违法行为接受处理，不能将乘客及时送达目的地的；

（四）驾驶员拒绝按规定接受刷卡付费的。

第二十八条 巡游出租汽车电召服务应当符合下列要求：

（一）根据乘客通过电信、互联网等方式提出的服务需求，按照约定时间和地点提供巡游出租汽车运营服务；

（二）巡游出租汽车电召服务平台应当提供24小时不间断服务；

（三）电召服务人员接到乘客服务需求后，应当按照乘客需求及时调派巡游出租汽车；

（四）巡游出租汽车驾驶员接受电召任务后，应当按照约定时间到达约定地点。乘客未按约定候车时，驾驶员应当与乘客或者电召服务人员联系确认；

（五）乘客上车后，驾驶员应当向电召服务人员发送乘客上车确认信息。

第二十九条 巡游出租汽车经营者应当自觉接受社会监督，公布服务监督电话，指定部门或者人员受理投诉。

巡游出租汽车经营者应当建立24小时服务投诉值班制度，接到乘客投诉后，应当及时受理，10日内处理完毕，并将处理结果告知乘客。

第四章 运营保障

第三十条 县级以上地方人民政府出租汽车行政主管部门应当在本级人民政府的领导下，会同有关部门合理规划、建设巡游出租汽车综合服务区、停车场、停靠点等，并设置明显标识。

巡游出租汽车综合服务区应当为进入服务区的巡游出租汽车驾驶员提供餐饮、休息等服务。

第三十一条 县级以上地方人民政府出租汽车行政主管部门应当配合有关部门，按照有关规定，并综合考虑巡游出租汽车行业定位、运营成本、经济发展水平等因素合理制定运价标准，并适时进行调整。

县级以上地方人民政府出租汽车行政主管部门应当配合有关部门合理确定巡游出租汽车电召服务收费标准，并纳入出租汽车专用收费项目。

第三十二条 巡游出租汽车经营者应当建立健全和落实安全生产管理制度，依法加强管理，履行管理责任，提升运营服务水平。

第三十三条 巡游出租汽车经营者应当按照有关法律法规的规定保障驾驶员的合法权益，规范与驾驶员签订的劳动合同或者经营合同。

巡游出租汽车经营者应当通过建立替班驾驶员队伍、减免驾驶员休息日经营承包费用等方式保障巡游出租汽车驾驶员休息权。

第三十四条 巡游出租汽车经营者应当合理确定承包、管理费用，不得向驾驶员转嫁投资和经营风险。

巡游出租汽车经营者应当根据经营成本、运价变化等因素及时调整承包费标准或者定额任务等。

第三十五条 巡游出租汽车经营者应当建立车辆技术管理制度，按照车辆维护标准定期维护车辆。

第三十六条 巡游出租汽车经营者应当按照《出租汽车驾驶员从业资格管理规定》，对驾驶员等从业人员进行培训教育和监督管理，按照规范提供服务。驾驶员有私自转包经营等违法行为的，应当予以纠正；情节严重的，可按照约定解除合同。

第三十七条 巡游出租汽车经营者应当制定包括报告程序、应急指挥、应急车辆以及处置措施等内容的突发公共事件应急预案。

第三十八条 巡游出租汽车经营者应当按照县级以上地方人民政府出租汽车行政主管部门要求，及时完成抢险救灾等指令性运输任务。

第三十九条 各地应当根据实际情况发展巡游出租汽车电召服务，采取多种方式建设巡游出租汽车电召服务平台，推广人工电话召车、手机软件召车等巡游出租汽车电召服务，建立完善电召服务管理制度。

巡游出租汽车经营者应当根据实际情况建设或者接入巡游出租汽车电召服务平台，提供巡游出租汽车电召服务。

第五章 监督管理

第四十条 县级以上地方人民政府出租汽车行政主管部门应当加强对巡游出租汽车经营行为的监督检查，会同有关部门纠正、制止非法从事巡游出租汽车经营及其他违法行为，维护出租汽车市场秩序。

第四十一条 县级以上地方人民政府出租汽车行政主管部门应当对巡游出租汽车经营者履行经营协议情况进行监督检查，并按照规定对巡游出租汽车经营者和驾驶员进行服务质量信誉考核。

第四十二条 巡游出租汽车不再用于经营的，县级以上地方人民政府出租汽车行政主管部门应当组织对巡游出租汽车配备的运营标志和专用设备进行回收处置。

第四十三条 县级以上地方人民政府出租汽车行政主管部门应当建立投诉举报制度，公开投诉电话、通信地址或者电子邮箱，接受乘客、驾驶员以及经营者的投诉和社会监督。

县级以上地方人民政府出租汽车行政主管部门受理的投诉，应当在10日内办结；情况复杂的，应当在30日内办结。

第四十四条 县级以上地方人民政府出租汽车行政主管部门应当对完成政府指令性运输任务成绩突出，经营管理、品牌建设、文明服务成绩显著，有拾金不昧、救死扶伤、见义勇为等先进事迹的出租汽车经营者和驾驶员，予以表彰和奖励。

第六章　法律责任

第四十五条　违反本规定，未取得巡游出租汽车经营许可，擅自从事巡游出租汽车经营活动的，由县级以上地方人民政府出租汽车行政主管部门责令改正，并处以5000元以上2万元以下罚款。构成犯罪的，依法追究刑事责任。

第四十六条　违反本规定，有下列行为之一的，由县级以上地方人民政府出租汽车行政主管部门责令改正，并处以3000元以上1万元以下罚款。构成犯罪的，依法追究刑事责任：

（一）起讫点均不在许可的经营区域从事巡游出租汽车经营活动的；

（二）使用未取得道路运输证的车辆，擅自从事巡游出租汽车经营活动的；

（三）使用失效、伪造、变造、被注销等无效道路运输证的车辆从事巡游出租汽车经营活动的。

第四十七条　巡游出租汽车经营者违反本规定，有下列行为之一的，由县级以上地方人民政府出租汽车行政主管部门责令改正，并处以5000元以上1万元以下罚款。构成犯罪的，依法追究刑事责任：

（一）擅自暂停、终止全部或者部分巡游出租汽车经营的；

（二）出租或者擅自转让巡游出租汽车车辆经营权的；

（三）巡游出租汽车驾驶员转包经营未及时纠正的；

（四）不按照规定保证车辆技术状况良好的；

（五）不按照规定配置巡游出租汽车相关设备的；

（六）不按照规定建立并落实投诉举报制度的。

第四十八条　巡游出租汽车驾驶员违反本规定，有下列情形之一的，由县级以上地方人民政府出租汽车行政主管部门责令改正，并处以200元以上500元以下罚款：

（一）拒载、议价、途中甩客或者故意绕道行驶的；

（二）未经乘客同意搭载其他乘客的；

（三）不按照规定使用计程计价设备、违规收费的；

（四）不按照规定出具相应车费票据的；

（五）不按照规定使用巡游出租汽车相关设备的；

（六）接受巡游出租汽车电召任务后未履行约定的；

（七）不按照规定使用文明用语，车容车貌不符合要求的；

（八）在机场、火车站、汽车客运站、港口、公共交通枢纽等客流集散地不服从调度私自揽客的；

（九）转让、倒卖、伪造巡游出租汽车相关票据的。

第四十九条　出租汽车行政主管部门的工作人员违反本规定，有下列情形之一的，依照有关规定给予行政处分；构成犯罪的，依法追究刑事责任：

（一）未按规定的条件、程序和期限实施行政许可的；

（二）参与或者变相参与巡游出租汽车经营的；

（三）发现违法行为不及时查处的；

（四）索取、收受他人财物，或者谋取其他利益的；

（五）其他违法行为。

第五十条　地方性法规、政府规章对巡游出租汽车经营违法行为需要承担的法律责任与本规定有不同规定的，从其规定。

第七章　附　则

第五十一条　网络预约出租汽车以外的其他预约出租汽车经营服务参照本规定执行。

第五十二条　本规定中下列用语的含义：

（一）“巡游出租汽车经营服务”，是指可在道路上巡游揽客、站点候客，喷涂、安装出租汽车标识，以七座及以下乘用车和驾驶劳务为乘客提供出行服务，并按照乘客意愿行驶，根据行驶里程和时间计费的经营活动；

（二）“预约出租汽车经营服务”，是指以符合条件的七座及以下乘用车通过预约方式承揽乘客，并按照乘客意愿行驶、提供驾驶劳务，根据行驶里程、时间或者约定计费的经营活动；

（三）“网络预约出租汽车经营服务”，是指以互联网技术为依托构建服务平台，整合供需信息，使用符合条件的车辆和驾驶员，提供非巡游的预约出租汽车服务的经营活动；

（四）“巡游出租汽车电召服务”，是指根据乘客通过电信、互联网等方式提出的服务需求，按照约定时间和地点提供巡游出租汽车运营服务；

（五）“拒载”，是指在道路上空车待租状态下，巡游出租汽车驾驶员在得知乘客去向后，拒绝提供服务的行为；或者巡游出租汽车驾驶员未按承诺提供电召服务的行为；

（六）“绕道行驶”，是指巡游出租汽车驾驶员未按合理路线行驶的行为；

（七）“议价”，是指巡游出租汽车驾驶员与乘客协商确定车费的行为；

（八）“甩客”，是指在运营途中，巡游出租汽车驾驶员无正当理由擅自中断载客服务的行为。

第五十三条 本规定自2015年1月1日起施行。

网络预约出租汽车经营服务管理暂行办法

（2016年7月27日交通运输部、工业和信息化部、公安部、商务部、工商总局、质检总局、国家网信办发布 根据2019年12月28日《交通运输部、工业和信息化部、公安部、商务部、市场监管总局、国家网信办关于修改〈网络预约出租汽车经营服务管理暂行办法〉的决定》第一次修正 根据2022年11月30日《交通运输部、工业和信息化部、公安部、商务部、市场监管总局、国家网信办关于修改〈网络预约出租汽车经营服务管理暂行办法〉的决定》第二次修正）

目　录

第一章　总　则
第二章　网约车平台公司
第三章　网约车车辆和驾驶员
第四章　网约车经营行为
第五章　监督检查
第六章　法律责任
第七章　附　则

第一章　总　则

第一条 为更好地满足社会公众多样化出行需求，促进出租汽车行业和互联网融合发展，规范网络预约出租汽车经营服务行为，保障运营安全和乘客合法权益，根据国家有关法律、行政法规，制定本办法。

第二条 从事网络预约出租汽车（以下简称网约车）经营服务，应当遵守本办法。

本办法所称网约车经营服务，是指以互联网技术为依托构建服务平台，整合供需信息，使用符合条件的车辆和驾驶员，提供非巡游的预约出租汽车服务的经营活动。

本办法所称网络预约出租汽车经营者（以下称网约车平台公司），是指构建网络服务平台，从事网约车经营服务的企业法人。

第三条 坚持优先发展城市公共交通、适度发展出租汽车，按照高品质服务、差异化经营的原则，有序发展网约车。

网约车运价实行市场调节价，城市人民政府认为有必要实行政府指导价的除外。

第四条 国务院交通运输主管部门负责指导全国网约车管理工作。

各省、自治区人民政府交通运输主管部门在本级人民政府领导下，负责指导本行政区域内网约车管理工作。

直辖市、设区的市级或者县级交通运输主管部门或人民政府指定的其他出租汽车行政主管部门（以下称出租汽车行政主管部门）在本级人民政府领导下，负责具体实施网约车管理。

其他有关部门依据法定职责，对网约车实施相关监督管理。

第二章 网约车平台公司

第五条 申请从事网约车经营的，应当具备线上线下服务能力，符合下列条件：

（一）具有企业法人资格；

（二）具备开展网约车经营的互联网平台和与拟开展业务相适应的信息数据交互及处理能力，具备供交通、通信、公安、税务、网信等相关监管部门依法调取查询相关网络数据信息的条件，网络服务平台数据库接入出租汽车行政主管部门监管平台，服务器设置在中国内地，有符合规定的网络安全管理制度和安全保护技术措施；

（三）使用电子支付的，应当与银行、非银行支付机构签订提供支付结算服务的协议；

（四）有健全的经营管理制度、安全生产管理制度和服务质量保障制度；

（五）在服务所在地有相应服务机构及服务能力；

（六）法律法规规定的其他条件。

外商投资网约车经营的，除符合上述条件外，还应当符合外商投资相关法律法规的规定。

第六条 申请从事网约车经营的，应当根据经营区域向相应的出租汽车行政主管部门提出申请，并提交以下材料：

（一）网络预约出租汽车经营申请表（见附件）；

（二）投资人、负责人身份、资信证明及其复印件，经办人的身份证明及其复印件和委托书；

（三）企业法人营业执照，属于分支机构的还应当提交营业执照；

（四）服务所在地办公场所、负责人员和管理人员等信息；

（五）具备互联网平台和信息数据交互及处理能力的证明材料，具备供交通、通信、公安、税务、网信等相关监管部门依法调取查询相关网络数据信息条件的证明材料，数据库接入情况说明，服务器设置在中国内地的情况说明，依法建立并落实网络安全管理制度和安全保护技术措施的证明材料；

（六）使用电子支付的，应当提供与银行、非银行支付机构签订的支付结算服务协议；

（七）经营管理制度、安全生产管理制度和服务质量保障制度文本；

（八）法律法规要求提供的其他材料。

首次从事网约车经营的，应当向企业注册地相应出租汽车行政主管部门提出申请，前款第（五）、第（六）项有关线上服务能力材料由网约车平台公司注册地省级交通运输主管部门商同级通信、公安、税务、网信、人民银行等部门审核认定，并提供相应认定结果，认定结果全国有效。网约车平台公司在注册地以外申请从事网约车经营的，应当提交前款第（五）、第（六）项有关线上服务能力认定结果。

其他线下服务能力材料，由受理申请的出租汽车行政主管部门进行审核。

第七条 出租汽车行政主管部门应当自受理之日起20日内作出许可或者不予许可的决定。20日内不能作出决定的，经实施机关负责人批准，可以延长10日，并应当将延长期限的理由告知申请人。

第八条 出租汽车行政主管部门对于网约车经营申请作出行政许可决定的，应当明确经营范围、经营区域、经营期限等，并发放《网络预约出租汽车经营许可证》。

第九条 出租汽车行政主管部门对不符合规定条件的申请作出不予行政许可决定的，应当向申请人出具《不予行政许可决定书》。

第十条 网约车平台公司应当在取得相应《网络预约出租汽车经营许可证》并向企业注册地省级通信主管部门申请互联网信息服务备案后，方可开展相关业务。备案内容包括经营者真实身份信息、接入信息、出租汽车行政主管部门核发的《网络预约出租汽车经营许可证》等。涉及经营电信业务的，还应当符合电信管理的相关规定。

网约车平台公司应当自网络正式联通之日起30日内，到网约车平台公司管理运营机构所在地的省级人民政府公安机关指定的受理机关办理备案手续。

第十一条 网约车平台公司暂停或者终止运营的，应当提前30日向服务所在地出租汽车行政主管部门书面报告，说明有关情况，通告提供服务的车辆所有人和驾驶员，并向社会公告。终止经营的，应当将相应《网络预约出租汽车经营许可证》交回原许可机关。

第三章 网约车车辆和驾驶员

第十二条 拟从事网约车经营的车辆，应当符合以下条件：

（一）7座及以下乘用车；

（二）安装具有行驶记录功能的车辆卫星定位装置、应急报警装置；

（三）车辆技术性能符合运营安全相关标准要求。

车辆的具体标准和营运要求，由相应的出租汽车行政主管部门，按照高品质服务、差异化经营的发展原则，结合本地实际情况确定。

第十三条 服务所在地出租汽车行政主管部门依车辆所有人或者网约车平台公司申请，按第十二条规定的条件审核后，对符合条件并登记为预约出租客运的车辆，发放《网络预约出租汽车运输证》。

城市人民政府对网约车发放《网络预约出租汽车运输证》另有规定的，从其规定。

第十四条 从事网约车服务的驾驶员，应当符合以下条件：

（一）取得相应准驾车型机动车驾驶证并具有3年以上驾驶经历；

（二）无交通肇事犯罪、危险驾驶犯罪记录，无吸毒记录，无饮酒后驾驶记录，最近连续3个记分周期内没有记满12分记录；

（三）无暴力犯罪记录；

（四）城市人民政府规定的其他条件。

第十五条 服务所在地设区的市级出租汽车行政主管部门依驾驶员或者网约车平台公司申请，按第十四条规定的条件核查并按规定考核后，为符合条件且考核合格的驾驶员，发放《网络预约出租汽车驾驶员证》。

第四章 网约车经营行为

第十六条 网约车平台公司承担承运人责任，应当保证运营安全，保障乘客合法权益。

第十七条 网约车平台公司应当保证提供服务车辆具备合法营运资质，技术状况良好，安全性能可靠，具有营运车辆相关保险，保证线上提供服务的车辆与线下实际提供服务的车辆一致，并将车辆相关信息向服务所在地出租汽车行政主管部门报备。

第十八条 网约车平台公司应当保证提供服务的驾驶员具有合法从业资格，按照有关法律法规规定，根据工作时长、服务频次等特点，与驾驶员签订多种形式的劳动合同或者协议，明确双方的权利和义务。网约车平台公司应当维护和保障驾驶员合法权益，开展有关法律法规、职业道德、服务规范、安全运营等方面的岗前培训和日常教育，保证线上提供服务的驾驶员与线下实际提供服务的驾驶员一致，并将驾驶员相关信息向服务所在地出租汽车行政主管部门报备。

网约车平台公司应当记录驾驶员、约车人在其服务平台发布的信息内容、用户注册信息、身份认证信息、订单日志、上网日志、网上交易日志、行驶轨迹日志等数据并备份。

第十九条 网约车平台公司应当公布确定符合国家有关规定的计程计价方式，明确服务项目和质量承诺，建立服务评价体系和乘客投诉处理制度，如实采集与记录驾驶员服务信息。在提供网约车服务时，提供驾驶员姓名、照片、手机号码和服务评价结果，以及车辆牌照等信息。

第二十条 网约车平台公司应当合理确定网约车运价，实行明码标价，并向乘客提供相应的出租汽车发票。

第二十一条 网约车平台公司不得妨碍市场公平竞争，不得侵害乘客合法权益和社会公共利益。

网约车平台公司不得有为排挤竞争对手或者独占市场，以低于成本的价格运营扰乱正常市场秩序，损害国家利益或者其他经营者合法权益等不正当价格行为，不得有价格违法行为。

第二十二条 网约车应当在许可的经营区域内从事经营活动，超出许可的经营区域的，起讫点一端应当在许可的经营区域内。

第二十三条 网约车平台公司应当依法纳税，为乘客购买承运人责任险等相关保险，充分保障乘客权益。

第二十四条 网约车平台公司应当加强安全管理，落实运营、网络等安全防范措施，严格数据安全保护和管理，提高安全防范和抗风险能力，支持配合有关部门开展相关工作。

第二十五条 网约车平台公司和驾驶员提供经营服务应当符合国家有关运营服务标准，不得途中甩客或者故意绕道行驶，不得违规收费，不得对举报、投诉其服务质量或者对其服务作出不满意评价的乘客实施报复行为。

第二十六条 网约车平台公司应当通过其服务平台以显著方式将驾驶员、约车人和乘客等个人信息的采集和使用的目的、方式和范围进行告知。未经信息主体明示同意，网约车平台公司不得使用前述个人信息用于开展其他业务。

网约车平台公司采集驾驶员、约车人和乘客的个人信息，不得超越提供网约车业务所必需的范围。

除配合国家机关依法行使监督检查权或者刑事侦查权外，网约车平台公司不得向任何第三方提供驾驶员、约车人和乘客的姓名、联系方式、家庭住址、银行账户或者支付账户、地理位置、出行线路等个人信息，不得泄露地理坐标、地理标志物等涉及国家安全的敏感信息。发生信息泄露后，网约车平台公司应当及时向相关主管部门报告，并采取及时有效的补救措施。

第二十七条 网约车平台公司应当遵守国家网络和信息安全有关规定，所采集的个人信息和生成的业务数据，应当在中国内地存储和使用，保存期限不少于2年，除法律法规另有规定外，上述信息和数据不得外流。

网约车平台公司不得利用其服务平台发布法律法规禁止传播的信息，不得为企业、个人及其他团体、组织发布有害信息提供便利，并采取有效措施过滤阻断有害信息传播。发现他人利用其网络服务平台传播有害信息的，应当立即停止传输，保存有关记录，并向国家有关机关报告。

网约车平台公司应当依照法律规定，为公安机关依法开展国家安全工作，防范、调查违法犯罪活动提供必要的技术支持与协助。

第二十八条 任何企业和个人不得向未取得合法资质的车辆、驾驶员提供信息对接开展网约车经营服务。不得以私人小客车合乘名义提供网约车经营服务。

网约车车辆和驾驶员不得通过未取得经营许可的网络服务平台提供运营服务。

第五章 监督检查

第二十九条 出租汽车行政主管部门应当建设和完善政府监管平台，实现与网约车平台信息共享。共享信息应当包括车辆和驾驶员基本信息、服务质量以及乘客评价信息等。

出租汽车行政主管部门应当加强对网约车市场监管，加强对网约车平台公司、车辆和驾驶员的资质审查与证件核发管理。

出租汽车行政主管部门应当定期组织开展网约车服务质量测评，并及时向社会公布本地区网约车平台公司基本信息、服务质量测评结果、乘客投诉处理情况等信息。

出租汽车行政主管、公安等部门有权根据管理需要依法调取查阅管辖范围内网约车平台公司的登记、运营和交易等相关数据信息。

第三十条 通信主管部门和公安、网信部门应当按照各自职责，对网约车平台公司非法收集、存储、处理和利用有关个人信息、违反互联网信息服务有关规定、危害网络和信息安全、应用网约车服务平台发布有害信息或者为企业、个人及其他团体组织发布有害信息提供便利的行为，依法进行查处，并配合出租汽车行政主管部门对认定存在违法违规行为的网约车平台公司进行依法处置。

公安机关、网信部门应当按照各自职责监督检查网络安全管理制度和安全保护技术措施的落实情况，防范、查处有关违法犯罪活动。

第三十一条 发展改革、价格、通信、公安、人力资源社会保障、商务、人民银行、税务、市场监管、网信等部门按照各自职责，对网约车经营行为实施相关监督检查，并对违法行为依法处理。

第三十二条 各有关部门应当按照职责建立网约车平台公司和驾驶员信用记录，并纳入全国信用信息共享平台。同时将网约车平台公司行政许可和行政处罚等信用信息在国家企业信用信息公示系统上予以公示。

第三十三条 出租汽车行业协会组织应当建立网约车平台公司和驾驶员不良记录名单制度，加强行业自律。

第六章 法律责任

第三十四条 违反本规定，擅自从事或者变相从事网约车经营活动，有下列行为之一的，由县级以上出租汽车行政主管部门责令改正，予以警告，并按照以下规定分别予以罚款；构成犯罪的，依法追究刑事责任：

（一）未取得《网络预约出租汽车经营许可证》的，对网约车平台公司处以10000元以上30000元以下罚款；

（二）未取得《网络预约出租汽车运输证》的，对当事人处以3000元以上10000元以下罚款；

（三）未取得《网络预约出租汽车驾驶员证》的，对当事人处以200元以上2000元以下罚款。

伪造、变造或者使用伪造、变造、失效的《网络预约出租汽车运输证》《网络预约出租汽车驾驶员证》从事网约车经营活动的，分别按照前款第（二）项、第（三）项的规定予以罚款。

第三十五条 网约车平台公司违反本规定，有下列行为之一的，由县级以上出租汽车行政主管部门和价格主管部门按照职责责令改正，对每次违法行为处以5000元以上10000元以下罚款；情节严重的，处以10000元以上30000元以下罚款：

（一）提供服务车辆未取得《网络预约出租汽车运输证》，或者线上提供服务车辆与线下实际提供服务车辆不一致的；

（二）提供服务驾驶员未取得《网络预约出租汽车驾驶员证》，或者线上提供服务驾驶员与线下实际提供服务驾驶员不一致的；

（三）未按照规定保证车辆技术状况良好的；

（四）起讫点均不在许可的经营区域从事网约车经营活动的；

（五）未按照规定将提供服务的车辆、驾驶员相关信息向服务所在地出租汽车行政主管部门报备的；

（六）未按照规定制定服务质量标准、建立并落实投诉举报制度的；

（七）未按照规定提供共享信息，或者不配合出租汽车行政主管部门调取查阅相关数据信息的；

（八）未履行管理责任，出现甩客、故意绕道、违规收费等严重违反国家相关运营服务标准行为的。

网约车平台公司不再具备线上线下服务能力或者有严重违法行为的，由县级以上出租汽车行政主管部门依据相关法律法规的有关规定责令停业整顿、吊销相关许可证件。

第三十六条 网约车驾驶员违反本规定，有下列情形之一的，由县级以上出租汽车行政主管部门和价格主管部门按照职责责令改正，对每次违法行为处以50元以上200元以下罚款：

（一）途中甩客或者故意绕道行驶的；

（二）违规收费的；

（三）对举报、投诉其服务质量或者对其服务作出不满意评价的乘客实施报复行为的。

网约车驾驶员不再具备从业条件或者有严重违法行为的，由县级以上出租汽车行政主管部门依据相关法律法规的有关规定撤销或者吊销从业资格证件。

对网约车驾驶员的行政处罚信息计入驾驶员和网约车平台公司信用记录。

第三十七条 网约车平台公司违反本规定第十、十八、二十六、二十七条有关规定的，由网信部门、公安机关和通信主管部门按各自职责依照相关法律法规规定给予处罚；给信息主体造成损失的，依法承担民事责任；涉嫌犯罪的，依法追究刑事责任。

网约车平台公司及网约车驾驶员违法使用或者泄露约车人、乘客个人信息的，由公安、网信等部门依照各自职责处以2000元以上10000元以下罚款；给信息主体造成损失的，依法承担民事责任；涉嫌犯罪的，依法追究刑事责任。

网约车平台公司拒不履行或者拒不按要求为公安机关依法开展国家安全工作，防范、调查违法犯罪活动提供技术支持与协助的，由公安机关依法予以处罚；构成犯罪的，依法追究刑事责任。

第七章 附 则

第三十八条 私人小客车合乘，也称为拼车、顺风车，按城市人民政府有关规定执行。

第三十九条 网约车行驶里程达到60万千米时强制报废。行驶里程未达到60万千米但使用年限达到8年时，退出网约车经营。

小、微型非营运载客汽车登记为预约出租客运的，按照网约车报废标准报废。其他小、微型营运载客汽车登记为预约出租客运的，按照该类型营运载客汽车报废标准和网约车报废标准中先行达到的标准报废。

省、自治区、直辖市人民政府有关部门要结合本地实际情况，制定网约车报废标准的具体规定，并报国务院商务、公安、交通运输等部门备案。

第四十条 本办法自2016年11月1日起实施。各地可根据本办法结合本地实际制定具体实施细则。

交通运输部
关于印发《道路客运接驳运输管理办法》的通知

2023年5月6日　　交运规〔2023〕2号

各省、自治区、直辖市、新疆生产建设兵团交通运输厅（局、委）：

为进一步规范和加强道路客运接驳运输管理工作，部对《道路客运接驳运输管理办法（试行）》进行了修订，形成《道路客运接驳运输管理办法》，现印发给你们，请遵照执行。

附：

道路客运接驳运输管理办法

第一章　总　则

第一条 为规范道路客运接驳运输，提高道路客运安全管理水平，促进道路客运转型升级，保障人民群众安全高效出行，依据《中华人民共和国安全生产法》《中华人民共和国道路交通安全法》《中华人民共和国道路运输条例》等有关法律、行政法规的规定，制定本办法。

第二条 开展道路客运接驳运输，应当遵守本办法。

道路客运接驳运输分为换驾式接驳运输和分段式接驳运输。

第三条 开展道路客运接驳运输，应当安全为本，诚实信用，依法经营。

第四条 需凌晨2时至5时运行的道路客运班线，应当按照本办法实行接驳运输。

鼓励道路客运企业对营运线路里程在800公里以上的道路客运班线实行分段式接驳运输，实现客运车辆和驾驶员当日往返。

各地交通运输主管部门应当推动道路客运结构调整，逐步减少营运线路里程在800公里以上的道路客运班线数量。营运线路里程在800公里以上的道路客运班线经营期限到期后重新提出申请的，如不实行接驳运输，申请人应当合理制定班线运行安排，全程避开凌晨2时至5时。

第五条 接驳运输企业应当履行接驳运输安全生产主体责任，严格执行国家有关安全生产的法律、行政法规和政策，制定接驳运输安全生产管理制度和接驳运输线路运行组织方案，加强接驳运输运行管理。

第六条 鼓励接驳运输企业组建接驳运输联盟，制定联盟章程、自律公约、管理规章等，设立公用型接驳点，明确联盟及联盟企业安全生产管理职责，发挥行业协作、自律作用，推动接驳运输资源整合共享，降低运营成本。

第七条 各地交通运输主管部门应当加强接驳运输安全生产源头管控和事前事中事后监管。省级交通运输主管部门应当加强对相关市、县级交通运输主管部门接驳运输工作的督促指导，对具备接驳点服务功能的客运站建设项目予以支持。

第二章　安全管理制度与接驳组织方案

第八条 接驳运输企业应当制定健全的接驳运输安全生产管理制度，包括接驳运输车辆、接驳运输驾驶员、接驳点安全生产管理制度，接驳运输动态监控制度，接驳运输安全生产操作规程，接驳点管理人员、接驳运输驾驶员岗位职责等。

第九条 接驳运输企业应当科学合理地制定接驳运输线路运行组织方案，包括接驳运输线路运行安排、接驳运输车辆安排和接驳点设置等。

（一）接驳运输线路运行安排：包括线路名称、线路里程、途经路线、接驳点、接驳次数、起讫客运站。

接驳运输线路运行安排应当避免驾驶员疲劳驾驶。

（二）接驳运输车辆安排：包括车辆信息、始发时间、预计接驳时间、预计终到时间、配备驾驶员数量等。

接驳运输车辆应当按规定安装视频监控装置。

（三）接驳点设置：包括接驳点名称、详细地址、设施设备配备情况（含停车位、床位、视频监控设备、信息传输条件等）、接驳点专职管理人员、运营单位（含单位名称、负责人、联系方式等）。

接驳运输企业应当在制定接驳运输线路运行组织方案时，对接驳点进行实地查验，保证接驳点满足停车、驾驶员住宿、视频监控及信息传输等安全管理功能需求。

第十条 接驳运输企业应当直接管理接驳点，或者进驻接驳运输联盟及其他接驳运输企业运营的接驳点。

接驳运输企业直接管理接驳点的，应当配备专职管理人员。

接驳运输企业进驻接驳运输联盟或者其他接驳运输企业运营的接驳点的，应当签订协议，明确双方安全管理责任。接驳运输企业应当督促驾驶员执行接驳运输流程，履行接驳运输手续，接受接驳点管理人员的过程监督和信息核查。接驳点运营单位应当督促接驳点管理人员按照岗位职责和双方协议履职。

第十一条 分段式接驳运输线路运行组织方案还应当满足以下要求：

（一）同一客运班线全程接驳次数不得超过2次。

（二）接驳点能够保障不同接驳运输车辆间旅客安全换乘、旅客行李和行李舱载运货物安全交接。

（三）有明确的旅客、旅客行李及行李舱载运货物换车组织引导流程。

（四）由多个承运主体共同实施分段式接驳运输的，应当明确相关各方安全生产责任。

第十二条 接驳运输企业开展分段式接驳运输，将接驳点设置在客运站的，可向相关许可机关申请将接驳点所在的客运站增设为停靠站点。相关许可机关对符合条件的，应当予以批准。

第三章　接驳运输信息管理

第十三条 道路客运企业拟开展接驳运输的，应当向所在地设区的市级交通运输主管部门提交接驳运输安全生产管理制度。

第十四条 接驳运输企业应当于每季度末月第10日前通过全国重点营运车辆联网联控系统接驳运输管理模块（以下简称接驳管理模块）报送下一季度拟开行的接驳运输线路运行组织方案，设区的市级交通运输主管部门应当于当季度末月第20日前完成客运班线和车辆信息核实。因车辆报废更新需调整接驳运输车辆的，接驳运输企业应当于每月第10日前在接驳管理模块报送车辆信息，设区的市级交通运输主管部门应当于当月第20日前完成车辆信息核实。

第十五条 接驳管理模块通过信息自动交换功能，向公安交管部门提交需凌晨2时至5时运行的接驳运输线路运行组织方案，并及时公布已录入公安交管部门机动车辆信息管理相关系统的接驳运输车辆情况。

第十六条 接驳运输企业通过接驳管理模块获取并打印已录入信息的接驳运输车辆凭证，作为公安交管部门允许接驳运输车辆凌晨2时至5时运行的参考依据。信息录入成功的接驳运输车辆次月起可执行凌晨2时至5时运行。

第十七条 接驳运输企业需要调整接驳运输线路运行组织方案的，应当及时向设区的市级交通运输主管部门报送信息。

第四章　运行过程管理

第十八条 接驳运输企业应当按照接驳运输线路运行组织方案，在指定接驳点和接驳时段进行接驳，履行接驳手续，建立健全接驳运输台账，实施接驳过程动态监控及视频监控，并做好旅客引导服务。

第十九条 接驳运输企业开展分段式接驳运输的，应当在旅客购票时主动告知接驳过程、接驳时间、接驳点及所乘车辆等接驳运输相关信息。

第二十条 接驳运输执行以下流程：

（一）驾驶员发车前，应当领取《接驳运输行车单》（以下简称《行车单》，参考式样见附件），如实填写接驳运输相关信息，经发车站点或所属企业管理人员签字后，随车携带前往指定接驳点进行接驳。

（二）接驳运输车辆到达接驳点后，接驳运输交接班驾驶员应当交接车辆（仅限换驾式接驳运输）、旅客、旅客行李及行李舱载运货物等，并在《行车单》上签字。

（三）接驳运输交接班驾驶员完成交接后，接驳点管理人员应当核查接驳运输车辆、驾驶员及相关证件等，并在《行车单》上签字确认。

（四）实施分段式接驳运输的，接驳点管理人员及驾驶员应当引导旅客候车、换车，组织旅客行李及行李舱载运货物换车，防止旅客错乘、漏乘及行李货物遗失。

（五）接驳点管理人员在接驳点留存一份《行车单》。驾驶员随车携带一份《行车单》（分段式接驳运输双方驾驶员各携带一份），待运输任务结束后交由接驳运输企业留存。

由多个承运主体共同实施分段式接驳运输的，以交接班驾驶员和接驳点管理人员完成《行车单》签字时间为节点，前后承运主体分别承担其承运路段的安全生产和其他相关责任。

第二十一条 接驳点管理人员发现接驳运输车辆、驾驶员信息不符或交接班驾驶员不履行接驳流程等违规行为的，不得在《行车单》上签字确认，应当立即将有关情况报告接驳运输车辆所属企业和接驳点运营单位相关负责人，并做好违规情况登记。接驳运输企业应当立即纠正接驳运输违规行为。

第二十二条 换驾式接驳运输完成后，应当履行以下接驳信息记录手续：

（一）接驳点管理人员应当于6小时内，在接驳管理模块登记《行车单》相关信息。

（二）接驳运输企业应当通过接驳运输车载视频装置采集换驾前后的当班驾驶员图像信息，或由接驳点采集交接班驾驶员图像信息，或通过其他技术手段采集能够证明驾驶员执行接驳的信息，并于24小时内上传至接驳管理模块。

第二十三条 需凌晨2时至5时运行的接驳运输车辆，应当在前续22时至凌晨2时之间完成接驳。在此时间段内未完成接驳的接驳运输车辆，凌晨2时至5时应当在具备安全停车条件的地点停车休息。

第二十四条 接驳运输企业应当通过动态监控、视频监控、接驳信息记录检查、现场抽查等方式，加强接驳运输管理，严格执行接驳运输流程和旅客引导等服务；发现违规操作的，应当立即纠正。

接驳运输企业应当加强安全事故隐患排查治理，并将未按接驳运输线路运行组织方案完成接驳且在凌晨2时至5时仍然运行的行为作为安全事故隐患，及时发现并消除。

第二十五条 接驳运输企业应当保存接驳运输台账、《行车单》、接驳运输车辆动态监控信息、接驳过程相关图像信息等，保存期限不少于180日。

第二十六条 接驳运输企业应当在客运站、接驳运输车辆、接驳点等公告接驳运输信息和12328交通运输服务监督热线，主动接受社会监督。

第二十七条 客运站在执行车辆出站检查时，应当将接驳点待班驾驶员计入该车辆驾驶员配备数量。

第五章 监督检查

第二十八条 接驳运输企业所在地设区的市级交通运输主管部门应当加强接驳运输监督检查，督促企业健全接驳运输安全生产管理制度，定期和不定期检查接驳运输企业台账和动态监控等信息及接驳运输信息公示情况，并将检查结果纳入企业诚信考核。对开展分段式接驳运输的企业，还应当检查旅客权益保障、客运服务等情况。

第二十九条 接驳点实施属地监管。接驳点所在地设区的市、县级交通运输主管部门应当加强对接驳运输台账、管理人员工作流程等的监督检查，及时纠正检查发现的违规行为，并将企业违规行为通过接驳管理模块告知接驳点运营单位、接驳运输企业所在地设区的市级交通运输主管部门。

第三十条 交通运输主管部门结合日常监督检查、接驳管理模块生成的接驳信息记录和相关违规记录，发现接驳运输企业接驳运输安全生产管理制度不健全或违反接驳运输安全生产管理制度的，应当责令企业进行整改，实施安全生产重点监管；发现存在安全事故隐患的，应当依据《中华人民共和国安全生产法》等法律、行政法规和规章有关规定，对接驳运输企业、驾驶员予以处理。

第六章 附 则

第三十一条 本办法下列用语的含义：

（一）换驾式接驳运输，是指客运班线一趟次的运输任务全程由一辆客运班车完成，客运班车运行到指定的接驳点后，当班驾驶员落地休息，与在接驳点休息等待的待班驾驶员履行接驳手续，由待班驾驶员继续执行驾驶任务的运输组织方式。

（二）分段式接驳运输，是指客运班线一趟次的运输任务全程由两辆及以上客运班车接驳完成，每辆客运班车只负责运输全程中部分固定路段的运输，前一辆客运班车运行到指定的接驳点，将旅客及行李、行李舱载运货物转入后一辆客运班车，再由后一辆客运班车继续执行运输任务的运输组织方式。

（三）接驳点，是指实施接驳过程的地点。

（四）接驳运输企业，是指实行接驳运输的道路客运企业。

（五）接驳运输车辆，是指实行接驳运输的道路客运班车。

第三十二条 从事线路固定的机场或高铁快线、通勤包车、定制客运以及短途驳载且单程运营里程在200公里以内的客运车辆，在确保安全的前提下，不受凌晨2时至5时通行限制。

前述客运车辆夜间单程运行时间超过2小时的，应当通过停车休息不少于20分钟或者随车配备2名驾驶员等方式，落实1名驾驶员夜间连续驾驶不得超过2小时的要求。

第三十三条 直辖市交通运输主管部门结合道路客运经营许可层级等实际，自行决定由本级或者辖区内下级交通运输主管部门开展接驳运输线路运行组织方案核实等具体工作。

第三十四条 本办法由交通运输部负责解释。

第三十五条 本办法自印发之日起实施。《交通运输部关于印发〈道路客运接驳运输管理办法（试行）〉的通知》（交运发〔2017〕208号）同时废止。

道路旅客运输及客运站管理规定

（2020年7月6日交通运输部公布 根据2022年9月26日《交通运输部关于修改〈道路旅客运输及客运站管理规定〉的决定》第一次修正 根据2023年11月10日《交通运输部关于修改〈道路旅客运输及客运站管理规定〉的决定》第二次修正）

目 录

第一章 总 则
第二章 经营许可
第三章 客运经营管理
第四章 班车客运定制服务
第五章 客运站经营
第六章 监督检查
第七章 法律责任
第八章 附 则

第一章 总 则

第一条 为规范道路旅客运输及道路旅客运输站经营活动，维护道路旅客运输市场秩序，保障道路旅客运输安全，保护旅客和经营者的合法权益，依据《中华人民共和国道路运输条例》及有关法律、行政法规的规定，制定本规定。

第二条 从事道路旅客运输（以下简称道路客运）经营以及道路旅客运输站（以下简

称客运站）经营的，应当遵守本规定。

第三条 本规定所称道路客运经营，是指使用客车运送旅客、为社会公众提供服务、具有商业性质的道路客运活动，包括班车（加班车）客运、包车客运、旅游客运。

（一）班车客运是指客车在城乡道路上按照固定的线路、时间、站点、班次运行的一种客运方式。加班车客运是班车客运的一种补充形式，是在客运班车不能满足需要或者无法正常运营时，临时增加或者调配客车按客运班车的线路、站点运行的方式。

（二）包车客运是指以运送团体旅客为目的，将客车包租给用户安排使用，提供驾驶劳务，按照约定的起始地、目的地和路线行驶，由包车用户统一支付费用的一种客运方式。

（三）旅游客运是指以运送旅游观光的旅客为目的，在旅游景区内运营或者其线路至少有一端在旅游景区（点）的一种客运方式。

本规定所称客运站经营，是指以站场设施为依托，为道路客运经营者和旅客提供有关运输服务的经营活动。

第四条 道路客运和客运站管理应当坚持以人为本、安全第一的宗旨，遵循公平、公正、公开、便民的原则，打破地区封锁和垄断，促进道路运输市场的统一、开放、竞争、有序，满足广大人民群众的美好出行需求。

道路客运及客运站经营者应当依法经营，诚实信用，公平竞争，优质服务。

鼓励道路客运和客运站相关行业协会加强行业自律。

第五条 国家实行道路客运企业质量信誉考核制度，鼓励道路客运经营者实行规模化、集约化、公司化经营，禁止挂靠经营。

第六条 交通运输部主管全国道路客运及客运站管理工作。

县级以上地方人民政府交通运输主管部门（以下简称交通运输主管部门）负责本行政区域的道路客运及客运站管理工作。

第七条 道路客运应当与铁路、水路、民航等其他运输方式协调发展、有效衔接，与信息技术、旅游、邮政等关联产业融合发展。

农村道路客运具有公益属性。国家推进城乡道路客运服务一体化，提升公共服务均等化水平。

第二章 经营许可

第八条 班车客运的线路按照经营区域分为以下四种类型：

一类客运班线：跨省级行政区域（毗邻县之间除外）的客运班线。

二类客运班线：在省级行政区域内，跨设区的市级行政区域（毗邻县之间除外）的客运班线。

三类客运班线：在设区的市级行政区域内，跨县级行政区域（毗邻县之间除外）的客运班线。

四类客运班线：县级行政区域内的客运班线或者毗邻县之间的客运班线。

本规定所称毗邻县，包括相互毗邻的县、旗、县级市、下辖乡镇的区。

第九条 包车客运按照经营区域分为省际包车客运和省内包车客运。

省级人民政府交通运输主管部门可以根据实际需要，将省内包车客运分为市际包车客运、县际包车客运和县内包车客运并实行分类管理。

包车客运经营者可以向下兼容包车客运业务。

第十条 旅游客运按照营运方式分为定线旅游客运和非定线旅游客运。

定线旅游客运按照班车客运管理，非定线旅游客运按照包车客运管理。

第十一条 申请从事道路客运经营的，应当具备下列条件：

（一）有与其经营业务相适应并经检测合格的客车：

1. 客车技术要求应当符合《道路运输车辆技术管理规定》有关规定。

2. 客车类型等级要求：

从事一类、二类客运班线和包车客运的客车，其类型等级应当达到中级以上。

3. 客车数量要求：

（1）经营一类客运班线的班车客运经营者应当自有营运客车100辆以上，其中高级客车30辆以上；或者自有高级营运客车40辆以上；

（2）经营二类客运班线的班车客运经营者应当自有营运客车50辆以上，其中中高级客车15辆以上；或者自有高级营运客车20辆以上；

(3) 经营三类客运班线的班车客运经营者应当自有营运客车10辆以上；

(4) 经营四类客运班线的班车客运经营者应当自有营运客车1辆以上；

(5) 经营省际包车客运的经营者，应当自有中高级营运客车20辆以上；

(6) 经营省内包车客运的经营者，应当自有营运客车10辆以上。

（二）从事客运经营的驾驶员，应当符合《道路运输从业人员管理规定》有关规定。

（三）有健全的安全生产管理制度，包括安全生产操作规程、安全生产责任制、安全生产监督检查、驾驶员和车辆安全生产管理的制度。

申请从事道路客运班线经营，还应当有明确的线路和站点方案。

第十二条 申请从事道路客运经营的，应当依法向市场监督管理部门办理有关登记手续后，按照下列规定提出申请：

（一）从事一类、二类、三类客运班线经营或者包车客运经营的，向所在地设区的市级交通运输主管部门提出申请；

（二）从事四类客运班线经营的，向所在地县级交通运输主管部门提出申请。

在直辖市申请从事道路客运经营的，应当向直辖市人民政府确定的交通运输主管部门提出申请。

省级人民政府交通运输主管部门对省内包车客运实行分类管理的，对从事市际包车客运、县际包车客运经营的，向所在地设区的市级交通运输主管部门提出申请；对从事县内包车客运经营的，向所在地县级交通运输主管部门提出申请。

第十三条 申请从事道路客运经营的，应当提供下列材料：

（一）《道路旅客运输经营申请表》（见附件1）；

（二）企业法定代表人或者个体经营者身份证件，经办人的身份证件和委托书；

（三）安全生产管理制度文本；

（四）拟投入车辆和聘用驾驶员承诺，包括客车数量、类型等级、技术等级，聘用的驾驶员具备从业资格。

申请道路客运班线经营的，还应当提供下列材料：

（一）《道路旅客运输班线经营申请表》（见附件2）；

（二）承诺在投入运营前，与起讫地客运站和中途停靠地客运站签订进站协议（农村道路客运班线在乡村一端无客运站的，不作此端的进站承诺）；

（三）运输服务质量承诺书。

第十四条 已获得相应道路客运班线经营许可的经营者，申请新增客运班线时，应当按照本规定第十二条的规定进行申请，并提供第十三条第一款第（四）项、第二款规定的材料以及经办人的身份证件和委托书。

第十五条 申请从事客运站经营的，应当具备下列条件：

（一）客运站经验收合格；

（二）有与业务量相适应的专业人员和管理人员；

（三）有相应的设备、设施；

（四）有健全的业务操作规程和安全管理制度，包括服务规范、安全生产操作规程、车辆发车前例检、安全生产责任制，以及国家规定的危险物品及其他禁止携带的物品（以下统称违禁物品）查堵、人员和车辆进出站安全管理等安全生产监督检查的制度。

第十六条 申请从事客运站经营的，应当依法向市场监督管理部门办理有关登记手续后，向所在地县级交通运输主管部门提出申请。

第十七条 申请从事客运站经营的，应当提供下列材料：

（一）《道路旅客运输站经营申请表》（见附件3）；

（二）企业法定代表人或者个体经营者身份证件，经办人的身份证件和委托书；

（三）承诺已具备本规定第十五条规定的条件。

第十八条 交通运输主管部门应当定期向社会公布本行政区域内的客运运力投放、客运线路布局、主要客流流向和流量等情况。

交通运输主管部门在审查客运申请时，应当考虑客运市场的供求状况、普遍服务和方便群众等因素；在审查营运线路长度在800公里以上的客运班线申请时，还应当进行安全风险评估。

第十九条 交通运输主管部门应当按照《中华人民共和国道路运输条例》和《交通行政许可实施程序规定》以及本规定规范的程序实施道路客运经营、道路客运班线经营和客运站经营的行政许可。

第二十条 交通运输主管部门对道路客运经营申请、道路客运班线经营申请予以受理的，应当通过部门间信息共享、内部核查等方式获取营业执照、申请人已取得的其他道路客运经营许可、现有车辆等信息，并自受理之日起20日内作出许可或者不予许可的决定。

交通运输主管部门对符合法定条件的道路客运经营申请作出准予行政许可决定的，应当出具《道路客运经营行政许可决定书》（见附件4），明确经营主体、经营范围、车辆数量及要求等许可事项，在作出准予行政许可决定之日起10日内向被许可人发放《道路运输经营许可证》，并告知被许可人所在地交通运输主管部门。

交通运输主管部门对符合法定条件的道路客运班线经营申请作出准予行政许可决定的，还应当出具《道路客运班线经营行政许可决定书》（见附件5），明确起讫地、中途停靠地客运站点、日发班次下限、车辆数量及要求、经营期限等许可事项，并告知班线起讫地同级交通运输主管部门；对成立线路公司的道路客运班线或者农村道路客运班线，中途停靠地客运站点可以由其经营者自行决定，并告知原许可机关。

属于一类、二类客运班线的，许可机关应当将《道路客运班线经营行政许可决定书》抄告中途停靠地同级交通运输主管部门。

第二十一条 客运站经营许可实行告知承诺制。申请人承诺具备经营许可条件并提交本规定第十七条规定的相关材料的，交通运输主管部门应当经形式审查后当场作出许可或者不予许可的决定。作出准予行政许可决定的，应当出具《道路旅客运输站经营行政许可决定书》（见附件6），明确经营主体、客运站名称、站场地址、站场级别和经营范围等许可事项，并在10日内向被许可人发放《道路运输经营许可证》。

第二十二条 交通运输主管部门对不符合法定条件的申请作出不予行政许可决定的，应当向申请人出具《不予交通行政许可决定书》，并说明理由。

第二十三条 受理一类、二类客运班线和四类中的毗邻县间客运班线经营申请的，交通运输主管部门应当在受理申请后7日内征求中途停靠地和目的地同级交通运输主管部门意见；同级交通运输主管部门应当在收到之日起10日内反馈，不予同意的，应当依法注明理由，逾期不予答复的，视为同意。

相关交通运输主管部门对设区的市内毗邻县间客运班线经营申请持不同意见且协商不成的，由受理申请的交通运输主管部门报设区的市级交通运输主管部门决定，并书面通知申请人。相关交通运输主管部门对省际、市际毗邻县间客运班线经营申请持不同意见且协商不成的，由受理申请的交通运输主管部门报设区的市级交通运输主管部门协商，仍协商不成的，报省级交通运输主管部门（协商）决定，并书面通知申请人。相关交通运输主管部门对一类、二类客运班线经营申请持不同意见且协商不成的，由受理申请的交通运输主管部门报省级交通运输主管部门（协商）决定，并书面通知申请人。

上级交通运输主管部门作出的决定应当书面通知受理申请的交通运输主管部门，由受理申请的交通运输主管部门为申请人办理有关手续。

因客运班线经营期限届满，班车客运经营者重新提出申请的，受理申请的交通运输主管部门不需向中途停靠地和目的地交通运输主管部门再次征求意见。

第二十四条 班车客运经营者应当持进站协议向原许可机关备案起讫地客运站点、途经路线。营运线路长度在800公里以上的客运班线还应当备案车辆号牌。交通运输主管部门应当按照该客运班线车辆数量同时配发班车客运标志牌（见附件7）和《道路客运班线经营信息表》（见附件8）。

第二十五条 客运经营者应当按照确定的时间落实拟投入车辆和聘用驾驶员等承诺。交通运输主管部门核实后，应当为投入运输的客车配发《道路运输证》，注明经营范围。营运线路长度在800公里以上的客运班线还应当注明客运班线和班车客运标志牌编号等信息。

第二十六条 因拟从事不同类型客运经营需向不同层级交通运输主管部门申请的，应当由相应层级的交通运输主管部门许可，由最高一级交通运输主管部门核发《道路运输经营许可证》，并注明各级交通运输主管部门许可的经营范围，下级交通运输主管部门不再核发。下级交通运输主管部门已向被许可人发放《道路运输经营许可证》的，上级交通运输主管部门应当予以换发。

第二十七条 道路客运经营者设立子公司的，应当按照规定向设立地交通运输主管部门申请经营许可；设立分公司的，应当向设立地交通运输主管部门备案。

第二十八条 客运班线经营许可可以通过服务质量招投标的方式实施，并签订经营服务协议。申请人数量达不到招投标要求的，交通运输主管部门应当按照许可条件择优确定客运经营者。

相关交通运输主管部门协商确定通过服务质量招投标方式，实施跨省客运班线经营许可的，可以采取联合招标、各自分别招标等方式进行。一方不实行招投标的，不影响另外一方进行招投标。

道路客运班线经营服务质量招投标管理办法另行制定。

第二十九条 在道路客运班线经营许可过程中，任何单位和个人不得以对等投放运力等不正当理由拒绝、阻挠实施客运班线经营许可。

第三十条 客运经营者、客运站经营者需要变更许可事项，应当向原许可机关提出申请，按本章有关规定办理。班车客运经营者变更起讫地客运站点、途经路线的，应当重新备案。

客运班线的经营主体、起讫地和日发班次下限变更和客运站经营主体、站址变更应当按照重新许可办理。

客运班线许可事项或者备案事项发生变更的，交通运输主管部门应当换发《道路客运班线经营信息表》。

客运经营者和客运站经营者在取得全部经营许可证件后无正当理由超过180日不投入运营，或者运营后连续180日以上停运的，视为自动终止经营。

第三十一条 客运班线的经营期限由其许可机关按照《中华人民共和国道路运输条例》的有关规定确定。

第三十二条 客运班线经营者在经营期限内暂停、终止班线经营的，应当提前30日告知原许可机关。经营期限届满，客运班线经营者应当按照本规定第十二条重新提出申请。许可机关应当依据本章有关规定作出许可或者不予许可的决定。予以许可的，重新办理有关手续。

客运经营者终止经营，应当在终止经营后10日内，将相关的《道路运输经营许可证》和《道路运输证》、客运标志牌交回原发放机关。

第三十三条 客运站经营者终止经营的，应当提前30日告知原许可机关和进站经营者。原许可机关发现关闭客运站可能对社会公众利益造成重大影响的，应当采取措施对进站车辆进行分流，并在终止经营前15日向社会公告。客运站经营者应当在终止经营后10日内将《道路运输经营许可证》交回原发放机关。

第三章 客运经营管理

第三十四条 客运经营者应当按照交通运输主管部门决定的许可事项从事客运经营活动，不得转让、出租道路运输经营许可证件。

第三十五条 道路客运班线属于国家所有的公共资源。班车客运经营者取得经营许可后，应当向公众提供连续运输服务，不得擅自暂停、终止或者转让班线运输。

第三十六条 在重大活动、节假日、春运期间、旅游旺季等特殊时段或者发生突发事件，客运经营者不能满足运力需求的，交通运输主管部门可以临时调用车辆技术等级不低于二级的营运客车和社会非营运客车开行包车或者加班车。非营运客车凭交通运输主管部门开具的证明运行。

第三十七条 客运班车应当按照许可的起讫地、日发班次下限和备案的途经路线运行，在起讫地客运站点和中途停靠地客运站点（以下统称配客站点）上下旅客。

客运班车不得在规定的配客站点外上客或者沿途揽客，无正当理由不得改变途经路线。客运班车在遵守道路交通安全、城市管理相关法规的前提下，可以在起讫地、中途停靠地所在的城市市区、县城城区沿途下客。

重大活动期间，客运班车应当按照相关交通运输主管部门指定的配客站点上下旅客。

第三十八条 一类、二类客运班线的经营者或者其委托的售票单位、配客站点，应当实行实名售票和实名查验（以下统称实名制管理），免票儿童除外。其他客运班线及客运站实行实名制管理的范围，由省级人民政府交通运输主管部门确定。

实行实名制管理的，购票人购票时应当提供有效身份证件原件（有效身份证件类别见附件9），并由售票人在客票上记载旅客的身份信息。通过网络、电话等方式实名购票的，购票人应当提供有效的身份证件信息，并在取票时提供有效身份证件原件。

旅客遗失客票的，经核实其身份信息后，售票人应当免费为其补办客票。

第三十九条 客运经营者不得强迫旅客乘车，不得将旅客交给他人运输，不得甩客，不得敲诈旅客，不得使用低于规定的类型等级营运客车承运，不得阻碍其他经营者的正常经营活动。

第四十条 严禁营运客车超载运行，在载客人数已满的情况下，允许再搭乘不超过核定载客人数10%的免票儿童。

第四十一条 客车不得违反规定载货。客运站经营者受理客运班车行李舱载货运输业务的，应当对托运人有效身份信息进行登记，并对托运物品进行安全检查或者开封验视，不得受理有关法律法规禁止运送、可能危及运输安全和托运人拒绝安全检查的托运物品。

客运班车行李舱装载托运物品时，应当不超过行李舱内径尺寸、不大于客车允许最大总质量与整备质量和核定载客质量之差，并合理均衡配重；对于容易在舱内滚动、滑动的物品应当采取有效的固定措施。

第四十二条 客运经营者应当遵守有关运价规定，使用规定的票证，不得乱涨价、恶意压价、乱收费。

第四十三条 客运经营者应当在客运车辆外部的适当位置喷印企业名称或者标识，在车厢内醒目位置公示驾驶员姓名和从业资格证号、交通运输服务监督电话、票价和里程表。

第四十四条 客运经营者应当为旅客提供良好的乘车环境，确保车辆设备、设施齐全有效，保持车辆清洁、卫生，并采取必要的措施防止在运输过程中发生侵害旅客人身、财产安全的违法行为。

客运经营者应当按照有关规定在发车前进行旅客系固安全带等安全事项告知，运输过程中发生侵害旅客人身、财产安全的治安违法行为时，应当及时向公安机关报告并配合公安机关处理治安违法行为。

客运经营者不得在客运车辆上从事播放淫秽录像等不健康的活动，不得传播、使用破坏社会安定、危害国家安全、煽动民族分裂等非法出版物。

第四十五条 鼓励客运经营者使用配置下置行李舱的客车从事道路客运。没有下置行李舱或者行李舱容积不能满足需要的客车，可以在车厢内设立专门的行李堆放区，但行李堆放区和座位区必须隔离，并采取相应的安全措施。严禁行李堆放区载客。

第四十六条 客运经营者应当为旅客投保承运人责任险。

第四十七条 客运经营者应当加强车辆技术管理，建立客运车辆技术状况检查制度，加强对从业人员的安全、职业道德教育和业务知识、操作规程培训，并采取有效措施，防止驾驶员连续驾驶时间超过4个小时。

客运车辆驾驶员应当遵守道路运输法规和道路运输驾驶员操作规程，安全驾驶，文明服务。

第四十八条 客运经营者应当制定突发事件应急预案。应急预案应当包括报告程序、应急指挥、应急车辆和设备的储备以及处置措施等内容。

发生突发事件时，客运经营者应当服从县级以上人民政府或者有关部门的统一调度、指挥。

第四十九条 客运经营者应当建立和完善各类台账和档案，并按照要求及时报送有关资料和信息。

第五十条 旅客应当持有效客票乘车，配合行李物品安全检查，按照规定使用安全带，遵守乘车秩序，文明礼貌；不得携带违禁物品乘车，不得干扰驾驶员安全驾驶。

实行实名制管理的客运班线及客运站，旅客还应当持有本人有效身份证件原件，配合工作人员查验。旅客乘车前，客运站经营者应当对客票记载的身份信息与旅客及其有效身份证件原件（以下简称票、人、证）进行一致性核对并记录有关信息。

对旅客拒不配合行李物品安全检查或者坚持携带违禁物品、乘坐实名制管理的客运班线拒不提供本人有效身份证件原件或者票、人、证不一致的，班车客运经营者和客运站经营者不得允许其乘车。

第五十一条 实行实名制管理的班车客运经营者及客运站经营者应当配备必要的设施设备，并加强实名制管理相关人员的培训和相关系统及设施设备的管理，确保符合国家相关法律法规规定。

第五十二条 班车客运经营者及客运站经营者对实行实名制管理所登记采集的旅客身份信息及乘车信息，除应当依公安机关的要求向其如实提供外，应当予以保密。对旅客身份信息及乘车信息自采集之日起保存期限不得少于1年，涉及视频图像信息的，自采集之日起保存期限不得少于90日。

第五十三条 班车客运经营者或者其委托的售票单位、配客站点应当针对客流高峰、恶劣天气及设备系统故障、重大活动等特殊情况下实名制管理的特点，制定有效的应急预案。

第五十四条 客运车辆驾驶员应当随车携带《道路运输证》、从业资格证等有关证件，在规定位置放置客运标志牌。

第五十五条 有下列情形之一的，客运车辆可以凭临时班车客运标志牌运行：

（一）在特殊时段或者发生突发事件，客运经营者不能满足运力需求，使用其他客运经营者的客车开行加班车的；

（二）因车辆故障、维护等原因，需要调用其他客运经营者的客车接驳或者顶班的；

（三）班车客运标志牌正在制作或者不慎灭失，等待领取的。

第五十六条 凭临时班车客运标志牌运营的客车应当按正班车的线路和站点运行。属于加班或者顶班的，还应当持有始发站签章并注明事由的当班行车路单；班车客运标志牌正在制作或者灭失的，还应当持有该条班线的《道路客运班线经营信息表》或者《道路客运班线经营行政许可决定书》的复印件。

第五十七条 客运包车应当凭车籍所在地交通运输主管部门配发的包车客运标志牌，按照约定的时间、起始地、目的地和线路运行，并持有包车合同，不得招揽包车合同外的旅客乘车。

客运包车除执行交通运输主管部门下达的紧急包车任务外，其线路一端应当在车籍所在的设区的市，单个运次不超过15日。

第五十八条 省际临时班车客运标志牌（见附件10）、省际包车客运标志牌（见附件11）由设区的市级交通运输主管部门按照交通运输部的统一式样印制，交由当地交通运输主管部门向客运经营者配发。省际临时班车客运标志牌和省际包车客运标志牌在一个运次所需的时间内有效。因班车客运标志牌正在制作或者灭失而使用的省际临时班车客运标志牌，有效期不得超过30日。

从事省际包车客运的企业应当按照交通运输部的统一要求，通过运政管理信息系统向车籍地交通运输主管部门备案。

省内临时班车客运标志牌、省内包车客运标志牌式样及管理要求由各省级人民政府交通运输主管部门自行规定。

第四章 班车客运定制服务

第五十九条 国家鼓励开展班车客运定制服务（以下简称定制客运）。

前款所称定制客运，是指已经取得道路客运班线经营许可的经营者依托电子商务平台发布道路客运班线起讫地等信息、开展线上售票，按照旅客需求灵活确定发车时间、上下旅客地点并提供运输服务的班车客运运营方式。

第六十条 开展定制客运的营运客车（以下简称定制客运车辆）核定载客人数应当在7人及以上。

第六十一条 提供定制客运网络信息服务的电子商务平台（以下简称网络平台），应当依照国家有关法规办理市场主体登记、互联网信息服务许可或者备案等有关手续。

第六十二条 网络平台应当建立班车客运经营者、驾驶员、车辆档案，并确保班车客运经营者已取得相应的道路客运班线经营许可，驾驶员具备相应的机动车驾驶证和从业资格并受班车客运经营者合法聘用，车辆具备有效的《道路运输证》、按规定投保承运人责任险。

第六十三条 班车客运经营者开展定制客运的，应当向原许可机关备案，并提供以下材料：

（一）《班车客运定制服务信息表》（见附件12）；

（二）与网络平台签订的合作协议或者相关证明。

网络平台由班车客运经营者自营的，免于提交前款第（二）项材料。

《班车客运定制服务信息表》记载信息发生变更的，班车客运经营者应当重新备案。

第六十四条 班车客运经营者应当在定制客运车辆随车携带的班车客运标志牌显著位置粘贴“定制客运”标识（见附件 7）。

第六十五条 班车客运经营者可以自行决定定制客运日发班次。

定制客运车辆在遵守道路交通安全、城市管理相关法规的前提下，可以在道路客运班线起讫地、中途停靠地的城市市区、县城城区按乘客需求停靠。

网络平台不得超出班车客运经营者的许可范围开展定制客运服务。

第六十六条 班车客运经营者应当为定制客运车辆随车配备便携式安检设备，并由驾驶员或者其他工作人员对旅客行李物品进行安全检查。

第六十七条 网络平台应当提前向旅客提供班车客运经营者、联系方式、车辆品牌、号牌等车辆信息以及乘车地点、时间，并确保发布的提供服务的经营者、车辆和驾驶员与实际提供服务的经营者、车辆和驾驶员一致。

实行实名制管理的客运班线开展定制客运的，班车客运经营者和网络平台应当落实实名制管理相关要求。网络平台应当采取安全保护措施，妥善保存采集的个人信息和生成的业务数据，保存期限应当不少于 3 年，并不得用于定制客运以外的业务。

网络平台应当按照交通运输主管部门的要求，如实提供其接入的经营者、车辆、驾驶员信息和相关业务数据。

第六十八条 网络平台发现车辆存在超速、驾驶员疲劳驾驶、未按照规定的线路行驶等违法违规行为的，应当及时通报班车客运经营者。班车客运经营者应当及时纠正。

网络平台使用不符合规定的经营者、车辆或者驾驶员开展定制客运，造成旅客合法权益受到侵害的，应当依法承担相应的责任。

第五章 客运站经营

第六十九条 客运站经营者应当按照交通运输主管部门决定的许可事项从事客运站经营活动，不得转让、出租客运站经营许可证件，不得改变客运站基本用途和服务功能。

客运站经营者应当维护好各种设施、设备，保持其正常使用。

第七十条 客运站经营者和进站发车的客运经营者应当依法自愿签订服务合同，双方按照合同的规定履行各自的权利和义务。

第七十一条 客运站经营者应当依法加强安全管理，完善安全生产条件，健全和落实安全生产责任制。

客运站经营者应当对出站客车进行安全检查，采取措施防止违禁物品进站上车，按照车辆核定载客限额售票，严禁超载车辆或者未经安全检查的车辆出站，保证安全生产。

第七十二条 客运站经营者应当将客运线路、班次等基础信息接入省域道路客运联网售票系统。

鼓励客运站经营者为旅客提供网络售票、自助终端售票等多元化售票服务。鼓励电子客票在道路客运行业的推广应用。

第七十三条 鼓励客运站经营者在客运站所在城市市区、县城城区的客运班线主要途经地点设立停靠点，提供售检票、行李物品安全检查和营运客车停靠服务。

客运站经营者设立停靠点的，应当向原许可机关备案，并在停靠点显著位置公示客运站《道路运输经营许可证》等信息。

第七十四条 客运站经营者应当禁止无证经营的车辆进站从事经营活动，无正当理由不得拒绝合法客运车辆进站经营。

客运站经营者应当坚持公平、公正原则，合理安排发车时间，公平售票。

客运经营者在发车时间安排上发生纠纷，客运站经营者协调无效时，由当地交通运输主管部门裁定。

第七十五条 客运站经营者应当公布进站客车的类型等级、运输线路、配客站点、班次、发车时间、票价等信息，调度车辆进站发车，疏导旅客，维持秩序。

第七十六条 进站客运经营者应当在发车 30 分钟前备齐相关证件进站并按时发车；进站客运经营者因故不能发班的，应当提前 1 日告知客运站经营者，双方要协商调度车辆顶班。

对无故停班达7日以上的进站班车，客运站经营者应当报告当地交通运输主管部门。

第七十七条 客运站经营者应当设置旅客购票、候车、乘车指示、行李寄存和托运、公共卫生等服务设施，按照有关规定为军人、消防救援人员等提供优先购票乘车服务，并建立老幼病残孕等特殊旅客服务保障制度，向旅客提供安全、便捷、优质的服务，加强宣传，保持站场卫生、清洁。

客运站经营者在不改变客运站基本服务功能的前提下，可以根据客流变化和市场需要，拓展旅游集散、邮政、物流等服务功能。

客运站经营者从事前款经营活动的，应当遵守相应的法律、行政法规的规定。

第七十八条 客运站经营者应当严格执行价格管理规定，在经营场所公示收费项目和标准，严禁乱收费。

第七十九条 客运站经营者应当按照规定的业务操作规程装卸、储存、保管行包。

第八十条 客运站经营者应当制定突发事件应急预案。应急预案应当包括报告程序、应急指挥、应急设备的储备以及处置措施等内容。

第八十一条 客运站经营者应当建立和完善各类台账和档案，并按照要求报送有关信息。

第六章 监督检查

第八十二条 交通运输主管部门应当加强对道路客运和客运站经营活动的监督检查。

交通运输主管部门工作人员应当严格按照法定职责权限和程序，原则上采取随机抽取检查对象、随机选派执法检查人员的方式进行监督检查，监督检查结果应当及时向社会公布。

第八十三条 交通运输主管部门应当每年对客运车辆进行一次审验。审验内容包括：

（一）车辆违法违章记录；

（二）车辆技术等级评定情况；

（三）车辆类型等级评定情况；

（四）按照规定安装、使用符合标准的具有行驶记录功能的卫星定位装置情况；

（五）客运经营者为客运车辆投保承运人责任险情况。

审验符合要求的，交通运输主管部门在《道路运输证》中注明；不符合要求的，应当责令限期改正或者办理变更手续。

第八十四条 交通运输主管部门及其工作人员应当重点在客运站、旅客集散地对道路客运、客运站经营活动实施监督检查。此外，根据管理需要，可以在公路路口实施监督检查，但不得随意拦截正常行驶的道路运输车辆，不得双向拦截车辆进行检查。

第八十五条 交通运输主管部门的工作人员实施监督检查时，应当有2名以上人员参加，并向当事人出示合法有效的交通运输行政执法证件。

第八十六条 交通运输主管部门的工作人员可以向被检查单位和个人了解情况，查阅和复制有关材料，但应当保守被调查单位和个人的商业秘密。

被监督检查的单位和个人应当接受交通运输主管部门及其工作人员依法实施的监督检查，如实提供有关资料或者说明情况。

第八十七条 交通运输主管部门的工作人员在实施道路运输监督检查过程中，发现客运车辆有超载行为的，应当立即予以制止，移交相关部门处理，并采取相应措施安排旅客改乘。

第八十八条 交通运输主管部门应当对客运经营者拟投入车辆和聘用驾驶员承诺、进站承诺履行情况开展检查。

客运经营者未按照许可要求落实拟投入车辆承诺或者聘用驾驶员承诺的，原许可机关可以依法撤销相应的行政许可决定；班车客运经营者未按照许可要求提供进站协议的，原许可机关应当责令限期整改，拒不整改的，可以依法撤销相应的行政许可决定。

原许可机关应当在客运站经营者获得经营许可60日内，对其告知承诺情况进行核查。客运站经营者应当按照要求提供相关证明材料。客运站经营者承诺内容与实际情况不符的，原许可机关应当责令限期整改；拒不整改或者整改后仍达不到要求的，原许可机关可以依法撤销相应的行政许可决定。

第八十九条 客运经营者在许可的交通运输主管部门管辖区域外违法从事经营活动的，违法行为发生地的交通运输主管部门应当依法将当事人的违法事实、处罚结果记录到《道路运输证》上，并抄告作出道路客运经营许可的交通运输主管部门。

第九十条 交通运输主管部门作出行政处罚决定后，客运经营者拒不履行的，作出行政处罚决定的交通运输主管部门可以将其拒不履行行政处罚决定的事实抄告违法车辆车籍所在地交通运输主管部门，作为能否通过车辆年度审验和决定质量信誉考核结果的重要依据。

第九十一条 交通运输主管部门的工作人员在实施道路运输监督检查过程中，对没有合法有效《道路运输证》又无法当场提供其他有效证明的客运车辆可以予以暂扣，并出具《道路运输车辆暂扣凭证》（见附件14），对暂扣车辆应当妥善保管，不得使用，不得收取或者变相收取保管费用。

违法当事人应当在暂扣凭证规定的时间内到指定地点接受处理。逾期不接受处理的，交通运输主管部门可以依法作出处罚决定，并将处罚决定书送达当事人。当事人无正当理由逾期不履行处罚决定的，交通运输主管部门可以申请人民法院强制执行。

第九十二条 交通运输主管部门应当在道路运政管理信息系统中如实记录道路客运经营者、客运站经营者、网络平台、从业人员的违法行为信息，并按照有关规定将违法行为纳入有关信用信息共享平台。

第七章 法律责任

第九十三条 违反本规定，有下列行为之一的，由交通运输主管部门责令停止经营；违法所得超过2万元的，没收违法所得，处违法所得2倍以上10倍以下的罚款；没有违法所得或者违法所得不足2万元的，处1万元以上10万元以下的罚款；构成犯罪的，依法追究刑事责任：

（一）未取得道路客运经营许可，擅自从事道路客运经营的；

（二）未取得道路客运班线经营许可，擅自从事班车客运经营的；

（三）使用失效、伪造、变造、被注销等无效的道路客运许可证件从事道路客运经营的；

（四）超越许可事项，从事道路客运经营的。

第九十四条 违反本规定，有下列行为之一的，由交通运输主管部门责令停止经营；有违法所得的，没收违法所得，处违法所得2倍以上10倍以下的罚款；没有违法所得或者违法所得不足1万元的，处2万元以上5万元以下的罚款；构成犯罪的，依法追究刑事责任：

（一）未取得客运站经营许可，擅自从事客运站经营的；

（二）使用失效、伪造、变造、被注销等无效的客运站许可证件从事客运站经营的；

（三）超越许可事项，从事客运站经营的。

第九十五条 违反本规定，客运经营者、客运站经营者非法转让、出租道路运输经营许可证件的，由交通运输主管部门责令停止违法行为，收缴有关证件，处2000元以上1万元以下的罚款；有违法所得的，没收违法所得。

第九十六条 违反本规定，客运经营者有下列行为之一的，由交通运输主管部门责令限期投保；拒不投保的，由原许可机关吊销相应许可：

（一）未为旅客投保承运人责任险的；

（二）未按照最低投保限额投保的；

（三）投保的承运人责任险已过期，未继续投保的。

第九十七条 违反本规定，客运经营者使用未持合法有效《道路运输证》的车辆参加客运经营的，或者聘用不具备从业资格的驾驶员参加客运经营的，由交通运输主管部门责令改正，处3000元以上1万元以下的罚款。

第九十八条 一类、二类客运班线的经营者或者其委托的售票单位、客运站经营者未按照规定对旅客身份进行查验，或者对身份不明、拒绝提供身份信息的旅客提供服务的，由交通运输主管部门处10万元以上50万元以下的罚款，并对其直接负责的主管人员和其他直接责任人员处10万元以下的罚款；情节严重的，由交通运输主管部门责令其停止从事相关道路旅客运输或者客运站经营业务；造成严重后果的，由原许可机关吊销有关道路旅客运输或者客运站经营许可证件。

第九十九条 违反本规定，客运经营者有下列情形之一的，由交通运输主管部门责令改正，处1000元以上2000元以下的罚款：

（一）客运班车不按照批准的配客站点停靠或者不按照规定的线路、日发班次下限行驶的；

（二）加班车、顶班车、接驳车无正当理

由不按照规定的线路、站点运行的；

（三）擅自将旅客移交他人运输的；

（四）在旅客运输途中擅自变更运输车辆的；

（五）未报告原许可机关，擅自终止道路客运经营的；

（六）客运包车未持有效的包车客运标志牌进行经营的，不按照包车客运标志牌载明的事项运行的，线路两端均不在车籍所在地的，招揽包车合同以外的旅客乘车的；

（七）开展定制客运未按照规定备案的；

（八）未按照规定在发车前对旅客进行安全事项告知的。

违反前款第（一）至（五）项规定，情节严重的，由原许可机关吊销相应许可。

客运经营者强行招揽旅客的，由交通运输主管部门责令改正，处1000元以上3000元以下的罚款；情节严重的，由原许可机关吊销相应许可。

第一百条 违反本规定，客运经营者、客运站经营者存在重大运输安全隐患等情形，导致不具备安全生产条件，经停产停业整顿仍不具备安全生产条件的，由交通运输主管部门依法吊销相应许可。

第一百零一条 违反本规定，客运站经营者有下列情形之一的，由交通运输主管部门责令改正，处1万元以上3万元以下的罚款：

（一）允许无经营证件的车辆进站从事经营活动的；

（二）允许超载车辆出站的；

（三）允许未经安全检查或者安全检查不合格的车辆发车的；

（四）无正当理由拒绝客运车辆进站从事经营活动的；

（五）设立的停靠点未按照规定备案的。

第一百零二条 违反本规定，客运站经营者有下列情形之一的，由交通运输主管部门责令改正；拒不改正的，处3000元的罚款；有违法所得的，没收违法所得：

（一）擅自改变客运站的用途和服务功能的；

（二）不公布运输线路、配客站点、班次、发车时间、票价的。

第一百零三条 违反本规定，网络平台有下列情形之一的，由交通运输主管部门责令改正，处3000元以上1万元以下的罚款：

（一）发布的提供服务班车客运经营者与实际提供服务班车客运经营者不一致的；

（二）发布的提供服务车辆与实际提供服务车辆不一致的；

（三）发布的提供服务驾驶员与实际提供服务驾驶员不一致的；

（四）超出班车客运经营者许可范围开展定制客运的。

网络平台接入或者使用不符合规定的班车客运经营者、车辆或者驾驶员开展定制客运的，由交通运输主管部门责令改正，处1万元以上3万元以下的罚款。

第八章 附 则

第一百零四条 本规定所称农村道路客运，是指县级行政区域内或者毗邻县间，起讫地至少有一端在乡村且主要服务于农村居民的旅客运输。

第一百零五条 出租汽车客运、城市公共汽车客运管理根据国家有关规定执行。

第一百零六条 客运经营者从事国际道路旅客运输经营活动，除遵守本规定外，有关从业条件等特殊要求还应当适用交通运输部制定的《国际道路运输管理规定》。

第一百零七条 交通运输主管部门依照本规定发放的道路运输经营许可证件和《道路运输证》，可以收取工本费。工本费的具体收费标准由省、自治区、直辖市人民政府财政、价格主管部门会同同级交通运输主管部门核定。

第一百零八条 本规定自2020年9月1日起施行。2005年7月12日以交通部令2005年第10号公布的《道路旅客运输及客运站管理规定》、2008年7月23日以交通运输部令2008年第10号公布的《关于修改〈道路旅客运输及客运站管理规定〉的决定》、2009年4月20日以交通运输部令2009年第4号公布的《关于修改〈道路旅客运输及客运站管理规定〉的决定》、2012年3月14日以交通运输部令2012年第2号公布的《关于修改〈道路旅客运输及客运站管理规定〉的决定》、2012年12月11日以交通运输部令2012年第8号公布的《关于修改〈道路旅客运输及客运站管理规定〉的决定》、2016年4月11日以交通运输部令2016年第34号公布的《关于修改

〈道路旅客运输及客运站管理规定〉的决定》、2016年12月6日以交通运输部令2016年第82号公布的《关于修改〈道路旅客运输及客运站管理规定〉的决定》同时废止。

交通运输部　公安部　应急管理部
关于印发《道路旅客运输企业安全管理规范》的通知

2023年11月11日　　交运规〔2023〕4号

各省、自治区、直辖市、新疆生产建设兵团交通运输厅（局、委）、公安厅（局）、应急管理厅（局）：

为贯彻落实《中华人民共和国安全生产法》《中华人民共和国道路运输条例》等法律法规要求，进一步规范道路旅客运输企业安全生产管理，切实保障人民群众生命财产安全，交通运输部、公安部、应急管理部修订了《道路旅客运输企业安全管理规范》。现印发给你们，请认真贯彻执行。

附：

道路旅客运输企业安全管理规范

第一章　总　则

第一条　为加强和规范道路旅客运输企业安全生产工作，提高企业安全管理水平，全面落实客运企业安全主体责任，有效预防和减少道路交通事故，保障人民群众生命和财产安全，根据《中华人民共和国安全生产法》《中华人民共和国道路交通安全法》《中华人民共和国道路交通安全法实施条例》《中华人民共和国道路运输条例》等有关法律、法规，制定本规范。

第二条　本规范适用于从事道路旅客运输经营的企业（以下简称客运企业）。

第三条　客运企业是道路旅客运输安全生产的责任主体，应当坚持以人民为中心，把保护人民生命安全摆在首位，树牢安全发展理念，坚持安全第一、预防为主、综合治理的方针，严格遵守安全生产、道路交通安全和运输管理等有关法律、法规、规章和标准，建立健全全员安全生产责任制和安全生产管理制度，完善安全生产条件，严格执行安全生产操作规程，加强客运车辆技术管理和客运驾驶员等从业人员管理，构建安全风险分级管控和隐患排查治理双重预防机制，健全风险防范化解机制，提高安全生产水平，保障道路旅客运输安全。

第四条　客运企业应当接受交通运输、公安和应急管理等部门对其安全生产工作依法实施的监督管理。

第五条　客运企业应当依法积极开展安全生产标准化建设，鼓励采用新技术、新工艺、新设备，不断改善安全生产条件。

第二章　安全生产基础保障

第六条　客运企业及分支机构应当依法设置安全生产管理机构或者配备专职安全生产管理人员。设置安全生产管理机构的，安全生产管理机构应当包括企业主要负责人（包括法定代表人和实际控制人、实际负责人），运输经营、安全管理、车辆技术管理、从业人员管理、动态监控等业务负责人及分支机构的主要负责人。

第七条　拥有20辆（含）以上客运车辆的客运企业应当设置安全生产管理机构，配备专职安全生产管理人员，并提供必要的工作条件。拥有20辆以下客运车辆的客运企业应当配备专职安全生产管理人员，并提供必要的工作条件。

专职安全生产管理人员配备数量原则上按照以下标准确定：对于300辆（含）以下客运车辆的，按照每50辆车1人的标准配备，最低不少于1人；对于300辆以上客运车辆的，按照每增加100辆增加1人的标准配备。

客运企业作出涉及安全生产的经营决策，应当听取安全生产管理机构以及安全生产管理人员的意见，不得因安全生产管理人员依法履行职责而降低其工资、福利等待遇或者解除劳动合同。

第八条 客运企业主要负责人和安全生产管理人员应当具备与本企业所从事的道路旅客运输生产经营活动相适应的安全生产知识和管理能力，并按规定经交通运输主管部门对其安全生产知识和管理能力考核合格；或者取得注册安全工程师（道路运输安全）执业资格，在道路运输领域有效注册后向属地市级交通运输主管部门报备，并做好相关信息上传工作。客运企业主要负责人和安全生产管理人员应当在从事道路旅客运输安全生产相关工作6个月内完成安全考核工作。

第九条 客运企业应当对从业人员进行安全生产教育培训，未经安全生产教育培训合格的从业人员，不得上岗作业。

客运企业使用实习学生的，应当将实习学生纳入本企业从业人员统一进行安全生产教育培训。企业采用新工艺、新技术、新材料或者使用新设备，应当对从业人员进行专门的安全生产教育培训。

从业人员的安全生产教育培训应当以客运企业自主培训为主，也可委托、聘请具备对外开展安全生产教育培训业务的机构或其他客运企业进行安全生产教育培训。

客运企业主要负责人和安全生产管理人员初次安全生产教育培训时间不得少于24学时，每年再培训时间不少于12学时，每个学时不得少于45分钟。

第十条 客运企业应当定期召开安全生产工作会议和安全例会。

安全生产工作会议至少每季度召开1次，研究解决安全生产中的重大问题，安排部署阶段性安全生产工作。安全例会至少每月召开1次，通报和布置落实各项安全生产工作。拥有20辆以下客运车辆的客运企业，安全生产工作会议可与安全例会一并召开。

客运企业发生造成人员死亡、3人（含）以上重伤、恶劣社会影响的生产安全事故后，应当及时召开安全生产工作会议或安全例会进行分析和通报。

安全生产工作会议和安全例会应当有会议记录，会议记录应建档保存，保存期不少于36个月。

第十一条 客运企业应当保障安全生产投入，依据有关规定，按照上一年度营业收入1. 5%的比例确定企业本年度安全生产费用应计提金额，并逐月平均提取，专项核算。安全生产费用主要用于：

（一）完善、改造、维护安全运营设施设备支出（不含“三同时”要求初期投入的安全设施），包括运输设施设备安全状况检测及维护、运输设施设备附属安全设备等支出；

（二）道路运输车辆动态监控平台、视频监控系统的建设、运行、维护和升级改造，以及具有行驶记录功能的卫星定位装置、视频监控装置的购置、安装和使用等支出；

（三）配备、维护、保养应急救援器材、设备支出和应急救援队伍建设、应急预案制修订与应急演练支出；

（四）开展安全风险分级管控和事故隐患排查整改支出，安全生产信息化、智能化建设、运维和网络安全支出；

（五）安全生产检查、评估评价（不含新建、改建、扩建项目安全评价）、咨询和安全生产标准化建设支出；

（六）配备和更新现场作业人员安全防护用品支出；

（七）安全生产宣传、教育、培训和从业人员发现并报告事故隐患的奖励支出；

（八）安全生产适用的新技术、新标准、新工艺、新装备的推广应用支出；

（九）安全设施及特种设备检验检测、检定校准支出；

（十）承运人责任险及安全生产责任保险支出；

（十一）与安全生产直接相关的其他支出。

第十二条 客运企业应当按照有关法律法规要求，投保承运人责任险、工伤保险等安全生产责任保险和机动车交通事故责任强制保险。

第十三条 鼓励客运企业采用交通安全统筹等形式，加强行业互助，提高企业抗风险能力。

第三章 安全生产职责

第十四条 客运企业应当依法建立健全全员安全生产责任制，将本企业的安全生产责任分解到各部门、各岗位，明确责任人员、责任内容、目标和考核标准。

安全生产责任制内容应当包括：

（一）主要负责人的安全生产责任、目标及考核标准；

（二）分管安全生产和运输经营的负责人的安全生产责任、目标及考核标准；

（三）管理科室、分支机构及其负责人的安全生产责任、目标及考核标准；

（四）车队和车队队长的安全生产责任、目标及考核标准；

（五）岗位从业人员的安全生产责任、目标及考核标准。

第十五条 客运企业应当与各分支机构层层签订安全生产目标责任书，制定明确的考核指标，定期考核并公布考核结果及奖惩情况。

第十六条 客运企业应当实行安全生产一岗双责。客运企业的法定代表人和实际控制人为安全生产的第一责任人，负有安全生产的全面责任；分管安全生产的负责人协助主要负责人履行安全生产职责，对安全生产工作负组织实施和综合管理及监督的责任；其他负责人对各自职责范围内的安全生产工作负直接管理责任。企业党组织、工会、各职能部门、各岗位人员在职责范围内承担相应的安全生产职责。

第十七条 客运企业的主要负责人对本单位安全生产工作负有下列职责：

（一）严格执行安全生产法律、法规、规章、规范和标准，组织落实相关管理部门的工作部署和要求；

（二）建立健全并落实本单位全员安全生产责任制，加强安全生产标准化建设；

（三）组织制定并实施本单位安全生产规章制度、客运驾驶员和车辆安全生产管理办法以及安全生产操作规程；

（四）组织制定并实施本单位的安全生产教育和培训计划；

（五）保证本单位安全生产投入的有效实施；

（六）组织建立并落实安全风险分级管控和隐患排查治理双重预防工作机制，督促、检查本单位安全生产工作，及时消除生产安全事故隐患；

（七）组织制定并实施本单位生产安全事故应急救援预案，开展应急救援演练；

（八）定期组织分析本单位的安全生产形势，研究解决重大安全生产问题；

（九）按相关规定及时、如实报告道路客运生产安全事故，落实生产安全事故处理的有关工作；

（十）实行安全生产绩效管理，定期公布本单位安全生产情况，认真听取和积极采纳工会、职工关于安全生产的合理化建议和要求。

第十八条 客运企业的安全生产管理机构及安全生产管理人员对本单位安全生产工作负有下列职责：

（一）严格执行安全生产法律、法规、规章、规范和标准，参与企业安全生产决策，提出改进和加强安全生产管理的建议；

（二）组织或者参与制定本单位安全生产规章制度、客运驾驶员和车辆安全生产管理制度、动态监控管理制度、操作规程和生产安全事故应急救援预案，明确各部门、各岗位的安全生产职责，督促贯彻执行；

（三）组织或参与本单位安全生产宣传、教育和培训，加强事故案例警示教育，总结和推广安全生产工作的先进经验，如实记录安全生产教育和培训情况；

（四）组织开展危险源辨识和评估，督促落实本单位重大危险源的安全管理措施；督促落实本单位安全风险管控和隐患排查管理措施，组织或者参与本单位应急救援演练，督促落实本单位安全生产整改措施；

（五）组织或参与制定本单位安全生产年度管理绩效目标和安全生产管理工作计划，组织实施考核工作；

（六）组织或参与制定本单位安全生产经费投入计划和安全技术措施计划，组织实施或监督相关部门实施；

（七）组织开展本单位的安全生产检查，对检查出的安全隐患及其他安全问题应当及时督促处理；情况严重的，应当依法停止生产活动。对相关管理部门抄告、通报的车辆和客运驾驶员交通违法行为，应当进行及时处理。制止和纠正违章指挥、冒险作业、违反操作规程的行为；

（八）发生生产安全事故时，按照有关规定，及时报告相关管理部门；组织或者参与本单位生产安全事故的调查处理，承担生产安全事故统计和分析工作；

（九）其他安全生产管理工作。

第十九条 客运企业应当履行法律、法规、规章规定的其他安全生产职责。

第四章 安全生产制度

第一节 客运驾驶员管理

第二十条 客运企业应当依法建立客运驾驶员聘用制度，可依法探索驾驶员第三方劳务派遣管理制度。统一录用程序和客运驾驶员录用条件，严格审核客运驾驶员从业资格条件、安全行车经历及职业健康检查结果，对实际驾驶技能进行测试。

驾驶员存在下列情况之一的，客运企业不得聘用其驾驶客运车辆：

（一）无有效的、适用的机动车驾驶证和从业资格证件，以及被列入黑名单的；

（二）36个月内发生道路交通事故致人死亡且负同等以上责任的；

（三）最近3个完整记分周期内有1个记分周期交通违法记满12分的；

（四）36个月内有酒后驾驶、超员20%以上、超速50%（高速公路超速20%）以上或12个月内有3次以上公安机关交通管理部门记录超速违法行为的；

（五）有吸食、注射毒品行为记录，或者长期服用依赖性精神药品成瘾尚未戒除的，以及发现其他职业禁忌的；

（六）已经取得驾驶证，但身体条件变化，有器质性心脏病、癫痫病、美尼尔氏症、眩晕症、癔病、震颤麻痹、精神病、痴呆以及影响肢体活动的神经系统疾病等妨碍安全驾驶疾病的。

第二十一条 客运企业应当建立客运驾驶员岗前培训制度，培训合格方可上岗。

岗前培训的主要内容包括：道路交通安全和安全生产相关法律法规、安全行车知识和应急驾驶操作技能、交通事故案例警示教育、职业道德、安全告知知识、交通事故法律责任规定、防御性驾驶技术、伤员急救常识等安全与应急处置知识、企业有关安全运营管理的规定等。

客运驾驶员岗前培训不少于24学时，并应在此基础上实际跟车实习，提前熟悉客运车辆性能和客运线路情况。客运驾驶员更换新的客运车辆、客运线路的，也应当进行跟车实习，熟悉客运车辆性能和客运线路情况后方可独立驾驶。

第二十二条 客运企业应当建立客运驾驶员安全教育培训及考核制度。

客运企业对客运驾驶员进行定期全覆盖培训，每人安全教育培训应当每月不少于2学时，安全教育培训内容应当包括：法律法规、典型交通事故案例、技能训练、安全驾驶经验交流、突发事件应急处置训练等。

客运企业应当组织和督促本企业诚信考核等级为不合格的客运驾驶员参加继续教育，保证客运驾驶员参加继续教育培训的时间，提供必要的学习条件。客运企业可依托互联网技术积极创新、改进安全培训教育手段，丰富培训方式，及时全面开展驾驶员安全培训教育。

客运企业应在客运驾驶员接受安全教育培训后，对客运驾驶员教育培训的效果进行统一考核。客运驾驶员安全教育培训考核的有关资料应纳入客运驾驶员教育培训档案。客运驾驶员教育培训档案的内容应包括：培训内容、培训时间、培训地点、授课人、参加培训人员签名、考核人员和安全生产管理人员签名、培训考核情况等。档案保存期限不少于36个月。

客运企业应当每月分析客运驾驶员的道路交通违法信息和事故信息，及时进行针对性的教育和处理。

第二十三条 客运企业应当建立客运驾驶员从业行为定期考核制度。

考核内容主要包括：客运驾驶员违法违规情况、交通事故情况、道路运输车辆动态监控平台和视频监控系统发现的违规驾驶情况、服务质量、安全运营情况、安全操作规程执行情况以及参加教育培训情况等。考核周期应不大于3个月。

客运驾驶员从业行为定期考核结果应与企业安全生产奖惩制度挂钩。

第二十四条 客运企业应当建立客运驾驶员信息档案管理制度。客运驾驶员信息档案实行一人一档，及时更新。客运驾驶员信息档案应当包括：客运驾驶员基本信息、体检表、安全驾驶信息、交通事故信息、交通违法信息、内部奖惩、诚信考核信息等。

第二十五条 客运企业应当建立客运驾驶员调离和辞退制度。客运企业发现客运驾驶员具有本规范第二十条规定情形的，应当及时调离驾驶岗位，并对存在（一）至（五）规定情形之一的严肃处理，情节严重的应当依法予以辞退。

第二十六条 客运企业应当建立客运驾驶员安全告诫制度。客运企业应指定专人、委托客运站或者采用信息化、智能化手段对客运驾驶员出车前进行问询、告知，预防客运驾驶员酒后、带病、疲劳、带不良情绪上岗、不具备驾驶资格驾驶车辆或者上岗前服用影响安全驾驶的药物，督促客运驾驶员做好车辆的日常维护和检查。

第二十七条 客运企业应当关心客运驾驶员的身心健康，每年组织客运驾驶员进行体检，加强对客运驾驶员的心理疏导、精神慰藉，对发现客运驾驶员身体条件不适宜继续从事驾驶工作的，应及时调离驾驶岗位。

客运企业应当督促客运驾驶员及时处理交通违法、交通事故，按规定办理机动车驾驶证、从业资格证审验、换证。

客运企业应当建立防止客运驾驶员疲劳驾驶制度，为客运驾驶员创造良好的工作环境，合理安排运输任务，保障客运驾驶员落地休息，防止客运驾驶员疲劳驾驶。

第二节 客运车辆管理

第二十八条 客运企业应当建立客运车辆选用管理制度。

客运企业应当按照相关法律法规和标准要求，购置符合道路旅客运输技术要求的车辆从事运营。鼓励客运企业选用安全、节能、环保型客车。

客运企业不得使用报废、擅自改装、拼装、检验检测不合格以及其他不符合国家规定的车辆从事道路旅客运输经营。

第二十九条 拥有 20 辆（含）以上客运车辆的客运企业，应当设置车辆技术管理机构，配备专业车辆技术管理人员，提供必要的工作条件。拥有 20 辆以下客运车辆的客运企业应当配备专业车辆技术管理人员，提供必要的工作条件。

专业车辆技术管理人员原则上按照每 50 辆车 1 人的标准配备，最低不少于 1 人。

第三十条 客运企业应当建立客运车辆技术档案管理制度。按照规定建立客运车辆技术档案，实行一车一档，实现车辆从购置到退出运输市场的全过程管理。客运车辆转移所有权或者车籍地时，技术档案应当随车移交。

客运车辆技术档案内容应当准确、详实，包括：车辆基本信息，机动车检验检测报告（含车辆技术等级），道路运输达标车辆核查记录表，客车类型等级审验、车辆维护和修理（含《机动车维修竣工出厂合格证》）、车辆主要零部件更换、车辆变更、行驶里程、对车辆造成损伤的交通事故等记录。

客运企业应当逐步建立客运车辆技术信息化管理系统，完善客运车辆的技术管理。

第三十一条 客运企业应当建立客运车辆维护制度。

客运企业应当依据国家有关标准和车辆维修手册、使用说明书等，结合车辆类别、车辆运行状况、行驶里程、道路条件、使用年限等因素，科学合理制定客运车辆维护周期，确保车辆维护正常。

客运车辆日常维护由客运驾驶员实施，一级维护和二级维护由客运企业按照相关规定组织实施，并做好记录。

第三十二条 客运企业应当建立客运车辆技术状况检查制度。

客运企业应当配合客运站做好车辆安全例检，未按规定进行安全例检或安全例检不合格的车辆不得安排运输任务。

对于不在客运站进行安全例检的客运车辆，客运企业应当安排专业技术人员在每日出车前或收车后按照安全例检规定对客运车辆的技术状况进行检查，也可委托客运站经营者或者具备条件的维修企业等开展车辆安全例检，明确委托双方的责任和义务。开展安全例检的专业技术人员应当熟悉车辆结构、例检方法和相关要求。对于 1 个趟次超过 1 日的运输任务，途中的车辆技术状况检查由客运驾驶员具体实施。

客运企业应主动排查并及时消除车辆安全

隐患，每月检查车内安全带、应急锤、灭火器、三角警告牌，发动机增压器隔热罩、排气管隔热棉、发动机舱自动灭火装置，以及应急门、应急窗、安全顶窗的开启装置等是否齐全、有效，安全出口通道是否畅通，确保客运车辆应急装置和安全设施处于良好的技术状况。

客运企业配备新能源车辆的，应该根据新能源车辆种类、特点等，建立专门的检查制度，确保车辆技术状况良好。

客运企业不得要求客运驾驶员驾驶技术状况不良的客运车辆从事运输作业。发现客运驾驶员驾驶技术状况不良的客运车辆时，应及时采取措施纠正。

第三十三条 客运企业应当按照有关规定建立车辆检验检测和年度审验制度。严格执行道路运输车辆检验检测和技术等级评定制度，确保车辆符合安全技术条件。逾期未年审、年检或年审、年检不合格的车辆禁止从事道路旅客运输经营。

第三十四条 客运企业应当建立客运车辆报废管理制度。

客运车辆报废应当严格执行国家有关规定。对达到国家报废标准或者检测不符合国家强制性要求的客运车辆，不得继续从事客运经营。客运企业应当按规定将报废车辆交售给机动车回收企业，并及时办理车辆注销登记，交回道路运输证。

第三十五条 客运企业应当加强对停放客运车辆的安全管理，明确安全管理责任人。客运企业原则上自备或租用相应停车场所，对停放客运车辆进行统一管理。

第三节 运输组织

第三十六条 客运企业在申请班车客运线路经营时应当进行实际线路考察，按照许可的要求投放客运车辆。

客运企业应当组织对每条班车客运线路的交通状况、限速情况、气候条件、沿线安全隐患路段情况等建立信息台账，定期更新并及时提供给客运驾驶员。

第三十七条 客运企业在制定运输计划时应当严格遵守通行道路的限速要求，以及客运车辆（9座以上）夜间（22时至次日6时，下同）行驶速度不得超过日间限速80%的要求，不得制定可能导致客运驾驶员为按计划完成运输任务而违反通行道路限速要求的运输计划。

客运企业不得要求客运驾驶员超速驾驶客运车辆。企业应主动查处客运驾驶员超速驾驶行为，发现超速驾驶时，应及时采取措施纠正。

第三十八条 客运企业在制定运输计划时应当严格遵守客运驾驶员驾驶时间和休息时间等规定：

（一）日间连续驾驶时间不得超过4小时，夜间连续驾驶时间不得超过2小时，每次停车休息时间应不少于20分钟；

（二）在24小时内累计驾驶时间不得超过8小时；

（三）任意连续7日内累计驾驶时间不得超过44小时，期间有效落地休息；

（四）禁止在夜间驾驶客运车辆通行达不到安全通行条件的三级及以下山区公路；

（五）长途客运车辆凌晨2时至5时停止运行或实行接驳运输；从事线路固定的机场高铁快线、通勤包车、定制客运以及短途驳载且单程运营里程在200公里以内的客运车辆，在确保安全的前提下，不受凌晨2时至5时通行限制。

客运企业不得要求客运驾驶员违反驾驶时间和休息时间等规定驾驶客运车辆。企业应主动查处客运驾驶员违反驾驶时间和休息时间等规定的行为，发现客运驾驶员违反驾驶时间和休息时间等规定驾驶客运车辆时，应及时采取措施纠正。

第三十九条 客运企业应当严格遵守长途客运驾驶员配备要求：

（一）单程运行里程超过400公里（高速公路直达客运超过600公里）的客运车辆应当配备2名及以上客运驾驶员；

（二）实行接驳运输的，且接驳距离小于400公里（高速公路直达客运小于600公里）的，客运车辆运行过程中可只配备1名驾驶员，接驳点待换驾驶员视同出站随车驾驶员。

第四十条 客运企业应当规范运输经营行为。

客运班车应当严格按照许可的起讫地、日发班次下限和备案的途经线路运行，在起讫地客运站点和中途停靠地客运站点（统称配客站点）上下旅客，不得在规定的配客站点外上客或者沿途揽客，无正当理由不得改变途经路线。客运班车在遵守道路交通安全、城市管理相关法律法规的前提下，可以在起讫地、中途停靠地所在的城市市区、县城城区沿途下客。重大活动期间，客运班车应当按照交通运输主管部门指定的配客站点上下旅客。对于成立线路公司的道路客运班线，可自主确定中途停靠地客运站点并告知原许可机关，提前向社会公布，方便乘客上下车。

客运车辆不得超过核定的载客人数，但按照规定免票的儿童除外，在载客人数已满的情况下，按照规定免票的儿童不得超过核定载客人数的10%。

客运车辆不得违反规定载货，行李堆放区和乘客区要隔离，不得在行李堆放区内载客，客运班车行李舱载货应当执行《客运班车行李舱载货运输规范》（JT/T 1135）。

客运包车应当凭包车客运标志牌，按照约定的时间、起始地、目的地和线路，持包车合同运行，不得承运包车合同约定之外的旅客，不得使用设置乘客站立区的客车；除执行交通运输主管部门下达的紧急包车任务外，其线路一端应当在车籍所在地设区的市，单个运次不超过15日。客运驾驶员应当提前了解和熟悉客运包车路线和路况，谨慎驾驶。

第四十一条 实行接驳运输的客运企业应当按照规定制定接驳运输安全生产管理制度和接驳运输线路运行组织方案，并向交通运输主管部门报送，按规定为接驳运输车辆安装视频监控装置后，方可实行接驳运输。

客运企业制定接驳运输线路运行组织方案应当避免驾驶员疲劳驾驶，并对接驳点进行实地查验，保证接驳点满足停车、驾驶员住宿、视频监控及信息传输等安全管理功能需求。

客运企业直接管理接驳点的或者进驻接驳运输联盟和其他接驳运输企业运营的接驳点，应当在指定接驳点和接驳时段进行接驳，履行接驳手续，建立健全接驳运输台账。接驳运输台账、行车单、车辆动态监控信息、接驳过程相关图像信息等保存期限不少于6个月。

凌晨2时至5时运行的接驳运输车辆，应当在前续22时至凌晨2时之间完成接驳。在此时间段内未完成接驳的车辆，凌晨2时至5时应当在具备安全停车条件的地点停车休息。

客运企业应当通过动态监控、视频监控、接驳信息记录检查、现场抽查等方式，加强接驳运输管理和安全隐患排查治理，严格执行接驳运输流程和旅客引导等服务；发现违规操作的，应当立即纠正。

第四十二条 从事包车客运的客运企业应当建立包车客运标志牌统一管理制度。客运企业应当按规定将从事省际包车业务的客运车辆、客运驾驶员、起讫地、主要途经地等信息和包车合同通过道路运政管理信息系统（包车客运信息管理功能模块）向车籍地交通运输主管部门报送。车籍地交通运输主管部门应当对起讫地、主要途经地等是否与包车合同衔接一致进行审核。审核通过后，客运企业方可打印包车客运标志牌并加盖公章，开展相关包车客运业务。客运企业应当指定专人签发包车客运标志牌，领用人应当签字登记，结束运输任务后及时交回客运标志牌。客运企业不得发放空白包车客运标志牌。从事省内包车客运的应当落实省级人民政府交通运输主管部门关于省内包车客运管理的有关规定。

定线通勤包车可根据合同进行定期审核，使用定期（月、季、年）包车客运标志牌，最长不得超过12个月。

第四十三条 从事省际、市际班线客运和包车客运的客运企业应当建立客运驾驶员行车日志制度，督促客运驾驶员如实填写行车日志，行车日志式样见附件。行车日志信息应当包含：驾驶员姓名、车辆牌照号、起讫地点及中途站点，车辆技术状况检查情况（车辆故障等），客运驾驶员停车休息情况，以及行车安全事故等。行车日志保存期限不少于6个月。鼓励客运企业采取信息化手段，有效落实客运驾驶员行车日志制度。

客运企业安全生产管理人员应当对客运驾驶员每趟次填写的行车日志进行审核、检查，发现问题及时纠正。

第四十四条 客运企业开通农村客运班线，应当符合《道路旅客运输及客运站管理规定》等规定的条件，并通过相关部门联合开展的农村客运班线通行条件审核，确保农村客运班线途经公路的技术条件、安全设施，车辆技术要求、运行限速等相匹配。农村客运班线经营期限到期后重新提出申请的，如通行条件无变化，不再重复开展通行条件审核。农村客运班线使用设置乘客站立区客车的，应当报地市级人民政府同意；直辖市辖区范围内的，应当报直辖市人民政府同意。

农村客运班车中途停靠地客运站点可以由其经营者自行决定，并告知原许可机关。鼓励客运企业在保障乘客乘车需求和出行安全的前提下，优先选购农村客货邮融合发展适配车型。

第四十五条 对于城市（区）间公交化运营客运线路，客运车辆应当严格按照核定载客人数运营。

第四十六条 班车客运经营者开展定制客运的，应当向原许可机关备案，客运驾驶员应当取得相应从业资格，车辆应当使用核定载客人数7座及以上的营运客车。

定制客运企业应当随车配备或者在中途停靠地配备便携式安检设备，由驾驶员或者中途停靠地工作人员对乘客携带的行李物品进行安检，一类、二类道路客运班线还应当按规定实行实名制售票并对乘客开展人、票、证一致性查验。

定制客运车辆在遵守道路交通安全、城市管理相关法律法规的前提下，可以在道路客运班线起讫地、中途停靠地的城市市区、县城城区按乘客需求停靠。

第四十七条 客运企业应当建立并有效实施安全告知制度，由驾乘人员在发车前按照相关要求向旅客告知，或者在发车前向旅客播放安全告知、安全带宣传等音像资料。驾乘人员应当在发车前提醒乘客全程系好安全带。鼓励客运企业依托车载视频监控装置，对旅客使用安全带情况进行抽查、提醒。

第四十八条 所属车辆从汽车客运站发车的客运企业应当与汽车客运站经营者签订进站协议，明确双方的安全责任，严格遵守汽车客运站的安全生产规定。

第四节 动态监控

第四十九条 客运企业应当建立具有行驶记录功能的卫星定位装置（以下简称卫星定位装置）安装、使用及维护制度。

客运企业应当按照相关规定为其客运车辆安装符合标准的卫星定位装置，并有效接入符合标准的道路运输车辆动态监控平台及全国重点营运车辆联网联控系统。

客运企业应当确保卫星定位装置正常使用，定期检查并及时排除卫星定位装置存在的故障，保持车辆运行实时在线。卫星定位装置出现故障、不能保持在线的车辆，客运企业不得安排其承担道路旅客运输经营任务。

客运企业应当依法对恶意人为干扰、屏蔽卫星定位装置信号、破坏卫星定位装置、篡改卫星定位装置数据的人员给予处理，情节严重的应当调离相应岗位。

第五十条 客运企业应当建立道路运输车辆动态监控平台建设、维护及管理制度。

客运企业应当按照标准建设道路运输车辆动态监控平台，或者使用符合条件的社会化道路运输车辆动态监控平台，在监控平台中完整、准确地录入所属客运车辆和驾驶员的基础资料等信息，并及时更新。

客运企业应当确保道路运输车辆动态监控平台正常使用，定期检查并及时排除监控平台存在的故障，保持车辆运行时在线。客运企业应当按照相关法律法规规定以及车辆行驶道路限速、行驶时间等实际情况，在道路运输车辆动态监控平台中设置监控超速行驶、疲劳驾驶的预警值和报警限值，以及核定运营线路、区域及夜间行驶时间。

第五十一条 客运企业应当配备专职道路运输车辆动态监控人员，建立并严格落实动态监控人员管理制度。

专职动态监控人员配置原则上按照监控平台每接入100辆车1人的标准配备，最低不少于2人。监控人员应当掌握国家相关法律法规和政策，熟悉动态监控系统的使用和动态监控数据的统计分析，经企业或者委托具备培训能力的机构培训、考试合格后上岗。

客运企业应当依法对不按照动态监控制度要求严格监控车辆行驶状况的动态监控人员给予处理，情节严重的应当调离相应工作岗位。

第五十二条 客运企业应当建立客运车辆动态信息处理制度。

客运企业应当在客运车辆运行期间对客运车辆和驾驶人进行实时监控和管理。动态监控人员应当实时分析、处理车辆行驶动态信息，及时提醒客运驾驶员纠正超速行驶、疲劳驾驶等违法行为，并记录存档至动态监控台账；对经提醒仍然继续违法驾驶的客运驾驶员，应当及时向企业安全生产管理机构或安全生产管理人员报告，企业安全生产管理机构或安全生产管理人员应当立即采取措施制止；对拒不执行制止措施仍然继续违法驾驶的，企业应当及时报告公安机关交通管理部门，并在事后解聘客运驾驶员。

第五十三条 客运车辆发生道路交通事故的，客运企业应当在接到事故信息后立即封存客运车辆动态监控数据，配合事故调查，如实提供车辆动态监控数据。车辆安装视频监控装置的，还应当提供视频资料。

第五十四条 客运企业应当建立客运车辆动态信息统计分析制度。

客运企业应当定期对道路运输车辆动态监控数据质量问题、驾驶员违法违规驾驶行为进行汇总分析，及时采取措施处理。

对存在交通违法、违规信息的客运驾驶员，客运企业应当在事后及时给予处理，对多次存在违法、违规行为的驾驶员应当作为重点监控和安全培训教育的重点对象。客运车辆动态监控数据应当至少保存6个月，违法驾驶信息及处理情况应当至少保存36个月。

鼓励客运企业利用道路运输车辆动态监控系统，对客运驾驶员安全行驶里程进行统计分析，开展安全行车竞赛活动。

第五十五条 客运企业应当运用动态监控手段做好客运车辆的组织调度，并及时发送涉及客运车辆的典型道路交通事故通报、安全提示、预警信息等。

第五十六条 鼓励客运企业在一类、二类班线客车和旅游包车上安装、使用智能视频监控装置对客运驾驶员违规操作、疲劳驾驶、违规使用手机等行为进行监控和管理。

第五十七条 客运企业可以委托第三方机构对企业所属客运车辆进行动态监控，但不因委托而改变企业的动态监控主体责任。客运企业与第三方机构通过合同约定的形式，明确由第三方机构实时、准确地提供客运车辆和客运驾驶员违法违规行为的动态监控信息。

客运企业应当及时对相关违法违规行为进行处理，并建立企业内部动态监控管理台账。

客运企业委托第三方机构对所属客运车辆进行动态监控的，第三方专职动态监控人员视同企业专职动态监控人员配置。

第五节 安全生产操作规程

第五十八条 客运企业应当根据岗位特点，分类制定安全生产操作规程，推行安全生产标准化作业。

第五十九条 客运企业应当制定客运驾驶员行车操作规程。操作规程的内容应当包括：出车前、行车中、收车后的车辆技术状况检查，开车前向旅客的安全告知，高速公路及特殊路段行车注意事项，恶劣天气下的行车注意事项，夜间行车注意事项，应急驾驶操作程序，进出客运站注意事项等。

第六十条 客运企业应当制定客运车辆日常检查和日常维护操作规程。操作规程的内容应当包括：轮胎、制动、转向、悬架、灯光与信号装置、卫星定位装置、视频监控装置、安全带、应急设施及装置等安全部件检查要求和检查程序，不合格车辆返修及复检程序等。

第六十一条 客运企业应当制定车辆动态监控操作规程。操作规程的内容应当包括：卫星定位装置、视频监控装置、动态监控平台设备的检修和维护要求，动态监控信息采集、分析、处理规范和流程，违法违规信息统计、报送及处理要求及程序，动态监控信息保存要求和程序等。

第六十二条 客运企业配备乘务员的应当建立乘务员安全操作规程。操作规程的内容应当包括：乘务员值乘工作规范，值乘途中安全检查要求，车辆行驶中相关信息报送等。

开展定制客运的企业还应当制定定制客运服务操作规程。操作规程内容应当包括：定制客运服务流程、安检等。

第六十三条 客运企业应当根据安全运营实际需求，制定其他相关安全运营操作规程。

第六节 其他安全生产制度

第六十四条 客运企业应当建立安全生产基础档案制度，明确安全生产管理资料的归档、查阅。

第六十五条 客运企业应当建立生产安全事故应急处置制度。发生生产安全事故后，客运企业应当立即采取有效措施，组织抢救，防止事故扩大，减少人员伤亡和财产损失。

对于在旅客运输过程中发生的生产安全事故，客运驾驶员和乘务员应当及时向事发地的公安部门及所属客运企业报告，并迅速按本企业应急处置程序规定进行现场处置。客运企业应当按规定的时间、程序、内容向事故发生地和企业所属地县级以上的应急管理、公安、交通运输等相关部门报告事故情况，并启动生产安全事故应急处置预案。

客运企业应当定期统计和分析生产安全事故，总结事故特点和原因，提出针对性的事故预防措施。

第六十六条 客运企业应当建立生产安全事故责任倒查制度。按照“事故原因不查清不放过、事故责任者得不到处理不放过、整改措施不落实不放过、教训不吸取不放过”的原则，对相关责任人进行严肃处理。

客运企业应当认真吸取事故教训，落实防范和整改措施，防止事故再次发生。

发生生产安全事故的客运企业及其从业人员应当积极配合相关管理部门依法开展的生产安全事故调查处理工作，并提供必要的便利条件。任何企业和个人不得阻挠和干涉事故报告和依法调查处理。

第六十七条 客运企业应当建立应急救援制度。健全应急救援组织体系，制定完善应急救援预案，落实应急救援人员、应急物资及装备，开展应急救援演练。

第六十八条 客运企业应当建立安全生产宣传和教育制度。普及安全知识，强化从业人员安全生产操作技能，提高从业人员安全生产能力。

客运企业应当配备和完善开展安全宣传、教育活动的设施和设备，定期更新宣传、教育的内容。安全宣传、教育与培训应当予以记录并建档保存，保存期限应当不少于36个月。

第六十九条 客运企业应当建立健全安全生产社会监督机制。

客运企业应当在车内明显位置清晰地标示客运车辆车牌号码、核定载客人数和投诉举报电话，从事班车客运的客车还应当在车内明显位置标示客运车辆行驶区间和线路、经批准或经备案的停靠站点，方便旅客监督。

客运企业应当公开举报电话号码、通信地址或者电子邮件信箱，完善举报制度，充分发挥乘客、新闻媒体及社会各界的监督作用。鼓励客运企业通过微信、微博、二维码、智能手机应用程序等多种方式畅通投诉举报途径。对接到的举报和投诉，客运企业应当及时予以调查和处理。

第七十条 客运企业应当建立本企业安全生产管理所需要的其他制度。

第五章 安全风险管控与隐患排查治理

第七十一条 客运企业应当按照相关法律法规的要求建立安全生产风险分级管控制度，每年开展1次全面辨识评估，并根据需要开展专项辨识评估，按安全风险等级采取相应的管控措施。

客运企业主要负责人应当组织制定重大风险管控措施，健全人防、物防、技防手段；应当配合交通运输主管部门按照规定做好800公里以上客运班线安全风险评估。

第七十二条 客运企业应当每日关注运营客运线路的天气状况和道路通行情况，遇雾、冰冻、雨雪、自然灾害等，应当及时提醒驾驶员谨慎驾驶，达不到车辆安全通行条件的，应当按相关规定暂停或者调整客运线路。

第七十三条 客运企业应当建立事故隐患排查治理制度，依据相关法律法规及本企业管理规定，对客运车辆、客运驾驶员、运输线路、运营过程等安全生产各要素和环节进行安全隐患排查，及时消除安全隐患。重大安全隐患排查治理情况应当及时向属地交通运输主管部门和负有安全生产监督管理职责的管理部门报告。

第七十四条 客运企业应当根据安全生产需要和特点，采用综合检查、专业检查、季节性检查、节假日检查、日常检查等方式，每月至少开展1次安全生产隐患排查工作，及时发现和消除安全隐患，加强安全隐患的闭环管理和动态管理。

第七十五条 客运企业应当对排查出的安全隐患进行登记和治理，落实整改措施、责任人和完成时限，及时消除安全隐患。

对于能够立即整改的安全隐患，客运企业立即组织整改；对于不能立即整改的安全隐患，客运企业应当组织制定安全隐患治理方案，依据方案及时进行整改，并在治理过程中采取有效的安全防范措施，无法保障安全的应当按规定及时采取车辆停运等措施；对于自身不能解决的安全隐患，客运企业应当立即向有关部门报告，依据有关规定进行整改。

第七十六条 客运企业应当建立安全隐患排查治理档案，档案应当包括：隐患排查治理日期，隐患排查的具体部位或场所，发现安全隐患的数量、类别和具体情况，安全隐患治理意见，参加隐患排查治理的人员及其签字，安全隐患治理情况、复查情况、复查时间、复查人员及其签字等。安全隐患排查治理档案保存期限应不少于36个月。

第七十七条 客运企业应当每月对本单位安全隐患排查治理情况进行统计，分析隐患形成的原因、特点及规律，对多发、普发的安全隐患要深入分析，建立安全隐患排查治理长效机制。

第七十八条 客运企业应当建立安全隐患报告制度，鼓励企业建立有奖举报机制，发动职工发现和排除安全隐患，鼓励社会公众举报。

第七十九条 客运企业应当积极配合有关部门监督检查人员依法进行的安全隐患监督检查，不得拒绝和阻挠。对相关部门通报抄送的事故及、违法及安全隐患等问题应当及时落实整改。

客运企业应当定期查询并签收公安部门发送的高风险企业交通安全风险报告，并采取针对性措施，及时整改报告列出的问题隐患。

第六章　安全生产绩效管理

第八十条 客运企业应当根据相关法律法规、管理部门要求和自身实际情况，制定年度安全生产绩效目标。安全生产绩效目标应当包括：道路交通责任事故起数、死亡人数、受伤人数、百万车公里事故起数、百万车公里伤亡人数、安全行车公里数等。

第八十一条 客运企业应当建立安全生产年度考核与奖惩制度。针对年度目标，对各部门、各岗位人员进行安全绩效考核，通报考核结果。

客运企业根据安全生产年终考核结果，对安全生产相关部门、岗位工作人员给予一定的奖惩。对全年无事故、无交通违法记录、无旅客投诉的安全文明驾驶人员予以表彰奖励。

第八十二条 客运企业应当建立安全生产内部评价机制，每年至少进行1次安全生产内部评价。评价内容应当包括：安全生产目标、安全生产责任制、安全投入、安全教育培训、从业人员管理、客运车辆管理、生产安全监督检查、应急响应与救援、事故处理与统计报告等安全生产制度的适宜性、充分性及有效性等。

客运企业可聘请第三方机构对本企业的安全生产情况进行评估，并根据评估结果，及时修订和完善安全生产制度，持续改进和提高安全管理水平。

第七章　附　则

第八十三条 本规范自印发之日起施行。《交通运输部 公安部 应急管理部关于印发〈道路旅客运输企业安全管理规范〉的通知》（交运发〔2018〕55号）同时废止。

3. 道路货物运输

放射性物品运输安全管理条例

（2009年9月7日国务院第80次常务会议通过　2009年9月14日中华人民共和国国务院令第562号公布　自2010年1月1日起施行）

第一章　总　则

第一条 为了加强对放射性物品运输的安全管理，保障人体健康，保护环境，促进核能、核技术的开发与和平利用，根据《中华人民共和国放射性污染防治法》，制定本条例。

第二条 放射性物品的运输和放射性物品运输容器的设计、制造等活动，适用本条例。

本条例所称放射性物品，是指含有放射性核素，并且其活度和比活度均高于国家规定的豁免值的物品。

第三条 根据放射性物品的特性及其对人体健康和环境的潜在危害程度，将放射性物品分为一类、二类和三类。

一类放射性物品，是指Ⅰ类放射源、高水平放射性废物、乏燃料等释放到环境后对人体健康和环境产生重大辐射影响的放射性物品。

二类放射性物品，是指Ⅱ类和Ⅲ类放射源、中等水平放射性废物等释放到环境后对人体健康和环境产生一般辐射影响的放射性物品。

三类放射性物品，是指Ⅳ类和Ⅴ类放射源、低水平放射性废物、放射性药品等释放到环境后对人体健康和环境产生较小辐射影响的放射性物品。

放射性物品的具体分类和名录，由国务院核安全监管部门会同国务院公安、卫生、海关、交通运输、铁路、民航、核工业行业主管部门制定。

第四条 国务院核安全监管部门对放射性物品运输的核与辐射安全实施监督管理。

国务院公安、交通运输、铁路、民航等有关主管部门依照本条例规定和各自的职责，负责放射性物品运输安全的有关监督管理工作。

县级以上地方人民政府环境保护主管部门和公安、交通运输等有关主管部门，依照本条例规定和各自的职责，负责本行政区域放射性物品运输安全的有关监督管理工作。

第五条 运输放射性物品，应当使用专用的放射性物品运输包装容器（以下简称运输容器）。

放射性物品的运输和放射性物品运输容器的设计、制造，应当符合国家放射性物品运输安全标准。

国家放射性物品运输安全标准，由国务院核安全监管部门制定，由国务院核安全监管部门和国务院标准化主管部门联合发布。国务院核安全监管部门制定国家放射性物品运输安全标准，应当征求国务院公安、卫生、交通运输、铁路、民航、核工业行业主管部门的意见。

第六条 放射性物品运输容器的设计、制造单位应当建立健全责任制度，加强质量管理，并对所从事的放射性物品运输容器的设计、制造活动负责。

放射性物品的托运人（以下简称托运人）应当制定核与辐射事故应急方案，在放射性物品运输中采取有效的辐射防护和安全保卫措施，并对放射性物品运输中的核与辐射安全负责。

第七条 任何单位和个人对违反本条例规定的行为，有权向国务院核安全监管部门或者其他依法履行放射性物品运输安全监督管理职责的部门举报。

接到举报的部门应当依法调查处理，并为举报人保密。

第二章 放射性物品运输容器的设计

第八条 放射性物品运输容器设计单位应当建立健全和有效实施质量保证体系，按照国家放射性物品运输安全标准进行设计，并通过试验验证或者分析论证等方式，对设计的放射性物品运输容器的安全性能进行评价。

第九条 放射性物品运输容器设计单位应当建立健全档案制度，按照质量保证体系的要求，如实记录放射性物品运输容器的设计和安全性能评价过程。

进行一类放射性物品运输容器设计，应当编制设计安全评价报告书；进行二类放射性物品运输容器设计，应当编制设计安全评价报告表。

第十条 一类放射性物品运输容器的设计，应当在首次用于制造前报国务院核安全监管部门审查批准。

申请批准一类放射性物品运输容器的设计，设计单位应当向国务院核安全监管部门提出书面申请，并提交下列材料：

（一）设计总图及其设计说明书；

（二）设计安全评价报告书；

（三）质量保证大纲。

第十一条 国务院核安全监管部门应当自受理申请之日起45个工作日内完成审查，对符合国家放射性物品运输安全标准的，颁发一类放射性物品运输容器设计批准书，并公告批准文号；对不符合国家放射性物品运输安全标准的，书面通知申请单位并说明理由。

第十二条 设计单位修改已批准的一类放射性物品运输容器设计中有关安全内容的，应当按照原申请程序向国务院核安全监管部门重新申请领取一类放射性物品运输容器设计批准书。

第十三条 二类放射性物品运输容器的设计，设计单位应当在首次用于制造前，将设计总图及其设计说明书、设计安全评价报告表报国务院核安全监管部门备案。

第十四条 三类放射性物品运输容器的设计，设计单位应当编制设计符合国家放射性物品运输安全标准的证明文件并存档备查。

第三章 放射性物品运输容器的制造与使用

第十五条 放射性物品运输容器制造单位，应当按照设计要求和国家放射性物品运输安全标准，对制造的放射性物品运输容器进行质量检验，编制质量检验报告。

未经质量检验或者经检验不合格的放射性物品运输容器，不得交付使用。

第十六条 从事一类放射性物品运输容器制造活动的单位，应当具备下列条件：

（一）有与所从事的制造活动相适应的专业技术人员；

（二）有与所从事的制造活动相适应的生产条件和检测手段；

（三）有健全的管理制度和完善的质量保证体系。

第十七条 从事一类放射性物品运输容器制造活动的单位，应当申请领取一类放射性物品运输容器制造许可证（以下简称制造许可证）。

申请领取制造许可证的单位，应当向国务院核安全监管部门提出书面申请，并提交其符合本条例第十六条规定条件的证明材料和申请制造的运输容器型号。

禁止无制造许可证或者超出制造许可证规定的范围从事一类放射性物品运输容器的制造活动。

第十八条 国务院核安全监管部门应当自受理申请之日起 45 个工作日内完成审查，对符合条件的，颁发制造许可证，并予以公告；对不符合条件的，书面通知申请单位并说明理由。

第十九条 制造许可证应当载明下列内容：

（一）制造单位名称、住所和法定代表人；

（二）许可制造的运输容器的型号；

（三）有效期限；

（四）发证机关、发证日期和证书编号。

第二十条 一类放射性物品运输容器制造单位变更单位名称、住所或者法定代表人的，应当自工商变更登记之日起 20 日内，向国务院核安全监管部门办理制造许可证变更手续。

一类放射性物品运输容器制造单位变更制造的运输容器型号的，应当按照原申请程序向国务院核安全监管部门重新申请领取制造许可证。

第二十一条 制造许可证有效期为 5 年。

制造许可证有效期届满，需要延续的，一类放射性物品运输容器制造单位应当于制造许可证有效期届满 6 个月前，向国务院核安全监管部门提出延续申请。

国务院核安全监管部门应当在制造许可证有效期届满前作出是否准予延续的决定。

第二十二条 从事二类放射性物品运输容器制造活动的单位，应当在首次制造活动开始 30 日前，将其具备与所从事的制造活动相适应的专业技术人员、生产条件、检测手段，以及具有健全的管理制度和完善的质量保证体系的证明材料，报国务院核安全监管部门备案。

第二十三条 一类、二类放射性物品运输容器制造单位，应当按照国务院核安全监管部门制定的编码规则，对其制造的一类、二类放射性物品运输容器统一编码，并于每年 1 月 31 日前将上一年度的运输容器编码清单报国务院核安全监管部门备案。

第二十四条 从事三类放射性物品运输容器制造活动的单位，应当于每年 1 月 31 日前将上一年度制造的运输容器的型号和数量报国务院核安全监管部门备案。

第二十五条 放射性物品运输容器使用单位应当对其使用的放射性物品运输容器定期进行保养和维护，并建立保养和维护档案；放射性物品运输容器达到设计使用年限，或者发现放射性物品运输容器存在安全隐患的，应当停止使用，进行处理。

一类放射性物品运输容器使用单位还应当对其使用的一类放射性物品运输容器每两年进行一次安全性能评价，并将评价结果报国务院核安全监管部门备案。

第二十六条 使用境外单位制造的一类放

射性物品运输容器的，应当在首次使用前报国务院核安全监管部门审查批准。

申请使用境外单位制造的一类放射性物品运输容器的单位，应当向国务院核安全监管部门提出书面申请，并提交下列材料：

（一）设计单位所在国核安全监管部门颁发的设计批准文件的复印件；

（二）设计安全评价报告书；

（三）制造单位相关业绩的证明材料；

（四）质量合格证明；

（五）符合中华人民共和国法律、行政法规规定，以及国家放射性物品运输安全标准或者经国务院核安全监管部门认可的标准的说明材料。

国务院核安全监管部门应当自受理申请之日起45个工作日内完成审查，对符合国家放射性物品运输安全标准的，颁发使用批准书；对不符合国家放射性物品运输安全标准的，书面通知申请单位并说明理由。

第二十七条 使用境外单位制造的二类放射性物品运输容器的，应当在首次使用前将运输容器质量合格证明和符合中华人民共和国法律、行政法规规定，以及国家放射性物品运输安全标准或者经国务院核安全监管部门认可的标准的说明材料，报国务院核安全监管部门备案。

第二十八条 国务院核安全监管部门办理使用境外单位制造的一类、二类放射性物品运输容器审查批准和备案手续，应当同时为运输容器确定编码。

第四章 放射性物品的运输

第二十九条 托运放射性物品的，托运人应当持有生产、销售、使用或者处置放射性物品的有效证明，使用与所托运的放射性物品类别相适应的运输容器进行包装，配备必要的辐射监测设备、防护用品和防盗、防破坏设备，并编制运输说明书、核与辐射事故应急响应指南、装卸作业方法、安全防护指南。

运输说明书应当包括放射性物品的品名、数量、物理化学形态、危害风险等内容。

第三十条 托运一类放射性物品的，托运人应当委托有资质的辐射监测机构对其表面污染和辐射水平实施监测，辐射监测机构应当出具辐射监测报告。

托运二类、三类放射性物品的，托运人应当对其表面污染和辐射水平实施监测，并编制辐射监测报告。

监测结果不符合国家放射性物品运输安全标准的，不得托运。

第三十一条 承运放射性物品应当取得国家规定的运输资质。承运人的资质管理，依照有关法律、行政法规和国务院交通运输、铁路、民航、邮政主管部门的规定执行。

第三十二条 托运人和承运人应当对直接从事放射性物品运输的工作人员进行运输安全和应急响应知识的培训，并进行考核；考核不合格的，不得从事相关工作。

托运人和承运人应当按照国家放射性物品运输安全标准和国家有关规定，在放射性物品运输容器和运输工具上设置警示标志。

国家利用卫星定位系统对一类、二类放射性物品运输工具的运输过程实行在线监控。具体办法由国务院核安全监管部门会同国务院有关部门制定。

第三十三条 托运人和承运人应当按照国家职业病防治的有关规定，对直接从事放射性物品运输的工作人员进行个人剂量监测，建立个人剂量档案和职业健康监护档案。

第三十四条 托运人应当向承运人提交运输说明书、辐射监测报告、核与辐射事故应急响应指南、装卸作业方法、安全防护指南，承运人应当查验、收存。托运人提交文件不齐全的，承运人不得承运。

第三十五条 托运一类放射性物品的，托运人应当编制放射性物品运输的核与辐射安全分析报告书，报国务院核安全监管部门审查批准。

放射性物品运输的核与辐射安全分析报告书应当包括放射性物品的品名、数量、运输容器型号、运输方式、辐射防护措施、应急措施等内容。

国务院核安全监管部门应当自受理申请之日起45个工作日内完成审查，对符合国家放射性物品运输安全标准的，颁发核与辐射安全分析报告批准书；对不符合国家放射性物品运输安全标准的，书面通知申请单位并说明理由。

第三十六条 放射性物品运输的核与辐射安全分析报告批准书应当载明下列主要内容：

（一）托运人的名称、地址、法定代表人；

（二）运输放射性物品的品名、数量；

（三）运输放射性物品的运输容器型号和运输方式；

（四）批准日期和有效期限。

第三十七条 一类放射性物品启运前，托运人应当将放射性物品运输的核与辐射安全分析报告批准书、辐射监测报告，报启运地的省、自治区、直辖市人民政府环境保护主管部门备案。

收到备案材料的环境保护主管部门应当及时将有关情况通报放射性物品运输的途经地和抵达地的省、自治区、直辖市人民政府环境保护主管部门。

第三十八条 通过道路运输放射性物品的，应当经公安机关批准，按照指定的时间、路线、速度行驶，并悬挂警示标志，配备押运人员，使放射性物品处于押运人员的监管之下。

通过道路运输核反应堆乏燃料的，托运人应当报国务院公安部门批准。通过道路运输其他放射性物品的，托运人应当报启运地县级以上人民政府公安机关批准。具体办法由国务院公安部门商国务院核安全监管部门制定。

第三十九条 通过水路运输放射性物品的，按照水路危险货物运输的法律、行政法规和规章的有关规定执行。

通过铁路、航空运输放射性物品的，按照国务院铁路、民航主管部门的有关规定执行。

禁止邮寄一类、二类放射性物品。邮寄三类放射性物品的，按照国务院邮政管理部门的有关规定执行。

第四十条 生产、销售、使用或者处置放射性物品的单位，可以依照《中华人民共和国道路运输条例》的规定，向设区的市级人民政府道路运输管理机构申请非营业性道路危险货物运输资质，运输本单位的放射性物品，并承担本条例规定的托运人和承运人的义务。

申请放射性物品非营业性道路危险货物运输资质的单位，应当具备下列条件：

（一）持有生产、销售、使用或者处置放射性物品的有效证明；

（二）有符合本条例规定要求的放射性物品运输容器；

（三）有具备辐射防护与安全防护知识的专业技术人员和经考试合格的驾驶人员；

（四）有符合放射性物品运输安全防护要求，并经检测合格的运输工具、设施和设备；

（五）配备必要的防护用品和依法经定期检定合格的监测仪器；

（六）有运输安全和辐射防护管理规章制度以及核与辐射事故应急措施。

放射性物品非营业性道路危险货物运输资质的具体条件，由国务院交通运输主管部门会同国务院核安全监管部门制定。

第四十一条 一类放射性物品从境外运抵中华人民共和国境内，或者途经中华人民共和国境内运输的，托运人应当编制放射性物品运输的核与辐射安全分析报告书，报国务院核安全监管部门审查批准。审查批准程序依照本条例第三十五条第三款的规定执行。

二类、三类放射性物品从境外运抵中华人民共和国境内，或者途经中华人民共和国境内运输的，托运人应当编制放射性物品运输的辐射监测报告，报国务院核安全监管部门备案。

托运人、承运人或者其代理人向海关办理有关手续，应当提交国务院核安全监管部门颁发的放射性物品运输的核与辐射安全分析报告批准书或者放射性物品运输的辐射监测报告备案证明。

第四十二条 县级以上人民政府组织编制的突发环境事件应急预案，应当包括放射性物品运输中可能发生的核与辐射事故应急响应的内容。

第四十三条 放射性物品运输中发生核与辐射事故的，承运人、托运人应当按照核与辐射事故应急响应指南的要求，做好事故应急工作，并立即报告事故发生地的县级以上人民政府环境保护主管部门。接到报告的环境保护主管部门应当立即派人赶赴现场，进行现场调查，采取有效措施控制事故影响，并及时向本级人民政府报告，通报同级公安、卫生、交通运输等有关主管部门。

接到报告的县级以上人民政府及其有关主管部门应当按照应急预案做好应急工作，并按照国家突发事件分级报告的规定及时上报核与辐射事故信息。

核反应堆乏燃料运输的核事故应急准备与响应，还应当遵守国家核应急的有关规定。

第五章　监督检查

第四十四条　国务院核安全监管部门和其他依法履行放射性物品运输安全监督管理职责的部门，应当依据各自职责对放射性物品运输安全实施监督检查。

国务院核安全监管部门应当将其已批准或者备案的一类、二类、三类放射性物品运输容器的设计、制造情况和放射性物品运输情况通报设计、制造单位所在地和运输途经地的省、自治区、直辖市人民政府环境保护主管部门。省、自治区、直辖市人民政府环境保护主管部门应当加强对本行政区域放射性物品运输安全的监督检查和监督性监测。

被检查单位应当予以配合，如实反映情况，提供必要的资料，不得拒绝和阻碍。

第四十五条　国务院核安全监管部门和省、自治区、直辖市人民政府环境保护主管部门以及其他依法履行放射性物品运输安全监督管理职责的部门进行监督检查，监督检查人员不得少于2人，并应当出示有效的行政执法证件。

国务院核安全监管部门和省、自治区、直辖市人民政府环境保护主管部门以及其他依法履行放射性物品运输安全监督管理职责的部门的工作人员，对监督检查中知悉的商业秘密负有保密义务。

第四十六条　监督检查中发现经批准的一类放射性物品运输容器设计确有重大设计安全缺陷的，由国务院核安全监管部门责令停止该型号运输容器的制造或者使用，撤销一类放射性物品运输容器设计批准书。

第四十七条　监督检查中发现放射性物品运输活动有不符合国家放射性物品运输安全标准情形的，或者一类放射性物品运输容器制造单位有不符合制造许可证规定条件情形的，应当责令限期整改；发现放射性物品运输活动可能对人体健康和环境造成核与辐射危害的，应当责令停止运输。

第四十八条　国务院核安全监管部门和省、自治区、直辖市人民政府环境保护主管部门以及其他依法履行放射性物品运输安全监督管理职责的部门，对放射性物品运输活动实施监测，不得收取监测费用。

国务院核安全监管部门和省、自治区、直辖市人民政府环境保护主管部门以及其他依法履行放射性物品运输安全监督管理职责的部门，应当加强对监督管理人员辐射防护与安全防护知识的培训。

第六章　法律责任

第四十九条　国务院核安全监管部门和省、自治区、直辖市人民政府环境保护主管部门或者其他依法履行放射性物品运输安全监督管理职责的部门有下列行为之一的，对直接负责的主管人员和其他直接责任人员依法给予处分；直接负责的主管人员和其他直接责任人员构成犯罪的，依法追究刑事责任：

（一）未依照本条例规定作出行政许可或者办理批准文件的；

（二）发现违反本条例规定的行为不予查处，或者接到举报不依法处理的；

（三）未依法履行放射性物品运输核与辐射事故应急职责的；

（四）对放射性物品运输活动实施监测收取监测费用的；

（五）其他不依法履行监督管理职责的行为。

第五十条　放射性物品运输容器设计、制造单位有下列行为之一的，由国务院核安全监管部门责令停止违法行为，处50万元以上100万元以下的罚款；有违法所得的，没收违法所得：

（一）将未取得设计批准书的一类放射性物品运输容器设计用于制造的；

（二）修改已批准的一类放射性物品运输容器设计中有关安全内容，未重新取得设计批准书即用于制造的。

第五十一条　放射性物品运输容器设计、制造单位有下列行为之一的，由国务院核安全监管部门责令停止违法行为，处5万元以上10万元以下的罚款；有违法所得的，没收违法所得：

（一）将不符合国家放射性物品运输安全标准的二类、三类放射性物品运输容器设计用于制造的；

（二）将未备案的二类放射性物品运输容器设计用于制造的。

第五十二条　放射性物品运输容器设计单位有下列行为之一的，由国务院核安全监管部门责令限期改正；逾期不改正的，处1万元以上5万元以下的罚款：

（一）未对二类、三类放射性物品运输容器的设计进行安全性能评价的；

（二）未如实记录二类、三类放射性物品运输容器设计和安全性能评价过程的；

（三）未编制三类放射性物品运输容器设计符合国家放射性物品运输安全标准的证明文件并存档备查的。

第五十三条 放射性物品运输容器制造单位有下列行为之一的，由国务院核安全监管部门责令停止违法行为，处50万元以上100万元以下的罚款；有违法所得的，没收违法所得：

（一）未取得制造许可证从事一类放射性物品运输容器制造活动的；

（二）制造许可证有效期届满，未按照规定办理延续手续，继续从事一类放射性物品运输容器制造活动的；

（三）超出制造许可证规定的范围从事一类放射性物品运输容器制造活动的；

（四）变更制造的一类放射性物品运输容器型号，未按照规定重新领取制造许可证的；

（五）将未经质量检验或者经检验不合格的一类放射性物品运输容器交付使用的。

有前款第（三）项、第（四）项和第（五）项行为之一，情节严重的，吊销制造许可证。

第五十四条 一类放射性物品运输容器制造单位变更单位名称、住所或者法定代表人，未依法办理制造许可证变更手续的，由国务院核安全监管部门责令限期改正；逾期不改正的，处2万元的罚款。

第五十五条 放射性物品运输容器制造单位有下列行为之一的，由国务院核安全监管部门责令停止违法行为，处5万元以上10万元以下的罚款；有违法所得的，没收违法所得：

（一）在二类放射性物品运输容器首次制造活动开始前，未按照规定将有关证明材料报国务院核安全监管部门备案的；

（二）将未经质量检验或者经检验不合格的二类、三类放射性物品运输容器交付使用的。

第五十六条 放射性物品运输容器制造单位有下列行为之一的，由国务院核安全监管部门责令限期改正；逾期不改正的，处1万元以上5万元以下的罚款：

（一）未按照规定对制造的一类、二类放射性物品运输容器统一编码的；

（二）未按照规定将制造的一类、二类放射性物品运输容器编码清单报国务院核安全监管部门备案的；

（三）未按照规定将制造的三类放射性物品运输容器的型号和数量报国务院核安全监管部门备案的。

第五十七条 放射性物品运输容器使用单位未按照规定对使用的一类放射性物品运输容器进行安全性能评价，或者未将评价结果报国务院核安全监管部门备案的，由国务院核安全监管部门责令限期改正；逾期不改正的，处1万元以上5万元以下的罚款。

第五十八条 未按照规定取得使用批准书使用境外单位制造的一类放射性物品运输容器的，由国务院核安全监管部门责令停止违法行为，处50万元以上100万元以下的罚款。

未按照规定办理备案手续使用境外单位制造的二类放射性物品运输容器的，由国务院核安全监管部门责令停止违法行为，处5万元以上10万元以下的罚款。

第五十九条 托运人未按照规定编制放射性物品运输说明书、核与辐射事故应急响应指南、装卸作业方法、安全防护指南的，由国务院核安全监管部门责令限期改正；逾期不改正的，处1万元以上5万元以下的罚款。

托运人未按照规定将放射性物品运输的核与辐射安全分析报告批准书、辐射监测报告备案的，由启运地的省、自治区、直辖市人民政府环境保护主管部门责令限期改正；逾期不改正的，处1万元以上5万元以下的罚款。

第六十条 托运人或者承运人在放射性物品运输活动中，有违反有关法律、行政法规关于危险货物运输管理规定行为的，由交通运输、铁路、民航等有关主管部门依法予以处罚。

违反有关法律、行政法规规定邮寄放射性物品的，由公安机关和邮政管理部门依法予以处罚。在邮寄进境物品中发现放射性物品的，由海关依照有关法律、行政法规的规定处理。

第六十一条 托运人未取得放射性物品运输的核与辐射安全分析报告批准书托运一类放

射性物品的，由国务院核安全监管部门责令停止违法行为，处50万元以上100万元以下的罚款。

第六十二条 通过道路运输放射性物品，有下列行为之一的，由公安机关责令限期改正，处2万元以上10万元以下的罚款；构成犯罪的，依法追究刑事责任：

（一）未经公安机关批准通过道路运输放射性物品的；

（二）运输车辆未按照指定的时间、路线、速度行驶或者未悬挂警示标志的；

（三）未配备押运人员或者放射性物品脱离押运人员监管的。

第六十三条 托运人有下列行为之一的，由启运地的省、自治区、直辖市人民政府环境保护主管部门责令停止违法行为，处5万元以上20万元以下的罚款：

（一）未按照规定对托运的放射性物品表面污染和辐射水平实施监测的；

（二）将经监测不符合国家放射性物品运输安全标准的放射性物品交付托运的；

（三）出具虚假辐射监测报告的。

第六十四条 未取得放射性物品运输的核与辐射安全分析报告批准书或者放射性物品运输的辐射监测报告备案证明，将境外的放射性物品运抵中华人民共和国境内，或者途经中华人民共和国境内运输的，由海关责令托运人退运该放射性物品，并依照海关法律、行政法规给予处罚；构成犯罪的，依法追究刑事责任。托运人不明的，由承运人承担退运该放射性物品的责任，或者承担该放射性物品的处置费用。

第六十五条 违反本条例规定，在放射性物品运输中造成核与辐射事故的，由县级以上地方人民政府环境保护主管部门处以罚款，罚款数额按照核与辐射事故造成的直接损失的20%计算；构成犯罪的，依法追究刑事责任。

托运人、承运人未按照核与辐射事故应急响应指南的要求，做好事故应急工作并报告事故的，由县级以上地方人民政府环境保护主管部门处5万元以上20万元以下的罚款。

因核与辐射事故造成他人损害的，依法承担民事责任。

第六十六条 拒绝、阻碍国务院核安全监管部门或者其他依法履行放射性物品运输安全监督管理职责的部门进行监督检查，或者在接受监督检查时弄虚作假的，由监督检查部门责令改正，处1万元以上2万元以下的罚款；构成违反治安管理行为的，由公安机关依法给予治安管理处罚；构成犯罪的，依法追究刑事责任。

第七章 附 则

第六十七条 军用放射性物品运输安全的监督管理，依照《中华人民共和国放射性污染防治法》第六十条的规定执行。

第六十八条 本条例自2010年1月1日起施行。

民用爆炸物品安全管理条例

（2006年5月10日中华人民共和国国务院令第466号公布
根据2014年7月29日《国务院关于修改部分行政法规的决定》修订）

第一章 总 则

第一条 为了加强对民用爆炸物品的安全管理，预防爆炸事故发生，保障公民生命、财产安全和公共安全，制定本条例。

第二条 民用爆炸物品的生产、销售、购买、进出口、运输、爆破作业和储存以及硝酸铵的销售、购买，适用本条例。

本条例所称民用爆炸物品，是指用于非军事目的、列入民用爆炸物品品名表的各类火药、炸药及其制品和雷管、导火索等点火、起爆器材。

民用爆炸物品品名表，由国务院民用爆炸物品行业主管部门会同国务院公安部门制订、公布。

第三条 国家对民用爆炸物品的生产、销售、购买、运输和爆破作业实行许可证制度。

未经许可，任何单位或者个人不得生产、销售、购买、运输民用爆炸物品，不得从事爆破作业。

严禁转让、出借、转借、抵押、赠送、私藏或者非法持有民用爆炸物品。

第四条 民用爆炸物品行业主管部门负责民用爆炸物品生产、销售的安全监督管理。

公安机关负责民用爆炸物品公共安全管理和民用爆炸物品购买、运输、爆破作业的安全监督管理，监控民用爆炸物品流向。

安全生产监督、铁路、交通、民用航空主管部门依照法律、行政法规的规定，负责做好民用爆炸物品的有关安全监督管理工作。

民用爆炸物品行业主管部门、公安机关、工商行政管理部门按照职责分工，负责组织查处非法生产、销售、购买、储存、运输、邮寄、使用民用爆炸物品的行为。

第五条 民用爆炸物品生产、销售、购买、运输和爆破作业单位（以下称民用爆炸物品从业单位）的主要负责人是本单位民用爆炸物品安全管理责任人，对本单位的民用爆炸物品安全管理工作全面负责。

民用爆炸物品从业单位是治安保卫工作的重点单位，应当依法设置治安保卫机构或者配备治安保卫人员，设置技术防范设施，防止民用爆炸物品丢失、被盗、被抢。

民用爆炸物品从业单位应当建立安全管理制度、岗位安全责任制度，制订安全防范措施和事故应急预案，设置安全管理机构或者配备专职安全管理人员。

第六条 无民事行为能力人、限制民事行为能力人或者曾因犯罪受过刑事处罚的人，不得从事民用爆炸物品的生产、销售、购买、运输和爆破作业。

民用爆炸物品从业单位应当加强对本单位从业人员的安全教育、法制教育和岗位技术培训，从业人员经考核合格的，方可上岗作业；对有资格要求的岗位，应当配备具有相应资格的人员。

第七条 国家建立民用爆炸物品信息管理系统，对民用爆炸物品实行标识管理，监控民用爆炸物品流向。

民用爆炸物品生产企业、销售企业和爆破作业单位应当建立民用爆炸物品登记制度，如实将本单位生产、销售、购买、运输、储存、使用民用爆炸物品的品种、数量和流向信息输入计算机系统。

第八条 任何单位或者个人都有权举报违反民用爆炸物品安全管理规定的行为；接到举报的主管部门、公安机关应当立即查处，并为举报人员保密，对举报有功人员给予奖励。

第九条 国家鼓励民用爆炸物品从业单位采用提高民用爆炸物品安全性能的新技术，鼓励发展民用爆炸物品生产、配送、爆破作业一体化的经营模式。

第二章 生 产

第十条 设立民用爆炸物品生产企业，应当遵循统筹规划、合理布局的原则。

第十一条 申请从事民用爆炸物品生产的企业，应当具备下列条件：

（一）符合国家产业结构规划和产业技术标准；

（二）厂房和专用仓库的设计、结构、建筑材料、安全距离以及防火、防爆、防雷、防静电等安全设备、设施符合国家有关标准和规范；

（三）生产设备、工艺符合有关安全生产的技术标准和规程；

（四）有具备相应资格的专业技术人员、安全生产管理人员和生产岗位人员；

（五）有健全的安全管理制度、岗位安全责任制度；

（六）法律、行政法规规定的其他条件。

第十二条 申请从事民用爆炸物品生产的企业，应当向国务院民用爆炸物品行业主管部门提交申请书、可行性研究报告以及能够证明其符合本条例第十一条规定条件的有关材料。国务院民用爆炸物品行业主管部门应当自受理申请之日起45日内进行审查，对符合条件的，核发《民用爆炸物品生产许可证》；对不符合条件的，不予核发《民用爆炸物品生产许可证》，书面向申请人说明理由。

民用爆炸物品生产企业为调整生产能力及品种进行改建、扩建的，应当依照前款规定申请办理《民用爆炸物品生产许可证》。

民用爆炸物品生产企业持《民用爆炸物品

生产许可证》到工商行政管理部门办理工商登记，并在办理工商登记后3日内，向所在地县级人民政府公安机关备案。

第十三条 取得《民用爆炸物品生产许可证》的企业应当在基本建设完成后，向省、自治区、直辖市人民政府民用爆炸物品行业主管部门申请安全生产许可。省、自治区、直辖市人民政府民用爆炸物品行业主管部门应当依照《安全生产许可证条例》的规定对其进行查验，对符合条件的，核发《民用爆炸物品安全生产许可证》。民用爆炸物品生产企业取得《民用爆炸物品安全生产许可证》后，方可生产民用爆炸物品。

第十四条 民用爆炸物品生产企业应当严格按照《民用爆炸物品生产许可证》核定的品种和产量进行生产，生产作业应当严格执行安全技术规程的规定。

第十五条 民用爆炸物品生产企业应当对民用爆炸物品做出警示标识、登记标识，对雷管编码打号。民用爆炸物品警示标识、登记标识和雷管编码规则，由国务院公安部门会同国务院民用爆炸物品行业主管部门规定。

第十六条 民用爆炸物品生产企业应当建立健全产品检验制度，保证民用爆炸物品的质量符合相关标准。民用爆炸物品的包装，应当符合法律、行政法规的规定以及相关标准。

第十七条 试验或者试制民用爆炸物品，必须在专门场地或者专门的试验室进行。严禁在生产车间或者仓库内试验或者试制民用爆炸物品。

第三章 销售和购买

第十八条 申请从事民用爆炸物品销售的企业，应当具备下列条件：

（一）符合对民用爆炸物品销售企业规划的要求；

（二）销售场所和专用仓库符合国家有关标准和规范；

（三）有具备相应资格的安全管理人员、仓库管理人员；

（四）有健全的安全管理制度、岗位安全责任制度；

（五）法律、行政法规规定的其他条件。

第十九条 申请从事民用爆炸物品销售的企业，应当向所在地省、自治区、直辖市人民政府民用爆炸物品行业主管部门提交申请书、可行性研究报告以及能够证明其符合本条例第十八条规定条件的有关材料。省、自治区、直辖市人民政府民用爆炸物品行业主管部门应当自受理申请之日起30日内进行审查，并对申请单位的销售场所和专用仓库等经营设施进行查验，对符合条件的，核发《民用爆炸物品销售许可证》；对不符合条件的，不予核发《民用爆炸物品销售许可证》，书面向申请人说明理由。

民用爆炸物品销售企业持《民用爆炸物品销售许可证》到工商行政管理部门办理工商登记后，方可销售民用爆炸物品。

民用爆炸物品销售企业应当在办理工商登记后3日内，向所在地县级人民政府公安机关备案。

第二十条 民用爆炸物品生产企业凭《民用爆炸物品生产许可证》，可以销售本企业生产的民用爆炸物品。

民用爆炸物品生产企业销售本企业生产的民用爆炸物品，不得超出核定的品种、产量。

第二十一条 民用爆炸物品使用单位申请购买民用爆炸物品的，应当向所在地县级人民政府公安机关提出购买申请，并提交下列有关材料：

（一）工商营业执照或者事业单位法人证书；

（二）《爆破作业单位许可证》或者其他合法使用的证明；

（三）购买单位的名称、地址、银行账户；

（四）购买的品种、数量和用途说明。

受理申请的公安机关应当自受理申请之日起5日内对提交的有关材料进行审查，对符合条件的，核发《民用爆炸物品购买许可证》；对不符合条件的，不予核发《民用爆炸物品购买许可证》，书面向申请人说明理由。

《民用爆炸物品购买许可证》应当载明许可购买的品种、数量、购买单位以及许可的有效期限。

第二十二条 民用爆炸物品生产企业凭《民用爆炸物品生产许可证》购买属于民用爆炸物品的原料，民用爆炸物品销售企业凭《民用爆炸物品销售许可证》向民用爆炸物品生产企业购买民用爆炸物品，民用爆炸物品使用单位凭《民用爆炸物品购买许可证》购买民用爆炸物品，还应当提供经办人的身份证明。

销售民用爆炸物品的企业，应当查验前款规定的许可证和经办人的身份证明；对持《民用爆炸物品购买许可证》购买的，应当按照许可的品种、数量销售。

第二十三条 销售、购买民用爆炸物品，应当通过银行账户进行交易，不得使用现金或者实物进行交易。

销售民用爆炸物品的企业，应当将购买单位的许可证、银行账户转账凭证、经办人的身份证明复印件保存2年备查。

第二十四条 销售民用爆炸物品的企业，应当自民用爆炸物品买卖成交之日起3日内，将销售的品种、数量和购买单位向所在地省、自治区、直辖市人民政府民用爆炸物品行业主管部门和所在地县级人民政府公安机关备案。

购买民用爆炸物品的单位，应当自民用爆炸物品买卖成交之日起3日内，将购买的品种、数量向所在地县级人民政府公安机关备案。

第二十五条 进出口民用爆炸物品，应当经国务院民用爆炸物品行业主管部门审批。进出口民用爆炸物品审批办法，由国务院民用爆炸物品行业主管部门会同国务院公安部门、海关总署规定。

进出口单位应当将进出口的民用爆炸物品的品种、数量向收货地或者出境口岸所在地县级人民政府公安机关备案。

第四章 运 输

第二十六条 运输民用爆炸物品，收货单位应当向运达地县级人民政府公安机关提出申请，并提交包括下列内容的材料：

（一）民用爆炸物品生产企业、销售企业、使用单位以及进出口单位分别提供的《民用爆炸物品生产许可证》、《民用爆炸物品销售许可证》、《民用爆炸物品购买许可证》或者进出口批准证明；

（二）运输民用爆炸物品的品种、数量、包装材料和包装方式；

（三）运输民用爆炸物品的特性、出现险情的应急处置方法；

（四）运输时间、起始地点、运输路线、经停地点。

受理申请的公安机关应当自受理申请之日起3日内对提交的有关材料进行审查，对符合条件的，核发《民用爆炸物品运输许可证》；对不符合条件的，不予核发《民用爆炸物品运输许可证》，书面向申请人说明理由。

《民用爆炸物品运输许可证》应当载明收货单位、销售企业、承运人，一次性运输有效期限、起始地点、运输路线、经停地点，民用爆炸物品的品种、数量。

第二十七条 运输民用爆炸物品的，应当凭《民用爆炸物品运输许可证》，按照许可的品种、数量运输。

第二十八条 经由道路运输民用爆炸物品的，应当遵守下列规定：

（一）携带《民用爆炸物品运输许可证》；

（二）民用爆炸物品的装载符合国家有关标准和规范，车厢内不得载人；

（三）运输车辆安全技术状况应当符合国家有关安全技术标准的要求，并按照规定悬挂或者安装符合国家标准的易燃易爆危险物品警示标志；

（四）运输民用爆炸物品的车辆应当保持安全车速；

（五）按照规定的路线行驶，途中经停应当有专人看守，并远离建筑设施和人口稠密的地方，不得在许可以外的地点经停；

（六）按照安全操作规程装卸民用爆炸物品，并在装卸现场设置警戒，禁止无关人员进入；

（七）出现危险情况立即采取必要的应急处置措施，并报告当地公安机关。

第二十九条 民用爆炸物品运达目的地，收货单位应当进行验收后在《民用爆炸物品运输许可证》上签注，并在3日内将《民用爆炸物品运输许可证》交回发证机关核销。

第三十条 禁止携带民用爆炸物品搭乘公共交通工具或者进入公共场所。

禁止邮寄民用爆炸物品，禁止在托运的货物、行李、包裹、邮件中夹带民用爆炸物品。

第五章 爆破作业

第三十一条 申请从事爆破作业的单位，应当具备下列条件：

（一）爆破作业属于合法的生产活动；

（二）有符合国家有关标准和规范的民用

爆炸物品专用仓库；

（三）有具备相应资格的安全管理人员、仓库管理人员和具备国家规定执业资格的爆破作业人员；

（四）有健全的安全管理制度、岗位安全责任制度；

（五）有符合国家标准、行业标准的爆破作业专用设备；

（六）法律、行政法规规定的其他条件。

第三十二条 申请从事爆破作业的单位，应当按照国务院公安部门的规定，向有关人民政府公安机关提出申请，并提供能够证明其符合本条例第三十一条规定条件的有关材料。受理申请的公安机关应当自受理申请之日起20日内进行审查，对符合条件的，核发《爆破作业单位许可证》；对不符合条件的，不予核发《爆破作业单位许可证》，书面向申请人说明理由。

营业性爆破作业单位持《爆破作业单位许可证》到工商行政管理部门办理工商登记后，方可从事营业性爆破作业活动。

爆破作业单位应当在办理工商登记后3日内，向所在地县级人民政府公安机关备案。

第三十三条 爆破作业单位应当对本单位的爆破作业人员、安全管理人员、仓库管理人员进行专业技术培训。爆破作业人员应当经设区的市级人民政府公安机关考核合格，取得《爆破作业人员许可证》后，方可从事爆破作业。

第三十四条 爆破作业单位应当按照其资质等级承接爆破作业项目，爆破作业人员应当按照其资格等级从事爆破作业。爆破作业的分级管理办法由国务院公安部门规定。

第三十五条 在城市、风景名胜区和重要工程设施附近实施爆破作业的，应当向爆破作业所在地设区的市级人民政府公安机关提出申请，提交《爆破作业单位许可证》和具有相应资质的安全评估企业出具的爆破设计、施工方案评估报告。受理申请的公安机关应当自受理申请之日起20日内对提交的有关材料进行审查，对符合条件的，作出批准的决定；对不符合条件的，作出不予批准的决定，并书面向申请人说明理由。

实施前款规定的爆破作业，应当由具有相应资质的安全监理企业进行监理，由爆破作业所在地县级人民政府公安机关负责组织实施安全警戒。

第三十六条 爆破作业单位跨省、自治区、直辖市行政区域从事爆破作业的，应当事先将爆破作业项目的有关情况向爆破作业所在地县级人民政府公安机关报告。

第三十七条 爆破作业单位应当如实记载领取、发放民用爆炸物品的品种、数量、编号以及领取、发放人员姓名。领取民用爆炸物品的数量不得超过当班用量，作业后剩余的民用爆炸物品必须当班清退回库。

爆破作业单位应当将领取、发放民用爆炸物品的原始记录保存2年备查。

第三十八条 实施爆破作业，应当遵守国家有关标准和规范，在安全距离以外设置警示标志并安排警戒人员，防止无关人员进入；爆破作业结束后应当及时检查、排除未引爆的民用爆炸物品。

第三十九条 爆破作业单位不再使用民用爆炸物品时，应当将剩余的民用爆炸物品登记造册，报所在地县级人民政府公安机关组织监督销毁。

发现、拣拾无主民用爆炸物品的，应当立即报告当地公安机关。

第六章 储 存

第四十条 民用爆炸物品应当储存在专用仓库内，并按照国家规定设置技术防范设施。

第四十一条 储存民用爆炸物品应当遵守下列规定：

（一）建立出入库检查、登记制度，收存和发放民用爆炸物品必须进行登记，做到账目清楚，账物相符；

（二）储存的民用爆炸物品数量不得超过储存设计容量，对性质相抵触的民用爆炸物品必须分库储存，严禁在库房内存放其他物品；

（三）专用仓库应当指定专人管理、看护，严禁无关人员进入仓库区内，严禁在仓库区内吸烟和用火，严禁把其他容易引起燃烧、爆炸的物品带入仓库区内，严禁在库房内住宿和进行其他活动；

（四）民用爆炸物品丢失、被盗、被抢，应当立即报告当地公安机关。

第四十二条 在爆破作业现场临时存放民用爆炸物品的，应当具备临时存放民用爆炸物品的条件，并设专人管理、看护，不得在不具备安全存放条件的场所存放民用爆炸物品。

第四十三条 民用爆炸物品变质和过期失效的，应当及时清理出库，并予以销毁。销毁前应当登记造册，提出销毁实施方案，报省、自治区、直辖市人民政府民用爆炸物品行业主管部门、所在地县级人民政府公安机关组织监督销毁。

第七章 法律责任

第四十四条 非法制造、买卖、运输、储存民用爆炸物品，构成犯罪的，依法追究刑事责任；尚不构成犯罪，有违反治安管理行为的，依法给予治安管理处罚。

违反本条例规定，在生产、储存、运输、使用民用爆炸物品中发生重大事故，造成严重后果或者后果特别严重，构成犯罪的，依法追究刑事责任。

违反本条例规定，未经许可生产、销售民用爆炸物品的，由民用爆炸物品行业主管部门责令停止非法生产、销售活动，处10万元以上50万元以下的罚款，并没收非法生产、销售的民用爆炸物品及其违法所得。

违反本条例规定，未经许可购买、运输民用爆炸物品或者从事爆破作业的，由公安机关责令停止非法购买、运输、爆破作业活动，处5万元以上20万元以下的罚款，并没收非法购买、运输以及从事爆破作业使用的民用爆炸物品及其违法所得。

民用爆炸物品行业主管部门、公安机关对没收的非法民用爆炸物品，应当组织销毁。

第四十五条 违反本条例规定，生产、销售民用爆炸物品的企业有下列行为之一的，由民用爆炸物品行业主管部门责令限期改正，处10万元以上50万元以下的罚款；逾期不改正的，责令停产停业整顿；情节严重的，吊销《民用爆炸物品生产许可证》或者《民用爆炸物品销售许可证》：

（一）超出生产许可的品种、产量进行生产、销售的；

（二）违反安全技术规程生产作业的；

（三）民用爆炸物品的质量不符合相关标准的；

（四）民用爆炸物品的包装不符合法律、行政法规的规定以及相关标准的；

（五）超出购买许可的品种、数量销售民用爆炸物品的；

（六）向没有《民用爆炸物品生产许可证》、《民用爆炸物品销售许可证》、《民用爆炸物品购买许可证》的单位销售民用爆炸物品的；

（七）民用爆炸物品生产企业销售本企业生产的民用爆炸物品未按照规定向民用爆炸物品行业主管部门备案的；

（八）未经审批进出口民用爆炸物品的。

第四十六条 违反本条例规定，有下列情形之一的，由公安机关责令限期改正，处5万元以上20万元以下的罚款；逾期不改正的，责令停产停业整顿：

（一）未按照规定对民用爆炸物品做出警示标识、登记标识或者未对雷管编码打号的；

（二）超出购买许可的品种、数量购买民用爆炸物品的；

（三）使用现金或者实物进行民用爆炸物品交易的；

（四）未按照规定保存购买单位的许可证、银行账户转账凭证、经办人的身份证明复印件的；

（五）销售、购买、进出口民用爆炸物品，未按照规定向公安机关备案的；

（六）未按照规定建立民用爆炸物品登记制度，如实将本单位生产、销售、购买、运输、储存、使用民用爆炸物品的品种、数量和流向信息输入计算机系统的；

（七）未按照规定将《民用爆炸物品运输许可证》交回发证机关核销的。

第四十七条 违反本条例规定，经由道路运输民用爆炸物品，有下列情形之一的，由公安机关责令改正，处5万元以上20万元以下的罚款：

（一）违反运输许可事项的；

（二）未携带《民用爆炸物品运输许可证》的；

（三）违反有关标准和规范混装民用爆炸物品的；

（四）运输车辆未按照规定悬挂或者安装符合国家标准的易燃易爆危险物品警示标志的；

（五）未按照规定的路线行驶，途中经停没有专人看守或者在许可以外的地点经停的；

（六）装载民用爆炸物品的车厢载人的；

（七）出现危险情况未立即采取必要的应急处置措施、报告当地公安机关的。

第四十八条 违反本条例规定，从事爆破作业的单位有下列情形之一的，由公安机关责令停止违法行为或者限期改正，处10万元以上50万元以下的罚款；逾期不改正的，责令停产停业整顿；情节严重的，吊销《爆破作业单位许可证》：

（一）爆破作业单位未按照其资质等级从事爆破作业的；

（二）营业性爆破作业单位跨省、自治区、直辖市行政区域实施爆破作业，未按照规定事先向爆破作业所在地的县级人民政府公安机关报告的；

（三）爆破作业单位未按照规定建立民用爆炸物品领取登记制度、保存领取登记记录的；

（四）违反国家有关标准和规范实施爆破作业的。

爆破作业人员违反国家有关标准和规范的规定实施爆破作业的，由公安机关责令限期改正，情节严重的，吊销《爆破作业人员许可证》。

第四十九条 违反本条例规定，有下列情形之一的，由民用爆炸物品行业主管部门、公安机关按照职责责令限期改正，可以并处5万元以上20万元以下的罚款；逾期不改正的，责令停产停业整顿；情节严重的，吊销许可证：

（一）未按照规定在专用仓库设置技术防范设施的；

（二）未按照规定建立出入库检查、登记制度或者收存和发放民用爆炸物品，致使账物不符的；

（三）超量储存、在非专用仓库储存或者违反储存标准和规范储存民用爆炸物品的；

（四）有本条例规定的其他违反民用爆炸物品储存管理规定行为的。

第五十条 违反本条例规定，民用爆炸物品从业单位有下列情形之一的，由公安机关处2万元以上10万元以下的罚款；情节严重的，吊销其许可证；有违反治安管理行为的，依法给予治安管理处罚：

（一）违反安全管理制度，致使民用爆炸物品丢失、被盗、被抢的；

（二）民用爆炸物品丢失、被盗、被抢，未按照规定向当地公安机关报告或者故意隐瞒不报的；

（三）转让、出借、转借、抵押、赠送民用爆炸物品的。

第五十一条 违反本条例规定，携带民用爆炸物品搭乘公共交通工具或者进入公共场所，邮寄或者在托运的货物、行李、包裹、邮件中夹带民用爆炸物品，构成犯罪的，依法追究刑事责任；尚不构成犯罪的，由公安机关依法给予治安管理处罚，没收非法的民用爆炸物品，处1000元以上1万元以下的罚款。

第五十二条 民用爆炸物品从业单位的主要负责人未履行本条例规定的安全管理责任，导致发生重大伤亡事故或者造成其他严重后果，构成犯罪的，依法追究刑事责任；尚不构成犯罪的，对主要负责人给予撤职处分，对个人经营的投资人处2万元以上20万元以下的罚款。

第五十三条 民用爆炸物品行业主管部门、公安机关、工商行政管理部门的工作人员，在民用爆炸物品安全监督管理工作中滥用职权、玩忽职守或者徇私舞弊，构成犯罪的，依法追究刑事责任；尚不构成犯罪的，依法给予行政处分。

第八章　附　则

第五十四条 《民用爆炸物品生产许可证》、《民用爆炸物品销售许可证》，由国务院民用爆炸物品行业主管部门规定式样；《民用爆炸物品购买许可证》、《民用爆炸物品运输许可证》、《爆破作业单位许可证》、《爆破作业人员许可证》，由国务院公安部门规定式样。

第五十五条 本条例自2006年9月1日起施行。1984年1月6日国务院发布的《中华人民共和国民用爆炸物品管理条例》同时废止。

危险货物道路运输安全管理办法

（2019 年 7 月 10 日经第 15 次部务会议通过　2019 年 11 月 10 日
交通运输部令第 29 号公布　自 2020 年 1 月 1 日起施行）

第一章　总　则

第一条　为了加强危险货物道路运输安全管理，预防危险货物道路运输事故，保障人民群众生命、财产安全，保护环境，依据《中华人民共和国安全生产法》《中华人民共和国道路运输条例》《危险化学品安全管理条例》《公路安全保护条例》等有关法律、行政法规，制定本办法。

第二条　对使用道路运输车辆从事危险货物运输及相关活动的安全管理，适用本办法。

第三条　危险货物道路运输应当坚持安全第一、预防为主、综合治理、便利运输的原则。

第四条　国务院交通运输主管部门主管全国危险货物道路运输管理工作。

县级以上地方人民政府交通运输主管部门负责组织领导本行政区域的危险货物道路运输管理工作。

工业和信息化、公安、生态环境、应急管理、市场监督管理等部门按照各自职责，负责对危险货物道路运输相关活动进行监督检查。

第五条　国家建立危险化学品监管信息共享平台，加强危险货物道路运输安全管理。

第六条　不得托运、承运法律、行政法规禁止运输的危险货物。

第七条　托运人、承运人、装货人应当制定危险货物道路运输作业查验、记录制度，以及人员安全教育培训、设备管理和岗位操作规程等安全生产管理制度。

托运人、承运人、装货人应当按照相关法律法规和《危险货物道路运输规则》（JT/T 617）要求，对本单位相关从业人员进行岗前安全教育培训和定期安全教育。未经岗前安全教育培训考核合格的人员，不得上岗作业。

托运人、承运人、装货人应当妥善保存安全教育培训及考核记录。岗前安全教育培训及考核记录保存至相关从业人员离职后 12 个月；定期安全教育记录保存期限不得少于 12 个月。

第八条　国家鼓励危险货物道路运输企业应用先进技术和装备，实行专业化、集约化经营。

禁止危险货物运输车辆挂靠经营。

第二章　危险货物托运

第九条　危险货物托运人应当委托具有相应危险货物道路运输资质的企业承运危险货物。托运民用爆炸物品、烟花爆竹的，应当委托具有第一类爆炸品或者第一类爆炸品中相应项别运输资质的企业承运。

第十条　托运人应当按照《危险货物道路运输规则》（JT/T 617）确定危险货物的类别、项别、品名、编号，遵守相关特殊规定要求。需要添加抑制剂或者稳定剂的，托运人应当按照规定添加，并将有关情况告知承运人。

第十一条　托运人不得在托运的普通货物中违规夹带危险货物，或者将危险货物匿报、谎报为普通货物托运。

第十二条　托运人应当按照《危险货物道路运输规则》（JT/T 617）妥善包装危险货物，并在外包装设置相应的危险货物标志。

第十三条　托运人在托运危险货物时，应当向承运人提交电子或者纸质形式的危险货物托运清单。

危险货物托运清单应当载明危险货物的托运人、承运人、收货人、装货人、始发地、目的地、危险货物的类别、项别、品名、编号、包装及规格、数量、应急联系电话等信息，以及危险货物危险特性、运输注意事项、急救措施、消防措施、泄漏应急处置、次生环境污染处置措施等信息。

托运人应当妥善保存危险货物托运清单，

保存期限不得少于12个月。

第十四条 托运人应当在危险货物运输期间保持应急联系电话畅通。

第十五条 托运人托运剧毒化学品、民用爆炸物品、烟花爆竹或者放射性物品的，应当向承运人相应提供公安机关核发的剧毒化学品道路运输通行证、民用爆炸物品运输许可证、烟花爆竹道路运输许可证、放射性物品道路运输许可证明或者文件。

托运人托运第一类放射性物品的，应当向承运人提供国务院核安全监管部门批准的放射性物品运输核与辐射安全分析报告。

托运人托运危险废物（包括医疗废物，下同）的，应当向承运人提供生态环境主管部门发放的电子或者纸质形式的危险废物转移联单。

第三章 例外数量与有限数量危险货物运输的特别规定

第十六条 例外数量危险货物的包装、标记、包件测试，以及每个内容器和外容器可运输危险货物的最大数量，应当符合《危险货物道路运输规则》（JT/T 617）要求。

第十七条 有限数量危险货物的包装、标记，以及每个内容器或者物品所装的最大数量、总质量（含包装），应当符合《危险货物道路运输规则》（JT/T 617）要求。

第十八条 托运人托运例外数量危险货物的，应当向承运人书面声明危险货物符合《危险货物道路运输规则》（JT/T 617）包装要求。承运人应当要求驾驶人随车携带书面声明。

托运人应当在托运清单中注明例外数量危险货物以及包件的数量。

第十九条 托运人托运有限数量危险货物的，应当向承运人提供包装性能测试报告或者书面声明危险货物符合《危险货物道路运输规则》（JT/T 617）包装要求。承运人应当要求驾驶人随车携带测试报告或者书面声明。

托运人应当在托运清单中注明有限数量危险货物以及包件的数量、总质量（含包装）。

第二十条 例外数量、有限数量危险货物包件可以与其他危险货物、普通货物混合装载，但有限数量危险货物包件不得与爆炸品混合装载。

第二十一条 运输车辆载运例外数量危险货物包件数不超过1000个或者有限数量危险货物总质量（含包装）不超过8000千克的，可以按照普通货物运输。

第四章 危险货物承运

第二十二条 危险货物承运人应当按照交通运输主管部门许可的经营范围承运危险货物。

第二十三条 危险货物承运人应当使用安全技术条件符合国家标准要求且与承运危险货物性质、重量相匹配的车辆、设备进行运输。

危险货物承运人使用常压液体危险货物罐式车辆运输危险货物的，应当在罐式车辆罐体的适装介质列表范围内承运；使用移动式压力容器运输危险货物的，应当按照移动式压力容器使用登记证上限定的介质承运。

危险货物承运人应当按照运输车辆的核定载质量装载危险货物，不得超载。

第二十四条 危险货物承运人应当制作危险货物运单，并交由驾驶人随车携带。危险货物运单应当妥善保存，保存期限不得少于12个月。

危险货物运单格式由国务院交通运输主管部门统一制定。危险货物运单可以是电子或者纸质形式。

运输危险废物的企业还应当填写并随车携带电子或者纸质形式的危险废物转移联单。

第二十五条 危险货物承运人在运输前，应当对运输车辆、罐式车辆罐体、可移动罐柜、罐式集装箱（以下简称罐箱）及相关设备的技术状况，以及卫星定位装置进行检查并做好记录，对驾驶人、押运人员进行运输安全告知。

第二十六条 危险货物道路运输车辆驾驶人、押运人员在起运前，应当对承运危险货物的运输车辆、罐式车辆罐体、可移动罐柜、罐箱进行外观检查，确保没有影响运输安全的缺陷。

危险货物道路运输车辆驾驶人、押运人员在起运前，应当检查确认危险货物运输车辆按照《道路运输危险货物车辆标志》（GB 13392）要求安装、悬挂标志。运输爆炸品和剧毒化学品的，还应当检查确认车辆安装、粘贴符合《道路运输爆炸品和剧毒化学品车辆安全技术条件》（GB 20300）要求的安全标示牌。

第二十七条 危险货物承运人除遵守本办法规定外，还应当遵守《道路危险货物运输管理规定》有关运输行为的要求。

第五章 危险货物装卸

第二十八条 装货人应当在充装或者装载货物前查验以下事项；不符合要求的，不得充装或者装载：

（一）车辆是否具有有效行驶证和营运证；

（二）驾驶人、押运人员是否具有有效资质证件；

（三）运输车辆、罐式车辆罐体、可移动罐柜、罐箱是否在检验合格有效期内；

（四）所充装或者装载的危险货物是否与危险货物运单载明的事项相一致；

（五）所充装的危险货物是否在罐式车辆罐体的适装介质列表范围内，或者满足可移动罐柜导则、罐箱适用代码的要求。

充装或者装载剧毒化学品、民用爆炸物品、烟花爆竹、放射性物品或者危险废物时，还应当查验本办法第十五条规定的单证报告。

第二十九条 装货人应当按照相关标准进行装载作业。装载货物不得超过运输车辆的核定载质量，不得超出罐式车辆罐体、可移动罐柜、罐箱的允许充装量。

第三十条 危险货物交付运输时，装货人应当确保危险货物运输车辆按照《道路运输危险货物车辆标志》（GB 13392）要求安装、悬挂标志，确保包装容器没有损坏或者泄漏，罐式车辆罐体、可移动罐柜、罐箱的关闭装置处于关闭状态。

爆炸品和剧毒化学品交付运输时，装货人还应当确保车辆安装、粘贴符合《道路运输爆炸品和剧毒化学品车辆安全技术条件》（GB 20300）要求的安全标示牌。

第三十一条 装货人应当建立危险货物装货记录制度，记录所充装或者装载的危险货物类别、品名、数量、运单编号和托运人、承运人、运输车辆及驾驶人等相关信息并妥善保存，保存期限不得少于 12 个月。

第三十二条 充装或者装载危险化学品的生产、储存、运输、使用和经营企业，应当按照本办法要求建立健全并严格执行充装或者装载查验、记录制度。

第三十三条 收货人应当及时收货，并按照安全操作规程进行卸货作业。

第三十四条 禁止危险货物运输车辆在卸货后直接实施排空作业等活动。

第六章 危险货物运输车辆与罐式车辆罐体、可移动罐柜、罐箱

第三十五条 工业和信息化主管部门应当通过《道路机动车辆生产企业及产品公告》公布产品型号，并按照《危险货物运输车辆结构要求》（GB 21668）公布危险货物运输车辆类型。

第三十六条 危险货物运输车辆生产企业应当按照工业和信息化主管部门公布的产品型号进行生产。危险货物运输车辆应当获得国家强制性产品认证证书。

第三十七条 危险货物运输车辆生产企业应当按照《危险货物运输车辆结构要求》（GB 21668）标注危险货物运输车辆的类型。

第三十八条 液体危险化学品常压罐式车辆罐体生产企业应当取得工业产品生产许可证，生产的罐体应当符合《道路运输液体危险货物罐式车辆》（GB 18564）要求。

检验机构应当严格按照国家标准、行业标准及国家统一发布的检验业务规则，开展液体危险化学品常压罐式车辆罐体检验，对检验合格的罐体出具检验合格证书。检验合格证书包括罐体载质量、罐体容积、罐体编号、适装介质列表和下次检验日期等内容。

检验机构名录及检验业务规则由国务院市场监督管理部门、国务院交通运输主管部门共同公布。

第三十九条 常压罐式车辆罐体生产企业应当按照要求为罐体分配并标注唯一性编码。

第四十条 罐式车辆罐体应当在检验有效期内装载危险货物。

检验有效期届满后，罐式车辆罐体应当经具有专业资质的检验机构重新检验合格，方可投入使用。

第四十一条 装载危险货物的常压罐式车辆罐体的重大维修、改造，应当委托具备罐体生产资质的企业实施，并通过具有专业资质的检验机构维修、改造检验，取得检验合格证书，方可重新投入使用。

第四十二条 运输危险货物的可移动罐柜、罐箱应当经具有专业资质的检验机构检验合格，取得检验合格证书，并取得相应的安全合格标志，按照规定用途使用。

第四十三条 危险货物包装容器属于移动式压力容器或者气瓶的，还应当满足特种设备相关法律法规、安全技术规范以及国际条约的要求。

第七章 危险货物运输车辆运行管理

第四十四条 在危险货物道路运输过程中，除驾驶人外，还应当在专用车辆上配备必要的押运人员，确保危险货物处于押运人员监管之下。

运输车辆应当安装、悬挂符合《道路运输危险货物车辆标志》（GB 13392）要求的警示标志，随车携带防护用品、应急救援器材和危险货物道路运输安全卡，严格遵守道路交通安全法律法规规定，保障道路运输安全。

运输爆炸品和剧毒化学品车辆还应当安装、粘贴符合《道路运输爆炸品和剧毒化学品车辆安全技术条件》（GB 20300）要求的安全标示牌。

运输剧毒化学品、民用爆炸物品、烟花爆竹、放射性物品或者危险废物时，还应当随车携带本办法第十五条规定的单证报告。

第四十五条 危险货物承运人应当按照《中华人民共和国反恐怖主义法》和《道路运输车辆动态监督管理办法》要求，在车辆运行期间通过定位系统对车辆和驾驶人进行监控管理。

第四十六条 危险货物运输车辆在高速公路上行驶速度不得超过每小时 80 公里，在其他道路上行驶速度不得超过每小时 60 公里。道路限速标志、标线标明的速度低于上述规定速度的，车辆行驶速度不得高于限速标志、标线标明的速度。

第四十七条 驾驶人应当确保罐式车辆罐体、可移动罐柜、罐箱的关闭装置在运输过程中处于关闭状态。

第四十八条 运输民用爆炸物品、烟花爆竹和剧毒、放射性等危险物品时，应当按照公安机关批准的路线、时间行驶。

第四十九条 有下列情形之一的，公安机关可以依法采取措施，限制危险货物运输车辆通行：

（一）城市（含县城）重点地区、重点单位、人流密集场所、居民生活区；

（二）饮用水水源保护区、重点景区、自然保护区；

（三）特大桥梁、特长隧道、隧道群、桥隧相连路段及水下公路隧道；

（四）坡长坡陡、临水临崖等通行条件差的山区公路；

（五）法律、行政法规规定的其他可以限制通行的情形。

除法律、行政法规另有规定外，公安机关综合考虑相关因素，确需对通过高速公路运输危险化学品依法采取限制通行措施的，限制通行时段应当在 0 时至 6 时之间确定。

公安机关采取限制危险货物运输车辆通行措施的，应当提前向社会公布，并会同交通运输主管部门确定合理的绕行路线，设置明显的绕行提示标志。

第五十条 遇恶劣天气、重大活动、重要节假日、交通事故、突发事件等，公安机关可以临时限制危险货物运输车辆通行，并做好告知提示。

第五十一条 危险货物运输车辆需在高速公路服务区停车的，驾驶人、押运人员应当按照有关规定采取相应的安全防范措施。

第八章 监督检查

第五十二条 对危险货物道路运输负有安全监督管理职责的部门，应当依照下列规定加强监督检查：

（一）交通运输主管部门负责核发危险货物道路运输经营许可证，定期对危险货物道路运输企业动态监控工作的情况进行考核，依法对危险货物道路运输企业进行监督检查，负责对运输环节充装查验、核准、记录等进行监管。

（二）工业和信息化主管部门应当依法对《道路机动车辆生产企业及产品公告》内的危险货物运输车辆生产企业进行监督检查，依法查处违法违规生产企业及产品。

（三）公安机关负责核发剧毒化学品道路运输通行证、民用爆炸物品运输许可证、烟花爆竹道路运输许可证和放射性物品运输许可证明或者文件，并负责危险货物运输车辆的通行秩序管理。

（四）生态环境主管部门应当依法对放射性物品运输容器的设计、制造和使用等进行监督检查，负责监督核设施营运单位、核技术利用单位建立健全并执行托运及充装管理制度规程。

（五）应急管理部门和其他负有安全生产监督管理职责的部门依法负责危险化学品生产、储存、使用和经营环节的监管，按照职责分工督促企业建立健全充装管理制度规程。

（六）市场监督管理部门负责依法查处危险化学品及常压罐式车辆罐体质量违法行为和常压罐式车辆罐体检验机构出具虚假检验合格证书的行为。

第五十三条 对危险货物道路运输负有安全监督管理职责的部门，应当建立联合执法协作机制。

第五十四条 对危险货物道路运输负有安全监督管理职责的部门发现危险货物托运、承运或者装载过程中存在重大隐患，有可能发生安全事故的，应当要求其停止作业并消除隐患。

第五十五条 对危险货物道路运输负有安全监督管理职责的部门监督检查时，发现需由其他负有安全监督管理职责的部门处理的违法行为，应当及时移交。

其他负有安全监督管理职责的部门应当接收，依法处理，并将处理结果反馈移交部门。

第九章 法律责任

第五十六条 交通运输主管部门对危险货物承运人违反本办法第七条，未对从业人员进行安全教育和培训的，应当责令限期改正，可以处5万元以下的罚款；逾期未改正的，责令停产停业整顿，并处5万元以上10万元以下的罚款，对其直接负责的主管人员和其他直接责任人员处1万元以上2万元以下的罚款。

第五十七条 交通运输主管部门对危险化学品托运人有下列情形之一的，应当责令改正，处10万元以上20万元以下的罚款，有违法所得的，没收违法所得；拒不改正的，责令停产停业整顿：

（一）违反本办法第九条，委托未依法取得危险货物道路运输资质的企业承运危险化学品的；

（二）违反本办法第十一条，在托运的普通货物中违规夹带危险化学品，或者将危险化学品匿报或者谎报为普通货物托运的。

有前款第（二）项情形，构成违反治安管理行为的，由公安机关依法给予治安管理处罚。

第五十八条 交通运输主管部门对危险货物托运人违反本办法第十条，危险货物的类别、项别、品名、编号不符合相关标准要求的，应当责令改正，属于非经营性的，处1000元以下的罚款；属于经营性的，处1万元以上3万元以下的罚款。

第五十九条 交通运输主管部门对危险化学品托运人有下列情形之一的，应当责令改正，处5万元以上10万元以下的罚款；拒不改正的，责令停产停业整顿：

（一）违反本办法第十条，运输危险化学品需要添加抑制剂或者稳定剂，托运人未添加或者未将有关情况告知承运人的；

（二）违反本办法第十二条，未按照要求对所托运的危险化学品妥善包装并在外包装设置相应标志的。

第六十条 交通运输主管部门对危险货物承运人有下列情形之一的，应当责令改正，处2000元以上5000元以下的罚款：

（一）违反本办法第二十三条，未在罐式车辆罐体的适装介质列表范围内或者移动式压力容器使用登记证上限定的介质承运危险货物的；

（二）违反本办法第二十四条，未按照规定制作危险货物运单或者保存期限不符合要求的；

（三）违反本办法第二十五条，未按照要求对运输车辆、罐式车辆罐体、可移动罐柜、罐箱及设备进行检查和记录的。

第六十一条 交通运输主管部门对危险货物道路运输车辆驾驶人具有下列情形之一的，应当责令改正，处1000元以上3000元以下的罚款：

（一）违反本办法第二十四条、第四十四条，未按照规定随车携带危险货物运单、安全卡的；

（二）违反本办法第四十七条，罐式车辆罐体、可移动罐柜、罐箱的关闭装置在运输过程中未处于关闭状态的。

第六十二条 交通运输主管部门对危险货物承运人违反本办法第四十条、第四十一条、第四十二条，使用未经检验合格或者超出检验有效期的罐式车辆罐体、可移动罐柜、罐箱从事危险货物运输的，应当责令限期改正，可以处5万元以下的罚款；逾期未改正的，处5万元以上20万元以下的罚款，对其直接负责的主管人员和其他直接责任人员处1万元以上2万元以下的罚款；情节严重的，责令停产停业整顿。

第六十三条 交通运输主管部门对危险货物承运人违反本办法第四十五条，未按照要求对运营中的危险化学品、民用爆炸物品、核与放射性物品的运输车辆通过定位系统实行监控的，应当给予警告，并责令改正；拒不改正的，处10万元以下的罚款，并对其直接负责的主管人员和其他直接责任人员处1万元以下的罚款。

第六十四条 工业和信息化主管部门对作为装货人的民用爆炸物品生产、销售企业违反本办法第七条、第二十八条、第三十一条，未建立健全并严格执行充装或者装载查验、记录制度的，应当责令改正，处1万元以上3万元以下的罚款。

生态环境主管部门对核设施营运单位、核技术利用单位违反本办法第七条、第二十八条、第三十一条，未建立健全并严格执行充装或者装载查验、记录制度的，应当责令改正，处1万元以上3万元以下的罚款。

第六十五条 交通运输主管部门、应急管理部门和其他负有安全监督管理职责的部门对危险化学品生产、储存、运输、使用和经营企业违反本办法第三十二条，未建立健全并严格执行充装或者装载查验、记录制度的，应当按照职责分工责令改正，处1万元以上3万元以下的罚款。

第六十六条 对装货人违反本办法第四十三条，未按照规定实施移动式压力容器、气瓶充装查验、记录制度，或者对不符合安全技术规范要求的移动式压力容器、气瓶进行充装的，依照特种设备相关法律法规进行处罚。

第六十七条 公安机关对有关企业、单位或者个人违反本办法第十五条，未经许可擅自通过道路运输危险货物的，应当责令停止非法运输活动，并予以处罚：

（一）擅自运输剧毒化学品的，处5万元以上10万元以下的罚款；

（二）擅自运输民用爆炸物品的，处5万元以上20万元以下的罚款，并没收非法运输的民用爆炸物品及违法所得；

（三）擅自运输烟花爆竹的，处1万元以上5万元以下的罚款，并没收非法运输的物品及违法所得；

（四）擅自运输放射性物品的，处2万元以上10万元以下的罚款。

第六十八条 公安机关对危险货物承运人有下列行为之一的，应当责令改正，处5万元以上10万元以下的罚款；构成违反治安管理行为的，依法给予治安管理处罚：

（一）违反本办法第二十三条，使用安全技术条件不符合国家标准要求的车辆运输危险化学品的；

（二）违反本办法第二十三条，超过车辆核定载质量运输危险化学品的。

第六十九条 公安机关对危险货物承运人违反本办法第四十四条，通过道路运输危险化学品不配备押运人员的，应当责令改正，处1万元以上5万元以下的罚款；构成违反治安管理行为的，依法给予治安管理处罚。

第七十条 公安机关对危险货物运输车辆违反本办法第四十四条，未按照要求安装、悬挂警示标志的，应当责令改正，并对承运人予以处罚：

（一）运输危险化学品的，处1万元以上5万元以下的罚款；

（二）运输民用爆炸物品的，处5万元以上20万元以下的罚款；

（三）运输烟花爆竹的，处200元以上2000元以下的罚款；

（四）运输放射性物品的，处2万元以上10万元以下的罚款。

第七十一条 公安机关对危险货物承运人违反本办法第四十四条，运输剧毒化学品、民用爆炸物品、烟花爆竹或者放射性物品未随车携带相应单证报告的，应当责令改正，并予以处罚：

（一）运输剧毒化学品未随车携带剧毒化学品道路运输通行证的，处500元以上1000元以下的罚款；

（二）运输民用爆炸物品未随车携带民用

爆炸物品运输许可证的，处5万元以上20万元以下的罚款；

（三）运输烟花爆竹未随车携带烟花爆竹道路运输许可证的，处200元以上2000元以下的罚款；

（四）运输放射性物品未随车携带放射性物品道路运输许可证明或者文件的，有违法所得的，处违法所得3倍以下且不超过3万元的罚款；没有违法所得的，处1万元以下的罚款。

第七十二条 公安机关对危险货物运输车辆违反本办法第四十八条，未依照批准路线等行驶的，应当责令改正，并对承运人予以处罚：

（一）运输剧毒化学品的，处1000元以上1万元以下的罚款；

（二）运输民用爆炸物品的，处5万元以上20万元以下的罚款；

（三）运输烟花爆竹的，处200元以上2000元以下的罚款；

（四）运输放射性物品的，处2万元以上10万元以下的罚款。

第七十三条 危险化学品常压罐式车辆罐体检验机构违反本办法第三十八条，为不符合相关法规和标准要求的危险化学品常压罐式车辆罐体出具检验合格证书的，按照有关法律法规的规定进行处罚。

第七十四条 交通运输、工业和信息化、公安、生态环境、应急管理、市场监督管理等部门应当相互通报有关处罚情况，并将涉企行政处罚信息及时归集至国家企业信用信息公示系统，依法向社会公示。

第七十五条 对危险货物道路运输负有安全监督管理职责的部门工作人员在危险货物道路运输监管工作中滥用职权、玩忽职守、徇私舞弊的，依法进行处理；构成犯罪的，依法追究刑事责任。

第十章　附　则

第七十六条 军用车辆运输危险货物的安全管理，不适用本办法。

第七十七条 未列入《危险货物道路运输规则》（JT/T 617）的危险化学品、《国家危险废物名录》中明确的在转移和运输环节实行豁免管理的危险废物、诊断用放射性药品的道路运输安全管理，不适用本办法，由国务院交通运输、生态环境等主管部门分别依据各自职责另行规定。

第七十八条 本办法下列用语的含义是：

（一）危险货物，是指列入《危险货物道路运输规则》（JT/T 617），具有爆炸、易燃、毒害、感染、腐蚀、放射性等危险特性的物质或者物品。

（二）例外数量危险货物，是指列入《危险货物道路运输规则》（JT/T 617），通过包装、包件测试、单证等特别要求，消除或者降低其运输危险性并免除相关运输条件的危险货物。

（三）有限数量危险货物，是指列入《危险货物道路运输规则》（JT/T 617），通过数量限制、包装、标记等特别要求，消除或者降低其运输危险性并免除相关运输条件的危险货物。

（四）装货人，是指受托运人委托将危险货物装进危险货物车辆、罐式车辆罐体、可移动罐柜、集装箱、散装容器，或者将装有危险货物的包装容器装载到车辆上的企业或者单位。

第七十九条 本办法自2020年1月1日起施行。

超限运输车辆行驶公路管理规定

（2016 年 8 月 19 日交通运输部发布　根据 2021 年 8 月 11 日交通运输部《关于修改〈超限运输车辆行驶公路管理规定〉的决定》修正）

第一章　总　则

第一条　为加强超限运输车辆行驶公路管理，保障公路设施和人民生命财产安全，根据《公路法》《公路安全保护条例》等法律、行政法规，制定本规定。

第二条　超限运输车辆通过公路进行货物运输，应当遵守本规定。

第三条　本规定所称超限运输车辆，是指有下列情形之一的货物运输车辆：

（一）车货总高度从地面算起超过 4 米；

（二）车货总宽度超过 2.55 米；

（三）车货总长度超过 18.1 米；

（四）二轴货车，其车货总质量超过 18000 千克；

（五）三轴货车，其车货总质量超过 25000 千克；三轴汽车列车，其车货总质量超过 27000 千克；

（六）四轴货车，其车货总质量超过 31000 千克；四轴汽车列车，其车货总质量超过 36000 千克；

（七）五轴汽车列车，其车货总质量超过 43000 千克；

（八）六轴及六轴以上汽车列车，其车货总质量超过 49000 千克，其中牵引车驱动轴为单轴的，其车货总质量超过 46000 千克。

前款规定的限定标准的认定，还应当遵守下列要求：

（一）二轴组按照二个轴计算，三轴组按照三个轴计算；

（二）除驱动轴外，二轴组、三轴组以及半挂车和全挂车的车轴每侧轮胎按照双轮胎计算，若每轴每侧轮胎为单轮胎，限定标准减少 3000 千克，但安装符合国家有关标准的加宽轮胎的除外；

（三）车辆最大允许总质量不应超过各车轴最大允许轴荷之和；

（四）拖拉机、农用车、低速货车，以行驶证核定的总质量为限定标准；

（五）符合《汽车、挂车及汽车列车外廓尺寸、轴荷及质量限值》（GB1589）规定的冷藏车、汽车列车、安装空气悬架的车辆，以及专用作业车，不认定为超限运输车辆。

第四条　交通运输部负责全国超限运输车辆行驶公路的管理工作。

县级以上地方人民政府交通运输主管部门负责本行政区域内超限运输车辆行驶公路的管理工作。

公路管理机构具体承担超限运输车辆行驶公路的监督管理。

县级以上人民政府相关主管部门按照职责分工，依法负责或者参与、配合超限运输车辆行驶公路的监督管理。交通运输主管部门应当在本级人民政府统一领导下，与相关主管部门建立治理超限运输联动工作机制。

第五条　各级交通运输主管部门应当组织公路管理机构、道路运输管理机构建立相关管理信息系统，推行车辆超限管理信息系统、道路运政管理信息系统联网，实现数据交换与共享。

第二章　大件运输许可管理

第六条　载运不可解体物品的超限运输（以下称大件运输）车辆，应当依法办理有关许可手续，采取有效措施后，按照指定的时间、路线、速度行驶公路。未经许可，不得擅自行驶公路。

第七条　大件运输的托运人应当委托具有大型物件运输经营资质的道路运输经营者承运，并在运单上如实填写托运货物的名称、规格、重量等相关信息。

第八条　大件运输车辆行驶公路前，承运人应当按下列规定向公路管理机构申请公路超限运输许可：

（一）跨省、自治区、直辖市进行运输的，向起运地省级公路管理机构递交申请书，申请机关需要列明超限运输途经公路沿线各省级公路管理机构，由起运地省级公路管理机构统一受理并组织协调沿线各省级公路管理机构联合审批，必要时可由交通运输部统一组织协调处理；

（二）在省、自治区范围内跨设区的市进行运输，或者在直辖市范围内跨区、县进行运输的，向该省级公路管理机构提出申请，由其受理并审批；

（三）在设区的市范围内跨区、县进行运输的，向该市级公路管理机构提出申请，由其受理并审批；

（四）在区、县范围内进行运输的，向该县级公路管理机构提出申请，由其受理并审批。

第九条 各级交通运输主管部门、公路管理机构应当利用信息化手段，建立公路超限运输许可管理平台，实行网上办理许可手续，并及时公开相关信息。

第十条 申请公路超限运输许可的，承运人应当提交下列材料：

（一）公路超限运输申请表，主要内容包括货物的名称、外廓尺寸和质量，车辆的厂牌型号、整备质量、轴数、轴距和轮胎数，载货时车货总体的外廓尺寸、总质量、各车轴轴荷，拟运输的起讫点、通行路线和行驶时间；

（二）承运人的道路运输经营许可证，经办人的身份证件和授权委托书；

（三）车辆行驶证或者临时行驶车号牌。

车货总高度从地面算起超过 4.5 米，或者总宽度超过 3.75 米，或者总长度超过 28 米，或者总质量超过 100000 千克，以及其他可能严重影响公路完好、安全、畅通情形的，还应当提交记录载货时车货总体外廓尺寸信息的轮廓图和护送方案。

护送方案应当包含护送车辆配置方案、护送人员配备方案、护送路线情况说明、护送操作细则、异常情况处理等相关内容。

第十一条 承运人提出的公路超限运输许可申请有下列情形之一的，公路管理机构不予受理：

（一）货物属于可分载物品的；

（二）承运人所持有的道路运输经营许可证记载的经营资质不包括大件运输的；

（三）承运人被依法限制申请公路超限运输许可未满限制期限的；

（四）法律、行政法规规定的其他情形。

载运单个不可解体物品的大件运输车辆，在不改变原超限情形的前提下，加装多个品种相同的不可解体物品的，视为载运不可解体物品。

第十二条 公路管理机构受理公路超限运输许可申请后，应当对承运人提交的申请材料进行审查。属于第十条第二款规定情形的，公路管理机构应当对车货总体外廓尺寸、总质量、轴荷等数据和护送方案进行核查，并征求同级公安机关交通管理部门意见。

属于统一受理、集中办理跨省、自治区、直辖市进行运输的，由起运地省级公路管理机构负责审查。

第十三条 公路管理机构审批公路超限运输申请，应当根据实际情况组织人员勘测通行路线。需要采取加固、改造措施的，承运人应当按照规定要求采取有效的加固、改造措施。公路管理机构应当对承运人提出的加固、改造措施方案进行审查，并组织验收。

承运人不具备加固、改造措施的条件和能力的，可以通过签订协议的方式，委托公路管理机构制定相应的加固、改造方案，由公路管理机构进行加固、改造，或者由公路管理机构通过市场化方式选择具有相应资质的单位进行加固、改造。

采取加固、改造措施所需的费用由承运人承担。相关收费标准应当公开、透明。

第十四条 采取加固、改造措施应当满足公路设施安全需要，并遵循下列原则：

（一）优先采取临时措施，便于实施、拆除和可回收利用；

（二）采取永久性或者半永久性措施的，可以考虑与公路设施的技术改造同步实施；

（三）对公路设施采取加固、改造措施仍无法满足大件运输车辆通行的，可以考虑采取修建临时便桥或者便道的改造措施；

（四）有多条路线可供选择的，优先选取桥梁技术状况评定等级高和采取加固、改造措施所需费用低的路线通行；

（五）同一时期，不同的超限运输申请，涉及对同一公路设施采取加固、改造措施的，由各承运人按照公平、自愿的原则分担有关费用。

第十五条 公路管理机构应当在下列期限内作出行政许可决定：

（一）车货总高度从地面算起未超过4.2米、总宽度未超过3米、总长度未超过20米且车货总质量、轴荷未超过本规定第三条、第十七条规定标准的，自受理申请之日起2个工作日内作出，属于统一受理、集中办理跨省、自治区、直辖市大件运输的，办理的时间最长不得超过5个工作日；

（二）车货总高度从地面算起未超过4.5米、总宽度未超过3.75米、总长度未超过28米且总质量未超过100000千克的，属于本辖区内大件运输的，自受理申请之日起5个工作日内作出，属于统一受理、集中办理跨省、自治区、直辖市大件运输的，办理的时间最长不得超过10个工作日；

（三）车货总高度从地面算起超过4.5米，或者总宽度超过3.75米，或者总长度超过28米，或者总质量超过100000千克的，属于本辖区内大件运输的，自受理申请之日起15个工作日内作出，属于统一受理、集中办理跨省、自治区、直辖市大件运输的，办理的时间最长不得超过20个工作日。

采取加固、改造措施所需时间不计算在前款规定的期限内。

第十六条 受理跨省、自治区、直辖市公路超限运输申请后，起运地省级公路管理机构应当在2个工作日内向途经公路沿线各省级公路管理机构转送其受理的申请资料。

属于第十五条第一款第二项规定的情形的，途经公路沿线各省级公路管理机构应当在收到转送的申请材料起5个工作日内作出行政许可决定；属于第十五条第一款第三项规定的情形的，应当在收到转送的申请材料起15个工作日内作出行政许可决定，并向起运地省级公路管理机构反馈。需要采取加固、改造措施的，由相关省级公路管理机构按照本规定第十三条执行；上下游省、自治区、直辖市范围内路线或者行驶时间调整的，应当及时告知承运人和起运地省级公路管理机构，由起运地省级公路管理机构组织协调处理。

第十七条 有下列情形之一的，公路管理机构应当依法作出不予行政许可的决定：

（一）采用普通平板车运输，车辆单轴的平均轴荷超过10000千克或者最大轴荷超过13000千克的；

（二）采用多轴多轮液压平板车运输，车辆每轴线（一线两轴8轮胎）的平均轴荷超过18000千克或者最大轴荷超过20000千克的；

（三）承运人不履行加固、改造义务的；

（四）法律、行政法规规定的其他情形。

第十八条 公路管理机构批准公路超限运输申请的，根据大件运输的具体情况，指定行驶公路的时间、路线和速度，并颁发《超限运输车辆通行证》。其中，批准跨省、自治区、直辖市运输的，由起运地省级公路管理机构颁发。

《超限运输车辆通行证》的式样由交通运输部统一制定，各省级公路管理机构负责印制和管理。申请人可到许可窗口领取或者通过网上自助方式打印。

第十九条 同一大件运输车辆短期内多次通行固定路线，装载方式、装载物品相同，且不需要采取加固、改造措施的，承运人可以根据运输计划向公路管理机构申请办理行驶期限不超过6个月的《超限运输车辆通行证》。运输计划发生变化的，需按原许可机关的有关规定办理变更手续。

第二十条 经批准进行大件运输的车辆，行驶公路时应当遵守下列规定：

（一）采取有效措施固定货物，按照有关要求在车辆上悬挂明显标志，保证运输安全；

（二）按照指定的时间、路线和速度行驶；

（三）车货总质量超限的车辆通行公路桥梁，应当匀速居中行驶，避免在桥上制动、变速或者停驶；

（四）需要在公路上临时停车的，除遵守有关道路交通安全规定外，还应当在车辆周边设置警告标志，并采取相应的安全防范措施；需要较长时间停车或者遇有恶劣天气的，应当驶离公路，就近选择安全区域停靠；

（五）通行采取加固、改造措施的公路设施，承运人应当提前通知该公路设施的养护管理单位，由其加强现场管理和指导；

（六）因自然灾害或者其他不可预见因素

而出现公路通行状况异常致使大件运输车辆无法继续行驶的，承运人应当服从现场管理并及时告知作出行政许可决定的公路管理机构，由其协调当地公路管理机构采取相关措施后继续行驶。

第二十一条 大件运输车辆应当随车携带有效的《超限运输车辆通行证》，主动接受公路管理机构的监督检查。

大件运输车辆及装载物品的有关情况应当与《超限运输车辆通行证》记载的内容一致。

任何单位和个人不得租借、转让《超限运输车辆通行证》，不得使用伪造、变造的《超限运输车辆通行证》。

第二十二条 对于本规定第十条第二款规定的大件运输车辆，承运人应当按照护送方案组织护送。

承运人无法采取护送措施的，可以委托作出行政许可决定的公路管理机构协调公路沿线的公路管理机构进行护送，并承担所需费用。护送收费标准由省级交通运输主管部门会同同级财政、价格主管部门按规定制定，并予以公示。

第二十三条 行驶过程中，护送车辆应当与大件运输车辆形成整体车队，并保持实时、畅通的通讯联系。

第二十四条 经批准的大件运输车辆途经实行计重收费的收费公路时，对其按照基本费率标准收取车辆通行费，但车辆及装载物品的有关情况与《超限运输车辆通行证》记载的内容不一致的除外。

第二十五条 公路管理机构应当加强与辖区内重大装备制造、运输企业的联系，了解其制造、运输计划，加强服务，为重大装备运输提供便利条件。

大件运输需求量大的地区，可以统筹考虑建设成本、运输需求等因素，适当提高通行路段的技术条件。

第二十六条 公路管理机构、公路经营企业应当按照有关规定，定期对公路、公路桥梁、公路隧道等设施进行检测和评定，并为社会公众查询其技术状况信息提供便利。

公路收费站应当按照有关要求设置超宽车道。

第三章 违法超限运输管理

第二十七条 载运可分载物品的超限运输（以下称违法超限运输）车辆，禁止行驶公路。

在公路上行驶的车辆，其车货总体的外廓尺寸或者总质量未超过本规定第三条规定的限定标准，但超过相关公路、公路桥梁、公路隧道限载、限高、限宽、限长标准的，不得在该公路、公路桥梁或者公路隧道行驶。

第二十八条 煤炭、钢材、水泥、砂石、商品车等货物集散地以及货运站等场所的经营人、管理人（以下统称货运源头单位），应当在货物装运场（站）安装合格的检测设备，对出场（站）货运车辆进行检测，确保出场（站）货运车辆合法装载。

第二十九条 货运源头单位、道路运输企业应当加强对货运车辆驾驶人的教育和管理，督促其合法运输。

道路运输企业是防止违法超限运输的责任主体，应当按照有关规定加强对车辆装载及运行全过程监控，防止驾驶人违法超限运输。

任何单位和个人不得指使、强令货运车辆驾驶人违法超限运输。

第三十条 货运车辆驾驶人不得驾驶违法超限运输车辆。

第三十一条 道路运输管理机构应当加强对政府公布的重点货运源头单位的监督检查。通过巡查、技术监控等方式督促其落实监督车辆合法装载的责任，制止违法超限运输车辆出场（站）。

第三十二条 公路管理机构、道路运输管理机构应当建立执法联动工作机制，将违法超限运输行为纳入道路运输企业质量信誉考核和驾驶人诚信考核，实行违法超限运输“黑名单”管理制度，依法追究违法超限运输的货运车辆、车辆驾驶人、道路运输企业、货运源头单位的责任。

第三十三条 公路管理机构应当对货运车辆进行超限检测。超限检测可以采取固定站点检测、流动检测、技术监控等方式。

第三十四条 采取固定站点检测的，应当在经省级人民政府批准设置的公路超限检测站进行。

第三十五条 公路管理机构可以利用移动检测设备，开展流动检测。经流动检测认定的违法超限运输车辆，应当就近引导至公路超限检测站进行处理。

流动检测点远离公路超限检测站的，应当就近引导至县级以上地方交通运输主管部门指定并公布的执法站所、停车场、卸载场等具有停放车辆及卸载条件的地点或者场所进行处理。

第三十六条 经检测认定违法超限运输的，公路管理机构应当责令当事人自行采取卸载等措施，消除违法状态；当事人自行消除违法状态确有困难的，可以委托第三人或者公路管理机构协助消除违法状态。

属于载运不可解体物品，在接受调查处理完毕后，需要继续行驶公路的，应当依法申请公路超限运输许可。

第三十七条 公路管理机构对车辆进行超限检测，不得收取检测费用。对依法扣留或者停放接受调查处理的超限运输车辆，不得收取停车保管费用。由公路管理机构协助卸载、分装或者保管卸载货物的，超过保管期限经通知当事人仍不领取的，可以按照有关规定予以处理。

第三十八条 公路管理机构应当使用经国家有关部门检定合格的检测设备对车辆进行超限检测；未定期检定或者检定不合格的，其检测数据不得作为执法依据。

第三十九条 收费高速公路入口应当按照规定设置检测设备，对货运车辆进行检测，不得放行违法超限运输车辆驶入高速公路。其他收费公路实行计重收费的，利用检测设备发现违法超限运输车辆时，有权拒绝其通行。收费公路经营管理者应当将违法超限运输车辆及时报告公路管理机构或者公安机关交通管理部门依法处理。

公路管理机构有权查阅和调取公路收费站车辆称重数据、照片、视频监控等有关资料。

第四十条 公路管理机构应当根据保护公路的需要，在货物运输主通道、重要桥梁入口处等普通公路以及开放式高速公路的重要路段和节点，设置车辆检测等技术监控设备，依法查处违法超限运输行为。

第四十一条 新建、改建公路时，应当按照规划，将超限检测站点、车辆检测等技术监控设备作为公路附属设施一并列入工程预算，与公路主体工程同步设计、同步建设、同步验收运行。

第四章 法律责任

第四十二条 违反本规定，依照《公路法》《公路安全保护条例》《道路运输条例》和本规定予以处理。

第四十三条 车辆违法超限运输的，由公路管理机构根据违法行为的性质、情节和危害程度，按下列规定给予处罚：

（一）车货总高度从地面算起未超过 4.2 米、总宽度未超过 3 米且总长度未超过 20 米的，可以处 200 元以下罚款；车货总高度从地面算起未超过 4.5 米、总宽度未超过 3.75 米且总长度未超过 28 米的，处 200 元以上 1000 元以下罚款；车货总高度从地面算起超过 4.5 米、总宽度超过 3.75 米或者总长度超过 28 米的，处 1000 元以上 3000 元以下的罚款；

（二）车货总质量超过本规定第三条第一款第四项至第八项规定的限定标准，但未超过 1000 千克的，予以警告；超过 1000 千克的，每超 1000 千克罚款 500 元，最高不得超过 30000 元。

有前款所列多项违法行为的，相应违法行为的罚款数额应当累计，但累计罚款数额最高不得超过 30000 元。

第四十四条 公路管理机构在违法超限运输案件处理完毕后 7 个工作日内，应当将与案件相关的下列信息通过车辆超限管理信息系统抄告车籍所在地道路运输管理机构：

（一）车辆的号牌号码、车型、车辆所属企业、道路运输证号信息；

（二）驾驶人的姓名、驾驶人从业资格证编号、驾驶人所属企业信息；

（三）货运源头单位、货物装载单信息；

（四）行政处罚决定书信息；

（五）与案件相关的其他资料信息。

第四十五条 公路管理机构在监督检查中发现违法超限运输车辆不符合《汽车、挂车及汽车列车外廓尺寸、轴荷及质量限值》（GB1589），或者与行驶证记载的登记内容不符的，应当予以记录，定期抄告车籍所在地的公安机关交通管理部门等单位。

第四十六条 对 1 年内违法超限运输超过 3 次的货运车辆和驾驶人，以及违法超限运输的货运车辆超过本单位货运车辆总数 10% 的道路运输企业，由道路运输管理机构依照《公路安全保护条例》第六十六条予以处理。

前款规定的违法超限运输记录累计计算周期，从初次领取《道路运输证》、道路运输从业人员从业资格证、道路运输经营许可证之日算起，可跨自然年度。

第四十七条 大件运输车辆有下列情形之一的，视为违法超限运输：

（一）未经许可擅自行驶公路的；

（二）车辆及装载物品的有关情况与《超限运输车辆通行证》记载的内容不一致的；

（三）未按许可的时间、路线、速度行驶公路的；

（四）未按许可的护送方案采取护送措施的。

第四十八条 承运人隐瞒有关情况或者提供虚假材料申请公路超限运输许可的，除依法给予处理外，并在1年内不准申请公路超限运输许可。

第四十九条 违反本规定，指使、强令车辆驾驶人超限运输货物的，由道路运输管理机构责令改正，处30000元以下罚款。

第五十条 违法行为地或者车籍所在地公路管理机构可以依照相关法律行政法规的规定利用技术监控设备记录资料，对违法超限运输车辆依法给予处罚，并提供适当方式，供社会公众查询违法超限运输记录。

第五十一条 公路管理机构、道路运输管理机构工作人员有玩忽职守、徇私舞弊、滥用职权的，依法给予行政处分；涉嫌犯罪的，移送司法机关依法查处。

第五十二条 对违法超限运输车辆行驶公路现象严重，造成公路桥梁垮塌等重大安全事故，或者公路受损严重、通行能力明显下降的，交通运输部、省级交通运输主管部门可以按照职责权限，在1年内停止审批该地区申报的地方性公路工程建设项目。

第五十三条 相关单位和个人拒绝、阻碍公路管理机构、道路运输管理机构工作人员依法执行职务，构成违反治安管理行为的，由公安机关依法给予治安管理处罚；构成犯罪的，依法追究刑事责任。

第五章 附 则

第五十四条 因军事和国防科研需要，载运保密物品的大件运输车辆确需行驶公路的，参照本规定执行；国家另有规定的，从其规定。

第五十五条 本规定自2016年9月21日起施行。原交通部发布的《超限运输车辆行驶公路管理规定》（交通部令2000年第2号）同时废止。

放射性物品道路运输管理规定

（2010年10月27日交通运输部发布　根据2016年9月2日《交通运输部关于修改〈放射性物品道路运输管理规定〉的决定》第一次修正　根据2023年11月10日《交通运输部关于修改〈放射性物品道路运输管理规定〉的决定》第二次修正）

目 录

第一章 总 则
第二章 运输资质许可
第三章 专用车辆、设备管理
第四章 放射性物品运输
第五章 法律责任
第六章 附 则

第一章 总 则

第一条 为了规范放射性物品道路运输活动，保障人民生命财产安全，保护环境，根据《道路运输条例》和《放射性物品运输安全管理条例》，制定本规定。

第二条 从事放射性物品道路运输活动的，应当遵守本规定。

第三条 本规定所称放射性物品，是指含有放射性核素，并且其活度和比活度均高于国家规定的豁免值的物品。

本规定所称放射性物品道路运输专用车辆（以下简称专用车辆），是指满足特定技术条件和要求，用于放射性物品道路运输的载货汽车。

本规定所称放射性物品道路运输，是指使用专用车辆通过道路运输放射性物品的作业过程。

第四条 根据放射性物品的特性及其对人体健康和环境的潜在危害程度，将放射性物品分为一类、二类和三类。

一类放射性物品，是指Ⅰ类放射源、高水平放射性废物、乏燃料等释放到环境后对人体健康和环境产生重大辐射影响的放射性物品。

二类放射性物品，是指Ⅱ类和Ⅲ类放射源、中等水平放射性废物等释放到环境后对人体健康和环境产生一般辐射影响的放射性物品。

三类放射性物品，是指Ⅳ类和Ⅴ类放射源、低水平放射性废物、放射性药品等释放到环境后对人体健康和环境产生较小辐射影响的放射性物品。

放射性物品的具体分类和名录，按照国务院核安全监管部门会同国务院公安、卫生、海关、交通运输、铁路、民航、核工业行业主管部门制定的放射性物品具体分类和名录执行。

第五条 从事放射性物品道路运输应当保障安全，依法运输，诚实信用。

第六条 国务院交通运输主管部门主管全国放射性物品道路运输管理工作。

县级以上地方人民政府交通运输主管部门（以下简称交通运输主管部门）负责本行政区域放射性物品道路运输管理工作。

第二章 运输资质许可

第七条 申请从事放射性物品道路运输经营的，应当具备下列条件：

（一）有符合要求的专用车辆和设备。

1. 专用车辆要求。

（1）专用车辆的技术要求应当符合《道路运输车辆技术管理规定》有关规定；

（2）车辆为企业自有，且数量为5辆以上；

（3）核定载质量在1吨及以下的车辆为厢式或者封闭货车；

（4）车辆配备满足在线监控要求，且具有行驶记录仪功能的卫星定位系统。

2. 设备要求。

（1）配备有效的通讯工具；

（2）配备必要的辐射防护用品和依法经定期检定合格的监测仪器。

（二）有符合要求的从业人员。

1. 专用车辆的驾驶人员取得相应机动车驾驶证，年龄不超过60周岁；

2. 从事放射性物品道路运输的驾驶人员、装卸管理人员、押运人员经所在地设区的市级人民政府交通运输主管部门考试合格，取得注明从业资格类别为“放射性物品道路运输”的道路运输从业资格证（以下简称道路运输从业资格证）；

3. 有具备辐射防护与相关安全知识的安全管理人员。

（三）有健全的安全生产管理制度。

1. 有关安全生产应急预案；

2. 从业人员、车辆、设备及停车场地安全管理制度；

3. 安全生产作业规程和辐射防护管理措施；

4. 安全生产监督检查和责任制度。

第八条 生产、销售、使用或者处置放射性物品的单位（含在放射性废物收贮过程中的从事放射性物品运输的省、自治区、直辖市城市放射性废物库营运单位），符合下列条件的，可以使用自备专用车辆从事为本单位服务的非经营性放射性物品道路运输活动：

（一）持有有关部门依法批准的生产、销售、使用、处置放射性物品的有效证明；

（二）有符合国家规定要求的放射性物品运输容器；

（三）有具备辐射防护与安全防护知识的专业技术人员；

（四）具备满足第七条规定条件的驾驶人员、专用车辆、设备和安全生产管理制度，但专用车辆的数量可以少于5辆。

第九条 国家鼓励技术力量雄厚、设备和运输条件好的生产、销售、使用或者处置放射性物品的单位按照第八条规定的条件申请从事非经营性放射性物品道路运输。

第十条 申请从事放射性物品道路运输经营的企业，应当向所在地设区的市级交通运输主管部门提出申请，并提交下列材料：

（一）《放射性物品道路运输经营申请表》，包括申请人基本信息、拟申请运输的放射性物品范围（类别或者品名）等内容；

（二）企业负责人身份证明及复印件，经办人身份证明及复印件和委托书；

（三）证明专用车辆、设备情况的材料，包括：

1. 未购置车辆的，应当提交拟投入车辆承诺书。内容包括拟购车辆数量、类型、技术等级、总质量、核定载质量、车轴数以及车辆外廓尺寸等有关情况；

2. 已购置车辆的，应当提供车辆行驶证、车辆技术等级评定结论及复印件等有关材料；

3. 对辐射防护用品、监测仪器等设备配置情况的说明材料。

（四）有关驾驶人员、装卸管理人员、押运人员的道路运输从业资格证及复印件，驾驶人员的驾驶证及复印件，安全管理人员的工作证明；

（五）企业经营方案及相关安全生产管理制度文本。

第十一条 申请从事非经营性放射性物品道路运输的单位，向所在地设区的市级交通运输主管部门提出申请时，除提交第十条第（三）项、第（五）项规定的材料外，还应当提交下列材料：

（一）《放射性物品道路运输申请表》，包括申请人基本信息、拟申请运输的放射性物品范围（类别或者品名）等内容；

（二）单位负责人身份证明及复印件，经办人身份证明及复印件和委托书；

（三）有关部门依法批准生产、销售、使用或者处置放射性物品的有效证明；

（四）放射性物品运输容器、监测仪器检测合格证明；

（五）对放射性物品运输需求的说明材料；

（六）有关驾驶人员的驾驶证、道路运输从业资格证及复印件；

（七）有关专业技术人员的工作证明，依法应当取得相关从业资格证件的，还应当提交有效的从业资格证件及复印件。

第十二条 设区的市级交通运输主管部门应当按照《道路运输条例》和《交通行政许可实施程序规定》以及本规定规范的程序实施行政许可。

决定准予许可的，应当向被许可人作出准予行政许可的书面决定，并在10日内向放射性物品道路运输经营申请人发放《道路运输经营许可证》，向非经营性放射性物品道路运输申请人颁发《放射性物品道路运输许可证》。决定不予许可的，应当书面通知申请人并说明理由。

第十三条 对申请时未购置专用车辆，但提交拟投入车辆承诺书的，被许可人应当自收到《道路运输经营许可证》或者《放射性物品道路运输许可证》之日起半年内落实拟投入车辆承诺书。做出许可决定的交通运输主管部门对被许可人落实拟投入车辆承诺书的落实情况进行核实，符合许可要求的，应当为专用车辆配发《道路运输证》。

对申请时已购置专用车辆，且按照第十条、第十一条规定提交了专用车辆有关材料的，做出许可决定的交通运输主管部门应当对专用车辆情况进行核实，符合许可要求的，应当在向被许可人颁发《道路运输经营许可证》或者《放射性物品道路运输许可证》的同时，为专用车辆配发《道路运输证》。

做出许可决定的交通运输主管部门应当在《道路运输证》有关栏目内注明允许运输放射性物品的范围（类别或者品名）。对从事非经营性放射性物品道路运输的，还应当在《道路运输证》上加盖“非经营性放射性物品道路运输专用章”。

第十四条 放射性物品道路运输企业或者单位终止放射性物品运输业务的，应当在终止之日30日前书面告知做出原许可决定的交通运输主管部门。属于经营性放射性物品道路运输业务的，做出原许可决定的交通运输主管部门应当在接到书面告知之日起10日内将放射性道路运输企业终止放射性物品运输业务的有关情况向社会公布。

放射性物品道路运输企业或者单位应当在终止放射性物品运输业务之日起10日内将相关许可证件缴回原发证机关。

第三章 专用车辆、设备管理

第十五条 放射性物品道路运输企业或者单位应当按照有关车辆及设备管理的标准和规定，维护、检测、使用和管理专用车辆和设备，确保专用车辆和设备技术状况良好。

第十六条 设区的市级交通运输主管部门应当按照《道路运输车辆技术管理规定》的

规定定期对专用车辆是否符合第七条、第八条规定的许可条件进行审验，每年审验一次。

第十七条 设区的市级交通运输主管部门应当对监测仪器定期检定合格证明和专用车辆投保危险货物承运人责任险情况进行检查。检查可以结合专用车辆定期审验的频率一并进行。

第十八条 禁止使用报废的、擅自改装的、检测不合格的或者其他不符合国家规定要求的车辆、设备从事放射性物品道路运输活动。

第十九条 禁止专用车辆用于非放射性物品运输，但集装箱运输车（包括牵引车、挂车）、甩挂运输的牵引车以及运输放射性药品的专用车辆除外。

按照本条第一款规定使用专用车辆运输非放射性物品的，不得将放射性物品与非放射性物品混装。

第四章 放射性物品运输

第二十条 道路运输放射性物品的托运人（以下简称托运人）应当制定核与辐射事故应急方案，在放射性物品运输中采取有效的辐射防护和安全保卫措施，并对放射性物品运输中的核与辐射安全负责。

第二十一条 道路运输放射性物品的承运人（以下简称承运人）应当取得相应的放射性物品道路运输资质，并对承运事项是否符合本企业或者单位放射性物品运输资质许可的运输范围负责。

第二十二条 非经营性放射性物品道路运输单位应当按照《放射性物品运输安全管理条例》《道路运输条例》和本规定的要求履行托运人和承运人的义务，并负相应责任。

非经营性放射性物品道路运输单位不得从事放射性物品道路运输经营活动。

第二十三条 承运人与托运人订立放射性物品道路运输合同前，应当查验、收存托运人提交的下列材料：

（一）运输说明书，包括放射性物品的品名、数量、物理化学形态、危害风险等内容；

（二）辐射监测报告，其中一类放射性物品的辐射监测报告由托运人委托有资质的辐射监测机构出具；二、三类放射性物品的辐射监测报告由托运人出具；

（三）核与辐射事故应急响应指南；

（四）装卸作业方法指南；

（五）安全防护指南。

托运人将本条第一款第（四）项、第（五）项要求的内容在运输说明书中一并作出说明的，可以不提交第（四）项、第（五）项要求的材料。

托运人提交材料不齐全的，或者托运的物品经监测不符合国家放射性物品运输安全标准的，承运人不得与托运人订立放射性物品道路运输合同。

第二十四条 一类放射性物品启运前，承运人应当向托运人查验国务院核安全监管部门关于核与辐射安全分析报告书的审批文件以及公安部门关于准予道路运输放射性物品的审批文件。

二、三类放射性物品启运前，承运人应当向托运人查验公安部门关于准予道路运输放射性物品的审批文件。

第二十五条 托运人应当按照《放射性物质安全运输规程》（GB 11806）等有关国家标准和规定，在放射性物品运输容器上设置警示标志。

第二十六条 专用车辆运输放射性物品过程中，应当悬挂符合国家标准《道路运输危险货物车辆标志》（GB 13392）要求的警示标志。

第二十七条 专用车辆不得违反国家有关规定超载、超限运输放射性物品。

第二十八条 在放射性物品道路运输过程中，除驾驶人员外，还应当在专用车辆上配备押运人员，确保放射性物品处于押运人员监管之下。运输一类放射性物品的，承运人必要时可以要求托运人随车提供技术指导。

第二十九条 驾驶人员、装卸管理人员和押运人员上岗时应当随身携带道路运输从业资格证，专用车辆驾驶人员还应当随车携带《道路运输证》。

第三十条 驾驶人员、装卸管理人员和押运人员应当按照托运人所提供的资料了解所运输的放射性物品的性质、危害特性、包装物或者容器的使用要求、装卸要求以及发生突发事件时的处置措施。

第三十一条 放射性物品运输中发生核与辐射事故的，承运人、托运人应当按照核与辐射事故应急响应指南的要求，结合本企业安全生产应急预案的有关内容，做好事故应急工作，并立即报告事故发生地的县级以上人民政府生态环境主管部门。

第三十二条 放射性物品道路运输企业或者单位应当聘用具有相应道路运输从业资格证的驾驶人员、装卸管理人员和押运人员，并定期对驾驶人员、装卸管理人员和押运人员进行运输安全生产和基本应急知识等方面的培训，确保驾驶人员、装卸管理人员和押运人员熟悉有关安全生产法规、标准以及相关操作规程等业务知识和技能。

放射性物品道路运输企业或者单位应当对驾驶人员、装卸管理人员和押运人员进行运输安全生产和基本应急知识等方面的考核；考核不合格的，不得从事相关工作。

第三十三条 放射性物品道路运输企业或者单位应当按照国家职业病防治的有关规定，对驾驶人员、装卸管理人员和押运人员进行个人剂量监测，建立个人剂量档案和职业健康监护档案。

第三十四条 放射性物品道路运输企业或者单位应当投保危险货物承运人责任险。

第三十五条 放射性物品道路运输企业或者单位不得转让、出租、出借放射性物品道路运输许可证件。

第三十六条 交通运输主管部门应当督促放射性物品道路运输企业或者单位对专用车辆、设备及安全生产制度等安全条件建立相应的自检制度，并加强监督检查。

交通运输主管部门工作人员依法对放射性物品道路运输活动进行监督检查的，应当按照劳动保护规定配备必要的安全防护设备。

第五章 法律责任

第三十七条 拒绝、阻碍交通运输主管部门依法履行放射性物品运输安全监督检查，或者在接受监督检查时弄虚作假的，由交通运输主管部门责令改正，处1万元以上2万元以下的罚款；构成违反治安管理行为的，交由公安机关依法给予治安管理处罚；构成犯罪的，依法追究刑事责任。

第三十八条 违反本规定，未取得有关放射性物品道路运输资质许可，有下列情形之一的，由交通运输主管部门责令停止运输，违法所得超过2万元的，没收违法所得，处违法所得2倍以上10倍以下的罚款；没有违法所得或者违法所得不足2万元的，处3万元以上10万元以下的罚款。构成犯罪的，依法追究刑事责任：

（一）无资质许可擅自从事放射性物品道路运输的；

（二）使用失效、伪造、变造、被注销等无效放射性物品道路运输许可证件从事放射性物品道路运输的；

（三）超越资质许可事项，从事放射性物品道路运输的；

（四）非经营性放射性物品道路运输单位从事放射性物品道路运输经营的。

第三十九条 违反本规定，放射性物品道路运输企业或者单位擅自改装已取得《道路运输证》的专用车辆的，由交通运输主管部门责令改正，处5000元以上2万元以下的罚款。

第四十条 放射性物品道路运输活动中，由不符合本规定第七条、第八条规定条件的人员驾驶专用车辆的，由交通运输主管部门责令改正，处200元以上2000元以下的罚款；构成犯罪的，依法追究刑事责任。

第四十一条 违反本规定，放射性物品道路运输企业或者单位有下列行为之一，由交通运输主管部门责令限期投保；拒不投保的，由原许可的设区的市级交通运输主管部门吊销《道路运输经营许可证》或者《放射性物品道路运输许可证》，或者在许可证件上注销相应的许可范围：

（一）未投保危险货物承运人责任险的；

（二）投保的危险货物承运人责任险已过期，未继续投保的。

第四十二条 违反本规定，放射性物品道路运输企业或者单位非法转让、出租放射性物品道路运输许可证件的，由交通运输主管部门责令停止违法行为，收缴有关证件，处2000元以上1万元以下的罚款；有违法所得的，没收违法所得。

第四十三条 违反本规定，放射性物品道路运输企业或者单位已不具备许可要求的有关安全条件，存在重大运输安全隐患的，由交通运输主管部门依照《中华人民共和国安全生产法》的规定，给予罚款、停产停业整顿、吊销相关许可证件等处罚。

第四十四条 交通运输主管部门工作人员在实施道路运输监督检查过程中，发现放射性物品道路运输企业或者单位有违规情形，且按照《放射性物品运输安全管理条例》等有关法律法规的规定，应当由公安部门、核安全监管部门或者生态环境等部门处罚情形的，应当通报有关部门依法处理。

第六章 附 则

第四十五条 军用放射性物品道路运输不适用于本规定。

第四十六条 本规定自 2011 年 1 月 1 日起施行。

道路危险货物运输管理规定

（2013 年 1 月 23 日交通运输部发布 根据 2016 年 4 月 11 日《交通运输部关于修改〈道路危险货物运输管理规定〉的决定》第一次修正 根据 2019 年 11 月 28 日《交通运输部关于修改〈道路危险货物运输管理规定〉的决定》第二次修正 根据 2023 年 11 月 10 日《交通运输部关于修改〈道路危险货物运输管理规定〉的决定》第三次修正）

目 录

第一章 总 则
第二章 道路危险货物运输许可
第三章 专用车辆、设备管理
第四章 道路危险货物运输
第五章 监督检查
第六章 法律责任
第七章 附 则

第一章 总 则

第一条 为规范道路危险货物运输市场秩序，保障人民生命财产安全，保护环境，维护道路危险货物运输各方当事人的合法权益，根据《中华人民共和国道路运输条例》和《危险化学品安全管理条例》等有关法律、行政法规，制定本规定。

第二条 从事道路危险货物运输活动，应当遵守本规定。军事危险货物运输除外。

法律、行政法规对民用爆炸物品、烟花爆竹、放射性物品等特定种类危险货物的道路运输另有规定的，从其规定。

第三条 本规定所称危险货物，是指具有爆炸、易燃、毒害、感染、腐蚀等危险特性，在生产、经营、运输、储存、使用和处置中，容易造成人身伤亡、财产损毁或者环境污染而需要特别防护的物质和物品。危险货物以列入《危险货物道路运输规则》（JT/T 617）的为准，未列入《危险货物道路运输规则》（JT/T 617）的，以有关法律、行政法规的规定或者国务院有关部门公布的结果为准。

本规定所称道路危险货物运输，是指使用载货汽车通过道路运输危险货物的作业全过程。

本规定所称道路危险货物运输车辆，是指满足特定技术条件和要求，从事道路危险货物运输的载货汽车（以下简称专用车辆）。

第四条 危险货物的分类、分项、品名和品名编号应当按照《危险货物道路运输规则》（JT/T 617）执行。危险货物的危险程度依据《危险货物道路运输规则》（JT/T 617），分为Ⅰ、Ⅱ、Ⅲ等级。

第五条 从事道路危险货物运输应当保障安全，依法运输，诚实信用。

第六条 国家鼓励技术力量雄厚、设备和运输条件好的大型专业危险化学品生产企业从事道路危险货物运输，鼓励道路危险货物运输企业实行集约化、专业化经营，鼓励使用厢式、罐式和集装箱等专用车辆运输危险货物。

第七条 交通运输部主管全国道路危险货物运输管理工作。

县级以上地方人民政府交通运输主管部门

（以下简称交通运输主管部门）负责本行政区域的道路危险货物运输管理工作。

第二章 道路危险货物运输许可

第八条 申请从事道路危险货物运输经营，应当具备下列条件：

（一）有符合下列要求的专用车辆及设备：

1. 自有专用车辆（挂车除外）5 辆以上；运输剧毒化学品、爆炸品的，自有专用车辆（挂车除外）10 辆以上。

2. 专用车辆的技术要求应当符合《道路运输车辆技术管理规定》有关规定。

3. 配备有效的通讯工具。

4. 专用车辆应当安装具有行驶记录功能的卫星定位装置。

5. 运输剧毒化学品、爆炸品、易制爆危险化学品的，应当配备罐式、厢式专用车辆或者压力容器等专用容器。

6. 罐式专用车辆的罐体应当经检验合格，且罐体载货后总质量与专用车辆核定载质量相匹配。运输爆炸品、强腐蚀性危险货物的罐式专用车辆的罐体容积不得超过 20 立方米，运输剧毒化学品的罐式专用车辆的罐体容积不得超过 10 立方米，但符合国家有关标准的罐式集装箱除外。

7. 运输剧毒化学品、爆炸品、强腐蚀性危险货物的非罐式专用车辆，核定载质量不得超过 10 吨，但符合国家有关标准的集装箱运输专用车辆除外。

8. 配备与运输的危险货物性质相适应的安全防护、环境保护和消防设施设备。

（二）有符合下列要求的停车场地：

1. 自有或者租借期限为 3 年以上，且与经营范围、规模相适应的停车场地，停车场地应当位于企业注册地市级行政区域内。

2. 运输剧毒化学品、爆炸品专用车辆以及罐式专用车辆，数量为 20 辆（含）以下的，停车场地面积不低于车辆正投影面积的 1．5 倍，数量为 20 辆以上的，超过部分，每辆车的停车场地面积不低于车辆正投影面积；运输其他危险货物的，专用车辆数量为 10 辆（含）以下的，停车场地面积不低于车辆正投影面积的 1．5 倍；数量为 10 辆以上的，超过部分，每辆车的停车场地面积不低于车辆正投影面积。

3. 停车场地应当封闭并设立明显标志，不得妨碍居民生活和威胁公共安全。

（三）有符合下列要求的从业人员和安全管理人员：

1. 专用车辆的驾驶人员取得相应机动车驾驶证，年龄不超过 60 周岁。

2. 从事道路危险货物运输的驾驶人员、装卸管理人员、押运人员应当经所在地设区的市级人民政府交通运输主管部门考试合格，并取得相应的从业资格证；从事剧毒化学品、爆炸品道路运输的驾驶人员、装卸管理人员、押运人员，应当经考试合格，取得注明为“剧毒化学品运输”或者“爆炸品运输”类别的从业资格证。

3. 企业应当配备专职安全管理人员。

（四）有健全的安全生产管理制度：

1. 企业主要负责人、安全管理部门负责人、专职安全管理人员安全生产责任制度。

2. 从业人员安全生产责任制度。

3. 安全生产监督检查制度。

4. 安全生产教育培训制度。

5. 从业人员、专用车辆、设备及停车场地安全管理制度。

6. 应急救援预案制度。

7. 安全生产作业规程。

8. 安全生产考核与奖惩制度。

9. 安全事故报告、统计与处理制度。

第九条 符合下列条件的企事业单位，可以使用自备专用车辆从事为本单位服务的非经营性道路危险货物运输：

（一）属于下列企事业单位之一：

1. 省级以上应急管理部门批准设立的生产、使用、储存危险化学品的企业。

2. 有特殊需求的科研、军工等企事业单位。

（二）具备第八条规定的条件，但自有专用车辆（挂车除外）的数量可以少于 5 辆。

第十条 申请从事道路危险货物运输经营的企业，应当依法向市场监督管理部门办理有关登记手续后，向所在地设区的市级交通运输主管部门提出申请，并提交以下材料：

（一）《道路危险货物运输经营申请表》，包括申请人基本信息、申请运输的危险货物范围（类别、项别或品名，如果为剧毒化学品应当标注“剧毒”）等内容。

（二）拟担任企业法定代表人的投资人或者负责人的身份证明及其复印件，经办人身份证明及其复印件和书面委托书。

（三）企业章程文本。

（四）证明专用车辆、设备情况的材料，包括：

1. 未购置专用车辆、设备的，应当提交拟投入专用车辆、设备承诺书。承诺书内容应当包括车辆数量、类型、技术等级、总质量、核定载质量、车轴数以及车辆外廓尺寸；通讯工具和卫星定位装置配备情况；罐式专用车辆的罐体容积；罐式专用车辆罐体载货后的总质量与车辆核定载质量相匹配情况；运输剧毒化学品、爆炸品、易制爆危险化学品的专用车辆核定载质量等有关情况。承诺期限不得超过1年。

2. 已购置专用车辆、设备的，应当提供车辆行驶证、车辆技术等级评定结论；通讯工具和卫星定位装置配备；罐式专用车辆的罐体检测合格证或者检测报告及复印件等有关材料。

（五）拟聘用专职安全管理人员、驾驶人员、装卸管理人员、押运人员的，应当提交拟聘用承诺书，承诺期限不得超过1年；已聘用的应当提交从业资格证及其复印件以及驾驶证及其复印件。

（六）停车场地的土地使用证、租借合同、场地平面图等材料。

（七）相关安全防护、环境保护、消防设施设备的配备情况清单。

（八）有关安全生产管理制度文本。

第十一条 申请从事非经营性道路危险货物运输的单位，向所在地设区的市级交通运输主管部门提出申请时，除提交第十条第（四）项至第（八）项规定的材料外，还应当提交以下材料：

（一）《道路危险货物运输申请表》，包括申请人基本信息、申请运输的物品范围（类别、项别或品名，如果为剧毒化学品应当标注“剧毒”）等内容。

（二）下列形式之一的单位基本情况证明：

1. 省级以上应急管理部门颁发的危险化学品生产、使用等证明。

2. 能证明科研、军工等企事业单位性质或者业务范围的有关材料。

（三）特殊运输需求的说明材料。

（四）经办人的身份证明及其复印件以及书面委托书。

第十二条 设区的市级交通运输主管部门应当按照《中华人民共和国道路运输条例》和《交通行政许可实施程序规定》，以及本规定所明确的程序和时限实施道路危险货物运输行政许可，并进行实地核查。

决定准予许可的，应当向被许可人出具《道路危险货物运输行政许可决定书》，注明许可事项，具体内容应当包括运输危险货物的范围（类别、项别或品名，如果为剧毒化学品应当标注“剧毒”），专用车辆数量、要求以及运输性质，并在10日内向道路危险货物运输经营申请人发放《道路运输经营许可证》，向非经营性道路危险货物运输申请人发放《道路危险货物运输许可证》。

市级交通运输主管部门应当将准予许可的企业或单位的许可事项等，及时以书面形式告知县级交通运输主管部门。

决定不予许可的，应当向申请人出具《不予交通行政许可决定书》。

第十三条 被许可人已获得其他道路运输经营许可的，设区的市级交通运输主管部门应当为其换发《道路运输经营许可证》，并在经营范围中加注新许可的事项。如果原《道路运输经营许可证》是由省级交通运输主管部门发放的，由原许可机关按照上述要求予以换发。

第十四条 被许可人应当按照承诺期限落实拟投入的专用车辆、设备。

原许可机关应当对被许可人落实的专用车辆、设备予以核实，对符合许可条件的专用车辆配发《道路运输证》，并在《道路运输证》经营范围栏内注明允许运输的危险货物类别、项别或者品名，如果为剧毒化学品应标注“剧毒”；对从事非经营性道路危险货物运输的车辆，还应当加盖“非经营性危险货物运输专用章”。

被许可人未在承诺期限内落实专用车辆、设备的，原许可机关应当撤销许可决定，并收回已核发的许可证明文件。

第十五条 被许可人应当按照承诺期限落实拟聘用的专职安全管理人员、驾驶人员、装卸管理人员和押运人员。

被许可人未在承诺期限内按照承诺聘用专职安全管理人员、驾驶人员、装卸管理人员和押运人员的，原许可机关应当撤销许可决定，并收回已核发的许可证明文件。

第十六条 交通运输主管部门不得许可一次性、临时性的道路危险货物运输。

第十七条 道路危险货物运输企业设立子公司从事道路危险货物运输的，应当向子公司注册地设区的市级交通运输主管部门申请运输许可。设立分公司的，应当向分公司注册地设区的市级交通运输主管部门备案。

第十八条 道路危险货物运输企业或者单位需要变更许可事项的，应当向原许可机关提出申请，按照本章有关许可的规定办理。

道路危险货物运输企业或者单位变更法定代表人、名称、地址等工商登记事项的，应当在30日内向原许可机关备案。

第十九条 道路危险货物运输企业或者单位终止危险货物运输业务的，应当在终止之日的30日前告知原许可机关，并在停业后10日内将《道路运输经营许可证》或者《道路危险货物运输许可证》以及《道路运输证》交回原许可机关。

第三章 专用车辆、设备管理

第二十条 道路危险货物运输企业或者单位应当按照《道路运输车辆技术管理规定》中有关车辆管理的规定，维护、检测、使用和管理专用车辆，确保专用车辆技术状况良好。

第二十一条 设区的市级交通运输主管部门应当定期对专用车辆进行审验，每年审验一次。审验按照《道路运输车辆技术管理规定》进行，并增加以下审验项目：

（一）专用车辆投保危险货物承运人责任险情况；

（二）必需的应急处理器材、安全防护设施设备和专用车辆标志的配备情况；

（三）具有行驶记录功能的卫星定位装置的配备情况。

第二十二条 禁止使用报废的、擅自改装的、检测不合格的、车辆技术等级达不到一级的和其他不符合国家规定的车辆从事道路危险货物运输。

除铰接列车、具有特殊装置的大型物件运输专用车辆外，严禁使用货车列车从事危险货物运输；倾卸式车辆只能运输散装硫磺、萘饼、粗蒽、煤焦沥青等危险货物。

禁止使用移动罐体（罐式集装箱除外）从事危险货物运输。

第二十三条 罐式专用车辆的常压罐体应当符合国家标准《道路运输液体危险货物罐式车辆第1部分：金属常压罐体技术要求》（GB 18564.1）、《道路运输液体危险货物罐式车辆第2部分：非金属常压罐体技术要求》（GB 18564.2）等有关技术要求。

使用压力容器运输危险货物的，应当符合国家特种设备安全监督管理部门制订并公布的《移动式压力容器安全技术监察规程》（TSG R0005）等有关技术要求。

压力容器和罐式专用车辆应当在压力容器或者罐体检验合格的有效期内承运危险货物。

第二十四条 道路危险货物运输企业或者单位对重复使用的危险货物包装物、容器，在重复使用前应当进行检查；发现存在安全隐患的，应当维修或者更换。

道路危险货物运输企业或者单位应当对检查情况作出记录，记录的保存期限不得少于2年。

第二十五条 道路危险货物运输企业或者单位应当到具有污染物处理能力的机构对常压罐体进行清洗（置换）作业，将废气、污水等污染物集中收集，消除污染，不得随意排放，污染环境。

第四章 道路危险货物运输

第二十六条 道路危险货物运输企业或者单位应当严格按照交通运输主管部门决定的许可事项从事道路危险货物运输活动，不得转让、出租道路危险货物运输许可证件。

严禁非经营性道路危险货物运输单位从事道路危险货物运输经营活动。

第二十七条 危险货物托运人应当委托具有道路危险货物运输资质的企业承运。

危险货物托运人应当对托运的危险货物种类、数量和承运人等相关信息予以记录，记录的保存期限不得少于1年。

第二十八条 危险货物托运人应当严格按照国家有关规定妥善包装并在外包装设置标志，并向承运人说明危险货物的品名、数量、危害、应急措施等情况。需要添加抑制剂或者稳定剂的，托运人应当按照规定添加，并告知承运人相关注意事项。

危险货物托运人托运危险化学品的，还应当提交与托运的危险化学品完全一致的安全技术说明书和安全标签。

第二十九条 不得使用罐式专用车辆或者运输有毒、感染性、腐蚀性危险货物的专用车辆运输普通货物。

其他专用车辆可以从事食品、生活用品、药品、医疗器具以外的普通货物运输，但应当由运输企业对专用车辆进行消除危害处理，确保不对普通货物造成污染、损害。

不得将危险货物与普通货物混装运输。

第三十条 专用车辆应当按照国家标准《道路运输危险货物车辆标志》（GB 13392）的要求悬挂标志。

第三十一条 运输剧毒化学品、爆炸品的企业或者单位，应当配备专用停车区域，并设立明显的警示标牌。

第三十二条 专用车辆应当配备符合有关国家标准以及与所载运的危险货物相适应的应急处理器材和安全防护设备。

第三十三条 道路危险货物运输企业或者单位不得运输法律、行政法规禁止运输的货物。

法律、行政法规规定的限运、凭证运输货物，道路危险货物运输企业或者单位应当按照有关规定办理相关运输手续。

法律、行政法规规定托运人必须办理有关手续后方可运输的危险货物，道路危险货物运输企业应当查验有关手续齐全有效后方可承运。

第三十四条 道路危险货物运输企业或者单位应当采取必要措施，防止危险货物脱落、扬散、丢失以及燃烧、爆炸、泄漏等。

第三十五条 驾驶人员应当随车携带《道路运输证》。驾驶人员或者押运人员应当按照《危险货物道路运输规则》（JT/T 617）的要求，随车携带《道路运输危险货物安全卡》。

第三十六条 在道路危险货物运输过程中，除驾驶人员外，还应当在专用车辆上配备押运人员，确保危险货物处于押运人员监管之下。

第三十七条 道路危险货物运输途中，驾驶人员不得随意停车。

因住宿或者发生影响正常运输的情况需要较长时间停车的，驾驶人员、押运人员应当设置警戒带，并采取相应的安全防范措施。

运输剧毒化学品或者易制爆危险化学品需要较长时间停车的，驾驶人员或者押运人员应当向当地公安机关报告。

第三十八条 危险货物的装卸作业应当遵守安全作业标准、规程和制度，并在装卸管理人员的现场指挥或者监控下进行。

危险货物运输托运人和承运人应当按照合同约定指派装卸管理人员；若合同未予约定，则由负责装卸作业的一方指派装卸管理人员。

第三十九条 驾驶人员、装卸管理人员和押运人员上岗时应当随身携带从业资格证。

第四十条 严禁专用车辆违反国家有关规定超载、超限运输。

道路危险货物运输企业或者单位使用罐式专用车辆运输货物时，罐体载货后的总质量应当和专用车辆核定载质量相匹配；使用牵引车运输货物时，挂车载货后的总质量应当与牵引车的准牵引总质量相匹配。

第四十一条 道路危险货物运输企业或者单位应当要求驾驶人员和押运人员在运输危险货物时，严格遵守有关部门关于危险货物运输线路、时间、速度方面的有关规定，并遵守有关部门关于剧毒、爆炸危险品道路运输车辆在重大节假日通行高速公路的相关规定。

第四十二条 道路危险货物运输企业或者单位应当通过卫星定位监控平台或者监控终端及时纠正和处理超速行驶、疲劳驾驶、不按规定线路行驶等违法违规驾驶行为。

监控数据应当至少保存6个月，违法驾驶信息及处理情况应当至少保存3年。

第四十三条 道路危险货物运输从业人员必须熟悉有关安全生产的法规、技术标准和安全生产规章制度、安全操作规程，了解所装运危险货物的性质、危害特性、包装物或者容器的使用要求和发生意外事故时的处置措施，并严格执行《危险货物道路运输规则》（JT/T 617）等标准，不得违章作业。

第四十四条 道路危险货物运输企业或者单位应当通过岗前培训、例会、定期学习等方式，对从业人员进行经常性安全生产、职业道德、业务知识和操作规程的教育培训。

第四十五条 道路危险货物运输企业或者单位应当加强安全生产管理，制定突发事件应急预案，配备应急救援人员和必要的应急救援器材、设备，并定期组织应急救援演练，严格落实各项安全制度。

第四十六条 道路危险货物运输企业或者单位应当委托具备资质条件的机构，对本企业或单位的安全管理情况每 3 年至少进行一次安全评估，出具安全评估报告。

第四十七条 在危险货物运输过程中发生燃烧、爆炸、污染、中毒或者被盗、丢失、流散、泄漏等事故，驾驶人员、押运人员应当立即根据应急预案和《道路运输危险货物安全卡》的要求采取应急处置措施，并向事故发生地公安部门、交通运输主管部门和本运输企业或者单位报告。运输企业或者单位接到事故报告后，应当按照本单位危险货物应急预案组织救援，并向事故发生地应急管理部门和生态环境、卫生健康主管部门报告。

交通运输主管部门应当公布事故报告电话。

第四十八条 在危险货物装卸过程中，应当根据危险货物的性质，轻装轻卸，堆码整齐，防止混杂、撒漏、破损，不得与普通货物混合堆放。

第四十九条 道路危险货物运输企业或者单位应当为其承运的危险货物投保承运人责任险。

第五十条 道路危险货物运输企业异地经营（运输线路起讫点均不在企业注册地市域内）累计 3 个月以上的，应当向经营地设区的市级交通运输主管部门备案并接受其监管。

第五章 监督检查

第五十一条 道路危险货物运输监督检查按照《道路货物运输及站场管理规定》执行。

交通运输主管部门工作人员应当定期或者不定期对道路危险货物运输企业或者单位进行现场检查。

第五十二条 交通运输主管部门工作人员对在异地取得从业资格的人员监督检查时，可以向原发证机关申请提供相应的从业资格档案资料，原发证机关应当予以配合。

第五十三条 交通运输主管部门在实施监督检查过程中，经本部门主要负责人批准，可以对没有随车携带《道路运输证》又无法当场提供其他有效证明文件的危险货物运输专用车辆予以扣押。

第五十四条 任何单位和个人对违反本规定的行为，有权向交通运输主管部门举报。

交通运输主管部门应当公布举报电话，并在接到举报后及时依法处理；对不属于本部门职责的，应当及时移送有关部门处理。

第六章 法律责任

第五十五条 违反本规定，有下列情形之一的，由交通运输主管部门责令停止运输经营，违法所得超过 2 万元的，没收违法所得，处违法所得 2 倍以上 10 倍以下的罚款；没有违法所得或者违法所得不足 2 万元的，处 3 万元以上 10 万元以下的罚款；构成犯罪的，依法追究刑事责任：

（一）未取得道路危险货物运输许可，擅自从事道路危险货物运输的；

（二）使用失效、伪造、变造、被注销等无效道路危险货物运输许可证件从事道路危险货物运输的；

（三）超越许可事项，从事道路危险货物运输的；

（四）非经营性道路危险货物运输单位从事道路危险货物运输经营的。

第五十六条 违反本规定，道路危险货物运输企业或者单位非法转让、出租道路危险货物运输许可证件的，由交通运输主管部门责令停止违法行为，收缴有关证件，处 2000 元以上 1 万元以下的罚款；有违法所得的，没收违法所得。

第五十七条 违反本规定，道路危险货物运输企业或者单位有下列行为之一，由交通运输主管部门责令限期投保；拒不投保的，由原许可机关吊销《道路运输经营许可证》或者《道路危险货物运输许可证》，或者吊销相应的经营范围：

（一）未投保危险货物承运人责任险的；

（二）投保的危险货物承运人责任险已过期，未继续投保的。

第五十八条 违反本规定，道路危险货物运输企业或者单位以及托运人有下列情形之一的，由交通运输主管部门责令改正，并处 5 万元以上10万元以下的罚款，拒不改正的，责令停产停业整顿；构成犯罪的，依法追究刑事责任：

（一）驾驶人员、装卸管理人员、押运人员未取得从业资格上岗作业的；

（二）托运人不向承运人说明所托运的危险化学品的种类、数量、危险特性以及发生危险情况的应急处置措施，或者未按照国家有关规定对所托运的危险化学品妥善包装并在外包装上设置相应标志的；

（三）未根据危险化学品的危险特性采取相应的安全防护措施，或者未配备必要的防护用品和应急救援器材的；

（四）运输危险化学品需要添加抑制剂或者稳定剂，托运人未添加或者未将有关情况告知承运人的。

第五十九条 违反本规定，道路危险货物运输企业或者单位未配备专职安全管理人员的，由交通运输主管部门依照《中华人民共和国安全生产法》的规定进行处罚。

第六十条 违反本规定，道路危险化学品运输托运人有下列行为之一的，由交通运输主管部门责令改正，处10万元以上20万元以下的罚款，有违法所得的，没收违法所得；拒不改正的，责令停产停业整顿；构成犯罪的，依法追究刑事责任：

（一）委托未依法取得危险货物道路运输许可的企业承运危险化学品的；

（二）在托运的普通货物中夹带危险化学品，或者将危险化学品谎报或者匿报为普通货物托运的。

第六十一条 违反本规定，道路危险货物运输企业擅自改装已取得《道路运输证》的专用车辆及罐式专用车辆罐体的，由交通运输主管部门责令改正，并处5000元以上2万元以下的罚款。

第七章 附 则

第六十二条 本规定对道路危险货物运输经营未作规定的，按照《道路货物运输及站场管理规定》执行；对非经营性道路危险货物运输未作规定的，参照《道路货物运输及站场管理规定》执行。

第六十三条 道路危险货物运输许可证件和《道路运输证》工本费的具体收费标准由省、自治区、直辖市人民政府财政、价格主管部门会同同级交通运输主管部门核定。

第六十四条 交通运输部可以根据相关行业协会的申请，经组织专家论证后，统一公布可以按照普通货物实施道路运输管理的危险货物。

第六十五条 本规定自2013年7月1日起施行。交通部2005年发布的《道路危险货物运输管理规定》（交通部令2005年第9号）及交通运输部2010年发布的《关于修改〈道路危险货物运输管理规定〉的决定》（交通运输部令2010年第5号）同时废止。

【指导性案例】

指导案例51号

阿卜杜勒·瓦希德诉中国东方航空股份有限公司航空旅客运输合同纠纷案

（最高人民法院审判委员会讨论通过 2015年4月15日发布）

关键词 民事 航空旅客运输合同 航班延误 告知义务 赔偿责任

裁判要点

1. 对航空旅客运输实际承运人提起的诉

讼，可以选择对实际承运人或缔约承运人提起诉讼，也可以同时对实际承运人和缔约承运人提起诉讼。被诉承运人申请追加另一方承运人参加诉讼的，法院可以根据案件的实际情况决定是否准许。

2. 当不可抗力造成航班延误，致使航空公司不能将换乘其他航班的旅客按时运抵目的地时，航空公司有义务及时向换乘的旅客明确告知到达目的地后是否提供转签服务，以及在不能提供转签服务时旅客如何办理旅行手续。航空公司未履行该项义务，给换乘旅客造成损失的，应当承担赔偿责任。

3. 航空公司在打折机票上注明“不得退票，不得转签”，只是限制购买打折机票的旅客由于自身原因而不得退票和转签，不能据此剥夺旅客在支付票款后享有的乘坐航班按时抵达目的地的权利。

相关法条

《中华人民共和国民法通则》第一百四十二条①

《经1955年海牙议定书修订的1929年华沙统一国际航空运输一些规则的公约》第十九条、第二十条、第二十四条第一款

《统一非立约承运人所作国际航空运输的某些规则以补充华沙公约的公约》第七条

基本案情

2004年12月29日，ABDUL WAHEED（阿卜杜勒·瓦希德，以下简称阿卜杜勒）购买了一张由香港国泰航空公司（以下简称国泰航空公司）作为出票人的机票。机票列明的航程安排为：2004年12月31日上午11点，上海起飞至香港，同日16点香港起飞至卡拉奇；2005年1月31日卡拉奇起飞至香港，同年2月1日香港起飞至上海。其中，上海与香港间的航程由中国东方航空股份有限公司（以下简称东方航空公司）实际承运，香港与卡拉奇间的航程由国泰航空公司实际承运。机票背面条款注明，该合同应遵守华沙公约所指定的有关责任的规则和限制。该机票为打折票，机票上注明“不得退票、不得转签”。

2004年12月30日15时起上海浦东机场下中雪，导致机场于该日22点至23点被迫关闭1小时，该日104个航班延误。31日，因飞机除冰、补班调配等原因，导致该日航班取消43架次、延误142架次，飞机出港正常率只有24.1%。东方航空公司的MU703航班也因为天气原因延误了3小时22分钟，导致阿卜杜勒及其家属到达香港机场后未能赶上国泰航空公司飞卡拉奇的衔接航班。东方航空公司工作人员告知阿卜杜勒只有两种处理方案：其一是阿卜杜勒等人在机场等候3天，然后搭乘国泰航空公司的下一航班，3天费用自理；其二是阿卜杜勒等人出资，另行购买其他航空公司的机票至卡拉奇，费用为25000港元。阿卜杜勒当即表示无法接受该两种方案，其妻子杜琳打电话给东方航空公司，但该公司称有关工作人员已下班。杜琳对东方航空公司的处理无法接受，且因携带婴儿而焦虑、激动。最终由香港机场工作人员交涉，阿卜杜勒及家属共支付17000港元，购买了阿联酋航空公司的机票及行李票，搭乘该公司航班绕道迪拜，到达卡拉奇。为此，阿卜杜勒支出机票款4721港元、行李票款759港元，共计5480港元。

阿卜杜勒认为，东方航空公司的航班延误，又拒绝重新安排航程，给自己造成了经济损失，遂提出诉讼，要求判令东方航空公司赔偿机票款和行李票款，并定期对外公布航班的正常率、旅客投诉率。

东方航空公司辩称，航班延误的原因系天气条件恶劣，属不可抗力；其已将此事通知了阿卜杜勒，阿卜杜勒亦明知将错过香港的衔接航班，其无权要求东方航空公司改变航程。阿卜杜勒称，其明知会错过衔接航班仍选择登上飞往香港的航班，系因为东方航空公司对其承诺会予以妥善解决。

裁判结果

上海市浦东新区人民法院于2005年12月21日作出（2005）浦民一（民）初字第12164号民事判决：一、中国东方航空股份有限公司应在判决生效之日起十日内赔偿阿卜杜勒损失共计人民币5863.60元；二、驳回阿卜杜勒的其他诉讼请求。宣判后，中国东方航空股份有限公司提出上诉。上海市第一中级人民法院于2006年2月24日作出（2006）沪一中民一（民）终字第609号民事判决：驳回上

① 现为《中华人民共和国民法典》第十条。

诉，维持原判。

裁判理由

法院生效裁判认为：原告阿卜杜勒是巴基斯坦国公民，其购买的机票，出发地为我国上海，目的地为巴基斯坦卡拉奇。《中华人民共和国民法通则》第一百四十二条第一款规定："涉外民事关系的法律适用，依照本章的规定确定。"第二款规定："中华人民共和国缔结或者参加的国际条约同中华人民共和国的民事法律有不同规定的，适用国际条约的规定，但中华人民共和国声明保留的条款除外。"我国和巴基斯坦都是《经1955年海牙议定书修订的1929年华沙统一国际航空运输一些规则的公约》（以下简称《1955年在海牙修改的华沙公约》）和1961年《统一非立约承运人所办国际航空运输的某些规则以补充华沙公约的公约》（以下简称《瓜达拉哈拉公约》）的缔约国，故这两个国际公约对本案适用。《1955年在海牙修改的华沙公约》第二十八条（1）款规定："有关赔偿的诉讼，应该按原告的意愿，在一个缔约国的领土内，向承运人住所地或其总管理处所在地或签订契约的机构所在地法院提出，或向目的地法院提出。"第三十二条规定："运输合同的任何条款和在损失发生以前的任何特别协议，如果运输合同各方借以违背本公约的规则，无论是选择所适用的法律或变更管辖权的规定，都不生效力。"据此，在阿卜杜勒持机票起诉的情形下，中华人民共和国上海市浦东新区人民法院有权对这起国际航空旅客运输合同纠纷进行管辖。

《瓜达拉哈拉公约》第一条第二款规定："'缔约承运人'指与旅客或托运人，或与旅客或托运人的代理人订立一项适用华沙公约的运输合同的当事人。"第三款规定："'实际承运人'指缔约承运人以外，根据缔约承运人的授权办理第二款所指的全部或部分运输的人，但对该部分运输此人并非华沙公约所指的连续承运人。在没有相反的证据时，上述授权被推定成立。"第七条规定："对实际承运人所办运输的责任诉讼，可以由原告选择，对实际承运人或缔约承运人提起，或者同时或分别向他们提起。如果只对其中的一个承运人提起诉讼，则该承运人应有权要求另一承运人参加诉讼。这种参加诉讼的效力以及所适用的程序，根据受理案件的法院的法律决定。"阿卜杜勒所持机票，是由国泰航空公司出票，故国际航空旅客运输合同关系是在阿卜杜勒与国泰航空公司之间设立，国泰航空公司是缔约承运人。东方航空公司与阿卜杜勒之间不存在直接的国际航空旅客运输合同关系，也不是连续承运人，只是推定其根据国泰航空公司的授权，完成该机票确定的上海至香港间运输任务的实际承运人。阿卜杜勒有权选择国泰航空公司或东方航空公司或两者同时为被告提起诉讼；在阿卜杜勒只选择东方航空公司为被告提起的诉讼中，东方航空公司虽然有权要求国泰航空公司参加诉讼，但由于阿卜杜勒追究的航班延误责任发生在东方航空公司承运的上海至香港段航程中，与国泰航空公司无关，根据本案案情，衡量诉讼成本，无需追加国泰航空公司为本案的当事人共同参加诉讼。故东方航空公司虽然有权申请国泰航空公司参加诉讼，但这种申请能否被允许，应由受理案件的法院决定。一审法院认为国泰航空公司与阿卜杜勒要追究的航班延误责任无关，根据本案旅客维权的便捷性、担责可能性、诉讼的成本等情况，决定不追加香港国泰航空公司为本案的当事人，并无不当。

《1955年在海牙修改的华沙公约》第十九条规定："承运人对旅客、行李或货物在航空运输过程中因延误而造成的损失应负责任。"第二十条（1）款规定："承运人如果证明自己和他的代理人为了避免损失的发生，已经采取一切必要的措施，或不可能采取这种措施时，就不负责任。"2004年12月31日的MU703航班由于天气原因发生延误，对这种不可抗力造成的延误，东方航空公司不可能采取措施来避免发生，故其对延误本身无需承担责任。但还需证明其已经采取了一切必要的措施来避免延误给旅客造成的损失发生，否则即应对旅客因延误而遭受的损失承担责任。阿卜杜勒在浦东机场时由于预见到MU703航班的延误会使其错过国泰航空公司的衔接航班，曾多次向东方航空公司工作人员询问怎么办。东方航空公司应当知道国泰航空公司从香港飞往卡拉奇的衔接航班三天才有一次，更明知阿卜杜勒一行携带着婴儿，不便在中转机场长时间等候，有义务向阿卜杜勒一行提醒中转时可能发生的不利情形，劝告阿卜杜勒一行改日乘机。但东方航空公司没有这样做，却让阿卜杜勒填写《续航情况登记表》，并告知会帮助解决，使阿卜杜勒对该公司产生合理信赖，从而放心登机飞赴香港。鉴于阿卜杜勒一行是得到东方航空公司的帮助承诺后来到香港，但是东方航空公司不考虑阿卜杜勒一行携带婴儿要尽快飞往卡拉奇的合理需要，向阿卜杜勒告知了要么等待三天乘坐下一航班且三天中相关费用自理，要么自费购买其他航空公司机票的“帮助解决”方案。根据查明的事实，东方航空公司始终未能提供阿卜杜勒的妻子杜琳在登机前填写的《续航情况登记表》，无法证明阿卜杜勒系在明知飞往香港后会发生对己不利的情况仍选择登机，故法院认定“东方航空公司没有为避免损失采取了必要的措施”是正确的。东方航空公司没有采取一切必要的措施来避免因航班延误给旅客造成的损失发生，不应免责。阿卜杜勒迫于无奈自费购买其他航空公司的机票，对阿卜杜勒购票支出的5480港元损失，东方航空公司应承担赔偿责任。

在延误的航班到达香港机场后，东方航空公司拒绝为阿卜杜勒签转机票，其主张阿卜杜勒的机票系打折票，已经注明了“不得退票，不得转签”，其无须另行提醒和告知。法院认为，即使是航空公司在打折机票上注明“不得退票，不得转签”，只是限制购买打折机票的旅客由于自身原因而不得退票和转签；旅客购买了打折机票，航空公司可以相应地取消一些服务，但是旅客支付了足额票款，航空公司就要为旅客提供完整的运输服务，并不能剥夺旅客在支付了票款后享有的乘坐航班按时抵达目的地的权利。本案中的航班延误并非由阿卜杜勒自身的原因造成。阿卜杜勒乘坐延误的航班到达香港机场后肯定需要重新签转机票，东方航空公司既未能在始发机场告知阿卜杜勒在航班延误时机票仍不能签转的理由，在中转机场亦拒绝为其办理签转手续。因此，东方航空公司未能提供证据证明损失的产生系阿卜杜勒自身原因所致，也未能证明其为了避免损失扩大采取了必要的方式和妥善的补救措施，故判令东方航空公司承担赔偿责任。

【人民法院案例库参考案例】

江西省遂川县生态环境局诉某和财保荆门公司等机动车交通事故责任纠纷案

——危险货物运输机动车交通事故致环境污染损害赔偿责任的认定和承担

【关键词】

民事　机动车交通事故责任纠纷　危险货物运输　交通事故　环境污染　损害赔偿责任

【基本案情】

江西省遂川县生态环境局诉称：2021年5月12日，忽某山驾驶涉案重型罐式半挂车，在宜遂高速遂川县五斗江车坳村路段侧翻，造成一人死亡，车载32.36吨柴油泄漏、道路设施受损的事故。事故发生后，为了控制环境污染，防止柴油泄漏沿河污染，造成更大损失，遂川县委县政府及时启动应急响应。原告作为救援单位之一参与了事故应急救援工作，为此支出了费用。故诉请：1. 被告赔偿应急环境监测费11.8万元、车辆租赁调配费用3.1万元、应急物资采购费1.95万元、吸污车租赁费0.35万元；2. 诉讼费用由被告承担。

忽某山辩称：本案事故车实际所有人是魏某，其是雇员履职行为，无需承担本案赔偿责任。

魏某未答辩。

荆门某燃气公司辩称：案涉事故车辆在某和财保荆门公司、某民财保荆门公司投保了交强险和商业三者险、危险货物承运人责任险等，足以赔付损失。某和财保荆门支公司未按

《保险法》第十七条第一款、第二款的规定履行提示和明确说明义务，根据《保险法》第十九条第一款、第十七条第二款的规定应当认定某和财保荆门支公司的保险免责条款无效。商业三者险和承运人责任保险均是机动车保险，应当各半负担。

某和财保荆门公司辩称，应急环境监测系原告的法定职能，不应收取费用。本公司已向投保人履行了提示和明确说明义务，原告诉请的各项费用属于车辆发生交通事故后，所载货物泄漏造成污染的损失属于保险合同约定的免责情形，应当免责。道路危险货物承运人责任保险投保单中约定了每次事故的绝对免赔额，本公司只应承担超过免赔金额的赔偿责任。

某民财保荆门公司辩称：江西省遂川县生态环境局在法定职责内执行公务不应向纳税人再收取费用。本案中某和财保荆门支公司与荆门某燃气公司之间约定免赔金额，明显损害了某民财保荆门分公司的合法权益，该约定应无效。应先由某和财保荆门公司在承保车辆的交强险和机动车三者险责任范围承担赔偿责任，对交强险及机动车三者险限额不足以赔偿的部分，再由道路危险货物承运人责任险赔偿。

法院经审理查明：2021 年 5 月 12 日，忽某山驾驶涉案重型半挂牵引车牵引涉案重型罐式半挂车载 32.36 吨柴油，行驶至遂川县五斗江车坳村鹅湾组路段时冲下山谷侧翻，造成副驾驶室乘坐人李某死亡，忽某山受伤，车载柴油泄漏，水泥护墩和车辆受损的道路交通事故。遂川县人民政府组织江西省遂川县生态环境局等单位及时进行应急处置。江西省遂川县生态环境局参与事故施救和环境监测支出的费用有：环境应急监测费 117957 元，车辆租赁费 24400 元，应急物资 18400 元，共计 160757 元。后遂川县公安局交警大队作出道路交通事故认定书，认定忽某山驾驶安全设施不全的机动车在道路上行经下坡路段时未确保安全，发生交通事故，负事故的全部责任。忽某山驾驶的涉案重型半挂牵引车、重型罐式半挂车登记所有人为荆门某燃气公司，实际车主是魏某。

2020 年 12 月 3 日，荆门某燃气公司为涉案重型半挂牵引车和重型罐式半挂车投保了某民财保荆门公司的道路危险货物运输承运人责任保险，该保单载明：保障内容为货物责任和第三者责任，其中第三者责任为每人责任限额 40 万，每次事故除污费用责任限额 100 万，每次事故施救费用责任限额 100 万，第三者累计赔偿限额 500 万。

2020 年 12 月 17 日，荆门某燃气公司为涉案重型半挂牵引车投保了某和财保荆门公司的道路危险货物承运人责任保险，该保单载明：第三者责任每次事故责任限额 800 万，第十二条特别约定中第 3 点内容为“车辆投保的‘交强险’‘机动车辆第三者责任保险’和非本保单承保的‘道路危险货物承运责任保险’（运管处统保）等其他保险应承担的保险责任属于免赔范围，且该绝对免赔金额以每次事故 120 万元作为下限”。

2020 年 12 月 28 日，荆门某燃气公司为涉案重型半挂牵引车投保某和财保荆门支公司的机动车综合商业保险，该保单载明：机动车第三者责任保险为 100 万元。同日，荆门某燃气公司为涉案重型罐式半挂车投保某和财保荆门支公司特种车综合商业保险，该保单载明承保特种车第三者责任保险 10 万元。某和财保荆门支公司提供的《特种车商业保险免责事项说明书》载明：特种车第三者责任保险免责条款内容为“下列原因导致的人身伤亡、财产损失和费用，保险人不负责赔偿：（一）战争、军事冲突、恐怖活动、暴乱、污染（含放射性污染）、核反应、核辐射”；第五部分免除保险人责任条款有关名词释义中“污染（含放射性污染）”指被保险机动车正常使用过程中或发生事故时，由于油料、尾气、货物或其他污染物的泄漏、飞溅、排放、散落等造成的被保险机动车和第三方财产的污损、状况恶化或人身伤亡。荆门某燃气公司在该《特种车商业保险免责事项说明书》上签写了“保险人已明确说明免除保险人责任条款的内容及法律后果”的字样并加盖了公章。

本案事故发生在上述各保险保险期间内。

江西省遂川县人民法院于 2022 年 4 月 25 日作出（2022）赣 0827 民初 234 号民事判决，判决：一、某和财保荆门公司于本判决生效之日起十日内在交强险限额内赔偿江西省遂川县生态环境局财产损失 2000 元，在商业三者险保险限额内赔偿江西省遂川县生态环境局各项损失 82553.64 元，共计 84553.64 元；二、某民财保荆门公司于本判决生效之日起十日内在保险限额内赔偿江西省遂川县生态环境局各项损失 76203.36 元；三、驳回原告江西省遂川县生态环境局的其他诉讼请求。宣判后，某和财保荆门公司、某民财保荆门公司提出上诉。江西省吉安市中级人民法院于 2022 年 9 月 30 日作出（2022）赣 08 民终 1314 号民事判决，驳回上诉，维持原判。

【裁判理由】

法院生效裁判认为：《中华人民共和国突发事件应对法》第七条规定，突发事件发生后，发生地县级人民政府应当立即组织开展应急救援和处置工作。《生产安全事故应急条例》第十九条规定应急救援队伍根据救援命令参加生产安全事故应急救援所耗费用，由事故责任单位承担。涉案交通事故导致车载柴油泄漏，造成环境污染损害，江西省遂川县生态环境局因处理柴油泄漏造成的环境污染损害而支出的相关费用，是江西省遂川县生态环境局在应急处置案涉油罐车倾翻车载柴油泄漏安全事故过程中所产生的费用，属于《中华人民共和国保险法》第五十七条规定的“保险事故发生后，被保险人为防止或者减少保险标的的损失所支付的必要的、合理的费用”。即本案应为机动车交通事故责任纠纷，江西省遂川县生态环境局因处理涉案车辆柴油泄漏造成的环境污染损害而支出的相关费用属于该起交通事故中的财产损失，应由交通事故的侵权人承担赔偿责任，江西省遂川县生态环境局有权向事故责任单位荆门某燃气公司等主张赔偿。某和财保荆门公司、某民财保荆门公司作为案涉机动车的保险机构，应按保险合同约定承担保险理赔责任。

关于某和财保荆门公司能否依据合同约定免责问题。某和财保荆门公司与荆门某燃气公司签署的《特种车商业保险免责事项说明书》载明的免责条款中的“污染”与地震及其次生灾难、战争、军事冲突、恐怖活动、暴乱、核反应、核辐射并列，系指与地震、战争、军事冲突、恐怖活动、暴乱、核反应、核辐射同一级别的不可抗力情形而导致人身伤亡或财产损害后果的污染事件。本案中的“污染”系因交通事故导致投保车辆所载原油泄漏产生的，明显非“污染”免责条款中表述的具有不可抗力性质的“污染”情形。某和财保荆门支公司在《特种车商业保险免责事项说明书》中将“污染（含放射性污染）”解释为“被保险机动车正常使用过程中或发生事故时，由于油料、尾气、货物或其他污染物的泄漏、飞溅、排放、散落等造成的被保险机动车和第三方财产的污损、状况恶化或人身伤亡”，并在本案中以该免责条款主张免责限制了被保险人的合法权益，与投保人的投保目的相悖。投保人荆门某燃气公司对该解释亦不予认可，理解分歧明显，依法不予支持。

关于某和财保荆门支公司和荆门某燃气公司道路危险货物承运人责任保险单中关于绝对免赔金额的约定是否有效的问题。荆门某燃气公司购买某民财保荆门分公司的道路危险货物承运人责任险在前，荆门某燃气公司是在购买某民财保荆门分公司 100 万道路危险货物承运人责任险后，再向某和财保荆门公司购买道路危险货物承运人责任险，并约定绝对免赔 120 万元。该约定符合荆门某燃气公司的保险利益需求，且未损害某民财保荆门公司的合法权益。因为，荆门某燃气公司与某和财保荆门公司约定的是“其他保险应承担的保险责任属于免赔范围”，并未加重某民财保荆门公司的保险义务，也未约定由某民财保荆门公司先行赔付。即某民财保荆门公司需承担的保险责任是按双方保险合同约定的保险责任，与荆门某燃气公司是否再购买保险无关，该绝对免赔条款的风险也是由荆门某燃气公司承担。因而，该绝对免赔条款系双方真实意思表示，未违反法律禁止性规定，应当合法有效。

关于某和财保荆门公司、某民财保荆门公司赔偿比例的问题。根据《中华人民共和国民法典》第一千二百一十三条规定，机动车强制保险优先赔偿，强制保险赔偿不足部分，由商业保险赔偿。荆门某燃气公司在某民财保荆门公司投保的道路危险货物运输承运人责任保险和某民财保荆门分公司投保的机动车综合商业保险、特种车综合商业保险、道路危险货物运输承运人责任保险均属于商业保险。因而，应当根据某和财保荆门公司与荆门某燃气公司的绝对免赔金额特别约定，判决江西省遂川县生态环境局的损失先在交强险财产损失限额 2000 元内赔偿，超出交强险以外的部分，按照某和财保荆门公司商业三者险 110 万元限额与某民财保荆门分公司的道路危险货物运输承运人责任险 100 万元限额的限额总和比例确定。即某和财保荆门公司承担 110/210

（0.52）的赔偿责任，某民财保荆门公司承担100/210（0.48）的赔偿责任。经核算为，由某和财保荆门公司承担82553.64元，由某民财保荆门分公司承担76203.36元。

【裁判要旨】

1. 危险货物运输机动车发生交通事故造成环境污染损害的，生态环境部门等单位在应急处置涉案安全事故过程中所产生的事故应急环境监测等相关应急救援费用属于《中华人民共和国保险法》第五十七条规定的“保险事故发生后，被保险人为防止或者减少保险标的的损失所支付的必要的、合理的费用”。即属于危险货物运输机动车交通事故造成的财产损失，应由交通事故的侵权人承担赔偿责任，生态环境部门等单位有权向事故损害赔偿责任主体主张赔偿，案涉机动车保险人应当按保险合同约定承担保险理赔责任。

2. 保险合同载明的免责条款中的“污染”与地震等事由并列，应当解释为与地震等同一级别的不可抗力情形而导致损害后果的污染事件。如果“污染”系因投保车辆交通事故等人为因素导致，明显非“污染”免责条款中表述的具有不可抗力性质的“污染”情形。保险合同同时将该“污染”解释为非不可抗力性质的污染，与投保人的投保目的相悖，在保险人与投保人存在理解分歧的情况下，保险人以此主张免责的，依法不予支持。

3. 投保人先后向不同的保险人投保车辆综合商业险，其中成立在后的保险合同约定了绝对免赔条款的，因该约定符合投保人的保险利益需求，且既未加重成立在前保险合同保险人的保险义务，也未约定由其先行赔付，故未损害其合法权益，成立在前保险合同保险人应当按照其与投保人的合同约定履行义务。成立在后保险合同中的绝对免赔条款的风险应当由被保险人承担，故应当认定免赔条款系合同双方真实意思表示，未违反法律禁止性规定，未加重、损害第三人的权益，合法有效。

4. 投保人投保机动车强制保险的同时，向两个以上保险人投保不同车辆综合商业险的，保险事故发生后，机动车强制保险优先赔偿，强制保险赔偿不足部分，应当由商业保险按各自保险限额比例赔偿。保险人主张特定商业保险先予赔偿的，依法不予支持。

【关联索引】

《中华人民共和国突发事件应对法》第七条

《中华人民共和国民法典》第一千一百六十五条第一款、第一千一百八十四条、第一千二百一十三条

《最高人民法院关于审理道路交通事故损害赔偿案件适用法律若干问题的解释》第十三条

一审：江西省遂川县人民法院（2022）赣0827民初234号判决（2022年4月25日）

二审：江西省吉安市中级人民法院（2022）赣08民终1314号判决（2022年9月30日）

四、刑事责任

中华人民共和国刑法（节录）

（1979 年 7 月 1 日第五届全国人民代表大会第二次会议通过　1997 年 3 月 14 日第八届全国人民代表大会第五次会议修订　根据 1998 年 12 月 29 日第九届全国人民代表大会常务委员会第六次会议通过的《全国人民代表大会常务委员会关于惩治骗购外汇、逃汇和非法买卖外汇犯罪的决定》、1999 年 12 月 25 日第九届全国人民代表大会常务委员会第十三次会议通过的《中华人民共和国刑法修正案》、2001 年 8 月 31 日第九届全国人民代表大会常务委员会第二十三次会议通过的《中华人民共和国刑法修正案（二）》、2001 年 12 月 29 日第九届全国人民代表大会常务委员会第二十五次会议通过的《中华人民共和国刑法修正案（三）》、2002 年 12 月 28 日第九届全国人民代表大会常务委员会第三十一次会议通过的《中华人民共和国刑法修正案（四）》、2005 年 2 月 28 日第十届全国人民代表大会常务委员会第十四次会议通过的《中华人民共和国刑法修正案（五）》、2006 年 6 月 29 日第十届全国人民代表大会常务委员会第二十二次会议通过的《中华人民共和国刑法修正案（六）》、2009 年 2 月 28 日第十一届全国人民代表大会常务委员会第七次会议通过的《中华人民共和国刑法修正案（七）》、2009 年 8 月 27 日第十一届全国人民代表大会常务委员会第十次会议通过的《全国人民代表大会常务委员会关于修改部分法律的决定》、2011 年 2 月 25 日第十一届全国人民代表大会常务委员会第十九次会议通过的《中华人民共和国刑法修正案（八）》、2015 年 8 月 29 日第十二届全国人民代表大会常务委员会第十六次会议通过的《中华人民共和国刑法修正案（九）》、2017 年 11 月 4 日第十二届全国人民代表大会常务委员会第三十次会议通过的《中华人民共和国刑法修正案（十）》、2020 年 12 月 26 日第十三届全国人民代表大会常务委员会第二十四次会议通过的《中华人民共和国刑法修正案（十一）》和 2023 年 12 月 29 日第十四届全国人民代表大会常务委员会第七次会议通过的《中华人民共和国刑法修正案（十二）》修正）

目　录

第一编　总　则
　第一章　刑法的任务、基本原则和适用范围
　第二章　犯　罪
　　第一节　犯罪和刑事责任
　　第二节　犯罪的预备、未遂和中止
　　第三节　共同犯罪
　　第四节　单位犯罪
　第三章　刑　罚
　　第一节　刑罚的种类
　　第二节　管　制

第三节 拘　役
第四节 有期徒刑、无期徒刑
第五节 死　刑
第六节 罚　金
第七节 剥夺政治权利
第八节 没收财产
第四章 刑罚的具体运用
第一节 量　刑
第二节 累　犯
第三节 自首和立功
第四节 数罪并罚
第五节 缓　刑
第六节 减　刑
第七节 假　释
第八节 时　效
第五章 其他规定
第二编 分　则
第一章 危害国家安全罪
第二章 危害公共安全罪
第三章 破坏社会主义市场经济秩序罪
第一节 生产、销售伪劣商品罪
第二节 走私罪
第三节 妨害对公司、企业的管理秩序罪
第四节 破坏金融管理秩序罪
第五节 金融诈骗罪
第六节 危害税收征管罪
第七节 侵犯知识产权罪
第八节 扰乱市场秩序罪
第四章 侵犯公民人身权利、民主权利罪
第五章 侵犯财产罪
第六章 妨害社会管理秩序罪
第一节 扰乱公共秩序罪
第二节 妨害司法罪
第三节 妨害国（边）境管理罪
第四节 妨害文物管理罪
第五节 危害公共卫生罪
第六节 破坏环境资源保护罪
第七节 走私、贩卖、运输、制造毒品罪
第八节 组织、强迫、引诱、容留、介绍卖淫罪
第九节 制作、贩卖、传播淫秽物品罪
第七章 危害国防利益罪
第八章 贪污贿赂罪
第九章 渎职罪
第十章 军人违反职责罪
附　则

第一编　总　则

第一章　刑法的任务、基本原则和适用范围

第一条　为了惩罚犯罪，保护人民，根据宪法，结合我国同犯罪作斗争的具体经验及实际情况，制定本法。

第二条　中华人民共和国刑法的任务，是用刑罚同一切犯罪行为作斗争，以保卫国家安全，保卫人民民主专政的政权和社会主义制度，保护国有财产和劳动群众集体所有的财产，保护公民私人所有的财产，保护公民的人身权利、民主权利和其他权利，维护社会秩序、经济秩序，保障社会主义建设事业的顺利进行。

第三条　法律明文规定为犯罪行为的，依照法律定罪处刑；法律没有明文规定为犯罪行为的，不得定罪处刑。

第四条　对任何人犯罪，在适用法律上一律平等。不允许任何人有超越法律的特权。

第五条　刑罚的轻重，应当与犯罪分子所犯罪行和承担的刑事责任相适应。

第六条　凡在中华人民共和国领域内犯罪的，除法律有特别规定的以外，都适用本法。

凡在中华人民共和国船舶或者航空器内犯罪的，也适用本法。

犯罪的行为或者结果有一项发生在中华人民共和国领域内的，就认为是在中华人民共和国领域内犯罪。

第七条　中华人民共和国公民在中华人民共和国领域外犯本法规定之罪的，适用本法，但是按本法规定的最高刑为三年以下有期徒刑的，可以不予追究。

中华人民共和国国家工作人员和军人在中华人民共和国领域外犯本法规定之罪的，适用本法。

第八条　外国人在中华人民共和国领域外对中华人民共和国国家或者公民犯罪，而按本法规定的最低刑为三年以上有期徒刑的，可以适用本法，但是按照犯罪地的法律不受处罚的除外。

第九条　对于中华人民共和国缔结或者参加的国际条约所规定的罪行，中华人民共和国

在所承担条约义务的范围内行使刑事管辖权的，适用本法。

第十条　凡在中华人民共和国领域外犯罪，依照本法应当负刑事责任的，虽然经过外国审判，仍然可以依照本法追究，但是在外国已经受过刑罚处罚的，可以免除或者减轻处罚。

第十一条　享有外交特权和豁免权的外国人的刑事责任，通过外交途径解决。

第十二条　中华人民共和国成立以后本法施行以前的行为，如果当时的法律不认为是犯罪的，适用当时的法律；如果当时的法律认为是犯罪的，依照本法总则第四章第八节的规定应当追诉的，按照当时的法律追究刑事责任，但是如果本法不认为是犯罪或者处刑较轻的，适用本法。

本法施行以前，依照当时的法律已经作出的生效判决，继续有效。

第二章　犯　罪

第一节　犯罪和刑事责任

第十三条　一切危害国家主权、领土完整和安全，分裂国家、颠覆人民民主专政的政权和推翻社会主义制度，破坏社会秩序和经济秩序，侵犯国有财产或者劳动群众集体所有的财产，侵犯公民私人所有的财产，侵犯公民的人身权利、民主权利和其他权利，以及其他危害社会的行为，依照法律应当受刑罚处罚的，都是犯罪，但是情节显著轻微危害不大的，不认为是犯罪。

第十四条　明知自己的行为会发生危害社会的结果，并且希望或者放任这种结果发生，因而构成犯罪的，是故意犯罪。

故意犯罪，应当负刑事责任。

第十五条　应当预见自己的行为可能发生危害社会的结果，因为疏忽大意而没有预见，或者已经预见而轻信能够避免，以致发生这种结果的，是过失犯罪。

过失犯罪，法律有规定的才负刑事责任。

第十六条　行为在客观上虽然造成了损害结果，但是不是出于故意或者过失，而是由于不能抗拒或者不能预见的原因所引起的，不是犯罪。

第十七条　已满十六周岁的人犯罪，应当负刑事责任。

已满十四周岁不满十六周岁的人，犯故意杀人、故意伤害致人重伤或者死亡、强奸、抢劫、贩卖毒品、放火、爆炸、投放危险物质罪的，应当负刑事责任。

已满十二周岁不满十四周岁的人，犯故意杀人、故意伤害罪，致人死亡或者以特别残忍手段致人重伤造成严重残疾，情节恶劣，经最高人民检察院核准追诉的，应当负刑事责任。

对依照前三款规定追究刑事责任的不满十八周岁的人，应当从轻或者减轻处罚。

因不满十六周岁不予刑事处罚的，责令其父母或者其他监护人加以管教；在必要的时候，依法进行专门矫治教育。

第十七条之一　已满七十五周岁的人故意犯罪的，可以从轻或者减轻处罚；过失犯罪的，应当从轻或者减轻处罚。

第十八条　精神病人在不能辨认或者不能控制自己行为的时候造成危害结果，经法定程序鉴定确认的，不负刑事责任，但是应当责令他的家属或者监护人严加看管和医疗；在必要的时候，由政府强制医疗。

间歇性的精神病人在精神正常的时候犯罪，应当负刑事责任。

尚未完全丧失辨认或者控制自己行为能力的精神病人犯罪的，应当负刑事责任，但是可以从轻或者减轻处罚。

醉酒的人犯罪，应当负刑事责任。

第十九条　又聋又哑的人或者盲人犯罪，可以从轻、减轻或者免除处罚。

第二十条　为了使国家、公共利益、本人或者他人的人身、财产和其他权利免受正在进行的不法侵害，而采取的制止不法侵害的行为，对不法侵害人造成损害的，属于正当防卫，不负刑事责任。

正当防卫明显超过必要限度造成重大损害的，应当负刑事责任，但是应当减轻或者免除处罚。

对正在进行行凶、杀人、抢劫、强奸、绑架以及其他严重危及人身安全的暴力犯罪，采取防卫行为，造成不法侵害人伤亡的，不属于防卫过当，不负刑事责任。

第二十一条　为了使国家、公共利益、本人或者他人的人身、财产和其他权利免受正在发生的危险，不得已采取的紧急避险行为，造成损害的，不负刑事责任。

紧急避险超过必要限度造成不应有的损害的，应当负刑事责任，但是应当减轻或者免除处罚。

第一款中关于避免本人危险的规定，不适用于职务上、业务上负有特定责任的人。

第二节 犯罪的预备、未遂和中止

第二十二条 为了犯罪，准备工具、制造条件的，是犯罪预备。

对于预备犯，可以比照既遂犯从轻、减轻处罚或者免除处罚。

第二十三条 已经着手实行犯罪，由于犯罪分子意志以外的原因而未得逞的，是犯罪未遂。

对于未遂犯，可以比照既遂犯从轻或者减轻处罚。

第二十四条 在犯罪过程中，自动放弃犯罪或者自动有效地防止犯罪结果发生的，是犯罪中止。

对于中止犯，没有造成损害的，应当免除处罚；造成损害的，应当减轻处罚。

第三节 共同犯罪

第二十五条 共同犯罪是指二人以上共同故意犯罪。

二人以上共同过失犯罪，不以共同犯罪论处；应当负刑事责任的，按照他们所犯的罪分别处罚。

第二十六条 组织、领导犯罪集团进行犯罪活动的或者在共同犯罪中起主要作用的，是主犯。

三人以上为共同实施犯罪而组成的较为固定的犯罪组织，是犯罪集团。

对组织、领导犯罪集团的首要分子，按照集团所犯的全部罪行处罚。

对于第三款规定以外的主犯，应当按照其所参与的或者组织、指挥的全部犯罪处罚。

第二十七条 在共同犯罪中起次要或者辅助作用的，是从犯。

对于从犯，应当从轻、减轻处罚或者免除处罚。

第二十八条 对于被胁迫参加犯罪的，应当按照他的犯罪情节减轻处罚或者免除处罚。

第二十九条 教唆他人犯罪的，应当按照他在共同犯罪中所起的作用处罚。教唆不满十八周岁的人犯罪的，应当从重处罚。

如果被教唆的人没有犯被教唆的罪，对于教唆犯，可以从轻或者减轻处罚。

第四节 单位犯罪

第三十条 公司、企业、事业单位、机关、团体实施的危害社会的行为，法律规定为单位犯罪的，应当负刑事责任。

第三十一条 单位犯罪的，对单位判处罚金，并对其直接负责的主管人员和其他直接责任人员判处刑罚。本法分则和其他法律另有规定的，依照规定。

第三章 刑 罚

第一节 刑罚的种类

第三十二条 刑罚分为主刑和附加刑。

第三十三条 主刑的种类如下：

（一）管制；

（二）拘役；

（三）有期徒刑；

（四）无期徒刑；

（五）死刑。

第三十四条 附加刑的种类如下：

（一）罚金；

（二）剥夺政治权利；

（三）没收财产。

附加刑也可以独立适用。

第三十五条 对于犯罪的外国人，可以独立适用或者附加适用驱逐出境。

第三十六条 由于犯罪行为而使被害人遭受经济损失的，对犯罪分子除依法给予刑事处罚外，并应根据情况判处赔偿经济损失。

承担民事赔偿责任的犯罪分子，同时被判处罚金，其财产不足以全部支付的，或者被判处没收财产的，应当先承担对被害人的民事赔偿责任。

第三十七条 对于犯罪情节轻微不需要判处刑罚的，可以免予刑事处罚，但是可以根据案件的不同情况，予以训诫或者责令具结悔过、赔礼道歉、赔偿损失，或者由主管部门予以行政处罚或者行政处分。

第三十七条之一 因利用职业便利实施犯罪，或者实施违背职业要求的特定义务的犯罪被判处刑罚的，人民法院可以根据犯罪情况和预防再犯罪的需要，禁止其自刑罚执行完毕之日或者假释之日起从事相关职业，期限为三年至五年。

被禁止从事相关职业的人违反人民法院依照前款规定作出的决定的，由公安机关依法给予处罚；情节严重的，依照本法第三百一十三条的规定定罪处罚。

其他法律、行政法规对其从事相关职业另有禁止或者限制性规定的，从其规定。

第二节 管 制

第三十八条 管制的期限，为三个月以上二年以下。

判处管制，可以根据犯罪情况，同时禁止犯罪分子在执行期间从事特定活动，进入特定区域、场所，接触特定的人。

对判处管制的犯罪分子，依法实行社区矫正。

违反第二款规定的禁止令的，由公安机关依照《中华人民共和国治安管理处罚法》的规定处罚。

第三十九条 被判处管制的犯罪分子，在执行期间，应当遵守下列规定：

（一）遵守法律、行政法规，服从监督；

（二）未经执行机关批准，不得行使言论、出版、集会、结社、游行、示威自由的权利；

（三）按照执行机关规定报告自己的活动情况；

（四）遵守执行机关关于会客的规定；

（五）离开所居住的市、县或者迁居，应当报经执行机关批准。

对于被判处管制的犯罪分子，在劳动中应当同工同酬。

第四十条 被判处管制的犯罪分子，管制期满，执行机关应即向本人和其所在单位或者居住地的群众宣布解除管制。

第四十一条 管制的刑期，从判决执行之日起计算；判决执行以前先行羁押的，羁押一日折抵刑期二日。

第三节 拘 役

第四十二条 拘役的期限，为一个月以上六个月以下。

第四十三条 被判处拘役的犯罪分子，由公安机关就近执行。

在执行期间，被判处拘役的犯罪分子每月可以回家一天至两天；参加劳动的，可以酌量发给报酬。

第四十四条 拘役的刑期，从判决执行之日起计算；判决执行以前先行羁押的，羁押一日折抵刑期一日。

第四节 有期徒刑、无期徒刑

第四十五条 有期徒刑的期限，除本法第五十条、第六十九条规定外，为六个月以上十五年以下。

第四十六条 被判处有期徒刑、无期徒刑的犯罪分子，在监狱或者其他执行场所执行；凡有劳动能力的，都应当参加劳动，接受教育和改造。

第四十七条 有期徒刑的刑期，从判决执行之日起计算；判决执行以前先行羁押的，羁押一日折抵刑期一日。

第五节 死 刑

第四十八条 死刑只适用于罪行极其严重的犯罪分子。对于应当判处死刑的犯罪分子，如果不是必须立即执行的，可以判处死刑同时宣告缓期二年执行。

死刑除依法由最高人民法院判决的以外，都应当报请最高人民法院核准。死刑缓期执行的，可以由高级人民法院判决或者核准。

第四十九条 犯罪的时候不满十八周岁的人和审判的时候怀孕的妇女，不适用死刑。

审判的时候已满七十五周岁的人，不适用死刑，但以特别残忍手段致人死亡的除外。

第五十条 判处死刑缓期执行的，在死刑缓期执行期间，如果没有故意犯罪，二年期满以后，减为无期徒刑；如果确有重大立功表现，二年期满以后，减为二十五年有期徒刑；如果故意犯罪，情节恶劣的，报请最高人民法院核准后执行死刑；对于故意犯罪未执行死刑的，死刑缓期执行的期间重新计算，并报最高人民法院备案。

对被判处死刑缓期执行的累犯以及因故意杀人、强奸、抢劫、绑架、放火、爆炸、投放危险物质或者有组织的暴力性犯罪被判处死刑缓期执行的犯罪分子，人民法院根据犯罪情节等情况可以同时决定对其限制减刑。

第五十一条 死刑缓期执行的期间，从判决确定之日起计算。死刑缓期执行减为有期徒刑的刑期，从死刑缓期执行期满之日起计算。

第六节 罚 金

第五十二条 判处罚金，应当根据犯罪情节决定罚金数额。

第五十三条 罚金在判决指定的期限内一次或者分期缴纳。期满不缴纳的，强制缴纳。对于不能全部缴纳罚金的，人民法院在任何时候发现被执行人有可以执行的财产，应当随时追缴。

由于遭遇不能抗拒的灾祸等原因缴纳确实有困难的，经人民法院裁定，可以延期缴纳、酌情减少或者免除。

第七节 剥夺政治权利

第五十四条 剥夺政治权利是剥夺下列权利：

（一）选举权和被选举权；

（二）言论、出版、集会、结社、游行、示威自由的权利；

（三）担任国家机关职务的权利；

（四）担任国有公司、企业、事业单位和人民团体领导职务的权利。

第五十五条 剥夺政治权利的期限，除本法第五十七条规定外，为一年以上五年以下。

判处管制附加剥夺政治权利的，剥夺政治权利的期限与管制的期限相等，同时执行。

第五十六条 对于危害国家安全的犯罪分子应当附加剥夺政治权利；对于故意杀人、强奸、放火、爆炸、投毒、抢劫等严重破坏社会秩序的犯罪分子，可以附加剥夺政治权利。

独立适用剥夺政治权利的，依照本法分则的规定。

第五十七条 对于被判处死刑、无期徒刑的犯罪分子，应当剥夺政治权利终身。

在死刑缓期执行减为有期徒刑或者无期徒刑减为有期徒刑的时候，应当把附加剥夺政治权利的期限改为三年以上十年以下。

第五十八条 附加剥夺政治权利的刑期，从徒刑、拘役执行完毕之日或者从假释之日起计算；剥夺政治权利的效力当然施用于主刑执行期间。

被剥夺政治权利的犯罪分子，在执行期间，应当遵守法律、行政法规和国务院公安部门有关监督管理的规定，服从监督；不得行使本法第五十四条规定的各项权利。

第八节 没收财产

第五十九条 没收财产是没收犯罪分子个人所有财产的一部或者全部。没收全部财产的，应当对犯罪分子个人及其扶养的家属保留必需的生活费用。

在判处没收财产的时候，不得没收属于犯罪分子家属所有或者应有的财产。

第六十条 没收财产以前犯罪分子所负的正当债务，需要以没收的财产偿还的，经债权人请求，应当偿还。

第四章 刑罚的具体运用

第一节 量 刑

第六十一条 对于犯罪分子决定刑罚的时候，应当根据犯罪的事实、犯罪的性质、情节和对于社会的危害程度，依照本法的有关规定判处。

第六十二条 犯罪分子具有本法规定的从重处罚、从轻处罚情节的，应当在法定刑的限度以内判处刑罚。

第六十三条 犯罪分子具有本法规定的减轻处罚情节的，应当在法定刑以下判处刑罚；本法规定有数个量刑幅度的，应当在法定量刑幅度的下一个量刑幅度内判处刑罚。

犯罪分子虽然不具有本法规定的减轻处罚情节，但是根据案件的特殊情况，经最高人民法院核准，也可以在法定刑以下判处刑罚。

第六十四条 犯罪分子违法所得的一切财物，应当予以追缴或者责令退赔；对被害人的合法财产，应当及时返还；违禁品和供犯罪所用的本人财物，应当予以没收。没收的财物和罚金，一律上缴国库，不得挪用和自行处理。

第二节 累 犯

第六十五条 被判处有期徒刑以上刑罚的犯罪分子，刑罚执行完毕或者赦免以后，在五年以内再犯应当判处有期徒刑以上刑罚之罪的，是累犯，应当从重处罚，但是过失犯罪和不满十八周岁的人犯罪的除外。

前款规定的期限，对于被假释的犯罪分子，从假释期满之日起计算。

第六十六条 危害国家安全犯罪、恐怖活动犯罪、黑社会性质的组织犯罪的犯罪分子，在刑罚执行完毕或者赦免以后，在任何时候再犯上述任一类罪的，都以累犯论处。

第三节 自首和立功

第六十七条 犯罪以后自动投案，如实供述自己的罪行的，是自首。对于自首的犯罪分子，可以从轻或者减轻处罚。其中，犯罪较轻的，可以免除处罚。

被采取强制措施的犯罪嫌疑人、被告人和正在服刑的罪犯，如实供述司法机关还未掌握的本人其他罪行的，以自首论。

犯罪嫌疑人虽不具有前两款规定的自首情节，但是如实供述自己罪行的，可以从轻处罚；因其如实供述自己罪行，避免特别严重后果发生的，可以减轻处罚。

第六十八条 犯罪分子有揭发他人犯罪行为，查证属实的，或者提供重要线索，从而得以侦破其他案件等立功表现的，可以从轻或者减轻处罚；有重大立功表现的，可以减轻或者免除处罚。

第四节 数罪并罚

第六十九条 判决宣告以前一人犯数罪的，除判处死刑和无期徒刑的以外，应当在总和刑期以下、数刑中最高刑期以上，酌情决定执行的刑期，但是管制最高不能超过三年，拘役最高不能超过一年，有期徒刑总和刑期不满三十五年的，最高不能超过二十年，总和刑期在三十五年以上的，最高不能超过二十五年。

数罪中有判处有期徒刑和拘役的，执行有期徒刑。数罪中有判处有期徒刑和管制，或者拘役和管制的，有期徒刑、拘役执行完毕后，管制仍须执行。

数罪中有判处附加刑的，附加刑仍须执行，其中附加刑种类相同的，合并执行，种类不同的，分别执行。

第七十条 判决宣告以后，刑罚执行完毕以前，发现被判刑的犯罪分子在判决宣告以前还有其他罪没有判决的，应当对新发现的罪作出判决，把前后两个判决所判处的刑罚，依照本法第六十九条的规定，决定执行的刑罚。已经执行的刑期，应当计算在新判决决定的刑期以内。

第七十一条 判决宣告以后，刑罚执行完毕以前，被判刑的犯罪分子又犯罪的，应当对新犯的罪作出判决，把前罪没有执行的刑罚和后罪所判处的刑罚，依照本法第六十九条的规定，决定执行的刑罚。

第五节 缓 刑

第七十二条 对于被判处拘役、三年以下有期徒刑的犯罪分子，同时符合下列条件的，可以宣告缓刑，对其中不满十八周岁的人、怀孕的妇女和已满七十五周岁的人，应当宣告缓刑：

（一）犯罪情节较轻；

（二）有悔罪表现；

（三）没有再犯罪的危险；

（四）宣告缓刑对所居住社区没有重大不良影响。

宣告缓刑，可以根据犯罪情况，同时禁止犯罪分子在缓刑考验期限内从事特定活动，进入特定区域、场所，接触特定的人。

被宣告缓刑的犯罪分子，如果被判处附加刑，附加刑仍须执行。

第七十三条 拘役的缓刑考验期限为原判刑期以上一年以下，但是不能少于二个月。

有期徒刑的缓刑考验期限为原判刑期以上五年以下，但是不能少于一年。

缓刑考验期限，从判决确定之日起计算。

第七十四条 对于累犯和犯罪集团的首要分子，不适用缓刑。

第七十五条 被宣告缓刑的犯罪分子，应当遵守下列规定：

（一）遵守法律、行政法规，服从监督；

（二）按照考察机关的规定报告自己的活动情况；

（三）遵守考察机关关于会客的规定；

（四）离开所居住的市、县或者迁居，应当报经考察机关批准。

第七十六条 对宣告缓刑的犯罪分子，在缓刑考验期限内，依法实行社区矫正，如果没有本法第七十七条规定的情形，缓刑考验期满，原判的刑罚就不再执行，并公开予以宣告。

第七十七条 被宣告缓刑的犯罪分子，在缓刑考验期限内犯新罪或者发现判决宣告以前还有其他罪没有判决的，应当撤销缓刑，对新犯的罪或者新发现的罪作出判决，把前罪和后罪所判处的刑罚，依照本法第六十九条的规定，决定执行的刑罚。

被宣告缓刑的犯罪分子，在缓刑考验期限内，违反法律、行政法规或者国务院有关部门关于缓刑的监督管理规定，或者违反人民法院判决中的禁止令，情节严重的，应当撤销缓刑，执行原判刑罚。

第六节 减 刑

第七十八条 被判处管制、拘役、有期徒刑、无期徒刑的犯罪分子，在执行期间，如果认真遵守监规，接受教育改造，确有悔改表现的，或者有立功表现的，可以减刑；有下列重大立功表现之一的，应当减刑：

（一）阻止他人重大犯罪活动的；

（二）检举监狱内外重大犯罪活动，经查证属实的；

（三）有发明创造或者重大技术革新的；

（四）在日常生产、生活中舍己救人的；

（五）在抗御自然灾害或者排除重大事故中，有突出表现的；

（六）对国家和社会有其他重大贡献的。

减刑以后实际执行的刑期不能少于下列期限：

（一）判处管制、拘役、有期徒刑的，不能少于原判刑期的二分之一；

（二）判处无期徒刑的，不能少于十三年；

（三）人民法院依照本法第五十条第二款规定限制减刑的死刑缓期执行的犯罪分子，缓期执行期满后依法减为无期徒刑的，不能少于二十五年，缓期执行期满后依法减为二十五年有期徒刑的，不能少于二十年。

第七十九条 对于犯罪分子的减刑，由执行机关向中级以上人民法院提出减刑建议书。人民法院应当组成合议庭进行审理，对确有悔改或者立功事实的，裁定予以减刑。非经法定程序不得减刑。

第八十条 无期徒刑减为有期徒刑的刑期，从裁定减刑之日起计算。

第七节 假 释

第八十一条 被判处有期徒刑的犯罪分子，执行原判刑期二分之一以上，被判处无期徒刑的犯罪分子，实际执行十三年以上，如果认真遵守监规，接受教育改造，确有悔改表现，没有再犯罪的危险的，可以假释。如果有特殊情况，经最高人民法院核准，可以不受上述执行刑期的限制。

对累犯以及因故意杀人、强奸、抢劫、绑架、放火、爆炸、投放危险物质或者有组织的暴力性犯罪被判处十年以上有期徒刑、无期徒刑的犯罪分子，不得假释。

对犯罪分子决定假释时，应当考虑其假释后对所居住社区的影响。

第八十二条 对于犯罪分子的假释，依照本法第七十九条规定的程序进行。非经法定程序不得假释。

第八十三条 有期徒刑的假释考验期限，为没有执行完毕的刑期；无期徒刑的假释考验期限为十年。

假释考验期限，从假释之日起计算。

第八十四条 被宣告假释的犯罪分子，应当遵守下列规定：

（一）遵守法律、行政法规，服从监督；

（二）按照监督机关的规定报告自己的活动情况；

（三）遵守监督机关关于会客的规定；

（四）离开所居住的市、县或者迁居，应当报经监督机关批准。

第八十五条 对假释的犯罪分子，在假释考验期限内，依法实行社区矫正，如果没有本法第八十六条规定的情形，假释考验期满，就认为原判刑罚已经执行完毕，并公开予以宣告。

第八十六条 被假释的犯罪分子，在假释考验期限内犯新罪，应当撤销假释，依照本法第七十一条的规定实行数罪并罚。

在假释考验期限内，发现被假释的犯罪分子在判决宣告以前还有其他罪没有判决的，应当撤销假释，依照本法第七十条的规定实行数罪并罚。

被假释的犯罪分子，在假释考验期限内，有违反法律、行政法规或者国务院有关部门关于假释的监督管理规定的行为，尚未构成新的犯罪的，应当依照法定程序撤销假释，收监执行未执行完毕的刑罚。

第八节 时 效

第八十七条 犯罪经过下列期限不再追诉：

（一）法定最高刑为不满五年有期徒刑的，经过五年；

（二）法定最高刑为五年以上不满十年有期徒刑的，经过十年；

（三）法定最高刑为十年以上有期徒刑的，经过十五年；

（四）法定最高刑为无期徒刑、死刑的，经过二十年。如果二十年以后认为必须追诉的，须报请最高人民检察院核准。

第八十八条 在人民检察院、公安机关、国家安全机关立案侦查或者在人民法院受理案件以后，逃避侦查或者审判的，不受追诉期限的限制。

被害人在追诉期限内提出控告，人民法院、人民检察院、公安机关应当立案而不予立案的，不受追诉期限的限制。

第八十九条 追诉期限从犯罪之日起计算；犯罪行为有连续或者继续状态的，从犯罪行为终了之日起计算。

在追诉期限以内又犯罪的，前罪追诉的期限从犯后罪之日起计算。

第五章 其他规定

第九十条 民族自治地方不能全部适用本法规定的，可以由自治区或者省的人民代表大会根据当地民族的政治、经济、文化的特点和本法规定的基本原则，制定变通或者补充的规定，报请全国人民代表大会常务委员会批准施行。

第九十一条 本法所称公共财产，是指下列财产：

（一）国有财产；

（二）劳动群众集体所有的财产；

（三）用于扶贫和其他公益事业的社会捐助或者专项基金的财产。

在国家机关、国有公司、企业、集体企业和人民团体管理、使用或者运输中的私人财产，以公共财产论。

第九十二条 本法所称公民私人所有的财产，是指下列财产：

（一）公民的合法收入、储蓄、房屋和其他生活资料；

（二）依法归个人、家庭所有的生产资料；

（三）个体户和私营企业的合法财产；

（四）依法归个人所有的股份、股票、债券和其他财产。

第九十三条 本法所称国家工作人员，是指国家机关中从事公务的人员。

国有公司、企业、事业单位、人民团体中从事公务的人员和国家机关、国有公司、企业、事业单位委派到非国有公司、企业、事业单位、社会团体从事公务的人员，以及其他依照法律从事公务的人员，以国家工作人员论。

第九十四条 本法所称司法工作人员，是指有侦查、检察、审判、监管职责的工作人员。

第九十五条 本法所称重伤，是指有下列情形之一的伤害：

（一）使人肢体残废或者毁人容貌的；

（二）使人丧失听觉、视觉或者其他器官机能的；

（三）其他对于人身健康有重大伤害的。

第九十六条 本法所称违反国家规定，是指违反全国人民代表大会及其常务委员会制定的法律和决定，国务院制定的行政法规、规定的行政措施、发布的决定和命令。

第九十七条 本法所称首要分子，是指在犯罪集团或者聚众犯罪中起组织、策划、指挥作用的犯罪分子。

第九十八条 本法所称告诉才处理，是指被害人告诉才处理。如果被害人因受强制、威吓无法告诉的，人民检察院和被害人的近亲属也可以告诉。

第九十九条 本法所称以上、以下、以内，包括本数。

第一百条 依法受过刑事处罚的人，在入伍、就业的时候，应当如实向有关单位报告自己曾受过刑事处罚，不得隐瞒。

犯罪的时候不满十八周岁被判处五年有期徒刑以下刑罚的人，免除前款规定的报告义务。

第一百零一条 本法总则适用于其他有刑罚规定的法律，但是其他法律有特别规定的除外。

第二编 分 则

第二章 危害公共安全罪

第一百一十四条 放火、决水、爆炸以及投放毒害性、放射性、传染病病原体等物质或者以其他危险方法危害公共安全，尚未造成严重后果的，处三年以上十年以下有期徒刑。

第一百一十五条 放火、决水、爆炸以及投放毒害性、放射性、传染病病原体等物质或者以其他危险方法致人重伤、死亡或者使公私财产遭受重大损失的，处十年以上有期徒刑、无期徒刑或者死刑。

过失犯前款罪的，处三年以上七年以下有期徒刑；情节较轻的，处三年以下有期徒刑或者拘役。

第一百一十六条 破坏火车、汽车、电车、船只、航空器，足以使火车、汽车、电车、船只、航空器发生倾覆、毁坏危险，尚未造成严重后果的，处三年以上十年以下有期徒刑。

第一百一十七条 破坏轨道、桥梁、隧道、公路、机场、航道、灯塔、标志或者进行其他破坏活动，足以使火车、汽车、电车、船只、航空器发生倾覆、毁坏危险，尚未造成严重后果的，处三年以上十年以下有期徒刑。

第一百一十八条 破坏电力、燃气或者其他易燃易爆设备，危害公共安全，尚未造成严重后果的，处三年以上十年以下有期徒刑。

第一百一十九条 破坏交通工具、交通设施、电力设备、燃气设备、易燃易爆设备，造成严重后果的，处十年以上有期徒刑、无期徒刑或者死刑。

过失犯前款罪的，处三年以上七年以下有期徒刑；情节较轻的，处三年以下有期徒刑或者拘役。

第一百二十条 组织、领导恐怖活动组织的，处十年以上有期徒刑或者无期徒刑，并处没收财产；积极参加的，处三年以上十年以下有期徒刑，并处罚金；其他参加的，处三年以下有期徒刑、拘役、管制或者剥夺政治权利，可以并处罚金。

犯前款罪并实施杀人、爆炸、绑架等犯罪的，依照数罪并罚的规定处罚。

第一百二十条之一 资助恐怖活动组织、实施恐怖活动的个人的，或者资助恐怖活动培训的，处五年以下有期徒刑、拘役、管制或者剥夺政治权利，并处罚金；情节严重的，处五年以上有期徒刑，并处罚金或者没收财产。

为恐怖活动组织、实施恐怖活动或者恐怖活动培训招募、运送人员的，依照前款的规定处罚。

单位犯前两款罪的，对单位判处罚金，并对其直接负责的主管人员和其他直接责任人员，依照第一款的规定处罚。

第一百二十条之二 有下列情形之一的，处五年以下有期徒刑、拘役、管制或者剥夺政治权利，并处罚金；情节严重的，处五年以上有期徒刑，并处罚金或者没收财产：

（一）为实施恐怖活动准备凶器、危险物品或者其他工具的；

（二）组织恐怖活动培训或者积极参加恐怖活动培训的；

（三）为实施恐怖活动与境外恐怖活动组织或者人员联络的；

（四）为实施恐怖活动进行策划或者其他准备的。

有前款行为，同时构成其他犯罪的，依照处罚较重的规定定罪处罚。

第一百二十条之三 以制作、散发宣扬恐怖主义、极端主义的图书、音频视频资料或者其他物品，或者通过讲授、发布信息等方式宣扬恐怖主义、极端主义的，或者煽动实施恐怖活动的，处五年以下有期徒刑、拘役、管制或者剥夺政治权利，并处罚金；情节严重的，处五年以上有期徒刑，并处罚金或者没收财产。

第一百二十条之四 利用极端主义煽动、胁迫群众破坏国家法律确立的婚姻、司法、教育、社会管理等制度实施的，处三年以下有期徒刑、拘役或者管制，并处罚金；情节严重的，处三年以上七年以下有期徒刑，并处罚金；情节特别严重的，处七年以上有期徒刑，并处罚金或者没收财产。

第一百二十条之五 以暴力、胁迫等方式强制他人在公共场所穿着、佩戴宣扬恐怖主义、极端主义服饰、标志的，处三年以下有期徒刑、拘役或者管制，并处罚金。

第一百二十条之六 明知是宣扬恐怖主义、极端主义的图书、音频视频资料或者其他物品而非法持有，情节严重的，处三年以下有期徒刑、拘役或者管制，并处或者单处罚金。

第一百二十一条 以暴力、胁迫或者其他方法劫持航空器的，处十年以上有期徒刑或者无期徒刑；致人重伤、死亡或者使航空器遭受严重破坏的，处死刑。

第一百二十二条 以暴力、胁迫或者其他方法劫持船只、汽车的，处五年以上十年以下有期徒刑；造成严重后果的，处十年以上有期徒刑或者无期徒刑。

第一百二十三条 对飞行中的航空器上的人员使用暴力，危及飞行安全，尚未造成严重后果的，处五年以下有期徒刑或者拘役；造成严重后果的，处五年以上有期徒刑。

第一百二十四条 破坏广播电视设施、公用电信设施，危害公共安全的，处三年以上七年以下有期徒刑；造成严重后果的，处七年以上有期徒刑。

过失犯前款罪的，处三年以上七年以下有期徒刑；情节较轻的，处三年以下有期徒刑或者拘役。

第一百二十五条 非法制造、买卖、运输、邮寄、储存枪支、弹药、爆炸物的，处三年以上十年以下有期徒刑；情节严重的，处十年以上有期徒刑、无期徒刑或者死刑。

非法制造、买卖、运输、储存毒害性、放射性、传染病病原体等物质，危害公共安全的，依照前款的规定处罚。

单位犯前两款罪的，对单位判处罚金，并对其直接负责的主管人员和其他直接责任人员，依照第一款的规定处罚。

第一百二十六条 依法被指定、确定的枪支制造企业、销售企业，违反枪支管理规定，有下列行为之一的，对单位判处罚金，并对其直接负责的主管人员和其他直接责任人员，处五年以下有期徒刑；情节严重的，处五年以上十年以下有期徒刑；情节特别严重的，处十年以上有期徒刑或者无期徒刑：

（一）以非法销售为目的，超过限额或者不按照规定的品种制造、配售枪支的；

（二）以非法销售为目的，制造无号、重号、假号的枪支的；

（三）非法销售枪支或者在境内销售为出口制造的枪支的。

第一百二十七条 盗窃、抢夺枪支、弹药、爆炸物的，或者盗窃、抢夺毒害性、放射性、传染病病原体等物质，危害公共安全的，处三年以上十年以下有期徒刑；情节严重的，处十年以上有期徒刑、无期徒刑或者死刑。

抢劫枪支、弹药、爆炸物的，或者抢劫毒害性、放射性、传染病病原体等物质，危害公共安全的，或者盗窃、抢夺国家机关、军警人员、民兵的枪支、弹药、爆炸物的，处十年以上有期徒刑、无期徒刑或者死刑。

第一百二十八条 违反枪支管理规定，非法持有、私藏枪支、弹药的，处三年以下有期徒刑、拘役或者管制；情节严重的，处三年以上七年以下有期徒刑。

依法配备公务用枪的人员，非法出租、出借枪支的，依照前款的规定处罚。

依法配置枪支的人员，非法出租、出借枪支，造成严重后果的，依照第一款的规定处罚。

单位犯第二款、第三款罪的，对单位判处罚金，并对其直接负责的主管人员和其他直接责任人员，依照第一款的规定处罚。

第一百二十九条 依法配备公务用枪的人员，丢失枪支不及时报告，造成严重后果的，处三年以下有期徒刑或者拘役。

第一百三十条 非法携带枪支、弹药、管制刀具或者爆炸性、易燃性、放射性、毒害性、腐蚀性物品，进入公共场所或者公共交通工具，危及公共安全，情节严重的，处三年以下有期徒刑、拘役或者管制。

第一百三十一条 航空人员违反规章制度，致使发生重大飞行事故，造成严重后果的，处三年以下有期徒刑或者拘役；造成飞机坠毁或者人员死亡的，处三年以上七年以下有期徒刑。

第一百三十二条 铁路职工违反规章制度，致使发生铁路运营安全事故，造成严重后果的，处三年以下有期徒刑或者拘役；造成特别严重后果的，处三年以上七年以下有期徒刑。

第一百三十三条 违反交通运输管理法规，因而发生重大事故，致人重伤、死亡或者使公私财产遭受重大损失的，处三年以下有期徒刑或者拘役；交通运输肇事后逃逸或者有其他特别恶劣情节的，处三年以上七年以下有期徒刑；因逃逸致人死亡的，处七年以上有期徒刑。

第一百三十三条之一 在道路上驾驶机动车，有下列情形之一的，处拘役，并处罚金：

（一）追逐竞驶，情节恶劣的；

（二）醉酒驾驶机动车的；

（三）从事校车业务或者旅客运输，严重超过额定乘员载客，或者严重超过规定时速行驶的；

（四）违反危险化学品安全管理规定运输危险化学品，危及公共安全的。

机动车所有人、管理人对前款第三项、第四项行为负有直接责任的，依照前款的规定处罚。

有前两款行为，同时构成其他犯罪的，依照处罚较重的规定定罪处罚。

第一百三十三条之二 对行驶中的公共交通工具的驾驶人员使用暴力或者抢控驾驶操纵装置，干扰公共交通工具正常行驶，危及公共安全的，处一年以下有期徒刑、拘役或者管制，并处或者单处罚金。

前款规定的驾驶人员在行驶的公共交通工具上擅离职守，与他人互殴或者殴打他人，危及公共安全的，依照前款的规定处罚。

有前两款行为，同时构成其他犯罪的，依照处罚较重的规定定罪处罚。

第一百三十四条 在生产、作业中违反有关安全管理的规定，因而发生重大伤亡事故或者造成其他严重后果的，处三年以下有期徒刑或者拘役；情节特别恶劣的，处三年以上七年以下有期徒刑。

强令他人违章冒险作业，或者明知存在重大事故隐患而不排除，仍冒险组织作业，因而发生重大伤亡事故或者造成其他严重后果的，处五年以下有期徒刑或者拘役；情节特别恶劣的，处五年以上有期徒刑。

第一百三十四条之一 在生产、作业中违反有关安全管理的规定，有下列情形之一，具有发生重大伤亡事故或者其他严重后果的现实危险的，处一年以下有期徒刑、拘役或者管制：

（一）关闭、破坏直接关系生产安全的监控、报警、防护、救生设备、设施，或者篡改、隐瞒、销毁其相关数据、信息的；

（二）因存在重大事故隐患被依法责令停产停业、停止施工、停止使用有关设备、设施、场所或者立即采取排除危险的整改措施，而拒不执行的；

（三）涉及安全生产的事项未经依法批准或者许可，擅自从事矿山开采、金属冶炼、建筑施工，以及危险物品生产、经营、储存等高度危险的生产作业活动的。

第一百三十五条 安全生产设施或者安全生产条件不符合国家规定，因而发生重大伤亡事故或者造成其他严重后果的，对直接负责的主管人员和其他直接责任人员，处三年以下有期徒刑或者拘役；情节特别恶劣的，处三年以上七年以下有期徒刑。

第一百三十五条之一 举办大型群众性活动违反安全管理规定，因而发生重大伤亡事故或者造成其他严重后果的，对直接负责的主管人员和其他直接责任人员，处三年以下有期徒刑或者拘役；情节特别恶劣的，处三年以上七年以下有期徒刑。

第一百三十六条 违反爆炸性、易燃性、放射性、毒害性、腐蚀性物品的管理规定，在生产、储存、运输、使用中发生重大事故，造成严重后果的，处三年以下有期徒刑或者拘役；后果特别严重的，处三年以上七年以下有期徒刑。

第一百三十七条 建设单位、设计单位、施工单位、工程监理单位违反国家规定，降低工程质量标准，造成重大安全事故的，对直接责任人员，处五年以下有期徒刑或者拘役，并处罚金；后果特别严重的，处五年以上十年以下有期徒刑，并处罚金。

第一百三十八条 明知校舍或者教育教学设施有危险，而不采取措施或者不及时报告，致使发生重大伤亡事故的，对直接责任人员，处三年以下有期徒刑或者拘役；后果特别严重的，处三年以上七年以下有期徒刑。

第一百三十九条 违反消防管理法规，经消防监督机构通知采取改正措施而拒绝执行，造成严重后果的，对直接责任人员，处三年以下有期徒刑或者拘役；后果特别严重的，处三年以上七年以下有期徒刑。

第一百三十九条之一 在安全事故发生后，负有报告职责的人员不报或者谎报事故情况，贻误事故抢救，情节严重的，处三年以下有期徒刑或者拘役；情节特别严重的，处三年以上七年以下有期徒刑。

最高人民法院
关于审理交通肇事刑事案件具体应用法律若干问题的解释

法释〔2000〕33 号

（2000 年 11 月 10 日最高人民法院审判委员会第 1136 次会议通过
2000 年 11 月 15 日最高人民法院公告公布　自 2000 年 11 月 21 日起施行）

为依法惩处交通肇事犯罪活动，根据刑法有关规定，现将审理交通肇事刑事案件具体应用法律的若干问题解释如下：

第一条　从事交通运输人员或者非交通运输人员，违反交通运输管理法规发生重大交通事故，在分清事故责任的基础上，对于构成犯罪的，依照刑法第一百三十三条的规定定罪处罚。

第二条　交通肇事具有下列情形之一的，处 3 年以下有期徒刑或者拘役：

（一）死亡 1 人或者重伤 3 人以上，负事故全部或者主要责任的；

（二）死亡 3 人以上，负事故同等责任的；

（三）造成公共财产或者他人财产直接损失，负事故全部或者主要责任，无能力赔偿数额在 30 万元以上的。

交通肇事致 1 人以上重伤，负事故全部或者主要责任，并具有下列情形之一的，以交通肇事罪定罪处罚：

（一）酒后、吸食毒品后驾驶机动车辆的；

（二）无驾驶资格驾驶机动车辆的；

（三）明知是安全装置不全或者安全机件失灵的机动车辆而驾驶的；

（四）明知是无牌证或者已报废的机动车辆而驾驶的；

（五）严重超载驾驶的；

（六）为逃避法律追究逃离事故现场的。

第三条　“交通运输肇事后逃逸”，是指行为人具有本解释第二条第一款规定和第二款第（一）至（五）项规定的情形之一，在发生交通事故后，为逃避法律追究而逃跑的行为。

第四条　交通肇事具有下列情形之一的，属于“有其他特别恶劣情节”，处 3 年以上 7 年以下有期徒刑：

（一）死亡 2 人以上或者重伤 5 人以上，负事故全部或者主要责任的；

（二）死亡 6 人以上，负事故同等责任的；

（三）造成公共财产或者他人财产直接损失，负事故全部或者主要责任，无能力赔偿数额在 60 万元以上的。

第五条　“因逃逸致人死亡”，是指行为人在交通肇事后为逃避法律追究而逃跑，致使被害人因得不到救助而死亡的情形。

交通肇事后，单位主管人员、机动车辆所有人、承包人或者乘车人指使肇事人逃逸，致使被害人因得不到救助而死亡的，以交通肇事罪的共犯论处。

第六条　行为人在交通肇事后为逃避法律追究，将被害人带离事故现场后隐藏或者遗弃，致使被害人无法得到救助而死亡或者严重残疾的，应当分别依照刑法第二百三十二条、第二百三十四条第二款的规定，以故意杀人罪或者故意伤害罪定罪处罚。

第七条　单位主管人员、机动车辆所有人或者机动车辆承包人指使、强令他人违章驾驶造成重大交通事故，具有本解释第二条规定情形之一的，以交通肇事罪定罪处罚。

第八条　在实行公共交通管理的范围内发生重大交通事故的，依照刑法第一百三十三条和本解释的有关规定办理。

在公共交通管理的范围外，驾驶机动车辆或者使用其他交通工具致人伤亡或者致使公共财产或者他人财产遭受重大损失，构成犯罪的，分别依照刑法第一百三十四条、第一百三十五条、第二百三十三条等规定定罪处罚。

第九条 各省、自治区、直辖市高级人民法院可以根据本地实际情况，在30万元至60万元、60万元至100万元的幅度内，确定本地区执行本解释第二条第一款第（三）项、第四条第（三）项的起点数额标准，并报最高人民法院备案。

最高人民法院 最高人民检察院
关于办理与盗窃、抢劫、诈骗、抢夺机动车相关刑事案件具体应用法律若干问题的解释

法释〔2007〕11号

（2006年12月25日最高人民法院审判委员会第1411次会议、2007年2月14日最高人民检察院第十届检察委员会第71次会议通过 2007年5月9日最高人民法院、最高人民检察院公告公布 自2007年5月11日起施行）

为依法惩治与盗窃、抢劫、诈骗、抢夺机动车相关的犯罪活动，根据刑法、刑事诉讼法等有关法律的规定，现对办理这类案件具体应用法律的若干问题解释如下：

第一条 明知是盗窃、抢劫、诈骗、抢夺的机动车，实施下列行为之一的，依照刑法第三百一十二条的规定，以掩饰、隐瞒犯罪所得、犯罪所得收益罪定罪，处三年以下有期徒刑、拘役或者管制，并处或者单处罚金：

（一）买卖、介绍买卖、典当、拍卖、抵押或者用其抵债的；

（二）拆解、拼装或者组装的；

（三）修改发动机号、车辆识别代号的；

（四）更改车身颜色或者车辆外形的；

（五）提供或者出售机动车来历凭证、整车合格证、号牌以及有关机动车的其他证明和凭证的；

（六）提供或者出售伪造、变造的机动车来历凭证、整车合格证、号牌以及有关机动车的其他证明和凭证的。

实施第一款规定的行为涉及盗窃、抢劫、诈骗、抢夺的机动车五辆以上或者价值总额达到五十万元以上的，属于刑法第三百一十二条规定的“情节严重”，处三年以上七年以下有期徒刑，并处罚金。

第二条 伪造、变造、买卖机动车行驶证、登记证书，累计三本以上的，依照刑法第二百八十条第一款的规定，以伪造、变造、买卖国家机关证件罪定罪，处三年以下有期徒刑、拘役、管制或者剥夺政治权利。

伪造、变造、买卖机动车行驶证、登记证书，累计达到第一款规定数量标准五倍以上的，属于刑法第二百八十条第一款规定中的“情节严重”，处三年以上十年以下有期徒刑。

第三条 国家机关工作人员滥用职权，有下列情形之一，致使盗窃、抢劫、诈骗、抢夺的机动车被办理登记手续，数量达到三辆以上或者价值总额达到三十万元以上的，依照刑法第三百九十七条第一款的规定，以滥用职权罪定罪，处三年以下有期徒刑或者拘役：

（一）明知是登记手续不全或者不符合规定的机动车而办理登记手续的；

（二）指使他人为明知是登记手续不全或者不符合规定的机动车办理登记手续的；

（三）违规或者指使他人违规更改、调换车辆档案的；

（四）其他滥用职权的行为。

国家机关工作人员疏于审查或者审查不严，致使盗窃、抢劫、诈骗、抢夺的机动车被办理登记手续，数量达到五辆以上或者价值总额达到五十万元以上的，依照刑法第三百九十七条第一款的规定，以玩忽职守罪定罪，处三年以下有期徒刑或者拘役。

国家机关工作人员实施前两款规定的行

为，致使盗窃、抢劫、诈骗、抢夺的机动车被办理登记手续，分别达到前两款规定数量、数额标准五倍以上的，或者明知是盗窃、抢劫、诈骗、抢夺的机动车而办理登记手续的，属于刑法第三百九十七条第一款规定的“情节特别严重”，处三年以上七年以下有期徒刑。

国家机关工作人员徇私舞弊，实施上述行为，构成犯罪的，依照刑法第三百九十七条第二款的规定定罪处罚。

第四条 实施本解释第一条、第二条、第三条第一款或者第三款规定的行为，事前与盗窃、抢劫、诈骗、抢夺机动车的犯罪分子通谋的，以盗窃罪、抢劫罪、诈骗罪、抢夺罪的共犯论处。

第五条 对跨地区实施的涉及同一机动车的盗窃、抢劫、诈骗、抢夺以及掩饰、隐瞒犯罪所得、犯罪所得收益行为，有关公安机关可以依照法律和有关规定一并立案侦查，需要提请批准逮捕、移送审查起诉、提起公诉的，由该公安机关所在地的同级人民检察院、人民法院受理。

第六条 行为人实施本解释第一条、第三条第三款规定的行为，涉及的机动车有下列情形之一的，应当认定行为人主观上属于上述条款所称“明知”：

（一）没有合法有效的来历凭证；

（二）发动机号、车辆识别代号有明显更改痕迹，没有合法证明的。

最高人民法院
关于醉酒驾车犯罪法律适用问题指导意见

2009 年 9 月 11 日　　法发〔2009〕47 号

为依法严肃处理醉酒驾车犯罪案件，统一法律适用标准，充分发挥刑罚惩治和预防犯罪的功能，有效遏制酒后和醉酒驾车犯罪的多发、高发态势，切实维护广大人民群众的生命健康安全，有必要对醉酒驾车犯罪法律适用问题作出统一规范。

一、准确适用法律，依法严惩醉酒驾车犯罪

刑法规定，醉酒的人犯罪，应当负刑事责任。行为人明知酒后驾车违法、醉酒驾车会危害公共安全，却无视法律醉酒驾车，特别是在肇事后继续驾车冲撞，造成重大伤亡，说明行为人主观上对持续发生的危害结果持放任态度，具有危害公共安全的故意。对此类醉酒驾车造成重大伤亡的，应依法以以危险方法危害公共安全罪定罪。

2009 年 9 月 8 日公布的两起醉酒驾车犯罪案件中，被告人黎景全和被告人孙伟铭都是在严重醉酒状态下驾车肇事，连续冲撞，造成重大伤亡。其中，黎景全驾车肇事后，不顾伤者及劝阻他的众多村民的安危，继续驾车行驶，致 2 人死亡，1 人轻伤；孙伟铭长期无证驾驶，多次违反交通法规，在醉酒驾车与其他车辆追尾后，为逃逸继续驾车超限速行驶，先后与 4 辆正常行驶的轿车相撞，造成 4 人死亡、1 人重伤。被告人黎景全和被告人孙伟铭在醉酒驾车发生交通事故后，继续驾车冲撞行驶，其主观上对他人伤亡的危害结果明显持放任态度，具有危害公共安全的故意。二被告人的行为均已构成以危险方法危害公共安全罪。

二、贯彻宽严相济刑事政策，适当裁量刑罚

根据刑法第一百一十五条第一款的规定，醉酒驾车，放任危害结果发生，造成重大伤亡事故，构成以危险方法危害公共安全罪的，应处以十年以上有期徒刑、无期徒刑或者死刑。具体决定对被告人的刑罚时，要综合考虑此类犯罪的性质、被告人的犯罪情节、危害后果及其主观恶性、人身危险性。一般情况下，醉酒驾车构成本罪的，行为人在主观上并不希望、也不追求危害结果的发生，属于间接故意犯罪，行为的主观恶性与以制造事端为目的而恶意驾车撞人并造成重大伤亡后果的直接故意犯罪有所不同，因此，在决定刑罚时，也应当有所区别。此外，醉酒状态下驾车，行为人的辨认和控制能力实际有所减弱，量刑时也应酌情考虑。

被告人黎景全和被告人孙伟铭醉酒驾车犯罪案件，依法没有适用死刑，而是分别判处无期徒刑，主要考虑到二被告人均系间接故意犯罪，与直接故意犯罪相比，主观恶性不是很深，人身危险性不是很大；犯罪时驾驶车辆的控制能力有所减弱；归案后认罪、悔罪态度较好，积极赔偿被害方的经济损失，一定程度上获得了被害方的谅解。广东省高级人民法院和四州省高级人民法院的终审裁判对二被告人的量刑是适当的。

三、统一法律适用，充分发挥司法审判职能作用

为依法严肃处理醉酒驾车犯罪案件，遏制酒后和醉酒驾车对公共安全造成的严重危害，警示、教育潜在违规驾驶人员，今后，对醉酒驾车，放任危害结果的发生，造成重大伤亡的，一律按照本意见规定，并参照附发的典型案例，依法以以危险方法危害公共安全罪定罪量刑。

为维护生效裁判的既判力，稳定社会关系，对于此前已经处理过的将特定情形的醉酒驾车认定为交通肇事罪的案件，应维持终审裁判，不再变动。

本意见执行中有何情况和问题，请及时层报最高人民法院。

最高人民法院研究室
关于交通肇事刑事案件附带民事赔偿范围问题的答复

2014年2月24日　　法研〔2014〕30号

湖北省高级人民法院：

你院鄂高法〔2013〕280号《关于交通肇事刑事案件附带民事赔偿范围的请示》收悉，经研究，答复如下：

根据刑事诉讼法第九十九条、第一百零一条和《最高人民法院关于适用〈中华人民共和国刑事诉讼法〉的解释》第一百五十五条的规定，交通肇事刑事案件的附带民事诉讼当事人未能就民事赔偿问题达成调解、和解协议的，无论附带民事诉讼被告人是否投保机动车第三者强制责任保险，均可将死亡赔偿金、残疾赔偿金纳入判决赔偿的范围。

此复。

最高人民法院　最高人民检察院　公安部
关于依法惩治妨害公共交通工具安全驾驶违法犯罪行为的指导意见

2019年1月8日　　公通字〔2019〕1号

各省、自治区、直辖市高级人民法院、人民检察院、公安厅（局），新疆维吾尔自治区高级人民法院生产建设兵团分院，新疆生产建设兵团人民检察院、公安局：

近期，一些地方接连发生在公共交通工具上妨害安全驾驶的行为。有的乘客仅因琐事纷争，对正在驾驶公共交通工具的驾驶人员实施暴力干扰行为，造成重大人员伤亡、财产损失，严重危害公共安全，社会反响强烈。为依法惩治妨害公共交通工具安全驾驶违法犯罪行为，维护公共交通安全秩序，保护人民群众生命财产安全，根据有关法律规定，制定本意见。

一、准确认定行为性质，依法从严惩处妨害安全驾驶犯罪

（一）乘客在公共交通工具行驶过程中，抢夺方向盘、变速杆等操纵装置，殴打、拉拽驾驶人员，或者有其他妨害安全驾驶行为，危害公共安全，尚未造成严重后果的，依照刑法第一百一十四条的规定，以以危险方法危害公共安全罪定罪处罚；致人重伤、死亡或者使公私财产遭受重大损失的，依照刑法第一百一十五条第一款的规定，以以危险方法危害公共安全罪定罪处罚。

实施前款规定的行为，具有以下情形之一的，从重处罚：

1. 在夜间行驶或者恶劣天气条件下行驶的公共交通工具上实施的；

2. 在临水、临崖、急弯、陡坡、高速公路、高架道路、桥隧路段及其他易发生危险的路段实施的；

3. 在人员、车辆密集路段实施的；

4. 在实际载客10人以上或者时速60公里以上的公共交通工具上实施的；

5. 经他人劝告、阻拦后仍然继续实施的；

6. 持械袭击驾驶人员的；

7. 其他严重妨害安全驾驶的行为。

实施上述行为，即使尚未造成严重后果，一般也不得适用缓刑。

（二）乘客在公共交通工具行驶过程中，随意殴打其他乘客，追逐、辱骂他人，或者起哄闹事，妨害公共交通工具运营秩序，符合刑法第二百九十三条规定的，以寻衅滋事罪定罪处罚；妨害公共交通工具安全行驶，危害公共安全的，依照刑法第一百一十四条、第一百一十五条第一款的规定，以以危险方法危害公共安全罪定罪处罚。

（三）驾驶人员在公共交通工具行驶过程中，与乘客发生纷争后违规操作或者擅离职守，与乘客厮打、互殴，危害公共安全，尚未造成严重后果的，依照刑法第一百一十四条的规定，以以危险方法危害公共安全罪定罪处罚；致人重伤、死亡或者使公私财产遭受重大损失的，依照刑法第一百一十五条第一款的规定，以以危险方法危害公共安全罪定罪处罚。

（四）对正在进行的妨害安全驾驶的违法犯罪行为，乘客等人员有权采取措施予以制止。制止行为造成违法犯罪行为人损害，符合法定条件的，应当认定为正当防卫。

（五）正在驾驶公共交通工具的驾驶人员遭到妨害安全驾驶行为侵害时，为避免公共交通工具倾覆或者人员伤亡等危害后果发生，采取紧急制动或者躲避措施，造成公共交通工具、交通设施损坏或者人身损害，符合法定条件的，应当认定为紧急避险。

（六）以暴力、威胁方法阻碍国家机关工作人员依法处置妨害安全驾驶违法犯罪行为、维护公共交通秩序的，依照刑法第二百七十七条的规定，以妨害公务罪定罪处罚；暴力袭击正在依法执行职务的人民警察的，从重处罚。

（七）本意见所称公共交通工具，是指公共汽车、公路客运车，大、中型出租车等车辆。

二、加强协作配合，有效维护公共交通安全秩序

妨害公共交通工具安全驾驶行为具有高度危险性，极易诱发重大交通事故，造成重大人身伤亡、财产损失，严重威胁公共安全。各级人民法院、人民检察院和公安机关要高度重视妨害安全驾驶行为的现实危害，深刻认识维护公共交通秩序对于保障人民群众生命财产安全与社会和谐稳定的重大意义，准确认定行为性质，依法从严惩处，充分发挥刑罚的震慑、教育作用，预防、减少妨害安全驾驶不法行为发生。

公安机关接到妨害安全驾驶相关警情后要及时处警，采取果断措施予以处置；要妥善保护事发现场，全面收集、提取证据，特别是注意收集行车记录仪、道路监控等视听资料。人民检察院应当对公安机关的立案、侦查活动进行监督；对于公安机关提请批准逮捕、移送审查起诉的案件，符合逮捕、起诉条件的，应当依法予以批捕、起诉。人民法院应当及时公开、公正审判。对于妨害安全驾驶行为构成犯罪的，严格依法追究刑事责任；尚不构成犯罪但构成违反治安管理行为的，依法给予治安管理处罚。

在办理案件过程中，人民法院、人民检察院和公安机关要综合考虑公共交通工具行驶速度、通行路段情况、载客情况、妨害安全驾驶行为的严重程度及对公共交通安全的危害大小、行为人认罪悔罪表现等因素，全面准确评判，充分彰显强化保障公共交通安全的价值导向。

三、强化宣传警示教育，提升公众交通安全意识

人民法院、人民检察院、公安机关要积极回应人民群众关切，对于社会影响大、舆论关注度高的重大案件，在依法办案的同时要视情向社会公众发布案件进展情况。要广泛拓展传播渠道，尤其是充分运用微信公众号、微博等网络新媒体，及时通报案件信息、澄清事实真相，借助焦点案事件向全社会传递公安和司法机关坚决惩治妨害安全驾驶违法犯罪的坚定决心，提升公众的安全意识、规则意识和法治意识。

办案单位要切实贯彻“谁执法、谁普法”的普法责任制，以各种有效形式开展以案释法，选择妨害安全驾驶犯罪的典型案例进行庭审直播，或者邀请专家学者、办案人员进行解读，阐明妨害安全驾驶行为的违法性、危害性。要坚持弘扬社会正气，选择及时制止妨害安全驾驶行为的见义勇为事例进行褒扬，向全社会广泛宣传制止妨害安全驾驶行为的正当性、必要性。

各地各相关部门要认真贯彻执行。执行中遇有问题，请及时上报。

最高人民法院　最高人民检察院
公安部　司法部
关于印发《最高人民法院　最高人民检察院　公安部　司法部关于办理醉酒危险驾驶刑事案件的意见》的通知

2023 年 12 月 13 日　　高检发办字〔2023〕187 号

各省、自治区、直辖市高级人民法院、人民检察院、公安厅（局）、司法厅（局），解放军军事法院、军事检察院，军委政法委员会保卫局，新疆维吾尔自治区高级人民法院生产建设兵团分院，新疆生产建设兵团人民检察院、公安局、司法局：

自 2011 年醉驾入刑以来，各地坚持严格执法、公正司法，依法惩治酒驾醉驾违法犯罪行为，有力维护了人民群众生命财产安全和道路交通安全，酒驾醉驾治理取得明显成效。为适应新形势新变化，进一步统一执法司法标准，严格规范、依法办理醉驾案件，最高人民法院、最高人民检察院、公安部、司法部制定了《关于办理醉酒危险驾驶刑事案件的意见》，现印发给你们，请认真贯彻执行。执行中遇到的问题，请及时层报最高人民法院、最高人民检察院、公安部、司法部。

附：

最高人民法院 最高人民检察院 公安部 司法部 关于办理醉酒危险驾驶刑事案件的意见

为维护人民群众生命财产安全和道路交通安全，依法惩治醉酒危险驾驶（以下简称醉驾）违法犯罪，根据刑法、刑事诉讼法等有关规定，结合执法司法实践，制定本意见。

一、总体要求

第一条 人民法院、人民检察院、公安机关办理醉驾案件，应当坚持分工负责，互相配合，互相制约，坚持正确适用法律，坚持证据裁判原则，严格执法，公正司法，提高办案效率，实现政治效果、法律效果和社会效果的有机统一。人民检察院依法对醉驾案件办理活动实行法律监督。

第二条 人民法院、人民检察院、公安机关办理醉驾案件，应当全面准确贯彻宽严相济刑事政策，根据案件的具体情节，实行区别对待，做到该宽则宽，当严则严，罚当其罪。

第三条 人民法院、人民检察院、公安机关和司法行政机关应当坚持惩治与预防相结合，采取多种方式强化综合治理、诉源治理，从源头上预防和减少酒后驾驶行为发生。

二、立案与侦查

第四条 在道路上驾驶机动车，经呼气酒精含量检测，显示血液酒精含量达到80毫克/100毫升以上的，公安机关应当依照刑事诉讼法和本意见的规定决定是否立案。对情节显著轻微、危害不大，不认为是犯罪的，不予立案。

公安机关应当及时提取犯罪嫌疑人血液样本送检。认定犯罪嫌疑人是否醉酒，主要以血液酒精含量鉴定意见作为依据。

犯罪嫌疑人经呼气酒精含量检测，显示血液酒精含量达到80毫克/100毫升以上，在提取血液样本前脱逃或者找人顶替的，可以以呼气酒精含量检测结果作为认定其醉酒的依据。

犯罪嫌疑人在公安机关依法检查时或者发生道路交通事故后，为逃避法律追究，在呼气酒精含量检测或者提取血液样本前故意饮酒的，可以以查获后血液酒精含量鉴定意见作为认定其醉酒的依据。

第五条 醉驾案件中“道路”“机动车”的认定适用道路交通安全法有关“道路”“机动车”的规定。

对机关、企事业单位、厂矿、校园、居民小区等单位管辖范围内的路段是否认定为“道路”，应当以其是否具有“公共性”，是否“允许社会机动车通行”作为判断标准。只允许单位内部机动车、特定来访机动车通行的，可以不认定为“道路”。

第六条 对醉驾犯罪嫌疑人、被告人，根据案件具体情况，可以依法予以拘留或者取保候审。具有下列情形之一的，一般予以取保候审：

（一）因本人受伤需要救治的；

（二）患有严重疾病，不适宜羁押的；

（三）系怀孕或者正在哺乳自己婴儿的妇女；

（四）系生活不能自理的人的唯一扶养人；

（五）其他需要取保候审的情形。

对符合取保候审条件，但犯罪嫌疑人、被告人不能提出保证人，也不交纳保证金的，可以监视居住。对违反取保候审、监视居住规定的犯罪嫌疑人、被告人，情节严重的，可以予以逮捕。

第七条 办理醉驾案件，应当收集以下证据：

（一）证明犯罪嫌疑人情况的证据材料，主要包括人口信息查询记录或者户籍证明等身份证明；驾驶证、驾驶人信息查询记录；犯罪前科记录、曾因饮酒后驾驶机动车被查获或者行政处罚记录、本次交通违法行政处罚决定书等；

（二）证明醉酒检测鉴定情况的证据材料，主要包括呼气酒精含量检测结果、呼气酒精含量检测仪标定证书、血液样本提取笔录、鉴定委托书或者鉴定机构接收检材登记材料、血液酒精含量鉴定意见、鉴定意见通知书等；

（三）证明机动车情况的证据材料，主要包括机动车行驶证、机动车信息查询记录、机动车照片等；

（四）证明现场执法情况的照片，主要包括现场检查机动车、呼气酒精含量检测、提取与封装血液样本等环节的照片，并应当保存相关环节的录音录像资料；

（五）犯罪嫌疑人供述和辩解。

根据案件具体情况，还应当收集以下证据：

（一）犯罪嫌疑人是否饮酒、驾驶机动车有争议的，应当收集同车人员、现场目击证人或者共同饮酒人员等证人证言、饮酒场所及行驶路段监控记录等；

（二）道路属性有争议的，应当收集相关管理人员、业主等知情人员证言、管理单位或者有关部门出具的证明等；

（三）发生交通事故的，应当收集交通事故认定书、事故路段监控记录、人体损伤程度等鉴定意见、被害人陈述等；

（四）可能构成自首的，应当收集犯罪嫌疑人到案经过等材料；

（五）其他确有必要收集的证据材料。

第八条 对犯罪嫌疑人血液样本提取、封装、保管、送检、鉴定等程序，按照公安部、司法部有关道路交通安全违法行为处理程序、鉴定规则等规定执行。

公安机关提取、封装血液样本过程应当全程录音录像。血液样本提取、封装应当做好标记和编号，由提取人、封装人、犯罪嫌疑人在血液样本提取笔录上签字。犯罪嫌疑人拒绝签字的，应当注明。提取的血液样本应当及时送往鉴定机构进行血液酒精含量鉴定。因特殊原因不能及时送检的，应当按照有关规范和技术标准保管检材并在五个工作日内送检。

鉴定机构应当对血液样品制备和仪器检测过程进行录音录像。鉴定机构应当在收到送检血液样本后三个工作日内，按照有关规范和技术标准进行鉴定并出具血液酒精含量鉴定意见，通知或者送交委托单位。

血液酒精含量鉴定意见作为证据使用的，办案单位应当自收到血液酒精含量鉴定意见之日起五个工作日内，书面通知犯罪嫌疑人、被告人、被害人或者其法定代理人。

第九条 具有下列情形之一，经补正或者作出合理解释的，血液酒精含量鉴定意见可以作为定案的依据；不能补正或者作出合理解释的，应当予以排除：

（一）血液样本提取、封装、保管不规范的；

（二）未按规定的时间和程序送检、出具鉴定意见的；

（三）鉴定过程未按规定同步录音录像的；

（四）存在其他瑕疵或者不规范的取证行为的。

三、刑事追究

第十条 醉驾具有下列情形之一，尚不构成其他犯罪的，从重处理：

（一）造成交通事故且负事故全部或者主要责任的；

（二）造成交通事故后逃逸的；

（三）未取得机动车驾驶证驾驶汽车的；

（四）严重超员、超载、超速驾驶的；

（五）服用国家规定管制的精神药品或者麻醉药品后驾驶的；

（六）驾驶机动车从事客运活动且载有乘客的；

（七）驾驶机动车从事校车业务且载有师生的；

（八）在高速公路上驾驶的；

（九）驾驶重型载货汽车的；

（十）运输危险化学品、危险货物的；

（十一）逃避、阻碍公安机关依法检查的；

（十二）实施威胁、打击报复、引诱、贿买证人、鉴定人等人员或者毁灭、伪造证据等妨害司法行为的；

（十三）二年内曾因饮酒后驾驶机动车被查获或者受过行政处罚的；

（十四）五年内曾因危险驾驶行为被判决有罪或者作相对不起诉的；

（十五）其他需要从重处理的情形。

第十一条 醉驾具有下列情形之一的，从宽处理：

（一）自首、坦白、立功的；

（二）自愿认罪认罚的；

（三）造成交通事故，赔偿损失或者取得谅解的；

（四）其他需要从宽处理的情形。

第十二条 醉驾具有下列情形之一，且不具有本意见第十条规定情形的，可以认定为情节显著轻微、危害不大，依照刑法第十三条、刑事诉讼法第十六条的规定处理：

（一）血液酒精含量不满150毫克/100毫升的；

（二）出于急救伤病人员等紧急情况驾驶机动车，且不构成紧急避险的；

（三）在居民小区、停车场等场所因挪车、停车入位等短距离驾驶机动车的；

（四）由他人驾驶至居民小区、停车场等场所短距离接替驾驶停放机动车的，或者为了交由他人驾驶，自居民小区、停车场等场所短距离驶出的；

（五）其他情节显著轻微的情形。

醉酒后出于急救伤病人员等紧急情况，不得已驾驶机动车，构成紧急避险的，依照刑法第二十一条的规定处理。

第十三条 对公安机关移送审查起诉的醉驾案件，人民检察院综合考虑犯罪嫌疑人驾驶的动机和目的、醉酒程度、机动车类型、道路情况、行驶时间、速度、距离以及认罪悔罪表现等因素，认为属于犯罪情节轻微的，依照刑法第三十七条、刑事诉讼法第一百七十七条第二款的规定处理。

第十四条 对符合刑法第七十二条规定的醉驾被告人，依法宣告缓刑。具有下列情形之一的，一般不适用缓刑：

（一）造成交通事故致他人轻微伤或者轻伤，且负事故全部或者主要责任的；

（二）造成交通事故且负事故全部或者主要责任，未赔偿损失的；

（三）造成交通事故后逃逸的；

（四）未取得机动车驾驶证驾驶汽车的；

（五）血液酒精含量超过180毫克/100毫升的；

（六）服用国家规定管制的精神药品或者麻醉药品后驾驶的；

（七）采取暴力手段抗拒公安机关依法检查，或者实施妨害司法行为的；

（八）五年内曾因饮酒后驾驶机动车被查获或者受过行政处罚的；

（九）曾因危险驾驶行为被判决有罪或者作相对不起诉的；

（十）其他情节恶劣的情形。

第十五条 对被告人判处罚金，应当根据醉驾行为、实际损害后果等犯罪情节，综合考虑被告人缴纳罚金的能力，确定与主刑相适应的罚金数额。起刑点一般不应低于道路交通安全法规定的饮酒后驾驶机动车相应情形的罚款数额；每增加一个月拘役，增加一千元至五千元罚金。

第十六条 醉驾同时构成交通肇事罪、过失以危险方法危害公共安全罪、以危险方法危害公共安全罪等其他犯罪的，依照处罚较重的规定定罪，依法从严追究刑事责任。

醉酒驾驶机动车，以暴力、威胁方法阻碍公安机关依法检查，又构成妨害公务罪、袭警罪等其他犯罪的，依照数罪并罚的规定处罚。

第十七条 犯罪嫌疑人醉驾被现场查获后，经允许离开，再经公安机关通知到案或者主动到案，不认定为自动投案；造成交通事故后保护现场、抢救伤者，向公安机关报告并配合调查的，应当认定为自动投案。

第十八条 根据本意见第十二条第一款、第十三条、第十四条处理的案件，可以将犯罪嫌疑人、被告人自愿接受安全驾驶教育、从事交通志愿服务、社区公益服务等情况作为作出相关处理的考量因素。

第十九条 对犯罪嫌疑人、被告人决定不起诉或者免予刑事处罚的，可以根据案件的不同情况，予以训诫或者责令具结悔过、赔礼道歉、赔偿损失，需要给予行政处罚、处分的，移送有关主管机关处理。

第二十条 醉驾属于严重的饮酒后驾驶机动车行为。血液酒精含量达到80毫克/100毫升以上，公安机关应当在决定不予立案、撤销案件或者移送审查起诉前，给予行为人吊销机动车驾驶证行政处罚。根据本意见第十二条第一款处理的案件，公安机关还应当按照道路交通安全法规定的饮酒后驾驶机动车相应情形，给予行为人罚款、行政拘留的行政处罚。

人民法院、人民检察院依据本意见第十二条第一款、第十三条处理的案件，对被不起诉人、被告人需要予以行政处罚的，应当提出检察意见或者司法建议，移送公安机关依照前款规定处理。公安机关应当将处理情况通报人民法院、人民检察院。

四、快速办理

第二十一条 人民法院、人民检察院、公安机关和司法行政机关应当加强协作配合，在遵循法定程序、保障当事人权利的前提下，因地制宜建立健全醉驾案件快速办理机制，简化办案流程，缩短办案期限，实现醉驾案件优质高效办理。

第二十二条 符合下列条件的醉驾案件，一般应当适用快速办理机制：

（一）现场查获，未造成交通事故的；

（二）事实清楚，证据确实、充分，法律适用没有争议的；

（三）犯罪嫌疑人、被告人自愿认罪认罚的；

（四）不具有刑事诉讼法第二百二十三条规定情形的。

第二十三条 适用快速办理机制办理的醉驾案件，人民法院、人民检察院、公安机关一般应当在立案侦查之日起三十日内完成侦查、起诉、审判工作。

第二十四条 在侦查或者审查起诉阶段采取取保候审措施的，案件移送至审查起诉或者审判阶段时，取保候审期限尚未届满且符合取保候审条件的，受案机关可以不再重新作出取保候审决定，由公安机关继续执行原取保候审措施。

第二十五条 对醉驾被告人拟提出缓刑量刑建议或者宣告缓刑的，一般可以不进行调查评估。确有必要的，应当及时委托社区矫正机构或者有关社会组织进行调查评估。受委托方应当及时向委托机关提供调查评估结果。

第二十六条 适用简易程序、速裁程序的醉驾案件，人民法院、人民检察院、公安机关和司法行政机关可以采取合并式、要素式、表格式等方式简化文书。

具备条件的地区，可以通过一体化的网上办案平台流转、送达电子卷宗、法律文书等，实现案件线上办理。

五、综合治理

第二十七条 人民法院、人民检察院、公安机关和司法行政机关应当积极落实普法责任制，加强道路交通安全法治宣传教育，广泛开展普法进机关、进乡村、进社区、进学校、进企业、进单位、进网络工作，引导社会公众培养规则意识，养成守法习惯。

第二十八条 人民法院、人民检察院、公安机关和司法行政机关应当充分运用司法建议、检察建议、提示函等机制，督促有关部门、企事业单位，加强本单位人员教育管理，加大驾驶培训环节安全驾驶教育，规范代驾行业发展，加强餐饮、娱乐等涉酒场所管理，加大警示提醒力度。

第二十九条 公安机关、司法行政机关应当根据醉驾服刑人员、社区矫正对象的具体情况，制定有针对性的教育改造、矫正方案，实现分类管理、个别化教育，增强其悔罪意识、法治观念，帮助其成为守法公民。

六、附则

第三十条 本意见自2023年12月28日起施行。《最高人民法院 最高人民检察院 公安部关于办理醉酒驾驶机动车刑事案件适用法律若干问题的意见》（法发〔2013〕15号）同时废止。

公安部
关于公安机关办理醉酒驾驶机动车犯罪案件的指导意见

2011年9月19日　　公交管〔2011〕190号

各省、自治区、直辖市公安厅、局，新疆生产建设兵团公安局：

2011年5月1日《刑法修正案（八）》实施以来，各地公安机关依法查处了一批醉酒驾驶机动车犯罪案件，取得了良好法律效果和社会效果。为保证《刑法修正案（八）》的正确实施，进一步规范公安机关办理醉酒驾驶机动车犯罪的执法活动，依照刑法及有关修正案、刑事诉讼法及公安机关办理刑事案件程序规定等规定，现就公安机关办理醉酒驾驶机动车犯罪案件提出以下指导意见：

一、进一步规范现场调查

1. 严格血样提取条件。交通民警要严格按照《交通警察道路执勤执法工作规范》的要求检查酒后驾驶机动车行为，检查中发现机动车驾驶人有酒后驾驶机动车嫌疑的，立即进行呼气酒精测试，对涉嫌醉酒驾驶机动车、当事人对呼气酒精测试结果有异议，或者拒绝配合呼气酒精测试等方法测试以及涉嫌饮酒后、醉酒驾驶机动车发生交通事故的，应当立即提取血样检验血液酒精含量。

2. 及时固定犯罪证据。对查获醉酒驾驶机动车嫌疑人的经过、呼气酒精测试和提取血样过程应当及时制作现场调查记录；有条件的，还应当通过拍照或者录音、录像等方式记录；现场有见证人的，应当及时收集证人证言。发现当事人涉嫌饮酒后或者醉酒驾驶机动车的，依法扣留机动车驾驶证，对当事人驾驶的机动车，需要作为证据的，可以依法扣押。

3. 完善醒酒约束措施。当事人在醉酒状态下，应当先采取保护性约束措施，并进行人身安全检查，由2名以上交通民警或者1名交通民警带领2名以上交通协管员将当事人带至醒酒约束场所，约束至酒醒。对行为举止失控的当事人，可以使用约束带或者警绳，但不得使用手铐、脚镣等警械。醒酒约束场所应当配备醒酒设施和安全防护设施。约束过程中，要加强监护，确认当事人酒醒后，要立即解除约束，并进行询问。

4. 改进执勤检查方式。交通民警在道路上检查酒后驾驶机动车时，应当采取有效措施科学组织疏导交通，根据车流量合理控制拦车数量。车流量较大时，应当采取减少检查车辆数量或者暂时停止拦截等方式，确保现场安全有序。要求驾驶人接受呼气酒精测试时，应当使用规范用语，严格按照工作规程操作，每测试一人更换一次新的吹嘴。当事人违反测试要求的，应当当场重新测试。

二、进一步规范办案期限

5、规范血样提取送检。交通民警对当事人血样提取过程应当全程监控，保证收集证据合法、有效。提取的血样要当场登记封装，并立即送县级以上公安机关检验鉴定机构或者经公安机关认可的其他具备资格的检验鉴定机构进行血液酒精含量检验。因特殊原因不能立即送检的，应当按照规范低温保存，经上级公安机关交通管理部门负责人批准，可以在3日内送检。

6、提高检验鉴定效率。要加快血液酒精检验鉴定机构建设，加强检验鉴定技术人员的培养。市、县公安机关尚未建立检验鉴定机构的，要尽快建立具有血液酒精检验职能的检验鉴定机构，并建立24小时值班制度。要切实提高血液酒精检验鉴定效率，对送检的血样，检验鉴定机构应当在3日内出具检验报告。当事人对检验结果有异议的，应当告知其在接到检验报告后3日内提出重新检验申请。

7、严格办案时限。要建立醉酒驾驶机动车案件快侦快办工作制度，加强内部办案协作，严格办案时限要求。为提高办案效率，对现场发现的饮酒后或者醉酒驾驶机动车的嫌疑人，尚未立刑事案件的，可以口头传唤其到指定地点接受调查；有条件的，对当事人可以现场调查询问；对犯罪嫌疑人采取强制措施的，应当及时进行讯问。对案件事实清楚、证据确实充分的，应当在查获犯罪嫌疑人之日起7日内侦查终结案件并移送人民检察院审查起诉；情况特殊的，经县级公安机关负责人批准，可以适当延长办案时限。

三、进一步规范立案侦查

8、从严掌握立案标准。经检验驾驶人血液酒精含量达到醉酒驾驶机动车标准的，一律以涉嫌危险驾驶罪立案侦查；未达到醉酒驾驶机动车标准的，按照道路交通安全法有关规定给予行政处罚。当事人被查获后，为逃避法律追究，在呼气酒精测试或者提取血样前又饮酒，经检验其血液酒精含量达到醉酒驾驶机动车标准的，应当立案侦查。当事人经呼气酒精测试达到醉酒驾驶机动车标准，在提取血样前脱逃的，应当以呼气酒精含量为依据立案侦查。

9、全面客观收集证据。对已经立案的醉酒驾驶机动车案件，应当全面、客观地收集、调取犯罪证据材料，并严格审查、核实。要及时检查、核实车辆和人员基本情况及机动车驾驶人违法犯罪信息，详细记录现场查获醉酒驾驶机动车的过程、人员车辆基本特征以及现场采取呼气酒精测试、实施强制措施、提取血样、口头传唤、固定证据等情况。讯问犯罪嫌疑人时，应当对犯罪嫌疑人是否有罪以及情节轻重等情况作重点讯问，并听取无罪辩解。要及时收集能够证明犯罪嫌疑人是否醉酒驾驶机动车的证人证言、视听资料等其他证据材料。

10、规范强制措施适用。要根据案件实际情况，对涉嫌醉酒驾驶机动车的犯罪嫌疑人依法合理适用拘传、取保候审、监视居住、拘留等强制措施，确保办案工作顺利进行。对犯罪嫌疑人企图自杀或者逃跑、在逃的，或者不讲真实姓名、住址，身份不明的，以及确需对犯罪嫌疑人实施羁押的，可以依法采取拘留措施。拘留期限内未能查清犯罪事实的，应当依法办理取保候审或者监视居住手续。发现不应当追究犯罪嫌疑人刑事责任或者强制措施期限届满的，应当及时解除强制措施。

11、做好办案衔接。案件侦查终结后，对醉酒驾驶机动车犯罪事实清楚，证据确实、充分的，应当在案件移送人民检察院审查起诉前，依法吊销犯罪嫌疑人的机动车驾驶证。对其他道路交通违法行为应当依法给予行政处罚。案件移送审查起诉后，要及时了解掌握案件起诉和判决情况，收到法院的判决书或者有关的司法建议函后，应当及时归档。对检察机关决定不起诉或者法院判决无罪但醉酒驾驶机动车事实清楚，证据确实、充分的，应当依法给予行政处罚。

12、加强执法办案管理。要进一步明确办案要求，细化呼气酒精测试、血样提取和保管、立案撤案、强制措施适用、物品扣押等重点环节的办案标准和办案流程。要严格落实案件审核制度，进一步规范案件审核范围、审核内容和审核标准，对与案件质量有关的事项必须经法制员和法制部门审核把关，确保案件质量。要提高办案工作信息化水平，大力推行网上办案，严格办案信息网上录入的标准和时限，逐步实现案件受理、立案、侦查、制作法律文书、法制审核、审批等全过程网上运行，加强网上监控和考核，杜绝“人情案”、“关系案”。

四、进一步规范安全防护措施

13、配备执法装备。交通民警在道路上检查酒后驾驶机动车时，必须配齐呼气酒精含量检测仪、约束带、警绳、摄像机、照相机、执法记录仪、反光指挥棒、停车示意牌等装备。执勤车辆还应配备灭火器材、急救包等急救装备，根据需要可以配备简易破拆工具、拦车破胎器、测速仪等装备。

14、完善查处程序。交通民警在道路上检查酒后驾驶机动车时，应当根据道路条件和交通状况，合理选择安全、不妨碍车辆通行的地点进行，检查工作要由 2 名以上交通民警进行。要保证民警人身安全，明确民警检查动作和查处规程，落实安全防护措施，防止发生民警受伤害案件。

公安部
对再次饮酒后驾驶机动车适用法律问题的批复

2017 年 1 月 20 日　　　　公复字〔2017〕1 号

福建省公安厅：

你厅《关于“再次饮酒后驾驶机动车”相关法律适用问题的请示》（闽公综〔2016〕527 号）收悉。现批复如下：

一、关于因饮酒后驾驶机动车被处罚两次又饮酒后驾驶机动车的行为认定及适用法律问题。因饮酒后驾驶机动车被处罚，以后又实施饮酒后驾驶机动车行为的，无论发生几次，均认定为再次饮酒后驾驶机动车，按照《道路交通安全法》第 91 条第 1 款规定予以处罚。

二、关于饮酒后驾驶机动车被处罚，又实施饮酒后驾驶营运机动车的适用法律问题。因饮酒后驾驶机动车被处罚，又实施饮酒后驾驶营运机动车，适用《道路交通安全法》第 91

条第 3 款关于饮酒后驾驶营运机动车的规定　处罚。

司法部司法鉴定管理局
关于车辆驾驶人员血液最后酒精含量测定适用标准有关意见的函

2018 年 5 月 3 日　　司鉴函〔2018〕5 号

各省、自治区、直辖市司法厅（局）司法鉴定管理局（处）：

根据国家标准《车辆驾驶人员血液、呼气酒精含量阈值与检验（GB19522-2010）》（国家质检总局、国家标准委 2011 年 1 月 14 日发布，2011 年 7 月 1 日起实施）和《关于批准发布 GB19522-2010〈车辆驾驶人员血液、呼气酒精含量阈值与检验〉国家标准第 1 号修改单的公告》（国家标准委 2017 年 2 月 28 日印发）的规定，车辆驾驶人员血液中酒精含量检验方法按照 GA/T1073 或者 GA/T842 的规定，强制执行。

《生物样品血液、尿液中乙醇、甲醇、正丙醇、乙醛、丙酮、异丙醇和正丁醇的顶空—气相色谱检验方法》（GA/T1073-2013）和《血液中乙醇的测定顶空气相色谱法》（SF/ZJD0107001-2016）均为司法部司法鉴定科学研究院（原司法部司法鉴定科学技术研究所）起草制定，在对人体血液中酒精含量进行测定时，两种方法具有同一性。

司法鉴定机构接受委托对车辆驾驶人员血液中酒精含量进行检测，是司法鉴定机构服务诉讼和行政执法活动的一项重要职责任务。为正确适用标准，保障诉讼和行政执法活动顺利进行，司法鉴定机构对车辆驾驶人员血液中酒精含量进行检测时，应当按照国家标准 GB19522 的要求，采用 GA/T1073 或者 GA/T842 的规定。

请各地及时将本意见传达至各相关司法鉴定机构，认真贯彻执行。

【指导性案例】

指导案例 32 号

张某某、金某危险驾驶案

（最高人民法院审判委员会讨论通过　2014 年 12 月 18 日发布）

关键词　刑事　危险驾驶罪　追逐竞驶　情节恶劣

裁判要点

1. 机动车驾驶人员出于竞技、追求刺激、斗气或者其他动机，在道路上曲折穿行、快速追赶行驶的，属于《中华人民共和国刑法》第一百三十三条之一规定的“追逐竞驶”。

2. 追逐竞驶虽未造成人员伤亡或财产损失，但综合考虑超过限速、闯红灯、强行超车、抗拒交通执法等严重违反道路交通安全法的行为，足以威胁他人生命、财产安全的，属于危险驾驶罪中“情节恶劣”的情形。

相关法条

《中华人民共和国刑法》第一百三十三条之一

基本案情

2012年2月3日20时20分许，被告人张某某、金某相约驾驶摩托车出去享受大功率摩托车的刺激感，约定“陆家浜路、河南南路路口是目的地，谁先到谁就等谁”。随后，由张某某驾驶无牌的本田大功率二轮摩托车（经过改装），金某驾驶套牌的雅马哈大功率二轮摩托车（经过改装），从上海市浦东新区乐园路99号车行出发，行至杨高路、巨峰路路口掉头沿杨高路由北向南行驶，经南浦大桥到陆家浜路下桥，后沿河南南路经复兴东路隧道、张杨路回到张某某住所。全程28.5公里，沿途经过多个公交站点、居民小区、学校和大型超市。在行驶途中，二被告人驾车在密集车流中反复并线、曲折穿插、多次闯红灯、大幅度超速行驶。当行驶至陆家浜路、河南南路路口时，张某某、金某遇执勤民警检查，遂驾车沿河南南路经复兴东路隧道、张杨路逃离。其中，在杨高南路浦建路立交（限速60km/h）张某某行驶速度115km/h、金某行驶速度98km/h；在南浦大桥桥面（限速60km/h）张某某行驶速度108km/h、金某行驶速度108km/h；在南浦大桥陆家浜路引桥下匝道（限速40km/h）张某某行驶速度大于59km/h、金某行驶速度大于68km/h；在复兴东路隧道（限速60km/h）张某某行驶速度102km/h、金某行驶速度99km/h。

2012年2月5日21时许，被告人张某某被抓获到案后，如实供述上述事实，并向公安机关提供被告人金某的手机号码。金某接公安机关电话通知后于2月6日21时许主动投案，并如实供述上述事实。

裁判结果

上海市浦东新区人民法院于2013年1月21日作出（2012）浦刑初字第4245号刑事判决：被告人张某某犯危险驾驶罪，判处拘役四个月，缓刑四个月，并处罚金人民币四千元；被告人金某犯危险驾驶罪，判处拘役三个月，缓刑三个月，并处罚金人民币三千元。宣判后，二被告人均未上诉，判决已发生法律效力。

裁判理由

法院生效裁判认为：根据《中华人民共和国刑法》第一百三十三条之一第一款规定，“在道路上驾驶机动车追逐竞驶，情节恶劣的”构成危险驾驶罪。刑法规定的“追逐竞驶”，一般指行为人出于竞技、追求刺激、斗气或者其他动机，二人或二人以上分别驾驶机动车，违反道路交通安全规定，在道路上快速追赶行驶的行为。本案中，从主观驾驶心态上看，二被告人张某某、金某到案后先后供述“心里面想找点享乐和刺激”“在道路上穿插、超车、得到心理满足”；在面临红灯时，“刹车不舒服、逢车必超”“前方有车就变道曲折行驶再超越”。二被告人上述供述与相关视听资料相互印证，可以反映出其追求刺激、炫耀驾驶技能的竞技心理。从客观行为上看，二被告人驾驶超标大功率的改装摩托车，为追求速度，多次随意变道、闯红灯、大幅超速等严重违章。从行驶路线看，二被告人共同自浦东新区乐园路99号出发，至陆家浜路、河南南路路口接人，约定了竞相行驶的起点和终点。综上，可以认定二被告人的行为属于危险驾驶罪中的“追逐竞驶”。

关于本案被告人的行为是否属于“情节恶劣”，应从其追逐竞驶行为的具体表现、危害程度、造成的危害后果等方面，综合分析其对道路交通秩序、不特定多人生命、财产安全威胁的程度是否“恶劣”。本案中，二被告人追逐竞驶行为，虽未造成人员伤亡和财产损失，但从以下情形分析，属于危险驾驶罪中的“情节恶劣”：第一，从驾驶的车辆看，二被告人驾驶的系无牌和套牌的大功率改装摩托车；第二，从行驶速度看，总体驾驶速度很快，多处路段超速达50%以上；第三，从驾驶方式看，反复并线、穿插前车、多次闯红灯行驶；第四，从对待执法的态度看，二被告人在民警盘查时驾车逃离；第五，从行驶路段看，途经的杨高路、张杨路、南浦大桥、复兴东路隧道等均系城市主干道，沿途还有多处学校、公交和地铁站点、居民小区、大型超市等路段，交通流量较大，行驶距离较长，在高速驾驶的刺激心态下和躲避民警盘查的紧张心态下，极易引发重大恶性交通事故。上述行为，给公共交通安全造成一定危险，足以威胁他人生命、财产安全，故可以认定二被告人追逐竞驶的行为属于危险驾驶罪中的“情节恶劣”。

被告人张某某到案后如实供述所犯罪行，

依法可以从轻处罚。被告人金某投案自首，依法亦可以从轻处罚。鉴于二被告人在庭审中均已认识到行为的违法性及社会危害性，保证不再实施危险驾驶行为，并多次表示认罪悔罪，且其行为尚未造成他人人身、财产损害后果，故依法作出如上判决。

【人民法院案例库参考案例】

周某刚交通肇事案

——行人、机动车等多种因素引起交通事故的处理

【关键词】

刑事　交通肇事罪　犯罪主体　行人　意外事件

【基本案情】

2024 年 5 月 17 日 7 时 10 分许，被告人周某刚违规闯红灯，沿上海市普陀区某路口东侧人行横道由南向北小跑穿行时，与驾驶电动自行车由西向东通过该人行横道的被害人凌某某发生碰撞，致被害人连人带车摔倒在对侧由东向西的机动车道内，适逢刘某驾驶的小型越野客车绿灯放行，并跟随前车起步，被害人遭刘某驾驶车辆碾压，周某刚见状逃离现场。被害人凌某某经抢救无效于当日死亡。当日 12 时许，周某刚接公安机关电话通知后主动投案，到案后如实供述上述犯罪事实。

另查明，被害人凌某某在交通信号灯转为绿灯的前三秒即已起步驶出停车线，事发时的车速约为 22km/h，超过了上海市规定的非机动车 15km/h 的限速标准。对此次交通事故，交警部门出具的道路交通事故认定书认定，被告人周某刚负事故主要责任，被害人凌某某负事故次要责任，刘某不负责任。

上海市普陀区人民法院于 2024 年 8 月 1 日作出（2024）沪 0107 刑初 594 号刑事判决：被告人周某刚犯交通肇事罪，判处有期徒刑二年六个月。宣判后，没有上诉、抗诉，判决已发生法律效力。

【裁判理由】

根据《刑法》第一百三十三条的规定，违反交通运输管理法规，因而发生重大事故，致人重伤、死亡或者使公私财产遭受重大损失的，构成交通肇事罪。关于交通肇事罪的犯罪主体问题，《最高人民法院关于审理交通肇事刑事案件具体应用法律若干问题的解释》（法释〔2000〕33 号）第一条规定："从事交通运输人员或者非交通运输人员，违反交通运输管理法规发生重大交通事故，在分清事故责任的基础上，对于构成犯罪的，依照刑法第一百三十三条的规定定罪处罚。"据此，行人等非交通运输人员也可以成为交通肇事罪的犯罪主体。本案中，被告人周某刚在交通信号灯已经转为红灯的情况下，仍以小跑的形式在人行横道线上穿行，直接撞倒凌某某，并导致凌某某被其他车辆碾压致死。因此，周某刚违反交通运输管理法规，发生交通事故，致一人死亡，且负事故主要责任，根据《刑法》第一百三十三条及上述司法解释的规定，构成交通肇事罪。

关于刘某是否承担刑事责任的问题。经查，刘某驾驶的机动车在路口等待信号灯放行，且属该路口等待中的第二辆车，周某刚闯红灯时，刘某所在车道的第一辆车已经驶出停车线，刘某的车辆跟随起步并已十分接近人行横道线。此时小跑的周某刚在人行横道线上将超速驶来的凌某某撞倒，而凌某某恰巧倒在了刘某的左前侧车轮下，进而被刘某的车辆碾压。从周某刚撞倒凌某某到凌某某被车轮碾压之间的时间不到 2 秒钟，普通人根本无法在如此短的时间内作出反应从而避免碾压的发生。因此，刘某对本案事故的发生不具有预见的条件和能力，损害结果的发生对其而言是意外事件，符合《刑法》第十六条的规定，不承担刑事责任。

经综合被告人周某刚交通肇事后逃逸、未

取得被害人家属谅解及自首等情节，故法院依法作出如上裁判。

【裁判要旨】

1. 交通肇事罪的犯罪主体为一般主体，实践中通常为机动车驾驶人等从事交通运输人员。但是，行人等非交通运输人员违反交通运输管理法规，因而发生重大事故，符合《刑法》第一百三十三条及相关司法解释规定的，亦应以交通肇事罪定罪处罚。

2. 根据《刑法》第十六条的规定，对于行为人严格遵守交通运输管理法规，虽然在客观上造成了损害结果，但不是出于故意或者过失，而是由于不能预见的原因所引起的，不是犯罪，不应当追究刑事责任。

【关联索引】

《中华人民共和国刑法》第十六条、第一百三十三条

《最高人民法院关于审理交通肇事刑事案件具体应用法律若干问题的解释》（法释〔2000〕33号）第一条、第二条

一审：上海市普陀区人民法院（2024）沪0107刑初594号刑事判决（2024年8月1日）

刘某江交通肇事宣告无罪案

——对道路交通事故认定书的实质审查

【关键词】

刑事　交通肇事罪　道路交通事故认定书　实质审查　事故责任　逃逸

【基本案情】

2023年6月9日11时30分许，被告人刘某江驾驶无号牌电动正三轮摩托车沿河北省邢台市任泽区杨官线由西向东行驶，孙某平驾驶无号牌二轮摩托车（载被害人李某坤）在超越同向行驶的刘某江时，两车发生交通事故。事故造成李某坤受伤并经抢救无效死亡，以及电动正三轮摩托车损坏。事故发生后，刘某江在现场短暂停留后驾车离开。

对于本次事故，交警部门出具的道路交通事故认定书记载：（1）关于事故发生原因。孙某平在未取得机动车驾驶证的情况下驾驶机动车、驾驶未经公安机关交通管理部门登记的机动车上路行驶、在与对面来车有会车可能时超车、未戴安全头盔，是造成本次交通事故的主要原因，其行为对发生交通事故所起的作用及过错程度较大。刘某江在未取得机动车驾驶证的情况下驾驶机动车、驾驶未经公安机关交通管理部门登记的机动车上路行驶、驶出道路时未确保安全、未戴安全头盔，是造成本次交通事故的次要原因，其行为对发生交通事故所起的作用以及过错程度较小。李某坤乘坐摩托车未戴安全头盔，是造成本次交通事故的次要原因，其行为对发生交通事故所起的作用以及过错程度较小。（2）关于责任认定。刘某江在未取得机动车驾驶证的情况下驾驶机动车、驾驶未经公安机关交通管理部门登记的机动车上路行驶、驶出道路时未确保安全、未戴安全头盔、发生事故后驾车逃逸，违反了《道路交通安全法》《道路交通事故处理程序规定》的相关规定，认定刘某江负此事故的全部责任，孙某平、李某坤无责任。

河北省邢台市任泽区人民法院于2024年7月16日作出（2024）冀0505刑初8号刑事判决：被告人刘某江无罪。宣判后，没有上诉、抗诉，判决已发生法律效力。

【裁判理由】

法院生效裁判认为：根据《刑法》第一百三十三条的规定，违反交通运输管理法规，因而发生重大事故，致人重伤、死亡或者使公私财产遭受重大损失的，构成交通肇事罪。《最高人民法院关于审理交通肇事刑事案件具体应用法律若干问题的解释》（法释〔2000〕33号）第二条第一款进一步明确，“死亡一人或者重伤三人以上，负事故全部或者主要责任的”，以交通肇事罪定罪处罚。本案中，由于交通事故造成一人死亡，故认定罪与非罪的关键在于，被告人刘某江是否负事故全部或者主要责任。

上述司法解释所规定的“负事故全部或者主要责任”等情形，系指对引发交通事故的责任。道路交通事故认定书中用于确定交通事故责任的逃逸等特殊加重责任情节，发生在交通事故之后，显然不属于交通事故的原因。鉴此，认定是否成立交通肇事罪，应当对道路交通事故认定书中的事故责任认定进行实质审查与判断。本案中，交警部门出具的道路交通事故认定书认定被告人刘某江负事故的全部责任，系基于刘某江发生事故后驾车逃逸的情节，属于根据《道路交通安全法实施条例》第九十二条第一款中“发生交通事故后当事人逃逸的，逃逸的当事人承担全部责任”的规定所作的特殊加重责任认定。但是，刘某江的逃逸行为发生在事故之后，且其交通违法行为是引起事故发生的次要原因，对发生交通事故所起的作用较小，道路交通事故认定书对此也作了认定。经综合全案事实认定，刘某江对本案事故的发生不负全部或者主要责任，其行为不构成交通肇事罪，故法院依法作出如上裁判。

【裁判要旨】

办理交通肇事刑事案件，应当对公安机关出具的道路交通事故认定书进行实质审查，剔除特殊加重责任情节，结合其他证据，依据对事故发生的原因力大小确定事故责任。剔除特殊加重责任情节后，行为人对道路交通事故所负责任不符合交通肇事罪所要求的事故责任要件的，依法不构成交通肇事罪。

【关联索引】

《中华人民共和国刑法》第一百三十三条

《最高人民法院关于审理交通肇事刑事案件具体应用法律若干问题的解释》（法释〔2000〕33 号）第二条

一审：河北省邢台市任泽区人民法院（2024）冀 0505 刑初 8 号刑事判决（2024 年 7 月 16 日）

金某交通肇事、危险驾驶案

——交通肇事后指使他人顶包的，属于肇事后逃逸

【关键词】

刑事　交通肇事罪　危险驾驶罪　无证驾驶　顶包　逃逸

【基本案情】

2023 年 1 月 10 日 1 时 30 分许，被告人金某饮酒后驾驶沪 A 号牌小型轿车行驶至上海市××大道与××路路口时，因醉酒失去意识，将车辆逆行停放道路上。同日 2 时许，民警接群众报案后到达现场，并将金某带至医院抽取血样送检。经鉴定：送检血液中乙醇浓度为 192mg/100ml。同月 16 日，上海市公安局金山分局交通警察支队对金某处以吊销机动车驾驶证的行政处罚。5 月 5 日 21 时许，金某在机动车驾驶证被吊销期间驾驶皖 P 号牌小型普通客车行至四川省宜宾市翠屏区××镇农村商业银行门口时，与行人彭某某（被害人，男，殁年 75 岁）相撞，造成彭某某受伤。事故发生后，金某为逃避法律责任，让钟某某前来顶包。后金某将彭某某送往附近乡镇医院救治，并指使钟某某前往事故现场向交警谎称是其驾车发生的交通事故。当晚，金某随同彭某某转至宜宾市第一人民医院。公安机关在事故现场将钟某某带回调查后，钟某某于 5 月 6 日 1 时许向公安机关交代其受金某指使顶包的事实。5 月 6 日 7 时许，经民警通知，金某自动到案并如实供述了上述事实。5 月 7 日，彭某某经医院救治无效死亡。案发后，金某赔偿了被害人亲属经济损失 10 万元。

四川省宜宾市翠屏区人民法院于 2023 年 9 月 28 日作出（2023）川 1502 刑初 430 号刑事判决：被告人金某犯危险驾驶罪，判处拘役三个月，并处罚金人民币五千元；犯交通肇事罪，判处有期徒刑二年九个月，决定执行有期徒刑二年九个月，并处罚金人民币五千元。宣判后，金某提出上诉。四川省宜宾市中级人民法院于 2023 年 12 月 6 日作出（2023）川 15 刑终 399 号刑事裁定，驳回上诉，维持原判。

【裁判理由】

法院生效裁判认为，《道路交通安全法》第七十条规定：“在道路上发生交通事故，车辆驾驶人应当立即停车，保护现场；造成人身伤亡的，车辆驾驶人应当立即抢救受伤人员，并迅速报告执勤的交通警察或者公安机关交通管理部门”。因此，保护事故现场、抢救伤员、报警并接受公安机关的处理，是肇事者必须履行的三项法定义务。金某将伤员送医，仅履行法定义务之一，其将伤员送医后并未及时返回事故现场接受公安机关的处理，反而找人顶包，显属故意不履行接受公安机关处理义务的情形。《最高人民法院关于审理交通肇事刑事案件具体应用法律若干问题的解释》第三条规定：“交通运输肇事后逃逸，是指行为人……在发生交通事故后，为逃避法律追究而逃跑的行为”，足见肇事逃逸的本质是为了逃避法律追究。金某找人顶包驾驶员、隐瞒肇事者真实身份，其目的就是逃避法律追究，构成交通肇事逃逸。在危险驾驶犯罪中，金某有坦白情节，在交通肇事犯罪中，有自首情节，结合金某的犯罪事实、认罪态度、赔偿被害人损失以及对于社会的危害程度，法院依法作出如上裁判。

【裁判要旨】

交通运输肇事后逃逸本质上是逃避法律追究。肇事后指使他人顶替驾驶员接受法律处理的顶包行为，既是逃避公安机关依法检查的行为，也是妨害司法的行为，其行为本质是逃避法律追究，可以认定为交通肇事后逃逸。

【关联索引】

《中华人民共和国刑法》第一百三十三条、第一百三十三条之一

《中华人民共和国道路交通安全法》（2021年修正）第七十条

《最高人民法院关于审理交通肇事刑事案件具体应用法律若干问题的解释》（法释〔2000〕33号）第三条

一审：宜宾市翠屏区人民法院（2023）川1502刑初430号刑事判决（2023年9月28日）

曹某危险驾驶案

——为抗拒民警控制而实施甩手、蹬腿等一般性抗拒行为的定性及上诉不加刑原则的把握

【关键词】

刑事　危险驾驶罪　袭警罪　抗拒查处　轻微暴力

【基本案情】

2023年4月20日22时许，被告人曹某在道路上醉酒驾驶机动车被民警查获。民警对曹某进行呼气酒精测试后要求其签字确认，曹某拒不配合。在民警对曹某实施约束措施过程中，曹某为摆脱控制，后仰蹬腿致民警左侧胸腹部软组织损伤（未达到轻微伤标准）。经检验，曹某血液酒精含量为142.3毫克/100毫升。案发后，曹某取得民警谅解。

重庆市渝北区人民法院于2024年5月29日作出（2024）渝0112刑初214号刑事判决，以被告人曹某犯袭警罪，判处有期徒刑六个月。宣判后，曹某提出上诉。二审程序中，重庆市人民检察院第一分院提出曹某的行为不构成袭警罪，应当认定为危险驾驶罪。重庆市第一中级人民法院于2024年7月12日作出（2024）渝01刑终489号刑事判决，改判被告人曹某犯危险驾驶罪，判处拘役四个月，并处罚金人民币二千元。

【裁判理由】

法院生效判决认为：《最高人民法院、最高人民检察院、公安部、司法部关于办理醉酒危险驾驶刑事案件的意见》（高检发办字〔2023〕187号）第十条规定，醉驾并逃避、阻碍公安机关依法检查，尚不构成其他犯罪的，从重处理；第十二条规定，醉驾行为人血液酒精含量不满150毫克/100毫升，且不具有第十条规定的从重处理情形的，可以认定为情节显著轻微、危害不大，依照《刑法》第十

三条、《刑事诉讼法》第十六条的规定处理。本案中，被告人曹某醉酒后在道路上驾驶机动车，尽管血液酒精含量不满 150 毫克/100 毫升，但其具有逃避、阻碍公安机关依法检查的情节，故其行为已构成危险驾驶罪。

关于被告人曹某抗拒查处的行为是否构成袭警罪的问题。根据《刑法》第二百七十七条第五款的规定，"暴力袭击正在依法执行职务的人民警察的"，构成袭警罪。《刑法》规定的"暴力袭击"应当达到足以危及人民警察人身安全的程度。本案中，曹某醉酒后，在民警对其采取约束措施的过程中，后仰蹬踹民警。虽造成民警受伤，但尚未达到轻微伤标准，且无连续攻击性，属一般性抗拒行为，且危害不大，故不应认定为《刑法》第二百七十七条第五款规定的"暴力袭击"。综合考虑曹某的主观恶性、暴力程度、危害后果等，不宜认定其构成袭警罪。

关于二审改判刑罚中增加罚金附加刑是否违反上诉不加刑原则的问题。本案中，一审法院以袭警罪判处被告人曹某有期徒刑六个月，二审法院以危险驾驶罪改判曹某拘役四个月，并处罚金人民币二千元。虽然二审改判的刑罚相较于一审判处的刑罚增加了罚金附加刑，但在主刑方面给予曹某较大幅度减轻，未作出对曹某实质明显不利的调整，故不违反上诉不加刑原则。

【裁判要旨】

1. 在人民警察依法执行职务过程中，行为人为摆脱控制、逃避抓捕等实施甩手、蹬腿等一般性抗拒行为，危害不大的，不属于《刑法》第二百七十七条第五款规定的"暴力袭击"，不构成袭警罪。

2. 上诉不加刑旨在避免让被告人因为上诉而招致不利后果，故应当作实质而非形式把握。二审改判在主刑方面予以较大幅度减轻，同时增加适量附加刑，总体有利于被告人的，不属于对被告人的刑罚作出实质不利的改判，不违反上诉不加刑原则。

【关联索引】

《中人民共和国刑法》第一百三十三条之一

《中华人民共和国刑事诉讼法》第二百三十七条

《最高人民法院、最高人民检察院、公安部、司法部关于办理醉酒危险驾驶刑事案件的意见》（高检发办字〔2023〕187 号）第十条、第十二条

一审：重庆市渝北区人民法院（2024）渝 0112 刑初 214 号刑事判决（2024 年 5 月 29 日）

二审：重庆市第一中级人民法院（2024）渝 01 刑终 489 号刑事判决（2024 年 7 月 12 日）

汪某秋危险驾驶案

——"五年内曾因饮酒后驾驶"以实施上一次酒驾行为之日起计算

【关键词】

刑事　危险驾驶罪　五年内曾因饮酒后驾驶行为起算日　缓刑

【基本案情】

2018 年 11 月 6 日，被告人汪某秋因饮酒后驾驶机动车被公安机关查获。

2019 年 5 月 28 日，公安机关对汪某秋作出暂扣机动车驾驶证六个月，罚款人民币一千五百元的行政处罚。2024 年 2 月 5 日 21 时许，汪某秋饮酒后驾驶小型汽车，在浙江省淳安县千岛湖镇淳安—环湖南路附近，经过公安机关查处酒驾路段时，未按照执勤民警要求停车接受检查，驾车往环湖南路景湖花园方向行驶约 800 米后被民警拦停。经鉴定，汪某秋血液酒精含量为 155 毫克/100 毫升，属醉酒。

浙江省淳安县人民法院于 2024 年 3 月 14 日作出（2024）浙 0127 刑初 46 号刑事判决：被告人汪某秋犯危险驾驶罪，判处拘役一个月十五日，缓刑二个月，并处罚金人民币三千元。宣判后，没有上诉、抗诉，判决已经发生法律效力。

【裁判理由】

法院生效裁判认为：被告人汪某秋醉酒驾驶机动车在道路上行驶，其行为已构成危险驾驶罪。汪某秋逃避公安机关依法检查，应从重处理。鉴于汪某秋到案后自愿认罪认罚，可酌情从宽处理。汪某秋上一次饮酒驾驶被查获时间为2018年11月6日、被行政处罚时间为2019年5月28日，若以受行政处罚时间计算，距本次醉驾未超过五年，属于一般不适用缓刑的情形，但如此处理既不利于被告人，也可能导致同一日饮酒驾驶被查获的行为人，因行政机关作出处罚时间先后不同，而距本次醉驾是否超过五年也不同，显失公平，故以上一次饮酒驾驶行为时为起算日更客观公正。综上，汪某秋本次醉驾行为发生时距其上一次饮酒驾驶行为已超过五年，不属于一般不适用缓刑的情形。综合考虑，依法作出上述裁判。

【裁判要旨】

《最高人民法院、最高人民检察院、公安部、司法部关于办理醉酒危险驾驶刑事案件的意见》（高检发办字〔2023〕187号）第十四条第八项将“五年内曾因饮酒后驾驶机动车被查获或者受过行政处罚”规定为一般不适用缓刑的情形。从统一执法司法标准和有利于被告人角度考虑，应当自行为人实施上一次饮酒后驾驶机动车行为之日起计算“五年内”的区间，而不以受到行政处罚之日起计算。

【关联索引】

《中华人民共和国刑法》第一百三十三条之一第一款第二项

《最高人民法院、最高人民检察院、公安部、司法部关于办理醉酒危险驾驶刑事案件的意见》（高检发办字〔2023〕187号）第十四条第八项

一审：浙江省淳安县人民法院（2024）浙0127刑初46号刑事判决（2024年3月14日）

马某危险驾驶案

——因被害方赔偿诉求明显不合理且拒不提供损失证明，导致未达成赔偿协议的，不属于“未赔偿损失”

【关键词】

刑事　危险驾驶罪　轻微交通事故　未赔偿损失　缓刑

【基本案情】

2024年2月10日零时许，被告人马某饮酒后驾驶小型汽车行驶至北京市通州区京榆旧线白庙检查站时，与前方同向行驶的小型普通客车发生碰撞，致前方车辆后部因车牌挤压导致轻微圆孔状变形，轻微受损。事故发生后，马某明知他人报警而在现场等候处理。经鉴定，马某血液酒精含量为149毫克/100毫升，属醉酒。经交通事故认定书认定，马某承担事故全部责任。

审查起诉期间，通州区人民检察院经多次联系事故相对方，就赔偿问题开展工作，对方始终拒绝接受赔偿，表示不谅解被告人马某。检察机关认为非马某原因导致赔偿问题未能解决，不宜认定为“未赔偿损失”而不适用缓刑。法院审理期间，马某仍表示愿意赔偿对方损失，因事故对方要求赔偿过高，且不愿出具相应证据证明车辆实际损失，双方未能就赔偿问题达成一致。

北京市通州区人民法院于2024年3月7日作出（2024）京0112刑初299号刑事判决：被告人马某犯危险驾驶罪，判处拘役二个月，缓刑二个月，并处罚金人民币四千元。宣判后，没有上诉、抗诉，判决已经发生法律效力。

【裁判理由】

法院生效裁判认为：《刑法》第一百三十三条之一规定：“在道路上驾驶机动车，有下列情形之一的，处拘役，并处罚金：（一）追逐竞驶，情节恶劣的；（二）醉酒驾驶机动车的……”被告人马某醉酒驾驶机动车在道路上行驶，其行为已构成危险驾驶罪。马某造成交通事故且负事故全部责任，应从重处理。鉴于

事故后果轻微，马某有自首情节，可对其从宽处理。根据《最高人民法院、最高人民检察院、公安部、司法部关于办理醉酒危险驾驶刑事案件的意见》（高检发办字〔2023〕187号）第十四条第二项规定，因醉酒驾驶造成交通事故且负事故全部或者主要责任的被告人未赔偿损失的，一般不适用缓刑。但因事故相对方要求的赔偿数额明显超出合理范围，且拒不提供相应损失证明，经调解双方未能就赔偿数额达成一致的，不属于前述因“未赔偿损失”而一般不适用缓刑的情形。综合考虑，采纳公诉机关适用缓刑的量刑建议，依法作出上述裁判。

【裁判要旨】

因醉酒驾驶造成交通事故且负事故全部或者主要责任的被告人未赔偿损失的，一般不适用缓刑。但是，因事故相对方要求的赔偿数额明显超出合理范围，且拒不提供相应损失证明，经调解双方未能就赔偿数额达成一致的，不属于前述因“未赔偿损失”而一般不适用缓刑的情形，对被告人可依法适用缓刑。

【关联索引】

《中华人民共和国刑法》第一百三十三条之一第一款第二项

《最高人民法院、最高人民检察院、公安部、司法部关于办理醉酒危险驾驶刑事案件的意见》（高检发办字〔2023〕187号）第十四条第二项

一审：北京市通州区人民法院（2024）京0112刑初299号刑事判决（2024年3月7日）